4月3日，党和国家领导人江泽民、朱镕基、李瑞环、胡锦涛、尉健行、李岚清等来到北京天坛公园，与少先队员一起参加首都全民义务植树劳动

马占成　摄

8月5日至9日，中共中央政治局常委、国务院总理朱镕基在陕西省考察治理水土流失，改善生态环境和黄河防汛工作

刘建国　摄

6月20日，中国绿化基金会第四届全体理事会在北京人民大会堂召开，中共中央政治局常委、全国政协主席李瑞环出席会议并任新一届理事会名誉主席

中国绿化基金会办公室　供稿

3月22日，国务院召开全国森林防火工作电视电话会议，部署1999年森林防火工作，中共中央政治局委员、国务院副总理温家宝作重要讲话

姚树人　摄

12月，国家林业局局长王志宝接见马永顺事迹采访团时答记者问

国家林业局办公室　供稿

9月20日，国家林业局副局长周生贤在北京会见法国农业部农村管理和森林总局局长万雷帆率领的法国林业代表团

国家林业局办公室　供稿

9 月，国家林业局副局长李育才在河南考察平原绿化工作

国家林业局办公室　供稿

8 月，国家林业局党组成员，中国林业科学研究院院长江泽慧在东北林业大学考察工作

国家林业局办公室　供稿

11 月 29 日，中纪委驻国家林业局纪检组组长、国家林业局党组成员杨继平在全国林业宣传工作会议上作报告

国家林业局办公室　供稿

11 月，国家林业局副局长马福听取青海省林业局关于“三江源”自然保护区筹建工作的汇报

国家林业局办公室　供稿

中国林业年鉴

CHINA FORESTRY YEARBOOK 1999/2000

国家林业局　编纂

中国林业出版社

国家林业局图书出版基金资助出版

图书在版编目（CIP）数据

中国林业年鉴．1999/2000/国家林业局编纂．—北京：中国林业出版社，2000.12
ISBN 7-5038-2683-5

Ⅰ．中…　Ⅱ．国…　Ⅲ．林业-中国-1999/2000-年鉴　Ⅳ．F326.2-54

中国版本图书馆 CIP 数据核字（2000）第 54512 号

ISBN 7-5038-2683-5

9 787503 826832 >

出版　中国林业出版社（100009　北京西城区刘海胡同 7 号）
E-mail：cfphz@public. bta. net. cn　**电话**　66184477
发行　中国林业出版社
印刷　中国科学院印刷厂
版次　2000 年 12 月第 1 版
印次　2000 年 12 月第 1 次
开本　787mm×1092mm　1/16
印张　32.25
插页　38 页
字数　1160 千字
定价　120.00 元

中国林业年鉴编辑委员会

中国林业年鉴编辑委员会特约委员

杨德宏　北京市林业局局长
张宝恕　天津市林业局局长
杨新世　河北省林业局副局长
曹振声　山西省林业厅厅长
王家祥　内蒙古自治区林业厅厅长
陈绍钧　内蒙古森林工业(集团)总公司董事长
舒兴第　辽宁省林业厅副厅长
宋文和　吉林省林业厅厅长
公丕兴　吉林森林工业(集团)总公司总经理
韩连生　黑龙江省林业厅副厅长
姜春芳　龙江森林工业(集团)总公司副总经理
王忠林　大兴安岭林业集团公司总经理
沈兰全　上海市农林局副局长
陆乃勇　江苏省农林厅副厅长
沈　璇　浙江省林业厅副厅长
王　文　安徽省林业厅副厅长
刘德章　福建省林业厅厅长
许青龙　江西省林业厅副厅长
张俊杰　山东省林业厅副厅长
张敬增　河南省林业厅厅长
吴先金　湖北省林业局局长
葛汉栋　湖南省林业厅厅长
邓惠珍　广东省林业局局长
管炳六　广西壮族自治区林业局局长
韩剑准　海南省林业局局长
周克勤　重庆市林业局局长
赵洪银　四川省林业厅副厅长
彭远森　贵州省林业厅副厅长
陈继海　云南省林业厅厅长
徐　强　西藏自治区林业局局党组书记
钟高适　陕西省林业厅厅长
田志勇　甘肃省林业厅副厅长
陆文正　青海省农林厅副厅长
孙长春　宁夏回族自治区林业局局长
邵立山　新疆维吾尔自治区林业厅副厅长
李志荣　新疆生产建设兵团林业局局长

中国林业年鉴特约编辑

中国林业年鉴编辑部

责任编辑	刘　慧　周军见　冯峻极	责任校对	沈惠英
	韩廷栋　苏晓棠　卢　灵	校　　对	杨　静　许　琳　苏　梅　吕富鹏
封面设计	聂崇文		许艳艳　梁翔云　黄　悦

编 辑 说 明

一、《中国林业年鉴》是一部综合反映我国社会主义林业建设重要活动、发展水平、基本成就与经验教训的大型资料性工具书。每年出版一卷，反映上年度情况。1999/2000年卷为第十四卷，收录限1999年的资料。为了使今后林业年鉴卷号与出版年份一致，并且与上卷卷号连续，本期中国林业年鉴卷号改为1999/2000。

二、年鉴的基本任务是，为我国林业战线和有关部门的各级生产和管理人员、科技工作者、林业院校师生以及广大社会读者全面、系统地提供我国森林资源消长、森林培育、林政保护、森林工业、林业经济、科学技术、专业理论研究、院校教育以及体制改革等方面的年度信息和有关资料。

三、第十四卷编纂内容设19个栏目。统计资料除另有说明外，均不含台湾省数字。

四、年鉴编写实行条目化，条目标题力求简洁、规范。长条设黑体和楷体两级层次标题。全卷编排按内容分类。条头设【　】。按分类栏目设书眉。

五、年鉴撰稿及资料收集由国家林业局机关各司、局，各直属单位承担；其中“各省、自治区、直辖市林业”由各省（区、市）林业厅（局）承担。

六、释文中的计量单位执行1984年国务院《关于在我国统一实行法定计量单位的命令》和文化部出版局、国家计量局《贯彻〈中华人民共和国法定计量单位〉的联合通知》及国家计量局公布的《〈中华人民共和国法定计量单位使用方法〉的函》等规定。数字用法按国家技术监督局1995年12月发布的《出版物上数字用法的规定》执行。

七、条目、文章一律署名，文责自负。

八、释文中凡提到“党的”、“省（区、市）委”、“县委”字样，均指中国共产党；“××年代”指“20世纪××年代”；“建国以来”，系指中华人民共和国建立以来。

《中国林业年鉴》编辑部

栏　目（1999/2000）

目　录

特　辑

中国林业概述

重要林业法律法规

森林培育与生态环境建设

森林资源保护与林政管理

森林资源保护

森林防火

森林资源与林政管理

林业公安、检察、法院工作

政策法规与体制改革

对 外 开 放

林业科学技术

林 业 教 育

国有林场（苗圃）、林业工作站建设

林业计划统计

林 业 计 划

林 业 统 计

林业财务和会计

精神文明建设

林 业 专 论

各省、自治区、直辖市林业

人 事 劳 动

社 会 团 体

大事记与重要会议

特 辑

国家领导人重要讲话

中共中央总书记、国家主席江泽民关于造林绿化和生态环境建设的重要指示摘录

1999年4月3日，江泽民总书记在参加首都全民义务植树活动时指出：只有全民动员，锲而不舍，年复一年把植树造林工作搞下去，才能有效地遏制水土流失，防止土地沙漠化，为人民造福。这是关系到中华民族下个世纪和千秋万代的大事，必须充分重视，抓紧抓好。

——摘自1999年4月4日《人民日报》

1999年6月17日，江泽民总书记在西安召开的国有企业改革和发展座谈会上指出：由于千百年来多少次战乱、多少次自然灾害和各种人为的原因，西部地区自然环境不断恶化，特别是水资源短缺，水土流失严重，生态环境越来越恶劣，荒漠化年复一年地加剧，并不断向东推进。这不仅对西部地区，而且对其他地区的经济社会发展也带来不利影响。改善生态环境，是西部地区的开发建设必须首先研究和解决的一个重大课题。如果不从现在起，努力使生态环境有一个明显的改善，在西部地区实现可持续发展的战略就会落空。

——摘自1999年6月19日《经济日报》

1999年6月21日，江泽民总书记在郑州主持召开黄河治理开发工作座谈会指出：生态环境建设是关系到黄河流域经济社会可持续发展的重大问题。必须把水土保持作为改善农业生产条件、生态环境和治理黄河的一项根本措施，持之以恒地抓紧抓好。生态工程建设要同国土整治、综合开发和区域经济发展相结合。黄河上中游的水土保持，是一项十分广泛而复杂的任务。要充分发挥我国社会主义制度能够集中力量办大事的优越性，调动各方面的积极因素，采取工程、生

物和耕作措施进行综合治理。

——摘自1999年6月22日《经济日报》

中共中央政治局常委、国务院总理朱镕基在陕西、云南、四川、甘肃、青海、宁夏等地考察时关于造林绿化和生态环境建设的重要讲话摘录

1999年8月5日至8月9日，朱镕基总理在陕西省考察治理水土流失、改善生态环境和黄河防汛工作时指出，要认真贯彻落实江泽民总书记“再造一个山川秀美的西北地区”的批示和最近关于治理开发黄河的重要指示，从根本上把黄河的事情办好。他强调，黄河中上游各省区要解放思想，采取退耕还林（草）、封山绿化、个体承包、以粮代赈的措施，动员广大群众，大搞植树种草，改善生态环境，为根治黄河奠基，为子孙后代造福。

朱镕基指出，搞好水土保持，加强生态环境建设是中华民族生存与发展的长远大计，必须从实施可持续发展战略的高度，充分认识生态环境建设的重大意义。他说，改革开放以来，特别是近些年来，我国人民在党中央领导下，开展以治理水土流失为主的生态环境建设，取得很大成绩。但是，治理力度还不够，一些地方边治理、边破坏，天然林砍伐并未完全停止，绿色植被继续减少，水土流失还在扩展，生态环境形势严峻。如果这种状况不从根本上改变，必将危及中华民族的生存与发展；贻害我们的子孙后代。对此，我们必须有一个清醒的认识。朱镕基指出，防治水土流失，是当前生态环境建设的紧迫任务。我们一定要以对人民、对历史、对子孙后代高度负责的态度，发扬艰苦创业精神，下定决心，持之以恒，植树种草，绿化荒山，保持水土，经过一代又一代的不懈努力，根本改善长江、黄河中上游地区的生态环境。

朱镕基强调，治理黄土高原水土流失，加强生态环境建设，是治理黄河，让黄河造福于中华民族的根本措施。他指出，新中国成立以来，黄河治理开发取得了举世瞩目的成就，兴修了一批水利工程设施，初步形成了黄河防洪工程体系。但是，黄河洪水威胁仍是心腹之患。根本原因是黄河上中游地区水土流失严重，加快了下游河道淤积，河床抬高，加剧了洪水威胁，给黄河防洪治理和水利工程运行带来严重隐患。因此，防治黄河洪水灾害，刻不容缓的任务是加大黄河中上游地区水土流失治理力度，减少下游泥沙淤积，增强排洪能力。这样才能事半功倍，从根本上除害兴利，让黄河永久安澜。为此，要抓紧制定黄河中上游地区水土流失治理规划，及早做好前期准备，并抓紧加快实施。林业部门要组织科研力量，选育适宜黄土高原地区生长的林草良种，推广先进种植技术，开展飞播造林，乔灌草结合。国家将加大治理水土流失的投资力度，重点支持黄河、长江中上游地区的治理，力争用10年或更长一点时间，使这一地区的生态环境得到明显改善。

朱镕基说，做好黄河中上游地区的水土保持工作，改善生态环境，重要的是解放思想，调整思路。他指出，在过去粮食短缺时期，黄河中上游的一些地方，在山顶、陡坡开荒种粮，缓解了

粮食供给不足的矛盾。但现在情况不同了，随着国家农业政策的成功，农业科技的发展，粮食生产能力明显提高，粮食供给平衡有余。在这种情况下，如果继续在山顶、陡坡开荒种粮，不仅投资大、成本高、产量低、效益差，而且加剧水土流失，势必严重危害黄河下游的防洪治理和经济发展。因此，黄河中上游地区不要再以牺牲生态环境为代价生产粮食，而是要治理水土流失，改善生态环境，为下游治理和经济发展创造良好的生态条件。各有关省区一定要及早调整农业结构，大力植树种草，扩大绿色植被，搞好水土保持。因此而减少的粮食产量，完全可以通过减少水土流失，减轻下游洪水灾害而增产的粮食得到补偿。国家将采取有效措施，解决黄河中上游地区坡耕地退耕后所需的口粮问题，支持生态环境建设。

朱镕基强调，治理水土流失，要采取退田还林（草）、封山绿化、个体承包、以粮代赈的措施。他说，当前最重要的是，黄河中上游地区要坚决实行坡耕地退田还林（草），坚决停止新的毁林毁草开荒，做到树上山、粮下川。这是治理水土流失的关键措施。要封山绿化，保护植被，发展林草业及相关产业，开展多种经营，开辟新的增收门路。退耕的坡地造林，可以实行个体承包的办法，把造林任务承包到户、到人。谁造林，谁所有，谁受益。建立健全责任制，明确造林权益，落实管护措施，对造林所需苗木、种子和用工，国家要给以适当补贴，个人要保种保活。对退耕并达到造林要求的农户的口粮，在一定年限内，由国家采取以粮代赈、无偿提供的办法解决，以调动农户退田还林的积极性。

在谈到延安的生态环境建设时，朱镕基说，延安是革命圣地，延安人民为夺取中国革命的胜利作出了重要贡献。现在，延安经济、社会有了较快发展，各项事业取得了明显进步。但是，延安自然条件差，生态环境还未得到根本改善。国家有关部门和陕西省要把延安作为生态环境建设的重点，加大资金投入，给以政策支持、延安人民要继续发扬艰苦奋斗精神，把过去“兄妹开荒”的革命精神发展成为“兄妹造林”，大力开展植树种草，治理水土流失，为建设一个山青水秀的延安作出新贡献。

——摘自 1999 年 8 月 11 日《人民日报》

1999 年 8 月，国务院总理朱镕基在云南考察工作时强调，保护天然林是改善生态环境，实施可持续发展战略的重大举措，必须以更坚定的决心，更严格的要求，更有力的措施，切实抓紧抓好。

朱镕基指出，加快实施天然林保护工程，是去年战胜历史上罕见的特大洪水之后，中央作出的一项重大决策。这是一个刻不容缓、迫在眉睫的工作；耽误一天，损失就会加重一分，长江、黄河就不可能有宁日。我们要从经济和社会发展全局的高度，从国家和中华民族长远发展的高度，进一步提高对做好这项工作重大意义的认识。他说，去年以来，有关地区在实施天然林保护工程方面做了不少工作，滥砍滥伐的现象大为减少，但对已经取得的成绩不能估计过高，有些地方现在还没有完全停止砍伐天然林，在工作中也还存在一些需要解决的实际问题。他强调，实施天然林保护工程是一项十分艰巨的任务，一定要下更大的决心，采取更坚决的措施，以愚公移山的精神，通过几代人的不懈努力，把这个功在当代、惠及子孙的大事办好。

朱镕基强调，实施天然林保护工程，首先要真正转变经济工作思路和传统观念。要切实把发展经济的指导思想转到重视保护资源和生态环境、实施可持续发展战略上来，转到对经济结构实施战略性调整上来。现在是实施天然林保护的有利时机，国家也有这个经济实力，特别是粮食供应充裕。他指出，实施天然林保护工程必须制定和实行正确的政策与措施。第一，国家对天然林禁伐地区给予资金支持，以调动地方、企业和群众的积极性。对禁伐天然林而减少的地方财政收入，中央财政要通过转移支付予以适当补贴。不付出这个代价，就不能换来青山绿水。第二，采取退田还林（草）、封山绿化、以粮代赈、个体承包的措施。这项措施，不仅适用于治理黄土高原水土流失，也同样适用于其他地区天然林保护工程。要坚决实行封山植树，实行坡耕地退田还林，植树种草，同时还要严禁新的毁林毁草种粮。对退耕还林的地区，农民在种树种草的同时，国家在一定的年限内，无偿提供粮食。对造林和护林，要实行承包到户、到人的办法。第三，森工企业要由砍树转为种树、护林。一部分职工承包造林和管护任务，由国家给予资金补贴，一部分职工要下岗分流，搞好基本生活保障，通过发展其他产业，逐步解决再就业问题。第四，对以木材为原材料的小造纸厂等企业，要有计划地实行关闭、破产，妥善处理债务和人员安置等问题。第五，建立强有力的监督和管理机制，加大执法力度，坚决打击偷砍盗伐的违法行为。他说，在停止砍伐天然林的同时，要选择不会对水土流失造成影响的地方，大力发展速生丰产林，并采取发展新型建材等多种措施，保证社会各方面对木材的需求。朱镕基要求，各有关地方要按照国家的统一规划和部署，抓紧制定具体方案，尽快实施。

——摘自1999年8月18日《人民日报》

1999年9月6日至9月12日，朱镕基总理在四川省考察时指出，实施天然林保护工程，加强生态环境建设，是贯彻执行可持续发展战略的重大部署。要下决心在长江、黄河中上游地区恢复植被、绿化荒山、保持水土、保护生态，力争五年初见成效、十年大见成效。

朱镕基强调，保护天然林资源，加强生态环境建设，是刻不容缓的任务，也是长期艰巨的事业，必须全面规划，综合治理。要把停止天然林砍伐同退耕还林还草、治理荒山荒地结合起来进行。长江、黄河上中游地区的天然林一律全面禁伐，实施封山管护，关闭木材交易市场。同时，对农民毁林开荒种植的坡耕地要采取“退耕还林（草）、封山绿化、以粮代赈、个体承包”的措施，恢复林草植被。国务院有关部们要会同地方政府抓紧提出总体规划和相关的扶持政策，报国务院批准后由省级政府负责组织实施。

朱镕基指出，实施天然林保护工程，从长远看，利及当地，泽被全国，收效当前，造福子孙，但是也会给禁伐和退耕地区带来某些暂时的困难，甚至要付出一些代价。我们既要正确认识和处理局部利益与全局利益、当前利益与长远利益的关系，同时国家也要采取正确的政策，调动广大群众的积极性。第一，由于禁伐天然林而使地方政府减少的财政收入，国家要给予补偿，中央财政拿大头，省级财政也要拿出一定比例。不付出必要的代价，就不能换来青山绿水。林区政府也要注意精简机构，节约开支。第二，要深化森工企业改革，妥善安置林业职工。森工企业要保留一支精干队伍从事森林管护，并对农民退耕还林，植树种草，提供技术指导，同时，抚育苗圃，供应树苗。其余职工要按“个体承包”的方式在国有林区封山育林，对下岗职工要纳入社会保障体系，发给基本生活费。对天然林保护地区以木材为原料的小型加工企业，要有计划地实行关闭破产，妥善处理银行债务和人员安置等问题。第三，对退耕还林的农民要认真落实补偿和扶持政策，国家在一定时期内给予农民粮食补助。要抓住当前全国粮食供应有余，粮食库存充裕的机遇，以粮食换森林。要看到森林恢复、生态改善后，粮食将会更大增产的良性循环。造林护林要承包到户、到人，建立严格的责任制，做到责权利统一。要抓紧研究“以粮代赈”的具体办法，先行试点，总结经验，逐步推广。第四，在生态环境脆弱地区，要实行飞播造林，结合人工造林，实行乔、灌、草结合。在实施营造林工程中，要大力采用先进技术，提倡科学造林、育林。第五，切实解决天然林禁伐和封山绿化后当地林区农民烧柴问题。在有条件的地方推行以煤代柴、以电代柴，加速发展薪炭林。还要通过大力开发利用木材代用品，支持发展速生丰产林等措施，保证社会各方面对木材的需求。

朱镕基强调，要使天然林保护和生态环境建设真正取得成效，并得到持久发展，从根本上看，必须彻底改变长期以来形成的林区经济发展的老路子、老框框、老办法，关键是要大力调整经济结构、转变经济增长方式，摆脱“木头财政”的地区经济模式。要积极发展有特色的多种林区产业，努力培育新的经济增长点和支柱产业，包括大力发展旅游业、经济林业和其它适宜发展的林牧业。现在，我国整个经济处于结构大调整时期，林区经济要得到更好地发展，就必须下大力气调整和优化经济结构。

朱镕基指出，党中央和江泽民总书记高度重视中西部地区特别是民族地区的发展。加快发展民族地区经济，是关系各民族共同发展、共同繁荣的大事，也是关系我国现代化建设全局的大事。几十年特别是改革开放以来，我国各民族地区经济都有了很大发展，但由于历史的、地理的多方面原因，一些民族地区的经济还相对落后。现在中央已决定把加快中西部地区的发展作为一项重大战略任务，摆到更加突出的位置，中西部地区特别是民族地区面临进一步发展的良好机遇。民族地区的各族干部群众要自觉维护民族团结，奋发图强，锐意进取，抓住有利时机，加快发展步伐。

——摘自 1999 年 9 月 14 日《人民日报》

1999 年 10 月 21 日至 10 月 30 日，朱镕基总理在甘肃、青海、宁夏考察时强调：加快西部地区发展是邓小平同志关于我国现代化建设战略思想的重要组成部分，是促进各地区共同繁荣、共同富裕的必然要求，我们一定要按照江泽民总书记近年来多次重要讲话和指示精神，站在现代化建设全局和长远发展的高度，统一思想认识，不失时机地实施西部大开发战略。

朱镕基指出，切实加强生态环境保护和建设，这是实施西部地区大开发的根本。只有大力改善生态环境，西部地区的丰富资源才能得到很好的开发和利用，也才能改善投资环境，引进资金、技术和人才，加快西部地区发展步伐。尤其要看到，改造西部地区的生态环境，对于改善全国生态环境，具有重大意义。如果不加紧、加快实施在西部地区恢复林草植被、治理水土流失，那么，长江、黄河日渐淤积，洪水灾害不可能得到根治，广大中下游流域将永无宁日。因此，必须高度重视和突出抓好生态环境的建设，把它作为实施西部地区大开发的切入点。为此，必须坚决实行“退耕还林（草）、封山绿化、以粮代赈、个体承包”的措施。这些措施是贯彻中央关于植树造林、绿化荒漠和荒山荒地方针的具体化，也是一些地方经过实践证明行之有效的做法。现在全国粮食供应充裕、库存多，是以粮食换林草的极好时机，我们要紧紧抓住而不能错过这个难得的机遇。这样，既可以改善生态环境，又可以缓解目前粮食总量相对过剩造成的一些矛盾，还能带动整个经济结构的调整。同时，把以粮食换林草同扶贫工作结合起来，也是加快贫困地区脱贫致富的有效途径。这件事涉及面广，政策性强，务必周密筹划，精心组织，做过细的工作，既要积极，又要稳妥，先易后难，分步实施，注重实效，防止一哄而起，更不能做表面文章。各地方要从当地实际情况出发，抓紧制定科学的规划和具体实施办法，并首先选择条件好的地方进行试点，树立样板，取得经验，逐步扩大。

——摘自1999年11月1日《人民日报》

关于我国绿化的几个问题

——中共中央政治局常委、全国政协主席李瑞环在全国政协九届常委会第六次会议闭幕会上的讲话（摘要）

（1999年6月25日）

这次会议的主题是环境与发展。会议期间，大家以负责、求实的精神，发表了许多很好的意见和建议。研究环境与发展，不能不涉及绿化问题。对绿化问题，人们一直比较关心，我也作过一些思考。借此机会，谈点看法。

（一）

绿化，特别是植树造林，对于人类居住环境的保护和改善，对于人类自身的生存和发展，有着极为重要的意义。森林是陆地生态系统的主体，对保持水土、涵养水源、调节气候、净化空气、防风固沙、养护物种具有不可替代的作用。森林是发展经济、改善人民生活的重要基础，能提供人们所需要的木材、食品、药品、燃料及工业原料。人类环境不能离开森林，历史上由于森林消失而导致国家衰亡、文明转移的例证屡见不鲜。古巴比伦、古埃及、古印度文明的衰落，以及我国古黄河文明的转移，都与森林被破坏密切相关。可以说，人类如果失去森林也就会失去未来，失去一切。

我国大部分疆土适宜森林生长，在古代森林资源十分丰富。3000多年前，黄土高原曾经“草木繁茂，禽兽繁殖”，森林覆盖率达50%以上。天山、祁连山、阿尔泰山也曾经“有松柏五木，其水草茂密”，分布着大片森林。只是在此后的漫长岁月中，由于过度开发、社会动乱和自然灾害等多种原因，我国森林资源遭到严重破坏，逐渐变成少林国家。新中国成立后，党和国家一直高度重视绿化事业，采取了一系列措施，制定了有关政策和法律、法规，取得了巨大的成就。经过全国人民近半个世纪的奋斗，全国累计义务植树300多亿株，现有人工林面积达5亿多亩；“三北”防护林、长江中上游防护林、沿海防护林、平原农田防护林体系建设等工程取得阶段性成果；一批省、自治区基本消灭宜林荒山，一批城市初步建成园林城市。

但我们必须清醒地看到，我国绿化事业仍然面临严峻的形势。森林人均占有量少，我国共有森林20.06亿亩，人均只有1.6亩，为世界人均水平的12%；林木蓄积量117.85亿立方米，人均不足10立方米，为世界人均水平的13%。森林覆盖率低，仅有13.92%，为世界平均水平的一半，在160多个国家和地区中排在第120位左右。森林分布不均，总的来说东南多，西北少，许多地方基本没有树。我国森林的这种状况带来一系列生态环境问题。水土流失日益严重，面积已达367万平方公里，约占国土面积的38%，而且还以每年1万平方公里的速度增加。土地荒漠化不断扩大，面积已达262万平方公里，大大超过全国耕地面积的总和，而且还以每年6 700平方公里的速度扩展，其中沙化土地每年就净增2 460平方公里。野生动植物资源数量下降，物种总数的15%至20%受到威胁，数千种动植物濒危，已经有一批珍贵的野生动植物在国土上绝迹。自然灾害日益加剧，从1950年至1989年，我国平均每年洪涝面积约1.2亿亩，干旱面积约3亿亩，而1990年至今平均每年洪涝面积增至2.5亿亩，干旱面积增至3.4亿亩。以大家熟知的沙尘暴来说，特大沙尘暴在60年代发生过8次，70年代发生过13次，80年代发生过14次，而1990年至今已发生23次，并且波及的范围愈来愈广，造成的损失愈来愈重。尤其令人不安的是，破坏森林资源的行为在许多地方仍未有效制止，由于各种原因，全国每年约有3 000万亩有林地逆转为疏林地、灌木林地、无林地乃至非林用地。如果我们再不增强危机感和紧迫感，采取切实有效的措施，从根本上改变这种被动状况，那么，不仅我们的现代化建设目标和可持续发展战略难以实现，就连中华民族的生存也会成为问题。

（二）

我国绿化工作面临的严峻局面，是多种原因造成的。作为思考问题、改进工作，我们应该着重研究主观原因，研究思路、研究政策、研究方法。

必须在人多上打主意。人多是中国的基本国情，中国许许多多问题是人多造成的，许许多多问题的解决也必须在人多上打主意。我国有960万平方公里国土，要使如此广阔的大地山川都绿起来，只靠少数人使劲不行，必须有广大人民群众的积极支持和踊跃参加。我国是发展中国家，经济基础比较薄弱，花钱买绿化的事情办不起，必须走全民动手、艰苦奋斗的路子。我国劳动力资源丰富，绿化又是一个需要大量劳动力的行当，通过各种形式把尽可能多的人组织起来投身绿化，可以为富余劳动力开辟一条就业的门路。我们要下大力气琢磨如何把人多的优势发挥出来，努力形成千军万马齐心协力大搞绿化的局面。

必须在物质利益原则上作文章。思想教育、组织动员是我们的优良传统，义务植树是我们的成功做法，应该继续坚持和发扬。但是，要把思想觉悟、文化水平和职业分工千差万别的人们都发动起来，自觉自愿、长期不懈地参加绿化，还必须切实贯彻物质利益原则。我们搞社会主义市场经济，发展以公有制为主体的多种所有制经济，实行以按劳分配为主体的多种分配方式，就是承认和运用物质利益原则。绿化工作也应当充分体现这个原则。在劳动还是谋生手段的历史阶段，人类从事生产活动的直接目的，就是获得满足自身需要的物质利益。绿化是义务，是责任，也应该是利益。没有利益就没有动力，没有动力就没有活力。我们要建立一种利益驱动的工作机制，最大限度地调动广大群众的积极性，使每一个人在谋取自己利益的同时为发展集体利益尽责任，在追求自己致富目标的过程中为实现国家宏伟目标作贡献。这是发展我国绿化事业的基本思路，也是我们研究许多问题的出发点。

必须在研究管用的方法上下功夫。我们许多事情之所以没有办好，不少问题之所以长期得不到解决，不是因为思路不对，也不是因为原则不好，就是因为缺乏管用的方法。过去，我们为了解决吃饭问题，憋足了气儿，使足了劲儿，想尽了法儿，制定了农业四十条，提出了粮食产量上纲要、过黄河、跨长江的目标，但就是吃不饱肚子。当时，地比现在多，人比现在少，党风不能说不好，领导威信不能说不高，粮食生产之所以上不去，究其原因，就是没有找到真正体现物质利益原则的有效方法。后来，实行家庭联产承包责任制，把农业生产同农民的切身利益挂起钩来，广大农民的积极性得到前所未有的发挥，我国农业才实现了具有重大历史意义的飞跃，被国际上称为一大奇迹。可以这样说，正确的思路和原则确定之后，关键就在于找到行之有效的方法。一种好的方法、一个对路的实招，可以下活一盘棋，可以开辟一条道，可以影响一大片。我国的绿化工作要取得突破性进展，也必须开动脑筋，深入研究，积极寻找确实管用的正确方法。真正能够解决问题的正确方法从哪里来？只能从实践中来。我们应当按照小平同志的要求大胆地想，大胆地试，大胆地闯。在大西北这样的地方，有那么多土地长期荒着，当务之急是让它尽快绿起来。国家要加大基础设施建设力度，首先要解决缺水问题。同时，要解放思想，放宽政策，谁绿化谁所有，谁投入谁受益，谁经营谁得利，鼓励不同地区、不同行业、不同所有制的投资者来进行开发。我们的大目标是绿起来，只要有利于绿，绿得多、绿得快、绿得好，各种方法都可以探索和试验。在已经绿起来的许多地方，可以推广森林管护经营责任制，实行管护承包，责任到人，利益到人，并进一步明晰和稳定林地权属关系，切实减轻林业税费负担。对其他需要绿化的荒山荒地、田边路旁、公园庭院等，也应该制定一些能够体现物质利益原则的具体政策。这些想法不一定都对，还会有其他做法。我的目的是鼓励积极探索，不要坐而论道。有些事情来回地争论，争论 10 年、20 年，到头来一事无成，把时间也丢了。应先干起来再说，在干的过程中研究比较，在干的过程中总结提高。我相信，只要有这种精神，总会找到适合自己情况的绿化之路。

（三）

大力发展经济林木，是推进我国绿化事业的一项重大举措。

发展经济林木，能够给绿化者带来较多的经济利益。与其他林木相比，经济林木不仅具有一定的生态功能，还具有更高的经济价值。由于高新技术的运用，经济林木的挂果期已经大大提前，不少是一年栽植，三年结果，产量和质量都有很大提高。自古以来，我国人民就有种植经济林木的传统和经验。许多家庭千方百计在房前屋后、田间地头种上几棵经济林木，称之为“长年结果的摇钱树”，并把它作为一种财富留传给子孙后代。改革开放后，随着党的富民政策的实施，群众越来越重视种植经济林木，出现了许多依靠经济林木发家致富的典型。广西右江河谷地区是经济贫困的少数民族地区，通过种植杧果，不少群众走上了富裕路，去年杧果收入超万元的近800户。实践证明，种植经济林木人们积极，容易坚持，容易推广，有利于形成绿化的良性循环。

发展经济林木，能够充分利用土地等自然资源。土壤、水分、日照和温度是植物生长的主要条件，在我国，这几个条件都好的地方常常农业发达、人口密集、土地珍贵。在这样的地方搞绿化，不能不考虑比较效益。一棵树，占那么大一块地皮，用那么多水分和阳光，不能仅仅为了观赏，还应当发挥更多的作用，既有生态效益又有经济效益。比如丘岗地区，过去大炼钢铁把树都砍光了，当然很荒唐；后来提倡绿化，秃山变绿山，这是进步。但从合理利用土地等自然资源来讲，只绿还不够，应当大力发展经济林木，宜果则果，宜茶则茶，宜药则药。湖南计划开发丘岗地 5 000 万亩，相当于全省耕地的面积。江西也提出在山上“再造一个江西”。类似湖南、江西这样条件的地方还有很多，如有计划地进行开发，其意义不可估量。按照这样的思路，不论是丘岗还是平原，不论是农村还是城市，不论是成片的地块还是零散的角落，像公园、庭院、沟旁、路边等，都应地尽其力，见缝插针，广种经济林木，这将对发展经济、改善生活和绿化祖国具有重大的影响和作用。

发展经济林木，能够为解决我国未来的吃饭问题提供新途径。目前，我们用仅占世界7%的耕地养活占世界22%的人口，这是举世公认的伟大成就。但应当看到，我国人口仍在以每年一千几百万的速度增加，而耕地却在以每年几百万亩的速度减少，到下世纪中叶，我国人口将达到16亿，人多地少的矛盾会更加突出。“民以食为天”，吃饭问题始终是关系中华民族生存和发展的头等大事。在我国，解决吃饭问题当然主要靠提高粮食产量，但还必须调整食物结构，广辟食品渠道。我国经济林木有1 000多种，其中，木本粮食类100多种，木本油料类200多种，大部分可作为传统粮油的替代品。如板栗、核桃、柿子、枣、油茶等，就被群众誉为“铁杆庄稼”。根据专家测算，经过改造，木本粮食林平均亩产可达125公斤，我国现有木本粮食林4 000万亩，适宜开发的还有2亿亩，如果全部开发出来，每年总产可达300亿公斤，按照一斤抵一斤粮食计算，相当于6 000万亩耕地的粮食产量。水果尽管不是木本粮，但多吃水果，也可以减少吃粮。

当然，提倡种植经济林木，不是要在所有地方、把所有的树都变过来，不是用经济林取代用材林、防护林等其他林种，在什么地方种什么树，必须尊重科学，从实际出发，因地制宜，适地适树，突出特色，协调发展。

（四）

国土绿化是一项长远的战略任务，是一个宏大的系统工程，需要从多方面做大量扎实有效的工作。

要搞好绿化规划。规划应立足长远，为子孙后代着想，该留的绿化用地必须留足留够，不能因现在穷，就只图眼前，不顾长远，也不能因为要搞开发、上项目，就随意挤占和破坏林地绿地。规划应统筹兼顾，哪里建防护林带，哪里搞经济林木，哪里种乔木灌木，哪里栽花种草，都要合理布局、科学安排，并与国土整治、区域开发和城乡建设结合起来。规划应有权威性，一经制定颁布，就要保证实施，不能因领导人的主观意志而任意改变。

要加强科学研究。搞好绿化尤其是发展经济林木必须依靠科技进步。要强化科技兴绿意识，健全科研机构，组织科研力量，重视绿化造林的基础研究和应用研究。要采用现代生物技术，选育提供品种对路、数量充足的优良种苗，同时搞好对林木的抚育管理，防止退化、老化。要抓好技术试验示范区的建设，积极推广先进适用的技术，大力促进科技成果的转化、应用，保障绿化造林向优质、高产、高效的方向发展。

要完善服务体系。我们不但要使该绿的地方绿起来，还要使已绿的地方富起来，这就要为绿化造林者提供产前、产中、产后一系列服务。最近连续发生果贱伤农现象，并不表明水果真的多了，其主要原因是服务跟不上，致使水果多的地方运不出、卖不掉，水果少的地方见不到、买不着。目前我国的果品消费量还很低，人均每年仅30公斤左右，而世界上有的国家已高达200公斤。因此，要大力培育市场疏通销售渠道，帮助种树人把辛勤劳动的果实卖出去，实现其价值。要切实解决好水果的贮存、保鲜、加工、运输等问题，特别是要搞好精加工、深加工，使产品既适销对路又得以增值。要兴办产供销相配套、贸工林一体化的服务组织，建立稳定、高效的生产、销售体系，确保绿化产业的经济效益。

要加大绿化投入。搞好造林绿化，国家必须保证基本投入，并随着经济的发展而逐步增加。去年以来，中央决定加强基础设施建设，把生态工程建设作为重点，大幅度增加投入，今年仅天然林保护工程一项，就拨款近60亿元。但绿化需要大量资金，必须开辟多种渠道。应落实《森林法》有关森林生态效益经济补偿的规定。可采用租赁、承包、股份合作、“四荒”使用权拍卖和独资、合资等各种形式吸引各方面的资金，形成国有资本、集体资本、私营资本和国外资本共同参与的多元化投入机制，并通过政策上的倾斜与扶持，保证其投资收益。

一部人类的发展史，就是人与自然的关系史。中国数千年来在认识和改造自然的过程中，创造了辉煌的文明成果，也付出了环境恶化、资源紧缺的沉重代价。在人口、资源、环境之间矛盾日益突出的情况下，必须调整发展的模式，寻求人与自然的和谐。绿化是协调人与自然关系的重要环节。我们要进一步提高对绿化事业的认识，使绿化成为全体公民的自觉行动；要一年一年地干，一辈一辈地干，给子孙后代留下山青水秀的美丽环境，为中华民族开辟生存和发展的广阔空间。

中共中央政治局委员、中央书记处书记、国务院副总理温家宝在全国森林防火工作电视电话会议上的讲话

（1999年3月22日）

同志们：

国务院召开全国森林防火工作电视电话会，分析当前森林防火的形势，动员各地和各有关部门，紧急行动起来，采取有力措施，全力做好今年的春季森林防火工作，确保不发生大的森林火灾。刚才，王志宝同志通报了森林防火的有关情况并作了工作部署，黑龙江、四川省的负责同志介绍了森林防火的做法，讲得很好。下面，我讲几点意见。

一、认清形势，确保今年不发生大的森林火灾

去年我国森林防火工作取得较好成绩，没有发生大的森林火灾。今年森林防火特别是春防工作面临的形势极其严峻，发生森林大火的危险很大。突出表现在以下几个方面：一是去冬降雪少，气温偏高，林区积雪比历年偏少。二是去年夏季雨水大，林下可燃物多，今春气温回升快，高火险时段集中，极易引起火灾。三是入山人员大幅度增加，在林区从事副业和采矿的人员越来越多，给火源管理增加了难度。四是去年黑龙江、内蒙古等省区发生历史罕见的洪涝灾害，森林防火设施损坏严重，林区道路被水冲毁，一时难以全部修复，给扑救火灾带来困难。五是今年南方部分林区天气持续干旱，森林火灾频繁发生，防火期可能比常年延长。对此，一定要有充分的思想准备。一、二月份全国森林火灾次数和伤亡人数都比去年同期大幅度上升，应当引起高度警觉。今年是我国历史上十分重要的一年，我们要庆祝建国50周年，迎接澳门回归祖国。保持稳定，是全党、全国工作的大局。做好今年的森林防火工作具有特殊重要的意义，不仅事关保护森林资源安全，而且直接关系改革开放和社会稳定的大局。今年的森防工作不能一般的部署，必须采取超常规的措施，思想早发动，工作早部署，物资早准备，人员早到位。在防火期内林区要把森林防

火作为第一位的任务，东北、内蒙古和西南等重点林区要下大力抓紧抓好，全国其他地方也不能有丝毫放松，确保实现今年不发生大的森林火灾。各级党委、政府必须从维护改革、发展和社会稳定的大局出发，进一步提高对森林防火工作的认识，以对党、对人民高度负责的态度，强化森林防火责任意识，认真抓好本地区的森林防火工作。

二、从严治火，把各项措施落到实处

森林火灾是突发性强、危害性大的自然灾害，目前我们对这种灾害的控制手段还比较缺乏，很难完全避免森林火灾的发生。但是多年的实践证明，只要各级领导在思想上真正重视起来，采取切实有力的措施，认真抓好落实，就可以最大限度地避免发生大的森林火灾。面对今年的特殊形势，森林防火工作部署要更细，要求要更高，管理要更严，工作要更实。

（一）严密监测火情，防患于未然。森林防火工作要认真贯彻“预防为主、积极消灭”的方针，把预防作为森林防火的首要任务。各级领导要像重视扑火那样重视预防工作，认真落实各项预防措施。要充分发挥全国林火监测系统的作用，对重点林区进行严密监测。加大航空护林飞机的巡护密度，特别要加强对偏远、原始林区的巡护。值班人员要坚守岗位，重点火险地段要增加巡逻力量，加强地面瞭望，发现火情立即报告。要实行科学防火，建立森林火险天气预报、森林火险等级预测预报系统，加快生物防火林带工程建设，积极稳妥地推广计划烧除等科技含量较高的技术手段。

（二）严格管理火源，消除各种隐患。在防火期内，要加强入山人员管理，做到凭证入山，严禁携带火种上山，彻底清理未经批准的入山人员。要严格执行各项火源管理制度。野外用火必须经过严格审批，有组织地进行，落实好各项防范措施，确保万无一失。对重点部位、薄弱环节要进行反复检查，发现问题，及时纠正，消除隐患。在“清明”、“五一”等节日期间，要组织人员在山头、道口、墓地，加强巡查，严防死守。在防火紧要期，地方政府要发布戒严令，严禁一切野外用火。国有重点林区在五级风以上天气，要坚决执行停止一切野外生产、生活用火的规定。对违反用火规定的人员要从严处罚，造成严重损失的要依法严肃处理，并追究领导责任。

（三）严密部署力量，做好扑火的一切准备。从现在起，一切准备工作都应分解落实到单位、到人。扑火队伍要进入临战状态，森警部队要严阵以待，做好扑火特别是扑大火的一切准备，确保不误战机。要保证森林防火的资金投入，抓紧抢修水毁防火设施，尽快配备和补充防火、扑火特别是扑大火急需的机具和设备，搞好设备维修。要抓紧修订完善扑火预案，一切从最困难处着眼，从扑火的实战出发，切实加强演练，做好扑大火、打硬仗的各项准备。

（四）严格督促检查，抓好防火的各个环节。各级人民政府要立即组织开展森林防火工作大检查，检查行政领导责任制是否落实到人，加强野外火源管理的各项预防措施是否到位，专业森林扑火队伍是否到岗，扑救森林火灾的各项措施是否准备充分，森林火灾案件是否查清结案，对重点火险区要反复进行检查。国家林业局要派出工作组对重点地区进行检查，发现问题，要立即提出整改措施，及时加以解决。各级森林防火指挥部要加强监督，保证整改措施的落实。严格执行森林火灾报告制度和归口管理制度，需要向国务院报告的火情，按规定由国家林业局报告。

要认真贯彻执行《森林法》、《森林防火条例》等法律法规，坚持依法治火。各地还要根据当地的实际情况，制定地方性的法规，把森林防火工作纳入法制化的轨道。要加强宣传教育工作，利用各种宣传媒体，采取多种形式，在林区反复进行森林防火宣传教育，做到家喻户晓、深入人心。要针对林区外来人员多、入山作业人员多的特点，在进入林区的各种旅客列车及车站、旅馆，加强对外来人员的宣传，提高他们的防火意识。要组织森警、公安人员、林业职工深入林区各作业点，进行宣传。要加大执法力度，对违法行为要严肃处理，抓住火灾肇事者的典型，依法公开处理，教育广大干部群众，提高全社会的森林防火意识。

三、落实责任，齐抓共管

森林防火工作是一项涉及面广的工作，需要全社会的共同努力。地方各级党委、政府，林业主管部门和各有关方面都要自觉承担起各自的责任，加强领导，齐抓共管，形成全社会抓保护、全民重防火、政府负全责的森林防火工作格局。

（一）认真落实地方领导防火工作责任制。实行各级人民政府行政领导负责制，是做好森林防火工作的重要保证。要把森林防火的责任落实到地方各级政府，实行一把手负总责。要逐级签定责任状，把森林防火的责任落实到每一个村屯、每一块林地，落实到每一个人。今年很多地方县、乡、村换届选举，换届时要做好森林防火工作的衔接，防止出现工作断档。要做到真抓实管，敢于碰硬。一旦发生火情，地方政府领导要亲赴现场指挥扑救。如果哪个地方因为工作疏漏，管理不严，措施不力而发生大的森林火灾，不仅要追究当地政府的责任，而且要追究省（区、市）政府的领导责任。要稳定森林防火管理体系，以适应日益繁重的森林防火工作的需要。

（二）充分发挥森林防火专业队伍的作用。森警部队是重点国有林区森林防火的主力军。经国务院、中央军委批准，森警部队成立武警森林指挥部，实行新的领导管理体制，这对加强森警部队建设具有重要意义。森警部队全体官兵要以此为动力，进一步加强部队革命化、正规化、现代化建设，在地方政府和林业主管部门的领导下，根据防火、扑火工作的需要，服从各级森林防火指挥部的调动，重点布防，全力保证重点部位和大面积国有森林资源的安全。要努力提高部队快速反应、机动作战和扑大火的能力，遇有火情，要集结优势兵力以最快速度赶到火场，实现全方位、多手段、立体化灭火，把火情控制在初发状态，最大限度减少火灾造成的损失。航空护林是实现早发现、早扑灭的重要手段，要充分发挥航空护林的优势，加强对地面瞭望盲区的空中巡护，及时运送扑火队员，积极推广应用化学灭火、直升机吊桶灭火和索降灭火等先进技术。

地方和森工企业的各类专业扑火队伍是扑火的主要力量。要继续巩固和加强专业扑火队伍建设，提高战斗力。进入防火期后，各专业扑火队都要集中待命，保证做到一有火情，能拉得出，打得胜，实现打早、打小、打了，并做好清理火场的工作，防止死灰复燃。要进一步加强对各类扑火队伍和林区职工群众的扑火安全教育和培训，努力避免扑火中发生人身伤亡事故。

（三）强化林业主管部门的职能作用。林业部门作为森林防火工作的主管部门，对森林防火工作负有重要责任。当前，要把森林防火作为林业工作的头等大事，摆在突出位置认真抓好。要主动为各级人民政府当好参谋，积极争取各有关部门的帮助和支持。要切实加强各级森林防火办事机构建设，加强值班调度。在防火期内，要坚持24小时值班，并有领导带班，保证政令、信息畅通，使火情能得到及时准确的处理。对重点地区的重点布防和综合治理工作，国家林业局和各地林业主管部门要派员蹲点，直接过问。对大的森林火灾，国家林业局要迅速派人到现场了解情况，进行指导。对需要由国家组织、指挥、协调扑救的特大森林火灾，国家林业局成立森林扑火指挥部，有权指挥调动扑火急需的人员、物资、装备。有关部门都要积极支持，绝不允许推诿扯皮，贻误战机。

（四）*广泛动员各部门为森林防火服务*。各级政府要把森林防火基础设施建设纳入国民经济建设规划。要研究制定森林防火资金投入办法，理顺资金投入渠道，增加森林防火资金投入。在国家投入和地方配套的天然林保护工程专项资金中，可以确定一定的比例用于加强森林防火基础设施建设。要加强森林防火资金使用的监督和管理，保证国家及地方投入森林防火的资金足额到位，绝不允许截留、挪用。铁道、民航部门要保证扑火队伍和扑火物资的运输。气象部门要及时提供森林火险天气预测预报。在森林防火紧要期间，中央气象台在全国气象预报中要适时发布森林火险天气趋势和高火险天气警报。驻林区人民解放军、预备役部队、武警部队和民兵要积极参加防、扑火工作。其他各有关部门都要尽职尽责地做好本部门的工作，为森林防火工作服务。

同志们，再过几天，东北、内蒙古林区就要进入最关键的春防期。能不能圆满完成今年森林防火工作任务是对各级领导的一次严峻考验。我相信，在党中央、国务院的坚强领导下，在地方各级人民政府的精心部署下，只要进一步振奋精神、团结一致，迎难而上、顽强拼搏，扎实工作、埋头苦干，我们一定能够夺取今年森林防火工作的胜利。

中共中央政治局委员、中央书记处书记、国务院副总理温家宝在全国绿化委员会第十八次全体会议上的讲话

（1999 年 4 月 1 日）

今天我们召开全国绿化委员会第十八次全体会议。总结上年工作，部署新一年的任务。今年是建国 50 周年，改革开放刚过 20 年，认真总结国土绿化工作，深入分析面临的形势和任务，很有必要。刚才，王志宝同志汇报了去年第十七次绿委会以来的工作，对 1999 年的工作作了部署，我都同意。这次会议还决定表彰“全国十大绿化标兵”和 543 名全国绿化奖章获得者，我谨代表国务院向他们表示祝贺和敬意。下面，我想就进一步搞好国土绿化工作讲几点意见。

一、当前国土绿化工作面临的形势

改革开放 20 年来，我国经济社会各方面都发生了翻天覆地的变化，国土绿化事业也进入了一个新的较快的发展时期。党和国家高度重视绿化工作，把绿化国土、保护环境当作一件大事，摆上了重要位置。在邓小平同志亲自倡导的全民义务植树运动的推动下，全国广泛深入地开展了有计划、大规模的造林绿化，国土绿化事业步入了全社会办林业、全民搞绿化的新阶段，取得了巨大成就。全国人工造林保存面积达 3 425 万公顷，全国森林覆盖率达 13.92%。重点造林绿化工程建设取得了重要成果，“三北”防护林已经完成一、二期工程，在祖国的北方筑起了一道绿色屏障。长江中上游防护林体系和沿海地区防护林体系建设、平原绿化和北方生态脆弱地区的水土保持、防沙治沙工作都取得了阶段性成果。全民义务植树在全国范围内广泛发展，累计义务植树 300 多亿株。目前，全国已有广东、福建、湖南、安徽、浙江、湖北、山东、江西、广西、吉林、江苏、海南 12 个省、自治区基本消灭了宜林荒山，涌现出了一批像珠海、大连、威海这样

的园林式城市。全社会植树种草、保护环境的意识不断加强，广大人民群众造林积极性空前高涨。各级党委和政府在领导和组织国土绿化工作方面，积累了比较丰富的经验。

在看到成就的同时，也要清醒地看到，绿化工作面临着十分严峻的形势。目前最突出的是两个问题：一是由于自然生态条件差，再加上长期乱砍滥伐，不少地方缺林少绿、森林覆盖率低、林木蓄积量少的局面并没有明显改变；二是在人口增加、经济发展的同时，一些地方不注意保护资源和环境，植被不断减少，水土流失严重，土地荒漠化加剧，生态环境恶化给经济发展和社会生活带来了极大的危害。去年发生的特大洪涝灾害，主要原因是气候异常，但也给我们敲了警钟。植树造林、绿化国土、保护和改善生态环境，直接关系到我国经济、社会可持续发展，关系到社会主义精神文明建设，关系到人民生活质量的提高，应当引起我们的高度重视。

党的十五大进一步确定了我国跨世纪发展的宏伟蓝图。改善生态环境，再造秀美山川，是建设富强、民主、文明的社会主义现代化国家的一项重要任务，也是现代化国家的一个重要标志。党的十五届三中全会《决定》把“实现农业可持续发展”作为我国农业和农村工作的重要指导方针之一，明确提出，“改善生态环境是关系中华民族生存和发展的长远大计，也是防御旱涝等自然灾害的根本措施。要大力提高森林覆盖率，使适宜治理的水土流失地区基本得到整治。”全面落实十五大精神和十五届三中全会提出的目标和方针，在今后10～15年的时间里，必须使我国的森林覆盖率有较大幅度提高，生态环境有明显改观。这是一项十分艰巨的战略任务，需要我们继续发扬艰苦奋斗的精神，动员全社会力量，进行长期不懈的奋斗。

二、我国国土绿化工作的基本方针

建国50年来，特别是改革开放以来，我们在国土绿化工作方面探索出了比较成熟的路子和做法，这既是过去取得的经验，也是今后必须坚持的方针。开创我国国土绿化和生态环境建设工作的新局面，必须认真贯彻以下方针：

（一）*实行全社会办林业、全民搞绿化*。植树造林，绿化祖国，改善生态环境，是造福当代、荫及子孙的伟大事业，是每一个公民应尽的义务。要提高全民族的绿化和环境意识，动员广大群众自己动手，创造美好的生活。实行全党动员、全民动手，地方和部门一起抓，发挥机关、部队、企业、学校和各行各业的作用，共同参与国土绿化事业，深入持久地开展全民义务植树运动。

（二）*坚持依法治林*。目前我国已经颁布了《森林法》、《水土保持法》，国务院及有关部门也制定颁布了一系列相关配套的法律法规。已经形成了较为完备的国土绿化法律法规体系，初步建立了从中央到地方的林业行政执法体系。坚持依法兴林，依法护林，是我国林业发展的根本保障。

（三）*发挥广大群众造林绿化的积极性*。广大人民群众是国土绿化的主力军，要通过政策引导，最大限度地发挥各行各业广大群众参与造林绿化的积极性。经过20年的改革和发展，我们在实践中已经形成了一系列有利于调动广大农民造林绿化积极性的基本政策，包括林业承包政策，“四荒”使用权拍卖、租赁政策，鼓励农民搞小流域治理政策。坚持谁造林、谁所有、谁收益，采取集体造林、股份造林、合作造林、承包造林等多种方式，建立多元化的投入机制，等等。这些政策措施被实践证明是正确的，要继续坚持和不断完善。

（四）*实施科教兴林*。林业的发展必须依靠科技进步和职工素质的提高，走科教兴林之路。要加快林业科技进步，培育和推广优良树种、草种和现代化造林种草技术。尊重自然规律和经济规律，根据不同地区的自然气候特点，因地制宜、适地种树，实行乔灌草相结合，山水田林路综合治理。科学造林，科学管理，切实提高林木成活率和保存率。

（五）坚持统一规划，长期奋斗。立足我国的自然环境状况，从经济社会发展的要求出发，把国土绿化纳入国民经济和社会发展计划，进行总体规划，这是做好绿化工作的基础。规划要全面系统，突出重点，逐级配套，切实可行。规划一经制定颁布，就要保证实施，不能随意变更，要一届班子接着一届班子，一代人接着一代人长期奋斗。

（六）搞好重点生态地区的国土绿化建设。在全面推进国土绿化建设的同时，从我国生态环境状况极不平衡的实际出发，对大江大河上游、水土流失严重地区、风沙区等生态环境脆弱的重点地区，通过实施大规模的生态工程建设，集中力量，加大投入，重点治理，加快国土绿化的进程。

（七）坚持生态建设和资源环境保护并重。我国大部分地区气候和地理条件比较差，生态环境一旦破坏很难恢复，必须坚持生态建设和环境保护并重，在开展大规模造林绿化的同时，高度重视保护森林资源和绿色植被。去年国家开始实施天然林保护工程，全面停止采伐天然林，严禁毁林开荒，严格执行限量采伐制度，对超过25度以上的高坡地逐步实行退耕还林，这些都是保护森林植被的重大措施，必须坚决贯彻执行。

（八）实现造林绿化与经济社会发展相结合。在造林绿化中要注重经济效益、社会效益和生态效益的统一，使林业成为一个大产业。通过植树造林，合理利用和开发各类土地资源，发展用材林、经济林、药材、花卉、森林绿色食品和森林旅游等多种经营，促进农村产业结构调整，扩大农村富余劳动力就业，增加农民收入。

（九）实行党政领导绿化工作责任制。绿化国土，改善环境，是我们党和政府对人民负责、对历史负责，为人民谋利益的具体体现。各级党政领导要树立为官一方，留下一片青山绿水的责任意识，把绿化工作摆上重要议事日程，层层落实责任制。要把绿化国土作为重要的基础设施建设纳入经济社会发展规划，把基本消灭本地宜林荒山和绿化美化城乡环境作为奋斗目标，并且在领导力量、资金投放、政策措施上给予保证。

三、世纪之交国土绿化的主要任务

21世纪将是一个生态文明的世纪。绿化国土，改善生态环境，关系到中华民族的生存和长远发展。我们必须从这样的高度，深刻认识搞好国土绿化的重要性，在保持经济持续增长的同时，下大力气抓好我国的生态环境建设，这要作为我国现代化建设进程中必须长期坚持的一项基本国策。

去年，国务院制定了《全国生态环境建设规划》，明确了我国生态环境建设的总体目标，提出用大约50年左右的时间，动员和组织全国人民，依靠科学技术，加强对现有天然林及野生动植物资源的保护，大力开展植树种草，治理水土流失，防治沙漠化，建设生态环境，改善生产和生活条件，完成一批对改善全国生态环境有重要影响的工程，扭转生态环境恶化的势头。力争到下个世纪中叶使全国适宜治理的水土流失地区基本得到治理，适宜绿化的土地植树种草，“三化”草地基本得到恢复，大部分地区生态环境明显改善，基本实现中华大地山川秀美。到2010年要新增治理水土流失面积60万平方公里，治理荒漠化面积2 200万公顷，治理“三化”草地3 300万公顷，新增森林面积3 900万公顷，森林覆盖率达到19%以上。我国今后一个时期的国土绿化工作，就是要坚持造林绿化与国土整治、经济发展相结合，正确处理经济发展与生态环境建设的关系，改善人民的生存生活环境，全面构筑21世纪的国土绿化新格局。

荒山荒地绿化是我国造林绿化的重点。21世纪的荒山荒地绿化工作，要按照建设现代林业的思想和实行分类经营的作法，以建立比较完备的林业生态体系和比较发达的林业产业体系为目标，大力推进生态公益林和商品林建设，努力满足生态环境改善和社会经济发展的需要。一方面，要切实把江河源头和两侧、湖库周围、石质山地、风沙干旱区、高山陡坡地带、生物多样性丰富地区和其他生态环境脆弱地区的林草植被保护起来；没有植被的，采取封山育林、飞播造林和人工造林等办法，尽快恢复植被。另一方面，要选择那些自然条件优越，适宜林木生长，同时又不易造成水土流失和对生态环境构成影响的地方，采用集约经营的办法，大力发展速生丰产用材林、短周期工业原料林和各种经济林，增加木材和林产品的有效供给，满足经济建设和人民生活的要求，同时减轻森林资源采伐消耗的压力，加快实现我国木材生产从利用天然林为主向以人工林为主的转变。

城市绿化是国土绿化的有机组成部分。21世纪的城市绿化，要向园林化、城乡绿化一体化方向发展。老城市要结合城市改造和扩建，努力扩大绿地面积。小城镇建设要把绿化作为基础设施纳入城市建设总体规划，统一实施，整体推进。在搞好街道、广场、公园等公共场所和庭院、厂区、居民区绿化的同时，要特别注重城市大环境的绿化，努力建设大型环城林带，发展“森林城”、“园林城”。到2010年，力争建成一批经济发达、环境优美、生态良性循环的现代化城市。

草地保护和建设是国土绿化的重要内容。我国草地分布广阔，是全国生态环境建设的重要组成部分，也是长江、黄河中上游生态治理的重点地带。草原区是全国近期生态环境建设的重点之一，种草在绿化中有许多优势，如发展速度快、适应性强、覆盖面广、减少地表径流率高等，对提高城市绿化水平、减少土地裸露有突出作用，尤其在我国干旱、半干旱和水土流失严重的地方，必须草本灌木先行，才能取得理想的治理效果。全国生态环境建设规划对草地保护和建设提出了明确要求，各地要在首先保护好现有林草植被的前提下，积极采取人工种草、飞播牧草、围栏封育等工程措施，把草地培育、经营与生态环境建设结合起来，做到持续发展、永续利用。到2010年，基本改变草原生态环境恶化的状况。

四、努力做好当前的国土绿化工作

当前，我国国土绿化和生态建设面临着前所未有的良好机遇。去年以来，中央确定了扩大内需的方针，实行积极的财政政策，加强基础设施建设，把生态工程建设作为重点，大幅度增加了投入。《中共中央、国务院关于灾后重建、整治江湖、兴修水利的若干意见》把“封山育林、退耕还林”作为综合治理的首要措施。中央和地方都确定了一批绿化和生态建设项目，林业和绿化战线的同志，要抓住这个机遇，积极主动地开展工作，在各级党委和政府的领导下，进一步动员和组织各方面力量，加快植树造林和国土绿化进程。

（一）切实提高绿化造林工作的质量。这些年，我们下了很大功夫，花了很大力气，投入不小，造林不少，但我们的森林覆盖率并没有很大提高。这说明两个问题，一是森林采伐量过大，超限额采伐、毁林开荒、乱占林地的情况仍然十分严重。二是造林绿化工作质量不高，造林的成活率和保存率还比较低。为此，绿化工作要把提高植树造林的质量，提高成活率和保存率，作为根本要求，进一步明确营林思想，切实改变重造轻管的状况，巩固造林成果，保护广大人民群众绿化积极性。要采取得力措施，力争造一株活一株，造一片活一片。造林活动要精心组织，严格要求，讲求质量，确保成活。今后不能只统计造林面积，更重要的是看最后成活了多少，保存了多少。各级林业部门要对造林的地块、种苗、营造方式进行科学设计和规划。林业科技部门，要深入第一线，加强对群众的技术指导。要搞好幼林的抚育和管理，加强护林防火和森林病虫害防治等保护性措施，减少自然灾害和人为对林木造成的破坏。对林木绿地实行单位、部门分片包干责任制，在全社会倡导爱护树木花草的文明风气。目前造林绿化总体上粗放经营，科技含量较低，这是一些地方特别是干旱地区年年造林不见林的主要原因。随着我国生态环境治理重点的逐步西移，绿化难度越来越大，对科技的要求也更加迫切。要依靠科技提高绿化水平和造林质量。特别是加快开发抗旱抗逆树种和品种，研究推广干旱地区造林和植被恢复技术，尽快扭转国土绿化经营管理粗放和技术水平低下的被动局面。

（二）实施好重点林业生态保护和建设工程。去年国家把生态建设工程包括绿化工程，作为一项重点基础设施建设，大幅度地增加了投入，今年还将继续增加。长江、黄河等大江大河上中游防护林体系建设、西北风沙区治理和天然林保护等重点生态工程是重中之重，中央下了决心，全国人民十分关注，林业和绿化部门责任重大，一定要把这件事办好。这些工程要严格执行国家基本建设程序，按规定立项，按项目进行动态管理，按设计组织施工，按工程进度安排建设资金，按效益考核。工程范围内的地方政府要负起责任，精心组织实施，林业系统要搞好规划、协调、指导和检查工作，确保工程的进度和质量。天然林保护工程今年将全面启动。有关地方和林业部门，要坚决贯彻国务院关于停止天然林采伐的决策，实行封山育林，变伐木工为种树人，变砍树的刀斧油锯为种树的锹镐。要认真细致地做好工作，千方百计确保林业工人的基本生活，保证国务院的决策顺利实施。今年还要开始有计划地对25度以上坡耕地实行退耕还林，这也是改善生态环境的一项重大举措。林业部门要主动参与，搞好规划，加强指导。继续推进公路、铁路、江河两岸绿色通道工程建设，在全国范围内建立100条绿色通道示范路（段），加快“京九绿色长廊”建设步伐，发挥示范带动作用。

（三）深化全民义务植树运动。全民义务植树是社会主义制度的优越性在改造自然、绿化国土方面的充分体现，是社会主义精神文明建设的重要内容，要长期不懈地坚持下去。要把加快城镇及城乡结合部的绿化作为义务植树的重点。现在我国的城市扩张很快，小城镇建设方兴未艾，但绿地太少，与发达国家差别很大，离园林化差别更大，远远不能满足人们对生活环境的要求，群众很有意见。因此，对城镇绿化必须给予高度重视。在继续抓好农村义务植树的同时，今年要重点抓一批城市的绿化美化。要将城市绿化纳入城市发展的总体规划，同步实施。城市绿化规划的编制和实施要严格按照《城市绿化规划建设指标的规定》执行。要努力创建一批绿化精品工程，采取各种形式，增加城市绿色覆盖。要抓好城乡结合部绿化工作，大力营造环城林带，增加“城市肺叶”。城镇是全民义务植树的薄弱环节，居民义务植树尽责率不高，而且还有下滑的趋势。要广泛地进行宣传发动，增强居民的义务植树观念。今年是建国50周年，植树节20周年，要抓住机遇，做好绿化宣传工作，使植树造林、绿化祖国的基本国策更加深入人心，使参加义务植树成为每一个公民的自觉行动，形成强大的推动力量，把社会全民义务植树提高到一个新水平。

（四）切实加强对国土绿化工作的领导。我国经济社会发展面临着日益严峻的资源缺乏和环境恶化的双重压力。各级党政领导一定要有强烈的责任感和忧患意识，高度重视生态环境建设，大力推进造林绿化工作。要把各级领导干部任期造林绿化责任制完善为各级领导森林资源保护和发展目标管理责任制，增加对森林资源保护和绿化成果管理方面的考核。要把营造和管护结合起来，造林面积越多，越要加强管护，要像抓造林那样抓管护，不但要做到造林面积多，还要做到造林质量高，造林要成活、成林，切实解决由于经营管理不善，造成森林植被退化、造林成果难以巩固的问题。地方政府在机构改革中要注意保持林业和绿化部门的相对稳定。各级绿化委员会要进一步转变职能，改进作风，深入基层，研究新形势下出现的新情况、新问题，充分发挥组织协调作用。

同志们，大力植树造林，绿化国土，改善生态环境，建设秀美山川，是以江泽民同志为核心的党中央向全党和全国各族人民发出的战略号召，我们一定要统一思想、坚定信心，抓住机遇、知难而进，团结一致、艰苦奋斗，努力开创国土绿化工作的新局面，以新的成绩迎接建国50周年。

局领导重要讲话

国家林业局局长王志宝在全国林业厅局长会议结束时的讲话

（1999年2月5日）

同志们：

这次全国林业厅局长会议历时四天，在与会全体同志的共同努力下，圆满完成了预定的各项议程，今天就要结束了。几天来，我们认真学习了党的十五届三中全会、中央经济工作会议、中央农村工作会议精神和温家宝副总理在听取林业工作汇报时的重要指示，本着解放思想，实事求是，畅所欲言，集思广益的原则，集中就提交会议的几个文件和当前林业的重大问题，进行了深入的研究讨论。大家一致认为，这次会议开得很好，很务实，是继去年10月全国林业厅局长座谈会明确了新形势下林业工作的基本思路后召开的又一次狠抓落实的会议，达到了预期的目的。

下面，我根据会议讨论的情况及局里研究的意见，再讲三个方面的问题。

一、关于1999年必须着力抓好的林业重点工作

刚刚过去的1998年，对我国来说是极不寻常的一年。在以江泽民同志为核心的党中央领导下，我们克服了东南亚金融危机的不利影响，战胜了百年不遇的特大洪涝灾害，并成功地实施了一系列重大改革，国民经济快速增长，社会秩序保持稳定。对林业来说也是如此，我们经受了来自各个方面的严峻考验。一方面，去年国务院机构改革，将林业部改组为国家林业局，对林业工作的方方面面产生了重大而深刻的影响。另一方面，去年大水之后，党中央、国务院对加强林业建设、改善生态环境的重视程度空前提高，全国人民、社会各界对加强林业建设、改善生态环境的呼声空前高涨。可以说，林业建设的主要任务和外部环境正在经历着前所未有的重大变化。综合分析当前的林业形势，可以用这样几句话来概括，这就是：任务加重，困难增多；机遇与挑战并存，有利条件和不利条件同在。这是我们当前林业工作的真实写照。

尽管如此，1998年的林业工作，仍然取得了很大成绩，并在不少方面实现了新的突破。一是修改后的《森林法》颁布实施，成为新一届人大组成后颁发的第一部法律。在新的形势下，为林业事业的稳定、林业系统人心的凝聚发挥了巨大作用，也为在社会主义市场经济条件下保持林业的持续快速健康发展提供了强有力的法律保障。二是在去年国务院机构改革中，维护了林业行政职能的完整性。为今后林业的顺利、健康发展和各级林业主管部门全面、有效地实施林业工作提供了最重要的保证条件。三是天然林资源保护工程开始启动。经过大量的调研论证和衔接协调工作，进一步调整、完善了《工程实施方案》。长江、黄河中上游地区基本停止了天然林采伐，东北内蒙古林区也部分停止了天然林采伐。四是重点生态工程建设进一步加强。除原有10大林业生态工程外，由计委、农业、林业、水利等部门共同组织实施的重点生态县建设逐步铺开，并已在120个县实施。五是在国务院《关于保护森林资源制止毁林开垦和乱占林地的紧急通知》推动下，各级党委、政府加强森林资源保护管理的力度明显加大，制止毁林开垦和退耕还林等工作全面展开，有效地遏制了当前森林资源破坏加剧的势头。六是各类商品林业基地建设的规模化、集约化、市场化水平不断提高。山区综合开发进一步向纵深发展，并逐渐由点到面向四周辐射。预计1998年林业产值可达到2 300多亿元，为实现全国经济增长7.8%的目标作出了积极贡献。七是广筹资金发展林业取得了新的进展。在国家有关部门的大力支持下，用于林业的基本建设投资、财政资金、贴息贷款都有较大幅度的增加，仅拨款部分就增加近60亿元。林业的其他各项事业也都有程度不同的前进。应该说，成绩不小，为今年乃至今后一个时期的林业建设打下了良好基础。

但是，我们也必须清醒地看到，当前林业面临的任务的确非常繁重，困难不可低估。党的十五大明确提出，要把“植树种草，搞好水土保持，防治荒漠化，改善生态环境”作为跨世纪发展战略的重要内容。十五届三中全会再次强调：“改善生态环境是关系中华民族生存和发展的长远大计，也是防御旱涝等自然灾害的根本措施。”前不久国务院批准的《全国生态环境建设规划》，进一步提出了我国生态环境建设的总体目标：力争到下个世纪中叶，基本实现中华大地山川秀美。中共中央、国务院《关于灾后重建、整治江湖、兴修水利的若干意见》中，更是把“封山植树、退耕还林”放在了首位，足见对林业赋予的任务之重，寄予的期望之高。可以说，在实现我国经济和社会可持续发展的进程中，林业的地位越来越重要，作用越来越突出，林业肩负的任务将是繁重而艰巨的。

面对新的形势和任务，为了进一步做好工作，去年10月，我们专门召开了全国林业厅局长座谈会，统一了大家对当前林业形势的认识，研究确定了新形势下林业工作的基本思路，这就是：遵循现代林业的思想，按照建立比较完备的林业生态体系和比较发达的林业产业体系的目标，大力推进和深化林业分类经营改革，以此为突破口，来推动整个林业的改革和建设。并对两类林业分别在什么地方建设和怎样建设这两个基本问题作出了明确的界定和回答。根据第五次全国森林资源清查的初步结果，最近，我们又进一步提出了抓造林绿化这一手要硬，抓资源管护这一手要更硬的当前林业工作的基本指导思想。那么，今年和今后一个时期林业工作的主要任务就是，要对上述思路组织实施和狠抓落实，使之真正贯彻到林业建设的各个方面，并最终取得成效。

基于以上考虑，我们经过慎重研究，提出了今年要集中力量抓好的几项重点工作，并对如何加强这些工作，从抛砖引玉的角度，形成了一些指导性意见，提交大家讨论或征求意见。我们认为，这些问题都是当前林业工作中最需要研究解决的重大问题；抓好了这些工作，就抓住了当前林业的主要矛盾和矛盾的主要方面，就能基本掌握住当前林业工作的主动权。几天来，大家根据各地的实际，对这些文件的修改和完善提出了许多很好的、建设性的意见和建议，使我们对这些基本问题的认识更统一了，也对今年的工作心里更有数了。

（一）关于实施天然林保护工程工作。关键要把握以下几点：一是抓责任的落实。切实将工程实施的责任，尤其是停止采伐、分流人员、配套资金、使用资金的责任，放到各级政府的肩上，层层对上负责，省区市对国务院负责。实施方案一经国务院通过，就将请各有关省、区、市的领导来京开会，落实责任。各有关省、区、市的林业主管部门，一定要切实当好政府的参谋助手，协助做好责任制落实的有关具体工作。二是抓各地工程实施方案的编制工作。停伐是工程实施的根本目标。实施方案的制定，首先要按照分类经营的要求，搞好区划界定工作，将停伐规划和工程实施计划落实到山头地块，落实到林班，因为无论是工程投入、工程实施还是检查验收，都要面对具体的山头地块说话。其次要对职工的分流安置作出积极妥善的安排。三是抓资金的监督。工程一开始实施，就要将资金到位和资金使用的监督工作紧紧地跟上去。决不允许以任何借口和形式截留、挤占、挪用天然林保护资金，把工程资金用到工程之外，在这个问题上不能有一丝一毫的通融。四是抓工程实施的全过程督查。随时掌握情况，加强工作指导，并对发现的问题，及时查处和调控。需要指出的是，近来有些地方在集中力量采伐将要划入停伐区的森林，这是典型的不顾大局的行为，必须严肃处理。五是抓工程实施的深化改革。有条件的地方，都要引入工程招标制、监理制和资金报账制的管理机制，确保工程实施的质量。

（二）关于加强林业重点生态工程建设工作。总的讲，要按照实施《全国生态环境建设规划》的总体要求，抓好三项调整工作：一是调整规划布局，解决林业生态工程建设在有的地方布局空白，而在有的地方布局重叠的问题，同时努力扩大对生态环境恶劣地区的覆盖面。二是调整建设方式，大力强化封山育林，做到封、飞、造有机结合，加快建设步伐，提高建设质量。今年就要在重点生态工程建设计划、项目、资金的安排上得到体现。三是调整管理方式，逐步将重点生态工程建设纳入事业化管理的轨道，实行相应的政策措施。

（三）关于强化森林资源和林政管理工作。关键是要体现以果断的、超常规的措施抓好限额采伐管理、征占用林地审批管理和毁林开垦的精神。要坚持限额采伐、凭证采伐制度不动摇；坚持征占用林地总量控制、用途管制和征占用林地审批及补偿制度不动摇；坚持凭证运输木材和对木材经营加工单位监督制度不动摇。要变被动查处为主动预防，把森林资源保护管理的关卡前移，防患于未然。要严格执行冻结审批征占用林地一年的规定，同时研究好解冻后的林地保护管理工作。做到不但要有严格的审批制度和补偿制度，还要有严格的林地总量保持制度。加强林政管理和资源保护的核心在于立法和执法。正在组织起草的几个法规，必须对上述问题作出明确的法律规定。

（四）关于强化领导干部保护和发展森林资源任期目标责任制工作。重点是要按照温家宝副总理关于“抓落实，抓检查，抓奖惩”的要求认真抓好落实。一是争取以国务院名义，尽快出台一个关于强化领导干部保护和发展森林资源任期目标责任制的文件，作为新形势下推动这项工作的基本依据。二是各地都要根据本地区林业发展现状和社会经济条件，尽快确定量化的森林资源保护、发展指标，作为各级政府的重要职责，像落实造林绿化责任制那样，层层签订责任状，严格落实责任制。各级政府的森林资源保护、发展目标，最好请同级人大讨论通过，以增加其法律效力。必要时也可请全国人大予以支持，由全国人大提出要求。三是要加强对各地保护、发展森林资源情况的检查通报工作。为适应这一要求，必须大力强化森林、林木、林地消长变化动态的监测工作。检查通报办法和如何加强资源监测工作，国家林业局将进行专门研究和部署。

（五）关于加强重点林业工程的科技支撑工作。要害是，一要采取必要措施，实施有组织的、强制性的技术开发和技术推广工作。今后，凡是没有强有力的科技支撑的工程项目，不予投资。二要确定科技支撑的具体目标，选准成熟的优良品种和先进技术，集中力量，重点推广，形成规模。三要根据工程建设的实际需要，选择关键技术和品种，组织专家着力攻关，经费可从工程建设投资中适当提取。

（六）关于推进林业分类经营改革工作。当前，一要加快改革步伐。步骤上，可以先从开展森林分类区划界定开始，然后再在这个基础上逐步推进管理体制、运行机制、组织机构、政策措施、管理办法的改革和完善工作。二要严格把握森林分类区划界定属于政府行为的原则，在地方各级人民政府的组织领导下统一进行。三要自下而上地进行森林分类区划界定。要从各地的自然状况和经济社会发展条件出发，因地制宜地确定两类森林的区划比例，不能一刀切。四要特别注意维护林权的稳定，维护林权证的法律地位。

（七）关于筹备召开全国林业工作会议问题。这是一次事关林业前途、事关林业将以什么样的姿态进入21世纪的极为重要的会议。抓紧筹备并争取尽早开好这次会议，应该作为我们今年必须上下一致，同心协力，集中优势兵力共同抓好的一件大事。

此外，还有几项今年要集中力量抓好的重点工作，由于时间关系，会上没有安排专门讨论，但也以征求意见稿的形式发给大家审议。一是商品林建设。今年要重点抓好速生丰产用材林基地发展工程、中幼龄用材林抚育工程、竹林发展工程、名特优新经济林发展工程、林木种苗发展工程，当务之急，是要抓紧编制工程规划，在编好规划的基础上，向国家争取投资和政策。二是林业法制建设。今年要重点做好《森林法实施条例》、《森林、林木、林地使用权流转条例》、《林地保护条例》、《天然林保护条例》、《森林采伐管理条例》的报送审议和修改通过工作。三是强化林业执法和执法监督工作。今年的重点是查处超限额采伐、毁林开垦和乱占林地行为；选择典型案件，进行严肃查处和公开曝光；加强林业执法队伍建设，坚决杜绝有法不依，执法不严，违法不纠，执法犯法的现象。

会后，我们将对大家在讨论中提出的意见，进行认真地消化、吸收，充实、修改到相关的文件当中去，按照成熟一个，出台一个的原则，分别以不同形式，尽快下发执行。在正式文件下发之前，各地可以先按会上讨论的意见安排今年工作。在这几个文件出台以后，大家就一定要倾注全力，上下一致，真抓实干，一个一个地抓好落实。

二、关于1999年还要继续抓好的几项林业工作

以上我所讲的几个方面的工作都是今年林业的重点工作。之所以要就这些工作各自专门形成一个文件，是因为这些工作事关全局，需要大力强化工作指导。但重点工作绝不是林业工作的全部。要使林业健康、全面地向前发展，还必须在着力抓好以上重点工作的同时，认真抓好以下四个方面的工作。

（一）切实抓好面上的造林绿化工作，确保到2000年全国造林绿化规划目标的如期实现。

1. 加快实施《1989～2000年全国造林绿化规划纲要》，确保任务完成。现在离《纲要》截止日期只有不到两年的时间了，《纲要》的实施已到了决战阶段，各地要认真对照《纲要》确定的各项指标，加强检查督促，狠抓薄弱环节，及时解决存在问题，力争按期实现规划目标。《纲要》实施结束时，要对各地的实施情况进行检查通报。开展“灭荒”造林是适合我国国情的一种有效组织方式，是实施《纲要》的重要突破口，为加快我国的造林绿化步伐起到了巨大的推动作用，在组织全社会力量实施《全国生态环境建设规划》的新形势下，“灭荒”造林只能加强，不能放松。有条件而未“灭荒”的省区，要坚持按照注重实效、量力而行的原则，以地市或以县乡为单元，继续推进这项工作。已基本“灭荒”的省区，要在向全面绿化迈进的同时，进一步查漏补缺，加强森林经营，巩固已有成果，提高造林绿化的质量和效益。

为切实搞好2000年以后的造林绿化工作，今年，我们要组织编制《2001～2010年全国造林绿化规划纲要》，提请国务院颁发。对此，国家林业局将作出全面部署，请各地认真做好相关的基础工作和准备工作。

2. 进一步加大封山育林、飞播造林的力度。封山育林和飞播造林是生态公益林建设的重要方式。为落实国务院关于“封山植树，退耕还林”的指示精神，我们在各地的配合下，组织编制了全国封山育林和飞播造林十年规划（初稿）。当前，一方面要继续修改、完善好这个规划，另一方面要积极做好规划的立项报批工作，争取国家投资。在生态公益林建设中，要增加封山育林和飞播造林、尤其是封山育林的比重；凡有条件封育的地方就尽量不要人工造林，非人工造林不可的，也要注意改进整地方式，尽可能地减少地表和植被破坏。重点林业生态工程建设中，也要统筹安排好飞播造林和封山育林工作。要进一步抓好封山育林和飞播造林示范县建设工作，并认真搞好封山育林、飞播造林的成效检查和效益监测。要严格区分封山育林和封山护林，今后，凡计入封山育林任务的，都要检查其新增的森林面积。

3. 大力强化水土保持中的生物措施。去年机构改革，国务院将“原水利部承担的在宜林地区以植树、种草等生物措施防治水土流失的政府职能交给国家林业局承担”，这是对我们的极大信任。所以，我们一定要

在过去工作的基础上，进一步加大力度，强化措施，把这项工作做好。一要在避免重叠的前提下，抓紧制订规划，争取国家立项。二要在重点地区选择一批工作基础好的县作为生物措施防治水土流失示范县，集中投入，早见成效，取得经验，指导面上工作。三要加强规范管理，组织制订水土保护林、水源涵养林的建设标准，提高建设成效。

4．继续深化全民义务植树运动。今年是我国设立植树节20周年，要抓住这一契机，大搞宣传发动，积极组织开展以“改善生态环境，树立文明新风”为主题的多种活动，再掀起一个全社会办林业、全民搞绿化的新高潮。要进一步丰富全民义务植树的实现形式，大力推广以城市为重点的绿地认种、认养活动，继续抓好30个义务植树样板基地，抓好10个城乡绿化一体化试点。进一步推动京九绿色长廊工程建设。加强部门绿化工作，组织开展部门绿化的交流和检查。要与团中央一道，共同抓好保护母亲河行动方案的实施工作。

5．切实加强荒漠化防治工作。一要在全面总结全国防沙治沙工程经验教训的基础上，抓紧做好2001～2010年全国防治荒漠化工程规划的编制工作，力争把防治荒漠化工程列入国家重点工程。二要继续抓好高水平、高效益、高科技含量的防治荒漠化工程重点县和示范基地建设，以点带面，推动全国的荒漠化防治工作。三要切实搞好荒漠化监测，建立科学的监测网络体系和荒漠化土地消长监督机制，实行年度通报制度。四要进一步强化依法治理，加快《荒漠化防治法》的立法步伐，并切实加强执法。五要认真履行《联合国防治荒漠化公约》，积极开展国际间的合作与交流，争取更广泛的国际援助，提高我国在这一领域的国际地位。

6．继续抓好种苗基础工作。种苗是造林的基础，也是当前林业工作的薄弱环节。为确保种苗从数量、树种、品种、质量上满足需要，一要抓紧制定全国林木种苗基地建设工程规划，争取国家立项和专项投资，各地也要多渠道加大对这项工程的投入；对投入的资金要制定相应的管理办法，保证足额到位和合理使用。二要加强种苗工作的归口管理。争取用两三年的时间，逐步做到凡是林业生产建设所需要的种苗，都由各级种苗部门统一管理，以利于根据本地资源和造林绿化的总体任务对种苗生产进行全面规划，统筹安排，加强监管，保证供应。三要积极争取全国人大和国家有关部门的支持，大力推进《林木种苗法》的单独立法工作。

（二）下更大决心，抓好森林资源保护工作。

1．坚持不懈地抓好森林防火。温家宝副总理对森林防火工作十分关心，特别叮嘱我们，1999年是具有重要历史意义的一年，中央一再强调要保持稳定，促进发展。对林业来说，一个非常具体的要求是，今年决不能发生大的森林火灾，要让党中央、国务院放心，全国人民放心。因此，对今年的森林防火工作，各地一定要高度重视，采取超常规的措施，把预防和扑救火灾的各项工作做好、做扎实，确保不出现大的问题。一要充分认识当前森林防火工作面临的严峻形势，早动员、早布置、早作准备，做到百倍警惕，严阵以待。二要切实加强重点火险区以控制火源为中心的综合治理，重点时段，死看死守。三要认真抓好防扑火队伍建设，结合森警指挥部的组建，加强森警部队的革命化、正规化、现代化建设。火险等级高的地区，要建立专业扑火队，危险时期，整装待命。四要进一步加大投入力度，加强基础设施建设。重点是对水毁防火设施的及时抢修和春防急需防扑火器材设备的配置，同时加强各种防扑火机具、装备的维护、检修，提高完好率，保证春防需要。五要全面推进以生物防火林带工程和以计划烧除为主体的防火阻隔系统建设，从根本上提高预防火灾的能力，减少火灾隐患。六要加强防火值班。火灾多发时期，必须昼夜有人值班，特别是领导同志，要上岗带班。要保证通讯畅通，重大情况要随时报告，不得瞒报谎报。总之，今年要努力实现全国森林火灾次数和受害森林面积双减少，力保大水之后无大火，大庆之年无大灾。

2．切实把森林病虫害防治工作抓紧抓好。一要认清森林病虫害防治工作的严峻形势，真正把这项工作提到重要日程，当一件大事来抓。二要从苗木、造林入手，培育抗病毒、抗虫害的良种壮苗，营造混交林。今年要新建200个无检疫对象苗圃，争取到2005年把全国2 000多个国有苗圃全部建成无检疫对象苗圃，从根本上减少森林病虫害发生的可能。三要认真抓好以“四率”为主要指标的病虫害防治工作目标管理，并将其纳入地方各级领导保护发展森林资源目标责任制，严格检查考核。四要搞好预测预报，完成全国中心测报点的布局，加强防治和检疫信息网络建设。五要进一步搞好国家级和省级工程治理，抓住主要矛盾，在危险性病虫害和重大病虫害的防治上取得突破。

3．进一步强化野生动植物资源的保护管理。一要采取综合措施，从源头上杜绝野生动植物资源的破坏和不合理利用。二要加大依法治理、依法打击的力度。各地的森林公安，要把依法严厉打击乱捕滥猎野生动物、乱采滥挖野生植物当成一个大事来抓，提上重要日程。三要进一步抓好野生动植物进出口管理工作，继续开展以禁止虎骨、犀牛角贸易为重点的专项执法，严厉打击野生动植物走私活动，努力提高我国的履约水平。四要继续做好野生动植物资源保护管理的基础工作。今年要继续抓紧抓好野生动植物和湿地资源的调查工作，力争有15个省市全面完成任务，其他省区完成外业工作，为2000年全面完成任务奠定基础。五要高度重视自然保护区建设和湿地保护、红树林保护工作。抓紧完成《全国林业自然保护区体系建设规划》的编制工作，并加大投入，加强自然保护区的基础设施建设。

4．大力加强森林公安建设，充分发挥这支队伍的作用。一要按照中央关于进一步加强政法工作的要求，积极争取解决全国森林公安机关统一行政编制和经费纳入各级财政预算的问题。二要切实加大大案要案的查处力度。重点是对非法毁占林地、滥砍滥伐林木和乱捕滥猎野生动物的严重违法犯罪活动进行坚决打击。各省区市都要下决心严厉查处一批在本地区有较大影响的大案要案，这要作为今年林业工作的一项硬任务。三要继续与有关部门密切配合，深入持久地搞好“跨世纪保卫绿色行动”，努力形成全社会关心林业，支持林业，打击破坏森林资源歪风的良好氛围。

5. 努力强化林业工作站建设。林业工作站是林业最基层的管理服务单位，对各项林业工作的最终落实起着重要的保证作用。林业工作站建设，只能加强，不能削弱。当前，一要抓好基层林业站机构、队伍的稳定。不论机构改革怎么进行，都要按照中办发〔1998〕13号文件关于“确保机构不乱、人员不散、网络不断、经费不减”的要求，使基层林业站得到巩固和加强。二要努力增加对林业站建设的投入，改善工作条件，加强基本建设。三要监督管理与服务相结合，充分发挥基层林业站在林业社会化服务中的主体作用，以服务促管理，以管理促发展。四要积极推进基层林业工作站管理体制改革，力争将林业工作站作为县级林业主管部门的派出机构，实行垂直领导。

（三）努力推进山区综合开发向深度广度发展。

山区综合开发是党中央、国务院交给我们的一项事关农村、特别是山区经济发展和现代化建设的重要工作。一方面，我国69%的国土是山区，56%的人口在山区，从比重上讲，山区应当在我国现代化建设、尤其是农村建设的全局中占有重要一席；另一方面，改革开放二十年来，在我国农村改革和发展的整体格局中，山区是相对薄弱的环节。基于这两点，我们认为，下步农业和农村工作的战略重点将不可避免地要向山区转移。而林业又正是以山区为主要经营对象和经营阵地的。这就要求我们，必须在这个战略重点转移中唱好主角，当好先锋，发挥林业应有的作用。

根据新的形势，当前的山区综合开发，必须着重把握以下四点：一是要坚持把保护和改善生态环境放在首位，切实找准发展山区经济与改善生态环境的结合点，做到以治理保开发、以开发促治理，使环境与经济协调发展。在生态环境建设上，重点是严禁毁林毁草开垦，防止出现新的水土流失；搞好以“改土、治水”为主要内容的中低产田改造，大力推进“坡改梯”工程，以在保证农民口粮和增收的条件下，按规划、有步骤地搞好退耕还林还草；大力封山育林、植树造林，恢复林草植被，改善生态环境。二是要积极调整和优化山区经济结构，合理开发和利用多种资源。要引导农民根据市场需求调整种植业结构，在退耕还林的过程中，因地制宜地发展经济林；要综合利用山区的各种资源和条件大搞多种经营；要坚持适度规模经营的原则，建立农副产品和林果业基地，扶持发展与之相配套的加工业，逐步创立有山区特色的支柱产业和名牌产品。三是要注重“综合”，讲求“配套”，“改土、治水、植树、修路、办电”并举，人力、物力、财力、科技综合投入。要一个流域一个流域地治理，一个山头一个山头地开发，做到山开发到哪里，水就送到哪里，路就修到哪里，电就通到哪里，人就管到哪里，开发、管理、效益三统一。四是要坚持科学开发，科学兴山。采取切实措施，推广山区实用的科学技术，加强人员培训，提高劳动者素质。建立有效的技术推广和技术服务体系，加强市场、信息、科技服务，鼓励科学技术进山。

山区综合开发示范工作，今年重点要办好两件事：一是加强对山区综合开发示范县建设的监测和考核，因地制宜，突出重点，分类指导。适当时候，要召开一次全国山区综合开发现场会，宣传典型，推广经验，推动全国山区综合开发的全面发展。二是加强项目实施和资金使用的监督管理。今年要配合有关部门对1996年以来山区综合开发专项贴息贷款的使用、项目的实施情况进行一次检查验收。

（四）重视并加强林业宣传工作。

林业是全社会的事业。林业宣传能不能跟上形势发展的需要，直接关系到林业建设的大局。去年大水之后，全国上下、国内国外对林业的关注和重视程度空前提高。这对林业来讲，是赢得全社会支持的一次难得机遇，也给林业宣传工作提出了新的任务和要求。要使全社会进一步了解林业的地位、作用、性质、内涵，认识林业任务的艰巨性、长期性以及林业工作的特殊性、复杂性，更好地关心林业、支持林业、重视林业、投入林业，参加林业建设，就必须努力使林业宣传工作提高到一个新的水平。

一是要切实加强对林业宣传工作的领导。经常给宣传部门出题目、交任务，对重大宣传活动还要亲自研究，亲自参加策划。要按照中央的有关规定，增加宣传事业的经费，建立规范有效的筹资机制，并随着事业的发展逐步增加。林业宣传的基本建设投入要纳入林业工程项目计划，重点给予保证。要认真办好林业自己的报纸、杂志和出版物，并积极争取社会新闻单位、特别是中央和省级主要新闻单位的大力支持。

二是要突出重点，明确目标，紧紧围绕林业中心工作抓宣传，为林业中心工作服务。要增强林业宣传工作的目的性，努力做到林业工作重点确定在哪里，林业宣传工作就跟到哪里，人们的视线和注意力就被吸引到哪里，关心、理解、支持和帮助就被凝聚到哪里。今年林业宣传的主题主要集中在三个方面：一是普法执法，保护森林资源；二是封山植树，改善生态环境；三是开发山区，增加农民收入。同时，还要充分发挥舆论监督的作用，对拒不贯彻执行党中央、国务院关于林业工作的方针政策的行为，对破坏森林资源的大案要案，要坚决曝光，对林业系统内部的违法犯罪行为，也绝不护短。要坚持党性原则，坚持实事求是，严格宣传纪律，讲求宣传效果，反对形式主义。

三是要精心策划，周密组织，重拳出击，力求做到一个工作阶段有一个宣传主题，一个宣传主题组织一个宣传战役，形成规模优势，扩大宣传效果。今年国家关于保护和发展林业的一系列重大政策措施将全面实施，我们要抓住机遇，突出重点，组织几个大的宣传战役，造成强大声势，配合林业工作。

在认真抓好以上四个方面工作的同时，还要继续兢兢业业地做好林业对外开放、林业教育、林业行业精神文明建设和思想政治工作等工作。林业对外开放要重在积极争取并确保一批新的国外无偿援助项目列入计划，进一步加强原有无偿援助项目的管理；要在认真组织好在建的三个世行贷款项目实施的同时，积极争取第四期林业世行贷款项目的立项工作；要认真履行国际公约，维护国家权益，积极参与国际森林问题活动；要随时研究国际金融危机对我国林业外向型经济的影响以及我们应采取的对策。林业教育要面向社会，面向林业改革和建设实践，加快林业院校专业调整和教学改革；要认真做好跨世纪林业创新人才和学术带头人的培养规划和教育发展规划；要不断强化在职人员的行业培训和岗位培训，适应新时期林业建设对人才、技术等多方面的需求。林业行业精神文明建设和思想政治工作，要重点在统一林业职工思想、振奋精神、凝聚人心上下功夫；要深入持久地开展“树典型、学先进”和“创建文明窗口单位”活动，加强企业文化建设，提高林业职工素质，树立行业新风，塑造行业形象；要充分发挥林业政研会的作用，通过调查研究，探讨新形势下林业行业思想政治工作的新方法。

三、关于转变工作方法和工作作风问题

总的来看，1999年我们面临的工作任务非常繁重、难度非常之大。面对这种形势，我们如何才能以较为主动的姿态，高屋建瓴，统揽全局，做好1999年的工作呢?这就有个适应形势变化，改进工作方法和工作作风的问题。从一定意义上讲，随着工作任务的加重和政府职能的转变，工作方法和工作作风的改进已成为我们改革的一项重要内容。

这次森林资源清查的初步结果显示，最近五年，我国森林资源增长缓慢。原因固然是多方面的，既有内部的，又有外部的，既有主观的，又有客观的，但从自身检查，至少也说明我们的工作没有做好。这就要求我们，必须对近年来的林业工作，来一次深刻反思，对我们的工作方法和工作作风，来一次大的改进，以便从更深的层次上，把当前影响林业发展的关键性、要害性问题搞清楚，踏踏实实地坐下来，研究一些真正管用的对策和措施，认认真真地组织实施，一个一个地加以突破，力争在较短的时间内，使我国的林业面貌有个大的根本性的改观。这里，我想特别强调以下六点：

首先，要讲学习，讲政治，讲正气，保证林业改革和建设的顺利进行。

今年伊始，江泽民总书记就在省部级主要领导干部金融研究班上强调指出，要学习学习再学习，实践实践再实践，努力使今年成为大兴学习之风的一年。这是很有针对性的。现在，林业面临的新任务、新情况确实很多，需要研究解决的新问题、新矛盾确实很多，尤其需要我们把加强学习放在突出位置，用学习的深入来促进工作的深化。通过学习，能使我们站得更高，看得更远，思索得更深刻，把工作做得更好。根据分类经营的总体思路，今后几年，将是林业改革措施较为集中的几年，整个林业将处于一个大的战略性结构调整的过程当中，而这个过程，就是一个学习—实践—再学习—再实践的过程，学习是相随与共、贯穿始终的。所以说，我们一刻都不能放松学习、忽视学习。当前，最重要的是要学好邓小平理论，并把学习邓小平理论同学好党的十五大报告紧密结合起来；同时，还要根据自己的工作需要，认真学习党中央、国务院的重大方针政策和重大改革措施，认真学习现代经济、科技、管理、法律等方面的知识，并真正钻进去，融会贯通，吃深吃透，把握其精神实质，指导我们的工作。

在抓好学习的同时，还要认真按照中央的要求，讲政治，讲正气。这是中央关于提高领导干部思想政治素质的一项重大战略部署，是一个有机的整体。对我们来说，除了要严格按照中央的统一要求加强各方面的锻炼和修养外，必须特别突出两点：一要高度重视在思想上政治上同党中央保持高度一致，坚决维护中央的权威和工作大局，时刻注意从服务和服从于大局的角度来研究和安排林业工作。具体讲，就是要把林业建设同改善生态环境、发展地方经济、增加群众收入、实现经济和生态的协调发展有机地结合起来，同党和国家在各个时期关心的大事和中心工作密切地联系起来，两者结合得越牢固、联系得越紧密，就说明我们服从大局越自觉，支持大局越有力。这既是一个重大的政治纪律问题，又是一个重要的工作方法问题。林业工作要深入人心，要受到各级领导和人民群众的重视，就要善于找准同全局工作的结合点，使自己的工作部署同各级党政的总体思路相吻合，在大家都比较关心的问题上多做贡献。这样，林业发展的外部动力才会取之不尽，用之不竭。二要时刻注意保持同基层林业职工和林农群众的血肉联系。林业行业本来就比较艰苦、比较困难，现在又面临天然林保护和森工转产，必然会在某些方面暂时影响到林业职工和林农群众的切身利益。越是在这种情况下，我们越要把基层职工群众、特别是转产企业职工的冷暖挂在心上，千方百计地帮他们解决各种实际问题，为他们排忧解难。春节将至，各级林业主管部门都要由领导同志带队，深入林区，深入基层，深入群众，开展慰问活动，给他们送温暖。

第二，要重调研，想问题，真正使自己成为能很好地领导本地区、本部门工作的行家里手。调查研究是我们实施领导的一项基础性工作，也是我们搞好工作的重要保证。很多问题，开始时可能感到无从下手，一旦把它的具体情形调查研究清楚之后，办法自然就有了，就具体了，就可操作了。特别是在建立社会主义市场经济体制和林业转轨变型的过程中，各种新事物、新情况、新矛盾相互交织，层出不穷，再加上林业工作的地域特征比较明显，强调调查研究就更有其特殊的重要意义。随着政府职能的转变，调查研究也应当成为我们实施政策引导的一项日常工作。所以，我们的各级领导同志，一定要舍得用相当多的时间和精力来抓这项工作。要沉下去，钻进去，了解真实情况，掌握第一手材料，提高调查研究的质量。调研调研，重在研究。对调查获得的各种信息，一定要认真分析，仔细琢磨，尽可能多地从中发现、发掘一些有价值的经验和做法，总结、归纳出一些带有方向性、规律性的东西，转化成为政策、措施乃至法律、法规，指导林业工作。

光走出去、扎下去调查研究还不够，还要养成在平时多想事情、多研究问题的好习惯，进行思想积累。这两个过程是相互连接的，不可割裂的，是集中进食和慢慢消化的关系。实践证明，一个单位的领导特别是主要领导脑子里装不装事情，善不善于研究问题，对工作的推动大不一样。善于研究问题、且问题研究得比较深的，抓工作就主动，就超前，就到位，就有预见性，就容易抓到点子上；思路就宽，办法就多，就能牢牢掌握工作的主动权，把工作抓深、抓细、抓实、抓出成效。

第三，要抓大事，抓重点，以关键性问题的突破，带动和促进整个林业事业的发展。当前的林业工作，的确是千头万绪，要改革的方面很多，要攻克的难题成堆，这就要求我们，一定要把有限的力量用在刀刃上，抓大事，抓长远，抓要害，高屋建瓴，把握全局。我总在想，一个省厅、一个司局乃至国家林业局，一年能真正办成几件大事，真正求得几个方面的重大突破，就是一件不得了的事情！什么是大事？大事就是从全局角度看，影响林业发展的重大问题、深层次问题、带有瓶颈制约性质的问题，这些问题解决了，其他方面的问题就会迎刃而解，林业发展就得到了最基本的保证条件，工作就没有搞不好的。总之，一定要注意确定有限目标，集中力量，重点攻关。这样一年解决几个问题，集腋成裘，几年下来，制约林业发展的主要问题就会一个个被攻克，林业发展的内外部环境和条件就会有个大的改善，林业事业就会有个新的飞跃。

第四，要真抓实干，着重落实，真正把看准了的事情一抓到底，抓出成效。思路和任务的确定，只是完成了工作的一半，更重要的一半是落实。同样的条件，同样的思路，为什么有的地方工作就成效显著，而有的地方效果就不明显呢？要害就在于工作不落实，说到而没做到。扎实的作风是做好一切工作的基础。能不能真正把事业推向前进，把林业改革和发展的任务落到实处，关键是看我们怎么抓，以什么样的作风来抓。现在，不管是宏观经济体制改革还是林业自身的改革，都处在攻坚阶段，很多工作的开展，都会遇到来自不同方面的阻力和困难，如果我们没有一点锲而不舍、一抓到底的精神，要想使改革到位就是一句空话；同样，如果我们只是满足于一般号召和部署，大而化之地抓工作，作风飘浮，只图形式，不去做深入细致的具体指导，一个问题一个问题地去解决，要想使改革彻底也是一句空话。因此，我们一定要高度重视转变作风，真抓实干，凡是定了的事情，看准的事情，就一定要抓住不放，一抓到底，言必行，行必果，善始善终，见出成效。

第五，要敢抓敢管，主动出击，努力树立林业部门从严治政的社会形象。关于这一点，我想讲三句话：要打进攻战，不打防御战；要迎着上，不能“等、靠、要”；要主动出击，不要被动挨打。浓缩成一个字，就是“硬”。所谓“硬”，一是要腰杆硬。保护和发展森林资源，改善生态环境，关系到每个中国公民的切身利益，关系到我们的子孙后代，关系到国家的现代化建设和可持续发展，在这一点上，我们必须理直气壮，态度坚决。二是要措施硬。包括制定政策措施和立法建制，都要宜严勿宽，少留余地。因为我国的森林资源太少了，经不起折腾。去年国务院发的明传电报，在这方面给我们做了一个很好的榜样，被认为是建国以来关于林业工作所发的最为严厉的一个文件。实践证明，其效力确实也大不一样。重症就得猛药治，这是一个大家都懂的道理。对林业这样一项非常难搞的事业，法规、政策、措施、手段不强硬一点怎么行。三是要执法硬。但凡破坏森林资源的违法犯罪活动，一经发现，不管他涉及到哪个部门或哪一级干部，都要毫不留情地从严从重查处，决不姑息、纵容。过去，人家老说我们的《森林法》是“豆腐法”，我看问题主要不在立法不硬上，而在我们执法太软上。从今年开始，我们一定要横下一条心来，上下密切配合，精心组织几次强化林业执法、严格林业管理的专项行动，从严从重从快查处一批重大森林案件和涉案人员，在社会上造成一定的震动和影响。通过这项活动，真正把林业部门的权威树立起来，把我们的工作向前推进一步。

第六，要振奋精神，增强信心，知难而进，以一种百折不挠的精神，做好当前工作。勿庸讳言，当前的林业工作，确实面临着不少实际困难。越是在这种情况下，我们就越要自强不息，知难而进，开拓性地、创造性地做好工作，以出色的工作和优异的成绩来弥补暂时遇到的困难。唯有如此，才能不辜负党中央、国务院对我们的重托，不辜负广大林业职工对我们的厚望，也才能重新争得林业应有的地位和权威。除此之外，别无他途。这就要求我们，不能只看到不利的一面，只看到严峻挑战，还要看到有利的一面，看到难得的机遇。从这点上讲，党中央、国务院对林业建设的高度重视，就是当前林业发展最重要的有利条件，这不仅体现在党中央、国务院最近发出的一系列文件中，而且体现在中央领导同志最近发表的一系列重要讲话中，更体现在实实在在的增加投入上。这对我们来说又是一种难得的机遇。关键就看我们能不能抓住这些机遇，把握这些机遇，在尽可能短的时间内，把工作做上去，做出新的成绩。

最后，我还要特别强调一下维护地方林业机构稳定的问题。党中央、国务院对维护林业机构稳定的要求是明确的。中央最近发出的《关于地方政府机构改革的意见》中，已明确将林业列在应该加强的部门之列。温家宝副总理上个月在听取林业工作汇报时进一步明确指出："各地在机构改革中，要保持林业行政管理机构的稳定，加强林业行政管理体系建设。林业行政管理机构要进一步提高协调、指挥能力，切实加强管理，扭转当前森林资源增长缓慢的局面。"这段话，已被原原本本地写在了国务院的会议纪要中。大家要将这一要求认真地向省区市领导汇报，向有关部门汇报，主动地、全方位地做工作，切实取得他们的支持。目前，有些地方随意将林业机构撤并，甚至改组成公司、中心，取消林业机构的行政管理和执法监管职权，这是违反中央的有关要求的，必须引起重视，及时加以纠正。

同志们，1999年，将是我国历史上极不平凡的一年。做好这一年的工作，无论是从维护大局、支持大局的角度看，还是从林业面向新世纪的长远发展看，都具有十分重要的意义。让我们在以江泽民同志为核心的党中央领导下，高举邓小平理论的伟大旗帜，认真按照党的十五大精神和中央关于做好今年工作的"二十四字"方针，统一思想、坚定信心，抓住机遇、知难而进，团结一致、艰苦奋斗，全面做好今年的各项工作，努力把一个充满生机和活力的林业带入21世纪。

中国林业概述

1999 年的中国林业

1999 年，是我国历史上很不平凡的一年，也是林业发展史上具有重要意义的一年。林业的形势和任务发生重大变化，林业发展迎来了前所未有的机遇。

党中央、国务院对林业高度重视。江泽民总书记继1997 年发出再造祖国秀美山川的伟大号召之后，又进一步对造林绿化、改善生态环境问题作出一系列重要指示。1999 年 4 月，江总书记在参加义务植树时指出：我们要大力开展植树造林，解决我国两大心腹之患，一是长江、黄河上游植被稀少，泥沙俱下，给我国带来的巨大水患；二是沙漠化不断扩大，沙进人退，给我国造成的严重沙害。6 月份，江总书记在西安召开的国有企业改革和发展座谈会和在郑州召开的黄河治理开发工作座谈会上，都强调要加强生态建设，解决水土流失和生态环境恶化问题，促进西部地区经济和社会可持续发展。

国务院领导多方面地关心和支持林业建设，多次开会研究解决林业发展中的重大问题，多次对林业问题和林业工作作出批示。朱镕基总理先后四次到陕西、云南、四川、甘肃、宁夏、青海等省区考察林业工作，反复强调要认真贯彻落实江总书记关于植树造林，绿化荒漠，再造秀美山川的重要指示，深刻阐述搞好天然林保护、荒山荒地造林绿化和陡坡耕地退耕还林的重大意义以及国家采取的扶持政策，要求各级领导一定要高度重视造林绿化，改善生态环境。

党中央和国务院领导同志指示的主要精神，一是改善生态环境刻不容缓。长期以来，我国一些地区尤其是西部地区林草植被受到严重破坏，致使在生态环境方面付出了巨大代价，水土流失日益严重，洪涝灾害日益频繁，水资源短缺的矛盾日益突出。加强生态环境建设已迫在眉睫，刻不容缓，耽误一天，损失就会加重一分。二是改善生态环境必须大抓林草植被建设。造成水土流失和土地荒漠化的根本原因是林草植被遭到破坏，恢复和发展林草植被是治本之策。治理水土流失应坚持生物措施与工程措施相结合，以生物措施为主。三是加强生态环境建设是西部大开发的根本性措施。只有大力改善生态环境，才能改善投资环境，才有利于引进人才、技术和资金，西部的丰富资源才能得到充分的开发。四是要采取强有力的措施促进生态环境建设。要着力抓好三个方面的工作：实施天然林保护工程，停止采伐天然林，把森林植被管护好；绿化荒山荒地，全面恢复林草植被；对陡坡地要有计划、分步骤地退耕还林还草，同时严禁新的毁林毁草开垦。基本措施是：“退耕还林（草）、封山绿化、以粮代赈、个体承包”。主要政策是：对实施天然林保护的森林管护费、在职职工分流安置费、离退休人员社会保障统筹费以及木材停产后地方财政减收和企业债务冲销费用等国家将给予妥善解决；对退耕还林的农民国家不但要按亩产无偿补助粮食，而且要给予适当现金补贴；造林种草由国家无偿提供种苗；实行谁造林、谁所有，谁管护、谁受益的政策，但采伐要受国家法律、法规和采伐规程的约束。五是加强生态环境建设的时机已经成熟。我国的综合国力已显著增强，国家已经有能力集中一部分财力用于重点地区的生态环境建设。特别是我国粮食综合生产能力明显提高，粮食阶段性相对过剩，为实施以粮食换森林提供了宝贵的历史机遇，而且人民群众也有改善生态环境的强烈愿望。六是要切实做好重点生态工程建设的规划和组织实施工作。生态工程建设实行地方各级政府负责制。林业部门要做好生态工程建设的规划编制、组织协调、技术指导、检查监督工作。

党中央、国务院和全社会对林业的高度重视，为林业发展提供了前所未有的机遇。各级林业部门紧紧围绕中央关于加强生态环境建设的重大战略决策，及时调整林业工作思路，把保护和改善生态环境作为林业工作的首要任务，进一步深化改革，努力开创林业工作的新局面，各项林业事业有了较大发展。

一是造林绿化继续保持良好的发展势头。根据中央关于实施西部开发的战略部署，经过充分的调研论证和衔接协调，形成了长江上游黄河上中游地区、重点风沙干旱地区、东北内蒙古国有林区生态建设工程规划，并做了大量前期准备工作。“三北”防护林等十大生态工程建设、城乡绿化一体化建设、绿色通道建设和全民义务植树稳步推进。全年共完成人工造林405.3万公顷，义务植树22亿株，累计封山育林3 133.3公顷。

二是森林资源管理工作进一步加强。通过贯彻落实国务院《关于保护森林资源制止毁林开垦和乱占林地的通知》和国务院办公厅《关于继续冻结各项建设工程征占用林地的通知》，有效地遏制了毁林开垦和乱占林地的歪风，进一步提高了全社会保护森林资源的意识。各地完成了毁林开垦和乱占林地的清查统计工作，制定了退耕还林规划，加快了退耕还林步伐。

三是森林资源保护工作取得新的成效。森林防火工作克服种种不利因素，实现了“大庆之年无大火”的目标。进一步开展了打击破坏森林资源违法犯罪活动的专项斗争，查办了一批大要案件，打击了犯罪分子的嚣张气焰。自然保护区建设进一步加强，野生动植物管理和濒危物种拯救繁育工作取得进展，大熊猫、朱鹮等濒危物种野外种群得到初步恢复。森林公园建设稳步发展，森林风景资源在有效保护的基础上得到积极的开发利用。护林员队伍和护林网络建设进一步加强。森林病虫害防治工作，在继续抓好广东松材线虫病、内蒙古光肩星天牛、辽宁松毛虫3个国家级森林病虫害治理工程的基础上，又启动了苏浙皖鲁松材线虫病和京津冀美国白蛾治理工程。

四是以分类经营为重点的林业改革不断深化。国家林业局发出了《关于开展全国森林分类区划界定工作的通知》，并在14个林业分类经营示范区取得明显进展。全国已有一半以上的省区开展了国有林场的分类经营改革试点工作，一些省区通过改革已初步解决了长期以来困扰生态型国有林场的经济困难问题。《森林生态效益补偿基金筹集和使用管理办法》已呈报国务院审批。

五是林业法制建设进一步加强。森林法配套法规的制定工作进展顺利，《森林法实施条例》经一年来的起草、征求意见和协调工作，已经国务院批准于2000年1月29日发布施行。同时，还完成了《防沙治沙法》、《天然林保护管理条例》、《野生动植物进出口管理条例》、《林地管理条例》等一批法律法规草案的起草及征求意见工作。《国家重点保护野生植物名录》已经国务院批准并发布施行。林业执法监督和执法体系建设有所加强。

六是科教兴林工作取得新的进展。林业科技体制改革稳步推进。完成了《农业科技发展纲要》（林业专题）、《国家林业科技创新体系建设方案》的编制工作，并在重点林业建设工程科技保障、林业高技术产业化、国家重大基础研究项目立项等工作取得了新的进展。林业教育体制改革不断深化，林业职工岗位培训工作有了新的突破。

七是国家对林业的各项投入稳定增加。全年共争取中央各类林业建设资金140多亿元，是近年来增幅最大的一年。通过强化审计监督，严格资金管理，进一步提高了资金的使用效益。

八是林业国际合作进一步扩大。对外交流与合作渠道进一步拓宽，全年共执行政府间和部门间科技合作项目15个，新争取无偿援助项目21个，受援总金额3404.8万美元。世界银行贷款森林资源发展和保护项目、贫困地区林业发展项目，以及全球环境基金自然保护区管理项目继续顺利实施，林业四期世界银行贷款项目准备工作取得突破。

但是也要看到，林业发展中还有很多问题没有解决，还有很多薄弱环节需要加强。新的形势任务对林业建设提出了新的更高的要求，要适应改善生态环境和实施西部大开发战略的需要，进一步调整林业工作思路，根据不同地区生态环境建设以及经济和社会发展的要求，分区域确定林业建设的重点，实行分类指导、分区突破，进而整体推进全国林业更好更快地发展。

（杨百瑾）

重要林业法律法规

国务院办公厅关于继续冻结各项建设工程征占用林地的通知

国办发明电［1999］9号

各省、自治区、直辖市人民政府，国务院各部委、各直属机构：

《国务院关于保护森林资源制止毁林开垦和乱占林地的通知》（国发明电〔1998〕8号，以下简称《通知》）下发以来，各地认真贯彻落实，有力地遏制了毁林开垦和乱占林地的歪风。但是，当前林地管理的形势仍比较严峻，未批先用、不批也占等非法征占用林地现象在部分地区还不同程度地存在。为了全面贯彻《森林法》，从根本上杜绝乱占林地的行为，将征占用林地纳入依法管理的轨道，国务院正在制定《森林法实施条例》。在《森林法实施条例》颁布实施之前，国务院决定继续冻结各项建设工程征占用林地。现将有关事项通知如下：

一、从1999年8月5日起至《森林法实施条例》颁布实施之前，继续冻结各项建设工程征占用林地。

二、冻结期间，确实需要征占用林地的，要按照《通知》的要求以及国家林业局的有关具体规定办理报批手续。

三、地方各级人民政府要进一步采取措施，继续深入贯彻落实《通知》精神，从严控制各类建设工程征占用林地。对未经批准擅自占用林地或越权批准的，要依法追究有关责任人员的责任，严肃查处。

四、国家林业局要会同有关部门做好督促检查工作，发现违法征占用林地的行为要及时查处，并予以通报。

国务院办公厅

1999年7月30日

国务院关于《国家重点保护野生植物名录（第一批）》的批复

国函［1999］92号

国家林业局、农业部：

国务院批准《国家重点保护野生植物名录（第一批）》，由你们联合发布施行。

国务院

1999年8月4日

国家林业局令

（第2号）

根据《中华人民共和国植物新品种保护条例》，中华人民共和国林业植物新品种保护名录（第一批）已经国家林业局确定，现予发布，自发布之日起施行。

附件：中华人民共和国林业植物新品种保护名录（第一批）

国家林业局局长 王志宝

1999年4月22日

附件：中华人民共和国林业植物新品种保护名录

（第一批）

种或者属名	学 名	种或者属名	学 名
1. 毛白杨	*Populus tomentosa*	5. 牡丹	*Paeonia suffruticosa*
2. 泡桐属	*Paulownia*	6. 梅	*Prunus mume*
3. 杉木	*Cunninghamia lanceolata*	7. 蔷薇属	*Rosa*
4. 木兰属	*Magnolia*	8. 山茶属	*Camellia*

国家林业局令

（第3号）

现发布《中华人民共和国植物新品种保护条例实施细则（林业部分）》，自发布之日起施行。

国家林业局局长 王志宝

1999年8月10日

附件：中华人民共和国植物新品种保护条例实施细则（林业部分）

第一章 总 则

第一条 根据《中华人民共和国植物新品种保护条例》（以下简称《条例》），制定本细则。

第二条 本细则所称植物新品种，是指符合《条例》第二条规定的林木、竹、木质藤本、木本观赏植物（包括木本花卉）、果树（干果部分）及木本油料、饮料、调料、木本药材等植物品种。

植物品种保护名录由国家林业局确定和公布。

第三条 国家林业局依照《条例》和本细则规定受理、审查植物新品种权的申请并授予植物新品种权（以下简称品种权）。

国家林业局植物新品种保护办公室（以下简称植物新品种保护办公室），负责受理和审查本细则第二条规定的植物新品种的品种权申请，组织与植物新品种保护有关的测试、保藏等业务，按国家有关规定承办与植物新品种保护有关的国际事务等具体工作。

第二章 品种权的内容和归属

第四条 《条例》所称的繁殖材料，是指整株植物（包括苗木）、种子（包括根、茎、叶、花、果实等）以及构成植物体的任何部分（包括组织、细胞）。

第五条 《条例》第七条所称的职务育种是指：

（一）在本职工作中完成的育种；

（二）履行本单位分配的本职工作之外的任务所完成的育种；

（三）离开原单位后3年内完成的与其在原单位承担的本职工作或者分配的任务有关的育种；

（四）利用本单位的资金、仪器设备、试验场地、育种资源和其他繁殖材料及不对外公开的技术资料等所完成的育种。

除前款规定情形之外的，为非职务育种。

第六条 《条例》所称完成植物新品种育种的人、品种权申请人、品种权人，均包括单位或者个人。

第七条 两个以上申请人就同一个植物新品种在同一日分别提出品种权申请的，植物新品种保护办公室可以要求申请人自行协商确定申请权的归属；协商达不成一致意见的，植物新品种保护办公室可以要求申请人在规定的期限内提供证明自己是最先完成该植物新品种育种的证据；逾期不提供证据的，视为放弃申请。

第八条 中国的单位或者个人就其在国内培育的

植物新品种向外国人转让申请权或者品种权的，应当报国家林业局批准。

国有单位在国内转让植物新品种申请权或者品种权的，由其上级行政主管部门批准。

转让申请权或者品种权的，当事人应当订立书面合同，向国家林业局登记，并由国家林业局予以公告。

转让申请权或者品种权的，自登记之日起生效。

第九条 依照《条例》第十一条规定，有下列情形之一的，国家林业局可以作出或者依当事人的请求作出实施植物新品种强制许可的决定：

（一）为满足国家利益或者公共利益等特殊需要；

（二）品种权人无正当理由自己不实施或者实施不完全，又不许可他人以合理条件实施的。

请求植物新品种强制许可的单位或者个人，应当向国家林业局提出强制许可请求书，说明理由并附具有关证明材料各一式两份。

第十条 按照《条例》第十一条第二款规定，请求国家林业局裁决植物新品种强制许可使用费数额的，当事人应当提交裁决请求书，并附具不能达成协议的有关材料。国家林业局自收到裁决请求书之日起3个月内作出裁决并通知有关当事人。

第三章 授予品种权的条件

第十一条 授予品种权的，应当符合《条例》第十三条、第十四条、第十五条、第十六条、第十七条、第十八条和本细则第二条的规定。

第十二条 依照《条例》第四十五条的规定，对《条例》施行前首批列入植物品种保护名录的和《条例》施行后新列入植物品种保护名录的属或者种的植物品种，自名录公布之日起一年内提出的品种权申请，经育种人许可，在中国境内销售该品种的繁殖材料不超过4年的，视为具有新颖性。

第十三条 除《条例》第十八条规定的以外，有下列情形之一的，不得用于植物新品种命名：

（一）违反国家法律、行政法规规定或者带有民族歧视性的；

（二）以国家名称命名的；

（三）以县级以上行政区划的地名或者公众知晓的外国地名命名的；

（四）同政府间国际组织或者其他国际知名组织的标识名称相同或者近似的；

（五）属于相同或者相近植物属或者种的已知名称的。

第四章 品种权的申请和受理

第十四条 中国的单位和个人申请品种权的，可以直接或者委托国家林业局指定的代理机构向国家林业局提出申请。

第十五条 中国的单位和个人申请品种权的植物品种，如涉及国家安全或者重大利益需要保密的，申请人应当在请求书中注明，植物新品种保护办公室应当按国家有关保密的规定办理，并通知申请人；植物新品种保护办公室认为需要保密而申请人未注明的，按保密申请办理，并通知有关当事人。

第十六条 外国人、外国企业或者其他外国组织向国家林业局提出品种权申请和办理其他品种权事务的，应当委托国家林业局指定的代理机构办理。

第十七条 申请人委托代理机构向国家林业局申请品种权或者办理其他有关事务的，应当提交委托书，写明委托权限。

申请人为两个以上而未委托代理机构代理的，应当书面确定一方为代表人。

第十八条 申请人申请品种权时，应当向植物新品种保护办公室提交国家林业局规定格式的请求书、说明书以及符合本细则第十九条规定的照片各一式两份。

第十九条 《条例》第二十一条所称的照片，应当符合以下要求：

（一）有利于说明申请品种权的植物品种的特异性；

（二）一种性状的对比应在同一张照片上；

（三）照片应为彩色；

（四）照片规格为8.5厘米×12.5厘米或者10厘米×15厘米。

照片应当附有简要文字说明；必要时，植物新品种保护办公室可以要求申请人提供黑白照片。

第二十条 品种权的申请文件有下列情形之一的，植物新品种保护办公室不予受理：

（一）内容不全或者不符合规定格式的；

（二）字迹不清或者有严重涂改的；

（三）未使用中文的。

第二十一条 植物新品种保护办公室可以要求申请人送交申请品种权的植物品种和对照品种的繁殖材料，用于审查和检测。

第二十二条 申请人应当自收到植物新品种保护办公室通知之日起3个月内送交繁殖材料。送交种子的，申请人应当送至植物新品种保护办公室指定的保藏机构；送交无性繁殖材料的，申请人应当送至植物新品种办公室指定的测试机构。

申请人逾期不送交繁殖材料的，视为放弃申请。

第二十三条 申请人送交的繁殖材料应当依照国家有关规定进行检疫；应检疫而未检疫或者检疫不合格的，保藏机构或者测试机构不予接收。

第二十四条 申请人送交的繁殖材料不能满足测试或者检测需要以及不符合要求的，植物新品种保护办公室可以要求申请人补交。

申请人三次补交繁殖材料仍不符合规定的，视为放弃申请。

第二十五条 申请人送交的繁殖材料应当符合下列要求：

(一)与品种权申请文件中所描述的该植物品种的繁殖材料相一致；

(二) 最新收获或者采集的；

(三) 无病虫害；

(四) 未进行药物处理。

申请人送交的繁殖材料已经进行了药物处理，应当附有使用药物的名称、使用的方法和目的。

第二十六条 保藏机构或者测试机构收到申请人送交的繁殖材料的，应当向申请人出具收据。

保藏机构或者测试机构对申请人送交的繁殖材料经检测合格的，应当出具检验合格证明，并报告植物新品种保护办公室；经检测不合格的，应当报告植物新品种保护办公室，由其按照有关规定处理。

第二十七条 保藏机构或者测试机构对申请人送交的繁殖材料，在品种权申请的审查期间和品种权的有效期限内，应当保密和妥善保管。

第二十八条 在中国没有经常居所或者营业所的外国人、外国企业或者其他外国组织申请品种权或者要求优先权的，植物新品种保护办公室可以要求其提供下列文件：

(一) 国籍证明；

(二) 申请人是企业或者其他组织的，其营业所或者总部所在地的证明文件；

(三) 外国人、外国企业、外国其他组织的所属国承认中国的单位和个人可以按照该国国民的同等条件，在该国享有植物新品种的申请权、优先权和其他与品种权有关的证明文件。

第二十九条 申请人向国家林业局提出品种权申请之后，又向外国申请品种权的，可以请求植物新品种保护办公室出具优先权证明文件；符合条件的，植物新品种保护办公室应当出具优先权证明文件。

第三十条 申请人撤回品种权申请的，应当向国家林业局提出撤回申请，写明植物品种名称、申请号和申请日。

第三十一条 中国的单位和个人将在国内培育的植物新品种向国外申请品种权的，应当向国家林业局登记。

第五章 品种权的审查批准

第三十二条 国家林业局对品种权申请进行初步审查时，可以要求申请人就有关问题在规定的期限内提出陈述意见或者予以修正。

第三十三条 一件品种权申请包括二个以上品种权申请的，在实质审查前，植物新品种保护办公室应当要求申请人在规定的期限内提出分案申请；申请人在规定的期限内对其申请未进行分案修正或者期满未答复的，该申请视为放弃。

第三十四条 依照本细则第三十三条规定提出的分案申请，可以保留原申请日；享有优先权的，可保留优先权日，但不得超出原申请的范围。

分案申请应当依照《条例》及本细则的有关规定办理各种手续。

分案申请的请求书中应当写明原申请的申请号和申请日。原申请享有优先权的，应当提交原申请的优先权文件副本。

第三十五条 经初步审查符合《条例》和本细则规定条件的品种权申请，由国家林业局予以公告。

自品种权申请公告之日起至授予品种权之日前，任何人均可以对不符合《条例》和本细则规定的品种权申请向国家林业局提出异议，并说明理由。

第三十六条 品种权申请文件的修改部分，除个别文字修改或者增删外，应当按照规定格式提交替换页。

第三十七条 经实质审查后，符合《条例》规定的品种权申请，由国家林业局作出授予品种权的决定，向品种权申请人颁发品种权证书，予以登记和公告。

品种权人应当自收到领取品种权证书通知之日起3个月内领取品种权证书，并按照国家有关规定缴纳第一年年费。逾期未领取品种权证书并未缴纳年费的，视为放弃品种权，有正当理由的除外。

品种权自作出授予品种权的决定之日起生效。

第三十八条 国家林业局植物新品种复审委员会(以下简称复审委员会)由植物育种专家、栽培专家、法律专家和有关行政管理人员组成。

复审委员会主任委员由国家林业局主要负责人指定。

植物新品种保护办公室根据复审委员会的决定办理复审的有关事宜。

第三十九条 依照《条例》第三十二条第二款的规定向复审委员会请求复审的，应当提交符合国家林业局规定格式的复审请求书，并附具有关的证明材料。复审请求书和证明材料应当各一式两份。

申请人请求复审时，可以修改被驳回的品种权申请文件，但修改仅限于驳回申请的决定所涉及的部分。

第四十条 复审请求不符合规定要求的，复审请求人可以在复审委员会指定的期限内补正；期满未补正或者补正后仍不符合规定要求的，该复审请求视为放弃。

第四十一条 复审请求人在复审委员会作出决定前，可以撤回其复审请求。

第六章 品种权的终止和无效

第四十二条 依照《条例》第三十六条规定，品种权在其保护期限届满前终止的，其终止日期为：

(一) 品种权人以书面声明放弃品种权的，自声明之日起终止；

（二）品种权人未按照有关规定缴纳年费的，自补缴年费期限届满之日起终止；

（三）品种权人未按照要求提供检测所需的该授权品种的繁殖材料或者送交的繁殖材料不符合要求的，国家林业局予以登记，其品种权自登记之日起终止；

（四）经检测该授权品种不再符合被授予品种权时的特征和特性的，自国家林业局登记之日起终止。

第四十三条 依照《条例》第三十七条第一款的规定，任何单位或者个人请求宣告品种权无效的，应当向复审委员会提交国家林业局规定格式的品种权无效宣告请求书和有关材料各一式两份，并说明所依据的事实和理由。

第四十四条 已授予的品种权不符合《条例》第十四条、第十五条、第十六条和第十七条规定的，由复审委员会依据职权或者任何单位或者个人的书面请求宣告品种权无效。

宣告品种权无效，由国家林业局登记和公告，并由植物新品种保护办公室通知当事人。

第四十五条 品种权无效宣告请求书中未说明所依据的事实和理由，或者复审委员会就一项品种权无效宣告请求已审理并决定仍维持品种权的，请求人又以同一事实和理由请求无效宣告的，复审委员会不予受理。

第四十六条 复审委员会应当自收到无效宣告请求书之日起15日内将品种权无效宣告请求书副本和有关材料送达品种权人。品种权人应当在收到后3个月内提出陈述意见；逾期未提出的，不影响复审委员会审理。

第四十七条 复审委员会对授权品种作出更名决定的，由国家林业局登记和公告，并由植物新品种保护办公室通知品种权人，更换品种权证书。

授权品种更名后，不得再使用原授权品种名称。

第四十八条 复审委员会对无效宣告的请求作出决定前，无效宣告请求人可以撤回其请求。

第七章　文件的递交、送达和期限

第四十九条 《条例》和本细则规定的各种事项，应当以书面形式办理。

第五十条 按照《条例》和本细则规定提交的各种文件应当使用中文，并采用国家统一规定的科技术语。

外国人名、地名和没有统一中文译文的科技术语，应当注明原文。

依照《条例》和本细则规定提交的证明文件是外文的，应当附送中文译文；未附送的，视为未提交证明文件。

第五十一条 当事人提交的各种文件可以打印，也可以使用钢笔或者毛笔书写，但要整齐清晰，纸张只限单面使用。

第五十二条 依照《条例》和本细则规定，提交各种文件和有关材料的，当事人可以直接提交，也可以邮寄。邮寄时，以寄出的邮戳日为提交日。寄出的邮戳日不清晰的，除当事人能够提供证明外，以收到日为提交日。

依照《条例》和本细则规定，向当事人送达的各种文件和有关材料的，可以直接送交、邮寄或者以公告的方式送达。当事人委托代理机构的，送达代理机构；未委托代理机构的，送达当事人。

依本条第二款规定直接送达的，以交付日为送达日；邮寄送达的，自寄出之日起满15日，视为送达；公告送达的，自公告之日起满2个月，视为送达。

第五十三条 《条例》和本细则规定的各种期限，以年或者月计算的，以其最后一月的相应日为期限届满日；该月无相应日的，以该月最后一日为期限届满日；期限届满日是法定节假日的，以节假日后的第一个工作日为期限届满日。

第五十四条 当事人因不可抗力或者特殊情况耽误《条例》和本细则规定的期限，造成其权利丧失的，自障碍消除之日起2个月内，但是最多不得超过自期限届满之日起2年，可以向国家林业局说明理由并附具有关证明材料，请求恢复其权利。

第五十五条 《条例》和本细则所称申请日，有优先权的，指优先权日。

第八章　费用和公报

第五十六条 申请品种权的，应当按照规定缴纳申请费、审查费；需要测试的，应当缴纳测试费。授予品种权的，应当缴纳年费。

第五十七条 当事人缴纳本细则第五十六条规定费用的，可以向植物新品种保护办公室直接缴纳，也可以通过邮局或者银行汇付，但不得使用电汇。

通过邮局或者银行汇付的，应当注明申请号或者品种权证书号、申请人或者品种权人的姓名或者名称、费用名称以及授权品种名称。

通过邮局或者银行汇付时，以汇出日为缴费日。

第五十八条 依照《条例》第二十四条的规定，申请人可以在提交品种权申请的同时缴纳申请费，也可以在收到缴费通知之日起1个月内缴纳；期满未缴纳或者未缴足的，其申请视为撤回。

按照规定应当缴纳测试费的，自收到缴费通知之日起1个月内缴纳；期满未缴纳或者未缴足的，其申请视为放弃。

第五十九条 第一次年费应当于领取品种权证书时缴纳，以后的年费应当在前一年度期满前1个月内预缴。

第六十条 品种权人未按时缴纳第一年以后的年费或者缴纳数额不足的，植物新品种保护办公室应当通知品种权人自应当缴纳年费期满之日起6个月内补缴，同时缴纳金额为年费的25%的滞纳金。

第六十一条 自本细则施行之日起3年内，当事人缴纳本细则第五十六条规定的费用确有困难的，经申请并由国家林业局批准，可以减缴或者缓缴。

第六十二条 国家林业局定期出版植物新品种保护公报，公告品种权申请、授予、转让、继承、终止等有关事项。

植物新品种保护办公室设置品种权登记簿，登记品种权申请、授予、转让、继承、终止等有关事项。

第九章 附 则

第六十三条 县级以上林业主管部门查处《条例》规定的行政处罚案件时，适用林业行政处罚程序的规定。

第六十四条 《条例》所称的假冒授权品种，是指：

（一）使用伪造的品种权证书、品种权号的；

（二）使用已经被终止或者被宣告无效品种权的品种权证书、品种权号的；

（三）以非授权品种冒充授权品种的；

（四）以此种授权品种冒充他种授权品种的；

（五）其他足以使他人将非授权品种误认为授权品种的。

第六十五条 当事人因植物新品种的申请权或者品种权发生纠纷，已向人民法院提起诉讼并受理的，应当向国家林业局报告并附具人民法院已受理的证明材料。国家林业局按照有关规定作出中止或者终止的决定。

第六十六条 在初步审查、实质审查、复审和无效宣告程序中进行审查和复审的人员，有下列情形之一的，应当申请回避；当事人或者其他有利害关系人也可以要求其回避：

（一）是当事人或者其代理人近亲属的；

（二）与品种权申请或者品种权有直接利害关系的；

（三）与当事人或者其他代理人有其他可能影响公正审查和审理关系的。

审查人员的回避，由植物新品种保护办公室决定；复审委员会人员的回避，由国家林业局决定。在回避申请未被批准前，审查和复审人员不得终止履行职责。

第六十七条 任何人经植物新品种保护办公室同意，可以查阅或者复制已经公告的品种权申请的案卷和品种权登记簿。

依照《条例》和本细则的规定，已被驳回、撤回或者视为放弃品种权申请的材料和已被放弃、无效宣告或者终止品种权的材料，由植物新品种保护办公室予以销毁。

第六十八条 请求变更品种权申请人和品种权人的，应当向植物新品种保护办公室办理著录事项变更手续，并提出变更理由和证明材料。

第六十九条 本细则由国家林业局负责解释。

第七十条 本细则自发布之日起施行。

国家林业局 农业部 令
（第4号）

国务院于1999年8月4日批准了《国家重点保护野生植物名录（第一批）》，现予发布，自发布之日起施行。

国家林业局局长 王志宝
农业部部长 陈耀邦
1999年9月9日

附：国家重点保护野生植物名录（第一批）

中名	学名	保护级别	
		Ⅰ级	Ⅱ级
	蕨类植物 Pteridophytes		
观音座莲科	Angiopteridaceae		
法斗观音座莲	*Angiopteris sparsisora*		Ⅱ
二回原始观音座莲	*Archangiopteris bipinnata*		Ⅱ
亨利原始观音座莲	*Archangiopteris henryi*		Ⅱ

（续）

中　名	学　名	保护级别	
		Ⅰ级	Ⅱ级
铁角蕨科	Aspleniaceae		
对开蕨	*Phyllitis japonica*		Ⅱ
蹄盖蕨科	Athyriaceae		
光叶蕨	*Cystoathyrium chinense*	Ⅰ	
乌毛蕨科	Blechnaceae		
苏铁蕨	*Brainea insignis*		Ⅱ
天星蕨科	Christenseniaceae		
天星蕨	*Christensenia assamica*		Ⅱ
桫椤科（所有种）	Cyatheaceae spp.		Ⅱ
蚌壳蕨科（所有种）	Dicksoniaceae spp.		Ⅱ
鳞毛蕨科	Dryopteridaceae		
单叶贯众	*Cyrtomium hemionitis*		Ⅱ
玉龙蕨	*Sorolepidium glaciale*	Ⅰ	
七指蕨科	Helminthostachyaceae		
七指蕨	*Helminthostachys zeylanica*		Ⅱ
水韭科	Isoetaceae		
水韭属（所有种）*	*Isoetes* spp.	Ⅰ	
水蕨科	Parkeriaceae		
水蕨属（所有种）*	*Ceratopteris* spp.		Ⅱ
鹿角蕨科	Platyceriaceae		
鹿角蕨	*Platycerium wallichii*		Ⅱ
水龙骨科	Polypodiaceae		
扇蕨	*Neocheiropteris palmatopedata*		Ⅱ
中国蕨科	Sinopteridaceae		
中国蕨	*Sinopteris grevilleoides*		Ⅱ
裸子植物　Gymnospermae			
三尖杉科	Cephalotaxaceae		
贡山三尖杉	*Cephalotaxus lanceolata*		Ⅱ
蓖子三尖杉	*Cephalotaxus oliveri*		Ⅱ
柏　科	Cupressaceae		
翠　柏	*Calocedrus macrolepis*		Ⅱ
红　桧	*Chamaecyparis formosensis*		Ⅱ
岷江柏木	*Cupressus chengiana*		Ⅱ
巨　柏	*Cupressus gigantea*	Ⅰ	
福建柏	*Fokienia hodginsii*		Ⅱ
朝鲜崖柏	*Thuja koraiensis*		Ⅱ
苏铁科	Cycadaceae		
苏铁属（所有种）	*Cycas* spp.	Ⅰ	
银杏科	Ginkgoaceae		
银杏	*Ginkgo biloba*	Ⅰ	
松　科	Pinaceae		
百山祖冷杉	*Abies beshanzuensis*	Ⅰ	
秦岭冷杉	*Abies chensiensis*		Ⅱ

（续）

中 名	学 名	保护级别	
		Ⅰ级	Ⅱ级
梵净山冷杉	*Abies fanjingshanensis*	Ⅰ	
元宝山冷杉	*Abies yuanbaoshanensis*	Ⅰ	
资源冷杉（大院冷杉）	*Abies ziyuanensis*	Ⅰ	
银 杉	*Cathaya argyrophylla*	Ⅰ	
台湾油杉	*Keteleeria davidiana* var. *formosana*		Ⅱ
海南油杉	*Keteleeria hainanensis*		Ⅱ
柔毛油杉	*Keteleeria pubescens*		Ⅱ
太白红杉	*Larix chinensis*		Ⅱ
四川红杉	*Larix mastersiana*		Ⅱ
油麦吊云杉	*Picea brachytyla* var. *complanata*		Ⅱ
大果青扦	*Picea neoveitchii*		Ⅱ
兴凯赤松	*Pinus densiflora* var. *ussuriensis*		Ⅱ
大别山五针松	*Pinus fenzeliana* var. *dabeshanensis*		Ⅱ
红松	*Pinus koraiensis*		Ⅱ
华南五针松（广东松）	*Pinus kwangtungensis*		Ⅱ
巧家五针松	*Pinus squamata*	Ⅰ	
长白松	*Pinus sylvestris* var. *sylvestriformis*	Ⅰ	
毛枝五针松	*Pinus wangii*		Ⅱ
金钱松	*Pseudolarix amabilis*		Ⅱ
黄杉属（所有种）	*Pseudotsuga* spp.		Ⅱ
红豆杉科	Taxaceae		
台湾穗花杉	*Amentotaxus formosana*	Ⅰ	
云南穗花杉	*Amentotaxus yunnanensis*	Ⅰ	
白豆杉	*Pseudotaxus chienii*		Ⅱ
红豆杉属（所有种）	*Taxus* spp.	Ⅰ	
榧属（所有种）	*Torreya* spp.		Ⅱ
杉 科	Taxodiaceae		
水松	*Glyptostrobus pensilis*	Ⅰ	
水杉	*Metasequoia glyptostroboides*	Ⅰ	
台湾杉（秃杉）	*Taiwania cryptomerioides*		Ⅱ
被子植物 Angiospermae			
芒苞草科	Acanthochlamydaceae		
芒苞草	*Acanthochlamys bracteata*		Ⅱ
槭树科	Aceraceae		
梓叶槭	*Acer catalpifolium*		Ⅱ
羊角槭	*Acer yangjuechi*		Ⅱ
云南金钱槭	*Dipteronia dyerana*		Ⅱ
泽泻科	Alismataceae		
长喙毛茛泽泻 *	*Ranalisma rostratum*	Ⅰ	
浮叶慈菇 *	*Sagittaria natans*		Ⅱ
夹竹桃科	Apocynaceae		
富宁藤	*Parepigynum funingense*		Ⅱ

（续）

中　　名	学　　名	保护级别	
		Ⅰ级	Ⅱ级
蛇根木	*Rauvolfia serpentina*		Ⅱ
萝藦科	Asclepiadaceae		
驼峰藤	*Merrillanthus hainanensis*		Ⅱ
桦木科	Betulaceae		
盐桦	*Betula halophila*		Ⅱ
金平桦	*Betula jinpingensis*		Ⅱ
普陀鹅耳枥	*Carpinus putoensis*	Ⅰ	
天台鹅耳枥	*Carpinus tientaiensis*		Ⅱ
天目铁木	*Ostrya rehderiana*	Ⅰ	
伯乐树科	Bretschneideraceae		
伯乐树（钟萼木）	*Bretschneidera sinensis*	Ⅰ	
花蔺科	Butomaceae		
拟花蔺 *	*Butomopsis latifolia*		Ⅱ
忍冬科	Caprifoliaceae		
七子花	*Heptacodium miconioides*		Ⅱ
石竹科	Caryophyllaceae		
金铁锁	*Psammosilene tunicoides*		Ⅱ
卫矛科	Celastraceae		
膝柄木	*Bhesa sinensis*	Ⅰ	
十齿花	*Dipentodon sinicus*		Ⅱ
永瓣藤	*Monimopetalum chinense*		Ⅱ
连香树科	Cercidiphyllaceae		
连香树	*Cercidiphyllum japonicum*		Ⅱ
使君子科	Combretaceae		
萼翅藤	*Calycopteris floribunda*	Ⅰ	
千果榄仁	*Terminalia myriocarpa*		Ⅱ
菊科	Compositae		
画笔菊 *	*Ajaniopsis penicilliformis*		Ⅱ
革苞菊 *	*Tugarinovia mongolica*	Ⅰ	
四数木科	Datiscaceae		
四数木	*Tetrameles nudiflora*		Ⅱ
龙脑香科	Dipterocarpaceae		
东京龙脑香	*Dipterocarpus retusus*	Ⅰ	
狭叶坡垒	*Hopea chinensis*	Ⅰ	
无翼坡垒（铁凌）	*Hopea exalata*		Ⅱ
坡垒	*Hopea hainanensis*	Ⅰ	
多毛坡垒	*Hopea mollissima*	Ⅰ	
望天树	*Parashorea chinensis*	Ⅰ	
广西青梅	*Vatica guangxiensis*		Ⅱ
青皮（青梅）	*Vatica mangachapoi*		Ⅱ
茅膏菜科	Droseraceae		
貉藻 *	*Aldrovanda vesiculosa*	Ⅰ	

（续）

中　　名	学　　名	保护级别	
		Ⅰ级	Ⅱ级
胡颓子科	Elaeagnaceae		
翅果油树	*Elaeagnus mollis*		Ⅱ
大戟科	Euphorbiaceae		
东京桐	*Deutzianthus tonkinensis*		Ⅱ
壳斗科	Fagaceae		
华南锥	*Castanopsis concinna*		Ⅱ
台湾水青冈	*Fagus hayatae*		Ⅱ
三棱栎	*Formanodendron doichangensis*		Ⅱ
瓣鳞花科	Frankeniaceae		
瓣鳞花 *	*Frankenia pulverulenta*		Ⅱ
龙胆科	Gentianaceae		
辐花 *	*Lomatogoniopsis alpina*		Ⅱ
苦苣苔科	Gesneriaceae		
瑶山苣苔	*Dayaoshania cotinifolia*	Ⅰ	
单座苣苔	*Metabriggsia ovalifolia*	Ⅰ	
秦岭石蝴蝶	*Petrocosmea qinlingensis*		Ⅱ
报春苣苔	*Primulina tabacum*	Ⅰ	
辐花苣苔	*Thamnocharis esquirolii*	Ⅰ	
禾本科	Gramineae		
酸竹	*Acidosasa chinensis*		Ⅱ
沙芦草 *	*Agropyron mongolicum*		Ⅱ
异颖草 *	*Anisachne gracilis*		Ⅱ
短芒披碱草 *	*Elymus breviaristatus*		Ⅱ
无芒披碱草 *	*Elymus submuticus*		Ⅱ
毛披碱草 *	*Elymus villifer*		Ⅱ
内蒙古大麦 *	*Hordeum innermongolicum*		Ⅱ
药用野生稻 *	*Oryza officinalis*		Ⅱ
普通野生稻 *	*Oryza rufipogon*		Ⅱ
四川狼尾草 *	*Pennisetum sichuanense*		Ⅱ
华山新麦草 *	*Psathyrostachys huashanica*	Ⅰ	
三蕊草 *	*Sinochasea trigyna*		Ⅱ
拟高粱 *	*Sorghum propinquum*		Ⅱ
箭叶大油芒 *	*Spodiopogon sagittifolius*		Ⅱ
中华结缕草 *	*Zoysia sinica*		Ⅱ
小二仙草科	Haloragidaceae		
乌苏里狐尾藻 *	*Myriophyllum ussuriense*		Ⅱ
金缕梅科	Hamamelidaceae		
山铜材	*Chunia bucklandioides*		Ⅱ
长柄双花木	*Disanthus cercidifolius* var. *longipes*		Ⅱ
半枫荷	*Semiliquidambar cathayensis*		Ⅱ
银缕梅	*Shaniodendron subaequalum*	Ⅰ	
四药门花	*Tetrathyrium subcordatum*		Ⅱ

（续）

中　　名	学　　名	保护级别	
		Ⅰ级	Ⅱ级
水鳖科	Hydrocharitaceae		
水菜花＊	*Ottelia cordata*		Ⅱ
唇形科	Labiatae		
子宫草	*Skapanthus oreophilus*		Ⅱ
樟科	Lauraceae		
油丹	*Alseodaphne hainanensis*		Ⅱ
樟树（香樟）	*Cinnamomum camphora*		Ⅱ
普陀樟	*Cinnamomum japonicum*		Ⅱ
油樟	*Cinnamomum longepaniculatum*		Ⅱ
卵叶桂	*Cinnamomum rigidissimum*		Ⅱ
润楠	*Machilus nanmu*		Ⅱ
舟山新木姜子	*Neolitsea sericea*		Ⅱ
闽楠	*Phoebe bournei*		Ⅱ
浙江楠	*Phoebe chekiangensis*		Ⅱ
楠木	*Phoebe zhennan*		Ⅱ
豆科	Leguminosae		
线苞两型豆＊	*Amphicarpaea linearis*		Ⅱ
黑黄檀（版纳黑檀）	*Dalbergia fusca*		Ⅱ
降香（降香檀）	*Dalbergia odorifera*		Ⅱ
格木	*Erythrophleum fordii*		Ⅱ
山豆根（胡豆莲）	*Euchresta japonica*		Ⅱ
绒毛皂荚	*Gleditsia japonica* var. *velutina*		Ⅱ
野大豆＊	*Glycine soja*		Ⅱ
烟豆＊	*Glycine tabacina*		Ⅱ
短绒野大豆＊	*Glycine tomentella*		Ⅱ
花榈木（花梨木）	*Ormosia henryi*		Ⅱ
红豆树	*Ormosia hosiei*		Ⅱ
缘毛红豆	*Ormosia howii*		Ⅱ
紫檀（青龙木）	*Pterocarpus indicus*		Ⅱ
油楠（蚌壳树）	*Sindora glabra*		Ⅱ
任豆（任木）	*Zenia insignis*		Ⅱ
狸藻科	Lentibulariaceae		
盾鳞狸藻＊	*Utricularia punctata*		Ⅱ
木兰科	Magnoliaceae		
长蕊木兰	*Alcimandra cathcardii*	Ⅰ	
地枫皮	*Illicium difengpi*		Ⅱ
单性木兰	*Kmeria septentrionalis*	Ⅰ	
鹅掌楸	*Liriodendron chinense*		Ⅱ
大叶木兰	*Magnolia henryi*		Ⅱ
馨香玉兰	*Magnolia odoratissima*		Ⅱ
厚朴	*Magnolia officinalis*		Ⅱ
凹叶厚朴	*Magnolia officinalis* subsp. *biloba*		Ⅱ

（续）

中名	学名	保护级别	
		Ⅰ级	Ⅱ级
长喙厚朴	*Magnolia rostrata*		Ⅱ
圆叶玉兰	*Magnolia sinensis*		Ⅱ
西康玉兰	*Magnolia wilsonii*		Ⅱ
宝华玉兰	*Magnolia zenii*		Ⅱ
香木莲	*Manglietia aromatica*		Ⅱ
落叶木莲	*Manglietia decidua*	Ⅰ	
大果木莲	*Manglietia grandis*		Ⅱ
毛果木莲	*Manglietia hebecarpa*		Ⅱ
大叶木莲	*Manglietia megaphylla*		Ⅱ
厚叶木莲	*Manglietia pachyphylla*		Ⅱ
华盖木	*Manglietiastrum sinicum*	Ⅰ	
石碌含笑	*Michelia shiluensis*		Ⅱ
峨眉含笑	*Michelia wilsonii*		Ⅱ
峨眉拟单性木兰	*Parakmeria omeiensis*	Ⅰ	
云南拟单性木兰	*Parakmeria yunnanensis*		Ⅱ
合果木	*Paramichelia baillonii*		Ⅱ
水青树	*Tetracentron sinense*		Ⅱ
楝科	Meliaceae		
粗枝崖摩	*Amoora dasyclada*		Ⅱ
红椿	*Toona ciliata*		Ⅱ
毛红椿	*Toona ciliata* var. *pubescens*		Ⅱ
防己科	Menispermaceae		
藤枣	*Eleutharrhena macrocarpa*	Ⅰ	
肉豆蔻科	Myristicaceae		
海南风吹楠	*Horsfieldia hainanensis*		Ⅱ
滇南风吹楠	*Horsfieldia tetratepala*		Ⅱ
云南肉豆蔻	*Myristica yunnanensis*		Ⅱ
茨藻科	Najadaceae		
高雄茨藻 *	*Najas browniana*		Ⅱ
拟纤维茨藻 *	*Najas pseudogracillima*		Ⅱ
睡莲科	Nymphaeaceae		
莼菜 *	*Brasenia schreberi*	Ⅰ	
莲 *	*Nelumbo nucifera*		Ⅱ
贵州萍逢草 *	*Nuphar bornetii*		Ⅱ
雪白睡莲 *	*Nymphaea candida*		Ⅱ
蓝果树科	Nyssaceae		
喜树（旱莲木）	*Camptotheca acuminata*		Ⅱ
珙桐	*Davidia involucrata*	Ⅰ	
光叶珙桐	*Davidia involucrata* var. *vilmoriniana*	Ⅰ	
云南蓝果树	*Nyssa yunnanensis*	Ⅰ	
金莲木科	Ochnaceae		
合柱金莲木	*Sinia rhodoleuca*	Ⅰ	

（续）

中名	学名	保护级别	
		Ⅰ级	Ⅱ级
铁青树科	Olacaceae		
蒜头果	*Malania oleifera*		Ⅱ
木犀科	Oleaceae		
水曲柳	*Fraxinus mandshurica*		Ⅱ
棕榈科	Palmae		
董棕	*Caryota urens*		Ⅱ
小钩叶藤	*Plectocomia microstachys*		Ⅱ
龙棕	*Trachycarpus nana*		Ⅱ
罂粟科	Papaveraceae		
红花绿绒蒿 *	*Meconopsis punicea*		Ⅱ
斜翼科	Plagiopteraceae		
斜翼	*Plagiopteron suaveolens*		Ⅱ
川苔草科	Podostemaceae		
川藻（石蔓）*	*Terniopsis sessilis*		Ⅱ
蓼　科	Polygonaceae		
金荞麦 *	*Fagopyrum dibotrys*		Ⅱ
报春花科	Primulaceae		
羽叶点地梅 *	*Pomatosace filicula*		Ⅱ
毛茛科	Ranunculaceae		
粉背叶人字果	*Dichocarpum hypoglaucum*		Ⅱ
独叶草	*Kingdonia uniflora*	Ⅰ	
马尾树科	Rhoipteleaceae		
马尾树	*Rhoiptelea chiliantha*		Ⅱ
茜草科	Rubiaceae		
绣球茜	*Dunnia sinensis*		Ⅱ
香果树	*Emmenopterys henryi*		Ⅱ
异形玉叶金花	*Mussaenda anomala*	Ⅰ	
丁茜	*Trailliaedoxa gracilis*		Ⅱ
芸香科	Rutaceae		
黄檗（黄菠椤）	*Phellodendron amurense*		Ⅱ
川黄檗（黄皮树）	*Phellodendron chinense*		Ⅱ
杨柳科	Salicaceae		
钻天柳	*Chosenia arbutifolia*		Ⅱ
无患子科	Sapindaceae		
伞花木	*Eurycorymbus cavaleriei*		Ⅱ
掌叶木	*Handeliodendron bodinieri*	Ⅰ	
山榄科	Sapotaceae		
海南紫荆木	*Madhuca hainanensis*		Ⅱ
紫荆木	*Madhuca pasquieri*		Ⅱ
虎耳草科	Saxifragaceae		
黄山梅	*Kirengeshoma palmata*		Ⅱ
蛛网萼	*Platycrater arguta*		Ⅱ

（续）

中　　名	学　　名	保护级别	
		Ⅰ级	Ⅱ级
冰沼草科	Scheuchzeriaceae		
冰沼草 *	*Scheuchzeria palustris*		Ⅱ
玄参科	Scrophulariaceae		
胡黄连 *	*Neopicrorhiza scrophulariiflora*		Ⅱ
呆白菜（崖白菜）	*Triaenophora rupestris*		Ⅱ
茄科	Solanaceae		
山莨菪 *	*Anisodus tanguticus*		Ⅱ
黑三棱科	Sparganiaceae		
北方黑三棱 *	*Sparganium hyperboreum*		Ⅱ
梧桐科	Sterculiaceae		
广西火桐	*Erythropsis kwangsiensis*		Ⅱ
丹霞梧桐	*Firmiana danxiaensis*		Ⅱ
海南梧桐	*Firmiana hainanensis*		Ⅱ
蝴蝶树	*Heritiera parvifolia*		Ⅱ
平当树	*Paradombeya sinensis*		Ⅱ
景东翅子树	*Pterospermum kingtungense*		Ⅱ
勐仑翅子树	*Pterospermum menglunense*		Ⅱ
安息香科	Styracaceae		
长果安息香	*Changiostyrax dolichocarpa*		Ⅱ
秤锤树	*Sinojackia xylocarpa*		Ⅱ
瑞香科	Thymelaeaceae		
土沉香	*Aquilaria sinensis*		Ⅱ
椴树科	Tiliaceae		
柄翅果	*Burretiodendron esquirolii*		Ⅱ
蚬木	*Burretiodendron hsienmu*		Ⅱ
滇桐	*Craigia yunnanensis*		Ⅱ
海南椴	*Hainania trichosperma*		Ⅱ
紫椴	*Tilia amurensis*		Ⅱ
菱　科	Trapaceae		
野菱 *	*Trapa incisa*		Ⅱ
榆　科	Ulmaceae		
长序榆	*Ulmus elongata*		Ⅱ
榉树	*Zelkova schneideriana*		Ⅱ
伞形科	Umbelliferae		
珊瑚菜（北沙参） *	*Glehnia littoralis*		Ⅱ
马鞭草科	Verbenaceae		
海南石梓（苦梓）	*Gmelina hainanensis*		Ⅱ
姜　科	Zingiberaceae		
茴香砂仁	*Etlingera yunnanense*		Ⅱ
拟豆蔻	*Paramomum petaloideum*		Ⅱ
长果姜	*Siliquamomum tonkinense*		Ⅱ
蓝藻　Cyonophyta			
念珠藻科	Nostocaceae		

（续）

中　　名	学　　名	保护级别	
		Ⅰ级	Ⅱ级
发菜＊	*Nostoc flagelliforme*		Ⅱ
真菌 Eumycophyta			
麦角菌科	Clavicipitaceae		
虫草（冬虫夏草）＊	*Cordyceps sinensis*		Ⅱ
口蘑科（白蘑科）	Tricholomataceae		
松口蘑（松茸）	*Tricholoma matsutake*		Ⅱ

注：标“＊”者由农业行政主管部门或渔业行政主管部门主管；未标“＊”者由林业行政主管部门主管。

国家林业局关于冻结征占用林地期间严格征占用林地审批有关问题的通知

林资发［1999］15号

各省、自治区、直辖市林业（农林）厅（局），内蒙古、吉林、龙江、大兴安岭森工（林业）集团公司：

《国务院关于保护森林资源制止毁林开垦和乱占林地的通知》（国发明电［1998］8号）下发后，各地人民政府和有关部门十分重视，积极行动，认真贯彻，全面开展了清理、清查工作，迅速停止了各类工程建设征占用林地的审批，有力地遏制了毁林开垦和乱占林地歪风，促进了森林资源保护工作。

为了既严格执行国务院《通知》精神，保护好林地，又确保经济建设的需要，经商国土资源部，并经国务院批准，现将冻结征占用林地期间特批征占用林地的有关问题通知如下：

一、各类工程建设确实需要征占用林地的，必须由省、自治区、直辖市人民政府向国务院提出书面申请，并附有关材料（计划等有关部门的项目批件、林业主管部门审核意见）。按照法律规定，征占用各类土地总面积属于国务院批准权限的仍按照过去的规定一次报批。属于省、自治区、直辖市批准权限的，只上报林地部分。

二、国家林业局根据国务院意见，依据《森林法》、《土地管理法》和国家有关规定对各省、自治区、直辖市人民政府的申请报告进行审核。其中，征占用林地面积在70公顷以下的，国家林业局根据国务院的授权直接批复；征占用林地面积在70公顷以上的（含70公顷），国家林业局将审核意见报国务院，经国务院批准后，再由国家林业局予以批复。

三、各省、自治区、直辖市人民政府收到批复后，再按有关法律、法规规定的程序，办理征占用林地手续。

四、各级林业主管部门要从严把关，严格审核，认真执行《国家林业局关于认真落实〈国务院关于保护森林资源制止毁林开垦和乱占林地的通知〉的通知》（林资字［1998］38号）的有关规定。要按照《森林法实施细则》第二条的规定确定林地，防止以改变地类的方式征占用林地。

国家林业局

1999年1月20日

国家林业局关于进一步加强林业科技推广工作有关问题的通知

林科发［1999］47号

各省、自治区、直辖市林业（农林）厅（局），内蒙古、吉林、龙江、大兴安岭森工（林业）集团公司，国家林业局各直属单位：

为了认真落实中共中央、国务院关于“科教兴国”的战略决策，深入贯彻《中华人民共和国农业技术推广法》、《中华人民共和国促进科技成果转化法》，实施“科教兴林”和可持续发展战略，加强林业科技开发推广工作，使林业科技成果和实用技术尽快应用于林业生产，促进林业经济增长方式的两个根本性的转变，把林业建设转到依靠科技进步和提高劳动者素质的轨道上来，实现林业现代化，现就进一步加强林业科技推广工作有关问题通知如下：

一、提高认识，切实加强对林业科技推广工作的领导

各级林业部门要认真学习、深刻领会邓小平同志关于“科学技术是第一生产力”的战略思想和江泽民总书记关于“农业科学技术必须有一个大的发展，必然要进行一次新的农业技术革命”的指示精神，深入贯彻落实《中华人民共和国农业技术推广法》和《中华人民共和国促进科技成果转化法》，把林业科技推广工作摆上重要议事日程，采取切实有效的措施，把加强林业科技推广工作作为提高林业生态工程建设的科技含量、办好林业产业、全面提高林业生产技术水平的一项战略性措施来抓，及时研究解决林业科技推广工作中存在的问题，确保国家关于加强科技推广工作的各项政策和法律规定真正落实到位。尽快建立林业经济建设和科学技术工作二者相互促进、协调发展的运行机制。

二、加大林业科技成果推广力度

实践证明，发展“高产、优质、高效”林业，走可持续发展的道路，就必须强化“科教兴林”，加快林业科技成果和先进实用技术的推广应用，使其能尽快转化为现实生产力。要结合当前林业工作的重点，有组织、有计划地筛选一大批技术成熟、适应性强、见效快的科技成果，大规模、大范围地组织推广应用。近期，要针对林业生态环境建设和天然林保护工程等林业发展中的热点和难点问题，集中力量因地制宜地抓好：林木良种丰产栽培技术；名特优经济林良种丰产栽培技术；竹林丰产栽培和加工利用技术；节水和抗旱造林技术；主要造林树种工厂化育苗技术；ABT生根粉等植物生长促进剂应用技术；封山育林和飞播造林技术；重大森林病虫害防治技术；林特产资源和花卉开发利用技术；木材综合利用技术十大林业系列配套技术的推广应用，为林业重点建设工程提供有效的技术支撑，确保工程建设顺利实施。要把应用科技成果作为林业生产建设项目立项和安排投资计划的依据。在安排林业生产项目时，凡是能采用先进科技成果的，必须积极推广应用，否则不予立项，已经立项的，在项目检查时要把科技含量作为一项硬指标严格要求，凡不符合要求的，要及时终止项目。在审定林业重点工程项目、重大技术改造项目和技术引进项目时，一定要吸收科技部门和有关专家参加，明确项目实施中必须推广应用的先进技术和推广示范的具体任务，以确保项目的科技含量，使先进实用技术及时得到推广应用。

三、建立健全林业科技推广体系，稳定林业科技推广队伍

各级林业行政主管部门要根据财政部等6部委联合发出的《关于稳定农业技术推广体系的通知》（［1993］农（政）字第4号）精神，进一步加快林业科技推广体系建设的步伐，尽快建立健全省、地、县三级林业科技推广机构。要采取有力措施，稳定林业科技推广机构和推广队伍，并加快林业科技推广人员的知识更新速度，不断提高林业科技推广人员的整体素质。林业科研单位、大专院校、森工企业和国有林场等也应根据工作需要建立健全相应的林业科技开发与推广机构。要尽快形成在林业行政主管部门统一领导下，由林业科研、教学和推广机构密切联系，相互合作，优势互补的林业科技推广服务体系。

林业科技推广机构要进一步适应社会主义市场经济条件下，林业生产方式变革的需要，尽快转变观念，通过试验、示范、培训、指导以及咨询服务和技术承包等多种形式，尽快把林业先进、适用技术推广普及到林业生产产前、产中、产后全过程中去。有条件的林业科技推广机构要积极兴办试验示范基地、科技产业和经营实体，不断增强自身发展的活力。

四、加强林业科技开发推广试验示范区建设，尽快形成全国林业科技推广示范网络

从1992年起，原林业部与地方政府合作，在全国建立了6个地市级林业科技开发推广试验示范区，35个科技兴林示范县和10个科技兴林示范林场（以下简称科技开发推广示范区），初步形成了地、县、场三个层次的科技开发推广示范网络。各地要在继续完善和提高现有科技开发推广示范区建设的基础上，建立一批高质量、高水平的科技兴林示范乡、示范村和示范户以及示范项目，层层发挥示范推动作用和辐射功能。科技开发推广示范区要在科学决策、科学经营、科学管理和全面推进林业技术进步工作上下功夫。科技开发推广示范区的建设要充分考虑当地的自然、社会状况和林业资源优势，选准振兴林业的突破口，大力兴办科技示范基地和科技产业，要通过科技开发推广示范区的建设，把科研、教学、生产、推广单位紧密联系起来，充分发挥科技开发推广示范区的技术开发功能、技术集成功能和技术扩散功能，使试验示范区真正向资源配置合理、办事高效、服务规范、技术含量高的方向发展。

五、切实增加对林业科技推广的资金投入

建立多渠道、多形式、多层次的林业科技推广投入体制，是做好林业科技推广工作的必要保障。各级林业部门要逐步提高对林业科技推广的资金投入，积极争取各级人民政府通过财政拨款以及从农业发展基金中提取一定比例的资金渠道，筹集林业技术推广专项基金。林业科技推广经费实行专款专用，任何部门或单位不得截留或挪用。林业科技推广经费来源主要有：

(一)按《中华人民共和国农业技术推广法》规定，国家农业技术推广机构(含林业技术推广机构)推广农业技术所需的经费，由政府财政拨给。

(二)在国家预算内的林业基本建设投资中，安排一定数量的专项资金，按照事权划分的原则，将资金重点用于国家重点林业新技术、新产品中试、国家级林业星火计划项目。

(三)提高国家林业重点建设工程项目的科技含量，每年从工程建设经费中安排一定数量的资金，用于推广生产急需的，具有一定技术水平和成熟度的林业科技成果，并且要明确技术推广的内容、任务和目标。

(四)省级林业主管部门从本级掌握的育林基金中提取不低于10%的经费，地、县级林业主管部门从育林基金中提取不低于5%的经费，用于林业技术推广和技术开发。

(五)林业企业可以从产品销售总额中提取1%，用于新产品开发。

(六)林业低息和贴息贷款应优先支持效益显著的林业科技推广项目和发展林业科技产业。

(七)广泛吸收社会资金，积极鼓励和引导集体林业单位和林农自筹资金推广林业科技成果。积极争取国际科技合作项目和无偿援助资金推广林业科技成果。

六、落实奖励政策，鼓励科技人员从事林业科技推广工作

各级林业部门要进一步贯彻、落实中央和国家有关鼓励推广林业先进技术的方针政策和法律规定。组织人事、财务、生产和科技管理部门共同制定相应的优惠政策，采取有效的措施，改善林业科技推广人员的学习和工作条件，提高他们的生活待遇，解除他们的后顾之忧，使他们能全身心地投入到科技推广工作中去，为林业事业的发展作出更大的贡献。同时要通过政策引导，吸引更多的科技人才，深入到基层林业生产第一线，送技术上山下乡。对在林业科技推广工作中做出突出贡献的科技人员要进行表彰和奖励。

(一)对长期在基层(县以下含县)从事林业科技推广工作，累计时间超过20年以上，取得技术员以上职称的科技推广人员，经按程序申报审批，由国家林业局颁发林业科技推广荣誉证书和奖章。

(二)在各级林业科技进步奖的评审中，对于应用性研究成果，要注重其推广应用成效的评审，以促进成果转化，同时要向科技推广成果倾斜，在获奖项目中推广成果的比例要逐步达到30%以上。

(三)林业科技成果完成单位将其职务科技成果转让给他人的，单位应当从转让该项职务科技成果所取得的净收入中，提取不低于20%的比例，高新技术科技成果提取的比例可适当加大，对完成该项成果及其转化作出贡献的人员予以奖励。

(四)林业企业、事业单位独立研究开发或者与其他单位合作研究开发的科技成果实施转化成功投产后，单位应连续3～5年内从实施该科技成果新增留利中每年提取不低于5%的比例，对完成该项科技成果及其转化作出贡献的人员给予奖励。

(五)采用股份形式的林业企业，可对在科技成果的研究、开发、实施转化中作出重要贡献的有关人员的报酬或者奖励，按照国家有关规定将其折算为股份或出资比例。该持股人依据其所持有股份或出资比例分享收益，并可转让或继承。

(六)林业科技人员深入基层从事有偿技术服务，所得报酬的30%应归个人所得。

(七)对长期从事林业科技推广工作，并作出贡献的人员，在评定技术职称时，应充分考虑工作实际、学历和外语等，其它评定条件可适当放宽。

(八)实行林农技术资格证明制度，对取得《林农技术资格证书》的林农，优先安排林业项目承包，优先评定和晋升农民技术职称。

以上，请认真贯彻落实。

国家林业局

1999年2月8日

国家林业局关于开展森林病虫害防治检疫标准站建设的通知

林造发[1999]66号

各省、自治区、直辖市林业(农林)厅(局)，内蒙古、吉林、龙江、大兴安岭森工(林业)集团公司：

为贯彻落实国务院批准的《关于进一步加强森林病虫害防治工作的决定》和全国森林病虫害防治工作会议精神，进一步提高各级森防站管理素质、灾害除治能力和行政执法水平，推进森防体系建设，提高基层的测报、检疫和防治工作能力，国家林业局决定，从1999年起在全国开展森林病虫害防治检疫标准站建设工作，力争到2003年，在全国建设1 000个以上标准站。现将有关工作要求通知如下：

一、标准站建设的原则

（一）紧密结合防治重点，优先考虑病虫害常灾区和重点疫区。

（二）以县级森林病虫害防治检疫站为主。

（三）软硬件建设并重，在加强基础设施建设的同时，努力提高人员素质，搞好站务管理，提高业务工作水平。

（四）先易后难、逐步推进，首先启动基础条件相对较好、人员素质较高的森防检疫站。

二、调查摸底，制定建站计划

各地接本通知后，要根据《森林病虫害防治检疫标准站建设标准》（见附件），尽快对本省、自治区、直辖市各级森防检疫站的基本情况进行全面调查摸底，分类排队，并按照标准站建设的原则，制定计划，分期分批进行重点建设。请将1999～2003年分年度建设计划（见附件2）于1999年6月底前报我局造林司。我局将根据森林病虫害发生情况并结合各地实际，将建站计划纳入《全国主要森林病虫害重点防治工程建设总体规划》，并根据财力情况按年度实施。

三、检查验收

为确保标准站建设的质量，要严格检查验收工作。省级站由国家林业局组织检查验收；地、县级站由省林业厅（局）（森工企业和建设兵团由企业集团和兵团林业局）组织检查验收，并于每年10月底以前将检查验收结果及总结报告（主要包括检查验收方法、争创标准站采取的措施、防治工作情况等）报我局。国家林业局将结合每年的目标管理检查进行抽查，对验收合格的，授予“全国森林病虫害防治检疫标准站”牌匾。

四、加强标准站建设的组织领导

各级林业部门要高度重视标准站建设工作，把此项工作作为加强森林病虫害防治最基础的工作，列入病虫害防治目标管理考核内容。要加强领导，加强管理，不断提高业务工作水平，推动森防体系建设向规范化、标准化、科学化方向发展。

附件：森林病虫害防治检疫标准站建设标准

国家林业局

1999年3月23日

附件：森林病虫害防治检疫标准站建设标准

一、机构队伍建设

1. 有正式的机构编制，编制人数在3人以上。

2. 有对外悬挂的机构牌匾。

3. 有稳定的事业费和专项事业经费。

4. 站长和主要技术人员持有业务上岗证书，专业技术人员占全站人员的2/3以上。

5. 开展职业道德、社会公德、文明执法等精神文明建设。

二、基础设施建设

各级森林病虫害防治检疫站的基础设施建设应分别达到下列条件：

1. 省级站

基础设施：专用办公室，实验室，标本室，档案室，保存规范的当地主要森林病虫害和全国重大森林植物检疫对象的生活史标本，药剂药械库。

交通、通讯工具：森防检疫专用车，微机并配备防治检疫信息系统软件，直拨电话及传真机。

仪器设备：显微镜，解剖镜，望远镜，摄像机，电视机，放像机，照相机，幻灯机，切片机，高压灭菌锅，恒温恒湿箱，冰箱，分析天平，超净工作台，干燥箱，高速离心机，标本制作设备。

2. 地级站

基础设施：专用办公室，实验室，标本室，档案室或档案柜，辖区主要森林病虫标本，药剂药械库。

交通、通讯工具：森防检疫专用车，微机并配备防治检疫信息系统软件，传真机，直拨电话。

仪器设备：显微镜，解剖镜，幻灯机，照相机，切片机，恒温恒湿箱，高压灭菌锅，超净工作台，冰箱，干燥箱，分析天平，软X光机，标本制作设备。

3. 县级站

基础设施：专用办公室，标本室，主要病虫害的生态标本，实验室，档案柜，药剂药械库，药械维修配件。

交通、通讯工具：森防检疫专用车或摩托车，微机，传真机，直拨电话。

仪器设备：显微镜，解剖镜，照相机，恒温恒湿箱，灭菌锅，温湿度自计仪，天平，养虫箱，诱虫灯，冰箱，干燥箱，软X光机，机动施药器械。

三、站务管理

1. 规章制度健全，岗位职责明确，工作纪律严明，站容站貌整洁。

2. 在办公场所展示有辖区内主要森林病虫害分布图、测报（监测）网点图、发生防治态势图及森林植物检疫对象分布图。

3. 资料齐全，有专人负责并达到同级档案管理标准的档案。

4. 有明确具体的工作计划和实施方案，工作有部署、有检查、有考核。

5. 在每年育林基金实际支出中按规定提取森防经费、病虫害防治基本建设经费、防治补助费、森林植物检疫费，专款专用。

四、业务工作

1. 森防检疫人员深入基层调查实情，指导、检查、督促防治工作。

2. 严格实行森林病虫鼠情联系报告制度，及时发出病虫鼠情预报。

3. 严格依照法规、规程认真开展森林植物检疫工作，文明执法，无重大责任事故。

4. 及时提出防治对策建议，积极开展技术指导和社会化服务。

5. 工作有部署、有检查、有考核、有总结。

6. 森林病虫害防治目标管理综合考评近三年连续达标。

国家林业局关于印发《全国人工造林、更新实绩核查管理办法》（试行）和《全国人工造林、更新实绩核查技术规定》（试行）的通知

林资发［1999］67号

各省、自治区、直辖市林业（农林）厅（局），内蒙古、吉林、龙江、大兴安岭森工（林业）集团公司，国家林业局各直属调查规划设计院：

为促进全国人工造林、更新实绩核查工作的制度化、规范化，我局制定了《全国人工造林、更新实绩核查管理办法》（试行）和《全国人工造林、更新实绩核查技术规定》（试行），现印发给你们，请遵照执行。各地根据实际情况制订实施细则，并将试行中的问题和建议及时反馈给我局。

请将各省、自治区、直辖市确定的1999年免检单位有关材料于1999年4月20日前上报我局。

附件：1. 全国人工造林、更新实绩核查管理办法（试行）

2. 全国人工造林、更新实绩核查技术规定（试行）

国家林业局

1999年3月25日

附件1：全国人工造林、更新实绩核查管理办法（试行）

第一条 为规范全国人工造林、更新实绩核查工作，促进造林绿化质量的提高，加强对新造林地的管理，保证统计上报数据的可靠性，制定本办法。

第二条 本办法中的核查，是指国家林业局组织的全国人工造林、更新实绩核查。省及省以下组织的人工造林、更新核查（检查、调查、普查等）称自查。

第三条 各省、自治区、直辖市林业主管部门和内蒙古、吉林、黑龙江、大兴安岭森工（林业）集团公司（简称各省，下同）负责组织对本辖区内的人工造林、更新（简称造林，下同）实绩进行自查。国家林业局组织各直属林业调查规划设计院（简称局直属院，下同）对各省的造林实绩进行核查。局直属院负责本监测区的核查资料及核查成果的存档和保管。

第四条 各省应在每年3月底前将上一年度的造林实绩和自查结果报国家林业局。上报内容应包括：

1. 上一年度全省各县级单位（简称县，下同）的人工造林、更新面积；

2. 省级自查情况及对各县的自查结果；

3. 其他需要上报的情况。

第五条 凡经按照国家林业局颁发的《全国人工造林、更新实绩核查技术原则规定》（简称《技术规定》，下同）的要求进行过自查的县，可由省级林业主

管部门向国家林业局提出免于全国核查(简称免检,下同),国家林业局根据各省的意见,以县为单位实行免检,但下列情况除外:

1. 国家级重点生态工程建设实施县;

2. 天然林保护工程实施县;

3. 根据第十一条的规定,取消免检资格省的所有县;

4. 其他不宜免检的县。

第六条 各省应于核查年度的3月底前向国家林业局提出免检县名单,并提供下列信息:

1. 自查的时间;

2. 自查任务的承担单位;

3. 符合《技术规定》要求的调查小班外业调查卡片;

4. 符合《技术规定》要求的自查结果;

5. 其他需要提交的成果。

第七条 国家林业局根据各省上报的上年度造林情况,以县为样本,采取分层抽样的方式抽取核查县。报请免检的县同时参加抽样。

第八条 国家林业局对抽中的非免检县按照《技术规定》的要求进行调查。

第九条 国家林业局在抽中的报请免检县范围内,按照20%的比例进行抽查。应抽查县数不足1个的省,除第十二条规定的外,不进行抽查。

抽查县的核查面积原则上为该县上报面积的50%。

第十条 经抽查,有1个或1个以上县的抽查结果与该省上报的自查结果对比,出现下列情况之一的,由局直属院对该省所有抽中的免检县全部进行重新调查,调查费用由该省承担:

1. 核实率相差±2个百分点以上但不足±5个百分点的;

2. 核实面积的合格率相差±2个百分点以上但不足±5个百分点的;

3. 作业设计率、检查验收率、造林档案建立率、抚育率及管护率中的2项或2项以上相差±2个百分点以上但不足±5个百分点的。

第十一条 对经抽查,有1个或1个以上抽查县的核查结果与该省上报的自查结果对比,出现下列情况之一的,取消该省下一年度的免检资格,并由局直属院对该省所有抽中的免检县全部进行重新调查,调查费用由该省承担:

1. 核实率相差±5个百分点以上的;

2. 核实面积的合格率相差±5个百分点以上的;

3. 作业设计率、检查验收率、造林档案建立率、抚育率及管护率中的1项或1项以上相差±5个百分点以上的。

第十二条 国家林业局根据情况,可对未抽中的报请免检县随时进行抽查,抽查结果同样适用于第十条和第十一条的规定。

第十三条 国家林业局根据核查结果对全国及各省的造林实绩进行统计分析、评价。

第十四条 对符合第九条规定不进行抽查的,或经抽查,未出现第十条及第十一条规定情况的,在各省及全国统计汇总时,对抽中的报请免检县使用该省上报的信息。

第十五条 对根据第十条和第十一条的规定,进行重新调查的县,按重新调查的实际结果参加各省及全国的统计汇总。

第十六条 国家林业局根据统计汇总结果,对各省的造林实绩进行通报。通报的主要内容包括:

1. 各省核实率、合格率、管理水平等项目及其变动情况;

2. 对各省综合评价结果及其变动情况;

3. 对各省合格造林面积的测算结果;

4. 对各省报请免检县自查可靠性的评价结果;

5. 其他需要通报的情况。

第十七条 对具备下列条件之一的省,由国家林业局进行通报表扬:

1. 综合评价水平较高或提高幅度较大的省;

2. 按照《技术规定》的要求,自查结果较为可靠的省;

3. 符合其他需要通报表扬条件的省。

第十八条 对出现下列情况之一的省,由国家林业局进行通报批评:

1. 上报造林面积严重不实的省;

2. 上报自查结果严重不实或弄虚作假的省;

3. 符合其他需要通报批评条件的省。

附件2:全国人工造林、更新实绩核查技术规定(试行)

第一章 总 则

第一条 目的与任务

一、为规范全国人工造林、更新实绩核查工作的技术方法,根据《全国人工造林、更新实绩核查管理办法(试行)》,制定本规定。

二、本规定适用于国家林业局组织的全国人工造林、更新实绩核查和各省、自治区、直辖市（简称省，下同）及省以下各级组织的自查。

第二条 核查的对象

核查的对象是各地统计上报的上一年度完成且面积在1亩以上的人工造林（不含飞机播种造林和人工撒播造林，下同）、人工更新（指迹地更新）小班（地块）。

第三条 核查资料的准备

一、国家林业局各直属调查规划设计院（简称直属院，下同）负责本监测区有关核查资料的准备。

二、各省林业主管部门负责省级自查的材料准备。

三、各省需向国家林业局提交经省级林业主管部门确定的上报免检单位自查外业小班（地块）调查卡片和按本规定第十四条第二、三、四款规定的计算结果。

四、各核查县林业主管部门负责提供造林规划、施工设计资料、造林档案、检查验收资料等。

第二章 技术标准

第四条 人工造林、更新成活率等级的划分

一、一般及工程造林、更新

≥85%；84%～41%；≤40%。其中，陕西、甘肃、青海、宁夏、新疆和内蒙古（简称西北地区，下同）：≥85%；84%～70%；69%～41%；≤40%。

二、速生丰产用材林造林、更新

≥95%；94%～85%；84%～41%；≤40%。其中，西北地区：

≥95%；94%～85%；84%～70%；69%～41%；≤40%。

第五条 人工造林、更新合格标准

成活率≥85%的面积为人工造林、更新合格面积。其中，西北地区成活率≥70%的面积为人工造林、更新合格面积。

第六条 其它标准

一、世界银行贷款项目（简称世行，下同）速生丰产用材林达标标准

凡成活率≥95%，且平均苗高达到《国家造林项目检查验收办法》中所规定的树种生长量指标的世行速生丰产用材林小班（地块）。

二、"三北"地区的造林密度标准按1992年《三北地区主要造林树种造林初植密度规定》执行。

其它造林密度标准和有关标准按有关规定执行。

第七条 人工造林、更新核查小班（地块）划分标准

人工造林、更新核查小班（地块）是调查、统计的基本单位，核查小班（地块）应按以下标准划分：

一、不同造林类别。

二、不同成活率等级。

三、不同林种。

四、不同树种或树种组。

五、不同权属。

六、综合管理措施实施情况不同。

第八条 允许误差

一、成活率调查允许误差为±2%。

二、核查小班（地块）面积调查的允许误差为±5%。

第三章 核查方法

第九条 核查单位的抽取

一、国家林业局组织的全国人工造林、更新实绩核查的核查单位由国家林业局抽取。

二、省级自查核查单位的抽样办法和抽样比例由各省自行确定。

第十条 人工造林、更新面积的核查

一、通过查询造林季节、整地方式、种苗来源、苗龄、目测平均树高等方法判断核查小班（地块）的造林时间与上报年度是否一致。造林时间与上报年度一致的小班（地块），按下列方式确定小班（地块）面积，造林时间与上报年度不吻合的小班（地块）不计入核实面积：

（一）面积在15亩以上的小班（地块），用地形图调绘小班（地块）境界，用网格法求算面积。

（二）面积在15亩以下的小班（地块），采用实测的办法测量小班（地块）面积。

二、核查小班（地块）面积与上报面积相差±5%以内的，用原上报面积作为核实面积；相差超过±5%的，用小班（地块）实际调查面积作为核实面积。

三、人工更新与天然更新并存的小班（地块），人工更新苗木超过总苗木数量60%的，将小班（地块）总面积作为人工更新面积，不足60%的小班（地块）不计入核实面积。

第十一条 成活率调查

采用标准行或标准地的方法调查成活率。

一、标准行或标准地应均匀布设在小班（地块）内有代表性的地段。标准行或标准地的调查长度或面积按下列比例确定：

（一）面积在100亩以下的小班（地块），标准行或标准地的面积应不小于小班（地块）面积的5%；

（二）面积在101～500亩的小班（地块），标准行或标准地的面积应不小于小班（地块）面积的3%；

（三）面积在500亩以上的小班（地块），标准行或标准地的面积应不小于小班（地块）面积的2%。

二、在标准行或标准地内调查成活株数和初植株数，确定造林密度是否合理，并按第十四条第一款的规定计算成活率。按穴造林的，每穴按1株计。

第十二条 其它项目的调查

一、世行速生丰产用材林苗高调查

在世行速生丰产用材林小班（地块）的标准行或标

准地内，按下列标准确定调查株数，并根据调查株数均匀分配调查苗木，实测调查苗木的苗高，用实测苗高的算术平均数作为小班（地块）平均苗高：

（一）面积在100亩以下的小班（地块），调查30株；

（二）面积在101～300亩的小班（地块），调查40株；

（三）面积在300亩以上的小班（地块），调查60株；

二、对其它项目的调查可采用现地判定、资料查询、询问等相结合的方式进行。

第十三条　小班（地块）外业调查卡片的填写

一、权属：指林木权属，分国有、国合、集体、个人。

其中“国合”指国有与集体或个人的联营造林，其它方式的联营造林均计入“集体”。

二、造林或更新：属于人工造林的小班（地块），填写“造林”；属于人工更新的小班（地块），填写“更新”。

三、类别：分工程造林更新、速生丰产用材林造林更新、一般造林更新。

（一）工程造林更新按以下类别填写：

1.“三北”防护林工程，填写“三北”；2. 沿海防护林工程，填写“海防”；3. 长江中上游防护林工程，填写“长防”；4. 太行山绿化工程，填写“太行”；5. 平原绿化工程，填写“平原”；6. 防沙治沙工程，填写“治沙”；7. 淮河太湖流域综合治理工作，填写“淮太”；8. 黄河中游防护林工程，填写“黄河”；9. 辽河流域综合治理工程，填写“辽河”；10. 珠江流域综合治理工程，填写“珠江”；11. 天然林保护工程，填写“天保”；12. 其它工程，填写“其它”。

（二）速生丰产用材林造林更新按以下类别填写：

1. 世行贷款项目速生丰产用材林，填写“世行”；2. 其它速生丰产用材林，填写“速丰”。

（三）一般造林更新：填写“一般”。

四、林种：分用材林、防护林、薪炭林、经济林、特用林。

五、树种（组）：按“树种和树种组表”规定的代码填写。混交造林填写优势树种，并在“混交”一栏填写“√”。

六、上报面积：指上报年度的统计上报面积。每个小班（地块）必须填写上报面积。

七、核实面积：指经调查确定的实际造林、更新面积，包括造林、更新合格面积、待补植面积、造林失败面积、损失面积等造林作业面积。

八、成活率：填写按第十四条第一款规定的计算结果。

九、损失面积：指新造林地由于人为或自然原因造成地类转变为非林业用地的面积。

十、失败原因：指造成小班（地块）成活率≤40%的原因。分自然损失、人畜破坏、苗木质量、造林技术、其它。

十一、新造林地综合管理情况：分作业设计、档案、检查验收、管护、抚育。对进行了作业设计、检查验收、管护和建立了造林档案的小班（地块），在相应栏目中填写“√”；对抚育小班（地块），在相应栏目中填写实际完成面积。以上指标的标准为：

（一）作业设计：工程造林应有设计图、表（或卡片），并能反映造林时间、地点、面积、林种、树种、造林密度、整地方式等基本内容；一般造林应有造林登记表（或卡片），并能反映造林时间、地点、面积、林种、树种、造林密度等基本内容。

（二）档案：具有图、表（或卡片）等基本造林档案资料的小班（地块），其所在乡（镇）有负责造林档案管理的人员，并将造林档案装订成册。

（三）检查验收：具有检查验收成果资料，并能反映造林面积、树种、成活率等基本内容。世行速生丰产用材林还应有苗高测定资料。

（四）管护：小班（地块）内没有明显的人、畜破坏情况。工程造林小班（地块）同时还应具有管护机构和管护措施。

（五）抚育：至少经过1次抚育的小班（地块）。工程造林小班（地块）同时还应实施造林设计所要求的相应抚育措施。

十二、世行速生丰产用材林苗高和达标情况：

（一）苗高：按第十二条的规定进行调查后，以厘米为单位填写小班（地块）平均苗高，取整数。

（二）达标情况：成活率≥95%，且苗高达到《国家造林项目检查验收办法》中所规定的树种生长量指标为达标。达标的小班（地块）在“达标”一栏填写“√”。《国家造林项目检查验收办法》中没有纳入的树种，可参考有关省颁标准。

十三、前地类：指造林作业前小班（地块）的地类。分有林地、疏林地、未成林造林地、宜林荒山荒地、采伐或火烧迹地、其它林业用地及农地、牧地、其它非林地。

十四、剩余荒山面积：指小班（地块）周围可用于造林的面积。此项目只对已“灭荒”省的小班（地块）进行调查。

十五、备注：填写其它需要说明的内容。

第四章　统计计算方法

第十四条　核查结果的计算

一、成活率的计算

（一）初植密度达到设计造林密度的：

成活率＝（成活株数/初植株（穴）数）×100%。

（二）初植密度达不到设计造林密度的：

成活率＝（成活株数/设计造林密度）×100%。

（三）初植密度超过设计（合理）造林密度，且死亡苗木均匀分布的：

成活率＝（成活株数/设计（合理）造林密度）×100％。超过100％按100％计。

（四）初植密度超过设计（合理）造林密度，但死亡苗木成块状分布的：

成活率＝(按设计株行距调查的成活株数/设计造林密度）×100％。

二、人工造林、更新面积核实率的计算

核实率即人工造林、更新面积的核实面积与统计上报面积之比。

核实率＝（核实面积/上报面积）×100％。

三、人工造林、更新面积合格率的计算

合格率即经调查，成活率达到合格标准的人工造林、更新面积与核实面积或上报年度统计上报面积之比。

上报合格率＝（合格面积/上报面积）×100％；

核实合格率＝（合格面积/核实面积）×100％。

西北地区还应分别计算成活率≥85％、84％～70％的面积占上报面积和核实面积的比率。

四、管理情况的计算

（一）作业设计率

作业设计率＝(有作业设计的面积/核实面积）×100％。

（二）造林档案建立率

造林档案建立率＝（有造林档案的面积/核实面积）×100％。

（三）检查验收率

检查验收率＝(有检查验收的面积/核实面积）×100％。

（四）管护率

管护率＝（有管护的面积/核实面积）×100％。

（五）抚育率

抚育率＝(实际抚育面积/核实面积）×100％。

五、世行速生丰产用材林达标率的计算

世行达标率是指经调查，世行速生丰产用材林达标面积与核实的世行速生丰产用材林造林面积之比。

达标率＝（世行达标面积/世行核实面积）×100％。

六、面积以亩为单位，保留整数。成活率保留整数，其它各率保留一位小数。

第十五条 全国及各省人工造林、更新合格面积的测算

测算合格面积＝统计上报面积×上报合格率。

第五章 核查成果

第十六条 成果提交

国家林业局各直属院需提交的成果：

一、监测区内各省的核查小班(地块)数据库文件；

二、监测区及其各省的核查报告。核查报告应包括以下内容：

（一）核查工作开展基本情况：

（二）检查结果和分析：

（三）经验、问题和建议。

第六章 质量管理

第十七条 检查工作必须贯彻全面质量管理的要求，严格实行事先指导、中间检查和成果验收的“三环节”管理。直属院提交的最终成果需经院级领导签署意见，各省提交的材料需经省级林业主管部门签署意见。

国家林业局关于切实维护国有林场合法权益的通知

林计发［1999］82号

各省、自治区、直辖市林业（农林）厅（局），内蒙古、吉林、龙江、大兴安岭森工（林业）集团公司：

近年来，一些县级人民政府违背国有林场意愿，强令国有林场为跨行业单位贷款提供担保或用森林资源作抵押，随意改变国有林场隶属关系和经营性质，向国有林场乱摊派、乱集资和乱罚款等，违法行为也屡禁不止。这些违法行为不仅损害了国有林场的经营自主权，影响了林场正常的生产经营活动，也造成了国有森林资源资产的流失，加剧了国有林场的经济困难，在一定程度上影响了林区的社会稳定。温家宝副总理今年1月15日在中国农林工会关于贵州省部分国有林场为跨行业单位贷款提供担保情况的调查报告上做了重要批示，指出：“地方政府强令国有林场提供贷款担保是违法的，必须立即制止和纠正”。为贯彻落实温家宝副总理的重要批示，维护国有林场的合法权益，保护森林资源，防范金融风险，特通知如下：

一、坚决纠正和制止强令国有林场提供贷款担保等违法行为，维护国有林场的合法权益和国有森林资源资产的完整性。根据《担保法》第三条“担保活动，应遵循平等、自愿、公平、诚实信用的原则”及第十一条“任何单位和个人不得强令银行等金融机构或者企业为他人提供保证；银行等金融机构或者企业对强令其为他人提供保证的行为，有权拒绝”的规定，各级林业主管部门对出现强行勒令国有林场为其他单位和个人贷款进行担保的问题，要积极主动向当地政府或上一级政府报告并会同有关部门坚决予以纠正。

二、进一步加强国有林场资产产权的管理。依法确定的森林、林木、林地的所有者和使用者的合法权益受法律保护，任何单位和个人不得侵犯。严禁以国有森林资源资产为任何单位和个人提供贷款担保。各地要认真执行《森林法》，贯彻林业部、国有资产管理局《关于森林资产产权变动有关问题的规范意见》（林财字[1995] 67号）和《关于加强国有森林资源产权管理的通知》（国资事发 [1993] 22号），对于国有林场要通过出让、合资、股份经营、委托经营、抵押等方式改变国有森林资源产权关系的，必须依法经省级以上林业主管部门审批或登记，未经审批或登记的变动一律无效。

三、除依法和中央、省级政府规定的收费项目外，各级林业主管部门要支持国有林场坚决抵制乱摊派、乱集资和乱收费等违法行为，国有林场应主动向政府和有关部门反映情况，维护自身的合法权益。

四、各级政府和林业主管部门要认真履行《森林法》赋予的职权，对非法划拨、侵占、蚕食国有森林资源，随意改变国有林场隶属关系和经营性质，强令国有林场提供贷款担保等行为，林业主管部门要坚持原则，予以抵制，并通过行政和法律手段，坚决予以制止和纠正。

各地在接到本通知后，对本地有关提供贷款保证的问题要进行认真清理和纠正，并将清理整顿情况和改进措施函告我局。

国家林业局

1999年3月30日

国家林业局关于编制2001～2005年年森林采伐限额工作的通知

林资发 [1999] 99号

各省、自治区、直辖市林业（农林）厅（局），内蒙古、吉林、龙江、大兴安岭森工（林业）集团公司：

依据《森林法》和国家有关规定，现就做好2001～2005年“十五”期间年森林采伐限额（以下简称“十五”限额）编制工作有关事宜通知如下：

一、编制原则

（一）森林资源数据统一和准确有效的原则。编制森林采伐限额（以下简称编限）所用的森林资源数据必须符合本通知的要求，否则不得用于“十五”限额的编制。

（二）分类经营和分类指导的原则。要按照商品林中用材林的采伐量低于用材林生长量，生态林禁止商业性采伐的规定，认真编制和审核年森林采伐限额。商品林和生态林的划分标准按有关规定执行。

（三）森林资源培育和社会需求兼顾的原则。编限既要考虑森林资源的特点（数量、结构和质量），注重森林资源的保护和培育，又要基本满足社会对木材的需求。

（四）全额控制和分类管理的原则。“十五”限额在设置总量限额的同时，设置森林采伐类型分项限额和消耗结构分项限额。森林采伐类型分项限额为：主伐限额、抚育采伐限额、低产林改造限额和更新采伐限额4类；消耗结构分项限额为：商品材限额、自用材限额和烧材限额3类。

二、编制范围

“十五”限额是各编限单位每年采伐胸高直径5.0厘米以上（含5.0厘米）所消耗的森林和林木蓄积的最大限量。但农村居民采伐自留地和房前屋后个人所有的零星林木，以及有关法律、法规和政策规定禁止采伐的森林和林木除外。对“零星林木”和禁止采伐的森林资源不参加采伐限额的编制。

对尚需以木材为主要燃料的地区，应在当地群众集居地附近，科学合理地划定一定面积的薪炭林，将薪炭林的面积和蓄积情况单列统计。

竹林采伐编制竹林年采伐限额。

三、编制单位

国家所有的森林和林木以国有林业局、国有林场为单位编制；集体和个人所有的森林和林木以县为单位编制；铁路、公路、城建、水利、部队、农场、厂矿等所有森林和林木采伐的单位均应依法编制采伐限额，具体编限单位由各省（含自治区、直辖市，下同）林业主管部门商上述省级主管部门确定。但务必做到不重不漏。

四、资源数据

（一）经县级以上林业主管部门审定的1996年以后进行的二类资源调查数据可直接用于合理年采伐量的测算；

（二）对1991～1995年期间进行的二类资源调查，必须作补充调查后，根据历年森林资源消长情况，将资源数据更新到1998年底；

（三）1991年以后未进行过二类资源调查的，重点林业县、国有林业局、国有林场必须重新组织调查，用最新的资源数据测算合理年采伐量。否则，不得编制采伐限额。其他少林单位，要经省级林业主管部门批准并报国家林业局备案后，可采用数据更新的方法将资源数据更新到1998年底。

各编限单位所采用的二类资源调查、补充资源调查及更新资源数据等，必须由具有林业调查规划设计资格的单位承担，或者由其认定，并经上级林业主管部门审定。

五、有关技术参数的确定

（一）采伐年龄的确定

1. 商品林中一般用材林主要树种的主伐年龄，按照《森林采伐更新管理办法》的有关规定执行；速生丰产林、定向培育的工业原料林等有关树种的采伐年龄，由各省林业主管部门根据相关树种的培育目的、生长特性和工艺要求等因素确定。

2. 生态林的更新采伐年龄必须大于一般用材林相同树种（或者同类树种）主伐年龄的1～2个龄级。

各省确定的各树种（组）的采伐年龄要报国家林业局核准。

（二）生长量的确定

编限单位的林木生长量原则上要根据本单位二类资源调查数据，或者采用最新编制的林木生长量（率）表确定。

（三）出材率的确定

编限单位要根据所在地域的森林资源状况和实际出材情况，确定商品材和自用材的出材率。

各省要在严格审核编限单位商品材和自用材出材率的基础上，确定本省商品材和自用材的出材率。

（四）其它参数的确定按照有关技术规程的规定执行。

六、年采伐量的测算

编限单位要在有关专业技术人员的指导下，严格按照森林资源实际情况、编限原则和有关技术参数，分别商品林和生态林测算采伐量。在具体测算过程中，还要特别注意：

（一）商品林中一般用材林采伐量的测算，要有利于促进森林结构的调整和林分质量的提高；速生丰产林和定向培育的工业原料林采伐量的测算，要有利于新资源的培育。有关技术参数的选用必须从实际出发，力求科学合理，必要时要组织有关专家论证。

（二）生态林采伐量的测算，必须把生态效益放在首位，要坚持以其生态效益不受削弱、生态平衡不遭破坏为原则，严格控制采伐量。对列入国家重点地区天然林资源保护工程实施范围，确定为禁止采伐的，不得测算采伐量。禁伐的天然林面积和蓄积单列统计。

各省林业主管部门要依据本通知精神，结合各编限单位森林资源的具体情况，对编限单位采伐量的测算工作认真进行指导和监督，坚决防止弄虚作假现象的发生。

年采伐量的测算方法由国家林业局确定。

七、年森林采伐限额建议指标的确定

（一）总量限额

经过科学测算的商品林和生态林采伐量是确定年森林采伐限额总量限额建议指标的主要依据。

凡商品林中一般用材林的中幼龄林蓄积量比重超过70%的，要从严控制总量限额建议指标。

（二）分项限额

各地在确定采伐类型分项限额时，必须符合科学经营森林的原则。要兼顾各种采伐类型，进行合理安排，以有利于森林结构调整和多功能效益的发挥。中幼龄林比重较大的，要首先安排抚育采伐限额。严格控制一般用材林中的重点天然林主伐限额。生态林要根据森林经营、保护的需要和有关规程规定，只安排抚育采伐和更新采伐限额，不得安排主伐限额。要严格控制低产林改造采伐限额，坚决杜绝以低产林改造为借口，过量消耗森林资源。

在确定消耗结构分项限额时，必须充分考虑当前社会经济发展和林区群众生产、生活需求，进行合理安排。既要考虑商品材限额，也要兼顾自用材和烧材限额，从而使各消耗结构分项限额之间有一个较为合理的结构比例。在确定烧材限额时，要努力促进烧材习惯和方式的改革，特别要严格控制工副业烧材量，以此推动改灶节材、改燃代材，发展薪炭林。

八、编报程序

编限单位确定的年采伐限额建议指标，须经县级以上林业主管部门初审和同级人民政府审核后，逐级上报，由省林业主管部门负责汇总、平衡，省人民政府审核后上报国务院，抄送国家林业局。国家林业局有派驻森林资源监督机构的，年森林采伐限额建议指标必须有监督机构提出的初审意见，并将初审意见报国家林业局。

东北、内蒙古国有林区森工企业的年采伐限额建议指标，由所在地省级林业（森工）主管部门和国家林业局派驻的森林资源监督机构共同审查，报国家林业局审核后，上报国务院。

九、上报成果

各省林业主管部门要认真填写和及时上报编制“十五”期间的年采伐限额统计表和资源统计表一式五

份（见附件1～5）和电子数据磁盘（电子数据磁盘的格式和内容要求，另行通知）一套，同时要附有关文字说明材料。文字说明要简明扼要，重点突出。主要内容包括：总结本省编制“十五”限额的工作情况，编限单位使用森林资源数据情况，对测算年采伐量和确定年采伐限额建议指标的审核情况，对加强“十五”限额管理的具体措施等。以上成果要于2000年3月31日前上报国家林业局。同时，各省编制的“十五”限额建议指标上报国务院审批。

十、组织领导

各省林业主管部门要主动向省级人民政府汇报，就抓好编制“十五”限额工作的落实提出具体意见和建议。在省政府的统一领导下，认真履行应尽职责，积极做好组织、指导、协调和检查监督工作，确保编限工作质量。要成立以主管厅(局)长为组长的编限领导小组，由资源林政管理部门牵头，有关部门参加组成编限工作班子。要为编限提供必要的工作条件和经费保证。要制订全省编制“十五”限额的工作计划和实施细则。要悉心指导非林业部门开展“十五”限额编制工作。省级以上有林的非林业主管部门也要加强对本部门、本系统森林采伐限额编制工作的领导和指导，确保按时、按质完成编限任务。各省林业主管部门要认真负责地对全省各编限单位上报的年采伐限额建议指标进行审查、汇总和平衡，为省人民政府的审核提出具体意见。

各省制定的编制“十五”期间年采伐限额工作计划和实施细则要一式五份于1999年5月31日前报国家林业局。

国家林业局

1999年4月9日

国家林业局关于印发《重点地区天然林资源保护工程建设项目管理办法》（试行）的通知

林计发［1999］126号

各省、自治区、直辖市林业（农林）厅（局），内蒙古、吉林、龙江、大兴安岭森工（林业）集团公司：

为加强重点地区天然林资源保护工程建设项目管理工作，使之逐步科学化、规范化、制度化，我局编制了《重点地区天然林资源保护工程建设项目管理办法》（试行），现印发给你们，请结合当前国家投资体制改革的要求，密切联系本单位实际，认真贯彻执行，并将执行中存在的问题及时反馈我局。

附件：重点地区天然林资源保护工程建设项目管理办法（试行）

国家林业局

1999年4月12日

附件：重点地区天然林资源保护工程建设项目管理办法（试行）

第一章 总 则

第一条 为保证重点地区天然林资源保护工程（以下简称天然林保护工程）的顺利实施，保护、培育和发展森林资源，改善我国生态环境，实现国民经济和林业可持续发展，确保天然林保护工程建设质量，提高工程投资效益，依据《森林法》以及国家现行的有关建设项目管理办法，特制定本办法。

第二条 本办法适用于经国务院批准的重点地区天然林资源保护工程的建设项目，包括公益林建设项目、商品林建设项目、转产项目等。

（一）公益林建设项目，是指通过保护和人工培育以涵养水源、保持水土、调节气候、防风固沙等以发挥生态效能和改善生态环境为主要目的的天然林和人工林的建设项目。

（二）商品林建设项目，是指以市场为导向，以集约经营为手段，以追求最大经济效益为主要目标，培育为社会提供木材、工业用原料和其它林产品的天然林、人工林的建设项目。

（三）转产项目，是指以盈利为目的，以安置企业因木材减产形成的富余人员为目标，合理开发利用林区多种资源的建设项目。

第二章 前期工作管理

第三条 天然林保护工程建设项目必须严格履行国家规定的基本建设管理程序，建设项目经批准后方可组织实施。

建设项目前期工作包括项目建议书；可行性研究报告；初步设计；施工图设计；开工报告。

可行性研究报告、初步设计、施工图设计均须委托具有相应资质的设计、咨询单位编制。

第四条 项目建议书

国务院审定的《重点地区天然林资源保护工程实施方案》（以下简称《实施方案》）中的公益林、商品林建设项目，视为已批准立项。

转产项目由项目法人编制项目建议书，报国家林业局审批。其中，大中型及限额以上的转产项目，经国家林业局初审报国家计委审批。

第五条 可行性研究报告

公益林建设项目不编制可行性研究报告。

商品林建设、转产项目的可行性研究报告由独立的项目法人（企业法人）依据国务院审定的《实施方案》组织编制，报国家林业局审批。其中，大中型及限额以上转产项目须经国家林业局初审后，报国家计委审批。

第六条 初步设计

公益林项目编制省、县两级初步设计即总体设计，其中，省级总体设计由省（含自治区、直辖市，下同）林业主管部门、森工集团组织编制，报国家林业局审批；县级总体设计依据省级总体设计，由县（市）林业主管部门、国有林业局组织编制，报省林业主管部门、森工集团审批，并报国家林业局备案。

商品林项目不编制初步设计。

转产项目由独立的项目法人（企业法人）依据批准的可行性研究报告组织编制初步设计，由省林业主管部门、森工集团审批，报国家林业局备案。

第七条 施工图设计

公益林项目施工图设计即造林作业设计或森林抚育作业设计，由建设单位依据批准的总体设计组织编制，地（市、州）林业主管部门或森工林管局审核、汇总后，报省林业主管部门、森工集团组织审批。

商品林项目施工图设计即造林作业设计或森林抚育作业设计，由建设单位根据批准的可行性研究报告组织编制，地（市、州）林业主管部门或森工林管局审核、汇总后，报省林业主管部门、森工集团审批。

转产项目施工图设计由建设单位根据批准的初步设计组织编制，直接报省林业主管部门、森工集团备案。

第八条 开工报告

公益林、商品林建设项目和小型及限额以下转产项目的初步设计、作业设计批准后，列入省林业主管部门、森工集团提报的年度投资计划，即作为项目开工报告。年度投资计划一经下达，建设项目视为开工。

大中型及限额以上转产项目开工报告的审批程序按照国家现行规定执行。

第三章 组织管理

第九条 天然林保护工程管理实行各级政府领导目标责任制，各级政府要层层签订目标责任状，建立领导责任人制度；项目管理实行法人责任制，项目法人要对所承建的项目负全部责任。

第十条 国家林业局作为行业主管部门，在国务院领导下，依据林业及有关行业政策，负责规划、指导、调控、检查和监督建设项目的实施，组织项目统计、信息反馈，积极争取各项建设资金，审核、审批各类建设项目，编报及下达年度投资计划；开展建设项目竣工验收、中期评估及后评估工作。

第十一条 项目省（区）林业主管部门、森工集团承担本区域的项目组织实施与管理工作。负责组织项目有关设计文件的编制、上报；在项目前期工作管理程序所规定的职责范围内，负责建设项目的审核、审批；具体组织建设项目的质量管理、检查验收、技术服务、技术咨询和省级统计、档案管理等工作。

第十二条 国有森工企业和工程实施县在其上级主管部门直接领导下，具体负责各类建设项目的实施管理工作。

第十三条 各级林业主管部门要建立定期业务培训制度，加强科技交流、推广和攻关。

第四章 设计与施工管理

第十四条 天然林保护工程建设项目要严格设计管理。工程设计试行招投标制，各类设计均须通过招标方式确定项目设计单位。

第十五条 设计文件一经批准，不得随意变更。确需变更的，必须由建设单位委托原设计单位提出变更设计，报原批准部门重新审批。

第十六条 公益林、商品林项目、转产项目的工程施工必须依据经批准的造林作业设计或施工图设计进行。施工实行招投标制，建设单位要选择有相应资质等级、信誉较好的施工单位、造林专业队，并签定承包合同，明确规定项目的投资额度、工程规模、技术标准、完成的数量、质量和工期等。

第十七条 施工单位必须根据批准的设计文件，严格按照技术规范、标准，合理选择施工方案，经建设单位同意后组织施工，确保工程质量。

第十八条 转产项目实行建设监理制。公益林、商品林建设项目在取得试点经验基础上全面推行建设监理制度。

第十九条 省林业主管部门、森工集团具体负责工程施工中有关问题的协调、检查和阶段性成果验收工作。

第五章 计划管理

第二十条 重点地区天然林资源保护工程项目建设投资依据经批准的初步设计、作业设计文件,按下达的年度投资计划执行。

第二十一条 年度投资计划实行"自下而上,自上而下,上下结合"的编报方法。每年8月底前,由项目所在省林业主管部门、森工集团根据当年工程进展情况,结合本地实际,向国家林业局报送下一年度投资建议计划;国家林业局根据当年工程进展情况、检查验收结果以及报送的建议计划,经综合平衡后下达下一年度工程投资规模控制数;各省林业主管部门、森工集团根据下达的投资规模,结合本地区工程建设的实际情况,编报投资项目明细计划报送国家林业局,经审核后下达正式年度计划。

第二十二条 年度投资计划属指令性计划,未经国家林业局批准,任何单位不得擅自调整。如确需调整,须报原下达计划单位审批。对违反上述规定的单位要责令限期纠正,并进行必要的宏观调控。

第二十三条 年度投资计划实行抄送备案制度。有关省区林业主管部门、森工集团下达的明细计划必须抄送国家林业局备案。

第六章 资金管理

第二十四条 重点地区天然林资源保护工程建设资金包括:各级财政预算内基建资金拨款,中央、地方国债专项建设资金,地方配套建设资金,政策性银行贷款和商业银行贷款,建设单位自筹资金,以及其它资金。

第二十五条 项目建设资金主要用于生态公益林建设、商品林建设以及与之配套的附属项目建设(含种苗生产、营造林道路、林业科技推广、资源信息管理系统、森林生态监测等)和转产项目建设。

第二十六条 重点地区天然林资源保护工程的建设资金实行专户储存、专款专用,任何单位和个人不得挤占、挪用、截留。

第二十七条 根据项目建设的特点,国家预算内基建资金拨款由国家林业局根据建设项目的年度投资计划和财务计划及项目实施进度,向国家计委、财政部申请资金,再据此分批拨付给省级林业主管部门、森工集团(含中央直属建设单位),省级林业主管部门、森工集团根据国家确定的本省年度投资计划和造林任务及工程设计和作业进度分期拨付给建设单位。其中,公益林项目的资金拨付要严格依据作业设计,实行"报账制",根据阶段检查验收结果进行结算;商品林、转产项目的资金拨付按国家规定实行项目资本金制度。

第二十八条 重点地区天然林资源保护工程建设资金的具体管理办法另行制定。

第七章 监督与评估

第二十九条 建立天然林保护工程项目执行情况统计报告制度。

各国有森工企业和工程实施县(市)应以月报的形式定期向省(区、市)林业主管部门、森工集团报送项目统计报表及项目执行情况。省(区、市)林业主管部门、森工集团应将上述有关情况汇总后定期上报国家林业局。国家林业局定期报送国家有关部门。

第三十条 根据项目进度情况,国家林业局有选择地对项目进行中期评估。项目中期评估或检查验收前,项目单位要委托有资格的审计单位,对项目进行审计,同时组织有关专家对项目的技术经济情况进行评估。评估、审计报告一式五份,由省级林业主管部门上报国家林业局。

第三十一条 对天然林保护工程建设作出突出贡献的单位和个人,国家将给予奖励。对不符合建设标准、没有完成建设任务的,追究有关单位和负责人的责任。同时,建立对项目法人代表在任和离任的审计制度。

第三十二条 建设单位有权直接向国家林业局及有关部门反映项目建设执行过程中出现的违法违纪问题,鼓励社会监督工程建设。

第三十三条 凡出现下列情况之一的,国家林业局商有关部门后给予通报批评,并视情节轻重,对项目进行缓建、停建,对项目责任人(主管项目行政领导或项目法人)给予行政处分或经济处罚,直至追究法律责任。

(一)除受不可抗拒因素影响外,投资计划下达一年内尚未开工或建设严重超工期的;

(二)擅自调整年度投资计划,或挪用、挤占本工程专项资金的;

(三)配套资金或外部条件不能按计划落实的;

(四)资本金来源不符合有关规定,弄虚作假,以及抽逃资本金的;

(五)天然林保护面积、管护质量以及木材产量调减、分流富余人员等指标,经检查不能达到计划要求,或森林资源保护不力、使其遭受破坏的;

(六)项目执行过程中,发生重大责任事故使项目无法继续进行的;

(七)工程质量未达到国家有关设计技术标准、规定、规程的;

(八)项目责任人玩忽职守、给国家造成重大经济损失的;

(九)项目责任人弄虚作假、欺上瞒下或有其他违法违纪行为。

第八章 检查验收

第三十四条 建设项目按批准的建设内容建成后，按国家计委颁发的《建设项目（工程）竣工验收办法》，由国家林业局组织或委托省（区、市）林业主管部门、森工集团进行检查验收。

第三十五条 天然林资源保护工程实行国家林业局、省林业主管部门和森工集团、县（市）林业主管部门和国有森工企业三级检查验收制度。

（一）完成项目规定的建设内容，稳定达到预期技术经济指标后，建设单位（县级林业主管部门或国有森工企业）组织原设计单位编写自查验收报告，报省林业主管部门、森工集团；

（二）省林业主管部门、森工集团对建设单位提报的自查验收报告审核同意后，向国家林业局提出竣工验收申请；

（三）竣工验收工作由国家林业局组织或委托省林业主管部门、森工集团进行。

（四）建设项目竣工验收报告按照分级管理的原则。国家林业局及时向国家计委报告建设项目竣工验收情况，并接受国家计委对建设项目的竣工验收复查。各省林业主管部门接受委托进行的建设项目竣工验收后，要及时向国家林业局报告，并接受国家林业局进行的复查工作。

第九章 附 则

第三十六条 各省林业主管部门或森工集团公司可根据本办法，结合实际制定本辖区实施细则，并报国家林业局备案。

第三十七条 本办法由国家林业局负责解释。

第三十八条 本办法自发布之日起试行。

国家林业局印发《国家林业局关于加强重点林业建设工程科技支撑的指导意见》的通知

林科发［1999］136号

各省、自治区、直辖市林业（农林）厅（局），内蒙古、吉林、龙江、大兴安岭森工（林业）集团公司，国家林业局各司局、各有关直属单位：

为了充分发挥科学技术第一生产力的作用，国家林业局研究制定了《国家林业局关于加强重点林业建设工程科技支撑的指导意见》，现予印发。请各地结合实际情况，遵照执行。

附件：《国家林业局关于加强重点林业建设工程科技支撑的指导意见》

国家林业局

1999年5月6日

附件：国家林业局关于加强重点林业建设工程科技支撑的指导意见

为了配合国家重点林业建设工程（包括天然林资源保护工程、重点林业生态工程和商品林建设工程）的实施，提高工程建设的科技含量和建设质量，全面实现工程建设目标，最大限度地发挥科学技术第一生产力的作用，坚定不移地走依靠科技进步的道路，国家林业局提出如下意见：

一、工程科技支撑的指导思想和战略目标

1. 指导思想

围绕大幅度提高工程建设科技含量这一中心，以现代林业理论为指导，深化分类经营改革，切实抓好工程实用技术推广、攻克工程技术难题、加强工程质量技术监督三个重点，实现工程建设从主要依靠投资规模扩大的外延式增长方式向主要依靠科技进步和提高劳动者素质的内涵式增长方式转变。

2. 目标（到2010年）

（1）建立一套严密的组织、投入、政策等保障措施和切实可行的、高标准的实施方案，在科技、计划、生产等部门的通力合作和共同努力下，使科技支撑工程建设的一些主要指标得到稳步提高。

(2)提高良种使用率。在天然林资源保护工程和重点林业生态建设工程中优先使用良种，在目前良种使用率20%的基础上逐年提高3%。商品林建设工程基本实现造林良种化。

(3)大力推广先进、适用的科技成果，使科技进步贡献率由目前的27.3%提高到50%以上。

(4)一次造林成活率整体提高到90%以上，保存率超过85%。

(5)工程采标率提高到60%以上，其中：商品林建设工程提高到90%以上。

(6)森林资源利用率得到较大提高，大力加强森林资源管理应用现代技术的能力；板栗、油茶、竹藤等机械化加工与产业化实现重大突破。

二、大力抓好科技成果的推广应用

3. 国家林业局在工程建设中实施“百、十”科技成果转化计划。“百”就是每年由国家林业局组织筛选100项优秀科技成果向各地发布，结合工程建设，在下达生产计划的同时，下达科技推广任务；“十”就是在100项成果中，每年由国家林业局直接组织面广量大带动性强的10项技术推广。近期推广的技术有：

(1)良种培育技术。重点抓三倍体毛白杨、抗虫杨树、桉树、相思、泡桐、刺槐、杉木、松树等优良种源、优良无性系、优良家系的推广应用，以及容器育苗、组培育苗、脱毒育苗等快速繁殖良种苗木技术的推广，加快林木良种繁育速度，提高良种使用率，努力解决适地适树问题。

(2)干旱地区适用技术。重点抓“黄土丘陵抗旱造林技术”、“太行山造林绿化技术”、“飞播造林技术”、“岷江上游干旱河谷林分经营技术”、ABT生根粉、Pt菌根、保水剂等成果的推广应用，改善工程造林方式和经营措施，提高造林效果。

(3)森保技术。重点抓“马尾松毛虫综合防治技术”、“杨树天牛综合防治技术”、“美国白蛾防治技术”及“森林防火林带设置”等技术的推广应用，努力控制森林病虫鼠害和森林火灾。

(4)经济林栽培技术。重点抓油茶、早实核桃、板栗等木本粮油和竹林、银杏、杜仲、沙棘等其他经济林树种丰产栽培技术，以及短周期工业用材林定向培育等技术的推广应用，提高商品林建设集约经营水平和林地生产力。

(5)加工开发技术。抓好木质、竹质人造板和木质复合材料以及木材干燥、防腐、阻燃、胶合、涂饰等木材加工新技术的推广应用；抓好板栗、油茶等林果深加工和产业化技术，松香、五倍子等林化产品及森林药材、花卉和其它非木质资源开发利用技术的推广应用，提高资源综合利用率，大力促进科技产业化。

4. 加强工程科技示范体系建设，加快建立科技示范地区、示范单位和示范项目。高度重视工程科技、教育培训基地建设，层层抓好科技培训和普及工作。

三、切实解决工程建设中的关键技术难题

5. 生态工程攻关技术。采用常规育种技术和现代生物技术结合的方法，加速培育工程造林良种，保障工程良种供给。

(1)针对生态工程建设急需，加大研究和选育抗旱、抗盐碱、抗病虫害、抗风、耐水湿、抗干热的优良林木品种、种源和无性系的力度，从育种入手解决生态环境建设中困难立地造林成活率和保存率低、部分地区病虫鼠害严重的问题。

(2)进一步加强生态工程构建与生态系统恢复技术研究。重点抓好防护林体系布局、配置和稳定的林分结构设计与调控技术，现有防护林改造及经营管理技术，干旱、盐碱、风沙等困难立地造林技术，节水灌溉技术，病虫鼠害综合防治等技术的研究和攻关。着重解决好防护林体系林分质量不高、生产力过低、系统稳定性差等问题。

6. 商品林工程攻关技术。重点研究并选育以板栗、核桃、油茶、银杏、竹林、杜仲、沙棘、枣、巴旦杏等为主的经济林优良品种，使遗传产量增益提高30%～50%，感病率减至5%以下；研究并选育以马尾松、桉树、杨树等10个树种为主的优质高产纸浆材新品种、种源和无性系，提高纸浆得率4%～6%；研究并选育以杨树、桉树、杉木、泡桐等为主的优质高产单板类材和建筑材新品种、种源和无性系，使材积增长达10%～20%，木材密度提高3%～5%，育林周期缩短1/4～1/3。着重解决好商品林建设中长期存在的品质不好、产量不高、资源和木材综合利用率低、集约经营水平落后的状况。

7. 积极开展国有林区天然林保护管理及其可持续经营技术研究，重点抓好国有林区退化天然林生态系统的恢复与重建技术、天然林生态系统可持续经营技术、生物多样性保护与非木质资源开发利用技术、重大森林灾害的预防与控制等技术的研究和攻关，为天然林资源的保护、恢复和扩大提供技术保障。

8. 加快建立和完善工程效益监测与评价体系。在工程建设区域内第一批布设20个工程生态效益监测站的基础上，逐步形成工程效益监测网络化，建立典型流域防护林体系水土保持、水源涵养和水文生态效益等方面的数理模型和水土保持预测预警系统，研究荒漠化评价指标体系和动态评估技术，为防治荒漠化提供预警、预报系统。构建以“3S”技术为基础的工程信息管理和技术决策系统，并抓好相关的软科学研究，为建立可持续经营模式和领导决策提供科学依据。

四、重点强化工程技术标准的制定和实施

9. 按照分类经营要求，完善工程技术标准，编制重点林业建设工程技术规程，在工程建设中依法实施。

10. 在现有林业质量技术监督部门的基础上，建立重点林业建设工程质检中心和一定数量的质检站，

定期对工程建设质量和技术标准的贯彻执行情况进行检查和监督。

五、加强领导，完善投入机制，确保工程科技支撑作用的发挥

11. 加强工程科技领导。成立国家林业局重点林业建设工程科技领导小组，由局分管领导任组长，计划、生产、科技等部门参加。同时成立三个工程科技专家工作组。

12. 国家重点林业建设工程资金按照中央和地方事权划分的原则，安排一定比例的工程科技专项经费，原则上不得低于3%。各级地方政府在安排工程配套经费时，均必须按3%的比例进行工程科技专项经费配套。

13. 工程科技专项经费的管理和使用遵循下列程序：生产部门提出需要解决的工程技术难题——科技部门提供已有的科技成果或需要攻关的项目——安排科技专项经费——生产部门和科技部门共同组织已有成果的推广或由科技部门重点进行科技攻关——生产部门和科技部门共同组织验收。

14. 计划部门在安排基建投资时，有步骤地对生态工程建设区域内的技术推广服务机构、监测站、重点实验室等科技基本建设给予扶持。

15. 鼓励各级林业科技部门从社会各界争取工程科技资金，开展国际科技合作与交流，引进国外智力。

16. 工程科研课题实行招投标制，实行收入分配与技术服务效益挂钩、职称评定与技术服务水平挂钩；对在工程建设中取得重大科技突破、效益极其显著的单位和个人给予重奖，并在项目、经费等安排上予以倾斜。

17. 工程科技支撑鼓励产学研相结合、技工贸一体化；鼓励科研计划与推广计划相互衔接和配套；鼓励结合工程建设兴办科技产业。

18. 围绕工程建设目标，调整和优化现有林业科技力量；建立一批适应工程建设需要的科技机构和优势学科；形成一支相对稳定、素质较高的工程科技队伍，提高科技为工程服务的整体水平。

国家林业局关于开展全国森林分类区划界定工作的通知

林策发［1999］191号

各省、自治区、直辖市林业（农林）厅（局），内蒙古、吉林、龙江、大兴安岭森工（林业）集团公司，国家林业局各有关直属单位：

实施林业分类经营，是转变林业经营管理体制和发展模式，实现林业可持续发展的战略选择。两年多来，各地按照《中共中央、国务院关于“九五”时期和今年农村工作的主要任务和政策措施》(中发［1996］2号)、《中共中央、国务院关于1997年农业和农村工作的意见》（中发［1997］6号）和国务院批准发布的《林业经济体制改革总体纲要》（体改农［1995］108号）及《林业部关于开展林业分类经营改革试点工作的通知》(林策通字［1996］69号）的要求，积极地进行了分类经营试点，取得了重要经验。为了在全国范围内积极、稳妥地将森林资源分类落到实处，我局决定在全国开展森林分类区划界定工作。现将具体安排和要求通知如下：

一、森林分类区划界定的目的

森林分类区划界定是依据森林分类体系，将林种划分按照一定的原则和要求，以一定面积的地域（县、国有林业局、国有林场等）为单位，逐一落实到小班或地块，并通过合法程序，经政府批准，以签定合同等规范形式确定有关各方权、责、利关系。其目的是按照《森林法》第四条的规定，将各林种落实到山头地块，以便将用材林、经济林、薪炭林作为商品林经营管理，将防护林和特种用途林作为公益林经营管理。

二、森林分类区划界定的范围和重点

森林分类区划界定的范围即林业用地，包括乔木林地、竹林地、红树林地、疏林地、灌木林地、采伐迹地、火烧迹地、苗圃地和政府规划确定的宜林地。区划界定的重点是有林地。

公益林的分类区划界定重点包括：列入重点天然林保护工程规划中的生态公益林和国家重点防护林体系建设规划的防护林和特种用途林；江河源头，水系干流、支流两侧（以山脊为界），湖库周围的水土保持林、水源涵养林、护堤林、护岸林；高山陡坡地带，主要山脉顶脊部，石质山区，风沙干旱区的水土保持、水源涵养林；风沙沿线、荒漠化地区的防风固沙林；各类自然保护区和濒危珍稀野生动物栖息地、繁衍地的森林；各类森林公园和风景名胜区的森林；其它特种用途林、农牧业防护林；村镇及周围自然保护小区的森林；其它生态脆弱地区不宜开发利用的森林。

商品林的分类区划界定重点包括：定向培育工业原料林、速生丰产用材林、珍贵大径级用材林、部分常规用材林、脂材两用林、经济林（含木本花卉、木本药材）、商品竹林（竹笋、竹林）。

对区划界定的公益林，禁止商业性采伐。应根据生态环境建设的要求和当地经济发展水平，实行禁伐和一般性保护（限伐）等。

三、森林分类区划界定的原则和要求

（一）坚持“统一规划、确定重点、先易后难、稳步推进”原则。首先采取现场认定的办法，界定公益林。即把公益林按小班逐个落实到山头地块，并标注在图、表中，其余的作为商品林。

（二）坚持“因地制宜、统筹兼顾”原则。正确处理森林生态效益、社会效益和经济效益之间的关系，兼顾国家、集体、个人三者利益。进一步调整和优化林业结构，提高林业生产力，增强林业整体效益。随着经济和社会的发展，需要进行调整的，依法经县级以上人民政府批准后，可以在林业规划范围内进行调整。

（三）坚持“政府决策领导，有关部门参与，业务部门操作，技术部门支持”原则。森林分类区划界定工作要在当地政府的领导下进行。依据森林资源二类调查或参照二类调查结果，结合国务院批准的《全国生态环境建设规划》（国发［1998］36号），省（自治区、直辖市）林业行政主管部门要对全省的森林分类区划界定工作提出具体工作安排意见；东北、内蒙古国有林区林业企业的森林分类区划界定工作要依据国务院批准的《重点地区天然林资源保护工程实施方案》提出具体的安排意见。

森林分类区划界定工作要深入现场，采取“自下而上，上下结合”的办法，按地块和小班，现地认定，不能单纯由业务部门在办公室根据已编制的规划布局界定。

（四）实行政府负责制。森林分类区划界定工作要在国家和地方林业规划的指导下，由县级人民政府根据国家、本地生态环境建设和区域经济发展的需要，提出森林分类区划界定的原则并作出部署。公益林建设和保护责任的划分应由县级以上人民政府负责协调，通过林业主管部门、林权单位和对森林经营管护有连带责任关系的单位共同确认后经政府批准，以签订合同等规范形式确定各方权、责、利关系。以县级以上人民政府决定的形式公布。

（五）坚持集中连片，规模经营原则。森林分类区划界定原则上均以小班为单位进行调整，尽可能保持集中连片，以保证适度规模经营，便于管理保护和充分发挥其生态社会和经济效益。

（六）依法维护森林、林木、林地的所有者和使用者的合法权益。森林分类区划界定要与林权单位逐一协商，进行现地认定，逐个林班、小班填写登记表，由林权单位负责人和所有者个人签字确认。尤其是要将集体所有的和农民个人所有的林木，区划界定为公益林时，或者要求农民在其拥有使用权的林地上营造公益林时，必须取得其同意。在集体和农民个人不同意时，不得强行区划。

（七）林权证是森林、林木、林地所有权或使用权唯一的法律凭证。界定工作要以林权证为基本依据，不得随意变更原有的林地所有权和使用权。尚未确权发证的林地以及发证工作以后新增的林地，要根据中共中央、国务院《关于保护森林发展林业若干问题的决定》（中发［1981］12号）文件的要求，凡是权属清楚的，由县或县以上人民政府核发林权证后再界定；对擅自改变森林、林木、林地权属和在已经核发林权证的林地上又发放其他证书的，以其原有林权证为准；原林权证登记四至不清或数据不实的要依法核准后再进行区划界定；依法流转使林权发生改变的，森林分类区划界定要在其完成了林权权属变更登记之后进行，非法变更的一律无效。今后再发生流转，不得随意改变林种性质。森林、林木、林地作为一个整体，在管理上不可分割。

（八）森林分类区划界定后，以县级人民政府名义对公益林现场立碑公示，并以县为单位登记造册，绘制林种分布图，建立森林分类区划界定档案。

四、森林分类区划界定工作的组织领导和进度

实现林业分类经营是一项涉及林业各个领域的带有根本性、全局性的改革。森林分类区划界定工作是林业分类经营的首要基础工作，是林业分类经营改革的切入点和突破口，涉及面广，工作量大，政策性强，其结果要经得起今后林业实践的检验。因此，这项工作一定要在各级政府领导下，集中人力、物力、财力，确保按质、按量、按时完成。国家林业局批准的“林业分类经营示范区”要走在森林分类区划界定工作的前列，探路子，出经验，做示范，要在2000年底前完成森林分类区划界定工作。其他地方也要尽快完成，具体时间由各省确定。

各级林业分类经营办公室，要给领导当好参谋，抓好日常工作。领导要为其配备一定数量的专职工作人员，解决必要的经费，以保证森林分类区划界定工作的顺利进行。

各级林业主管部门要抓好森林分类区划界定工作的宣传，切实做到森林分类区划界定工作有条不紊，深入细致，逐一落实，稳步实施。要积极做好与政府有关部门的综合协调工作。努力争取有关部门对这项工作的支持与配合。

各省级林业主管部门分类经营办公室、示范区的分类经营办公室，要与国家林业局林业分类经营领导小组办公室保持密切联系。随时沟通森林分类区划界定工作中出现的新情况、新问题。

请地方各级林业主管部门根据本通知的精神，结合本地的实际情况，尽快制定出本地区森林分类区划界定工作的具体实施方案。请各省级林业主管部门于7月底之前将贯彻本通知的情况报告国家林业局。

国家林业局

1999年6月29日

国家林业局关于加强中央级林业预算外资金管理的规定

林计发［1999］208号

国家林业局有关司局、局有关直属单位：

为了贯彻落实国务院和财政部有关加强预算外资金管理的文件精神，进一步规范中央级林业预外资金管理，根据《国务院关于加强预算外资金管理的决定》（国发［1996］29号）和财政部《预算外资金管理实施办法》（财综字［1996］104号），现就进一步加强中央级林业预算外资金管理作出如下规定：

一、中央级林业预算外资金来源

（一）国家林业局有关司为履行政府职能，依据国家法律法规和具有法律效力的规章而收取、提取、募集的各种行政事业性收费；以政府信誉建立的具有特定用途的各种基金。

（二）国家林业局直属事业单位依据具有法律效力的规章，按国务院及其财政、计划（物价）部门共同审批的项目和标准，收取的各种行政事业性收费收入。

（三）国家林业局各司局和直属事业单位（以下简称各单位）以政府名义获得的各种捐赠资金；财政专户利息等。

二、各单位要严格按照国家法律、法规和规章所规定的范围和标准，收取和提取预算外资金。任何单位不得违反国家有关规定擅自设立收费、基金项目，不得随意调整收费范围和标准。

三、各单位要认真贯彻财政部有关行政事业性收费票据管理的规定，在收取行政事业性收费和基金时，必须使用财政部印制或监制的票据。

四、预算外资金是国家财政性资金，由财政部建立统一财政专户，实行收支两条线管理。预算外资金收入上缴财政专户，支出由财政部按预算外资金收支计划，从财政专户中核拨。中央级林业预算外资金收入实行集中汇缴的办法。国家林业局计资司在工商银行开设了预算外资金收入过渡户和支出户。收入过渡户用于代收各单位按规定上缴的预算外资金，经汇集整理后统一向中央财政专户缴纳。支出户用于接受财政专户下拨的预算外资金，并及时转拨到各单位。

五、建立健全预算外资金收支计划管理制度。各单位要根据本单位预算外资金收入规模和支出需要，量入为出，认真编制年度预算外资金收支计划，于每年度的3月底以前报送到国家林业局计资司。计资司在审核汇总各单位预算外资金收支计划的基础上，编制国家林业局中央级林业预算外资金收支计划，报送财政部，待财政部审核批复后，计资司再对各单位转批复当年预算外资金收支计划。审批后下达的预算外资金收支计划，作为年度预算外资金缴拨和考核的依据，各单位必须认真执行。

六、建立健全预算外资金年度决算管理制度。各单位在年度终了后要按照财政部的要求编制预算外资金年度会计决算。会计决算必须符合财会制度规定，内容完整、数字真实准确，务于次年1月底以前报送到计资司。编制决算时要附有详细说明，正确反映预算外资金的收支结果、上缴下拨和使用情况，认真总结分析预算外资金管理中的经验和问题，并提出需要改进的措施。

七、中央级林业预算外资金收入采用按比例上缴财政专户的办法。局直属高等院校的预算外资金收入，按全年实际收入数的30%上缴财政专户，单位直接留用70%；其他局直属事业单位和局内有关司局的预算外资金收入，按全年实际收入数的70%上缴财政专户，单位留用30%。

八、预算外资金的收缴。在一个年度内，各单位的预算外资金收入应按规定比例于6月底和10月底以前分两次上缴国家林业局计资司开设的收入过渡户，由计资司汇集后统一向中央财政专户缴纳。

九、预算外资金的拨付。计财司根据预算外资金收支计划，统一向财政部填报预算外资金用款申请书，经财政部审批后将预算外资金从中央财政专户拨入计财司开设的支出户，再由计资司转拨到各用款单位。

十、各单位的预算外资金必须按照国家规定合理使用，严禁将预算外资金公款私存，更不得用预算外资金搞计划外投资、炒股票和房地产、进行期货交易以及投资入股等违法违纪活动。

十一、各单位预算外资金收支必须由单位财务部门集中管理，按规定的比例和时间上缴财政专户，不得坐收坐支，私设“小金库”。

十二、各单位要加强预算外资金的管理和监督，完善预算外资金管理和核算制度，健全内部监督约束机制，定期对预算外资金的收取、上缴和使用等情况进行检查，并接受同级或上级财政、计划（物价）、金融、审计、监察等有关部门的监督检查。

以上规定，请认真贯彻执行。

附件：中央级林业预算外资金收取项目明细

国家林业局

1999年7月12日

附件：中央级林业预算外资金收取项目明细

来　　源	收取单位	项目名称
履行政府职能，依据国家法律法规和有法律效力的规章而收取、提取的各种行政事业性收费；以政府信誉建立的具有特定用途的各种基金	科技司	科技进步奖评审费
		林业工业产品生产许可证审报费
		林业植物新品种保护收费
	保护司	陆生野生动植物资源保护管理费
	计资司	育林基金
依据具有法律效力的规章，按国务院及其财政、计划（物价）部门共同审批的项目和标准，收取的各种行政事业性收费	濒危物种进出口管理中心	野生动植物进出口管理费
	世行贷款项目管理中心	世行项目管理费
	林业基金管理总站	周转金占用费
	场圃总站	周转金占用费
	北京林业大学	学杂费、住宿费、委培费及函大、夜大培训费
	东北林业大学	学杂费、住宿费、委培费及函大、夜大培训费
	南京林业大学	学杂费、住宿费、委培费及函大、夜大培训费
	中南林学院	学杂费、住宿费、委培费及函大、夜大培训费
	西南林学院	学杂费、住宿费、委培费及函大、夜大培训费
	西北林学院	学杂费、住宿费、委培费及函大、夜大培训费
	宁波林业学校	学杂费、住宿费、委培费及函大、夜大培训费
	南京人民警察学校	学杂费、住宿费、委培费及函大、夜大培训费
	白城林业学校	学杂费、住宿费、委培费及函大、夜大培训费
	北京林业干部管理学院	学杂费、住宿费、委培费及函大、夜大培训费

国家林业局关于印发全国重点地区天然林保护工程区森林分类区划技术规则的通知

林资发［1999］218号

各有关省、自治区、直辖市林业（农林）厅（局），内蒙古、吉林、龙江、大兴安岭森工（林业）集团公司，国家林业局各区域森林资源监测中心：

为落实我局林传［1999］22号、林资发［1999］171号、林策发［1999］191号文件的要求，尽快开展重点地区天然林资源保护工程区森林分类区划工作，我局制定了《全国重点地区天然林保护工程区森林分类区划技术规则》，现印发给你们，请根据我局上述文件精神和本《规则》的要求，结合当地实际情况，制定具体的分类区划细则，经国家林业局各区域森林资源监测中心审核同意后实施，并报我局备案。

附件：《全国重点地区天然林资源保护工程区森林分类区划技术规则》

国家林业局

1999年7月15日

附件：全国重点地区天然林资源保护工程区森林分类区划技术规则

为了进一步明确森林分类区划原则、对象与依据，规范森林分类区划方法，统一森林分类的原则性标准与成果要求，根据《国家林业局关于开展全国森林分类区划界定工作的通知》的总体要求，结合全国重点地区天然林资源保护工程区的特点，特制定本技术规则。

一、区划原则

（一）生态优先原则。以保护和改善大江大河生态环境、保护生物多样性为基本前提，森林资源开发与利用必须服从于环境保护和生态改善的需要。

（二）突出重点原则。对江河源头、库湖周围、水系干流两侧及主要山脉脊部，以及地带性顶级群落等对区域环境、经济和社会可持续发展具有重大影响的生态重点区与生态脆弱区进行重点区划。

（三）因地制宜原则。根据各地不同自然条件和特点，生态环境脆弱程度，防灾减灾及林产加工业对森林生态系统的不同需求等因害设防、因地制宜、因需施策。

（四）适度规模原则。同类别森林应相对集中连片，便于集中管护、整体治理、集约经营，以利于最大限度地发挥森林的生态效益和经济效益。

（五）依法行事原则。依法维护森林、林木、林地所有者和经营者的合法权益，尤其是将集体所有和个人经营的森林资源划入生态保护区时，应具有相应的保障措施。

二、区划对象

森林分类区划对象为国务院审批并即将实施的《全国重点地区天然林资源保护工程实施方案》（修正案）规划工程范围内的所有森林、林木和林地，包括有林地、疏林地、灌木林地、未成林造林地、其它林地（宜林荒山荒地、采伐迹地、火烧迹地、宜林沙荒、苗圃地）。

三、区划依据

森林分类区划应以《全国重点地区天然林资源保护工程实施方案》（修正案）和1999年即将开展的全国重点地区天然林保护工程区森林资源现状调查成果为依据。1997年以来开展过森林资源规划设计调查（二类调查）的县（林业局），其调查成果经省级林业主管部门上报国家林业局审批后可以直接用于森林分类区划。

四、森林区划基本条件

依据天然林资源保护工程的总体要求，工程区范围内的所有森林、林木、林地划为生态保护区和商品林经营区。其中，生态保护区按保护程度不同进一步划为重点生态保护区（禁伐区）与一般生态保护区（限伐区）。

（一）重点生态保护区

符合下列条件的森林、林木、林地原则上应划为重点生态保护区：

1. 生态地位极端重要地区的森林、林木、林地，包括：

（1）各级自然保护区的核心区与缓冲区。

（2）未经人为干扰或干扰程度较轻的地带性顶级群落（含高山和荒漠灌丛）。

（3）国家一、二级保护植物集中分布的原生地。

（4）国家一、二级保护野生动物的栖息地和繁殖地。

（5）自然与人文遗产地及周围的森林，历史性和具有特定意义的纪念林。

（6）国防林。

（7）古树名木。

（8）1 000公里以上河流汇水区及干流与一、二级支流两岸一层山脊以内的森林、林木、林地。

（9）水库、湖泊周围一层山脊以内或其周围平地250米以内的森林、林木、林地。

（10）城镇饮水源区及引水渠两侧的水源保护林。

（11）雪线以下200米以内的森林与林木。

（12）红树林。

2. 生态极端脆弱地区的森林、林木、林地，包括：

（1）山体坡度东北在31°以上，华北、西南与西北在36°以上，其它地区在46°以上；雨季降水变率70%以上地区，其山体坡度在上述指标上应从严控制。

（2）土壤侵蚀程度：西北、西南与华南区林地表土层无保留，心土层裸露受剥蚀，其它区表土层保留厚度<1/2，心土层及母质层完整。

（3）石质山区及岩石裸露程度>50%的林地。

（4）干旱、半干旱区5米/秒以上大风天数>60天的区域接近沙质地区500米以内地段，5米/秒以上大风天数>30天的区域接近沙质地区250米以内地段的森林、林木、林地。

（5）严重荒漠化地区的天然林。

（6）干旱河谷的森林、林木。

（7）其它需要重点保护的森林、林木、林地。

（二）商品林经营区

符合下列条件的森林、林木、林地可以划为商品林经营区：

1. 立地等级三级以上或林分蓄积年生长量在东北$>6m^3/hm^2$，西北、华北$>8m^3/hm^2$，其它地区$>10m^3/hm^2$。

2. 山体坡度在东北、西北$<15°$，其它地区$<25°$。

3. 土层厚度在热带与亚热带山地丘陵>40厘米，其它地区>30厘米，无明显土壤侵蚀、风蚀现象。

4. 除山脊以外的其它坡位。

5. 离饮用水源一层山脊或平坦地区500米以外。

6. 大江大河发源地汇水区原则上不区划商品林经营区。

7. 离河流两岸及库、湖周围一层山脊或平坦地区250米以外。

8. 山地牧场边缘100米以外。

（三）上述区域以外的森林、林木、林地划为一般生态保护区。

五、区划方法与成果要求

（一）森林分类区划应打破现有行政界限，以流域、山脉等为单元，参照自然条件、区划条件、发展水平等进行整体考虑。

（二）县（林业局）作为基本统计单位，省（区）级作为森林类别规模控制单位。

（三）重点生态保护区和商品林经营区的最小区划面积在东北不小于$10hm^2$，其它国有林区不小于$5hm^2$，集体林区不小于$3hm^2$。

（四）森林、林木、林地的受保护程度从重点生态保护区、一般生态保护区到商品林经营区由强到弱，区划时原则上不能从保护程度强的调为保护程度弱的。

（五）各省（区）的森林区划面积原则上应与各省（区）上报国务院的《天然林资源保护工程实施方案》一致，确实需要调整且调整幅度超过10%的，需报国家林业局批准同意。

国家林业局关于坚决制止超限额采伐森林的紧急通知

林资发［1999］235号

各省、自治区、直辖市林业（农林）厅（局），内蒙古、吉林、龙江、大兴安岭森工（林业）集团公司，国家林业局驻内蒙古自治区、吉林省、黑龙江省、大兴安岭林业集团公司、福建省、云南省森林资源监督专员办事处：

今年，国家林业局依照《森林法》的有关规定和《国务院关于各省、自治区、直辖市“九五”期间年森林采伐限额问题的批复》（国函［1995］120号）的要求，对各地特别是天然林资源保护工程区执行年森林采伐限额情况进行了核查。核查结果表明，不少地方超限额采伐的问题仍相当严重，破坏森林资源的歪风屡禁不止。为进一步贯彻落实国函［1995］120号文件精神，依法加强森林采伐限额管理，坚决制止超限额采伐森林等破坏森林资源行为，现通知如下：

一、必须强化森林采伐限额意识，认真履行政府职能

国函［1995］120号文件明确把执行森林采伐限额列为各级政府的一项重要职责。各地政府和林业主管部门的领导，要从实现社会经济可持续发展和维护生态环境的战略高度，充分认识严格执行森林采伐限额的重要意义，彻底纠正那种急功近利，只顾眼前利益而忽视长远效益的短期行为，自觉地依法执行森林采伐限额这一重要的政府职责，把国函［1995］120号文件的各项要求真正落到实处。各地要把执行年森林采伐限额情况作为各级领导干部保护和发展森林资源任期目标责任制的重要内容，严格考核，认真兑现奖惩。

二、必须严格执行森林采伐限额制度，切实加强源头管理

各地要进一步规范和完善年森林采伐限额指标的管理，坚决纠正随意截留限额指标的错误做法，依法查处超限额下达木材生产计划行为。要严格执行凭证采伐林木制度，切实加强林木采伐的源头管理。凡采伐林木，必须严格按照有关法律、法规的规定，办理林木采伐许可证，纳入年森林采伐限额管理。各地林业主管部门要切实加强林木采伐许可证的管理和发放工作，提高发证质量，提高发证率。要加强伐区调查设计的监督管理，提高集体森林经营单位和林区集体经济组织伐区调查设计水平。伐区调查设计必须由具有资质的单位承担。林业主管部门在发放林木采伐许可证时，要认真审核伐区调查设计文件和有关报批材料，严格把好发证关。对伐区调查设计中弄虚作假的，一经发现，必须坚决依照有关规定，严肃处理调查设计单位主要负责人和有关责任人；对不按规定发证，超限额或超计划发证造成乱砍滥伐的，必须坚决依法处理发证人员和发证部门主要负责人。要实行谁发证、谁验收的制度，把林木采伐的源头管理真正落到山头地块，杜绝超限额、超计划和无证采伐林木现象的发生。特别要加大对农民自用材和烧材的管理力度，坚决依法实行凭证采伐制度。要积极加强对防护林和特种用途林抚育或更新采伐的监督，全面提高林木采伐管理水平。

三、强化森林采伐限额核查工作，加大依法处理力度

各地要进一步健全和落实年森林采伐限额执行情况的监督检查制度，努力改进检查手段。要把限额检查纳入《森林法》执法检查的工作中去，加大检查工作力度和依法处理力度。各地要定期开展采伐限额执行情况的自查工作。各省（含自治区、直辖市，下同）的检查结果要及时报告同级人民政府，并报国家林业局。国家林业局要对各地执行限额情况和各省的检查结果进行执法性质的抽查，发现问题，从严处理，并报告国务院，通报全国。国家林业局将根据抽查结果，根据不同情况分别采取不同的处理办法：一是对1998年超采伐限额严重的县（市）政府、企业局，要坚决追究其主要领导人的党纪、政纪责任；触犯刑律的，要依法追究刑事责任；二是对纳入天然林资源保护工程区的，只要1999年出现超木材生产计划采伐的，要求各地按照干部管理权限，由有关部门对县（市）政府、企业局的一把手给予撤职处分，情节特别严重的，要追究有关责任人的刑事责任。同时还要停拨或扣减该单位和其上一级单位的天然林资源保护工程基本建设投资和财政专项补助资金。

四、必须严格执行凭证运输木材制度，切实加强木材流通管理

各地要坚决按照《森林法》的规定和林业部、铁道部、交通部联合下发的林资字［1989］102号文件和国家林业局林资通字［1998］86号文件的要求，严格执行凭证运输木材制度。木材检查站是基层林业执法单位，担负着依法监督和检查木材运输的重要职责。各地要切实加强木材运输的检查监督工作，加强对木材检查站的监督管理。要按照国务院关于治理公路“三乱”，纠正行业不正之风的要求，认真贯彻落实国务院关于“收支两条线”的规定，进一步加大工作力度，防止“三乱”反弹，巩固林业系统治理公路“三乱”的成果。目前，主要抓好以下几方面的工作：

（一）从严加强木材检查执法队伍的建设，严肃检查工作纪律，对检查违纪，执法犯法的，坚决给予处理。

（二）根据本地区的实际情况和保护森林资源、制止违法运输木材的实际需要，打破不必要的行政界限，合理调整木材检查站的布局。

（三）认真解决木材检查站人员编制和经费。对无编制、无正常经费来源的木材检查站，一律撤消。

（四）各地要加大对木材检查站的基本建设投入，改善执法条件和装备设施，对天然林保护工程区木材检查站的建设要优先安排。

（五）抓紧健全和落实木材运输统计、报告和案件追溯制度。各省林业主管部门要按照以上要求提出具体意见，于1999年8月底前报国家林业局。

各地林业主管部门对木材经营加工单位，尤其是天然林保护工程区的木材经营加工单位和木材市场，在1999年11月底前进行一次集中清理整顿。采取有力措施，坚决执行木材经营加工许可证制度，严厉打击木材经营加工单位违法收购、加工木材行为。各地对木材经营加工单位和木材市场的清理整顿结果，要于12月底前报国家林业局。国家林业局将组织对各地的清理整顿情况进行抽查。

五、必须大力提高资源林政管理人员的素质，改善管理手段

各级林业主管部门要在机构改革中努力稳定资源林政管理机构，着力加强对资源林政管理人员的教育和培训，尤其要提高基层工作人员依法行政的政治思想素质和政策业务素质，增强责任心和工作纪律性。同时，要加强基层管理队伍的建设，积极解决人员编制和经费，改善工作条件，改进管理手段，不断提高依法行政水平和管理能力。

六、必须认真解决有关经费，查清资源家底

各省林业主管部门要认真贯彻落实今年哈尔滨会议的精神，按照《国家林业局关于开展全国重点地区天然林保护工程区和全国重点生态工程区森林资源现状调查有关问题的通知》（林资发［1999］171号）和《国家林业局关于编制2001—2005年年森林采伐限额工作的通知》（林资发［1999］99号）的要求，认真解决有关资源清查和编限工作经费，积极组织，统筹安排，扎实工作，确保按质按量完成任务，为进一步加强森林资源管理和顺利实施天然林保护工程打好基础。

七、强化森林资源监督工作

国家林业局驻各省（区、集团公司）森林资源监督专员办事处，要进一步改进和完善森林资源监督手段，提高监督实效。要建立和落实有关规章制度，强化监督机构的内部约束机制，规范监督机构和监督人员的行为，努力提高监督队伍的政治思想素质和依法行政能力。对不认真履行监督职责，发现问题不如实上报，玩忽职守，徇私舞弊的，要坚决依法追究责任，严肃处理。各驻在单位要关心和支持监督机构的工作，对各监督专员办查出的破坏森林资源的违法犯罪行为，要及时依法处理，若有失职行为，也要追究其责任。

国家林业局

1999年7月29日

国家林业局关于认真落实《国务院办公厅关于继续冻结各项建设工程征占用林地的通知》的通知

林资发［1999］249号

各省、自治区、直辖市林业（农林）厅（局），内蒙古、吉林、龙江、大兴安岭森工（林业）集团公司，国家林业局各司局、各直属单位：

《国务院关于保护森林资源制止毁林开垦和乱占林地的通知》（国发明电［1998］8号）下发以来，有力地遏制了毁林开垦和滥批乱占林地的歪风。但个别地区在贯彻国发明电［1998］8号文件过程中，态度不坚决、宣传不到位、工作不深入、措施不得力，致使未批先用、不批也占等非法使用林地的现象仍然存在。为进一步加强林地的保护和管理，根据当前林业发展形势的需要，最近，国务院办公厅又下发了《关于继续冻结各项建设工程征占用林地的通知》（国办发明电［1999］9号），决定在《森林法实施条例》颁布实施之前，继续冻结各项建设工程征占用林地。为了贯彻落实好国办发明电［1999］9号文件，现提出如下要求：

一、各级林业主管部门要进一步提高认识、统一思想、加强领导，采取各种措施，加大宣传国发明电［1998］8号文件和国办发明电［1999］9号文件的力度，使各行业各部门都了解关于冻结征占用林地的规定及其深远意义。

二、各级林业主管部门要继续对各项建设工程征占用林地从严把关，按照《国家林业局关于冻结征占用林地期间严格征占用林地审批有关问题的通知》（林资发［1999］15号）和《国家林业局关于明确各项建设工程征占用林地审批、审核手续的函》（林函资字［1999］145号）的规定进行严格审核，对于数据不清、手续不全、材料不完备的，必须核清数据，补齐有关手续和材料后，再予以审核。

三、各级林业主管部门要认真总结一年来贯彻落实国发明电［1998］8号文件取得的成绩和存在的问题。各省、自治区、直辖市林业主管部门要将贯彻执行国发明电［1998］8号文件的情况，特别是冻结征占用林地规定执行情况、清查出的非法征占用林地处理情况、森林植被恢复费收取情况以及对存在问题采取的措施，于1999年9月底前书面报告国家林业局。

四、各省、自治区、直辖市林业主管部门要会同有关部门，继续做好对滥批乱占林地的查处工作。尤其要加大对国发明电［1998］8号文件下发以来的滥批乱占林地工程的清查力度，对未经国务院批准擅自使用林地的工程要责令停工，并及时将情况上报同级人民政府，抄报上级林业主管部门，对未经批准擅自使用或者越权批准使用林地的，要依法严肃查处并追究有关人员的责任。

国家林业局将在近期内会同有关部门，对依法批准的征占用林地项目和违法征占用林地的行为进行一次检查，并将检查结果上报国务院。

国家林业局

1999年8月4日

森林培育与生态环境建设

林木种苗生产建设

【综　述】

林木种子生产　据27个省（区、市）和3个计划单列市及龙江集团林木种苗管理部门统计，1999年全国共采收林木种子13 902 047千克，比1998年减少1 530 000千克。其中：主要造林树种种子共采收8 907 621千克，比1998年减少1 320 000千克，占全国林木种子采收量的64%，其他树种种子采收4 994 426千克。采种基地采收种子3 257 613千克，比1998年增加851 894千克，占全国种子采收量的24%。

用材林树种　用材林树种种子采收量为3 831 850千克，其中采收量比1998年增加的树种有华山松，减少的树种有红松、杉木、马尾松、日本落叶松、云南松。

经济林树种　经济林树种种子共采收2 367 635千克，比1998年增加的树种有板栗，共增加了910 000千克；减少的树种有核桃、油桐、油茶，但数量不多。

灌木树种　灌木树种种子采收量为1 973 316千克，比1998年增加989 622千克，增加的树种有柠条、花棒、沙棘。

良种生产　1999年共采收良种565 103千克，占全国种子采收量的4%，比1998年减少614 025千克，其中种子园种子226 427千克，母树林种子338 676千克。黑龙江、吉林两省和龙江集团红松母树林为结实欠年，基本未采种，造成全国良种产量只有1998年的5%左右，其他省份良种产量没有太大变化。

苗木生产　1999年全国共完成育苗面积19.88万公顷，其中新育苗面积11.42万公顷；总产苗量304.16亿株，容器育苗22.31亿株，良种苗105.88亿株；在总产苗量中可供造林用合格苗木184.91亿株。花卉面积11 363.48公顷，产量10.24亿株（盆）。

与1998年相比，育苗面积增加2.14万公顷，产苗量增加32.02亿株，容器育苗增加1.24亿株，良种苗增加23.65亿株。

种苗生产建设投资　据28个省（区、市）、3个计划单列市统计，1999年全国林木种苗建设投资总计60 028万元，其中：中央投资30 272万元，省、地、县等地方配套投资29 756万元。按建设项目分，良种基地7 884万元，采种基地320万元，苗圃49 901万元，其他建设项目1 923万元。

1999年全国林木种苗专项投资完成2 224万元，其中：林木种子生产基地建设投资1 262万元，苗圃投资677万元。其他投资285万元。

林木种子基地建设　截至1999年底，全国共建良种基地630处（局省合建239处），总面积为76 689公顷（局省合建34 015公顷）。其中种子园13 532公顷（局省合建7 010公顷），母树林39 031公顷（局省合建19 039公顷），采穗圃3 760公顷（局省合建438公顷），实验林6 122公顷（局省合建3 584公顷），无性系繁殖圃2 856公顷（局省合建495公顷），良种示范林10 082公顷（局省合建2 809公顷），其他596公顷（局省合建278公顷）。采种基地141处（局省合建54处），可采种面积为1 224 706公顷（局省合建745 649公顷）。　（隗合飞　高　举）

【林木种苗质量监督】　按国家林业局的部署，1999年国家林业局南方、北方林木种子检验中心于1999年第一季度抽查了福建、黑龙江两省及中国龙江森林工业集团总公司育苗、造林用红松、兴安落叶松、杉木、马尾松等9个树种种子和13个树种造林苗木的质量。此次共抽查了25个从事种子、苗木生产、经销和使用的个人、集体和国有单位的66个种批、31个苗批的种子和苗木。

抽查的红松、兴安落叶松、杉木、马尾松等9个树种种子质量的平均合格率为68.2%。比1998年抽查6个树种种子质量的平均合格率提高了33.1个百分点，但还有相当一部分树种种子没有达到国家规定的质量标准。福建省湿地松、杉木、马尾松3个树种的种子平均合格率为94.1%，但Ⅰ级种子比例较低，仅占11.8%。黑龙江省龙江森林工业集团公司的长白落叶松、红松、兴安落叶松 3 个树种种子质量的平均合格率为 63.4%，红松种子合格率仅为 56%，而且都是Ⅲ级种子。黑龙江省林业厅系统长白落叶松、樟子松、胡枝子、沙棘 4 个树种种子质量的平均合格率为 37.5%，其中长白落叶松种子合格率仅为 25%，胡枝子种子虽为合格种子，但全部为Ⅲ级种子，樟子松、沙棘两树种种子合格率都为零。

抽查的杉木、木荷、红松、红皮云杉等 13 个树种的苗木质量较好，大多数达到国家规定的质量标准。福建省 5 个树种的 13 个苗批中，有 11 个苗批的Ⅰ、Ⅱ级苗比例均为 100%，其余两个苗批的不合格率仅为 1.2%与 0.6%；黑龙江省及中国龙江森林工业集团总公司 8 个树种的 18 个苗批中，13 个苗批的Ⅰ、Ⅱ级苗比例均为 100%，4 个苗批的不合格率低于 2%，1 个苗批的不合格率为 17%。

抽查中种子质量没有达到国家质量标准的，除干旱及洪涝灾害影响种子质量外，主要是当地林业主管部门放松了种苗生产、流通、使用过程中的质量管理，如 1999 年黑龙江省林业厅系统长白落叶松种子质量低劣，种子发芽率指标不合格，其原因是在种子贮藏过程中，没有严格执行《GB10016－88 林木种子贮藏》中的有关规定；中国龙江森林工业集团总公司的红松、兴安落叶松种子质量低劣，种子含水量、种子发芽率（或生活力）指标不合格。由于在种子采收、贮藏时，不严格执行《GB10016－88 林木种子贮藏》、《GB/T16619－1996 林木采种技术》中的有关技术规定，入库时种子含水量高于种子安全含水量，造成贮藏期间种子发芽率（或生活力）降低；个别单位对种子采收管理力度不够，一些个体经营者抢采掠青，掺杂使假也是造成种子质量低劣的原因；杉木、木荷等 13 个树种的苗木质量较好，说明福建、黑龙江省林业主管部门在苗木生产中认真执行了林业种苗国家标准。

国家林业局于 1999 年 11 月 22 日以林场发［1999］409 号文向各省（区、市）林业（农林）厅（局）等单位通报了林木种苗质量抽查情况，要求各级林业主管部门要从抽查中吸取经验教训，切实重视和加强林业种苗生产、流通、使用领域的质量管理，认真实施《中华人民共和国种子管理条例》及有关林业种苗标准。对生产、经营和使用假劣种苗的单位和个人，要依法严肃处理。要切实加强林业种苗生产监督检验机构建设，建立健全林业种苗标准体系和监测体系，充分发挥技术监督作用，确保我国造林绿化种苗质量，促进林业的健康、持续发展。 （郑欣民）

【林木种苗调剂】 1999 年主要造林树种结实属小年，个别树种种子供求矛盾比较突出。国家林业局于 1999 年 10 月 15～18 日在江西省吉安市召开了全国林木种苗调剂会，统一组织调剂的油松、红松、侧柏、马尾松、杉木等 43 个造林树种，落实调剂量 54 万千克。据统计，今冬明春预计主要造林树种种子用种量为 810 万千克，1999 年可采收量为 1 365 万千克，库存种子 170 万千克。

从各省提供的情况看，由于连续几年晚霜危害，日本落叶松、长白落叶松、红皮云杉等树种，有的结实很少或已无种可采。这些树种 2000 年造林育苗用种缺口为 21 100 千克，近几年的造林用种基本全靠库存，如果明年不采取积极措施，将陷入无种可用的困境。花棒、踏郎种子供应缺口为 80 000 千克。为完成 2000 年造林任务，用种省区准备适当调整造林计划，寻找替代树种，对出现缺口的种子用水曲柳、黄波罗等树种及沙打旺、沙蒿等代替。由于气候原因，1999 年油松种子的主要产区河北、山西两省的种子产量也较去年有所降低。毛竹、花楸、北美红杉等小品种虽用种量不大，但群众缺乏采种习惯，无法调剂解决。除高山松所缺 20 000千克种子没有落实外，其他树种的种子通过调剂基本可满足 2000 年造林需要。

根据 1999 年林木种苗生产情况，国家林业局要求：①充分发挥林木种苗管理部门调剂、供应林木种苗的主渠道作用。特别是随着天然林保护工程的启动，种苗供应形势将十分严峻，因此必须加强市场管理和质量监督，省际间种子调剂必须经过省种苗站，从源头上杜绝假冒伪劣种苗的生产和销售。②林木种苗调剂工作要遵循市场经济的原则，规范操作。供需双方都要讲信誉，守合同，供方要按合同内容，保质、保量供应种苗，并提供种苗质量检验证书，需方要认真组织落实。③由于种苗生产的特殊性，种苗的超前准备是以造林计划的提前下达为前提的，这也是种苗生产与造林工作长期衔接不好的主要原因。江西省首次提前下达后两年营造林建议数，为种苗部门安排当年种子采收和育苗计划提供依据，这种做法较好地做到了种苗生产与造林工作的衔接，减少和避免了种苗生产供应中的盲目性，江西省的这种做法值得各地借鉴。④加强缺口较大的主要造林树种种子的基地建设工作，在投资上优先保证这些基地，搞好抚育管理，力争在短期内提高种子产量，以满足造林用种的需要。 （郑欣民）

【林木种苗引进】 据统计，1999 年进口美国黄松、西伯利亚红松、黑核桃、黑樱桃、尾叶桉、鹅掌楸等各类林木种子 19.7 万千克，鸡冠花、一串红、郁金香、百合、唐菖蒲等花卉种子 47 万千克，早熟禾、黑麦草、高羊茅、狗牙根等草坪种子 122 万千克；刺柏、崖柏、多倍体刺槐、锦熟黄杨、石楠、阿月浑子、李、梨、树莓等绿化、果木苗木 156.3 万株，牡丹、芍药、蔷薇、杜鹃、金钟花、香石竹、月季、红山茶等花卉苗木 483.6 万株；郁金香、百合、唐菖蒲、鸢尾、马蹄莲等种球 1 377.2万粒。

与过去相比，1999 年的林木种苗引进呈现以下特点：一是人们对引进林木种苗重要性的认识和积极性普遍提高，引进工作开展得如火如荼，各级林业生产、科研单位及相关行业纷纷加入到引进林木种苗的行列中来，引进的种类和数量均多于往年。二是由于人们生活水平的日益提高和城市园林建设、庭园绿化的大量需要，花卉种苗和草坪种子的进口量猛增，且势头不减。三是随着“对进口种苗免征进口环节增值税”政策的执行，有效地促进和推动了新、奇、特、优林木及花卉种苗的引进。四是从1996年开始实施的“引进国际先进农业科学技术计划（简称‘948’计划）”项目，在1999年引进了像黑核桃、黑樱桃、多倍体刺槐、月季、红山茶等优良树种（花卉）及其优良品种，同时引进了相关的培育、利用技术。 （罗军民）

【南北方育苗新技术培训班】 近几年来，我国一些地区大力推广ABT生根粉、全光喷雾扦插、容器育苗、芽苗截根育苗及节水灌溉技术等先进育苗技术，取得了显著效果，不仅提高了苗木质量，而且缩短了育苗周期。为了尽快使ABT生根粉等育苗新技术在全国范围推广应用，1999年3月23～25日和11月2～4日国家林业局场圃总站分别在重庆市和北京市举办了南、北方育苗新技术培训班，培训班邀请中国林科院ABT研究中心、林研所及林科林业公司的专家教授讲课。24个省（区、市）的种苗站苗木科长30人参加了培训。主要培训内容有：①国内外育苗先进技术简介；②ABT生根粉、全光喷雾扦插育苗技术、节水灌溉技术及容器育苗轻型基质的应用等育苗新技术在林业育苗上的应用；③交流以往推广应用育苗新技术方面取得的经验和存在问题。通过培训，学员们掌握了育苗新技术的使用方法和基本原理，了解了国内外育苗新技术的发展状况，同时也学到了先进省区在推广应用育苗新技术方面的好的做法和经验。这两次培训能够理论联系实际，具有很强的针对性，培训班达到了预期的效果，为今后各地更好地推广应用育苗新技术打下了良好的基础。 （赵　兵）

【林木良种审定工作】 截至1999年底，继河北、山西、内蒙古、辽宁、黑龙江、浙江、安徽、福建、江西、湖北、湖南、广东、广西、四川、贵州、陕西、甘肃、宁夏、新疆、河南（省、区）和龙江森工集团之后，又有吉林、重庆、云南等3省（市）成立了省级林木良种审定委员会。至此，已有23个省（区、市）和1个森工集团成立了良种审定委员会，开展了林木良种的审定、认定工作。

1998～1999年间，辽宁、安徽、四川、浙江、河北、甘肃、广西、陕西等省（区、市）又陆续审定、认定并公布了下列一批林木良种：

辽宁省	认定	群众杨；锦县小钻；中绥12号杨；四五杨；付杂2号杨；桓仁小钻；开原青杨；美×五59杨；建昌西岭油松优良林分；凌原欺天林场油松母树林；建平县青松岭林场油松母树林；东港小钻杨；喀左紫穗槐采种林；钢屯油松无性系采种林；建昌刺槐；朝阳刺槐；172柳；建平沙棘；建昌山杏；连山核桃；宁夏枸杞1号；大平顶枣；大果无刺沙棘；木枣；枫杨；银杏；水曲柳；刺楸；裂叶榆；赤杨
安徽省	审定	叶里藏、粘底板、蜜蜂球、早栗子板栗 大果茶银杏
四川省	认定	川认（9801）杉木；川认（9802）马尾松；川认（9803）杉木；川认（9804）马尾松；川认（9805）杉木；川认（9806）柏木；川认（9807）杉木；川认（9808）杉木；川认（9809）杉木；川认（9810）油樟
浙江省	审定	杉木优良种源：贵州锦屏种源；福建建瓯种源；广西融水种源 杉木优良家系：桂柳292号；浙开21号；余长240号；余长244号；庆选20号； 杉木优良无性系：开天3号；开天13号；开天105号 杉木种子园种子：龙良3号；临杉1.5代混系良种；开杉1.5代良种；庆杉1.0代混系良种 柏木种子园种子：姥柏木初级良种 马尾松种子园种子：姥马种子园混系良种 黑杨派无性系：1388；637；366；121；106 千岛无核柿；油茶大果寒露1、2号
浙江省	认定	杉木优良家系：黔锦屏61号；赣兆坑30号；湘大堡子23、30；浙庆选24号；浙庆明24号； 杉木优良无性系：开天1511；开天下于A；开天8、39 杉木种子园种子：长乐杉1.5代良种；姥杉1.5代良种；庆杉1.5代良种； 临火母树林良种；临湿母树林良种；松马母树林良种；黄山松初级良种；双季板栗；桐选32、43号板栗；桐引52号板栗；桐引47号板栗；建选3、8、10号板栗
河北省	审定	无核早红葡萄；国红苹果；金丝丰枣；廊坊场1号；金丝蜜；无核红枣；廊坊杨2号；廊坊杨3号
甘肃省	审定	青杨10号；青杨12号；武威2号、5号、10号二白杨；张掖2号、3号、6号、11号、16号、18号二白杨；酒泉22号二白杨；毛选11、12号毛泡桐；天汪1号；秋富1号；秋富2号；长富6号；新红星；新乔纳金脱毒苹果；乔纳金脱毒苹果；苹果梨；砀山酥梨；锦丰梨；晋枣；临泽小枣；永靖红枣；梨枣；无核白葡萄；油桃NJN－78；早红2号；毛泡桐C161；苏柳172；苏柳194；苏柳417；垂旱4；垂旱1；垂旱287；旱白78
广西壮族自治区	认定	巴西巨尾桉无性系；尾巨桉无性系；巨尾桉无性系；尾圆桉无性系
广西壮族自治区	审定	象州县茶花林场杉木种子园良种
陕西省	审定	安栗1、2号；柞板11、12号板栗； 西扶1、2号；西林2号；西洛1、2、3号核桃； 解放钟；长红3号；森尾早生；太城四号；夹脚枇杷
陕西省	认定	极早黄；麦后黄枇杷

（王襄平）

【中国林木种苗生产管理培训团赴美培训考察】 经国家外国专家局和国家林业局智力引进办公室批准，应美国联邦林务局邀请，中国林木种苗生产管理培训团于1999年11月21日至12月20日赴美国进行专业培训。培训团由国家林业局场圃总站王维正为团长，国家林业局科技司、宣传办和8个省（区、市）林木种苗管理人员及北京林业大学、北京复兴苗圃、黑龙江省庆安国有林场局、黑龙江省防护林研究所等有关专家共20人组成。这次培训的主要目的是学习和了解美国林木种苗先进的生产技术和管理经验、做法，加强中美林木种苗行业之间的交流与合作，最终达到能够结合中国实际，引用和借鉴先进的技术和管理方法，促进中国种苗事业的发展。

美国林木种苗生产主要特点：一是机械化水平高。苗圃生产以机械化作业为主，无论是大田育苗还是工厂化育苗，从采种、选种、种子处理、整地、作床、播种、施肥、切根、灌溉到起苗、苗木分级、包装、贮藏、运输全部实现了机械化作业。由于气候原因和长途运输，苗木很少直接出圃造林，所以每个苗圃都有自己的苗木包装生产线和苗木冷库。为了保护苗木根系的活力，起苗后经选苗、分级后，普遍采用切断主根、化学蘸根、保鲜包装、低温冷藏、冷藏车运输技术，以保证苗木活力和造林成活率。二是适地适树。美国种源区划主要依据适生树种和立地条件，没有固定的模式，完全是尊重客观规律，真正实行适地、适树、适种源，其最终目的是把现有的宜林地恢复到自然状态，一般情况下一个树种一个区，因此美国森林大部分是纯林。三是种子采集加工手段先进，种子贮藏方法得当，种子发芽率有保证。首先采种时间要准确，先到采种林取样，测定种子成熟后再采种；种子贮藏前，用X光测试，使饱满的种子达到90%，然后测试种子含水量，一般种子含水量在6%左右，冷库温度控制在0℃以下，1959、1964年贮藏的北美黄杉种子到1999年发芽率分别保持在69.5%和85%。

通过培训和学习考察，学员们既学到了许多美国种苗生产经营管理方面的经验，也看到了我国与美国的差距，这对我们今后如何搞好种苗工作，为我国林业和生态环境建设作贡献提出了更高的目标和要求。

（周景莉）

森林培育

【综　述】 1999年，在党中央、国务院正确领导下，全国各地认真贯彻落实江泽民总书记关于“全党动员、全民动手、植树造林、绿化祖国”和朱镕基总理关于“退耕还林（草）、封山绿化、以粮代赈、个体承包”的重要指示精神，按照全国林业厅（局）长会议统一部署，抓住有利时机，全面推进造林绿化工作，确保了各项生产任务的顺利完成。据统计，1999年共完成人工造林427.7万公顷，飞播造林62.4万公顷，封山育林（新封）670.4公顷。在完成造林总面积中，用材林141.8万公顷，占28.9%；防护林194.8万公顷，占39.8%；经济林140.4万公顷，占28.6%，薪炭林11.5万公顷，占2.3%；特用林1.58万公顷，占0.3%。同时，还完成封山护林1 157.2万公顷，迹地更新104.3万公顷，中幼龄林抚育612.0万公顷。

主要做法及特点

领导重视措施硬　通过灾后反思，各级领导对林业和生态环境建设重要性的认识越来越深刻，把造林绿化作为当前农业和农村工作的一项重要内容来抓。朱镕基总理先后四次深入四川、陕西等省进行调查研究，并就林业工作做出重要批示。全国政协主席李瑞环从环境与发展的战略高度，发表了《关于我国绿化的几个问题》的专题讲话，在全社会引起强烈反响。山西、浙江、河南、湖北、湖南、安徽、广东、广西、四川、重庆、贵州等省委、省政府召开全省林业工作会、造林现场会，研究部署造林绿化工作，并层层签订造林绿化目标责任状。陕西省实行造林绿化一票否决制。四川省推行行政首长负责的天然林保护工程目标管理责任制。海南省提出建设生态省的目标。内蒙古赤峰市把生态建设作为市策。同时，各地还出台了一系列发展林业的优惠政策，加大了投入力度。北京市通过公开招标，仅采购银杏苗一项投入资金达2519万元。

社会参与更广泛　一是全民义务植树运动广泛开展。4月3日，江泽民等党和国家领导人率先垂范，在天坛公园参加北京义务植树活动，对全民搞绿化是一个有力的推动。今年春季，在京的341位部长联名倡议“用我们的双手再造秀美山川”，469位部军级和1711位司级领导也参加了义务植树。地方各级党政领导和群众在“植树节”前后也参加了不同形式的植树活动。二是部门造林势头高涨。中央文明办等11个部（委、局、办）联合发出《关于开展“保护生态环境，倡导文明新风”活动的通知》，把保护生态环境，绿化美化家园作为活动的主要内容。共青团中央、全绿委、国家林业局、水利部共同组织开展了以植树造林为主要内容的“保护母亲河行动”。三是“绿色通道工程”建设进展顺利。全国共完成绿色通道工程总里程5.2万公里，造林绿化1.9万公顷。全国绿委、国家林业局联合召开

全国绿色通道工程建设现场会，对在绿色通道工程建设中领导重视、措施得力、规模大、进展快的山西省进行表彰奖励。四是捐资造林和部门、个人认建绿地活动踊跃。香港绿化中国基金会、香港长春社以及合肥江淮汽车有限公司等纷纷捐款，开展长江流域林业生态环境建设。北京醇集团公司出资200万元认建顺义中山街绿地广场1.2万平方米，在社会上产生广泛影响。五是植“迎澳门回国林”、“三八林”、“青年林”、“新婚林”等活动蔚然成风。

突出重点抓精品　首先，落实国家西部大开发战略，积极转变观念，调整布局，切实加大了对西部地区造林绿化工作的力度，国家林业局先后派出10个调研组深入造林现场检查指导，在此基础上编制了《长江上游、黄河上中游地区造林绿化工程规划》，并在资金、技术等方面予以重点扶持；其次，加大封山育林、退耕还林力度。国家林业局领导亲自参加退耕还林的调查研究并加强技术指导，同时还召开全国封山育林示范县建设座谈会议，研究部署封山育林工作。吉林、浙江、江西等11个省、自治区制定了封山育林、退耕还林规划。湖北省1999年专门召开会议，制定全省封山育林发展大计，并拿出专项资金200万元，对封山育林先进县（市）进行奖励。黑龙江、四川、陕西等省编制了《退耕还林规划实施方案》。截至1999年底，全国共完成退耕还林51.4万公顷。第三，继续推进林业十大重点生态工程建设。“三北”、“长江”等十大林业重点工程建设共完成建设任务210.5万公顷，占造林总面积的51.9%。湖南省把重点工程当作样板工程、形象工程、效益工程来抓，有力推动了全省林业建设，全省林业重点工程共完成建设任务3万公顷，占全省造林总任务的40%。

强化科技保质量　按照温家宝副总理关于“要做到造林质量高”的指示和国家林业局明传电报的要求，各级林业部门普遍加大了林业科技的推广和应用力度一是因地制宜，搞好造林规划设计。各地坚持从造林规划设计开始，就加强了林业科技工作，特别是加大了混交林、阔叶林的比例。福建省营造阔叶林、混交林的比例占全省人工造林总面积的41.2%。二是大力推广新技术。针对1999年大部分地区比较干旱形势，许多省（区、市）普遍采用径流林业整地、ABT生根粉、地膜覆盖、容器育苗、高效吸水剂和截干蘸浆等抗旱造林技术，确保造林质量的提高。湖北省1999年先后推广15项林业实用技术，并组织林业科研、推广、教学等单位近千名技术人员，分赴各地指导造林。三是改进造林整地方式，浙江、湖南、江西等省广泛推广穴状、带状造林整地，有效地防止了因炼山、全垦整地造成新的水土流失。四是加强了林木种苗建设。北京市、广东省两个国家级林木种苗基地建设已全面启动。湖南省主要造林树种的良种使用率已基本达到100%，为提高造林成效奠定了坚实基础。

活化机制增动力　广东省政府出台了《生态公益林建设管理和效益补偿办法》，在生态公益林补偿机制建立方面实现重大突破，为加强造林绿化工作打下了坚实基础。山西、辽宁、湖北、陕西等省通过大力推进股份制、合作制、联营租赁制和引进开发、招标拍卖、滚动发展等多种形式，不断转换营造机制，增加造林绿化的投入，仅湖北省1999年通过各种渠道筹集植树造林资金达2.45亿元。河北、山东、四川等省在造林绿化中积极推行招标制和报账制，把责权利紧密结合起来，有效提高了造林成效。北京市在农田林网建设中，推行“树随地走，两权（土地使用权、林木所有权）合一”的机制，较好地解决了林带胁地和林网管护难的问题。山西省还出台了扶持造林个体大户办法，鼓励私有林业发展等等。这些措施的制定和出台，大大调动了广大农民参加植树造林的积极性。

存在的问题　一是持续干旱严重影响部分地区造林绿化的成效，特别是山西、内蒙古、云南等省（区）出现幼苗旱死现象，今后补植、补造等工作任务十分繁重；二是造林绿化投入不足，突出表现在单位面积投入标准较低，据典型调查，国家每亩造林补助还不到实际需要的10%。（樊喜斌）

【全国重点林业生态工程】　据统计，1999年，“三北”、“防沙治沙”、“长防”、“淮太”、“太行山绿化”、“辽河”、“沿海”、“珠江防护林”、“黄河中游防护林”、“平原绿化”十大林业重点生态工程共完成工程造林340万公顷，1999年，“三北”防护林体系建设工程中，开展了承包、拍卖、租赁、股份合作等多种形式宜林荒山、荒地、荒沙使用权有偿转让试点示范工作，加大了对立地条件差、造林难度大的“三荒地”治理力度；长江中上游防护林体系在全面完成工程任务的同时，着力抓了领导干部示范基地和21世纪林业先导示范工程，加强了工程建设管理；沿海防护林工程重点抓了基干林带断带补缺、沙荒、风口造林、农田林网网带更新、护路护岸林、试验示范林和红树林等工程建设；平原绿化以达标工作为重点，加强林网建设的检查验收和管护，巩固绿化成果；太行山绿化工程突出种苗工程建设，提高工程建设科技含量；防沙治沙工程、淮河太湖、黄河中游、珠江流域、辽河流域综合治理防护林建设工程四个重点林业生态工程也以较快速度加快了造林绿化步伐。（曹国江）

【“三北”平原农区基本实现林网化】　“三北”地区共有农田3300多万公顷，是我国的重要粮食生产基地。风沙、干旱、干热风是影响该地区粮食产量的重要因子。自1978年“三北”防护林体系建设工程实施以来，各地始终把农田防护林建设作为改善农业生产条件、促进当地经济发展的重要措施，将其放在优先发展的位置。工程建设之初，根据“因地制宜、因害设防”

的原则，大力推广应用“小网格、窄林带”的农田防护林技术，把农田防护林和护路林、护岸林、护渠林、护村林、经济林以及农田周围的防风固沙林、水土保持林等有机地结合起来，形成多层次的农田防护林体系。现在，“三北”地区的农田防护林已由农区发展到半农半牧区；由平原发展到高原、丘陵、山区；由单一的防护林发展到防护、经济、用材相结合的生态经济型防护林体系；由一个村、乡小规模的农田防护林发展到跨地市、跨省区集中连片、规模宏大的区域性农田防护林体系。据不完全统计，“三北”地区已营造农田防护林240万公顷，有2153万公顷农田得到了林网的保护，使65%的农田实现了林网化。松辽平原、华北平原、关中平原、河套平原、河西走廊、新疆绿洲等地基本实现了农田林网化；有50多个县（旗）基本建成了以农田防护林为主的县级防护林体系。

农田防护林有效地改善了农业生产条件，提高了抗御自然灾害的能力，拓宽了农业生产领域，促进了农业生产发展。在农田防护林的保护下，粮食平均增产20%～30%，仅此一项，“三北”地区每年就可增产粮食1000万吨。近10年来，东北区、甘新区、内蒙古及长城沿线区粮食平均亩产和总产增长幅度在全国九个农区中居前三位。以1990年为基数，1991～1997年全国增产1200多亿千克，在南方减产200亿千克的情况下，北方增产1400亿千克，“三北”地区的农田防护林起了关键作用。

松辽平原过去由于缺林少树，年年风剥沙埋、三刮四种，粮食产量一直处于低而不稳的状态，农民长期饱受风沙之苦。自“三北”防护林建设以来，这一地区把农田防护林建设作为重点，营造农田防护林60万公顷，使80%的农田实现了林网化，生态环境得到了明显改善，使农田基本建设和农业科技成果的效能得到充分发挥，粮食产量稳步增长，成为重要的商品粮基地和我国粮食生产增幅最大的地区。其中仅农田防护林一项，就增产粮食600万吨，占粮食产量的22%。

农田防护林建设还培育了大量的森林资源，在“三北”地区建成了一批商品林基地，不仅实现了当地民用材自给有余，而且还带动了加工业和第三产业的发展，促进了当地的经济繁荣。据统计，“三北”地区营造的240万公顷农田防护林，活立木蓄积达到1:45亿立方米，年产木材300万立方米。各地利用这些资源兴办的各种中小型企业上万个，有的已成为当地的支柱。

（熊善松）

【《世界生态工程之最——中国“三北”防护林体系工程》大型画册出版】 被誉为“世界生态工程之最”的“三北”防护林体系建设已经建设20年了。为了展示“三北”防护林20年建设成果，国家林业局“三北”防护林建设局和江苏科技出版社共同出版了《世界生态工程之最——中国“三北”防护林体系工程》大型画册。宋平同志题写了书名，原林业部副部长刘于鹤，中国工程院院士、副院长卢良恕担任顾问，中国工程院院士、副院长沈国舫为书作序。

这是一部具有纪实性、文献性、知识性、学术性的画册，共选辑了400多幅摄影作品，并辅以文字说明，力求以不同侧面翔实、生动地反映20年来“三北”防护林体系建设工程艰苦创业的历程，气势恢宏的成就和丰富独特的经验，反映“三北”地区广大人民群众和科技工作者勤劳智慧、艰苦奋斗和无私奉献的精神风貌，全面系统地介绍建设这一世界最大生态工程的必要性、迫切性、艰巨性，使广大读者对这一工程有比较深刻的认识和了解，赢得一切热爱林业、支持生态工程人们的理解、关心和支持。（熊善松）

【“三北”防护林科技推广工作】 “三北”地区地处干旱、半干旱地区，地形复杂、气候恶劣、降雨量少、经济落后、农民贫困，长期以来造林成活率低、保存率低。只有依靠科技才能提高防护林建设的质量和效益，实现兴林致富，推动工程建设持续、健康、快速发展。

“三北”防护林体系建设以来，一直把实施科技兴林战略贯穿于工程建设的始终。工程建设伊始，对“三北”防护林体系工程建设进行了充分论证和科学的规划设计，提出了从“三北”地区实际情况出发，坚持因地制宜、因害设防，实行多林种、多树种、乔灌草的带片网相结合，在保护好现有森林植被的基础上，大力发展人工造林，积极做好封山育林和飞机播种造林等防护林建设原则和技术路线，在工程建设中又提出了“农林牧、土水林、带片网、乔灌草、多树种、多林种、林工商”相结合，建设生态经济型防护林体系的指导思想，对工程建设起到了重要的指导作用。“三北”防护林体系二期工程以来，又把科技成果和实用技术的推广作用提高工程建设质量和效益的突破口，采取有力措施狠抓技术推广工作。坚持把科技推广工作纳入工程建设计划，并拿出10%的资金，用于技术推广工作，采取项目单批、计划单下、专款专用的有效措施，层层签订合同，做到了技术人员、地块、面积、技术、资金、奖惩六落实。重点推广了抗逆性强的苗木培育技术、樟子松优良树种育苗造林技术、钻孔深栽技术、汇集径流、速生丰产经营管理技术等十大技术。1994年还专门设立了“三北”防护林体系建设技术推广奖”，有力地推进了技术推广工作。目前，“三北”地区的推广工作正由单项技术向系列技术和组装配套技术发展。20年来，累计推广面积达313万公顷。（熊善松）

【“三北”防护林20年新增治理水土流失面积10万平方千米】 “三北”防护林体系工程上马以来，一直把水土流失作为防护林建设的重点，普遍开展以山系、小流域为单元、整山、整川、整沟集中连片，综合治理；实行生物措施与工程措施结合，大力推行“反坡梯田”、“水平沟”、“鱼鳞坑”整地等抗旱造林措施，适地适树，提高造林质量；发挥土地资源优势，实行退耕还林还草，把建设高标准的基本农田和高效益的防护林系统结合起来，大力发展生态农业，从而达到根治水土流失、改善生态环境，发展高效农业的目的，使黄土高原又重新焕发了青春和活力。

20年来，“三北”地区以黄土高原为主的水土流失区通过“三北”防护林体系工程建设，共完成造林1230万公顷，治理水土流失面积20多万平方米，约有40%的水土流失面积得到初步治理，土壤侵蚀模数下降了30%～50%，流入黄河的泥沙量减少了10%以上，一些重点地区土壤侵蚀模数下降30%～50%。

山西省昕水河流域是黄土高原水土流失最严重的地区之一，1989年确定为“三北”防护林体系工程的试验示范区，经过20年治理，已取得了显著成效，土壤侵蚀模数已由7175吨下降到3226吨，被誉为是“黄土高原治理教科书”、“黄土高原上的一颗绿色明珠”，成为生态经济型防护林体系建设的典范。他们在建设过程中，坚持把防护林体系建设同加强农田基本建设、改善农业生产条件结合起来，综合规划，合理布局，宜农则农，宜林则林，实行米粮下川上塬，林果下沟上岔，草灌上坡下坝，增强农业综合生产能力和农业发展后劲。在工程具体实施中采取山、水、田、林、路综合治理，塬面建造基本农田，依路渠建防护林风，培植生物地埂，种植经济林，搞间种，陡坡退耕还林还牧，搞径流林业，修条田、挖大坑，栽树种草，沟底打坝淤地，沟头筑拦洪坝，沟内堆平坝，平流滩，建设林网沟坝田，做到治一块成一块，造一片活一片。在机制上引入竞争、淘汰制，采取“面向社会、公开招标”等办法，促进社会各方面的资金、技术、劳力、信息等生产要素向林业建设领域流动，逐步走上了全社会办林业的新路子。同时大力推广以抗旱造林、丰产优质果木为中心的适用技术，使工程建设实现了由数量规模型向质量效益型转变。如今，该地区有林地面积达28.3万公顷，是1978年的5.3倍，林木覆盖率由1978年的6%上升到31.9%，提高了25.9个百分点。防护林、用材林、经济林三大体系的骨架基本形成，林业已经成为当地农村经济发展的骨干农业，并带动了相关产业的发展。

（熊善松）

【中德合作“‘三北’防护林体系工程监测管理网络系统”项目正式启动】 “三北防护林体系工程监测管理网络系统”是由德国政府援助我国的林业技术合作项目。1998年5月正式批准立项。1999年12月10日中德双方政府正式签字。项目一期工程执行期为三年（1999～2001年），德方提供援助300万德国马克，中方配套1350万元人民币。项目一期工程建设建立“三北”防护林体系工程监测管理网络中心，甘肃省、北京市、黑龙江省三个分中心及景泰、通县、绥化市三个信息采集站，通过三年时间，探索出“三北”防护林体系监测管理网络的运行规律和方法，为“三北”防护林进行科学管理奠定坚实的基础。

该项目是集对“三北”防护林建设区域内的森林资源进行动态监测与评估、对工程建设信息实施网络化传输和信息化管理以及对各级工程建设管理部门提供辅助决策等功能为一体的大型计算机网络系统。项目建成后对加快和扩大“三北”工程的信息交流，动态监测工程发展趋势，辅助各级工程建设管理部门确定工程建设实施方案以及对未来工程发展进行科学预测等有着十分重要的意义和作用。

（熊善松）

【长江中上游防护林工程】 1999年是长江中上游防护林建设工程一期规划实施的第十个年头。据统计，工程区12个省（区、市）共完成重点工程造林72.3万公顷，为计划任务的160%。其中植苗造林20.9万公顷，直播造林2.9万公顷，低效林改造7.3万公顷，封山育林21.1万公顷，幼林抚育20.1万公顷，一般营造林26.9万公顷，“四旁”植树32 554.7万株，容器育苗9 829.4万袋。主要开展了以下工作：一是加强工程质量监管。组织力量对1997年长防工程建设人工造林实绩进行了核查，面积核实率和核实合格率分别为98.6%、95.8%，抽查的26个县中，有14个县“两率”达百分之百，大部分工程县工程建设质量比往年略有上升；二是建立健全组织机构。调整了原长江中上游防护林体系领导小组成员，成立了以王志宝局长为组长，周生贤副局长为副组长的新一届领导小组和办事机构；三是加强了宣传。在《中国绿色时报》上开辟“长江中上游防护林体系建设十年巡礼”专栏，组织工程区开展宣传工作；四是开展了效益监测。在全国设立了监测网络中心．工程区各省（区、市）设分中心，每个分中心建1个核心监测站，建1～3个监测站。颁布实施了《长江中上游防护林体系建设效益监测与评价操作细则》；五是召开了长防办专职主任座谈会。1月份在湖南长沙召开了12个省（区、市）长防办专职主任座谈会。对加强工程管理，分类指导，加快林种、树种结构调整，加大试点工作力度，提高工程建设科技含量提出了具体要求；六是召开了农业综合开发长防工程座谈会。9月份在重庆大足县召开了农业综合开发长防工程座谈会，总结工程建设经验，部署了有关工作。

（李　冰）

【太行山绿化工程】 1999年，太行山绿化工程完成绿化造林面积48.2万公顷。其中重点示范区完成造林18.2万公顷，占计划任务96.6%。其中人工植苗造林5.4万公顷，飞播造林2.6万公顷，封山育林10.2万公顷，“四旁”植树12 966.4万株，容器育苗40 113万袋。主要做法：一是推行了竞争淘汰制，提高了工程县积极性。如山西省推行竞争淘汰制，对搞得好的县进行奖励，对完不成任务、质量较差的县，调整任务，减少投资，取消最差县的投资；二是加大工程建设科技含量，推广了径流林业整地、容器大苗栽植、石片、地膜覆盖和根宝、ABT生根粉蘸根造林等技术措施，提高了营造林质量；三是开展了人工造林核查，核查3省4县情况是：面积核实率为98.11%，核实合格率为90.55%，两率平均值为94.33%，比1998年降低了4.6个百分点，其主要原因是该地区旱情严重，影响了造林成效。（李　冰）

【沿海防护林工程】 1999年，沿海防护林工程共完成营造林19万公顷，为全年计划任务的160%，主要抓了以下工作：一是加强宣传。如天津、广东等省抓住建国五十周年、迎澳门回归等时机，采取多种形式进行工程建设宣传。二是广筹资金，加大投入。各地认真做好省、市、县三级配套资金工作，如福建省落实省政府政策，每年从财政总支出中划出不低于1%比例的资金用于林业建设，优先安排沿海防护林建设；三是加强重点骨干工程建设。集中力量抓沙荒、风口、沿海基干林带断带补缺、农田林网网带更新、护路护岸林、试验示范林和红树林等重点骨干工程建设。随着工程建设的深入，工程建设难度加大，工程进展不快，部分地区存在边造林、边破坏的现象，现有林分质量不高，林带的防护效益有待进一步提高。（曾宪芷）

【平原绿化】 截至1999年底，全国平原绿化达标县共计869个。其中，1999年新增19个平原绿化先进县（市、区），1999年平原绿化超额完成了造林20万公顷的计划任务。主要做法：一是突出重点，抓窗口绿化。如河北省加强京深高速公路和京九铁路沿线造林绿化，制订了《京深、京九绿化通道工程建设以奖代补联合检查评比办法》；浙江省实施高标准平原绿化示点示范工程，狠抓绿色长廊、林带林网补植工程；安徽省作出《关于建设万里绿色长廊工程的决定》，以国道、省道、铁路为重点，坚持高标准、高起点建设农田林网，做到“田成方，树成行，路成线，渠成网”；二是制定政策，加大投入。浙江省林业厅与财政厅联合下发了《浙江省高标准平原绿化工程资金扶持办法》，对绿色长廊工程、林带林网补植工程每亩补助200元，对标准农田林网造林工程补助100元，并建立了浙江省高标准平原绿化工程造林以奖代补资金和考核奖励基金。北京市农田林网建设实行树随地走，两权（土地使用权，树木所有权）合一，收益分成的租赁、承包办法，鼓励社会团体、企事业单位和农民植树造林。

（曾宪芷）

【经济林建设】 1999年，全国经济林建设围绕“优化结构，科学管理；提高质量，增加效益；开拓市场，稳步发展”的要求，经济林管理水平、产品产量、质量、经济效益都有较大提高。据统计，全年共营造各类经济林140.4万公顷，占人工造林面积的28.6%，全国经济林产品总产量达6 600万吨，呈现持续稳步发展趋势。主要特点是：①品牌意识进一步增强。不少省（区、市）把引进和培育优良品种、发展名牌产品、建设精品林（园）作为重点，通过强化科技推广应用力度和集约管理措施，大大提高了果品质量。如北京市根据各县优势，建立了名特优新精品园69个，面积9 333公顷。河北省落实提质增效示范园1 100多个，面积3.33多万公顷；②发展设施栽培成为新的热点，促进了多树种、多品种果品的发展，满足了反季节多层次的市场消费需求。如：山东省果树大棚栽培面积已达8 000公顷，有葡萄、油桃、樱桃、杏、无花果、草莓等多类品种。

为加强全国经济林行业指导和管理，1999年经济林行业管理主要抓了以下工作：第一，组建了“全国经济林名特优品种评审委员会”，以国家林业局名义聘任了一批在经济林科研、教学和生产管理方面的专家组成“全国经济林名特优品种评审委员会”，制定了“全国经济林名特优品种评审委员会章程（试行）”，将有助于规范全国经济林名特优品种的评审、评优、认定等方面的管理工作；第二，着手组建“中国经济林信息网”；第三，组织开展了“中国名特优经济林之乡”的推荐和命名活动。共评选命名了88个县（市、区）。

（易　哲）

【’99昆明世博会花卉研讨会】 1999年5月2～5日，国家林业局、云南省园艺博览局、中国花卉协会、中国园艺学会观赏园艺专业委员会共同在昆明组织召开了’99昆明世博会花卉研讨会。来自中国、荷兰、日本的官员、学者、企业界人士200多人参加了会议，这是我国第一次由政府出面组织的高层次花卉研讨会。会上国家林业局党组成员、中国花卉协会会长江泽慧教授、荷兰农业大臣阿波泰克先生和云南省副省长黄炳生分别做了致词，会议期间，与会代表介绍交流了国内外发展花卉业的经验和成绩，参观了世博园，参加了荷兰馆日活动，展示了花卉科研成果，开阔了视野，交流了经验，对于了解当前世界花卉业发展形势和发展趋势起到了积极推动作用。（李　达）

【飞播造林】 1999年全国有26省（区、市）开展飞播造林，完成播种面积79.7万公顷，其中宜播面积62.4万公顷。国家林业局、财政部分别扶持870和1 300万元。

做好播前准备　强化施工管理　内蒙古自治区党委、政府十分重视飞播造林工作，把飞播造林列入各级林业部门领导实绩的重要内容进行考核。同时，自治区林业厅对全区飞播造林作业设计采取统一格式和标准，由自治区统一审定，保证了全区飞播造林设计质量。陕西省林业厅提前预付100万元种子收购专项资金，用于备种，各地市也通过借款、贷款或争取财政预付的办法解决调种周转金。河北、山西、辽宁、河南、云南等省严把种子质量关，分别由省种苗站对飞播用种进行抽检，并将抽检结果作为安排任务和投资的主

要依据，达不到《飞播造林技术规程》要求的，不准上机作业。

陕西、四川省将国家林业生态工程和天然林保护工程中飞播造林的规划设计、方案制定、飞机联系、种子处理药剂、检查验收等工作纳入省林业厅统一管理，统一组织实施，探索出面上飞播造林与林业生态工程内飞播造林相结合的管理机制。河南省召开飞播造林20周年纪念大会，总结经验、表彰先进，部署今后一段时间飞播造林工作。

科技生产结合 成效显著提高 各省结合飞播造林生产实际，大力推广应用多效复合剂包衣、GPS卫星定位导航、小粒种子粘胶化或丸化处理、高海拔地区飞播造林等先进技术，飞播造林成本大大降低，飞播造林成效显著提高。辽宁、内蒙古、河北、山西、江西、云南、甘肃七省（区）飞播种子全部药剂处理，降低了播种量，提高了出苗率。陕西省因药剂拌种节约种子约10万千克，节约资金150多万元。贵州、云南、河南、陕西、河北、四川等省全部应用GPS导航作业，充分利用了可飞行日，延长了每日飞行时间，落种准确率提高。针对国家加强生态环境建设力度，提高防护效益的要求，河南、河北省积极探索油松与黄连木、火炬树、臭椿、漆树等阔叶树混播造林，效果显著。

部门通力协作 施工速度加快 各地林业、计划、财政、通讯、气象等部门与民航、空军、航管等飞行部门充分协调，相互支持，各负其责，施工速度加快。贵州双阳航空公司与贵州省有关部门密切合作，在12天内完成飞播造林3.2万公顷；兰空运输团25天转战4个机场，完成陕西省榆林市飞播治沙面积2.4万公顷，谱写了军民共建新篇章。

加大补植补播 巩固飞播成果 湖南、广东、广西、福建等南方省（区）加强飞播林的经营管理，促进飞播林尽快成林成材。广东省将分布在江河中上游约70%的飞播林，划为生态林，纳入省人大通过的“关于加快营造生物防火林带工程建设议案”中，解决了飞播林后期经营管护。 （刘道平）

【《全国飞播造林（治沙）工程管理办法》】 根据1996年五部委作出《关于进一步加强全国飞播造林工作的决定》（林造字［1996］58号）和国家有关规定，在总结各地成功经验基础上，历时3年，组织制定了《全国飞播造林（治沙）工程管理办法》（林造发［1999］508号），并以局文颁发各地贯彻执行。《办法》包括总则、计划与资金管理、项目管理、组织管理、附则共5章30条。 （刘道平）

【全国飞播造林示范县建设工作座谈会和中国南方飞播造林协作组第14次年会】 1999年11月21～23日，全国飞播造林示范县建设工作座谈会和中国南方飞播造林技术协作组（以下简称“南协”）第14次年会在广东省广州市召开。11个省（区）林业厅（局）飞播造林主管处长、9个飞播造林示范县林业局长及中国民航总局运输管理司、南方航空公司、荆门通用航空公司等单位的代表参加了会议。会议结束时，国家林业局造林司助理巡视员刘红同志作了总结讲话，肯定了飞播造林示范县建设成绩，总结了经验，对今后试点示范提出了具体要求。 （刘道平）

【飞播造林示范县建设成效与经验】 1995年以来，国家林业局（原林业部）造林司在全国不同类型区选择9个县开展飞播造林示范县建设，目的是通过试点示范，巩固和扩大飞播造林成果，提高飞播造林成效，探索出一条规范管理飞播林的路子，指导全国飞播造林事业发展。几年来，各示范县按照“飞播造林示范基地建设工作要求”和示范方向，积极工作，取得了阶段性成果，积累了一定的经验，建立飞播造林示范基地4万多公顷，形成了各具特色的飞播林经营和管理模式。①建立组织机构，确保示范工作顺利进行。各示范县都成立了领导和技术管理小组，加强领导，组织技术力量对技术难题进行攻关，鼓励科技人员对示范项目建设开展技术质量承包。四川省林业厅高度重视示范工作，自1995年起专门指定省营林调查队陈绍英高工负责技术指导和监督，使示范工作层层有人管，事事有人抓。②采取多种形式，探讨出飞播林可持续经营机制。一是建立股份合作制林场。贵州省独山县将分散在6个村33个组的1 066.7公顷飞播林，以股份合作制的形式，组建起飞播林联合林场，调动了乡村、林农的积极性。二是实行林纸股份合作。四川省广元市中区将0.67万公顷飞播林与市刨花板厂入股，作为原料林基地，按股分红，既解决了厂家原料，又使飞播林有了出路。三是拍卖集体飞播林。广东省梅县采取大户租赁飞播林，一定50年；四川省广元市中区联户购买飞播林。③坚持分类经营，建立飞播林管理模式。各示范县按照分类经营的要求，将示范基地飞播林进行规划设计，划分为商品林和生态公益林区，采取不同的措施经营管理，成效显著。江西省会昌县、瑞金市、兴国县在飞播马尾松林中补植补造木荷、枫香等阔叶树，逐步形成混交林。会昌县4年来累计完成示范基地抚育间伐面积1600公顷，共获薪材2.35万吨，活立木生长量是间伐前的两倍。④开展多种经营，实行以短养长。广西壮族自治区藤县在开展飞播林抚育间伐、化学药物采脂、间伐材综合利用等试验的同时，充分利用林地生产力，实行以林养林，目前示范区种植玉桂883公顷、八角林263公顷，带动全县发展玉桂9 385公顷、八角4 996公顷，采用化学药物采脂面积1万公顷。⑤建立规章制度，制定管理办法。河南省卢氏县通过加强和规范飞播造林项目、计划、资金、组织和检查验收五个方面的管理，总结归纳出飞播造林项目管理办法。四川省广元市中区制定和完善了《关于巩固发展乡村林场建设的意见》、《飞播造林管理手册》和《关于森林林地有偿转让暂行规定》等规章，1998年以来，采取租赁、联营、拍卖等多种方式，有10多个飞播林场的经营权、管理权流转，总成交额达500多万元，为全国飞播林经营、运行机制研究提供了新思路。（刘道平）

【封山育林】 1999年，全国封山育林继续保持良好发展势头，全年累计共完成封山育林3 478.5万公顷，其中新封670.4万公顷。

主要工作：①提高认识，加强领导。党和国家各级领导对封山育林工作十分重视，把封山育林作为促进生态环境建设的重要措施来抓。国家林业局加大了对封山育林的管理力度，并在资金等方面予以重点扶持。河北、吉林、湖北等省还专门召开全省封山育林工作会、现场会，研究部署加快封山育林工作的对策措施。湖北省筹集资金200万元，对封山育林3.33万公顷以上县（市）进行奖励。②召开了全国封山育林示范县建设工作座谈会议。1999年9月23～25日，国家林业局植树造林司在浙江省召开了全国封山育林示范县建设工作座谈会，会议主要内容是全面总结近几年我国封山育林工作的成绩和基本经验，分析存在问题，提出今后一个时期加强封山育林工作的对策措施，植树造林司雷加富司长作了题为《认清形势，抓住机遇，勇于开拓，全面开创我国封山育林工作新局面》的总结讲话，会议代表还参观了桐庐、淳安县封山育林现场。③抓好封山育林示范县建设。国家林业局在抓好辽宁省北票市等14个封山育林示范县（市）的同时，新启动了吉林省敦化县、贵州省麻江县封山育林示范县，对建设重点、建设模式、效益观测、效益评价等方面都提出了明确要求。

存在问题：一是认识不高；二是投入不足；三是管理不严，这些都一定程度影响了封山育林的进程。（樊喜斌）

【薪炭林建设】 1999年，为规范薪炭林示范县建设，提高建设成效，国家林业局安排河北省阜平县、内蒙古翁牛特旗、辽宁省北票市、海城市、黑龙江省木兰县、浙江省临海市、安徽省六安市、四川省井研县8个薪炭林基地建设示范县，全年示范县共营造薪炭林2400公顷，超计划任务128.6%，带动面上造林15.36万公顷，比1998年增长10%。

1.8个县均按要求编制了《1999～2003年森林能源工程建设实施方案》，把薪炭林建设纳入到当地林业发展的中长期规则。在制订规划时，要求薪炭林建设规划与当地林业发展总体规划相结合；与各项林业重点工程相结合；与全民义务植树相结合；与农村能源综合建设相结合。与发展农村经济、群众脱贫致富相结合，确保薪炭林建设紧紧围绕林业发展总目标，稳步推进。

2. 在制定《实施方案》的同时，各县下大力气抓好选择树种的适地性、规划设计的统一性、工程管理的规范性，努力提高薪炭林建设质量。辽宁省北票市、安徽六安市按要求制订了《薪炭林效益观测方案》，在不同立地、不同年龄的林分中分别设立固定标准地，对薪炭林的生物量、轮伐间隔期、水土保持效果进行观测。

3. 根据我国薪炭林发展现状及需求，国家林业局制订了《薪炭林建设工程“十五”计划（草案）》，列入到《林业“十五”计划》中。（许传德）

【竹林培育】 1999年，我国竹业稳步发展，全年新造竹林8.4万公顷，低改17.6万公顷，分别比1998年增加16.7%和15.4%。（许传德）

【全国竹业工作现场经验交流会】 1999年10月19～20日，国家林业局在湖南省益阳市召开了全国竹业工作现场经验交流会。南方15个产竹省（区、市）林业（农林）厅（局）的主管厅（局）长和造（营）林处长，国家林业局有关司局，中国竹子之乡和全国竹林培育示范基地县的代表以及新闻单位的同志，共80余人参加了会议。

会上植树造林司司长雷加富同志作了题为《认清形势，乘势而上，努力开创我国竹业工作的新局面》的总结讲话，雷司长在讲话中全面总结了建国50年来特别是改革开放20年来竹业建设经验，分析了当前世界及国内竹业发展的形势，提出了新世纪竹业发展的方针、指导思想及竹业发展对策。通过这次会议，各产竹省（区、市）开拓了思路，明确了建设方向，为把我国竹业工作提高到一个新水平奠定了基础。

会议期间代表们总结、交流了近几年来竹业工作成绩与经验；参观了湖南省益阳市竹业建设现场；福建、湖南、江西、浙江四省和湖南益阳、浙江安吉等五个市、县（市）作了经验介绍。（许传德）

【'99中国竹文化节】 10月19日，'99中国竹文化节在湖南省益阳市开幕，本次竹文化节是由国家林业局、湖南省人民政府和国际竹藤组织联合主办，益阳市人民政府承办的一次国家级、国际型的竹业盛会，既是对全国50年竹业建设成就的一次很好的总结和展示，也是研讨21世纪我国竹业发展的一次盛会。

出席这次文化节的有：全国15个产竹省区林业厅局主管厅长、造林处长，10个“中国竹子之乡”、全国竹业建设示范基地县代表，中国竹产业协会常务理事，国际竹藤组织官员、十几个产竹国的竹业专家，新闻记者以及社会各界代表；全国政协副主席万国权、国际竹藤组织总干事沙世卓博士、国家林业局局党组成员江泽慧同志出席开幕式并致辞；湖南省省长储波出席了开幕式。

本届竹文化节以“弘扬竹文化，发展竹产业”为主题，全面总结我国竹业建设经验，展示竹精品，荟萃竹文化，交流竹信息，探讨面向21世纪竹藤业的发展大计，将对我国乃至国际竹藤业的发展产生深远地影响。

这次竹文化节的主要内容有：①举办了国际竹业博览会；②召开了国际竹林培育、加工和利用学术研讨会；③召开了全国竹业工作现场经验交流会；④召开了中国竹产业协会常务理事会二届二次会；⑤举办了国际竹子制作工艺培训班。（许传德）

【全国竹（藤）业经济发展研讨会】 第四届中国竹子之乡联谊会暨全国竹（藤）业经济发展研讨会，是由安徽省人民政府、国家林业局联合举办，中国竹产业协会协办，宣城地区行署、广德县人民政府承办的一次竹（藤）业高级专家研讨会。

这次研讨会主题是："迈向21世纪的中国竹（藤）业——产业化、科技化、现代化"。会议开始时，国家林业局党组成员、中国林业科学研究院院长、中国竹产业协会会长江泽慧在开幕式上致辞，回顾了我国竹（藤）业发展成就，提出了今后一个时期我国竹（藤）业的工作方针；植树造林司雷加富司长阐述了今后我国发展竹（藤）业的基本思路；科技司祝列克司长发布了10多年来我国竹林培育、竹材加工利用方面的科研成果，提出了今后一个时期竹产业研究方向。

会议期间，与会代表参观了广德县竹瑰园、丰产竹林培育及竹材、竹食品加工企业；各位专家和中国十大竹子之乡代表围绕竹（藤）资源的培育、保护、管理和开发利用，交流经验，分析问题，研讨新形势下加快竹（藤）业发展的措施和对策。这次会议，是在世纪之交举办的层次高、内容丰富、集科研、生产、管理于一体的综合性交流研讨会，对于推进新世纪我国竹（藤）业的发展，具有十分重要的意义。（许传德）

【中国竹产业协会常务理事会二届二次会议】 中国竹产业协会常务理事会二届二次会议10月19日在湖南省益阳市召开。会议审议通过了中国竹产业协会二届理事会阶段总结报告；讨论修改了《中国竹产业协会章程》；改选了副会长、秘书长、副秘书长；吸收部分新会员、理事及常务理事；参加了99中国竹文化节有关活动。（许传德）

【国有林区营造林】 1999年，国有林区以天然林资源保护工程为契机，开始实行由采伐利用天然林向保护天然林、大力培育森林资源的方向转变。随着实施"天保工程"，国有林区各级党政领导把营造林工作摆到了国有林区工作中突出地位。黑龙江、内蒙古、大兴安岭等森工集团把各项营造林指标列为企业主要领导政绩考核重要指标，集团从上到下主要领导在造林季节层层蹲点，实行领导包点、包片，加强对造林工作的指导和督促，确保全年营造林任务的完成。

1999年7月27～28日国家林业局植树造林司在北京召开了全国国有林区营造林工作座谈会。植树造林司司长雷加富同志作了题为《认清形势，明确目标，真抓实干，全面开创我国国有林区营造林工作新局面》的总结讲话，深刻阐述了当前国有林区面临的矛盾和营造林工作的机遇及挑战；提出了国有林区营造林工作今后一个时期的基本思路、工作重点和主要任务。为进一步推进国有林区造林管理工作规范化、科学化、系统化，国家林业局植树造林司组织制定了行业标准《国有林区营造林检查验收规则》，系统地规定了国有林区森林更新、宜林低湿地造林、低质林改造、封山育林和森林抚育等方面检验项目、检验方法、质量标准和检验程序。

国有林区营造林工作存在的主要问题：一是一些地方营林机构不健全，营林队伍不稳，影响了营造林工作的健康发展；二是营造林责权利不统一，管理不顺，尤其在营造林规划、计划和资金安排、使用上，营林部门参与不够，计划财务、营林、天保办等部门之间职责不清，关系不顺，在一些地方出现了营造林计划任务难以落实到山头地块现象，在一定程度上，影响了天保工程的顺利实施。（钱能志）

【森林经营】 1999年全国森林经营工作取得了一定进展，全年完成森林抚育面积612万公顷。但存在的问题也十分突出：一是现有中幼龄林面积大，抚育间伐任务繁重。根据全国最新森林资源清查成果，全国用材林面积为8 125万公顷。其中，中幼龄林面积为5 889.2万公顷，占用材林面积的72.5%。据统计分析，在中幼龄林面积中，需要抚育间伐的面积达4 000多万公顷，"九五"期间前四年仅完成抚育间伐1 200万公顷。由于多年来全国用材林中幼龄林抚育不及时，抚育间伐严重滞后，逐年欠账，使得现有用材林中幼龄林中，亟待抚育间伐的面积达2 000多万公顷，抚育间伐任务十分艰巨，抚育间伐形势非常紧迫。二是现有中幼龄林抚育间伐进展缓慢，森林资源损失严重。据测算，由于抚育间伐不及时，全国每年平均减少森林资源净生长量约1.2亿立方米，损失森林资源资产达240亿元（200元/公顷）。三是对森林抚育认识不足，重视不够，资金投入严重不足。据测算，每公顷用材林抚育间伐需要资金投入80～100元。由于国家和地方没有专项资金投入，抚育间伐欠账的积累越多。四是森林抚育间伐生产税费项目多，税费负担重。据调查，目前，销售1立方米抚育间伐材，需交纳税费项目达20项左右，税费额度占木材销售收入的45%～75%，严重挫伤了生产单位开展抚育间伐的积极性。五是森林抚育间伐材流通渠道不畅。换育间伐材径级小，材质差，销价很低，产销衔接差，流通不畅，滞销严重，影响抚育间伐进度。六是森林经营基础设施薄弱。全国林道密度每公顷不足2米，开展抚育间伐活动必需的交通用具、生产工具和器材设备等严重不足，严重影响了抚育间伐活动的开展。七是森林经营管理、指导跟不上。个别地方出现

了砍好留坏，砍大留小，“拔大毛”现象，严重制约了森林抚育间伐的速度和质量。（钱能志）

全民义务植树和部门绿化

【综　述】 1999年，各地、各部门重点抓义务植树基地、绿色通道工程和城乡绿化一体化建设，全民义务植树工作取得了新进展。全国参加义务植树人数达5.85亿人次，植树19.1亿株，植绿篱3 355万延长米，铺草坪4 120万平方米。折合全民义务植树总株数24.3亿株。全国城市建城区绿化覆盖面积达56.77万公顷，比1998年增加6.9%，绿化覆盖率达26.6%；公共绿地面积达12.02万公顷，比1998年增加11.5%，人均公共绿地面积提高到6.1平方米。在全国范围内建立了12个城乡绿化一体化示范点和30个义务植树样板基地。交通、铁路、石油、石化、冶金、煤炭、解放军等部门（系统）积极参加义务植树，据13个部门统计，共植乔木17 605万株，绿篱901万延长米，花灌木5 668万株，种草坪3 468万平方米。全国种草和改良草地300万公顷。全国各地涌现出一批绿化先进单位和个人。全国绿化委员会还首次开展了评选表彰全国十大绿化标兵活动，进行了第四次全国造林绿化“四佳”、“400佳”和1999年度全国绿化奖章获得者的评选工作。主要特点有：①领导重视。1999年，全国乡镇以上领导干部共办绿化点3.89万个，造林81.5万公顷。各地、各部门围绕纪念建国50周年、植树节20周年，开展了形式多样的宣传活动，大力营造良好的国土绿化氛围。②狠抓义务植树基地建设。1999年，全国建立具有一定规模的义务植树基地1.76万个，造林47.4万公顷。③义务植树实现形式不断创新。绿色通道、城乡绿化一体化、林业生态工程建设、植纪念树、造纪念林、组织青少年植绿护绿活动等成为义务植树重要形式。同时还加强了执法力度，努力巩固义务植树成果。（杨淑艳）

【部门绿化综述】 1999年的部门绿化工作，认真贯彻党中央、国务院关于生态环境建设的重要指示精神，围绕国家重点生态环境建设，坚持全社会办林业，全民搞绿化方针，各项工作取得显著成绩。据中直机关、中央国家机关、铁道部、交通部、煤炭、冶金、石油、石化、新疆生产建设兵团、解放军、武警11个部门统计，共植树1.8亿株，栽植花灌木5 700万丛（株），植绿篱901万延长米，铺草坪3 400万平方米。

1999年部门绿化工作呈现出新的特点：一是机构建设进一步加强。煤炭、冶金、轻工、有色、石油、石化等部门，按照全国绿化委员会、国家经济贸易委员会《关于加强国家经济贸易委员会委管国家局和委联系的大公司绿化工作的通知》精神，先后调整了本系统绿化委员会。石油天然气集团公司为加强绿化队伍建设，专门组建了绿委办专职机构，由一名司局级干部任主任，并自上而下成立了各级绿委办，理顺了管理体制，目前石油系统共有绿化专职人员6 000多人。二是突出抓好规划。石油、冶金、交通、铁道、解放军等部门，专门下发了关于做好“十五”绿化规划的通知，要求所属各单位在完成好“九五”绿化规划任务的同时，面向21世纪，突出本行业的特点，认真抓好绿化规划。石油天然气集团公司专门召开了规划工作座谈会，将任务按年度分解，按单位落实，将绿化责任、任务落实到基层单位。三是抓规范化管理。在进一步建立健全部门义务植树规章制度的同时，大力推行绿化目标考核，严格规划设计、施工管理、资金使用和检查验收。1999年石油天然气集团公司下发了《绿化目标管理考核标准实施办法》，将绿化建设、养护效果、质量、组织机构建设纳入了重要的考核内容，使绿化工作走上了规范化、制度化和科学化的轨道。四是抓检查评比，互相促进。铁道部门专门组织本系统绿委办负责同志，对京九绿色长廊工程进行了检查，总结了工程建设的经验，针对工程建设中存在的问题，提出了解决办法，引起了铁道部领导的高度重视。中直机关绿委办开展了庭院绿化达标检查，将中直系统100多个单位检查结果进行公布，有利地推进了各单位绿化工作的开展。五是开展了形式多样的活动。共青团中央等部门开展的“保护母亲河行动”，初战告捷，硕果累累，形成了良好的发展势头和广泛的社会影响，得到了社会的普遍认可，正在成为一种对青少年进行生态环境教育的有效载体。全国农村妇女“双学双比”活动十年成果展览，得到了党中央、国务院领导的充分肯定。由中央文明办等单位联合开展，以“保护生态环境，倡导文明新风”为主题的精神文明建设，在全社会产生深远影响，公民绿化意识普遍增强。

一年来的绿化工作，各部门（系统）从本部门的实际出发，工作卓有成效，全民义务植树尽责率明显提高，义务植树基地建设更加扎实，辖区绿化任务较好完成，涌现许多绿化先进庭院。（梁宝君）

【全国十大绿化标兵宣传表彰】 1999年，全国绿化委员会办公室与中共中央宣传部、建设部、农业部、水利部和国家林业局以及全军绿委、共青团中央、全国妇联、全国总工会、中国石油天然气集团总公司等11个单位，联合开展了全国十大绿化标兵评选活动，评选出的十大绿化标兵是：陕西省靖边县东坑镇农民牛玉琴；黑龙江省拜泉县县委书记王树清；天津市经济技术开发区园林绿化公司总工程师张万均；湖北省钟祥市磷矿镇农民周兴仁；兰州军区空军环保绿化委员会办公室主任徐宝桢；宁夏自治区彭阳县林业局工程师吴志胜；黑龙江省铁力林业局退休工人马永顺；内蒙古自治区敖汉旗林业局局长刘士和；福建省三明市三元区岩前林业站站长王源楠；海南省桉树技术推广总站副研究员温茂元。

获全国十大绿化标兵提名奖是：北京市卫桂英（女）、田琦，天津市赵光明，河北省杜过秋、刘九龄，山西省李丁子，内蒙古自治区吴兆军，辽宁省张荣杰、冀万珍，吉林省顾焕生、刘洪夫，上海市周在春，江苏省王振荣，浙江省潘世珍（女）、斯菊花（女），安徽省汤玲（女），福建省阮传成，江西省邹龙昌、凌和洪，山东省高慧娟（女）、张忠远，河南省靳月英（女）、阎正升，湖北省孙良成，湖南省林跃、程政红，广东省邓瑞良、关汉栋，广西壮族自治区杨其峰、谢子秋，重庆市钱书远，四川省胡孝怡，贵州省伍通洲，云南省杨善洲、许玉明，西藏自治区李纯禄，陕西省石光银，甘肃省赵岷阳、位玲娃，青海省杜永年，新疆维吾尔自治区赵纪子、阿布都依米提，铁道部钟有耿，水利部廖永章，农业部王润泉，国家广播电影电视总局于德润，国家煤炭工业局陈维新，国家冶金工业局李崇涛，国家有色金属工业局李银（女），中国人民解放军阎学亭，中国人民武装警察部队宋鲁闽，共青团中央古荣芳，全国妇联王果香（女），中国石油天然气集团公司孟琳科，中国石油化工集团公司左汶。

1999年8月4日，全国绿化委员会在人民大会堂隆重召开了“全国十大绿化标兵表彰大会”。出席大会的领导同志有：全国人大常委会副委员长王光英，全国政协副主席万国权，中宣部副部长刘鹏，全国人大环资委主任曲格平，全国政协人资环委副主任张洽，部分全国绿委委员以及其他有关部门的负责人员。参加大会的还有国务院各部委、各直属机关干部、中国人民解放军和武警部队官兵、首都各界和新闻界的代表等共计3500多人。

全国绿化委员会副主任、国家林业局局长王志宝宣读了《全国绿化委员会关于表彰全国十大绿化标兵的决定》。全国人大常委会副委员长王光英、全国政协副主席万国权等领导同志为十大绿化标兵颁发奖杯和荣誉证书。全国人大常委会副委员长王光英同志在会上作了重要讲话。会上，全国十大绿化标兵代表，黑龙江省拜泉县县委书记王树清同志和兰州军区空军绿化委员会办公室主任徐宝桢同志先后作了先进事迹报告。中央电视台、新华社、人民日报等十多家新闻媒体进行了广泛的报道宣传。全国绿化委员会下发了《关于开展学习宣传全国十大绿化标兵的通知》。会后，各地举行了一系列标兵先进事迹的宣传活动。（杨淑艳）

【国土绿化宣传工作】 1999年，全国绿化委员会办公室围绕国土绿化宣传，开展了以下工作：一是制订计划，周密部署，对各地、各有关部门（系统）绿化宣传工作提出明确要求；二是突出宣传主体和内容。在提出宣传国土绿化成就和全民义务植树政策、法规和绿化知识宣传的同时，进一步加强了生态意识、环境意识宣传，增强了群众绿化国土、保护环境意识；三是采取多种宣传形式，各地充分利用广播、电视、报刊、宣传车、宣传板报、横幅、标语等形式，举办宣传月、宣传周，深入进行宣传；四是抓植树节期间绿化宣传，1999年植树节期间，全国绿委办公室、首都绿委办公室、全军绿委办公室、中直机关绿委办公室联合制作了“3·12”植树节特别节目，在中央、北京电视台播出，社会反响很好；五是通过组织植纪念树、造纪念林活动进行宣传。组织了百名将军、百名部长纪念林，与团中央等单位共同开展了“保卫母亲河”行动，在青少年中开展植绿护绿活动等，取得了良好的宣传效果。此外，还通过调整中央电视台七套节目《绿色时空》栏目，丰富了宣传内容，继续办好《国土绿化》刊物和《绿化简报》

（周力军）

【绿色通道工程建设】 1999年，各地党委、政府普遍高度重视全国绿色通道工程建设，把绿色通道工程建设作为生态环境建设的重点和“窗口工程”、“形象工程”，实行人财物集中投入，高标准建设，大力度推进，使这一工程取得了显著成绩。据统计，1999年共完成绿色通道工程总里程5.2万公里，造林绿化28.7万公顷，投入资金7.1亿元。其中公路绿化3.2万公里，折合6.9万公顷，铁路绿化2 000公里，折合1.8万公顷，江河绿化1.8万公里，折合20万公顷。

为总结各地绿色通道工程建设经验，推动工程建设深入发展，1999年9月，全国绿委办公室、国家林业局在山西省召开了全国绿色通道现场会，在面上又进行了一次大发动。各地认真贯彻全国绿色通道现场会议精神，坚持以全民义务植树运动为动力，实行全社会办林业，全民搞绿化方针，因地制宜，注重实效，加速推进。工程建设呈现出新的特点。一是各级领导以高度的政治热忱和求实创新的工作作风，亲自组织、亲自参与绿色通道工程建设。二是坚持全社会办林业，全民搞绿化的方针。三是绿色通道建设遵循物质利益原则，充分调动了农民群众的积极性。四是抓好绿色通道示范段，高起点规划，高标准建设。

正像一些地方干部群众所说的，实施绿色通道建设是“国家得绿、农民得利、干部得绩”，是全民义务植树运动的进一步深化，是落实全社会办林业、全民搞绿化方针的具体措施。不仅为开创国土绿化新局面做出了新贡献，也为新形势下开展绿化建设探索了新途径，积累了新经验。

（梁宝君）

【全国造林绿化“四佳”和部门造林绿化“400佳”单位评选工作情况】 1999年是全国造林绿化“四佳”、“400佳”单位第四届评选。1999年6月，全国绿化委员会办公室下发了《关于评选1998～1999年度全国造林绿化“四佳”单位和全国部门造林绿化“400佳”单位的通知》，对评选范围、对象、评选条件、评选方法进行了全面部署。10月份下发了《关于全国造林绿化“十佳城市”、“百佳县”和部门造林绿化“400佳”单位核查验收有关事宜的通知》。各地、各部门按照《通知》精神，认真组织，严格按程序和要求开展评选活动。评选工作分三个阶段：一是推荐。《通知》下发后，各地、各部门把这项活动作为一项重点工作来抓，精心布置，按照评选要求，充分发动群众，自下而上，逐级评选，层层审查，严格把关。对推荐单位，省（区、市）和各部门组织人员，逐个进行认真现场检查核实，保证推荐上报的单位既符合“四佳”条件，又是本省（区、市）造林绿化最佳单位。二是资格审查。对上报单位材料进行了资格审查。凡未全面达到评选条件的单位，一律取消评选资格。三是核查。对上报的“千佳村”、“百佳乡”，由各省（区、市）绿委检查把关，全国绿委不再抽查；“十佳城市”、“百佳县”、部门“400佳”单位由全国绿委办组织抽、核查，采取随机抽样办法确定抽、核查对象，全国共抽查了15个省（区、市）。采取听、看、查、议相结合方式，逐项核实，评定得分。共评选出1998～1999年度全国造林绿化“十佳城市”13个，“百佳县”99个，“百佳乡（镇）”100个，“千佳村”709个，“400佳”单位389个，并在全国绿化委员会第19次全体会议上进行表彰。 （伍赛珠）

【全国绿化奖章评选工作情况】 1999年4月，全国绿化委员会办公室下发通知对全国绿化奖章评选工作进行了专门部署。在各地积极推荐的基础上，全国绿委办公室按照有关规定和程序，严格审查把关，共评出“全国绿化奖章”获得者526名。其中，党政领导干部65人，占12%；长期从事林业的工作者142人，占27%；科技人员97人，占18.4%；工人、农民66人，占13%；从事部门绿化的基层干部156人，占29.6%。全国绿化委员会第十九次全体会议对获奖者颁发了奖章和证书。 （伍赛珠）

【全国绿化委员会第十八次全体会议】 1999年4月1日，全国绿化委员会在北京召开了第十八次全体会议，全国绿委委员参加了会议。会上，国务院副总理、全国绿化委员会主任温家宝作了重要讲话，总结提出了我国国土绿化工作的九条基本方针：一、实行全社会办林业、全民搞绿化。二、坚持依法治林。三、发挥广大群众造林绿化的积极性。四、实施科教兴林。五、坚持统一规划，长期奋斗。六、搞好重点生态地区的国土绿化建设。七、坚持生态建设和资源环境保护并重。八、实现造林绿化与经济社会发展相结合。九、实行党政领导绿化工作责任制。

温家宝副总理讲话中明确了世纪之交国土绿化主要任务，指出我国今后一个时期国土绿化工作，要坚持造林绿化与国土整治、经济发展相结合，正确处理经济发展与生态环境建设的关系，改善人民的生存生活环境，以荒山荒地绿化为重点，加强城市绿化，抓好草地保护和建设，全面构筑21世纪的国土绿化新格局。国家林业局局长、全国绿委副主任王志宝作了工作报告，全面总结了1998年国土绿化工作，对1999年绿化工作作了部署安排。 （陈 蓬）

【全国绿化委员会关于表彰全国造林绿化“四佳”单位和全国部门造林绿化“400佳”单位的决定】 在1998～1999年度全国造林绿化“四佳”单位和全国部门造林绿化“400佳”单位的争创活动中，涌现出一批大力植树造林、种花种草，为绿化祖国、美化环境做出重要贡献的地区和单位。为表彰先进，进一步推动全民义务植树运动和国土绿化工作更加广泛深入的开展，全国绿化委员会第十九次全体会议决定：授予湖北省荆门市等13个城市为全国造林绿化十佳城市；授予大兴县等99个县（市）为全国造林绿化百佳县；授予潭柘寺镇等100个乡（镇）为全国造林绿化百佳乡；授予黑豆峪村等709个村为全国造林绿化千佳村；授予中办老干部局等389个单位为全国部门造林绿化“400佳”单位。

希望获“四佳”、“400佳”光荣称号的单位，发扬成绩，再接再厉，为绿化祖国的伟大事业做出更大贡献。各单位、各部门要广泛宣传，积极向获奖单位学习，进一步加快国土绿化步伐，为早日实现祖国山川秀美而努力奋斗。 （伍赛珠）

【1999年度“全国绿化奖章”获得者名单】

北京市：

王建清 程志厚 姚志强 陈子平 谢叙生 艾爱华
耿刘同 金 诚 程珊莲 李 建 王思棣 曹立华
刘汉桂

天津市：

李厚龙 侯国辉 卢瑞章 邓福来 王家祥 陈钟槐
郭祥耆 冯学良 李占东 纪连祥 高永利

河北省：

乔明文 王增生 陈书兴 段 力 郑雪碧 侯克伟
魏福华 刘德忠 马志友 梁安会 郭立如 王广凤
范振维 李宝忠 吴 岳 王殿阁 屈朝彬 武德站

山西省：

韩 万 崔庆和 韩拴虎 郭凤莲 郝韵章 王应义
苏文秀 吴维新 卢健清 顿喜龙 杨 富 马福山
原德彦 姚立功 杨保庆 武春娥 宋元林 高和平
虞素云 马双柱

内蒙古自治区：
高锡林 吴再兴 王扎布 李振海 宋福春 石玉峰
金玉忠 王景财 张 智 呼格吉图 舍 楞
韩振祥 张 彻 赵国荣 李国桢 谢恭德 马 勇
聂光源 兰 铎

辽宁省：
杨中校 吴文林 王华胜 何正轩 岳钲椋 赵治财
鄂玉玺 孟繁明 赵天民 杨子岐 唐成普 王宪楼
苏经远 叶宝文 邹建华 卢宗喜 陈 凡 王喜林

吉林省：
王春林 孟广财 徐洪技 白恩儒 马德福 章承仁
沈润州 张春生 王福和 李广鳌 姚世家 徐世奎
张钦超 李延安 张道相 高子民 张守田 刘润璞
杜 志

黑龙江省：
王英忱 韩连生 李广福 赵彦辉 赵利国 张美均
朱 胤 张贤超 潘凌安 谷春毅 高 岩 姜凤军
党长荣 邢凤时 张振武 佟 彦 胡田开 李克军

上海市：
周在春 黄彩娣 沈 骏 祁瑞芝 王希林 叶新龙
周玉升 张胜杰 杨根善 彭易兰 刘国忠 韩其庆
郑树虎

江苏省：
李培生 袁静波 李振奎 马 浩 顾庭余 顾文进
王振荣 周盘大 丰广泰 周谷兰 汤梅娟 杨 明
张廷武 王志山

浙江省：
程渭山 胡淼水 孙玉香 孙 云 周天相 范雪坎
徐定友 肖时龙 吴道圣 金武星 吴广德 黄胜利
刘春香 王瑞亮 颜忠明

安徽省：
方川林 饶益刚 徐业培 肖元兴 黄 健 汤家康
殷将来 马端森 张厚亮 彭来诚 徐 炎 厉德才
刘 飞 李 明 赵长顺 刘宗玉 姚友林

福建省：
严拱钦 李建光 卢善土 欧阳玉健 赵永建
戴德升 李文昌 黄永滋 肖传盛 李章茂 纪超美
张金文 王惠榕 崔金林 杨爱金 陈以实 陈 超
周 敏

江西省：
王璋珊 朱妙生 王 树 卢家惠 王天禄 刘敬辉
杨海林 徐高柳 吴光辉 钟永贵 胡秉南 何 平
黄风午 刘晓明 王犹江

山东省：
鞠丽洪 董瑞铭 郭广利 孙运河 郝德军 孟昭章
付先英 张期东 余毅军 王树民 苏乃军 李绪龙
孔昭信 戚德英 陆景山

河南省：
冯长有 徐长军 李广庆 许守印 吴基铭 盛甲午
郑大文 路兴周 吕清海 刘兴国 王义军 赵文学
陈祥安 王平灿 王文同 张 帆 孙宝存 关永波
郝连锡典

湖北省：
刘田喜 许国庆 杨祥义 彭显明 郑先荣 熊安芬
邝熠华 姜保国 王有林 涂朝辉 周 宜 詹 林
蔡昌佐 杨庭明 杨国仕 陈仁望 丁振志

湖南省：
吴海山 陈登高 文合民 李 斌 谭 政 李光球
李德伦 吴宗源 覃汉初 肖思农 丁朱生 刘绍阳
程政红 侯中亮 彭湘云 钟国政 梁祖华 杜崇烟

广东省：
林镜波 廖树森 谢季元 谢德兴 林贤能 张仕荣
陈 锋 李大成 林国辉 杨敏辉 林玉进 李祖耀
庄劳动 晏伟成 罗维昌

广西壮族自治区：
黎瑞强 韦玉山 柯金星 唐 军 李泰富 彭 劲
杨钦武 梁伟克 韦明亮 黄第和 庞惠成 梁广福
梁星华 董家勇 龙丕怀

海南省：
李炳礼 杨克仁 吴多辉 梁琼进

重庆市：
廖松波 郭守锡 刘朝荣 向培伦 朱康学

四川省：
彭友金 张建平 于福成 邓云林 孙禹伯 尹大田
敬中春 杨正康 陈冬林 李克明 马福康 罗开忠
向前清 陈信远 周耀伍 杨传邦

贵州省：
罗贤能 刘松林 刘满堂 韩庆国 王明学 唐庆军
王拴祥 周政贤 何世贵 胡 鑫 何胜云 肖忠武
刘启仁 王敬祥

云南省：
马杰云 王山韦 赵晓兵 董一凡 钱 坤 王兴成
晏成云 蔡利强 张廷俊 白永顺 杨贵全 蔡茂伟
李 崇 江宗佐 周俊良 李明华

西藏自治区：
旺 堆 巴桑次仁 陈德春 格桑次仁

陕西省：
马瑞金 袁庆升 叶伯成 王忠厚 姚文彬 康文伟
王德文 雷忠永 侯军科 张会彬 吴福茂 张孝民
杨生勤

甘肃省：
王 泉 李志江 张万斌 张汉平 柴在军 刘永德
付廷汉 梁买子 杨生勇 王景顺 高生祥 赵俊成
杨双余 付文斌

青海省：
靳玉成 张 宗 贾 辉 党铎杰 宗 哲 王海隆
程宝璇 苟永武

宁夏回族自治区：

马　达　白春兰　刘廷俊　苏在朝　任国伟　宋　强

新疆维吾尔自治区：

王二荣　曹忠义　刘传新　艾乃吐拉·阿不都热衣木　阿不列孜·艾买提　赛里木·哈孜　居买克·阿木提　刘文成　刘传新　赵光寿　艾买尔哈孜

中共中央直属机关：

王立德　杨士良

中央国家机关：

赵新达　赵国铮　张新生　马继红

铁道部：

刘寿国　张廷凯　殷世宝　穆振华

交通部：

李云济　曾兰桂　陈跃豫　黄亦辉　柏贵生　胡延照　缪升惠　李　清　邓月转　陆曙光

农业部：

丁沈生　李家恩　周兵生　宝　祥　陈明顺　尕　周　张新跃

水利部：

魏建国　史立人

中国民航总局：

胡明洪　刘晓玲

国家煤炭工业局：

李修仁　王洪启　郑开全　王正昶　张立军　邱　健

国家冶金工业局：

沈国庆　罗冰生　赵德生　覃卓云　张传增

中国石油天然气集团公司：

孙占礼　殷会祥　孙兆枯　王志国　南一方

中国石化集团公司：

高存德　卢耀祖　郭福江　闫吉元

全国妇联：

鲍彩鸾　殷玉珍　葛兰妹

共青团中央：

王　勇　苏国志　井含恩

解放军：

刘振洲　国玉斌　王兴军　路玉海　赴新社　李昌权　胡远地　栗杰阳　王志敏　周克林　林汉钦　叶　兵　宋保刚　段景卫　智全旺　沈上满　李新田　刘　菲　王　峰　李　岗　赵士清

武警部队：

王宝祥　沈邦胜　郭和田　陈永祥　罗建平　邸　明　崔敬堂　赵国华

新疆建设兵团：

李瑞章　郭大平　（伍赛珠）

【1998～1999年度全国造林绿化“四佳”单位名单】

十佳城市

湖北省荆门市、海南省海口市、广东省惠州市、安徽省马鞍山市、重庆市北碚区、贵州省遵义市、广西壮族自治区桂林市、江西省赣州市、上海市金山区、四川省宜宾市、江苏省徐州市、山东省济南市、北京市丰台区

百佳县

北京市：大兴县

天津市：宝坻县、武清县

河北省：冀州市、围场满族蒙古族自治县、临西县、任丘市

山西省：安泽县、泽州县、左云县、吉县

内蒙古自治区：凉城县、宁城县、喀喇沁旗

辽宁省：辽中县、长海县、黑山县、铁法市

吉林省：农安县、长春市朝阳区、集安市、抚松县

黑龙江省：依安县、明水县、东宁县、绥棱县

江苏省：扬中市、沭阳县、东台市、如东县

浙江省：富阳市、瑞安市、江山市、台州市黄岩区、松阳县

安徽省：蒙城县、全椒县、青阳县、芜湖县、怀远县

福建省：长乐市、福州市仓山区、建阳市、将乐县、泉州市鲤城区、湄洲岛国家旅游度假区

江西省：信丰县、新干县、广丰县、莲花县、上高县

山东省：阳信县、莒南县、平阴县、广饶县

河南省：嵩县、渑池县、新密市

湖北省：枣阳市、长阳县、竹山县、红安县

湖南省：浏阳市、湘乡市、武冈市、衡东县、郴州市苏仙区

广东省：鹤山市、平远县、普宁市、高明市

广西壮族自治区：横县、金秀瑶族自治区、藤县

重庆市：铜梁县

四川省：双流县、南部县、安岳县、长宁县、金堂县

贵州省：黎平县、织金县、江口县、贵阳市乌当区

云南省：宣威市、楚雄市、通海县、南涧县

海南省：通什市

陕西省：眉县、岚皋县、彬县

甘肃省：临夏市、灵台县

青海省：互助土族自治县

宁夏回族自治区：石嘴山市大武口区

新疆维吾尔自治区：墨玉县、新源县、阿克苏市

百佳乡

北京市：门头沟区潭柘寺镇、通州区徐辛庄镇、朝阳区金盏乡

天津市：北辰区上河头镇、蓟县罗庄子乡

河北省：平泉县七沟镇、魏县边马乡、安国市西城乡

山西省：昔阳县大寨乡、临猗县南赵乡、怀仁县金沙滩镇、中阳县张家庄乡、平定县城关镇

内蒙古自治区：科右前旗俄体乡、敖汉旗木头营子乡、东胜市漫赖乡、通辽市河西镇

辽宁省：大连市甘井子区红旗镇、桓仁县拐磨子朝鲜族镇、盘山县喜彬乡

黑龙江省：绥芬河市绥芬河镇、依兰县长岗乡、鸡东县鸡林乡

上海市：宝山区横沙乡、闵行区七宝镇、浦东新区孙桥

镇

江苏省：江都市丁伙镇、江阴市顾山镇、邳州市铁富镇、武进市横山桥镇

浙江省：绍兴县皋埠镇、余姚市泗门镇、桐乡市屠甸镇、温岭市泽国镇、台州市路桥区金清镇

安徽省：肥东县解集乡、泗县大庄镇、桐城市老梅镇、霍山县落儿岭镇、黄山市黄山区桃源乡

福建省：晋江市西滨镇、福州市仓山区仓山镇、福清市宏路镇、福清市新厝镇、延平区夏道镇、莆田县北高镇

江西省：宜春市芦村乡、遂川县双桥乡、上饶县五府山镇、安义县峤岭乡

山东省：泰安市下港乡、高唐县清平乡、日照市东港区黄墩镇

河南省：鹿邑县唐集乡、尉氏县邢庄乡、温县黄庄镇

湖北省：钟祥市长寿乡、通城县大坪乡、黄陂区石门乡

湖南省：浏阳市柏加乡、洪江市深度苗族乡、安化县仙溪镇、临湘市坦渡乡

广东省：东莞市清溪镇、电白县沙琅镇、天河区东圃镇、中山市古镇镇、德庆县永丰镇

广西壮族自治区：博白县永安乡、富川县朝东镇、平南县大新镇、合浦县沙田镇

重庆市：丰都县三元镇

四川省：泸州市纳溪区大渡口镇、金堂县栖贤乡、巴中市同乐乡、西昌市高草乡

贵州省：册亨县秧坝镇、盘县老厂镇、都匀市小围寨镇、金沙县龙坝乡

云南省：丽江县九河乡、凤庆县大寺乡、大理市大理镇、建水县利民乡

海南省：三亚市田独镇、文昌市潭牛镇

陕西省：韩城市西庄镇、留坝县城关镇

甘肃省：清水县草川铺乡、武威市吴家井乡、徽县泥阳镇

青海省：互助县西山乡、化隆县黑城乡

宁夏回族自治区：彭阳县古城镇、银川郊区大新乡、盐池县柳杨堡乡

新疆维吾尔自治区：于田县奥依托格拉克乡、乌苏市皇宫镇、库车县齐满乡

千佳村

北京市：平谷县黄松峪乡黑豆峪村、怀柔县杨宋镇仙台村、昌平县沙河镇王庄村、门头沟区永定镇冯村、房山区良乡地区办事处梨村、大兴县榆伐镇小黄垡村、密云县古北口镇河东村、通州区甘棠乡兴各庄村、顺义区天竺龙山村、朝阳区南皋乡草场地村、延庆县珍珠泉乡下水沟村、海淀区东北旺乡唐家岭村、丰台区花乡榆树庄村

天津市：宁河县板桥镇田庄坨村、宝坻县糙甸乡北清沟村、武清县大王古庄乡大营村、静海县城关乡高家楼村、静海县子牙镇西高庄村、静海县大庄子乡西湾河村、北辰区上河头镇赵圈村、大港区沙井子乡联盟村、蓟县下营镇青山岭村、津南区小站镇东大站村、东丽区无瑕街新五村、西青区杨柳青镇前桑园村、西青区张家窝镇西阎庄村

河北省：涿鹿县栾庄乡栾庄村、张北县张北镇马连滩村、沽源县长梁乡工农村、滦平县傅家店乡青松营村、隆化县韩麻营镇海岱沟村、宽城县碾子峪乡榆树林村、承德县东小白旗乡八道沟村、峰峰矿区义井镇西山村、广平县广平镇寨外村、曲周县曲周镇小河道村、肃宁县河北乡西乾泊村、东光县秦村镇秦一村、盐山县常庄乡三官庙村、内邱县侯家庄乡岭头村、邢台县浆水镇川林村、清河县辛集乡董庄村、辛集市和睦井乡豆家庄村、新乐市杜固镇杜固村、元氏县北正乡北正村、永清县后奕乡李奉先村、大厂县城关镇大厂二村、安次区调河头乡大沈庄村、定州市高蓬乡钮店村、阜平县北果元乡小花沟村、满城县蛇南乡北赵庄村、易县西山北乡石家统村、迁西县三屯营乡牌楼沟村、乐亭县乐亭镇棘坨村、丰南市钱营镇刘庄子村、枣强县嘉会镇庞水堤村、桃城区赵圈镇桥头村、抚宁县大新寨镇程家沟村、抚宁县榆关镇石门村

山西省：大同市南郊区鸦儿崖乡官窖村、广灵县加斗乡西加斗村、山阴县北周庄镇永静城村、应县三条岭乡长柴沟村、忻州市后河堡乡上沙沟村、代县峪口乡东章村、偏关县黄龙池乡教官嘴村、平定县槐树铺乡乱安村、阳泉郊区义井镇泊里村、灵石县静升镇静升村、介休市洪山镇洪山村、祁县古县镇蒲桑村、寿阳县太安驿乡大北河村、交城县段村镇郑村、柳林县贺家坡乡杨家洼村、石楼县前山乡陈家腰村、汾阳市贾家庄镇贾家庄村、中阳县吴家峁乡罗家蔫村、黎城县东崖底镇小寨村、沁源县柏木乡南庄村、平顺县城关镇山南底村、屯留县李高乡东六余村、高平市东城办事处果则沟村、泽州县巴公镇兴王庄村、阳城县润城乡上伏村、临汾市大阳镇上阳村、洪洞县龙马乡北马驹村、曲沃县下裴乡南林交村、安泽县马必乡郎寨村、隰县城南乡留城村、河津市城关镇吴家关村、运城市泓芝驿镇乔阳村、垣曲县同善镇冯家山村

内蒙古自治区：突泉县太东乡三联村、奈曼旗土城子乡哈日干图村、通辽市永合屯村、库伦旗三道洼乡二道洼村、奈曼旗海拉苏村、林西县大营子乡宝林村、宁城县山头乡马营子村、敖汉旗萨力巴乡黄花甸子村、巴林左旗白音敖包乡姜家湾村、松山区大庙乡公主陵村、松山区安庆镇卢家营子村、兴和县五一乡西坊子行政村、化德县七号乡三胜村、察右前旗乌拉哈乡下沙梁村、察右中旗铁沙盖乡上沙盖村、清水河县王桂窑乡高茂泉窑村、和林县黑老夭乡南夭子村、托克托县燕山营乡章盖营村、呼和浩特市郊区西把栅乡合林村、杭锦旗胜利乡乌兰台村、东胜市柴登乡折家梁村、乌审旗河南乡尔林川村、乌审旗乌兰什巴台乡阿拉布尔村、杭锦后旗沙海乡五一村、五原县塔尔湖镇联丰村、乌拉特前旗

先锋乡永福村、磴口县补隆乡河壕村、扎兰屯市哈河镇边北村、莫力达瓦旗登特科乡北石场

辽宁省：东陵区小羊安村、于洪区小韩屯村、普兰店市太平乡龙山村、甘井子区营城子镇沙岗村、瓦房店市仙浴湾镇望海村、千山区东鞍山镇房身村、千山区宁远镇张忠堡、抚顺县后安乡北沟村、新宾县木奇镇东韩家村、本溪县草河掌镇白水村、桓仁县二户来镇碑登村、溪湖区东风乡三会场村、东港市大孤山镇鹿岛村、宽甸县牛毛坞乡牛毛村、义县大榆树堡镇上大峪村、凌海市右卫镇右东村、大石桥市昌王镇丛泊村、盖州市卧龙泉镇北阳村、阜新县国华乡十家子村、彰武县东六家子乡陈坨子村、太子河区郭家乡唐庄子村、唐马寨乡翟家村、开原市黄旗寨乡上顶子村、西丰县明德乡作新村、凌源市刘杖子乡王丈子村、喀左县平房乡三家村、北票市跃进村、盘山县统一乡后么村、大洼县高家乡李杨村、兴城市白塔乡清水村

黑龙江省：双城市联兴乡苏家村、双城市东官镇庆人村、依兰县道台桥镇东河发村、五常市兴隆乡兰旗村、依兰县红星乡丰南村、富裕县绍文乡国丰村、龙江县山泉乡兴义村、林口县宝林乡宝林村、海林市海南乡南拉古村、宁安市城东乡下马河村、宁安市海浪镇牡北村、林口县龙爪镇龙爪村、牡丹江市铁岭镇铁岭二村、佳木斯市郊区高峰乡陡沟村、佳木斯市郊区平安乡光荣村、佳木斯市郊区群胜乡红旗村、佳木斯市郊区敖其镇永合村、汤原县竹帘镇玉丰村、富锦市向阳川镇仁和村、富锦市宏胜镇永生村、桦南县驼腰子镇西合村、鸡东县平阳镇宝山村、虎林市杨岗镇合民村、鸡西市鸡冠区红星乡红光村、萝北县莲花乡林海村、鹤岗市东山区东方红乡小山村、鹤岗市东山区新华镇永义村、林甸县宏伟乡核心村、林甸县东风乡巨贤村、林甸县宏伟乡全胜村、林甸县红旗镇永胜村、勃利县小五站镇良种场村、勃利县青山乡幸福村、勃利县抢垦乡合发村、庆安县民乐镇永兴村、齐齐哈尔市碾子山区曙光乡城西村

上海市：宝山区顾村镇盛宅村、浦东新区孙桥镇环东中心村、奉贤县光明镇张弄村、崇明县绿华镇海桥村、松江区华阳镇吴家桥村、崇明县大新镇前卫村、青浦县朱家角镇小港村、南汇县下沙镇沈庄村、嘉定区黄渡镇杨木桥村、闵行区马桥镇三裕村、金山区干巷镇张泾村、长宁区新泾镇双泾村

江苏省：江浦县永宁镇真相村、栖霞区八卦洲乡外沙村、宜兴市太华镇石门村、无锡郊区渔港乡望湖村、沛县鹿湾乡潘阁村、新沂市新安乡黄墩村、金坛市尧塘镇溪南村、溧阳市平桥乡杨村、吴江市金家坝镇杨文头村、张家港市杨舍镇前溪巷村、如皋市搬经镇严乔村、启东市万安乡蔡字村、灌南县新集乡徐老庄村、灌云县同兴镇振兴村、淮安市溪河镇林舍村、金湖县淮胜乡淮村、涟水县徐集乡严王村、射阳县黄尖镇新征村、滨海县五汛镇范场村、响水县六套乡弯港村、高邮市送桥镇黄圩村、仪征市捺山茶场茶农村、镇江市润州区蒋乔镇嶂山村、丹阳市建山乡高桥村、兴化市舍陈镇东沈村、靖江市团结乡六庄村、泗阳县卢集乡周园村、沭阳县颜集乡堰下村、宿豫县洋北乡张庄村

浙江省：杭州市江干区四季青镇三堡村、杭州市滨江区浦沿镇东冠村、余杭市百丈镇石竹园村、建德市新安江镇新安江村、临安市塔山乡海龙村、奉化市萧王庙镇滕头村、鄞县云龙镇上李家村、宁海县梅林镇花园村、宁波市镇海区城关镇后施村、温州市瓯海区郭溪镇宋岙底村、洞头县北沙乡九厅村、瑞安市林洋镇林北村、上虞市小越镇新宅村、嵊州市仙岩镇西鲍村、诸暨市阮市镇金岭村、安吉县天荒坪镇马吉村、嘉兴市秀州区余新镇农庄村、平湖市新埭镇探花村、永康市桥下镇龙川村、常山县新桥乡坞石坑村、龙游县庙下乡梅林村、衢县坑口乡埠头村、台州市黄岩区院桥镇西溪村、台州市路桥区新桥镇郑际村、台州市椒江区东山镇中村、青田县东源镇西溪村、龙泉市住龙乡西井村、缙云县三溪乡后吴村、舟山市定海区小沙镇沙山交村

安徽省：五河县长淮乡沟东村、固镇县湖沟镇镇西村、肥西县南分路乡潜山村、长丰县罗塘乡庞洼村、砀山县周寨镇梨花湾村、宿州市符离镇薛安村、铜陵县金榔乡山坑村、铜陵县朱村镇高联村、亳州市南市区王楼村、岳西县主簿镇余畈村、枞阳县钱铺乡鹿狮村、宿松县柳坪乡邱山村、怀宁县月山镇月山村、金寨县沙河乡楼房村、六安市石板冲乡赵家湾村、舒城县杭埠镇徐圩村、繁昌县赤沙乡八分村、凤台县顾桥乡张童村、阜阳市颍泉区泉颍办事处陈赵村、颍上县城关镇詹家岗村、涡阳县耿皇乡寨门李村、太和县旧县镇大张庄村、黟县碧阳镇五里村、歙县漳潭乡漳潭村、祁门县平里镇花桥村、马鞍山市濮塘镇濮塘村、宣州市周王镇和平村、郎溪县十字镇欧村湾村、泾县包合乡合溪村、和县香泉乡区联村、含山县林头镇鼓山村、滁州市南谯区黄圩乡吴港村、定远县拂晓乡林业村、凤阳县黄泥铺镇上王村、天长市安乐乡建华村、贵池市梅村乡肖坑村、东至县汪坡乡阳山村、濉溪县濉溪镇李庄村、淮北市杜集区矿山集镇北西村

福建省：厦门市同安区新圩镇马塘村、泉州市永春县一都镇美岭村、福州市仓山区仓山镇东升村、福州市仓山区仓山镇万里村、建新镇淮安居民委员会、福州市马尾区马尾镇月出头村、福清市东张镇少林村、福清市东瀚镇大壕村、连江县丹阳镇丹阳村、连江县东岱镇东岱街居委会、厦门市同安区汀溪镇褒美村、厦门市杏林区东孚镇凤山村、莆田县平海镇东美村、仙游县榜头镇官舍村、仙游县石苍乡潭头村、莆田市北岸山亭乡文甲村、莆田市北岸东海镇利角村、泉州市洛江区马甲镇仰恩新村、平和县坂仔镇西坑村、芗城区天宝镇张坑村、宁德市八都镇溪池村、霞浦县长春镇小京村、宁德市金涵乡亭坪村、漳平市赤水镇赤水村

江西省：全南县竹山乡岐山村、上犹县油石乡河唇村、赣县白石乡石圾村、石城县小松镇罗源村、定南县

老城乡中段村、泰和县碧溪乡里山村、安福县泰山乡文家村、吉安市天玉镇流坊村、宜春市金瑞镇庙前村、樟树市刘公庙乡杨家村、丰城市丽村镇龙兴村、丰城市蕉坑乡力付村、黎川县裘坊乡八都村、金溪县浒湾镇下陈村、南丰县中和乡际下村、南城县徐家乡五帝村、广昌县长桥乡上凡村、铅山县新安埠乡杨箭村、横峰县司铺乡古楼村、弋阳县城郊乡宝峰村、万年县大黄乡黄柏村、都昌县汪墩乡新桥村、永修县柘林镇易家河村、南昌市湾里区梅岭乡风景村、新建县厚田乡厚田村、南昌县冈上镇兴农村、浮梁县蛟潭镇礼芳村、景德镇市昌江区荷塘乡山门村、萍乡市安源经济开发区横板村、芦溪县芦溪镇松友村、贵溪市鸿塘镇薯卜村、余江县邓埠镇倪桂村、渝水区南英乡五年村

山东省：历城县柳埠乡王家峪村、长清县张县镇低坊村、青岛市城阳区夏庄镇山色色峪村、胶州市洋河镇李子行村、博山区八陡乡增福村、沂源县燕庄乡双泉村、枣庄市薛城区师范镇小屯村、枣庄市峄城区棠阳乡逍遥村、东营市东营区辛店镇耿井村、利津县虎滩乡郭西村、惠民县大年陈乡大邢村、庆云县大靳乡东撒村、乐陵市朱集镇杓头苏村、新泰市龙廷镇太公峪村、肥城市孙伯镇庄头村、临沂市兰山区义堂镇夏坡村、郯城县胜利乡赵楼村、茌平县贾寨乡西柢坊头村、冠县东古城镇田马园村、莱芜市钢城区颜庄镇孙家庄村、莱芜市莱城区圣井乡吕楼村、烟台市牟平区大窨镇尹宋周村、烟台市福山区回里乡善疃村、文登市葛宗镇赤金泊村、烟台市环翠区竹岛办事处戚家夼村、泗水县泗张乡青界村、嘉祥县红运乡联合村、五莲县叩官乡叩官村、莒县库山乡下石成村、潍坊市潍城区杏埠镇官家村、潍坊市寒亭区河滩镇东马家村、潍坊市奎文区廿里堡街办南屯村

河南省：灵宝市寺河乡刘柏村、陕县店子乡湾子村、鹤壁市山城区鹿楼乡故县村、项城市城郊邝花园村、沈丘县洪山乡魏庄村、济源市克井镇大社村、中牟县冯堂乡圪当街村、巩义县北山口镇北山口村、鄢陵县彭店乡刘庄村、商丘市梁园区刘口乡中陈村、民权县李堂乡朱庄村、桐柏县朱庄乡朱庄村、南召县马市坪乡黄土岭村、内乡县余关乡独树村、上蔡县东岸乡孙王村、正阳县皮店乡夏寨村、通许县冯庄乡赵庄村、杞县高阳镇曹李王村、安阳县北郭乡武庄村、汤阴县五陵镇屯庄村、临颍县杜曲镇北徐庄村、沁阳市紫陵镇东紫陵村、博爱县许良镇吴窑村、罗山县潘新乡徐寨村、信阳市师河区李家寨镇旗杆村、新县吴陈河乡夏湾村、辉县南寨镇北寨村、原阳县太平镇西衙寺村、栾川县狮子店乡长庄村、汝阳县三屯乡杜沟村、偃师市佛克乡相峪村、平顶山市湛河区北渡镇任庄村、宝丰县李庄乡姬家村、范县辛庄乡毛楼村、台前县清河乡邵集村

湖北省：鄂州市公友乡张远村、随州市三里岗镇火石冲村、天门市多宝镇庙湾村、襄阳县方集乡泉眼村、老河口市赞阳办事处八一村、南漳县东巩乡雨淋台村、秭归县周坪乡蛇山溪村、宜昌县栗子坪乡楼子山村、郧县桂花乡圩坪寺村、十堰市红卫街办事处炉子村、通山县沙店乡西坑村、崇阳县蔡墩乡姜田村、蕲春县横车镇九棵松村、英山县张咀乡叶家山村、神农架林区红花镇青峰村、咸丰县小村乡喂龙沟村、来凤县百福司乡虎头落村、鹤峰县太平乡三台村、大悟县彭店乡青山村、应城市三合乡鲁台村、云梦县沙河乡杨林村、仙桃市毛咀镇小桥口村、大冶市陈贵镇洋塘村、监利县分盐镇南庙村、石首市团山寺镇长林咀村、公安县章庄铺镇松林村

湖南省：汨罗市三江乡湘平村、临湘市羊楼司镇双山村、汉寿县丰家卜乡仙人桥村、常德市鼎城区石板滩镇毛栗岗村、古丈县断龙乡溪龙车村、保靖县水田镇龙凤村、凤凰县水打田乡东予山村、怀化市鹤城区盈口乡新家庄村、张家界市永定区大坪镇王姓垭村、醴陵市东富乡杨梅塘村、株洲县八斗乡八斗村、炎陵县霞阳镇黄沙垅村、湘潭县茶恩寺镇护湘村、新宁县莨山镇黄背村、邵阳市双清区火车站乡朱家村、隆回县六都寨镇芙蓉村、蓝山县荆竹瑶族乡蒲林村、祁阳县茅竹镇詹家村、冷水滩区上岭桥镇枫木塘村、双牌县泷泊镇霞灯村、新化县奉家镇许家村、长沙县暮云镇湖塘村、宁乡县双江口镇万胜村、望城县丁字镇新塘村、安仁县新洲乡兴安村、临武县岚桥镇坪天头村、永兴县龙形市乡新棚村

广东省：翁源县南浦乡中心村、汕尾城区马宫镇长沙村、新兴县洞口镇大稳村、阳东县新洲镇上六村、东源县灯塔镇黄埔地村、连平县元善镇南湖村、化州市官桥镇大岭脚村、连南县寨南镇石径村、飞来峡区黎溪镇新村村、龙岗区横岗镇西坑村、宝安区公明镇西田村、黄浦区长洲镇深井村、石湾区澜石镇石梁村、潮阳县海门镇湖边村、天河区沙河镇柯木朗村、蓬江区潮连镇豸冈村、香洲区金鼎镇永丰村、端州区睦岗镇兰龙村、广宁县古水镇梨溪村、潮安县古巷镇锡岗村、饶平县东山镇东山村、惠城区小金口镇九龙村

广西壮族自治区：百色市永乐乡西乐村、西林县弄汪乡龙滩村、隆林县隆或乡滴岩村、德保县东关乡绿柳村、田阳县王村乡大路村、乐业县幼平乡达心村、田东县朔良乡南立村、梧州市郊区龙湖镇龙新村、崇左县那隆乡合卢村、马山县加芳乡新联村、上林县大丰镇东春村、大新县下雷乡仁益村、宾阳县太守乡太新村、龙州县八角乡陇均村、凭祥市白云镇三联村、融水县四荣乡九溪村、象州县罗秀镇敖村、灌阳县新街乡车头村、东兴市东兴镇楠木山村、贵港市覃塘管理区黄练镇黄练村、贵港市港南区桥圩镇东井塘村、钦州市贵台镇大路村、灵山县新圩镇官屯村、合浦县常乐镇北城村、合浦县乌家镇瓦联村、东兰县隘洞乡板老村、天峨县六排镇登里村、巴马县那社乡公爱村、柳城县东泉镇新龙村。

重庆市：黄泥村、石较村、王湾村、积富村、罗里村、平原村、朝元村、偏石村

四川省：温江县玉石乡金马村、崇州市三郎镇茶园

村、荥县金花乡大坪村、富顺县童寺镇永峰村、叙永县叙永乡车家坝村、江阳区通滩乡母滩村、罗江县回龙乡双河村、中江县石泉乡凉水井村、平武县大印镇双河村、三台县永新镇崭山村、苍溪县南阳乡盐井村、剑阁县普安镇光荣村、大英县智水乡百佳桥村、资中县甘露镇甘露寺村、井研县金峰乡其林村、阆中市双龙镇金龟坝村、嘉陵区龙蟠镇任家坝村、广安区瓦店乡瓦店村、武胜县沿口镇唐家大山村、宣汉县东南乡鹰溪村、达川市东岳乡凤凰村、达县青宁乡永丰村、南江县碾盘乡明月村、雅安市上里镇白马村、雅安市合江镇横岩村、汉源县梨园乡栗园村、会理县鹿厂镇铜矿村、洪雅县天宫乡八面村、眉山县金花乡箭子滩村、乐至县龙门乡白鹤桥村

贵州省：贞丰县兴北乡查尔岩村、兴仁县下山镇榨冲村、册亨县达央乡洛央村、雷山县丹江镇猫猫河村、湄潭县永兴乡朝阳村、桐梓县楚米乡青杠元村、桐梓县娄山关镇顶山城、务川县黄都乡赵家村、正安县市坪乡韩家湾村、玉屏县田坪镇罗家寨村、石阡县大沙坝乡坡脚村、思南县思唐镇万胜屯村、水城县玉舍乡格老湾村、普定县马场乡新柴村、清镇市站街镇莲花村、开阳县金中镇金华村、黔西县沙井乡锦中村、龙里县麻芝乡新民村、贵定县报管乡小普村、都匀市奉合乡大定村

云南省：永胜县片角乡卜甲村、保山市老营乡柴河村、沾益县白水乡新排村、陆永县板桥镇石坝村、个旧市锡城镇独店村、绿春县大黑山乡嘎处村、禄丰县金山镇科甲村、大姚县新街乡芦川村、沪水县大兴地乡卯照村、砚山县八嘎乡蚌岔村、西畴县鸡街乡大寨村、凤庆县郭大寨乡团山村、沧源县糯良乡坝尾村、双江县忙糯乡康太村、弥渡县寅街乡瓦哲村、永平县老街镇卓潘村、维西县康普乡札子村、华宁县宁州镇西冲村、澄江县龙街镇提古办事处

海南省：三亚市羊栏镇桶井村、三亚市田独镇中廖村、文昌市文城镇东坑村、文昌市迈号镇下山陈村、琼山市大坡镇象村、琼山市演丰镇苏民村、澄迈县加乐镇常树村

陕西省：凤县平木镇白蟒寺村、凤翔县纸坊镇马家庄村、宝鸡市渭滨区马营镇燃灯寺村、定边县黄湾乡袁庄村、靖边县红墩界乡白城则村、清涧县高杰村乡高家瓜村、延安市宝塔区姚店镇罗沟村、延长县郑庄镇兰尧科村、吴旗县洛源乡杨青村、安塞县沿河湾镇方塔村、商州市大赵峪街道办事处卢沟村、丹凤县马家坪乡七里沟村、山阳县牛耳川镇上庙村、永寿县甘井镇延村、旬邑县丈八寺镇王牌村、耀县孙原乡孙原村、宜君县西村乡东定龙村、西安市闫良区武屯镇西相村、西安市灞桥区水流乡兰家庄村、西安市未央区三桥镇赵家堡村、长安县祥峪乡祥峪沟村、户县甘河乡宋村、周至县就峪乡延生观村、蓝田县曳湖乡唐沟村、白水县西固乡马咀村、大荔县羌白镇太丰村、合阳县伏六乡大伏六村、石泉县城关镇百乐村、白河县纸坊乡反沟村

甘肃省：西固区西固乡西固村、张家川县恭门乡水池村、武山县杨河乡河东村、景泰县中泉乡龙湾村、会宁县党岘乡砖井村、金川区双湾乡岳家沟村、嘉峪关市新城乡野麻湾村、宁县南义乡吴仲村、正宁县宫河镇王录村、崇信县黄花乡油府庄村、华亭县神峪回族乡西沟门村、庄浪县万泉乡邵坪村、文县城关镇白衣坝村、武都县角弓乡半山村、西和县河口乡杨付村、渭源县祁家庙乡川套村、临洮县太石乡上咀村、民勤县大坝乡六沟村、高台县骆驼城乡果树村、民乐县李寨乡闫户村、山丹县东乐乡西屯村、玉门市柳河乡官庄子村、敦煌市杨家桥乡月牙泉村、金塔县金塔乡东星村、广河县买家巷乡李家寺村、积石山县银川乡银河村

青海省：大通县黄家寨乡黄西村、大通县多林乡上宽村、互助县东山乡寺尔村、互助县西山乡王家沟村、化隆县扎巴乡浪隆村、化隆县黑城乡拉一村、湟中县拦隆口乡丹麻寺村、湟源县寺寨乡阳坡湾村、平安县石灰窑乡石灰窑村、平安县三合乡新庄村

宁夏回族自治区：海原县高崖乡三汾湾村、隆德县温堡乡吴沟村、彭阳县彭阳乡双磨村、泾源县东峡乡底沟村、固源县彭堡乡彭堡村、西吉县城郊乡水泉村、银川郊区银新乡双渠口村、贺兰县金贵镇红旗村、惠农县尾闸乡西河桥村、惠农县礼河乡星火村、盐池县城郊乡佟记圈村、中宁县长山头乡长山头村、青铜峡市邵岗乡沙湖村

新疆维吾尔自治区：乌什县英阿瓦提乡英阿瓦提村、温宿县恰格拉克乡喀拉萨尔村、温宿县吐木秀克乡托万塔尕克村、沙雅县英买力乡阿其冬村、沙雅县托依堡乡老铁热克村、阿瓦提县阿依巴格乡下阿音克村、阿瓦提县拜什艾日克镇上依马帕夏村、库车县齐曼乡达波孜二村、福海县解特阿热勒乡沙尔达何台村、和田市肖尔巴克乡库木巴克村、策勒县策勒乡托帕村、和田县塔瓦库勒乡瓮村、特克斯县呼吉尔图乡呼吉尔图村、霍城县兰干乡鲁先巴克村、尉犁县兴平乡达西村、焉耆县永宁乡上岔河村、鄯善县辟展乡马场村、鄯善县东巴扎乡后梁村、塔城市喀拉哈巴克乡吐勒克库拉克村、塔城市二工乡头工村、塔城市阿西尔乡赤汉格尔村、乌苏市八十四户乡墩买力村、沙湾县安集海乡肃州户村

（伍赛珠）

【1999年度部门“全国绿化奖章”获得者名单】

中共中央直属机关：

王立德　杨士良

中央国家机关：

赵新达　赵国铮　张新生　马继红

铁道部：

刘寿国　张廷凯　殷世宝　穆振华

交通部：

李云济　曾兰桂　陈跃豫　黄亦辉

建设部：

柏贵生　胡延照　缪升惠　李　清　邓月转　陆曙光

农业部：
丁沈生　李家恩　周兵生　宝　祥　陈明顺　尕　周
张新跃
水利部：
魏建国　史立人
中国民航总局：
胡明洪　刘晓玲
国家煤炭工业局：
李修仁　王洪启　郑开全　王正昶　张立军　邱　健
国家冶金工业局：
沈国庆　罗冰生　赵德生　覃卓云　张传增
中国石油天然气集团公司：
孙占礼　殷会祥　孙兆枯　王志国　南一方
中国石化集团公司：
高存德　卢耀祖　郭福江　阎吉元
全国妇联：
鲍彩鸾　殷玉珍　葛兰妹
共青团中央：
王　勇　苏国志　井含恩
解放军：
刘振洲　国玉斌　王兴军　路玉海　赴新社　李昌权
胡远地　栗杰阳　王志敏　周克林　林汉钦　叶　兵
宋保刚　段景卫　智全旺　沈上满　李新田　刘　菲
王　峰　李　岗　赵士清
武警部队：
王宝祥　沈邦胜　郭和田　陈永祥　罗建平　邸　明
崔敬堂　赵国华
新疆建设兵团：
李瑞章　郭大平

（伍赛珠）

【1998～1999年度全国部门造林绿化“400佳”单位名单】

中共中央直属机关
中办老干部局
中华全国总工会
中央国家机关
外交部
教育部
中国人民银行
国家煤炭工业局
铁道部
哈尔滨铁路局齐齐哈尔铁路林场
郑州铁路局六里坪电力机务段
南昌铁路局新余林场
上海铁路局阜阳工务段
乌鲁木齐铁路局阿拉山口铁路地区
兰州铁路局武南工务段
呼和浩特铁路局呼和浩特车务段
北京铁路局丰台西电力机务段
铁道部第十五工程局机关
北京铁路局丰台机械保温车辆段
交通部
重庆交通学院
长沙交通学院
甘肃省公路局
安徽省马鞍山市公路管理局
浙江省湖州市公路管理处
内蒙古敖汉旗公路段
广西壮族自治区公路管理局
四川省成雅高速公路建设指挥部
农业部
黑龙江省农垦总局红兴隆分局
黑龙江省七星泡农场
河南省商水县农场
广东省国营红星农场
内蒙古自治区哲里木盟农牧场管理局
重庆市长寿湖联合企业公司
海南省国营蓝洋农场
浙江省绍兴县农垦场
吉林省通榆同发畜牧场
天津市金地水产养殖有限公司
水利部
水利部密云绿化基地
黄河万家寨水利枢纽有限公司
水利部淮委沂沭水利管理局
陕西省渭南市洛惠渠管理局
河海大学
国家民航总局
呼和浩特白塔机场
哈尔滨太平国际机场
国家煤炭工业局
平朔煤炭工业公司
大屯煤电公司
邢台矿业集团
铁法矿务局
云南省羊场煤矿
大同矿务局林业处
平顶山煤业有限责任公司八矿
淮北矿业公司海孜煤矿
西山煤电公司
灵武矿务局
靖远矿务局职工医院
资兴矿务局多种经营公司
国家冶金工业局
上海宝钢集团公司
首钢总公司
马钢（集团）控股有限公司
唐山钢铁集团有限责任公司

鞍钢集团矿业公司
广东省韶关钢铁集团有限公司
济南钢铁集团总公司
杭州钢铁集团公司
大连钢铁集团有限责任公司
洛阳耐火材料集团有限责任公司

国家有色金属工业局

山东铝业公司
吉林镍业公司
广西平果铝业公司煤气厂
锡铁山矿务局
云南锡业公司大屯选矿厂
四川铜镍有限责任公司拉拉铜矿
洛阳新安铝厂
铜陵有色金属集团公司安庆铜矿

中国石油天然气集团公司

大庆石油管理局供电公司
大庆石油管理局第四采油厂
吉林石油集团物业管理公司
天津市大港油田集团有限责任公司港中矿区管理处
华北石油管理局第十综合服务处
石油物探局第三地质调查处正定基地管理处
四川石油管理局川西北矿区
长庆石油勘探局技工学校
北京十三陵石油工人疗养院
大庆石油化工总厂化肥厂
兰化供销公司
中国石油天然气集团公司
中国石油天然气集团公司宁夏化工厂
塔里木石油勘探开发指挥部油气开发总公司塔中四作业区

中国石油化工集团公司

齐鲁石油化工公司
洛阳石油化工总厂
胜利石油管理局井下作业公司
石家庄炼油厂
胜利石油管理局仙河社区管理中心
中原石油勘探局兰考石油基地生活区
河南石油勘探局水电厂
江苏石油勘探局邵伯基地
江汉石油管理局第四石油机械厂
北京石油化工学院

中国人民解放军

中国人民解放军大连陆军学校
内蒙古军区
中国人民解放军 54633 部队
中国人民解放军 36918 部队
中国人民解放军 83013 部队
中国人民解放军桂林陆军学院
中国人民解放军 35201 部队
中国人民解放军 38031 部队
中国人民解放军 86376 部队
中国人民解放军 80303 部队
中国人民解放军 80590 部队
中国人民解放军防化指挥工程学院
解放军艺术学院
第一军医大学南方医院
中国人民解放军 89960 部队
中国人民解放军 52997 部队

中国人民武装警察部队

中国人民武装警察部队北京总队十三支队
中国人民武装警察部队云南总队后勤基地
中国人民武装警察部队甘肃总队二支队
中国人民武装警察部队湖南总队衡阳支队
中国人民武装警察部队西藏总队机关
中国人民武装警察 8611 部队
中国人民武装警察 8713 部队
中国人民武装警察部队武汉仓库

新疆生产建设兵团

农二师 35 团
农八师 143 团水电公司二站
农一师 9 团
农五师 90 团

北京市

北京市石景山区海特花园小区
团结湖公园
北京市温泉苗圃
北京十三陵林场
清华大学
北京体育大学
北京市委党校
北京清河毛纺织厂
北京市永定河管理处
北京市公路局昌平分局

天津市

天津铁路分局南仓工务段
静海县交通局
武清县水利局河道管理所
河北工业大学
天津市大港油田集团有限公司钻采工艺研究院
天津石化供排水厂
天津市河西监狱
天津大港发电厂
天津雀巢有限公司
天津市肿瘤医院

河北省

石油天然气集团公司地球物理勘探局研究院
石家庄市供水总公司第八水厂

省交通厅石安高速公路管理处
河北省吴桥县农林局
中国人民解放军 51057 部队
河北省邢台职业技术学院
冀东石油勘探开发公司唐海基地
中海实业燕郊基地公司
河北平泉国家粮食储备库
秦皇岛市交通局

山西省

运城公路分局
山西省晋城军分区
中共朔州市委机关
榆次靖日铁路制造有限公司
武警山西总队第三支队
杏花村汾酒（集团）公司
山西省林业学校
临汾铁路分局林业管理所
忻州市牧马河水利管理处

内蒙古自治区

呼和浩特铁路局包头车辆段
巴盟农管局巴彦套海农场
满洲里市自来水公司
中国人民解放军 81211 部队
宁城县公路段
阿拉善盟吉兰太盐化集团公司
神华集团神府东胜煤炭有限责任公司

辽宁省

辽宁友谊宾馆
沈阳飞机工业集团公司
大连市自来水公司
大化集团有限责任公司
大连市甘井子区交通局
抚顺石油公司二厂
辽化金兴化工厂
朝阳发电厂
盘锦监狱
辽河石油勘探局

吉林省

长春市林业局
长春市交通局
吉化集团公司污水处理厂
吉林省吉林军分区
共青团白城市委员会
吉林铁路经济学校
吉林省公路管理局
长春新立城水库管理局
延边珲春发电厂

黑龙江省

大海林林业局
绥滨农场
八一农垦大学
哈尔滨医科大学第二附属医院
哈尔滨东安发动机（集团）有限公司
黑龙江财政专科学校
大庆经济学校
中国人民解放军 81032 部队机关
黑龙江省军区教导大队
中国人民解放军 81962 部队
大庆石油管理局房屋建设开发公司

上海市

上海博物馆
上海市杨浦区社会福利院
复旦大学
上海师范大学
上海月浦自来水制水有限公司
上海德科电子仪表公司
上海西郊宾馆
上海市第一聋哑学校
上海市徐汇区虹梅环境卫生管理所
上海市大治河西闸管理所
上海中科合臣化学公司
上海兴国宾馆
上海市洋泾中学
上海市长途电信局海底电缆登陆局

江苏省

南京师范大学
中国石化集团管道储运公司
常州工业技术学院
苏州大学
连云港市新海发电厂
江苏省三河闸管理处
盐城市众想集团有限公司
江苏省江都船闸管理所
江苏省镇江谏壁电厂
江苏省泗阳船闸管理所
江苏省军区南京第一离职干部休养所
江苏省泰兴中学
南通市自来水公司城北水库

浙江省

浙江省交通厅
浙江工业大学
杭州制水二公司
宁波镇海热电厂有限公司
宁波市自来水总公司
温州发电厂
绍兴电力局
浙江湖州太湖乐园有限公司
吉利集团有限公司

浙江省丽水农业学校
舟山市普陀山管理局
安徽省
安徽省军区机关
安徽省龙河口水库管理处
合肥市公路管理局
华东冶金学院
安徽省国营正阳关农场
武警安徽省总队第五支队
福建省
福建省公安高等专科学校
冠捷电子（福建）有限公司
厦门华厦嵩屿电厂
福建省苏邦煤矿
福建漳平电厂-
福建省上京矿务局
福建省尤溪水东水电有限责任公司
福建省永春师范学校
泉州军分区
江西省
南方冶金学院
中国人民解放军 32774 部队
东乡公路段
江西凤凰光学仪器（集团）公司
江西九江化学纤维厂
江铃汽车集团公司
江西化纤化工有限责任公司
江西新余发电有限责任公司
万安县委机关
萍乡市上栗中学
山东省
青岛大学
胜利石油管理局供水公司
鲁中机动车驾驶员教考中心
中国人民解放军 55085 部队
山东省公路局
淄博市污水处理公司
山东黄岛发电厂
兖矿集团有限公司
荣成市电蛔江宾馆
烟台市人大常委会
河南省
南阳理工学院
信阳市公路管理局
平顶山市姚孟发电有限责任公司
安阳市彰武南海水库工程管理局
洛阳铁路运输技工学校
周口地区公路管理总段
漯河市建设委员会
郑州煤炭工业（集团）有限责任公司超化煤矿
郑州工业大学
河南省军区漯河军分区
湖北省
襄樊市水利局
咸宁市委党校
沙洋农场刘家巷监狱
东风汽车公司设备制造厂
襄樊市铁路分局六里坪工务段
鄂南高级中学
荆门市沙洋师范学校
省汉川电业股份有限公司
荆门热电厂
湖北清江高坝洲工程建设公司
武汉二七纪念馆
荆门市开发区国税局直属二分局
湖南省
湖南省军区大院
湖南大学
湖南师范大学
长沙铁道学院
株洲电业局
资兴市委机关
澧县第一中学
湖南省网岭监狱
邵东县第三中学
湖南白云家用电器总厂
娄底电业局
衡东县第一中学
湖南省华容县塔市国有林场
广东省
武警广东省总队第四支队
茂名市小良水土保持试验推广站
广州铁路集团公司广梅汕铁路有限责任公司惠州工务段
中共广东省委
广东省佛山市供水总公司
广东省江门市电化厂
中国人民解放军 53503 部队
海军南海舰队湛江舰艇岸勤部
广东威宏糖业发展有限公司
中国人民解放军 54438 部队
西江大学
深圳市麒麟疗养院
广西壮族自治区
自治区党委机关大院
广西民族学院
桂林电子工业学院
广西林校

广西灵山灵东水库
中国人民解放军53010部队
武警广西总队第四支队
中国人民解放军39067部队管理处

海南省

中国人民解放军53601部队
中国人民解放军38405部队
海南省国营新进农场
海南省小学师资培训研究中心
海南新大洲摩托车股份有限公司

重庆市

西南师范大学
中国人民解放军56050部队
重庆缙云山自然保护区管理处
建设工业（集团）有限责任公司

四川省

中共四川省委党校
成都大熊猫繁育研究基地
荣县中学
西南自动化研究所
遂宁市人民医院
中共乐山市委机关

贵州省

中共贵州省委办公厅
贵州省军区机关
贵州化工厂
水城钢铁（集团）有限责任公司
遵义发电总厂
贵州省思南师范学校

云南省

中国人民武装警察8750部队
云南玉溪红塔烟草（集团）有限责任公司
云南省武警总队曲靖市武警支队
云南省圭山煤矿
云南省航空公司
云南省曲靖卷烟厂
中国人民武装警察部队云南省森林总队
中国人民解放军35401部队机关
云南省红河卷烟厂

陕西省

陕西省凤翔师范学校
延安大学
中国人民解放军商洛军分区
西北石油管道建设指挥部
长庆石油勘探局筑路工程总公司
陕西省榆林师范学校
中国人民解放军62160部队
汉中市汉台区铺镇初中

甘肃省

兰州铁道学院
白银供电局
甘肃长通电缆（集团）有限责任公司
甘肃省石油总公司金昌市公司金昌油库
嘉峪关市电视台
四十五研究所
酒泉市第一中学

青海省

青海省委办公厅绿化基地
青海省水利厅绿化基地
西宁市机关事务管理局绿化基地
青海省武警总队
中国人民解放军84952部队

宁夏回族自治区

宁夏石嘴山市第三中学
宁夏水利厅秦汉渠管理处
西北第二民族学院
宁夏公路管理局固原公路段
银川铁路分局固原工务段
宁夏玉泉葡萄酒厂

新疆维吾尔自治区

乌恰县医院
新疆石油管理局采油二厂
石河子宾馆
伊犁公路总段
武警总队后勤基地
沙湾县三道河子林场 （伍赛珠）

【“京九绿色长廊”工程建设】 “京九绿色长廊”工程自1997年启动以来，在各级党委、政府的高度重视和有关部门的积极参与、支持下，沿线九省（市）22个地（市）108个县（市）的广大干部群众，积极投入工程建设，取得了显著成绩。1999年，共完成造林任务14万公顷。

自1998年10月全国政协人口资源环境委员会考察了“京九绿色长廊”工程以来，在全国政协的关注和支持下，沿线干部群众齐心协力，加快工程建设步伐，取得了显著进展。一是《“京九绿色长廊”工程规划》得到批复。1999年5月11日，国家计委正式批复了《“京九绿色长廊”工程规划》。国家林业局在债券资金中给予了积极支持，铁道部安排了400万元专项资金，用于京九铁路绿化。二是后进地区迎头赶上。工程建设力度不够，曾受到考察组批评的湖北麻城和河南商丘两市，在两省领导的亲自过问下，采取有效措施，积极迎头赶上。商丘市将工程量化分解到各单位，实行领导责任制纳入目标考核；麻城市主要领导现场办公，解决工程建设存在的问题，并在京九沿线办绿化点达数十处。通过努力，这两个后进地区很快进入了先进行列。三是部分省规划任务已完成。到1999年底，安徽、江西两省基本完成规划建设任务，进入提高发展阶段。四是部门合作进一步加强。沿线各省根据考察组的建议，采取措施加强了林业、铁路、公路、农业、水利、建设等部门的合作。铁道部还进行了“京九绿色长廊”工程专项检查并通报了结果。

“京九绿色长廊”工程建设的主要困难是资金不足。虽然国家计委批复了工程建设规划，但是没有安排专项资金。目前建设资金的来源仍然是地方自筹。

（李怒云）

森林公园建设

【综　述】 1999年是我国向海内外游客展示优美自然环境，开发生态旅游资源，推介生态旅游产品并开展“生态环境游”主题旅游活动的重要一年，也是对森林公园发展具有特殊意义的一年。森林风景资源丰富的省（区、市）林业主管部门充分把握这一有利时机，先后成立生态环境游工作协调领导小组并编制了本省区’99生态环境游林业活动方案，其中，山西、浙江、安徽、福建、江西、湖南、广东、陕西等省林业主管部门还与旅游局、环保局等单位联合下发生态环境游活动方案，协同推进旅游年各项工作的开展，森林公园的旅游发展形势喜人。据不完全统计，1999年全国森林公园共接待游客5 860.16万人次，其中海外游客104.30万人次，创直接经济收入9.62亿元，游客人数和经济收入分别较去年增长16%和25%。

配合生态环境旅游年，各森林公园广泛开展宣传促销活动。湖南张家界国家森林公园根据全国生态环境旅游年组委会的总体安排，成功举办了国际森林保护节，为宣传森林旅游，提高林业行业在国民经济和社会发展中的地位取得了良好的效果。浙江千岛湖国家森林公园推出“好山好水好空气，千岛碧水生态游”活动，依托报纸、电视、因特网等手段扩大宣传声势。重庆市仙女山国家森林公园于1999年元月1日举办“重庆市’99生态环境游首游式暨新婚夫妇爱之旅”活动，参加者达3 000余人。各森林公园以生态环境游为契机，加强对特色生态旅游产品的开发。北京绿色度假村开展了“我为大地添绿色——植环境树”、“我为生态环境美容——捡拾垃圾”、“我作树木保护神——刷防护剂”、“我为小鸟安个家——挂鸟巢”等系列活动；浙江富春江国家森林公园推出乘帆船游七里泷山水、坐牛车览桃花峡谷、登古塔观稀世珍品、进渔村尝渔家宴等项目；宁夏六盘山森林公园充分利用不同季节丰富多变的自然优势，举办“泾河源探春”、“林区观鸟”、“野果采摘”、“金秋揽胜”和“消夏避暑六盘山”等多项活动。森林公园社会效益得到进一步强化。黑龙江牡丹峰国家森林公园的“大自然教育中心”和湖南天际岭国家森林公园的“生物多样性宣传中心”等一批宣教设施相继建成开馆。陕西太白山国家森林公园举办以“认识自然、保护环境”为主要内容的“太白山之夏”生态保护夏令营，为中小学生提供接受科普教育的机会。安徽琅琊山国家森林公园多次组织旅游小组分赴南京、镇江、扬州、无锡等地和本省、市的几百余所大中小学校，以最低的优惠价格，组织开展《醉翁亭记》现场教学游。内蒙古莫尔道嘎国家森林公园在每个旅游团出游前，都聘请林业专家开展森林知识科普讲座，然后由专业人员领队，有组织地带领游客参观森林、采集标本；对其他会议团队和散客，则配备科普导游，既讲解自然风光又传授生态知识，提高游人自觉保护环境的意识。

森林公园建设稳步发展。据统计，截至1999年底，全国已建立各类森林公园1 002处，总经营面积912.53万公顷，拥有旅游车船2 478台（艘），接待床位92 995张，电话53 377门，旅游从业人员36 305人，其中导游2 459人。森林公园全年投入建设资金10.86亿元，其中用于环保的投入6 679.9万元，营造风景林24 388公顷，改造林相17 485公顷。同时，黑龙江、湖北、陕西等省加大森林公园规范化建设的管理力度，相继发文要求对本省区范围内森林公园进行清理整顿，提出凡存在批建以来长期不能开园、擅自私建滥建破坏自然环境、管理不善引起游客投诉等问题的森林公园分别视情况采取警告、降级直至摘牌的处理。《国家林业局关于考核创建“文明森林公园”活动的通知》得到深入贯彻，河北、黑龙江、浙江、江西、河南等省先后命名了一批“省级文明森林公园”，森林公园整体经营管理水平和服务质量明显提高。河北木兰围场国家森林公园和陕西太白山国家森林公园还分别被省政府命名为“河北省生态旅游示范区”与“陕西省优秀旅游景区”。

森林公园建设为个人就业与经济发展提供了良机。湖南云阳森林公园鼓励职工发展个体经济，围绕旅游商品开发，提出发展“四小”即每户建一个小养殖场、一个小鱼塘、一个小果园和一个小菜园的目标，在满足了旅游需求的同时又搞活了职工经济。北京上方山国家森林公园针对“园中有村、村中有园”的实际情况，制定了“保护、开发、利用森林资源，兼顾地方利益，实施旅游富民”的工作方针，与村党支部联手对50多名从事旅游服务的村民进行培训、考核，发绿卡上岗，起到了规范从业者行为、改善旅游市场秩序的作用，得到游客好评，而这些人的年收入也达到 5 000～7 000 元，效益显著。据不完全统计，1999 年全国森林公园共为社会提供就业机会 141 539 个，创社会经济收入 17.61 亿元。（许　晶）

【批复国家森林公园】 1999 年，国家林业局共批复国家森林公园 14 处，其中新建国家森林公园 11 处、升级更名为国家森林公园的 3 处，另外还有 3 处国家森林公园变更名称及范围。经中国森林风景资源评价委员会考察、审议通过，国家林业局审核，以林场发［1999］141 号文件批复同意建立的 11 处国家森林公园分别是：黑龙江省三道关国家森林公园、浙江省青山湖国家森林公园、海南省蓝洋温泉国家森林公园、海南省吊罗山国家森林公园、重庆市仙女山国家森林公园、云南省小白龙国家森林公园、云南省五老山国家森林公园、云南省铜锣坝国家森林公园、陕西省朱雀国家森林公园、甘肃省鸡峰山国家森林公园、内蒙古莫尔道嘎国家森林公园，共批复经营面积 653 538.82 公顷；以林场发［1999］290 号文件批复同意将原林业部批准建立的浙江省玉苍山、钱江源森林公园及福建省平潭海岛森林公园确定为浙江省玉苍山国家森林公园、浙江省钱江源国家森林公园及福建省平潭海岛国家森林公园。另外，以林场发［1999］358 号文件批复同意将原吉林省三角龙湾国家森林公园、陕西省太白国家森林公园更名为吉林省龙湾群国家森林公园、陕西省太白山国家森林公园，将江西省翠微峰国家森林公园的经营面积由原批复的 34 万亩变更为 7866.67 公顷。截至 1999 年底，经国家林业局批复建立的国家森林公园总数达到 309 处，经营面积达到 6 042 256 公顷。（俞　晖）

【中国森林风景资源评价委员会换届】 1999 年 4 月，国家林业局根据中国森林风景资源评价委员会章程，结合我国森林公园与森林旅游发展的特点和趋势，针对评委会第一届委员在专业设置、地域分布及工作开展中的一些不合理状况，在各有关单位推荐人选的基础上，对中国森林风景资源评价委员会第一届委员进行了调整、完善，并在北京召开了评委会换届大会。会议正式成立了以国家林业局分管森林公园与森林旅游工作的局长为主任委员的第二届中国森林风景资源评价委员会，确定了相关专业的专家、教授及管理人员共 21 人为中国森林风景资源评价委员会第二届委员，其中对评委会第一届委员中的 14 人实行了续聘，新聘任委员 7 人。会上国家林业局副局长周生贤同志为各位委员颁发了聘书，委员任期为四年。经调整后的评价委员会委员的专业知识涵盖面更广，综合性、针对性更强，地域分布也更加合理，这为进一步发挥委员的作用，促使我国国家森林公园的审批、建立、建设、管理等工作更加规范化、科学化奠定了基础。（俞　晖）

【印发《国家林业局关于考核创建“文明森林公园”活动成效的通知》】 1999 年 9 月 16 日，国家林业局在总结北京、黑龙江、福建、湖南等省（市）先期开展“文明森林公园”考核工作试点经验，结合自 1997 年以来全国开展创建“文明森林公园”活动所采取的具体措施和成功做法的基础上，印发了《国家林业局关于考核创建“文明森林公园”活动的通知》。通知规定，“文明森林公园”考核工作采取以省为单位，自查为主、抽查为辅的办法，由省级林业主管部门组织，有计划地对本区域范围内符合以下基本条件的森林公园进行实地考察和综合考核：①经林业主管部门正式批准建立，并对外接待游客的国家、省、市（县）级森林公园；②由具备相应资质的设计单位编制完成总体规划和设计，并已通过专家评审；③经营管理机构健全，不存在权属纠纷问题；④经营状况良好，经济效益明显；⑤建立以来未发生乱砍滥伐等严重破坏森林资源事件；⑥近三年未发生森林火灾及旅游安全事故。考核工作分听取汇报、查看资料、实地考察、随机抽查、座谈了解、重点暗访和综合测评等 8 个步骤，并制订了《文明森林公园考核标准》，提出 4 大类 21 项总计 100 分较为具体的考核内容和评分细则。通知要求各省将考核结果上报国家林业局森林公园管理办公室，由国家林业局根据各地考核结果进行重点抽查和复核。规定考核分值在 85 分以上的，由省级林业主管部门命名为“省级文明森林公园”；分值在 92 分以上的，由国家林业局命名为“全国文明森林公园”。通知还指出，对已命名并挂牌的文明森林公园实行动态管理，国家林业局及省级林业主管部门可随机进行检查，对不合格者分别予以警告、限期整改直至摘牌等处罚。（许　晶）

森林资源保护与林政管理

森林资源保护

【森林资源保护综述】 1999年，野生动植物保护管理工作取得重要进展。主要表现在：一是成功召开了全国野生动植物管理工作会，总结了50年来特别是改革开放以来野生动植物保护工作的成绩和经验，进一步明确新时期的工作目标和任务，全面推动野生动植物保护管理工作再上一个新台阶。二是编制了野生动植物保护工程建设等规划，如《全国野生动植物及其栖息地保护工程建设规划》，《中国湿地保护行动计划》、《全国林业系统自然保护区体系建设规划》、《全国野生动物园建设规划》、《实施中国保护大熊猫及其栖息地工程五年规划》等。三是全国野生动植物、湿地资源调查工作初步完成。全国野生动植物和湿地资源调查，自1995年启动以来，一直受到国内外的关注，现已进入检查验收阶段，截至1999年底有10个第一批启动调查的省（区、市）已通过检查验收，16个省（区、市）完成了外业调查任务。四是成功举办国家级自然保护区一把手培训班，顺利开展国家级自然保护区评审。1999年举办了两期林业系统国家级自然保护区一把手管理培训班，88处林业系统国家级自然保护区主要负责人参加了培训，听取了有关法律、计划、财经、生物等方面的授课，讨论和研究提出了自然保护区建设发展的意见建议。顺利组织进行了国家级自然保护区的申报评审，经过对上报的17处保护区的申报材料的初审和复审，认为其中13处保护区具备了晋升国家级的条件，并有12处通过国家级保护区评委会的评审。保护区的保护管理和科研工作成效明显，其中四川卧龙保护大熊猫研究中心进行的人工繁育大熊猫又获丰收，共产仔9只，其中成活8只。朱镕基总理在视察卧龙时还亲自为刚出生的两只熊猫分别取名为青青和秀秀。五是湿地保护管理工作得到进一步加强。国家林业局继续加大湿地保护管理工作力度，于1999年9月正式批复设立了湿地公约履约办公室，除组织完成《中国湿地保护行动计划》（评审稿）编制修订和专家评审工作外，还组织进行了中国重要湿地的评价筛选，初步提出163处国家重要湿地名单。六是全球环境基金中国自然保护区管理项目进展顺利。1999年为项目执行第四年，管理计划编制基本完成，土建项目开始实施，数据管理系统的重新设计接近完成，保护系统的野外保护水平得到提高，社区参与活动得到扩大，项目管理人员的素质进一步提高；建设长青自然保护区的森工企业转产在人员培训、管理、教育计划编制方面达到预期目标。全球环境基金新项目即天然林生物多样性保护项目的争取获得进展，已获得35万美元的项目准备金，四川、海南、湖南、湖北、贵州、甘肃已通过世界银行专家组认准为项目省，并初步选定了白水江、唐家河、梵净山、八大公山、尖峰岭、后河等10处保护区为项目保护区。七是法规和规章制定进一步深入。将《国家重点保护野生植物名录》（第一批）报国务院，国务院以国函［1999］92号文件批准了《国家重点保护野生植物名录》第一批，国家林业局和农业部以局长、部长令对外予以公布，使《野生植物保护条例》在颁布两年多后终于有了切实执行的基础和可操作性。国家林业局组织开展了打击偷猎、盗猎及走私藏羚羊的“可可西里一号行动”，引起社会很大反响。在湿地法规建设方面，组织开展了湿地保护立法调研，提出了中国湿地保护管理现状、立法现状的调查分析报告，基本完成湿地立法的法规草稿。八是国际合作交流进一步扩大：为配合江泽民主席访问日本和贯彻落实中央领导同志关于向日本赠送朱鹮和向香港特区政府赠送一对大熊猫的指示精神，国家林业局会同外交部和国务院港澳办进行了各项准备工作，于3月成功将朱鹮送达日本，于6月底在香港回归两周年前，完成了大熊猫赠送香港；成功召开和参加了卧龙大熊猫繁殖研究国际学术研讨会和中日第八次、中澳第四次保护候鸟协定工作会议。为保护白鹤，与俄罗斯、伊朗、哈萨克斯坦三国以及国际鹤类基金会和野生动物迁徙物种保护公约秘书处共同签署了《关于白鹤保护措施的谅解备忘录》。

（刘德望）

森林病虫害防治

【森林病虫害防治检疫标准站建设】 为进一步提高各级森林病虫害防治检疫站（以下简称森防站）管理素质、灾害除治能力和行政执法水平，推动森林病虫害防治体系建设，1999年国家林业局发出了《关于开展森林病虫害防治检疫标准站建设的通知》，力争到2003年全国建成1 000个以上标准站。标准站建设的原则是：紧密结合防治重点，优先考虑病虫害常灾区和重点疫区；以县级森防站为主；在加强基础设施建设的同时努力提高人员素质；先易后难，逐步推进，首先启动基础条件相对较好、人员素质较高的森防站。标准站建设的内容：一是机构队伍建设，对机构、人员编制、持证上岗、事业经费、精神文明等提出了要求；二是基础设施建设，包括办公室、实验室、药剂药械库、森林病虫害防治检疫专用车、微机、显微镜、解剖镜等基础设施和仪器设备建设内容；三是站务管理，规定了规章制度、档案管理、工作部署、专项经费专款专用等内容；四是业务工作，从预测预报、森林植物检疫、除治和目标管理等方面提出了要求。

为确保标准站建设质量，各地林业主管部门要在全面摸清森防站基本情况的基础上，制定出分年度建设计划，切实加强领导，对每年计划达标的标准站建设情况要进行验收。对验收合格的，将授予全国森林病虫害防治检疫标准站牌匾。（朱新飞）

【全国森林病虫害防治工作会议】 1999年7月21～22日，国家林业局在河南郑州召开了全国森林病虫害防治工作会议。会议主要任务是认真学习和贯彻温家宝副总理同年7月6日在《中国科协关于解决松材线虫病在我国传播蔓延问题的对策措施建议》上所做的长篇重要批示，认清严峻形势，统一思想认识，研究迅速遏制病虫害严重发生的措施，进一步明确今后病虫害防治工作指导思想、基本思路和工作重点。会议提出，要从讲政治的高度深刻认识森林病虫害的严重性和抓好防治工作的重要性、紧迫性，采取超常规的过硬措施，务求迅速遏制当前森林病虫害严重发生的势头。

会上，李育才副局长作了《切实加强领导，采取过硬措施，坚决遏制森林病虫害严重发生的势头》的报告，河南、江苏、内蒙古、青海4省区作了大会经验交流，与会代表还参观了河南蔚氏县杨树虫害防治现场。会议在六个方面取得了共识：一是提高了对森林病虫害防治工作重要性、紧迫性的认识；二是加深了造成严重灾害的原因的认识；三是通过总结经验，增强了做好防治工作信心；四是明确了工作思路和工作重点。各省（区、市）林业厅（局）和森工（林业）集团公司主管领导、森林病虫害防治检疫站站长参加了会议。（朱新飞）

【无检疫对象苗圃建设】 1999年，国家林业局在全国开展了创建无检疫对象苗圃工作，下发了《关于在全国开展无检疫对象苗圃建设工作的通知》，制定了《全国无检疫对象苗圃建设要点》和《全国无检疫对象苗圃评选办法》。提出到2005年，全国要建成1 000个无检疫对象种苗繁育基地，国有苗圃要带头参加创建活动，各省（区、市）要制定1999～2005年国有苗圃无检疫对象苗圃建设计划，并决定：对获得了全国无检疫对象苗圃称号的苗圃，其生产的苗木在造林中优先使用，同时，还根据每年跟踪检查结果，对保持荣誉者，从第二年起，其调出苗木只按产地检疫标准收费，从第四年起，免收苗木检疫费。（王晓华）

【启用新版《植物检疫证书》、《引进林木种子、苗木和其他繁殖材料检疫审批单》，更换《森林植物检疫员证》】 为加强对《植物检疫证书》和国外引进林木种苗及其他繁殖材料的管理和监督，便于书写和疫情信息统计，国家林业局对原《植物检疫证书》、《引进林木种子、苗木和其他繁殖材料检疫审批单》式样和内容作了修改，启用了新版《植物检疫证书》、《引进林木种子、苗木和其他繁殖材料检疫审批单》。新版《植物检疫证书》分出省、省内2种，由国家林业局统一印制。同时还启用了国家林业局林木种苗检疫审批专用章，《中华人民共和国森林植物检疫员证》也全部更换为《国家林业局森林植物检疫员证》。（王晓华）

【森林病虫害防治知识竞赛】 为纪念《森林病虫害防治条例》颁布十周年，由国家林业局植树造林司、森林病虫害防治总站、中国绿色时报共同主办、各省（区、市）森林病虫害防治检疫站协办，在《中国绿色时报》举办了森林病虫害防治知识竞赛活动。该活动历时一个月，共收回答卷3万多份，是《中国绿色时报》举办类似活动收回答卷最多的。活动结束后，经过评选委员会评选，共评出一等奖5名、二等奖10名、三等奖15名、优秀奖100名。福建、湖南、江西、贵州、广西、辽宁、山西、浙江、北京等9省市的森林病虫害防治检疫站获得组织奖。（王晓华）

【全国森林病虫害防治和检疫信息网络初步实现省级联网】 1999年12月，全国森林病虫害防治和检疫信息网络初步实现全国省级联网。1997年，林业部组织北京大学环境研究中心、中国林业科学研究院、中山大学、广东省森林病虫害防治检疫站和林业部森林病虫害防治总站5家单位进行了开发研制。网络系统软件编制应用了多媒体、数字化、地理信息系统和网络化等技术，规范了全国森林病虫害防治年度、季度报表，替代了人工传递、手工计算的传统方式，初步实现了全国省级森林病虫害防治信息和检疫调运管理计算机网络化，做到了科学、快速传递森林病虫害防治宏观管理方面的相关信息，为科学决策提供了依据。（王　洋）

【全国森林病虫害预测预报网络建设】 1999年，国家林业局下发了《国家级森林病虫鼠害中心测报点建设方案》（林造发［1999］182号），决定从1999年起将投资建设500个国家级中心测报点，对全国11种（类）主要森林病虫实行监测预报，要求通过建立国家中心测报点，带动地方各级森林病虫害测报点建设，形成全国主要森林病虫害监测和预测预报网络。通过对国家级中心测报点的管理，规范监测预报制度，制定科学测报办法，为处理、分析全国主要森林病虫害有关监测、调查信息数据打下基础，并及时、准确地提供全国主要森林病虫害发生趋势，以全面提高预测预报水平，达到早预报、早防治、控灾、减灾的目的。

（王　洋）

【森林病虫害工程治理试点工作】 1998年，由财政部和国家林业局共同组织实施的3个森林病虫害国家级工程治理试点项目，工程实施期已经过半，完成了项目的总体规划和年度计划规定内容，并取得了良好的进展。

内蒙古自治区实施的杨树天牛工程治理试点项目，有效应用了虫害木的砍伐和除害技术，吸纳并运用打孔注药、触破式微胶囊药剂、人工捕捉成虫和砸卵及啄木鸟控制天牛等多项技术，快速有效地降低了天牛种群数量，对进一步遏制天牛危害和扩散蔓延打下了良好的基础。同时采用萌芽更新、伐根嫁接抗性树种和高干截头更新等技术，建立了诱控、耐抗天牛的不同树种、林种结构的配置试验示范区，是黄河灌区实现天牛控制、农田防护和经济效益统一重要途径。

辽宁省松毛虫工程治理试点项目，在前期工作的基础上，大面积应用了毒绳防治下树松毛虫技术，克服了大面积使用化学农药的副作用，同时大幅度增加了仿生、生物农药的使用比例，直接除治面积达15.3万公顷。应用微机提高了松毛虫虫情监测和预报能力。实施的各种营林措施和纯林改造，对类似辽西生态类型地区的松毛虫持续控灾模式提供了实践依据。

广东省松材线虫病工程治理项目，通过全面人工地面调查，及时掌握松材线虫病的发生情况，利用专业队施工，及时清理病死树，就地熏蒸处理，建立检疫检查哨卡，运用天牛引诱剂和释放肿腿蜂等多种综合措施和技术，有效控制了松材线虫病的蔓延，疫区面积由工程开始前的1.9万公顷下降到1.4万公顷。与华南农业大学合作的应用分子生物学SSCP技术鉴定松材线虫已进入实际应用阶段。工程区内还结合低产林改造和省内绿化工程进行了较大范围的林分改造，为控制、压缩危害面积起到了积极的作用。

国家林业局会同有关专家于1999年年末对3个试点项目进行了中期评估。结果表明，项目区灾情均明显减轻。在工程治理工作中，现有技术得到了综合运用，有关地方政府切实加强了领导，防治经费投入定额配套到位，群防群治意识得到了很大的提高，部门间协调配合得到了加强，起到了较好的示范作用。3个森林病虫害工程治理试点项目不仅对控制3省区森林病虫害发挥了重要作用，也为全国森林病虫害工程治理工作的全面展开，起到了示范和辐射作用。（吴　坚）

【新的森林病虫害国家级工程治理项目启动】 为加强对美国白蛾和松材线虫病的治理力度，在财政部支持下，国家林业局于1999年启动了苏浙皖鲁松材线虫病工程治理和京津冀美国白蛾工程治理两个项目。两个工程项目由国家林业局森林病虫害防治总站负责监督实施，并要求地方配套资金按中央与地方1∶2（含投工投劳）比例配套，其中资金配套比例不能低于1∶1的比例。通过近一年的努力，两个项目均取得了一定的进展。

美国白蛾工程治理项目1999年共完成防治面积8.37万公顷（计划5.95万公顷），占计划的140%；释放周氏啮小蜂1.1亿头，控制美国白蛾面积3 666.7公顷；人工摘除网幕6.5万个、挖蛹180万头、捕捉成虫29万头；项目区建立起以区县森林病虫害防治检疫站和乡镇林业工作站技术人员为骨干的美国白蛾查防专业队300多个，出动人员10万余人次，动用车辆和防治器具1.4万多台（套）。天津、河北工程区美国白蛾虫口密度明显下降，基本做到有虫不成灾；经过3次全面普查和使用引诱剂重点监测，证明美国白蛾没有传入北京市，为首都创造优美环境，庆祝建国50周年和迎接澳门回归作出了贡献。

松材线虫病工程治理项目区进行了大力封锁扑灭工作，全年清理病死树331.65万株，处理疫木6.96万立方米，烧毁病木及其枝桠6.53万吨，更新改造疫点松林面积2 200公顷，利用诱捕器、饵木、肿腿蜂和白僵菌等措施防治天牛1.7万公顷，化学药剂防治3 333.3公顷；在主要交通要道新设检疫检查站90个（其中浙江39个，江苏14个，安徽22个，山东15个），加大了封堵力度；疫情普查面积229.3万公顷，在重点地区设置天牛诱捕器进行重点监测；还开展了病材加工利用试点工作。（吴　坚）

【部分两院院士和专家考察松材线虫病危害】 在国家

林业局的大力支持和配合下，中国科协组织部分两院院士和专家于1999年5月赴江苏、浙江、安徽考察了松材线虫病危害情况。国家林业局党组成员、中国林业科学研究院院长江泽慧参与了考察活动；中国工程院副院长沈国舫为考察团团长。考察期间，安徽省副省长张平、江苏省副省长姜永荣、浙江省副省长章猛进和3省林业主管部门负责同志，分别向考察团介绍了本地松材线虫病发生防治情况、采取的措施，以及经验教训和面临的困难和问题。考察后，中国科协向温家宝副总理并国务院呈报了《关于迅速遏制松材线虫病在我国传播蔓延的对策措施建议》。　（吴　坚）

自然保护区建设

【综　述】　我国自然保护区建设已初具规模。截至1999年底，全国共建立各种类型的自然保护区1 118处，总面积8 641万公顷，占国土面积的8.62%。我国林业系统建立和管理的自然保护区有776处，占全国自然保护区总数的69.4%，总面积6 697万公顷，占国土面积的6.98%，是全国自然保护区总面积的77.5%。全国已有国家级自然保护区136处，其中林业系统管理的94处，占69.1%。全国还建立了850处森林公园，面积750多万公顷。林业系统建立和管理的自然保护区构成了我国自然保护区的主体。

自然保护区的建设和发展，大大促进了珍稀野生动植物的保护。四川卧龙自然保护区大熊猫研究中心繁殖了24胎37仔，成活25仔，创造了人工繁育大熊猫的奇迹。朱鹮从1981年重新发现时的7只，已经发展到203只，正逐步摆脱灭绝的危险。安徽扬子鳄保护区和繁殖研究中心经过10多年的人工拯救繁育，从200多条发展到9 000多条。海南大田国家级自然保护区内的海南坡鹿由保护初期的26头发展到800多头。江苏大丰麋鹿自然保护区的麋鹿除种群数量达到408只外，目前已成功地进行了野生放养试验。许多珍稀植物如珙桐、银杉、红豆杉等上千种珍稀植物、树木种质种源在自然保护区内得到了有效保护和繁衍。

进一步加快自然保护区建设步伐，国家林业局已组织编制了《全国野生动植物及其栖息地保护建设规划》(草案)，要求从2000年开始到2005年全国林业系统自然保护区数量净增224处，面积增加近1 500万公顷，使自然保护区面积占国土面积的比例达到8.5%。要按照“布局合理、类型齐全、功能完备、管理高效”的原则，尽快在我国中西部地区的大江大河源头和典型的荒漠高原区域，重点划建一批湿地和荒漠生态系统类型自然保护区，总面积应达到600万公顷；要结合国家天然林保护工程，扩建或新建一批森林生态系统类型自然保护区，总面积应达到300万公顷；要在东北国有林区、松嫩平原和三江平原等区域，划建一批湿地类型自然保护区，总面积要达到100万公顷；还要在全国生物多样性丰富的其他地区，划建一批总面积不少于500万公顷的野生动植物类型自然保护区。

（严　旬）

【国家级自然保护区领导干部业务培训】　国家级自然保护区是自然保护区建设发展的主体和精华。为提高国家级自然保护区领导干部的政治和业务素质，加强国家级自然保护区的建设和管理，充分发挥林业系统自然保护区在全国自然保护区建设和管理中的带头和示范作用。国家林业局野生动植物保护司会同人事教育司分别于1999年6月和10月，在北京举办了两期国家级自然保护区领导干部培训班。来自全国30个省(区、市)的88名国家级自然保护区的主要领导参加了培训。培训班邀请了有关领导和教师，就邓小平理论、当前农村形势和政策、自然保护区管理、宣传和环境教育、生物多样性保护、保护区经济发展与周边社区的关系、保护区管理计划的制定与实施、保护区的分类与管理、林业政策与体制以及国外保护区介绍等多方面专题进行了讲授。还专门组织学员，就有关自然保护区发展建设问题进行了多次专题研讨。国家林业局领导对培训班非常重视，王志宝局长出席了第二期培训班开学典礼，马福副局长出席了两期培训班的开学典礼，并带领有关司局领导与学员进行座谈，听取学员的意见。

通过培训学习，学员们普遍反映收获很大：①认清了我国自然保护区工作面临的形势和任务，为开拓自然保护区的建设和管理工作树立了新的理念和信心。②进一步明确了在我国社会主义初级阶段和市场经济条件下自然保护区发展建设的指导思想和工作思路。确立的指导思想应为：以邓小平理论和党的十五届三中全会精神为指导，解放思想、实事求是，一切从社会主义初级阶段的国情出发，遵循自然规律，坚持有利于自然保护区建设和生物多样性保护，有利于生态环境建设，有利于国民经济和社会发展的原则，以保护为根本、改革为动力、发展为目的、分类指导、合理布局、调动社会各方面力量，走有中国特色自然保护区建设的道路。在今后的工作中，其工作思路是：一要充分认识保护、改革、发展三者关系的重要性。二要全面完整理解保护、改革、发展三者的关系。三要准确处理保护、改革、发展的关系。既要着眼于资源的保护，更要着眼于资源的可持续发展，坚持速度与效益的统一，全面开创我国自然保护区事业的新局面。③增长了业务知识，掌握了方针政策，对有关自然保护区的法律法规有了更深的理解，对保护区今后的发展方向和方针政策、工作目标、任务和思路有了更深的认识和提高。

（武立磊）

【全国湿地资源调查】　湿地是地球上具有多功能、多效益的生态系统，是重要的水禽栖息地。作为自然保护的主要对象，湿地保护越来越受到国际社会的高度重视，湿地公约就是国际社会为保护湿地而建立的全球性政府间的自然保护公约。我国政府十分重视湿地保护和管理，尤其是1992年加入了湿地公约后，在湿地保护与合理利用方面做了不少工作。为了掌握我国的湿地资源现状、建立全国湿地资源数据管理系统，为科学管理和合理利用湿地资源提供科学依据，并为履行湿地公约、开展国际交流和科学研究服务。我国决定从1995年开始，用5～6年时间，开展全国湿地资源调查工作。本次湿地资源调查是以各省（区、市）为总体，由全国制定统一的湿地资源调查技术规程，由各省（区、市）湿地保护主管部门具体组织实施。

本次调查的范围仅规定面积100公顷以上的近海及海岸湿地、湖泊（含水库）、沼泽及沼泽化草甸湿地、宽度10米、长度5千米的全国主要水系的四级以上支流、以及其他具有特殊意义的湿地。在湿地调查中又分为重点湿地详细调查和一般湿地调查。

凡符合以下条件之一的湿地均需进行重点详细调查：①已列入湿地公约名录的国际重要湿地；②已列为国家级自然保护区的国家重要湿地；③已列为省级保护区的湿地；④省区特有类型的湿地；⑤具有省区特有的濒危保护物种的湿地；⑥面积≥1万公顷的湖泊、沼泽、水库；⑦湿地水鸟度过其生活史重要阶段的湿地，或者一种或一亚种水鸟总数的1%终生或在生活史的某一阶段栖息的湿地；⑧红树林。重点湿地调查的内容有：①湿地位置（地理坐标）、面积、类型、地形、海拔高度、气候、土壤、水文；②湿地区内动物的种类、分布及生境状况，影响动物生存的主要因素，湿地动物研究、管理、驯养繁殖、利用及贸易状况；③一些重要水鸟数量及其迁徙习性；④湿地植物种类、分布和生境状况；湿地植被状况；沿海红树林的面积、种类组成、分布、生长情况、利用与破坏现状；⑤全国或各省特有、珍稀、濒危且集中分布的水生植物物种及分布面积；⑥湿地周边地区社会经济状况概述；⑦湿地资源利用状况，包括农业、交通、水利、旅游、工业开发等利用湿地资源的状况；⑧湿地受破坏或威胁的现状及主要威胁因子；⑨湿地管理、保护与研究现状；⑩湿地自然保护区的基本情况、现状和管理水平。其中，湿地动植物调查的主要重点是：国家一、二级或省级保护动物，或各湿地特有的野生动物；列入《国家保护野生植物名录》、或省级保护野生植物名录、或各湿地特有的植物；列入CITIES公约及其他公约或协定的物种；有重要经济价值的物种；环境指示种或生态关键种；有重要科学研究价值的物种。

一般湿地仅调查其地理位置（地理坐标）、类型、面积、海拔高度。

1999年7月，国家林业局在昆明召开了全国湿地调查工作会议，对前一阶段的湿地调查工作进行总结，解决了调查中存在的有关问题，对下一步的工作进行了统一部署，讨论并通过了调查成果汇总、制图、及检查验收等技术文件。为全国湿地调查工作的顺利完成奠定坚实的基础。截至1999年底，江西、吉林、海南、安徽、河北、云南、河南、宁夏、贵州、山西10个省区已基本结束调查工作；湖南、湖北、浙江、四川、辽宁、青海、北京、上海、天津、江苏、内蒙古、新疆、陕西、西藏、广东、福建16个省（区、市）已结束外业调查正在进行内业汇总；广西、甘肃、重庆、山东、黑龙江5省区还正在进行外业调查。根据全国湿地调查工作的总体部署，各省（区、市）湿地资源调查工作应于1999年底至2000年上半年初步完成，2000年下半年开始全国调查数据汇总和制图等工作，到2001年，本次湿地资源调查的有关工作将全部结束。

（黄桂林）

【全球环境基金中国自然保护区管理项目实施】　1999年是实施的第四年，项目的运作取得了极大的进展。9个项目保护区的管理计划分别于2月和12月获世界银行批准。每项管理计划都对本保护区未来5年的建设和发展作出了具体规划，对建设工程和保护项目进行了优先程度的排序，使保护区的保护目标和未来发展紧密结合，保证了资金的有效使用；同时，对涉及到影响周围环境的项目进行了环境评估，确保了工程或项目的实施不会破坏原有的生态环境。管理计划批准后，各项目保护区的土建工程也随之展开，一些保护站、野外实验室、巡护员小屋、办公室等在年底前已完成施工，投入使用。

连接福建武夷山保护区和江西武夷山保护区核心区之间的野生动物走廊带实施计划亦于2月份获世界银行批准。该走廊带是国内第一条连接两个保护区的核心区、为野生动物基因交流提供方便的通道。走廊带的建设，涉及走廊带内毛竹和茶园的补偿及走廊带外毛竹加工厂和茶园的搬迁问题，经过多次的反复磋商，保护区与当地社区就补偿与搬迁问题达成了协议，确定了补偿金额及加工厂的新址。5月份，成立了由保护区和社区人员共同组成的走廊带共管委员会，负责具体事宜的实施。

项目还资助编制了云南省保护规划和云南的3个高优先级保护区的管理计划。云南省保护规划的编写，参考了国内外专家的建议，征求了省内计划、财政、农业、环保等部门的意见，于9月份完成了修改稿。云南省的3个高优先级保护区管理计划，已完成了2个，另1个保护区的编写工作，得到了世界自然（香港）基金会的技术援助。已进入收集、整理资料的阶段。

项目的社区管理活动已进入实施阶段。包括社区共同管理、社区教育和社区推广的活动，目的是促进保护区内及周边社区对生物多样性保护的参与。6个项目保护区的8个农村社区被选为试点进行这项自然保护区管理方面的新尝试。8个社区已开始启动资助社区群众选定项目的社区投资基金。该基金被设计为滚动式，在社区工作人员确定农户所选项目有经济效益后，贷款资金用于对农户的扶持。农户项目收到效益后，返还给投资基金，再另选一户进行扶持。

社区教育试点取得了巨大成绩。项目开始初期，各项目保护区在实施社区教育时，多采用传统的教育手段和方法，如放保护内容的录像、散发宣传小册子、组织中小学生参加夏（冬）令营等，并且多数活动面向城镇居民，在保护区周边社区中产生的影响不大，没有起到社区教育的作用。因此，项目暂停了其他保护区的社区教育活动，在云南省进行新的教育活动试点。在一年多的试点活动中，引入和采用了大量创新性的、参与式的教育方法，在社区教育活动的设计、实施和教育材料的制作等方面获得了大量经验。这些经验与方法，将向项目保护区及其他非项目保护区推广。

在保护教育活动中，中央电视台，摄制了反映项目成绩与内容的专题片和教学片。专题片主要从加强技能能力建设、加强野外巡护、社区共管等八个方面着手，突出表现项目给中国自然保护区建设带来的新思维、新方法；教学片侧重于解释和介绍项目活动的内容、手段，主要用于向其他非项目保护区介绍项目的创新方面。

项目资助的保护区工作人员硕士、博士学位的学习活动也开始启动，截至8月底，各项目单位已有56人申报学位学习，这些人员将参加全国统一的入学考试，成绩合格者，将由项目资助其学习费用。

由国家林业局野生动植物保护司牵头的《全国林业系统自然保护区建设规划》，正在顺利进行。9月份举办了技术性研讨会，来自国内外的专家出席并参与了讨论。国际咨询专家已开展了2次咨询活动。该项规划，在充分考虑专家意见的情况下，还考虑到了国家第十个五年计划的有关内容，将是林业系统发展自然保护区事业的指南。 （陈立伟）

野生动植物保护

【《国家重点保护野生植物名录（第一批）》发布】 我国地域辽阔，生物多样性丰富。据统计，我国仅高等植物就有470余科3 700余属3万余种，居世界第三位。我国还保存了许多在北半球其他地区早已灭绝的银杏、水杉等古老孑遗植物。同时还有重要的野生经济植物3 000余种，又是世界上栽培作物的重要起源中心之一，拥有大量的作物野生种群及其近缘种。保护、发展和合理利用野生植物资源，对于发展国民经济、维护生态平衡、改善自然环境、丰富人民生活等方面有着极为重要的意义。但是，长期以来由于自然和人为的原因，致使多种珍贵稀有植物遭到了不同程度的破坏，数量急剧减少。乱砍滥伐、乱采滥挖、乱收滥购的违法活动普遍存在，有的地方相当严重。为切实有效地保护我国的野生植物物种，维护生物多样性，并使保护管理工作有法可依，国务院1996年9月30日公布了《中华人民共和国野生植物保护条例》（以下简称《条例》），并自1997年1月1日起实施。《条例》明确了国家对野生植物资源实行“加强保护、积极发展、合理利用的方针”。保护范围为“原生地天然生长的珍贵植物和原生地天然生长并具有重要经济、科学研究、文化价值的濒危、稀有植物”，并对野生植物的保护、采集、出售、收购、进出口及有关违法犯罪活动的处罚等都做了相应规定。根据《条例》的有关规定，由国家林业局（原林业部）、农业部作为野生植物的行政主管部门，共同组织有关专家拟定了《国家重点保护野生植物名录》。在征求了国家和地方的有关部门、科研教学单位及200多位植物分类学专家意见的基础上，组织了包括中国科学院系统在内的植物、林学、农学、畜牧、果树、蔬菜、油料、茶叶、花卉、渔业、医药等有关方面的专家以及部分省区野生植物管理人员参加的论证会，对所拟定的《国家指导保护野生植物名录》进行了认真论证，最后确定了419种13类植物。1999年9月9日经国务院批准，国家林业局和农业部第4号令发布了《国家重点保护野生植物名录》（第一批）（以下简称《名录》），计有246种8类植物。其中由林业主管部门分工管理的植物200种6类。《名录》作为《条例》的配套法规，是《条例》具体的保护对象和实际操作的依据。为打击违法犯罪活动提供了强有力的法律武器，是进行野生植物保护的法律保障。 （郭红燕）

【野生动植物进出口管理】 1999年我国的野生动植物进出口工作有了新的进展，在深化改革中有了新的突破，取得了比较明显的效果，主要表现在：一是开展野生动植物进出口的规范化管理。为了认真贯彻执行国家颁布的有关法律法规，建立健全各项规章制度，国家濒危物种进出口管理办公室（以下简称濒管办）制定了《野生动植物允许进出口证明书申办审批程序》（暂行），明确规定了野生动植物进出口需具备的条件及操作方法，增强了工作中的透明度。为了加强进出口工作的宏观管理，濒管办下放了部分物种的审批办证权限，使有审批办证权的办事处由6个扩大到9个，充分发挥了各地办事处的作用。二是实施了出口限额管理制度。为能有效地控制资源的过度利用，强化调控机制，濒管办对部分野生活体观赏动物出口实施限额管理，在繁殖季节停止出口野生鸟类的审批。同时还对部分省区活鸟市场及饲养情况进行了调查研究，为野生动物进出口合理利用资源进行了探索。三是科研标本交换豁免工作有了进展。根据濒危野生动植物种国际贸易公约（以下简称公约）的有关规定和科研单位的要求，濒管办会同濒危物种科学委员会对科研单位的动植物标本交流的豁免问题进行了调研，并得到了公约秘书处的认定，促进了科研机构的野生动植物标本的国际交流。四是开展对重点物种的调查研究。濒管办重点对鲟鳇鱼籽酱出口限额、标记进行管理，对敏感物种豹猫、猎隼、麝、猴、蝶的出口加强管理，对大宗贸易物种蛇类、龟类、黄鼬、花鼠及兰花、甘草、松茸、红松籽仁进行了调查评估。这些具体项目既要执行公约的决议，又要指导和支持国内各部门、行业的经营活动，保证了国内在保护、贸易等方面的有关法规、政策得到认真的贯彻执行。五是接待公约虎技术问题检查团的核查。虎的保护和禁止贸易工作一直是国际十分关注而极为敏感的问题。我国传统中医药使用虎骨使其矛盾更为突出。为贯彻国务院有关通知精神，严格履行公约有关虎问题的决议，濒管办召开了国内有关部门参加的协调会，并实地调查虎骨的封存情况。顺利地接待了来华的虎技术问题检查团，完成了核查任务，受到了检查团的好评。六是严厉打击野生动植物走私犯罪活动。针对非法进出口野生动植物的突发性案件较多的特点，濒管办与海关、公安部门配合，对南京、南宁、天津、青岛、乌鲁木齐及云南瑞丽等地发生的猎隼、象牙、高鼻羚羊、鳄类等野生动物走私案及涉嫌走私案进行了查处，开展了专项重点打击，取得了明显的成效。七是国际合作交流取得明显成效。濒管办积极参加公约组织召开的各类会议和活动，在国际立法、履约能力及大宗贸易回顾等方面表明了中国的立场，维护了国家的利益，增强了我国参与公约事务的力度。为了向国际社会表明中国保护藏羚羊的坚定立场，濒管办与公约秘书处及世界自然基金会协商，组织召开了1999年中国西宁藏羚羊保护及贸易研讨会，发布了《关于藏羚羊保护及贸易控制的西宁宣言》，为有效地控制藏羚羊绒走私作了重要的工作。八是加强管理队伍的建设。为了不断提高野生动植物进出口管理工作人员的素质，濒管办在国内外组织了多种形式和内容的培训及研讨。与世界自然基金会、国际野生动植物调查委员会在广西北海，举办26个省级林业、水产资源主管部门、17个办事处、10个地方海关，共60多人参加的培训班，使工作人员在业务、执法、鉴定等方面受到教育。同时还组织国内有关工作人员参加由公约秘书处和香港渔农处举办的亚洲地区履行执法培训班，加强了野生动植物进出口管理工作。（施光孚）

【卧龙大熊猫繁殖技术与成果】 1980年，林业部在卧龙国家级自然保护区建立了中国保护大熊猫研究中心，其主要任务是救护、治疗野外病饿大熊猫，并围绕大熊猫的繁育与野化开展科研工作，探索人工促进大熊猫繁殖的技术方法与手段，通过开展人工繁殖的大熊猫野化放归试验，逐步达到将人工繁殖的大熊猫放归大自然并繁衍种群、保存物种的目的。经过多年的科学研究，该中心在大熊猫的饲养管理、饲料与营养配方、种公兽的培育、人工授精、妊娠与产仔、人工育幼、疾病防治等方面取得了很大的进展。该中心拥有最大的大熊猫圈养种群，圈养大熊猫46只，占全世界圈养种群的30%，其中，育龄期雌性大熊猫9只，6只能怀孕产仔，雄性大熊猫6只，有3只能自然交配，使人工饲养条件下大熊猫正常发情并自然交配的比例明显提高。1991～1999年，该中心共繁殖大熊猫24胎37仔，其中11个双胞胎，1个三胞胎，共成活25只，胎数成活率高达95%，只数成活率达70.2%。1991年，该中心的大熊猫全人工育幼，幼仔成活160天，创造了当时的世界纪录；1998年人工育幼的5只大熊猫全部成活，标志着该中心人工育幼大熊猫幼仔的技术已获得突破。1999年，该中心在人工繁殖和育幼技术上再一次取得突破性进展，共繁殖大熊猫8只，成活7只，充分显示了该中心在人工繁殖及育幼等方面雄厚的技术实力，也为大熊猫的野化放归奠定了坚实的物质基础。

（罗 颖 张和民）

【中央政府向香港特别行政区赠送大熊猫】 亲眼目睹大熊猫的风采是香港同胞的长期愿望，为此，香港回归祖国以后，香港特别行政区行政长官董建华先生代表香港市民向中央政府提出希望得到一对大熊猫，中央政府非常尊重香港市民的意愿，同意赠送一对大熊猫给香港特别行政区，以满足香港同胞的要求。为了做好大熊猫的赠送和饲养工作，国家林业局组织专家参与了香港海洋公园大熊猫场馆的设计工作，帮助解决饲料供应问题，并对港方人员进行了业务培训。经过国家林业局会同有关部门精心挑选和准备，1999年3月10日，国家林业局将饲养于卧龙的大熊猫安安、佳佳运往香港，李育才副局长率代表团也同期抵达香港，代表中央政府出席了向香港特别行政区赠送大熊猫的交接仪式。（李 忠 罗 颖）

【大熊猫保护评估及研究技术国际学术研讨会】 1999年10月4～8日，由国家林业局和IUCN保护繁育专家组（CBSG）主办的大熊猫保护评估及研究技术国际学术研讨会在四川卧龙中国保护大熊猫研究中心召开。与会代表共65人，其中国外代表13人，国内代表

52人，会议还特别邀请了国内外在大熊猫动物学、生物学等研究领域知名的专家参加。

会议紧紧围绕“保护评估和研究技术”两大主题内容、以小组讨论结合大会报告的形式进行，并划分了6个工作组进行讨论，即：(野外)调查和监测组、野生大熊猫种群动态组、圈养大熊猫种群动态组、圈养大熊猫管理—饲养与行为组、圈养种群未来的任务组、对结合保护及可持续发展的保护与社区需要的评估组，与会者根据自己的研究方向自由选择工作组参加讨论。会议分别就六个领域的问题提出了详尽的报告和今后工作的决策性建议行动，经整理汇总后，出版了《大熊猫保护评估及研究技术研讨会报告》(草案)，为将来的大熊猫保护和科学研究工作提供了科学依据，对今后的工作具有积极的指导意义。 (罗 颖 汤纯香)

【中国人民向日本人民赠送朱鹮】 为表达对日本人民的深厚友谊，1998年11月江泽民主席在访问日本时宣布，中国人民将向日本人民赠送一对取名为洋洋和友友的朱鹮，这是中国首次向外国赠送朱鹮。1999年1月30日，王志宝局长在北京会见日本环境厅政务次官栗原博久，就交接事宜进行磋商。1999年2月，以王志宝局长为团长的中国代表团赴日参加交接仪式。1999年2月8日，王志宝局长和官栗原博久政务次官分别代表本国政府在交接证书上签字。

来自陕西省洋县的洋洋、友友被安置在日本新泄县佐渡朱鹮饲养中心。朱鹮在日本受到了日本全国的关注。同年5月21日洋洋和友友的后代破壳，后经日本全国征集命名为优优。 (郭红燕)

【野生动物管理对外合作与交流】 1999年是我国野生动物管理工作，围绕着野生动物的保护管理，开展了许多对外合作与交流项目。

1999年2月8日，由国家林业局与日本环境厅正式接交江泽民主席赠送给日本人民的礼物——朱鹮洋洋和友友。5月，这对朱鹮在日本产下一子，命名为优优。朱鹮已成为中日两国人民世代友好吉祥愿望的象征。

1999年4月，我国签署了《关于白鹤保护措施的了解备忘录》，并与野生动物迁徙物种保护公约秘书处、国际鹤类基金会及俄罗斯、哈萨克斯坦、伊朗一起向联合国环境规划署申请了白鹤及其他亚洲重要水鸟所需重要湿地及迁徙廊道的保护项目。该项目已获得批准进行前期准备工作。

1999年5月，中国代表团赴哥斯达黎加参加关于特别是作为水禽栖息地的国际重要湿地公约第七次代表大会。会议期间，代表中国三江平原国家级自然保护区加入了东亚雁鸭迁飞地点网络，并参加了该网络的启动仪式。1999年10月22～25日，东亚雁鸭迁飞地点网络工作第一次会议在日本举行，国家林业局派出2人代表中国参加了会议。

1999年2月，国家林业局与美国鱼和野生动物局犀牛和老虎保护基金合作进行华南虎种群及生境调查。6月，全国鸟类环志中心与沙特阿拉伯环境保护研究所合作进行猎隼种群及生境调查。

1999年11月14～17日，国家林业局派团赴南非代表中国以观察员身份参加了野生动物迁徙物种保护公约第六次缔约国大会。 (张德辉)

【中澳、中日候鸟保护协定工作会议】 根据《中华人民共和国和澳大利亚政府保护候鸟及其栖息环境协定》和《中华人民共和国政府和日本国政府保护候鸟及其栖息环境协定》，经中澳候鸟保护协定第三次工作会议和中日候鸟保护协定第七次工作会议商定，中澳候鸟保护协定第四次工作会议和中日候鸟保护协定第八次工作会议分别于1999年11月22日和11月23日在江西省南昌市举行。以国家林业局野生动植物保护司司长张建龙为团长的中方代表团分别与澳方代表团和日方代表团进行了友好和卓有成效的洽谈，相互通报了上次会议以来各自国家在候鸟及其栖息地保护方面的工作情况，重点介绍了有关候鸟保护的调查研究现状和由此取得的经验及成果。双方对两年来两国在该领域的合作给予了高度评价。

本期工作会议探讨和研究了今后合作方向及内容。中澳双方商定今后将重点在实施彩色旗标方案、修改协定附表候鸟名称、保护合作项目及协商方式、人员交流与培训等方面进一步加强合作；中日双方商定今后将重点在黑脸琵鹭及黑嘴鸥联合调查、修改保护候鸟附录、候鸟环志、共同支持亚太地区迁徙水鸟保护战略的实施、人员培训、信息交流等方面进一步加强合作。有关合作的具体内容，各方将通过进一步协商确定。

本期工作会议，还就下期会议时间、地点进行了协商，初步同意中澳候鸟保护协定第五次工作会议于2001年下半年在澳大利亚举行。应澳方邀请，中日候鸟保护协定第九次工作会议也将同期在澳举行。

(王维胜)

【亚洲水鸟迁飞地点网络】 根据湿地国际“亚太迁徙水鸟保护战略：1996～2000”的倡议，在亚太地区分别建立了东北亚鹤类迁飞地点网络、东亚雁鸭迁飞地点网络和东亚—澳大利亚涉禽迁飞地点网络。这三个网络的目标是通过强调湿地对水鸟保护的重要性，促进跨国迁徙的鹤类、雁鸭及涉禽栖息地的保护。

在三个网络中，东北亚鹤类迁飞地点网络是由日本环境厅、国际湿地、鸟类国际(Bird Life International)和其他非政府组织发起的，并于1997年在中国召开的国际湿地研讨会上正式启动。鹤类网络包括中国、日本、韩国、朝鲜、俄罗斯、蒙古6个东北亚鹤类分布国的国家。在鹤类网络的赞助下，所有工作组成员定期举行国际会议，通过分布国间的信息交流，促进各国的鹤类保护工作和国家间的合作交流。东北亚地区已有18个鹤类迁飞地点加入了该网络，其中日本5个、中国4个、俄罗斯4个、蒙古1个、朝鲜2个和韩国2个。中国作为鹤类的最大分布国，一直积极参加鹤类网络的工作，并在鹤类网络的工作中起着重要作用。在我国70多个与鹤类保护有关的保护区中，已有兴凯湖国家级自然保护区、黄河三角洲国家级自然保护区、江苏盐城国家级自然保护区和鄱阳湖国家级自然保护区4个鹤类迁飞地点加入了该网络。

东亚雁鸭迁飞地点网络是由日本环境厅和湿地国际日本发起的，包括美国、俄罗斯、中国、蒙古、朝鲜半岛、日本、东南亚和菲律宾。1999年10月22～25日，东亚雁鸭迁飞地点网络工作组第一次会议在日本举行，会议讨论了雁鸭工作组的工作任务和网络的发展方向，并制定了东亚雁鸭迁飞地点网络2001～2005年工作计划。

东亚—澳大利亚涉禽迁飞地点网络由澳大利亚环境部等单位发起，其工作主要致力于东亚及澳大利亚地区迁飞的涉禽的保护工作。 （张德辉）

森林防火

森 林 火 灾

【1999年全国森林火灾情况】 1999年全国森林火灾情况如下：

森林火灾次数 1999年，全国共发生森林火灾6 847次，其中受害森林面积1公顷以下的森林火警3 581次，占火灾总次数的52.30%；受害森林面积1公顷以上不足100公顷的一般森林火灾3 239次，占火灾总次数的47.31%；受害森林面积100公顷以上不足1 000公顷的重大森林火灾27次（云南10次，湖北5次，广东3次，广西3次，福建2次，山西、山东、湖南、新疆各1次），占火灾总次数的0.39%；没有发生特大森林火灾。

受害森林面积 1999年，全国森林火灾受害森林面积43 690公顷，其中原始林6 201公顷，占14.19%；人工林32 235公顷，占73.78%；其余为次生林。

人员伤亡情况 1999年，在森林火灾中受伤（含轻伤、重伤）322人，死亡99人。

“四率”情况 森林火灾发生率（10万公顷森林面积发生森林火灾次数）全国平均5.20次，比1998年增加1.82次；森林火灾受害率（火灾受害森林面积同森林总面积的千分比）全国平均0.33/1 000，比1998年增加0.12个千分点；森林火灾控制率（每次森林火灾受害森林面积）全国平均6.38公顷/次，比1998年增加0.22公顷/次；森林火灾案件查处率（已查明火因并处理的森林火灾次数与森林火灾总数的百分比）全国平均58.93%，比1998年减少0.58个百分点。

森林火灾原因分析 已查明火因的森林火灾5 471次，占全年森林火灾总数的79.90%。

生产性用火引起森林火灾2 119次，占已查明火因火灾的30.94%，其中烧荒引起森林火灾1 652次，占24.13%。非生产性用火引起森林火灾3 148次，占已查明火因火灾的45.98%，其中上坟烧纸引起1 273次，占18.59%；野外吸烟引起775次，占11.32%；小孩玩火引起318次，占4.64%；取暖做饭引起165次，占2.4%。故意放火引起森林火灾104次，占已查明火因火灾的1.52%。雷击火和其他自然火引起森林火灾26次，占已查明火因火灾的0.38%。

森林火灾情况综合分析 1999年森林火灾总数比1998年上升了53.69%，比1988～1998年11年平均值（以下简称均值）增加了1.26%。森林火灾受害森林面积比1998年增加了59.31%，比均值下降了12.48%。在森林火灾中受伤人数比1998年和均值分别上升了312.82%和75.17%；死亡人数比1998年上升了160.53%，比均值上升了108.62%。因上坟烧纸引起的森林火灾次数比1998年上升了76.72%；因吸烟引起的森林火灾比1998年上升了29.82%。

1999年，由于各地采取超常规措施，加大工作力度，确保了大庆之年不发生特大森林火灾工作目标的实现。但是，该年度因上坟烧纸和吸烟引起的森林火灾次数明显增多，人工林损失比重加大，森林火灾伤亡事故和故意纵火案件大幅度上升。严格火源管理，加强安全扑火的宣传、教育和培训工作，严厉打击纵火犯罪活动，仍是各级森林防火指挥部的工作重点。

全国森林防火统计表

地区	森林火灾次数					火场	受害森林面积(公顷)			损失林木		人员伤亡				其他损失	出动扑	出动车辆(台)		出动	扑火
	计	森林火警	一般火灾	重大火灾	特大火灾	总面积(公顷)	计	其中 原始林	其中 人工林	成林蓄积(立方米)	幼林株数(万株)	计	轻伤	重伤	死亡	折款(万元)	火人工(工日)	计	其中汽车	飞机(架次)	经费(万元
全国合计	**6 847**	**3 581**	**3 239**	**27**		**134 438**	**43 690**	**6 201**	**32 235**	**1 219 703**	**8 616**	**421**	**290**	**32**	**99**	**7 069**	**1 765 117**	**71 231**	**58 109**	**594**	**7 350**
北京	11	9	2			54	10		10	2	1						1 865	88	86		2
天津	2	2				15	1		1		0						600	8	5		0
河北	17	12	5			436	102		102	1 345	1					17	7 809	233	221		4
山西	86	25	60	1		4 848	2 118	276	1 842	61 103	149	35	4		31	997	107 967	5 560	3 598	1	356
内蒙古	25	13	12			1 252	411		63	24 660							36 500	181	168	298	1 560
辽宁	99	85	14			232	81	10	71	98	13	1	1			7	9 229	586	578		27
吉林	34	28	6			383	176	97	5	535	2					19	5 464	297	275	19	31
黑龙江	90	69	21			14 267	744	744		16 530	578						47 813	1485	1 485	245	334
上海	1	1																			
江苏	145	117	28			407	89	1	88	710	11					6	10 781	593	583		37
浙江	463	122	341			3 826	2 082	394	1 688	38 547	295	7	2	3	2	9	59 419	1 979	1 620		57
安徽	93	69	24			387	175	13	162	2 659	11	1			1	45	13 560	556	556		21
福建	318	52	264	2		4 558	3 099		2 490	39 145	563	3			3	7	73 506	4 064	2 191		300
江西	516	200	316			5 698	3 264	572	2 692	28 246	586	9	2	2	5	216	90 907	3 037	2 698		104
山东	153	133	19	1		314	196		196	936	20	2		1	1	48	70 261	2 577	2 573	1	54
河南	189	135	54			1 433	501	86	316	1 373	25	2	1		1	31	80 209	1 839	1 834		103
湖北	759	437	317	5		7 826	2 872	593	2 208	10 250	129	14	5	2	7	69	118 062	3 090	3 018		81
湖南	357	115	241	1		3 902	2 231	174	2 053	28 383	588	17	7	1	9	146	61 606	3 396	3 221		87
广东	554	129	422	3		11 347	7 136	35	9 856	108 288	439	22		11	11	580	196 972	13 108	7 064		662
广西	538	234	301	3		14 340	4 280	1	3 834	65 155	855	1			1	294	89 999	4 758	3 701	16	187
海南	109	67	42			491	187		187	1 616	5					107	8 271	578	313		6
重庆	146	127	19			430	125	45	81	2 787	18	23	20	1	2	41	28 201	946	759		29
四川	273	244	29			3 428	435	367	68	52 745	15	27	27			23	62 175	1 635	1 396	8	284
贵州	754	505	249			5 114	1 732	191	1 538	5 341	2 135	41	32	1	8	192	52 336	1 813	1 811		21
云南	964	571	383	10		44 403	10 470	1 861	2 556	710 501	2 099	197	175	10	12	2 863	474 052	17 306	16 931	6	2 829
西藏	26	10	16			1 540	321	321		13 956	48	1			1	1 307	17 571	333	333		58
陕西	91	47	44			1 574	620	237	93	1 627	28	16	13		3	17	33 946	920	861		57
甘肃	15	11	4			126	29	16	13	555	0					14	2 360	115	97		7
青海	4	1	3			17	11		5		0	1	1			1	937	22	22		3
宁夏	3	1	2			25	25	4	17		1	1			1		640	50	33		45
新疆	12	10	1	1		1 764	164	164		2 611	0					12	2 099	78	78		5

（周俊亮　邱　林）

【山西汾阳重大森林火灾】 1999年4月3日16时，山西省汾阳市万宝乡王虎庄村附近发生森林火灾，4月8日9时扑灭。起火原因是汾阳市杏花村镇石老村村民盗伐林木吸烟所致。由于汾阳市组织扑救不力，致使火灾蔓延到与之相邻的文水县境内。4月4日火场突起大风，火势增大，16时30分，文水县马西乡孝子渠村武登高等23名干部群众被大火围困，窒息牺牲（已被追认为烈士）。

重大伤亡事故发生后，党中央、国务院对火灾扑救及善后处理工作十分重视。朱镕基总理亲自过问，温家宝副总理两次作出重要批示，王志宝局长到局森林防火指挥中心坐阵组织协调扑救工作，并火速派出工作组，赶赴火场前线协助地方组织扑火和处理善后工作。山西省委、省政府的主要领导亲临火场指挥扑救。北京军区派出直升机，内蒙古森警总队派出200名官兵支援灭火。当地共出动解放军、武警官兵和干部、群众5 000余人参加扑火。

这次火灾过火面积1 256.2公顷，受害森林面积912公顷，损失成林25 649立方米，损失幼树4.4万株。

该起火灾的3名肇事者已被逮捕法办。汾阳市市长徐德在1999年12月28日山西省森林防火工作电视电话会议上作出检查。 （张连生）

【云南中缅边境入境森林火灾】 中缅边境缅方边民因放火烧山开地，多次引发森林火灾。1999年2月3日至4月22日，缅甸国发生森林大火，凭借强劲的西南风，火灾迅速向我国云南省德宏、保山、怒江三地州蔓延，数百千米的边境线上林火不断，使国家和人民生命财产遭受了很大损失。

火灾发生后，党中央、国务院十分重视。朱镕基总理亲自过问，温家宝副总理三次对扑救工作作出重要批示，国家林业局、云南省对扑救工作高度重视，王志宝局长、周生贤副局长、令狐安书记、李嘉廷省长多次对扑火工作作出指示；李汉柏、黄炳生副省长及国家林业局西南森林防火协调中心、省林业厅领导先后赶赴火场，组织指挥扑救。外交、气象、民航、总参、空军、武警等有关部门密切配合，对扑救这场大火给予了大力支持。

这场入境森林大火造成4起重大森林火灾，过火面积为4 019公顷，受害森林面积2 506公顷，烧毁林木21.2万立方米，烧死幼树10.6万株，投入扑火力量22万人次，花费扑火经费2 860万元，直接经济损失5 381万元，在扑救过程中，重伤8人，轻伤145人。 （张连生）

【云南丽江重大森林火灾】 1999年3月4日16时，云南省丽江县白沙乡玉湖村（东经100°13′22″，北纬27°03′10″）发生森林火灾，火场地处玉龙雪山南麓，海拔3 000米以上自然保护区的边缘。由于林内可燃物载量大，且山高坡陡，加之当时风力大、风向不稳定，火势迅速向玉龙雪山省级自然保护区蔓延。

党中央、国务院非常重视火灾的扑救工作，朱镕基总理、温家宝副总理作了重要批示，周生贤副局长率工作组赶赴火场，云南省副省长黄炳生亲临一线指挥。经当地驻军、武警官兵和干部群众5 340人的奋力扑救，大火于6日14时被扑灭。

此次大火火场总面积666.7公顷，受害森林面积106.7公顷，烧死幼树53.6万株，烧毁林木6 855立方米，扑火经费240多万元。在扑救火灾中，造成3人死亡，2人轻伤。

这起火灾是由村民在林内吸烟引起的，肇事者被依法判处有期徒刑6年。 （张连生）

森林防火体系建设

【北方七省（区、市）秋（冬）季森林防火工作会议】 1999年9月9日，国家林业局在北京召开了北方七省（区、市）秋（冬）季森林防火工作会议。国家林业局森林防火办公室副主任肖兴威主持会议，马福副局长在会上作了讲话，北方七省（区、市）的森林防火指挥部、林业厅、森林防火办公室、森工企业、森警指挥部、各森警总队、东北森林防火协调中心的领导出席了会议。

马福副局长全面总结了1999年春防工作，分析了北方秋（冬）季森林防火工作面临的严峻形势，要求各地紧急行动起来，以高度的政治责任感和饱满的精神状态，扎扎实实地搞好秋防工作，确保万无一失，让党中央、国务院放心，让全国人民放心。 （张连生）

【全国森林防火办公室主任会议】 1999年1月27日，国家林业局在北京召开了全国森林防火办公室主任会议。中国气象局、国家海洋局、东北林业大学、黑龙江森林保护研究所、中国林业科学研究院森林消防研究室等单位的专家分析了1999年森林火险趋势；重点省区林业厅、防火办领导汇报了1998年森林防火工作情况及1999年工作安排，分析春防形势。

李昌鉴副局长作了讲话，全面总结了1998年全国森林防火工作情况，部署1999年森林防火工作。明确提出1999年全国森林防火工作的总体要求是：以党的十五大精神和江泽民总书记“隐患险于明火，防范胜于救灾，责任重于泰山”的重要指示为指针，认真落实温家宝副总理关于做好今年森林防火工作的重要批示精神，坚持“预防为主，积极消灭”的方针，以火源管理为中心，以重点火险区治理、扑火装备和手段改进、生物防护林带建设、依法治火为突破口，不断强化防火基础设施、森警部队、航空护林和消防专业队伍建设，进一步完善森林防火责任制，努力实现全年森林火灾次数和受害森林面积减少，大水之后无大火，大庆之年无大灾的奋斗目标。 （张连生）

【全国森林防火办公室主任业务研讨会】 为进一步研究、探讨新形势下森林防火工作的新情况、新问题，切实做好新时期的森林防火工作，国家林业局森林防火办公室于1999年7月20～23日在云南省昆明市举办了有各省（区、市）防火办，内蒙古、龙江、大兴安岭森工（林业）集团公司防火办，东北、西南森林防火协调中心负责同志参加的全国森林防火业务研讨培训班。

国家林业局森林防火办公室副主任杜永胜在开班式上简要回顾了1999年全国的春防工作，探讨了近期和今后一个时期森林防火工作的总体思路。有关专家就重点火险区综合治理方案和森林防火“十五”发展规划的编制进行了专题培训，学员们座谈研讨了森林防火专项资金使用和投放重点及《森林防火条例》修改方案。 （周俊亮）

【国家财政专项补助云南、新疆、广西开设边境森林防火隔离带】 云南与缅甸、越南、老挝毗邻，国境线全长4 060千米；广西与越南接壤，陆地国境线全长968.9千米；新疆与8个国家接壤，边界线长达5 700千米。据统计，云南省1987年以来境外火入境达100多次，广西1991年以来边境地区共发生84次森林火灾，新疆也多次发生边境森林火灾，造成严重损失。3省区边境地区绝大部分属边远贫困地区，人烟稀少，交通不便，山高林密，防火能力差。为加强云南、新疆、广西3省区边境地区森林防火工作，保护国家森林资源和人民生命财产的安全，有效防止境外森林火灾的侵入，财政部在每年补助内蒙古、黑龙江、吉林开设边境森林防火隔离带经费1 000万元的基础上，1999年新增经费1 000万元，专项用于云南、广西、新疆3省区开设边境森林防火隔离带。 （周俊亮）

【《中华人民共和国政府和蒙古国政府关于边境地区森林、草原防火联防协定》签订】 《中华人民共和国政府和蒙古国政府关于边境地区森林、草原防火联防协定》于1999年7月15日在蒙古国乌兰巴托签订。中国驻蒙古国大使齐治家和蒙古国国防部长图布登道尔吉分别代表本国政府签字。《协定》主要协调有关相互通报中蒙边境地区森林、草原火灾情况和在扑灭边境两侧各25千米的地带发生的森林、草原火灾方面进行合作的关系，目的是为了发展中蒙两国人民的友好关系，预防、扑灭和相互通报两国边境地区的森林、草原火灾，减少可能出现的损失。 （周俊亮）

【中国森林防火考察团赴澳大利亚考察】 应澳大利亚新南威尔士州乡村消防局的邀请，国家林业局森林防火考察团于1999年11月2日至13日赴澳大利亚悉尼市参加了国际野火协会举行的第三届年会。会后对澳大利亚新南威尔士州的森林防火情况进行实地考察。考察期间，考察团考察了澳洲乡村消防局和林务局，了解了新南威尔士州的森林防火情况，参观了奥布龙等5个地区防火中心，详细了解澳洲开展志愿消防队伍建设、队员培训和社区防火教育、消防机构设置、计划烧除、航空灭火等情况，察看了火烧迹地和瞭望塔。通过考察，考察团对澳大利亚和新州的森林防火情况有了进一步的了解。最后中澳双方还签署了10月12日在北京举行会谈的会议纪要，还就今后两国进一步在森林防火领域开展技术交流与合作进行了协商，并取得了共识。 （陈介平）

【全国森林防火统计软件和网络传输技术培训班】 为规范森林防火统计工作，充分发挥林火网络传输系统功能，提高业务人员素质，国家林业局森林防火办公室于1999年8月7～10日在东北林业大学举办了森林防火统计软件和网络传输技术培训班。主要内容是进一步讲授应用EXCEL软件填报森林火灾报表方法，进一步培训林火信息网络使用方法。各省（区、市）防火办、黑龙江省大兴安岭防火办、内蒙古大兴安岭防火办及东北、西南森林防火协调中心具体负责统计和网络工作的业务人员参加了培训。

国家林业局森林防火办公室副主任杜永胜在培训班开班式上就如何办好培训班、如何加强森林防火统计工作和信息网络工作提出明确要求。国家林业局卫星林火监测中心蒋岳新、邱林两位高级工程师讲授了相关课程。 （周俊亮）

航　空　护　林

【综　述】 1999年，东北航空护林中心和西南航空护林总站全年共租用飞机82架，其中固定翼39架次、直升机43架次。累计飞行5 685小时。在巡护中发现火情269次，机降飞行327架次，运送扑火人员6 460人次。

黑龙江、内蒙古和吉林3省区所辖的12个航空护林站全年租用民航和解放军航空兵部队飞机71架（固定翼36架次、直升机35架次），总飞行时间为4 760小时，空中发现火情136起，运送和机降扑火队员6 274人次。西南航空护林总站6个航空护林站共租用民航和解放军航空兵部队飞机11架（固定翼3架、直升机8架），总共飞行388架次，总飞行时间为925小时。空中发现火情133起，实施机降灭火15个次，运送扑火队员12架次186人次。

为确保1999年昆明国际园艺博览会期间昆明市周边地区森林资源的安全，经国家林业局批准，西南航空护林总站在昆明市增派一架航空护林直升机，专门承担世博会期间昆明市周边地区的森林防火工作。

应广西壮族自治区人民政府的请求，经国家林业局批准，西南航空护林总站租用一架直升机进驻广西百色地区田阳机场，组织开展了广西地区的秋季航空护林工作，从而标志着西南地区的航空护林工作进入了一个新的时期。　　（陈介平）

森林资源与林政管理

【森林资源与林政管理综述】 1999年，森林资源林政管理工作在国家林业局党组的领导下，坚持以邓小平理论和党的十五大精神为指针，认真贯彻执行党中央、国务院有关加快林业建设、加强森林资源保护、改善生态环境的指示精神和方针决策，紧紧围绕当前林业改革发展的总体思路和中心工作，集中力量，突出重点，狠抓了以下几个方面的工作，取得了明显成效。

强化林地保护管理　一是按照《国务院关于保护森林资源制止毁林开垦和乱占林地的通知》(以下简称《通知》)要求，组织全国林业主管部门完成了毁林开垦和乱占林地的清理和统计汇总工作。经清查，全国1994年以来共发生毁林开垦107万起，面积123万公顷；乱占林地5.7万起，面积17万公顷。二是强化了冻结期间各项建设工程征占用林地的审核审批工作。经国务院授权同意，国家林业局下发了《关于冻结各项建设工程征占用林地期间严格征占用林地审批有关问题的通知》、《关于明确各项建设工程征占用林地审核、审批手续的函》、《关于对各项建设工程征占用经济林地有关问题的函》等文件，进一步理顺了冻结期间审核、审批林地的程序。对冻结期间各地上报的建设工程征占林地项目，做到认真审核，严格把关，凡不符合《通知》规定和不依法缴纳森林植被恢复费的，坚决不批。考虑到《通知》规定的征占林地冻结期到1999年8月5日结束，而《森林法实施条例》尚未出台，全国可能出现新一轮征占用林地高峰的情况，国家林业局在国土资源部、国务院法制办的基础上，及时提出了关于继续延长冻结期的建议，得到了国务院高度重视。国务院办公厅于1999年7月30日下发了《关于继续冻结各项建设工程征占用林地的通知》（国办发明电[1999] 9号，规定了征占林地冻结期延长至《森林法实施条例》颁布实施为止，为做好这一期间征占用林地的审批工作提供了政策依据。三是加大了督促检查力度。1999年，国家林业局会同监察部、国土资源部等组成联合检查组，先后对河南、湖南、内蒙古、河北等省区贯彻落实《通知》情况进行了督促检查，对检查中发现的问题，及时提出了督办意见，使有的问题及时得到了严肃查处。同时，还组织4个直属调查规划设计院开展了征占用林地的检查工作。对全国205个县(森工局）1998年以来征占用林地进行了检查，共检查征占用林地项目1 527个，查出违法占用林地的项目1 124个，其中《通知》下发后，发生的违法占用林地的211个。四是根据《森林法》的规定，确定了全国林权证的统一式样，并在此基础上开展了印制林权证定点厂家的招标工作，实行了林权证印制、发放的规范化管理。

强化采伐超限额的监督管理　一是继续组织开展了采伐限额执行情况执法检查。为真正查清、查实各地采伐限额的执行和管理情况，严肃处理超限额采伐行为，1999年国家林业局在前几年开展采伐限额执法检查的基础上，进一步完善了方法，加大了力度，组织4个直属调查规划设计院对全国19个省（区）27县局的

采伐限额执行情况进行了检查，共投入外业人员180人，外业时间达1.2万个工作日。为确保检查质量和严肃性，下发了《关于1999年采伐限额核查有关事项的紧急通知》。在整个检查过程中，始终坚持高标准、严要求，并严格做好有关的保密工作。根据检查结果，下发了《国家林业局关于采伐限额核查结果的通报》，对进一步加强采伐限额管理提出了明确要求，对查出的超限额采伐的单位和有关责任人员提出了严肃的处理意见，要求限期整改。二是及时部署了“十五”期间年采伐限额的编制工作。下发了《国家林业局关于编制2001～2005年森林采伐限额工作的通知》对“十五”编限的方针、原则、方法和采用的基础数据等提出了明确、具体的要求，并召开会议进行了专门部署。为提高“十五”采伐限额编制的科学性和准确性，在森林年采伐量测算上，统一采用“模拟计算法”这一新的计算方法。组织举办了“模拟计算法”培训班，分3期对全国各省（区、市）具体承担编限任务的有关人员进行了培训。为确保“十五”编限做到全面覆盖，切实解决过去采伐限额编制中存在的“编一块、漏一块”的现象。国家林业局积极与涉及“十五”编限的有关部门进行了协调，并在北京召开了由有关部委参加的十五”采伐限额编制工作座谈研讨会，与大多数部门达到了共识。

加强木材检查站建设管理　一是根据国家林业局的部署，将木材检查站纳入林业建设“十五”规划的支撑体系，下发了《木材检查站建设规划指导意见》，组织编制了《全国木材检查站“十五”规划》。开展了木材检查站标准化验收工作，公布了第二批达到标准化建设的533个木材检查站的名单。对在执法过程中英勇献身的安徽省祁门县赤岭口木材检查站站长黄政清进行了宣传报道和表彰。二是继续加大林业系统治理公路“三乱”力度，规范木材运输监督检查行为。1999年7月底，在合肥召开了全国木材运输检查管理工作会议，传达了国务院纠风工作会议精神，部署了强化木材运输检查和林业系统治理公路“三乱”工作。一年来，国家林业局先后多次派出检查组或派人参加国务院纠风办、公安部、交通部、国家林业局等部门组成的联合检查组，对甘肃、吉林、福建、江西、山东、安徽、江苏等省的木材运输检查管理工作和治理公路“三乱”情况进行了明查暗访。

积极开展森林资源调查、监测工作　一是部署开展了天然林保护工程区和重点生态工程区森林资源调查工作。为了及时查清天保工程区和重点生态工程区的森林资源现状，保证工程的顺利实施，并为“十五”期间全国重点生态工程规划奠定基础，根据国家林业局领导的指示，组织4个直属规划院和各省林业调查队伍，开展上述“两区”的森林资源调查，并于1999年5月在哈尔滨召开会议进行了全面部署，下发了《国家林业局关于开展全国重点地区天然林保护工程区和重点林业生态工程区森林资源调查有关问题的通知》、《国家林业局关于全国重点天然林保护工程区森林分类区划有关问题的通知》、《全国重点地区天然林资源保护工程区森林分类区划技术规则》等文件，组织制定了《全国重点地区天然林资源保护工程区森林资源现状调查技术规定》、《全国重点生态工程区森林资源现状调查技术规定》和《遥感图像处理与判读规范》（试行）等3个技术规范。组织完成了调查区所需的卫星数据的购置、处理工作，制定了《卫片处理与判读规范》。二是完成了全国第五次森林资源连续清查成果的分析论证和上报工作，并为成果发布做了有关的准备工作。在对第五次森林资源连续清查成果认真分析的基础上，召开了二次成果论证会，通过了有关专家的论证。三是部署了全国第六次森林资源连续清查工作。为进一步完善我国森林资源清查体系，提高清查的质量和信息反馈速度，资源司在总结前几次连清经验教训的基础上，对1999年复查的省市部署了结合卫片应用开展荒漠化和湿地等有关内容的调查工作，制定了相应的技术规定，增加了调查内容。并根据工作的需要，组织进行了有关专题研究和软件开发工作。7月中旬，召开了1999年开展连清复查的7省市中期情况汇报会。年底完成了1999年连清复查的省市内业数据输入和成果汇总分析工作。四是继续组织开展了全国造林核查工作。1999年的造林核查在前几年的基础上进行改进和完善，实行了免检制度，为造林核查工作逐步向天然林保护工程区和重点生态工程造林转移打下了基础。

加大林政执法和林政案件管理力度　一是加强了林政案件督办、管理和统计分析工作。全年共受理和批转群众举报信件291件、接听举报电话500人次；中央办公厅、国务院办公厅信访局批转的30余件林政案件进行了重点核实和督办；首次起用了林政案件统计管理软件，对1999年全国林政案件进行了统计分析。据统计，1999年全国共发生林业行政案件44.8万起，查处43.2万起，查处率96.4%，为国家挽回直接经济损失4.9亿元。举办了林政案件管理培训班，全国各省（区、市）森林资源林政部门分管林政案件的同志参加了培训。二是参加了全国人大常委会执法检查组对《森林法》实施情况进行检查的工作。派人陪同全国人大赴广西、四川、黑龙江、内蒙古等省、区和大兴安岭林业集团公司进行了检查，历时2个月，完成了检查组分配的具体工作，参与了检查报告的起草和讨论，对检查组提出的意见和建议，进行了认真的督办和落实。三是针对当前政府行为和企业行为造成破坏森林资源的突出情况，国家林业局向中纪委、监察部提交了《关于建议将森林资源保护管理违纪和破坏森林资源案件纳入纪检、监察重点工作的报告》，提供了多起政府行为破坏森林资源的典型案例，得到了中纪委、监察部的高度重视。

强化森林资源监督　一是继续组织开展了“三总

量”检查，加大了检查范围和检查力度。1999年“三总量”检查由过去的事后监督改为对本年度计划执行的全过程实施监督。一年来，国家林业局驻6个省（区、公司）森林资源监督专员办事处对49个森工企业局和10个县市“三总量”执行情况进行了检查，对检查中发现的问题，及时通报给有关林业主管部门和被监督单位，责令其整改。进入冬季采伐高峰期后，进一步加大监督力度，对有关的采伐单位实行跟踪检查。通过对采伐限额执行情况的监督，有力地推动了驻在地的各级资源管理部门和森林经营单位进一步强化森林资源管理的力度，保证了森林限额采伐制度的执行。二是狠抓了对贯彻落实国务院8号明电的监督。各专员办事处围绕8号文件规定的“停、查、冻、退、打”五个环节，对驻在地贯彻执行情况进行了全面监督，重点检查了有关林地管理文件的清理和林地清查、冻结征占用林地、退耕还林等项工作的开展情况，推动了国务院8号文件的贯彻落实。三是组织开展了对天然林保护工程实施情况的监督。各专员办事处围绕工程调查规划是否科学合理、停产减产和管护措施是否到位、工程资金使用和管理是否符合有关规定等问题，普遍组织了天然林保护工程实施情况的专项监督检查，并结合造林实绩核查对生态公益林的营林质量及管护情况进行了监督检查，及时督促林业主管部门纠正了工程规划和实施中的问题。

全国森林资源林政管理先进单位和个人表彰 为了进一步调动各级林业主管部门和广大森林资源保护管理工作人员的积极性，依照《森林法》的规定，1999年国家林业局组织开展了表彰全国森林资源林政管理先进单位和先进个人的工作，下发了有关文件，成立了评委会，对各省（区、市）林业主管部门和有关单位推荐的森林资源林政管理先进单位和先进个人的申报材料进行审核，在全国范围内通报表彰了90个先进单位和266名先进个人，进一步弘扬了正气，激励了广大森林资源林政管理者的积极性。 （寇文正）

调查规划设计

【1998年度全国人工造林、更新实绩核查和1995年度全国人工造林、更新保存状况调查结果】

1998年度全国人工造林、更新实绩核查结果

1999年国家林业局组织对全国各省（区、市）（不含天津、上海、西藏、以下简称省份）1998年度的人工造林、更新实绩进行了核查。本次核查共抽查了196个县的727个乡，12 005个小班（地块），调查总面积68 788公顷。结果如下：

1998年度全国人工造林、更新实绩 1998年度全国人工造林、更新实绩核查结果表明，与1997年度相比，1998年度全国人工造林、更新上报面积的核实率下降，虚报现象有所抬头；核实面积的合格率下降，造林质量下滑；造林、更新的管理工作不但没有加强，个别指标还明显下降。经测算，1998年度全国人工造林、更新合格面积比1997年度减少约10%。

1. 上报面积核实率。1998年度全国人工造林、更新上报面积的核实率为89.7%，比1997年度下降了5.7个百分点。其中人工造林的核实率为89.7%，人工更新的核实率为90.1%，与1997年度相比，分别下降了5.7个百分点和5.2个百分点。与1997年度相比，人工造林、更新核实率上升的有6个省份，下降的有20个省份。

2. 核实面积合格率。1998年度全国人工造林、更新核实面积的合格率为86.1%，比1997年度下降了2.5个百分点。其中人工造林核实面积的合格率为84.8%，比1997年度下降了2.8个百分点；人工更新核实面积的合格率为93.3%，比1997年度上升了0.4个百分点。与1997年度相比，全国人工造林、更新合格率有9个省份上升，17个省份下降。

3. 人工造林、更新管理工作开展情况。1998年度全国人工造林、更新的作业设计率为64.9%，检查验收率为78.8%，新造林地抚育率为66%，管护率为86.4%，建档率为77.6%。与1997年度相比，除新造林地的抚育率下降了9.3个百分点外，其他各项管理指标无明显变化。

4. 人工造林、更新合格面积。1998年度全国上报完成的人工造林、更新总面积为456.7万公顷，根据对各省份的测算结果统计，全国人工造林更新合格面积为354万公顷，比1997年度的393.7万公顷减少了39.7万公顷。

人工造林、更新综合评价 按核实率、合格率和作业设计率、抚育率、检查验收率、管护率、建档率等指标对各省份进行综合评价，成绩较好的省份依次为湖南、福建和宁夏，成绩较差的省份依次为河南、山东和湖北。

从单项指标看，人工造林、更新核实率较高的省份是福建、湖南和吉林；核实率较低的省份依次是山东、青海和河北。人工造林、更新核实面积的合格率达到100%的有福建和湖南两省；合格率较低的省份依次为山西、河南和河北。

其他统计结果

1. 按林种统计 1998年度全国人工造林、更新面

积中，各林种所占比例依次为：经济林 39.5%、防护林 34.5%、用材林 25%、薪炭林 0.5%、特用林 0.5%。与 1997 年度相比，经济林所占比例上升了 4.1 个百分点。各林种的合格率为用材林 88.0%、防护林 79.7%、薪炭林 60.3%、经济林 90.9%、特用林 75.4%。经济林比重偏大，是近年来我国造林的显著特点。

2. 按权属统计结果　1998 年全国人工造林、更新面积中，各权属所占比例依次为：集体 56.2%、个人 30.9%、国有 10.5%、合作 2.4%。各权属人工造林、更新的合格率依次为：合格 97.3%、国有 88.9%、个人 85.9%、集体 85.2%。

3. 新造林的混交情况。新造林中，混交林的比例为 10.0%，比 1997 年度的 7.8%略有增长。

4. 造林前地类情况。全国人工造林、更新前地类所占的比例分别为：林业用地 68.5%，非林业用地 31.5%。在林业用地中，有林地 6.2%、疏林地 2.7%、未成林造林地 0.8%、宜林荒山荒地 40.3%、迹地 8.0%、灌木林地及其他林业用地 10.5%；在非林业用地中，农地 26.5%、牧地 1.2%，其他非林地 3.8%。

从各林种造林更新前地类所占比例看，用材林大多为迹地更新和宜林荒山荒地造林，占 60.9%；防护林主要为宜林荒山荒地造林，占 60.3%；经济林主要为农地造林，占 51.9%。

5. 各项工程造林、更新的核查情况。1998 年度全国各项工程造林、更新面积综合核实率为 91.8%，合格率为 90.3%。与一般造林相比，各项工程造林的管护率、作业设计率、检查验收率和档案建立率都相对较高；各项工程的造林大多为单一树种，混交林比重偏小；在各项工程造林中，经济林的比例大多较高，最高的黄河中上游工程高达 91.2%。

1995 年度全国人工造林、更新保存状况调查结果

1999 年国家林业局组织对全国（不含上海、天津、西藏，以下简称省份）1995 年度的人工造林、更新保存状况进行了调查，调查的主要对象为 1995 年度人工造林、更新实绩核查的合格小班（地块）。共调查了 124 个县的 6 627 个小班，调查总面积 42 847.7 公顷。结果如下：

保存率　1995 年度全国人工造林、更新保存率为 84.4%，与 1996 年度相比，下降了 1.3 个百分点。其中，人工造林的保存率为 83%，与 1996 年度相比，下降了 2 个百分点；人工更新的保存率为 95.6%，与 1996 年度相比，上升了 1 个百分点。与 1996 年度相比，人工造林、更新保存率上升的有 15 个省份，下降的有 13 个省份。1995 年度全国人工造林、更新保存率下降，除自然因素外，其主要原因是：各地对新造林地的管理力度不够，对造后管理的投入不足，基础工作薄弱，重造轻管、重造轻育的现象仍较为普遍。

分项目统计结果　按权属统计。保存率依次为合作 100%、国有 88.9%、集体 84.2%、个人 83%。按林种统计。保存率依次为特用林 100%、用材林 90.9%、经济林 85.7%、防护林 73.8%、薪炭林 47%。按工程项目统计。保存率依次为长江中上游防护林工程 96.3%、世界银行贷款速生丰产林 90.7%、“三北”防护林工程 82.5%、太行山绿化工程 74.4%、沿海防护林工程 72.2%。按基础工作开展情况统计。1995 年度全国人工造林、更新原合格面积的管护率为 81.3%，建档率为 70.6%。调查结果表明，对未成林造林地进行管护的地块保存率高达 94.6%，比没进行管护地块高出 36.2 个百分点，建立造林档案地块的保存率高达 94.4%，比没有档案的地块高 20 个百分点，说明加强新造林地管理、完善基础工作对造林绿化成效的巩固影响较大。

保存面积测算　1995 年度全国人工造林、更新合格面积为 454.3 万公顷，根据对各省份的测算结果统计，到目前，保存面积为 1 392.7 万公顷。

综合评分　按保存率和综合管理情况对各省份进行综合评分，成绩较好的省份依次为浙江、福建和湖南，成绩较差省份依次为山东、青海和河北。

（阎宏伟）

【第五次全国森林资源清查】　根据原林业部的统一部署，第五次全国森林资源清查（1994～1998）已圆满完成。这次全国性森林资源清查沿用森林资源连续清查的方法，历时 5 年，共设地面样地 184 479 个，其中固定样地 181 332 个，另外，还有卫片和航片判读样地 90 227个，约有 2 万余人参加了这次清查工作。森林资源连续清查复查的外业调查由各省（区、市）负责完成，各直属调查规划设计院负责相关省森林资源连续清查复查的方案审查、技术指导、外业检查和内业统计分析工作。与第四次全国森林资源清查相比，森林的郁闭度标准采用国际通用标准——郁闭度大于 0.2（含 0.20）；科学、合理地规范了各省（区、市）地面样地的数量，达到了保证调查精度和合理调整工作量的目的；提高了固定样地与样木复位率，重视鉴别野外调查样地是否特殊对待，确保森林资源的现状和消长动态等清查成果的可靠性；增加了统计成果产出的信息量，努力满足国家宏观决策的需求；逐步引入遥感、地理信息系统、全球定位技术等高新技术，为今后全面提高调查工作的效率和调查成果的精度奠定了基础。

本次森林资源清查是依据林业部 1994 年颁发的《国家森林资源连续清查主要技术规定》开展的，保证了全国清查工作在统一、规范、科学的技术标准和调查统计方法下进行。各主要调查项目均达到预定精度。清查成果的内业统计分析采用全国统一的数据库格式、统一的统计计算程序，严格执行成果产出审核上报程序，并对成果进行了认真核实，保证了清查成果的连续性和可比性，清查质量、清查结果更加客观、可靠，准确反映全国森林资源现状和消长动态。

本次清查对全国（不含台湾省和西藏自治区）29

个省（区、市）（四川省和重庆直辖市为一个总体复查）都进行了新一轮复查，西藏控制线内部分利用遥感和模型技术，结合部分地面实测资料进行了数据更新。调查总面积为575.15万平方千米，占国土面积的59.9%。在全国范围内，未进行地面调查的集中连片沙漠、荒漠、戈壁、草原及部分乔灌木生长界限以上的高山，都利用其他资源调查资料进行了数据更新。

（陈雪峰）

【全国重点地区天然林保护工程区和全国重点生态工程区利用卫星遥感资料开展森林资源现状调查】 为了配合全国重点地区天然林保护工程的实施，做好"十五"期间全国重点林业生态工程规划，对这两大工程建设成效进行适时监测，国家林业局决定，从1999年5月起，应用航天遥感资料结合地面调查的方法，对全国重点天然林保护工程区和重点生态工程区森林资源现状进行一次全面的调查，并完成天然林保护工程区森林分类区划。

为了保证在较短的时间里，高质量地完成这项工作，国家林业局于1999年5月下旬，在哈尔滨召开了各省（区、市）林业厅（局）主管厅（局）长、资源林政处处长、林业勘察（调查规划）设计院院长和有关单位负责人会议，对调查工作进行了全面的部署。随后，国家林业局又分别下发了《关于开展全国重点地区天然林保护工程区和全国重点生态工程区森林资源现状调查有关问题的通知》、《关于全国重点天然林保护工程区森林分类区划工作有关问题的通知》、《关于印发全国重点地区天然林保护区森林分类区划技术规划的通知》和《关于尽快落实全国重点地区天然林资源保护和全国重点生态工程区森林资源现状调查地方配套经费的通知》等文件，以及这两项调查的技术规定和遥感图像处理与判读规范等技术文件。这两项调查工作的开展，是林业行业在全国范围内，全面运用遥感资料进行森林资源现状调查的第一次，它不仅为有关工作的开展提供了坚实的数据支持，奠定了一个良好的基础，同时，也是对全国林业调查规划设计单位进行了一次新技术应用水平的检验。 （徐济德）

【国家林业局确认昆明勘察设计院资质】 国家林业局1999年8月批准国家林业局昆明勘察设计院为甲B级资质林业调查规划设计单位，证书编号为"林资证字甲B024号"。截至1999年底，全国有甲级林业调查规划设计单位36个。

（邹连顺）

林地林权管理

【综　述】 1999年林地林权管理以深入贯彻落实国发明电［1998］8号和国办发明电［1999］9号文件为重点，狠抓林地的保护管理，严格控制征占用林地，积极研究林权管理的基础性工作。

开展清理毁林开垦和乱占林地的工作 据统计，全国1994年以来共发生毁林开垦107万起，面积123万公顷；乱占林地5.7万起，面积17万公顷。为此，加强了冻结各项建设工程征占用林地的审核审批工作。经请示国务院授权后，国家林业局及时下发了《关于冻结各项建设工程征占用林地期间严格征占用林地审批有关问题的通知》，向省级人民政府发了《关于明确各项建设工程征占用林地审批、审核手续的函》、《关于对各项建设工程征占用经济林地有关问题的函》等文件，理顺了冻结期间审核审批林地的程序。对于上报的项目国家林业局做到了非确实需要的占用林地项目不批，材料不全的不批，不缴纳森林植被恢复费的不批。

开展征占用林地的检查工作 组织局属调查规划设计院对全国205个县局1998年以来征占用林地进行了调查。查处了问题，为国务院办公厅下发《关于继续冻结各项建设工程征占用林地的通知》提供了决策依据。共检查1 527个项目，其中1998年8月5日以后发生违法占用林地的有211个。并将检查结果通报各省（区、市）人民政府。

加大督促检查的力度 国家林业局会同监察部、国土资源部组成联合检查组，对河南、湖南、内蒙古、河北等省区林地林权管理进行了检查，对存在的重点问题提出了督办意见，有些问题已得到了处理。

加强立法工作完善有关规章制度 起草完成了《林地管理条例》、《林权登记管理办法》、《占用征用林地审核审批管理办法》、《森林植被恢复费收取和使用管理办法》，依法研究制定了全国统一林权证的式样。

做好部门之间的协调与配合工作 1999年就林地管理方面的工作国家林业局与国土资源部进行了一些必要的协调与沟通，配合民政部对部分省界勘定中遇到的林权纠纷进行了调研和协调，取得了明显的成绩。

（冯树清）

【全国贯彻落实国发8号明电和国办发9号明电】 自1998年8月5日《国务院关于保护森林资源制止毁林开垦和乱占林地的通知》（国发明电［1998］8号，以下简称《通知》下发以来，各省（区、市）人民政府及其林业主管部门高度重视，积极采取有效措施，认真贯彻落实，有力地遏制了毁林开垦和乱占林地的歪风。1999年7月30日《国务院办公厅关于继续冻结各项建设工程征占用林地的通知》（国办发明电［1999］9号）下发后，进一步引起了各级人民政府对保护森林资源的重视。

贯彻情况 1999年国家林业局贯彻《通知》所做的主要工作：①下发了《国家林业局关于认真落实〈国务院办公厅关于继续冻结各项建设工程征占用林地的通知〉的通知》，要求各级林业主管部门认真执行继续冻结各项建设工程征占用林地的规定，严把征占用林地审核关，切实加大对《通知》下发以来滥批乱占林地工程的查处力度。②继续对各地落实《通知》的情况加强督促检查。1999年9月，国家林业局再次会同监察部、国土资源部组成3个检查组，对湖南、河南、内蒙古、河北4省区进行了重点检查。对诸如有关地方政府贯彻《通知》的措施没有落到实处；建设工程征占用林地不报批；违法占用林地不依法查处，不按规定补办手续；《通知》下发后仍继续发生毁林开垦等，都提出了明确的督办处理意见。通过联合督查，使一些难以处理、久拖不决的问题得到初步解决。③严格征占用林地审批。经请示国务院同意后，国家林业局先后下发了《关于冻结征占用林地期间严格征占用林地审批有关问题的通知》和《关于明确各项建设工程征占用林地审批、审核手续的函》，理顺了在冻结期间特批征占用林地的程序，明确了批准征占用林地的权限，以及报批林地所需要提交的材料，进一步强化了征占用林地的审批工作。在工作中严格按照《通知》要求认真把关，做到了非确属需要的建设项目不批，未经省林业主管部门审核的不批，材料不全的不批。

贯彻《通知》取得的成效 ①统一了认识，进一步强化了森林资源的保护管理，提高了全社会保护森林资源的意识。通过贯彻落实《通知》精神，全社会特别是各级领导干部对保护生态环境、保护森林资源、加强林地管理重要性的认识有了很大的提高。同时，广大人民群众也进一步增强了自觉保护森林资源的意识，敢于举报乱占林地和毁林开垦等破坏森林资源的违法行为。②各地对清查出的乱占林地行为，基本都能按照《通知》要求，进行了认真处理。如浙江省处理率达90.1%，辽宁省处理率达89.2%，广东省处理率达81.1%。③严厉打击毁林开垦、乱占林地专项斗争取得较大的成效，一些破坏森林资源的重大案件在专项斗争中得以查处。据统计，在专项斗争期间共查处各类森林案件40 156起，处理违法犯罪人员52 847人次。通过公开处理，典型曝光，教育了群众，震慑了犯罪分子。④退耕还林工作在各地普遍展开。如吉林、辽宁等省对1994年以来的毁林开垦制定了具体的还林规划，并积极组织落实，取得明显的成效。为了加大生态环境建设的力度，四川、重庆等省市还制定了坡耕地退耕还林规划。

存在问题 ①贯彻落实《通知》工作进展不平衡，有些地方领导干部对贯彻落实《通知》的重要性认识不足，行动迟缓，清查工作不彻底，个别地方存在瞒报、漏报毁林开垦和乱占林地的问题。通过卫星照片对照检查发现，有的上报数与实际发生数相差数倍，如广西乐业县上报毁林开垦面积24公顷，卫片判读数为2 286公顷。有的地方执行《通知》规定不严格，甚至发现个别地方政府下发的文件内容严重违背《通知》精神。特别是一些县、乡级政府和基层有关单位，对贯彻《通知》认识不到位，措施不得力。②政府领导干预、造成有些建设项目违法征占用林地。一些国家重点建设项目，如高速公路、大型水库等项目存在未批先占，少批多占，不按规定办理手续，不依法缴纳森林植被恢复费等。据国家林业局直属调查规划设计院对全国29个省（区、市）的205个县（市、区、森工局）的调查，发现冻结期间就有200多个项目征占用林地未按规定上报国务院审批或未批先占。③违法征占用林地和毁林开垦的大要案查处难度大。如全国关注的内蒙古大杨树地区毁林开垦案件，由于种种阻力，至今也未得到严肃查处，违法犯罪分子仍逍遥法外。 （王晓丽）

【1998年以来全国征占用林地调查情况】 1999年，国家林业局组织直属调查规划设计院和驻东北、内蒙古国有林区的森林资源监督专员办事处对全国30个省（区、市）和东北、内蒙古国有林区森工（林业）集团公司1998年以来征占用林地情况，特别是执行《国务院关于保护森林资源制止毁林开垦和乱占林地的通知》（国发明电［1998］8号，以下简称《通知》）中冻结各项建设工程征占用林地规定的情况进行了调查。共调查县（市、区、森工局）205个，调查征占用林地项目1 527项，其中：工程建设413项，开发区建设46项，乡镇和农村建设413项，国有林业单位改变林地用途27项，采石、开矿等5 000项，其他类型128项。

调查结果 ①征占用林地经林业主管部门审核情况。1 527项共征占用林地面积7 929.3公顷，依法经过林业主管部门审核的项目有953项，项目审核率62.4%；审核面积5 207.9公顷，面积审核率66.5%。两项审核率较好的省有辽宁、吉林、福建等省；两项审核率较差的省有河南、四川等省。未经林业主管部门审核同意的项目有574项，其中江西149项、四川83项、浙江59项、湖南41项、安徽38项。②冻结征占用林地期间乱占林地情况。冻结期间违背国务院《通知》精神，不按照规定报国务院批准或未批先占的项目211项，征占用林地面积1 310.3公顷。其中浙江53项，江西39项，四川27项，湖南18项，湖北9项，甘肃9项。③森林植被恢复费等四项补偿费用收取情况。调查的1 527项征占用林地项目按标准应收四项补偿费46 439.7万元，实际收取补偿费14 246.1万元。其中按标准应收森林植被恢复费10 548.3万元，实际收取森林植被恢复费1 987.4万元，仅占18.8%。

主要成绩 ①林地管理工作取得了较大的成绩，

特别是1998年8月5日国务院《通知》下发后，各级人民政府和林业主管部门认真贯彻落实，有力地遏制了毁林开垦和乱占林地的歪风，进一步加强了林地管理，切实保护了林地资源，控制了林地的减少和逆转，规范了征占用林地的审核审批工作。②进一步推动了林地保护管理的法制建设。随着新《森林法》的实施，一些省（区、市）已开始制定林地管理法规或修订原来的地方林地管理办法，并上升为地方性法规。③征占用林地的审核审批工作逐步走上法制化、规范化的轨道。从统计数字看，1998年以来征占用林地面积审核率比1997年有了明显的提高。全国大多数地区，严格执行了冻结征占用林地的规定，对各项建设工程确实需要征占用林地的都能够按照《通知》规定报批。

存在问题　①行政干预仍然是一些地方制约林地管理和林政执法工作的主要因素。行政干预直接导致了一些越权批准、先占后批、占而不补以及不依法经过林业主管部门审核等非法征占用林地行为，直接导致任意减免森林植被恢复费的情况。②征占用林地不依法经过林业主管部门审核同意的情况仍然比较突出。此次调查的1 527个项目未经林业主管部门审核的就有574个，占37.6%，其中有170个项目地方政府（或土地部门）直接办理了批准征占用林地手续。③采石、开矿等乱占林地现象比较严重。这些项目占用林地面积不大，但数量多，占地时间不长，对森林资源破坏严重。

各省（区、市）1998年以来征占用林地抽查情况见附表。

附表　1998年以来征占用林地抽查统计　　单位：公顷、万元、%

地区	项目总数	经林业主管部门审核项目数	项目审核率	实际征占用林地面积			面积审核率			林木采伐许可证办理情况			四项费用缴纳情况	森林植被恢复费情况		冻结期间非法占地项目总数
				总面积	有林地面积	其他计	合计	有林地	其他计	应办证面积	已办证面积	办证面积率		应缴纳费用	实际缴纳费用	
全　国	**1 527**	**953**	**62.4**	**7 929.3**	**5 295.2**	**2 634.1**	**66.5**	**67.3**	**64.8**	**5 311.0**	**2 986.3**	**56.2**	**14 246.1**	**10 548.3**	**1 987.4**	**211**
北　京	1	1	100.0	1.0	0.1	0.9	100.0	100.0	100.0	0.1	0.1	100.0	0.5	0.5	0.5	0
天　津	2	2	100.0	3.6	3.6	0.0	100.0	100.0	0.0	3.6	3.6	100.0	34.7	34.7	34.7	0
河　北	15	3	20.0	373.1	358.4	14.7	39.2	40.8	0.0	358.4	235.7	65.8	11.0	352.1	0.0	3
山　西	8	7	87.5	54.8	52.5	2.3	93.9	93.6	100.0	52.5	49.2	93.7	72.2	106.1	8.5	0
内蒙古	21	14	66.7	45.8	44.4	1.4	88.6	89.7	55.5	41.6	37.1	89.2	192.0	80.5	39.9	1
辽　宁	16	15	93.8	1 629.4	1 383.2	246.2	100.0	100.0	99.8	1 393.9	1 393.9	100.0	2 594.6	408.1	408.1	2
吉　林	6	6	100.0	106.9	77.2	29.7	150.8	170.4	100.0	77.1	77.1	100.0	694.6	105.6	105.6	0
黑龙江	11	9	81.8	56.0	47.3	8.7	158.1	113.2	401.8	29.6	28.9	97.6	177.3	27.5	27.5	1
上　海	0	0	0.0	0.0	0.0	0.0	0.0	0.0	0.0	0.0	0.0	0.0	0.0	0.0	0.0	0
江　苏	8	4	50.0	10.7	0.8	9.9	36.7	0.0	39.6	3.8	3.8	100.0	288.9	23.6	7.8	1
浙　江	250	191	76.4	410.2	246.2	164.0	93.9	95.3	91.8	264.6	184.9	69.9	2 756.2	646.1	329.7	53
安　徽	118	80	67.8	118.7	48.4	70.3	72.4	64.5	77.9	57.8	25.3	43.8	278.9	267.4	177.5	9
福　建	363	360	99.2	194.9	114.7	80.2	291.2	414.9	114.3	99.2	95.8	96.6	738.5	375.2	365.8	0
江　西	181	32	17.7	434.0	110.0	324.0	85.8	66.0	92.5	45.6	0.6	1.3	9.8	308.0	7.5	39
山　东	17	2	11.8	29.2	12.1	17.1	94.4	99.3	90.8	12.8	12.0	93.7	1 209.0	41.9	39.0	4
河　南	27	0	0.0	230.5	142.2	88.3	0.0	0.0	0.0	6.0	0.0	0.0	0.4	2 601.1	0.4	5
湖　北	35	11	31.4	221.5	175.2	46.3	8.3	3.6	26.3	176.6	75.2	42.6	21.3	747.6	21.3	9
湖　南	55	14	25.5	460.9	396.6	64.3	30.5	31.3	25.5	395.6	117.5	29.7	2 094.8	918.8	99.6	18
广　东	38	31	81.6	452.3	365.2	87.1	93.1	98.7	69.4	370.6	133.4	36.0	166.5	219.5	94.4	3
广　西	40	24	60.0	114.1	46.8	67.3	17.3	23.9	12.6	86.8	77.6	89.4	18.0	33.4	18.0	0
海　南	27	13	48.2	192.3	174.4	17.9	37.8	34.3	71.6	168.7	90.2	53.5	43.3	123.0	16.7	7
重　庆	63	53	84.1	54.3	26.8	27.5	84.1	73.2	94.7	773.1	1.6	0.2	997.3	71.9	27.0	5
四　川	94	11	11.7	810.3	774.1	36.2	2.2	2.1	5.1	38.9	2.2	5.7	751.5	1 724.0	34.2	27

（续）

地区	项目总数	经林业主管部门审核项目数	项目审核率	实际征占用林地面积			面积审核率			林木采伐许可证办理情况			四项费用缴纳情况	森林植被恢复费情况		冻结期间非法占地项目总数
				总面积	有林地面积	其他计	合计	有林地	其他计	应办证面积	已办证面积	办证面积率		应缴纳费用	实际缴纳费用	
贵　州	16	6	37.5	226.1	137.4	88.7	91.4	97.6	81.8	137.6	133.9	97.3	276.0	13.4	10.5	3
云　南	34	21	61.8	569.9	259.5	310.4	8.5	18.1	0.4	412.9	131.4	31.8	25.8	600.1	10.4	1
陕　西	39	26	66.7	384.8	20.6	364.2	99.0	99.2	99.0	21.4	3.4	15.9	201.3	136.6	62.1	8
甘　肃	19	0	0.0	88.3	20.1	68.2	0.0	0.0	0.0	20.2	4.5	22.3	10.0	231.4	0.0	9
青　海	0	0	0.0	0.0	0.0	0.0	0.0	0.0	0.0	0.0	0.0	0.0	0.0	0.0	0.0	0
宁　夏	1	1	100.0	46.4	26.8	19.6	100.0	100.0	100.0	26.8	0.0	0.0	249.2	139.3	34.8	0
新　疆	2	0	0.0	121.4	65.5	55.9	0.0	0.0	0.0	65.5	11.8	18.0	247.9	87.4	0.0	1
龙江森工集团	2	0	0.0	5.0	0.0	5.0	0.0	0.0	0.0	1.7	0.0	0.0	0.0	0.0	0.0	2
吉林森工集团	13	13	100.0	163.5	55.6	107.9	100.0	100.0	100.0	55.6	55.6	100.0	84.7	6.1	6.1	0
内蒙古森工集团	1	0	0.0	86.2	24.0	62.2	0.0	0.0	0.0	26.8	0.0	0.0	0.0	8.5	0.0	0
大兴安岭林业集团公司	4	3	75.0	233.2	85.6	147.6	53.7	57.8	51.3	85.6	0.0	0.0	0.0	108.9	0.0	0

（付长捷）

【全国统一林权证式样】 森林、林木和林地的所有权和使用权称为林权，林权问题是林业发展的核心问题。林权稳定是林区安定，经济发展的保证。林权问题又是森林资源管理的基础。林权归属不同森林资源管理形式也就不同。因此，必须加强林权管理。建国以来，由于林权的频繁变动曾引起多次森林资源的破坏。1981年，中共中央、国务院发出《关于保护森林发展林业若干问题的决定》后，全国开展了以稳定林权为核心的林业三定工作依法由县级以上人民政府核发了林权证，使全国的林地基本达到稳定。但由于当时工作任务量大，时间要求紧，出现了部分重复或遗漏发证的现象；另外从1981年以来由于经济建设的需要和经营体制的变化，致使林权发生了很大的变化，林权管理没有纳入各级人民政府林业主管部门的日常工作，大量变化的林权没有及时给予确定，许多地方出现了“有证无林，有林有地无证”的现象。更有一些林权证所载内容与现地不符，造成大量林权争议发生。第三林权证式样至今在全国没有统一。大部分省内也没有统一，式样五花八门，有的为册，有的为页，极不规范，也不严肃。不少地方林权证记载的内容难以准确表示。绝大多数的林权证对变化了的林权无法记载。给林权管理工作带来了一定难度，客观上也影响了林权证的法律效率。为了适应社会主义市场经济体制的建立，健全森林资源参与市场竞争的合法权益。根据《中华人民共和国森林法实施条例》关于“森林、林木和林地的权属证书式样由国家林业主管部门拟定”的规定，1999年国家林业局决定对全国林权证式样给予统一。

全国统一的林权证式样外封为绿色塑封，印有烫金“国徽”和“中华人民共和国林权证”字样。内封套印经过公安机关备案的“国家林业局林权证管理专用章”，具有防伪标志并实行统一编号。

国家林业局要求各地原印制的空白林权证（自留山证、山林权证等）一律停止使用。今后，各地凡是进行林权初始登记和林权变更登记的，都要使用全国统一的林权证。要求各地加大宣传力度，做到家喻户晓。林业主管部门要做好林权登记发证工作人员的培训，确保发放林权证准确无误。

（满家正）

【征占用林地审核审批情况】 根据1998年8月5日国务院下发的《关于保护森林资源制止毁林开垦和乱占林地的通知》（国发明电［1998］8号）的规定，为了严格实施林地用途管制，遏制非法改变林地用途行为，从该《通知》下发之日起，冻结了各项建设工程征占用林地，对确实需要征占用林地的，必须报国务院审批。1999年，国家林业局对301项工程征占用林地进行了审查，根据国务院的授权，对其中6项不属于冻结期间确需征占用林地的工程项目，不同意用地单位办理征占用林地手续，对其余295项确需征占用林地的工程项目办理了征占用林地审核、审批手续。办理审核、审批情况见附表。

附表 1999年度征占用林地审核审批情况 单位：公顷、万元

地 区	审批工程	征占用林地	征占用有林地	森林植被	林地林木补偿费
合 计	**295**	**29 817.20**	**15 190.28**	**15 545.75**	**57 536.19**
北 京	1	0.43	0.43		13.50
天 津	2	6.39	6.39	63.68	
河 北	8	292.30	88.03	601.81	0.27
山 西	8	331.62	259.53	124.03	1 495.42
内蒙古	23	1 166.25	387.54	1 276.46	9 682.83
辽 宁	17	3 659.66	1 764.17	1 923.69	3 409.43
吉 林	35	1 794.21	1 177.59	1 140.63	13 908.06
黑龙江	21	1 673.81	925.81	729.99	1 428.51
江 苏	1	3.88			
浙 江	27	136.20	20.06	360.75	1 008.21
安 徽	8	1 064.36	932.17	257.81	3 594.09
福 建	30	4 954.64	3 513.46	2 645.96	4 033.65
江 西	20	1 168.92	817.81	459.30	1 389.58
山 东	8	78.00	54.69	150.92	456.00
河 南	10	271.42	73.83	483.42	50.00
湖 北	1	285.20	20.10	300.00	
湖 南	13	1 580.49	966.05	630.48	1 413.80
广 东	18	2 957.90	1 820.44	1 354.85	2 155.19
广 西	3	520.43	146.06	92.95	376.70
重 庆	4	17.18	13.13	49.30	307.59
四 川	4	4 258.50	215.05	453.83	3 272.15
贵 州	5	903.02	676.56	1 187.10	58.00
云 南	16	2 087.50	1 151.85	893.91	7 915.66
陕 西	4	264.16	25.49	73.33	
甘 肃	5	83.49	27.65	67.61	670.02
青 海	1	18.48	8.26	83.10	112.60
宁 夏	1	152.09	92.00	100.00	733.20
新 疆	1	86.67	6.13	40.84	51.73

（曲春宁）

【确定《林权证》印制定点厂家】 国家林业局1999年通过招标方式确定全国印制林权证定点厂家。它们分别是湖北楚天龙实业有限公司（原湖北楚天龙轻工有限公司）、浙江平阳县泰申证件工艺制品有限公司、山东省公安厅特种证件制作中心。 （邹连顺）

森林采伐与采伐限额管理

【“十五”期间年森林采伐限额编制】 根据《森林法》及其实施条例的规定，国务院批准的“九五”期间的年森林采伐限额到2000年底执行期满。为了保证2001～2005年（即“十五”期间）年森林采伐限额的执行，国家林业局从1999年初就开始研究“十五”期间的年森林采伐限额的编制问题，为编制好“十五”期间的年森林采伐限额打下了坚实的基础。

国家林业局做的主要工作有：一是积极同国家有关主管部门进行协调，确保“十五”期间的采伐限额不重不漏，全面覆盖。3月份，邀请铁道部、交通部、农业部、水利部、建设部、解放军总后勤部、国家轻工局、国家煤炭局、国家冶金局、中国石油化工集团公司和中国石油天然气集团公司等有关主管部门，就如何编好“十五”采伐限额进行协调。二是下发文件，具体部署“十五”期间年森林采伐限额的编制工作。4月份，国家林业局下发了《关于编制2001～2005年年森林采伐限额工作的通知》。对“十五”期间年森林采伐限额编制的原则、范围、单位、资源数据、技术参数的确定、年合理采伐量的测算、年森林采伐限额建议指标的确定、编报程序、上报成果和组织领导等十项内容进行明确和具体规定。确定的四条“十五”编限原则为：森林资源数据统一和准确有效的原则；分类经营和分类指导的原则；森林资源培育和社会需求兼顾的原则；全额控制和分类管理的原则。编制范围中明确了对“零星林木”和法律法规和政策规定禁止采伐的森林资源不参加采伐限额编制。编制单位强调了不重不漏，全面覆盖。有关技术参数的确定规定了对速生丰产林和定向培育的工业原料林的采伐年龄，由省（区、市）林业主管部门确定，生态林的更新采伐年龄必须大于一般用材林相同树种主伐年龄的1～2个龄级。合理年采伐量的测算采用全国统一的模拟计算法。“十五”期间年采伐限额的设置同以往相比也略有不同，森林采伐类型分项限额分为：主伐、抚育采伐、低产林改造和更新采伐限额4类；森林消耗结构分项限额分为：商品材、自用材和烧材限额3类。文件要求各省（区、市）编制的“十五”期间年森林采伐限额成果要于2000年3月31日前上报国务院。三是召开全国会议，进一步部署落实编限工作。5月份，国家林业局在哈尔滨召开了全国部署“十五”采伐限额工作会议，详细具体地对“十五”期间年森林采伐限额的编制的资源数据、有关参数、全面覆盖、合理年采伐量测算方法、时间要求等进行部署。

（张松丹）

【森林合理年伐量计算方法】 限额采伐制度是《森林法》的重要内容。采伐限额确定的合理与否，不仅直接关系到森林经营单位木材生产的永续利用，影响其自身的经济建设和发展，而且对实现森林资源的可持续发展，对维护生态平衡、保护生态环境具有深远影响。因此，从1987年开始在全国实施森林采伐限额制度以来，各级林业主管部门高度重视采伐限额的编制工作，为“七五”、“八五”、“九五”期间的年森林采伐限额做了大量卓有成效的工作。按照《森林法》的规定，制定年森林采伐限额必须以科学测算的合理年伐量为依据，但是，由于我国森林合理年伐量的测算一直采用面积轮伐式、成熟度式、林龄式等经典公式，在测算编限单位合理年伐量的过程中，因为可供选择的计算公式多种多样，且不同公式所计算的年伐量结果相差很大，合理年伐量的确定很容易受到人为因素的干扰，从而极大地妨碍了科学、合理地确定采伐限额，使采伐限额的准确性、有效性大打折扣。对此，早在1990年对全国“八五”期间采伐限额进行审议时，林业部领导和有关专家就提出，必须尽快组织研制合理年伐量的测算方法，以避免或减少测算合理年伐量的随意性。然而，在“八五”期间，关于合理年伐量测算方法的研究并未取得实质性进展。因此，在林业部关于编制“九五”期间采伐限额的通知中，用材林主伐量计算公式仍列出了按量接续式、面积轮伐式、成熟度式、第一林龄式、第二林龄式等8个公式供编限单位测算合理年伐量时选用。这样，确定合理年伐量的随意性问题在编制“九五”限额时依然存在，甚至更为严重。近几年林业部组织开展的全国林木采伐管理情况检查和限额执行情况核查反映出，一些县市尽管其资源林政管理工作松懈，乱砍滥伐情况十分严重，采伐量也很大，但却未超限额采伐，原因就是这些单位的采伐限额远远大于其真正合理的年伐量，少数单位确定的采伐限额甚至超过了其林木总生长量。这说明，在编制“九五”限额时，部分编限单位有意选择了不符合本单位森林资源实际的年伐量计算公式。

针对上述情况，国家林业局森林资源管理司在“九五”后期加紧了森林采伐限额管理系统的研究工作，先后组建了两个课题组进行技术攻关，到1998年底，由国家林业局调查规划设计院信息开发处课题组研制完成了森林合理年伐量计算——模拟计算法系统。该系统具有如下优点：一是所建系统模型以系统控制理论为基础，方法科学，机理可靠。在充分分析编限单位森林资源现状的前提下，依据《森林法》、《森林采伐更新管理办法》等法律、法规和政策规定，选择确定的约束条件正确、合理、有效。状态描述简便易行，有关参数容易获取。二是充分考虑了全国各编限单位森林资源基础数据构成不一的实际，提供了分别基于森林资源统计报表数据和二类调查小班数据计算年伐量的途径，对测算年伐量的基础数据的要求与国家林业局关于编制“十五”期间年森林采伐限额的规定一致，可适应不同森林资源管理水平编限单位的需要。三是建立的计算机操作系统结构合理、用户界面友好、操作简便、维护方便，对硬件和使用者的技术水平要求不高，便于推广使用。且在研制开发过程中以合理年伐量的计算为核心，注重采伐限额的管理，在系统设计上建有多处接口，便于系统进一步扩充和完善，为将地理信息系统引入采伐限额管理做了必要的准备。

国家林业局森林资源管理司根据《国家林业局关于编制2001～2005年年森林采伐限额工作的通知》精神，下发了《关于采用“模拟计算法”测算合理年伐量的通知》，指出，“模拟计算法”是在充分分析编限单位森林资源现状的前提下，以系统控制理论为基础，以计算机模拟为手段，以调整森林结构为目标，通过模拟计算而确定合理年伐量的一种方法。它克服了传统的合理年伐量计算方法随意性大、人为因素导致结果悬殊的弊端，增强了测算合理年伐量的科学性、合理性和适应性，是森林经理学的一大进步和突破。（谢守鑫）

【国家林业局下达1999年森林总采伐量计划】　根据国务院批准的全国“九五”期间年森林采伐限额和《重点地区天然林资源保护工程实施方案》，国家林业局编制下达了全国1999年森林总采伐量计划和木材生产限额计划。同时针对新形势下保护生态环境和天然林资源的需要，国家林业局提出了对天然林停伐区，坚决停止天然林商业性采伐活动；对限伐区，木材生产限额计划优先安排抚育采伐；对工程区内的农民自用材和农村居民烧材，严格控制在森林总采伐量计划内，严禁进入流通领域的要求。

国家林业局下达的1999年木材生产限额计划为5 259.9万立方米（附表1）；1999年森林总采伐量计划为20 049.0万立方米，其中商品材采伐量计划为8 699.6万立方米，木材产量为5 259.9万立方米（附表2）。

附表1　1999年木材生产限额计划　　单位：万立方米

地　区	木材生产限额计划	地　区	木材生产限额计划
合　计	**5 259.9**	广　东	415.0
北　京	3.0	广　西	280.0
河　北	40.0	海　南	57.7
山　西	20.0	重　庆	19.9
内蒙古	87.8	四　川	50.0
辽　宁	157.6	贵　州	75.0
吉　林	196.0	云　南	120.0
黑龙江	184.8	西　藏	22.0
江　苏	32.0	陕　西	112.1
浙　江	188.1	甘　肃	4.0
安　徽	121.0	青　海	3.6
福　建	582.4	新　疆	22.4
江　西	349.2	龙江森工集团	562.2
山　东	112.7	吉林森工集团	288.0
河　南	88.2	内蒙古森工集团	318.0
湖　北	78.9	大兴安岭林业集团公司	295.3
湖　南	373.0		

附表 2　1999 年森林总采伐量计划　　　单位：万立方米

地　区	森林总采伐量	其中：商品材		备注	地　区	森林总采伐量	其中：商品材		备注
		森林采伐量	木材产量				森林采伐量	木材产量	
合　计	**20 049.0**	**8 699.6**	**5 259.9**		海　南	204.2	84.9	57.7	
北　京	18.3	5.4	3.0		重　庆	148.1	35.3	19.9	
天　津	3.3				四　川	739.9	93.3	50.0	
河　北	160.0	80.0	40.0		贵　州	699.8	114.8	75.0	
山　西	70.0	45.6	20.0		云　南	2 930.1	195.1	120.0	
内蒙古	172.4	145.6	87.8		西　藏	150.0	77	22.0	
辽　宁	296.0	258.4	157.6		陕　西	459.1	173.5	112.1	
吉　林	599.3	338.2	196.0		甘　肃	94.3	6.8	4.0	
黑龙江	741.4	301.5	184.8		青　海	5.9	5.9	3.6	
江　苏	72.3	55.7	32.0		宁　夏	2.0			
浙　江	762.0	342.0	188.1		新　疆	248.9	35.7	22.4	
安　徽	670.0	204.0	121.0		龙江森工集团	1 081.9	908.8	562.2	
福　建	2 020.6	896.0	582.4						
江　西	1 330.4	520.4	349.2		吉林森工集团	543.6	465.7	288.0	
山　东	318.5	181.3	112.7						
河　南	366.7	158.1	88.2						
湖　北	542.1	126.3	78.9		内蒙古森工集团	622.6	611.2	318.0	
湖　南	1 148.0	617.2	373.0						
广　东	1 050.0	705.0	415.0		大兴安岭林业集团公司	578.6	487.4	295.3	
广　西	1 198.7	423.5	280.0						

（陈　昱）

【1998 年全国森林采伐限额核查结果】　根据《国家林业局关于开展森林采伐限额核查的通知》精神和全国林业厅局长会议关于 1999 年森林采伐限额核查部署，1999 年，国家林业局组织直属 4 个调查规划设计院对 19 个省（区、市、集团公司）的 27 个县局（其中：17 个县、10 个森工局）1998 年、1999 年森林采伐限额执行情况进行了核查。核查外业从 5 月初开始到 10 月底结束，共投入技术人员 180 名，外业工作日达 1.2 万个。在 27 个县局中，共抽查了 155 个乡镇（林场）、883 个行政村（林班）、42 380 张林木采伐许可证和 1 244 块伐区，布设样地（带）2 995 公顷。

1998 年森林采伐限额执行情况　经汇总，27 个县局"九五"期间年森林采伐限额总量为 829.6 万立方米，1998 年度林木采伐计划总量为 743.1 万立方米，实际林木总采伐量为 925.2 万立方米。总采伐量中，有证采伐量为 510.7 万立方米，占 55.2%；无证采伐量为 414.5 万立方米，占 44.8%（附表 1）。

实际林木采伐量与采伐限额比较　27 个县局 1998 年度实际林木总采伐量与年采伐限额比较，超 95.6 万立方米，超限额比率为 11.5%。其中，16 个县局不同程度超限额采伐，占全部核查县局的 59.3%。

16 个超限额采伐的县局采伐限额为 617.0 万立方米，实际林木总采伐量为 739.6 万立方米。林木总采伐量为采伐限额比较，超 122.6 万立方米，超限额比率为 19.9%。其中小陇山局、漳平市、宁东局等 10 个县局超限额 5 万立方米以上；碧泉局、宁东局、小陇山局、上犹县等 6 个县局超采伐限额比率大于 30%（附表 2）。

实际林木采伐量与采伐计划比较　27 个县局 1998 年度实际林木总采伐量与年度采伐计划比较，超 182.1 万立方米，超计划比率为 24.5%。其中，23 个县局不同程度超计划采伐，占全部核查县局的 85.2%。

23 个超计划采伐的县局林木采伐计划为 690.0 万立方米，实际采伐量为 885.8 万立方米。实际采伐量与采伐计划比较，超 195.8 万立方米，超计划比率为 28.4%。其中，宁东局、漳平市、小陇山局等 14 个县局超采伐计划在 5 万立方米以上；宁东局、碧泉局、天峨县、上犹县、永德县等 9 个县局超计划比率大于 40%（附表 3）。

有证采伐量与发证蓄积量比较　27 个县局 1998 年度发证蓄积量为 419.7 万立方米，实际采伐即有证采伐量为 510.7 万立方米。有证采伐量与发证蓄积量比较，超证采伐 91.0 万立方米，超证采伐比率为 21.7%。

27 个县局中，23 个县局不同程度超证采伐，占全部核查县局的85.2%，其中建瓯市、免渡河局、满归局等7个县局超证采伐在5万立方米以上，免渡河局、宁东局、建瓯市等6个县局超证采伐比率大于40%(附表4)。

“三率”情况　27个县局林木采伐发证率平均为45.4%。其中永德县、宁东局、远安县、忠县、霍山县、漳平县、碧泉局、台江县、上犹县9个县局发证率低于30%。

发证合格率平均为69.9%。其中远安县、永德县、碧泉局、免渡河局发证合格率为0，忠县、铜鼓县、木垒县、木里县、小陇山局5个县局发证合格率低于60%。

伐区凭证采伐率平均为71.7%。其中永德县、免渡河局、木里县、宁东局、霍山县、建瓯市、满归局、漳平市、铜鼓县9个县局伐区凭证采伐率低于70%(附表5)。

1999年森工局凭证采伐执行情况　在本次核查的10个森工局中，川南、碧泉、宁东、小陇山4个局因所处省天然林全面禁伐，1999年无采伐计划，截至7月底发证蓄积量为0。但是除川南局外，小陇山、宁东、碧泉3个局的乱砍滥伐情况均相当严重，其施业区范围内的无证采伐量（包括施业区周边群众的偷砍盗伐数量）分别为16.0万立方米、8.7万立方米、2.6万立方米。

其他6个局1999年有采伐计划。截至核查时发证蓄积量为128.4万立方米。在抽查的266块伐区中，有209块伐区完成了采伐作业，其发证蓄积量为5.15万立方米，实际采伐5.87万立方米，超证采伐量为0.72万立方米，超证采伐比率为14.0%。除满归局外，其他5个局均存在不同程度的超证采伐，其中免渡河局、东方红局超证采伐比率大于40%。

附表1　各县局1998年度限额、计划、林木采伐量　　单位：立方米、%

县　局	“九五”期间年采伐限额	年度林木采伐计划	发证蓄积量	林木采伐量				
				合计	有证采伐量	百分比（%）	无证采伐量	百分比（%）
合计	**8 295 791**	**7 431 323**	**4 196 846**	**9 251 691**	**5 106 397**	**55.2**	**4 145 294**	**44.8**
森工局小计	**3 569 665**	**3 151 214**	**2 303 119**	**4 154 109**	**2 746 867**	**66.1**	**1 407 242**	**33.9**
云南碧泉	34 000	26 000	22 998	85 062	33 862	39.8	51 200	60.2
陕西宁东	280 000	121 000	73 510	468 428	125 774	26.9	342 654	73.1
甘肃小陇	520 714	520 714	236 827	748 273	292 187	39.0	456 086	61.0
四川川南	152 500	157 700	154 407	183 540	165 210	90.0	18 330	10.0
内蒙古免渡	187 551	185 000	144 828	269 120	262 043	97.7	7 077	2.6
十八站	708 300	656 000	498 037	714 157	517 322	72.4	196 835	27.6
满　归	560 000	447 900	379 340	545 720	485 549	89.0	60 171	11.0
八家子	314 000	279 900	185 603	283 909	237 343	83.6	46 566	16.4
东方红	554 600	550 000	434 537	629 670	440 692	70.0	188 978	30.0
金山屯	248 000	207 000	173 032	226 230	186 885	82.6	39 345	17.4
县小计	**4 726 126**	**4 280 109**	**1 893 727**	**5 097 582**	**2 359 530**	**46.3**	**2 738 052**	**53.7**
福建建瓯	1 218 900	1 142 100	491 549	1 221 269	738 797	60.5	482 472	39.5
福建漳平	612 200	574 300	209 560	803 920	295 022	36.7	508 898	63.3
安徽霍山	200 741	200 741	40 412	158 100	54 411	34.4	103 689	65.6
江西铜鼓	363 931	314 313	172 864	462 649	193 647	41.9	269 002	58.1
江西上犹	163 597	138 707	65 437	232 012	96 302	41.5	135 710	58.5
湖南通道	390 000	374 683	234 017	470 815	213 924	45.4	256 891	54.6
湖北远安	221 800	221 800	41 243	262 511	41 243	15.7	221 268	84.3
广东遂溪	105 000	100 000	36 017	61 927	41 635	67.2	20 292	32.8
广东乳源	119 100	110 100	54 706	87 211	60 747	69.7	26 464	30.3
广西天峨	154 679	89 657	88 256	165 095	90 399	54.8	74 696	45.2
云南永德	271 800	215 700	24 789	336 619	26 929	8.0	309 690	92.0
贵州台江	179 670	119 000	40 353	146 569	31 730	21.6	114 839	78.4
陕西陇县	196 900	173 300	102 124	193 126	127 997	66.3	65 129	33.7

（续）

县　局	“九五”期间年采伐限额	年度林木采伐计划	发证蓄积量	林木采伐量				
				合计	有证采伐量	百分比（%）	无证采伐量	百分比（%）
新疆木垒	400	300	152	392	144	36.7	248	63.3
重庆忠县	67 000	60 000	14 843	65 532	15 559	23.7	49 973	76.3
重庆江津	135 000	120 000	44 935	86 995	60 897	70.0	26 098	30.0
四川木里	325 408	325 408	232 470	342 840	270 147	78.8	72 693	21.2

附表 2　各县局 1998 年度林木采伐量与采伐限额比较表　　单位：立方米

县　局	林木采伐量	采伐限额	差值	比率（%）
合计	**9 251 691**	**8 295 791**	**955 900**	**11.5**
森工局小计	**4 154 109**	**3 569 665**	**584 444**	**16.4**
云南碧泉	85 062	34 000	51 062	150.2
陕西宁东	468 428	280 000	188 428	67.3
甘肃小陇	748 273	520 714	227 559	43.7
免渡河	269 120	197 551	71 569	36.2
四川川南	183 540	152 500	31 040	20.4
东方红	629 670	554 600	75 070	13.5
十八站	714 157	708 300	5 857	0.8
满归	545 720	560 000	−14 280	−2.6
金山屯	226 230	248 000	−21 770	−8.8
八家子	283 909	314 000	−30 091	−9.6
县小计	**5 097 582**	**4 726 126**	**371 456**	**7.9**
江西上犹	232 012	163 597	68 415	41.8
福建漳平	803 920	612 200	191 720	31.3
江西铜鼓	462 649	363 931	98 718	27.1
云南永德	336 619	271 800	64 819	23.8
湖南通道	470 815	390 000	80 815	20.7
湖北远安	262 511	221 800	40 711	18.4
广西天峨	165 095	154 679	10 416	6.7
四川木里	342 840	325 408	17 432	5.4
福建建瓯	1 221 269	1 218 900	2 369	0.2
陕西陇县	193 126	196 900	−3 774	−1.9
新疆木垒	392	400	8	−2.0
重庆忠县	65 532	67 000	−1 468	−2.2
贵州台江	146 569	179 670	−33 101	−18.4
安徽霍山	158 100	200 741	−42 641	−21.2
广东乳源	87 211	119 100	−31 889	−26.8
重庆江津	86 995	135 000	−48 005	−35.6
广东遂溪	61 927	105 000	−43 073	−41.0

附表 3 各县局 1998 年度林木采伐量与采伐计划比较 单位：立方米

县局	林木采伐量	采伐计划	差值	比率（%）
合计	**9 251 691**	**7 431 323**	**1 820 368**	**24.5**
森工局小计	**4 154 109**	**3 151 214**	**1 002 895**	**31.8**
陕西宁东	468 428	121 000	347 428	287.1
云南碧泉	85 062	26 000	59 062	227.2
免渡河	269 120	185 000	84 120	45.5
甘肃小陇	748 273	520 714	227 559	43.7
满归	545 720	447 900	97 820	21.8
四川川南	183 540	.157 700	25 840	16.4
东方红	629 670	550 000	79 670	14.5
金山屯	226 230	207 000	19 230	9.3
十八站	714 157	656 000	58 157	8.9
八家子	283 909	279 900	4 009	1.4
县小计	**5 097 582**	**4 280 109**	**817 473**	**19.1**
广西天峨	165 095	89 567	75 438	84.1
江西上犹	232 012	138 707	93 305	67.3
云南永德	336 619	215 700	120 919	56.1
江西铜鼓	462 649	314 313	148 336	47.2
福建漳平	803 920	574 300	229 620	40.0
新疆木垒	392	300	92	30.7
湖南通道	470 815	374 683	96 132	25.7
贵州台江	146 569	119 000	27 569	23.2
湖北远安	262 511	221 800	40 711	18.4
陕西陇县	193 126	173 300	19 826	11.4
重庆忠县	65 532	60 000	5 532	9.2
福建建瓯	1 221 269	1 142 100	79 169	6.9
四川木里	342 840	325 408	17 432	5.4
广东乳源	87 211	110 100	−22 889	−20.8
安徽霍山	158 100	200 741	−42 641	−21.2
重庆江津	86 995	120 000	−33 005	−27.5
广东遂溪	61 927	100 000	−38 073	−38.1

附表 4 各县局 1998 年度有证采伐量与发证蓄积量比较 单位：立方米

县局	有证采伐量	发证蓄积量	差值	比率（%）
合 计	**5 106 397**	**4 196 846**	**909 551**	**21.7**
森工局小计	**2 746 867**	**2 303 119**	**443 748**	**19.3**
免渡河	262 043	144 828	117 215	80.9
陕西宁东	125 774	73 510	52 264	71.1
云南碧泉	33 862	22 998	10 864	47.2
满归	485 549	379 340	106 209	28.0
八家子	237 343	185 603	51 740	27.9
甘肃小陇山	292 187	236 827	55 360	23.4
金山屯	186 885	173 032	13 853	8.0
四川川南	165 210	154 407	10 803	7.0
十八站	517 322	498 037	19 285	3.9
东方红	440 692	434 537	6 155	1.4
县小计	**2 359 530**	**1 893 727**	**465 803**	**24.6**
福建建瓯	738 797	491 549	247 248	50.3
江西上犹	96 302	65 437	30 865	47.2
福建漳平	295 022	209 560	85 462	40.8
重庆江津	60 897	44 935	15 962	35.5
安徽霍山	54 411	40 412	13 999	34.6
陕西陇县	127 997	102 124	25 873	25.3
四川木里	270 147	232 470	37 677	16.2
广东遂溪	41 635	36 017	5 618	15.6
江西铜鼓	193 647	172 864	20 783	12.0
广东乳源	60 747	54 706	6 041	11.0
云南永德	26 929	24 789	2 140	8.6
重庆忠县	15 559	14 843	716	4.8
广西天峨	90 399	88 256	2 143	2.4
湖北远安	41 243	41 243	0	0.0
新疆木垒	144	152	−8	−5.3
湖南通道	213 924	234 017	−20 093	−8.6
贵州台江	31 730	40 353	−8 623	−21.4

附表5 各县局1998年度森林采伐限额核查“三率” 单位:%

县局	发证率	发证合格率	伐区凭证采伐率	县局	发证率	发证合格率	伐区凭证采伐率
合　计	**45.4**	**69.9**	**71.7**	陕西陇县	52.9	98.8	70.8
福建建瓯	40.2	99.8	65.3	陕西宁东局	15.7	88.7	60.1
福建漳平	26.1	99.1	68.3	新疆木垒县	38.8	43.2	81.4
安徽霍山	25.6	73.7	62.1	甘肃小陇山	31.6	52.4	73.1
江西铜鼓	37.4	41.7	68.9	重庆忠县	22.7	32.1	89.1
江西上犹	28.2	94.1	72.6	重庆江津市	51.7	99.6	71.9
湖南通道	49.7	78.8	75.5	四川木里县	67.8	51.4	55.7
湖北远安	15.7	0	/	四川川南局	84.1	93.9	86.6
广东遂溪	58.2	92.7	86.5	免渡河局	53.8	0	39.9
广东乳源	62.7	98.6	90.6	十八站局	69.7	97.3	89.3
广西天峨	53.5	95.7	98.6	满归局	69.5	91.3	67.6
云南永德	7.4	0	26.8	八家子局	65.4	100.0	74.2
云南碧泉	27.0	0	70.8	东方红局	69.0	94.9	82.2
贵州台江	27.5	72.1	74.6	金山屯局	76.5	98.1	78.1

（谢守鑫）

【国家林业局木片生产经营管理领导小组成立】 为加强全国木片生产的组织领导，整顿木片经营秩序，强化资源林政管理，促进林业经济良性循环和可持续发展，国家林业局决定成立木片生产经营管理领导小组，并于1999年11月17日印发了《关于成立木片生产经营管理领导小组的通知》，明确了国家林业局木片生产经营管理机构及其主要职能。

国家林业局木片生产经营管理领导小组：组长马福，副组长蔡延松，成员有寇文正、姚昌恬、肖兴威。领导小组下设木片生产经营管理办公室：主任寇文正，副主任姚昌恬、王祝雄、马双彪。木片生产经营管理办公室设在国家林业局森林资源管理司，日常工作由森林资源管理司负责。

木片生产经营管理办公室的主要职能：①贯彻落实中央领导关于木片生产经营由林业部门实行行业管理的指示精神，严格执行木片生产经营的“四统一”管理政策，依法加强木片的经营管理。②制定年度木片生产计划和木片运输计划，保证限额采伐的落实。③指导全国木片加工许可证和木片运输证的核发和管理，研究解决木片生产和经营管理问题。④以加强森林资源保护管理为主线，整顿木片生产经营秩序，落实原林业部和国家工商行政管理局联合下发的《关于清理整顿木片经营加工单位，加强木片生产经营监督管理的通知》文件精神。⑤协调有关部委在木片出口方面的关系，为全国木片行业服务。 （谢守鑫）

【全国木材运输检查执法工作会议】 于1999年7月27～29日在合肥召开，参加这次会议的有各省（区、市）林业主管部门负责木材运输检查管理工作的资源林政处长、国家林业局驻有关省（区、公司）森林资源监督专员办事处林政处长、部分省区木材检查站管理总站长和安徽祁门县的代表，国家林业局有关单位参加了会议，安徽省人大副主任季昆森、省监察厅的负责同志也出席会议。

国家林业局森林资源管理司司长寇文正作了《加强建设，管理严格，规范执法努力开创木材运输检查管理工作新局面》的报告；王祝雄副司长传达了国务院全国纠风工作会议精神。

安徽、湖北、福建、四川、吉林5省林业厅的代表，分别就“学英雄、鼓士气、练内功、加强执法队伍建设、加强岗位培训、健全规章制度、引用智能手段、强化监督管理、提高执法水平、抓立法、打基础、努力规范木材流通监督管理工作、加强建设、加强管理、保障天然林保护工程顺利实施”等内容，在大会上作了典型发言。会上还宣读了国家林业局授予黄政清同志“森林卫士”的嘉奖令，颁发了证书；公布了全国第二批实现标准化建设的木材检查站名单。

会议对《木材检查站建设规划编制指导意见》和《关于进一步加强木材运输检查管理和木材检查站建设有关问题的通知》，进行了研究修改，在提出补充和完善意见和建议的同时，也明确了工作职责和任务。

会议充分肯定了木材运输检查和管理在保护森林资源中的重要地位和作用，以及木材检查执法工作取得的显著成绩，客观分析和评价了工作中存在的问题和不足，对当前和今后一段时期所要抓的重点工作，做了全面部署和安排。要求站在依法行政、严格执法、服从大局、服务民众的政治高度，站在保护发展森林资源，构筑林业建设支撑体系的高度，提出了加强木材运输检查管理工作的措施和方法。

与会代表紧紧围绕全面贯彻国务院全国纠风工作会议精神，就加强领导，落实责任、治理“三乱”进一步规范木材运输检查和管理工作，提高依法行政水平，提高林政管理和执法成效，展开了讨论。（张厚武）

【国际劳工组织和联合国粮食及农业组织援助中国制定国家森林采伐作业规程】 为了不断减少森林采伐对环境和社会的负面影响，加快中国森林可持续发展的进程，经过国家林业局和国际劳工组织（ILO）及联合国粮食及农业组织（FAO）的共同协商，最终决定共同制定中国森林采伐作业规程。1999年11月，国家林业局代表中华人民共和国政府同ILO正式签订了制定中国森林采伐作业规程协议书。

协议书分别规定了中国政府和ILO各自的责任，明确了资金的投入和使用，确定了第一阶段的时间表。ILO将提供少量的资金支持，而FAO则主要是提供技术支持。制定中国森林采伐作业规程项目分为三个阶段，即第一阶段为制定阶段；第二阶段为试验阶段；第三阶段为实施阶段。按照协议的规定，第一阶段的工作将在2000年底前完成。（张松丹）

林业行政执法

【综 述】 1999年国家林业局加强森林资源和林政管理的行政执法工作，体现在四个方面：

1. 加强林政案件举报的受理和督办工作。森林资源管理司全年受理群众直接举报到国家林业局的信件278件，办理中央领导和有关部门受理并批转国家林业局处理的群众举报信件38件。地方各级林业主管部门积极受理、认真办理上级林业主管部门批转的林政案件举报，对举报属实的林政案件进行依法查处，并按要求向国家林业局反馈办理情况。

2. 积极配合全国人大开展对《森林法》贯彻实施情况的检查工作。执法检查由全国人大常委会《森林法》贯彻实施情况检查组组织实施。重点是检查《森林法》实施主管机关依法制止超限额采伐、乱砍滥伐林木、乱占林地和毁林开垦等破坏森林资源行为的情况。6月和7月，检查组分组赴广西壮族自治区、四川省、黑龙江省、内蒙古自治区和大兴安岭林业集团公司开展了检查。国家林业局作为主要受检查部门之一，派人全程陪同检查，完成了所承担的工作任务。

3. 积极参与修改《森林法实施条例》。完成配套森林资源和林政管理规章、制度草拟工作主要有：林业行政案件管理办法、国家工作人员违反森林资源保护管理规定行政处分暂行规定、林权登记管理办法、征占林地审核审批办法、森林植被恢复费收取和使用管理办法、年度木材生产和运输计划管理办法、木材运输检查监督办法（修订）、木材经营（加工）监督管理办法（修订）等，将在2000年陆续颁布实施。

4. 进一步加强队伍建设，改进全国林政案件统计分析工作。森林资源管理司于6月上旬在长沙举办林政执法人员培训班。在全国省级林业主管部门首次推广使用了林业行政案件统计计算机管理软件，初步实现了林政案件统计分析的微机管理。

存在的主要问题和不足，一是缺乏必要的林政办案专项经费。二是督办落实不够。今后需要进一步规范林政案件的管理，并切实加强国家林业局对林政案件的稽查工作。（蒋云安）

【林政案件统计与分析】 据30个省（区、市）和内蒙古、龙江森工集团及大兴安岭林业集团公司统计，1999年共发生林政案件44.8万起，查处43.2万起，查处率96.4%。没收违法所得木材48.7万立方米，挽回经济损失4.9亿元。有关情况分析如下：

林政案件的发生、查处情况

案件发生总数继续下降 1997年度案件为60.6万起，1998年度为47.1万起，下降13.5万起，下降了22.3%；1999年度44.8万起，下降2.3万起，下降了4.8%。比较突出的违法运输木材案件近两年均有较大的下降，1999年为31.6万起，下降了1.2万起，下降了3.8%，其他林政案件下降也较多；但盗伐、滥伐等案件还略有上升。

案件查处率提高，挽回经济损失增加 1999年度林政案件查处率为96.4%，比1998年度提高了1.6个百分点。挽回经济损失4.9亿元，比1998年度增加了1.4亿元，增长了40%。其中主要是违法运输木材比重较大为1.96亿，占总挽回损失的40%；盗伐林木为0.6亿元，占总挽回损失的12%；滥伐林木0.6亿元。占总挽回损失的13%。

各林区加强执法力度取得进一步成效 国有林区林木损失大幅度减少。1998年为20.3万立方米，1999年为7.3万立方米，减少了13.0万立方米；林地损失为3 696公顷，比1998年减少162公顷；挽回经济损失6 360万元，比1998年增加1 482万元。

集体林区林政案件总数大幅度减少。1998年为

34.0 万起，1999 年为 28.6 万起，减少了 5.5 万起；违反运输林木案件为 24.3 万起，比 1998 年减少 2.6 万起；林地损失为 4 572 公顷，比 1998 年减少 1 557 公顷。

少林省区林地损失大幅度减少。1998 年为 4 946 公顷，1999 年为 1 566 公顷，减少了 3 380 公顷；挽回经济损失为 9 200.8 万元，比 1998 年增加 5 105.8 万元；案件查处率为 96.1%，比 1998 年提高了 1.6 个百分点。

林政案件发生的特点

违法运输林木案件仍居首位　违法运输林木案件虽有所下降，但仍居首位为 31.6 万起，依次为滥伐林木为 4.0 万起，盗伐林木 3.9 万起，违反森林植物检疫规定为 2.1 万起，违法征占用林地为 1.2 万起，非法收购、经营、加工木材为 1.1 万起，毁坏林木、苗木为 0.8 万起。违反森林植物检疫规定案件由 1998 年的第六位上升到第三位。

滥伐盗伐林木案件，损失幼树和竹子严重　幼树损失为 4 808.6 万株，竹子损失 5 989.0 万株，大大高于 1998 年损失 390.6 万株和 201 万株。其中，滥伐林木损失幼树为 2 379.1 万株，竹子为 32.6 万株；盗伐林木损失幼树 1 248.8 万株，竹子为 23.5 万株。

违反森林植物检疫规定案件大幅度增加，林木种子破坏严重　1999 年违反森林植物检疫规定案件达 2.1 万起，是 1998 年度的 3 倍，林木种子损失和没收种子 1.3 万千克；违反林木种苗管理规定损失种子和没收种子 10.5 万千克，是 1998 年度的 5 倍，而查处率仅有 67.7%，比 1998 年低 25.6 个百分点。

部分省区林政案件情况比较突出　湖南省案件发生总数为 6.9 万起，林地损失 1 596 公顷，林木损失 3.3 万立方米；安徽省案件发生总数为 3.2 万起，林木损失 2.2 万立方米，幼树损失 802.6 万株，野生动物损失 32.9 万只，竹子损失 16.7 万株；山东省幼树损失 1 588.7万株，种子损失 8.4 万千克，野生动物损失 27.0 万只；河南省林木损失 2.8 万立方米，野生动物损失 15.3 万只；云南省林地损失 2 610 公顷，林木损失 2.2 万立方米，种子损失 3 000 千克；有 2 个省区案件查处率不到 90%。

国家林业局受理举报信件继续增多　1997 年接到举报信件 61 件，1998 年为 272 件，1999 年为 321 件。转省区查处，反馈率均为 30%左右。中央领导批转的信件 1998 年为 10 件左右，1999 年为 30 多件，增加了 3 倍，转省区查处，反馈率为 100%。较多的省区有黑龙江省林业厅和黑龙江省森林工业总局均为 30 件，内蒙古自治区林业厅为 23 件，四川林业厅为 19 件，陕西林业厅为 16 件。

林政案件发生的主要原因　案件发生的原因是多方面：一是对森林资源保护意识不强；二是贫困山区、林区经济危困，依附大木头生活没有改变；三是对一些不法分子打击不力。对违法收购经营加工木材查处率低，有的只有 61.72%，有的案件行政处罚没有达到法定处罚标准；四是 80 年代的林业“三定”工作不够完善“一山多证”、“一证多山”现象较为普遍；五是农民土地延包和调整，未能正确解决林权流转问题；六是实施天然林保护，有关配套措施没跟上；七是违法征占用林地，多数是政府行为；八是林业执法基础薄弱、执法难。　（王亚军）

森林资源监督与森林资源管理示范点

【森林资源监督】　1999 年，森林资源监督工作把遏制超限额采伐、毁林开垦和乱占林地作为工作的主要目标。在各项监督工作中，突出了事前监督和事中监督，加强了对管理者和管理行为的监督，在以下几方面取得了较大的进展：

1. 改进了“三总量”监督检查方法。1999 年的“三总量”检查，由过去单纯的事后监督，改为对本年度计划执行情况实行全过程监督。自年初以来，国家林业局派驻 6 省（区、公司）森林资源监督专员办事处(以下简称监督专员办)对 49 个森工企业局和 12 个县市 1999 年度“三总量”计划执行过程中的情况进行了日常监督检查，并结合驻在地区的实际，对木材运输和经营加工环节进行了重点检查。年终，各监督专员办又组织力量对全年的计划执行情况进行了抽查。在“三总量”计划执行中，由于突出了对全过程的监督检查，做到了及时发现问题，及时进行纠正，促进了森林资源管理，遏制了超限额采伐的势头，大大提高了监督实效。

2. 加强对林地管理的监督。各监督专员办重点对驻在地有关林地管理文件的清理和林地清查、冻结征占用林地、退耕还林等项工作的开展情况进行了监督检查。驻内蒙古、云南等省区监督专员办还针对当地违法征占用林地问题比较突出的情况，督促、配合当地政府及资源管理部门进行了专项治理整顿，并对相关案件进行了查处，促进了林地管理。

3. 积极开展对天然林资源保护工程规划和实施情况的监督。驻东北、内蒙古林区的各监督专员办在加大宣传力度，提高林区干部群众对实施天然林保护工程重大意义认识的基础上，围绕工程调查规划是否科学合理、停产减产和管护是否到位、工程资金使用和管理是否符合有关规定等问题，普遍组织了专项检查，并结合造林实绩核查对生态公益林的营林质量及管理情况进行了监督检查，及时督促当地主管部门纠正了工程规划和实施中的问题。

4．加大对林政执法的监督力度。各监督专员办围绕资源林政管理中的突出问题，加大了对各种破坏森林资源的违法案件的督办和查处工作。据统计，各监督专员办1999年共办理林政案件119起（包括国家林业局交办的33起），直接查处43起，督办70起。驻内蒙古监督专员办坚持实行由森林资源管理、森林资源监督、森林公安、纪检监察等部门参加的森林案件联合督查制度，督办了几起大案，对破坏森林资源的违法犯罪活动起到了很大的震慑作用。

5．完成了国家林业局森林资源管理司布置的专项调查和核查任务。1999年，部分监督专员办承担了国家林业局森林资源管理司布置的森林采伐限额制度执行情况核查、造林实绩核查和保存状况调查、征占用林地调查等项任务。对此，各监督专员办进行了认真组织安排，不仅按时完成了任务，而且结合监督工作，发现和纠正了存在的一些问题，收到了较好的效果。

6．以“三讲”教育为契机，进一步加强自身建设。根据国家林业局的统一部署，1999年下半年，各监督专员办紧密结合当前形势和本单位的实际，深入开展了以“讲学习、讲政治、讲正气”为主要内容的党性党风教育，认真查找了本单位党组及领导干部在党性党风方面存在的突出问题，并且通过整改，提高了认识，明确了方向，弘扬了正气，广大干部职工在思想、政治、作风、纪律等方面都取得了明显成效，也极大地推动了监督业务工作的深入进行。

除了开展以上工作外，各监督专员办还结合驻在地区的实际情况，以改革创新和求真务实的精神，在完善监督制度、改进监督方法、提高监督实效等方面，进行了积极探索。如驻内蒙古监督专员办与铁路部门建立了木材凭证运输联合监督检查制度，并设置了驻站监督员；驻大兴安岭监督专员办为加强对森林资源管理者和管理行为的监督，建立了森林资源管理情况的年度监督评价制度；驻吉林监督专员办努力发挥基层监督机构的前哨作用，增强监督系统的整体功能，强化对资源消耗源头的监督等。这些做法，为在新形势下进一步搞好森林资源监督提供了有益的经验。

（刘嗣上）

【森林资源和林政管理示范点】 为积极探索新时期我国森林资源和林政管理的新路子，实现森林资源林政管理工作的科学化、标准化、法制化，1989年，林业部决定建立森林资源和林政管理示范点。10年来，按照“起点要高”和代表性原则，全国陆续确定了清原县、始兴县、三明市、凤县、房山区、腾冲县为全国森林资源和林政管理示范点。分别制定了示范点工作规划，成立了示范点领导机构，提出了示范点工作的目标和要求。各个示范点根据林业部提出任务的要求，结合本地的实际，做了大量工作，有的取得了显著的成效，其主要经验是：

1．落实领导干部保护和发展森林资源任期目标责任制，切实强化资源林政管理及示范点工作的领导机制。坚持层层签订《保护和发展森林资源任期目标责任书》，把保护和发展森林资源目标责任列入考核各级领导政绩的主要内容，并建立年度考核评比制度，兑现奖罚。责任清楚，目标明确，做到有压力，有动力，提高了各级领导干部保护和发展森林资源的自觉性和积极性。做到大事有人管，业务有人抓，具体工作有人做，使资源林政管理示范点的建设和管理落到实处，有力推动了示范点的资源林政管理和林业整个工作的开展。

2．建立健全森林资源和林政管理机构，强化森林管护体系建设。努力稳定、充实林政、资源、木材检查、森林调查设计、乡镇林业工作站等，配备专业人员，坚持持证上岗，落实岗位目标责任制，实行量化管理措施，做到山山有人管，沟沟有人护、场场有人抓、站站有人驻守，并对资源林政管理人员下管一级，不许轻易调动。

3．建立和完善地方森林资源监测体系。在国家森林资源连续清查体系基础上，通过加密固定样地，建立了示范点森林资源监测体系。完善森林资源二类调查制度，建立固定小班。进行定期监测，年年出数，健全森林资源档案，建立数据库，及时反映资源的消长变化。

4．依法治林，健全制度，加强森林资源林政管理工作的法制化、规范化、标准化和制度化建设。严格执行上级森林资源和林政管理的有关法规、规章、规定，并制定相应的具体实施办法。根据本地实际，建立了一套独具特色的规章制度。将这些规定、办法连同国家和省的有关法律、法规、规章，汇编成册，广为宣传，加强林业法制宣传，提高依法行政水平，严格执法，做到及时、有效查处各种破坏森林资源的违法犯罪案件。严密的法规制度和严格的保障执行，确保了社会的稳定、森林资源的安全和健康发展。

5．严格执行森林法规和采伐限额制度，强化源头管理，减少森林资源消耗。在坚持限额采伐的前提下，加强采伐作业管理。在商品材采伐管理上坚持伐前拨交、伐中检查、伐后验收制度，坚持木材下山检尺通知单制度，坚持凭证运输、凭证经营加工制度，坚持林木采伐、检量、运输台账制度，坚持采伐执行情况检查验收制度；在农民自用材管理上实行统一申请、审核、审批，统一伐区调查设计，统一办理采伐许可证和征收育林费，统一组织采伐、检尺，统一木材检尺码单和号印，凭单加工，建立调运实用台账。在源头管理上突出把好调查设计关、审核办证关、伐区拨交关、伐中生产管理关、伐区验收关，木材检量台账、年度采伐限额执行情况总账和规范化的伐区管理档案。严格抓好“四率”伐区调查设计率、伐区发证率、凭证采伐率凭证收购率的落实，对有林木采伐、销售、木材加工利用的单位和个人进行采伐总量、收购总量、销售总量审计监督。

6. 完善林权管理措施，适应集体林统分结合、双层经营的体制改革需要。通过落实林权政策，颁发、换发林权证，保护森林、林木、林地所有者和使用者合法权益，从机制上保障封山育林、义务植树、农村集体和农民个体合作造林、社会团体、机关、部门和个人投资造林的积极性，促进森林资源以承包、租赁、转让等多种形式进入市场，更好地发挥生态、社会、经济效益。针对过去划“两山”的弊端，对全县责任山实行折股联营，在此基础上推行了实行股份合作林场的做法，允许国营、集体、个体、私营通过参股、竞标等方式投资兴办，采伐限额单列，直接下达到股份林场。

7. 科学编制和实施森林经营方案，探索分类管理模式，促进林业分类经营改革。运用准确、全面的二类调查成果，科学合理进行森林资源分类经营区划。把自然保护区、自然保护小区、水源涵养林、风景林、国防林、森林公园区划为生态公益林，并对部分生态公益林建立了补偿制度。以原有国有林场、联办林场、集体林场、个体责任山为主体，区划为速生丰产林、短轮伐期专用林、毛竹、松脂、经济林等商品林基地，基地建设初具规模。科学编制和实施森林分类经营方案，促进林种结构和林业产业结构的合理调整。采取分别乡镇和重点村编制森林经营方案的措施，使县级森林经营方案得到逐项落实。

8. 积极探索森林资源有偿实用的途径和管理措施。成立森林资源资产评估工作领导小组，建立森林资源转让服务中心，对未承包和承包到期的森林和林木林进行经营权拍卖转让，制定了《森林资源评估实施办法》、《森林资源资产评估收费标准》。利用森林资源资产评估成果，分别完成了林业集团公司上市和国有林场经营权转让工作。各个示范点在界定森林资源产权、建立森林资源资产评估机构、制定森林资源资产评估技术规范、引导森林资源产权流转等方面，都作了认真探索、研究和实践，摸索了一些有价值的经验。

示范点工作取得的综合成效，表现在以下几个方面：一是推动了各示范点资源林政管理工作的全面加强。二是示范点创造许多对其他地区的工作有借鉴意义的经验。三是促进了本地区森林资源的增长和林业的发展。各示范点都保持了森林资源不断增长的态势。

（蒋云安）

林业公安、检察、法院工作

林业公安工作

【森林公安机构、人员】 1999年，全国森林公安机构有了新的发展。

机构 森林公安机构比1998年增加了1.1%。新疆生产建设兵团林业局成立了森林公安局，兵团所辖的14个师、管局成立了森林公安分局，重点林区的120个团场成立了森林公安派出所。

人员 1999年，全国森林公安民警实有人数比1998年增加6.8%，增加民警8 373人，减少民警4 961人。在民警总数中，女民警占6.1%，比1998年增加0.2%；党团员占民警总数54.7%；大专以上文化程度的民警占28.7%，比1998年增加4.3%；高中、中专文化程度的民警占62.1%，比1998年减少2%，初中以下文化程度的民警占9.3%，比1998年减少2.2%；年龄在30岁以下的民警占总数27.3%，比1998年增加1.6%，31～50岁的民警占总数67.2%，比1998年减少1.5%；51岁以上的民警占总数5.5%，比1998年减少0.1%。 （崔永环）

【警衔评授】 1999年是首授和晋升警衔人员较多的一年，据统计：全年共办受理11 592人授衔工作，比去年增加18.5%，经审核，退回不符合规定的190人（其中：警督140人，警司、警员50人），实际上报警督以上警衔6 732人，审批警司以下警衔4 760人。其中三级警监24人，一级警督337人，二级警督590人，三级警督5 556人，一级警司1 709人，二级警司1 347人，三级警司948人，一级警员312人，二级警员354人。

为了做好警衔评授工作，主要做了以下工作：一是对各省区森林公安机关评授警衔的情况和存在的问题进行了认真的调研，并向公安部进行了报告，针对森林公安的特点积极争取公安部的支持；二是根据公安部新的政策规定，转发和下发了关于评授警衔工作有关政策问题及关于做好评授警衔材料申报工作的两个通知，进一步规范警衔申报的程序和规定；三是对各单位上报的警衔材料按照有关政策逐项审查，严格把关；四是为了做好警衔评授基础工作，编印了《全国森林公安机关人民警察警衔工作文件选编》一书，书中分法律法规、政策规定问题解答、附件三个部分，共选编了1992年以来公安部、原林业部、国家林业局下发有关警衔评授方面的文件43份，附表10份；五是学习掌握了警衔统计工作的计算机软件，并将此软件复制了35套、105张软盘下发各省森林公安局（处），大大减轻了工作量，提高了工作效率。 （耿淑芬）

【“可可西里一号行动”】 近年来，由于境外藏羚羊绒制品非法交易的存在，导致自20世纪80年代末以来，中国青藏高原的特有动物藏羚羊遭到大量猎杀。为了切实保护藏羚羊资源，加大打击力度，震慑犯罪分子，4月10～30日，中国森林警方组织青海、新疆、西藏三省区的森林公安机关在可可西里、阿尔金山、羌塘地区开展了集中打击盗猎藏羚羊违法犯罪活动的统一行动（代号“可可西里一号行动”）。经过165名民警的艰苦奋战，克服青藏高原高海拔、高寒、缺氧、少水等恶劣自然环境，行动取得了重大战果。据统计，这次行动共打掉盗猎团伙17个，抓获盗猎分子66人（其中击毙1人、击伤2人），收缴藏羚羊皮1 658张、藏羚羊头545只、汽车18辆、枪支14支、子弹12 000余发。这次行动是中国森林警方首次开展的跨省区、大规模的集中打击破坏野生动物资源违法犯罪的统一行动，受到国际、国内的广泛关注，表明了我国政府保护珍稀野生动物、维护生态平衡的坚决决心，同时也向世界显示了中国政府履行国际公约的严肃态度。

各级领导的高度重视，果断决策，有关单位的密切协作，是这次行动得以顺利进行的关键。周密部署，行动迅速，是这次行动取得重大成果的保证。基层民警特别能吃苦、特别能战斗的顽强拼搏精神是这次行动取得胜利的根本。艰难、及时、空前的跟踪报道，引起了社会各界对这次行动的关注，极大地增强了人们的野生动物意识、生态环境意识。中央电视台派出15名前方记者赴三省区，投入3套卫星地面传送设备，连续12天报道了“可可西里一号行动”的进展情况和取得的成果，播出新闻34条，新闻联播、晚间新闻、早间新闻、中央4台的新闻节目也多次进行了报道。此外，中央人民广播电台、新华通讯社、《北京晚报》、《北京青年报》、《南方周末》等新闻媒体也连续、大量报道了这次行动。 （范鲁安）

【全国森林及野生动物案件分析】

森林案件 1999年，全国森林公安机关共受理各类森林案件132 677起，比1998年同期上升10.97%。其中：森林刑事案件6 711起，上升9.55%；治安案件13 414起，上升1.38%；林业行政案件112 552起，上升12.33%。

在森林刑事案件中，立重大案件1 317起，破1 239起，破案率为94.08%，立案比1998年同期上升13.34%；立特别重大案件252起，破231起，破案率为91.67%，立案比1998年同期上升27.92%。

全部案件毁坏林地42 961.27公顷，造成直接经济损失1.49亿元。其中：损失木材81.56万立方米，毁坏幼树2 659.75万株，造成护林执法人员伤85人。

全国森林公安机关共查处森林案件130 744起，综合查处率98.54%。其中：破刑事案件6 711起，破案率为94.84%；查处治安案件13 201起，查处率为98.41%；处理林业行政案件111 178起，处理率为98.78%。共打击处理各类违法犯罪人员169 958人次。其中：逮捕4 011人，劳教502人，治安拘留5 774人，警告4 363人，治安罚款9 921人，林业行政罚款110 034人。查获犯罪团伙447个，抓获作案成员1 971人。

办案为国家挽回经济损失1.98亿元，收缴木材223 040立方米。

野生动物案件 1999年度，全国森林公安机关共受理各类野生动物案件5 694起，比1998年同期上升12.09%。其中：立刑事案件462起，上升14.36%；受理治安案件397起，下降22.91%；受理野生动物行政案件4 835起，上升16.2%。

在野生动物刑事案件中，立重大案件148起，破133起，破案率为89.86%，立案比1998年上升66.29%；立特别重大案件125起，破117起，破案率为93.6%，立案比1998年上升21.36%。

全部案件造成直接经济损失704.73万元，损失野生动物249 419只（头），其中：国家一级保护野生动物42 977只（头），国家二级保护野生动物9 156只（头）。

全国森林公安机关共查处各类野生动物案件5 612起，综合查处率为98.56%。其中：破刑事案件431起，破案率为93.29%；查处治安案件388起，查处率为97.73%；处理野生动物行政案件4 793起，处理率为99.13%。共打击处理各类违法犯罪人员8 400人次，其中：逮捕258人，劳教13人，治安拘留212人，警告453人，治安罚款269人，行政罚款4 803人。查获犯罪团伙60个，抓获作案成员279人。

办案为国家挽回经济损失2545.83万元，收缴野生动物934 940只（头），其中：国家一级保护野生动物3 927只（头），国家二级保护野生动物144 461只（头）。收缴野生动物皮28 371张，猎具3 901件，车辆55辆，枪支319支，其中军用枪16支。

（关旭庆）

【督查重大、特大森林和野生动物案件】 1999年，国家林业局森林公安局结合开展“可可西里一号行动”和国家“五部院局”的严打斗争，采取各种措施加大对特大案件的督查工作，取得了明显的效果，使大多数案件得到了依法处理。据统计，国家林业局森林公安局共重点督查各类森林和野生动物案件67起，其中国务院领导批示的案件30起，根据群众举报督查的案件37起。在这67起案件中，破坏森林资源的案件53起，破坏野生动物资源的案件14起。在国务院领导批示的30起案件中，经调查情况属实的有15起，其中地方政府参与的有5起，林业主管部门参与的有6起。由于有关部门管理不严，致使当地群众偷砍盗伐不断发生的案件有4起；在国家林业局根据群众举报督查的37起案件中，滥伐林木案件有13起，盗伐林木的案件有8起，森林火灾案件1起，非法倒卖林业票证案1起，非法运输、倒卖野生动物案10起，非法猎捕、杀害野生动物案4起。在督查的67起案件中，经过督查除13起案件未结案正在进一步督查中外，其他案件已全部结案。综合分析1999年特大案件情况，有以下特点：一是重特大案件急剧上升。虽然各级森林公安机关结合本地区的实际情况，组织开展严厉打击破坏森林和野生动物资源的违法犯罪专项斗争，但全国1999年破坏森林和野生动物资源的特大刑事案件仍然急剧上升。1998年，全国森林公安机关破获的森林和野生动物特大刑事案件分别比1997年上升了15.23%和33.01%，而1999年这两类案件分别比1998年上升了15.11%和37.36%。特别是森林和野生动物重特大刑事案件所占刑事案件的比例逐年上升，如1998年重特大森林刑事案件占森林刑事案件的比例为21.96%，重特大野生动物刑事案件占野生动物刑事案件的比例为47.64%，而1999年重特大森林刑事案件占森林刑事案件的比例上升到23.10%，重特大野生动物刑事案件占野生动物刑事案件的比例上升到58%。二是国务院领导对破获森林资源的违法犯罪活动高度重视，要求严厉打击此类违法犯罪活动。在1999年国家林业局督查的67起案件中，国务院领导同志三次批示要求督查的案件就有30起。虽然这30起案件经过督查情况属实的有15起，但如此情况在国家林业局以往年的督查案件中，还是十分罕见的。三是一些地方在短期利益的驱动下，大肆破坏森林和野生动物资源，滥伐案件增多。1999年督办的67起案件中，53起是破坏森林资源的案件，且大多数为滥伐林木案件，特别是涉及地方政府和林业主管部门的案件尤为突出。如在国务院领导批示查实的15起案件中，有11起案件涉及当地政府和林业主管部门。河南省内乡县乍岖乡上庄村村委会以发展袋料香菇为由，在3天时间内，导致26.67公顷森林遭到破坏。四川省犍为县同兴乡以改造低产林为由，在没有办理采伐许可证的情况下，毁林86.67公顷。1999年重特大案件大幅上升，其原因是各级森林公安机关加大了打击力度，深挖出一些大案。除此之外，还有一些重要的原因：一是一些地方政府领导和林业部门领导没有把保护森林和野生动物资源放在一个重要的位置，或由于保护主义致使一些案件查处困难，有的甚至引发更严重的毁林发生。如贵州省台江县所发生的特大滥伐林木案件，当地群众已多次向有关部门反映，当地政府不调查，不采取措施，最终导致了大规模的乱砍滥伐现象的发生。如湖南省蓝山县大桥乡滥伐林木1500立方米的案件，1998年8月6日蓝山县森林公安分局已立案侦查，由于当地政府采取各种措施加以阻扰，使这起案件的主要责任人余冬菊（省人大代表）至今也未得到依法处理。广西防城港市连续发生数十起特大野生动物案件，但林业主管部门和有关司法机关不采取措施，致使这类违法犯罪活动长期不能得到有效制止。二是司法机关不配合，导致一些案件不能及时查处。如海南省三亚市发生的非法收购蟒蛇案，经森林公安机关侦查，犯罪事实清楚，证据充足，但检察机关已不能认定蟒蛇属野生动物为由对犯罪嫌疑人不批捕，致使案件至今也未结案。广西防城港市公安局对多起非法运输野生动物案件的犯罪嫌疑人，以证据不足为由，不报捕，不继续侦查，致使犯罪嫌疑人长期得不到依法惩处。三是一些林业主管部门执法犯法，把关不严，导致破坏森林和野生动物资源的违法犯罪活动不断发生。如吉林省集安市花甸镇林业站站长韩志杰等人，利用职权，盗伐林木400余立方米。贵州省天柱县林业局局长杨麾伙同该局林政股股长杨顺唐等人，公开非法出售木材运输证，导致黔湘边界地区木材运输秩序十分混乱。甘肃省野生动物行政主管部门对野生动物狩猎证没有加强管理，致使白龙江地区发生大规模的非法狩猎活动，犯罪嫌疑人手持大量空白的狩猎证非法倒卖。如云南省丽江县森林公安机关为解决经费不足的问题，对一些破坏森林资源的案件不依法查处，而对非法木材采取低价收购的办法加以处理。丽江县木材检查站对非法运输的木材，不依法没收，而是采取变价处理给非法运输者。江西省野生动物行政主管部门，对非法来源的野生动物审查不严，导致非法猎捕的野生动物办理了野生动物运输证，从非法转变为合法。四是部门之间配合不够，不能形成合力，给违法犯罪人员造成可乘之机。森林和野生动物保护工作是全社会的工作，涉及到很多部门，但由于有关部门没有建立起有效的配合机制，造成一些破坏森林和野生动物资源的违法犯罪活动不能得到及时、有效地制止，给保护工作带来一些困难。如市场管理的问题，目前很多集贸市场都存在非法买卖野生动物的现象，但由于野生动物主管部门没有和工商行政主管部门做好协调，致使这种现象长期存在。广西壮族自治区的一些边贸市场，长期存在走私国家重点保护野生动物的违法犯罪活动，但由于有关部门不制止，使这种非法活动愈演愈烈，在国际社会上引起了十分不良的效果，国际上一些保护野生动物组织发表了以"龟鳖的黑洞，中国的汤锅"为题的文章，给我国政府在国际社会造成十分恶劣的影响。同时，林业部门内部也在配合协调方面存在着相互不配合、不支持的问题，给森林和野生动物保护带来极大的困难。（张立保）

【森林公安宣传工作】 ①森林公安系统选送6名同志参加了公安部组织的全国公安系统首届歌手大赛，其中：1人经过初赛进入复赛，荣获希望奖；5人荣获入围奖；国家林业局森林公安局获组织奖。②经过评选，森林公安系统有1个先进集体和1个先进个人入围参加公安部影视文化中心大型公安纪录片《忠诚的道路》的拍摄。③协助中央电视台电视剧编导人员完成了反映西藏、新疆、青海三省区森林公安民警工作、生活情况纪录片《啊，我的可可西里——一个女警官的日记》的拍摄工作。（崔永环）

【教育培训工作】 ①以理顺南京人民警察学校的管理体制为重点，积极申请高等专科学校。1999年，针对现有的管理体制已不适应南京警校长远发展的情况，积极与有关部门协调沟通，以国家林业局名义下发了《关于明确南京人民警察学校管理体制的通知》，进一步明确南京人民警察学校由森林公安局归口管理，人事教育司协管。在此基础上，与有关部门共同做了南京警校中专升大专的材料组织、上报、论证等工作，并通过了专家组的论证。②继续做好警衔晋升培训工作。1999年，南京警校、长春林业公安培训中心举办了16期一级警司晋升三级警督的警衔晋升培训班，培训人员3 750人，是历史上培训人数最多的一年。其中南京警校培训10期，2 150人；长春培训中心培训6期，1 600人。（耿淑芬）

【"争创"活动】 为贯彻落实中共中央《关于进一步加强政法干部队伍建设的决定》精神，根据公安部的统一部署，全国森林公安系统开展了争创人民满意单位（民警）活动，目的是在新的历史时期，通过开展宗旨教育、法制教育、职业道德教育和反腐倡廉教育，使各级森林公安机关和广大民警不断提高执法水平和全心全意为人民服务的宗旨意识以及爱岗敬业，廉洁自律，团结同志，联系群众的工作作风，在全社会和人民群众中树立森林公安队伍的良好形象，进而建设一支高素质的森林公安队伍。为了保证此项活动的顺利开展，国家林业局森林公安局专门发了通知，要求各地统一思想，加强组织领导和督促检查工作，并决定在2000年底对此项工作进行总结和表彰。（崔永环）

【立功创模】　1999年，全国森林公安系统受到记功表彰的集体有1 002个，其中：记集体二等功61个，三等功243个，嘉奖450个，其他奖励243个。共青团中央、公安部授予江西省乐安县森林公安局招携派出所、内蒙古大兴安岭克一河森林公安局、白河林业公安局第二派出所、四川省珙县公安局森林公安分局、安徽省金寨县公安局青山林业派出所五个集体为全国公安系统青年文明号荣誉称号。全国森林公安民警受到表彰奖励3 607人，其中二级英雄模范2人，全国特级优秀人民警察2人，全国优秀人民警察32人，全国森林公安系统优秀人民警察37名，个人一等功12人，个人二等功117人，个人三等功646人，个人嘉奖1 806人，其他奖励953人。（冯晓东）

【双考工作】　根据公安部统一部署，1999年继续做好森林公安机关人民警察的考试考核工作。一是在总结汇总1998年人民警察基本素质考试考核工作情况的基础上，按照考务工作细则的要求，完成了补考人员的培训和补考的组织、考试工作。森林公安机关共有191名不及格人员和224名缺考人员参加了统一考试，据统计，有16人不及格，其中有部分人员将按规定予以辞退。二是根据公安部考试中心的统一安排，组织完成了东北、内蒙古国有林区和云南四省区林业公安机关领导职务资格考试工作。为了做好领导职务资格考试考核工作，5月份进行了部署，要求各地成立领导小组，并组织有关人员复习。考试前又对考场的设置、监考人员选调、培训工作提出了要求。公安部考试中心的领导对森林公安整个“双考”工作比较满意，并根据领导职务资格考试统一由公安部组织人员阅卷的要求，决定由长春林业公安培训中心承担领导资格考试的阅卷工作（其中包括吉林省和重庆市地方公安机关人员的试卷）。据统计，四省区共有488名县公安局长以上参加了考试，考试成绩全部及格。（耿淑芬）

政策法规与体制改革

林业法制建设

【全国人大常委会森林法执法检查】 根据1999年全国人大常委会执法检查计划的安排，6月、7月，全国人大常委会组织两个执法检查组赴四川省、广西壮族自治区和黑龙江省、内蒙古自治区，对《中华人民共和国森林法》(以下简称森林法)实施情况进行了检查。同时，委托吉林省、福建省、山东省、甘肃省人大常委会对本省贯彻实施森林法的情况进行了检查。检查的省、自治区包含了重点国有林区和集体林区，反映的情况具有代表性。这次检查的重点是法律实施主管机关依法制止滥伐盗伐林木和毁林开垦、乱占林地的情况，目的是通过这次执法检查，监督法律实施主管机关坚持依法治林，加快造林绿化步伐，加强森林资源的保护和管理，实现提高森林覆盖率的目标，推动林业可持续发展。检查结束后，全国人大常委会副委员长布赫同志，于1999年8月28日在第九届全国人民代表大会常务委员会第十一次会议上作了《全国人大常委会执法检查组关于检查〈中华人民共和国森林法〉实施情况的报告》。这次执法检查，对进一步加强林业执法，提高林业在国民经济和社会发展中的地位；对进一步稳定林业职能和林业管理体系，强化依法治林和森林资源管理，充分发挥林业在生态环境建设中的主体作用；对进一步增强全体公民的林业法制意识，督促法律实施主管机关研究和解决《森林法》实施过程中存在的问题，推动法律的深入贯彻实施，将起到积极作用。

(高静芳)

林业体制及公益林补偿制度改革

【林业分类经营】 1999年，以分类经营为重点的林业改革不断深化。在全国组织开展了森林分类区划界定试点工作。全国已有一半以上的省区开展了国有林场的分类经营改革试点工作，一些省区通过改革已初步解决了长期以来困扰生态型国有林场经济困难问题。

在总结云南省林业分类经营经验的基础上，出台《国家林业局关于开展全国森林分类区划界定工作的通知》 云南省委、省政府决定，全省用一年的时间完成森林分类经营区划工作。由省政府一名副秘书长为此项工作的督办人，林业厅厅长为项目责任人。省、地、县三级财政1999年为森林分类区划界定投入资金约1 500余万元。

从省到村五级共成立林业分类经营改革领导小组15 000多个，吸收相关部门作为领导小组成员，参加各级领导小组共有12万多人。每个领导小组的组长均由党委、政府第一把手或分管领导担任。森林分类区划，覆盖了全省所有山头地块和所有的村（社），从所有制上涉及到国有、集体，群众的自留山及荒山拍卖以后出现的私有林，16个森工局、180多个国有林场都要做到不重不漏，不留死角，一步到位。据不完全统计，全省直接参与“两类林”界定的人次就达100多万人。省、地、县、乡、村五级层层开会，全省16个地、州、市，126个县（市、区），1 445个乡（镇），13 449个村公所，各级以会代训次数达15 000多次，参加会议达200多万人。大部分乡（镇）和村公所（办）一级都是领导亲自上山参与现场界定。

为规范操作，保证质量，省林业厅制定了《云南省林业分类经营改革试点办法》，编写了《云南省林业分类经营区划调查工作方法暂行规定》、《云南省林业规划设计调查操作细则（试行）》，制定了《生态公益林事权界定表》、《生态公益林现场界定书》。

地、县两级基本上把现有的技术尖子和具有一定业务能力的人组织到“两类林”区划工作中来。全省共投入8 000多人，经过严格培训后上岗，历时8个多月。全省126个县（市、区），“内业”、“外业”都已完成的111个县，并已形成表、图，区划报告正逐级上报。

在总结云南省林业分类经营经验的基础上，国家林业局召开了全国分类经营试点单位座谈会，出台了《国家林业局关于开展全国森林分类区划界定工作的通知》（林策发［1999］191号），对全国开展此项工作提出了明确要求，推动分类经营改革由理论走向实践。

确定“国家林业局林业分类经营示范区” 根据《国家林业局关于开展全国森林分类区划界定工作的通知》（林策发［1999］191号），国家林业局公布了“国家林业局林业分类经营示范区”共15个，其中省1个，地区10个，县4个。并对首批示范区的林业主管部门提出了以下要求：一是在当地政府的领导下，指定专门的机构、得力人员从事森林分类区划界定工作。二是与国家林业局林业分类经营领导小组办公室保持密切联系，随时沟通森林分类区划界定工作中出现的新情况、新问题。三是按照林策发［1999］191号文件的要求，确保在2000年底前完成本地区的森林分类经营区划界定工作。

总结推广山东省国有林场分类经营改革经验，召开“全国国有林场分类经营工作会议” 山东省在国有林场分类经营改革中有重大突破，在不到一年时间内基本完成了308个国有场圃的分类界定。明确了类型划定和省、市两级政府事权；制定了生态公益型场圃的事业性支出，纳入同级财政预算；基础设施和造林、营林、护林等建设项目，纳入同级预算内基本建设计划；生态公益型和混合型场圃中的生态公益性林木、苗木收入免征农业特产税等经济政策。据初步统计，分类经营改革的当年与前一年比较，仅林场增加的各项投入就超过了2 000万元。

为总结推广山东省国有林场分类经营改革经验，国家林业局于12月6～9日在山东省泰安市召开全国国有林场分类经营工作会议。各省、自治区、直辖市林业（农林）厅（局）主管国有林场工作的厅（局）长，国有林场主管处（局、站）长，林业分类经营示范区负责人及邀请单位的代表共100多人参加了会议。山东省副省长陈延明到会，李育才副局长到会并作重要讲话。

另外，赴湖北、江西、安徽、江苏、湖南、广东、辽宁、黑龙江、福建等省区调查研究有关分类经营、林业税费等林业政策问题。在此基础上，发出《国家林业局政策法规司关于开展林业分类经营有关政策调研工作的通知》（林策体［1999］22号）。 （江机生）

【继续筹建森林生态效益补偿基金】 第九届全国人大常委会第二次会议通过的全国人大常委会关于修改森林法的决定明确规定：“国家设立森林生态效益补偿基金，用于提供生态效益的防护林和特种用途林的森林资源、林木的营造、抚育、保护和管理。森林生态效益补偿基金必须专款专用，不得挪作他用。具体办法由国务院规定”。以此为法律依据，财政部和国家林业局在充分调查研究的基础上，于1999年11月2日以财综字［1999］178号文向国务院上报了《关于报请审批〈森林生态效益补偿基金筹集和使用管理办法〉（送审稿）的请示》，请求国务院批准建立森林生态效益补偿基金。

建立森林生态效益补偿基金，一方面要筹措相当规模的资金，另一方面又不能增加企事业单位和人民群众的负担，不违背现在“治乱减负”的大方向，才能为有关各方所接受，真正建立起来。因此，考虑从现有的政府性基金中提取一定比例的资金来建立森林生态效益补偿基金。通过现有政府基金使用对象及比例调整，体现社会公益事业由政府承担，以及各行各业对环境保护事业的支持。

正筹建的森林生态效益补偿基金由中央森林生态效益补偿基金和地方森林生态效益补偿基金组成。森林生态效益补偿基金属于财政性资金，专款专用。中央森林生态效益补偿基金专项用于关系国家确定的重点地区生态环境的维护和建设，包括提供国有森林、生态型国有林场、苗圃、自然保护区等公益林建设和管护；弥补因限制开发公益林和保护野生动植物带来的直接经济损失；补助农村造林中与公益林建设相关的造林与管护费用；补助森林病虫害防治费用。地方森林生态效益补偿基金专项用于地方确定的公益林建设和管护。

公益林保护建设是一项服务社会、受益全民、功及子孙的公益事业。森林生态效益补偿基金是国家依据《森林法》设立的，至关中华民族生存大计、利国利民的重大基金。这项基金的设立是国家合理调节公益林业生产经营者和受益者的经济利益关系，调动各方力量投入公益林业建设的积极性，有利于从根本上建立符合市场经济体制的新机制。对此，各部门、各行业之间有着共同的责任和共同的利益。

通过国家设立森林生态效益补偿基金，统筹平衡，转移支付，以补充生态环境建设和管护资金，弥补生态效益林经营者由于提供社会公益效益而影响直接经济效益的损失，缓解地区间生态公益林保护建设任务和受益程度不平衡的矛盾，调动全社会植树造林，绿化国土，改善生态环境的积极性，充分体现国家、公民对社会公益事业的责任和义务。因此，建立森林生态效益补偿基金有利于从根本上改变森林生态效益“多数人受益，少数人负担”的旧机制，逐步建立健全“谁受益，谁负担”的新机制，保证生态环境建设和保护事业的持续、健康发展，是规律所至、法律所定、众望所归、势在必行。

（周金锋）

对 外 开 放

【林业外事工作综述】 1999年，国家林业局派遣出国和接待来访的团组和个人共588批2 284人次，比1998年增加24.1%，其中派出353批1 404人次，接待235批880人次。

高层次往来 为落实江泽民主席代表中国人民向日本人民赠送朱鹮的任务，王志宝局长率中国代表团赴日本，出席了赠送朱鹮仪式。访日期间，会见了日本环境厅长官、农林水产省林野厅长官，新泻县知事等，进一步推动了与日本有关部门的合作。王志宝局长率中国林业代表团访问了韩国，这是继韩国山林厅厅长1998年以前连续3次访华后进行的正式回访，也是韩国山林厅改组为林务局，领导易人后国家林业局领导第一次访韩。通过访问，积极推动了双方的科技、经济合作。王志宝局长率中国林业代表团出席了在意大利罗马召开的联合国粮食及农业组织第二次林业部长级会议，并在会议上就全球的林业问题发表了讲话。李育才副局长率中国林业代表团访问加拿大，这是1998年中加两国续签林业合作备忘录以后国家林业局领导第一次访加。访问期间，举行了备忘录工作组第一次会议，推动了林业合作活动的开展。李育才副局长率中国政府代表团出席了在巴西召开的联合国防止荒漠化公约第三届缔约方大会，并在会议上就全球防止荒漠化问题发表了讲话。中国林业科学研究院院长江泽慧以国际竹藤组织董事会联合主席的身份，赴加拿大对该组织总干事的人选进行了考核。江泽慧院长赴美国出席了世界植物大会第十六届会议，并当选为大会副主席。江泽慧院长赴日本参加由宫城县主办的第十三届国际研讨会，并在开幕式上发表了关于环境问题的演讲。马福副局长率中国林业代表团赴芬兰、挪威进行了访问，为进一步加强中芬、中挪林业合作起到了积极的推动作用。

联合国防治荒漠化公约秘书长迪亚洛先生一行来华参加防治荒漠化公约亚洲联络员会议，李育才副局长会见了代表团一行，双方就加强履约方面的合作充分交换了意见。国际湿地公约秘书长戴尔玛·布拉斯格先生一行2人来华，就湿地公约履约事宜与中方交流了信息，交换了意见。王志宝局长会见了代表团一行。

出席国际会议 国家林业局有选择地参加了45个国际会议，其中比较重要的有：国际合作司司长曲桂林率中国林业代表团出席了联合国粮食及农业组织第十四届林业委员会会议，会议就森林采伐规程等一系列问题通过了决议；国际合作司副司长吴斌率中国代表团出席了政府间森林论坛第三次会议，我国代表团阐述了我国对森林问题的原则立场；野生动植物保护司副司长陈建伟率中国代表团出席了湿地公约亚洲区域会议，会议就湿地公约第七次缔约方大会讨论的问题进行了磋商；国际合作司助理巡视员刘洪存率中国代表团参加了湿地公约第七次缔约方大会，我国代表结合本国实施的湿地保护政策情况作了专题发言，受到了与会者的欢迎；国家濒危物种进出口管理办公室主任甄仁德率代表团出席了濒危野生动植物种国际贸易公约第九届植物委员会会议，会议就我国承办该委员会第十次会议的问题进行了探讨；国家濒危物种进出口管理办公室副主任孟宪林率代表团出席了濒危野生动植物种国际贸易公约第四十一届和第四十二届常委会会议，会议期间，代表团就涉及我国的重大问题和世界各国共同关心的重大问题阐述了中国的立场。此外，国家林业局还派员出席了政府间森林论坛公约要素研讨会、联合国防止荒漠化公约市长论坛、联合国粮食及农业组织采伐规程培训、国际热带木材组织第二十六届和二十七届理事会、迁徙物种公约第六次缔约方大会、蒙特利尔进程第十一次会议等重要的多边国际会议等。在我国举办的国际会议有：中国林业政策论坛、防治荒漠化公约亚洲联络员会议、保护藏羚羊国际研讨会、国际竹藤发展研讨会、森林可持续经营和认证国际研讨会、中挪林业研讨会等。

对外科技交流 为学习国外先进技术和管理经验，国家林业局通过各种渠道派出242批824人次，分别赴49个国家和地区进行考察和交流，还通过国家外国专家局和有关渠道派遣出国进修、培训人员共14批79人次。国家林业局所属林业高等院校和科研单位共邀请36批69人次来华讲学、任教和进行合作研究。

多边和双边无偿援助项目 国家林业局正在执行的多边和双边无偿援助项目有53个，总金额为1.5亿美元，其中：政府间和部门间无偿援助项目34个，金额为1.36亿美元；国际间无偿援助项目19个，金额为1 314万美元，辐射全国16个省（区、市）及国家林业局所属主要科研、教学机构。各项目单位严格按照项目实施计划完成了年内预定的任务。在执行好现有项目

的同时，国家林业局在争取国外经济技术合作项目方面又取得新的进展，争取到新项目21个，预计援助额为3 404万美元，其中：双边援助项目12个，多边援助项目9个。

（沈素华）

出席重要国际会议

【联合国粮食及农业组织第二届林业部长级会议及第十四届林业委员会会议】 1999年3月1～9日在意大利罗马召开，127个国家派代表出席了会议，其中80多个国家派出了部长级代表团，10多个政府间和非政府国际组织也派观察员参加了会议，以国家林业局局长王志宝为团长的由外交部、国家林业局、农业部组成的中国代表团出席了会议。

该届林业部长级会议的主要议题是讨论森林问题国际文书的必要性、森林防火全球行动、联合国粮食及农业组织（以下简称粮农组织）2000～2015年战略规划框架。70多个国家的林业部长或代表在会上发了言。经反复磋商，会议最后一致通过了《罗马林业宣言》。该宣言呼吁粮农组织加大对林业和森林问题磋商的支持力度，鼓励各国实施国家林业计划和森林可持续经营的标准和指标；呼吁国际组织和捐助机构共同努力，消除森林火灾的根源；强调多学科和跨部门合作的重要性并敦促各方相互配合，加快国际森林问题的磋商进程。

该届林业委员会的主要议题包括联合国环境与发展大会后续行动、全球林业部门展望、粮农组织林业计划、粮农组织2000～2015年战略框架等。大多数国家（包括美国、加拿大）都呼吁粮农组织重视林业、增加对林业的投入和加大对成员国的援助力度等。会议通过的报告充分肯定了粮农组织在国际森林问题讨论过程中发挥的重要作用，强调森林可持续经营标准与指标对森林可持续经营的重要性以及将其纳入国家林业计划的必要性，指出森林认证可发挥有益的作用但应是自愿的并由市场机制所驱动，建议粮农组织在今后的发展战略中突出林业的地位，增加对林业的投入，援助成员国实施国家林业计划和履行有关国际公约，进一步完善全球和区域森林可持续发展的标准和指标。会议决定第十五届林业委员会会议于2001年3月在罗马召开。

会议发言表明，许多发达国家呼吁提高林业在粮农组织中的地位但又不愿明确支持粮农组织在国际林业事务中起主导作用；发展中国家大都较为务实，在指出支持粮农组织工作的同时要求它加大对发展中国家的援助力度。

（吴志民）

【联合国防治荒漠化公约第三届缔约方会议】 1999年11月15～26日在巴西累西腓举行，128个缔约国、7个非缔约国、15个联合国专门机构、13个政府间国际组织及57个非政府组织的1 400多名代表参加了会议，以国家林业局副局长李育才为团长的由外交部、国家林业局、国家环境保护总局组成的中国代表团出席了会议。

该届会议主要审议了联合国防治荒漠化公约（以下简称公约）在非洲的实施和相关机构的运作情况，讨论了公约秘书处的中期战略、全球机制、与东道国的总部协定等问题，制定了第四届和第五届缔约方会议的工作方案并通过了公约秘书处2000～2001年工作计划和财务预算。与历届会议一样，该届会议的矛盾仍然是发达国家和发展中国家之间的矛盾。双方在资金和技术援助问题上严重对立，发达国家对履约进程持消极态度并一味强调发展中国家应依靠自身的力量防治荒漠化；发展中国家则继续要求发达国家提供履约所需的资金和技术，一致呼吁发达国家兑现承诺，并敦促公约的全球机制尽早开始实质性运作。

会议期间，公约秘书处除安排各国代表参加全体会议和科技委员会会议外，还召开了高官会议、议员论坛和非政府组织论坛会议。各个区域和利益集团的会下磋商和会中会也在会议期间穿插进行，会议形式灵活多样。

（吴志民）

【中国林业政策论坛】 由国家林业局和联合国粮食及农业组织（以下简称粮农组织）联合举办，于1999年12月7～9日在北京召开，来自国家林业局、全国重点林业省区、粮农组织、东欧和亚洲经济转轨国家的代表近80人参加了会议。

该次会议的主题是以中国为实例，探讨全球林业的现状和发展趋势以及在市场经济条件下实行森林可持续经营的重要意义。会议回顾了1992年联合国环境与发展大会通过的林业可持续发展有关决议和实施情况，探讨了林业可持续发展标准及指标体系等问题，肯定了国际社会特别是中国在森林可持续经营方面的努力和取得的成就，并对我国林业发展和与粮农组织合作提出了一些很好的建议。

该次会议有效地促进了中外林业交流，扩大了我国林业的影响，加强了我国林业部门与粮农组织和有关国家的联系。会议达到了预期的目的，得到了与会国家和粮农组织代表的高度评价。

（吴志民）

【政府间森林论坛第三次会议】 1997年联合国经济及社会理事会在可持续发展委员会的建议下，决定设立政府间森林论坛，以继续完成政府间森林问题工作组关于全球森林问题的讨论。根据可持续发展委员会的决定，政府间森林论坛将举行4次会议，并于2000年向可持续发展委员会第八次会议提交报告，以决定是否开展全球森林公约的谈判。

1999年5月3～14日，政府间森林论坛第三次会议在瑞士日内瓦举行，国家林业局和外交部共同组团出席了会议。根据会议文件，该次会议分成两个工作组，按照落实政府间森林问题工作组行动建议、讨论未取得共识的问题和探讨下一步工作方案等三大类问题继续完成以前会议的磋商。通过会议，与会各国都认识到：森林是自然环境的重要组成部分，是陆地生态系统的主体。虽然国际上涉及森林问题的国际文书很多，但是尚缺少一个统一的国际文书将其全面地管理起来，特别是从森林的生物特性和可持续发展的要求来看，国际社会有必要采取共同的行动，为实施森林的可持续发展提供全球框架。但是对于谈成一个什么样的国际文书存在较大分歧，特别是在资金援助、技术转让、林产品贸易和环境等问题上分歧较大。这其中既有发达国家和发展中国家之间的矛盾，又有发达国家内部、发展中国家内部的矛盾，十分错综复杂。但是，其基本矛盾依然是发达国家与发展中国家在资金和技术转让方面的矛盾。

由于各国在会议结论方面的分歧太大，会议对绝大多数议题没有得出协商一致的会议结论。最后，会议一致通过决议，决定政府间森林论坛第四次会议于2000年1月31日至2月11日在美国纽约联合国总部举行。 （苏　明）

【国际热带木材组织第二十六届和第二十七届理事会会议】 1999年5月28日至6月3日和11月1～6日分别在泰国清迈和该组织总部日本横滨举行。中国代表团出席了这两届会议。

第二十六届理事会上，各委员会审议了中国正在执行的项目。中国代表团新提交的中国热带林资源核算项目和海南省橡胶木品系选优项目得到批准和资助，受援额分别为340 774美元和385 138美元。该届理事会上还确定给予中国两名（短期）奖学金名额。

该届理事会按惯例对2000年目标（到2000年用于国际贸易的热带木材应来源于可持续经营的热带森林）进行了审议。中国代表团在会上积极宣传中国在执行2000年目标过程中所取得的进展和成绩，受到好评；中国代表团还积极参加了所有决定的磋商。会议决定，在第二十八届理事会上将全面审议各成员国为实现2000年目标所作出的成绩，以及该组织在帮助成员国提高实施2000年目标的能力方面所作出的努力。

第二十七届理事会就该组织新的执行主任议题展开了讨论，最后达成共识：选举了巴西Sobral博士为新一届执行主任。该届理事会共批准新项目29个，其中包括中国申请的中国热带林产品信息系统的建立项目和中国主要南方热带树种的加工项目。在落实资金方面，中国代表团积极开拓新渠道，使两个在该组织从未对中国提供援助的国家（澳大利亚和美国）也提供了一定的资金，最终使上述两个项目的资金得到落实，受援资金分别为255 100美元和49 247美元。该届理事会上还确定给予我国一名奖学金名额。

该届理事会期间，各委员会均为2000年选举了新的主席和副主席。中国林业科学研究院外事处处长陈绪和被选举担任2000年造林委员会副主席，任期一年。 （沈素华）

【湿地公约第七次缔约方会议】 1999年5月10～18日在哥斯达黎加圣荷塞举行，会议主题为“人与湿地，息息相关”。来自140个国家、政府间及非政府组织、有关环境公约秘书处代表共1 500名代表参加了此次会议。中国政府派出了由国家林业局国际合作司刘洪存助理巡视员任团长，国家林业局、外交部、水利部、国家环境保护总局和香港特别行政区组成的代表团出席了本次会议。

会议听取了常委会、科技委员会和秘书长的报告，评审了履约情况，通过了湿地公约2000～2002年工作计划和预算，审议了由各缔约方和常委会提交的提案共36项，选举了新一届常委会成员。会议期间，中国政府代表团团长向大会介绍了我国履约情况和湿地保护成就，我国代表还在技术研讨会议上介绍了1998年洪灾及我国制定并开始实施的湿地保护、恢复政策。大会决定湿地公约第八次缔约方会议于2002年在西班牙举行。 （刘　昕）

【迁徙物种保护公约第六次缔约方会议】 1999年11月10～16日在南非开普敦举行。来自51个成员国、38个非成员国以及联合国环境规划署、湿地国际等政府间和非政府组织共200多名代表参加了会议。中国政府派出了国家林业局和全国鸟类环志中心组成的代表团以观察员身份列席了会议。

会议审议了秘书长报告、迁徙物种保护公约（以下简称公约）常委会、科技委员会及公约保存国的报告；回顾了自上届缔约方会议以来的履约情况及公约项下建立的各物种保护协定或谅解备忘录的执行情况；讨论了公约附录Ⅰ和附录Ⅱ物种的修改和公约2000～2005年的发展战略计划，会议还对组织机构、预算、东道国协定和人事管理等问题进行了审议。会议共通过10项决定和6项建议，并决定公约第七次缔约方会议于2002年10月在德国波恩举行。会议期间，中国代表团就加入公约事宜和公约适用香港等问题与公约组织交换了意见，并在审议相关议题时做了解释和说明。

（刘　昕）

【藏羚羊保护和贸易控制国际研讨会】 国家濒危物种进出口管理办公室和濒危野生动植物种国际贸易公约(以下简称公约)秘书处联合召开的藏羚羊保护和贸易控制国际研讨会于1999年10月12～14日在青海省西宁市召开。来自公约秘书处、中国、法国、印度、英国等有关国家和世界自然基金会等非政府组织共80多名代表参加了会议。

会议讨论了打击非法盗猎藏羚羊、走私加工藏羚羊绒和销售藏羚羊绒制品活动和保护藏羚羊等问题。会议最后通过了呼吁国际社会共同采取措施拯救藏羚羊的《西宁宣言》,同时还讨论了我国向2000年公约缔约方大会提交的藏羚羊保护及贸易控制提案草案。

（刘　昕）

【森林可持续经营和认证国际研讨会】 由国家林业局林业国际交流中心、世界自然基金会、国家林业局天然林保护工程管理中心、世界银行等4家单位联合举办的森林可持续经营和认证国际研讨会于1999年7月8～10日在北京举行。来自国家林业局有关部门、有关企事业单位、世界自然基金会、世界银行及有关国际林业机构和环境认证机构的代表共60余人参加了研讨会。

研讨会上来自国内有关单位的代表分别就中国的天然林保护工程、中国森林资源状况等作了主题发言。国际咨询专家则分别介绍了森林可持续经营与认证的概念、国际上的几个主要认证体系等内容。自1992年联合国环境与发展大会后，有关国家先后组织发起了几个旨在促进森林可持续发展的主要活动。为了推动森林可持续经营,国际上也建立了几套认证体系,试图通过对林产品的认证评估，促使森林管理者对天然林和用材林实施良好的管理。

当前，森林可持续经营和木材认证问题在国际上正受到越来越多的关注。我国应进一步加强对持续发展标准和指标的研究，制定中国森林保护和可持续经营的标准和指标,建立林业可持续发展示范区,以适应国际形式的发展。

（胡元辉）

【国际林业科学研究组织联盟第三十八届执委会】 1999年9月6～13日在丹麦哥本哈根召开,44人参加了会议,国际林业科学研究组织联盟(以下简称国际林联）主席J. Burley主持了会议。

该次会议讨论批准了1998年在哥斯达黎加召开的第三十七届执委会纪要；讨论和通过了下届执委的结构与人选、杰出博士研究奖的人选。

关于地区及主席指定的执委，提名委员会已提出10位候选人，分别来自中国、肯尼亚、日本等国家，中国林业科学研究院熊耀国在提名单上被列为第一名，作为亚洲地区的执委。

执委会决定,在2000年第二十一届世界大会上设立科学成就奖、杰出博士研究奖等5项奖励。国际林联荣誉与奖励委员会共收到杰出博士研究奖申请者共22位，经专家、评奖委员和执委会打分、评议，共选出7位获奖者,其中中国2位,德国、马来西亚、美国、丹麦、斯洛伐克各1位。按得分高低，德国名列第一，中国的韦兰平（旅居国外）名列第二，惠刚盈（中国林业科学研究院）排位第三。这是继1995年在芬兰召开的第二十届世界大会上中国林业科学研究院杨宗岐为中国第一次争得杰出青年科学奖（共奖励10名）以来第二次获此殊荣。

（胡元辉）

【第四届世界自然保护同盟东北亚区域成员会议】 1999年9月11日在韩国汉城举行，国家林业局林业国际交流中心常务副主任金普春率领由国家林业局、国家环境保护总局、中国科学院、中国野生动物保护协会和南京环境科学研究所等单位组成的中国代表团出席了会议。来自中国、蒙古、日本、韩国的成员代表30多人参加了会议。

该次会议是2000年世界自然保护同盟第二届世界自然保护大会召开前的一次重要会议。会上各国代表就东北亚地区如何更积极地参与2000年大会和本地区的优先领域如何在世界自然保护同盟三年项目规划中体现等问题进行了讨论。

国家林业局代表在会议上作了《中国野生动植物保护、自然保护区管理和湿地保护国家报告》。并针对世界自然保护大会的议题和世界自然保护同盟的三年项目规划分别提出了我国的建议，得到了与会代表的充分认可。各国代表还对我国在自然生态保护方面所做的工作及取得的成绩给予了较高评价。（郭瑜富）

【国家林业局与世界自然基金会1999年合作项目年会】 1999年5月27日、28日在北京举行，这是双方举行的第十六届年会。双方回顾了1998/1999年度合作项目的进展情况，国家林业局林业国际交流中心常务副主任金普春和世界自然基金会总部亚太区域项目部主任路易丝女士签署了《中华人民共和国国家林业局与世界自然基金会1999年合作项目年会谅解备忘录》。

双方决定于1998/1999年度在大熊猫及其栖息地的保护,国家及国际重要湿地的保护,生物多样性的保护和可持续利用和公众意识、能力建设和出版等四个领域开展19个项目的合作。通过上述合作项目的实施，国家林业局将在自然保护方面获得约2 200万元的财政和技术援助。

（郭瑜富）

对外科技交流

【政府间林业科技合作与交流】

中日朱鹮保护合作会谈纪要　江泽民主席1998年11月访问日本期间宣布，向日本赠送一对朱鹮作为中日两国友好的象征。1999年1月朱鹮友友和洋洋抵达日本。同年5月这对朱鹮生产了优优。

中日双方认为，朱鹮是世界上最濒于灭绝的鸟类之一。保护朱鹮是中日两国共同的课题。为此，中日双方于1999年11月23日在江西南昌签署了《中华人民共和国国家林业局和日本国环境厅关于朱鹮保护合作的会谈纪要》。

中俄林业工作组第四次会议　1999年9月6～13日，中俄林业工作组第四次会议在俄罗斯莫斯科举行。双方签署了会谈纪要，确定了森林可持续发展和经营研究、森林病虫害生物防治方法的研究和利用及森林火灾监测信息系统的研究和利用等3个合作项目。

中日候鸟保护第八次会议　1999年11月23日，中日候鸟保护第八次会议在江西南昌举行。中日双方报告了各自在候鸟及栖息地保护方面的工作，重点介绍了有关候鸟保护的调查研究现状和取得的经验及成果。双方一致认为加强候鸟保护人员的培训十分重要，确定了相关领域的合作项目，签订了会谈纪要。

中加林业工作组会议　根据《中国加拿大林业合作谅解备忘录》，中加林业工作组会议于1999年6月5日在加拿大举行，会议回顾了中加林业合作的现状，探讨了今后林业合作的方向，确定1999～2000年林业交流与合作项目，签署了会议纪要。根据纪要，双方将于2000年合作举办两次中加林业合作研讨会，在每个国家举行一次；同时规定，双方将就中方提出的4个具体交流项目进行进一步探讨，待加方研究后，确定是否执行。

中美自然保护议定书会议　根据《中国美国自然保护议定书》，中美自然保护议定书第八次会议于1999年3月10日在北京举行，双方回顾了第七次会议所确定的交流项目的执行情况，并商定了2000年的交流项目6个，分别是：湿地、河流生境及生态系统保护教育，国际濒危动植物种国际贸易公约的执行、检查和执法以及能力建设，丹顶鹤生境和品种保护，盘羊保护和管理现状，水生野生动物保护和管理，淡水鱼品种保护。

会后，由美国内政部渔和野生生物局副局长率领的美方代表团赴云南和四川进行了考察。

（章红燕　鲁　德）

【非政府间林业国际合作与交流】　随着林业多边国际合作领域的不断扩大，非政府国际组织在国际合作中发挥了越来越重要的作用，优势也日益体现出来。在多边国际合作中国家林业局林业国际交流中心以开辟渠道、争取项目、引进资金、引进技术、引进经验为宗旨，1999年来共争取非政府国际合作项目26个，实施非政府国际合作项目19个，累计争取援助资金核人民币3 000多万元。

国家林业局领导对非政府国际合作给予了高度的重视。有关局领导参加的非政府间的外事活动主要有：王志宝局长会见印度尼西亚华裔企业家叶绍义先生一行，李育才副局长出席国际纸浆造纸、林业展览会开幕式，李昌鉴副局长会见日本沙漠实践协会会长远山正瑛，江泽慧院长参加香港花展，马福副局长会见缅甸林业代表团，杨继平同志出席中国林业政策论坛开幕式等。

1999年国家林业局林业国际交流中心成功地主办了中挪林业研讨会、森林可持续经营国际研讨会和中国林业政策论坛等3次有较大影响的国际会议，通过这些活动，一方面为国内林业界人士提供了学习了解国际林业形势和发展趋势的机会，另一方面也向国际社会宣传了我国林业建设成就。　（胡元辉）

对外经济技术合作

【中国与日本合作项目】

营造汉江上游水土保持林器材装备项目　该项目于1998年7月15日由两国政府签署换文，日本政府无偿援助12.47亿日元用于营造长江的最大支流——汉江上游的水土保持林。项目执行期5年。项目主要内容是利用日方提供的仪器设备，营造3万公顷防护林，同时封山育林3万公顷。日方提供的仪器设备已于1999年9月底全部运抵项目实施地湖北省十堰市，中方进行仪器设备的安装调试及造林前的准备工作。

湖北省林木育种项目　该项目始于1995年，执行期5年。日方提供5亿日元的无偿援助，主要用于研究和开发杉木、马尾松、杨树等主要造林树种的育种技术。项目在课题研究、仪器设备引进、基础设施建设、培训研修、对外交流等方面取得了一定成绩。1999年开展的研究课题有：选优杂交及测定技术的开发；无性繁殖技术的开发；种子园、采穗圃的营建及管理技术的开发；遗传资源的收集、保存及评价技术的开发等，并取得了阶段性成果。11月19日中日双方召开了第四次联合协调委员会。

中日绿化交流基金　1999年7月，日本首相小渊惠三访华时提出，为支持中国的造林绿化事业，加强中日间在生态环境领域的合作，日本政府决定设立100亿日元专项中日绿化交流基金用于对华开展造林绿化合作。

该项基金通常情况下使用其利息，预计每年最少可使用1亿日元以上，由中日民间团体在华开展造林绿化合作。中日两国政府确定有关部门组成一个委员会共同管理基金。委员会负责对合作项目进行研究，对合作给予政策和技术指导，对合作效果进行评估。经国务院批准，国家林业局牵头参加日中民间绿化合作委员会。

治山技术现地国内研修项目　为了培训中国治山技术方面的专业技术人才，辐射推广先进的治山技术和经验，加快中国水土流失治理和环境整治，经中日两国政府协商，1999年9月30日在北京签署了关于举办治山技术现地国内研修项目协议。协议规定，北京林业大学将针对长江黄河流域、荒漠化地区、东北地区、华北石质山区的水土流失特点，从1999年到2003年的5年内共举办5期水土保持技术培训班。

第一期面向长江流域的培训班已于1999年11月9日至12月24日在北京林业大学举办。

中国黄土高原治山技术培训完善项目　该项目是在1990年中日政府间开展合作的中国黄土高原治山技术培训项目基础上实施，目的是为进一步推广黄土高原地区的治山技术。项目于1999年4月1日启动，主要进行教育培训、合作调查研究、科学研究基地基础建设等项工作。

项目聘请了20多名专家编写了黄土高原治山技术培训教材。1999年10月6日至11月5日在北京林业大学举办了两期有陕西、宁夏等10省（区、市）农、林、水各级行政部门、大专院校、研究所和水土保持实验站人员参加的森林水文与治山技术培训班，每班30人，共计60人。　（刘立军）

【中国与德国合作项目】

中德财政合作项目

陕西省西部造林项目　该项目于1993年9月签署了两国间的财政协议，并于1999年12月31日结束。项目建设期间，德国复兴开发银行共提供了1 300万德国马克的无偿援助资金，中方各级配套资金为2 750万元人民币；共完成造林任务23 000公顷，修建林区道路110千米，建立乡办林场16个，省县培训中心8个，基本达到了项目的预期目标，为改善陕西西部的生态环境作出了巨大的贡献。同时使项目区的群众提高了认识，造就了一批高素质的林业管理人员，为其他项目的建设提供了丰富的经验，创造了较大的生态、社会和经济效益。

陕西生态造林项目二期、内蒙古赤峰和辽宁朝阳生态治沙造林项目

这3个项目分别于1999年4月和10月完成了认定考察并签署了会谈纪要。这3个项目的启动，将使项目区的水土流失得到有效控制，生态环境得到改善，为国内生态工程的建设，以及西部大开发战略的实施树立示范样板，对周边地区的林业生产产生巨大的示范辐射作用。

河北省生态造林项目　1996年4月，两国政府正式签署了该项目的财政协议，德方援助金额为1 300万德国马克，项目期为5年。德国复兴开发银行高级官员分别于1999年5月和6月对项目进行了例行检查，8月份德国经济合作部国务秘书亲临造林现场考察项目，均对项目的进展情况表示满意，并祝贺项目在较为困难的造林和气候条件下取得的良好造林效果。

四川省自然保护区自然资源保护项目　1996年9月开始实施，到1999年底已完成第一期的建设。为进一步缓解缺乏资金的矛盾并充分发挥合作项目的整体效益，1999年6月，两国政府在第一期项目的基础上又续签了500万马克的财政协议，专门用于大熊猫等珍稀野生动植物资源及其栖息环境的保护。该项目是中德政府间第一个技术与财政援助两种方式相结合的项目。

中德技术合作项目

“三北”防护林体系工程监测管理信息系统项目　该项目于1999年8月在两国政府签署项目换文后正式启动，德方无偿援助金额为300万德国马克。项目一期工程将用3年的时间建立三级监测网络体系，并为建立“三北”防护林工程林地资源档案数据库、空间图形数据库和图像数据库做好准备和人员培训。1999年11月召开了由国内外有关专家、教授参加的3S技术应用研讨会，探讨了3S技术在“三北”防护林工程监测管理中的实现途径，为项目的顺利实施奠定了基础。

林业教育培训与进修项目　这是中德合作第一个有关林业技术干部培训的项目，由国家林业局委托北京林业管理干部学院负责实施。项目于1999年1月正式启动，项目期为4年，德方共投入500万德国马克。项目的主要任务是通过培训职业和成人教育的师资，配合我国开展的生态林业建设和天然林保护等战略，加强林业领域管理人员和专业人员的培训，同时改进国家林业局对全行业培训的宏观管理。　（陈　民）

【中国与荷兰合作项目】

云南省森林资源保护和社区发展项目　该项目由荷兰政府提供援助，总金额为2 800万荷兰盾，执行期

为5年。项目的目的旨在保护云南省热带、亚热带森林和生物多样性资源。自1998年5月正式启动以来，在中荷双方的共同努力下，项目工作进展顺利，取得了一定的成绩。1999年3月召开了由对外经济贸易部、国家林业局和荷兰驻华使馆及中荷双方项目主任参加的第一次项目协调委员会。项目还建立了21个示范村，开展了参与式农村评估，编制了《社区环境行动计划》，并召开了环境教育研讨会，完成了各种办公、通讯和野外用具的采购。通过项目监测和培训活动的开展，大大加强了自然保护区的建设和管理能力。

荒漠化遥感监测项目　该项目是1995年6月荷兰首相柯克访华时承诺提供给中国5亿荷兰盾赠款下的一个具体项目，旨在通过引进荷兰先进的气象卫星遥感应用技术，并利用风云二号卫星数据，建立用于中国荒漠化与粮食保障的能量与水平监测系统。项目于1999年3月正式启动，实施期为三年半，总预算为7 429 500荷兰盾，其中荷方赠款4 864 700荷兰盾，其余为中方配套资金。项目的中方牵头单位是国家林业局调查规划设计院，参加的还有农业部、中国科学院自然资源综合考察委员会、国家气象局气象卫星应用中心。迄今为止已召开了第一次项目会议，制定了项目的执行计划和技术方案，并进行了荒漠化监测系统的开发。（陈　民）

【中国与澳大利亚林业合作项目】　国家林业局于1999年初向澳大利亚发展援助局申报了青海省黄河、长江上游森林生态恢复技术援助培训项目，申请援助金额800万澳元，项目内容包括引进工厂化育苗及技术设备、引进林草植被保护和恢复技术、技术及人员培训等。澳方已于1999年10月派预可行性考察组来华进行可行性研究。（黄雪菊）

【中国与联合国粮食及农业组织林业合作项目】

中国"三北"地区造林、林业研究、规划与开发项目　二期工程继续实施杨树长期选育规划，扩大和完善了我国最大的小叶杨基因库，通过开展人工杂交，获得了50个杂交组合；同时利用引进的100多个针叶树种源开展了杨树短期选育规划，并已筛选出4个针叶树种，可在科尔沁沙地推广。进一步完善了杨树深栽造林技术和植树样机，开展了各种专业技能培训和混农林业研究，旨在逐步建立有助于改善当地社会经济水平的示范模式。

亚洲国家林业市场化改革区域项目　1999年12月结束。该项目通过开展培训、研讨、专题研究和论文写作等活动，增进了我国林业部门与项目参与国以及国际林业界之间的相互了解和交流，在提高我国林业政策研究、制定、分析和决策咨询能力等方面起到积极的促进作用。该项目于1999年12月7～9日在北京召开了中国林业政策论坛，有力地宣传了我国林业成就，促进了中外林业的交流。

国家林业局与联合国粮农组织的合作始于1978年，合作关系良好。截至1999年底，已累计接受无偿援助项目27个，总金额1 100万美元。（吴志民）

【中国与联合国开发计划署林业合作项目】　1999年，联合国开发计划署3个援华林业项目进展顺利。其中森林可持续经营能力建设、研究与推广项目通过专题研究、培训和研讨会等方式进一步完善了中国森林可持续经营标准与指标体系并正在开展地区性试验。湖北西部村社林业扶贫项目通过建立示范户、栽培经济作物、开展混农林业和小额信贷等项目活动为山区林业扶贫树立了成功的样板。中国执行联合国防治荒漠化公约能力建设项目通过完善国家防治荒漠化信息网络、建立县级信息交换网络和培训研讨活动，提高了我国防治荒漠化的水平和履约能力。

国家林业局与联合国开发计划署的合作始于1979年，合作关系良好。截至1999年底，已累计接受无偿援助项目14个，总金额1 534万美元。

（吴志民）

【中国与全球环境基金合作项目】　1996年12月，全球环境基金（GEF）董事会批准了33.7万美元的前期工作B项资金，用于中国湿地生物多样性保护与可持续利用项目（以下简称项目）的准备工作。1997年9月5日，项目指导委员会在北京正式成立，并召开了第一次会议。会议明确了项目指导委员会的职能，通过了筛选中国湿地GEF示范区的优先原则，同时宣布成立了项目办公室，设在林业部。项目指导委员会成员由财政部、农业部、国家环境保护总局、林业部和中国科学院的各一名副司局级领导及联合国开发计划署（UNDP）驻华代表处一名官员组成，由林业部副部长王志宝担任主任委员。1997年12月15日，项目指导委员会在北京召开了第二次会议，对修改项目概要的有关重大问题形成决议。1998年10月30日，项目指导委员会在北京召开了第三次会议，讨论并通过了项目概要。

1999年2月24日，GEF董事会工作会议通过了项目概要。项目概要规定，GEF资助该项目1 168.9万美元，澳大利亚国际发展署作为第三方融资机构援助259.2万美元。1999年6月，对外经济贸易部与澳大利亚政府签署了《中国政府和澳大利亚政府关于援助湿地资源管理项目谅解备忘录》；1999年12月6日项目文件签字并生效。项目区包括5个省的4个湿地区，即黑龙江三江平原、江苏盐城、湖南洞庭湖及跨越四川与甘肃的若尔盖。项目实施期限为5年（2000～2004），项目总金额为3 457.8324万美元，其中GEF/UNDP无偿援助1 168.90万美元；澳大利亚政府无偿援助259.20万美元；中国政府配套投资2 029.7324万美元。

（沈素华）

【中国与国际热带木材组织合作项目】 1999年，中国与国际热带木材组织合作项目进展顺利，正在执行的项目有7个。其中中国海南岛热带森林分类经营永续利用示范项目第三期召开了第八次项目指导委员会，会议就该项目的6个子项目工作内容和要达到的目标写入了会议纪要。海南岛热带天然林卫星遥感监测及地理信息系统建立项目进入了实质性的工作阶段：已购置项目所需的计算机软硬件设备，建成全省五万分之一的基础地理信息系统，购买了美国TM卫星数据和SPOT卫星数据等等。项目将分树种、龄组、郁闭度等级和土地类型进行调查。

1999年的国际热带木材组织第二十六届和二十七届理事会批准了我国4个新项目，总金额为103万美元，分别由中国林业科学研究院和海南省林业局执行。 （沈素华）

【中国与联合国防治荒漠化公约合作项目】 由中国作为牵头国执行的联合国防治荒漠化公约亚洲荒漠化监测与评估项目启动会议于1999年7月26日、27日在北京召开。公约秘书处代表和中国、蒙古、吉尔吉斯斯坦等项目参与国代表、日本等捐助国或国际机构代表参加了此次会议。会议审议了亚洲履约情况，主要讨论了项目启动工作。 （刘 昕）

【中国与湿地公约合作项目】 湿地公约小型赠款基金（简称SGF）是公约用于开展小型项目的筹资渠道，已资助我国5个项目，共149 500瑞士法郎。1999年公约第二十四届常委会批准了我国申报的中国湿地保护与合理利用培训需求评估项目，共4万瑞士法郎，该项目将于2000年执行。 （刘 昕）

【中国与世界自然基金会合作项目】 该项目有四大部分：

1. 大熊猫及其栖息地的保护。主要内容有：世界自然基金会（以下简称基金会）继续支持四川省平武县的保护与发展综合项目；基金会继续支持大熊猫保护区的公众意识的提高和能力建设；基金会继续为促进大熊猫保护区的管理提供资金和技术支持；基金会继续为促进对大熊猫种群和栖息地现状和趋势的了解提供资金和技术支持。

2. 湿地和淡水保护。主要内容有：双方尽快共同协商调整编制《中国湿地保护行动计划》的时间表，基金会将继续协助国家林业局为实施双方认可的《行动计划》优先项目寻求资金；基金会将与湖南省林业厅合作制定湿地栖息地恢复示范项目。

3. 生物多样性的保护。主要合作项目有：基金会继续支持在云南白马雪山及其周边地区开展保护和发展综合项目；基金会为加强中国负责控制野生动植物贸易的政府部门官员的能力建设提供资金和技术支持；基金会同意支持四川省林业厅开展森林分类经营示范项目；基金会将和国家林业局共同确定要进一步开展研究的政策课题。

4. 公众意识、能力建设。主要合作内容有：基金会继续在米埔保护区为国家林业局举办有关湿地管理和环境教育计划的培训班；基金会将告知国家林业局关于专业人员利用奖学金进修的机会；基金会支持在重庆缙云山自然保护区开展的环境教育项目；基金会支持开展四川省自然保护培训需求评估。（郭瑜富）

【中国与国际竹藤组织合作项目】 国际竹藤组织自1997年成立以来经过2年的独立运转，与各成员国逐步开展了小型合作项目。1999年，该组织分别与中国林业科学研究院亚热带林业研究所、南京林业大学等部门开展了5个项目的合作，总金额达166 350美元（见下表）。

中国与国际竹藤组织合作项目表

项目名称	执行单位	项目金额（美元）
1. 适地适竹专家决策系统	中国林科院亚林所	12 500
2. 竹类英文叙词表审编	中国林科院亚林所	3 500
3. 竹藤信息黄页预备国际合作项目	中国林科院亚林所	16 400
4. 竹藤产品市场竞争力研究	南京林业大学	127 700
5. 竹藤生产、加工和制造技术转让模式	中国林科院亚林所 南京林业大学	6 250
总 计		166 350

（刘 昕）

林业世界银行贷款项目

【综 述】 1999年，林业世界银行（以下简称世行）贷款项目工作一边抓好在建项目的建设，一边抓紧进行新项目的筹备工作，各项工作进展顺利。

国家造林项目 该项目已于1997年竣工，为确保项目实施达到预期目标，国家林业局世界银行贷款项目管理中心(以下简称世行中心)加强了对项目后期管治等方面的工作，在世行中心的指导和督促下，部分省区开展了对过密林分的间伐试点，促进了林木的生长，取得了较好的效果；另一方面，世行中心加大了还债工作力度，在做了大量协调工作后，还配合财政部对各项目省区分树种、分年度应偿还本息加以测算，并以财政部、国家林业局两部局文下发。

森林资源发展和保护项目 1999年是该项目造林的最后一年，在抓好当年造林任务保质保量完成的同时，重点是根据1998年的摸底调查结果，指导和督促各项目省区做好"保护一类林还退化，转化二类林为一类林，抢救三类林"的方案制定和付诸实施。从检查情况看，这项工作均按照要求在开展，但不太平衡，还有待进一步加强。在资金管理上，鉴于项目资金支付处于后期，各项目省区除了抓配套资金的到位和信贷资金的下拨运转速度外，还在项目后期支付中按原计划如数报账做一些工作，基本实现了原定目标。此外，世行1999年先后派出2个检查组，到湖北、辽宁、广西、贵州、河北5省区进行项目质量、财务的检查。通过检查，世行检查组对项目的顺利实施表示满意。

贫困地区林业发展项目 1999年是该项目全面实施的第一年，为了保证项目的顺利实施，在借鉴前两期世行贷款项目的经验基础上，采取了如下有效措施：①制定了项目的管理办法和技术规定，使项目一上马就有章可循，具体有：项目初稿规定、项目财务管理、会计核算和报账提款办法、施工设计方法、造林质量检查验收办法、计划管理办法、物资设备采购管理办法、种苗技术规程、环保规程等等；②组织项目省区之间交叉检查工作，从而掌握了项目实施质量的第一手材料，能更有针对性地对项目实施和管理进出改进措施；③组织和指导各项目省区开展项目农户调查工作，了解农户参与项目的情况；④组织和举办项目管理、财务、物资设备采购、乡镇企业、技术推广等方面的培训班7次，参加人员达300多人次。⑤接待了2个世行检查组，世行官员到湖北、辽宁、广西、贵州4省区的项目县进行实地考察，通过检查，认为项目第一年达到了预期的目的。

林业持续发展项目 林业四期世行贷款项目（林业持续发展项目）准备工作取得突破性的进展。1999年世行中心与世行双方就项目框架达成意向性的基础上，项目的准备工作有了突破性进展，主要表现在：①接待了由世行牵头、多方捐赠机构参加的项目认定组，通过会议和海南、四川的实地考察，形成了项目认定组的备忘录，初步确定了项目的宗旨和内容；②组织了有60多名国内外专家参加的两次研讨会，对项目设计方法进行研究。通过研讨，确定该项目设计将采用逻辑框架方法进行；③组织近30名国内外专家分别深入海南、四川、湖南、安徽、湖北、贵州、甘肃等省进行实地考察，其考察报告为确定项目内容提供了科学依据；④1999年11月接待了世行项目准备工作检查组，检查组到四川、湖南和安徽3个省进行了实地考察。通过考察，并根据世行内部对项目设计内容的意见和国内外专家组考察，双方进一步磋商后，对认定组原提出的项目设计内容进行了修改。修改后项目内容由三部分组成：天然林管理、保护地区管理（生物多样性保护）、商品林营造。项目三个组成部分的资金来源已明确。

自然保护区管理项目 按照该项目中期评估报告中提出的要求，在认真总结前一段工作的基础上，改善和加强了各项目单位之间的沟通和协调工作。根据世行专家和国家审计署提出的意见，及时举办了项目单位物资管理和财务计算机管理培训班，因此明显地提高了基层单位业务人员的工作技能。报账提款进度在确保工作质量的情况下也有所加快，取得了良好的实际成效。接受了世行驻京代表处对项目技术援助工作的检查；陪同国家审计署到基层项目单位进行了实地审计；指导了陕西长青林业局企业转产工作，使企业转产工作按计划进展顺利。召开了项目的年度工作会议，部署了下一步的工作计划，同时对项目实施后期可能出现的问题进行了认真的分析，提出了相应的要求。

物资设备采购与管理 1999年，贫困地区林业发展和全球环境基金赠款两个项目共签订购货合同11份，成交采购总金额为353.15万美元。

外事接待和项目考察培训 1999年仅新项目准备就邀请和接待20多人次外国专家。组织派出了共计36人次的项目考察和培训团组，赴美国、芬兰、法国、新西兰、加拿大和澳大利亚等国家考察培训，完成了预定的派出任务。 （江行勇　王　俊）

【世界银行业务评估局检查与评估林业世界银行贷款项目】 1999年6月，世界银行（以下简称世行）业务评估局项目官员利利（Uma，Lele）女士率领工作组对中国林业世行贷款项目的执行情况和取得的成效进行了检查与评估。这次对检查与评估，是基于世行把中国林业项目的实施作为一个成功的案例进行研究，以了解和判断世行1991年林业政策的实施情况。

通过对中国林业已经竣工和正在实施的林业发展项目、大兴安岭森林火灾恢复项目、国家造林项目、森林资源发展和保护项目、贫困地区林业发展项目等5个世行贷款项目和1个全球环境基金赠款的自然保护区管理项目的执行情况和所取得的成效的全面检查及综合评估，世行工作组形成了《对中国林业发展和世界银行援助在造林、扶贫及天然林经营领域的评估》的报告。该报告较为详细、全面地分析了中国林业发展现状，以及林业世行贷款项目实施的成效和存在的问题，得出了这样的结论：①中国林业取得了令人瞩目的成绩，也面临着不少问题，但有着十分乐观的发展前景。②中国林业世行项目无论从何种角度衡量都是十分成功的，是世行在全球范围内工作质量最高的业务之一。③中国林业世行贷款项目成功的主要因素是：各级政府对林业的重视，项目管理机制的有效性和高水平，加强和重视科技推广工作。④今后的中国林业世行贷款项目应该关注的重点领域：一是林业政策方面，重点木材价格、贸易政策等；二是改革方面，特别是国有林业企业的改革；三是人工林发展方面，主要是继续支持中国政府宏大的人工林发展计划。（程 红）

【贫困地区林业发展项目】 1999年1月15～17日，国家林业局世界银行贷款项目管理中心（以下简称世行中心）和财政部国际司共同召开了贫困地区林业发展项目实施启动会，参加会议的有12个省区财政厅主管处长与林业厅项目办公室主任。会议全面布置了第一年项目的实施启动工作。随后，各项目省区财政和林业系统都相继召开了省级、县级项目实施启动会，并开始了项目转贷协议的签订工作。

1999年项目共营造人工林96 118.5公顷，其中：用材林完成造林任务42 540.1公顷，经济林完成造林任务27 629.1公顷，竹类完成新造和垦复任务25 949.3公顷。造林质量达到了规定的标准。其中，面积核实率为98%，造林成活率为93%，平均生长量与标准之比率为115%，一级苗使用率为93%，环保合格率为95%。

1999年各地苗木供应和使用情况良好，生产苗木28 153.73万株，保证了项目造林的需求。据统计，造林中良种（优良品种）使用率为100%；一级苗使用率为98%，其中用材林为98.1%，经济林为97.8%。

世行中心在广泛征求科研人员和生产单位意见的基础上，制定了项目主要树种种源和无性系，严格规定各项目实施单位必须选用优良种源区的良种。各级科技推广与培训组织加强了对种苗生产技术的培训力度，重点放在对项目育苗单位进行经济林树种优良品种使用、嫁接育苗和田间管理等方面的培训上，提高了项目育苗单位的总体技术水平。

据统计，中央、省、县、乡四级共举办各种培训班3 947期，其中中央级培训班1期，培训54人次；省级培训班67期，培训3 469人次；县级培训班1 031期，培训39 987人次；乡级培训班2 848期，培训286 451人次。营建示范林5 224.9公顷，其中用材林3 488.7公顷，经济林1 736.2公顷。

为了丰富项目的培训材料，提高培训质量，由中央级科技推广与培训小组组织撰写出版的25种小册子已全部正式出版并发到各级项目管理单位和造林者手中。

根据世行备忘录的要求，世行中心组织各省区项目办公室开展了农户本底调查工作，作为监测项目实施效果的基础材料。根据要求，各省区项目办公室委托林业系统以外的一家省级社会经济调查机构开展了这项工作，经过几个月的努力，在调查每省15户农户和2个股份林场的基础上，各项目省区的调查承担单位都已着手对农户本底调查报告进行了整理和完善，并建立了数据库。

1999年5月21日，财政部与12个项目省区签订完部省级转贷协议后，各项目省区抓紧进行省地级、地县级转贷协议的签订工作，落实了债权债务关系。据统计，整个项目188个县主要采取了以下三种转贷模式：①“省财政厅—地市财政局—县财政局—乡财政所—农户”涉及86个县，占总数的46%；②“省财政厅—地市财政局—县财政局—县林业局—农户”涉及78个县，占41%；③“省财政厅—地市财政局—县财政局—县林业局—乡镇林业工作站—农户”涉及20个县，占11%。

整个项目的换汇工作，主要由省财政厅、市财政局、县财政局负责。188个项目县中，114个县由省区财政厅负责换汇、占总数的60.6%；12个县由地市财政局负责换汇、占总数的6.4%；62个县由县财政局负责换汇、占总数的33%。

1999年初，项目刚刚生效，世行中心就着手制定了各项财务管理制度，编制了项目财务管理、会计核算、提款报账办法。并和财政部联合举办了财务培训班，培训了有关财务管理的各项规定，提出加强财务管理的各项要求，落实了债权债务关系。各省区也相继制定了实施细则，培训了各级财务人员，组织了提款报账工作。

截至1999年底，整个项目已使用信贷资金911.87万个特别提款权，其中物资173.87万美元，折合126.91万个特别提款权；造林8 826.39万元，折合779.93万个特别提款权；咨询服务6.89万美元，折合5.03万个特别提款权。

1999年各省区配套资金筹集情况比较好，整个项目已累计到位配套资金18 928.58万元，占计划的105.6%。其中省级6 235.45万元、地市级554.29万元、县级4 866.90万元、造林单位7 271.94万元，分别占计划的119.9%、58.1%、102.00%、104.00%。

（王 俊 董 晖）

【森林资源发展和保护项目】

工程进度与质量 1999年，该项目进入了最后一个实施年度。在这年内，项目实施主要是围绕幼林管抚工作来展开。①1月6～9日，召开了全国项目省区项目办公室主任会议，会上研究了1998年11月项目检查组备忘录中提出的各项建议和意见，并针对实际情况制定了提高造林质量，改善项目管理工作的措施。②集约经营人工林。16个项目省区共完成项目造林46 813公顷，为1999年度造林计划的100%；幼林抚育面积完成234 840公顷。根据各项目省区提供的造林质量验收报告，造林各项指标基本达到了项目规定的标准。其中，面积核实率为99%，一级苗使用率为95%，栽植成活率为97%，幼林抚育率100%。③多功能防护林。1999年湖北省、重庆市（四川省的造林任务已于1998年全部完成）共完成多功能防护林建设面积6 034公顷，为年度计划的100%。其造林面积核实率为100%，苗木全部达到规定要求，其中一级苗使用率为93.4%，栽植成活率达到97%以上，实施质量基本达到了项目设计的要求。④为了切实落实1998年11月和1999年6月世界银行项目检查组提出的建议，国家林业局世界银行贷款项目管理中心专门进行了研究，要求和指导各项目省区在项目造林模型、林分管理、幼林抚育等方面作出改进。⑤苗木质量和苗圃管理。由于建立健全了良种管理制度，经检查，项目主要造林树种，如杉木、湿地松、马尾松、火炬松等树种种子都是从省种苗站统一采购，均是优良种子园或优良地理种源的种子，阔叶树是优良林分的种子。全部符合项目确定的种源规定，良种使用率达到100%。由于在育苗方法上十分注重科技投入，据统计，项目造林一级苗使用率，集约经营人工林为95%，多功能防护林为93.4%以上。⑥环境保护与幼林健康状况。表现为，所有造林山场均选择宜林荒山、灌丛地或郁闭度在0.2以上的疏林地。除了少量缓坡地采用带垦或全垦整地外，所有造林山场采用沿等高线大穴整地，并按品字型交错排列。对有培育价值的珍贵树种以及山顶、山脚、沟旁的天然植被都尽量保留。为了防止病虫害发生，许多实施单位在规划设计时，考虑了杉阔、松阔等多树种块状、行状、星状等多方式混交，集约经营人工林和多功能防护林环保合格率都达到了100%。

科技推广与培训　1999年，根据项目确定的科研推广的目标、任务与合同的要求，主要做了以下几项工作：

开展研究活动

1. 多功能防护林造林技术的研究。①以沟系为单元的林农复合系统建设技术研究，已筛选出山胡椒＋农作物和杜仲＋农作物两个林农复合类型，可以有效控制水土流失。②通过50个参试树种枝叶容水量与蒸发速率的测定，初步筛选水源涵养功能较好的树种13个；对在建项目工程的山脊、紫色石膏子地以及严重侵蚀沟造林困难地带的研究，选出造林成活率都在90%以上，保存率在80%以上黄檀、刺槐、黄荆3个树种。③多功能防护林生态效益研究，对建立的8座径流场，4个径流小区，1座梯形复合测流堰继续开展水土流失监测、资料分析工作，并提出初步结果。

2. 优良种植材料开发和杂交育种研究。①在广东、广西和云南等省区改建和新建尾叶桉、细叶桉、蓝桉等良种生产基地共50.4公顷，年产优良种子达100千克。新建马尾松母树林5年后进入正常开花结实期，结实株率达80%，每公顷产种量达6.75千克；改建后的马尾松母树林的优良木达85%，在疏伐后1～3年内种子产量依次提高56.5%、88.6%和184.39%。湿地松、火炬松提出良种基地南移、立地选择、疏伐、施肥、浇水、授粉、病虫防治等7项增产技术措施。落叶松采用不封闭的环剥技术处理种子园的母树林，种子产量连续3年保持高产水平，平均年生产种子15.21～18.8千克/公顷。②种源试验。完成了湿地松、火炬松种源15年的系统调查和总结，提出解决湿地松、火炬松遗传基础偏窄和种子产量偏低的技术方案。筛选出分布在华南4省区的尾叶桉优良种源3个，优良家系50个；细叶桉优良种源5个。优良家系25个；史密斯桉优良种源2个和蓝桉优良种源1个。评选出马尾松6个速生高产种源和35个优良家系，遗传增益为7%～36%。选出落叶松优良家系25个和具有速生、生根率高的无性系27个。③以尾叶桉、巨桉、细叶桉、赤桉为杂交亲本，选出年产蓄积量超过40立方米/公顷的无性系13个。马尾松进行9个父本和5个母本杂交制种，获得45个杂交组合，建立子代测定林继续观测。湿地松与加勒比松杂种的研究通过了技术鉴定，杂种材积量比亲本平均值大2.88倍。杉木选出树高比对照大6%～38%，直径比对照大19%～45%，材积比对照大67%～138%的优良无性系高达22个。④无性系繁殖及无性系繁殖圃营建技术研究。研究解决了杂交松萌条扦插配套技术，扦插生根率达85%以上，每年每株可采穗20条。建立了落叶松优良家系、无性系和杂种采穗圃共0.3公顷，1999年扦插繁殖优良家系和无性系扦插苗36万株，移植扦插苗4万株。建立了马尾松含单亲本家系13个、双亲本家系13个的采穗圃，并对穗条的年龄、穗条成熟度等进行了研究，使大量扦插苗生根率达60%～70%。

3. 丰产栽培技术研究。在全国7个省区营建的10处马尾松示范林，其幼林期高径生长量与马尾松速生丰产林专业标准生长指标相比较，树高大于标准47.5%～104.5%，胸径大24.7%～88.8%。利用昆虫致病防治杨树桑天牛获得成功，施用30万头线虫的药液其死亡率达80%～83%。

4. 木材材性研究。完成了毛白杨第二批试验材料的含水率调整，试样制作以及木材密度径向变异的测定。

5. 菌根研究。①开展有效菌根真菌的复选试验，对初选出的16个优良菌根真菌进行pH值、温度等生态因子的适应性及不同条件贮藏后的活性、复活速度等因子的进一步试验，决选出8个生长快、抗逆性强的Pt菌株。②继续在安徽、江西、四川等省进行的Pt菌根剂接种试验效果好，马尾松和湿地松造林成活率平均在95%以上，幼林生长整齐、叶色深绿。

研究成果　①鉴定了三项研究成果：我国南方杂交松生长、材性及扦插繁殖技术研究、辽宁杨大面积高产栽培模式的示范和推广、湿地松、火炬松工业用材林

高效集约栽培模式的研究。②完成《世界银行贷款造林项目环境监测研究专刊》、《世界银行贷款国家造林项目科技成果汇编》的编写及出版发行。

推广活动

1. 推广最新优良种植材料。桉树中心课题组推广种源造林，1999年共生产尾叶桉良种115千克。直干桉25千克，用于项目造林面积约5 000公顷，其造林质量普遍不低于进口良种；经过7年的深入研究，选择与培育推广尾叶桉、细叶桉、赤桉杂种桉优良无性系达100多个，遍及华南地区。马尾松造纸材优良种源，被列为国家林业局中试项目，不仅在项目造林区推广应用，还在政府造林中推广应用，仅在福建省南平地区就建立133.3公顷中试示范林。

2. 推广先进育苗技术。马尾松、火炬松、湿地松大田苗切根与剪顶技术，在浙江、江西、湖南、湖北、四川等省得到较广泛推广应用，造林成活率比普通大田苗提高20%以上。桉树的容器育苗技术得到进一步推广。广东、海南两省的国有林场80%已使用根型培育器育苗，广西使用硬塑管容器育苗约占造林用苗20%，仅东门林场利用根型培育器育苗面积达6 000多公顷，云南省用容器育苗占全省育苗造林的20%以上。菌根中心课题组研制Pt菌剂在项目区和政府造林中得到广泛应用，3年来培育菌根苗达6 000万株，造林面积达700公顷。

3. 推广实用有效的造林技术。杉木、马尾松中心课题组继续推广局部整地和局部抚育的新作业法，降低造林成本，防止了因全垦整地和全面抚育而带来水土流失。竹子中心课题组深入广西、四川、江西、湖北、浙江等省区进行技术咨询，推广实施毛竹林营造和丰产技术要点，推广造林面积达5万公顷，竹林产量普遍提高20%以上。杨树中心课题组在辽宁省推广杨树丰产栽培模式，建立2 000公顷示范林，其中年均胸径生长量在3厘米以上、年平均高生长量在2.5米的Ⅰ类林和Ⅱ类林占83.5%，创造了国内大面积丰产林的高产纪录。

资金和财务管理情况

信贷资金使用　截至1999年底，整个项目已使用信贷资金11 671.02万个特别提款权，占信贷资金总额的82.36%。其中货物、营林、技援、科研分别已使用信贷950.43万个特别提款权、10 659.56万个特别提款权、35.83万个特别提款权、25.20万个特别提款权，分别占信贷协定各类别分配额的94.76%、81.66%、46.53%、70.03%。该项目所有物资采购合同已支付完毕。1999年共提取信贷资金1 767.72万个特别提款权、其中货物376.07万个特别提款权、营林1 377.75万个特别提款权、技援9.54万个特别提款权、科研4.36万个特别提款权。

信贷资金运转　通过对1999年各省区营林报账信贷资金运转情况的实际监测看出，财政部将信贷资金下拨到各省区财政厅，再由其层层下拨直至造林单位，大约需要2个月左右的时间。项目资金运转基本正常，保证了项目单位的及时使用。

配套资金到位情况　在审核营林信贷资金提款报账的同时，按照项目造林配套资金管理的有关规定，严格审查配套资金的到位情况。1999年，配套资金实际到位9 776.79万元，占当年计划的109.4%，其中省、地、县、造林单位分别到位2 985.33万元、390.13万元、3 085.63万元、3 315.70万元，分别占各级计划的150.7%、85.4%、120.2%、131.7%。

项目财务检查　1999年12月，国家林业局世行贷款项目管理中心发出了《关于开展世行贷款林业项目财务检查的通知》，同时下发了财务检查的具体方案，要求各省区对1999年全年的财务核算、提款报账和资金使用情况进行一次全面检查。采取各省区自查和省区间互查相结合的方法，收到了很好的效果，及时发现了项目财务管理中的薄弱环节，使各级项目单位加强了对项目资金使用的监督和管理。

（陈京华　董　晖）

【国家造林项目还贷工作】 为明确各省区应偿国家造林项目世界银行信贷债务数额，使各级项目单位能够提前筹集还贷资金，按时足额偿还到期债务，1999年10月12日，国家林业局和财政部联合向各项目省区政府签发林函贷字[1999]302号《关于请敦促归还世界银行贷款国家造林项目信贷本息的函》，确认国家造林项目世界银行信贷本息总金额折合人民币约38亿元，其中实际使用信贷本金折合人民币约19.3亿元。省区、县级项目办公室已经及时把债务分解到了最终债务人。

截至1999年底，国家林业局已向各项目省区政府、林业厅局签发了3期还贷通知，共计通知到期债务折合人民币约5.13亿元，实际回收偿贷款折合人民币约3.33亿元，完成率为65%。在国家造林项目总结表彰大会上，国家林业局对还贷工作完成情况好的浙江、安徽、河南、湖北等省进行了表彰。

各省区政府和项目单位为及时偿还债务做了大量工作，特别是安徽、湖北等省曾在1997年、1998年遭受了严重的洪涝灾害，但是，他们通过加强政府组织、财政厅、林业厅共同采取措施，强化还贷约束机制，克服了灾害带来的不利影响，及时偿清了到期债务。

国家林业局要求各级项目单位要进一步做好国家造林项目还贷工作。一要提高认识、坚定信心；二要加强领导，积极争取省区政府尤其是财政部门的支持；三要拓宽筹资渠道，完善还贷约束机制。（刘玉英）

【自然保护区管理项目】 全球环境基金资助我国的自然保护区管理项目1999年进入项目实施的第五年。

1999年的项目工作重点是完成保护区管理计划的制定、旅游计划和社区教育的试点工作、土建工程的实施等。项目开展的活动主要包括：

1. 加强自然保护区管理。佛坪、太白山、周至、长青和牛背梁5个自然保护区的管理计划获得世界银行批准，并开始了项目土建工程建设；云南省完成了省保护计划的制定，武夷山自然保护区完成了旅游计划制定的试点工作；各项目保护区进一步加强了野外保护体系建设，增加了野外巡护人员，修改完善了巡护计划；举办了8期巡护人员培训班；太白山保护区还与宗教团体制定了合作保护计划，并开始实施；武夷山走廊带的工作进展顺利，福建和江西两省成立了协调组，编制了保护合同，埋设了界桩和标牌，支付了社区竹林和茶园的补偿费；开展了各类管理人员的培训，其中包括2期高级管理人员研讨班。

2. 宣传教育和社区参与。项目的共管示范社区积极开展了社区共管工作，实施了社区投资项目；进行了宣传教育活动，举办了5期夏令营和冬令营，编写分发了各类宣传材料和技术推广手册，举办了社区教育推广培训班，分别筹建了信息中心；云南省利用各种宣传媒体开展了保护教育活动。

3. 长青林业局转产工作。由全球环境基金资助的两个新建企业的建设工程已经或将近完成；8月中旬国家林业局世界银行贷款项目管理中心聘派了市场分析和建筑专家对新建企业进行了咨询，根据专家的建议，新建企业对建筑设计做了修改完善，加强了市场调查和分析；陕西省编制了转贷循环资金实施操作指南，并得到世界银行的批准，同时加强了企业领导班子的建设。

4. 信息和监测工作。11月中旬完成了保护区一级的生物多样性信息管理系统的建立工作，并开始输入有关数据；各保护区对项目的影响进行了定期调查和监测。

5. 项目的采购计划已全部完成，9月中旬举办了设备管理和使用研讨班；5月举办了财会人员计算机培训班，进一步提高了基层财务人员的工作能力，加快了提款报账速度；加强了项目的管理和监测，特别加强了质量控制，保证了项目的实施进度和实施质量。

（宋士奎）

【物资设备采购与管理】 1999年是贫困地区林业发展项目物资设备采购的第一年，共采购复合肥5 250吨，中标价75.6万美元；过磷酸钙3 890吨，中标价16.3万美元；双排座卡车26辆，中标价26.6万美元；护林防火指挥车63辆，中标价169.3万美元；微机及软件109台套，中标价12.9万美元；针式打印机78台，中标价2.63万美元；激光打印机19台，中标价0.66万美元；复印机80台，中标价22.1万美元；传真机78台，中标价2.7万美元；灌溉设备1套，中标价0.26万美元；喷灌设备12套，中标价4.9万美元；喷雾设备22套，1.1万美元；打药设备10套，中标价0.1万美元；塑料大棚26栋，金额为5.1万美元。1999年度贫困地区林业发展项目物资设备采购工作，由于准备的比较充分，工作做得比较细，采购成本比森林资源发和保护项目低了很多。如：采购的护林防火指挥车63辆，每辆车中标价只有22.2万元，比市场价低4.8万元，此项节约采购费用302.4万元。又如：采购的过磷酸钙3 890吨，每吨只有348元，比森林资源发展和保护项目每吨低42元，此项节约采购费用16.7万元。在该项目采购设备的同时，还完成了9个项目省的44个乡镇企业加工项目的可行性研究报告的审查工作。经审查已有4个省12个项目获得施工许可。其中：有10个项目的物资设备采购清单已提交给世界银行审查。

1999年是全球环境基金赠款项目设备采购的最后一年，采购的设备包括：野外装备1 734套件，金额为5.8万美元；巡逻车2辆，金额为6.3万美元；摩托车2辆，金额为0.3万美元和照相机及附件7套，金额为0.5万美元。

1999年度上述两个项目共签订购货合同11份，成交采购总金额为353.15万美元。上述物资设备已陆续交货，有些已顺利通过用户验收，并投入正常使用。

为了实施好世界银行贷款项目，国家林业局世界银行贷款项目管理中心于1999年9月12～16日，在北京分别举办了贫困地区林业发展项目采购人员培训班和全球环境基金赠款项目物资设备使用与管理研讨班。同时还印发了贫困地区林业发展项目货物采购与工程招标管理办法，为项目单位从事土建工程招标和设备采购及管理奠定了基础。 （杨柏权）

【世界银行贷款林业项目对外联络】

1. 接待世界银行林业贷款项目检查组。①应财政部邀请，以斯科比（Scobey，Richard）先生为组长的世界银行林业持续发展项目准备检查组，于1999年3月22日至4月3日来华，对拟议的林业持续发展项目进行了初步认定，并赴海南、四川省工作；②应财政部邀请，以斯科比为组长的世界银行林业持续发展项目检查组，于1999年6月14日至7月20日访华，对项目的准备进行研讨并检查准备情况，访问了海南和湖南省，③应财政部及国家林业局邀请，以苏珊·沈（Susan，Shen）女士为组长的林业持续发展项目检查组，于1999年10月22～29日访华并赴四川、安徽、湖南3省检查了项目的准备工作；④应财政部邀请，以刘瑾女士为组长的世界银行森林资源发展和保护项目和贫困地区林业发展项目检查组，于1999年5月31日至6月17日访华，赴辽宁、湖北两省检查了项目的实施情况；⑤应财政部邀请，以刘瑾女士为组长的世界银行森林资源发展和保护项目和贫困地区林业发展项目检查组，于1999年11月27日至12月12日访华并赴广西、贵州两省区检查了项目的实施情况。

2. 接待世界银行业务评估局评估组。应财政部邀请，以利利（Lele，Uma）女士为组长的世界银行评估局评估组一行5人，于1999年6月7～18日访华，对世界银行资助的中国林业项目的实施情况进行了总结评估。通过与有关单位的会谈和对江西省项目地区的实地考察，评估组对世界银行贷款中国林业项目的成就作出了充分肯定，同时也对项目的实施发展进行了分析。

3. 林业持续发展项目的国际技术援助。1999年6～12月，根据国家林业局和世界银行商定的林业持续发展项目的准备安排并应国家林业局的邀请，环境专家迪克（Dick，John）先生、保护规划专家考科思（Cox，Roger）先生、林木繁育专家琼斯（Jones，Norman）先生、社会学专家沈楠（Saint-pierre，Claude）女士、森林经营专家阿米塔基（Armitage，Ian）先生、天然林管理专家帕尔梅（Palmer，John）先生、自然资源管理专家阿施（Ash，Roland）先生、培训专家毕蔚林（Bleisch，William）先生、社区发展专家麦科米克（McCormick，Scott）先生等9名国际专家相继来华并赴有关项目省，为林业持续发展项目的准备工作提供了咨询服务。

4. 世界银行贷款林业项目的国外考察培训。①根据森林资源发展和保护项目信贷协定和评估报告中技术援助的安排及项目的实际需要，组织派出了4个为期各2周的考察组共26人分别赴美国、芬兰、法国、新西兰，对幼林抚育管理、种苗生产、阔叶树和经济林经营、人工林经营和科研管理进行了考察；还组织选派了6名具有一定英语基础的技术骨干赴加拿大进行了为期3个月的语言和技术培训。②根据国家林业局和世界银行商定的自然保护区管理项目工作计划，1999年项目派出2人赴澳大利亚昆士兰大学接受了为期各3个月的项目管理和财务管理培训；由国家林业局有关单位和江西、陕西省林业厅及项目保护区技术管理人员共7人组成的自然保护区管理考察组赴马来西亚进行了考察访问。（王　宏）

林业科学技术

林业科研管理

【全国林业技术创新工作会议】 国家林业局9月15～16日在中国林业科学研究院召开了全国林业技术创新工作会议。会上，局党组成员、中国林业科学研究院江泽慧院长传达了全国技术创新大会精神。王志宝局长代表局党组作了大会主题报告。科学技术司祝列克司长报告了《国家林业科技创新体系建设方案》编制情况。中国林业科学研究院等9个单位的代表在会上发言，交流了科技体制改革和高科技产业化的经验。

会议上部署了林业科技体制改革工作，明确了国家林业科技创新体系的方向、目标和实施步骤，为进一步深化林业科技体制改革奠定了基础。　（李明琪）

【国家林业局科学技术委员会】

审议论证工作　1999年，国家林业局科学技术委员会紧密围绕林业中心任务，重点加强了审议论证工作。全年共组织专家召开8次评审会，对《重点地区天然林资源保护工程实施方案》、《国家林业科技创新体系建设方案》、《中华人民共和国森林法实施条例(送审稿)》、《林业“十五”计划及2010年规划基本思路》、《全国第五次森林资源连续清查结果》、《三峡坝区国家森林公园总体设计大纲》、《中国湿地保护行动计划》和《长江上游、黄河上中游造林绿化工程总体规划》等林业重大发展战略、工程项目和重大问题进行审议和论证。

调查研究工作　国家林业局科学技术委员会针对林业改革与发展中的新情况、新问题，广泛开展调查研究工作，充分发挥专家的群体作用，为局领导和有关部门科学决策提供参考。1999年8月19～28日和9月2～10日，国家林业局科学技术委员会副主任蔡延松率队赴内蒙古、黑龙江、福建等地，以“我国市场经济条件下林业产业发展问题”为专题开展调研，以科学的数据和事实依据形成报告，详细阐述了我国林产业存在的主要问题，提出在新形势下抓好生态建设，继续发展林业产业的几点建议。

支持局重点工作　国家林业局科学技术委员会和国家林业局经济发展研究中心组织专家，紧紧围绕“森林的战略地位和作用”这个主题，从森林（林业）与社会主义现代化、可持续发展、经济发展、农村发展、生态环境、水土保持、江河治理、荒漠化和沙区治理、山区综合开发、生物多样性以及森林与粮食、健康等方面入手，完成了15个理论专题撰写任务，有力地支持了国家林业局重点工作。

答复政协提案　遵照李瑞环主席在卢强委员《依靠科技建设绿色大西北》上的批示，以及国家林业局局领导指示，国家林业局科学技术委员会和科学技术司于7月23日组织专家讨论卢强委员关于利用太阳能或风能发电，抽取地下水资源，以解决我国西北地区缺水沙化问题，建设绿色大西北的建议。专家一致认为，卢强委员利用太阳能提取地下水的技术(光电扬水系统)是比较先进和成熟的，并建议该设备向可移动、小型化方向发展。科学技术委员会将专家意见及时报告党组并经同意后函复政协全国委员会办公厅和卢强委员。

（李晓华）

【国家林业局局属林业科技期刊】

林业科技期刊管理　1999年3月，根据新闻出版署《关于期刊核验及重新登记的通知》（新出报刊[1999]242号）要求，对国家林业局局属46种林业科技期刊进行了核验和重新登记工作，并对林业科技期刊的主管关系进行了重新确认。

1999年4月23日，科学技术司为认真贯彻科学技术部《关于加强科技期刊管理的通知》和《关于做好科技期刊样刊缴送工作的通知》精神，发出《关于加强林业科技期刊管理的通知》，对期刊管理工作如变更、增刊、样刊缴送及其他项目调整等提出了具体要求，使期刊管理工作进一步规范化、制度化。

期刊分类调查　1999年6月，国家林业局科学技术司对局属46种林业科技期刊进行了核实和分类调查，其中有综合类期刊6种，学术类期刊16种，技术

类期刊16种，检索类期刊6种，科普类期刊2种。

全国优秀林业高校学报　1999年7月，在教育部举办的全国优秀高校自然科学学报及教育部优秀科技期刊评比活动中，国家林业局林业高校学报10家参评，9家获奖，获奖率在全国各行业高校学报中居首位。《北京林业大学学报》、《东北林业大学学报》、《南京林业大学学报》和《西南林学院学报》获一等奖，《中南林学院学报》、《西北林学院学报》、《吉林林学院学报》和《浙江林学院学报》获二等奖，《福建林学院学报》获三等奖。其中《北京林业大学学报》总得分位居第十二名，是林业院校学报在历届全国评比中获得的最好名次。对获奖期刊，教育部颁发奖状和获奖证书，该奖项等同于教育部科技进步奖。　(李晓华)

【林业科技统计工作】

全国林业科技统计资料汇编　1999年1月，科学技术司和中国林业科学研究院共同组织在京林业独立研究与开发机构参加科技统计工作，向科学技术部等主管部门报送了各项统计表格，并对纳入科技统计体系的251所县以上(不包括县级)全国林业科研机构科技统计数据进行汇总分析和研究，编印出版了1998年《全国林业科技统计资料汇编》。

统计表彰　在科学技术部举办的1999年度全国科技统计部门工作会议上，下发了北京市科学技术委员会和北京市统计局《关于表彰中央在京科技统计年报先进单位的通报》，表彰了为科技统计工作作出突出贡献的单位和个人，其中先进单位10个，先进个人15名。国家林业局科学技术司综合管理处被评为先进单位，在受表彰的10家单位中，列第四位；中国林业科学研究院调研室的尹发权被评为先进个人。

(李晓华)

科技奖励工作

【1999年度国家林业局科技进步奖评审会召开】

1999年8月18～20日，国家林业局1999年度科学技术进步奖评审会在哈尔滨召开。会议深入学习国务院令第265号《国家科学技术奖励条例》和《科学技术奖励制度改革方案》，评审了1999年度国家林业局科技进步奖授奖项目。共评出获奖成果79项，其中一等奖3项，二等奖18项，三等奖58项。　(李明琪)

获1999年度国家林业局科技进步奖项目

一等奖　3项

项目名称	主要完成单位	主要完成人	推荐部门
黄土高原昕水河流域生态经济型防护林体系建设模式研究	北京林业大学	高志义　查多禄 齐宗庆　王久丽 朱金兆　谢京湘 火树华　吴　斌 陆守一　任　勇 王玉明　郭小平 杨维西　罗　晶 包晓斌	北京林业大学
平原农区农林复合生态系统结构与功能研究	中国林业科学研究院林业研究所 中国农业大学环境资源学院 河南省林业科学研究所 河北省林业科学院 安徽农业大学 山东省德州市林业局 北京市林业局	宋兆民　孟　平 辛学兵　陈建业 马秀玲　宛志沪 刘亚民　樊　巍 朱惠民　张劲松 周冰冰　张均营 郭　良　陆光明 王广钦	中国林业科学研究院

项目名称	主要完成单位	主要完成人	推荐部门
五倍子单宁深加工技术	中国林业科学研究院 林产化学工业研究所 重庆丰都康乐化工有限公司 四川省彭州天龙化工有限公司 老河口市林产化工总厂	张宗和　黄嘉玲 秦　清　王　琰 李丙菊　徐　浩 王连珠　陈文文 李东兴　郝援朝 张德顺　傅月勇 梁景文　石　波 孙德志	中国林业科学研究院

二等奖　18 项

项目名称	主要完成单位	主要完成人	推荐部门
紫椴育苗技术的研究	辽宁省林业科学研究院	邹学忠　阎忠林 韩素梅　刘　畅 满淑华　黄国学 胡守明　杜俊秀 刘清田	辽宁省林业厅
华北落叶松良种繁育技术研究	北京林业大学 河北省林业科学研究院 河北省孟滦林管局龙头山林场 河北省塞罕坝机械林场 内蒙古宁城县黑里河林场 河北省围场林业局 河北省林业工程项目管理中心	沈熙环　杨俊明 贾桂霞　赵士杰 杜　平　赵志诚 曹运强　李占和 高连祥	北京林业大学
重要针阔叶树种种质资源库建立与保存技术研究	中国林业科学研究院 林业研究所 中国林业科学研究院亚热带试验中心 国家林业局国有林场和林木种苗工作总站 中国林业科学研究院热带林业试验中心 黑龙江省林业厅林木种子站 四川省林业科学院 河南省林业厅林木种子站	顾万春　夏良放 王　棋　唐　谦 汪政科　游应天 李　赋　赵建明 郭文英	中国林业科学研究院
中国牡丹基因库的建立与新品种选育研究	河南省经济林和林木种苗工作站 国有洛阳郊区苗圃 中国洛阳国家牡丹基因库 河南省林业花卉协会 河南省经济林协会 河南省树木改良中心 河南省林木种苗质量监督检验站	雷跃平　孙建州 唐秀军　吴理安 魏春梅　陈风顺 郭利勇　李红卫 高福玲	河南省林业厅
马尾松建筑材林优化栽培模式研究	贵州大学 中国林业科学研究院热带林业试验中心 广西派阳山林场 福建省明溪县林业科技推广中心 广西壮族自治区林业科学研究院 华中农业大学 江西赣州地区林业科学研究所	丁贵杰　周政贤 温佐吾　杨章旗 周运超　蒙福祥 谌红辉　庄尔奇 余能健	贵州省林业厅

项目名称	主要完成单位	主要完成人	推荐部门
刺槐建筑与矿柱材林优化栽培模式研究	山东农业大学	梁玉堂 龙庄如 邢黎峰 张光灿 丁修堂 王哲理 李宏开 刘财富 左永忠	山东省林业厅
红树林主要树种造林和经营技术研究	中国林业科学研究院热带林业研究所 中国科学院南海海洋研究所 海南省东寨港国家级自然保护区 广东内伶仃福田国家级自然保护区管理处 湛江市林业局 广东湛江红树林省级自然保护区管理站 湛江市林业科学研究所	郑德璋 廖宝文 郑松发 李 云 张乔民 邱坚锐 宋湘豫 郑馨仁 刘治平	中国林业科学研究院
TDS 生长调节剂的研制及应用技术研究	中国林业科学研究院亚热带林业研究所 浙江省桐庐县林业技术推广中心 浙江省桐庐县板栗研究所	苏梦云 周国章 应廷龙 金正法 胡小明	中国林业科学研究院
黑龙江省松鸡科鸟类研究	黑龙江省野生动物研究所	于孝臣 朴仁珠 葛东宁 田家龙 田秀华	黑龙江省森林工业总局
“三北”防护林体系和植被变化监测系列技术	中国林业科学研究院资源信息研究所 中国林业科学研究院磴口沙漠研究实验中心 中国林业科学研究院森林生态环境与保护研究所 中国林业科学研究院林业研究所	张玉贵 华网坤 王振琴 陈永富 张德宏 李建文 刘 华 张艳忠 苏 智	中国林业科学研究院
“三北”防护林体系区域性生态效益评价研究	东北林业大学 北京林业大学 中国林业科学研究院森林生态环境研究所 中国科学院沈阳应用生态研究所 辽宁省固沙造林研究所 中国科学院西北水土保持研究所	向开馥 贺庆棠 宫伟光 毕华兴 陈炳浩 胡嘉良 金昌杰 张建军 朱廷曜	东北林业大学
二元立木生物量模型及其相容的一元自适应模型系列	中国林业科学研究院资源信息研究所 国家林业局中南林业调查规划设计院	唐守正 包拓华 张会儒 骆期邦 李希菲 曾伟生 胥 辉 贺东北 王奉瑜	中国林业科学研究院
杨树介壳虫等干部害虫综合防治技术研究	东北林业大学 黑龙江省大庆市林业局	刘景全 迟德富 邵景文 邓立文 马 玲 张学科 李成德 严善春 胡隐月	东北林业大学

项目名称	主要完成单位	主要完成人	推荐部门
几种主要森林害虫信息素的开发利用	国家林业局森林病虫害防治总站 大兴安岭新林林业局 山西省森林病虫害防治检疫站 辽宁省森林病虫害防治检疫站	张庆贺 陈国发 初 冬 杨永富 苗振旺 朱丽虹 赵晋龙 王立忠 仝 英	中国林学会
灭幼脲Ⅲ号防治马尾松毛虫新技术的研究及其推广应用	广东省林业厅森林病虫害防治站 广东省林业科学研究院 梅州市林业局森防检疫站 广东省德庆县林业局	梁承丰 杨瑞华 谢伟忠 殷凤鸣 陈沐荣 包为民 卢川川 韩诗畴 谢新和	广东省林业厅
麦草低污染制浆新技术	南京林业大学 江苏新大纸业集团公司	李忠正 何 伟 崔芳兰 金永灿 石启华 杨益琴 薛菁雯 吴梦然 陈文志	南京林业大学
《中国牡丹品种图志》	北京林业大学园林学院 中国花卉协会牡丹芍药分会 河南省洛阳市牡丹研究所 山东省菏泽赵楼牡丹园 山东省曹州牡丹花木开发总公司 河南省洛阳市花木公司 中国林业出版社	王莲英 秦魁杰 李嘉珏 李清道 冉东亚 赵孝知 赵孝庆 刘 翔 刘政安	北京林业大学
中国小蠹虫寄生蜂	中国林业科学研究院 森林保护研究所 科学出版社	杨忠岐 谢恩魁 王爱琳	中国林业科学研究院

三等奖 58项

项目名称	主要完成单位	主要完成人	推荐部门
欧榛新品种选育研究	辽宁省经济林研究所 山东省果树研究所 安徽省林业科学研究所 湖北省宜昌市林业科学研究所	梁维坚 刘寄宪 宣善平 殷先觉 解 明	辽宁省林业厅
杉木种子园丰产技术、投资结构及经济效益研究	中国林业科学研究院亚热带林业研究所 浙江省庆元县庆元林场 浙江省余杭市长乐林场 浙江省淳安县新安江开发总公司姥山林场 浙江省龙泉市林业科学研究所	王赵民 周迎春 张建忠 吴隆高 王伟安	浙江省林业厅
准常绿饲料灌木——四翅滨藜引种研究	青海省林业科学研究所 青海省林业局	王占林 郑淑霞 张有生 杨文智 樊彦新	青海省林业局

项目名称	主要完成单位	主要完成人	推荐部门
樟子松常年造林技术的研究	河北省塞罕坝机械林场总场	戴继先 韩国义 张瑞文 刘海莹 张 海	河北省林业厅
日本落叶松纸浆与建筑材栽培模式的研究	辽宁省林业科学研究院 中国林业科学研究院林业研究所 沈阳农业大学 洛阳林业科学研究所 开原市林业局	田志和 张守攻 董 健 王喜武 刘 强	辽宁省林业厅
杉木、杨树人工林地力衰退原因机制及其维护地力措施研究	中国林业科学研究院林业研究所 中国林业科学研究院森林生态与环境保护研究所 福建省林学院杉木研究所	杨承栋 孙翠玲 林思祖 焦如珍 夏良放	中国林业科学研究院
速生用材树种合理施肥技术研究	中国林业科学研究院林业研究所 中南林学院 中国林业科学研究院亚热带林业研究所 中国林业科学研究院热带林业研究所 湖南省林业科学研究所	李贻铨 胡曰利 洪顺山 陈道东 张建国	中国林业科学研究院
黄淮海平原兰考泡桐胶合板材林优化栽培模式研究	国家林业局泡桐研究开发中心 中南林学院 河南省太康县林业局 河南省商丘市梁园区国营林场 河南省睢县林业技术推广中心	李宗然 李芳东 王保平 周佑勋 周道顺	中国林业科学研究院
太行山主要植被水土保持及水源涵养效益研究	中国林业科学研究院林业研究所 河北省林业科学研究院 山西省林业科学研究所 河南省林业科学研究所 中国林业科学研究院华北林业试验中心	石清峰 杨立文 张金香 王 棣 刘启慎	中国林业科学研究院
桉树纸浆材优化栽培模式研究	国家林业局桉树研究开发中心 国营雷州林业局 云南省林业科学研究院 广西壮族自治区国营东门林场 广西壮族自治区林业科学研究院	王观明 陈少雄 肖文光 蒋云东 项东云	中国林业科学研究院
红皮云杉人工林速生丰产技术	黑龙江省林业科学研究所 黑龙江省森林工业总局营林局 辽宁省林业科学研究院 吉林省林业科学研究院 内蒙古大兴安岭林业科学研究所	杨 凯 张同伟 邓 龙 刘 莉 马建路	黑龙江省森林工业总局

项目名称	主要完成单位	主要完成人	推荐部门
太行山区植被快速恢复技术及土壤水环境研究	中国林业科学研究院林业研究所 山西省林业科学研究所 河北省林业科学研究院 中国林业科学研究院华北林业试验中心	李昌哲　周择福 贾志清　史敏华 孙吉定	中国林业科学研究院
我国森林生态系统水文生态功能规律研究	中国林业科学研究院森林生态环境研究所 广西农业大学林学院 中国林业科学研究院热带林业科学研究所	刘世荣　温远光 王　兵　周光益 陈步峰	中国林业科学研究院
果树施用惠满丰技术的中试及推广	河北省林业技术推广总站	梁慧聪　梁义春 刘书歧　刘玉伏 张志荣	河北省林业厅
河北省金丝小枣优良新品系选育研究	河北省沧县金丝小枣良繁场	王继贵　续九如 刘士月　安　靖 孔德仓	河北省林业厅
大鸨人工饲养及雏鸟生长发育的研究	黑龙江省哈尔滨市动物园	王进军　田秀华 徐美荣　高照弘 董凤友	黑龙江省林业厅
狐狸人工授精技术	东北林业大学	孔庆松　刘志平 方　健　李好信 张宪宁	东北林业大学
山地无公害生态茶园建设及名优绿茶加工工艺研究	中南林学院资源环境学院 资兴市东江库区管理局 资兴市果茶研究所 资兴市林业局 资兴市狗脑贡茶厂	赵思东　何旌国 胡春水　李江跃 唐振纲	中南林学院
黔金丝猴野外生态调查研究	贵州梵净山国家级自然保护区管理处 贵州省林业厅森林和野生动物管理处	杨业勤　孙敦渊 杨传东　雷孝平 李明晶	贵州省林业厅
竹林定向培育与综合利用技术开发	浙江省衢县林业局 中国林业科学研究院亚热带林业研究所	袁荣根　袁亚平 徐文良　陈双林 方正明	浙江省林业厅
短轮伐期菇木林培育技术的研究开发	浙江省林业科学研究院 浙江省林业厅生产经营处 浙江省庆元县林业局 浙江省庆元县食用菌研究所	邹达明　朱建国 吴士元　胡华杰 朱光权	浙江省林业厅
攀缘植物开发利用	浙江省舟山市林业科学研究所 浙江省舟山市普陀区园林管理处	丁方明　徐爱珠 张晓华	浙江省林业厅

项目名称	主要完成单位	主要完成人	推荐部门
毛竹林生态系统管理及可持续经营技术研究	福建林学院	郑郁善　洪　伟 姚清潭　林毓银 庄孟能	中国林学会
短尾猴种群生态学及行为学研究	安徽大学	王岐山　李进华 李　明　杨兆芬	安徽省林业厅
优质杏保护地早熟栽培试验研究	泰安市林业科学研究所 泰安市郊区下港乡人民政府 肥城市安临站镇人民政府 聊城市东昌府区柳园办事处	冯殿齐　王玉山 李德琪　田焕云 王丰英	山东省林业厅
仲秋蟠桃选育研究	山东省淄博市林业科学研究所	杨新华　李熙胜 李光吉　侯乐明 单保爽	山东省林业厅
宝山酥梨的研究与开发	沂南县华酥王梨技术开发公司	隽学奎　李玉荣 高升学　徐以贞 薛维香	山东省林业厅
草麻黄生长发育、生物碱变化规律及培育技术研究	内蒙古自治区鄂托克前旗果药开发总公司 内蒙古自治区鄂托克前旗林业工作站	刘　珊　谷清泉 魏世军　秦岭峰 邵东青	内蒙古自治区林业局
系列水果保鲜剂的生产技术开发中试研究	西北林学院林产工程学院	马惠玲　尉　芹 张院民　弓　弼 马希汉	西北林学院
地理信息系统(GIS)在森林资源可持续经营管理中的应用	东北林业大学森林植物生态学(教育部)开放研究实验室 黑龙江省大兴安岭地区行政公署森林资源林政管理局	祖元刚　臧淑英 阎秀峰　毛子军 周光达	东北林业大学
应用边缘效应理论开展次生林立体开发与合理经营的研究	东北林业大学 黑龙江省中医研究院 依兰县林业局先锋林场 黑龙江省自然资源研究所	杨国亭　阎秀峰 张志强　毛子君 王仁春	东北林业大学
闽北短伐期阔叶林研究	福建林学院 顺昌县林业委员会	黄清麟　李元红 杨伦增　郑群瑞 刘　健	福建省林业厅
九龙江基地商品用材林综合培育技术研究	福建省国有林场管理局 福建林学院资源与环境系 华安金山国有林场 漳平五一国有林场 安溪半林国有林场	廖金荣　陈存及 梁文英　梁尚游 陈建新	福建省林业厅

项目名称	主要完成单位	主要完成人	推荐部门
生物防火研究	福建林学院 福建省森林防火办公室 西南林学院 东北林业大学 中南林学院	陈存及 杨长职 吴德友 郑焕能 文定元	中国林学会
青海省格尔木市防治荒漠化规划研究	青海省林业勘察设计院 青海省格尔木市林业站 青海省格尔木市水利队	包玉玲 董 旭 张胜邦 阎朝锋 李传新	青海省林业局
内蒙古大兴安岭林区野生经济植物	内蒙古大兴安岭森林调查规划院	刘绍文 祁 英 张重岭 徐长海 连俊文	内蒙古大兴安岭林管局
甘肃白水江国家级自然保护区综合科学考察报告	甘肃省白水江国家级自然保护区管理局	张可荣 伍光和 许金田 张国梁 王洪建	甘肃省林业厅
广东省东江、西江、北江、韩江流域生态公益林工程建设总体规划	广东省林业勘测设计院	江振铎 王登峰 刘凯昌 黄俊泽 区庄葵	广东省林业厅
阔叶红松林林分结构与林木生长的预测技术研究	黑龙江省林业科学研究院 丰林国家级自然保护区管理局	张 克 董运宝 田松岩 徐存宝 宋 影	黑龙江省森林工业总局
(超)轻型飞机防治森林病虫害技术的研究	福建省三明市森林病虫害防治检疫站 福建省森林病虫害防治检疫总站 福建省将乐县林业局森防检疫站	张再福 林庆源 黄炳荣 曹光明 张华庭	福建省林业厅
泡桐叶甲综合治理技术研究	河南省森林病虫害防治检疫站 开封市林业技术推广站 商丘市森林病虫防治检疫站 周口地区森林病虫防治检疫站 扶沟县森林病虫防治检疫站	裴海潮 尚忠海 王敬民 王桂荣 王松林	河南省林业厅
性信息素加病毒诱芯技术防治森林害虫的原理	南京林业大学	赵博光 嵇保中 黄金生 景志高 王克山	南京林业大学
竹林化学除莠技术研究	福建兴华农林高新技术研究所 顺昌县林业委员会	许华美 陈永清 潘标志 林先云 陈楚雄	福建省林业厅
利用芦苇制造刨花板工艺技术的研究	黑龙江省林产工业研究所	刘振国 王 戈 韩广萍 郝天智 张长河	黑龙江省森林工业总局

项目名称	主要完成单位	主要完成人	推荐部门
难燃胶合板和木质防火门的研究	南京林业大学 江苏胜阳集团 江阴长鸿塑木制品有限公司	王卫东 陆肖宝 朱俊良 洪中立 华毓坤	南京林业大学
我国松属松脂化学特征及与分类学关系的研究	中国林业科学研究院林产化学工业研究所	宋湛谦 刘　星 梁志勤 周永红 王振洪	中国林业科学研究院
杂交泡桐脱色及防变色技术的研究	国家林业局泡桐研究开发中心	黄文豪 陈玉和 常德龙 胡伟华 阎政升	中国林业科学研究院
消失模生产 BJ2021 排气歧管	吉林敦化丹峰林业有限公司机械厂	孟祥麟 贾树盛 黄述哲 甘京学 黄正宏	吉林省林业厅
ISC 山地林区采种设备的研制	湖南省林业工业研究所	方勤敏 刘小燕 刘少山 肖妙和	湖南省林业厅
单板磨削加长机组	长沙湘华兴电器有限公司	戴若夫 马树帜 鲁纪鸣 孙　杰 俞建华	湖南省林业厅
重型运材汽车选型的研究	内蒙古森林工业集团有限责任公司营林生产部	赵振伟 汪声杰 徐鹤忠 邢福贵 张　韬	内蒙古大兴安岭林业管理局
MB402 四面木工刨床	苏福马股份有限公司	朱俭稼 赵晓岗 诸义峰 宣唯贤	中国福马林业机械集团有限公司
1E52FM-2 汽油机的研制	江苏林海动力机械集团公司	盛大德 孙朋山 袁晓春 张　蕾 陈　栋	中国福马林业机械集团有限公司
专业科技查新科学化和规范化及系统管理研究	中国林业科学研究院科技信息研究所	丁蕴一 王晓原 林宝玲 李　星 胡延杰	中国林业科学研究院
森林生态效益补偿制度的研究	福建省林业厅	刘德章 李祖贻 徐益良 朱勇茂 洪跃华	福建省林业厅
《山东林木昆虫志》	山东省林业科学研究所 中国林业出版社 山东省林木保护站	范　迪 李必华 温　晋 孙渔稼 焦守武	中国林业出版社

项目名称	主要完成单位	主要完成人	推荐部门
林业投资项目社会评价研究	国家林业局经济发展研究中心	王幼臣　狄　升 张晓静　李育明	中国林业经济学会
公益林与商品林划分指标与科学布局研究	国家林业局调查规划设计院	林　进　李克渭 唐小平　王春玲 李荣玲	国家林业局调查规划设计院

（国家林业局科学技术司综合处）

林业科学研究

【1999年度林业科研项目计划】 1999年度林业科技的投入总量明显加大，投资渠道增加，项目种类增多，除原有国家林业局重点科研课题外，还增加了高技术产业部门发展项目、林业良种区域化试验项目等。针对该年度林业工作重点，根据林业科技发展规划，结合专家项目建议，利用国家计委、财政部科技三项经费和局内配套资金，共安排林业科研项目35项，总投入1 000万元。在选题和投资力度上，对科技产业化项目的投资加大，并进一步加强林业生态建设研究和林业新种、良种的开发利用研究。

1999年度林业科研项目计划

项目编号	课题名称	承担单位	备　注
99－01	柳榆杨等城市绿化树木烂皮病有效、持续控制技术研究	中国林业科学研究院	第一批国家林业局重点科研项目
99－02	西藏阿里地区沙拐枣引种试验研究	西藏自治区阿里地区林业局	
99－03	几种经济林果、花卉辐射育种及脱毒快繁技术的研究	山东省林业科技培训中心	
99－04	城乡绿化一体化理论与战略研究	中国林学会	
99－05	我国林业股份合作制发展问题研究	国家林业局经济发展研究中心	
99－06	国家生态安全战略研究	中国经济发展研究会	
99－07	杜仲高产胶栽培技术研究	中国林业科学研究院经济林研究开发中心	
99－08	我国林产工业技术定位研究	中国林业科学研究院木材研究所	
99－09	森林可持续经营与木材认证国际动态的研究	林业国际交流中心	
99－10	芦荟快速繁殖技术及次生代谢产物系统的研究	北京林业大学	
99－11	科尔沁沙地主要造林树种育苗、造林新技术的研究与示范	中国“三北”009项目办公室	自筹资金课题
99－12	毛白杨三倍体诱导技术体系的研究	北京林业大学	高技术产业部门发展项目

（续）

项目编号	课题名称	承担单位	备　注
99—13	高性能高附加值木纤维复合工程材料开发	中国林业科学研究院木材研究所	高技术产业部门发展项目
99—14	榉树工厂化微繁及造林技术研究	中南林学院	
99—15	杜仲良种快繁及高产栽培技术研究	中国林业科学研究院经济林中心	
99—16	久树良种快速繁育及优质紫胶生产技术研究	中国林科院资源昆虫研究所	
99—17	耐盐树木分子育种技术研究	海南大学	第二批国家林业局重点科研项目
99—18	徐淮平原农田防护林体系建设与调控增益技术研究	南京林业大学	
99—19	我国森林病虫害发展趋势及其对策研究	中国林业科学研究院环境保护研究所	
99—20	福建用材林基地优选阔叶树种及其栽培技术研究	福建省速生用材林基地办公室	
99—21	桉树良种选育及繁殖基地建设技术研究	广东湛江嘉汉林业科技中心	
99—22	食用菌保鲜加工技术研究	黑龙江省林副特产研究所	
99—23	南方主要花木重要病虫害控制技术研究	广西壮族自治区林业科学研究院	
99—24	南方水蚀荒漠绿化技术研究	福建省龙岩市林业科学研究所	
99—25	西北林业科技发展战略与对策研究	中国林业科学研究院	
99—26	薄壳山核桃良种区域化试验	中国林业科学研究院林业研究所	林业良种区域化试验与中试项目
99—27	月季良种区域化试验	中国林业科学研究院林业研究所	
99—28	塔拉区域性试验及丰产栽培试验示范	中国林业科学研究院资源昆虫研究所	
99—29	黑核桃良种区域化试验	中国林业科学研究院林业研究所	
99—30	四倍体刺槐优良无性系区域化试验	北京林业大学	
99—31	红锥良种区域化试验示范	广西壮族自治区林业科学研究院	
99—32	杂交马褂木优良品种快繁及区域化试验	河南省林业科学研究所	
99—33	彰武松良种繁育技术研究与中试	辽宁固沙造林研究所	
99—34	林木保水剂扩大使用范围区域化试验	北京林业大学	
99—35	大叶金丝柳良种快繁及区域化试验	河南周口地区林业科学研究所	

（杨锋伟）

【引进国际先进林业科学技术项目计划编制】 1999年度引进国际先进林业科学技术项目计划编制，除继续重点引进优良造林、绿化树种新品种及其培育技术外，加大了林特名优新品种及其加工技术、林业高新技术与前沿技术的引进，并突出强调了新品种和新技术的产业化，把解决林业当前建设中所亟待解决的关键技术作为重点。列入1999年度引进国际先进林业科学技术计划的有28项。其中优良造林、绿化树种新品种及其培育技术9项，经济树种、灌木、菌类新品种及其加工技术10项，森林可持续经营和保护新技术3项，木材加工和林业生产新技术3项，林木生物技术和数字地球技术3项。由中央直属科研院所和教学单位承担18项，地方单位承担10项。

1999年度引进国际先进林业科学技术项目

项目编号	项目名称	起止年限	承担单位
99—4—01	南洋杉科优良树种引进	1999～2002	中国林业科学研究院热带林业研究所
99—4—02	速生抗性黑丝金柚木与棕色纹理柚木种源家系引进	1999～2002	中国林业科学研究院热带林业研究所
99—4—03	台湾桤木优良种质资源引进与栽培技术研究	1999～2002	四川省林业科学研究院
99—4—04	美国南方松优良抗病松种（品种）的引进	1999～2002	南京林业大学
99—4—05	北美红杉优良种源及无性系引进	1999～2002	云南省林业科学研究院
99—4—06	美国鳄梨新品种及其栽培繁殖技术引进	1999～2002	中国林业科学研究院热带林业研究所 广东果林科技发展有限公司
99—4—07	美国高产、优质、抗病杏新品种引进	1999～2002	河南省林业科学研究所
99—4—08	桤叶唐棣种质资源及果实加工技术引进	1999～2002	辽宁省干旱地区造林研究所
99—4—09	日本枇杷优良品种、品系及密植丰产技术引进	1999～2002	陕西省林业科学研究院
99—4—10	国外西番莲优良品种引进	1999～2002	西南林学院
99—4—11	台湾莲雾等优质果树新品种引进	1999～2002	福建省林业科技推广总站
99—4—12	黑莓优良品种及其培育技术引进	1999～2002	中国林业科学研究院经济林研究开发中心
99—4—13	生态经济型灌木树莓优良品种及栽培保鲜技术引进	1999～2002	中国林业科学研究院森林与环境保护研究所
99—4—14	优质林果新品种及栽培技术引进	1999～2002	山东省林业科学研究所
99—4—15	余甘子优良品种和育种材料引进	1999～2002	中国林业科学研究院亚热带林业研究所
99—4—16	城市绿化苗木多功能介质加工及商业化生产新技术引进	1999～2002	中国林业科学研究院亚热带林业研究所
99—4—17	秋冬季常绿树木和优良彩叶品种及其扩繁技术的引进	1999～2002	北京林业大学

（续）

项目编号	项目名称	起止年限	承担单位
99－4－18	天然林恢复和经营模式技术引进	1999～2002	中国林业科学研究院林业研究所
99－4－19	黑孢块菌及其高产栽培技术引进	1999～2002	湖南省林业科学研究院
99－4－20	微生物菌肥制作及应用技术引进	1999～2002	中国林业科学研究院林业研究所
99－4－21	控制林木木质素合成酶基因及其转化技术引进	1999～2002	中国林业科学研究院林业研究所
99－4－22	欧洲黑杨抗拟性基因资源及分子标记、选择育种技术引进	1999～2002	中国林业科学研究院林业研究所
99－4－23	日本“杜仲120”生产技术与仪器设备引进	1999～2002	西北林学院
99－4－24	人造板表面装饰技术引进	1999～2002	东北林业大学
99－4－25	INSAR自动生成DEM技术的引进	1999～2002	中国林业科学研究院资源信息所
99－4－26	抗旱小干松种源引进	1999～2002	吉林省林业科学研究院
99－4－27	绿僵菌先进生产工艺和应用技术的引进	1999～2002	广东省林业科学研究院
99－4－28	杉木人工林木材预处理及表面硬化技术引进	1999～2002	中国林业科学研究院木材工业研究所

（王　琦）

【国家重点基础研究项目和基础性工作】　1999年，科技司继续组织申报国家重点基础研究项目，经项目建议书申报、专家初评、复审等几个阶段，确定国家林业局“林木生长规律、培育理论与生态效应研究”列入1999年度国家重点基础研究规划项目，预计总资助经费为3 000～5 000万元，实现了重大基础研究项目立项工作零的突破。

组织编写并向科技部提交了《国家林业局关于申请将森林、荒漠、湿地生态定位研究网络纳入国家级野外试验台站建设规划的请示》。1999年，《中国农林领域野外试验站监测规范与数据标准化研究》先行启动。国家林业局负责主持子课题之一《野外试验站监测规范与国家标准的研究》。帽儿山和尖峰岭两个定位站获首批运行经费资助，共计资助经费39万元。继续执行1998年国家计委批复的森林生态效应定位监测站网建设与研究项目，通过市场调研和设备选型并通过招投标制，完成6个定位站仪器设备的进口和内购。组织森林生态定位研究站站长赴美培训团到美国进行为期一个月的培训和考察，学习美国先进的定位观测与研究技术。

（新　芳）

【“九五”国家林业科技攻关项目年度工作会议】　科技司于1999年12月分别在北京、广西南宁召开了“九五”国家林业科技攻关项目的年度工作会议。参加会议的人员有科技部农社司，国家林业局科学技术司有关领导，承担林业“九五”国家科技攻关项目、课题、专题负责人及各攻关项目办公室的有关人员。会议总结林业“九五”国家科技攻关项目，即“生态林业工程技术研究与开发”、“优质工业用材林培育与高效利用技术”、“荒漠化治理技术研究与示范”和“重大森林病虫害综合防治技术”课题，实施四年来所取得的成绩及存在的问题，安排部署“九五”林业国家科技攻关项目的验收工作，并对“十五”计划的关键问题进行了讨论。

会议期间，各专题、子专题负责人采用了多媒体的形式、图文并茂、简洁明了、重点突出，认真地汇报了四年来的工作进展情况，取得了一批实用的成果，为生态林业工程、沙区建设和农民脱贫致富提供了实用技术。

（何力春）

【《农业科技发展纲要》林业专题编制】　为推动我国新的农业科技革命，迎接21世纪对农业科技工作的挑战，并根据我国农业、农村和农民问题的实际需要，国务院领导提出了制定我国未来5～15年《农业科技发展纲要》的要求。成立了以科技部副部长邓楠为组长，农业部副部长万宝瑞为副组长，国家林业局、中央政策研究室、国家计委、国家经贸委、水利部等27个部、委及直属机构领导参加的领导小组，以卢良恕为组长、李振声、江泽慧为副组长，由26人组成的专家顾问组，并相应成立了领导小组办公室、《纲要》起草小组和各单位联络员等机构。

林业专题根据《纲要》领导小组的总体安排，由国家林业局牵头，组织中国科学院、国土资源部、国家环保总局等部门的专家共同完成。国家林业局对《纲要》林业专题的调研工作十分重视，成立了以江泽慧院长为组长的领导小组，召开了动员大会，分成了良种选育、资源培育、天然林保护、生态建设、森林保护、技术政策等6个子专题调研组，组织百余名专家进行了调研工作。通过4个月的调研工作，完成了十余份典型案例分析，召开了42次研讨会，收集了318份调查问卷，建立了1949～1998年林业各学科文献库，编写了约16万字的专题调研报告，30余万字的6个子专题报告，并形成了两份调研报告。

11月9日，科技部召开会议，听取了林业专题的调研报告。专家们一致通过了林业专题调研报告，并在个别内容上提出了宝贵意见。（李二波）

中国林业科学研究院

【综　述】

科技体制改革　本着找准定位、自我加压、及早起步、争取主动的改革思路，1999年中国林业科学研究院（以下简称中国林科院）按照年初院工作会议的部署，全院深化改革取得重要进展。

调整思路，准确定位　中国林科院于1999年确定了按照三种类型定位的改革思路，提出了应用型科研单位实行企业化转制，社会公益型科研机构实行分类改革的总体要求。整个改革的形势是，目标越来越明确，步伐越来越快，要求越来越高，机遇与挑战并存。面对新的形势和新的任务，院领导中心学习组先后组织4次学习和研讨会，进行专题研究；多次到中科院等单位调查，主动深入基层，与所（中心）领导一起，深刻分析形势，客观认识自我，调整改革思路，进行准确定位。同时，以座谈会、党课、分级组织学习讨论等形式，组织全院干部、职工提高认识，统一思想。在此基础上，确定了全院“统一规划，科学布局，分类改革，推进转制”的思路，制定了全院分类改革的初步方案并上报国家林业局和科技部，为启动新一轮改革作了必要的工作准备。

自我加压，积极推进　在加强思想发动和确定新方案的同时，按照“分类改革”的思路，院所两个层次上的改革工作积极推进：①在院一级侧重于加强产业体系建设和调整整体结构。一方面自筹资金1 000万元，注册成立中林绿源科技有限责任公司，按照现代企业制度运作，向科技产业集团的方向发展，带动具备条件的单位向企业化转制；另一方面，在加强现有机构和队伍建设的同时，针对国家实施西部大开发战略而引发的林业主导需求的重大转变，调整发展方向和结构布局。面向西北，依托山西林业科学研究院成立了华北林业研究所，在资源昆虫研究所组建西南生物资源研究开发中心；面对林业建设的热点和难点问题，设立了国家林业局社会林业研究发展中心、全国野生动植物研究发展中心和院经济林研究开发中心；配合国家林业局重点工程，组织了4个跨学科、跨单位的专门班子，先后到西北开展调查研究，从组织上、技术上作好准备，推动全院大批科技人员直接为林业工程提供多方面的服务。②在所（中心）层次上侧重于内部结构调整，为分类改革作好准备。一是林产化学工业研究所和木材工业研究所以工程中心为依托，积极探索向科技型企业转制的道路，主动面向市场，调整人力资源布局，增强产业化力量，为顺利转制创造条件；二是6个营林类研究所加强重点实验室建设，结合西部大开发和林业重大工程，积极调整学科结构，改革管理制度，强化成果推广，其中林业研究所已初步完成学科调整，形成了五大学科群体；三是营林类实验基地和研究开发中心充分利用自身资源优势，建立产业基地，拓宽发展空间，如热带林业实验中心在明晰产权、资产重组的基础上，加大多种经营的力度，初步改变了以木材为主的生产经营格局，为下一步转制成科技型企业做好准备。此外，作为科技（中介）服务类型的林业科技信息研究所，积极调整刊物布局，增强服务功能和市场意识，着手组建院中介机构。

转换机制，创新制度　在深化改革中注重以机制转换和制度创新来推动科技创新，1999年出台了《中国林科院科技创新体系建设方案》、《中国林科院科研管理体制改革方案》，以及10多项具有创新精神的科研管理制度和国际合作项目管理制度，并加大人事制度和财务管理制度改革。改革措施包括：实行全员聘用制；对成果鉴定和创收工作实行目标管理；调整事业费分配原则，并对各所（中心）的事业费试行模拟核减。与此同时，加大制度创新力度，如林业研究所开始试行首席专家负责制，木材工业研究所、林产化学工业研究所试行全成本核算，各实验中心在多种经营项目中实行股份制、目标管理等多种管理体制的改革。这些改革，对全院职工思想观念的转变和运行机制的转换起到了极大的促进作用。

科研与推广

科研成果喜获丰收 1999年中国林科院科技创新态势良好：各类在研课题进展顺利，当年总计承担纵向课题255项，到位经费3 300多万元；一部分课题取得了突破性进展，其中，引进项目成效显著，绝大部分攻关项目已进入总结阶段，为2000年全面验收打下了基础；全年共取得40项科研成果，发表论文600余篇，出版专著30部，如期完成年初计划。在项目争取上，加强了学科之间、单位之间的联合，科研课题的数量和规模有重大突破。

1999年中国林科院新增国内课题达到31项，科研合同经费近4 000万元，达到历史最高纪录；围绕林业重大基础研究和国家林业科技发展纲要（林业部分），以中青年专家为主，开展了大量的预研工作，为争取新的课题打下了良好的基础。同时，各研究所（中心）大力加强与地方经济的结合，争取所在地横向课题取得明显成效。

1999年中国林科院科研成果获奖数量和等级继续保持林业系统领先地位。荣获国家级成果奖励4项，其中，中国主要人工林树种木材性质研究、热带林生态系统结构功能规律的研究和长江中下游滩地和低丘综合治理与开发获国家科技进步二等奖，《中国昆虫》一书获国家科技著作二等奖；有19项成果荣获国家林业局科技进步奖，其中一等奖2项，二等奖6项，三等奖11项，另外有3项成果获省部级奖励，《中国主要人工林树种木材性质》一书荣获全国优秀科技图书一等奖。

科技成果推广稳步前进 通过改革调动广大科技人员的积极性和创造力，紧密结合林业重大工程、林业企业技术改造和山区开发与扶贫等工作的需要，强调实用性和针对性，力求为地方经济发展提供优质服务，形成媒体宣传、政府推动、示范推广等多渠道相结合的推广模式。1999年先后选出一批实用技术，通过一系列的科技日活动、项目洽谈会、成果展示会以及各大宣传媒体向社会广为宣传和推广，其中14项成果列入科技部和国家林业局科技中试和科技推广百项计划。特别是王涛院士新开发的绿色植物生长调节剂（ABT更新换代产品），示范推广面积已达113.3万公顷，取得良好的经济和社会效益。

国际合作与交流 1999年，中国林科院国际科技合作与交流在双边与多边合作，以及争取国内配套资助等方面均取得明显成效。全年在研国际科技合作项目达41项，经费达208万美元；派出科技人员198人次，接待各国专家285人次；新增国际合作项目15项，新增经费254万美元，由日本资助的中国人工林木材性质研究项目等重大国际合作项目已经落实。通过召开国际合作工作会议，合作项目的已管理纳入标准化、规范化的轨道，一个多方位、多层次、多渠道的国际科技合作新格局正在形成。

科技产业化建设 经过清理整顿，不断增强经济实体的经营水平和驾驭市场的能力，林业贴息贷款、周转金和科技开发基金在产业建设中的作用得到发挥，产业建设和创收能力进一步提高。①加大市场开发力度，发挥现有生产能力。即以工程中心为依托的两个工业性研究所，着力开拓市场，产值利润大幅度提高，林产化学工业研究所全年总产值达3 000万元，比1998年增加50%，木材工业研究所全所产值达到1 930万元，纯收入达到360万元，成为中国林科院第二个产值超千万元的单位；一大批科技产品，如ABT生根粉、单宁酸、胶粘剂、活性炭、松香及其深加工产品、花卉盆景、园林绿化、中密度纤维板、干燥设备、桉树新品种及苗木和地理信息系统等不断扩大市场占有份额，经济效益稳步提高。②新产品开发成效明显，形成一批新的经济增长点。在技术开发上，形成了一批具有开发潜力的成果和技术，仅技术专利就有11项；向国家计委申报的4项产业化项目全部通过，其中2个产业化示范工程项目已经启动；投资4 900多万元的南方国家林木种苗示范基地经国家计委批准立项。这些项目的启动，为中国林科院科技成果转化和产业化的继续推进奠定了坚实基础。据不完全统计，在整个国内市场皮软的情况下，中国林科院1999年科技开发总产值在1998年逾亿元大关的基础上达1.3亿元，纯收入超过2 300万元，比1998年增长15%。

队伍建设和人才培养

科技队伍建设进一步加强 1999年，中国林科院科技人才选拔与培养工作的重点向调整结构和培养、选拔高层次人才转移，采取择优选拔和政策倾斜等一系列举措，加强对跨世纪学术技术带头人的培养。王涛院士作为林业系统唯一获奖的专家，荣获国家“杰出专业技术人才奖章”，成为全国十大杰出专业技术人才之一；蒋有绪、宋湛谦两位研究员分别当选为中科院院士和工程院院士；江泽慧院长当选为国际木材科学院院士；林业研究所青年科技人员惠刚盈博士荣获国际林联首届“杰出博士研究奖”。

人才培养有了新的起色 ①1999年，中国林科院5位科技人员被确定为国家林业局第四批跨世纪学术技术带头人重点培养对象，至此，中国林科院国家级跨世纪学术技术带头人重点培养对象达5名，局级重点培养对象达17名。②在专业技术职务评聘工作中，继续加大对青年科技人员的倾斜力度，在1999年新评聘的26名研究员中，45岁以下科技人员占14人，是历年来年轻人总数和比例最高的年份。③配合学科调整，1999年接收博士毕业生13人，引进留学回国人员1人，全院博士总人数达到近100名。高层次科技人员的

学科结构、学历结构和年龄结构有较大的改善，初步形成了老中青相结合、布局较为合理的科技队伍。

研究生培养和继续教育工作取得可喜成绩 ①林业工程和林学两个博士后流动站建设日趋完善，研究生培养达到历年最高水平。招收新生45人，包括博士后12人、博士生13人；毕业人数23人。②1999年新增博士生导师7人，硕士生导师21人，培养高级人才的导师队伍进一步扩大。③进一步加强职工继续教育，批准18位在职人员以同等学历申请硕士学位，中层领导干部及管理骨干普遍进行了计算机网络技术在职轮训。 （吴君琦）

【木材工业国家工程研究中心通过验收】 1999年1月22日，中国林业科学研究院木材工业国家工程研究中心顺利通过了由国家计委、国家林业局组织的专家现场验收。木材工业国家工程研究中心由国家计委批准立项，1996年5月动工建设，总投资5 600万元，依托中国林业科学研究院木材工业研究所，中试基地位于北京门头沟石龙工业开发区。3年来，已经建成人造板工程材料、胶粘剂和木材处理剂、木材改性和加工和专用设备和仪表4个中试车间，形成了各自独立的工程化开发能力，标志着我国木材工业将进入一个依靠科技进步促进经济增长的新阶段。

国家林业局党组成员、中国林业科学研究院院长江泽慧，国家计委高新技术产业发展司司长马德秀等参加验收并发表讲话。包括中国工程院院士王涛、张齐生等专家在内的验收小组认为，该中心已完成国家有关部委批复的建设任务，已建成的中试基地具有工程化研究开发和单项工程工程化验证的能力，可为本行业提供共性关键技术，符合21世纪国际木材工业技术发展趋势和市场需求，是一次真正实现“科学技术是第一生产力”的重大转折，将为发展高科技、促进我国木材工业的技术进步、实现产业化发挥重要作用。

（吴君琦）

【中国林业科学研究院1999年大事记】 1月29日至2月1日，中国林业科学研究院（以下简称中国林科院）1999年工作会议在北京召开。张久荣副院长主持了1月29日的开幕式。科技部副部长邓楠，国家林业局局长王志宝，国家林业局党组成员、中国林科院院长江泽慧出席开幕式并作讲话。会议的主要任务包括研究如何进一步加大中国林科院深化科技体制改革的步伐、总结1998年的工作和明确1999年的工作要点等。邓楠就当前的科技体制改革谈了三点意见，一是在改革与发展过程中，要始终瞄准林业发展的总目标；二是调整科研重点；三是加快改革步伐。王志宝作了题为《加大科技创新力度，加快科技发展步伐》的讲话。江泽慧作了《深化改革，锐意创新，努力开创中国林科院科技工作的新局面》的报告。报告回顾了两年以来中国林科院科技体制改革，确定了1999年改革与发展的主要任务，号召全院职工深入学习邓小平科技思想，把科技体制改革工作提高到新水平。

1月30日、31日，1998年度ABT成果转化暨社会林业工程全国代表大会在北京隆重召开。国家林业局党组成员、中国林科院院长江泽慧主持了会议，国家林业局局长王志宝、科技部副部长韩德乾在会上发表讲话。国家林业局、科技部、国家计委、中国科协、中国农学会、中国林学会负责人和来自全国30个省（区、市）280多个单位的代表共360人出席了会议。由中国工程院院士、中国林科院研究员王涛及其领导的ABT研究开发中心，本着为农林业生产建设服务的宗旨，在艰苦的条件下，依靠行政推动与社会主义市场经济两个杠杆，建立起与市场经济、农村发展及社会进步相适应的研究、开发、示范、推广、生产、经销、人才培养、学术交流与国际合作的良性循环机制，以及凝聚力强、范围大、层次多、开放式的研究、推广服务化体系，探索出一条符合国情，具有中国特色的农林科技成果转化道路。ABT成果转化，卓有成效地促进了我国农林业生产的发展，大大提高了林业科技水平和科研成果推广应用的三大效益，为农林业高产稳产和持续发展作出了巨大贡献。ABT中心相继研制成功了新型绿色植物生长调节剂和贮水膜M3的高新配套技术，已经成为ABT事业可持续发展的强有力的后盾和农林业生产可持续发展的新的经济增长点。

由中国科学院院士唐守正主持的国家林业局1995～1997年科学技术研究重点课题二元森林生物量模型及其相容的一元自适应模型系列的研究，经过3年研究取得的二元立木生物量模型及其相容的一元自适应模型系列的科研成果，1999年通过专家鉴定。中国林科院常务副院长张久荣研究员主持了鉴定会。来自中科院综考会的李文华院士任鉴定委员会主任委员，北京林业大学博士生导师董乃钧教授任副主任委员的8位专家参加了鉴定会。鉴定委员会充分肯定了该项成果及创新点，指出该课题在东北天然林区及南方人工林区通过野外调查，测定方法科学，数据扎实可靠，建模技术严谨。在国内外首次提出了非线性模型联合估计方法，解决了生物量调查用表中的相容性和规范性问题。由此编制的生物量表解决了长期以来调查数表中分量和总量不相容的问题，在同类研究中处于国际先进水平。 （吴君琦）

林业科技成果推广

【林业推广体系建设】 1999年，林业推广体系建设主要抓了两方面的工作：

加强推广机构建设 继续按照部省合建的方式建立省、地、县推广站（中心）。国家林业局安排基建投资1 400万元，其中大部分用于新立项的推广站（中心）的建设，部分用于原已建站推广机构的基础设施的进一步完善。全年共新建和完善建站（中心）104个。

深入开展推广工作 各省、地、县林业推广站（中心）紧紧围绕林业生产建设重点，开展技术服务、技术培训；引进推广新品种、新技术。尤其是一些省级推广站通过租赁土地、合作开发等形式，建立推广示范基地，一方面为基层生产单位和林农提供示范，另一方面提高了推广人员的技术水平和增强了推广机构的自身活力。为市场经济条件下如何开展林业技术推广工作，进行了一些积极探索。 （田亚玲）

【高新技术产业化林业项目】 国家林业局科学技术司有8个项目列入国家计委组织实施的国家高技术产业发展项目计划。其中，山区经济植物和可持续综合利用等3个项目为高技术产业发展应用部门项目，五倍子单宁系列精细产品深加工等3个项目为高技术产业化示范工程项目，这6个项目共争取到国家投资3 280万元。无公害植物生长调节剂（微肥）产业化列入国家农用肥料高技术产业化重大专项计划，项目总投资3 000万元，其中国家投资200万元。林木优良无性系快繁基地高技术产业化项目列入国家计委生物技术产业化专项。该项目在黑龙江伊春、湖北宜昌、河南鄢陵、山东东营建立4个林木优良无性系快繁基地。项目总投资21 110万元，其中国家投资3 500万元，银行贷款7 500万元，地方配套和单位自筹10 110万元。

以上项目的实施，对于调整林业产业结构，促进我国林木良种繁育高新技术产业化和林业行业的科技进步具有十分重要的意义。 （靳 芳 宋红竹）

【国家林业局重点科技成果推广计划实施】 1999年度的林业科技推广工作，紧紧围绕国家林业局林业工作的重点，选择技术成熟、先进适用、覆盖面广、辐射作用强的成果，为天然林保护工程、长江上中游地区重点生态环境建设工程以及商品林建设工程等提供科技支撑。重点选择了林木良种、困难地区营造林技术、名特优经济林新品种丰产和保鲜技术、病虫害防治技术以及林产品加工技术等几类项目。在项目的组织实施中，结合林业科技创新体系和示范区建设，以各大院校和科研院所为技术依托，同等条件下以林业技术开发试验示范区为重点，共同促进科技成果的转化。1999年共组织实施林业科技成果推广项目26项，项目总投资2 074万元，其中国家安排资金460万元，地方配套资金1 614万元。 （宋红竹）

【林业新技术、新产品中试计划】 1999年度林业新技术、新产品中试计划项目实施重点是：围绕林业生态环境建设工程以及林业经济结构调整的需要，选择具有产业化前景和市场潜力大的林木良种和林化产品加工技术组织实施。共安排中试项目15项，总投资1 120.5万元，其中，国家安排资金450万元，地方配套资金670.5万元。 （宋红竹）

【国家级林业星火项目计划】 为进一步促进山区林业发展，增加农民收入，带动贫困地区农民脱贫致富，经科技部批准，国家林业局1999年共组织实施国家级林业星火计划项目10项。主要是：鹤望兰等名贵花卉工厂化育苗技术，互叶白千层、银杏、油茶、毛竹、相思等优良林木和经济林良种推广。项目总投资610万元，其中国家安排经费200万元，地方配套资金410万元。 （宋红竹）

林业质量技术监督

【林业标准化综述】 1999年，国家林业局共发布实施了91项林业行业标准，23项国家标准。根据国家质量技术监督局《关于废止专业标准和清理整顿后应转化的国家标准的通知》（质技监局标函［1998］216号）的精神，国家林业局以办科字［1999］34号文，公布了应转化国家标准和专业标准的转化结果。国家林业局共有60项国家标准和203项专业标准转化为行业标准。至1999年底，国家林业局共有林业行业标准575项，林业国家标准243项。

国家林业局科学技术司召开了全国林业标准化工作会议，对标准工作进行了总结。

1999年共下达了52项林业标准的制修订任务，

其中包括“人造板甲醛释放量”等国家标准 17 项，“长江上游、黄河中上游地区适地适树（草、灌）技术规程”等行业标准 35 项。

1999 年共有“红木”、“定向刨花板”、“人造板机械术语”等 31 项林业国家标准和林业行业标准通过审定。（李启岭）

【林业标准化工作会议】 1999 年 10 月 21～23 日，国家林业局科学技术司在福建省永安市召开了林业标准化工作会议。来自全国 28 个省（区、市）的林业（农林）厅（局）和内蒙古、吉林、龙江、大兴安岭森工（林业）集团公司的标准化工作及主管人员，共 50 人出席了会议。黎云昆副司长代表国家林业局科学技术司就进一步加强林业标准化工作，为建立“两大体系”建设服务等方面提出如下意见：一是提高认识、加强领导；二是完善体系、保障实施；三是林业标准化工作要坚定不移地为林业生产建设服务；四是林业标准化工作要为科技成果的转化做出新的贡献；五是大力提倡采用国际标准和国外先进标准；六是加强监督、依法管理；七是进一步做好林业标准化示范县的工作；八是开拓思路、积极进取。会议布置落实了林业标准化示范县的工作，参观了永安林业标准化示范项目，并交流了各地林业标准化工作的经验。（李启岭）

【1999 年发布的林业行业标准】

1. LY/T1210－1999 森林土壤样品的采集与制备
2. LY/T1211－1999 森林植物（包括森林枯枝落叶层）样品的采集与制备
3. LY/T1212－1999 森林土壤水和天然水样品的采集与保存
4. LY/T1213－1999 森林土壤含水量的测定
5. LY/T1214－1999 森林土壤土水势的测定
6. LY/T1215－1999 森林土壤水分－物理性质的测定
7. LY/T1216－1999 森林土壤最大吸湿量的测定
8. LY/T1217－1999 森林土壤稳定凋萎含水量的测定
9. LY/T1218－1999 森林土壤渗透率的测定
10. LY/T1219－1999 森林土壤温度的测定
11. LY/T1220－1999 森林土壤呼吸的测定
12. LY/T1221－1999 森林土壤空气中二氧化碳含量的测定
13. LY/T1222－1999 森林土壤溶液中氧含量的测定
14. LY/T1223－1999 森林土壤坚实度的测定
15. LY/T1224－1999 森林土壤土粒密度的测定
16. LY/T1225－1999 森林土壤颗粒组成（机械组成）的测定
17. LY/T1226－1999 森林土壤微团聚体组成的测定
18. LY/T1227－1999 森林土壤大团聚体组成的测定
19. LY/T1228－1999 森林土壤全氮的测定
20. LY/T1229－1999 森林土壤水解性氮的测定
21. LY/T1230－1999 森林土壤硝态氮的测定
22. LY/T1231－1999 森林土壤铵态氮的测定
23. LY/T1232－1999 森林土壤全磷的测定
24. LY/T1233－1999 森林土壤有效磷的测定
25. LY/T1234－1999 森林土壤全钾的测定
26. LY/T1235－1999 森林土壤缓效钾的测定
27. LY/T1236－1999 森林土壤速效钾的测定
28. LY/T1237－1999 森林土壤有机质的测定及碳氮比的计算
29. LY/T1238－1999 森林土壤腐殖质组成的测定
30. LY/T1239－1999 森林土壤 pH 值的测定
31. LY/T1240－1999 森林土壤交换性酸的测定
32. LY/T1241－1999 森林土壤水解性总酸度的测定
33. LY/T1242－1999 森林土壤石灰施用量的测定
34. LY/T1243－1999 森林土壤阳离子交换量的测定
35. LY/T1244－1999 森林土壤交换性盐基总量的测定
36. LY/T1245－1999 森林土壤交换性钙和镁的测定
37. LY/T1246－1999 森林土壤交换性钾与钠的测定
38. LY/T1247－1999 森林土壤盐基饱和度的测定
39. LY/T1248－1999 碱化土壤交换性钠的测定
40. LY/T1249－1999 土壤碱化度的测定
41. LY/T1250－1999 森林土壤碳酸钙的测定
42. LY/T1251－1999 森林土壤水溶性盐分分析
43. LY/T1252－1999 森林土壤粘粒（＜0.002mm）的提取
44. LY/T1253－1999 森林土壤矿质全量元素（硅、铁、铝、钛、锰、钙、镁、磷）烧失量的测定
45. LY/T1254－1999 森林土壤全钾、全钠的测定
46. LY/T1255－1999 森林土壤全硫的测定
47. LY/T1256－1999 森林土壤强酸消化元素的测定
48. LY/T1257－1999 森林土壤浸提性铁、铝、锰、硅、碳的测定
49. LY/T1258－1999 森林土壤有效硼的测定
50. LY/T1259－1999 森林土壤有效钼的测定
51. LY/T1260－1999 森林土壤有效铜的测定
52. LY/T1261－1999 森林土壤有效锌的测定
53. LY/T1262－1999 森林土壤有效铁的测定
54. LY/T1263－1999 森林土壤交换性锰的测定
55. LY/T1264－1999 森林土壤易还原锰的测定
56. LY/T1265－1999 森林土壤有效硫的测定
57. LY/T1266－1999 森林土壤有效硅的测定
58. LY/T1267－1999 森林植物与森林枯枝落叶层样品的制备
59. LY/T1268－1999 森林植物与森林枯枝落叶层灰分的测定
60. LY/T1269－1999 森林植物与森林枯枝落叶层全

氮的测定
61. LY/T1270—1999 森林植物与森林枯枝落叶层全硅、铁、铝、钙、镁、钾、钠、磷、硫、锰、铜、锌的测定
62. LY/T1271—1999 森林植物与森林枯枝落叶层全氮、磷、钾、钠、钙、镁的测定
63. LY/T1272—1999 森林植物与森林枯枝落叶层全氯的测定
64. LY/T1273—1999 森林植物与森林枯枝落叶层全硼的测定
65. LY/T1274—1999 森林植物与森林枯枝落叶层全钼的测定
66. LY/T1275—1999 森林土壤水化学分析
67. LY/T1559—1999 红皮云杉人工林速生丰产技术
68. LY/T1560—1999 低产用材林改造技术规程
69. LY/T1561—1999 杜仲丰产技术
70. LY/T1562—1999 狩猎场总体设计规范
71. LY/T1563—1999 陆生野生动物（兽类）饲养场通用技术条件
72. LY/T1564—1999 陆生野生动物（鸟类）饲养场通用技术条件
73. LY/T1565—1999 陆生野生动物（两栖爬行类）饲养场通用技术条件
74. LY/T1416—1999 纺织用木质层压板
75. LY/T1330—1999 抗静电木质活动地板
76. LY/T1331—1999 净水载银活性炭试验方法
77. LY/T1332—1999 湿地松松香
78. LY/T1333—1999 合成革用微晶纤维素
79. LY/T1566—1999 杨树皮提取物饲料添加剂
80. LY/T1316—1999 竹材加工机械型号编制方法
81. LY/T1373—1999 光环投影定心机
82. LY/T1567—1999 环式木材剥皮机
83. LY/T1568—1999 指榫开榫机
84. LY/T1569—1999 转子式刨花干燥机维修规则
85. LY/T1570—1999 动力草坪和园林机械控制符号及安全标志
86. LY/T1347—1999 林业机械 油锯 手把强度的测定
87. LY/T1348—1999 林业机械 油锯 手把最小空隙和尺寸
88. LY/T1515—1999 植树机 术语
89. LY/T1387—1999 轻型汽油动力喷灌机
90. LY/T1388—1999 森林灭火手泵
91. LY/T1389—1999 森林消防头盔 （李启岭）

【1999 年发布的林业国家标准】

1. GB/T4822—1999 锯材检验
2. GB/T5039—1999 杉原条
3. GB/T5849—1999 细木工板
4. GB/T5856—1999 热压机通用技术条件
5. GB/T6043—1999 木材 pH 值测定方法
6. GB/T6926—1999 林业机械 术语
7. GB/T7227—1999 林业机械图形符号
8. GB/T7909—1999 造纸木片
9. GB/T11716—1999 小径原木
10. GB/T17656—1999 混凝土模板用胶合板
11. GB/T17657—1999 人造板及饰面人造板理化性能试验方法
12. GB/T17658—1999 阻燃木材燃烧性能试验 火传播试验方法
13. GB/T17659.1—1999 原木锯材批量检查抽样、判定方法 第 1 部分：原木批量检查抽样、判定方法
14. GB/T17659.2—1999 原木锯材批量检查抽样、判定方法 第 2 部分：锯材批量检查抽样、判定方法
15. GB/T17660—1999 木材缓冲容量测定方法
16. GB/T17661—1999 锯材干燥设备性能检测方法
17. GB/T17662—1999 原木缺陷术语符号
18. GB/T17663—1999 主要商品木材树种代号
19. GB/T17664—1999 木炭和木炭试验方法
20. GB/T17665—1999 木质颗粒活性炭对四氯化碳蒸汽吸附试验方法
21. GB/T17666—1999 黑荆树栲胶单宁快速测定方法
22. GB/T17667—1999 割灌机和割草机 技术参数
23. GB17668—1999 电链锯使用安全规程
24. GB2772—1999 林木种子检验规程
25. GB6000—1999 主要造林树种苗木质量分级
26. GB/T6491—1999 锯材干燥质量
27. GB/T10280—1999 便携式风力灭火机 技术条件
28. GB/T10281—1999 便携式风力灭火机 台架试验方法
29. GB/T10282—1999 便携式风力灭火机 使用安全规程
30. GB/T10283—1999 便携式风力灭火机 手传振动的测定
31. GB/T10284—1999 便携式风力灭火机 耳旁噪声的测定
32. GB/T10285—1999 油锯 使用安全规程
33. GB/T10286—1999 割灌机 使用安全规程
34. GB/T11718—1999 中密度纤维板
35. GB/T12496.1—1999 木质活性炭试验方法 表观密度的测定
36. GB/T12496.2—1999 木质活性炭试验方法 粒度的测定
37. GB/T12496.3—1999 木质活性炭试验方法 灰分含量的测定
38. GB/T12496.4—1999 木质活性炭试验方法 水

分含量的测定
39. GB/T12496.5—1999 木质活性炭试验方法 四氯化碳吸附率（活性）的测定
40. GB/T12496.6—1999 木质活性炭试验方法 强度的测定
41. GB/T12496.7—1999 木质活性炭试验方法 pH值的测定
42. GB/T12496.8—1999 木质活性炭试验方法 碘吸附值的测定
43. GB/T12496.9—1999 木质活性炭试验方法 焦糖脱色率的测定
44. GB/T12496.10—1999 木质活性炭试验方法 亚甲基蓝吸附值的测定
45. GB/T12496.11—1999 木质活性炭试验方法 硫酸奎宁吸附值的测定
46. GB/T12496.12—1999 木质活性炭试验方法 苯酚吸附值的测定
47. GB/T12496.13—1999 木质活性炭试验方法 未炭化物的测定
48. GB/T12496.14—1999 木质活性炭试验方法 氰化物的测定
49. GB/T12496.15—1999 木质活性炭试验方法 硫化物的测定
50. GB/T12496.16—1999 木质活性炭试验方法 氯化物的测定
51. GB/T12496.17—1999 木质活性炭试验方法 硫酸盐的测定
52. GB/T12496.18—1999 木质活性炭试验方法 酸溶物的测定
53. GB/T12496.19—1999 木质活性炭试验方法 铁含量的测定
54. GB/T12496.20—1999 木质活性炭试验方法 锌含量的测定
55. GB/T12496.21—1999 木质活性炭试验方法 钙含量的测定
56. GB/T12496.22—1999 木质活性炭试验方法 重金属的测定
57. GB/T13803.1—1999 木质味精精制用颗粒活性炭
58. GB/T13803.2—1999 木质净水用活性炭
59. GB/T13803.3—1999 糖液脱色用活性炭
60. GB/T13803.4—1999 针剂用活性炭
61. GB/T13803.5—1999 醋酸乙烯合成触媒载体活性炭
62. GB/T18000—1999 木材缺陷图谱
63. GB/T18001—1999 湿地松松脂
64. GB/T18002—1999 中密度纤维板生产线验收通则
65. GB/T18003—1999 人造板机械设备型号编制方法
66. GB/T18004—1999 辊式砂光机通用技术条件
67. GB/T18005—1999 中国森林公园风景资源质量等级评定

（李启岭）

林业植物新品种保护

【综　述】 1999年，国家林业局制定发布了有关植物新品种保护的部门规章，公布了首批植物新品种保护名录，制定了植物新品种权申请文件和测试指南，培训了植物新品种保护管理、审查、代理人队伍，建立代理机构，正式受理了首批林业植物新品种权的申请，经过初步审查和实质审查，对符合植物新品种条件的申请授予了品种权，标志着我国正式开展了林业植物新品种保护工作。1999年，中国加入了国际植物新品种保护联盟，林业植物新品种保护国际合作与交流工作取得新进展。

1. 1999年8月10日，国家林业局局令第3号发布了《中华人民共和国植物新品种保护条例实施细则（林业部分）》。该实施细则共九章七十二条，分别就《中华人民共和国植物新品种保护条例》规定的品种权的内容和归属、授予品种权的条件、品种权的申请和受理、品种权的审查批准、品种权的终止和无效、文件的递交、送达和期限、费用和公报等内容作出了一些具体的、程序上的规定。该实施细则自发布之日起施行。

2. 根据《中华人民共和国植物新品种保护条例》第十三条“……植物新品种保护名录由审批机关确定和公布”的规定，1999年4月22日，国家林业局局令第2号发布毛白杨、杉木、泡桐属、木兰属、牡丹、梅、蔷薇属、山茶属共8种（属）为首批林业植物新品种保护名录。自1999年4月22日起，这8种（属）内的植物新品种可以向国家林业局申请植物新品种权保护。

3. 为了推动林业植物新品种保护工作顺利进行，国家林业局于7月23日发出了《关于开展植物新品种保护工作的通知》（林科发［1999］228号），该通知要求各省（区、市）林业部门、各有关直属单位要充分认识植物新品种保护工作的重要性，加强领导，明确主管机构，积极组织引导育种者申报植物新品种权，严格履行《条例》赋予的执法职责，认真查处本地区侵权案件和假冒授权品种案件。

4. 国家林业局于1999年8月20～24日在济南举办了一期林业植物新品种保护培训班。培训班聘请了有关法律专家、育种专家和植物新品种保护管理审查人员讲解《中华人民共和国植物新品种保护条例》及其实施细则（林业部分）的立法宗旨和具体条款规定、品种权申请程序、申请表格的撰写以及育种新技术等知识。来自26个省（区、市）林业主管部门、科研院所、法律事务所的科技主管人员、种苗主管人员、育种科技人员等共62位学员参加了培训。

5. 1999年4月23日，北京林业大学向国家林业局递交了三倍体毛白杨植物新品种权的申请，这是国家林业局受理的第一批品种权申请。至1999年年底，国家林业局共受理了109件品种权申请，其中林木6件，木本花卉103件。经过受理、初步审查、公开、实质审查等项工作程序，国家林业局于12月29日授予了北京林业大学"三毛杨1号"等6个三倍体毛白杨品种权。这是国家林业局授权的第一批植物新品种。

6. 国家林业局科学技术司派代表参加了中国代表团赴瑞士日内瓦于3月23日上午代表中国政府向国际植物新品种保护联盟递交中国的加入书。自1999年4月23日起，中国正式成为国际植物新品种保护联盟（UPOV）第39个成员国。

国际植物新品种保护联盟是一政府间国际组织，是根据《国际植物新品种保护公约》于1961年在巴黎成立的。该联盟的主要活动是促进其成员国的国际协调与合作，为各国在植物新品种保护立法方面提供支持。该公约曾在1972年、1978年和1991年进行了多次修改，1991年修订的公约文本在1999年开始生效。

7. 国际植物新品种保护联盟副总干事格林·戈拉斯和国际植物新品种保护联盟秘书处官员及新西兰、日本等国植物新品种保护主管人员一行20人于5月20日拜访国家林业局，并参观了中国林业科学研究院的有关植物品种测试的实验室，并同国家林业局科学技术司、植物新品种保护办公室有关人员举行了座谈。江泽慧院长接见并宴请了格林·戈拉斯一行。

格林·戈拉斯一行是参加国家林业局与科技部、农业部、国际植物新品种保护联盟5月17～19日在昆明联合召开的技术创新与植物新品种保护国际研讨会后到北京访问的。

（国家林业局林业植物新品种保护办公室）

林 业 教 育

【林业教育改革与发展综述】 1999年，我国教育管理体制的改革继续深入，林业教育的管理体制和布局结构发生了深刻的变化。

国务院部门所属院校管理体制重大调整 1999年初，我国教育战线发生的两件大事，大大加快了这一改革的进程。一是宣告启动的我国《面向21世纪教育振兴行动计划》，二是党中央、国务院召开了全国第三次教育工作会议，并紧接着发出《深化教育改革全面推进素质教育的决定》，进一步确定了我国教育体制改革的目标，加快了改革的步伐。原兵器、航空、航天、船舶、核工业总公司等五大军工总公司的25所普通高校、34所成人高校、232所中等专业学校、技工学校管理体制实施调整。其中除7所普通高校由新组建的国防科工委继续管理外，其余学校全部以地方管理为主。

1999年下半年，国务院发出了《关于调整国务院部门(单位)所属学校管理体制和布局结构的决定》，按照《决定》的精神，除教育部和少数特殊部门和单位(外交部、国防科工委、国家民委、公安部、安全部、海关总署、民航总局、体育总局、侨办、中科院、地震局)继续管理其所属学校外，国务院部门和单位不再直接管理学校。这些部门和单位的学校按照“共建、调整、合作、合并”的方针，或划归教育部管理，或划转地方，实行“中央与地方共建，以地方管理为主”的新体制。这次重大调整，涉及49个国务院部门（单位）的161所普通高校、97所成人高校、271所中等专业学校、249所技工学校。成为建国以后教育管理体制改革涉及部门、学校最多，体制调整动作最大的一次改革。

林业教育正是在我国教育管理体制改革的这样一个大形势、大背景条件下不断深化改革与发展。国家林业局在林业教育管理体制改革的重大问题上，一方面积极稳妥地推进改革，一方面深入开展调查研究，积极与教育部沟通情况，反映林业行业和林业教育的特殊情况，提出林业教育管理体制改革意见和建议方案。努力使林业教育管理体制和布局结构调整更加符合林业建设发展需要的实际情况。

从1999年上半年开始，林业教育管理体制和布局结构陆续发生了一些重要的变化，4月12日，内蒙古林学院与内蒙古农牧学院正式合并，成立内蒙古农业大学；9月10日吉林林学院与吉林师范学院、吉林医学院和吉林电气化高等专科学校正式合并，成立北华大学；9月11日，局属西北林学院与西北农业大学、中国科学院水土保持研究所、水利部西北水利研究所、陕西省农业科学院、陕西省西北植物研究所、陕西省林业科学研究院等7个科研和教学单位正式合并，组建西北农林科技大学；浙江省政府则明确浙江林学院独立设置，并要继续扩大办学规模。

2000年初，教育部、国家计委、财政部正式下达了《关于调整国务院部门（单位）所属学校管理体制和布局结构的实施意见》，根据《实施意见》精神，国家林业局除继续管理北京林业管理干部学院和南京人民警察学校外，北京、东北林业大学划转教育部管理，南京林业大学，中南、西南林学院和白城、宁波林业学校划转所在省，以地方管理为主。

林业教育在管理体制和布局结构大调整中获得大发展 1999年林业教育在面临教育管理体制重大调整的时候，各院校改变观念，适应新形势，深化改革，抓住了机遇，获得了快速发展。

1999年初，国家林业局党组作出了扩大局属院校办学规模决定，将局属院校的办学规模由原定的2.29万人调整增加到3.11万人，其中高校2.52万人，中专校0.48万人。当国家决定扩大招生，拉动内需，促进经济发展的时候，局属院校发掘出了办学潜力，当年就达到了批准的办学规模。其中局属高校当年招收研究生和普遍本专科学生10 081人，在校生增加到了26 247人；局属中专校当年招生1 443人，在校生达到了4 347人。

1999年全国8所高等林业院校招生数和在校生数快速增加。研究生、普通本专科招生数为12 248人，比1998年增长52.9%，其中普通本专科招生数达到11 660人，比1998年增长56.2%。增长幅度比全国高出4.8个百分点。在校研究生、普通本专科学生达到了31 581人，比1998年增长23.9%。全国普通林业中等专业学校招生数为27 395人，比1998年增长9.4%，在校生达到82 997人，比1998年增长9.1%。

1999年普通高等林业院校的成人本专科招生规模也有较大幅度的增加，共招生5 145人，比1998年增长31.3%，在校生达到12 626人，比1998年增长15.1%。

1999年林业院校内部管理体制改革不断深化。如果说教育的管理体制改革主要的表现为政府调控行为，则林业院校的内部管理体制改革，如校内机构调整，资源重组，人事和分配制度改革，后勤管理社会化改革等，已经成为学校的自身需要和自觉行为。1999年最为突出的是学校内部竞聘上岗改革的迅速推进。1999年8所高等林学院校在招生数增加，办学规模迅速扩大的情况下，教职工总数却没有明显增加，结构发生了可喜的变化，学校行政人员和工勤人员占教职工的比例呈下降趋势；专任教师队伍数量稳中有增，学历和职称结构进一步优化。在3 351名专任教师中，具有硕士以上学历的有2 512人，占专任教师队伍的75%，比1995年提高了56个百分点，本科毕业学历的比例从1995年的74.8%减少到了14.6%，具有副教授以上专业技术职称的1 385人，占专任教师总数的41.3%，比1995年增加3个百分点。师生比由1995年的1∶6.1人提高到了1∶10.6人（研究生未折算计算）。除此，各院校全面推进教学与教学管理改革，全面修订教学计划，形成了一批面向21世纪的新教材，从而为进一步提高教育质量，全面推进素质教育打下坚实基础。

1999年，教育管理体制和布局结构改革为学校注入了活力，给学校带来了生机，大调整、大变革使高等林业院校的办学质量、规模、效益在一个更高的水平上达到了新的统一。（蓝增寿）

林　业　教　育

【局属院校2000年办学规模调整扩大】 为落实科教兴林战略，进一步适应改革开放新形势和林业建设发展的人才要求，国家林业局于1999年1月作出决定，调整扩大局属院校的办学规模（林人教［1999］4号）。调整后的局属院校2000年总体发展规模从1985年原定的2.29万人增加到3.11万人。

局属各院校调整后的发展规模为：北京林业大学5 000人，东北林业大学6 300人，南京林业大学4 500人，中南林学院4 500人，西南林学院2 500人，西北林学院2 500人，北京林业管理干部学院1 000人，白城林业学校2 000人，南京人民警察学校1 500人，宁波林业学校1 300人。（蓝增寿）

【局属高中等林业院校书记、校长座谈会】 1999年7月13日、14日，国家林业局在北京林业大学召开直属高中等林业院校党委书记、校长座谈会。局属高中等林业院校党委书记、校长以及各院校的校办、党办负责同志共30多人参加了座谈会。局党组成员江泽慧同志出席座谈会并作讲话。

座谈会的主题是传达贯彻第三次全国教育工作会议和第八次全国高校党建工作会议精神，座谈研讨局属院校加强党建工作，深化教育教学改革，全面推进素质教育等工作。

与会的院校领导在交流学校党建工作和教育教学改革经验的基础上，结合贯彻落实全教会和高校党建工作会议精神，就如何进一步解放思想，更新观念，抓住发展机遇，深化改革，挖掘潜力，合理配置和盘活学校教育资源，扩大招生规模，加速人才培养，增强学校适应区域经济和社会发展要求的活力等问题进行了座谈研讨。

在座谈会总结讲话中，江泽慧同志对学校的工作提出两点要求，一是要按照“三讲”的要求，加强学校的党建和思想政治工作，以“三讲”教育推进党建和领导班子建设。要把邓小平理论进教材、进课堂、进头脑的任务进一步落到实处，有针对性的加强师生的思想政治工作，引导广大师生做促进改革发展，维护学校和社会稳定的模范。二是深化教学改革，加大学科建设力度，不断提高教学质量，全面实施和完成高中等林业教育面向21世纪教学内容和课程体系改革，改革人才培养模式，重视培养学生的创新意识和创造能力。继续深化学校内部管理体制改革，调整师资结构，优化资源配置，提高办学效益。同时加强林科教、产学研结合，加速科技成果的转化，在科教兴林中发挥主力军作用，为天然林保护工程、生态环境建设工程、山区综合开发等作出更大的贡献。

江泽慧同志强调，局属院校要深入贯彻落实全教会议和党建工作会议精神，从面向21世纪的战略高度，进一步认识加强学校党建工作和思想政治工作的重要性与急迫性，加强学校领导班子建设，紧紧抓住素质教育这一根本，深刻理解素质教育的内涵，通过实施素质教育带动林业教育的改革与发展，在科教兴林中再创辉煌。（蓝增寿）

【中国林业教育学会高等教育分会（筹备）成立】 中国林业教育学会高等教育分会（筹备）成立大会于1999年10月12日在昆明与中国林业教育学会第一届理事会第二次会议同时召开。全国高等林业院校、农业大学林学院系和各省林业厅局教育主管部门等团体会员单位的代表参加了会议。中国林业教育学会理事长刘于鹤到会并讲话。

大会听取了中国林业教育学会副理事长贺庆棠作的高等教育分会筹备工作报告，讨论通过了中国林业教育学会高等教育分会工作条例和选举办法。大会选举产生了中国林业教育学会高等教育分会委员67名，常务委员24名。贺庆棠当选为高等教育分会主任委员，尹伟伦、曹军、洪启清、王建子当选为副主任委员，尹伟伦兼任秘书长，黄桂荣、李勇、刘佳被聘为副秘书长。

中国林业教育学会高等教育分会是中国林业教育学会自1996年成立以后正式组建成立的第三个学会二级机构，林业职业教育分会和成人教育分会分别于1997年和1998年成立。 （蓝增寿）

【第三届全国高等林业院校大学生运动会】 为了促进高等林业院校体育交流，进一步推动林业大学生群众性体育活动的开展，提高林业大学生田径运动技术水平，1999年10月25～28日，国家林业局在南京林业大学举办了全国高等林业院校第三届大学生田径运动会。

江苏省副省长王珉，省体委主任孔庆鹏、中国林业体协副主席刘玉来、缪荣兴，国家林业局、江苏省有关部门领导以及10多家新闻单位记者出席了开幕式。国家林业局党组成员、大会组委会主任江泽慧出席开幕式并作了讲话。她指出：深化教育改革，全面推进素质教育已成为全党和全国人民的共识。重视和加强高校体育工作，是全面贯彻党的教育方针、培养社会主义事业建设者和接班人的客观需要；是高校光荣而艰巨的重要工作。高等林业院校体育运动的蓬勃发展，增强了师生的体质，丰富了学校的业余文化生活，提高了师生员工的精神生活质量，特别是促进了大学生素质的全面提高。

原林业部副部长刘于鹤出席了闭幕式，为获奖代表队和运动员颁奖并发表讲话，对各代表队和运动员所取得的成绩表示热烈祝贺。

这次运动会是对近几年来全国高等林业院校体育教学水平和群众性体育活动开展情况的一次大检阅，参加运动会的北京、东北、南京林业大学，中南、西南、福建林学院，西北农林科技大学，内蒙古农业大学林学院，新疆农业大学林学系的近300名教练员、裁判员、运动员发扬更高、更快、更强的奥林匹克精神和团结拼搏的中华体育精神，互相学习、加深了解、增进友谊。近200名运动健儿，顽强拼搏、奋力进取、勇创佳绩。赛出了风格，赛出了水平。东北、南京林业大学分别获团体总分第一、二名。 （蓝增寿）

【北京林业大学“211”工程建设项目中期检查】 根据“211”工程部际协调小组《关于1999年开展“211”工程中期检查工作有关事项的通知》文件要求，国家林业局组成以王明庥为组长，王涛为副组长，成员有傅泽田、张建国、吴相钰的专家组，于1999年10月30日对北京林业大学“211”工程建设项目中期进展情况进行了检查。11月30日，专家组提出评议意见如下：

北京林业大学“211”工程建设中期成果

1. 建设目标定位准确，充分体现了学校的特色，经费使用效益很高，建设措施得力，重点突出，使整体办学水平和办学实力上了一个台阶，取得了预期的阶段性成果。

2. 依据国家计委批复的建设内容，已经完成了预期的阶段目标，取得了显著的成绩，部分项目已经提前完成“九五”期间的建设计划，有些项目超额完成了建设计划。

3. 突出了重点学科建设这一核心，学科队伍和仪器设备条件得到了充实和改善，重点学科建设水平明显提高，部分学科及部分领域达到或接近国内外领先水平。高层次人才的培养和科学研究能力显著增强，获得了一批对国民经济和社会发展及林业科技水平的提高具有重要意义的标志性成果，和一大批显示性较高的科学技术研究成果。

4. 已初步形成了一支政治和业务素质好，知识结构、年龄结构合理，富有活力的师资队伍。

5. 在人才培养质量特别是在研究生和本科生培养质量方面有所提高，招生规模逐年有较大增长。研究生教学管理成效突出，办学效益和规模有了很大提高，并开拓了一些新的学科专业领域。

6. 在推动教育改革，人事制度改革、实验室改革和管理体制改革；推进与林业管理干部学院和中国林业科学研究院的联合办学方面取得显著成效。

7.“211”工程公共服务体系及重点课程建设项目，发挥了较好的效益，有效地推进了教学内容、教学方法和教学手段及教学管理的全面改革；推进了学校信息化建设和管理效益的提高。

8.“211”工程基础设施部分项目及文明校园建设项目，已提前完成“九五”期间的建设计划，为学校“211”工程建设整体进展发挥了重要作用。

9. 北京林业大学提供的“211”工程建设项目审计报告，审计程序严格、规范，资金的来源、管理、使用符合“211”工程建设的有关部门要求。

存在的问题及建议

1.“211”工程建设经费使用十分精细，充分发挥了经费投入的效益，取得很大成效，但仍有许多急需尽快建设的方面，经费投入不足的问题显得十分突出，因此，整体经费投入力度需要加大，首先是对现阶段中期检查后的经费应给予较大的增加。并要进一步突出重点学科建设这一核心，同时重视公共服务体系和教学手段的建设，确保建设目标的实现。

2. 应继续抓好标志性成果建设，提高科研成果的数量和水平。面向经济建设的主战场，进一步提高科技成果的转化率，同时也应注重基础研究和应用基础研究，努力解决林业科技和环境可持续发展的重大问题。

3. 为了巩固"211"工程建设项目成果，赶上科学技术日新月异的发展步伐，建议国家计委将北京林业大学"211"工程第二期项目继续列入国家"十五"期间重点建设计划。（蓝增寿）

【高等林业院校思想政治工作】 1999年10月5日国家林业局在昆明市召开了全国高等林业院校思想政治工作研讨会暨高等林业院校思想政治教育研究会年会，高等林业院校的主管领导和学校宣传部、学生处、团委、社科院系、德育教研室等部门的30多人参加了会议。研讨会结合贯彻落实第三次全国教育工作会议精神和第八次全国高校党建工作会议精神，总结交流了高等林业院校思想政治教育工作经验，专题研讨了新形势下林业院校思想政治教育工作的新情况、新问题及其对策。

这次研讨会是对高等林业院校思想政治工作的一次检阅。在过去的几年里，高等林业院校思想政治工作取得了很大成绩，学校精神文明建设、"两课"（马列主义理论课、思想品德课）和"三进"（邓小平理论进教材、进课堂、进头脑）教学改革、学生管理、大学生心理健康教育以及思想政治工作队伍建设等方面的工作都卓有成效。

通过座谈研讨，会议明确提出了新形势下高等林业院校思想政治工作的方向和任务：一是转变教育思想和教育观念，把全面实施大学生素质教育作为当前思想政治工作的重中之重，继续抓紧抓好；二是把理论武装头脑摆到当前思想政治工作的首位，继续推进"两课"和"三进"教学改革，并作为思想政治工作的主渠道和主阵地；三是重视学校思想政治工作队伍的建设，采取切实措施解决他们的职称评定、工作条件和待遇、进修提高等实际问题；四是加强学校思想政治工作的理论研究，积极探讨思想政治工作的内容、途径、方法及其规律，进一步改进和加强高等林业院校的思想政治工作。（蓝增寿）

【国家林业局直属学校管理体制调整】 1999年6月《中共中央、国务院关于深化教育改革全面推进素质教育的决定》明确提出：今后3年，继续按照"共建、调整、合作、合并"的方式，基本完成高等教育管理体制和布局结构的调整，形成中央和省级人民政府两级管理、以省级人民政府管理为主的新体制，合理配置教育资源，提高教育质量和办学效益。据此，国家林业局党组要求人事教育司抓紧作好调查研究工作，为调整直属学校管理体制提供决策依据和信息服务。在局党组成员江泽慧的统筹协调领导下，人事教育司组织专题调研组，深入直属学校及其所在地的省教委、省人民政府和教育部，进行多层次、多渠道的沟通和探讨，在此基础上草拟国家林业局直属学校管理体制调整建议方案。

根据1999年11月国务院两次召开国务院部门（单位）所属学校管理体制和布局结构调整座谈会精神，经国家林业局党组研究决策，在原建议方案基础上拟订《国家林业局关于直属高、中等林业院校管理体制调整意见》（林函人字［1999］373号），上报教育部，经国务院同意批复（国办发［2000］11号），国家林业局直属学校管理体制调整实施意见如下：

1. 北京林业大学、东北林业大学独立建制，划转教育部管理；

2. 南京林业大学、中南林学院、西南林学院实行中央与地方共建，以地方管理为主；

3. 北京林业管理干部学院待现有在校生毕业后，即行撤销原学校建制改为非学历培训机构，继续由国家林业局领导和管理；

4. 南京人民警察学校在原有基础上建立南京森林公安高等专科学校（原学校建制撤销），继续由国家林业局领导和管理；

5. 白城林业学校、宁波林业学校划转地方管理。

2000年寒假后所有调整学校按新的管理体制运转，2000年3月底，按国务院有关规定，基本完成资金划转或核定工作。（黄桂荣）

【国家林业局直属高中等林业院校办学现状】

北京林业大学　始建于1952年，占地面积42.8万平方米，校舍建筑面积20.2万平方米，藏书75.5万册，固定资产总值13 113.0万元，其中教学仪器设备值5 545.6万元。教职工总数1 283人，专任教师439人，其中教授96人，副教授156人，副教授以上职称252人，占专任教师总数的57.4%。学校具有教授、副教授任职资格评审权和博士生导师审批权。设有森林资源与环境学院、生物学院、水土保持学院、园林学院、森林工业学院、经济管理学院、基础科学与信息工程学院、人文社会科学学院、成人教育学院、职业技术学院、体育教学部等11个教学院部。授予博士、硕士学位的学科专业点分别为11个、14个，设有林学、生物学两个一级学科博士后科研流动站，植物学、森林经理学学科为特聘教授岗位，生物学专业为国家理科基础科学研究和教学人才培养基地，造林学、森林经理学、水土保持学为国家级重点学科，部级重点学科、重点开放性实验室各5个。本科专业27个，其中经济学2个，法学1个，文学2个，理学5个，工学9个，农学3个，管理学5个，属林科专业布点5个，占18.5%。在校生73 95人，其中博士生146人，硕士生274人，普通本科生3 972人，普通专科生557人，函授夜大生2 446人。1998年国家计委批准北京林业大学作为"211"工程重点建设学校，在"九五"期间进行重点建设。

东北林业大学　始建于1952年，校园占地面积45.0万平方米，3个实验林场总面积32 951.0万平方米，校舍建筑面积34.0万平方米，藏书91.6万册，固定资产总值16 371.0万元，其中教学仪器设备值4 452.9万元。教职工总数2 144人，专任教师744人，其中教授100人，副教授220人，副教授以上职称320人，占专任教师总数的43.0%。学校具有教授、副教授任职资格评审权和博士生导师评审权。设有森林资源与环境学院、野生动物资源学院、园林学院、林产工业学院、工程技术学院、机电工程学院、土木工程学院、交通运输学院、信息与计算机工程学院、经济管理学院、师范学院、外国语学院、人文社会科学学院、成人教育学院、职业技术学院、体育系等16个教学院系。授予博士学位学科专业点10个，其中林业工程为一级学科授权点，授予硕士学位的学科专业点21个，设有林学、林业工程、生物学3个一级学科博士后科研流动站，植物学学科为特聘教授岗位，也是国家级重点学科，生物学专业为试办国家理科基础科学研究和教学人才培养基地，省部级重点学科、重点开放性实验室各7个、5个。本科专业36个，其中经济学1个，法学2个，文学2个，理学7个，工学15个，农学4个，管理学5个，属林科专业布点7个，占19.4%。在校生9 434人，其中博士生132人，硕士生271人，普通本科生5 725人，普通专科生796人，函授夜大生2 510人。1997年该校“211”工程自筹资金建设项目通过林业部组织的专家审定。

南京林业大学 始建于1952年，占地面积79.9万平方米，校舍建筑面积25.9万平方米，藏书62.8万册，固定资产总值11 670.0万元，其中教学仪器设备值3 548.8万元。教职工总数1 532人，专任教师662人，教授74人，副教授181人，副教授以上职称255人，占专任教师总数的38.5%。学校具有教授、副教授任职资格评审权和博士生导师审批权。设有资源与环境学院、风景园林学院、化学工程学院、木材工业学院、土木工程学院、机械电子工程学院、人文社会科学学院、南方摄影学院（公有民办）、信息科学技术学院、体育教学部、成人教育学院、职业技术学院等12个教学院部。授予博士学位学科专业点9个，其中林业工程为一级学科授权点，授予硕士学位的学科专业点15个，设有林业工程一级学科博士后流动站，生态学、木材科学与技术、林产化学加工工程为国家级重点学科，省部级重点学科、重点开放性实验室各4个。本科专业23个，其中文学4个，理学1个，工学13个，农学2个，管理学3个，属林科专业布点5个，占21.7%。在校生6 784人，其中博士生120人，硕士生225人，普通本科生3 881人，普通专科生763人，函授夜大生1 795人。

中南林学院 始建于1958年，占地面积59.1万平方米，校舍建筑面积17.9万平方米，藏书64.5万册，固定资产总值11 000.0万元，其中教学仪器设备值2 585.0万元。教职工总数1 103人，专任教师455人，教授51人，副教授147人，副教授以上职称198人，占专任教师总数的43.5%。具有副教授任职资格评审权。设有资源环境学院、工业学院、建筑工程学院、旅游与管理学院、法律系、外语系、社会科学系、基础课部、成人教育学院、职业技术学院等10个教学院、系、部。授予博士、硕士学位的学位专业点各1个、11个，部级重点学科、重点开放性实验室各1个。本科专业21个，其中法学1个、文学2个，理学2个，工学10个，农学2个，管理学4个，属林科专业布点5个，占23.8%，在校生6 692人，其中博士生24人，硕士生120人，普通本科生3 797人，普通专科生337人，函授夜大生2 414人。

西南林学院 始建于1978年，占地面积39.4万平方米，校舍建筑面积11.9万平方米，藏书34.1万册，固定资产总值7 498.4万元，其中教学仪器设备值1 235.5万元。教职工总数628人，专任教师287人，教授23人，副教授99人，副教授以上职称122人，占专任教师总数的42.5%。设有资源学院、林业工程学院、园林系、经济管理系、社会科学部、基础部、成人教育学院等7个教学院、系、部。授予硕士学位学科专业点6个。本科专业16个，其中理学2个，工学6个，农学6个，管理学2个，属林科专业布点8个，占50.0%。在校生3 651人，其中硕士生43人，普通本科生2 135人，普通专科生386人，函授生1 087人。

西北林学院 始建于1979年，占地面积34.2万平方米，校舍建筑面积10.3万平方米，藏书21.9万册，固定资产总值5 211.0万元，其中教学仪器设备值1 361.0万元。教职工总数653人，专任教师304人，其中教授28人，副教授71人，副教授以上职称99人，占专任教师总数的32.6%。截至1999年7月，设有资源学院、环境学院、林产工程学院、经济管理系、社会科学系、基础课部、成人教育学院等7个教学院、系、部。授予硕士学位的学科专业点10个，省部级重点学科、重点开放实验室各1个。本科专业9个，其中工学3个、农学4个、管理学2个，属林科专业布点5个，占55.6%。1999年底在校生3 519人，其中硕士生78人，普通本科生1 974人，普通专科生491人，函授生976人。

南京人民警察学校 前身为南京林业学校，始建于1953年，1993年评为省部级重点中专学校，1994年改建为南京人民警察学校。占地面积12.9万平方米，校舍建筑面积5.4万平方米，藏书11.2万册，固定资产总值3 635.2万元，其中教学仪器设备值610.0万元。教职工总数251人，其中专任教师103人，高级职称35人，占34.0%，讲师40人，占38.8%。设有林业公安、治安管理两个中专层次专业和治安管理专科专业，设有理化、动植物、侦查技术多媒体、刑事技术、痕迹、文检、模拟犯罪现场、计算机中心、美育、电教等15个实验室，建有珍稀动物标本馆、警体训练房、障碍训练场、校外驾驶训练基地和靶场。在校生1 593人，其中专科生74人，警衔培训每年8～10期，1 500～2 000人，各类培训班约300人。2000年3月经教育部批准，在南京人民警察学校基础上建立南京森林公安高等专科学校（南京人民警察学校建制撤销），从2000年开始招收普通专科生，学制3年，全日制普通专科在校生暂定为2 000人。

白城林业学校　始建于1960年，占地面积36.0万平方米，校舍建筑面积5.8万平方米，藏书10.3万册，固定资产总值2 834.0万元，其中教学仪器设备值396.0万元。教职工总数235人，其中专任教师118人，高级职称42人，占35.6%，讲师67人，占56.8%。设有林业机械、汽车拖拉机运用与维修、计算机及应用、工业企业电气化、小型土木工程、工业与民用建筑、市政工程施工、企业物资管理、财务会计等9个专业，设有各类标准实验室32个，实习工厂1个，校外实习基地12个，在校生1 427人。1992年、1994年被评为省部级重点中专学校，1999年11月经吉林省教委中专办学水平评估复评组实地考察，认为该校为整体办学水平优秀校，被推荐为全国重点中专学校。

宁波林业学校　始建于1958年，曾先后隶属于宁波专署、浙江省林业厅，1984年隶属林业部。占地面积14.3万平方米，校舍建筑面积3.0万平方米，藏书7.0万册，固定资产总值1 462.0万元，其中教学仪器设备值197.0万元。教职工总数142人，其中专任教师78人，高级职称8人，占10.3%，讲师40人，占51.3%。设有园林、财务会计、统计、审计、保险、市场营销、营销与广告策划、计算机及应用、环境艺术设计、森林旅游等10个专业，设有化学、物理、土壤、植物育种、生理生态、花卉等实验室，还有计算机、语音、制图、绘画、财会模拟、电化教学、多媒体教室及花房、盆景园、树木园、林场等实验实习基地，在校生1 427人。1994年被评为部级重点中专学校。

北京林业管理干部学院　始建于1983年5月，占地面积4.9万平方米，校舍建筑面积3.7万平方米，藏书7.1万册、固定资产总值2 870.0万元，其中教学仪器设备值190.0万元，教职工总数142人，其中专任教师62人，教授2人，副教授及副高职20人，副教授以上职称22人，占35.4%。设有植物生理、植物组织培养、土壤化学、财会电算化、财会手工、计算机、电教教育、语言等8个实验室，设有林业经济管理、企业经营管理、财务会计、财务电算化、国际贸易、文秘与办公自动化、商品花卉、计算机应用、商务英语、商务日语10个专科专业和计算机应用与管理、会计电算化、商品花卉、涉外文秘4个高职专科专业，在校生667人，其中成人脱产专科班449人，北京林业大学职业技术学院高职专科班218人。建院以来共培养专科生2 000余人，举办各类培训班150多期，培训各类干部、专业技术人员1.4万余人。学院先后荣获国务院、原国家教委、劳动部、人事部等授予的成人教育、职工教育、民族团结进步先进单位荣誉称号。　（黄桂荣）

【国家林业局直属高等学校专业建设】　根据《教育部关于实施〈中华人民共和国高等教育法〉若干问题的意见》，为了加强对国家林业局直属高校办学规模、本科专业设置的宏观管理，促进学校建立自我发展、自我约束、面向社会依法自主办学的运行机制，国家林业局研究决定，将原林业部直属普通高等学校专业设置评议委员会更名为国家林业局直属普通高等学校专业设置评议委员会（以下简称评委会），并对评委会的职责及成员作相应调整。评委会是国家林业局对直属普通高等学校办学规模、本科专业设置进行宏观管理的审议、评议机构；调整后的评委会由江泽慧等11名专家学者组成。

国家林业局直属普通高等学校
专业设置评议委员会名单

主任委员：	江泽慧	局党组成员
委　　员：	关松林	人事教育司司长
	李葆珍	人事教育司副司长
	姚昌恬	发展计划与资金管理司副司长
	赵良平	植树造林司副司长
	宋长义	中国林学会副秘书长
	尹伟伦	北京林业大学副校长
	曹　军	东北林业大学副校长
	洪启清	南京林业大学副校长
	何　平	中南林学院副院长
	张玉光	西南林学院副院长

1999/2000年度经教育部
备案或批准设置的直属高校本科专业

北京林业大学	020104	金融学
	030101	法学
	070402	生物技术
	070702	资源环境与城乡规划管理
	081001	环境工程
	110401	农林经济管理
东北林业大学	070402	生物技术
	080601	电气工程及其自动化
	080704	建筑环境与设备工程
	081401	食品科学与工程
	110102	信息管理与信息系统
	110103	工业工程
南京林业大学	071401	环境科学
	080501	热能与动力工程
	080603	电子信息工程
	080605	计算机科学与技术
	080702	城市规划
	081801	生物工程
中南林学院	071401	环境科学

	080303	工业设计
	080605	计算机科学与技术
	081401	食品科学与工程
	110205	人力资源管理
西南林学院	070702	资源环境与城乡规划
	080703	土木工程
	090102	园艺
	090402	水土保持与荒漠化防治
	110401	农林经济管理

按照教育部的统一部署，评委会根据教育部1999年颁布的《高等学校本科专业设置规定》，结合直属高校现设本科专业的办学条件和实际需要，对直属高校申报的自主设置、调整本科专业的学科门类和本科专业设置数进行了审议，审议结果经国家林业局审批（林人发［1999］507号）：

1. 自主设置、调整本科专业的学科门类。北京林业大学、东北林业大学：经济学、文学、理学、工学、农学、管理学；南京林业大学、中南林学院：文学、工学、农学、管理学；西南林学院：工学、农学。

2. 本科专业设置数。北京林业大学：43；东北林业大学：62；南京林业大学：42；中南林学院：40；西南林学院：25。

直属高校在专业设置总数内，自主审定申报1999/2000年度增设的本科专业，评委会对各校申报的本科专业进行认真审议，人事教育司将审议结果报教育部，经教育部审批或备案，1999/2000年度国家林业局直属高校增设本科专业34个（教高函［2000］2号），上述专业均从2000年开始招生。 （黄桂荣）

【高中等林业院校教学工作】 1999年高中等林业院校教学工作的重点是：贯彻落实《中共中央、国务院关于深化教育改革全面推进素质教育的决定》和《面向21世纪教育振兴行动计划》，全面推进教学与教学管理改革，使教学质量和办学水平上一个新台阶。

直属高校教学改革 直属高校以新颁布的本科专业目录及专业介绍中的培养目标、业务范围、主干学科、主要课程为基础，以体现新的教育思想和教育观念，体现厚基础、宽口径、强能力、高素质，体现学生创新能力和适应社会需求能力的原则，对本科专业进行全面修订，形成了一批具有鲜明时代特色的教学计划。结合高等农林教育面向21世纪教学内容和课程体系改革项目的研究与实践，向教育部推荐出版了面向21世纪课程教材《森林环境学》（北京林业大学贺庆棠主编）、《流域管理学》（北京林业大学王礼先主编）、《土壤侵蚀原理》（北京林业大学张洪江主编）、《木材保护学》（东北林业大学李坚主编）、《野生动物传染病检疫学》（东北林业大学华育平主编）、《林业机械现代设计学》（南京林业大学郑加强主编）、《家具设计概论》（中南林学院胡景初、戴向东主编）。举办高等农林院校教学管理培训研讨班，围绕提高教学管理水平的主题，分专题对大学教学过程的本质与特点、学分制教学管理制度、教学工作评价、教务管理规范化科学化进行专题培训、研讨、交流，以利提高教学管理水平。申报长江学者奖励计划，经教育部审批，北京林业大学植物学、森林经理学和东北林业大学植物学学科获设置特聘教授岗位。

北京林业大学教务处、南京林业大学教务处在加强教学建设，严格教学管理，提高自身素质，特别是在组织教学改革方面迈出重大步伐并取得突出成绩，被教育部授予全国普通高校优秀教务处荣誉称号。

中等林业职业教育教学改革 1999年4月，国家林业局人事教育司举办了中等林业职业学校教学改革研讨班，对开展面向21世纪中等林业职业教育教学改革研究计划、组建中等林业职业教育教学指导委员会、林业专业设置标准进行深入研讨，为全面启动面向21世纪中等林业职业教育教学改革做好充分的准备。研讨班后，国家林业局发文，设立中等林业职业教育教学指导委员会（以下简称委员会），下设5个专业学科组和1个教学管理研究组，由58名专家、学者组成（附表），委员会办公室设在南京人民警察学校，与全国中等林业职业教育研究中心合属办公。委员会的主要职责是：接受国家林业局人事教育司、教育部职业教育与成人教育司的领导和全国中等职业教育教学指导委员会的指导，认真分析经济社会发展、科技进步对林业职业岗位变化和人才需求的影响，提出林业中等职业教育人才培养的知识与能力要求、林科专业设置标准、培养目标和教学基本要求；组织力量研究开发林科专业的教学改革方案，指导教学改革实验，协调组织教学经验交流；推进中等林业职业学校实施双证书制度。

根据教育部制定的面向21世纪职业教育课程改革和教材建设规划，国家林业局人事教育司组织申报中等职业学校林科重点专业，经教育部批准，林业、园林、木材加工专业作为全国重点建设专业列入首批研究与开发项目，经委员会统筹组织申报，教育部审批，辽宁林业学校关继东、广州林业学校李小川、牡丹江林业学校王凤臣分别为上述3个全国重点建设专业研究与开发项目的主持人，负责制定专业教学改革方案，主要内容包括：专业教学现状分析，专业教学改革思路与措施，指导性专业教学计划。在委员会的协调下，组织了项目研究组，分别制定研究计划，落实任务分工，此项研究工作将于2000年底完成。根据教育部《关于制定中等职业学校专业目录的通知》，经委员会研究确定，制定中等职业学校林科专业目录的研究项目由委员会副主任侯文权主持，此项研究工作将于2000年2月完成。

国家林业局职业教育研究中心接受人事教育司委托，举办了全国中等林校园林设计、园林工程、多媒体课程师资培训班，各班把专题讲座、交流研讨、参观学习相结合，圆满完成了办班任务，对更新、充实任课教师的业务知识和更好运用现代化教学手段提高教学质量将产生积极影响。

附表　林业职业教育教学指导委员会组成名单

主任委员　苏惠民
副主任委员　候文权　柴庆平
秘书长　方　彦
委　员　马明东　李小川　苏孝同　韩明波
张　力　肖世雄　张南群　李发顺
李怒云　张万民　马烘军

教学管理研究组
组　长　柴庆平
委　员　史义成　刘　明　卢胜西　刘析明
刘代汉　唐纯科　樊　辉　严　圭
宁有敏　郑江平

森林资源类专业学科组
组　长　马明东
委　员　芦维忠　刘代汉　时　鑫　黄云鹏
关继东　张晓光　刘永齐　刘英杰
邓维杰　吐尔孙　魏占才　曲曾录

生态环境类专业学科组
组　长　李小川
委　员　白　涛　罗　镪　王兴炜　莫翼翔
王蜀璋　金志平

林业工程类专业学科组
组　长　苏孝同
委　员　刘恩永　曾东东　张绍明　张志东
王力峰

林业经济管理类专业学科组
组　长　韩明波
委　员　李广述　周小华　刘洪迅　李润东
叶书友　王福璋

森林公安类专业学科组
组　长　张南群
委　员　张余田　陈洪福　欧阳洪毅　廖邦洪

（黄桂荣）

【高等林业院校教育科学研究成果评奖】　根据1999年4月教育部办公厅印发的《关于开展全国第二届教育科学研究成果评选奖励活动的通知》，国家林业局人事教育司委托中国林业教育学会负责国家林业局直属高校的教育科学研究成果评奖工作。本次评奖以列入全国教育科学“七五”、“八五”规划且在1998年12月31日前完成并通过鉴定的重点课题最终成果为主，对未列入规划在1989年1月1日至1998年12月31日期间公开出版和发表的教育科学研究成果，或不宜公开出版和发表但被决策、管理部门采用的教育科学研究成果经省部级教育行政部门或直属高校推荐，也可参加此次评奖。

有22项研究成果参加评奖。中国林业教育学会成立评审小组，由中国林业教育学会理事长刘于鹤任组长，人事教育司副司长李葆珍、中南林学院副书记李去惑、中国林学会副秘书长宋长义、西北林学院高教研究室主任吴越、东北林业大学副校长曹军、北京林业大学教授董乃钧任评委。经过评审推荐，有4项成果获全国第二届教育科学研究优秀成果二等奖，每个项目奖金3 000元；另有4项和7项成果分别获中国林业教育学会教育研究优秀成果一等奖和二等奖，每个项目奖金分别为1 000元和500元。

高等林业院校教育科学研究成果获奖名单

奖励等级	成果名称	项目负责人	所在单位
全国二等奖	林科本科专业目录（修订）的研究与实践	洪启清	南京林业大学
全国二等奖	我国西南地区高等林业教育的环境和对策	孙　冶	西南林学院
全国二等奖	林业技术经济案例教学法研究	张大红	北京林业大学
全国二等奖	学生管理系统（学生数量化管理系统）的研究	万国良	北京林业大学
学会一等奖	根据社会需要创办新专业，为国家培养急需的实用型室内与家具设计人才	蒋远舟	中南林学院
学会一等奖	深化教学改革的实践	吴　越	西北林学院
学会一等奖	21世纪森林工程专业本科人才培养模式研究	朱永林	东北林业大学
学会一等奖	加快职业教育步伐为山区人民脱贫致富	吴天松	中南林学院
学会二等奖	激活诱导思维教学模式的理论与实践	沈繁宜	北京林业大学
学会二等奖	交际式语言教学25年	史宝辉	北京林业大学
学会二等奖	动物生理学多媒体CAI课件的研究与开发	王霓虹	东北林业大学
学会二等奖	从心理学的角度探索大学外语教学的艺术	于黎明	东北林业大学
学会二等奖	普通高校成人教育管理及其模式的研究	任湘郴	中南林学院
学会二等奖	校乡共建经济林实验实习基地	何业华	中南林学院
学会二等奖	借助学科交叉促进有机化学学科建设的研究	朱　玮	西北林学院

（黄桂荣）

【国家林业局与教育部签订联合共建西北林学院协议】

西北林学院地处陕西杨凌。1997年7月29日国务院批准建立杨凌农业高新技术产业示范区，李岚清副总理明确提出把科教管理体制改革作为示范区八大示范任务之一，要加大力度。在国务院的统筹领导下，陕西省、教育部、中组部、国家计委、财政部、人事部、农业部、水利部、国家林业局和中科院等部门通力合作，对杨凌科教管理体制改革的重大问题如：合并单位、大学名称、管理模式、经费运转模式、启动资金等进行反复调研论证和多方协调，达成共识。根据《国务院研究部署陕西杨凌科教管理体制改革工作的会议纪要》（国阅［1999］27号），1999年8月20日，地处杨凌的农业部西北农业大学、国家林业局西北林学院、中科院水利部西北水土保持研究所、水利部西北水利科学研究所、陕西省农业科学院、陕西省西北植物研究所和陕西省林业科学研究院等7个科教单位合并，组建西北农林科技大学筹建工作正式启动。

9月5日，国务院办公厅复函教育部、陕西省人民政府，同意上述7个科教单位合并组建西北农林科技大学，该大学为教育部直属高等学校，采用省部共建形式，由教育部、科技部、农业部、水利部、国家林业局、中科院和陕西省人民政府联合共建，日常管理以陕西省人民政府为主，重大事项管理以教育部为主，其他部门要根据行业和区域经济发展需要，继续保持对西北农林科技大学的指导、支持。同意从1999年起到2001年3年内，安排西北农林科技大学组建启动资金6亿元，其中国家计委拨款4亿元，陕西省人民政府配套经费2亿元（国办函［1999］54号）。

9月9日，教育部发出《关于组建西北农林科技大学的决定》（教发［1999］130号）。西北林学院并入西北农林科技大学后，相应将西北林学院的事业费按1998年预算基数上浮15%，基建投资以1996～1998年3年的平均规模确定额度，一并于2000年划转教育部。

9月11日，西北农林科技大学正式成立，教育部副部长周远清、国家林业局党组成员江泽慧在西北农林科技大学签订了教育部、国家林业局关于联合共建西北农林科技大学的协议。10月21日，教育部、国家林业局作出《关于联合共建西北农林科技大学的决定》（教发［1999］144号）。（黄桂荣）

【建立南京森林公安高等专科学校】 国家林业局直属南京人民警察学校前身是南京林业学校，1994年根据林业发展和森林公安队伍建设需要，征得公安部同意，经中央机构编制委员会批准更名为南京人民警察学校（以下简称警校），设置治安管理、林业公安专业，当年招生160人，到1998年底在校生1 455人，年招生规模400人。

1999年1月，警校根据全国公安中等教育的发展趋势（与高校合并或升格办专科）以及新《森林法》和《人民警察法》对森林公安的法律地位、职责、任务、人员素质的新规定和新要求，深感到学校的办学层次既不适应生态环境建设和林业事业发展的需要，也不利于学校的生存和发展，为此向国家林业局申报将警校改建为南京森林公安高等专科学校。国家林业局对警校提交的改建报告、学校发展规划进行深入研讨，并与教育部、公安部、财政部有关司局沟通、协商、探讨，得到他们的理解和支持。6月，教育部发展规划司同意国家林业局按照《普通高等学校设置暂行条例》等有关规定进行部门论证。9月10日，马福副局长主持召开局办公会议，研究警校改建中急需解决的问题。9月26日，国家林业局在南京召开警校改建南京森林公安高等专科学校论证会，论证专家组由局党组成员江泽慧等7人组成。专家们对警校改建专科学校的必要性、可行性提出客观、真实、有说服力的论证：必要性在于人才需求的特殊性。森林公安既是国家公安机关的重要组成部分，又是林业主管部门的一支重要执法力量，担负着保护森林和珍稀野生动植物资源、维护林区社会治安秩序的重任。森林公安具有很强的行业特殊性，既要懂公安业务，又要熟悉森林资源特别是珍稀野生动植物、森林消防相关的理论知识，更要有相关实践技能，其知识、能力、素质的培养是任何高校不可替代的；从我国森林公安队伍现状考虑，全国森林公安，大专以上学历仅占21%，低于全国公安队伍的平均水平（36%），距《人民警察法》规定公安干警应具有大专以上学历的要求甚远。森林公安要实现《森林法》赋予的执法权必须科教强警，林业大案、要案中技术手段的科技含量不断提高要求建设一支现代化森林公安队伍，因此，组建一所具有鲜明特色的森林公安高等专科学校是十分必要的。可行性在于警校现有办学条件基本达到普通高等专科学校设置标准。在专家论证基础上，9月28日，国家林业局向教育部提交《国家林业局关于申请将南京人民警察学校改建为南京森林公安高等专科学校的函》（林函人字［1999］292号），并附论证报告和江苏省人民政府同意警校改建专科学校的函（苏政函［1999］104号）。

通过教育部初审，11月20日，教育部委派全国高等学校设置评议委员会（以下简称高校评委会）专家组对警校进行实地考察。专家们一致认为：森林公安高等专门人才的培养、培训具有很强的行业特殊性、岗位特殊性，是任何高校不可替代的；国家林业局党组和有关职能司局的确特别重视警校的发展与建设，为警校升格做了大量工作，创造有利条件，警校现有办学实力基本达到普通高等专科学校设置标准，同意向高校评委会推荐警校改建南京森林公安高等专科学校。同时，专家们指出：论证报告要进一步充实警校升格的必要性，学校发展规划要具体体现加强师资队伍建设的措施和加大投资力度。针对专家反馈意见，警校修订了发展规划，11月30日国家林业局批复南京森林公安高等专科学校发展规划，1999～2005年投入资金1.3亿元，其中1999～2001年投入资金0.5亿元（林计发[1999]431号）。

12月9日，高校评委会办公室通知国家林业局向高校评委会三届三次会议提交申请设置南京森林公安高等专科学校的有关材料。经高校设置评委会三届三次会议评议，2000年3月28日，教育部审批（教发[2000]61号），同意在南京人民警察学校基础上建立南京森林公安高等专科学校，学制3年，全日制普通专科在校生暂定为2 000人，可适当承担部分成人高等教育的任务。学校由国家林业局领导和管理，同时撤销南京人民警察学校的建制。（黄桂荣）

【局属院校招生工作】 1999年国家林业局直属普通高等院校实际共安排本专科及新高职招生计划9 160人。其中经国家计委、教育部核定招生计划7 940人（含国家计委和教育部批准，局属院校扩大招生计划1 200人）；局属院校接收地方本科计划60人，安排新高职计划1 160人。

1999年局属学位授予单位共安排硕士生招生计划373人，其中国家招生计划300人；安排招收博士生计划146人，其中国家招生计划115人。局属院校成人高等学历教育招生计划3 800人，其中本科计划540人，专科计划3 180人，高职班计划80人。局属中等专业学校共安排招生计划1 558人。（戴栓友）

【局属院校毕业生就业工作】 1999年局属院校共有毕业研究生336人，其中博士生83人，硕士生253人；有本科毕业生3 490人，专科毕业生1 348人，第二学士学位毕业生28人；有中专毕业生1 123人。

为了保证毕业生就业工作的顺利进行，1999年局属院校的毕业生就业工作仍以《普通高校毕业生就业工作暂行规定》为基本政策依据，在进一步深化毕业生就业制度改革，切实转变职能，促进毕业生顺利就业，充分发挥国家的宏观调控作用和以学校为基础的毕业生就业市场的调节作用方面进行了一系列的改革工作。为了支持西藏的林业建设，鼓励内地省籍生源毕业生到西藏建功立业，继续对自愿赴西藏就业的内地省籍生源毕业生进行了表彰奖励。为了综合考评毕业生的在校表现，弘扬正气，鼓励在校生刻苦学习，对局属院校评选出的优秀毕业生以人事教育司的名义进行了表彰奖励。为进一步深化毕业生就业制度改革，积极培育以学校为主体、行业为主导的林业院校毕业生就业市场，1999年3月在西南林学院召开了局属院校毕业生和毕业研究生信息交流会。这些工作的开展，对于保证局属院校毕业生顺利就业起到了积极的促进作用。（戴栓友）

【林科学位与研究生工作】 根据“优化学科结构，突出学科建设，提高办学效益，培养高素质人才”的原则，国家林业局自1998年7月开始组织对1994年林业部颁布的林科各学科专业硕士研究生培养方案的修订工作，修订后的14个林科学科专业硕士研究生培养方案于1999年5月6日正式颁布实施。这14个学科专业是：林木遗传育种学、森林培育学、森林保护学、森林经理学、野生动植物保护与利用学、园林植物及观赏园艺学、水土保持与荒漠化防治学、林业经济管理学、植物学、生态学、城市规划与设计（含风景园林规划与设计）、森林工程学、木材科学与技术学、林产化学加工工程学等。同时颁布实施的还有《林科博士学位研究生培养基本要求》。

新颁的林科学科专业硕士研究生培养方案及博士学位研究生培养基本要求，将为林科各学位授予单位加强研究生培养工作，规范和完善研究生培养制度，进一步提高研究生培养质量奠定良好的基础。对各有关单位据此修订体现本单位办学优势和学科专业特色的具体培养方案，推动林科各学科专业的发展具有重要的指导意义。（蓝增寿）

【林业自学考试工作】 1999年度林业生态环境管理专业自学考试工作在制定激励政策、搞好组织发动和提供服务等方面都取得了较大进展，主要工作包括：

1. 出台激励政策。教育部、国家林业局、全国绿化委员会联合印发了《关于推进高等教育自学考试林业生态环境管理专业工作的通知》，从适应国家生态环境建设和迎接知识经济时代挑战需要的高度，进一步强调了开展林业生态环境管理专业自学考试工作的重要意义，要求各地考试机构对本专业在开考费用、最低报考人数、借考、考点设置等方面事项扶持政策，各地林业、绿化部门要做好宣传发动和服务工作，同时就本专业实行专业证书制度、搞好自学考试与岗位培训的衔接的问题作出具体规定。

2. 召开研讨会。1999年7月下旬在大连召开了13个省（区、市）林业自学考试工作研讨会，进一步贯彻落实《关于推进高等教育自学考试林业生态环境管理专业工作的通知》精神，总结各地开展林业生态环境管理专业自学考试工作的经验，研讨工作中存在的问题，落实了有关自学考试的工作任务。

3. 编写、出版教材和辅导资料。1999年先后召开辅导资料编写会议和两次教材审定会议，完成了林业生态环境管理专业全部12门专业基础课、专业课教材和配套的辅导材料编写、出版工作。

4. 培训师资。1999年，先后在南昌、洛阳、合肥和长沙举办4次辅导教师培训班，分别培训了《林学概论》、《林业经济管理》、《森林生态学》、《森林防火》、《环境科学概论》和《社会林业》等6门课程的近150名辅导教师。

1999年，辽宁、黑龙江、安徽、河南、湖南、贵州、陕西、甘肃等8个省首次开考高等教育自学考试林业生态环境管理专业，加上1998年开考的6个共14个省（区、市），近1万名林业干部职工和热心生态环境建设的社会青年参加了学习和考试，仅安徽省1999年下半年在册学员就有1 600人，河南省也有1 000多人。由于加强了学员辅导等方面工作，学员的考试合格率也逐步提高。

（吴友苗）

【全国林业成人教育先进单位和先进个人表彰】 为总结林业成人教育经验，进一步推进林业行业教育培训工作，国家林业局于1999年7月发出了评选全国林业成人教育先进单位和优秀教师优秀教育工作者的通知，明确了评选范围、条件、程序、表彰形式及有关要求，并于9月教师节前作出了《国家林业局关于表彰全国林业成人教育先进单位和优秀教师优秀教育工作者的决定》，授予北京市林业局干部学校等56个单位全国林业成人教育先进单位称号，授予沈凤阁等25名同志全国林业成人教育优秀教师称号，授予王增禄等73名同志全国林业成人教育优秀教育工作者称号，并颁发奖牌和荣誉证书。

上述受表彰的单位和个人近几年在林业成人教育（包括岗位培训、继续教育、林农培训、自学考试、广播电视教育、函授夜大学教育）工作中勇于探索，成绩显著，有力地促进了林业从业者队伍整体素质的提高和林业行业的两个文明建设。

全国林业成人教育先进单位名单

地　区	先　进　单　位
北　京	北京市林业局干部学校、国家林业局成人教育研究中心
天　津	天津市林业局科技管理站
河　北	武邑县林业局、河北林业学校
山　西	山西林业学校、山西省林业技工学校
内蒙古	内蒙古自治区扎兰屯林业学校、巴彦淖尔盟林业科技培训中心站
辽　宁	朝阳市林业职工学校、辽宁省林业学校
吉　林	八家子林业局、红石林业局、吉林省林业学校
黑龙江	黑龙江省林业广播电视齐齐哈尔分校、黑龙江省黑河市林业职工中等专业学校、汤旺河林业局、苇河林业局、新林林业局、黑龙江省松花江林区广播电视大学、东北林业大学
上　海	上海市农业广播电视学校
江　苏	江苏省句容农业学校
浙　江	临安市林业局、丽水地区林业培训中心
安　徽	安徽省黄山林业学校
福　建	沙县林业局、福建三明林业学校
江　西	江西省永丰县林业局、江西省林业技工学校
山　东	五莲县林业局
河　南	河南省林业学校、河南省信阳林业学校
湖　北	湖北省林业职工中等专业学校、湖北省咸宁市林业学校
湖　南	益阳市林业科技培训中心、衡阳市林科教培训部、中南林学院
广　东	中央农业广播电视学校广东省林业办公室、仁化县林业局
广　西	广西壮族自治区林业干部学校、百色地区林业局科教站
海　南	儋州市林业局
四　川	四川省洪雅县林场、四川省林业干部学校
贵　州	贵州省林业干部学校
云　南	云南省林业学校
陕　西	陕西省林业学校、陕西省农业广播电视学校宝鸡林业分校
甘　肃	甘肃省林业学校、甘肃省武威地区林业技术服务中心
青　海	互助土族自治县林业局
宁　夏	宁夏林业学校
新　疆	新疆维吾尔自治区林业学校、新疆生产建设兵团林业工作管理总站

全国林业成人教育优秀教师优秀教育工作者名单

省（自治区、直辖市）	优秀教师	优秀教育工作者
北京	沈凤阁、吴江梅（女）	王增禄、赵久德、孙富、田丰、朱宗武、李发顺
天津		何淑华（女）
河北	马成东（满族）	王玉忠、吴金茹（女）
山西		郭引弟（女）、崔完根、郑文全
内蒙古	刘贵、王桂芳（女，蒙古族）、梁彦珍（女）、张淑英（女）	赵瑞
辽宁	田凤兰（女，满族）	盛玉兰（女）、李祝贺（满族）、聂雪冰（女）
吉林		崔国宏、吕玉臣、杨玉林、李兴武、李惠萍（女）、徐赓、高喜平
黑龙江	奚晓岗、高庆君	王新华、曹明全、曲宏樟、李德满、李明利、冯德利、南继辉、程云久、李军、刘延春、黄桂林、何成余（满族）、曹晓光
上海	俞平高	
江苏		肖开生、贺建伟
浙江		周明心、杭韵亚（女）、陈震林
安徽	张尉庭	袁西进、阮桂玲（女）
福建	戴教藩	陈尚韬、罗晓辉
江西		欧阳秀明、庄东泉
山东	徐云进	张晓波（女）
河南	吴玉洲	刘占军
湖北	袁继池	吴金柱
湖南		蒋传敏、蒋本毛（土家族）、聂远望、任湘郴
广东		胡可璋、刘善辉、范方俊
广西		荀建荣（女）、王光平、安家成
海南		王丽娟（女）
四川	潘志仁、罗辉	黄平
贵州	廖德平	陈世奇（土家族）、吴传远
云南		赵思嘉（女）、马洪军、童俊
陕西	王俊明	汪全智、杨玉霜（女）
甘肃	澹台安有、柴长宏	费乙（满族）
青海		徐尚荣
宁夏	郭永恒	石建宁
新疆	玛依努尔·吐尔逊（女，维吾尔族）、王炳举	阿不力米提（维吾尔族）

（吴友苗）

【国家林业局直属教育机构更名】 1999年为适应中央国家机关机构改革后的新形势，国家林业局人事教育司发出通知，决定将原林业部成人教育领导小组和林业部高等教育研究中心、林业部职业教育研究中心、林业部成人教育研究中心、林业部自学考试管理中心、林业部工人考核培训中心、林业部北京外语培训中心、林业部警官培训中心、林业部长春林业公安培训中心等8个非独立建制的直属教育机构（中心）分别更名为国家林业局成人教育领导小组和国家林业局高等教育研究中心、国家林业局职业教育研究中心、国家林业局成人教育研究中心、国家林业局自学考试管理中心、国家林业局工人考核培训中心、国家林业局北京外语培训中心、国家林业局警官培训中心、国家林业局长春林业公安培训中心，上述机构的主要任务、编制、经费渠道和挂靠单位不变，随后启用了新印章（林人教字[1999] 42号、105号、149号）。 （吴友苗）

【1999年林业教育研究优秀论文评选工作】 为了进一步推动林业教育研究工作，提高教育研究水平，促进林业教育改革与发展，国家林业局人事教育司和中国林业教育学会于1999年组织了首届林业教育研究优秀论文评选活动。在参评的215篇论文中，有6篇获一等奖，18篇获二等奖，26篇获三等奖。

国家林业局人事教育司、中国林业教育学会首届林业教育研究优秀论文奖

奖励等级	论文名称	主要完成人	所在单位
一等奖	面向21世纪　努力建设具有中国特色的木材加工专业	王厚立	南京林业大学
一等奖	论《测量学》教学体系的整体优化及青年测绘教师的全面培养	冯仲科	北京林业大学
一等奖	经济转型期的中国成人教育	李明生	国家林业局成人教育研究中心
一等奖	调整林业本科教育目标　培养适应21世纪的林业本科人才	李　勇	北京林业大学
一等奖	符合校情学分制的研究与实践	陈榆生	西南林学院
一等奖	针对中专女生的特点加强女生指导工作	程式芳	浙江林业学校
二等奖	浅论加强中专生思想政治教育管理	丁刚龙	湖北省咸宁林校
二等奖	深化教改　提高质量　适应市场经济	马明东	四川省林业学校
二等奖	对改进和加强林科研究生教育工作的探讨	王建子	国家林业局人事教育司
二等奖	加强教师队伍建设　提高教师队伍素质	王浩夫	内蒙古林学院
二等奖	质量要上去　管理是关键	任湘郴	中南林学院
二等奖	加强社会文化环境建设　促进青年学生健康成长	李成渝	四川省林业学校
二等奖	重视培养学生自学能力　全面提高语文教学质量	巫　蔚	广西国有三门江林场中学
二等奖	面向区域经济和社会可持续发展　办好西北地区高等农林教育	吴　越	西北林学院
二等奖	全面并轨后的思考	张燕良	北京林业大学
二等奖	高等农林院校经济管理系列课程改革初探	邱俊齐	北京林业大学
二等奖	浅谈化学教学中的启发式教学	林丽玲	福建三明林业学校
二等奖	简论人民教师的职业道德	林志伟	国家林业局职业教育研究中心
二等奖	对农林本科面向21世纪计算机教学改革的几点思考	柳小玲	国家林业局高等教育研究中心
二等奖	谈物理概念教学	柳晓强	河南汝南园林学校
二等奖	论大学生创造素质的教育与培养	胡祖吉	浙江林学院
二等奖	谈中等林校化学教学中需重视的几个问题	赵建华	河南汝南园林学校
二等奖	高等林业院校各专业类群经济管理系列课程教学内容和课程体系改革的初步研究	党凤兰	北京林业大学
二等奖	冲破瓶颈制约　建立企业模式——高校伙食工作改革初探	梁礼才	南京林业大学

（续）

奖励等级	论文名称	主要完成人	所在单位
三等奖	论教学录像片的运用艺术	邓小玲	国家林业局成人教育研究中心
三等奖	课堂导入语的运用策略	王志安	广西林业学校
三等奖	“工程材料及机械制造基础”课程教学改革与探索	申庆泰	内蒙古林学院
三等奖	深化教学改革的实践与探索	孙升辉	西北林学院
三等奖	引进市场机制　加快职业教育的改革和发展	李元度	湖北省林业厅
三等奖	技工学校毕业生就业难的原因及对策	李训灵	湖北省林业技工学校
三等奖	浅谈美术教学中观察能力、想象能力、创造能力的培养	李　莉	吉林省红石林业局第一小学
三等奖	浅谈技工学校学生的思想品德教育	刘万新	湖北省林业技校
三等奖	教学质量评估问卷调查统计系统	全红瑞	国家林业局林业管理干部学院
三等奖	浅谈林区自然教学	刘彩云	黑龙江省方正林业局中心小学
三等奖	试论高校建立总会计师制度的必要性	张甫香	南京林业大学
三等奖	浅谈林校数学素质教育的大众化问题	陈占红	河南汝南园林学校
三等奖	实行学分制是提高成人高等教育质量的有效途径	肖　斌	西北林学院
三等奖	关于林农教育的几点思考	肖创伟	湖北省林业学校
三等奖	语文教学中如何开发学生的智力	陈钦华	黑龙江省齐齐哈尔林业学校
三等奖	努力提高林科博士研究生培养质量	杨茂瑞	中国林业科学研究院
三等奖	实选精修乃“选修”之本	姜红人	江西南昌林业学校
三等奖	了解人、关心人、凝聚人与思想政治工作	胡坚强	浙江林学院
三等奖	森林工程专业课程体系和专业课教学内容的改革与实践	厚福祥	内蒙古林学院
三等奖	推动高校物业管理之管见	高国民	南京林业大学
三等奖	抓住契机　加速发展	袁谋典	湖北宜昌林业学校
三等奖	应用 Power Point 进行森林病虫害防治教学的尝试	黄少彬	广州林业学校
三等奖	湖北农村职业技术教育发展趋势和模式的探讨	黄国祥	湖北省林业厅
三等奖	谈师德建设	黄春兰	福建三明林业学校
三等奖	林业管理人才培养模式初探	崔英兰	国家林业局成人教育研究中心
三等奖	浅谈应试教育的典型表现及危害	戴文勇	广西林业造纸厂小学

（蓝增寿）

林业教育信息统计

1999～2000 学年普通高中等林业院校（系）基本情况

单位：人

	学校数（所、个）	毕业生数	招生数	在校学生数	毕业班学生数	教职工数	
						计	其中：专任教师
总　计	**68**	**29 888**	**46 370**	**134 804**	**34 595**	**18 060**	**7 917**
一、研究生		377	601	1 533	432	0	0
1. 高等林业院校		356	588	1 498	420	0	0
国家任务		309	431	1 154	337	0	0
委托培养		28	98	197	38	0	0
自费生		19	59	147	45	0	0
2. 科研单位培养		21	13	35	12	0	0
国家任务		21	13	35	12	0	0
二、普通本专科		7 313	13 597	36 805	7 860	0	0
1. 高等林业院校	8	5 764	11 660	30 083	6 177	8 574	3 351
国家任务		5 317	11 660	29 869	5 968	0	0
其中：新高职		0	1 470	1 470	0	0	0
委托培养		282	0	82	77	0	0
自费生		165	0	132	132	0	0
2. 其他高等学校（林科）		1 549	1 937	6 722	1 683	0	0
国家计划		1 416	1 937	6 722	1 683	0	0
其中：新高职		0	36	36	0	0	0
委托培养		37	0	0	0	0	0
自费生		96	0	0	0	0	0
三、林业中等专业学校	60	22 198	32 172	96 466	26 303	9 486	4 566
1. 中等林业学校	52	17 641	25 414	77 173	20 763	8 540	4 132
国家任务		10 891	24 614	65 008	13 923	0	0
委托培养		5 886	720	10 529	6 156	0	0
自费生		864	80	1 636	684	0	0
2. 林业师范学校	4	750	643	2 262	1 020	373	184
国家任务		538	558	1 336	560	0	0
委托培养		212	85	926	460	0	0
3. 林业卫生学校	3	457	864	2 043	533	322	147
国家任务		110	344	920	96	0	0
委托培养		347	410	805	355	0	0
自费生		0	110	318	82	0	0
4. 林业警察学校	1	361	474	1519	372	251	103
国家任务		361	474	1 519	372	0	0
5. 其他中等专业学校（林科）		2 989	4 777	13 469	3 615	0	0
国家任务		2 086	4 691	11 933	2 628	0	0
委托培养		675	56	1 155	785	0	0
自费生		228	30	381	202	0	0

1999～2000学年初普通高等林业院校研究生基本情况

单位：人

学校名称	毕业生数	招生数	在校学生数	毕业班学生数
总　计	**377**	**601**	**1 533**	**432**
一、博士生	94	179	457	141
1. 高等学校	87	165	422	129
北京林业大学	32	63	146	31
东北林业大学	27	50	132	45
南京林业大学	24	40	120	46
中南林学院	4	12	24	7
西南林学院	0	0	0	0
2. 科研单位	7	13	35	12
中国林业科学研究院	7	13	35	12
二、硕士生	283	423	1 076	291
1. 高等学校	269	423	1 076	291
北京林业大学	75	103	274	79
东北林业大学	82	110	271	63
南京林业大学	51	82	225	75
中南林学院	27	50	120	27
西南林学院	8	20	43	10
西北林学院	14	27	78	21
福建林学院	12	31	65	16
2. 科研单位	14	0	0	0
中国林业科学研究院	14	0	0	0

1999～2000学年初普通高等林业院校（系）分学校学生情况

单位：人

学校名称	毕业生数			招生数			在校学生数			毕业班学生数		
	合计	本科	专科	合计	本科	专科	合计	本科	专科	合计	本科	专科
总　计	**7 313**	**5 030**	**2 283**	**13 597**	**11 013**	**2 584**	**36 805**	**30 963**	**5 842**	**7 860**	**5 712**	**2 148**
一、普通高等林业院校	5 764	3 998	1 766	11 660	9 492	2 168	30 083	25 689	4 394	6 177	4 662	1 515
北京林业大学	814	667	147	1 840	1 450	390	4 529	3 972	557	916	751	165
东北林业大学	1 288	1 035	253	2 410	1 848	562	6 521	5 725	796	1 476	1 266	210
南京林业大学	949	660	289	1 836	1 482	354	4 644	3 881	763	951	710	241
中南林学院	754	552	202	1 598	1 430	168	4 134	3 797	337	754	643	111
西南林学院	531	303	228	900	802	98	2 521	2 135	386	611	324	287
西北林学院	522	301	221	940	750	190	2 465	1 974	491	538	364	174
浙江林学院	259	79	180	1 136	920	216	2 108	1 571	537	302	142	160
福建林学院	647	401	246	1 000	810	190	3 161	2 634	527	629	462	167
二、其他高等学校（林科）	1 549	1 032	517	1 937	1 521	416	6 722	5 274	1 448	1 683	1 050	633

1999～2000学年初普通高等林业院校（系）分专业学生情况

单位：人

专业名称	毕业生数			招生数			在校学生数			毕业班学生数		
	合计	本科	专科	合计	本科	专科	合计	本科	专科	合计	本科	专科
总　计	**7 313**	**5 030**	**2 283**	**13 597**	**11 013**	**2 584**	**36 805**	**30 963**	**5 842**	**7 860**	**5 712**	**2 148**
林　学	1 218	974	244	2 333	2 124	209	6 739	6 116	623	1 301	1 064	237
森林保护	299	256	43	211	154	57	953	804	149	339	275	64
经济林	383	258	125	96	0	96	1 039	680	359	486	276	210
园　林	212	212	0	1 220	1 002	218	2 231	1 990	241	231	208	23
风景园林	30	30	0	62	0	62	372	310	62	89	89	0
野生植物资源开发与利用	105	78	27	30	0	30	447	318	129	203	104	99
野生动物保护与利用	88	87	1	65	30	35	367	251	116	81	30	51
自然保护区资源管理	31	0	31	50	50	0	78	78	0	28	28	0
生物学	0	0	0	69	69	0	186	186	0	0	0	0
生物技术	0	0	0	224	224	0	225	225	0	0	0	0
药用植物	25	25	0	0	0	0	56	56	0	0	0	0
沙漠治理	28	28	0	0	0	0	44	44	0	24	24	0
水土保持	101	101	0	145	145	0	442	442	0	116	116	0
森林工程	156	156	0	198	198	0	608	608	0	177	177	0
防火工程	84	0	84	0	0	0	47	0	47	21	0	21
木材加工	277	260	17	626	626	0	1 613	1 590	23	298	275	23
林业与木工机械	165	165	0	114	114	0	514	493	21	166	166	0
林产化工	150	132	18	203	203	0	745	745	0	152	152	0
制浆造纸工程	27	27	0	0	0	0	66	66	0	17	17	0
制浆造纸工艺	86	67	19	25	0	25	285	260	25	71	71	0
精细化工	30	30	0	0	0	0	94	94	0	33	33	0
化工工艺	0	0	0	59	59	0	59	59	0	0	0	0
化工工程	0	0	0	96	96	0	96	96	0	0	0	0
工业自动化	45	45	0	58	58	0	164	164	0	35	35	0
载运工具运用工程	189	150	39	270	148	122	767	590	177	219	164	55
计算机及应用	108	53	55	576	499	77	1 124	974	150	177	135	42
机械制造工艺与设备	51	28	23	167	167	0	365	319	46	48	30	18
电子工程	17	0	17	0	0	0	0	0	0	0	0	0
应用电子技术	81	61	20	152	152	0	470	452	18	103	85	18
机械电子工程	64	64	0	73	73	0	222	222	0	56	56	0
林业信息管理	77	57	20	90	90	0	271	271	0	90	90	0
贸易经济	116	95	21	150	150	0	487	487	0	128	128	0
林业经济管理	224	187	37	329	329	0	978	948	30	130	100	30
法　学	232	74	158	316	286	30	1 052	928	124	243	149	94
会计学	519	390	129	555	492	63	1 950	1 755	195	556	453	103
工商管理	0	0	0	235	235	0	235	235	0	0	0	0
市场营销	44	0	44	80	0	80	188	0	188	44	0	44
统计学	45	26	19	123	123	0	308	290	18	67	49	18

（续）

专业名称	毕业生数			招生数			在校学生数			毕业班学生数		
	合计	本科	专科	合计	本科	专科	合计	本科	专科	合计	本科	专科
广告学	20	0	20	37	37	0	93	37	56	30	0	30
室内与家具设计	240	217	23	461	289	172	1 412	1 209	203	291	260	31
城市规划	0	0	0	36	36	0	36	36	0	0	0	0
工艺美术学	66	0	66	185	25	160	316	25	291	77	0	77
装潢艺术设计	35	0	35	101	58	43	174	58	116	33	0	33
环境学	0	0	0	119	77	42	151	109	42	0	0	0
生态学	0	0	0	0	0	0	53	53	0	0	0	0
环境工程	19	19	0	30	0	30	132	71	61	64	33	31
环境艺术设计	58	0	58	84	84	0	206	84	122	45	0	45
观赏园艺	29	0	29	40	0	40	71	0	71	30	0	30
房地产经营管理	20	0	20	110	0	110	142	0	142	30	0	30
汉语言文学	0	0	0	65	65	0	65	65	0	0	0	0
英　语	110	88	22	352	267	85	731	575	156	143	109	34
应用数学	0	0	0	60	60	0	118	118	0	0	0	0
治安管理	0	0	0	80	0	80	80	0	80	0	0	0
食品科学与工程	39	28	11	28	28	0	79	79	0	28	28	0
旅游经济	130	99	31	401	293	108	823	688	135	135	108	27
建筑工程	115	59	56	99	99	0	413	388	25	75	50	25
房屋建筑工程	34	0	34	37	0	37	99	0	99	28	0	28
建筑装饰技术	0	0	0	141	141	0	141	141	0	0	0	0
交通工程	0	0	0	129	129	0	244	244	0	31	31	0
交通土建工程	136	136	0	238	186	52	969	917	52	197	197	0
其他专业（或专业类）	955	268	687	1 764	1 243	521	4 370	2 920	1 450	894	317	577

1999～2000学年初普通高等林业院校（系）分学校函授、夜大学学生情况

单位：人

学校名称	毕业生数			招生数			在校学生数			毕业班学生数		
	合计	本科	专科	合计	本科	专科	合计	本科	专科	合计	本科	专科
总　计	**2 876**	**99**	**2 777**	**5 145**	**734**	**4 411**	**12 626**	**1 465**	**11 161**	**3 897**	**143**	**3 754**
一、函授	1 899	99	1 800	3 648	702	2 946	9 601	1 292	8 309	3 055	143	2 912
北京林业大学	386	20	366	587	81	506	1 698	205	1 493	574	39	535
东北林业大学	425	41	384	1 065	353	712	2 311	680	1 631	690	73	617
南京林业大学	275	29	246	499	80	419	1 278	124	1 154	408	0	408
中南林学院	119	0	119	357	106	251	996	128	868	353	0	353
西南林学院	219	0	219	446	10	436	1 087	10	1 077	292	0	292
西北林学院	193	9	184	358	26	332	938	26	912	269	0	269
浙江林学院	122	0	122	102	21	81	553	35	518	189	0	189
福建林学院	160	0	160	234	25	209	740	84	656	280	31	249
二、夜大学	237	0	237	757	28	729	1 722	169	1 553	375	0	375

（续）

学校名称	毕业生数			招生数			在校学生数			毕业班学生数		
	合计	本科	专科	合计	本科	专科	合计	本科	专科	合计	本科	专科
北京林业大学	133	0	133	248	0	248	639	0	639	195	0	195
东北林业大学	24	0	24	0	0	0	199	141	58	30	0	30
南京林业大学	0	0	0	28	28	0	32	28	4	4	0	4
中南林学院	80	0	80	481	0	481	852	0	852	146	0	146
三、成人脱产班	740	0	740	740	4	736	1 303	4	1 299	467	0	467
北京林业大学	0	0	0	45	0	45	109	0	109	0	0	0
南京林业大学	340	0	340	289	0	289	485	0	485	164	0	164
中南林学院	337	0	337	323	0	323	566	0	566	243	0	243
西北林学院	19	0	19	26	0	26	38	0	38	12	0	12
福建林学院	44	0	44	57	4	53	105	4	101	48	0	48

1999～2000 学年初普通高等林业院校教职工基本情况

单位：人

学校名称	总 计	校本部教职工数										科研机构人员数	校办工厂、林场职工数	附设机构人员数
		计	专任教师						教辅人员	行政人员	工勤人员			
			计	教授	副教授	讲师	教员	助教						
总 计	**8 574**	**6 758**	**3 351**	**400**	**985**	**1 138**	**688**	**140**	**1 044**	**1 283**	**1 080**	**326**	**755**	**735**
北京林业大学	1 283	829	439	96	156	125	56	6	94	213	83	130	66	258
东北林业大学	2 144	1 637	744	100	220	248	143	33	415	188	290	54	352	101
南京林业大学	1 532	1 183	662	74	181	218	181	8	129	263	129	87	122	140
中南林学院	1 103	975	455	51	147	135	91	31	146	186	188	44	66	18
西南林学院	628	566	287	23	99	106	46	13	81	115	83	0	0	62
西北林学院	653	573	304	28	71	141	56	8	53	98	118	0	32	48
浙江林学院	456	404	191	5	40	84	38	24	47	88	78	4	6	42
福建林学院	775	591	269	23	71	81	77	17	79	132	111	7	111	66

1999～2000 学年初普通林业中等专业学校分专业学生数

单位：人

专业名称	毕业生数	招生数			在校生数	毕业班学生数
		计	招高中毕业生数	招初中毕业生数		
总 计	**22 198**	**32 172**	**2 390**	**29 782**	**96 466**	**26 303**
林 业	3 036	3 192	169	3 023	11 851	3 817
森林保护	251	582	40	542	1 621	481
经济林	1 940	1 474	80	1 394	6 166	2 023
园 林	3 096	7 327	586	6 741	18 176	3 526
水土保持	451	591	40	551	2 151	549
沙漠治理	82	40	0	40	286	80
森林防火	0	0	0	0	153	53
森林资源管理	465	825	30	795	2 740	623
自然保护区资源管理	91	56	0	56	271	78

（续）

专业名称	毕业生数	招生数			在校生数	毕业班学生数
		计	招高中毕业生数	招初中毕业生数		
野生植物栽培与利用	125	70	0	70	382	128
林特产品加工	211	0	0	0	116	79
野生动物保护与饲养	0	30	0	30	30	0
森林采运工程	72	72	32	40	458	76
木材加工	276	164	41	123	980	428
林业机械	89	0	0	0	218	77
林产化工	51	0	0	0	424	136
林业财务会计	727	869	0	869	2 688	892
林业计划与统计	67	0	0	0	155	83
林业经济管理	705	329	80	249	831	256
林产品贸易	489	301	0	301	1 322	483
森林旅游	238	628	0	628	1 561	390
园林经济与管理	87	0	0	0	38	38
治安管理	188	249	0	249	831	179
林业公安	273	549	180	369	1 119	300
法　律	238	433	77	356	1 138	360
园　艺	40	325	0	325	821	70
果　树	287	309	42	267	1 213	299
草原与饲料	22	0	0	0	0	0
多种经营	184	125	0	125	314	49
农村能源开发与利用	0	32	0	32	32	0
国有资产管理	44	43	0	43	183	44
保　险	40	80	0	80	260	92
财务会计	1 138	898	38	860	3 081	1 066
涉外财务会计	44	0	0	0	0	0
审　计	74	150	75	75	284	86
计划与统计	0	59	0	59	169	30
工业企业管理	108	0	0	0	216	160
企业物资管理	70	30	30	0	96	49
农业经济管理	118	82	82	0	283	201
市场营销	354	109	0	109	416	171
对外贸易业务	90	16	0	16	69	0
经贸外语	0	111	0	111	199	0
餐旅管理	37	18	0	18	53	0
土地管理	75	130	0	130	342	78
环境生态	0	629	53	576	1 102	0
环境管理	39	185	45	140	353	59
文秘与档案	84	279	0	279	556	92
装璜设计	53	251	0	251	605	128
室内设计	89	149	0	149	266	61
机械制造	0	0	0	0	40	0

（续）

专业名称	毕业生数	招生数			在校生数	毕业班学生数
		计	招高中毕业生数	招初中毕业生数		
汽车拖拉机运用与维修	230	345	0	345	871	115
锅炉制造与维修	0	0	0	0	40	0
机电设备维修	84	78	0	78	248	61
机电技术应用	31	0	0	0	158	71
电子技术应用	0	80	0	80	80	0
计算机及应用	1 147	2 143	149	1 994	6 542	1 686
自动控制技术	0	0	0	0	20	20
果蔬贮藏与加工	0	0	0	0	181	78
小型土木工程	272	140	0	140	523	165
家用电器	0	97	0	97	97	0
家具设计与制造	77	128	0	128	343	60
建筑装饰	78	180	0	180	373	45
城镇规划	187	188	0	188	576	181
工业与民用建筑	80	56	0	56	413	167
市政工程施工	68	170	0	170	787	197
水利水电工程建筑	65	100	0	100	270	47
水政水资源管理	0	80	0	80	80	0
农田水利工程	0	40	0	40	67	0
工程测量	58	118	0	118	291	100
环境监测	40	178	0	178	451	50
普通师范	707	229	0	229	1 909	849
幼儿师范	0	46	0	46	86	0
体　育	0	14	0	14	100	38
播　音	0	140	0	140	140	0
电视摄像	0	140	0	140	140	0
音　乐	74	79	0	79	212	119
美　术	44	63	0	63	300	116
外　语	70	208	0	208	335	74
社区医学	96	129	0	129	410	150
护　理	261	206	0	206	825	293
计划生育	0	0	0	0	40	0
预防医学	50	0	0	0	0	0
妇幼卫生	0	100	0	100	169	0
病案管理	0	45	0	45	125	40
医学检验	0	0	0	0	50	50
卫生检验	50	0	0	0	0	0
口腔医学	0	208	0	208	208	0
其他专业（专业类）	2 191	4 653	521	4 132	12 347	3 661

1999～2000学年初普通林业中等专业学校基本情况

单位：人

省区及学校名称	学校数(所)	毕业生数	招生数			在校学生数	毕业班学生数	教职工数												兼任教师(不计入教工数中)
			计	招高中毕业生数	招初中毕业生数			合计	校本部教职工									校办厂场职工	附设机构人员	
									计	专任教师					教辅人员	行政人员	工勤人员			
										计	高级讲师	讲师	助理讲师	教员						
总　计	60	22 198	32 172	2 390	29 782	96 466	26 303	9 486	9 007	4 566	994	2 037	1 264	271	914	1 665	1 862	330	149	85
一、林业学校	53	17 641	25 414	1 914	23 500	77 173	20 763	8 540	8 085	4 132	885	1 864	1 150	233	838	1 445	1 670	330	125	85
北京市	1	173	183	0	183	622	175	95	95	36	4	23	8	1	12	24	23	0	0	0
北京市园林学校	0	173	183	0	183	622	175	95	95	36	4	23	8	1	12	24	23	0	0	0
天津市	1	295	481	0	481	1 885	414	170	170	85	15	47	21	2	6	32	47	0	0	0
天津市园林学校	0	295	481	0	481	1 885	414	170	170	85	15	47	21	2	6	32	47	0	0	0
河北省	1	251	410	0	410	1 310	301	186	179	100	12	45	42	1	20	34	25	7	0	7
河北林业学校	0	251	410	0	410	1 310	301	186	179	100	12	45	42	1	20	34	25	7	0	7
山西省	1	427	555	0	555	1 950	459	197	168	82	16	30	36	0	17	37	32	29	0	0
山西林业学校	0	427	555	0	555	1 950	459	197	168	82	16	30	36	0	17	37	32	29	0	0
内蒙古自治区	2	273	445	0	445	1 529	388	285	283	152	20	63	53	16	25	79	27	2	0	0
内蒙古大兴安岭林业学校	0	90	50	0	50	515	125	146	146	71	5	30	27	9	15	60	0	0	0	0
扎兰屯林业学校	0	183	395	0	395	1 014	263	139	137	81	15	33	26	7	10	19	27	2	0	0
辽宁省	1	334	548	0	548	1 447	392	243	239	117	26	50	40	1	43	30	49	0	4	0
辽宁林业学校	0	334	548	0	548	1 447	392	243	239	117	26	50	40	1	43	30	49	0	4	0
吉林省	3	951	805	68	737	3 788	1 155	604	597	296	103	139	51	3	69	110	122	2	5	0
白城林业学校	0	328	320	68	252	1 427	452	235	230	118	42	67	6	3	23	32	57	0	5	0
吉林林业学校	0	308	250	0	250	1 020	308	217	215	104	51	39	14	0	37	48	26	2	0	0
延边林业学校	0	315	235	0	235	1 341	395	152	152	74	10	33	31	0	9	30	39	0	0	0
黑龙江省	6	2 277	4 161	0	4 161	9 807	2 060	1 363	1 336	574	195	250	115	14	91	266	405	23	4	0
伊春林业学校	0	501	550	0	550	1 675	465	184	170	72	15	47	10	0	11	47	40	14	0	0
牡丹江林业学校	0	653	1 400	0	1 400	2 454	346	228	224	112	40	52	16	4	23	53	36	0	4	0
齐齐哈尔林业学校	0	472	800	0	800	2 001	533	267	264	126	71	50	5	0	11	66	61	3	0	0
黑龙江农垦林业学校	0	494	1 200	0	1 200	2 493	483	376	376	103	27	40	26	10	31	53	189	0	0	0
大兴安岭林业学校	0	157	70	0	70	423	153	129	129	72	10	24	38	0	0	17	40	0	0	0
东京城林业机电学校	0	0	141	0	141	761	80	179	173	89	32	37	20	0	15	30	39	6	0	0

（续）

省区及学校名称	学校数(所)	毕业生数	招生数			在校学生数	毕业班学生数	教职工数												兼任教师(不计入教工数中)
			计	招高中毕业生数	招初中毕业生数			合计	校本部教职工									校办厂场职工	附设机构人员	
									计	专任教师					教辅人员	行政人员	工勤人员			
										计	高级讲师	讲师	助理讲师	教员						
上海市	1	132	309	0	309	788	183	101	101	35	5	15	13	2	17	20	29	0	0	0
上海市园林学校	0	132	309	0	309	788	183	101	101	35	5	15	13	2	17	20	29	0	0	0
浙江省	2	1 152	1 566	148	1 418	3 975	1 234	282	278	178	25	95	42	16	27	25	48	0	4	24
宁波林业学校	0	430	649	148	501	1 427	387	142	138	78	8	40	26	4	19	21	20	0	4	0
浙江林业学校	0	722	917	0	917	2 548	847	140	140	100	17	55	16	12	8	4	28	0	0	24
安徽省	2	496	1 107	50	1 057	2 571	580	225	223	124	23	60	33	8	22	35	42	0	2	0
合肥林业学校	0	250	554	50	504	1 306	300	122	122	66	13	26	23	4	15	17	24	0	0	0
黄山林业学校	0	246	553	0	553	1 265	280	103	101	58	10	34	10	4	7	18	18	0	2	0
福建省	2	482	1 148	0	1 148	4 044	694	305	272	161	34	86	37	4	21	52	38	31	2	28
福建林业学校	0	268	706	0	706	2 658	435	197	164	104	29	51	24	0	14	25	21	31	2	28
三明林业学校	0	214	442	0	442	1 386	259	108	108	57	5	35	13	4	7	27	17	0	0	0
江西省	2	1 111	1 114	132	982	3 711	1 045	355	329	199	38	73	79	9	43	26	61	23	3	0
赣州林业学校	0	740	596	46	550	2 115	494	189	163	98	23	35	36	4	15	17	33	23	3	0
南昌林业学校	0	371	518	86	432	1 596	551	166	166	101	15	38	43	5	28	9	28	0	0	0
山东省	1	423	625	0	625	1 757	555	341	307	110	35	57	16	2	38	76	83	34	0	1
山东林业学校	0	423	625	0	625	1 757	555	341	307	110	35	57	16	2	38	76	83	34	0	1
河南省	3	827	1 437	26	1 411	4 683	1 288	431	419	260	67	95	72	26	21	38	100	5	7	0
洛阳林业学校	0	450	581	26	555	1 818	506	209	197	134	38	43	47	6	5	15	43	5	7	0
汝南园林学校	0	170	336	0	336	1 334	356	114	114	71	19	27	10	15	6	10	27	0	0	0
信阳林业学校	0	207	520	0	520	1 531	426	108	108	55	10	25	15	5	10	13	30	0	0	0
湖北省	5	2 742	2 445	767	1 678	7 505	3 020	646	563	350	59	157	91	43	78	68	67	60	23	21
湖北林业学校	0	393	598	314	284	1 263	345	167	150	97	15	37	35	10	13	18	22	3	14	11
宜昌林业学校	0	383	260	0	260	915	429	108	108	69	13	35	14	7	12	14	13	0	0	0
咸宁林业学校	0	996	1 087	413	674	2 900	1 059	165	165	107	21	56	19	11	20	21	17	0	0	10
黄冈林业学校	0	970	500	40	460	2 427	1 187	206	140	77	10	29	23	15	33	15	15	57	9	0
恩施林业学校	0	0	0	0	0	0	0	0	0	0	0	0	0	0	0	0	0	0	0	0
湖南省	1	621	977	158	819	2 691	735	211	211	108	37	55	16	0	31	30	42	0	0	0

（续）

省区及学校名称	学校数(所)	毕业生数	招生数			在校学生数	毕业班学生数	教职工数												兼任教师(不计入教工数中)
			计	招高中毕业生数	招初中毕业生数			合计	校本部教职工									校办厂场职工	附设机构人员	
									计	专任教师					教辅人员	行政人员	工勤人员			
										计	高级讲师	讲师	助理讲师	教员						
湖南林业学校	0	621	977	158	819	2 691	735	211	211	108	37	55	16	0	31	30	42	0	0	0
广东省	2	411	621	0	621	1 741	517	217	198	95	19	57	18	1	23	46	34	0	19	4
广州林业学校	0	411	621	0	621	1 741	517	212	193	90	18	54	18	0	23	46	34	0	19	4
广州园林中等专业学校	0	0	0	0	0	0	0	5	5	5	1	3	0	1	0	0	0	0	0	0
广西壮族自治区	3	955	1 348	0	1 348	5 310	1 339	446	340	206	31	109	53	13	37	62	35	54	52	0
广西林业学校	0	673	794	0	794	3 008	700	307	201	108	23	59	23	3	30	35	28	54	52	0
桂林林业学校	0	231	305	0	305	1 165	330	84	84	57	5	32	16	4	7	19	1	0	0	0
梧州林业学校	0	51	249	0	249	1 137	309	55	55	41	3	18	14	6	0	8	6	0	0	0
四川省	1	598	1 131	30	1 101	3 733	1 049	343	287	125	32	61	24	8	30	79	53	56	0	0
四川林业学校	0	598	1 131	30	1 101	3 733	1 049	343	287	125	32	61	24	8	30	79	53	56	0	0
贵州省	2	416	656	0	656	2 138	469	288	288	163	7	69	82	5	22	67	36	0	0	0
贵州林业学校	0	266	386	0	386	1 412	309	182	182	90	5	36	45	4	13	48	31	0	0	0
黔东南林业学校	0	150	270	0	270	726	160	106	106	73	2	33	37	1	9	19	5	0	0	0
云南省	2	517	504	86	418	2 270	628	261	261	131	21	59	50	1	26	57	47	0	0	0
云南林业学校	0	375	322	86	236	1 643	495	204	204	99	19	50	29	1	24	43	38	0	0	0
思茅林业学校	0	142	182	0	182	627	133	57	57	32	2	9	21	0	2	14	9	0	0	0
陕西省	3	1 042	1 173	127	1 046	3 729	1 097	264	262	125	15	43	41	26	38	32	67	2	0	0
陕西林业学校	0	426	574	0	574	1 994	627	0	0	0	0	0	0	0	0	0	0	0	0	0
榆林林业学校	0	286	344	87	257	1 023	305	185	183	85	9	27	27	22	30	20	48	2	0	0
延安林业学校	0	330	255	40	215	712	165	79	79	40	6	16	14	4	8	12	19	0	0	0
甘肃省	2	332	855	0	855	2 165	340	274	272	139	22	51	45	21	39	31	63	2	0	0
甘肃林业学校	0	243	595	0	595	1 565	250	184	182	97	16	33	33	15	23	22	40	2	0	0
庆阳林业学校	0	89	260	0	260	600	90	90	90	42	6	18	12	6	16	9	23	0	0	0
青海省	1	198	240	162	78	680	364	109	109	55	4	22	29	0	12	26	16	0	0	0
青海农林学校	0	198	240	162	78	680	364	109	109	55	4	22	29	0	12	26	16	0	0	0
宁夏回族自治区	1	80	160	0	160	490	80	82	82	38	8	23	4	3	8	12	24	0	0	0
宁夏林业学校	0	80	160	0	160	490	80	82	82	38	8	23	4	3	8	12	24	0	0	0

（续）

省区及学校名称	学校数(所)	毕业生数	招生数			在校学生数	毕业班学生数	教职工数										校办厂场职工	附设机构人员	兼任教师(不计入教工数中)
			计	招高中毕业生数	招初中毕业生数			合计	校本部教职工											
									计	专任教师					教辅人员	行政人员	工勤人员			
										计	高级讲师	讲师	助理讲师	教员						
新疆维吾尔自治区	1	125	410	160	250	854	202	216	216	88	12	30	39	7	22	51	55	0	0	0
新疆林业学校	0	125	410	160	250	854	202	216	216	88	12	30	39	7	22	51	55	0	0	0
二、林业师范学校	4	750	643	0	643	2 262	1 020	373	373	184	47	74	43	20	20	75	94	0	0	0
内蒙古自治区	1	130	217	0	217	457	120	121	121	58	13	21	11	13	8	14	41	0	0	0
内蒙大兴安岭林业师范学校		130	217	0	217	457	120	121	121	58	13	21	11	13	8	14	41	0	0	0
黑龙江省	3	620	426	0	426	1 805	900	252	252	126	34	53	32	7	12	61	53	0	0	0
伊春林业师范学校	0	110	116	0	116	492	260	75	75	30	7	17	6	0	3	29	13	0	0	0
牡丹江林业师范学校	0	150	180	0	180	543	170	103	103	44	19	16	7	2	6	28	25	0	0	0
大兴安岭林业师范学校	0	360	130	0	130	770	470	74	74	52	8	20	19	5	3	4	15	0	0	0
三、林业卫生学校	3	457	864	0	864	2 043	533	322	316	147	27	59	49	12	34	77	58	0	6	0
内蒙古自治区	1	87	391	0	391	770	163	100	94	49	3	19	19	8	5	27	13	0	6	0
内蒙大兴安岭林业卫生学校	0	87	391	0	391	770	163	100	94	49	3	19	19	8	5	27	13	0	6	0
黑龙江省	2	370	473	0	473	1 273	370	222	222	98	24	40	30	4	29	50	45	0	0	0
黑龙江省林业卫生学校	0	220	410	0	410	900	220	107	107	50	16	21	13	0	20	25	12	0	0	0
大兴安岭林业卫生学校	0	150	63	0	63	373	150	115	115	48	8	19	17	4	9	25	33	0	0	0
四、林业警察学校	1	361	474	0	474	1 519	372	251	233	103	35	40	22	6	22	68	40	0	18	0
江苏省	1	361	474	0	474	1 519	372	251	233	103	35	40	22	6	22	68	40	0	18	0
国家林业局南京人民警察学校	0	361	474	0	474	1 519	372	251	233	103	35	40	22	6	22	68	40	0	18	0
五、其他学校(林科)	0	2 989	4 777	476	4 301	13 469	3 615	0	0	0	0	0	0	0	0	0	0	0	0	0

（国家林业局人事教育司教育处）

国有林场(苗圃)、林业工作站建设

国有林场、苗圃建设

【综　述】　1999年全国国有林场以“十五”大精神为指针，结合实际采取有力措施，推动了国有林场的改革与发展。截至1999年12月，全国国有林场已发展到4 300处，经营面积达5 460万公顷，全年完成荒山造林23万公顷，迹地更新18万公顷，抚育79万公顷，生产木材891万立方米，实现销售收入89亿元。1999年国有林场的改革与发展，呈现出四个明显的特点：

国有林场分类经营取得新的进展　一年来，各地在国有林场分类经营改革的理论依据、定型划类标准、实施办法以及管理体制、运行机制、配套政策等方面进行了积极探索，取得了明显进展。截至1999年，全国已有一半以上的省区在不同层次上不同程度地开展了国有林场分类经营改革。特别是山东、辽宁、河北、湖南、云南等省政府对国有林场分类经营提出了明确的要求，在部分地区也实施了国有林场分类经营改革。黑龙江省通过深入细致的调查研究，经过严密论证制定了详细的类型划分标准和实施办法，在全省组织业务管理和技术人员1 300多人进行了专门培训，并按照分类经营的要求编制了2001～2010年国有林场森林经营方案。云南省93%的国有林场已完成森林分类区划界定工作。山东省由于省政府高度重视，相关部门密切配合，林业部门深入、细致、扎实的工作，前后仅用一年多的时间，全面完成了全省310个国有林场、苗圃的分类经营改革，成为全国全面实施国有场圃分类界定和将生态公益型场圃事业经费全额纳入政府财政预算的第一省。当年全省对国有林场事业费等投入就增加了2 000多万元，使生态公益型林场的危困局面得到明显缓解。北京市政府下发了《关于加强国有林场建设意见的通知》，明确指出北京市的国有林场属于生态公益型林场，作为事业单位，各级政府要切实负起责任，实行定额或定向补助，并把林场建设纳入市区(县)绿化造林总体规划。对国有林场的事业费投入增加了一倍，为国有林场的健康发展提供了有力的保证。甘肃省古浪县通过分类经营改革，确定了每个林场的发展方向、经营目标，制定了不同类型林场的管理体制、经营机制和配套政策。生态公益型林场的事业费和职工工资全额纳入财政预算；商品经营型林场的离退休职工工资由财政负担，林场事业费及在职职工工资实行定额包干，逐年削减。通过这一改革和相关政策的落实，使全县国有林场的发展呈现出新的生机和活力。

发展多种经济成份，探索公有制的多种实现形式　各地在以下三个方面进行积极探索：一是国有林场扶持职工发展自营经济。浙江、福建、广西等省区将林场零星分散的经济林，租赁或作价转让给职工个人经营；林场的荒山荒地、采伐迹地，在统一规划的基础上，由职工家庭或联户投资营造用材林或经济林，形成了一批家庭林场。二是在资本运营上，通过合资、合作、联营等多种形式，开发资源，联合兴办多种经营及营造林项目；辽宁、湖南、江西等省采取股份制、股份合作制等形式，筹集资金，增加投入，扩大规模，开发新产品，提高产品质量和档次。三是打破了国有国营的单一格局。福建、广东等通过国有民营，将小型多种经营项目，承包、租赁给职工个人经营，在确保国有资产不流失的前提下，依法采取有偿转让、作价出售、公开拍卖等形式，改变产权关系，由新的产权所有者自主经营。林场长期闲置或很少利用的厂房、机械、设备等资产，通过多种形式的改革，盘活了存量资产，提高利用率。

发挥资源优势，增强了经济活力　从整个行业来看，优势有两个，一个是发展商品林，多数省区的国有林场都调整了林种结构，尤其是实施“天保”工程以后，国有林场在这方面的任务加重了。南方一些省区大力发展工业原料林等商品材基地建设，这不仅能为国家提供木材和林产品，也增加林场的收入。另一个是被称为朝阳产业的森林旅游业，它不仅是林业的窗口，也是国有林场新的经济增长点。福建、陕西、四川、云南等地都将森林旅游确定为国有林场的支柱产业之一，紧紧抓住“99生态环境游”的契机，1999年旅游的收入比1998年增长了10%。

新建了一批国有林场 随着退耕还林步伐的加快，1999 年仅湖北、云南和河北省就建设了 33 处大型的国有林场。这些新建的林场是在认真总结吸取过去国有林场建设经验的基础上，高起点、高标准建设的。其主要特点，一是规模大，一个林场经营面积至少在 6 666.7公顷以上，大的在 6.7 万公顷以上；二是林地集中连片，便于管理；三是山林权属明确；四是按照市场经济规律，建立了新的经营机制。（管长岭）

【贫困林场脱贫】 1999 年，国有林场脱贫工作进入了攻坚阶段。国家财政部下拨专项扶贫资金 4 000 万元，地方配套 3 100 万元，共 7 100 万元，扶持 228 个林场用于种植业、养殖业等风险小、见效快的项目。现已有 600 个林场基本脱贫，占全国贫困国有林场总数的 35%。

1999 年贫困林场脱贫工作主要抓了以下几个方面：①强化扶贫资金落实、管理、使用，加大监督检查力度。多数省区对脱贫项目进展和资金管理使用等情况采取县自查、市检查、厅核查的方式，发现问题及时解决，保证了脱贫项目的正常进行。②总结交流脱贫工作经验，研究解决脱贫的有效措施。安徽、湖南等省结合本地实际，分片召开了国有林场脱贫工作座谈会和研讨会，总结了近几年来的脱贫经验，指出了当前存在的主要问题，明确了今后的方向。③加强培训。贵州、甘肃等省厅把提高贫困林场场长素质作为林场脱贫的一项重要措施，举办了贫困林场场长培训班，通过聘请专家讲课和典型经验介绍等培训方式，使林场场长开阔了视野，增强了脱贫信心。④积极探讨公有制的多种实现形式，加快林场职工脱贫致富步伐。山西、贵州、甘肃等省大力推广承包、股份制等多种经营形式，调动了职工积极性，增强了林场活力。广西壮族自治区林业局还出台了《广西壮族自治区林业局关于加快发展国有林场职工自营经济问题的若干规定》，加强和规范了国有林场职工自营经济管理。（吴丽萍）

【无检疫对象苗圃建设】 我国森林病虫害造成森林资源损失十分严重。为了加快生态环境建设，加强森林病虫害的综合防治，防治森林病虫害要从根本着手，特别是要从种苗生产的源头抓起。为此，国家林业局国有林场和林木种苗工作总站与国家林业局植树造林司共同开展了无检疫对象苗圃建设工作。起草了《全国无检疫对象苗圃建设要点》和《全国无检疫对象苗圃评选办法》，下发了《国家林业局关于在全国开展无检疫对象苗圃建设工作的通知》。《通知》要求，作为苗木主要供应基地的国有苗圃，要带头参加无检疫对象苗圃建设活动，并明确了无检疫对象苗圃享有如下优惠政策：①获得无检疫对象苗圃称号后，植树造林中优先使用其生产的苗木；②对于保持无检疫对象苗圃荣誉的，从第二年开始，调出的苗木只按产地检疫标准收费，从第四年开始免收检疫费。

这项活动的开展，既是国有苗圃深化改革、强化管理的具体措施，也有利于加强国有苗圃建设，提高苗木生产的科技含量，促进苗圃的自身发展，进而提高营林生产的总体水平。这项工作已得到全国各地广泛支持和重视，有 23 个省（区、市）、计划单列市 1 250 多个国有苗圃申请建设无检疫对象苗圃。（陈恩军）

林业工作站建设

【综　述】 1999 年全国林业工作站建设工作认真贯彻党的“十五大”和十五届三中全会精神，围绕“九五”期间全国林业工作站工作总目标，按照国家林业局总体工作部署，着力抓好基层林业站稳定工作，加强基层林业站建设，进一步巩固了林业改革和发展的基础。

抓好林业站机构和人员的稳定工作 1998、1999 两年，各地陆续开展了政府机构改革试点工作，一些地方在试点过程中，出现了下放、撤并基层林业站，拍卖林业站资产，解聘站长及技术干部等严重情况。对此，国家林业局林业工作站管理总站采取了有力措施，加强了工作力度。一是迅速发文要求各地在机构改革中切实贯彻落实党和国家关于稳定包括基层林业站在内的农技推广机构的有关法律、法规和政策规定。二是积极推广安徽省的做法和经验。安徽省林业厅于 9 月份就林业站稳定问题专门给省政府写了报告，与农业等部门争取省政府办公厅于 11 月初下发了皖政办 [1999] 61 号文件，转发了国办发 [1999] 79 号文，明确提出要贯彻落实好国务院、省政府及省直有关部门关于乡镇农技推广机构（包括林业站）“三定”工作的有关政策规定。国家林业局及时发文要求各省级林业主管部门借鉴安徽的经验，积极主动地做工作，协助政府贯彻落实好国办发 [1999] 79 号文件规定，切实促进基层林业站的稳定与发展。三是利用召开会议和发行《全国林业站网讯》等方式，交流各地抓基层林业站稳定工作的经验和做法，提高认识，增强信心，掌握方法，争取理解和支持。

对林业站的稳定问题，国家林业局始终非常重视，总站也开展了大量的工作，取得了一定的效果。但这一问题的真正解决还须依靠国家的重视和各级林业主管部门多做工作，做好工作。安徽省的经验表明，只要把工作做在前头，做实、做细，基层林业站稳定问题就能找到一个较好的解决方法。

继续抓好林业站建设合格县工作 1999年共有23个省（区、市）和新疆生产建设兵团申报了合格县。总站组织12个组，对24个县（市、区）进行了抽查验收，确认200个县（市、区）为1998年度合格县。截至1998年底，全国已建成合格县1 269个。继北京、辽宁之后，吉林省基本完成合格县建设任务，山西、福建两省即将完成合格县建设任务，其他省（区）也有不同程度的发展。林业站建设合格县活动进一步提高了林业工作站管理基层林业工作的综合水平。

表彰全国优秀乡村护林员 乡村护林员是县级林业主管部门和乡（镇）人民政府在基层的森林管护队伍，是直接从事森林管护，发展乡村林业的重要力量。近年来，在各级政府的大力重视和支持下，我国乡村护林员队伍不断壮大（总数达120.8万人），并涌现出了大批不畏艰苦，不徇私情，勇扑烈火，勇斗歹徒，一心护林，为保护森林资源，不怕打击报复和生命威胁，甘把青春和热血献给山林的优秀乡村护林员。为表彰先进，弘扬正气，增强乡村护林员爱林护林的责任心和荣誉感，在全社会形成爱林护林的良好风尚，国家林业局于1999年6月25日发布表彰通报，授予刘春等505名同志全国优秀乡村护林员的光荣称号，并颁发全国优秀乡村护林员奖牌和证书。同时号召全国林业战线的广大干部职工，特别是工作在林业基层的广大同志，以全国优秀乡村护林员为榜样，恪尽职守，艰苦奋斗，为建设山川秀美的祖国做出应有的贡献。

召开全国优秀乡村护林员表彰暨乡镇森林资源调查工作会议 会议于1999年10月13日至15日在江西省九江市召开。会议宣读了《国家林业局关于表彰全国优秀乡村护林员的通报》，请优秀乡村护林员代表介绍护林先进事迹，总结交流了十年来各省（区、市）在乡村护林员管理方面的成绩和经验，研究了今后加强护林员管理工作的方法和措施，部署了乡（镇）森林资源调查工作。这次会议对加强乡村护林员管理，充分调动广大乡村护林员积极性，切实做好森林资源保护工作具有重要意义。

大力开展基层林业站职工教育培训工作 截至1999年底，全国37 136个林业站现有职工161 443人，其中正式职工137 634人，临时（合同）工23 809人。为进一步提高这支队伍的整体素质，一年来，我们根据林业站建设的新情况，修订了培训教材《林业工作站管理》，继续加强了岗位培训工作，并对拟在2000年召开的全国林业站培训工作会议进行了充分的准备。各地按照职工教育工作规划，充分利用各类教育资源，积极拓宽办学渠道，加快了学历教育的步伐，使得基层林业站参加岗位培训和学历教育“双证”学习的人数稳步上升，职工素质进一步提高。

充分发挥宣传工作对林业站建设的促进作用 1999年，我们紧紧围绕林业改革与发展的中心任务，结合林业站工作的实际情况，切实加强了林业站宣传工作。一是对以往林业站宣传工作进行了系统总结，充分肯定《全国林业站网讯》是林业站工作的联系纽带和耳目喉舌作用。二是结合当前林业发展的新形势和新任务，对今后工作提出了明确要求和努力方向：提高认识，加强领导，抓住重点，有的放矢，在充分发挥《网讯》作用的同时，积极探索扩大林业站工作宣传面的方式和途径。三是认真贯彻落实全国林业宣传工作会议精神，突出宣传重点，精心策划，强化管理，多出精品，讲求效果，形成合力，为促进全国林业站建设再上新水平服好务。（马广仁）

【国家林业局表彰全国优秀乡村护林员】 乡村护林员是县级林业主管部门和乡（镇）人民政府在基层的森林管护队伍，是直接从事森林管护、发展乡村林业的重要力量。近年来，在各级政府的大力重视和支持下，我国乡村护林员队伍不断壮大，并涌现出了大批不畏艰苦，不徇私情，勇扑烈火，勇斗歹徒，一心护林，为保护森林资源，不怕打击报复和生命威胁，甘把青春和热血献给山林的优秀乡村护林员。为表彰先进，弘扬正气，增强乡村护林员爱林护林的责任心和荣誉感，在全社会形成爱林护林的良好风尚，1999年6月25日，国家林业局决定对在森林资源保护工作中作出突出贡献的505名乡村护林员进行表彰，授予全国优秀乡村护林员光荣称号（名单附后），并颁发全国优秀乡村护林员奖牌和证书。

国家林业局希望受表彰的优秀乡村护林员，珍惜荣誉，再接再厉，为保护我国森林资源，建设优美的生态环境，作出新的更大贡献。同时，要求全国林业战线的广大干部职工，特别是工作在林业基层的广大同志，以全国优秀乡村护林员为榜样，恪尽职守，艰苦奋斗，为建设山川秀美的祖国做出应有的贡献。

全国优秀乡村护林员名单

北京市（6名）

刘　春　刘新忠　冉文兴　王文存　程志厚
李建仁

天津市（2名）

苏万信　陈秀林

河北省（18名）

李　英　魏尚清　赵　清　付廷斗　王　春
户万熟　赵全忠　张福才　杜森林　张　军
孙国忠　程万存　刘恒章　裴聚山　王双成
李景财　付雨林　王占儒

山西省（19名）

王　福　金广瑞　袁登仕　徐　贵　李生玉
武素萍　穆非根　霍银海　宋贵则　苏石奎

宫建华 赵　锦 刘梁马 高玉勤 贾徐生
张仲富 黄占景 杨金玉 高俊明

内蒙古自治区（13 名）

张文学 耿庆贵 姜令山 张国祥 王国中
王景文 袁　富 刘玉斌 张树平 谈全胜
贾根荣 郭海生 郑首山

辽宁省（20 名）

杨洪权 张德勇 王兴有 郭成勋 刘庆财
曲文宝 李金玉 李振家 李喜胜 麻国庆
方太金 杨海清 石忠强 陈绍权 王　愚
郝占杰 张树军 方景明 刘国栋 秦忠武

吉林省（9 名）

孟庆林 丁文富 赵万财 王吉生 王寿占
徐清林 孙运春 李洪昌 王世民

黑龙江省（12 名）

桑　军 李德昌 刘增桥 郭　礼 李福斌
白宝山 朴日龙 付佰林 刘万兴 冯其财
金炳海 苏成双

上海市（3 名）

柏新兵 沈其昌 盛锦根

江苏省（10 名）

张秀理 陈青山 蒋必才 徐天明 孙兆荣
陈宗银 王富开 施金泉 顾祥元 刘开田

浙江省（25 名）

陈银川 余风淮 王　刚 蔡伯虎 石玉章
虞廷兴 芦顺溪 倪茂德 陈朝民 胡志余
王贻进 刘春香 叶有顺 姚贵仁 卢法良
郭宽夫 毛恩平 郑传江 杜全观 金云妹
邵国清 涂武泰 阙细山 王岩树 屠伟庆

安徽省（24 名）

肖必先 陈文珠 王中信 钱存龙 胡志祥
江玉米 黄八弟 宋继成 姚根荣 庞艮生
邵林国 姜心忠 何理文 李孝卓 盛传华
何东海 卲千春 何长荣 李由忠 吴建华
单维灵 徐玖玲 袁伍生 汪堂华

福建省（21 名）

骆长胜 张金荣 黄久仁 刘良珠 罗域义
卢福姝 吴可昌 卢家雪 范家升 沈盛宗
赵克美 张家潮 许水妙 黄永添 陈振辉
叶龙飞 刘清江 李　侯 陈珠冠 李　金
李朝堂

江西省（23 名）

钟祥明 刘振法 丁二秀 钟光生 赖忠华
宁昌良 肖名可 廖洪清 周仁生 江长淼
黄根林 杨河清 徐功森 王全辉 张和忠
曾有祥 董泉福 徐结友 苏　平 曾正荣
吴细良 陈建军 刘根寿

山东省（31 名）

李玉昌 梁保林 杨佃友 徐衍臣 孙全刚
刘孝友 朱永乐 申汝成 王殿君 赵学仁
王梅柱 陈崇聚 王清贤 耿荣春 刘光玉
付本章 石义兵 肖广录 李本玉 李　伟
胡友发 康玉花 王兰林 于成山 房金佩
刘孝文 常兆忠 刘汉生 丁凡孔 王玉芳
张华安

河南省（30 名）

陶立轩 张兆社 孙春祥 王维海 王增举
陈　忠 彭章锁 宋金坡 牛国成 何文茂
张付军 蔺延义 郭存善 王　年 张纪都
郭怀栓 田献章 赵学斌 杨启明 刘国强
段传文 马学升 张东升 马付生 王更田
赵炳山 王长怀 范文堂 李世帆 赵贵新

湖北省（30 名）

龚道新 宋从生 吕绪江 程永红 王正华
管勤文 伍万春 杨道海 梁旭东 胡建德
杨顺清 秦兴志 任泽银 郭祖旺 李太山
王永山 罗克勤 万　安 陈传清 孙有明
蒋延足 王瑞庭 席先德 舒端玉 李秀俊
李兵清 蔡天华 唐亿联 周吉华 蔡德银

湖南省（32 名）

岳月娥 王启煌 方光明 吕全秋 艾立明
胡新民 李大有 张凤生 唐生康 田友银
孙国荣 梁世艮 向顺荣 黄石山 张成晓
谢伯友 刘平良 朱桥生 刘助怡 毛远平
陈国强 余锦柱 蒋天波 毛立吾 杨支和
罗朝清 王永龙 罗汉才 李桂仁 赵金如
贺金鳌 杨再林

广东省（28 名）

刘冯波 陈伟平 李建文 黄炳通 刘学忠
罗建华 严仁池 卢承标 丘宗锋 黄伟民
周进发 张运玖 廖万昌 彭光春 马伟生
关杰槐 曾华安 罗大用 邹尤兴 罗汉超
黄卓文 谭维斌 苏桂平 赖细福 邱子滨
林　汉 张元社 陈钦丁

广西壮族自治区（22 名）

刘永忠 阮继水 黎培才 于达强 蒙芝彬
谢华明 李耀进 廖福桓 李益怀 禤达光
陆保丰 农作清 黄永宁 兰春山 汤年志
王仟柏 成于恕 谭振珠 杨志高 黄日安
李林养 庞复华

海南省（3 名）

陈仕贤 严伟林 胡少荣

重庆市（10 名）

彭体书 刘仁海 彭永禄 贺世国 叶绍模
刘正直 欧刚清 王建凡 何汝德 罗应富

四川省（31 名）

崔兴永 冯淑芳 刘文富 陈明炎 王留贵

付兴全 王兴学 赵锦修 王明金 袁加禄
王兴万 崔万根 阳茂盛 易成伦 缪世海
孙宗林 王映禄 蒋定恒 左顺志 张习凯
苟述兴 李华忠 严亨仁 冯天桂 姚朝志
尹星久 蓝书昭 吴子全 马　柔 石潮福
泽躬格西

贵州省（15 名）

刘恩德 韦家升 严立章 杨顺炳 黄同维
杨庭江 杨秀能 杨光云 张世金 潘明彪
罗化才 王　平 袁定华 刘少昌 廖光木

云南省（15 名）

汤庆树 韩秀珍 余开伍 杨加禄 赵德武
谢金儒 宋连富 海顺祥 彭召明 刘良洪
岩罕保 何家才 刘世荣 角　许 郭　华

西藏自治区（5 名）

索朗占堆 吾金多吉 西热加赞 索　朗
多　杰

陕西省（15 名）

冯志忠 任占龙 邱耀耀 杨东财 尚智民
陈建有 薛保娃 秦全忠 李复兴 郭成旺
彭义联 宣庆德 邹文兴 郭远达 谭荣华

甘肃省（7 名）

张廷俊 海凌云 韩生义 常国林 唐克理
田玉春 李　清

青海省（5 名）

芦更它 马由来 马得珠 张元德 马文吉

宁夏回族自治区（5 名）

刘　静 潘常清 蒋　荣 马养德 王　军

新疆维吾尔自治区（9 名）

王绪新 安兰松 阿不拉西木·阿不都尔别克
阿布都沙拉木·买皮孜 陈立富 马占龙
买买提沙地克 木拉洪·艾沙 库尔班·阿洪

新疆生产建设兵团（4 名）

潘云荣 张宝才 杨建华 邓武平

（宋云民）

【林业工作站建设合格县工作】 按照原林业部对林业工作站建设合格县工作的要求，1999 年全国有 24 个省（区）对 1998 年达到合格县标准的县（市、区）进行了自下而上的逐级检查、验收、申报。在此基础上，国家林业局林业工作站管理总站组织 12 个检查小组，对 24 个县（市）进行了抽查，根据抽查结果和各省（区）检查、验收情况，国家林业局确认河北省平山县等 200 个县（市、区）为 1998 年全国林业站建设合格县（名单附后）。至此，全国林业工作站建设合格县数量达到 1 269 个。合格县工作的开展对林业站管理体制的稳定、基础设施的改善、人员素质的提高、职能作用的发挥、发展活力的增强、精神文明建设的加强等起到了积极的推动作用。

1998 年全国林业工作站
建设合格县名单

河北省

平山县 新乐市 灵寿县 曲周县 魏县 广平县 邢台县 南皮县 孟村回族自治县 武强县

内蒙古自治区

武川县 林西县 敖汉旗 克什克腾旗 海拉尔市 满洲里市 鄂伦春自治旗 科尔沁左翼后旗 扎赉特旗

辽宁省

沈阳市于洪区

吉林省

双辽市 乾安县 四平市铁西区

黑龙江省

双城市 巴彦县 木兰县 讷河市 甘南县 泰来县 龙江县 饶河县 林甸县 海林市 富锦市 汤原县 兰西县 明水县 望奎县 哈尔滨市平房区 哈尔滨市道外区 齐齐哈尔市龙沙区 鸡西市麻山区 大庆市龙凤区 大庆市让胡路区 大庆市大同区

江苏省

洪泽县 建湖县 射阳县 高邮市

浙江省

萧山市 余杭市 余姚市 洞头县 桐乡市 安吉县 金华县 磐安县 衢县 临海市 玉环县 松阳县 景宁畲族自治县 宁波市北仑区 嘉兴市秀城区

安徽省

来安县 凤阳县 颍上县 蒙城县 泗县 灵璧县 寿县 舒城县

福建省

长乐市 莆田县 仙游县 龙海市 诏安县 福州市晋安区 福州市仓山区 福州市马尾区

江西省

武宁县 永修县 铅山县 万载县 萍乡市安源经济开发区

山东省

滕州市 诸城市 莱阳市 宁阳县 临邑县 沾化县 阳信县 烟台市牟平区 莱芜市钢城区

河南省

新郑市 洛宁县 博爱县 安阳县 郾城县 舞阳县 陕县 息县 项城市 沈丘县 郸城县 驻马店市 正阳县 郑州市金水区 开封市郊区 焦作市中站区

湖北省

阳新县 枣阳市 宜城市 襄阳县 宜昌县 秭归县 广水市 孝昌县 崇阳县 通城县 建始县 巴东县 神农架林区 武汉市洪山区 武汉市蔡甸区 武汉市江夏区 武汉市黄陂区 十堰市张湾区 十

堰市茅箭区　鄂州市华容区　鄂州市梁子湖区　孝感市孝南区

湖南省

临武县　江华瑶族自治县　吉首市　龙山县　保靖县　永州市金洞林场

广东省

海丰县　陆河县　广宁县　郁南县　云浮市云城区　湛江市东海岛经济开发试验区

广西壮族自治区

武鸣县　藤县　德保县　东兰县　大化瑶族自治县　南宁市郊区　钦州市钦南区

海南省

通什市

四川省

温江县　广汉市　绵竹市　北川县

贵州省

赤水市　江口县　玉屏侗族自治县　黔西县　金沙县　晴隆县　安龙县　施秉县　都匀市　惠水县　龙里县

云南省

双江拉祜族佤族布朗族傣族自治县　沧源佤族自治县　元谋县　武定县　大理市　永平县　潞西市　兰坪白族普米族自治县

甘肃省

永登县　清水县　武威市　古浪县　玉门市　临夏市　临夏县

宁夏回族自治区

彭阳县

新疆维吾尔自治区

皮山县　温宿县　阿瓦提县　新和县　叶城县　疏勒县　阿克陶县　和硕县　且末县　博湖县　焉耆回族自治县　昌吉市　博乐市　巩留县

新疆生产建设兵团

农四师　农九师　哈密农场管理局　（张志刚）

【林业工作站宣传工作】　1999年林业工作站的宣传工作，坚持以邓小平理论为指导，紧紧围绕林业改革与发展的中心任务，利用《全国林业站网讯》（以下简称《网讯》）为宣传媒体，宣传党的方针政策、指导基层工作、交流经验、提供信息，在全国林业站建设与发展中，充分发挥了联系纽带和耳目喉舌作用。

1. 认真宣传党中央、国务院有关林业建设的方针政策，将党和国家领导人对林业工作的批示精神，快速传达到基层。

2. 宣传实行依法治国，建设社会主义法制国家的重要意义。按照局党组的要求，开展以宣传、贯彻《森林法》为主的法制宣传教育活动。及时以《森林法》修改前后内容对照的形式进行了全文刊载，并连续刊登了《森林法》讲座，报导各地宣传贯彻《森林法》的活动内容。以及林业战线上涌现出来的执法、护林先进典型和同各种违法犯罪行为作斗争的先进模范人物。通过宣传行业作风、树立行业精神，提高了基层林业行政执法水平，强化了监督管理职能，切实加强了森林资源和野生动植物资源的保护和管理。

3. 1999年10月13～16日在江西省九江市召开的表彰“全国优秀乡村护林员暨部署乡镇森林资源调查工作会议”上，强调认清形势、把握机遇、扩大宣传、促进林业站建设再上新台阶。并对今后宣传工作提出以下要求：一是要提高认识，加强领导。要求各级林业主管部门一定要高度重视宣传工作，不可把宣传工作当做可有可无的软任务，要作为一项重要任务列入工作日程。二是要抓住宣传工作重点，做到有的放矢。规定了近期重点宣传内容是：林业站机构和管理体制的稳定；新修改的森林法；林业站合格县建设；林业站在林业两大体系建设中的重要作用；林业站在林业社会化服务体系建设中的作用。三是加强宣传队伍的建设。要按照政治强、业务精、作风正的要求，加强林业站宣传队伍的自身建设，要加强理论学习，提高政治敏锐性，自觉与党中央保持高度一致，自觉维护林业大局，遵守宣传工作纪律。

4. 继续发挥《网讯》在宣传工作中的重要作用，要求各级林业主管部门和基层林业站，要充分利用《网讯》作为宣传阵地，在林业站系统内纵向之间、横向之间，交流信息，推广先进技术，全方位地宣传自己，不断促进工作的向前发展。1999年《网讯》共发行近1万份，对基层林业工作站的覆盖率达到27%。

5. 拟在2000年总站建站十周年之际，拍一部专题电视片《绿色大厦的基石——基层林业站十年建设巡礼》，更广泛地宣传基层林业站的地位和作用，使中央及各级人民政府和全社会更加重视林业和林业工作站在国民经济、社会发展中的地位，目前已完成初步的筹备工作。

6. 在第一册《林业工作站文件资料汇编》（1988～1993年）的基础上，又编辑第二册《林业工作站文件资料汇编》（1994～1999年），目前，编审工作已完成，准备在2000年初出版。　（贾菁莉）

【稳定基层林业工作站机构和管理体制】　1998年新一轮政府机构改革开始后，一些省级机构改革试点县在改革中将基层林业工作站撤消、合并或者下放，造成基层林业工作站机构不稳定，经费被削减，专业管理人员被分流，财产被拍卖、平调、占用等问题，给基层林业工作站的长远发展带来了十分不利的影响。为了保持基层林业工作站的健康发展，针对这种情况，采取了以下措施：①以王志宝局长的名义，给各省林业厅局长发出了一封公开信，要求各级林业主管部门做好机构改革的超前工作，主动向省机构改革部门汇报基层林业工作站在发展森林资源和加强生态环境建设中的重要作用，进一步提高对加强基层林业工作站建设重要性的认识，力争在机构改革中保持基层林业工作站的稳定。②以林站发［1999］411号文下发了《国家林业局贯彻国务院办公厅关于稳定基层农业技术推广体系意见的通知》，积极贯彻国务院国办发［1999］79号文件精神，重申了党和国家及林业主管部门对基层林业工作站工作的政策意见，并要求各地继续贯彻落实。③以办站字［1999］88号文下发了《国家林业局办公室转发安徽省人民政府办公厅皖政办［1999］61号文件的通知》，向其他省（区、市）提供了安徽省政府为稳定基层林业工作站出台的政策意见，供各省在工作中借鉴。

各级林业主管部门对当前基层林业站机构波动的情况也都非常重视，有针对性地进行了调查研究，摸清了情况，找出了问题，总结了经验，开展了卓有成效的工作，有力地促进了基层林业工作站的稳定。

通过各级林业主管部门的共同努力，基层林业工作站被削弱的趋势得到了一定的控制，有的地方还将原下放到乡镇管理的林业工作站收归县林业主管部门管理。目前，全国基层林业工作站从总体上看仍保持稳定。（侯　艳）

【林业工作站多种经营】　党的十一届三中全会以来，我国农村全面落实了以家庭联产承包为主的责任制和统分结合的双层经营体制，调动了广大农民的积极性，农业生产取得了前所未有的好成绩。农村经济的普遍繁荣，给基层林业站的全面发展带来了新的契机。林业站队伍不断壮大，管理和服务手段有了明显的改善，初步形成了“点多、线长、网全”的乡村林业管理体系。基层林业站在完成各项林业生产任务，充分发挥资源保护职能的基础上，积极开展多种经营，兴办各种服务实体，不断增强自身造血机能。

北京市海淀区苏家坨林业站利用毗邻大城市的地理优势，确立了以花卉生产为主的多种经营发展方向，林业站从4.67公顷荒地起家，艰苦创业，积极发展苗木及花卉生产，并组建了自己的绿化工程队，承揽了包括北京图书馆、颐和园万寿山后山改造等绿化工程。此外，林业站还注意收集市场信息，培育出特有的花卉品种，其中彩色马蹄莲等花卉品种已经占到了北京市场的80%，创出了自己的名牌。几年来，苏家坨乡林业站的多种经营逐渐形成了花卉苗木生产为主，绿化工程承包为辅的新格局。林业站现有基地20多公顷，固定资产达500万元，苗木价值500多万元，年创纯收入100多万元。林业站通过发展多种经营，不仅为职工解决了住房和交通工具，而且也在生产实践中锻炼了队伍，为林业站培养了一批技术骨干。林业站每年还拿出20多万元，用于办学、敬老等福利事业。

黑龙江省呼兰县大用镇全镇共有12万株果树，长期以来缺乏有效的管理。镇林业站充分发挥懂技术、会管理的优势，积极为果农提供社会化服务。由于服务效果明显，现全镇所有果树的剪枝和打药等工作，都由林业站负责，林业站从每株果树中收取0.2元服务费。这样既解决了果农在生产中遇到的果树修剪、病虫害防治等技术难题，又为林业站增加了收入，促进了全镇林果业的发展。

广东省郁南县基层林业站在建设“十亩果、百亩林”的基础上，高起点、高标准向“百亩果、千亩林”发展，采用股份合作制以及租赁等形式发展速生丰产林，在缓坡林地开发种植优质高效龙眼、荔枝等水果。目前全县18个林业站建有站办基地33个，面积2 300公顷，全县林业站多种经营总产值445万元，年利润191.3万元，林业站发展“三高”林业取得了效益，既调整了林种结构，又能做到富山、富民、富行业。

据统计，至1999年底全国已有20 722个林业站开展了不同种类的多种经营，占总站数的55.8%，年创产值29.02亿元，实现利润3.44亿元。基层林业站兴办的各种多种经营项目23 542个，其中种、养殖业15 628个，加工业2 963个，服务业4 951个。基层林业站创办的各种站有基地94.29万公顷，有6 911个基层林业站的年纯收入已稳定在2万元以上。

虽然基层林业站的发展多种经营取得了显著的成绩，但就全国基层林业站整体而言仍存在许多问题，突出表现在：①基层林业站的多种经营开展尚不普遍，到目前为止全国还有16 414个林业站没有开展经营；②基层林业站多种经营效益不高，目前在已开展经营的基层林业站中，有13 096个年纯收入在2万元以下，另有715个林业站还没有经济效益；③基层林业站多以兴办种、养殖业等第一产业项目为主，占总经营项目数的66.4%，项目受市场波动影响较大，经济效益不稳定。（董　原）

林业计划统计

林业计划

林业计划

【天然林资源保护工程】 1999年，国家安排天然林资源保护工程中央财政预算内专项资金333 000万元，其中：公益林建设293 200万元、种苗工程7 000万元、森林防火7 800万元、转产项目资本金25 000万元。安排公益林建设任务人工造林33.8万公顷、封山育林148.5万公顷、森林抚育112.1万公顷、人工促进天然更新30.5万公顷。安排转产项目41项。（吕光辉）

【1999年林业生产、建设计划执行情况】 1999年，各级林业部门认真贯彻党的十五届四中全会和中央领导同志关于做好当前林业工作的一系列重要指示精神，紧紧围绕局党组确定的1999年重点工作，抓住国家增加林业投入的有利时机，扎实工作，各项重点工作按计划推进，林业生产建设计划执行情况总体较好，各项工作又取得了新的进展。

1999年主要林业生产计划指标完成情况

营林生产 1999年，全国完成造林面积479.6万公顷，占全年造林计划任务的101%。其中：人工造林405.3万公顷，为全年计划的103.5%，飞播造林74.3万公顷，为1999年计划的86%（没有完成计划的原因是部分省区干旱少雨，无法保证造林成活率）。重点地区天然林资源保护工程进展情况较好，工程实施省（区、市）营造生态公益林面积43.5万公顷，完成森林抚育129万公顷；在建十大重点防护林工程进展情况也较好，全年完成人工造林面积243.2万公顷，飞播造林44.2万公顷，封山育林162万公顷。

木材生产 1999年，全国完成木材生产量5 049万立方米，比1998年计划减少917万立方米，产量下降幅度达15.3%。其中：实施重点地区天然林资源保护工程的省（区、市）调减木材产量423万立方米。

林业固定资产投资 1999年，全国林业系统固定资产投资完成103亿元，比上年同期增长18%。在全部投资中，国家计委直接下达国家林业局55.4亿元，其中：预算内基本建设投资9.3亿元，中央财政预算内专项资金46.1亿元。

1999年林业生产、建设计划执行情况的主要特点

1. 领导重视，措施得力。山西、河南、湖南、安徽、四川、陕西等省党委、政府召开了全省林业工作会议或造林绿化现场会，研究部署造林绿化工作，制定完善林业发展规划，并层层签订造林绿化目标责任状，如：陕西省实行造林绿化一票否决制，四川省推行天然林资源保护工程行政首长目标责任制。各地还出台了一系列发展林业的优惠政策，加大了投入力度，确保了全年各项林业重点工作的顺利开展。

2. 进一步突出工作重点，加快重点生态工程建设。1999年安排了中央债券资金46.1亿元，用于重点地区天然林资源保护工程和林木种苗工程以及在建十大防护林工程等建设。为保证工程的顺利实施，国家林业局加强了对工程实施的协调、指导、检查和监督，有关省（区、市）也将实施好重点地区天然林资源保护工程等重点生态工程作为当前林业重点工作来抓。此外，按照中央领导同志重要指示精神，退耕还林（草）试点示范工程实施准备工作正抓紧进行。

3. 强化林业建设项目和资金的管理工作。拟定了《林业重点生态工程建设项目管理办法》、《重点地区天然林资源保护工程建设资金管理规定》、《天然林资源保护工程公益林项目会计核算办法》等规章办法，进一步规范了投资行为。结合1999年国家有关部门对重点林业生态工程建设资金使用情况进行专项检查，按照国家林业局的部署，各地林业主管部门对资金管理使用情况进行了全面自查自纠，国家林业局抽调专门力量，对资金使用情况进行了全面稽查，并配合财政部、审计署对部分省区的天然林资源保护工程资金使用情况进行了专项检查和审计，及时发现和纠正了资金使用和管理中存在的主要问题，有效防止了截留、挪用专项投资情况的发生，确保了工程资金专款专用。

4. 林业投资总量的稳定增长和林业投资结构得到调整，有力促进了林业重点工程建设，确保了1999年各项林业重点工作的开展。从1999年林业建设投资使用结构看：天然林资源保护工程公益林和转产项目资本金318 200万元，占总投资的57.4%，比1998年同期增长5%；重点生态防护林工程和其他营造林工程建设83 486万元，占总投资的15.1%，比1998年同期增长28.0%；林木种苗工程建设54 112万元，占总投资的9.8%，比1998年同期增长70%；森林防火和森林公安建设18 300万元（其中：森林防火15 870万元），比1998年同期增长52.8%；野生动植物保护设施建设6 220万元，比1998年同期增长58.4%；森林病虫害防治设施建设6 954万元，比1998年同期增长77.4%；林业科技教育19 572万元，比1998年同期增长10.2%；国有林区基础设施建设17 703万元，比1998年同期增长7.7%；林业工作站等其他基础设施建设29 453万元，比1998年同期增长5.5%。

（阎　振）

【森工非经营性建设项目】 1999年，国家安排林业森工非经营性建设项目基本建设投资17 703万元，其中：管理局以上行政事业单位非经营性基本建设投资6 653万元；森工企业（林业局）非经营性基本建设投资11 050万元，在森工企业建设项目中，安排给水工程2 625万元、学校建设3 610.5万元、医院建设1 242.1万元、危房改造3 247万元、油库搬迁325.4万元。

1999年完成管理局以上行政事业单位建设项目17个，完成基本投资2 191万元；完成森工企业建设项目46个，完成投资4 035万元。（吕光辉）

【中俄森林资源开发利用合作】 为落实朱镕基总理1999年2月访俄成果，推动中俄林业合作，在国家林业局、外经贸部及有关省、自治区政府的努力下，1999年4月，中俄总理定期会晤委员会经贸合作分委会正式成立“中俄森林资源开发和利用常设工作小组”，负责中俄林业具体合作事宜，外经贸部张祥副部长任中方组长、国家林业局周生贤副局长任中方副组长；双方联合起草了《关于共同开展森林资源开发和利用合作的协定》，经协商一致后已由双方外经贸部门草签。5月，国家林业局、外经贸部分别组织林业专家组和中国政府经贸代表团赴俄远东考察、洽谈。（陈嘉文）

农业综合开发和山区综合开发

【全国山区综合开发示范工作】

1. 1999年4月，在北京召开了全国山区综合开发第七次部际协调小组联席会议。会议总结了1998年示范工作开展情况，分析了山区综合开发面临的新形势，研究确定了1999年工作重点。并对全国山区综合开发协调小组成员单位进行了调整，进一步明确了协调小组各成员单位的工作程序和工作职责。

2. 开展山区综合开发系列宣传报道。与局宣传办积极配合人民日报社和中央电视台，分别对不同类型的山区开发示范县进行了实地采访和专题采访。人民日报以《山区的希望》为题，系列编发了广东梅县、江苏溧阳、江西安远、山西平陆、湖北红安等示范县的10篇连续报道，介绍了山区开发的成功经验。中央电视台拍摄并播发了《希望在山》7集山区综合开发专题报道节目，集中反映了山区开发的成效和做法。

3. 强化示范工作的监测和管理。经国家统计局批复同意，下发了《全国山区综合开发示范县治理与开发建设情况统计年报制度》(试行)，对示范县分别从治理与开发、资金与劳务投入、效益等三个方面48项指标实行实时监测。通过与国家统计局县卡调查数据的对比分析，实现对示范县建设的考核评价。

4. 开展与国内外的合作与交流。在国家林业局国际合作司的支持下，向联合国粮农组织（FAO）和联合国开发计划署(UNDP)提报了我国山区有关发展能力建设和综合开发项目建议书，与国际山地综合开发中心等政府和非政府组织建立了广泛的联系。

5. 举办全国山区综合开发高级培训研讨班。经国家人事部和国家林业局人教司批准，举办了全国山区综合开发高级培训研讨班。邀请了7位有理论深度和有实践经验的领导、专家和学者就学习贯彻党的十五届四中全会精神、山区生态环境建设与可持续发展山区综合开发面临的形势和发展思路等方面内容作了专题报告。近100名示范县主管山区开发的领导参加了培训和研讨。（杨万利）

【三峡库区陆生动植物监测】 1999年，三峡库区陆生动植物监测工作进展顺利。按典型植被类型，在库区建立了150块长期固定监测样地，作为植物监测地面样点，开展长期监测；录入、编撰、制作完成了包括6 300多种植物资料的大型三峡库区植物数据库；编撰完成《三峡库区陆生动植物》一书的初稿。　（刘韶辉）

【农业综合开发林业建设】　1999年，国家林业局农业综合开发项目共安排中央财政资金1.12亿元，其中：长江中上游防护林工程3 700万元，太行山绿化工程1 700万元，名优经济林和木本粮油项目4 700万元，防沙治沙示范项目800万元，花卉项目300万元。据统计，完成造林482 239公顷，其中防护林317 392公顷，用材林35 847公顷，经济林33 108公顷，薪炭林14 360公顷，幼林抚育61 250公顷，新建经济林基地14 949公顷，经济林低产林改造5 333公顷；同时完成治沙造田850公顷，改良和种草2 400公顷。

1999年，国家农业综合开发林业专项投资较1998年增加了1 100万元，新增资金集中用于防沙治沙项目和名优经济林项目，其中防沙治沙项目600万元，重点安排在内蒙古、陕西、甘肃、新疆等西部省（区）；名优经济林项目500万元，主要支持市场潜力大、开发前景好的名特优新经济林品种基地建设。到1999年底累计完成中央财政资金6.84亿元，农业综合开发资金已成为我国林业建设的一条重要资金渠道，有力地促进了区域生态环境改善和经济林建设发展。（李　砾）

【农业综合开发工程建设座谈会】　国家林业局农业综合开发办公室于1999年9月18～20日、26～28日，在重庆的大足县、山西的阳泉市分别召开了国家农业综合开发长江中上游防护林工程建设工作座谈会、太行山绿化工程建设工作座谈会。来自两个项目所在14个省（区、市）及12个工程项目县的120多名代表参加了会议。会议采取学习、座谈和讨论的形式，就如何适应新形势，提高农业综合开发林业项目管理和建设水平进行了座谈。10个项目县的代表向会议介绍了工程建设的成效和经验。　（李　砾）

【农业综合开发有关项目通过国家验收】　根据国家农业综合开发办公室的安排，国家林业局、江西省农业综合开发办公室、吉林省农业综合开发办公室组成验收组对国家林业局1996～1998年农业综合开发名优经济林和木本粮油项目、1996～1997年农业综合开发花卉项目进行了验收。在国家林业局自验的基础上，重点抽验了浙江省金华市、河南省信阳市1996～1998年名优经济林和木本粮油项目和1996～1997年浙江省种苗站、河南鄢陵县花卉项目。验收组严格按照有关要求和程序进行，在听取了两省林业厅、财政厅等单位汇报并进行座谈后，结合两省的自验报告，在项目县实地检查了项目建设情况；了解了资金到位、使用和管理情况；检查了项目建设档案和各种验收材料。验收组一致认为，国家林业局1996～1998年农业综合开发名优经济林和木本粮油项目、1996～1997年农业综合开发花卉项目能够认真贯彻执行国家农业综合开发的指导思想和原则，选项比较准确，全面完成了国家下达的建设任务，工程建设质量较好，工程运行良好；基本完成批复的资金计划，管理比较规范，档案和资料管理比较齐全，开发效益达到计划指标。经国家农业综合开发办公室审定，项目通过国家验收。　（李　砾）

【定点扶贫工作】

1. 积极筹备召开国家林业局第二次扶贫开发领导小组会议。为全面总结交流十二年来九万大山地区林业扶贫开发的经验，研究制定了新形势下林业扶贫开发的思路和措施，部署1999年及今后一个时期的林业扶贫开发工作。

2. 参加了中央扶贫开发工作会议，及时传达贯彻了会议精神。6月8～9日，中央扶贫开发工作会议在北京召开。江总书记等党和国家领导人出席了大会。国家林业局王志宝局长作为扶贫领导小组成员出席了会议。中央国家机关参加定点扶贫的主管领导和扶贫办主任列席了会议，周生贤副局长作为国家林业局主管定点扶贫的主管领导列席了会议，并代表国家林业局作了《发挥行业优势，加大工作力度，扎实有效地做好定点扶贫工作》的书面讲话。

中央扶贫开发工作会议结束后，局党组立即召开会议，结合林业定点扶贫工作的实际，研究制定了贯彻落实这次会议精神的具体措施。同时，根据中办、国办的要求，以局文将国家林业局贯彻中央扶贫开发工作会议精神，研究落实林业扶贫工作的情况向中办、国办作了专门报告。

3. 贯彻扶贫工作会议精神，局党组副书记、常务副局长周生贤率队赴贫困地区开展调查研究。周生贤受局党组委托，于1999年10月10～20日，赴定点扶贫的广西柳州、桂林，贵州黔南、黔东南州进行了考察调研。考察调研期间，周生贤局长分别在广西柳州、贵州黔东南两次召开扶贫工作座谈会，提出了今后林业定点扶贫工作的战略指导思想、目标、手段和扶贫项目选择的重点，并就进一步搞好林业定点扶贫工作和林业建设分别与两省（区）有关领导交换了意见。

4. 认真做好扶贫挂职干部的选派工作。1999年上半年，先期派驻的7名扶贫干部已经到期，陆续回到了各自的工作单位。1999年下半年，根据局党组的要求，局扶贫办与人事教育司共同研究，选派了5名政治素质好、理论水平高、业务能力强的处级干部到黔桂九万大山地区挂职扶贫。

5. 加大扶贫工作力度，增加扶贫投入。1999年，林业扶贫专项资金共安排给广西、贵州5地（州）18个县1 100万元，其中广西500万元，贵州600万元。在资金项目的安排上，重点对尚未脱贫的融水、三江、台江、剑河、雷山5个县进行了适当倾斜。同时，着重加强了基础教育建设，援建了广西金秀县琼伍希望小学、贵州雷山县希望小学、剑河县希望小学等等。

6. 扶贫与扶智相结合。为贯彻落实中央扶贫开发工作会议精神，增强现代林业意识，充分发挥林业在山区综合开发、乡村发展和脱贫致富中的作用，进一步做好林业定点扶贫工作，切实打好“八七”扶贫攻坚战，1999年10月和11月，分别在湖南株洲中南林学院、云南昆明西南林学院组织举办了西南地区第三届社会林业培训班(扶贫地区县长班)和黔桂九万大山地区林业扶贫干部培训班（林业局长班)。培训班采取专家讲授、学员座谈方式，取得了良好的培训效果，得到了学员的好评。

7. 开展送报、送科技下乡等活动。1999年，国家林业局继续向黔桂九万大山地区的重点贫困乡镇赠送《农民日报》、《中国绿色时报》各200份。在《林业科技通讯》上开辟专版，刊登林业科技信息，并送到九万大山贫困乡镇。 (刘韶辉)

林业统计

【全国林业生产建设情况综合分析】

营林生产

主要营林生产指标超额完成年度生产计划 1999年全国完成造林面积4 900.71千公顷，其中人工造林4 276.85千公顷，飞播造林623.86千公顷，分别完成年计划的102.61%、109.24%和72.47%，造林面积及人工造林面积分别比1998年增长1.86%和4.67%，而飞播造林面积比1998年减少13.96%。由于我国南北大部分地区在造林季节和夏季出现严重持续干旱、高温天气，许多地方进行了造林整地而无法植苗和实施飞播造林，山西、内蒙古、云南等地还出现幼苗旱死现象，造林成活率受到很大影响。分地区看，由于一些地方消灭宜林荒山后，可供造林的面积持续减少，加之部分地区严重干旱，北京、河北、山西、辽宁、浙江、安徽、福建、江西、湖北、湖南、广东、广西、重庆、云南、西藏、甘肃等省（区、市）造林面积都有不同程度的减少。

1999年，全国完成封山育林面积34 784.68千公顷，比1998年增长3.65%，其中本年新封面积6 704.50千公顷，完成新封计划的103.18%，比1998年减少30.88%。这是由于过去的封山育林面积包含了一些对人工造林、飞播造林、引洪灌溉育林未达到成林标准的未成林造林地以及现有林的封山管护面积。1999年，全国封山护林面积达11 571.94千公顷。中、幼龄林抚育面积6 120.06千公顷，完成年计划的105.24%，比1998年增长38.68%。

林种、树种结构进一步得到合理调整，林业生态体系建设继续得到加强 造林面积按林种用途分，用材林、经济林、防护林、薪炭林、特种用途林的比例由1998年的30.3：29.0：36.8：3.5：0.4，调整为1999年的28.9：28.6：39.8：2.4：0.3，用材林、经济林的比重进一步下降，薪炭林、特种用途林的比重也有所下降，防护林的比重进一步提高，防护林所占比重由1996年的27.8%提高到1999年的39.8%，三年提高了12个百分点。由于薪炭林所占比重持续下降，必须采取有效措施加强薪炭林建设，以解决广大农村居民的烧柴问题，保护森林资源。

各地从造林规划设计开始，就注重生态环境建设中的环境保护和森林的生态功能。一是，改进了造林整地方式。如浙江省禁止劈山、炼山及全垦整地，提倡块状整地，以控制水土流失。二是，大力营造阔叶林和针、阔混交林。福建省人工造林面积中阔叶林、混交林的比例达41.2%。全国人工营造用材林中，以落叶松、杉树、油松、马尾松为主的针叶树占65.0%，以杨树为主的阔叶树占30.5%，南方“杉家浜”的局面有所改变，而北方“杨家将”的局面仍未得到改观。经济林中，鲜果林占32.2%，干果林占51.8%，干果林造林面积比1998年增长36.06%，占经济林的比重比1998年提高13.5个百分点，但一些地方板栗等部分树种发展过多，且品种良莠不齐，需要加强宏观指导。

林业重点生态工程造林总面积略有增加，但十大林业生态工程造林面积有较大幅度的下降 全部林业重点工程1999年完成造林面积3 317.52千公顷，比1998年增长4.55%，重点工程造林占全部造林面积的67.69%；其中，人工造林2 912.92千公顷，比1998年增长7.53%，飞播造林404.60千公顷，比1998年减少12.88%。在全部重点工程造林面积中，用材林732.84千公顷，经济林807.32千公顷，防护林1 700.67千公顷，分别占全部重点工程造林面积的22.09%、24.34%和51.26%，用材林、经济林的比重比1998年略有增加，防护林的比重略有下降。分工程看，十大林业生态工程造林面积下降8.38%，世行贷款速生丰产林基地工程下降23.14%，全国生态环境建设重点工程增长361.55%，天然林保护工程增长64.48%。这是由于天然林保护工程和全国生态环境建设重点工程覆盖了原有林业重点工程的部分项目区，为避免重复统计，建设任务大多统计在天然林保护工程和全国生态环境建设重点工程中；同时，原有林业重

点工程由于治理难度加大、造林任务减少以及投入力度不够等原因，除“三北”防护林工程造林面积与1998年基本持平、辽河流域防护林工程有所增加以外，其他工程完成的造林面积均比1998年有较大幅度的减少。

1999年林业重点工程迹地更新面积555.93千公顷，比上年增长86.61%，特别是天然林保护工程比1998年增长221.46%；年末实有封山育林面积13 551.22千公顷，比1998年增长7.95%；育苗面积122.34千公顷，比上年增长3.60%。

退耕还林工作蓬勃开展，但需要出台相关政策以保护广大农民的积极性和退耕还林的成果 在党中央、国务院的高度重视下，“退耕还林”工作在1999年开始启动，有关省区编制了退耕还林规划及实施方案。1999年，全国完成退耕造林面积651.11千公顷，其中长江上游、黄河上中游13个省、区共完成退耕还林面积473.32千公顷，其中四川省140.13千公顷，陕西省136.68千公顷。由于看到了退耕还林在调整农村产业结构、改善生态环境等方面所产生的巨大效益，其他省、区在没有国家投资的情况下自行完成退耕还林177.79千公顷。这说明，当前各地退耕还林的积极性非常高，特别是农民对那些复种指数低、产量不高的坡耕地退耕还林还草表现出极大的热情，但目前政策还不配套，有些地方农民退耕还林后至今没有得到补偿，特别是那些没有明确由国家补贴的地方还在等待观望，对此必须认真加以研究，需要采取有效措施加以正确引导，以保护广大农民退耕还林的积极性。

迹地更新、低产林改造得到加强 1999年，全国完成迹地更新面积1 042.83千公顷，比1998年猛增29.34%，特别是内蒙古、黑龙江、湖北、广东、广西、云南、大兴安岭等地加大了迹地更新力度，以解决多年来迹地更新的欠帐问题。迹地更新中，人工更新面积和人工促进天然更新面积分别占56.2%和43.8%。低产林改造面积1 232.16千公顷，比1998年增长4.64%，江西、湖南、广东等已经消灭宜林荒山的省份低产林改造面积较大。1999年，全国完成荒山造林、迹地更新、低产林改造面积共计为7 175.70千公顷，其中迹地更新、低产林改造面积占31.7%，比1998年提高2.5个百分点，这说明迹地更新、低产林改造在造林绿化、提高林分质量中的作用越来越重要。

林木种苗建设工作稳步推进 1999年，全国育苗面积完成220.20千公顷，其中本年新育苗面积138.61千公顷，分别比1998年增长3.43%和5.91%。1999年，苗木产量231.5亿株，可供2000年造林的苗木株数为144.6亿株。但有些国有苗圃基础设施薄弱，育苗科技含量低，且没有形成规模，经济效益较差。

1999年末，实有母树林面积314.06千公顷，比1998年减少10.11%；实有种子园面积55.16千公顷，比1998年增长15.13%；林木种子采集量33 167吨，比1998年减少4.14%。今后应加强林木良种壮苗基地建设，特别是西部干旱地区治沙造林等需要的耐旱灌水良种基地建设，否则，一方面为完成治理任务临时建立的种苗基地或者在社会上收购的种子质量得不到保障，影响治理建设成效；另一方面种苗缺乏导致种苗供应市场混乱，价格上涨，治理成本也将相应提高。

幼林抚育继续出现下滑趋势，成林抚育改造力度进一步加大 全国人工造林面积连续两年保持增长势头，而幼林抚育作业面积却连续两年出现下降，1998年比1997年减少9.9%，1999年又比1998年减少6.9%，重造轻管的局面依然存在，今后需要进一步加强林地的抚育管理工作，并保证幼林抚育投入在营造林投资中占有一定的比例。同时，天然林保护工程启动后，林区大量伐木工人转产成为护林人，成林抚育的力度得到加强，成林抚育面积达8 489.20千公顷，较1998年增长19.67%，其中中幼龄林抚育面积占成林抚育面积的72.09%。抚育改造出材量及中幼龄林抚育出材量分别比1998年下降15.69%和12.78%。

主要林产品与1998年相比有不同程度的增长，乌桕籽、五倍子等工业用原料有所下降 1999年，工业用原料中生漆5 314吨，油桐籽448 323吨，松脂571 477吨，紫胶1 830吨，分别比1998年增长13.21%、3.75%、4.93%和0.77%，而乌桕籽、五倍子、棕片产量分别比1998年减少12.62%、31.97%和17.79%。由于自1998年下半年以来松香价格有所回升，销路顺畅，松脂生产扭转了1998年大幅度下降的局面。可食用林产品中，油茶籽792 690吨，竹笋干310 480吨，核桃274 246吨，板栗534 631吨，松子11 518吨，腰果2 109吨，分别比1998年增长9.70%、26.79%、3.55%、13.79%、12.21%和54.51%。1999年，林业系统水果产量达2 718万吨，其中苹果1 241万吨，梨451万吨，柑橘197万吨，葡萄169万吨，柿子62万吨；林产饮料产品26万吨，其中毛茶24万吨；林产调味产品8万吨，其中花椒6.5万吨；食用菌30万吨，山野菜8万吨；人参2 606吨，中药材12万吨。林业系统的花卉产业发展迅速，花卉产品种类繁多；1999年，生产鲜切花43 679万支，干花164万支，盆栽植物33 309万盆，绿化苗木26.58亿株，食用与药用花395吨，工业用花25吨，花卉种子38吨，花卉种苗3亿株，花卉种球1.4亿粒，草坪7 334万平方米，草坪种子37吨。

森林工业

1999年，林业系统各级各部门认真贯彻落实中央关于国有企业改革和发展的一系列政策措施，国有森工企业改革调整迈出较大步伐，森工企业运行质量有了一定的提高。

国有森工企业工业生产持续平稳增长 林业系统全年完成工业增加值132.00亿元，比1998年增长15.98%，其中国有森工企业完成117.23亿元，增长20.67%。按行业分，木材及竹材采运业完成工业增加

值99.28亿元，木材加工企业完成20.53亿元，林产化学企业完成3.95亿元，林业机械制造及修理企业完成0.96亿元，分别比1998年同期增长19.37%、52.41%、21.75%和－75.76%（机械制造与修理行业减少幅度较大的主要原因是局直属林机行业福马集团脱钩所致）。工业新产品产值完成9.48亿元，占全部工业总产值的2.4%。

全国人造板工业产品产量持续增长，木材产品产量继续减少，产销衔接状况有所改善 1999年，林产工业产品产量增速加快。全年完成人造板产量1 503.05万立方米，比1998年同期增长42.3%，林业系统产量仅占23.51%，其中胶合板产量727.64万立方米，纤维板产量390.59万立方米，刨花板产量240.96万立方米，分别比1998年增长63.0%、77.9%和－9.5，扭转了两年来林产工业持续走低的局面。

由于受实施天然林保护工程的影响，木材产量继续减少。全年完成木材产量5 236.80万立方米，比1998年同期减少12.2 %，其中原木4 848.69万立方米，薪材388.11万立方米，分别比1998年同期减少12.7%和5.4%。全年完成竹材产量5.39亿根，锯材1 585.94万立方米，分别比1998年同期减少22.1%和11.3%。

全年主要林化产品除栲胶产品产量较1998年有大幅度减产以外，松香、松节油、紫胶产品均比1998年有不同程度的增长。全年生产松香43.45万吨，比1998年同期增长4.4%，生产松节油4.25万吨，增长3.9%，紫胶294万吨，增长15.3%。栲胶产量完成10 972吨，比1998年减少3 557吨，主要原因是，占全国产量近一半的内蒙古牙克石栲胶厂由于受市场销路以及内部管理等原因影响产量比1998年同期减少一半以上。栲胶产品由于其应用领域近年来没有大的拓宽，因此其活力和后劲相对不足。

林业系统工业经济效益综合水平有所降低 1999年，全国森林工业经济效益指标除产品销售率略高于全国标准值以外，其余六项指标均低于全国标准值。全国林业系统工业经济效益综合指数为66.28，大大低于全国99.3的平均水平。全年林业系统产品产销率为96.8%，比1998年提高了1.7个百分点，说明产销衔接情况良好。其中总资产贡献率为4.2（全国标准值为10.7），资本保值增值率为103.2（全国标准值为120），资产负债率为68.7%（全国标准值为小于或等于60%），流动资产周转率为1.52次（全国标准值为10.7），成本费用利润率1.4（全国标准值为3.71），劳动生产率9 285元/人（全国标准值为16 500），产品销售率为96.8%（全国标准值为96%）。

林业系统国有独立核算大中型工业企业主要产品质量指标有所上升，原材料消耗略有降低 1999年，林业系统国有独立核算大中型工业企业主要产品质量明显上升。针阔叶树锯材特等、一等品率为55.2%，胶合板优等、一等品率为62.1%，硬质纤维板优等、一等品率为73.8%，中密度纤维板优等、一等品率为82.8%，刨花板优等、一等品率为76.2%，分别比1998年提高9.1个、6.5个、3.9个、5.9个和3.7个百分点。

锯材出材率为57.6%，贮木场原条出材率为88.1%，胶合板材利用率50.6%，分别比1998年同期提高0.6、0.6、－3.7个百分点。

1999年，林业系统独立核算工业企业应收帐款净额为67.92亿元，实现产品销售收入为236.02亿元，利润总额为－61 166万元，在1 731户汇编企业中，有1 177户亏损企业，亏损企业亏损额为14.48亿元，亏损面为68%，其中140个重点森工企业中有72户亏损企业，重点森工企业亏损面为51%。

从业人员劳动报酬

林业系统国有事业、机关单位增加，而企业单位减少 1999年，全国林业系统拥有各种经济类型单位52 564个，其中国有单位51 454个，集体单位891个，其他单位219个，分别比1998年增加73个、136个，减少236个和7个。国有单位按性质分，企业单位4 409个，比1998年减少568个，事业单位44 183个，机关单位2 862个，分别比1998年增加862个和22个；按行业分，林业（包括林业、农林牧渔服务业、自然保护区管理业）单位增加1 359个，而工业单位减少59个。林业事业单位增加，是由于各地林业工作得到加强以及一些地方调整了乡镇建制，增设了林业工作站、林业科技推广站、林业公安派出所等；工业企业个数减少的主要原因是由于部分亏损企业因资不抵债而破产，或者通过联营、兼并等形式，实行资产重组。

林业系统从业人员和在岗职工特别是工业企业从业人员和在岗职工明显减少，而林业从业人员和在岗职工略有增加 1999年末，林业系统从业人员221.2万人，比1998年减少14.7万人，减少了6.2%，但下降趋势有所缓解，比1998年少减少6.8万人。按所有制分，国有、集体经济单位分别减少了10.1万人和4.4万人。从业人员中，女性占31.9 %，使用的农村劳动力占2.6%。从业人员中在岗职工216.4万人，比1998年减少6.4%，其中专业技术人员45万人，占在岗职工的20.8%，长期职工和临时职工分别占在岗职工的93.4%和6.6%。国有单位从业人员及在岗职工分别比1998年减少4.77%和4.95%，其中林业分别增加1.35%和0.83%，工业分别减少6.38%和6.12%，工业中木材及竹材采运业从业人员比1998年减少4.4万人，在岗职工比1998年减少4万人。工业从业人员和在岗职工减少，林业从业人员和在岗职工增加的原因主要是天然林保护工程范围扩大到长江上游、黄河上中游以后，部分地区限制甚至停止木材采伐，采伐工人转产从事森林管护，林区大部分木材加工企业停产，加上部分国有和集体企业改制、兼并、破产，

职工下岗分流。

林业系统单位从业人员年平均劳动报酬4 960元，不到全国城镇单位从业人员年平均劳动报酬的60% 1999年，林业系统共发放从业人员劳动报酬106.90亿元，其中国有经济单位102.44亿元，集体经济单位2.76亿元，其他各种经济单位1.70亿元，这说明林业系统的经济成份比较单一，特别是目前发展较快的股份合作企业、联营企业、有限责任公司、股份有限责任公司、港澳台商投资及外商投资企业等在林业系统发展缓慢。林业系统单位从业人员年平均劳动报酬4 960元，仅占全国城镇单位从业人员年平均劳动报酬8 319元的59.6%；其中国有经济单位从业人员年平均劳动报酬5 167元，集体经济单位1 976元，其他各种经济单位5 153元，分别为全国城镇平均水平的61.20%、34.32%和50.81%。林业系统中各行业从业人员收入差距较大，收入较高的行业分别为：文化艺术广播电影电视业最高达9 353元、卫生福利8 625元、科研技术7 918元、党政社团7 786元，收入较低的行业为：采掘业最低仅为4 313元、建筑业4 757元、制造业4 989元。

在岗职工劳动报酬有所增加，但增速低于全国城镇职工平均水平。1999年，林业系统在岗职工及国有经济单位在岗职工年劳动报酬为105.51亿元和101.12亿元，分别比1998年增长2.20%和3.14%，低于全国城镇在岗职工6.22%及城镇国有经济单位在岗职工5.11%的增幅。林业系统国有单位按行业来看，林业增长13.27%，工业减少3.14%。由于减员增效，林业系统在岗职工平均工资除社会服务业和其他各种经济单位略有降低外其他均较1998年有较大幅度的增长。1999年，林业系统在岗职工平均工资5 013元，比1998年增长14.42%，其中国有经济单位由4 579元增加到5 225元，增长14.11%，国有经济单位中企业单位增加最少（9.59%），事业单位增加最多（17.21%）。国有经济单位分行业看，林业增长15.79%，而工业增长10.16%。职工平均工资增长较多的原因主要有：一是国家提高了公务员和事业单位的工资；二是采掘业等工业企业实行人员分流，企业经济效益提高。尽管林业系统在岗职工平均工资增速较快，但与全国城镇职工相比仍处于较低的水平。1999年，林业系统职工平均工资及国有单位职工平均工资分别相当于全国平均水平的60.06%和61.16%，差距越来越大。

林业系统离开本单位仍保留劳动关系的职工和离退休职工人数继续增加，离开本单位仍保留劳动关系的职工生活费低于全国城镇单位平均水平 1999年末，林业系统离开本单位仍保留劳动关系的职工（以下简称"离岗职工"）达55.6万人，比1998年增加10.2万人，增长22.47%，占全部职工总数的20.43%，比1998年高4个百分点，相当于不到五名职工中就有一名离岗职工。但离岗职工增速有所缓解，比1998年少增7.3万人。1999年，集体单位离岗职工增加97.18%，其他各种经济单位增加88.64%，国有单位增加13.89%。国有单位离岗职工中，木竹采运业最多，达25.8万人，占55.73%，比1998年增加13.27%，依次为林业和木材加工及竹藤棕草制品业，分别为7.6万人和5.1万人。1999年，林业系统共发放离岗职工生活费5.08亿元，其中国有单位离岗职工生活费4.99亿元。尽管国家提高了下岗职工生活费标准，但林业系统各部门离岗职工平均生活费仅936元，其中国有单位1 100元、集体单位41元、其他各种经济单位1 003元，分别只有全国城镇离岗职工平均水平的60.31%、60.98%、5.61%和46.18%。1999年末，林业系统离退休职工82.4万人，比1998年增加10.2万人，离退休职工与年末在岗职工人数的比例由1：3.2变为1：2.6。随着离开本单位仍保留劳动关系的职工和离退休职工人数的不断增加，各单位负担的生活费和医疗费用将越来越沉重，特别是一些企业不堪重负，削弱了企业扩大再生产投资的能力。

林业系统职工死亡人数连续两年增加，安全生产形势不容乐观 1999年，全国林业系统职工轻伤2 326人次，重伤223人次，死亡166人，轻伤和重伤人次比1998年减少6.45%和5.38%，而死亡人数却上升22.29%。按国民经济行业分，职工伤亡情况较严重的有农林牧渔业、采掘业。其中农林牧渔业职工轻伤332人次，重伤69人次，死亡123人，死亡人数比1998年增加35.16%，主要是吉林、湖北、甘肃的国有林场死亡事故增加较多；采掘业职工轻伤1 519人次，重伤96人次，死亡41人，分别占总数的69.81%、45.50%、33.33%，均比1998年有所减少，但内蒙古森工集团职工死亡人数增加10人。

林业固定资产投资

1999年，在国家继续实行积极的财政政策、增发长期国债、对林业大幅度增加投入的推动下，全社会林业固定资产投资总体上继续保持快速增长趋势。全年完成林业固定资产投资总额为108.41亿元，比1998年同期增长23.95%，大大高于全社会固定资产投资增长速度（5.2%）。全年用于林业重点生态工程建设的营林基本建设投资完成91.56亿元，占全社会林业固定资产投资总量的84.46%，比1998年上升了15.6个百分点。由于国债资金的注入，全年林业生态工程建设进展速度加快，特别是以长江上游、黄河上中游天然林保护工程为代表的一批林业重点生态工程建设顺利实施，把国土绿化进程大大向前推进了一步。

1999年全社会固定资产投资完成情况

1. 投资总量大幅度上升，结构有所调整。1999年，为了加快基础设施建设，扩大内需，拉动经济增长，国家新增国债投资计划1 245亿元，其中安排林业国债资金46.07亿元，在国债资金的带动下，全年全社会完成林业固定资产投资总额为108.41亿元，其中基本建设投资完成99.53亿元，更新改造投资完成5.25亿元，其他固定资产投资完成36 274万元，所占比重分别为91.81%、4.84%和3.35%，在基本建设投资完成总额中，用于林业重点生态工程建设的营林基本建设投资完成91.56亿元，占全部林业基本建设投资总额91.99%，比1998年上升13.31个百分点，森工基本建设投资完成7.97万元，所占比重为8.01%，下降了13.31个百分点。

2. 国家预算内基本建设资金（含国债）和中央财政专项资金继续成为林业固定资产投资主体。在全部林业固定资产投资资金来源中，资金量排在前三位的分别是国家预算内资金（比重为53.76%）、自筹资金（比重为24.20%）和国内贷款（比重为9.18%）。在国家预算内资金中，中央国债资金所占比重列首位为39.70%、中央财政专项补助经费列第二位为19.75%、中央转借地方国债资金所占比重为8.49%。在国内贷款中，商业银行贷款比重为86.04%，政策性贷款比重明显下降，仅为贷款总量的9.57%。

3. 林业固定资产投资范围主要集中在营造林、抚育、种苗、科技教育以及护林防火等方面。1999年，全国林业基本建设资金（915 591万元）中用于营造林的资金为529 481万元，占营造林资金总量的57.83%，其中造林资金359 615万元，封山育林资金125 478万元，迹地更新资金44 388万元，所占比重分别为67.92%、23.70%和8.38%。中幼龄林抚育资金113 041万元（12.35%），种苗工程资金32 702万元（3.57%），林业科技教育资金24 322万元（2.66%）、护林防火资金24 229万元（2.65%），病虫害防治资金8 325万元（0.91%），森林公园和野生动植物保护5 037万元（0.55%），林业工作站建设资金4 117万元（0.45%），森林公安建设资金3 673万元（0.40%）。

4. 由于大批国债资金的投入，平均造林补助费用大幅度上升。1999年，由于一批重点林业生态建设工程的实施，使得单位造林投入明显上升，全年实际造林每公顷的投入已达到4.74元，每亩比1998年增加2.16元，提高了85.07%，大大提高了造林作业质量。

上述积极的变化表明，1999年林业生态环境建设步伐明显加快，建设质量进一步提高，这些都与国债资金效应的发挥关系极大。这充分说明，党中央、国务院对林业生态环境的高度重视，不仅政策到位，而且资金力度大，效果显著。

存在的问题 尽管1999年是林业建设史上发展最快的一年，林业生态环境建设取得了前所未有的成效，以长江上游、黄河上中游天然林保护工程为代表的一批生态环境建设重点工程进展稳步推进，对改善我国生态环境的现状将起到积极的推动作用。但是，在林业固定资产投资建设中仍然存在着一些问题，主要表现在：

1. 森林工业固定资产投资规模继1998年大幅度下降的基础上进一步萎缩，已达到历史最低点。1999年森工固定资产投资完成投资166 265万元，占全部林业固定资产投资完成总额的15.34%，比1998年（30.22%）下降37.1%，下降14.88个百分点。

2. 以内涵型扩大再生产为主的森工技术改造投资已严重倒退，林业产业的发展因缺少有竞争力的建设项目而失去商业银行资金的支持。

在林业固定资产投资完成总额中，按管理渠道分，1999年，林业技术改造投资完成52 509万元，与林业基本建设投资完成额995 294万元相比仅为0.053∶1，占全部林业固定资产投资完成总额的4.8%。

3. 林业基本建设投资占全社会基本建设投资总额的比重不到百分之一。1999年，林业固定资产投资总额虽比1998年增幅较大，超过了全社会固定资产增长幅度（5.2%），但是，林业基本建设投资占全社会基本建设投资总额的比重仅为0.79%。

（汤晓文 汪飞跃）

营 林 生 产

各地区林业产业总产值

（按现行价格计算）

单位：万元

地　区	总　计	第一产业	第二产业	第三产业	地　区	总　计	第一产业	第二产业	第三产业
全国合计	**31 877 337**	**21 348 223**	**9 308 777**	**1 220 337**	河　南	1 237 988	1 107 142	120 638	10 208
北　京	241 933	164 014	63 425	14 494	湖　北	938 528	690 683	162 255	85 590
天　津	20 062	19 235	—	827	湖　南	1 830 785	1 351 767	404 701	74 317
河　北	1 645 846	1 199 091	413 488	33 267	广　东	2 194 617	1 730 153	426 891	37 573
山　西	491 638	483 911	3 984	3 743	广　西	1 700 157	1 221 152	449 075	29 930
内蒙古	543 390	248 528	248 407	46 455	海　南	532 083	502 554	28 848	681
内蒙古集团	292 893	51 202	205 213	36 478	重　庆	250 272	218 245	26 025	6 002
辽　宁	1 128 438	806 506	224 013	97 919	四　川	1 084 016	815 490	215 963	52 563
吉　林	973 709	309 456	505 097	159 156	贵　州	210 482	179 800	29 574	1 108
吉林集团	282 064	40 853	190 265	50 946	云　南	1 125 177	684 787	418 562	21 828
黑龙江	1 189 649	341 189	692 602	155 858	西　藏	15 700	10 000	5 700	—
龙江集团	970 199	219 536	623 533	127 130	陕　西	717 988	626 500	79 325	12 163
上　海	72 834	63 016	5 890	3 928	甘　肃	403 656	362 175	28 009	13 472
江　苏	1 052 941	792 168	191 917	68 856	青　海	19 339	17 731	379	1 229
浙　江	3 918 980	1 534 667	2 277 592	106 721	宁　夏	52 058	48 048	3 614	396
安　徽	1 038 104	885 866	102 849	49 389	新　疆	312 581	284 894	19 135	8 552
福　建	2 612 753	1 548 295	1 035 369	29 089	大兴安岭	301 320	66 114	209 343	25 863
江　西	1 238 491	782 388	418 483	37 620	雷州林业局	23 888	6 580	15 814	1 494
山　东	2 757 934	2 246 078	481 810	30 046					

全国历年造林面积

单位：千公顷

年　别	造林面积	年　别	造林面积	年　别	造林面积	年　别	造林面积
1949～1952	1 707.33	1967	3 904.00	1982	4 495.60	1997	4 354.93
1953	1 112.93	1968	3 413.33	1983	6 324.40	1998	4 811.05
1954	1 166.20	1969	3 479.33	1984	8 253.67	1999	4 900.71
1955	1 710.53	1970	3 884.00	1985	8 336.80	1949～1952	1 707.33
1956	5 723.27	1971	4 525.13	1986	5 274.00	1953～1957	14 068.00
1957	4 355.07	1972	4 635.73	1987	5 414.20	1958～1962	18 332.33
1958	6 098.67	1973	4 982.87	1988	5 533.27	1963～1965	7 866.79
1959	5 449.67	1974	5 002.47	1989	5 023.33	1966～1970	19 213.99
1960	4 143.93	1975	4 973.73	1990	5 208.47	1971～1975	24 119.93
1961	1 441.33	1976	4 925.73	1991	5 594.47	1976～1980	23 256.60
1962	1 198.73	1977	4 793.27	1992	6 030.40	1981～1985	31 520.54
1963	1 530.13	1978	4 496.33	1993	5 903.40	1986～1990	26 453.27
1964	2 911.33	1979	4 489.27	1994	5 992.66	1991～1995	28 735.54
1965	3 425.33	1980	4 552.00	1995	5 214.61	1996～1999	18 986.07
1966	4 533.33	1981	4 110.07	1996	4 919.38	1949～1999	214 260.39

注：1985 年以前造林合格率达到 40％以上，即统计在造林面积中，1985 年以后为合格率达到 85％以上才统计在造林面积中。

全国历年迹地更新面积

单位:千公顷

年别	迹地更新面积	其中:人工更新	年别	迹地更新面积	其中:人工更新
1949～1952	22.53	22.47	1982	438.80	375.27
1953	16.53	16.07	1983	508.80	422.93
1954	38.80	30.07	1984	552.00	476.07
1955	39.20	31.87	1985	638.27	544.93
1956	94.13	48.47	1986	577.40	485.13
1957	55.80	44.07	1987	703.50	586.93
1958	391.13	193.67	1988	636.90	542.60
1959	560.33	342.13	1989	719.10	571.20
1960	483.73	301.93	1990	671.50	537.67
1961	157.07	103.53	1991	664.10	539.60
1962	106.33	86.00	1992	673.60	565.70
1963	183.00	146.87	1993	739.20	609.00
1964	206.53	170.20	1994	722.70	608.73
1965	238.93	210.87	1995	750.96	638.95
1966	321.00	227.00	1996	794.75	683.27
1967	303.00	278.27	1997	798.38	659.39
1968	240.00	209.73	1998	806.30	665.93
1969	233.00	200.00	1999	1 042.83	585.75
1970	325.00	265.13	1949～1952	22.53	22.47
1971	307.53	253.00	1953～1957	244.46	170.55
1972	319.00	259.53	1958～1962	1 698.59	1 027.26
1973	356.73	293.40	1963～1965	628.46	527.94
1974	362.00	318.27	1966～1970	1 422.00	1 180.13
1975	422.00	366.67	1971～1975	1 767.26	1 490.87
1976	420.80	374.33	1976～1980	2 126.86	1 859.59
1977	416.40	369.53	1981～1985	2 580.47	2 191.00
1978	458.40	390.93	1986～1990	3 308.40	2 723.53
1979	409.33	355.27	1991～1995	3 550.56	2 961.98
1980	421.93	369.53	1996～1999	3 442.26	2 594.34
1981	442.60	371.80	1949～1999	20 791.85	16 749.66

注:1998 年人工更新面积没有统计,系根据 1997 年人工更新占迹地更新面积的比例推算。

全国营林生产主要指标增减情况

主要指标	单　位	1999年	1998年	1999年比1998年增减(%)
1. 当年造林面积合计	千公顷	4 900.71	4 811.05	1.86
其中：竹林面积	千公顷	84.01	72.01	16.66
工程造林	千公顷	2 666.65	2 533.68	5.25
造林面积按造林方式分：				
(1)人工造林	千公顷	4 276.85	4 086.00	4.67
(2)飞播造林	千公顷	623.86	725.05	－13.96
造林面积中按林种用途分：				
(1)用材林	千公顷	1 418.01	1 459.68	－2.85
其中：速生丰产林	千公顷	275.44	319.31	－13.74
(2)经济林	千公顷	1 403.88	1 394.82	0.65
其中：干果林	千公顷	726.67	534.07	36.06
(3)防护林	千公顷	1 948.54	1 772.02	9.96
(4)薪炭林	千公顷	115.30	167.03	－30.97
(5)特种用途林	千公顷	14.98	17.50	－14.40
2. 迹地更新面积	千公顷	1 042.83	806.30	29.34
3. 封山育林面积	千公顷	34 784.68	33 559.07	3.65
其中：本年新封山育林面积	千公顷	6 704.50	9 699.14	－30.88
4. 零星(四旁)植树	万株	298 392	326 648	－8.65
5. 林木种子采集量	吨	33 167	34 600	－4.14
6. 育苗面积	千公顷	220.20	212.89	3.43
其中：本年新育面积	千公顷	138.61	130.88	5.91
7. 幼林抚育作业面积	千公顷	11 526.02	12 384.77	－6.93
8. 成林抚育面积	千公顷	8 489.20	7 093.85	19.67
其中：中幼龄林抚育面积	千公顷	6 120.06	4 412.97	38.68
9. 低产林改造面积	千公顷	1 232.16	1 177.54	4.64
10. 抚育改造出材量	万立方米	1 412.67	1 675.48	－15.69
其中：中幼龄林抚育改造出材量	万立方米	896.25	1 027.63	－12.78
11. 年末实有母树林面积	千公顷	314.06	874.78	－64.10
12. 年末实有种子园面积	千公顷	55.16	283.27	－80.53
13. 主要林产品产量				
生漆	吨	5 314	4 694	13.21
油桐籽	吨	448 323	432 104	3.75
油茶籽	吨	792 690	722 627	9.70
乌桕籽	吨	35 401	40 512	－12.62
五倍子	吨	9 008	13 241	－31.97
棕片	吨	61 040	74 251	－17.79
松脂	吨	571 477	544 615	4.93
竹笋干(鲜笋折笋干)	吨	310 480	244 882	26.79
核桃	吨	274 246	269 203	1.87
板栗	吨	534 631	469 828	13.79
紫胶(原胶)	吨	1 830	1 816	0.77
松籽	吨	11 518	10 265	12.21
腰果	吨	2 109	1 365	54.51
14. 村及村以下竹木采伐量				
(1)木材	万立方米	3 536.84	3 769.18	－6.16
(2)竹材	万根	115 211.32	112 303.67	2.59

各地区按林种分的造林面积

单位：千公顷

地区	合计	用材林		经济林	防护林	薪炭林	特种用途林
		合计	其中：速生丰产林				
全国合计	**4 900.71**	**1 418.01**	**275.44**	**1 403.88**	**1 948.54**	**115.30**	**14.98**
北京	30.20	0.18	—	5.06	23.78	0.04	1.14
天津	9.40	—	—	0.86	8.54	—	—
河北	346.93	78.00	9.97	114.69	149.25	4.94	0.05
山西	403.41	86.73	5.76	104.60	210.21	1.00	0.87
内蒙古	533.89	72.11	9.74	73.10	384.53	4.00	0.15
内蒙古集团	57.95	13.83	4.98	—	44.12	—	—
辽宁	122.01	35.74	16.26	31.90	45.77	8.53	0.07
吉林	191.75	107.15	27.26	20.36	62.03	0.90	1.31
吉林集团	26.48	25.00	—	—	1.48	—	—
黑龙江	318.46	173.18	23.17	20.94	100.73	19.43	4.18
龙江集团	71.06	42.86	9.06	0.73	21.11	4.74	1.62
上海	2.57	0.60	—	0.87	1.10	—	—
江苏	40.43	13.52	4.65	24.26	2.48	0.07	0.10
浙江	33.02	9.84	1.17	19.62	3.16	0.15	0.25
安徽	70.05	29.28	15.82	33.27	7.02	0.20	0.28
福建	23.93	10.65	0.96	5.18	5.81	2.26	0.03
江西	36.72	12.57	6.99	12.09	11.48	0.57	0.01
山东	177.55	26.40	13.89	112.70	37.84	0.03	0.58
河南	235.17	92.73	14.16	61.51	79.54	1.10	0.29
湖北	223.23	93.23	28.12	102.33	21.95	5.21	0.51
湖南	27.44	11.98	4.69	8.94	6.28	0.10	0.14
广东	4.51	1.35	0.20	0.82	2.04	0.30	—
广西	63.96	33.91	1.41	20.71	3.67	5.58	0.09
海南	15.93	9.61	7.06	3.34	2.66	0.24	0.08
重庆	127.29	18.55	—	44.62	63.14	0.94	0.04
四川	404.56	96.25	31.66	82.43	222.02	2.92	0.91
贵州	238.48	96.28	8.98	63.17	76.84	1.81	0.38
云南	387.48	136.72	29.73	164.59	73.07	12.20	0.90
西藏	12.42	12.00	—	0.42	—	—	—
陕西	435.67	100.69	2.81	166.79	156.45	10.87	0.87
甘肃	189.26	33.75	10.64	54.90	80.35	19.17	1.09
青海	54.75	5.05	0.06	1.05	39.06	9.59	—
宁夏	48.51	—	—	12.35	36.16	—	—
新疆	75.55	3.78	0.18	36.41	31.58	3.12	0.66
大兴安岭	16.18	16.18	0.10	—	—	—	—
雷州林业局	—	—	—	—	—	—	—

各地区营林生产主要指标完成情况

单位：千公顷

地区	迹地更新面积	封山育林面积		育苗面积		当年苗木产量（万株）	幼林抚育作业面积	成林抚育面积		低产林改造面积
		合计	其中：本年新封	合计	其中：本年新育			合计	其中：中幼龄林抚育面积	
全国合计	**1 042.83**	**347 84.68**	**6 704.50**	**220.20**	**138.61**	**2 314 683**	**11 526.02**	**8 489.20**	**6 120.06**	**1 232.16**
北京	0.40	77.55	12.67	4.92	1.46	4 969	39.97	21.83	16.63	0.12
天津	—	9.38	0.67	1.76	0.72	4 323	35.64	36.42	18.96	—
河北	16.55	1 305.52	306.21	20.27	12.70	100 804	725.10	449.54	449.54	22.47
山西	0.37	649.19	131.68	19.32	11.01	152 560	144.32	111.40	100.26	10.30
内蒙古	64.29	1 213.85	227.75	9.16	6.09	153 079	566.68	846.39	771.20	7.68
内蒙古集团	47.70	115.23	115.23	0.20	0.08	28 688	164.35	540.62	519.07	—
辽宁	26.49	1 125.48	223.42	9.42	6.68	105 227	286.26	68.54	58.93	34.17
吉林	39.69	1 120.47	103.92	2.53	1.33	83 470	771.40	293.16	269.92	20.50
吉林集团	19.02	287.44	9.84	0.11	0.03	12 202	144.43	70.89	66.68	1.43
黑龙江	83.79	1 832.43	271.38	15.94	7.80	242 837	1 658.64	385.11	269.23	15.05
龙江集团	63.19	613.18	111.14	1.14	0.30	100 575	812.43	275.16	242.12	13.02
上海	—	—	—	2.30	0.86	3 778	13.87	2.28	1.62	—
江苏	2.15	38.52	9.70	14.02	5.00	42 659	117.07	110.74	70.80	2.63
浙江	21.49	687.44	133.87	2.76	1.34	18 916	194.42	369.35	126.86	44.00
安徽	7.50	454.95	32.76	5.60	3.92	195 341	727.49	438.92	197.72	16.55
福建	49.73	1 223.49	197.50	0.31	0.24	14 437	238.49	175.06	175.06	37.86
江西	25.01	2 739.50	430.00	0.99	0.68	19 425	411.86	357.67	171.86	220.11
山东	20.91	954.30	258.28	24.20	15.12	102 585	1 233.18	757.47	633.98	46.79
河南	18.03	426.45	116.73	15.82	11.42	159 268	538.50	573.60	341.16	29.39
湖北	61.18	2 218.67	437.26	10.13	8.65	154 395	375.80	519.98	334.87	59.55
湖南	29.98	2 896.06	209.90	4.64	2.73	36 290	325.28	220.80	148.97	333.24
广东	99.78	1 436.33	91.35	2.03	1.68	29 450	287.69	267.44	185.14	122.06
广西	89.36	4 252.97	341.72	1.63	1.16	42 874	427.38	290.94	265.70	69.51
海南	17.43	270.20	14.29	0.36	0.33	5 700	11.96	9.05	9.05	0.48
重庆	1.42	493.83	178.16	3.39	3.27	39 235	57.32	94.49	93.57	0.71
四川	26.69	2 150.94	1 008.04	10.01	8.45	115 974	603.95	645.38	331.63	44.27
贵州	14.05	1 309.17	297.64	1.54	1.50	53 831	232.90	84.50	63.70	7.93
云南	158.38	2 955.03	717.59	1.89	1.57	95 194	128.65	174.17	165.85	13.01
西藏	1.40	53.00	—	0.13	—	585	0.48	8.33	8.33	—
陕西	16.13	854.81	420.94	16.02	11.39	104 756	234.56	285.69	222.20	38.08
甘肃	8.65	429.44	127.58	7.27	4.58	82 035	153.87	118.33	97.03	4.69
青海	29.90	271.70	141.93	2.88	0.65	32 742	100.55	2.23	2.14	—
宁夏	—	101.73	14.80	2.95	2.18	32 858	128.74	60.19	44.99	0.09
新疆	9.43	1 054.20	194.76	5.74	3.89	61 299	592.70	411.05	254.53	28.59
大兴安岭	97.62	178.08	52.00	0.14	0.13	21 903	137.12	299.15	218.63	0.13
雷州林业局	5.03	—	—	0.13	0.08	1 884	24.18	—	—	2.20

各地区主要林产品产量

单位:吨

地 区	生漆	油桐籽	油茶籽	乌桕籽	五倍子	棕片	松脂	竹笋干（鲜笋折笋干）	核桃	板栗	紫胶（原胶）
全国合计	**5 314**	**448 323**	**792 690**	**35 401**	**9 008**	**61 040**	**571 477**	**310 480**	**274 246**	**534 631**	**1 830**
北 京	—	—	—	—	—	—	—	—	8 030	10 578	—
天 津	—	—	—	—	—	—	—	—	418	217	—
河 北	—	—	—	—	—	—	—	—	30 365	43 023	—
山 西	—	—	—	—	—	—	—	—	39 724	122	—
内蒙古	—	—	—	—	—	—	—	—	—	—	—
内蒙古集团	—	—	—	—	—	—	—	—	—	—	—
辽 宁	—	—	—	—	—	—	—	—	11 276	23 474	—
吉 林	—	—	—	—	—	—	—	—	925	250	—
吉林集团	—	—	—	—	—	—	—	—	915	—	—
黑龙江	—	—	—	—	—	—	—	—	—	—	—
龙江集团	—	—	—	—	—	—	—	—	—	—	—
上 海	—	—	—	—	—	—	—	—	—	—	—
江 苏	—	19	107	—	—	—	—	1 017	—	11 860	—
浙 江	22	981	29 585	383	63	1 483	5 884	103 270	3 880	29 791	208
安 徽	172	3 188	7 528	3 137	16	1 394	6 281	12 057	77	34 797	—
福 建	106	17 908	58 793	212	109	10 343	75 738	110 447	5	15 760	8
江 西	—	15 344	187 094	526	543	5 241	40 718	19 317	31	17 769	23
山 东	—	—	—	—	—	—	—	—	9 474	123 015	—
河 南	207	56 407	11 427	1 854	298	—	2 077	69	13 428	75 834	—
湖 北	426	20 938	18 833	18 265	1 001	4 461	5 239	1 445	2 074	63 166	—
湖 南	96	44 072	325 947	1 278	1 448	7 750	16 988	14 920	2 547	18 551	12
广 东	1	4 235	26 795	97	—	596	125 492	13 934	—	3 655	351
广 西	13	58 972	108 410	8	181	3 009	226 256	17 086	331	21 927	1
海 南	—	—	4	—	—	—	6 173	140	—	—	—
重 庆	413	41 294	837	2 631	1 066	3 369	167	1 276	1 580	1 507	—
四 川	1 274	39 626	4 273	2 096	1 643	5 915	1 689	7 886	23 842	4 576	44
贵 州	984	113 573	8 010	3 935	1 507	4 718	3 836	3 284	4 988	7 562	8
云 南	407	19 021	4 780	663	145	9 473	52 221	3 787	60 452	11 018	1 175
西 藏	—	—	—	—	—	—	—	—	788	120	—
陕 西	1 066	12 297	267	116	922	2 750	148	530	33 340	14 704	—
甘 肃	127	448	—	200	66	538	10	15	10 612	1 355	—
青 海	—	—	—	—	—	—	—	—	162	—	—
宁 夏	—	—	—	—	—	—	—	—	118	—	—
新 疆	—	—	—	—	—	—	—	—	15 779	—	—
大兴安岭	—	—	—	—	—	—	—	—	—	—	—
雷州林业局	—	—	—	—	—	—	2 560	—	—	—	—

全国林业重点工程历年完成造林面积

单位:千公顷

年别	合计	十大林业生态工程											全国生态环境建设重点工程	世行贷款速生丰产用材林基地工程	天然林保护工程
		小计	“三北”防护林体系工程	长江中上游防护林体系工程	沿海防护林体系工程	淮河、太湖流域防护林体系工程	珠江流域防护林体系工程	黄河中游防护林体系工程	辽河流域防护林体系工程	治沙一期工程	太行山绿化工程	平原绿化工程			
1979～1985年	10 109.80	10 109.80	10 109.80												
1986年	1 106.73	1 106.73	1 106.73												
1987年	1 064.80	1 064.80	1 064.80												
1988年	1 063.93	1 063.93	1 063.93												
1989年	1 001.80	1 001.80	956.07	45.73											
1990年	1 662.06	1 662.06	983.33	324.13							354.60				
七五小计	5 899.32	5 899.32	5 174.86	369.86							354.60				
1991年	2 082.20	2 082.20	1 170.47	462.40	223.60						225.73				
1992年	2 308.00	2 308.00	1 255.20	584.60	235.80						232.40				
1993年	2 602.10	2 344.60	1 160.00	573.00	131.20					132.80	275.20	72.40		257.50	
1994年	2 729.59	2 506.27	1 255.49	546.00	152.78					139.79	358.22	53.99		223.32	
1995年	2 862.17	2 619.30	1 333.26	535.71	103.27					168.59	427.04	51.43		242.87	
八五小计	12 584.06	11 860.37	6 174.42	2 701.71	846.65					441.18	1 518.59	177.82		723.69	
1996年	2 916.01	2 728.20	1 342.28	463.96	72.17	69.65		176.87		164.95	402.46	35.86		187.81	
1997年	2 843.45	2 650.25	1 266.12	447.75	63.48	40.51	56.72	112.08	48.25	215.95	366.32	33.07		193.20	
1998年	3 173.26	2 685.67	1 243.96	448.60	60.29	37.97	39.85	145.52	74.58	231.58	343.74	59.58	59.19	138.05	290.35
1999年	3 317.52	2 460.67	1 245.41	369.84	44.48	29.37	32.09	83.43	103.83	211.58	293.36	47.28	273.19	106.10	477.56
九五小计	12 250.24	10 524.79	5 097.77	1 730.15	240.42	177.50	128.66	517.90	226.66	824.06	1 405.88	175.79	332.38	625.16	767.91
1979～1999年	40 843.42	38 394.28	26 556.85	4 801.72	1 087.07	177.50	128.66	517.90	226.66	1 265.24	3 279.07	353.61	332.38	1 348.85	767.91

注:太行山绿化工程1990年造林面积354.60千公顷系指1984～1990年的造林面积,其中1990年造林面积为109.73千公顷。

全国林业重点工程历年

年别		合计	十大林业				
			小计	“三北”防护林体系工程	长江中上游防护林体系工程	沿海防护林体系工程	淮河、太湖流域防护林体系工程
1979～1989年	实际完成投资	62 295	62 295	53 781	1 167		
	其中　国家投资	35 443	35 443	33 076	427		
1990年	实际完成投资	25 537	25 537	16 733	6 676		
	其中　国家投资	13 469	13 469	10 291	2 616		
1991年	实际完成投资	34 949	34 949	19 750	7 747	5 214	
	其中　国家投资	20 247	20 247	14 315	3 205	1 983	
1992年	实际完成投资	44 640	44 640	24 921	10 342	7 250	
	其中　国家投资	22 888	22 888	15 978	3 608	2 613	
1993年	实际完成投资	118 913	70 276	35 080	15 112	9 773	
	其中　国家投资	32 351	29 527	18 076	5 283	2 346	
1994年	实际完成投资	144 563	86 148	38 928	18 587	9 485	
	其中　国家投资	36 779	35 251	19 589	6 535	1 899	
1995年	实际完成投资	162 611	93 670	42 459	18 308	10 268	
	其中　国家投资	43 062	39 808	21 454	5 474	2 089	
八五小计	实际完成投资	505 676	329 683	161 138	70 096	41 990	
	其中　国家投资	155 327	147 721	89 412	24 105	10 930	
1996年	实际完成投资	211 554	148 905	71 169	23 114	16 548	5 701
	其中　国家投资	57 811	54 978	30 802	7 455	2 531	1 195
1997年	实际完成投资	255 056	196 425	80 567	21 095	12 653	4 264
	其中　国家投资	71 557	67 309	34 704	7 196	2 198	877
1998年	实际完成投资	533 920	233 591	90 289	27 774	21 029	9 562
	其中　国家投资	306 676	78 701	37 206	11 154	3 340	2 871
1999年	实际完成投资	815 780	291 328	118 754	31 384	22 897	7 173
	其中　国家投资	529 789	126 645	57 383	16 345	5 717	2 751
九五小计	实际完成投资	1816 310	870 249	360 779	103 367	73 127	26 700
	其中　国家投资	965 833	327 633	160 095	42 150	13 786	7 694
1979～1999年	实际完成投资	2 409 818	1 287 764	592 431	181 306	115 117	26 700
	其中　国家投资	1 170 072	524 266	292 874	69 298	24 716	7 694

注：1979～1989年的国家投资没有统计，系根据1990年国家投资占实际完成投资的比例推算得出的数字。

实际完成投资及国家投资

单位:万元

生态工程						全国生态环境建设重点工程	世行贷款速生丰产用材林基地工程	天然林保护工程
珠江流域防护林体系工程	黄河中游防护林体系工程	辽河流域防护林体系工程	治沙一期工程	太行山绿化工程	平原绿化工程			
				7 347				
				1 940				
				2 128				
				562				
				2 238				
				744				
				2 127				
				689				
			3 351	4 436	2 524		48 637	
			1 914	949	959		2 824	
			6 822	6 903	5 423		58 415	
			3 064	1 643	2 521		1 528	
			7 259	7 443	7 933		68 941	
			3 523	2 253	5 015		3 254	
			17 432	23 147	15 880		175 993	
			8 501	6 278	8 495		7 606	
	2 743		15 741	7 371	6 518		62 649	
	1 844		4 506	2 085	4 560		2 833	
16 430	5 127	928	33 782	12 247	9 332		58 631	
502	1 407	284	12 247	2 853	5 041		4 248	
12 060	5 144	4 929	37 741	11 970	13 093	18 525	54 043	227 761
1 557	1 548	309	10 176	5 411	5 129	16 337	5 273	206 365
16 463	6 021	7 136	35 477	24 232	21 791	67 289	47 938	409 225
2 775	4 390	2 874	8 198	14 195	12 017	46 662	5 173	351 309
44 953	19 035	12 993	122 741	55 820	50 734	85 814	223 261	636 986
4 834	9 189	3 467	35 127	24 544	26 747	62 999	17 527	557 674
44 953	19 035	12 993	140 173	88 442	66 614	85 814	399 254	636 986
4 834	9 189	3 467	43 628	33 324	35 242	62 999	25 133	55 7674

各地区林业重点

地区	总计	十大林业					
		合计	"三北"防护林工程		长江中上游防护林工程	沿海防护林工程	淮河、太湖流域防护林工程
			合计	京津周围绿化工程			
全国合计	**3 317.52**	**2 460.67**	**1 245.41**	**228.39**	**369.84**	**44.48**	**29.37**
北京	30.20	29.35	18.39	18.39	—	—	—
天津	9.40	9.40	9.09	9.09	—	0.31	—
河北	318.09	303.38	200.91	200.91	—	4.54	—
山西	403.08	399.83	145.02	—	—	—	—
内蒙古	531.97	433.90	265.81	—	—	—	—
内蒙古集团	57.95	—	—	—	—	—	
辽宁	111.98	106.14	46.14	—	—	2.51	—
吉林	160.29	92.58	69.23	—	—	—	—
吉林集团	25.47	—	—	—	—	—	—
黑龙江	149.91	102.86	82.60	—	—	—	—
龙江集团	34.87	—	—	—	—	—	—
上海	1.26	1.26	—	—	—	0.27	0.35
江苏	13.50	13.50	—	—	—	5.00	5.79
浙江	6.25	6.25	—	—	—	3.69	1.08
安徽	16.94	8.35	—	—	4.17	—	2.51
福建	17.47	17.47	—	—	—	17.30	—
江西	17.85	14.93	—	—	11.75	—	—
山东	41.71	31.42	—	—	—	9.37	15.17
河南	68.14	29.82	—	—	9.39	—	1.05
湖北	68.59	35.79	—	—	24.78	—	3.42
湖南	22.11	12.90	—	—	9.93	—	—
广东	1.22	1.22	—	—	—	1.02	—
广西	18.44	15.81	—	—	0.53	0.39	—
海南	2.09	0.37	—	—	—	0.08	—
重庆	106.38	51.32	—	—	51.32	—	—
四川	247.81	64.74	—	—	64.06	—	—
贵州	127.62	34.89	—	—	28.20	—	—
云南	71.86	45.59	—	—	35.08	—	—
西藏	—	—	—	—	—	—	—
陕西	384.36	287.15	170.64	—	97.78	—	—
甘肃	178.90	152.39	110.79	—	32.24	—	—
青海	54.71	46.41	44.48	—	0.61	—	—
宁夏	48.51	39.25	22.90	—	—	—	—
新疆	75.55	72.40	59.41	—	—	—	—
大兴安岭	11.33	—	—	—	—	—	—

工程造林面积

单位:千公顷

生态工程						全国生态环境建设重点工程	世行贷款速生丰产用材林基地工程	天然林保护工程
珠江流域防护林工程	黄河中游防护林工程	辽河流域防护林工程	治沙工程	太行山绿化工程	平原绿化工程			
32.09	**83.43**	**103.83**	**211.58**	**293.36**	**47.28**	**273.19**	**106.10**	**477.56**
—	—	—	0.98	8.11	1.87	0.85	—	—
—	—	—	—	—	—	—	—	—
—	—	—	3.18	94.75	—	4.79	9.92	—
—	51.62	—	2.40	185.52	15.27	—	3.25	—
—	6.54	60.09	101.46	—	—	33.77	—	64.30
—	—	—	—	—	—	—	—	57.95
—	—	35.94	18.39	—	3.16	—	5.84	—
—	—	7.80	15.45	—	0.10	—	—	67.71
—	—	—	—	—	—	—	—	25.47
—	—	—	11.46	—	8.80	—	12.18	34.87
—	—	—	—	—	—	—	—	34.87
—	—	—	—	—	0.64	—	—	—
—	—	—	—	—	2.71	—	—	—
—	—	—	0.07	—	1.41	—	—	—
—	—	—	1.38	—	0.29	—	8.59	—
—	—	—	—	—	0.17	—	—	—
—	—	—	2.34	—	0.84	0.36	2.56	—
—	—	—	3.98	—	2.90	—	10.29	—
—	12.25	—	2.15	4.98	—	22.56	15.76	—
—	—	—	7.59	—	—	18.67	—	14.13
—	—	—	—	—	2.97	3.13	6.08	—
—	—	—	—	—	0.20	—	—	—
14.89	—	—	—	—	—	—	2.63	—
—	—	—	0.29	—	—	—	—	1.72
—	—	—	—	—	—	20.75	—	34.31
—	—	—	0.23	—	0.45	30.85	6.14	146.08
6.69	—	—	—	—	—	—	12.06	80.64
10.51	—	—	—	—	—	8.00	10.77	7.50
—	—	—	—	—	—	—	—	—
—	13.02	—	3.17	—	2.54	93.21	—	4.00
—	—	—	9.34	—	0.02	17.78	—	8.73
—	—	—	1.32	—	—	7.59	—	0.71
—	—	—	16.35	—	—	9.26	—	—
—	—	—	10.05	—	2.94	1.62	—	1.53
—	—	—	—	—	—	—	—	11.33

各地区林业重点

地区	总计	十大林业					
		合计	“三北”防护林工程		长江中上游防护林工程	沿海防护林工程	淮河、太湖流域防护林工程
			合计	京津周围绿化工程			
全国合计	**815 780**	**291 328**	**118 754**	**26 427**	**31 384**	**22 897**	**7 173**
北京	14 893	14 266	7 099	7 099	—	—	—
天津	6 088	6 088	5 769	5 769	—	209	—
河北	24 195	20 650	13 559	13 559	—	1 154	—
山西	37 111	36 411	11 937	—	—	—	—
内蒙古	76 444	36 015	25 026	—	—	—	—
内蒙古集团	28 381	—	—	—	—	—	—
辽宁	14 994	12 721	1 501	—	—	5 463	—
吉林	38 859	8 692	7 562	—	—	—	—
吉林集团	12 560	—	—	—	—	—	—
黑龙江	39 658	3 689	2 641	—	—	—	—
龙江集团	33 432	—	—	—	—	—	—
上海	11 833	11 833	—	—	—	546	136
江苏	2 002	2 002	—	—	—	720	1 210
浙江	9 099	7 835	—	—	—	4 685	1 606
安徽	10 728	2 774	—	—	857	—	939
福建	5 878	5 104	—	—	—	5 060	—
江西	10 293	3 231	—	—	2 914	—	—
山东	9 181	7 466	—	—	—	3 415	2 774
河南	25 014	5 760	—	—	830	—	255
湖北	10 879	5 025	—	—	3 963	—	253
湖南	8 084	3 470	—	—	3 442	—	—
广东	4 803	4 803	—	—	—	1 334	—
广西	18 320	13 146	—	—	86	145	—
海南	4 929	626	—	—	—	166	—
重庆	20 338	2 973	—	—	2 973	—	—
四川	166 043	6 142	—	—	6 114	—	—
贵州	17 069	4 829	—	—	4 086	—	—
云南	40 787	4 354	—	—	3 505	—	—
西藏	30	30	—	—	30	—	—
陕西	30 671	7 447	3 881	—	1 707	—	—
甘肃	14 796	8 937	6 360	—	800	—	—
青海	13 715	10 044	7 198	—	77	—	—
宁夏	7 253	5 992	4 546	—	—	—	—
新疆	37 371	28 973	21 675	—	—	—	—
大兴安岭	84 422	—	—	—	—	—	—

工程投资完成情况

单位:万元

生态工程						全国生态环境建设重点工程	世行贷款速生丰产用材林基地工程	天然林保护工程
珠江流域防护林工程	黄河中游防护林工程	辽河流域防护林工程	治沙工程	太行山绿化工程	平原绿化工程			
16 463	**6 021**	**7 136**	**35 477**	**24 232**	**21 791**	**67 289**	**47 938**	**409 225**
—	—	—	1 912	1 204	4 051	627	—	—
—	—	—	110	—	—	—	—	—
—	—	—	738	5 199	—	988	2 557	—
—	3 516	—	709	17 456	2 793	—	323	377
—	144	4 151	6 694	—	—	4 399	—	36 030
—	—	—	—	—	—	—	—	28 381
—	—	1 905	3 821	—	31	—	2 273	—
—	—	1 080	45	—	5	210	—	29 957
—	—	—	—	—	—	—	—	12 560
—	—	—	950	—	98	—	2 537	33 432
—	—	—	—	—	—	—	—	33 432
—	—	—	—	—	11 151	—	—	—
—	—	—	—	—	72	—	—	—
—	—	—	103	—	1 441	—	1 264	—
—	—	—	708	—	270	—	7 954	—
—	—	—	—	—	44	—	774	—
—	—	—	201	—	116	1 840	5 222	—
—	—	—	336	—	941	—	1715	—
—	600	—	3 672	373	30	13 952	5 302	—
—	—	—	606	—	203	3 702	1 169	983
—	—	—	—	—	28	2 840	1 774	—
2 521	—	—	639	—	309	—	—	—
12 350	—	—	565	—	—	—	5 174	—
—	—	—	460	—	—	—	—	4 303
—	—	—	—	—	—	6 246	1 333	9 786
—	—	—	20	—	8	11 319	2 692	145 890
743	—	—	—	—	—	—	3 233	9 007
849	—	—	—	—	—	1 602	2 642	32 189
—	—	—	—	—	—	—	—	—
—	1 761	—	55	—	43	14 424	—	8 800
—	—	—	1 770	—	7	1 174	—	4 685
—	—	—	2 769	—	—	1 443	—	2 228
—	—	—	1 446	—	—	1 261	—	—
—	—	—	7 148	—	150	1 262	—	7 136
—	—	—	—	—	—	—	—	84 422

森 工 生 产

全国森工1999年主要工业产品产量与1998年比较

主要指标	计算单位	1999年	1998年	1999年比1998年增减(%)
全部木材产量	万立方米	5 236.80	5 966.20	-12.2
其中:原木	万立方米	4 848.69	5 555.74	-12.7
薪材	万立方米	388.11	410.46	-5.4
全部人造板产量	万立方米	1 503.05	1 056.33	42.3
其中:胶合板	万立方米	727.64	446.52	63.0
纤维板	万立方米	390.59	219.51	77.9
刨花板	万立方米	240.96	266.30	-9.5
全部竹材产量	万 根	53 920.96	69 253.11	-22.1
全部锯材产量	万立方米	1 585.94	1 787.57	-11.3
全部松香产量	吨	434 528	416 016	4.4
全部松节油产量	吨	42 469	40 856	3.9
全部栲胶产量	吨	10 972	14 081	-22.1
全部紫胶产量	吨	294	255	15.3
林业系统木材产量	万立方米	3 051.36	3 577.36	-14.7
其中:原木	万立方米	2 896.80	3 427.92	-15.5
薪材	万立方米	154.56	149.44	3.4
林业系统人造板产量	万立方米	353.34	319.71	10.5
其中:胶合板	万立方米	54.88	56.19	-2.3
纤维板	万立方米	168.36	136.03	23.8
刨花板	万立方米	114.31	113.45	0.8
林业系统竹材产量	万 根	2 492.19	3 190.91	-21.9
林业系统锯材产量	万立方米	203.29	254.55	-20.1
林业系统松香产量	吨	219 059	190 316	15.1
林业系统松节油产量	吨	32 070	29 970	7.0
林业系统栲胶产量	吨	7 956	11 369	-30.0
林业系统紫胶产量	吨	294	225	30.7

林业系统工业总产值和销售产值

单位：万元

指标名称	工业总产值			工业销售产值	
	按1990年不变价格计算	按现行价格计算		总计	其中：出口交货值
		合计	其中：新产品产值		
总计	**3 210 371**	**3 734 818**	**90 479**	**3 459 172**	**155 929**
其中：国有	2 356 013	2 772 943	58 934	2 601 321	109 055
集体	425 817	459 937	2 067	424 714	3 275
联营	27 676	41 326	5 605	30 384	6 722
股份制	188 997	200 499	7 980	193 718	3 170
外商投资	54 860	59 951	100	53 898	5 051
港、澳、台投资	77 157	76 274	1 507	69 396	26 989
按主要行业分：					
(一)木材及竹材采运业	1 098 833	1 392 163	10 329	1 360 595	8 409
其中：木材采运业	1 044 634	1 321 999	9 702	1 300 215	7 362
(二)木材加工及竹、藤、棕、草制品业	1 411 392	1 508 093	46 851	1 352 549	78 663
1.锯材、木片加工业	216 417	274 362	20 576	238 988	40 378
2.人造板制造业	732 699	760 077	21 334	685 296	4 505
其中：(1)胶合板制造业	218 232	214 883	2 230	181 705	3 251
(2)纤维板制造业	301 978	326 742	9 971	309 845	1 059
(3)刨花板制造业	136 233	133 868	4 415	122 016	0
3.木制品业	430 819	437 709	4 247	396 787	28 450
4.竹、藤、棕、草制造业	31 457	35 945	694	31 478	5 330
(三)家具制造业	43 410	52 984	2 385	44 684	7 976
(四)造纸及纸制品业	62 507	70 159	2 740	65 421	821
(五)林产化学产品制造业	165 986	172 654	6 909	158 888	45 706
(六)建筑材料制造业	44 151	58 288	1 449	53 375	924
(七)机械制造及修理业	63 474	71 482	6 289	67 471	1 809
(八)电力生产业	20 081	63 401	0	56 412	0
(九)其他行业	300 537	345 594	13 527	299 777	11 621

林业系统各地区

(按现行

地区	总计	在总计中						按主			
		国有	集体	联营	股份制	外商投资	港、澳、台投资	木材及竹材采运业		木材加工	
								合计	木材采运业	合计	锯材、木片加工业
全国合计	**3 459 172**	**2 601 321**	**424 714**	**30 384**	**193 718**	**53 898**	**69 396**	**1 360 595**	**1 300 215**	**1 352 549**	**238 988**
北京	4300	3258	94	181	469	298	—	—	—	—	—
天津	—	—	—	—	—	—	—	—	—	—	—
河北	20 476	13 151	5 325	—	—	—	2 000	3 940	3 940	3 526	2 182
山西	3 284	3 284	—	—	—	—	—	1 831	1 831	838	—
内蒙古	209 061	194 550	9 931	—	3 601	—	—	148 581	148 486	38 491	6 889
内蒙古集团	180 588	172 467	6 136	—	1 985	—	—	129 911	129 911	29 816	4 614
辽宁	171 010	32 000	111 452	2 110	8 990	12 408	4 050	—	—	127 025	26 928
吉林	444 259	380 500	15 468	2 340	29 364	1 474	14 600	234 023	218 498	165 656	33 505
吉林集团	173 017	133 536	531	2 340	28 877	333	7 400	75 875	75 875	73 869	15 104
黑龙江	555 209	435 245	95 344	8 689	767	6 982	6 362	269 301	269 301	192 708	37 099
龙江集团	496 625	387 764	87 426	6 789	—	6 464	6 362	231 945	231 945	176 674	29 755
上海	5 892	5 892	—	—	—	—	—	—	—	1 282	—
江苏	67 380	45 656	7 522	948	176	10 260	—	—	—	19 598	1 055
浙江	99 864	50 601	6 097	2 884	34 162	550	337	13 199	12 360	52 875	7 784
安徽	70 292	43 448	2 228	2 329	2 947	13 173	—	8 156	6 904	41 784	6 614
福建	338 640	239 183	23 168	2 791	58 865	920	10 043	170 679	163 969	95 809	16 323
江西	126 042	109 343	16 699	—	—	—	—	87 963	72 541	20 371	1 072
山东	79 797	76 989	—	—	—	—	2 808	—	—	70 294	6 080
河南	68 294	37 936	4 490	2 250	5 818	—	536	7 319	7 117	47 738	2 081
湖北	106 018	80 985	481	746	12 931	3 590	7 276	10 883	9 194	76 061	5 900
湖南	96 981	77 904	5 616	2 387	2 611	824	1 317	25 370	22 535	45 793	5 754
广东	164 240	92 142	55 241	2 516	1 865	—	9 400	34 020	30 805	93 070	16 389
广西	201 754	189 726	2 128	—	—	1 855	8 045	82 064	82 064	43 053	2 514
海南	21 339	21 264	75	—	—	—	—	7 168	6 780	12 006	11 225
重庆	7 840	5 721	600	25	987	168	307	1 971	1 115	2 231	866
四川	188 032	90 021	41 182	92	21 927	—	—	40 441	32 637	90 051	19 673
贵州	26 962	26 962	—	—	—	—	—	13 173	12 794	8 951	3 297
云南	102 934	92 656	4 645	96	2 183	1 067	1 915	35 354	35 354	34 225	2 695
西藏	4 112	4 112	—	—	—	—	—	4 112	4 112	—	—
陕西	33 922	26 399	110	—	4357	—	400	18 997	15 828	8 378	848
甘肃	10 015	10 015	—	—	—	—	—	10 015	10 015	—	—
青海	356	356	—	—	—	—	—	125	125	55	—
宁夏	2 249	2 249	—	—	—	—	—	—	—	—	—
新疆	15 457	13 671	75	—	1 382	329	—	12 658	12 658	2 754	1 776
大兴安岭	197 796	180 737	16 743	—	316	—	—	115 694	115 694	49 092	11 605
雷州林业局	15 365	15 365	—	—	—	—	—	3 558	3 558	8 834	8 834

工业销售产值

价格计算）

单位:万元

要行业分: 及竹、藤、棕、草制品业 人造板制造业 合计	胶合板制造业	纤维板制造业	刨花板制造业	木制品业	竹、藤、棕、草制造业	家具制造业	造纸及纸制品业	林产化学产品制造业	建筑材料制造业	机械制造及修理业	电力生产业	其他行业
685 296	**181 705**	**309 845**	**122 016**	**396 787**	**31 478**	**44 684**	**65 421**	**158 888**	**53 375**	**67 471**	**56 412**	**299 777**
—	—	—	—	—	—	181	—	—	—	407	—	3 712
—	—	—	—	—	—	—	—	—	—	—	—	—
860	160	700	—	484	—	597	4 450	290	50	109	—	7 514
216	2	118	96	189	433	380	—	130	—	—	—	105
11 187	1 514	2 563	5 782	20 044	371	376	—	782	1 892	194	10 546	8 199
7 287	168	2 266	3 525	17 915	—	132	—	782	1 692	194	10 429	7 632
17 487	6 689	9 592	1 206	82 610	—	5 900	—	—	1 200	1 060	—	35 825
59 196	9 713	8 301	22 372	70 985	1 970	185	2 892	5 683	5 629	4 676	1 891	23 624
37 519	5 599	2 681	14 192	21 246	—	142	2 858	2 659	4 968	1 207	1 830	9 609
56 102	10 313	9 814	20 917	99 490	17	11 223	5 196	4 165	13 428	10 023	9 046	40 119
54 031	8 750	9 359	20 917	92 888	—	11 107	5 189	4 165	12 122	9 451	9 046	36 926
—	—	—	—	1 282	—	—	—	—	—	3 114	—	1 496
13 951	1 070	11 935	896	4 062	530	691	—	35	7 205	13 090	—	26 761
35 511	2 739	23 636	1 036	5 398	4 182	1 252	799	9 136	2 137	2 598	655	17 213
27 615	2 747	15 679	9 107	5 540	2 015	205	—	7 797	2 562	—	—	9 788
76 089	28 836	35 156	4 729	2 030	1 367	1573	6 102	27 635	1 224	11 713	364	23 541
18 682	11 384	5 622	1 676	462	155	175	72	6 667	202	3 854	—	6 738
61 505	43 665	7 840	10 000	2 709	—	3 197	—	88	—	—	—	6 218
19 828	3 821	12 038	3 745	16 832	8 997	362	—	566	307	—	—	12 002
59 688	33 602	10 059	9 528	10 453	20	2 030	70	3 257	3 649	791	98	9 179
32 179	8 089	14 741	4 554	4 481	3 379	2 897	2 486	4 885	658	1 321	1 430	12 141
71 377	3 690	52 915	13 541	3 662	1 642	6 134	240	16 867	154	1 142	9 596	3 017
40 333	501	37 890	1 942	206	—	—	31 817	41 507	1 045	780	—	1 488
76	76	—	—	652	53	—	—	1 428	34	—	591	112
462	170	—	292	841	62	1 069	—	926	800	516	9	318
44 902	226	36 412	4 351	20 361	5 115	4 511	10 311	6 577	9 615	2 562	7 413	16 551
4 579	—	1 124	3 034	22	1 053	146	912	604	—	—	—	3 176
26 461	12 167	8 342	2 424	5 012	57	528	48	18 538	215	5 732	76	8 218
—	—	—	—	—	—	—	—	—	—	—	—	—
4 722	—	4 690	23	2 748	60	907	26	802	40	3 304	—	1 468
—	—	—	—	—	—	—	—	—	—	—	—	—
—	—	—	—	55	—	165	—	—	—	—	—	11
—	—	—	—	—	—	—	—	—	247	—	—	2 002
329	—	—	329	649	—	—	—	—	—	—	15	30
1 959	531	678	436	35 528	—	—	—	—	1 082	452	14 682	16 794
—	—	—	—	—	—	—	—	523	—	33	—	2 417

林业系统各地区

(按 1990 年不变

地区	总计	在总计中						按主			
		国有	集体	联营	股份制	外商投资	港、澳、台投资	木材及竹材采运业		木材加工	
								合计	木材采运业	合计	锯材、木片加工业
全国合计	**3 210 371**	**2 356 013**	**425 817**	**27 676**	**188 997**	**54 860**	**77 157**	**1 098 833**	**1 044 634**	**1 411 392**	**216 417**
北京	3 514	2 532	52	164	426	340	—	—	—	—	—
天津	—	—	—	—	—	—	—	—	—	—	—
河北	22 057	11 897	5 303	—	2 257	—	2 600	3 839	3 650	2 733	1 012
山西	3 392	3 392	—	—	—	—	—	1 121	1 121	1 680	—
内蒙古	178 546	162 124	11 385	151	4 125	—	—	122 029	121 918	43 413	7 628
内蒙古集团	141 631	134 342	5 245	—	2 044	—	—	100 801	100 801	30 078	4 109
辽宁	170 701	33 854	108 073	2 110	9 205	13 296	4 163	—	—	125 652	24 047
吉林	366 792	305 328	16 205	2 129	23 873	1 644	16 616	158 321	146 469	167 504	24 454
吉林集团	132 329	95 985	436	2 129	2 333	310	10 136	44 973	44 973	65 275	7 638
黑龙江	517 372	393 026	99 681	7 561	1 066	8 456	7 580	218 678	218 678	209 274	29 581
龙江集团	450 742	338 029	91 492	5 572	—	8 067	7 580	172 182	172 182	193 100	22 904
上海	5 891	5 891	—	—	—	—	—	—	—	1 803	—
江苏	64 516	43 438	4 369	920	326	12 744	—	—	—	21 254	1 202
浙江	110 700	53 121	8 780	2 722	36 754	1 446	798	10 473	10 078	54 734	8 366
安徽	76 997	55 732	2 672	1 941	2 815	7 432	—	7 762	6 546	37 831	5 727
福建	304 320	198 434	20 194	2 818	67 919	1 071	11 072	127 310	122 793	102 681	12 622
江西	125 803	109 097	16 706	—	—	—	—	86 559	67 713	20 336	1 247
山东	109 382	106 382	—	—	—	—	3 000	—	—	100 324	6 550
河南	73 428	48 207	4 059	1 867	1 410	—	622	6 714	6 483	47 070	1 685
湖北	112 601	94 665	659	523	5 943	3 780	6 856	10 169	8 303	76 883	6 426
湖南	92 893	73 411	5 171	1 855	3 572	1 184	1 427	24 657	21 177	43 145	5 534
广东	150 051	76 840	54 150	2 496	1 024	—	13 186	26 610	23 710	93 892	20 593
广西	173 894	164 723	1 645	—	—	2 133	5 393	72 273	72 273	44 230	2 019
海南	22 494	22 417	77	—	—	—	—	7 319	6 895	13 324	12 480
重庆	9 708	6 691	655	—	987	133	1 218	2 744	1 388	1 970	754
四川	158 308	65 262	41 986	76	20 944	—	—	24 748	21 989	85 389	15 186
贵州	25 008	25 008	—	—	—	—	—	12 518	12 222	8 644	3 838
云南	84 473	74 472	4 598	81	1 891	806	2 326	28 472	28 472	32 644	1 677
西藏	4 600	4 600	—	—	—	—	—	4 600	4 600	—	—
陕西	36 746	29 069	1 017	262	3 451	—	300	19 638	15 877	10 939	1 497
甘肃	9 231	9 231	—	—	—	—	—	9 231	9 231	—	—
青海	301	301	—	—	—	—	—	125	125	42	—
宁夏	1 744	1 744	—	—	—	—	—	15	15	—	—
新疆	10 873	9 540	50	—	888	395	—	8 894	8 894	1 932	1 086
大兴安岭	167 091	148 640	18 330	—	121	—	—	99 646	99 646	51 399	10 536
雷州林业局	16 944	16 944	—	—	—	—	—	4 368	4 368	10 670	10 670

工业总产值

价格计算） 单位：万元

要 行 业 分：												
及竹、藤、棕、草制品业						家具制造业	造纸及纸制品业	林产化学产品制造业	建筑材料制造业	机械制造及修理业	电力生产业	其他行业
人造板制造业				木制品业	竹、藤、棕、草制造业							
合计	胶合板制造业	纤维板制造业	刨花板制造业									
732 699	**218 232**	**301 978**	**136 233**	**430 819**	**31 457**	**43 410**	**62 507**	**165 986**	**44 151**	**63 474**	**20 081**	**300 537**
—	—	—	—	—	—	164	—	—	—	357	—	2 993
—	—	—	—	—	—	—	—	—	—	—	—	—
812	102	710	—	909	—	632	6 120	310	62	121	—	8 240
1 150	—	163	987	172	358	300	—	110	—	—	—	181
15 591	3 059	3 809	7 700	19 625	569	264	—	775	1 834	188	2 250	7 793
9 062	87	3 197	4 755	16 907	—	145	—	775	1 361	188	2 164	6 119
18 470	7 356	9 673	1 441	83 135	—	6 000	—	—	1 160	1 100	—	36 789
56 896	10 935	7 829	20 631	84 834	1 320	197	3 100	6 543	3 669	5 008	425	22 025
35 154	6 192	2 421	12 806	22 483	—	139	3 068	3 749	3 155	1 101	339	10 530
65 272	11 059	9 632	25 960	114 404	17	11 873	4 769	4 488	11 459	10 340	4 296	42 195
62 870	9 109	9 227	25 960	107 326	—	11 775	4 751	4 488	10 716	9 813	4 296	39 621
—	—	—	—	1 803	—	—	—	—	—	2 647	—	1 441
16 321	957	14 439	850	3 241	490	452	—	38	7 025	9 744	—	26 003
37 783	2 437	24 174	1 215	4 987	3 598	1 211	1 113	18 189	1 620	2 865	449	20 046
23 385	5 146	9 969	8 147	6 293	2 426	423	—	16 875	2 302	—	—	11 804
85 990	35 678	30 787	8 500	2 384	1 685	1 555	6 789	28 776	1 094	12 831	155	23 129
18 467	10 891	5 955	1 621	459	163	209	246	8 220	226	4 757	—	5 250
90 721	70 552	9 169	11 000	3 053	—	3 132	—	49	—	—	—	5 877
19 529	3 183	10 434	5 741	16 512	9 344	305	—	552	304	—	—	18 483
62 146	31 282	15 290	10 065	8 285	26	1 933	70	7 655	3 177	740	89	11 885
30 284	7 711	13 411	5 349	4 636	2 691	2 950	1 745	4 435	809	1 250	663	13 239
69 895	3 808	51 743	13 092	2 516	888	5 537	196	16 838	264	929	4 028	1 757
41 960	816	39 286	1 858	251	—	—	27 592	27 289	787	602	—	1 121
95	95	—	—	652	97	—	—	1 383	125	—	327	16
365	163	—	202	789	62	1 051	—	2 611	500	513	18	301
39 180	296	30 316	5 295	24 636	6 387	3 546	9 850	6 811	6 806	2 016	4 395	14 747
3 575	—	119	3 000	23	1 208	162	830	535	—	—	—	2 319
26 659	11 776	8 780	2 923	4 251	57	631	37	12 162	170	4 039	45	6 273
—	—	—	—	—	—	—	—	—	—	—	—	—
6 246	425	5 821	—	3 125	71	772	50	769	63	2 798	—	1 717
—	—	—	—	—	—	—	—	—	—	—	—	—
—	—	—	—	42	—	111	—	—	—	—	—	23
—	—	—	—	—	—	—	—	—	146	—	—	1 583
395	—	—	395	451	—	—	—	—	—	—	15	32
1 512	505	469	261	39 351	—	—	—	—	549	586	2 926	11 985
—	—	—	—	—	—	—	—	573	—	43	—	1 290

林业系统各地区

（按现行

地 区	总 计	在总计中						按主			
								木材及竹材采运业		木材加工	
		国 有	集 体	联 营	股份制	外商投资	港、澳、台投资	合 计	木材采运业	合 计	锯材、木片加工业
全国合计	**3 734 818**	**2 772 943**	**459 937**	**41 326**	**200 499**	**59 951**	**76 274**	**1 392 163**	**1 321 999**	**1 508 093**	**274 362**
北 京	4 290	3 216	85	180	469	340	—	—	—	—	—
天 津	—	—	—	—	—	—	—	—	—	—	—
河 北	28 046	16 127	6 400	—	2 719	—	2 800	4 477	4 477	4 621	2 019
山 西	3 983	3 983	—	—	—	—	—	1 429	1 429	1 769	—
内蒙古	225 116	206 950	13 121	222	3 735	—	—	156 040	155 950	44 410	7 990
内蒙古集团	185 584	177 388	6 077	—	2 119	—	—	133 793	133 793	30 177	4 364
辽 宁	188 400	39 600	115 760	3 300	10 100	14 600	5 040	—	—	137 544	25 307
吉 林	459 930	392 519	17 423	2 854	29 528	1 651	15 483	236 665	221 963	174 995	35 048
吉林集团	179 047	138 044	509	2 854	28 845	512	8 283	79 410	79 410	74 691	15 580
黑龙江	601 740	471 802	104 287	9 580	1 355	7 254	7 462	280 869	280 869	208 797	38 777
龙江集团	533 423	417 251	94 450	7 524	—	6 736	7 462	236 727	236 727	189 838	30 273
上 海	5 896	5 896	—	—	—	—	—	—	—	1 282	—
江 苏	73 096	50 000	7 690	1 290	426	10 800	—	—	—	21 694	1 516
浙 江	107 254	52 287	7 257	3 209	35 148	1 267	1 301	13 412	12 547	55 521	8 272
安 徽	79 441	50 987	2 988	2 214	3 109	12 995	—	9 346	7 844	45 220	7 374
福 建	356 809	251 301	24 381	3 005	61 357	1 082	11 427	176 678	169 822	99 328	16 822
江 西	128 686	112 690	15 996	—	—	—	—	88 006	65 390	21 486	1 246
山 东	107 679	104 079	—	—	—	—	3 600	—	—	96 470	6 360
河 南	120 638	51 880	5 197	9 165	6 220	—	736	9 675	9 105	90 437	27 608
湖 北	131 176	108 976	1 774	1 149	6 060	5 400	7 276	13 103	10 990	89 595	8 882
湖 南	101 020	79 056	6 183	2 011	3 954	1 184	1 629	25 938	23 237	45 341	6 360
广 东	167 751	93 985	57 158	2 516	1 757	—	9 458	34 738	31 211	94 815	16 752
广 西	202 767	191 143	2 307	—	—	1 928	7 389	85 218	85 218	45 059	2 611
海 南	21 381	21 306	75	—	—	—	—	7 144	6 763	12 008	11 225
重 庆	9 503	6 947	867	48	987	191	405	3 146	1 615	2 158	792
四 川	192 184	82 113	45 035	93	24 721	—	—	31 132	27 681	98 129	19 145
贵 州	26 191	26 191	—	—	—	—	—	13 445	13 065	8 580	2 929
云 南	105 065	92 431	7 263	126	2 229	882	1 868	36 882	36 882	35 672	2 694
西 藏	5 500	5 500	—	—	—	—	—	5 500	550	—	—
陕 西	40 823	31 279	1 422	364	4 516	—	400	20 938	17 009	12 224	1 659
甘 肃	9 893	9 893	—	—	—	—	—	9 893	9 893	—	—
青 海	374	374	—	—	—	—	—	139	139	58	—
宁 夏	2 339	2 339	—	—	—	—	—	17	17	—	—
新 疆	15 806	13 545	78	—	1 806	377	—	12 697	12 697	3 011	2 015
大兴安岭	196 227	178 734	17 190	—	303	—	—	112 078	112 078	48 958	12 048
雷州林业局	15 814	15 814	—	—	—	—	—	3 558	3 558	8 911	8 911

工业总产值

价格计算）

单位：万元

要 行 业 分：												
及竹、藤、棕、草制品业						家具制造业	造纸及纸制品业	林产化学产品制造业	建筑材料制造业	机械制造及修理业	电力生产业	其他行业
人造板制造业				木制品业	竹、藤、棕、草制造业							
合计	胶合板制造业	纤维板制造业	刨花板制造业									
760 077	**214 883**	**326 742**	**133 868**	**437 709**	**35 945**	**52 984**	**70 159**	**172 654**	**58 288**	**71 482**	**63 401**	**345 594**
—	—	—	—	—	—	181	—	—	—	407	—	3702
—	—	—	—	—	—	—	—	—	—	—	—	—
915	175	740	—	1 687	—	783	6 600	330	80	131	—	11 024
1 095	—	108	987	201	473	420	—	170	—	—	—	195
14 348	3 691	3 608	5 920	21 447	625	311	—	1 335	2 287	218	10 546	9 969
7 472	68	2 935	3 340	18 341	—	159	—	1 335	1 774	218	10 429	7 699
18 087	6 909	9 822	1 356	94 150	—	8 500	—	—	1 200	1 346	—	39 810
60 343	10 654	7 305	22 216	78 284	1 320	206	2 925	5 766	5 631	5 300	2 276	26 166
37 899	5 777	2 564	13 614	21 212	—	148	2 893	2 675	4 883	1 101	1 830	11 416
59 646	10 519	10 272	22 447	110 357	17	12 835	5 591	4 396	15 450	11 270	15 587	46 945
57 174	8 656	9 817	22 447	102 391	—	12 717	5 573	4 396	14 244	10 598	15 587	43 743
—	—	—	—	1 282	—	—	—	—	—	3 114	—	1 500
15 268	1 070	12 938	1 080	4 340	570	606	—	35	7 679	14 045	—	29 037
36 221	2 946	24 026	1 061	6 850	4 178	1 313	822	10 086	2 194	3 000	655	20 251
29 058	4 462	15 571	8 915	6 360	2 428	787	—	8 814	2 650	—	—	12 624
78 482	30 314	34 664	5 598	2 339	1 685	1 661	8 045	33 406	1 193	11 698	364	24 436
19 594	11 998	5 810	1 786	516	130	209	246	8 244	212	4 042	—	6 241
87 051	67 282	8 769	11 000	3 059	—	3 172	—	61	—	—	—	7 976
36 275	4 493	12 796	8 532	17 130	9 424	1 096	300	1 797	563	—	—	16 770
68 494	34 543	16 616	10 891	11 640	579	2 660	70	5 571	4 540	792	98	14 747
30 045	7 752	13 501	5 349	5 486	3 450	3 148	2 490	5 631	951	1 364	1 547	14 610
72 803	3 912	54 041	13 633	3 323	1 937	6 211	211	17 760	143	1 181	9 729	2 963
42 197	747	39 436	2 014	251	—	—	31 061	38 226	1 045	611	—	1 547
76	76	—	—	652	55	—	—	1 588	34	—	591	16
453	227	—	226	851	62	1 069	—	1 469	800	516	21	324
48 351	282	38 870	4 970	22 828	7 805	5 720	10 879	7 356	9 904	2 674	7 483	18 907
4 562	—	1 109	3 031	22	1 067	162	821	1 001	—	—	—	2 182
28 326	11 537	10 482	2 296	4 600	52	720	54	18 025	216	5 490	76	7 930
—	—	—	—	—	—	—	—	—	—	—	—	—
6 548	690	5 858	—	3 929	88	1 057	44	790	84	3 648	—	2 038
—	—	—	—	—	—	—	—	—	—	—	—	—
—	—	—	—	58	—	157	—	—	—	—	—	20
—	—	—	—	—	—	—	—	—	291	—	—	2 031
377	—	—	377	619	—	—	—	—	—	—	15	83
1 462	604	400	183	35 448	—	—	—	—	1 141	581	14 413	19 056
—	—	—	—	—	—	—	—	797	—	54	—	2 494

林业系统独立核算工业企业增加值(按生产法、现行价格计算)

单位:万元

	工业总产出				工业中间投入						本年应交增值税	工业增加值
	合计	生产成品价值	对外加工费收入	在产品、自制半成品期末期初差额价值	合计	直接材料费	制造费用中的中间投入	管理费用中的中间投入	销售费用中的中间投入	利息支出		
总计	**3 122 641**	**3 094 101**	**17 890**	**10 650**	**1 912 881**	**1 243 611**	**214 899**	**228 509**	**80 611**	**145 251**	**110 264**	**1 320 024**
在总计中:国有	2 715 311	2 690 818	15 693	8 800	1 635 306	1 049 923	182 876	207 528	65 511	129 468	92 301	1 172 306
总计中:												
一、木材及竹材采运企业	1 963 911	1 956 462	6 114	1 335	1 013 819	591 207	131 507	168 729	38 123	84 253	42 678	992 770
二、木材加工企业	772 529	758 781	6 946	6 802	607 767	446 435	56 772	35 383	28 719	40 458	40 563	205 325
三、林产化学企业	144 435	143 248	217	970	116 683	87 180	8 580	10 183	4 062	6 678	11 734	39 486
四、林业机械制造业	47 625	45 029	2 175	421	40 145	29 368	2 728	3 938	2 486	1 625	2 147	9 627

林业系统各地区独立核算工业企业增加值(按生产法、现行价格计算)

单位:万元

地区	工业总产出				工业中间投入						本年应交增值税	工业增加值
	合计	生产成品价值	对外加工费收入	在产品、自制半成品期末期初差额价值	合计	直接材料费	制造费用中的中间投入	管理费用中的中间投入	销售费用中的中间投入	利息支出		
全国合计	**3 122 641**	**3 094 101**	**17 890**	**10 650**	**1 912 881**	**1 243 611**	**214 899**	**228 509**	**80 611**	**145 251**	**110 264**	**1 320 024**
北京	—	—	—	—	—	—	—	—	—	—	—	—
天津	—	—	—	—	—	—	—	—	—	—	—	—
河北	21 450	20 940	412	98	14 636	10 282	1 144	650	823	1 737	880	7 694
山西	113	113	—	—	195	43	68	83	1	—	14	−68
内蒙古	182 356	182 287	69	—	67 987	26 787	9 770	19 707	1 655	10 068	4 640	119 009
内蒙古集团	182 356	182 287	69	—	67 987	26 787	9 770	19 707	1 655	10 068	4 640	119 009
辽宁	—	—	—	—	—	—	—	—	—	—	—	—
吉林	346 835	342 864	3 548	423	187 046	92 605	33 832	34 945	14 122	11 542	8 743	168 532
吉林集团	173 320	170 748	2 570	2	85 290	43 826	16 457	14 464	6 120	4 423	5 766	93 796
黑龙江	1 135 792	1 130 258	5 489	45	650 312	450 910	54 525	75 724	22 611	46 542	28 262	513 742
龙江集团	1 128 252	1 123 557	4 695	—	644 651	447 387	53 632	75 082	22 464	46 086	27 745	511 346
上海	—	—	—	—	—	—	—	—	—	—	—	—
江苏	—	—	—	—	—	—	—	—	—	—	—	—
浙江	59 042	58 280	259	503	42 089	32 166	4 258	2 826	1 344	1 495	3 683	20 636
安徽	37 933	37 319	137	477	26 177	17 956	2 248	2 126	1 837	2 010	2 655	14 411
福建	280 311	275 965	3 029	1317	181 196	127 445	18 062	20 848	7 174	7 667	11 303	110 418
江西	78 761	78 123	638	—	60 825	38 303	7 212	9 031	3 013	3 266	3 861	21 797
山东	106 277	103 812	535	1 930	85 291	70 176	6 856	1 806	1 802	4 651	4 716	25 702
河南	52 154	49 647	1	2 506	36 009	26 721	3 485	2 296	1 335	2 172	1 690	17 835
湖北	84 645	81 957	1 138	1 550	64 534	44 289	6 272	5 286	5 409	3 278	3 231	23 342
湖南	50 729	49 925	273	531	45 806	29 044	5 125	5 194	2 206	4 237	2 667	7 590
广东	97 817	96 321	1 151	345	85 405	64 810	9 768	4 549	1 979	4 299	5 313	17 725
广西	112 818	112 575	100	143	93 925	73 970	5 026	5 152	1 864	7 913	7 938	26 831
海南	25 209	25 192	—	17	18 794	12 153	3 985	890	1 490	276	140	6 555
重庆	942	893	1	48	1 134	340	148	148	17	481	46	−146
四川	119 797	119 141	225	431	79 529	44 805	12 766	8 785	6 418	6 755	7 325	47 593
贵州	18 984	18 897	1	86	13 333	7 345	2 032	2 685	594	677	1 724	7 375
云南	81 663	81 477	90	96	58 033	34 985	9 619	6 084	2 517	4 828	4 624	28 254
西藏	—	—	—	—	—	—	—	—	—	—	—	—
陕西	11 120	10 967	49	104	6 971	3 664	1 326	719	286	976	945	5 094
甘肃	9 893	9 848	45	—	3 859	686	791	1 716	300	366	81	6 115
青海	139	139	—	—	109	12	14	35	48	—	—	30
宁夏	2 031	2 031	—	—	1 220	674	247	32	25	242	34	845
新疆	9 603	9 097	506	—	6 089	3 203	775	1 542	146	423	84	3 598
大兴安岭	196 227	196 033	194	—	82 377	30 237	15 545	15 650	1 595	19 350	5 665	119 515
雷州林业局	—	—	—	—	—	—	—	—	—	—	—	—

林业系统各地区国有独立核算工业企业增加值(按生产法、现行价格计算)

单位:万元

地 区	工业总产出				工业中间投入						本年应交增值税	工业增加值
	合 计	生产成品价值	对外加工费收入	在产品、自制半成品期末期初差额价值	合 计	直接材料费	制造费用中的中间投入	管理费用中的中间投入	销售费用中的中间投入	利息支出		
全国合计	**2 715 311**	**2 690 818**	**15 693**	**8 800**	**1 635 306**	**1 049 923**	**182 876**	**207 528**	**65 511**	**129 468**	**92 301**	**1 172 306**
北 京	—	—	—	—	—	—	—	—	—	—	—	—
天 津	—	—	—	—	—	—	—	—	—	—	—	—
河 北	8 405	8 145	162	98	4 945	3 001	484	345	521	594	320	3 780
山 西	113	113	—	—	195	43	68	83	1	—	14	−68
内蒙古	174 160	174 145	15	—	63 364	23 944	9 205	18 839	1 457	9 919	4 330	115 126
内蒙古集团	174 160	174 145	15	—	63 364	23 944	9 205	18 839	1 457	9 919	4 330	115 126
辽 宁	—	—	—	—	—	—	—	—	—	—	—	—
吉 林	305 886	301 999	3 465	422	168 018	81 205	31 543	32 634	11 820	10 816	7 709	145 577
吉林集团	132 371	129 883	2 487	1	66 262	32 426	14 168	12 153	3 818	3 697	4 732	70 841
黑龙江	1 134 146	1 129 137	4 965	44	649 060	450 069	54 388	75 567	22 596	46 440	28 168	513 254
龙江集团	1 128 252	1 123 557	4 695	—	644 651	447 387	53 632	75 082	22 464	46 086	27 745	511 346
上 海	—	—	—	—	—	—	—	—	—	—	—	—
江 苏	—	—	—	—	—	—	—	—	—	—	—	—
浙 江	19 237	18 927	104	206	15 363	11 600	1 111	1 285	443	924	1 022	4 896
安 徽	23 151	22 671	137	343	17 630	12 592	1 666	1 069	1 567	736	1 423	6 944
福 建	186 802	184 151	2 452	199	120 294	88 011	10 325	13 922	3 441	4 595	8 202	74 710
江 西	78 761	78 123	638	—	60 825	38 303	7 212	9 031	3 013	3 266	3 861	21 797
山 东	102 677	100 212	535	1 930	82 005	67 416	6 681	1 736	1 706	4 466	4 596	25 268
河 南	46 187	43 735	1	2 451	30 813	22 829	3 073	2 049	1 182	1 680	1 207	16 581
湖 北	66 652	64 565	689	1 398	52 421	36 214	6 119	4 243	3 830	2 015	2 664	16 895
湖 南	49 679	48 907	253	519	44 880	28 415	5 079	5 138	2 163	4 085	2 659	7 458
广 东	35 589	34 096	1 151	342	31 315	17 888	5 397	3 571	1 115	3 344	3 469	7 743
广 西	103 196	102 953	100	143	86 285	66 899	4 732	5 055	1 686	7 913	7 159	24 070
海 南	21 306	21 289	—	17	14 891	9 300	2 973	882	1 460	276	140	6 555
重 庆	665	664	1	—	930	277	128	67	3	455	44	−221
四 川	56 454	55 876	176	402	36 844	19 366	6 135	6 126	2 375	2 842	3 189	22 799
贵 州	16 859	16 772	1	86	12 648	7 066	1 795	2 521	591	675	1 601	5 812
云 南	73 866	73 691	79	96	50 642	31 302	7 720	5 581	2 274	3 765	4 213	27 437
西 藏	—	—	—	—	—	—	—	—	—	—	—	—
陕 西	11 120	10 967	49	104	6 971	3 664	1 326	719	286	976	945	5 094
甘 肃	9 893	9 848	45	—	3 859	686	791	1 716	300	366	81	6 115
青 海	139	139	—	—	109	12	14	35	48	—	—	30
宁 夏	2 031	2 031	—	—	1 220	674	247	32	25	242	34	845
新 疆	9 603	9 097	506	—	6 089	3203	775	1 542	146	423	84	3 598
大兴安岭	178 734	178 565	169	—	73 690	25 944	13 889	13 740	1 462	18 655	5 167	110 211
雷州林业局	—	—	—	—	—	—	—	—	—	—	—	—

各地区全部森工主要产品产量

地区	木材（万立方米）	竹材（万根）	锯材（万立方米）	人造板（万立方米）				松香（吨）	栲胶（吨）	紫胶（吨）
				合计	其中：胶合板	纤维板	刨花板			
全国合计	**5 236.80**	**53 920.96**	**1 585.94**	**1 503.05**	**727.64**	**390.59**	**240.96**	**434 528**	**10 972**	**294**
北京	7.98	—	3.96	11.35	0.36	10.01	0.98	—	—	—
天津	—	—	3.17	9.41	—	—	2.85	—	—	—
河北	52.37	—	39.65	93.09	56.21	19.05	10.75	145	—	—
山西	8.27	—	6.34	0.72	—	0.24	0.48	—	—	—
内蒙古	408.85	—	34.89	19.82	3.33	6.26	10.11	—	2294	—
辽宁	171.66	—	147.49	26.50	3.43	13.44	2.45	—	—	—
吉林	499.47	—	66.61	48.60	9.15	8.11	21.66	—	—	—
黑龙江	976.03	—	228.37	55.59	9.03	10.12	27.34	—	—	—
上海	—	—	7.93	62.55	57.48	4.10	0.72	—	—	—
江苏	60.30	645.52	71.37	216.87	136.11	17.92	11.39	—	—	—
浙江	209.66	10 221.70	98.33	233.35	184.62	34.37	4.12	1580	208	—
安徽	240.53	4 043.47	77.71	41.22	20.08	10.55	7.03	1295	265	—
福建	436.44	8 202.00	85.64	101.84	60.57	26.45	13.81	53 930	193	—
江西	254.99	3 302.52	33.30	40.74	14.39	15.98	9.25	13 919	—	—
山东	184.97	—	101.50	124.60	61.37	30.32	27.51	774	—	—
河南	157.89	71.00	27.56	63.07	31.34	20.03	11.70	1114	356	—
湖北	132.55	2 374.16	64.03	47.50	14.51	14.28	9.93	3700	—	—
湖南	342.85	7 730.34	50.34	48.57	14.89	19.26	9.04	8468	—	—
广东	267.19	7 865.10	111.02	92.61	15.50	49.76	26.07	94 226	—	—
广西	318.61	2 357.24	118.95	49.89	3.04	34.58	7.74	209 635	5 816	—
海南	46.69	131.00	15.86	13.78	13.78	—	—	4 387	—	—
重庆	12.30	457.57	1.60	2.23	0.35	1.00	0.88	70	—	—
四川	47.36	330.88	64.15	41.08	8.64	22.27	8.88	1 552	—	18
贵州	50.43	247.54	8.65	5.72	1.30	0.97	3.40	2 057	—	—
云南	195.31	4 373.86	40.76	39.26	7.37	13.78	10.32	37 670	1 089	276
西藏	19.50	—	13.87	1.18	0.02	—	—	—	—	—
陕西	89.14	1 567.06	31.72	5.38	0.59	4.42	0.35	6	350	—
甘肃	15.33	—	6.34	1.52	—	1.52	—	—	—	—
青海	2.21	—	0.36	0.10	0.10	—	—	—	—	—
宁夏	1.34	—	3.17	1.59	—	0.35	0.42	—	—	—
新疆	26.58	—	21.30	3.32	0.08	1.45	1.78	—	—	—

林业系统各地区木材、竹材、锯材产量

地区	木材(万立方米)			竹材(万根)			锯材(万立方米)		
	1999年	1998年	1999年为上年%	1999年	1998年	1999年为上年%	1999年	1998年	1999年为上年%
全国合计	**3 051.36**	**3 577.36**	**85.30**	**2 492.19**	**2 290.91**	**1.09**	**203.29**	**254.55**	**0.80**
北京	0.64	0.50	128.00	—	—	—	—	—	—
天津	—	—	—	—	—	—	—	—	—
河北	17.41	16.64	104.63	—	—	—	0.06	0.11	0.55
山西	3.95	21.36	18.49	—	—	—	—	—	—
内蒙古	377.22	468.53	80.51	—	—	—	9.11	19.24	0.47
辽宁	64.75	53.60	120.80	—	—	—	4.24	26.12	0.16
吉林	443.94	468.57	94.74	—	—	—	30.36	24.91	1.22
黑龙江	670.54	744.02	90.12	—	—	—	10.84	16.85	0.64
上海	—	—	—	—	—	—	—	—	—
江苏	5.37	4.43	121.22	44.88	48.04	0.93	1.60	0.17	9.41
浙江	25.24	25.85	97.64	448.20	83.40	5.37	9.15	10.60	0.86
安徽	21.73	38.40	56.59	58.38	165.57	0.35	5.70	2.54	2.24
福建	366.33	385.20	95.10	107.00	172.07	0.62	12.17	15.37	0.79
江西	97.39	105.98	91.89	575.26	460.48	1.25	0.76	0.47	1.62
山东	2.17	2.94	73.81	—	—	—	0.23	0.01	23.00
河南	9.98	10.04	99.40	1.00	27.00	0.04	1.18	0.96	1.23
湖北	35.25	27.80	126.80	407.78	842.28	0.48	37.29	35.96	1.04
湖南	77.82	72.86	106.81	423.13	178.25	2.37	8.38	11.72	0.72
广东	77.37	87.45	88.47	77.92	88.30	0.88	3.36	3.84	0.88
广西	154.17	174.65	88.27	—	—	—	1.15	1.41	0.82
海南	32.93	18.66	176.47	71.00	188.00	0.38	0.05	0.18	0.28
重庆	6.68	10.45	63.92	30.51	27.26	1.12	0.29	1.32	0.22
四川	24.27	186.13	13.04	9.13	10.26	0.89	11.44	26.49	0.43
贵州	18.36	29.04	63.22	238.00	—	—	7.71	6.96	1.11
云南	108.30	131.63	82.28	—	—	—	7.15	12.53	0.57
西藏	19.50	22.00	88.64	—	—	—	13.87	9.40	1.48
陕西	49.94	70.82	70.52	—	—	—	1.41	1.33	1.06
甘肃	7.29	38.52	18.93	—	—	—	4.04	0.41	9.85
青海	—	4.00	—	—	—	—	—	—	—
宁夏	0.15	0.89	16.85	—	—	—	—	—	—
新疆	25.97	30.72	84.54	—	—	—	1.97	4.34	0.45
大兴安岭	288.50	310.30	92.97	—	—	—	19.78	21.31	0.93
雷州林业局	18.20	15.38	118.34	—	—	—	—	—	—

林业系统各地区独立核算大中型工业企业主要工业产品生产能力

单位：万立方米、吨

地区	木材	锯材	胶合板	木质纤维板	刨花板	松香	栲胶	紫胶
全国合计	**2 610.0**	**614.5**	**104.5**	**142.9**	**139.5**	**474 449.0**	**24 820.0**	**3 850.0**
北京	—	—	—	—	—	—	—	—
天津	—	—	—	—	—	—	—	—
河北	—	—	—	—	—	—	—	—
山西	—	—	—	—	—	—	—	—
内蒙古	480.0	64.7	0.9	4.9	6.5	—	8 000.0	—
内蒙古集团	480.0	64.7	0.9	4.9	6.5	—	8 000.0	—
辽宁	—	—	—	—	—	—	—	—
吉林	425.0	123.6	12.6	10.9	18.2	—	—	—
吉林集团	186.0	62.6	8.4	3.4	11.7	—	—	—
黑龙江	667.0	238.2	11.6	12.8	29.9	—	—	—
龙江集团	667.0	238.2	11.6	12.8	29.9	—	—	—
上海	—	—	—	—	—	—	—	—
江苏	—	—	—	—	—	—	—	—
浙江	—	4.5	0.5	11.3	—	—	1 500.0	—
安徽	—	—	0.4	0.9	3.0	1 500.0	—	—
福建	68.0	41.6	26.9	21.9	9.8	103 079.0	1 000.0	250.0
江西	53.0	—	2.0	0.6	—	—	—	—
山东	—	—	4.1	8.0	9.1	—	—	—
河南	—	1.4	1.7	3.0	5.4	—	—	—
湖北	9.0	12.8	12.7	4.9	8.2	4 640.0	500.0	—
湖南	—	1.0	4.6	6.3	6.0	—	—	—
广东	16.0	10.4	6.2	5.5	13.3	57 580.0	—	—
广西	—	4.9	4.0	21.0	10.4	222 500.0	4 000.0	—
海南	24.0	0.2	0.6	—	—	6 000.0	—	—
重庆	—	10.0	—	—	3.0	—	—	—
四川	46.0	16.0	0.6	12.9	3.2	7 500.0	—	100.0
贵州	—	—	0.6	0.9	6.3	9 000.0	—	—
云南	180.0	44.7	11.8	13.0	5.8	58 650	8 820.0	3 500.0
西藏	—	—	—	—	—	—	—	—
陕西	34.0	2.4	0.7	2.3	0.4	—	—	—
甘肃	32.0	8.1	—	0.3	—	—	—	—
青海	2.0	—	—	—	—	—	—	—
宁夏	—	—	—	—	—	—	—	—
新疆	30.0	16.0	—	—	1.0	—	—	—
大兴安岭	544.0	14.0	2.0	1.5	—	—	—	—
雷州林业局	—	—	—	—	—	4 000.0	1 000.0	—

全国历年木材、竹材、木材加工及林产化学产品产量

年别	木材产量（万立方米）	竹材产量（万根）	锯材产量（万立方米）	三板产量合计（立方米）	胶合板产量（立方米）	纤维板产量（立方米）	刨花板产量（立方米）	松香产量（吨）	栲胶产量（吨）	紫胶产量（吨）
1949	567.00	—	—	—	—	—	—	—	—	—
1950	664.40	—	—	—	—	—	—	—	—	—
1951	764.40	—	—	—	—	—	—	—	—	—
1952	1 233.20	*2 710	*1 151.4	*44 539	*44 539	—	—	*78 056	*88	*180
1953	1 753.90	2 643	664.00	35 353	35 353	—	—	22 267	120	15
1954	2 220.60	5 021	759.90	46 542	46 542	—	—	45 905	157	105
1955	2 093.30	5 902	678.20	51 752	51 752	—	—	80 091	568	142
1956	2 104.80	12 490	890.80	56 435	56 435	—	—	109 992	1 275	154
1957	2 786.90	9 348	824.10	69 835	69 835	—	—	116 799	1 633	143
1958	3 579.40	14 873	1 187.60	125 744	125 715	29	—	98 373	3 679	245
1959	4 517.70	15 547	1 454.70	164 701	153 068	11 633	—	79 387	11 266	201
1960	4 129.30	8 869	1 622.90	207 146	147 575	59 571	—	78 429	13 650	245
1961	2 193.50	4 993	778.70	95 843	74 337	21 506	—	39 227	6 661	332
1962	2 374.60	6 076	672.80	95 165	74 211	15 541	5 413	33 595	4 800	241
1963	3 250.20	6 853	826.40	135 989	104 316	18 639	13 034	97 982	6 078	180
1964	3 800.00	6 726	1 063.90	168 882	119 542	27 951	21 389	162 914	9 276	220
1965	3 978.00	7 031	1 160.10	220 602	138 975	50 188	31 439	167 172	13 064	440
1966	4 192.40	6 991	1 117.80	231 311	150 425	62 394	18 492	178 943	15 789	640
1967	3 249.60	7 223	1 157.40	167 838	122 333	34 626	10 879	166 119	14 320	800
1968	2 791.20	6 603	909.10	140 741	105 850	25 854	9 037	181 911	13 100	1 400
1969	3 283.30	6 619	1 004.80	200 550	146 663	41 792	12 095	204 158	18 969	1 100
1970	3 781.80	6 958	1 100.30	240 379	170 684	54 706	14 989	189 288	22 098	1 800
1971	4 067.30	7 542	1 104.90	278 076	172 129	87 257	18 690	200 411	23 209	1 873
1972	4 253.50	7 629	957.80	317 373	182 441	108 152	26 780	240 074	21 850	1 076
1973	4 466.90	11 493	993.10	351 965	188 409	131 368	32 188	261 467	17 581	1 302
1974	4 607.10	9954	1 009.00	339 905	179 166	133 448	30 291	289 287	18 085	1 562
1975	4 702.70	9 073	1 069.10	373 678	192 142	154 868	26 668	266 224	20 861	915
1976	4 572.80	10 439	1 001.10	381 053	184 416	170 164	26 473	237 773	19 066	807
1977	4 967.20	10 799	1 125.20	458 748	208 491	221 324	28 933	259 150	23 959	783
1978	5 162.30	11 181	1 105.50	624 504	252 154	328 781	43 569	282 027	30 130	1 384
1979	5 438.93	10 507	1 271.40	774 578	292 402	429 321	52 855	297 034	33 831	2 234
1980	5 359.31	9 621	1 368.70	914 300	329 900	506 200	78 200	327 283	36 314	2 134
1981	4 942.31	8 656	1 301.06	996 100	351 100	568 300	76 700	406 214	40 159	1 095
1982	5 041.25	10 183	1 360.85	1 166 700	394 100	669 900	102 700	400 784	36 000	1 397
1983	5 232.32	9 601	1 394.48	1 316 700	454 800	734 500	127 400	246 916	34 131	1 045

(续)

年别	木材产量(万立方米)	竹材产量(万根)	锯材产量(万立方米)	三板产量合计(立方米)	胶合板产量(立方米)	纤维板产量(立方米)	刨花板产量(立方米)	松香产量(吨)	栲胶产量(吨)	紫胶产量(吨)
1984	6 384.81	9 117	1 508.59	1 390 400	489 700	735 900	164 800	307 993	36 523	1 489
1985	6 323.44	5 641	1 590.76	1 615 800	538 700	895 000	182 100	255 736	36 875	2 102
1986	6 502.42	7 716	1 505.20	1 848 100	610 800	1 027 000	210 300	293 500	42 059	1 661
1987	6 407.86	11 855	1471.91	2 360 600	776 300	1 206 500	377 800	395 692	50 306	1 909
1988	6 217.60	26 211	1 468.40	2 794 100	826 900	1 484 100	483 100	376 482	41 862	1 482
1989	5 801.80	15 238	1 393.30	2 612 500	727 800	1 442 700	442 000	409 463	26 411	833
1990	5 571.00	18 714	1 284.90	2 359 100	758 700	1 172 400	428 000	344 003	20 402	829
1991	5 807.30	29 173	1 141.50	2 842 100	1 054 000	1 174 300	613 800	343 300	19 516	876
1992	6 173.60	40 430	1 118.70	4 167 700	1 564 700	1 444 500	1 158 500	419 503	26 141	732
1993	6 392.20	43 356	1 401.30	5 505 500	2 124 500	1 809 700	1 571 300	503 681	26 176	931
1994	6 615.10	50 430	1 294.30	6 218 500	2 606 200	1 930 300	1 682 000	437 269	18 177	1 001
1995	6 766.90	44 792	4 183.80	14 107 600	7 592 600	2 164 000	4 351 000	481 264	19 662	1 393
1996	6 710.27	42 175	2 442.40	10 341 000	4 903 200	2 055 000	3 382 800	501 221	23 766	1 450
1997	6 394.79	44 921	2 012.40	13 948 100	7 584 500	2 759 200	3 604 400	675 758	19 814	579
1998	5 966.20	69 253	1 787.60	9 323 300	4 465 200	2 195 100	26 630 000	416 016	14 081	255
1999	5 236.80	53 921	1 585.94	13 591 900	7 276 400	3 905 900	2 409 600	434 528	10 972	294
总计	221 395.51	783 097	61 278.09	105 819 327	49 217 000	32 069 613	24 532 714	12 440 661	944 510	44 006
1949~1952	3 229.00	2 710	1 151.40	44 539	44 539	—	—	78 056	88	180
一五小计	10 959.50	35 404	3 817.00	259 917	259 917	—	—	375 054	3 753	559
二五小计	16 794.50	50 358	5 716.70	688 599	574 906	108 280	5 413	329 011	40 056	1 264
三年调整	11 028.20	20 610	3 050.40	525 473	362 833	96 778	65 862	428 068	28 418	840
三五小计	17 298.30	34 394	5 289.40	980 819	695 955	219 372	65 492	920 419	84 276	5 740
四五小计	22 097.50	45 691	5 133.90	1 660 997	911 287	615 093	134 617	1 257 463	101 586	6 728
五五小计	25 500.54	52 547	5 871.90	3 153 183	1 267 363	1 655 790	230 030	1 403 267	143 300	7 342
六五小计	27 924.13	43 198	7 155.74	6 485 700	2 228 400	3 603 600	653 700	1 617 643	183 688	7 128
七五小计	30 500.68	79 734	7 123.71	11 974 400	3 700 500	6 332 700	1 941 200	1 819 140	181 040	6 714
八五小计	31 755.10	208 181	9 139.60	32 841 400	14 942 000	8 522 800	9 376 600	2 185 017	109 672	4 933
九五小计	24 308.06	210 270	7 828.34	47 204 300	24 229 300	10 915 200	12 059 800	2 027 523	68 633	2 578

注:标有 * 号的产品产量数据为 1949 年至 1952 年合计数字。

劳动工资

林业系统国有单位从业人员和劳动报酬主要指标增减情况

主要指标	单位	1999年	1998年	1999年比1998年增减(%)
一、企事业机关单位个数	个	51 454	51 138	0.62
其中:1. 林业	个	43 092	41 733	3.26
2. 工业	个	2302	2361	−2.50
二、从业人员年末人数	人	2 013 378	2 114 248	−4.77
其中:1. 林业	人	808 374	797 596	1.35
其中:国有林场	人	478 021	481 380	−0.70
2. 工业	人	953 707	1 018 750	−6.38
其中:木材及竹材采运业	人	812 035	855 811	−5.12
木材加工及竹、藤、棕、草制品业	人	77 014	87 144	−11.62
林产化学产品制造业	人	15 574	17 748	−12.25
三、在岗职工年末人数	人	1 968 405	2 070 832	−4.95
其中:1. 林业	人	782 558	776 093	0.83
其中:国有林场	人	462 130	468 220	−1.30
2. 工业	人	940 750	1 002 108	−6.12
其中:木材及竹材采运业	人	804 987	844 718	−4.70
木材加工及竹、藤、棕、草制品业	人	74 490	83 328	−10.61
林产化学产品制造业	人	14 338	17 213	−16.70
四、离开本单位仍保留劳动关系的职工年末人数	人	463 166	406 677	13.89
其中:1. 林业	人	87 569	56 948	53.77
其中:国有林场	人	60 229	43 286	39.14
2. 工业	人	328 677	293 452	12.00
其中:木材及竹材采运业	人	249 033	219 849	13.27
木材加工及竹、藤、棕、草制品业	人	51 107	47 502	7.59
林产化学产品制造业	人	4 101	6 276	−34.66
五、在岗职工年劳动报酬	千元	10 112 532	9 804 908	3.14
其中:1. 林业	千元	4 355 005	3 844 825	13.27
其中:国有林场	千元	2 454 502	2 183 943	12.39
2. 工业	千元	4 054 347	4 185 769	−3.14
其中:木材及竹材采运业	千元	3 350 191	3 353 550	−0.10
木材加工及竹、藤、棕、草制品业	千元	398 459	429 964	−7.33
林产化学产品制造业	千元	71 573	88 027	−18.69
六、在岗职工年平均工资	元	5 225	4 579	14.11
其中:1. 林业	元	5 632	4 864	15.79
其中:国有林场	元	5 397	4 559	18.38
2. 工业	元	4 422	4 014	10.16
其中:木材及竹材采运业	元	4 295	3 889	10.44
木材加工及竹、藤、棕、草制品业	元	5 324	4 395	21.14
林产化学产品制造业	元	4 989	4 532	10.08

林业系统各地区企、

地区	各部门总计	一、国有经				按国民经		
		合计	1. 企业	2. 事业	3. 机关	(一)农林牧渔业	(二)采掘业	(三)制造业
全国合计	**52 564**	**51 454**	**4 409**	**44 183**	**2 862**	**42 870**	**1 426**	**876**
北京	126	124	3	106	15	104	—	2
天津	110	110	1	103	6	103	—	—
河北	1 557	1 547	66	1 334	147	1 316	—	25
山西	2 745	2 745	6	2 611	128	2 474	—	6
内蒙古	1 842	1 796	40	1 657	99	1 606	17	2
内蒙古集团	89	46	23	23	—	7	17	1
辽宁	2 038	1 961	94	1 786	81	1 761	1	19
吉林	1 779	1 733	360	1 300	73	1 538	19	8
吉林集团	35	25	22	3	—	—	8	5
黑龙江	2 925	2 735	197	2 430	108	2 222	40	65
龙江集团	315	236	140	73	23	10	40	29
上海	23	23	—	23	—	23	—	—
江苏	759	685	15	644	26	642	—	2
浙江	1 763	1 704	122	1 505	77	1 493	13	15
安徽	2 313	2 296	153	2 049	94	2 006	3	37
福建	2 261	2 071	557	1 408	106	1 352	308	117
江西	2 220	2 192	542	1 477	173	1 463	409	89
山东	3 246	3 245	53	3 051	141	2 756	—	32
河南	1 596	1 582	59	1 375	148	1 319	2	12
湖北	2 401	2 389	370	1 925	94	1 895	13	107
湖南	3 083	3 068	294	2 642	132	2 554	224	41
广东	2 068	2 007	329	1 514	164	1 442	34	65
广西	982	978	200	661	117	623	2	27
海南	523	523	39	464	20	432	26	13
重庆	923	919	42	837	40	836	2	19
四川	4 499	4 471	267	4 009	195	3 994	79	62
贵州	2 116	2 106	161	1 851	94	1 817	133	17
云南	2 526	2 492	183	2 170	139	2 052	51	42
西藏	257	257	5	199	53	186	5	—
陕西	1 872	1 862	87	1 661	114	1 616	8	25
甘肃	1 591	1 587	30	1 455	102	1 404	9	7
青海	354	351	1	310	40	302	1	—
宁夏	474	473	4	445	24	438	—	1
新疆	1 219	1 210	71	1 042	97	1 030	18	15
局直属单位	373	212	58	139	15	71	9	4
大兴安岭	293	132	91	39	2	53	9	4

事业及机关单位个数

单位:个

济单位								
济行业分							二、集体经济单位	三、其他各种经济单位
(四)建筑业	(五)社会服务业	(六)卫生、体育和社会福利业	(七)教育、文化艺术和广播电影电视业	(八)科学研究和综合技术服务业	(九)国家机关、政党机关和社会团体	(十)其他		
131	**912**	**36**	**175**	**502**	**2 878**	**1 648**	**891**	**219**
1	2	—	—	—	15	—	—	2
—	1	—	—	—	6	—	—	—
—	18	—	5	8	147	28	10	—
—	14	3	5	13	128	102	—	—
2	14	2	11	14	99	29	32	14
—	1	2	7	1	—	10	29	14
—	33	—	4	19	81	43	70	7
5	7	4	5	10	73	64	40	6
—	—	1	1	1	—	9	5	5
48	60	7	40	18	108	127	164	26
45	9	7	23	9	23	41	57	22
—	—	—	—	—	—	—	—	—
2	4	—	—	1	27	7	65	9
1	25	—	4	17	77	59	30	29
3	21	—	2	10	94	120	14	3
19	32	3	9	6	106	119	142	48
5	23	—	1	14	175	13	27	1
2	63	—	2	15	141	234	—	1
4	22	—	4	46	148	25	8	6
3	54	—	9	41	98	169	5	7
7	36	1	6	51	132	16	14	1
1	42	1	6	55	164	197	35	26
9	162	—	5	33	117	—	1	3
—	23	—	—	9	20	—	—	—
1	6	—	—	1	40	14	3	1
5	45	1	8	9	203	65	23	5
3	16	—	7	11	94	8	10	—
2	84	1	4	29	139	88	17	17
—	13	—	—	—	53	—	—	—
1	38	1	6	17	114	36	7	3
2	25	4	7	18	102	9	3	1
—	7	—	—	1	40	—	3	—
—	3	—	1	3	24	3	1	—
3	13	—	3	8	98	22	7	2
2	6	8	21	25	15	51	160	1
1	1	5	7	6	2	44	160	1

林业系统各地区按行业

地区	各部门总计	一、国有经						
						按国民经		
		合计	1. 企业	2. 事业	3. 机关	(一)农林牧渔业	(二)采掘业	(三)制造业
全国合计	**2 164 237**	**1 968 405**	**1 077 008**	**803 380**	**88 017**	**773 217**	**819 483**	**121 267**
北京	5 472	5 404	250	4 404	750	4 196	—	96
天津	1 155	1 155	22	960	173	960	—	—
河北	25 360	25 181	3 224	18 717	3 240	17 796	—	2 270
山西	26 039	26 039	503	22 822	2 714	20 087	—	503
内蒙古	203 279	172 130	107 567	62 308	2 255	58 770	100 151	318
内蒙古集团	142 980	111 870	107 125	4 745	—	4 259	100 151	310
辽宁	33 077	32 141	2 918	28 020	1 203	27 183	5	996
吉林	238 242	216 068	172 813	40 755	2 500	64 186	139 390	3 566
吉林集团	80 473	72 893	72 129	764	—	—	69 327	1 978
黑龙江	545 610	449 126	376 695	67 146	5 285	54 596	338 185	26 501
龙江集团	477 448	384 536	373 170	9 413	1 953	226	338 185	23 100
上海	1 174	1 174	—	1 174	—	1 174	—	—
江苏	24 000	23 315	3 612	19 440	263	22 267	—	50
浙江	26 749	23 770	5 986	16 232	1 552	15 943	857	2 531
安徽	38 399	37 587	9 266	26 837	1 484	25 773	286	2 777
福建	70 379	60 677	34 476	21 797	4 404	19 649	18 374	11 896
江西	104 293	103 923	39 366	57 942	6 615	60 163	28 124	7 159
山东	35 931	35 331	7 166	25 926	2 239	21 806	—	6 202
河南	30 608	30 215	3 046	23 335	3 834	21 672	324	1 868
湖北	53 586	52 003	18 840	30 433	2 730	29 124	3 281	8 881
湖南	76 628	76 422	16 811	53 026	6 585	49 156	9 312	6 352
广东	55 551	52 878	14 003	32 385	6 490	30 368	2 423	5 066
广西	73 668	73 203	15 080	50 025	8 098	48 320	270	7 310
海南	9 485	9 485	3 370	5 570	545	4 965	2 830	540
重庆	14 524	14 359	2 718	9 901	1 740	9 724	597	1 210
四川	102 002	99 633	63 052	29 838	6 743	40 420	33 268	8 443
贵州	26 346	26 163	6 905	16 839	2 419	15 743	4 707	1 857
云南	62 944	60 880	25 944	29 043	5 893	23 712	12 910	8 758
西藏	5 747	5 747	1 800	2 427	1 520	2 037	1 800	—
陕西	38 638	38 421	9 501	27 035	1 885	24 571	4 611	3 331
甘肃	36 356	36 100	9 177	25 310	1 613	23 662	6 592	1 574
青海	4 035	3 990	266	3 471	253	3 294	266	—
宁夏	9 471	9 465	210	8 980	275	7 977	—	159
新疆	23 219	22 705	7 371	14 148	1 186	15 046	3 884	697
局直属单位	162 270	143 715	115 050	27 134	1 531	8 877	107 036	356
大兴安岭	140 696	122 141	119 466	2 018	657	3 800	107 036	356

分在岗职工年末人数

单位：人

济单位								
济行业分							二、集体经济单位	三、其他各种经济单位
(四)建筑业	(五)社会服务业	(六)卫生、体育和社会福利业	(七)教育、文化艺术和广播电影电视业	(八)科学研究和综合技术服务业	(九)国家机关、政党机关和社会团体	(十)其他		
24 173	**31 783**	**6 414**	**22 962**	**24 655**	**88 848**	**55 603**	**162 797**	**33 035**
169	193	—	—	—	750	—	—	68
—	22	—	—	—	173	—	—	—
—	592		306	259	3 240	718	179	—
—	428	70	388	288	2 714	1 561	—	—
721	929	943	1 205	1 521	2 255	5 317	23 349	7 800
—	144	943	850	754	—	4 459	23 310	7 800
—	736	—	414	840	1 203	764	559	377
1 295	560	300	669	1 110	2 500	2 492	19 538	2 636
—	—	180	150	434	—	824	5 129	2 451
12 095	1 175	3 071	3 015	1 527	5 285	3 676	90 998	5 486
11 997	380	3 071	2 559	1 255	1 953	1 810	87 642	5 270
—	—	—	—		—	—	—	—
497	117	—	—	1	273	110	576	109
10	805	—	162	381	1 552	1 529	588	2 391
401	458	—	268	205	1 484	5 935	267	545
1 349	919	354	520	417	4 422	2 777	3 783	5 919
289	555	—	15	676	6 726	216	363	7
65	1 492	—	349	333	2 239	2 845	—	600
128	485	—	437	1 082	3 834	385	150	243
143	1 359	—	815	1 307	2 890	4 203	117	1 466
134	1 946	16	716	1 634	6 585	571	186	20
55	959	6	260	1 615	6 490	5 636	1 200	1 473
576	6 924	—	515	1 190	8 098	—	47	418
—	305	—	—	300	545	—	—	—
79	251	—	—	67	1 740	691	80	85
2 094	2 974	347	570	540	7 163	3 814	930	1 439
42	303	—	310	483	2 419	299	183	—
1 267	2 725	234	398	1 974	5 893	3 009	915	1 149
—	390	—	—	—	1 520	—	—	—
169	1 346	85	779	512	1 885	1 132	114	103
73	822	278	559	805	1 613	122	166	90
—	164	—	—	13	253	—	45	—
—	786	—	106	111	275	51	6	—
515	111	—	296	347	1 298	511	168	346
2 007	952	710	9 890	5 117	1 531	7 239	18 290	265
1 934	384	659	1 001	358	657	5 956	18 290	265

林业系统各地区按行业

地区	各部门总计	一、国有经						
		合计	1. 企业	2. 事业	3. 机关	按国民经		
						(一)农林牧渔业	(二)采掘业	(三)制造业
全国合计	**10 550 687**	**10 112 532**	**4 617 033**	**4 808 465**	**687 034**	**4 292 859**	**3 429 952**	**624 395**
北　京	71 464	71 120	1 723	57 608	11 789	53 052	—	377
天　津	8 716	8 716	77	6 993	1 646	6 993	—	—
河　北	138 630	137 879	13 112	102 936	21 831	96 177	—	10 413
山　西	110 421	110 421	662	94 861	14 898	83 408	—	662
内蒙古	888 629	783 998	476 257	292 743	14 998	259 028	444 455	630
内蒙古集团	612 296	507 797	474 441	33 356	—	15 872	444 455	592
辽　宁	172 386	169 237	11 356	146 686	11 195	135 724	44	4 551
吉　林	1 046 698	1 007 058	804 179	185 743	17 136	230 713	699 808	16 024
吉林集团	388 477	367 247	359 691	7 556	—	—	342 046	9 356
黑龙江	1 729 281	1 613 707	1 230 507	337 443	45 757	234 090	1 085 434	100 937
龙江集团	1 432 677	1 322 954	1 217 465	85 664	19 825	1 928	1 085 434	89 084
上　海	12 852	12 852	—	12 852	—	12 852	—	—
江　苏	138 742	134 742	20 641	111 250	2 851	127 271	—	300
浙　江	222 732	204 440	41 555	144 400	18 485	138 803	4 972	18 407
安　徽	231 894	227 217	52 178	162 453	12 586	153 756	1 354	24 256
福　建	472 360	417 701	200 629	173 209	43 863	151 996	104 979	70 107
江　西	687 450	686 603	155 977	484 344	46 282	459 026	141 206	31 707
山　东	256 000	253 820	39 630	192 600	21 590	159 360	—	34 050
河　南	163 129	161 988	12 816	122 463	26 709	110 964	666	9 136
湖　北	242 487	239 633	78 172	140 784	20 677	129 084	16 683	37 637
湖　南	411 066	410 100	84 894	272 776	52 430	245 492	39 121	39 248
广　东	422 320	401 838	97 541	242 208	62 089	222 056	15 612	46 163
广　西	380 034	378 086	83 240	248 829	46 017	234 509	1 399	48 466
海　南	41 141	41 141	11 176	25 719	4 246	20 985	9 942	1 234
重　庆	66 709	66 083	9 417	45 922	10 744	44 437	2 106	4 264
四　川	573 070	558 840	354 996	154 197	49 647	203 318	205 610	36 086
贵　州	134 650	133 870	29 453	88 516	15 901	79 929	19 911	7 830
云　南	417 388	407 414	149 237	212 369	45 808	167 619	72 364	55 618
西　藏	27 702	27 702	6 412	10 402	10 888	8 554	6 412	—
陕　西	223 319	222 148	53 704	155 509	12 935	139 118	31 701	16 599
甘　肃	249 803	248 878	62 692	174 041	12 145	156 104	55 174	3 611
青　海	31 450	31 290	2 740	26 170	2 380	24 550	2 740	—
宁　夏	45 190	45 170	700	42 320	2 150	35 360	—	520
新　疆	146 483	143 593	46 372	86 534	10 687	90 781	24 999	3 454
局直属单位	786 491	755 247	484 988	253 585	16 674	77 750	443 260	2 108
大兴安岭	569 915	538 671	514 846	17 583	6 242	24 362	443 260	2 108

分在岗职工年劳动报酬

单位:千元

济单位								
济行业分							二、集体经济单位	三、其他各种经济单位
(四)建筑业	(五)社会服务业	(六)卫生、体育和社会福利业	(七)教育、文化艺术和广播电影电视业	(八)科学研究和综合技术服务业	(九)国家机关、政党机关和社会团体	(十)其他		
120 130	**183 595**	**57 660**	**217 226**	**195 310**	**691 666**	**299 739**	**271 972**	**166 183**
3 886	2 016	—	—	—	11 789	—	—	344
—	77	—	—	—	1 646	—	—	—
—	3 360	—	2 171	2 177	21 831	1 750	751	—
—	2 183	264	2 365	1 976	14 898	4 665	—	—
5 411	4 197	6 519	9 057	10 272	14 998	29 431	70 627	34 004
—	774	6 519	6 091	5 388	—	28 106	70 495	34 004
—	4 493	—	3 982	7 185	11 195	2 063	1 978	1 171
10 372	2 532	1 478	6 124	11 266	17 136	11 605	24 897	14 743
—	—	1 430	1 426	4 700	—	8 289	6 517	14 713
50 802	6 901	28 935	27 052	13 403	45 757	20 396	96 746	18 828
50 354	2 490	28 935	22 721	10 958	19 825	11 225	91 946	17 777
—	—	—	—	—	—	—	—	—
2 522	924	—	—	9	2 851	865	3 313	687
33	6 426	—	2 365	4 465	18 485	10 484	4 079	14 213
2 257	2 536	—	2 811	2 054	12 586	25 607	940	3 737
7 233	6 626	4 718	5 167	4 564	44 023	18 288	14 246	40 413
1 673	2 037	—	125	3 754	46 358	717	830	17
450	9 500	—	3 770	3 360	21 590	21 740	—	2 180
1 371	1 359	—	3 600	6 566	26 709	1 617	307	834
844	4 901	—	6 615	6 866	21 329	15 674	327	2 527
418	13 062	200	6 796	10 284	52 430	3 049	906	60
684	5 471	36	4 970	14 215	62 089	30 542	8 588	11 894
3 288	30 087	—	6 289	8 031	46 017	—	170	1 778
—	2 745	—	—	1 989	4 246	—	—	—
162	1 544	—	—	533	10 744	2 293	343	283
13 432	16 725	2 443	4 166	4 381	52 229	20 450	4 299	9 931
230	2 777	—	2 737	3 073	15 901	1 482	780	—
5 164	20 122	2 220	3 778	18 630	45 808	16 091	4 528	5 446
—	1 848	—	—	—	10 888	—	—	—
976	7 715	376	5 929	3 410	12 935	3 389	561	610
519	5 360	2 680	4 715	7 788	12 149	778	894	31
—	1 480	—	—	140	2 380	—	160	—
—	5 560	—	690	710	2 150	180	20	—
3 264	859	—	2 672	2 703	11 845	3 016	750	2 140
5 139	8 172	7 791	99 280	41 506	16 674	53 567	30 932	312
4 635	2 958	7 106	7 961	2 516	6 242	37 523	30 932	312

林业系统各地区按行业

地区	各部门总计	一、国有经						
		合计	1. 企业	2. 事业	3. 机关	按国民经		
						(一)农林牧渔业	(二)采掘业	(三)制造业
全国合计	**5 013**	**5 225**	**4 387**	**6 048**	**7 828**	**5 618**	**4 314**	**5 125**
北　京	10 957	11 020	7 179	10 541	15 740	10 452	—	3 927
天　津	7 553	7 553	3 500	7 292	9 514	7 292	—	—
河　北	5 489	5 498	4 064	5 529	6 753	5 435	—	4 587
山　西	4 254	4 254	1 263	4 175	5 487	4 158	—	1 263
内蒙古	4 318	4 521	4 399	4 655	6 666	4 394	4 386	1 981
内蒙古集团	4 226	4 512	4 400	7 070	—	4 154	4 386	1 910
辽　宁	5 277	5 338	3 901	5 316	9 321	5 068	8 800	4 475
吉　林	4 432	4 699	4 682	4 638	6 887	3 641	5 081	4 483
吉林集团	4 989	5 201	5 150	9 788	—	—	5 110	4 518
黑龙江	3 505	3 782	3 454	5 176	8 726	4 452	3 407	3 793
龙江集团	3 347	3 628	3 448	8 847	10 342	8 531	3 407	3 789
上　海	11 900	11 900	—	11 900	—	11 900	—	—
江　苏	5 764	5 762	5 800	5 687	10 799	5 698	—	6 000
浙　江	8 345	8 598	6 873	8 928	11 865	8 722	5 802	7 342
安　徽	6 057	6 064	5 616	6 086	8 453	5 997	4 734	8 710
福　建	6 469	6 649	5 491	7 944	9 800	7 816	5 276	5 694
江　西	6 686	6 702	3 891	8 690	6 976	7 914	4 964	4 197
山　东	7 164	7 208	5 548	7 459	9 600	7 347	—	5 496
河　南	5 395	5 426	4 095	5 353	6 941	5 200	2 056	4 803
湖　北	4 618	4 677	4 271	4 657	7 658	4 474	5 072	4 353
湖　南	5 350	5 352	4 956	5 155	7 961	5 001	4 115	5 998
广　东	7 524	7 537	6 871	7 419	9 595	7 247	6 435	8 967
广　西	5 154	5 160	5 440	4 986	5 709	4 867	3 822	6 417
海　南	4 893	4 893	3 340	5 680	7 951	5 375	3 409	2 870
重　庆	4 905	4 919	3 406	5 030	6 981	4 963	3 225	3 542
四　川	5 758	5 746	5 796	5 274	7 341	5 101	6 367	4 557
贵　州	5 104	5 110	4 202	5 277	6 590	5 096	4 090	4 348
云　南	6 401	6 446	5 180	7 442	7 821	7 236	4 685	6 368
西　藏	4 954	4 954	3 600	4 525	7 201	4 469	3 600	—
陕　西	5 487	5 488	4 631	5 760	6 851	5 671	4 780	4 917
甘　肃	6 823	6 846	6 546	6 914	7 562	6 618	7 909	2 294
青　海	7 859	7 908	9 856	7 639	9 407	7 487	9 856	—
宁　夏	4 779	4 780	3 398	4 718	7 818	4 434	—	3 355
新　疆	6 353	6 366	6 319	6 167	9 019	6 078	6 512	5 094
局直属单位	5 099	5 672	4 638	9 385	10 723	9 001	4 602	5 856
大兴安岭	4 292	4 822	4 722	8 666	9 530	6 354	4 602	5 856

分在岗职工年平均劳动报酬 单位:元

济单位								
济行业分							二、集体经济单位	三、其他各种经济单位
(四)建筑业	(五)社会服务业	(六)卫生、体育和社会福利业	(七)教育、文化艺术和广播电影电视业	(八)科学研究和综合技术服务业	(九)国家机关、政党机关和社会团体	(十)其他		
4 782	**5 813**	**8 656**	**9 468**	**7 970**	**7 803**	**5 461**	**1 982**	**5 162**
11 103	11 016	—	—	—	15 740	—	—	5 059
—	3 500	—	—	—	9 514	—	—	—
—	5 685	—	7 072	8 373	6 753	2 431	4 196	—
—	5 173	3 667	6 111	6 861	5 487	3 131	—	—
7 463	4 518	7 025	7 682	6 696	6 666	5 605	2 916	4 175
—	5 375	7 025	7 166	7 025	—	6 398	2 915	4 175
—	5 644	—	8 869	9 015	9 321	3 145	3 375	3 098
4 826	4 521	5 010	9 237	10 279	6 887	4 843	1 291	5 766
—	—	7 944	9 507	10 633	—	9 987	1 332	6 221
4 427	6 178	9 419	9 063	8 732	8 721	5 750	1 564	3 965
4 426	6 553	9 419	8 981	8 676	10 326	6 161	1 562	3 927
—	—	—	—	—	—	—	—	—
5 074	7 897	—	—	9 000	10 367	7 864	5 752	6 303
3 300	7 914	—	14 599	11 597	11 865	6 669	6 275	6 286
5 628	5 725	—	10 568	9 971	8 453	4 300	3 521	6 857
5 287	7 581	8 191	9 880	10 639	9 796	6 306	3 425	6 692
5 690	4 010	—	8 333	5 586	6 873	3 350	2 280	2 429
6 923	6 384	—	10 620	9 941	9 600	7 674	—	4 192
10 711	2 802	—	11 538	6 068	6 941	3 717	2 177	3 432
5 902	3 606	—	7 782	5 533	7 252	4 004	2 868	2 180
3 800	7 042	8 000	9 558	6 294	7 961	5 416	4 743	3 000
12 436	5 332	6 000	19 264	8 846	9 595	5 380	7 121	7 401
7 011	4 352	—	12 283	6 632	5 709	—	3 617	4 284
—	8 472	—	—	6 630	7 951	—	—	—
2 051	6 151	—	—	7 955	6 981	3 333	4 288	3 329
6 455	5 681	6 980	7 245	8 098	7 319	5 754	5 106	6 887
5 476	10 559	—	7 933	6 362	6 590	4 957	4 262	—
3 192	7 225	9 024	9 398	9 613	7 821	5 348	4 827	5 080
—	4 800	—	—	—	7 201	—	—	—
4 761	5 753	4 372	7 621	6 660	6 851	2 991	4 921	5 922
7 110	6 683	9 640	9 085	9 747	7 565	5 638	5 386	344
—	11 045	—	—	10 769	9 407	—	3 556	—
—	7 110	—	6 832	6 396	7 818	3 529	3 333	—
5 902	7 739	—	9 246	8 045	9 133	5 834	4 121	6 730
2 302	8 504	10 717	9 927	8 153	10 723	7 370	1 486	1 195
2 147	7 624	10 849	7 560	7 863	9 530	6 289	1 486	1 195

林业系统按行业分职工伤亡事故情况

国民经济行业	轻伤（人次）	重伤（人次）	死亡（人）	国民经济行业	轻伤（人次）	重伤（人次）	死亡（人）
总计	2 176	211	203	2. 林产化学产品制造业	10	—	1
一、农林牧渔业	332	69	123	3. 机械制造及修理业	14	—	—
其中：国有林场	221	46	75	4. 建筑材料制造加工业	9	5	3
二、采掘业	1 519	96	41	5. 其他制造业	24	4	—
其中：木材及竹材采运业	1 430	89	36	四、建筑业	19	5	10
三、制造业	261	26	9	五、其他	45	15	20
1. 木材加工及竹、藤、棕、草制品业	204	17	5				

固定资产投资

林业系统森工固定资产投资1999年主要指标与1998年比较

指标名称	1999年	1998年	1999年与1998年比较(%)
森工固定资产投资完成额(万元)	166 265	264 345	－37.10
一、基本建设投资完成额	79 703	164 192	－51.46
其中：国家投资	18 174	63 988	－71.60
(一)按构成分			
1. 建筑工程	38 909	60 277	－35.45
2. 安装工程	4 489	4 992	－10.08
3. 设备、工具、器具购置	27 093	52 395	－48.29
4. 其他费用	9 212	46 528	－80.20
(二)按工程用途分			
1. 营造林	1 952	—	—
2. 木竹采运及木材加工	31 189	—	—
3. 住宅	13 177	13 318	－1.06
4. 其他	33 385	11 310	195.18
(三)按性质分			
其中：新建	52 965	86 796	－38.98
扩建	16 363	63 500	－74.23
改建	8 273	10 098	－18.07
(四)本年新增固定资产	63 773	101 050	－36.89
(五)房屋建筑面积(万平方米)			
施工面积	49.98	75.37	－33.69
竣工面积	34.56	41.15	－16.01
其中：住宅	15.96	20.45	－21.96

（续）

指　标　名　称	1999年	1998年	1999年与1998年比较(%)
二、更新改造投资完成额	50 288	61 143	－17.75
其中：国家投资	92	2 358	－96.10
(一)按构成分			
1. 建筑工程	17 298	15 908	8.74
2. 安装工程	5 029	7 046	－28.63
3. 设备、工具、器具购置	24 433	30 282	－19.30
4. 其他费用	3 528	7 907	－55.38
(二)按工程用途分			
1. 营造林	1 400	—	—
2. 木竹采运及木材加工	34 569	—	—
3. 住宅	384	1 093	－64.87
4. 其他	13 935	3 264	326.93
(三)按性质分			
其中：新建	8 972	6 580	36.35
扩建	22 448	28 664	－21.69
改建	17 318	25 390	－31.80
(四)本年新增固定资产	46 153	37 279	23.80
(五)房屋建筑面积(万平方米)			
施工面积	2.79	5.37	－48.04
竣工面积	2.93	5.14	－42.99
其中：住宅	1.03	1.68	－38.70
三、森工其他固定资产投资完成额(万元)	36 274	39 010	－7.01
其中:国家投资	156	709	－77.99
(一)按构成分			
1. 建筑工程	24 444	26 776	－8.71
2. 安装工程	555	380	46.05
3. 设备、工具、器具购置	7 484	9 868	－24.16
4. 其他费用	3 791	1 986	90.89
(二)本年新增固定资产	31 135	32 337	－3.72

林业系统营林固定资产投资1999年主要指标与1998年比较

指标名称	1999年	1998年	1999年与1998年比较(%)
营林固定资产投资完成额(万元)	917 812	610 303	50.39
一、基本建设投资完成额	915 591	606 051	51.07
其中:国家投资	575 578	305 910	88.15
(一)按构成分			
1. 建筑工程	86 799	90 489	-4.08
2. 安装工程	5 866	3 658	60.36
3. 设备、工具、器具购置	28 358	35 908	-21.03
4. 其他费用	794 568	475 996	66.93
其中:造林更新费	372 193	247 391	50.45
(二)按工程用途分			
1. 营造林	720 034	—	—
2. 木竹采运及木材加工	11 203	—	—
3. 住宅	20 235	32 411	-37.57
4. 其他	164 119	59 195	177.25
(三)本年新增固定资产	183 501	161 572	13.57
(四)完成的主要实物工程量(千公顷)			
造林面积	3 332.1	3 718.9	-10.40
中、幼龄林抚育面积	3 195.7	2 420.9	32.00
母树林面积	19.5	56.5	-65.49
种子园面积	7.8	253.9	-96.93
林　道(公里)	9 380.7	8 196.0	14.45
防火线(公里)	36 260.4	28 987.0	25.09
公　路(公里)	4 252.8	1 852.0	129.63
(五)房屋建筑面积(万平方米)			
施工面积	92.34	116.33	-20.62
竣工面积	59.68	70.48	-15.32
其中:住宅	35.39	37.39	-5.35
二、更新改造投资完成额	2 221	4 252	-47.77
其中:国家投资	921	1 421	-35.19
(一)按构成分			
1. 建筑工程	630	432	45.83
2. 安装工程	—	437	—
3. 设备、工具、器具购置	179	1 375	-86.98
4. 其他费用	1 412	2 008	-29.68
(二)按工程用途分			
1. 营造林	1 023	—	—
2. 木竹采运及木材加工	—	—	—
3. 住宅	382	86	344.19
4. 其他	816	447	82.55
(三)按性质分:			
其中:新建	381	1 142	-66.64
扩建	784	2 427	-67.70
改建	264	603	-56.22
(四)本年新增固定资产	1 408	9 996	-85.91
(五)房屋建筑面积(万平方米)			
施工面积	2.63	0.11	2 290.91
竣工面积	1.89	0.03	6 200.00
其中:住宅	1.10	0	

建国以来林业系统固定资产投资完成额

单位:万元

年 份	固定资产投资完成总额	营林固定资产投资			森工固定资产			
		合 计	基本建设	更新改造	合 计	基本建设	更新改造	其 他
1950 年	1 009.7	—	—	—	1 009.7	1 009.7	—	—
1951 年	1 665.6	—	—	—	1 665.6	1 665.6	—	—
1952 年	5 523.9	—	—	—	5 523.9	5 523.9	—	—
三年恢复时期	8 199.2	—	—	—	8 199.2	8 199.2	—	—
1953 年	13 873.6	512.3	512.3	—	13 361.3	13 361.3	—	—
1954 年	12 414.9	423.0	423.0	—	11 991.9	11 991.9	—	—
1955 年	11 482.8	725.2	725.2	—	10 757.6	10 757.6	—	—
1956 年	17 732.9	7 507.1	7 507.1	—	10 225.8	10 225.8	—	—
1957 年	21 393.2	3 332.0	3 332.0	—	18 061.2	18 061.2	—	—
"一五"时期	76 897.4	12 499.6	12 499.6	—	64 397.8	64 397.8	—	—
1958 年	32 666.0	3 787.0	3 787.0	—	28 879.0	28 879.0	—	—
1959 年	61 239.8	9 290.4	9 290.4	—	51 949.4	51 949.4	—	—
1960 年	84 021.0	15 516.0	15 516.0	—	68 505.0	68 505.0	—	—
1961 年	34 396.3	7 051.3	7 051.3	—	27 345.0	27 345.0	—	—
1962 年	39 329.2	12 064.7	12 064.7	—	27 264.5	27 264.5	—	—
"二五"时期	251 652.3	47 709.4	47 709.4	—	203 942.9	203 942.9	—	—
1963 年	63 494.6	18 141.2	18 141.2	—	45 353.4	45 353.4	—	—
1964 年	81 208.6	23 769.5	23 769.5	—	57 439.1	57 439.1	—	—
1965 年	80 974.1	19 365.8	19 365.8	—	61 608.3	61 608.3	—	—
三年调整时期	225 677.3	61 276.5	61 276.5	—	164 400.8	164 400.8	—	—
1966 年	79 469.0	18 654.3	18 654.3	—	60 814.7	60 814.7	—	—
1967 年	60 233.4	17 788.8	17 788.8	—	42 444.6	42 444.6	—	—
1968 年	47 492.1	15 174.8	15 174.8	—	32 317.3	32 317.3	—	—
1969 年	56 251.6	16 373.4	16 373.4	—	39 878.2	39 878.2	—	—
1970 年	62 234.5	15 587.9	15 587.9	—	46 646.6	46 646.6	—	—
"三五"时期	305 680.6	83 579.2	83 579.2	—	222 101.4	222 101.4	—	—
1971 年	76 122.5	20 033.7	20 033.7	—	56 088.8	56 088.8	—	—
1972 年	89 978.2	25 347.8	25 347.8	—	64 630.4	64 630.4	—	—
1973 年	93 597.3	27 733.1	27 733.1	—	65 864.2	65 864.2	—	—
1974 年	99 316.7	29 138.7	29 138.7	—	70 178.0	70 178.0	—	—
1975 年	98 806.3	30 737.5	30 737.5	—	68 068.8	68 068.8	—	—

（续）

年 份	固定资产投资完成总额	营林固定资产投资			森工固定资产			
		合 计	基本建设	更新改造	合 计	基本建设	更新改造	其 他
“四五”时期	457 821.0	132 990.8	132 990.8	—	324 830.2	324 830.2	—	—
1976 年	68 668.9	30 723.0	30 723.0	—	37 945.9	37 945.9	—	—
1977 年	58 757.4	24 983.8	24 983.8	—	33 773.6	33 773.6	—	—
1978 年	105 729.9	31 248.8	31 248.8	—	74 481.1	53 926.2	20 554.9	—
1979 年	138 976.5	57 403.8	57 403.8	—	81 572.7	59 249.1	22 323.6	—
1980 年	144 953.8	57 302.7	57 302.7	—	87 651.1	81 270.6	6 380.5	—
“五五”时期	517 086.5	201 662.1	201 662.1	—	315 424.4	266 165.4	49 259.0	—
1981 年	140 752.3	51 230.9	51 230.9	—	89 521.4	81 958.9	7562.5	—
1982 年	168 724.5	54 403.4	54 403.4	—	114 321.1	64 442.4	10 166.1	39 712.6
1983 年	164 399.3	46 577.8	46 577.8	—	117 821.5	73 066.4	15 413.7	29 341.4
1984 年	180 111.4	53 300.4	53 300.4	—	126 811.0	78 863.0	14 059.0	33 889.0
1985 年	183 303.0	61 898.0	61 898.0	—	121 405.0	76 700.0	12 771.0	31 934.0
“六五”时期	837 290.5	267 410.5	267 410.5	—	569 880.0	375 030.7	59 972.3	134 877.0
1986 年	231 994.0	60 296.0	59 191.0	1 105.0	171 698.0	78 862.0	16 095.0	76 741.0
1987 年	295 048.0	69 691.0	68 157.0	1 534.0	225 357.0	87 292.0	26 561.0	111 504.0
1988 年	261 413.0	83 782.0	81 559.0	2 223.0	167 447.0	79 603.0	37 930.0	49 914.0
1989 年	237 553.0	93 261.0	92 160.0	1 101.0	144 292.0	75 567.0	33 100.0	35 625.0
1990 年	246 131.0	100 957.0	100 024.0	933.0	145 174.0	84 966.0	28 508.0	31 700.0
“七五”时期	1 272 139.0	407 987.0	401 091.0	6 896.0	853 968.0	406 290.0	142 194.0	305 484.0
1991 年	272 236.0	109 462.0	107 639.0	1 823.0	162 774.0	104 359.0	27 322.0	31 093.0
1992 年	329 800.0	140 826.0	137 411.0	3 415.0	188 974.0	120 749.0	34 706.0	33 519.0
1993 年	409 238.0	162 777.0	158 849.0	3 928.0	246 461.0	145 700.0	54 853.0	45 908.0
1994 年	476 997.0	194 633.0	189 541.0	5 092.0	282 364.0	173 920.0	56 376.0	52 068.0
1995 年	563 972.0	212 546.0	208 531.0	4 015.0	351 426.0	206 932.0	112 608.0	31 886.0
“八五”时期	2 052 243.0	820 244.0	801 971.0	18 273.0	1 231 999.0	751 660.0	285 865.0	194 474.0
1996 年	638 626.0	295 283.0	278 722.0	16 561.0	343 343.0	203 809.0	96 678.0	42 856.0
1997 年	741 802.0	392 904.0	384 653.0	8 251.0	348 898.0	215 739.0	80 701.0	52 458.0
1998 年	874 648.0	610 303.0	606 051.0	4 252.0	264 345.0	164 192.0	61 143.0	39 010.0
1999 年	1 084 077.0	917 812.0	915 591.0	2 221.0	166 265.0	79 703.0	50 288.0	36 274.0
“九五”时期	3 339 153.0	2 216 302.0	2 185 017.0	31 285.0	1 122 851.0	663 443.0	288 810.0	170 598.0
1950～1999 年合计	9 343 839.8	4 251 661.1	4 195 207.1	56 454.0	5 081 994.7	3 450 461.4	826 100.3	805 433.0

建国以来林业系统基本建设投资完成额

单位:万元

年 份	林业系统基本建设投资完成额					
	合 计	其中:国投	营 林		森 工	
			合 计	其中:国投	合 计	其中:国投
1950年	1 009.7	1 009.7	—	—	1 009.7	1 009.7
1951年	1 665.6	1 665.6	—	—	1 665.6	1 665.6
1952年	5 523.9	5 523.9	—	—	5 523.9	5 523.9
三年恢复时期	8 199.2	8199.2	—	—	8 199.2	8 199.2
1953年	13 873.6	13 873.6	512.3	512.3	13 361.3	13 361.3
1954年	12 414.9	12 414.9	423.0	423.0	11 991.9	11 991.9
1955年	11 482.8	11 482.8	725.2	725.2	10 757.6	10 757.6
1956年	17 732.9	17 732.9	7 507.1	7 507.1	10 225.8	10 225.8
1957年	21 393.2	21 393.2	3 332.0	3 332.0	18 061.2	18 061.2
"一五"时期	76 897.4	76 897.4	12 499.6	12 499.6	64 397.8	64 397.8
1958年	32 666.0	32 666.0	3 787.0	3 787.0	28 879.0	28 879.0
1959年	61 239.8	51 647.5	9 290.4	7 765.1	51 949.4	43 882.4
1960年	84 021.0	74 052.2	15 516.0	13 795.7	68 505.0	60 256.5
1961年	34 396.3	31 284.1	8 051.3	6 460.1	27 345.0	24 824.0
1962年	39 329.2	29 084.8	12 064.7	6 989.6	27 264.5	22 095.2
"二五"时期	251 652.3	218 734.6	47 709.4	38 797.5	203 942.9	179 937.1
1963年	63 497.6	52 505.6	18 144.2	13 892.2	45 353.4	38 613.4
1964年	81 208.6	68 758.8	23 769.5	19 278.3	57 439.1	49 480.5
1965年	80 974.1	69 974.4	19 365.8	16 567.7	61 608.3	53 406.7
三年调整时期	225 680.3	191 238.8	61 279.5	49 738.2	164 400.8	141 500.6
1966年	79 469.0	62 657.3	18 654.3	13 557.5	60 814.7	49 099.8
1967年	60 233.4	44 232.2	17 788.8	13 880.7	42 444.6	30 351.5
1968年	47 492.1	34 054.3	15 174.8	11 742.2	32 317.3	22 312.1
1969年	56 251.6	39 680.4	16 373.4	11 179.3	39 878.2	28 501.1
1970年	62 234.5	42 977.1	15 587.9	9 713.1	46 646.6	33 264.0
"三五"时期	305 680.6	223 601.3	83 579.2	60 072.8	222 101.4	163 528.5
1971年	76 122.5	50 339.0	20 033.7	9 972.5	56 088.8	40 366.5
1972年	89 978.2	58 054.9	25 347.8	12 982.7	64 630.4	45 072.2
1973年	93 597.3	64 052.2	27 733.1	16 088.8	65 864.2	47 963.4
1974年	99 316.7	63 436.2	29 138.7	16 325.3	70 178.0	47 110.9
1975年	98 806.3	55 519.3	30 737.5	15 491.3	68 068.8	40 028.0

（续）

年　份	林业系统基本建设投资完成额					
	合　计	其中:国投	营　林		森　工	
			合　计	其中:国投	合　计	其中:国投
“四五”时期	457 821.0	291 401.6	132 990.8	70 860.6	324 830.2	220 541.0
1976 年	68 668.9	49 658.7	30 723.0	15 086.7	37 945.9	34 572.0
1977 年	58 757.4	46 008.4	24 983.8	15 142.6	33 773.6	30 865.8
1978 年	85 175.0	65 368.8	31 248.8	15 691.9	53 926.2	49 676.9
1979 年	116 652.9	90 757.6	57 403.8	34 415.5	59 249.1	56 342.1
1980 年	138 573.3	68 480.7	57 302.7	28 797.2	81 270.6	39 683.5
“五五”时期	467 827.5	320 274.2	201 662.1	109 133.9	266 165.4	211 140.3
1981 年	133 189.8	61 024.5	51 230.9	21 747.3	81 958.9	39 277.2
1982 年	118 845.8	68 432.1	54 403.4	22 528.5	64 442.4	45 903.6
1983 年	119 644.2	73 556.6	46 577.8	26 435.2	73 066.4	47 121.4
1984 年	132 163.4	81 782.4	53 300.4	30 891.4	78 863.0	50 891.0
1985 年	138 598.0	78 732.0	61 898.0	31 375	76 700.0	47 357.0
“六五”时期	642 441.2	363 527.6	267 410.5	132 977.4	375 030.7	230 550.2
1986 年	138 053.0	81 753.0	59 191.0	29 510.0	78 862.0	52 243.0
1987 年	155 449.0	97 348.0	68 157.0	32 720.0	87 292.0	64 628.0
1988 年	161 162.0	91 504.0	81 559.0	36 758.0	79 603.0	54 746.0
1989 年	167 727.0	90 604.0	92 160.0	36 305.0	75 567.0	54 299.0
1990 年	184 990.0	107 246.0	100 024.0	46 327.0	84 966.0	60 919.0
“七五”时期	807 381.0	468 455.0	401 091.0	181 620.0	406 290.0	286 835.0
1991 年	211 998.0	134 816.0	107 639.0	53 691.0	104 359.0	81 125.0
1992 年	258 160.0	138 679.0	137 411.0	55 936.0	120 749.0	82 743.0
1993 年	304 549.0	142 025.0	158 849.0	54 300.0	145 700.0	87 725.0
1994 年	363 461.0	141 198.0	189 541.0	59 283.0	173 920.0	81 915.0
1995 年	415 463.0	179 222.0	208 531.0	73 435.0	206 932.0	105 787.0
“八五”时期	1 553 631.0	735 940.0	801 971.0	296 645.0	751 660.0	439 295.0
1996 年	482 531.0	176 439.0	278 722.0	90 844.0	203 809.0	85 595.0
1997 年	600 392.0	187 715.0	384 653.0	121 998.0	215 739.0	65 717.0
1998 年	770 243.0	369 898.0	606 051.0	305 910.0	164 192.0	63 988.0
1999 年	995 294.0	593 752.0	915 591.0	575 578.0	79 703.0	18 174.0
“九五”时期	2 848 460.0	1 327 804.0	2 185 017.0	1 094 330.0	663 443.0	233 474.0
1950～1999 年合计	7 645 671.5	4 226 073.7	4 195 210.1	2 046 675.0	3 450 461.4	2 179 398.7

林业系统各地区固定资产投资完成额

单位:万元

地区	总计	营林固定资产投资			森工固定资产投资			
		合计	基本建设	更新改造	合计	基本建设	更新改造	其他投资
全国合计	**1 084 077**	**917 812**	**915 591**	**2 221**	**166 265**	**79 703**	**50 288**	**36 274**
北京	15 818	15 818	15 686	132	—	—	—	—
天津	905	905	905	—	—	—	—	—
河北	33 864	33 864	33 864	—	—	—	—	—
山西	38 779	38 779	38 779	—	—	—	—	—
内蒙古	91 598	79 213	79 213	—	12 385	5 200	4 699	2 486
内蒙古集团	42 546	30 161	30 161	—	12 385	5 200	4 699	2 486
辽宁	12 091	12 091	12 091	—	—	—	—	—
吉林	86 792	49 877	49 730	147	36 915	4 761	13 853	18 301
吉林集团	24 970	12 643	12 643	—	12 327	1 822	4 465	6 040
黑龙江	60 585	45 053	45 053	—	15 532	11 507	300	3 725
龙江集团	49 787	34 255	34 255	—	15 532	11 507	300	3 725
上海	14 268	14 268	14 268	—	—	—	—	—
江苏	2 219	2 219	2 219	—	—	—	—	—
浙江	19 027	12 655	12 655	—	6 372	3 159	3 213	—
安徽	11 505	11 505	11 490	15	—	—	—	—
福建	18 797	7 532	7 532	—	11 265	705	7 432	3 128
江西	12 846	8 240	8 087	153	4 606	1 434	641	2 531
山东	15 993	15 993	15 993	—	—	—	—	—
河南	2 667	2 667	2 667	—	—	—	—	—
湖北	52 839	27 979	27 933	46	24 860	24 280	237	343
湖南	6 929	6 929	6 929	—	—	—	—	—
广东	25 101	18 286	18 286	—	6 815	5 519	1 136	160
广西	54 421	44 162	44 162	—	10 259	1 489	8 770	—
海南	17 455	17 455	17 455	—	—	—	—	—
重庆	19 343	19 043	19 043	—	300	300	—	—
四川	180 059	172 678	172 493	185	7 381	4 668	1 400	1313
贵州	20 562	20 562	20 562	—	—	—	—	—
云南	60 513	50 260	50 106	154	10 253	5 546	3 279	1 428
西藏	1 528	1 528	1 528	—	—	—	—	—
陕西	37 363	34 544	33 878	666	2 819	2 819	—	—
甘肃	23 108	23 045	22 951	94	63	63	—	—
青海	13 984	13 984	13 984	—	—	—	—	—
宁夏	7 253	7 253	7 253	—	—	—	—	—
新疆	42 679	37 771	37 373	398	4 908	4 696	194	18
局直属单位	83 186	71 654	71 423	231	11 532	3 557	5 134	2 841
大兴安岭	50 884	39 365	39 365	—	11 519	3 557	5 121	2 841

林业系统各地区新增固定资产

单位:万元

地　区	总　计	营林固定资产投资			森工固定资产投资			
		合　计	基本建设	更新改造	合　计	基本建设	更新改造	其他投资
全国合计	**325 970**	**184 909**	**183 501**	**1408**	**141 061**	**63 773**	**46 153**	**31 135**
北　京	1 653	1 653	1 653	—	—	—	—	—
天　津	—	—	—	—	—	—	—	—
河　北	8 832	8 832	8 832	—	—	—	—	—
山　西	715	715	715	—	—	—	—	—
内蒙古	29 549	19 038	19 038	—	10 511	3 472	4 690	2 349
辽　宁	580	580	580	—	—	—	—	—
吉　林	48 182	15 048	15 010	38	33 134	2 293	11 021	19 820
黑龙江	14 348	2 695	2 695	—	11 653	8 236	300	3 117
上　海	7 851	7 851	7 851	—	—	—	—	—
江　苏	1 987	1 987	1 987	—	—	—	—	—
浙　江	10 136	2 560	2 560	—	7 576	4 576	3 000	—
安　徽	6 107	6 107	6 101	6	—	—	—	—
福　建	12 446	3 320	3 320	—	9 126	—	9 126	—
江　西	6 831	3 308	3 158	150	3 523	1 376	641	1 506
山　东	2 650	2 650	2 650	—	—	—	—	—
河　南	1 796	1 796	1 796	—	—	—	—	—
湖　北	33 224	2 348	2 348	—	30 876	30 447	—	429
湖　南	1 588	1 588	1 588	—	—	—	—	—
广　东	6 710	4 693	4 693	—	2 017	1 879	138	—
广　西	15 794	7 842	7 842	—	7 952	1 039	6 913	—
海　南	1 157	1 157	1 157	—	—	—	—	—
重　庆	197	197	197	—	—	—	—	—
四　川	28 983	26 986	26 702	284	1 997	734	328	935
贵　州	4 507	4 507	4 507	—	—	—	—	—
云　南	21 859	12 499	12 499	—	9 360	3 568	5 022	770
西　藏	—	—	—	—	—	—	—	—
陕　西	8 462	7 631	6 962	669	831	831	—	—
甘　肃	6 780	6 370	6 370	—	410	410	—	—
青　海	2 701	2 701	2 701	—	—	—	—	—
宁　夏	2 024	2 024	2 024	—	—	—	—	—
新　疆	7 922	4 836	4 806	30	3 086	3 075	11	—
局直属单位	30 399	21 390	21 159	231	9 009	1 837	4 963	2 209

林业系统各地区固定资产投资房屋建筑施工、竣工面积及竣工房屋价值

单位：万平方米

地 区	本年房屋施工面积		本年房屋竣工面积		本年房屋竣工价值(万元)	
	合 计	其中:住宅	合 计	其中:住宅	合 计	其中:住宅
全国合计	**166.12**	**83.75**	**114.51**	**61.72**	**82 806.50**	**40 883.50**
北 京	2.13	—	0.37	—	576.00	—
天 津	—	—	—	—	—	—
河 北	1.25	—	1.25	—	964.00	—
山 西	2.39	0.66	1.13	—	180.00	—
内蒙古	4.51	3.10	4.51	3.10	2 101.00	1 272.00
内蒙古集团	3.68	2.95	3.68	2.95	1 964.00	1 176.00
辽 宁	0.20	—	0.03	—	70.00	—
吉 林	16.12	7.52	14.36	7.09	9 737.00	4 613.00
吉林集团	4.88	1.63	3.31	1.20	1 894.00	858.00
黑龙江	14.17	3.76	12.17	1.76	7 958.00	2 411.00
龙江集团	11.00	2.00	9.00	—	5 323.00	1 075.00
上 海	—	—	—	—	—	—
江 苏	—	—	—	—	—	—
浙 江	1.12	1.02	0.54	0.02	1 030.00	256.00
安 徽	2.11	0.64	1.94	0.95	865.00	477.00
福 建	7.01	4.64	3.94	2.60	5 096.00	3 396.00
江 西	6.12	4.05	5.76	3.85	2 208.00	896.00
山 东	1.04	0.84	1.03	0.84	999.00	837.00
河 南	4.15	2.17	4.15	2.17	1 608.00	1 413.00
湖 北	8.35	3.30	6.25	1.73	7 494.50	1 096.50
湖 南	—	—	—	—	—	—
广 东	14.13	6.25	4.91	3.25	5 657.00	2 723.00
广 西	14.43	10.31	11.43	8.78	6 016.00	3 124.00
海 南	0.57	0.57	0.57	0.57	946.00	946.00
重 庆	1.11	0.05	0.14	—	63.00	—
四 川	6.33	3.57	5.15	3.14	4 345.00	2 232.00
贵 州	0.58	0.17	0.51	0.17	137.00	42.00
云 南	16.04	10.42	11.52	6.36	8 096.00	3 675.00
西 藏	—	—	—	—	—	—
陕 西	4.86	2.18	1.60	0.04	773.00	16.00
甘 肃	0.27	—	0.12	—	469.00	410.00
青 海	0.05	—	0.05	—	14.00	—
宁 夏	3.00	2.00	3.00	2.00	1 637.00	1 070.00
新 疆	4.90	3.00	4.31	2.55	3 266.00	1 621.00
新疆兵团	—	—	—	—	—	—
局直属单位	29.18	13.53	13.77	10.75	10 501.00	8 357.00
大兴安岭	5.44	3.86	4.42	3.31	2 930.00	1 867.00

林业系统各地区按事业分的

地区	总计	一、造林						二、中幼龄林抚育	三、低产林改造	四、封山育林	五、迹地更新	六、种苗工程
		合计	在造林面积中:									
			承包造林	经济林	飞机播种	速生丰产林	退耕造林					
全国合计	**915 591**	**359 615**	**24 101**	**56 745**	**9 546**	**34 210**	**22 389**	**113 041**	**8182**	**125 478**	**44 388**	**32 702**
北　京	15 686	10 003	1200	1 075	265	—	—	499	—	304	948	852
天　津	905	553	—	—	—	—	—	—	—	5	—	203
河　北	33 864	23 294	1 457	8 964	302	1 635	—	535	2	383	83	1 483
山　西	38 779	25 906	68	1 267	456	544	129	639	277	689	1	2 961
内蒙古	79 213	30 325	4 196	3 749	1 805	536	1 006	22 284	20	8 605	1 886	3 257
内蒙古集团	30 161	1 500	—	—	—	—	—	19 406	—	6 038	1 365	678
辽　宁	12 091	8 579	—	1 453	—	7 126	—	163	25	110	195	360
吉　林	49 730	19 575	281	574	—	55	501	11 790	275	2 591	259	1 489
吉林集团	12 643	4 739	—	—	—	—	111	4 274	58	943	—	173
黑龙江	45 053	10 533	1 279	370	60	2 541	425	17 440	37	5 813	2 885	1 687
龙江集团	34 255	5 900	1 054	260	—	7	410	17 287	37	5 434	2 689	970
上　海	14 268	10 811	—	872	—	—	—	224	—	—	—	316
江　苏	2 219	912	—	—	—	—	—	—	—	135	—	354
浙　江	12 655	3 638	50	631	—	90	179	827	236	304	872	881
安　徽	11 490	5 266	492	1 060	—	519	19	926	16	258	2	447
福　建	7 532	2 056	88	101	10	855	—	301	15	255	683	292
江　西	8 087	2 287	61	453	60	766	20	559	882	697	223	553
山　东	15 993	9 951	1 348	7 371	—	1 025	207	787	10	248	298	582
河　南	2 667	1 139	—	67	30	89	5	—	—	30	—	71
湖　北	27 933	13 125	367	3 171	8	5 552	3 212	2 185	263	2 254	637	2 126
湖　南	6 929	2 747	—	—	—	—	—	325	55	68	20	920
广　东	18 286	398	116	—	—	6	16	559	1 618	387	2 886	1 328
广　西	44 162	10 866	—	3 674	99	961	1 106	2 732	4 059	943	7 116	1 170
海　南	17 455	7 222	490	698	8	4 608	—	568	—	221	6 680	175
重　庆	19 043	13 086	2 035	4 259	30	—	1 233	723	—	2 164	90	703
四　川	172 493	51 564	5 601	5 540	4 667	4 189	9 414	16 279	171	76 557	2 766	3 439
贵　州	20 562	13 210	—	2 780	690	87	204	691	12	2 801	754	200
云　南	50 106	11 256	683	2 806	10	2 788	156	4 200	2	3 631	4 206	1 046
西　藏	1 528	—	—	—	—	—	—	—	—	—	—	30
陕　西	33 878	21 515	1 831	3 584	629	131	4 411	330	37	6 135	79	1 403
甘　肃	22 951	12 108	148	1 582	231	79	28	2 439	5	3 205	332	897
青　海	13 984	5 203	—	—	—	—	—	13	—	417	160	704
宁　夏	7 253	3 803	—	407	180	—	—	972	165	294	—	1 032
新　疆	37 373	20 445	88	237	6	28	9	3 432	—	4 709	3 883	961
新疆兵团	22 401	14 766	—	—	—	—	—	2 200	—	2 400	2 185	300
局直属单位	71 423	8 239	2 222	—	—	—	109	20 619	—	1 265	6 444	780
大兴安岭	39 365	3 561	2 222	—	—	—	109	18 851	—	1 265	6 446	513

营林基本建设投资完成额

单位:万元

七、护林防火	八、森林病虫鼠害防治	九、林业工作站	十、森林公安	十一、森林公园	十二、自然保护区及野生动植物保护	十三、花卉	十四、林政及木材检查站	十五、林业调查规划设计	十六、林业教育	十七、林业科技及重点试验室	十八、其他
24 229	**8 325**	**4 117**	**3 673**	**5 638**	**5 037**	**1 855**	**1 674**	**6 320**	**13 633**	**10 689**	**146 995**
385	194	20	185	161	33	427	38	41	15	57	1 524
25	22	30	—	—	—	—	—	—	—	65	2
208	145	48	32	70	465	120	4	19	—	78	6 895
391	441	61	32	119	132	219	52	21	30	175	6 633
2 444	559	252	127	83	87	15	242	598	551	171	7 707
1 174	—	—	—	—	—	—	—	—	—	—	—
316	77	48	65	1	22	—	—	23	20	91	1 996
1 553	276	100	92	—	160	383	97	181	67	327	10 515
236	62	—	—	—	—	—	—	150	—	17	1 991
2 390	211	50	83	76	44	—	19	48	448	23	3 266
1 141	139	—	—	—	—	—	—	7	—	—	651
60	104	30	—	—	—	94	—	—	—	30	2 599
250	132	150	—	—	—	—	24	60	—	105	97
299	543	190	145	735	139	5	94	38	—	78	3 631
297	125	155	103	80	40	8	30	21	375	292	3 049
956	110	154	147	17	196	7	231	6	373	205	1 528
468	286	134	119	20	350	—	63	12	—	275	1 159
367	217	120	75	128	150	48	21	90	—	160	2 741
120	17	48	55	—	70	—	7	10	300	215	585
675	318	143	86	291	163	81	78	351	20	109	5 028
1 115	66	160	593	100	280	30	20	70	35	275	50
2 611	443	154	274	221	17	—	16	80	110	397	6 787
633	405	337	122	996	151	20	39	36	60	493	13 984
69	36	78	16	—	179	—	19	20	43	131	1 998
549	139	134	36	33	237	15	—	23	—	115	996
2 713	972	498	497	70	848	229	154	189	1 146	763	13 638
220	437	130	40	—	220	2	168	30	—	215	1 432
1 668	242	292	295	1 659	454	—	49	99	283	18	20 706
50	40	—	60	—	160	—	5	—	5	—	1 178
499	48	140	49	713	144	80	106	39	162	44	2 355
189	207	167	25	15	82	5	29	194	50	64	2 938
268	95	10	63	—	75	47	14	57	—	79	6 779
65	317	194	40	50	29	—	20	70	—	176	26
408	335	90	187	—	90	20	35	272	1	86	2 419
100	75	50	—	—	—	20	10	250	—	45	—
1 968	766	—	30	—	20	—	—	3 622	9 539	5 377	12 754
1 968	30	—	30	—	20	—	—	41	—	—	6 640

林业系统各地区营林基本建设投资完成的实物工程量

单位：千公顷

地区	造林面积		中幼龄林抚育面积	低产林改造面积	林木良种		森林病虫鼠害防治面积	林道（千米）	防火线（千米）	公路（千米）	通讯线路（千米）	输变电线路（千米）	瞭望台（座）
	合计	其中：经济林			母树林	种子园							
全国合计	**3 332.1**	**806.0**	**3 195.7**	**256.4**	**19.5**	**7.8**	**1 572.9**	**9 380.7**	**36 260.4**	**4 252.8**	**4 624.1**	**1 072.2**	**432.0**
北　京	30.2	5.1	16.6	0.1	—	—	23.8	2.0	1 469.0	19.6	8.0	—	1.0
天　津	9.4	0.9	19.0	—	—	—	20.9	—	600.0	—	—	—	8.0
河　北	293.8	98.9	147.8	13.6	—	—	—	3.0	523.0	31.0	—	23.0	5.0
山　西	402.9	83.5	112.4	10.3	0.3	0.1	53.7	193.0	21.0	70.0	4.0	4.0	—
内蒙古	467.5	69.9	472.9	3.5	1.1	0.6	359.9	920.0	7 220.0	70.0	1 800.0	22.0	16.0
内蒙古集团	16.7	—	272.7	—	—	—	84.4	—	—	—	—	—	—
辽　宁	74.3	31.6	14.7	16.5	—	—	10.5	121.0	23.0	32.0	7.0	10.0	10.0
吉　林	144.0	10.0	217.0	8.0	5.0	—	49.0	517.0	274.0	122.0	151.0	7.0	47.0
吉林集团	25.5	—	57.2	1.1	1.2	—	—	39.0	—	—	1.0	—	10.0
黑龙江	131.1	3.2	235.9	—	6.5	0.2	37.3	55.0	2 215.0	710.0	200.0	25.0	14.0
龙江集团	35.0	2.0	188.0	—	—	—	9.0	40.0	1 310.0	710.0	200.0	25.0	14.0
上　海	2.3	—	5.5	—	—	—	10.0	—	10.0	—	—	—	—
江　苏	1.2	—	—	—	—	—	0.7	—	31.0	—	—	—	3.0
浙　江	6.7	3.6	34.6	1.7	0.1	—	18.7	262.0	942.0	106.0	21.0	—	—
安　徽	22.0	9.0	27.0	1.0	—	—	15.0	13.0	303.0	2.0	36.0	—	2.0
福　建	8.4	1.7	16.0	2.5	0.1	—	4.2	680.0	3 233.0	221.0	23.0	—	—
江　西	21.9	2.8	60.3	17.0	1.0	0.2	28.4	1 146.0	826.0	72.0	4.0	470.0	32.0
山　东	47.3	21.6	104.6	5.8	—	—	84.6	82.0	67.0	104.0	6.0	—	7.0
河　南	32.7	2.3	—	—	—	—	0.5	58.0	586.0	—	—	35.0	2.0
湖　北	118.6	49.4	183.9	25.0	0.1	0.5	64.0	1 066.6	1 375.2	122.5	312.0	43.0	72.0
湖　南	22.0	—	32.0	28.0	1.0	1.0	2.0	730.0	2 474.0	255.0	27.0	—	17.0
广　东	1.3	—	15.8	15.3	0.1	0.1	7.8	184.0	3 025.0	12.0	—	1.0	2.0
广　西	53.8	17.2	64.7	36.7	—	0.2	31.1	211.0	829.0	77.9	—	11.0	9.0
海　南	13.1	1.0	6.8	0.2	—	—	5.6	—	—	—	—	—	4.0
重　庆	118.2	35.3	44.6	—	—	—	21.4	643.0	999.0	1 024.0	455.0	—	4.0
四　川	301.1	45.8	487.8	24.1	1.2	1.3	214.9	1 463.1	2 879.2	44.7	548.6	367.0	80.0
贵　州	151.2	59.3	64.6	2.3	0.7	1.3	21.2	233.0	1778.0	12.0	212.0	1.0	35.0
云　南	163.2	50.8	140.7	2.0	—	—	91.4	150.0	934.0	75.0	153.0	—	13.0
西　藏	—	—	—	—	—	—	—	—	—	—	—	—	—
陕　西	380.7	118.5	174.9	24.6	1.8	1.8	52.7	431.0	303.0	631.0	346.0	45.0	2.0
甘　肃	179.4	52.9	53.0	1.7	0.4	0.4	153.2	74.0	—	139.0	—	5.0	6.0
青　海	42.4	0.9	27.8	—	—	—	32.2	—	5.0	—	—	—	5.0
宁　夏	29.0	1.0	23.0	—	—	—	17.0	29.0	3.0	16.0	152.0	—	4.0
新　疆	52.4	29.8	125.8	16.5	0.1	0.1	139.7	114.0	3 313.0	—	—	—	32.0
局直属单位	10.0	—	266.0	—	—	—	1.5	—	—	284.1	158.5	3.2	—
大兴安岭	10.0	—	266.0	—	—	—	1.5	—	—	184.1	142.5	3.2	—
雷州林业局	—	—	—	—	—	—	—	—	—	—	—	—	—

（计资司统计信息处）

林业财务和会计

【林业财务和会计综述】 1999年，各级林业财会部门抓住国家高度重视林业建设和发展，较大幅度加大对林业投入和扶持力度的有利时机，开拓进取，扎实工作，进一步强化了财务管理、资金管理、资产管理，加强了财会规章制度的建设，为林业可持续发展作出了贡献。

1. 林业作为国家基础设施建设的重点之一，投入力度进一步加大。在继1998年国家大幅度增加对林业的投入后，1999年国家对林业的各项资金投入继续保持稳定增长。据统计，1999年中央安排的林业各项资金达到140.14亿元，比1998年同期增长21.1%。其中：财政债券基金46.1亿元，预算内基本建设投资9.3亿元，财政专项资金27.92亿元，农业综合开发资金1.12亿元，林业事业费6.1亿元，各项林业专项贷款49亿元。其中，增长最快的是财政专项资金和基本建设资金。1999年，中央财政专项资金总量为整个"八五"期间的10.19倍，中央基本建设资金在整个国家基本建设资金中占3.54%，比1998年增加0.68个百分点。

2. 重点生态建设工程规划编制及投入政策协调工作取得较大进展。1999年为贯彻落实党中央、国务院关于加快重点地区生态环境建设的若干指示，国家林业局相继组织编制了《重点地区天然林资源保护工程实施方案》、《长江上游、黄河上中游地区造林绿化工程总体规划》、《东北、内蒙古等重点国有林区天然林资源保护工程实施方案》、《重点地区防沙治沙工程建设规划》，以及根据实施西部大开发战略的需要，将长江上游、黄河中上游生态建设从规划上调整为《长江上游、黄河上中游地区退耕还林（草）试点示范实施方案》和《长江上游、黄河上中游天然林资源保护工程实施方案》。在编制过程中，本着自下而上、上下结合的原则，先后赴有关地区开展了30多次调研，召开了数十次有各方面专家、有关部委及地方政府参加的论证会和座谈会，并就各项规划所涉及的投入及相关政策多次与有关部委进行协调和争取。

3. 天然林资源保护工程实施情况。1999年天然林资源保护工程(以下简称天保工程)中央预算内资金计划61.8亿元，其中：中央财政专项28.5亿元，基建投资33.3亿元。中央财政专项补助费：1999年中央财政专项补助费计划28.5亿元，其中：森林管护事业费7.61亿元，基本养老保险10.01亿元，政社性支出补助8.32亿元，专项贷款中央财政贴息2.55亿元。除专项贷款中央财政贴息2.55亿元未到位外，中央财政专项补助费实际到位25.9亿元，全部按计划下达。地方财政配套5亿元，主要是：云南地方配套2.02亿元，四川地方配套1.33亿元。企业自筹14亿元。实际支出44.8亿元，其中：森林管护事业费支出10.77亿元，基本养老保险19.56亿元，政社性支出补助14.50亿元。基本建设拨款：1999年基本建设资金（以下简称中央债券）投资计划33.3亿元，其中用于公益林建设30.02亿元，森林防火7 800万元，转产项目2.5亿元。1999年底实际拨款316 200万元，其中公益林建设资金29 3200万元，种苗工程建设7 000万元、森林防火工程7 800万元及转产项目资本金8 200万元；待拨资金16 800万元。

在中央资金的大力支持下，1999年天保工程任务完成情况较好。①木材调减。根据《重点地区天然林资源保护工程实施方案》及《国家林业局关于1999年森林总采伐量指标的通知》，1999年天保工程范围内，调减木材产量652.6万立方米。②公益林建设。1999年度公益林建设任务完成情况：人工造林49.0万公顷、森林抚育167.9万公顷、封山育林220.7万公顷、人工促进天然更新37.8万公顷。③种苗工程。建设母树林35 200公顷；改扩建苗圃112处。通过加强种苗基础设施建设，进一步提高了良种壮苗供给率。④防火工程。建设防火瞭望塔262座，修建和维修防火公路8 650千米，新建和维护防火通讯线路4 050千米，大大提高了防火预报预测及扑救能力。⑤转产项目。1999年，续建转产项目6个，新建转产项目34个。到年底，续建转产项目已建成投产，新建转产项目正在进行扩初设计及审批，部分项目进行设备招标投标及引进工作。⑥人员分流和安置。1999年年底累计安置富余人员28万人，其中：从事生态公益林建设11.5万人，从事森林管护11.1万人，从事种苗建设0.8万人，其他4.6万人。

4. 加强天保工程资金管理，提高资金使用效益。一是整章建制，国家林业局与财政部联合制定下发了《重点地区天然林资源保护工程建设资金管理规定》、商得财政部同意制定下发了《天然林资源保护工程公益林项目会计核算办法》(试行)、《天然林保护经费会计核算暂行办法》等，确保天保工程资金的安全有效运行，为规范资金的使用管理起到了十分重要的作用；二是在认真执行已有规章制度的基础上，加强了各项财务、会计制度的建设，与财政部门配合，先后下发了相关文件，对各级林业主管部门和建设单位月、季度财务报表的报送和财会信息的反馈提出了明确要求，为资金的及时拨付和工作决策提供了依据；三是为提高天保工程项目单位财会人员的业务水平，举办了3期天保工程财务管理与会计核算培训班，通过培训，天保工程的财务管理和会计核算工作取得了明显的进步，天保工程建设资金基本上做到了专户存储，单独建账、单独核算，专款专用，确保天保工程资金的安全有效运行。

5. 进一步强化资金的检查监督工作。一是国家林业局于1999年10月成立了重点林业工程稽查办公室（稽查办），专门行使对天然林资源保护工程等林业重点工程的资金稽查职能，并立即着手开展有关工作，制定了《国家林业局关于印发重点林业工程资金稽查工作的暂行规定的通知》（林基发［2000］129号）。二是为强化天保工程资金的检查监督工作，国家林业局会同国家计委、财政部、监察部、劳动和社会保障部、中国人民银行和审计署等部门组成天保工程资金稽查工作组，对部分省区天保工程资金的使用和管理进行了稽查，对存在的问题及时进行纠正，有效堵塞和防止了挤占、截留、挪用工程资金现象的发生，确保了资金的专款专用和安全运行。按照国家林业局的统一部署，各地林业主管部门对各自财政债券资金使用管理情况进行了全面自查自纠。三是积极主动配合审计署完成了1998年各项预算执行情况、1998年增发的1000亿元国债专项资金、支援不发达地区发展资金及贫困国有林场扶贫资金使用管理情况进行的专项审计。并结合审计署《关于林业生态建设资金审计调查情况的通报》反映的问题，对有关省区的资金管理情况进行了清理，并将调查核实情况及时上报了审计署。四是积极做好1998年财务决算和1999年预算管理工作。完成了1998年度各类财务决算的审核、汇总、上报和下批工作；根据财政部、科技部下达的1999年预算指标，及时编制上报及下达了各项资金年度收支计划，确保各项事业的正常开展。按照预算管理的新要求，编制上报了国家林业局2000年林业部门总预算建议指标，年底前及时上报国家林业局2000年部门正式预算。五是会同有关部门对前3年安排的引进项目执行情况和资金使用管理情况进行了实地检查、指导，积极争取资金，落实项目。六是进一步加强局自有资金管理，制定了《国家林业局关于加强局自有资金管理有关事项的通知》，严格按局党组的决定执行预算，并进一步强化检查监督。七是积极做好清理部门有偿使用资金、账户及中央级扶持生产周转金工作。八是为强化和规范预算外资金管理，制定并下发了《国家林业局关于加强中央级林业预算外资金管理的规定》。

6. 积极争取国家对林业的扶持政策。一是在费改税的问题上，经过反复争取和协调，有关部门同意对林业因开征燃油税而新增的税负予以返还；二是农业特产税的问题取得重大进展，国家有关部门已表示，在下一步农业税改革中，将充分考虑林业行业的本质属性和特点，适当降低农业特产税税率。

7. 加大协调力度，继续推进森林资源资产化改革工作。一是财政部同意原林业部与原国家国有资产管理局共同出台的《关于加强森林资源资产评估管理工作若干问题的通知》和《关于发布森林资源资产评估技术规范的通知》等有关森林资源资产化的文件有效并继续执行；二是对森林资产会计核算、企业资产重组改革中森林资产处置、森林资源资产产权变动和重组项目的管理、关于森林抵押担保贷款问题、森林景观资产等级评价及森林负离子测定等方面进行研究和探索；三是进一步推进森林资源资产化改革试点工作，总结经验，研究新情况、新问题，不断完善有关制度办法，规范管理。

8. 继续做好局直属企业脱钩的有关工作。根据国务院的部署和要求，完成了在京直属企业脱钩工作和下放地方企业的交接工作。会同有关部门对大兴安岭林业集团公司调整整顿和政企分开问题进行调查研究，提出了大兴安岭林业集团公司调整方案和向国务院的请示报告，并与联合调查单位沟通协调、修改，拟报国务院审批；大兴安岭筑路工程局破产项目准备工作进展较快，国家非金融企业脱钩工作领导小组已审核通过了企业破产预案。

9. 进一步加强中国会计学会林业分会的工作。一是组织了《林业财务与会计》1998年度优秀论文的评选工作，推荐9篇，上报3篇；二是继续加强学会的组织建设，积极组织发展中国会计学会林业分会个人会员工作，截至1999年年底，已发展的个人会员473人；三是分别以围绕天然林保护工程专项资金管理和林业基金制度建立等有关问题，组织国有林区片和南方片开展了学术交流活动；四是继续创办《学会通讯》，每季一期，共发行四期，提供的信息及资料受到广大会员的欢迎；五是组建了建立林业资金制度课题组，并开展了建立林业基金制度问题研究，截至1999年底，已完成了6万字的研究课题初稿。　（刘金富）

财 务 管 理

【全国森工企业财务状况】

盈亏状况 全行业亏损，亏损额及亏损面有所下降。1999年全国森工企业财务报表汇总20个省区，除吉林、内蒙古、新疆、浙江、福建5省区和大兴安岭盈利外，其他14个省区均为亏损。汇编企业1 731户，亏损企业1 177户，亏损面达68%，比1998年亏损面69.08%下降了1.08个百分点。全国森工企业盈亏相抵，全行业净亏损6.1亿元，比1998年同期减亏3.2亿元，减亏幅度为34.20%。其中，亏损企业亏损额为14.4亿元，比1998年同期减亏1.7亿元，下降了10.6%。至1999年末，全国森工企业历年累计亏损挂账为58.0亿元。

国有林区盈亏相抵，净亏2.06亿元，与1998年同期相比减亏1.20亿元，减亏幅度为36.70%。其中：东北、内蒙古四大森工企业集团经济效益与1998年相比有所好转，盈亏相抵，净亏损0.65亿元，比1998年减亏0.41亿元，减亏幅度为38.58%。其中：龙江森工集团净亏损1.76亿元，比1998年的1.67亿元略有增亏，增亏5.14%；吉林省森工企业盈利7318万元，比1998年减利446万元，降低了5.74%；内蒙古大兴安岭森工集团盈利527万元，比1998年增利87万元，增长19.77%；大兴安岭林业集团公司盈利3 254万元，比1998年减亏5293万元，减亏幅度为259.59%。在西南、西北6省区中，四川、甘肃、新疆3省区均有减亏，其中新疆盈利1 475万元，云南、陕西、青海3省区均略有增亏减利。

南方集体林区10省区盈亏相抵，净亏4.05亿元，与1998年同期相比减亏1.98亿元，减亏幅度为32.85%。除福建省利润稍降低外，其他各省区均有不同程度的减亏，其中浙江省盈利2 605万元，减亏4 226万元，减亏幅度为260.70%。

1999年末，全国森工企业拖欠职工工资及离退休费17.1亿元，与1998年同期相比减少9.06亿元，下降了34.69%，涉及职工及离退休人员88万人，比1998年同期减少27.5万人，减少了23.83%。

上交财政资金状况 上交税金有所降低。1999年，全国森工企业主营业务收入190亿元，比1998年同期减收16亿元，降低7.76%。1999年，全国森工企业上交财政各项资金16.3亿元，比1998年同期减少4.5亿元。其中：交纳农业特产税5.6亿元，比1998年同期减少2.6亿元；交纳增值税8.6亿元，比1998年同期增加0.2亿元；上交所得税及包干利润1.4亿元，比1998年同期减少0.8亿元；上交营业税及附加0.7亿元，比1998年同期减少1.4亿元。利用林区“三剩物”和次、小、薪材为原料的综合利用产品交纳增值税1.64亿元，实际退还1.35亿元，退税比例为82.3%。

资本结构状况 资产负债率偏高，利息支出加重企业负担。1999年年末，全国森工企业共有资产744亿元，负债536亿元，资产负债率高达72%。企业负债中银行借款为231亿元，1999年利息支出高达11.8亿元。

主要产品生产及销售情况

木材 1999年木材销售收入为98亿元，占全部销售收入的45%，占主营业务收入的52%。比1998年减少15.8亿元，降低13.95%；生产量为1 809万立方米，比1998年减少296万立方米，其中东北、内蒙古国有林区比计划产量减少46万立方米；1999年，全国森工企业各省区木材销量普遍下降，为2 224万立方米，与1998年2 627万立方米相比减销383万立方米；木材销售单价为434.99元/立方米，比1998年增加3.17元/立方米；销售利润为30.8亿元，比1998年减少6.1亿元。

锯材 1999年锯材实现销售收入3.8亿元，比1998年减少1.4亿元，下降26.64%；生产量为45.9万立方米，比1998年减产32.6万立方米；销售量为58.0万立方米，比1998年减销20.5万立方米，下降26.11%；销售单价为661.17元/立方米，比1998年减少4.77元/立方米，降低0.72%；销售利润为3 311万元，比1998年减少42万元，下降1.25%。

胶合板 1999年胶合板实现销售收入3.7亿元，比1998年减少0.89亿元，下降19.36%；生产量为15.6万立方米，比1998年减少4.9万立方米，下降23.90%；销售量为18.2万立方米，比1998年减销2.6万立方米，下降12.5%；销售单价为2 046元/立方米，与1998年相比降低174元/立方米，下降7.85%；销售利润为780万元，比1998年减少718万元，下降47.93%。

“三剩物”及次小薪材综合利用产品（包括木竹纤维板、木竹刨花板、栲胶、松香、木竹片、地板块等） 1999年实现销售收入35.6亿元，占全部收入的16.4%；实现销售利润4.1亿元，占全部销售利润的8.8%。其中：

1. 纤维板。1999年纤维板实现销售收入11.4亿元，占“三剩物”及次小薪材综合利用产品销售收入的32.02%，比1998年增加3.18亿元，增长38.24%；生产量为88.1万立方米，与1998年相比增产24万立方米，增长37.44%；销售量为92.7万立方米，与1998年相比增销27.4万立方米，增长41.96%；销售单价为1 238元/立方米，与1998年相比减少33元/立方米，下降2.62%；销售利润为20 302万元，比1998年增加9 404万元，增长86.29%。

2. 刨花板。1999年刨花板实现销售收入7.1亿元，占“三剩物”及次小薪材综合利用产品销售收入的19.94%，比1998年减收0.34亿元；生产量为81.0万立方米，比1998年减产1.6万立方米；销售量为81.4万立方米，比1998年增销2.8万立方米；销售单价为873.78元/立方米，比1998年减少74元/立方米，下降7.87%；实现销售利润2 777万元，比1998年减少304万元，下降9.87%。

营林情况 1999年，全国森工企业完成森林更新及造林面积80.8万公顷，成林抚育面积7.9万公顷，天然幼壮林抚育面积11.5万公顷，病虫害防治面积12.8万公顷。

营林资金收入27.2亿元，其中林价及育林基金收入19.2亿元；营林总支出23.7亿元，其中，①营林生产支出5.2亿元，占总支出的21.94%；其中：森林更新及造林支出3.34亿元，森林抚育支出1.17亿元。②营林费用支出10.3亿元，占总支出的43.46%。其中：营林管理费4.51亿元，森林保护费1.59亿元，营林“三项费用”支出1.47亿元。

独立核算的木材加工厂情况 1999年汇编独立核算的木材加工厂182户，其中亏损143户，亏损面78.57%。加工厂全行业亏损2.87亿元，比1998年减亏2.15亿元。主营业务收入23.59亿元，上交营业税金及附加3 809万元，交纳增值税11 885万元，交纳所得税及包干利润1 430万元。现有资产总额95.8亿元，负债73.5亿元，资产负债率为76.72%。年末在职职工人数89 984人，富余职工12 554人。

（袁卫国）

【1999年天然林资源保护工程经费投人与支出状况】

资金投入 1999年，全国天然林资源保护工程专项资金总计投入45.4亿元，其中中央财政投入到位25.9亿元，占57%；地方财政配套5亿元，占11%；企业自筹14亿元，占31%；其他收入0.5亿元，占1%。具体为：①森林管护事业费投入116 622万元，其中：中央财政拨款76 136万元，地方财政配套22 483万元，企业自筹资金17 948万元；②养老保险专项补助经费181 314万元，其中：中央财政拨款100 071万元，地方财政拨款13 564万元，企业自筹资金67 667万元；③政策性及社会性支出专项补助经费147 380万元，其中：中央财政拨款83 196万元，地方财政配套6 668万元，企业自筹资金53 972万元。

资金使用 1999年，天然林资源保护工程专项资金支出共计44.8亿元，其中：森林管护事业费支出107 751万元，养老统筹补助费195 559万元，政策性支出补助费支出144 988万元。（袁卫国）

【1999年全国国有林场财务状况】 1999年，全国国有林场汇总30个省区，汇编林场户数4 132户。其中：亏损林场1 973户，亏损面47.75%。国有林场经营总面积5 650万公顷，其中：有林地面积2 628万公顷，年产值88亿元。职工总人数52万人，离退休人员14万人。

主要指标完成情况 1999年，全国国有林场资产总额177亿元（不含林木资产）。其中：流动资产76亿元，比1998年增加1亿元，占资产总额的43.17%（其中：货币资金14亿元，比1998年增加2亿元；应收账款11亿元，比1998年减少4 515万元；其他应收款33亿元，比1998年增加1亿元）；固定资产86亿元，比1998年增加1亿元，占资产总额的48.75%。

负债总额137亿元，比1998年增加7亿元。其中：流动负债90亿元，比1998年增加3亿元，占负债总额的65.55%（其中：短期借款16亿元，与1998年基本持平；应付账款7亿元，比1998年增加3 301万元）；长期负债47亿元，比1998年增加3亿元。所有者权益总额341亿元，其中：实收资本56亿元。

利润情况 1999年，全国国有林场盈亏相抵，亏损27 133万元，比1998年减亏4339万元，利润总额上升13.79%。主要因素分析如下：

增收因素 ①营业成本265 885万元，比1998年减少21 369万元；②营业税金及附加40 219万元，比1998年减少3 715万元；③育林基金及维简费65 000万元，比1998年减少6 421万元；④其他业务利润23 675万元，比1998年增加1 230万元；⑤财务费用27 286万元，比1998年减少2 258万元；⑥投资收益2 404万元，比1998年增加482万元；⑦承包户上交净收入30 354万元，比1998年增加1 176万元；⑧补贴收入15 086万元，比1998年增加2 746万元；⑨营业外收入26 240万元，比1998年增加1 560万元。合计增收40 957万元。

减收因素 ①主营业收入531 665万元，比1998年减少33 507万元；②营业费用24 896万元，比1998年增加621万元；③管理费用207 637万元，比1998年增加1379万元；④营业外支出24 729万元，比1998年增加660万元。⑤以前年度损益调整905万元，比1998年增加451万元。合计减收36 618万元。

上交国家税金情况 1999年，全国国有林场营业税金及附加4.3亿元，比1998年减少3984万元，其中：农业特产税3.7亿元，比1998年减少6 145万元，下降14.25%；营业税3 324万元，比1998年增加578万元，上升21.05%；应交增值税8 470万元，比1998年增加1 174万元；所得税1 120万元，比1998年减少58万元。

主要产品销售情况 ①原木销售量891万立方米，比1998年减少133万立方米，下降14.93%；销售收入32.72亿元，比1998年减少3.96亿元，下降

12.1%；木材单价 367.27 元/立方米，比 1998 年上升 9.06 元。②锯材销售量 23.80 万立方米，比 1998 年增加8 777立方米；销售收入 1.3 亿元，比 1998 年减少 1 564万元；销售单价 541.03 元/立方米，比 1998 年下降 88.95 元。③胶合板销售量 1.68 万立方米，比 1998 年增加 6 712 立方米；销售收入 4 369 万元，比 1998 年增加 2 010 万元；销售单价 2 597.81 元/立方米，比 1998 年上升 263.55 元。

营林情况 1999 年，全国国有林场营林资金投入 13.53 亿元，其中，育林基金 4.27 亿元，采伐回收资金 1.32 亿元。完成造林面积 26.23 万公顷，比 1998 年减少 5.79 万公顷，造林总成本 2.11 亿元，比 1998 年增加 3 327 万元。每公顷造林成本 806 元，比 1998 年增加 250 元。

营林资金来源构成 ①国家投入 4.06 亿元（其中：林业事业费 2.01 亿元，专项拨款 1.48 亿元，基建拨款 5 654 万元），占营林资金总额的 30.01%。②各种借款 1.99 亿元（其中：林业项目借款 9 562 万元，治沙借款 1 181 万元，世界银行借款 3 920 万元），占营林资金总额的 14.69%。③当年利润弥补营林资金不足 6 521 万元，占 4.82%。④育林基金 4.27 亿元，占 31.57%。⑤自有资金 1.24 亿元，占 9.13%。⑥采伐回收资金 1.32 亿元，占 9.77%。

营林支出构成 ①造林支出 4.32 亿元，比 1998 年增加 3 333 万元，占营林支出总额的 31.96%；②森林管护支出 6.21 亿元，比 1998 年增加 2.83 亿元，占营林支出总额的 45.90%；③营林设施支出 4 955 万元，比 1998 年减少 1 163 万元，占营林支出总额的 3.66%。

贫困国有林场扶贫资金情况 1999 年，贫困国有林场扶贫资金投入 4 931 万元。其中：国家投入 3 000 万元，地方财政配套 309 万元；地方林业配套 463 万元；林场自筹 1 159 万元。总支出 3 312 万元。

存在主要问题

1. 亏损面继续扩大，困难进一步加重。1999 年，全国国有林场亏损户数 1 973 户，比 1998 年增加 40 户，亏损面 47.75%，比 1998 年扩大 0.59%。国有林场全行业亏损 2.71 亿元，其中，亏损林场亏损额 5.15 亿元。

2. 资金紧张，后劲不足。全国国有林场负债总额 136.76 亿元，资产负债率达 77.44%。

3. 木材产品仍是国有林场的主要经济来源。1999 年，全国国有林场营业收入总额 64.29 亿元，其中：木竹营业收入 37.19 亿元，占营业收入总额的 57.85%；多种经营营业收入 11.13 亿元，占 17.31%；表明国有林场目前仍主要依赖森林资源，从事木材生产，产业结构不合理，产品结构单一。

4. 税负过重。1999 年，全国国有林场原木农业特产税 3.70 亿元，税率 11.30%，税负过重，林场难以承受。

（阎春丽）

【全国国有苗圃财务状况】 1999 年，全国国有苗圃汇总 29 个省区，汇编苗圃户数 1 848 户，亏损苗圃 791 户。国有苗圃经营面积 13 万公顷，其中育苗地面积 4 万公顷，有林地面积 6 万公顷，年产值 6 亿元。职工总人数 5 万人，离退休人员 1 万人。

资产及负债情况 1999 年，全国国有苗圃资产总额 20 亿元（不含林木资产）。其中：流动资产 10 亿元，比 1998 年增加 6 131 万元，占资产总额的 49.19%（其中：货币资金 2 亿元，比 1998 年增加 1 833 万元；应收账款 1 亿元，比 1998 年增加 603 万元；其他应收款 4 亿元，比 1998 年增加 3 027 万元）；固定资产 9 亿元，比 1998 年增加 7 680 万元，占资产总额的 45.37%。

负债总额 13 亿元，比 1998 年增加 13 338 万元。其中：流动负债 8 亿元，比 1998 年增加 7 805 万元，占负债总额的 62.41%（其中：短期借款 1 亿元，比 1998 年增加 1 406 万元。长期负债 5 亿元，比 1998 年增加 5 533万元）；所有者权益 8 亿元，其中：实收资本 1 亿元。

利润情况 1999 年，全国国有苗圃盈亏相抵，亏损 2391 万元，比 1998 年减亏 331 万元，分析如下：

增收因素 ①主营业务收入 35 629 万元，比 1998 年增加 1921 万元；②育林及维简费 175 万元，比 1998 年减少 58 万元；③财务费用 1656 万元，比 1998 年减少 619 万元；④承包户上交净收入 2 248 万元，比 1998 年增加 23 万元；⑤补贴收入 5 054 万元，比 1998 年增加 974 万元；⑥营业外收入 3 433 万元，比 1998 年增加 194 万元；⑦以前年度损益调整－75 万元，比 1998 年减少 386 万元。合计增收 4175 万元。

减收因素 ①营业成本 26 250 万元，比 1998 年增加 1 657 万元；②营业费用 3 187 万元，比 1998 年增加 217 万元；③营业税金及附加 638 万元，比 1998 年增加 132 万元；④其他业务利润 1 982 万元，比 1998 年减少 70 万元；⑤管理费用 16 253 万元，比 1998 年增加 1 549 万元；⑥投资收益 128 万元，比 1998 年减少 45 万元；⑦营业外支出 2 781 万元，比 1998 年增加 174 万元。合计减收 3 844 万元。

上交国家税金情况 1999 年，全国国有苗圃营业税金及附加 876 万元，比 1998 年增加 204 万元。其中：农业特产税 552 万元，比 1998 年增加 199 万元；营业税 241 万元，比 1998 年增加 18 万元；教育费附加 15 万元，比 1998 年增加 5 万元；应交增值税 375 万元，比 1998 年增加 71 万元。

存在主要问题 资金紧张，后劲不足。1999 年，全国国有苗圃资产负债率 67.19%，偿债能力差。

（阎春丽）

【1999 年地方事业费收支状况】

基本情况 1999 年度全国林业共有机构 39 560

个，其中：林业事业单位 39 363 个，教育机构 55 个，科研单位 142 个。林业事业单位中，营林机构 32 072 个，技术推广机构 885 个，良种推广站 119 个，森林保护机构 3 699 个，勘察设计机构 331 个，干部培训机构 38 个，林业技工学校 14 个，其他机构 2 205 个。

全国林业事业单位年末国家职工人数 73 万人，集体职工 4 万人，离退休职工 19 万人。其中，财政补助开支的国家职工 32 万人，离退休职工 9 万人。

地方财政拨入林业经费情况 1999 年地方各级财政拨入林业经费总额 73 亿元，比 1998 年增加 29.69 亿元。其中：①农村造林和林木补助费 101 421 万元，比 1998 年增加 11 426 万元；②农业综合开发事业费 14 041 万元，比 1998 年减少 2 269 万元；③林业事业费 335 509 万元，比 1998 年增加 73 681 万元；④教育事业费 13 933 万元，比 1998 年增加 3 549 万元；⑤科研事业费 7 344 万元，比 1998 年增加 1 450 万元；⑥森林工业事业费 9 437 万元，比 1998 年增加 2 372 万元；⑦天然林保护经费 191 035 万元；⑧支援经济不发达地区发展资金 11 280 万元，比 1998 年增加 1 289 万元；⑨农业等事业单位离退休经费 16 071 万元；⑩其他财政专项 21 372 万元，比 1998 年增加 7 327 万元。

林业事业费财政补助资金支出情况 林业事业费财政补助资金 1999 年总支出 38 亿元。其中：营林机构经费支出 17 亿元，技术推广机构经费支出 1 亿元，森林资源保护机构经费 5 亿元，勘察设计院经费支出 1 亿元，重点造林工程补助经费支出 3 亿元，其他支出 10 亿元。经费支出总额中，人员经费支出 20 亿元，占支出总额的 51.94%；公务费支出 3 亿元，占支出总额的 7.56%；业务费支出 5 亿元，占支出总额的 14.46%。

预算外资金支付的林业事业费 1999 年用预算外资金支付的林业事业费 17 亿元。其中：①育林基金 9 亿元，占 56.29%；②维简费 1 亿元，占 7.9%；③森林检疫费 5 455 万元，占 3.26%；④林业保护建设费 9 685 万元，占 5.78%；⑤其他 4 亿元，占 26.73%。

支援农村造林支出情况 1999 年度支援农村造林实际支出 30 亿元。其中：①造林支出 19 亿元，占 62.98%；②育苗支出 2 亿元，占 5.46%；③抚育支出 1 亿元，占 4.79%；④其他支出 8 亿元，占 26.77%。

地方林业事业单位收支情况

事业收支情况 1999 年度事业收入 63 亿元，事业支出 62 亿元，用 1998 年事业基金弥补 2 亿元，事业结余 3 亿元。

事业基金情况 1999 年提取或分配的事业基金 3 亿元，年末结余 8 亿元。

经营收支情况 1999 年经营收入 33 亿元，经营支出 34 亿元，亏损 6 亿元。 （阎春丽）

【1999 年全国育林基金收支状况】 1999 年，全国育林基金（林价）总收入 39.81 亿元。其中：①提取育林基金（含林价）26.10 亿元，占总收入的 65.6%；②征收育林基金 8.76 亿元，占总收入的 22.0%；③营林产品销售净收入转育林基金 0.85 亿元，占总收入的 2.1%；④其他收入 4.11 亿元，占总收入的 10.3%。

1999 年，全国育林基金总支出 37.91 亿元。其中：

1. 营林生产支出 11.68 亿元，占总支出的 30.8%。其中：森林更新及造林支出 7.83 亿元；成林抚育支出 1.94 亿元。

2. 营林费用支出 18.37 亿元，占总支出的 48.5%。其中：①营林管理费支出 7.13 亿元，占总支出的 18.8%；②森林保护费支出 5.16 亿元，占总支出的 13.6%。其中：护林防火支出 3.01 亿元，病虫害防治支出 0.65 亿元。③营林“三项费用”（营林道路、设施、设备）支出 2.42 亿元，占总支出的 6.4%。

3. 其他支出 7.86 亿元，占总支出的 20.7%。其中弥补机构经费不足 2.16 亿元。 （袁卫国）

【1999 年基本建设资金财政预算安排及完成情况】

天然林资源保护工程 财政部下达基本建设支出预算 26.2 亿元，主要用于天然林资源保护工程区内的公益林建设、苗圃建设、防火设施建设、转产项目建设等。资金到位 26.2 亿元，年度财务决算汇总各项目投资支出合计 28.1 亿元。

林业重点生态工程 财政部下达基本建设支出预算 6 亿元，主要用于防护林和种苗工程建设，资金到位 6 亿元，年度财务决算汇总各项目投资支出合计 6.27 亿元。

正常基本建设工程 财政部下达基本建设支出预算 93 137 万元，主要用于重点防护林工程建设、森林保护工程、种苗工程、林业基础设施建设、国有林区基础设施建设等，资金到位 93 137 万元，年度财务决算汇总各项目投资支出合计 8.19 亿元。 （郝雁翎）

【统一部门预决算报表编制】 1999 年，国家财政对预决算报表编制体系进行了重大改革，要求各单位从过去的按经费渠道分别编制预决算报表，转变为编制统一的部门预决算报表。国家林业局按照财政部的有关文件精神，及时编制上报了林业部门 2000 年中央预算和 1999 年汇总会计报表。新的部门预决算报表包括了国家林业局政府机关经费、行政单位离退休经费、行政机关事业费、基本建设支出、林业科技三项费、支援不发达地区发展资金、林业事业费、教育事业费、科学事业费、天然林保护经费、森林工业事业费、农业等事业单位离退休经费、外交支出经费、国际组织支出及偿付外国资产支出经费、住房公积金以及行政事业单位预算外资金收入等经费，全面完整地反映了国家林业局各项经费的收入支出状况，为增加预算的透明度，规范

和加强预决算的管理打下了良好的基础。（徐旺明）

【国家林业局直属企业脱钩工作基本完成】 根据中共中央办公厅、国务院办公厅中办发［1999］1号和8号文件精神，国家林业局原直属9户企业与主管部门脱钩后分四类进行处理。其中，中国福马林业机械集团有限公司（母子公司共16户）、中国林业国际合作集团公司（母子公司共6户）移交中央管理，同时将中国国营林场总公司（含子公司雷州林业局）、中国林产工业公司、中国金龙松香集团公司并入中国林业国际合作集团公司；中国林业机械电力设备安装公司、大兴安岭建筑工程总公司移交地方管理；大兴安岭机械筑路工程局破产清算；大兴安岭林业集团公司由国家林业局负责进行调整后再处理。原直属企业脱钩工作除破产和调整的两户企业外，其他企业脱钩移交工作基本完成。

移交中央管理　中国福马林业机械集团有限公司、中国林业国际合作集团公司两户企业已移交中央管理，同时中国国营林场开发总公司、中国林产工业公司、中国金龙松香集团公司并入了中国林业国际合作集团公司。有关财务关系、财务指标划转工作已完成，已办理产权变动登记手续。两个集团划转资产总额44.7亿元，其中福马集团23.3亿元，合作集团21.4亿元；划转所有者权益17.8亿元，其中国家资本金9.2亿元（福马集团3亿元，合作集团6.2亿元）。按劳动和社会保障部的要求，两个集团的劳动工资计划已从1999年起由劳动部直接管理。

移交地方管理　中国林业机械电力设备安装公司、大兴安岭建筑工程总公司两户企业已移交黑龙江省管理。有关财务关系、财务指标划转和资产划转手续已完成，划转总资产1.6亿元，所有者权益4 157.5万元，其中国家资本金3 603.4万元。两户企业的劳动工资计划以国家林业局林人才字［1999］216号文划转黑龙江省劳动和社会保障厅，领导干部管理的人事关系已移交黑龙江省。

拟破产清算　国家经贸委已审核通过了大兴安岭机械筑路工程局破产预案，总资产1.6亿元，总负债2.4亿元，申报核销银行呆坏账准备金4 000多万元，职工安置费用需申请中央财政补贴。企业破产预案已经国家非金融企业脱钩办审查通过，有关批准文件正在办理中。企业破产清算工作将由国家林业局负责组织实施，将于2000年内完成。

由国家林业局负责调整后再行处理　大兴安岭林业集团公司调整工作正在进行。根据国务院要求，国家林业局会同国家计委、国家经贸委、财政部、中编办组成联合调研组赴大兴安岭调研并提出了调研报告，局党组研究后起草《国家林业局关于大兴安岭林业集团公司脱钩调整方案的请示》文稿，并征求上述四部委意见，根据四部委意见对《请示》稿再行修改后，正式报国务院审批。（徐信俭）

资　金　管　理

【《重点地区天然林资源保护工程建设资金管理规定》制定】 为规范重点地区天然林资源保护工程（以下简称天保工程）建设资金使用与管理，促进天保工程的顺利实施，提高投资使用效益，国家林业局于1999年5月与财政部联合下发了《重点地区天然林资源保护工程建设资金管理规定》。该《规定》重点规范和管理国家预算内基本建设资金（含国债专项建设资金），适用于经国务院批准的天保工程建设项目，包括公益林项目、商品林建设项目和转产项目。规定天保工程预算内资金按照基本建设拨款程序拨付，实行专户存储、专款专用，单独建账、单独核算。各地区、各部门、各单位不得以任何方式挤占、截留、挪用建设资金，严格控制各项开支标准，防止铺张浪费。建设单位不得将建设资金挪用于购置小汽车及移动电话、职工住房、建办公楼等非天保工程的各项支出。未经批准，任何单位和个人不得擅自扩大建设规模、提高建设标准、变更建设项目和建设内容。各级财政部门和林业主管部门要加强对天保工程建设资金的监督检查，对项目建设资金实行跟踪管理，监督建设单位合理、节约使用资金，发现问题及时纠正。对挤占、挪用、截留建设资金，以及造成资金损失浪费的单位，要追究单位领导及有关人员的责任，情节严重的依法追究法律责任。（郝雁翎）

【《天然林资源保护工程公益林项目会计核算办法》制定】 由于天然林资源保护工程（以下简称天保工程）的特殊性，完全按照《国有建设单位会计核算制度》执行存在一定的问题，现有的会计科目不能完全满足天保工程会计核算的需要，因此，为统一规范天保工程会计核算科目，确保建设资金专款专用、单独核算，经征得财政部同意，1999年7月，国家林业局下发了《天然林资源保护工程公益林项目会计核算办法》（试行）。该《核算办法》由会计科目名称和设置、公益林项目支出的核算、资金拨付方式、会计报表的编制及说明四个部分组成。并根据公益林建设的特点增设“拨付所属公益林资金”、“公益林支出”、“上级拨入公益林资金”等一级科目，在相关科目下增设“人工造林”、“森林抚育”、“封山育林”、“人工促进天然更新”、“苗圃设备设施”、“营林道路”、“防火设备设施”等二级明细科目，以满足天保工程公益林项目会计核算的需要。

（郝雁翎）

【天然林资源保护工程建设资金一律实行专户存储】为加强对天然林资源保护工程建设资金的使用和监督管理工作，便于及时了解建设资金的使用和工程完成情况，经与财政部协商，国家林业局要求各工程实施省区和项目实施单位必须在当地建设银行开设天保工程建设资金专户（151户）。为此，国家林业局下发了《关于要求开设天然林资源保护工程建设资金专户的通知》，中国建设银行总行下发了《关于做好天然林保护工程中央预算内建设资金管理工作的通知》，通过天保工程资金专户能够更加快捷、准确地了解和掌握建设资金的使用情况，有效控制资金的挪用和垫支等现象。

（郝雁翎）

【《天然林保护经费会计核算暂行办法》制定】 为了加强天然林资源保护工程财政专项资金管理，提高资金使用效益，规范会计核算，保障工程顺利实施，根据财政部《天然林保护工程财政专项资金管理暂行办法》规定，经商财政部同意，结合林业行业实际情况，国家林业局于1999年9月制定并下发了《天然林保护经费会计核算暂行办法》。该《办法》按照财政资金单独核算，专户储存，专款专用的原则制定；由会计科目、会计科目使用说明、会计报表及主要经济业务会计分录举例四部分组成；适用于全国天然林资源保护工程财政专项资金使用单位及下属林场所、学校、医院、公检法司等所属单位。

（袁卫国）

【中央级林业预算外资金管理】 为了贯彻落实国务院和财政部有关加强预算外资金管理的文件精神，进一步规范中央级林业预算外资金管理，根据《国务院关于加强预算外资金管理的决定》和财政部《预算外资金管理实施办法》，国家林业局制定下发了《关于加强中央级林业预算外资金管理的规定》，明确指出预算外资金是国家财政性资金，必须建立统一财政专户，实行收支两条线管理。对中央级林业预算外资金建立严格的收支计划管理制度和年度预决算管理制度，收入实行按比例集中上缴财政专户的办法，支出由财政部按使用计划审批用款书后从中央财政专户核拨。各用款单位必须严格按国家规定合理使用预算外资金，不得随意挪用预算外资金从事违法违纪活动，更不得将预算外资金坐收坐支，私设“小金库”。

（韩礼香）

精神文明建设

林业纪检监察

【综　述】 1999年，林业纪检监察部门认真贯彻执行党中央、国务院关于加强党风廉政建设和深入开展反腐败斗争的指示精神，按照中纪委、监察部和国家林业局党组的总体部署要求，结合林业部门党风廉政建设和反腐败工作的实际，紧紧抓住"三讲"教育的有利时机，突出重点，整体推进，扎实工作，狠抓落实，使各项反腐败工作取得了一定成绩。

学习和教育　重点抓了中央纪委三次全会和国务院第二次廉政工作会议精神以及党风廉政建设法规制度的学习贯彻，结合实际组织开展了党性党风党纪教育。

一是中纪委三次全会1月15日刚结束，国家林业局党组立即听取了驻局纪检组、监察局的汇报，并组织了专题学习。同时，针对林业部门的实际，研究讨论了具体的贯彻落实意见。

二是在1月20～21日国家林业局召开的1999年机关党的建设和机关建设会议上进行了学习贯彻。局党组书记、局长王志宝和其他党组成员分别在会上传达了江泽民总书记在中纪委三次全会上的重要讲话、尉健行同志的报告和朱镕基总理在中央国家机关第三次党的工作会议上的讲话。党组成员、副局长、纪检组长李昌鉴代表局党组总结了1998年机关党的建设和反腐败工作，部署了1999年的工作。王志宝同志对深入扎实抓好1999年机关党风廉政建设工作作了讲话。会上还讨论了《国家林业局党组关于贯彻落实中共中央、国务院〈关于实行党风廉政建设责任制的规定〉的实施意见》、《驻国家林业局纪检组监察局、直属机关纪委〈1999年党风廉政建设和反腐败工作的安排意见〉》和《国家林业局直属机关党委关于实行谈话提醒制度的办法》。

三是在国家林业局机关和直属单位主要负责人及纪检监察部门负责人会议上，学习传达了国务院第二次廉政工作会议精神。国务院第二次廉政工作会议刚结束，王志宝同志立即主持召开局务扩大会议，认真传达学习了朱镕基总理的重要讲话，并根据国务院的指示精神，就全力抓好1999年局机关和直属单位的反腐败工作再次进行了动员部署。

四是向全国林业系统进行了贯彻部署。驻局纪检组、监察局根据中纪委三次全会和国务院第二次廉政工作会议精神，结合全国林业系统的工作实际，下发了《关于认真贯彻落实中纪委三次全会和国务院廉政工作会议精神，进一步推动林业系统党风廉政建设和反腐败工作的通知》，就进一步深入做好林业系统反腐败工作作出了部署。林业系统34个厅局单位也都先后召开所属系统会议进行了传达贯彻。

五是有针对性地组织开展了宣传教育活动。为了不断提高广大党员干部的思想政治素质，解决好世界观、人生观、价值观的问题，驻局纪检组、监察局与机关党委联合组织全体机关干部职工观看反腐倡廉的有关录像片和进行党的知识、中国共产党纪律处分条例知识答卷，给局机关全体党员干部和在京直属单位司局级干部购买了《党风廉政建设责任制及相关文件》等书籍，并认真组织了学习讨论，进行了遵纪守法专题教育。

反腐败三项重点工作　坚持以"三讲"教育为契机，狠抓了领导干部廉洁自律工作。1999年，在领导干部廉洁自律工作方面，突出抓了两个方面的工作：

一是紧密结合"三讲"教育认真开展了廉洁自律对照检查。在"三讲"教育中，驻局纪检组、监察局紧紧抓住"三讲"教育这个有利时机，坚持把党风廉政教育与"三讲"教育紧密结合起来，通过印发典型案例材料，组织学习党纪条规文件和专题讨论等形式，对党员干部进行了遵纪守法的教育，并要求党员领导干部在民主生活会上、在自我剖析材料中按照局纪检组、监察局和机关党委联合印发的《关于在"三讲"教育中认真对照廉洁自律各项规定进行自查自纠的通知》，对照《廉政准则》、制止奢侈浪费八条规定、重大事项报告制度、礼品登记制度和收入申报制度逐条进行检查和明示。

对群众有反映和有举报的一些问题，坚持由局党组成员和纪检组、监察局进行谈话提醒。通过自我剖析和对照检查，1999年的民主生活会质量明显提高，党员领导干部的党性观念、廉洁自律的意识明显增强。大家普遍认为，1999年民主生活会的效果是近年来少有的，较好地把握了中央的有关政策，解决了领导干部党性党风和廉政方面存在的一些问题，为今后加强领导干部廉政建设打下了一个良好的基础。

二是狠抓了党风廉政制度的贯彻落实，取得了较为明显的成效。坚持以抓好制止奢侈浪费"八条规定"为重点，着重做了以下五方面的工作：①根据中纪委、监察部的指示精神，下发了《国家林业局关于认真贯彻执行〈中纪委、监察部关于春节期间厉行节约制止奢侈浪费的通知〉的通知》，要求各单位严格按照通知精神，切实采取有力措施，加强管理，严肃财经纪律，不准用公款举行会餐和互相宴请，厉行节约，防止铺张浪费，并由纪检监察等有关部门进行了监督检查。②为推进《廉政准则》的贯彻执行，严防接受礼品和参加公款宴请现象的发生，结合林业系统的实际下发了《关于严格遵守〈廉政准则〉坚决刹住请客送礼不正之风的通知》，进一步明确了党员干部的行为规范，提出了要求。③中共中央、国务院办公厅《关于严禁党政机关到风景名胜区开会的通知》下发后，国家林业局党组立即进行了传达部署，并下发了《国家林业局办公室关于加强会议管理，严禁到风景名胜区开会的通知》，对严格制止到风景区开会的问题，采取了得力措施。④在严格控制新建和装修办公楼以及严格管理出国（境）方面，各有关部门坚持互相配合，分口把关，并下发了《国家林业局关于控制直属单位基本建设规模，加强基本建设项目管理的通知》以及《国家林业局外事审批权限管理办法》、《国家林业局国际合作项目管理办法》等制度。⑤严格执行中办、国办［1994］14号、［1995］5号文件和中纪委转发的有关文件规定，结合机关和直属单位的实际情况，对购买和更换小汽车工作，下发了《关于汽车配备购置等问题的通知》，提出了明确要求。1999年，国家林业局还结合"三讲"教育，派出9个巡视组和36名工作人员，对机关司局和京内外所有局属单位贯彻执行各项廉政规定情况进行了全面检查。

坚持从严治标，进一步狠抓了案件查处工作 1999年，坚持把查办案件工作，特别是查处司局级领导干部的违法违纪案件和群众反映强烈的问题作为办案工作重点，统筹兼顾，合理安排，明确责任，加强领导，把案件查处与"三讲"教育紧密结合。根据有关政策规定，充分利用"三讲"巡视组的力量，对群众举报的部分问题进行了核实，使办案工作取得了新的进展。全年共收到群众举报信件（含来访、电话举报以及1998年结转）217件，其中对于非受理范围的95件及时进行了转办；对于受理范围内的122件，进行了认真的排查，对影响较大、群众反映强烈和举报司局级干部的问题，坚持及时组织力量，认真进行查办。共初核92件（由组局自办46件），了结68件，受到批评教育和谈话提醒的司处级干部16人，已给政纪处分的1人，党纪政纪双处分的2人。转2000年办理的举报信件有54件。

紧密围绕林业中心任务，狠抓了纠风和执法监察工作 纠正行业不正之风和开展执法监察是反腐败工作的重要任务。在开展这两方面的工作中，坚持把"两站一所"（木材检查站、木材检疫站、林业公安派出所）、执行"收支两条线"情况作为纠风工作的重点，把抓好天然林保护工程资金的使用管理、贯彻国务院8号文件和执行党风廉政责任制情况列为执法监察的重要内容，主要做了四个方面的工作：①为了认真贯彻落实国务院《关于保护森林资源制止毁林开垦和乱占林地的通知》，坚决刹住毁林开垦、乱占林地的歪风，切实加强森林资源的保护，有效地实施天然林资源保护工程，驻局纪检组、监察局先后两次派人参加了由最高人民法院、最高人民检察院、国家林业局、公安部、监察部联合组成的执法大检查活动和严厉打击破坏森林资源违法犯罪活动的专项斗争。通过执法大检查和专项严打斗争活动，不仅进一步掌握了各地贯彻落实国务院通知的情况，摸清了存在的问题，还查处各类破坏森林资源和野生动物案件40 156起，处理违法犯罪人员52 847人次，打掉犯罪团伙264个，为国家挽回经济损失5 083万元，有力地保护了森林资源，打击了违法犯罪行为，增强了各级政府部门的执法意识和广大人民群众知法、守法的自觉性。②开展了天然林资源保护工程资金使用情况稽查工作。为了管好用好这项国家重点工程资金，1999年4月，国家林业局在四川省召开了天然林保护工程现场会，5月份在黑龙江省召开了天然林保护工程区森林资源清查会，中纪委、监察部和驻局纪检组监察局派人参加了会议。从6月下旬开始，由国家林业局、监察部、劳动和社会保障部、中国人民银行等单位联合组成稽查工作组，分赴6个省区开展检查活动，对检查中发现的问题，及时进行了纠正。③为进一步搞好林业行业纠风和森林资源保护工作，国家林业局与国务院纠风办联合下发了《关于禁止在水路上乱收费乱罚款乱设站的通知》，两次派人参加了国务院纠风办组织的纠风检查。另外，还向中纪委、监察部提出了将破坏森林资源案件的查处工作列为各级纪检、监察部门工作重点的申请，得到了中纪委、监察部的大力支持。④根据中纪委《关于对落实"收支两条线"规定工作进行专项检查的通知》，对国家林业局中央级预算外资金实行"收支两条线"管理情况进行了自查。经查，1999年财政部核批国家林业局中央级预算外资金应缴财政专户4627万元，截至9月底，国家林业局实际收到并上缴财政专户913.9万元，执行情况是好的。

党风廉政制度建设 1999年，根据党中央、国务院的指示精神和中纪委、监察部的部署要求，坚持按照标本兼治、综合治理的方针，在党风廉政建设方面进一步加大治本力度，着重做了以下三个方面的工作：①健全了党风廉政规章制度。主要颁发了《国家林业局党组关于贯彻落实中共中央、国务院〈关于实行党风廉政建设责任制规定〉的实施意见》、《中共国家林业局党组关于进一步加强党组自身建设的规定》、《中共国家林业局党组关于提高公务员素质加强公务员队伍建设的决定》、《中共国家林业局党组关于进一步调整和明确干部管理范围及职责权限的意见》以及《国家林业局直属机关党委关于实行谈话提醒制度的办法》。②实行了政府采购办法。国家林业局按照国务院国办[1999]51号《关于在国务院各部门机关试行政府采购意见的通知》要求，为加强财政支出管理，堵塞采购中出现的漏洞，成立了政府采购领导小组，改变以往旧的采购模式，采取"集中采购为主"的采购模式，对大宗办公用品的采购实行公开招投标的方式，进一步规范采购活动，加强采购的管理和监督。通过这种新的管理机制，节约了资金，堵塞了一些漏洞，收到了很好的效果，也有效地防范了腐败现象的发生。③健全和完善了自有资金管理制度。为进一步从源头上预防和治理腐败，加强对自有资金的管理，规范资金使用管理程序，提高资金使用效益，结合林业工作中的实际情况，国家林业局下发了《国家林业局关于加强自有资金管理有关事项的通知》，对自有资金的使用、管理和核算等提出了明确要求，使自有资金的管理进一步规范化。

（刘双来　吴兰香）

林业思想政治工作与精神文明建设活动

【综　述】　1999年林业行业精神文明建设和思想政治工作，在党的十五大、十五届三中全会精神和邓小平理论的指导下，根据国家林业局党组和局精神文明建设指导小组的部署和要求，以及王志宝局长在全国林业厅局长会议上的讲话精神，认真贯彻执行"两手抓、两手都要硬"的方针，紧紧围绕林业改革和建设的中心积极开展工作，取得了一定的成绩。

开展"三讲"教育　各单位都把"三讲"教育作为政治生活中的一件大事以及精神文明建设和思想政治工作中重要内容来抓。通过开展"三讲"教育，增强了林业系统干部职工学理论的自觉性，加强了各级领导班子建设，提高了干部职工的素质，为更好地肩负起建设有中国特色的社会主义的历史使命和实现林业现代化的奋斗目标做了重要的思想准备和组织准备。国家林业局党组在"三讲"教育的全过程始终坚持高标准、严要求，党组带头、全局上下共同努力，在深刻领会中央精神实质上下功夫，在提高对"三讲"认识上下功夫，在联系个人思想和林业工作实际上下功夫，取得了实实在在的效果，达到了预期的目的，赢得了广大干部职工的好评，"三讲"教育是成功的。很多基层单位都把"三讲"教育作为学习贯彻党的十五大精神，推动深入开展学习邓小平理论的重要措施来抓，通过系统地理论学习，联系思想和工作实际进行深入思考，提高了学习运用理论解决实际问题的能力。北京市林业局采取"四项措施"，搞好"三个结合"，抓住"七个环节"，认真学习理论，使干部职工受到了一次深刻的马克思主义教育和党性锻炼，从思想上进行了革新换面，增强了与党中央保持一致和全面贯彻党的方针路线的自觉性。

开展思想政治教育　1999年，各单位除了在"三讲"教育中对干部职工进行思想教育外，还充分利用庆祝建国50周年和迎接澳门回归的机会，在干部职工中进行爱国主义、社会主义、集体主义教育，激发他们的爱国热情，增强了建设有中国特色社会主义的信心和责任感。

在国有林区，特别是东北四大森工企业集团，普遍开展了二次创业精神教育。吉林森工集团通过开展"内塑企业精神，外塑企业形象"活动，不等不靠，自己创业，自己解危，努力探索解困之路。他们加强企业环境建设，建立文明城市，创造良好环境，既吸引了外资，又振奋了职工精神。同时，他们加强管理，向管理要资源、要效益，充分调动了经营者的积极，增强了企业的凝聚力。大兴安岭林业集团公司利用该林区开发时"战高寒、破禁区"的大兴安岭人精神进行再创业教育，他们积极探索天然林保护工程实施后企业生存与发展的有关问题，提出要用大兴安岭人的精神再造一个新型的大兴安岭林区，必须树立资源观念、发展观念、择业观念，以新的姿态投身于林业改革和再创业各项工作中去。

按照党中央的部署和要求，林业系统各单位积极开展了揭发批判"法轮功"歪理邪说的斗争。一方面积极宣传党和国家关于取缔"法轮功"非法组织的决定精神，宣传党的方针政策，大讲"法轮功"的反动本质和危害性、欺骗性，要求林业干部职工不要上当受骗，要相信科学、相信辩证唯物主义。一方面针对本地区本单位实际，做参与法轮功活动者的工作。广西壮族自治区林业局及时组织开展党员专题活动日和马克思主义唯物论、无神论学习周活动，组织林业系统广大干部职工学习历史唯物主义和辩证唯物主义，认清"法轮功"的反动本质及其危害社会、危害国家、危害个人的危害性。通过学习教育，使林业局6个直属单位参与练功活动的28名干部职工及时退出了"法轮功"组织，特别是对个别一时思想不通的人，通过专访、谈心、请家人和亲属做耐心细致地思想工作，使他们尽早醒悟自新。通过这些工作，既教育了广大干部职工，也挽救了一些不明真象的练功者。

开展"树典型，学先进"活动　这项活动是推动思想政治工作开展的成功经验和主要做法。1999年初，对上一年各地上报的精神文明建设和思想政治工作先进个人材料进行了审核，并提出了评选先进个人的意见，经国家林业局党组审定批准后，在第六次年会上进行表彰奖励。同时，积极与中共中央宣传部、黑龙江省委宣传部联系，在全国树立马永顺为林业英雄的工作，已经得到中宣部批准。

各省林业厅局的"树典型、学先进"活动开展得也很活跃。黑龙江省林业厅对1999年评选出的10家先进单位和10名先进个人进行了表彰奖励，并组织报告团到基层进行讲演，宣传这些单位和个人的先进事迹，推动了全省学先进活动的深入开展。湖北省林厅在前几年开展向护林英雄任长生学习活动以来，1996年开展了向造林英雄周兴红学习的活动；1997年表彰了先进集体148个，先进工作者300人；1998年开展了向为保卫人民生命财产安全、在抗洪博斗中英勇献身的阳新县宝塔林场场长成川伍和鄂州市集体林场党支部书记汪泽春学习活动；1999年又表彰了厅直机关4个先进单位、5个先进处室和100名先进工作者。

开展精神文明创建活动　1999年的创建活动在各地机关和企业单位中开展得很普遍，他们结合开展"三讲"教育工作，都加强了自身建设。在广泛深入开展评选和做"人民满意的公务员"活动的基础上，很多单位都制定了机关文明办公条例和办法，有的单位建立了挂牌上岗制度。大兴安岭地区行署人事局与地区精神文明办公室联合开展了评选县区精神文明办和县级企业精神文明办，表彰奖励在精神文明创建活动中作出突出成绩的精神文明办公室，这一活动有力地推动了全地区精神文明创建活动的开展。湖北省林业厅在林业工作站、林场等12个单位开展了创建文明单位活动，他们把创建活动纳入基层单位的总体规划，有的还采取"责任状"的形式，把创建活动与领导政绩挂起钩来。厅党组书记吴先金非常重视这项活动，他刚到林业厅上任，就同各单位的一把手签订了"精神文明建设"、"党风廉政建设"、"社会治安综合治理"和"业务目标"责任状，一年一检查，一年评比，使该厅精神文明创建活动开展得很有成效，有力地推动了机关的自身建设。

开展调查研究　根据1999年的工作安排，在各地广泛进行调查研究的基础上，先后召开了东北和内蒙古地区、华北和西北地区、西南和中南地区3次林业行业思想政治工作研讨会，交流了一年来行业思想政治工作开展的情况，评选了论文，研究讨论了下步工作，座谈讨论了如何贯彻落实《中共中央关于加强和改进思想政治工作若干意见》的问题。每次研讨会与会者都感到有收获、有提高，达到了交流情况，研讨问题，取长补短，共同提高的目的。

在华北、西北地区行业思想政治工作研讨会期间，国家林业局党组成员、中纪委驻局纪检组组长杨继平听取了会议研讨情况后，他要求各单位要围绕中心任务开展思想政治工作，积极探索，勇于创新，使思想政治工作更好地为林业改革和建设服务。

为了把研究工作引向深入，8月在西宁市召开了第四次林业行业思想政治工作特约研究员座谈会，汇报交流了一年多来关于解放思想、转变观念、研究课题的进展情况。根据当前的形势和任务，会议研究确定今后一段时间要研究的课题，一是如何做好实施天然林保护工程过程中的思想政治工作；二是做好国有森工企业深化改革中的思想政治工作。并且研究提出了如何搞好研究工作的思路和方法。

文化建设有了新的进展　以万里边疆文化长廊建设为中心的林业行业文化建设，为适应1999年庆祝建国50年和迎接澳门回归的需要，各参建单位都安排了一些专项资金，购置文化设施，增设或扩建文化活动阵地和场所，开展丰富多彩的庆祝活动，既活跃林业职工的精神文化生活，也为庆祝国庆50周年和澳门回归增加喜庆色彩，深受当地职工群众的称赞和好评。吉林省临江林业局，在企业经济不太景气的情况下，为做好两个重大节庆活动，安排了资金，在北山职工活动乐园增建了活动景点和整修了活动场地。这个活动乐园，是该局参加文化长廊共建活动后兴建的，现在已成为林业局职工陶冶情操、锻炼身体的主要活动场所。临江林业局按文化长廊建设的要求，扩建了图书馆、文化活动中心，也成为文化娱乐活动的中心场所。为了支持困难企业搞好文化长廊建设，国家林业局安排了一些专项资金，支持吉林、黑龙江、大兴安岭等有关林业局的文化建设，推动了这些单位文化设施和场所的建设，也带动一些未参加文化长廊建设单位的文化建设。

加强政研会的自身建设　根据民政部和全国政研会的要求，1999年重新修改了政研会章程，调整了政研会的领导成员，加强了政研会的领导力量，使政研会工作在机构改革的情况下得到了加强和改进。各地政研会的工作，基本做到年初有计划、有部署，年中有检查、评比，研究工作取得了一批有价值、有指导和借鉴作用的成果，各地政研会起到了当地领导的参谋和助手作用。特别值得提出的是黑龙江、云南、湖北、广东等林业厅和东北内蒙古林区四大森工集团政研会的工

作做到经常化、制度化，成效是明显的。

1999年林业政研会加强了信息交流工作，出了8期政工通讯，交流各地工作情况，传递上级领导的指示和大量信息，对各地工作开展起了促进和推动作用。在1999年，还吸收了广东省林业政研会成为团体会员。

（林万春）

林业行业宣传

【综　述】 1999年是林业历史上转折性的一年，也是林业宣传工作丰收的一年，林业宣传工作在国家林业局党组的正确领导下，按照“围绕中心，突出重点，保证质量，讲求效益，强化管理，提高自己，为林业改革和建设提供正确舆论导向和良好思想文化氛围”的工作思路，坚持两手抓，注重发挥各方面的积极性和创造性，加强组织协调和宣传策划，认真落实各项宣传任务，取得了显著成绩。据不完全统计，全年共组织实施林业宣传项目60多项，组织中央主要新闻单位发表新闻2000多条。其中，新华社、《人民日报》、中央电视台、中央人民广播电台播发新闻1200条，组织林业专版20多个，各版头条新闻25篇，《国内动态清样》80篇，《新闻联播》143条，《焦点访谈》11期，《新闻30分》179条，《东方之子》1期，《人民日报》公益广告2版。特别是贵州省台江县乱伐天然林、甘肃岷江暴力抗法、京津周围绿化、公众生态意识调查、《人民日报》征文、跨世纪保卫绿色行动、关注森林行动、《人民日报》及公益广告、山区综合开发系列报道、辉煌五十年成就展、《中国林业五十年1949～1999》、《’98洪水聚焦森林》等项新闻和宣传工作受到各方面的好评，有些引起了江泽民、李鹏、朱镕基等中央领导同志的高度重视，产生了较大的社会影响。

以“封山植树，改善生态环境”为主题的宣传活动　1999年1～5月，在《人民日报》开辟“封山植树，改善生态环境”征文专栏，发表稿件36篇，刊发了林业专版。植树节当天，新华社、《人民日报》、《经济日报》分别发表了评论员文章；《新华每日电讯》、《人民日报（海外版）》、《科技日报》、《经济日报》、《人民政协报》等刊发了8个林业专版；中央电视台播出有关植树造林的消息90多条。在“两会”报道十分紧张的情况下，各新闻单位发表林业新闻近400篇（条）。

开展“跨世纪保卫绿色行动　根据“跨世纪保卫绿色行动——让绿色护卫京津”活动计划，年初召开建设山川秀美的京津地区高级专家研讨会，对促进京津周围绿化工程建设发挥了重要作用。各新闻单位刊发了天然林保护工程的系列消息和专搞。贵州省台江县乱砍滥伐天然林的情况经中央电视台《焦点访谈》报道后，江泽民总书记作了重要批示。中央电视台《经济半小时》对甘肃岷江暴力抗击林业执法的现场跟踪报道，引起了李鹏和邹家华同志的高度重视。4月配合森林公安局组织的“可可西里一号行动”，中央电视台投资100万元，派出15名记者深入现场进行了14天的集中报道，播出新闻43条，全国许多传媒均对“可可西里一号行动”作了大量报道，引起了强烈的社会反响。6月15日“跨世纪保卫绿色行动——全国百家新闻单位联合行动”正式启动，全国158家新闻单位参加，共组织4个采访团，20多位记者分赴广西、青海、湖北、黑龙江大兴安岭采访，印刷宣传招贴画12万张，《人民日报》刊发了公益广告，各地也相继开展了系列宣传活动，在社会上产生了较大影响。始于7月的“跨世纪保卫绿色行动——关注森林”系列宣传活动，联合了全国政协人口环境资源委员会、广播电影电视总局等单位，中央电视台派出50名记者分赴12个省区采访，连续16天播发林业报道30多条，组委会主任赵南起亲自率团赴新疆考察，直接向中央提出了加强新疆林业建设的建议，引起了中央领导的高度重视。“跨世纪保卫绿色行动”的开展，引起了全社会的关注，收到了良好的宣传效果。

组织“开发山区，增加农民收入”系列报道　与发展计划与资金管理司合作，配合《人民日报》开辟了“山区的希望”专栏，组织人民日报记者分8个采访组深入7个省区的9个县进行采访，在《人民日报》第二版显著位置刊发了深度报道10篇。同时，配合中央电视台拍摄制作了山区综合开发电视专题片7集，在一套《金土地》节目播出。以这样的篇幅、规模在《人民日报》和中央电视台进行山区综合开发的报道尚属首次。

组织林业战略地位和作用的宣传　为调查社会对林业的认识，用两个月的时间，组织了中国公众森林生态环境意识大型宣传调查活动，调查结果通过植树节文艺晚会、20多家新闻单位和因特网公布后，在社会上产生了较大影响。组织编辑出版了《’98洪水聚集森林》一书，34位两院院士，高级专家及全国人大、政协和有关部委的省部级领导，就森林与水灾关系从不同角度进行了论证。与中央文献研究室合作编辑出版的《周恩来论林业》，收集了周恩来同志主持国务院工作26年间对林业工作所作的批示、讲话和电文70多篇，90%为首次发表，在北京人民大会堂举行了首发式。

组织了防治荒漠化和纪念江泽民总书记关于生态

环境建设重要批示两周年宣传活动 在6月17日世界防治荒漠化与干旱日期间，与荒漠化防治中心联合开展了“防治荒漠化、再造秀美山川”系列宣传活动。组织《光明日报》发表了民主党派人士对我国荒漠化治理建议书；《法制日报》刊发了“向地球癌症挑战”治沙专版；《人民日报》刊发了“榆林·再造秀美山川”和防治荒漠化专版。中央电视台播出防治荒漠化消息21条，制作了防治荒漠化公益广告，连续20多天在黄金时间播出。在8月5日江总书记关于生态环境建设重要批示发表两周年之际，结合全国绿委会表彰“全国十大绿化标兵”，突出报道纪念江总书记重要批示两周年的内容，新华社、《人民日报》、中央人民广播电台、中央电视台等20多家新闻单位作了报道。

组织了50年林业重大成就的宣传 与发展计划与资金管理合作，成功举办了“辉煌五十年大展”林业展览。按照局领导的要求，以投标形式确认了展览设计方案，成为多年来林业展览中富有新意、特色鲜明的设计，各地提供的特色展品和对展览的有效宣传，使展览获得成功，荣获优秀组织奖和最佳设计奖。1997年4月部党组决定编撰《中国林业五十年1949～1999》，经过编委会、编辑部和300位作者及中国林业出版社两年多的艰苦努力，这部150多万字的反映林业五十年成就与经验的重要林业史书按时出版，受到各方面的好评。

加强了林业宣传的行政管理 在宣传报道的程序管理上，制定了《国家林业局新闻报道管理暂行办法》和《关于新闻报道管理的实施意见》，进一步规范了林业新闻发布会、接待记者采访、新闻稿件的审核、突发性事件报道的程序。为贯彻落实国务院领导和局党组关于“确保大庆之年无森林火灾”的指示，中宣部新闻局按国家林业局的要求，正式将国家林业局《关于重大森林火灾宣传报道的有关规定》和《关于森林火灾新闻报道有关问题的意见》重新印发，要求中央新闻单位贯彻执行。面对林业工作的新形势、新任务，为充分发挥林业宣传在促进改革与发展，实现我国林业建设跨世纪目标的作用，国家林业局作出了《关于进一步加强林业宣传工作有关问题的决定》，进一步明确了林业宣传工作的定位、指导思想和主要任务，提出了加强领导、健全机构、增加经费、加强队伍建设等重要措施。

召开全国林业宣传工作会议 为总结近年来林业宣传工作的经验，研究新时期林业宣传工作的思路，全国林业宣传工作会议于11月29日在北京召开。

为调动各方面的力量，加强林业宣传工作，表彰奖励在林业宣传工作中涌现出来的先进集体、先进个人和优秀作品，设立了“梁希林业宣传奖”。对荣获梁希林业宣传奖的729件作品、107个先进个人和32个先进单位进行表彰，国家林业局局长王志宝等领导同志向获奖单位和个人颁奖。

林业宣传工作在取得显著成绩的同时，也积累了一些经验。一是，局领导高度重视是做好林业宣传工作的前提；二是注重加强与各司局、各单位的合作是深化林业宣传、提高林业宣传效果的关键；三是紧紧围绕林业建设的中心任务开展宣传是我们的立足之本；四是加强机关“两建”工作，坚持两手抓是搞好林业宣传工作的重要保证；五是加强宣传策划、着力创新是增强林业宣传工作生命力的关键所在。 （封加平）

【国家林业局作出关于进一步加强林业宣传工作的决定】 面对林业工作的新形势、新任务，为了充分发挥林业宣传在促进林业改革与发展，实现我国林业建设跨世纪战略目标中的作用，局宣传工作领导小组和局党组审议通过了《国家林业局关于进一步加强林业宣传工作有关问题的决定》。《决定》充分阐述了林业宣传在林业改革和发展中的战略地位和作用，提出了今后一个时期林业宣传工作的指导思想、原则、任务和措施。

《决定》指出，加强林业宣传是林业行业贯彻党的宣传思想工作的要求，是林业工作“坚持两手抓、两手都要硬”方针的具体体现，是支持和保障林业建设的重要措施，是林业工作中具有全局性影响的重要行政工作，事关林业兴衰。

《决定》确定今后一个时期林业宣传工作的指导思想是：高举邓小平理论伟大旗帜，坚持党的基本路线、基本纲领，坚持“以科学的理论武装人，以正确的舆论引导人，以高尚的精神塑造人，以优秀的作品鼓舞人”的总方针，紧紧围绕林业改革与发展的中心任务，突出重点，精心策划，形成合力，多出精品，讲求效果，强化管理，为促进林业改革与发展，实现建设祖国山川秀美的战略目标，创造良好的思想基础和社会环境。

《决定》确定今后一个时期林业宣传工作的主要任务是：坚持不懈地宣传林业的战略地位和巨大作用，树立保护和发展林业是实施可持续发展战略的观念；宣传林业在生态建设中的主导作用，树立森林是陆地生态系统主体、林业是生态建设主体的观念；宣传现代林业理论，树立建设有中国特色的社会主义林业的新思路、新观念；宣传林业的三大效益，树立造林绿化是义务、是责任，也是利益的观念；宣传林业法制建设，树立依法治林的观念；宣传科教兴林战略，树立依靠科技发展林业的观念；宣传林业战线的英雄模范人物，树立艰苦奋斗、无私奉献的观念。

《决定》强调，在开展林业宣传工作中，必须牢牢把握几个原则问题。一是必须坚持党性原则，坚持正确的政治方向。二是必须坚持正面宣传为主，正面宣传和舆论监督相结合。三是必须坚持实是求是的原则。四是必须主题突出，主动创新。

《决定》提出，要改进和调整林业宣传策略。要把林业宣传策划提到首位，把各种宣传力量精心组织起来，形成合力。在抓好新闻宣传的同时，重视理论宣传、文学艺术、图书报刊出版等多种宣传形式，要加大林业典型宣传力度，充分发挥英雄模范的榜样作用。在抓宣传报道的数量的同时，特别注意提高宣传质量，多出精品。要建立林业宣传激励机制，组织好梁希林业宣传奖的评奖工作。

《决定》强调，要切实加强对林业宣传工作的领导，各级林业主管部门要把林业宣传工作作为一项硬任务，摆上重要议事日程。要健全林业宣传机构，强化林业宣传力量。对林业宣传经费要予以重点保证。要进一步加强林业宣传队伍的建设。

（国家林业局宣传办公室综合处）

【国家林业局进一步强化林业宣传管理职能】 林业部改组为国家林业局以后，局党组一直高度重视林业宣传工作，从领导上、机构建设上、投入上，对强化林业宣传管理职能做出了一系列重大决策。1999年年初召开的全国林业厅局长会议提出了加强林业宣传工作的要求，4月，国家林业局发出了《关于林业宣传的事业经费和基本建设投入有关问题的通知》，为开展林业宣传工作提供了有力的物质保证。随后又发出了《关于设立“梁希林业宣传奖”的通知》，对在林业宣传工作中涌现出来的先进集体、先进个人和优秀作品予以表彰奖励。为进一步加强林业宣传工作，6月，局党组初步确定要专门召开全国林业宣传工作会议，对加强林业宣传工作做出全面部署。杨继平同志亲自主持召开了6个林业宣传工作调研座谈会，认真分析林业宣传工作面临的形势，广泛听取新形势下加强林业宣传工作的意见。在此基础上，局党组作出了《关于进一步加强林业宣传工作有关问题的决定》，提出要切实加强对林业宣传工作的领导，并成立了国家林业局宣传工作小组，由王志宝局长任组长，国家林业局党组成员、中纪委驻局纪检组组长杨继平同志任副组长，负责指导、组织、协调和检查监督全国林业宣传工作。11月，国家林业局发出了《关于国家林业局宣传中心(国家林业局宣传办公室)职能配置和内设机构的通知》，明确国家林业局宣传办公室行使行政职能，负责管理、组织、指导、协调全国林业宣传思想工作。

（国家林业局宣传中心办公室综合处）

【全国林业宣传工作会议】 1999年11月29日，全国林业宣传工作会议在北京召开。会议的主要任务是：认真学习中央关于林业建设的重要指示精神，贯彻落实国家林业局关于进一步加强林业宣传工作有关问题的决定，总结近几年来林业宣传工作的经验，研究新时期林业宣传工作的思路，部署今后一个时期宣传工作的任务，颁发梁希林业宣传奖。

出席会议的有：各省（区、市）林业（农林）厅局主管宣传工作的厅局长和宣传处长及内蒙古、吉林、龙江、大兴安岭森工（林业）集团公司主管宣传工作的负责同志，部分局直属单位的负责同志，6所局直属林业院校的宣传部长，还有中国绿化基金会、福马集团公司、中林集团公司的负责同志共180人。

国家林业局局长王志宝作了《加强林业宣传工作势在必行》的讲话。他说，这次全国林业宣传工作会议，是一次关系林业全局的重要会议。当前林业形势发生了深刻变化，林业发展既面临极好的机遇，又面临严峻的挑战和艰巨的任务，也需要加大林业宣传力度，推进林业建设的历史性转变。

局党组成员、中纪委驻局纪检组组长杨继平在会上作了《认清形势　明确任务　努力把新时期的林业宣传工作提高到新水平》的重要讲话。他强调，林业宣传工作开展的好坏，关系到林业建设的全局，甚至关系到林业兴衰。在林业发展的关键时期，加强宣传工作就显得尤其重要，必须千方百计地搞好。他还针对林业宣传工作存在的问题和薄弱环节，提出今后一个时期要特别重视的几个问题。

会议期间颁发了森林文化奖和首届梁希林业宣传奖。

国家林业局副局长马福出席了会议。

（国家林业局宣传办公室综合处）

【“保卫绿色、关注森林”大型宣传活动启动】 由全国政协人口资源环境委员会、全国绿化委员会、国家林业局、国家广播电影电视总局、中国绿化基金会五家单位共同主办的“保卫绿色、关注森林”系列宣传活动，于1999年7月正式宣布启动。该活动旨在通过开展新闻报道和专题考察等形式多样的宣传活动，进一步提高全社会关注林业和生态保护建设事业的公众意识。为保证活动的深入开展，成立了以主办单位和有关新闻宣传单位参加的活动组织委员会和执行委员会，全国政协副主席赵南起任组委会主任。7～9月，组委会先后开展了以“保卫绿色、关注森林”为主题的系列宣传报道和赴新疆就林业和生态建设问题进行专题调研等活动，引起了中央领导和社会各界的广泛关注和积极响应。尤其对一些破坏森林资源、毁林开垦和乱占林地等案件进行新闻曝光后，引起了有关方面的高度重视，使一些久拖不决的问题得到了解决。通过组织开展专题调研活动，在把人民政协的民主监督、政府部门的行政监督与新闻媒体的舆论监督有效结合方面作出了成功探索。这项活动将从1999年起连续开展下去。

（肖　勇）

【林业电视宣传】 1999年，林业电视宣传工作成效十分显著。据不完全统计，仅中央电视台就播发各类林业新闻、专题节目660多条（集），其中《新闻联播》76条，《焦点访谈》7集，《新闻30分》173条，《中国新闻》108条，《经济半小时》18集。6月28日，江泽民总书记对《焦点访谈》反映的贵州台江县毁林事件作出重要指示，责成贵州省委省政府进行严肃查处，并明确要求切实加强天然林资源的保护工作。1月25日，《经济半小时》播发了甘肃陇南地区不法分子暴力对抗森林公安人员执法事件后，引起了李鹏委员长的密切关注。朱镕基总理多次就《焦点访谈》等新闻节目报道的林业和生态保护建设问题作出了重要指示，并明确要求要进一步加大林业和生态建设的宣传力度，提高全社会的生态保护意识。李岚清副总理在看了《焦点访谈》反映的鄱阳湖地区非法猎杀贩卖珍稀鸟类问题的节目后，要求有关部门认真做好野生动物保护的社会宣传工作。中央领导同志这些重要指示和批示，有力地促进了森林资源保护和生态建设事业的深入开展。

（肖　勇）

【进一步加强林业地位和作用的宣传——《'98洪水聚焦森林》出版】　该书从我国经济和社会发展的战略高度，运用科学和翔实的数据，引经据典分析了水灾产生的深层次原因。1998年的洪水是我国有史以来最严重的一次，洪灾过后，痛定思痛，在全社会森林意识觉醒和全国各族人民对加强林业建设、改善生态环境呼声不断高涨的情形下，国家林业局宣传办公室及时组织34位专家学者（其中14位为两院院士）及全国人大、政协和有关部委的省部级领导，就水灾的成因及森林对防治水灾的巨大作用、林业在我国生态环境建设中的主体地位等方面撰写文章，并收集了一些发表于报刊的有关水灾与森林关系的新闻报道和历史资料，在此基础上编辑《'98洪水聚集森林》一书。该书的出版对进一步加强林业地位与作用的宣传，加深全民的绿化意识起了积极的推动作用，在全社会引起了巨大的反响。

（杨玉芳）

【《周恩来论林业》首发式】　《周恩来论林业》是国家林业局与中共中央文献研究室合作编纂的继《毛泽东论林业》后又一部党和国家领导人论述林业工作的指导性书。该书收入了周总理1950～1974年在国务院工作期间关于林业方面的文章、讲话、谈话、批示、函电和署名下发的文件等，共73篇，90%为首次发表。在此书中，周恩来对我国林业的发展作过许多重要指示，对我国林业建设中的许多重要问题有深刻的阐述，例如，关于我国林业工作的方针和任务、林业的发展战略；林业与水土保持、防灾减灾的关系；正确处理林业与农业、牧业、副业、渔业、水利、工业交通和国家基本建设的关系；建立健全林业法规和经营管理体制；林权与价格政策的调整；林业科研与引进国外技术设备等等，不仅对当时我国林业事业起过重要的指导作用，而且对当前和今后我国林业的发展仍然具有很强的针对性和指导作用。

为扩大该书的社会影响，进一步拓宽林业地位与作用的宣传视角，中央文献研究室和国家林业局于10月10日在人民大会堂举行了首发式，全国政协人口与环境资源委员会、全国人大环境资源委员会、国务院有关部门领导及发起单位的有关同志及中央新闻单位的记者约100多人参加了首发式。《人民日报》、中央电视台、中央人民广播电台、《光明日报》等媒体作了报道。

（杨玉芳）

【"封山植树改善生态环境"征文活动】　由国家林业局宣传办公室策划与《人民日报》群工部联合开展"退耕还林封山绿化"征文活动。活动从1月21日开始至6月中旬结束，共发稿36篇。3月6日专门刊发了植树节专版，并就林业的重大问题发表了采访王志宝局长的长篇专访。此项活动还引起了人民日报社领导的高度重视，于宁副总编亲自担任组委会主任。征文先后发表了部分省区林业厅局及国家林业局有关司局领导的文章。（国家林业局宣传办公室文化宣传处）

【"森林卫士"黄振清模范事迹宣传】　黄振清同志是安徽省祁门县赤岭口木竹检查站副站长，于1999年2月10日与盗木不法分子英勇搏斗时光荣殉职。1999年5月国家林业局宣传办公室，组织《人民日报》、中央人民广播电台、《光明日报》、《经济日报》、《中国青年报》五家新闻单位记者，深入英雄黄振清生前生活和工作过的乡村和山林，进行采访调研。回京后，各大媒体分别在显著位置发表了长篇通讯，中央人民广播电台午间半小时作了专题报道。黄振清同志高尚的思想品德、热爱林业的高度责任心、任劳任怨的工作作风、临危不惧的勇敢精神，将永远激励林业干部职工，继续捍卫国家的绿色资源。黄振清同志是国家林业局在开展"跨世纪保卫绿色行动"中涌现出来的英雄模范人物，为了国家和人民利益，为了保护森林资源，不惜献出年轻的生命。为表彰黄振清同志的英雄事迹，弘扬正气，国家林业局作出了关于追授黄振清同志"森林卫士"的荣誉称号，并号召全国林业干部职工向黄振清同志学习。　（国家林业局宣传办公室文化宣传处）

【首届梁希林业宣传奖揭晓】　1999年11月25日，由国家林业局举办的首届梁希林业宣传奖在北京揭晓。梁希林业宣传奖是国家林业局用以表彰奖励在林业宣传工作中涌现出的先进集体、个人和优秀作品。梁希林业宣传奖共分突出贡献奖、新闻奖、文学艺术奖、图书期刊奖和组织奖五种，其中林业新闻奖每年评选一次，其他奖项每两年评选一次。对于特别突出的作品，由国家林业局授予森林文化奖。森林文化奖是林业宣传的最高荣誉奖。

经评选，林业文联李春海等99位画家参与创作的《江山万里图》获森林文化奖，王言彬等107人获突出贡献奖，《世纪之交看林业》等592件作品获新闻奖，《马永顺传》等87件作品获文学艺术奖，《周恩来论林业》等49件作品获图书期刊奖。新疆维吾尔自治区林业厅、《人民日报》经济部、中国林业科学研究院等32个单位获组织奖。

（国家林业局宣传办公室文化宣传处）

林 业 出 版

【中国林业出版社】 1999年，在国家林业局党组和局领导的关心指导下，社党委带领全体干部职工以邓小平理论为指导，以整风精神，卓有成效地开展了“三讲”教育工作，进一步调整选题结构，加大市场营销工作力度；协调规范管理环节，加强图书质量督查和评优工作，较好地完成了全年各项目标任务，取得了较好的社会效益和经济效益。

图书生产经营形势稳步发展 全年共出版图书393种，其中新书254种，重印书139种，总印数176.56万册，总码洋3577.54万元，比1998年增长16%。全年实现销售码洋2 001万元。

林业版优秀图书获奖形势喜人 坚持“加强管理，优化结构，提高质量”的出版方针，努力提高编校质量，使林业出版优秀图书在各类评优活动中取得好成绩。荣获第四届国家图书奖1种，全国优秀科技图书暨科技进步一等奖1种；国家林业局“森林文化奖”1种；全国优秀科技图书暨科技进步三等奖1种；国家林业局科技进步二等奖1种；首届梁希林业图书期刊奖一等奖8种，二等奖8种。

加强管理，规范运作 坚持办社宗旨，组织编辑人员进行市场调研，有目的地做好“九五”选题规划的调整和充实工作。坚持选题三级论证制度，使选题结构相对合理，进一步充实了近年的选题储备。强化教材编辑出版工作的管理，全年完成107种统编教材的编辑出版。图书销售仍保持良好势头，全年发行码洋1626万元，比1998年增长32%，回收款872万元，比1998年增长19%。

对外合作步伐进一步加快 组团参加了东京国际书展，加强了出版社与国际出版间的合作交流。’98法兰克福书展后，登记版权贸易的涉外合同3份。自’97与加拿大UBC出版社签订外文版图书代销合同以来，外销工作又有新的拓展，与欧洲NHBS等图书代理销售商加强了外销合作，在欧洲、北美、日本、东南亚等10多个国家销售外文版图书566册，销售收入2.05万美元(折合人民币17.3万元)，外文版精品图书在海外市场受到欢迎，得到了国外读者的认可。

以“三讲”教育为重点，加强党建和精神文明建设 在“三讲”教育中，坚持把学习贯彻始终，充分走群众路线，党委、领导干部正视问题，深入剖析，边学边改。通过测评，党委和处以上党员领导干部的剖析材料满意率全部达到要求。通过这次“三讲”教育，全社广大干部职工经受了一次马克思主义理论和思想政治方面的教育；特别是各级领导干部经受了一次思想上的全面洗礼和政治上的严格锻炼；密切了干群关系，增进了班子的团结，焕发了奋力向上、积极进取的革命精神。

(张柏涛)

【《中国林业五十年 1949～1999》】 该书是在国家林业局(原林业部)党组直接领导下，由该书编辑委员会及其下设的编辑部组织编纂的。参加单位有国家林业局各司局、有关直属单位，各省、自治区、直辖市林业主管部门等，参加编写人员共计400多人。

该书以邓小平理论为指导，坚持党的基本路线，遵循实事求是的原则，运用可持续发展和现代林业思想，依据大量历史资料，如实地记载了新中国50年林业建设史，客观地揭示了我国林业发展中带有普遍性、规律性的东西。全书分综述、专题分述、各地林业、典型经验、人物、中国林业50年大事记、林业撷英、森林资源及林业发展统计图表等章节。从林业生态系统建设、林业产业体系建设、森林和野生动植物资源保护与管理、山区综合开发、林业经济体制改革、林业法制建设、林业科技进步、林业教育、林业社会化服务体系建设、林业信息网络建设、对外开放、林业行业精神文明建设、人事机构及职工队伍建设、21世纪中国林业展望等各个方面，全面回顾了我国林业建设50年来所走过的光辉历程，系统地总结了50年来我国林业建设正反两方面的经验和教训，对有中国特色的林业发展道路进行了积极探索。全书约160万字，彩色插页100多面。其内容之全面系统，参编人员之众多，资料之珍贵权威，是其他同类图书都无法替代的。

该书不仅是新中国林业建设的回忆录，而且对我国未来林业的发展具有指导意义。 (周军见)

【《国家林业科学技术研究计划五十年(1949～1999)》】 国家林业局科学技术司编。该书是为了全面、系统地回顾总结新中国诞生后，我国林业科学技术事业的发展，林业科学技术研究计划的形成与发展，林业科学技术研究计划和编制和执行情况，特别是林业科学技术研究计划的有关内容，所安排的新产品试制、中间试验和重大科学研究项目与课题，以及通过实施这些计划的投入产出情况，展示科学研究取得的成效，为今后更加深入地开展林业科学研究工作提供有益的借鉴，推动林业科学技术进步的更大发展而编写的。

该书共分三个部分。第一部分为新中国诞生后林业科学技术研究的历史沿革。主要叙述了建国以来国家林业科学技术研究计划的形成与发展，林业科学技术研究机构和管理机构的发展历程，以及开展科学技术研究取得的成绩；第二部分为建国以来的各项国家林业科学技术研究计划。着重介绍了新中国成立后，国家各有关部门历来下发的各类林业科学技术发展计(规)划和科学技术研究计划，以及当时对这些计划所作的说明；第三部分是通过实施国家林业科学技术研究计划取得的成果。主要收集了各林业科学技术研究单位和院校承担课题所取得的科学技术研究成果，以及这些成果所发挥的效益等。

江泽慧同志为本书题词：改革科研计划管理，推进林业科技进步。（李二波　牛玉莲）

【《中国沙漠化防治》】 是“九五”国家图书出版规划中的重点图书，书中全面系统地总结了1949～1999年50年的防沙治沙工作和取得的成就，以及防治沙漠化的新经验、新方法、新技术。书中比较系统地总结了中国防治沙漠化的各类典型模式，从可持续发展的战略高度，具体地介绍了防沙治沙工程、国家行动方案和21世纪议程，提出了对中国防治沙漠化工作的新观点、新思路、新建议。该书从政策指导、理论探讨、实践总结等方面，对如何推进防沙治沙事业进行了探索，并提供了具体操作办法和各类可供借鉴的模式，是指导当前以及未来防沙治沙工作的重要著作，是防沙治沙工作者的良师益友，是生产、科研、教学工作者的不可多得的重要参考书。该书具有全面性、客观性、针对性、系统性、资料性、操作性、指导性等特点。正如该书顾问、原林业部副部长、中国治沙暨沙业学会理事长董智勇在为该书作序中所说：“这是一部中华人民共和国建国50年来中国防治沙漠化集科学性、权威性、思想性和资料性于一体的科技专著和工具书，对今后的工作具有十分重要的指导意义”。（哈都尔）

【《中国森林·针叶林（第2卷）》】 《中国森林》编辑委员会编著。本套全书由原林业部组织编写，成立以著名林学家吴中伦院士为首的编辑委员会，集中全国数百名专家、学者，历经10余年编纂而成。全书分四卷出版。第2卷针叶林，全面系统地总结新中国成立以来我国林业工作者对针叶林调查研究的成果。本书以森林生态理论为基础，森林志与森林学有机结合，寓学于志，志学并举。记述我国110多个丰富多彩的针叶林类型，其类型之多，覆盖之广，可堪称世界之最，这是中华大地孕育的一笔极为珍贵的财富。

众所周知，在我国的森林资源中，就针叶林，从面积来说，占森林总面积的50.66%，从蓄积量来说，占森林总蓄积量的56.26%。在人工林中，人们常以针叶树种作为重要造林树种。况且针叶林大都生长在大江大河的源头，在发挥生态效益、经济效益和社会效益上具有举足轻重的作用。本书以丰富翔实的资料，对每一个针叶林类型的地理分布、生态环境、组成结构、生长发育、更新演替、经营措施等内容进行科学总结，为保护天然林，科学合理经营天然林，提供了可靠的基础资料。林业工作者以森林为自己的工作对象，《中国森林》则是必不可少的工具书。（李德林）

【《中国果树志·梅卷》】 褚孟嫄主编。该书是我国，特别是1949年以来，梅种质资源及相关研究的阶段总结。该书阐述了梅的经济价值、栽培历史、地理分布及栽培区划、起源和演化、梅的分类、生物学特性、栽培技术，重点阐述了梅品种、优系、优株204个，对其形态特征、生物学特性、物候期、对环境条件的要求、生长发育规律进行了详细阐述，并对其栽培价值和育种价值进行了详细评价，是我国乃至世界梅种质资源及相关研究的学术专著，对我国和世界梅的生产和科学研究都有重要的参考价值。（朱崇胜）

【《中国针叶树种实害虫》】 李宽胜主编。该书分总论和各论两个部分。总论论述了中国针叶树种实害虫的发生与危害情况，针叶树种实害虫研究进展，针叶树种实害虫发生危害与环境的关系，针对树种实害虫的调查方法、预测预报，及防治原理和方法。各论则详细记述了同翅目、半翅目、鞘翅目、双翅目、鳞翅目、膜翅目等6目15科48种害虫。每种害虫分别记述了名称、分布、发生与危害、形态特征、生物学特性、防治方法等。书中特别提供了两个附录，附录一是中国针叶树种实害虫名录，共计7目28科117种，每种记述学名、中文名称、异名、分布、寄主。附录二是中国针叶树种实害虫天敌名录，其中包括脊椎动物门鸟纲2目4科5种，无脊椎动物节肢动物门昆虫纲8目26科173种，蛛形纲1目2科4种，真菌门丝孢纲1目1科3种，真细菌纲1目1科1种，共计5纲13目34科186种，每种分别记述学名、中文名称、异名、分布寄主。《中国针叶树种实害虫》是我国有关这方面的第一本专著，可作为教学、科研重要的参考书。（温　晋）

林　业　报　刊

【《中国绿色时报》由周四刊增至周五刊】 《中国绿色时报》自1998年1月1日问世后，读者普遍反映良好，希望加大信息量，增加刊期。报社克服经费不足、人力不够等困难，1999年决定在1998年周四刊的基

础上增加一期报纸。周一至周五每个工作日出版，提高了新闻的时效性，加大了信息量，满足了广大读者的需要。 (王左军)

【《花草周刊》、《绿色市场》创刊】 为拓展报道领域，加速报纸社会化和市场化进程，培育新的经济增长点。中国绿色时报社1999年4月推出《花草周刊》，10月将《绿色周末》更名为《绿色市场》，并申请了单独的邮发代号。《花草周刊》的代号为1-123，《绿色市场》的代号为1-131。两张周刊创办以来获得良好反响，基本上达到了预期目的。 (王左军)

【'99中国十大绿色新闻】 经人民日报社、新华社、中央人民广播电台、中央电视台、中国绿色时报社等首都新闻单位和国家林业局的专家认真评选，按得票多少评出'99中国十大绿色新闻：①'99昆明世界园艺博览会取得圆满成功；②国家主席江泽民视察黄河，发出"让古老黄河焕发青春，造福中华民族"的号召；"保护母亲河行动"全面启动；③国务院总理朱镕基视察西南、西北时提出"退耕还林（草）、封山绿化、以粮代赈、个体承包"；④全国政协主席李瑞环发表《关于我国绿化的几个问题》的重要讲话；⑤拯救藏羚，开展"可可西里一号行动"；⑥武装警察森林部队指挥部成立；⑦甘肃省岷县盗伐者暴力抗法震动全国；⑧长江源头竖起环保纪念碑；⑨首次评出全国十大绿化标兵；⑩大型世界银行贷款扶持12省区180多个贫困县林业发展项目全面启动。 (王左军)

【《中国绿色时报》获奖情况】 1999年，《中国绿色时报》有近70篇作品获奖，其中《行动起来拯救黄河》荣获我国新闻界最高奖——中国新闻奖；其他分获中国产业报好新闻奖、中华环保世纪行好新闻奖和梁希林业新闻奖；获梁希林业文学艺术奖的作品10余件；《中国林业》、《森林与人类》和《中国林业报优秀作品选》获梁希林业期刊图书奖；王左军、李青松获梁希林业宣传突出贡献奖；中国绿色时报社获梁希林业宣传组织奖，连续第三次获中华环保世纪行组织奖。 (王左军)

林 业 专 论

对天津大都市林业的理性概念和新世纪初发展战略的探讨

天津市林业局局长　张宝恕

天津市林业建设在各级政府的关怀及主管部门的指导下，经过广大农村干部群众的艰苦努力，已进入到一个快速发展时期，一批有规模、质量好的林业重点工程已经展现出越来越显著的社会效益、生态效益和经济效益。先后建成了外环线绿化带、津围公路、京津塘高速公路、京沈高速公路等绿色通道工程；营造了蓟、宝、武、宁四县重点乡农田林网示范工程；营造了津西北、蓟宝、静海三大果品基地开发工程；建设了盘山、九龙山、港北、杨柳青、官港等森林公园和八仙山、团泊洼等自然保护区；进行了蓟县山区综合开发工程和蓟县盖柿、汉沽茶淀葡萄特色果品基地建设。到1998年天津市森林面积达到12.4万公顷，林木覆盖率达到13.7%，半个世纪中森林面积增长了61倍，林木覆盖率年均递增0.274个百分点。由于天津地处沿海，造林立地条件很差，加之社会上对林业的重视程度还存在差距，影响并限制了林业建设的发展，使天津市林业建设水平和资源实力明显滞后于周边地区。

天津林业的科学定位

为了使天津林业在新世纪得到科学、健康、持续发展，以现代林业理论为指导，结合天津自然条件和经济区位特点，作出科学的界定。

天津林业的基本属性是进行林业科学定位的依据和基础。天津林业基本属性包括五个方面。

一是林业的现代性：天津林业是大都市城市林业、社会公众林业。从建设到管理要反映公众的价值观，林业不再代表传统的部门利益，林业主要服务于社会公众，公益建设、森林多功能服务和可持续林业、特色林业成为主要的，而林业产业成为生态后产业。

二是林业的生态性：天津林业要在保持水土、涵养水源、防风固沙、净化水质、调节气候、防止大气、水源、噪音污染及保护生物多样性、提高人们生活质量等方面发挥重要作用。

三是林业的景观性：天津经济的发展和社会文明的进步对本地区的生态景观提出了更高要求，对原有大批的人文景观和自然景观需要厚实的而又园林化的森林资源来支撑，新建的小森林、小公园、小绿地及绿色通道、花园式村庄与单位，需要上水平、上档次、讲艺术、求新意。

四是林业的复合性：天津市的地理特点决定了天津林业由以下四种类型组成：①市区周围的景观型城市生态林业；②平原农区的农田防护型林业；③滨海地区沿海防护型林业；④北部山区的水土保持型林业。

五是林业的生态产业性：在生态建设优先的同时，要发展经济林、特色林和其他商品林，同时要为大城市提供森林、野生动物、湿地等特色的观光、旅游、休闲、度假的场所。

根据上述情况，天津林业的科学定位将由原传统林业定位，即“以保护农田为中心，以生产木材为重点，以发展经济为目的。”重新定位为“以建设生态环境为中心，以全局发挥生态、经济、社会效益为目标；以满足社会发展对森林多样性的需要为目的的天津大城市周边现代生态林业。”因此，林业工作也从主要抓发展林业产业的一般经济工作，转向重点抓造林绿化、林业生态工程建设、荒漠化防治及森林和野生动植物资源保护等生态环境建设。事实上，从总体上讲，林业已经发展成为社会重要公益事业，林业主管部门也已经成为政府主管生态环境建设的一个重要行政部门。面对林业和林业主管部门的这一重大发展变化，必须确保全市林业行政管理体系与社会主义市场经济条件下的林业事业相适应。

天津林业的发展战略

天津林业在天津的整个现代化建设，尤其是生态环境建设中的地位十分重要，作用十分特殊，应该放在突出发展的位置。天津林业的发展现状，远远滞后于其他方面，是天津建设中最薄弱的环节之一，是制约国民经济和社会发展的重要因素，应该受到格外的重视和加强。天津林业建设任重道远，是一项长期而艰巨的任务，需要几代人长期坚持不懈的努力才能奏效。因此，21世纪的天津林业发展必须有明确的思路和战略布局。

天津林业的总体思路　以现代林业理论为指导，按照全国林业生态环境建设的发展战略目标，在全市生态环境建设规划总体布局下，稳步实施林业生态环境发展规划，以保护和发展森林资源为中心，突出城市周边地区生态风景林、平原农区生态防护林、山区水土保持水源涵养林、沿海防护林建设，逐步形成完善的林业生态体系，改善生态环境和人民生产、生存空间质量，促进国民经济和社会的可持续发展。

天津林业的发展目标

近期目标：2001～2010年，森林覆盖率由15%提高到20%，新增林地5.4万公顷，全市有林地面积达到21.8万公顷。

中期目标：2011～2030年，森林覆盖率由20%提高到28%，新增林地14.2万公顷，全市有林地面积达到30.5万公顷。

天津林业的发展布局　在"五县增资源，四区上档次，滨海三区有突破"的总体战略布局下，根据天津市地形、植被、土壤等自然特征和土地资源情况、地域特点，将天津市林业生态环境建设在地域上区划为四大区，即环城林业生态区、平原林业生态区、山地林业生态区、滨海林业生态区。根据天津市生态林业建设的指导思想、基本原则、发展目标和总体布局，天津生态林业的发展战略是：

环城战略：主要目标是建设环绕城市中心区周边地区的生态风景林，形成城市生态环、带状"绿肺"。以外环线绿化带为主干，以城市主要道路放射线和河流为"支气管"，建设生态肺叶，实施绿岛工程。此项涉及东丽、津南、西青、北辰新四区。

农区战略：主要在平原农区建设"农业保护型"生态林，为基本实现农业现代化提供可靠的绿色屏障，使平原生态林业真正成为天津林业生态体系建设的支撑点。在建设高标准带网片的农田防护林体系和园林化村镇的同时，大幅度增加林木资源和林木覆盖率。该区域涉及蓟县平原、宝坻、武清、宁河、静海五县。

山区战略：主要目标是建设以水土保持、涵养水源为主要功能的生态林，承担为天津市六百万人口的用水净化水源、维系贮水功能的巨大社会重任；同时大力发展以森林资源为依托的森林旅游业，该区涉及蓟县。

滨海战略：作为天津重点开发建设的滨海新区，林业生态环境建设担负着改善滨海经济区的投资环境、提高居民生产、生活空间质量，保护农区农业生产、抵御海风海潮及其它自然灾害等多项功能。从综合开发利用滨海地区自然面貌和逐步改善生态环境出发，本着通道突破、农区突破、居民点（村镇、单位等）突破，以点带面、重点推进、综合治理，形成以林业为依托，集生态保护、风景旅游、休闲娱乐为一体的生态环境体系。

通道战略：建设目标是实现全市范围内的公路、铁路、河流护路林或护岸林、两侧绿化带、农田林网及城镇、村庄、单位的绿化、美化。实行因地制宜、适地适树、乔灌花草相结合的原则，把天津境内公路、铁路、河流沿线建设成四季常青、景色怡人、风光秀美的绿色长廊。

天津林业的发展重点

造林绿化重点工程是支撑天津市林业生态体系建设的骨架，是改善城乡生态环境质量的重要举措，也是天津市造林绿化工作多年来行之有效的重要经验。新世纪绿化重点工程应以科技为先导，围绕着增加景观资源为主线，抓好一批能够体现天津特色的跨乡村、跨县域的林业生态环境综合治理工程。其重点如下：

环城生态风景林工程　以外环线绿化带和城市防洪堤绿化为基本绿带，城市主要道路放射线和过境河流绿化带为支干，串连若干个郊区森林公园、风景区、绿化隔离带、花园式绿化单位、园林式绿化村镇形成生态圈绿化体系。

绿色通道工程　该项工程包括境内国道、省市级公路及重点区县级公路，国家铁路、主要河流、渠道两侧防护林带、放射林网、大型景点建设，村庄、单位绿化美化，把通道沿线两侧建设成春有花、夏有荫、树木葱茏、秀美壮观的绿色长廊。"十五"期间将续建新建津围、宝平、205国道、津保、京福、津蓟公路和高速公路及津蓟铁路绿化带等工程。

高标准平原绿化建设工程　天津市平原面积占总面积的95%，新世纪平原绿化应有较高的建设水平。按照规划科学化、结构立体化、农田林网化、树种多样化、苗木优良化、经营集约化、管理制度化、林业产业化的要求，建设骨架，配置网格，改良品种，调整结构，开发庭院，发展产业，绿化城乡，美化环境，形成布局优化、结构优良、景观优美的带网片点相结合的平原农区生态防护林体系。2001～2010年计划将15万公顷耕地上实施高标准平原绿化建设工程。

津东南枣粮间作经济林工程　结合农村产业结构调整，2000～2005年在静海、大港、津南等低洼盐碱地区将实施枣果名品、精品战略，建设1.5万公顷金丝小枣和冬枣工程，总体上枣园面积占规划面积的60%以上，枣粮间作面积占40%。

沿海防护林体系建设工程　塘沽、汉沽、大港三区地处盐渍化泥质海岸区，造林难度很大，从逐步改善生态环境出发，本着三个突破、以点带面、重点推进、综合治理，形成以林业为依托，集生态保护、风景旅游、休闲娱乐为一体的生态环境体系。

山区综合开发和退耕还林工程　继续开展以林果建设为中心的山区综合开发，并继续上规模上档次，走城郊型、高科技、产业化的发展之路。进一步加大山区森林资源的抚育管理。对20度坡以上的3 300公顷陡坡地，全部退耕还林，20度坡以下的1万公顷坡耕地、沟谷地和滩地、川地全部退耕建设经济林。

营建生态片林工程 计划"十五"期间在武清、宁河、宝坻、大港、西青、东丽、津南、北辰区县的空闲隙地、低产田、污水灌溉区、湿地营造生态片林3万公顷，以形成城市生态"绿肺"，有效地抵御沙尘为害，提高环境质量。

特色经济林基地建设 从"十五"规划开始，应用新科技，将名、特、优、新果品走向新世纪，计划在蓟县新建优质干果基地2 000公顷，在武清、静海、东丽、津南、北辰、大港等区县新建枣树基地8 000公顷，在蓟县、宁河、东丽、北辰、汉沽新建葡萄基地7 200公顷，在宝坻、武清、北辰三区县新建保护地果树基地600公顷。

森林公园建设 在已建成的八仙山、九龙山、盘山、港北、官港、杨柳青、东丽湖森林公园和森林风景区的基础上，新世纪初新建七里海、青北、雁鸣湖等一批森林公园，达到五县每县有1处森林面积在500亩左右的森林公园，每区有1处100亩以上的森林公园、旅游风景区，到2010年，全市森林公园总数达到8处、以森林旅游为主的生态风景区达到9处，以国家级森林公园为龙头、市级森林公园、生态风景区为骨架，基本形成布局合理、类型齐全、特色突出、富有活力的森林公园（生态风景区）体系。

跨世纪陕西生态环境建设

有中国工程院、中国科学院、中国林业科学研究院、北京林业大学、西北大学、陕西师范大学、西北农林科技大学等科研单位的专家教授，省委、省政府有关部门和部分地、县的领导及林业系统的科技人员参加的跨世纪陕西生态环境建设研讨会上，与会专家学者本着科学求是的态度，对跨世纪陕西生态环境建设提出了诸多好的意见和建议。

提高林业在生态环境建设和经济社会可持续发展中的主体地位 生态环境建设是实施可持续发展的主要特征，而森林是陆地生态系统的主体，是自然界功能最完善、最强大的资源库、基因库及蓄水库，具有调节气候，涵养水源，保持水土，防风固沙，改良土壤，减少污染，美化环境，保持生物多样性等属于林业内涵的多种功能，对改善生态环境，维护生态平衡，起着决定性作用。植树造林是改善生态环境的根本措施，发展林业是实施可持续发展的有效途径。要搞好生态环境建设，首先必须在林业上有大的突破，应当从以往认为林业只是伐木栽树的狭隘观念中摆脱出来，要从可持续发展的战略高度，确立林业在生态环境建设中的主体地位和经济社会发展中的基础地位。

统筹规划，重点突破，实施大生态建设战略 专家建议指出，在陕西生态环境建设上要避免过去零敲碎打、各自为阵的做法，在战略上要体现一个"大"字，在治理上要突出一个"综"字。"大"就是把全省作为一个整体，把山川美作为一个系统工程，通盘考虑实施大规划、大工程措施。"综"就是要搞好全省土地利用综合规划，打破部门间各自为政，自搞一套的旧模式，强调综合，强调系统。陕西土地资源紧张，用地矛盾突出，在初步实现"灭荒"之后，迫切需要对全省土地资源进行综合利用规划，这是搞好全省生态环境建设的基础和前提。生态环境建设规划应按照该农则农、该林则林、该草则草的原则，把全省基本农田、待退耕地、现有牧地和林地统一配置，通过县、乡、村三级规划落实到山头地块。并通过立法机关确定下来，作为全省生态环境建设的法规和制定行业规划的依据。

根据陕西的省情，专家特别建议：

陕北榆林风沙区 应该从恢复生态平衡的起点出发，把目前农牧交错的生态系统改造为以"草、灌、乔"结合的林农牧复合生态系统，采取以"植治为主，植治水治相结合"的方针，按照"先易后难，由近及远"的步骤，进行规划和治理。加大飞播造林种草力度，加强幼林地封育管护，严禁开垦和放牧，形成沙地绿洲农业。

黄土高原沟壑区 以保持水土、改善生态环境为主要目的，坚持生物措施和工程措施相结合，以小流域为单元进行综合治理。农业生产要以提高单位面积产量，实现粮食自给为目的，摒弃广种薄收的陋习，把25度以上的坡耕地坚决退下来，大力营造水土保持林，增加森林植被，把年输入黄河的泥沙降至3亿吨。

关中平原 要大力提倡开展"四旁"植树，营建和完善农田防护林体系，加快平原绿化和城市绿化速度，提高平原绿化防护水平，加快平原绿化和城市绿化速度，提高平原绿化防护水平，真正形成山、水、田、林、路综合治理，带、片、网、栏结合的平原绿化体系，把关中建成以农为主，农林牧结合的生态型农业区。同时建议尽快启动城市生态园林建设工程，营建城市防护林，改善城市生态环境。

秦巴山区 要重点考虑其在长江、黄河水系水资源环境中的重要地位，全面禁止采伐天然林，加大天然林保护力度，加快水源涵养林建设。其中，海拔1 600米以上的中、高山地带重点应结合天然林保护工程，扩大森林覆盖，提高森林质量，充分发挥其水源涵养功

能。海拔1 600米以下地带，首先应调整农林用地比例，25度以上的坡耕地必须坚决退耕还林。同时，确定合理的防护林、经济林、薪炭林林种比例，营建生态经济型防护林体系。秦岭北坡是渭河的主要水源区，是西安和宝鸡、渭南三市的生存命脉。要满足这一地区对淡水的需求，保证黑河引水工程功能的有效发挥，必须加大水源涵养林建设力度，以保证这一区域淡水资源的数量和质量。秦巴山区的低山丘陵区，应规划营建工业速生用材林基地，为国家建设和民用提供商品用材。

加大投入，实施强有力的扶持和保护政策 陕西是经济欠发达省份，全省107个县区中有69个属贫困县，其中53个分布在水土流失区。这些地方的农业和农村工作的首要任务是解决群众的温饱问题。因此，实施大生态环境建设必须采取国家投入为主、地方配套、社会集资和群众投工投劳的办法。首先，要加大国家对生态环境建设的投入，这是加快生态环境建设的主要途径。其次，要尽快制订并落实国家法律、法规和政策性文件所规定的“森林生态效益补偿”制度，拓宽林业基金的筹措范围。扭转过去造林国家只给象征性补助的做法。第三，要建立和完善生态工程的项目管理和投融资体制，克服国家投资在许多农业项目建设中的可塑性、伸缩性、不确定性，甚至随意性等诸多不合理状况，通过科学合理的组织体制和运行机制，聚集社会闲散资金，调动农民群众投入的自觉性、积极性。对纯生态型的公益性项目，应依靠政府行为，层层落实责任，实行以奖代补，以工代赈，以资代劳等方式，也可以实行按项目进度和实施质量，分期分批拨付和报销建设费用的“准报账制度”。对经济效益较高的生态工程项目，可以支持、鼓励，引导农民群众采取股份合作开发、合伙经营等形式，使农民群众成为投入的主体。第四，制定适宜的土地经营管理政策。为引导、支持和鼓励社会各方面积极参与生态环境建设，可在统一规划的基础上，延长土地承包期和使用年限；对一些水土流失严重，治理难度大，又在土地配置的规划上规定作为林业为主的开发地块，可以以比较低的价格拍卖，也可以无偿划拨；对开发治理后的“五荒地”允许继承、转让；对依托“五荒地”开发治理和生态农业建设发展起来的农副产品加工业，在一定期限内减免税费等，通过这些政策机制，调动社会各方面绿化陕西的积极性。

加强林业科研及其成果推广应用，实施科教兴林战略 必须依靠科技进步，实施科教兴林战略。一是要适应经济社会形势，加大林业科研攻关力度。要根据林业自身的特点，按照“突出重点，有限目标”的原则，重点围绕森林与环境、林业生态工程、荒漠化治理、现有林可持续经营和森林资源高效利用等重大技术问题，开展科学研究，强化技术创新和知识创新。二是要加快林业科研成果的推广应用。建国后，特别是党的十一届三中全会以来，陕西省林业科学研究取得了许多成果，其中不少已接近或达到国际先进水平。然而，长期以来，由于对科技转化和推广工作认识不足，因而出现了科学研究技术推广与生产相脱离的现象，因此，加快生态环境建设，必须切实重视林业科技推广工作，积极采用先进技术成果，提高生态工程质量。三是加强林业科技服务体系建设。只有建立健全各级林业技术推广服务体系，才能在科研单位与生产应用者之间架起一座“桥”，切实做好产前、产中、产后服务，使科技长入经济。四是要广泛吸纳相关学科的技术成果，特别是生物、信息、遥感等高新技术，把它们与林业技术有效衔接起来，推动林业技术的革新与突破。五是大力发展林业专业教育、职业技术教育和科普培训，努力培养一支具有较高业务素质和一定劳动技能的生态林业建设队伍。

切实加强对生态环境建设的组织领导 生态环境建设是整治国土、改造山河的千秋伟业，是跨世纪、跨区域的战略性工程，不是某一部门的事，也不是一蹴而就的事，需要社会各部门的广泛参与和各级政府的强有力领导，打持久战。各级党委、政府和各有关部门的领导一定要高度重视。首先要把生态环境建设作为经济社会可持续发展的一项重要内容，列入重要议事日程，作为任期内的一项重要任务，加强组织领导。二是实行地方首长生态工程建设责任制，省、地、县、乡各级都要签订生态环境建设目标责任状，明确任务，落实责任，作为领导政绩考核的主要内容。三是实行领导干部办生态工程示范点制度，各级党政领导和部门负责人，都应该办好自己的示范点，以推动面上的工作。四是要保障各级林业机构的相对稳定。林业部门是生态环境建设任务的主要承担者，没有它的相对稳定和其强有力的政府行为，生态环境建设这项艰巨的任务是很难完成的。因此，在这次机构改革中，建议保持林业机构的相对稳定，确保其职能和作用的充分发挥。五是计委、林业、农业、水利、城建等部门都要按照规划，实行分工负责，完成好各自承担的任务，同时加强密切协作，以便形成合力，推动陕西跨世纪的生态环境建设的顺利、健康、持续发展。 （周灵国）

各省、自治区、直辖市林业

北京市林业

【概　述】

发展与成就　1999年，郊区平原农田林网及“四旁”植树1 118.6万株，超计划11.9%；人工造林1.55万公顷，超计划29%，其中，山区造林1.19万公顷(太行山绿化3 400公顷，水源保护林5 647公顷，薪炭林1 400公顷，落叶松873公顷，爆破造林273公顷)，平原地区造林3 580公顷(治沙林2 593公顷，村镇片林187公顷，县城片林320公顷)。封山育林新增1.33万公顷，中幼林抚育2万公顷，飞播造林播区内人工撒播、补植1.1万公顷。机关单位义务植树422万株，超计划5.5%，抚育管护责任区幼树1 386万株。全市发展果树1.38万公顷2 303万株，果品产量5.5亿千克。养蜂9万多群，产蜜240万千克，养蚕225张，产茧0.71万千克。森林旅游创收5 645.5万元。

改革与林政实施

创建精品，狠抓科技，提高造林绿化水平　①造林绿化注重抓重点、创精品。制定并实施造林绿化工程管理办法，严格把好设计、整地、苗木、栽植和管护“五关”，精品工程做到设计新颖、科技含量高、景观效果好。创建了26个精品工程和48个造林试验示范点，推广林业科技24项。重点工程造林1.19万公顷，集中成片，面积多在13.33公顷以上，千亩以上的有8处。10个卫星城兴建中心广场、公园等大块绿地333.33公顷，草坪100多万平方米。②造林营林机制改革见实效。引入竞争机制，实行投资主体多元化，调动农民积极性。70%的新建农田林网和50%的片林，由农民或社会团体、企事业单位租赁、承包经营；林网管护普遍推行“树随地走，两权(土地使用权、树木所有权)合一”；由政府招标采购银杏树苗4 593万株，鼓励农民投资银杏产业建设，10个区县发展银杏813公顷，其中666.67公顷由农户、个体经营。③科技兴林稳步发展。实施科研22项、科技推广21项和试验示范区建设16项。中德林业技术合作密云水库流域保护和经营一期工程全面启动。制定了《关于加强重点林业建设工程科技支撑的实施意见》，确定了种苗、林木保护等35项林业技术推广实施标准。组织了林业科技报告会、科技交流日活动，促进科技成果交流和科研合作。完成林业、果树、花卉3个专业的农民技术职称评审工作，修订果农“绿色证书”岗位规范，已有25 554名果农经培训合格获“绿色证书”。④林木良种繁育发展快。引进并扩大繁殖金枝垂柳500万株，引进试验美国铅笔柏、欧洲乔松等4个常绿树种。林木良种使用率由1998年的27%提高到32%。经国家计委审定，在大东流苗圃启动建设北方国家级林木种苗示范基地。全市郊区育苗4 587公顷(新育1 400公顷)，容器育苗2 792.95万个，出圃苗木3 946.8万株，出口林木种子12万千克。

强化法制，严抓管理，加强林木资源管护　市人大审议通过了《北京市森林资源保护管理条例》后，全市林业系统通过专家讲座、专题培训、下基层宣讲和印发宣传材料等形式进行宣传贯彻。在林业行政执法中，林业公安机构查处案件242起，结案212起。开展野生动物保护专项整治3次，查处案件10起，放飞鸟类千余只，救护野生动物80余只。市政府组织开展了集体林权登记发证工作。全年批准采伐林木14.6万立方米，占年采伐限额的79.8%。严格执行国务院有关林地管理的规定和重点工程征占用林地的审批制度，清查处理1992年以来违法使用林地254件100.5公顷。以严防美国白蛾进京为重点，推动森林病虫害防治。各级林木保护部门实施国家林业局京、津、冀美国白蛾防治工程，落实工程规划和实施计划，分区治理，分类施策；设立美国白蛾监测点208个。郊区林木病虫害发生面积2.07万公顷，发生率3.97%；防治1.78万公顷，防治率86%(飞机防治8 933公顷)；监测覆盖面积44.27万公顷，监测率85%；种苗产地检疫面积3 327公顷，产地检疫率97%。各级政府把确保大庆之年无大火作为头等大事，狠抓护林防火责任制和各项预防措施的落实，开设防火隔离带434万延长米，超计划45%。防火年度发生一般森林火灾2起、森林火警8起，过火林地面积51.32公顷，受害树木10 454株，林地过火率0.013/1000，9个区县未发生火警，13个区县未发生火灾。

落实政策，调整结构，加快林业产业体系建设 根据全市有关政策调整了郊区果品生产结构，兴果致富。全年发展果树1.38万公顷，更新改造老、散、杂、劣果树5 400公顷，高接换优2 000公顷。7个山区县实施了山区综合开发林果富民工程，68个乡、221个村开发经济沟245条5 713公顷，发展果树1.14万公顷。重视果树设施栽培、果品加工、出口创汇、果园观光采摘。建立农民果树专业合作经济组织281个，吸纳果农8 845户，带动农户12 664户。花卉产业坚持一县一品的发展格局，抓市场，建基地，搞示范，发展中小基地250个（有5个已定为国家级示范基地），花卉种植面积1 607公顷，生产鲜切花7 000万支，盆花1 970万盆，宿根花卉340万株，花灌木640万株，观叶植物400万盆，草坪草570万平方米。全市花卉产值达2.66亿元，出口创汇200万美元。《北京市森林旅游发展总体规划》通过专家评审，新建了4个市级森林公园，新辟森林旅游热线12条，接待森林旅游218万人次，创收8 396.2万元。养蜂总数9万群，产蜜240万千克，产蜂王浆1.5万千克，养蜂总产值达3 200万元，产品出口110万千克，创汇210万美元。北京市林业局提出了推进林办企业改革与发展的意见，总结推广不同类型的改制经验，全局107个企业中进行产权制度改革的已达59个。市政府召开全市国有林场工作会议，进一步理顺国有林场的管理体制，增加投资，加强基础设施建设。

扩大宣传，广泛发动，促进首都林业建设事业的发展 市政府、首都绿化委员会把1999年确定为首都绿化年，下大力气抓好造林绿化和生态环境建设工作。《北京日报》、《京郊日报》、北京电视台开辟了绿化摄影、林果富民专栏和林业专题节目，举办了首届“北京林业生态和林果富民”知识竞赛和“改革开放20年话林业”征文活动；林业系统编辑出版了《首都林业50年》文集，组织开展了“6·17”世界防治荒漠化和干旱日宣传活动，举办了全市林业系统双先表彰和劳模事迹报告会，与晋、冀、豫3省联合举办“爱鸟周”宣传咨询活动。一系列宣传活动，增强了首都人民的生态意识、绿化意识和参与意识。年初，341位部长联合倡议“用我们的双手再造秀美山川”；469位部军级、1 711位司局级领导和200多万军民赴京郊参加义务植树，开展了具有一定规模和影响的栽植纪念树、营造纪念林活动50起。有45个单位、13名个人认养绿地53万平方米。

（刘雄鹰）

【北京天然林保护工程】 据调查，全市有天然次生林40.75万公顷，其中天然乔木林16.16万公顷，天然灌木林11.21万公顷，具有封育条件的天然林资源13.39万公顷。这些天然次生林，有些是历史上保存下来的，但大部分是建国后实行封山育林管护起来的，95%以上为中幼龄林，以橡树、栎树、桦树、山杨、油松、侧柏为主，分布在门头沟、密云、怀柔、延庆、房山、昌平、平谷等7个区县的山区，主要集中在河流中上游流域和水库周边地区。这些天然次生林分布散，有些林种单一或林相不整齐、林木生长势弱，同时因山区放牧，民用材、工业用材的樵采和木材加工、盗伐等，使天然次生林损耗严重。为了保护和发展天然林资源，北京市计划在1999～2010年实施天然林保护工程。①对分布在中、低山阴坡及中山阳坡的16.16万公顷天然乔木林分类抚育。②引种改造天然灌木林11.21万公顷，分类保护，引种改造，抚育管理，使其形成乔灌混交林。③在中、低山地区封山育林育灌13.39万公顷，通过封山并辅以人工促进措施，依靠根蘖和天然下种，使这些地区的林间空地和荒山荒地自然恢复成乔木或灌木林。1999年，林业部门已进行调查摸底并着手编制实施规划和技术规程，首期实施1.33万公顷，其中在延庆县四海、珍珠泉、刘斌堡、清泉堡4个乡、9个地块、共333.33公顷分5个类型进行了试点。

（王永安）

【首都“前山脸”爆破整地造林】 北京平原向山区过渡的地带，加上山区通往外埠的主要干线公路两侧和风景名胜旅游区周围的部分地段，通称首都“前山脸”，涉及11个区县63个乡镇，总面积5.8万公顷。这一地区名胜古迹和旅游区多，又有一批大中型水库，因其立地条件差，岩石裸露，景观效果差，环境面貌亟待改善。从1991年开始，实施前山脸爆破整地造林工程，规划在沿途的旅游区、风景点周围和干线公路沿线造林难度大的“硬骨头”干旱阳坡，每年爆破整地造林266.67公顷。造林施工中加大科技含量，建立了爆破造林试验示范区（市级4处，县级6处），坚持栽植大规格苗木，集中连片，造混交林，突出景观效果，平均成活率92.6%，集中成片面积在千亩以上的地块有15处，其中133.33公顷以上的5处。到1999年已累计造林2 647公顷，栽植11个树种的针阔叶树404.3万株，初步实现了繁花映春、绿荫护夏、红叶迎秋。但目前这一地区尚有宜林荒山1.5万公顷，其中必须采取爆破造林方式才能绿化的0.8万公顷。为了加快绿化速度，1999年北京市人民政府决定，从2000年起每年造林1 333公顷，用6年时间绿化重点地区的宜林荒山0.8万公顷。

（朱恒春）

【北京7个山区县被列入全国生态环境综合治理工程重点县】 经国家计委审定，北京市怀柔县、昌平县被列入1998～1999年度国家生态环境综合治理工程重点县，当年林业项目投资1 110万元，其中国家投资555万元，两县营造水源保护林、水土保持林、经济林、沙荒片林1 183.4公顷，并加强了农田林网建设。生态县建设对整个生态环境建设起了示范带动作用。

1999～2000年度国家扩增了生态环境综合治理工程，把北京市平谷县、密云县、延庆县、房山区、门头沟区也列入其中，至此，北京市7个山区县全部被列入全国生态环境综合治理工程重点县。1999～2000年度国家计划投资上述7个区县生态建设资金5 675万元，其中林业工程项目建设资金2 211万元，主要用于防护林、农田林网建设和封山育林、林木抚育。

（薛　康）

【北京颁发集体林权证】　根据《森林法》的规定和国家林业局关于颁发林权证的要求，市政府第41次市长办公会议决定，由市政府农林办公室牵头，市林业局具体负责，组织开展全市集体林权登记发证工作。市、区县两级政府分别成立领导小组和工作班子，落实发证工作方案和工作经费，召开发证工作会议，组织举办技术培训班，开展发证的宣传发动、试点、研讨、交流和检查活动，林权登记发证工作进展顺利。到1999年底，在全市239个乡镇4 114个行政村中，已有200个乡镇3 541个行政村完成了初始登记工作，初始登记96 409份（其中国有单位1 778份、集体32 258份、个人62 373份），涉及林地面积44.66万公顷，林木1.69亿株，处理林权纠纷76起。

（施　海）

【房山区森林经营管理示范】　自1993年4月以来，房山区作为林业部确定的全国森林资源和林政管理示范点，在开展森林分类经营管理方面进行了有益的探索，把全区森林资源分为5类23个属进行管理，对公益林管严管住，商品林管理严中有活。为了促进森林资源分类管理的科学化、规范化，该区林业部门认真编制和实施了森林经营方案，健全和完善管理办法，加强技术培训，搞好资源数据库的建设。到1998年底编制完成了森林经营方案，并通过专家鉴定。近7年来，该区通过抓森林资源分类管理，强化林业综合管理，在构筑林业生态体系、培育林业产业体系上下功夫，重点建设山区生态林业系统、平原农林复合系统、卫星城及乡村园林绿化系统、河渠道路绿化系统、森林及自然保护系统、景区及游憩走廊美化系统，突出发展林果、森林旅游、用材林生产、种苗花卉建设、蜂蚕生产，取得了比较明显的变化：有治沙任务的7个乡镇大部分提前完成规划并已形成治沙格局，平原乡镇林网建设和公路绿化景观效果明显，“前山脸”爆破造林已见成效，7个万亩经济林基地初具规模。

（王序文）

【严防美国白蛾进京】　近十几年来，北方部分地区，特别是北京周边地区美国白蛾发生严重，对北京构成极大的威胁。从1985年开始，北京市把严防美国白蛾（以下简称“严防”）传入作为一项重要任务来抓，强化组织、实施和指导，全市林业主管部门重点加强了宣传发动、培训考察、普查监测和检疫预防工作。到目前为止，北京市境内尚未发现美国白蛾，专家认为，北京“严防”工作是一个奇迹。北京市在“严防”工作中采取了一些重要措施：①建立“严防”机构。1996年市政府成立了由副市长任指挥的“严防”指挥部，郊区县政府、市有关单位（部门）相继成立了“严防”指挥部或领导小组28个，市里聘请有关专家组建专家顾问组，市、县两级组建了“严防”队伍。1999年国家林业局启动京、津、冀美国白蛾联防联治工程，市林业局成立了北京市“严防”工程治理领导小组。②加强技术培训。近4年来，市“严防”指挥部办公室举办技术培训班3期，发放防治美国白蛾技术手册和录像带，组织市、县、乡和有关单位的人员到周边地区学习考察十几次。③实施工程治理，强化综合抗灾措施。重点抓实测报、检疫和普查工作，1999年郊区林木病虫害测报点由1996年54个增加到208个。通过木材检查站把好苗木调运检疫关，建无检疫对象苗圃，加强种苗产地检疫，严禁从疫区引进可能携带美国白蛾的林业植物和林产品。1996年以来每年坚持开展3次普查，累计调查公路3 488千米、河流5 076千米，调查树木4 678万株。在造林工程中推广多林种、常绿针叶林、混交林。同时，林木保护部门加强常规病虫害防治，扩大飞机防治和生物防治面积。

（冯继华）

【北京自然保护区建设】　为了保护北京山区森林植被和野生动物及其生活环境，北京市加强了森林和野生动物类型自然保护区建设。1986年经国务院批准，建立了松山国家级自然保护区，1985年、1999年市政府分别批准百花山、喇叭沟门为市级自然保护区，近年来又在延庆县建立了玉渡山、野鸭湖、太安山、莲花山等8个县级自然保护区。到1999年底，全市有森林和野生动物类型自然保护区11个，面积64 931.8公顷，占全市国土总面积的3.9%。市政府1986年3月制定发布并于1997年12月修改了《关于百花山和松山自然保护区管理暂行规定》，1999年10月批准成立了北京市自然保护区评审委员会。

（侯宝昆）

【北京果树专业合作组织健康发展】　在市政府关于发展农业现代化的9项扶持政策的引导下，郊区果树专业合作经济组织发展迅速，组织形式多样，到1999年底已建立各类果树专业合作经济组织281个，各区县从中确定了164个合作组织进行重点扶持，其中有11个是县乡林业工作站转变以往单纯技术指导、行政管理等职能而成立的为果农提供产供销全方位服务的公司或综合服务社。已有153个组织较为规范，均是农民自发组织成立的，分3种类型：会员制101个，占66%，股份制42个，占27.5%，契约型10个，占6.5%。果树专业合作经济组织吸纳农户8 845户，带动12 664户。

（张　瑞）

【北京郊区花卉产业建设】　近年来，花卉产业在京郊发展迅速，有力地促进了农民致富。到1999年底，郊区花卉种植面积1 607公顷，保护地面积273公顷，年生产鲜切花7 000万支，盆花1 970万盆，宿根花卉340万株，花灌木640万株，观叶植物400万盆，草坪草570万平方米。产值2.66亿元，出口创汇200万美元。北京市在郊区花卉生产和经营方面采取了一系列措施：①加强管理，强化服务。郊区花卉生产明确由林业部门负责行业管理，市林业局成立了花卉办公室。花卉企业推行承包经营、股份合作、联合开发等，强化内部经营管理。部分区县组织花农建立了不同类型的花卉生产合作经济组织，为花农提供多方位的服务。②重视科技，培育良种。实施花卉生产的研究与技术改造项目40个，包括野生花卉的驯化和利用、新品种的引进和优选、种苗繁育技术的研究，现代栽培和管理技术、病虫害综合防治技术的推广，现代化生产设施的应用与改造等。近年来，从荷兰、日本、美国等国家引进名、优、新花卉品种200多个，花卉良种率提高到70%，种苗质量达到一级的占70%、二级占30%。③搞示范，建基地。花卉生产坚持一县一品、创拳头产品的发展格局，建成了火鹤、彩色马蹄莲、香石竹、百合、切花月季、杜鹃、玉簪、一品红、草坪草等一批示范基地。骨干基地和龙头企业带动中小基地250个（有5个已定为国家级示范基地）、花农4 000户。④完善设施，开辟市场。现有花卉生产温室、大棚面积200万平方米。建成了一批大型花卉批发市场、零售点和小型超市，现有花卉批发市场13家，零售企业145个，年成交额超过2.4亿元。（李德利　薛敦孟）

【北京参加'99昆明世界园艺博览会获佳绩】 在5月1日～10月31日举行的'99昆明世界园艺博览会上，北京市突出特色，组织本地区园林园艺精品参加展出，在各项专题展出竞赛中，获得169个奖项，其中大奖12个、金奖29个、银奖72个、铜奖56个。在展出期间，以“京都春色”为主题的北京室内展厅，先后以天安门广场和长城巨幅照片为背景，两侧配置密云水库和四元桥大型写真照片，选用6 000余盆（株）花木，配置优良的水果、蔬菜，采用先进的反季节栽培技术，使展区始终保持繁花似锦的春色，荣获博览会最佳展出奖，取得国内组室内综合展出总分第一名的好成绩；以“万春园”为主题的北京室外展区，由三座门、心香海、万春亭、仙人承露等皇家园林建筑和园林树木构成，气势宏伟，金碧辉煌，获得长期综合展出国内组大奖。（归　复）

【北京蜂业发展创历史新高】 近几年来，全市林业部门在蜂业生产中加强行业管理，积极搞好政策研究和科技推广工作，在技术、设备、信息服务和资金筹措、市场开拓等方面为广大蜂农提供支持和帮助，促进了养蜂业的良好发展，实现了高产量、高质量、高收入的目标。1999年全市新增养蜂户1 863户，新发展蜂群34 448群，全市养蜂总数突破9万群大关，产蜜240万千克，超计划60%，产蜂王浆1.5万千克，是计划的3倍，产量均创历史最高记录。养蜂总产值达3 200万元，比1998年增加900万元，蜂业企业向美国、日本、意大利等国家出口蜂产品110万千克，创汇210万美元。建立养蜂专业经济合作组织13个（其中跨县区的组织1个，房山区4个、门头沟区3个、密云县和昌平县各2个、延庆县1个），这些养蜂组织（协会）积极为广大蜂农做好产前、产中、产后服务，深受蜂农欢迎。全市涌现了养蜂万元户828个，龙头大户22个，这些大户养蜂均在100～250群，年收入3～14万元。（刘进祖）

【北京森林旅游和森林公园建设】 到1999年底，北京市批准建成森林公园15处，面积2.85万公顷，其中西山、蟒山、上方山、云蒙山和小龙门5处为国家级森林公园，还有市级森林公园9处，县级1处，连同松山、百花山、八达岭等森林旅游区，经营面积已达3.99万公顷，占全市国土总面积的2.37%。为了规范森林旅游及森林公园建设和管理，有效地保护、发展和合理利用森林资源，市有关部门对北京市森林旅游资源进行了全面调查，并研究制定了《北京市森林旅游发展总体规划》。调查结果表明，北京郊区有森林旅游资源景点654处，其中森林景观335处192 422.7公顷，自然景观134处，人文景观185处。新编制的总体规划要求，坚持统一规划，分步实施，合理布局，综合开发，突出自然景观，形成地方特色，加快森林公园和森林旅游区建设的步伐，近两年重点续建和开发一批区位优势良好、品位高的森林公园和森林旅游度假区，以后10年要完善提高并逐步扩大建设，开发有特色的森林旅游产品，完善旅游接待配套设施和管理系统，到2010年具备完整的旅游体系，形成森林旅游支柱产业。（丁望兰）

【北京乡镇林业工作站建设】 北京市从1988年开始抓乡镇林业工作站建设，现有乡镇林业工作站240个，在岗人员1 529人。十几年来，乡镇林业工作站大抓造林绿化，搞好林业执法和森林资源保护管理，广泛开展林业科技推广和技术服务，组织实施林果富民工程，在林业生态建设和林业产业建设中发挥了骨干作用，作出了很大贡献，涌现出了一批林果富民的典型。平谷县大华山镇林业工作站积极为果农服务，发展大桃生产，近10年先后引进大桃开发项目30项、科技成果50多项、良种200多个，1999年该镇果农人均收入达5 000元。昌平县崔村镇林业站帮助农民培育优质苹果，该镇生产的红富士苹果在1999年广州绿色食品展览会上被评为中华名果。海淀区苏家坨乡林业工作站创办苗圃20公顷，建花卉基地2公顷，生产的彩色马蹄莲在北京市场畅销，苗木、花卉价值达500万元，现有固定资产500万元。房山区十渡镇林业工作站积极开发森林旅游，近10年先后开发建成了十渡龙山景区游乐场、孤山寨风景区，在壮大自身实力的同时，带动了周边农民致富。朝阳区金盏乡林业站狠抓花园乡建设，组织各村兴建公园，绿化道路，美化庭院，治理村容，全乡6个自然村均有各具特色的村头公园，该乡还投资3 000多万元建成具有异国风情的郁金香花园26.67公顷。乡林业工作站在搞组织服务的同时抓自身创收，建苗圃，承接园林绿化工程，年收入已逾200万元。乡镇林业工作站中先后有122个站(次)被评为首都绿化美化先进单位，416人(次)被评为首都绿化美化先进个人。 (李炎星)

【北京建成一批有重要意义的纪念林】 建国以来，在北京地区相继建造了一批有重要历史价值和纪念意义的名木，主要包括党和国家领导人栽植的纪念树，党和国家领导人与外国首脑共植的友谊树，以及比较重要的纪念林、友谊林等。据调查，北京地区有比较重要的纪念树500余棵，其中党和国家领导人414人次植树460棵，外国首脑4人次植树4棵，中央顾问委员会常委41人次植树41棵；有比较重要的友谊林9片、纪念林21片。最有纪念意义的植树活动有：朱德总司令1955年在玉泉山栽植水杉，周恩来总理和西哈努克亲王1971年在房山县共植"中柬友谊树"，叶剑英副主席和金日成主席1975年在大兴县共植"中朝友谊树"，邓小平等中央领导从1979～1989年连续11年参加义务植树，江泽民等党和国家领导人从1990～1999年连续10年参加义务植树，李鹏同志1985年在密云县五中植"重教纪念树"。比较重要的友谊林有：八达岭长城的"中日友谊林"、顺义县潮白河畔的"中日和平友谊林"，昌平县定陵南河滩的"北京国际友谊林"，怀柔县城的"世界妇女友谊林"，通州区八里桥的"三八国际友谊林"。比较重要的纪念林有：大兴县榆垡乡的"将军林"、"红军林"，圆明园、颐和园的"香港回归纪念林"，大兴县魏善庄乡的"京澳青年纪念林"，还有"伊甸园幸福林"、"中国女市长之林"、"成人纪念林"、"跨世纪人才林"、"跨世纪纪念林"和"天衡健康林"等。 (刘雄鹰)

天 津 市 林 业

【概　述】

发展与成就　1999年，全市完成人工造林9 402.6公顷，其中：营造用材林10公顷，经济林858.1公顷，防护林8 534.5公顷。全年"四旁"植树319.3万株。年末实有育苗面积1 757.2公顷，其中当年新育723.7公顷。封山育林9 383公顷，中幼林抚育18 955.3公顷。全市干鲜果品总产255 855吨，其中鲜果产量255 187吨，水果林面积35 775.7公顷。全市林业产值（果业除外）14 236万元，其中：人工造林10 992万元，林产品1 756万元，村及村以下林木采伐3.28万元、产值1 488万元。

改革与林政实施　引入"两种机制"激活造林绿化。全市安排重点工程造林3 333公顷，栽植乔木350万株（占全年任务的1/4）；同时，安排各县区因地制宜抓好本区域重点工程和特色工程，并要求没有重点工程的乡镇抓好1条林带、1个村庄和1个单位的造林绿化。在严重旱年中为确保工程造林质量，在全市注入督导监理机制和专家技术指导机制。即实施重点工程的县区林业（农林）局长任工程质量监理员，负责工程质量把关，主管县区长任督导员，负责工程指导和组织标准施工；由农科院、农学院、农垦局组成专家技术指导小组负责工程技术指导和关键技术把关。实践证明，首次引入"两种机制"，对工程造林，尤其对市级重点工程"三路一河"绿化效果显著。京津塘高速公路绿化工程，当年新栽乔木26.3万株，其中绿化带植树9.7万株。京沈高速公路绿化带一期工程，途经宝坻县9个乡镇，两侧绿化带各宽33米，当年植树14.8万株，新增绿地180公顷。京九铁路（津霸联络线）绿色长廊工程，1998、1999年共植树41.3万株，其中：新建林网39条，绿化村庄29个，栽植片林10公顷。城市防洪圈和一级河道绿化工程，河堤总长75千米，已绿化43千米，植乔木2.4万株、灌木20.9万墩。

坚持科技兴林，林果生产结硕果　全市共引进三倍体毛白杨、中林杨、美国黑核桃、油桃、樱桃等20多个优良林果品种，栽植面积达6 600多公顷。仅三倍体毛白杨在市林果良种场和北辰区苗圃育苗10公顷。京沈高速公路绿化带工程由于采用优良无性系毛白杨大苗，精心栽植，施用ABT生根粉、改土施肥等综合速生丰产技术，成为天津市绿色通道工程样板带。全市ABT生根粉推广已超过1.3万公顷。推广葡萄保鲜技术，使当年新增小型保鲜冷库107座，保鲜能力2 000吨。在静海县大郝庄乡建立的70公顷金丝小枣丰产示范园在严重干旱年份，鲜枣产量300吨。在北辰区、蓟县建立的66.7公顷红富士苹果优质果品生产示范基地成为全市苹果生产样板。'99昆明世界园艺博览会北辰区黄冠梨获银奖，汉沽区玫瑰香葡萄和静海县大鸭梨获铜奖。汉沽区茶淀牌玫瑰香葡萄被评为1999年中国国际农业博览会名牌产品。北方果树病害数值诊断技术研究成果获天津市科技进步二等奖。经市政府命名，“曹庄牌晚香玉（重瓣）”、“红港牌草坪草卷”为天津市第二批农业名牌产品。

依法治林，强化森林资源管理

森林病虫害防治取得“一降三提高”的良好局面 全市森林病虫害发生 19 060 公顷，发生率 15%；有效防治 20 873 公顷，防治率 110%；监测覆盖 98 746 公顷，监测率 80%；种苗产地检疫 1 040 公顷，检疫率 79%。美国白蛾防治为“京、津、冀工程治理”的第一年。除蓟县全境外，其余地区均有不同程度疫情发生。此工程专项防治资金中央和市财政拨款 266 万元，县、乡配套资金 263.2 万元。全市农村共出动 14 万人次，挖蛹 30.1 万头，剪除网幕和卵块 29.5 万片，捕杀成虫 28.9 万头，动用喷药机械 341 台，喷施农药 71 吨，重复防治面积达到 33 200 公顷，使重度发生面积下降了 70%，做到了有虫不成灾，确保了疫情不传入北京和周边地区，整体防治效果是 1995 年以来最好的一年。

林政与资源管理取得新佳绩 全市持有新森林资源保护管理执法证的行政执法人员共 386 人。由于《森林法》深入民心，通过群众举报，全市授理毁林案件 68 处，查处 64 起。森林防火贯彻“行政领导任期目标责任制”和“群联群防，责任到人”制度，仅发生 2 起火警而无火灾。选用 450 兆赫频段新建了森林防火无线通讯网一级网，改造了二级网。蓟县实现了第九个连续无森林火灾年。采伐限额管理已规范化、制度化，全年共采伐林木 24 543 立方米，占限额 49.1%。林地管理取得明显突破，经国务院批准，已办理蓟县卫生局安居工程和蓟港铁路建设工程征用林地 2 起，面积分别为 3.2 公顷。同时，开展了森林资源多项专业调查与监测工作。资源管护有新创举，如蓟县、宝坻、武清、宁河县采取专业队承包、大户承包、买断植树权、买断管护权、拍卖幼林树等多种植树护林形式，使当地造林成果得到长期有效保护。仅武清县有 4 302 户承包林网植树 52.16 万株。本县白古屯乡拍卖幼树 1.8 万株，拍卖收入 48 万元，并且拍卖收入全部用于兴修水利和植树造林。 （张步峰）

【天津森林资源调查】 由天津市林业局组织 12 个区县林业主管部门的调查队伍于 1998 年 9 月至 1999 年 1 月按照《天津市林业资源调查技术操作细则》，完成了全市 4 万余个小班的实地调查，汇总出市、区县和乡镇三级调查成果，1999 年 6 月编整出《天津市森林资源调查成果资料》，调查结果为：截至 1998 年底，天津市农村土地总面积 1 092 687 公顷，林地 138 557.6 公顷，森林 124 105.7 公顷，林分 73 911.6 公顷，经济林50 194.1公顷。全市“四旁”植树 1 937 万株，折合林地15 369.2公顷。林分中防护林 65 455 公顷，特用林5 771.5公顷，用材林 2 685.1 公顷。林分中幼龄林 32 340.8公顷，中龄林 23 894.9 公顷，近熟林 7 131 公顷，成熟林 10 544.9 公顷。活立木总蓄积 525 万立方米，林分蓄积 386 万立方米。全市林木覆盖率 13.7%，森林覆盖率 11.4%。津北山区林地 47 307.8 公顷，森林 38 634.3 公顷，灌木林 8 360.2 公顷，“四旁”植树折合面积 561.7 公顷，活立木蓄积 89.2 万立方米，林木覆盖率 67.3%。全市幼中龄林占绝对优势。林种主要为防护林和经济林，面积分别占森林面积的 52.7% 和 40.4%。主要优势树种天然林为栎类和硬阔类，人工林为硬阔类和杨树。经济林主要为果树林。

与 1991 年调查结果相比，森林纯增 40 040 公顷，活立木总蓄积纯增 118 万立方米，林木覆盖率纯增 4.7 个百分点。 （张步峰　李果丰）

【天津湿地资源调查】 根据林业部部署，1995 年 12 月至 1999 年 8 月天津市林业局组织区县，经过大量的前期准备、野外调查和内业整理，完成了天津市湿地资源调查。调查结果为天津市湿地总面积 1717.8 平方千米，占全市陆地面积的 13.5%，湿地类型为近海及海岸湿地、河流湿地、湖泊湿地、沼泽和沼泽湿地，分别占湿地总面积的 33.9%、32%、29.4%、4.7%。湿地类型的多样性使天津市湿地动植物资源十分丰富，具有明显的生物多样性特征。全市共有各类湿地动物约 600 种，主要包括哺乳类、鸟类、两栖类、爬行类、鱼类以及大型水生无脊椎动物等共有湿地植物 400 余种，主要包括盐生灌丛、高草湿地和低草湿地 3 个植被型、16 个群系。

湿地资源摸清后，1999 年 9 月起全市湿地资源监测工作启动，已初步建立了全市监测体系。监测的重点地区是七里海、团泊洼、北大港 3 个水库及所在地区和浅海水域及潮间淤泥海滩。

（张步峰　肖　岩　石会平　郭淑荣）

【天津野生动植物保护管理】 天津市野生动植物保护管理站和国家濒危物种进出口管理办公室天津办事处（简称濒管办天津办事处）及天津市野生动物保护协会三位一体合署办公。到 1999 年底，蓟县、宝坻县、汉沽区、宁河县、静海县、津南区均建立了野生动植物保护管理机构。市林业局有直属的野生动物救护驯养繁殖中心。濒管办天津办事处承担着东北 3 省、内蒙古、山西、山东、天津 6 省（区）1 市的野生动植物及其产品进出口证书的签发工作。

近几年，市林业局注重建立野生动物保护管理各项规章制度。1997 年市政府发布了《天津市野生动物及其产品出市管理办法》，1998 年市林业局连续下发了《关于加强陆生野生动物猎捕管理的通知》、《关于进一步加强野生动物驯养繁殖管理工作的通知》、《关于妥善处理非正常来源陆生野生动物及其产品的通知》等法规性文件，使全市野生动物保护工作规范化制度化，呈现有法可依、有章可循、井然有序的良好局面。

主管部门始终重视野生动物保护工作。以执法宣传形成社会氛围，执法力度不断加强。1982年以来，市农林局、市林业局连续18年举办了18届“爱鸟周”宣传活动。每年的“爱鸟周”活动主题鲜明，内容丰富，形式活泼，广泛深入。1999年“爱鸟周”的主题是“摸清家底，有效保护，科学管理，持续利用”。1993年起连续开展多次大规模野生动物保护执法检查。其中有虎骨和犀牛角的禁贸封存工作。1995年以来，先后组织全市开展湿地与陆地野生动物资源专项调查及监测工作。1997～1999年，全市共破获偷猎、倒卖野生动物及其产品案件10余起，涉及国家重点保护野生动物40余只。1999年当年市林业局在市公安、海关协助下，查处非法运输野生动物案件2起，没收国家二级野生动物11只；查获走私进口非洲象牙制品214根，合457.29千克，象牙制品3 249件，合231.6千克；对40余家无证进行驯养繁殖、经营活动的野生动物饲养场进行清理整顿，使全市特种养殖呈现良好秩序。在市林业局积极扶持指导下，西青区大寺乡宏利集团建立特种珍禽养殖场，该场1999年饲养非洲鸵鸟达到1 000余只，在全市特种养殖业中达到较大规模。依据濒危野生动植物种国际贸易公约，濒危办天津办事处从1989年成立到1999年底，共签发进出口证书1万余份，其中1999年签发证书1 800余份。（张步峰）

【天津自然保护区建设】 1984～1999年间，天津市已建立8个不同级别不同类型的自然保护区，总面积12.9万公顷，占全市国土面积的10.84%。

天津蓟县中上元古界国家级自然保护区　保护区位于蓟县北部山区，面积900公顷。1984年10月经国务院批准建立全市第一个国家级地质剖面自然保护区。该地质剖面厚度为9 197米，为距今18亿至8.5亿年前古海沉积的海相地层，全剖面划分为11个组105层。主要保护对象是以保存特殊地质遗迹为主的蓟县中上元古界地质剖面。

天津古海岸与湿地国家级自然保护区　保护区位于天津市东部滨海平原，地跨塘沽、汉沽、大港、东丽、津南和宁河6个区（县），总面积99 000公顷。1984年天津市政府批准建立南郊区西泥沽、巨葛庄贝壳堤市级自然保护区，1992年10月经国务院批准建立天津古海岸与湿地国家级自然保护区。保护区的核心区分别设在塘沽区青坨子保护点（第Ⅰ道贝壳堤）、津南区邓岑子保护点（第Ⅱ道贝壳堤）、大港区上古林保护点（第Ⅱ道贝壳堤）、津南区巨葛庄保护点（第Ⅱ道贝壳堤）、宁河县俵口保护点（牡蛎滩）、宁河县七里海湿地。七里海古泻湖湿地生态系统是一个典型、完整的湖沼湿地，是淡水动植物、包括许多迁徙鸟类生存、中途歇息、繁衍地，是渤海湾鱼类食物的重要供应地。本保护区主要保护对象为古海岸遗迹——贝壳堤、牡蛎滩和七里海古泻湖湿地生态系统。

天津八仙山国家级自然保护区　保护区位于蓟县山区北部。1984年12月经天津市政府批准建立八仙桌子天然次生林县级自然保护区，1990年5月升为市级自然保护区，1995年11月经国务院批准建立天津八仙山国家级自然保护区。八仙山总面积增扩到5360公顷，划有绝对保护区1 049公顷（属国务院批准的保护面积），其余为环境保护区和环境协调区。八仙山森林属暖温带落叶阔叶林植被类型，主要植被为落叶阔叶杂木林、蒙古栎落叶阔叶林、山杨林、北鹅耳枥林和人工油松林。八仙山动植物达1 100多种，是我国北方生物多样性的物种基因库。列入国家珍稀濒危和保护物种有84种，列入珍贵园艺花卉植物和药用植物各百种。八仙山主要保护对象是天然次生落叶阔叶林生态环境和生物物种种质基因库。

天津盘山自然风景名胜古迹市级自然保护区　盘山位于蓟县县城西北，现有面积710公顷，规划面积10 600公顷。1984年12月经天津市政府批准建立盘山自然风景名胜古迹市级自然保护区，1994年1月经国务院批准为盘山国家级著名风景名胜区。盘山是天津市惟一的花岗岩地貌风景区。盘山分布着天然侧柏林、油松林、栓皮栎林，具有中国暖温带植被类型特点，林内栖息、繁衍着种类繁多的野生动植物，保留着1300多株名木古树。同时，盘山还是一座历史文化名山，依存着古寺、古碑等历史遗迹。盘山的保护对象为自然风景名胜、古树名木、文物古迹和森林生态系统。

天津静海团泊鸟类市级自然保护区　保护区位于静海县东部，总面积6 000公顷，其中水面5 100公顷。1985年静海县政府批准建立团泊候鸟栖息地县级自然保护区，1995年经天津市政府批准建立天津静海团泊鸟类市级自然保护区。保护区内有鸟类18科、160多种，其中国家重点保护鸟类有25种。优势种有青头潜鸭、斑嘴鸭、绿头鸭、白眉鸭、凤头鸊鷉等。但是，由于水库增容水位、芦苇、水葱等水生植物因缺水死亡和过度开放旅游以及干旱导致湖枯、水鸟环境受损，鸟类减少。本保护区主要保护对象为湿地珍禽、湿地生态系统、水生动植物资源。

武清县港北固沙林县级自然保护区　保护区位于武清县中北部，面积800公顷。1997年经武清县政府批准建立武清港北固沙林县级自然保护区。港北森林为50～70年代建设的防风固沙林，为人工林生态类型。主要保护对象为沙地森林生态系统及树栖鸟类。

东丽湖区级自然保护区　保护区位于东丽区北部，面积2 200公顷。1997年由东丽区政府批准建立东丽湖区级自然保护区，现已被天津市滨海新区总体规划确定为“温泉度假旅游区”。主要保护对象为东丽湖湿地生态系统、水生动植物资源、候鸟栖息地环境。

大港古泻湖湿地区级自然保护区　保护区位于大港区，包括官港森林公园和大港水库，面积18 540公顷。1999年11月经大港区政府批准建立大港古泻湖湿地区级自然保护区。大港水库历史上曾起到蓄洪、缓洪、滞洪、储水、供水的作用。北大港湿地距渤海西岸最近，是天津滨海平原沧海变桑田的重要证据。大港古泻湖湿地水草丰美、环境幽静，是鸟类栖息、繁衍的理想场所，是天津和华北地区珍稀与濒危鸟类最多的地区之一。该区主要保护对象为北大港古泻湖湿地生态系统、水生与湿地野生动植物资源、珍稀濒危鸟类。

（张步峰）

【天津山区综合开发】 1999年是蓟县山区综合开发示范县建设的第三年。全县山区开发总投资达到5 027亿元，年底全县国民生产总值达到56.8亿元，比1998年增长14.53%，比列入示范县前的1996年增长61.8%；农民人均纯收入达到3 622元，比1998年增长6.1%，比1996年增长51.5%。其中10个纯山区乡镇农民人均纯收入达到3 120元，同比增长10%以上。仅酒用葡萄1项，就为农民增加纯收入1 500万元。主要建设成果：①以盘山磨盘柿、天津板栗、酒用葡萄为主体的果树基地建设实现了新的突破。新开发和改造经济林2 913公顷，其中：完成天津板栗1 087公顷，盘山磨盘柿880公顷，酒用葡萄111公顷，其他果树833公顷。②以平原、山区植树造林工程为重点的生态林业建设实现了新的突破。全县新造林1 193.7公顷，其中：营造经济林705.1公顷，营建防护林488.5公顷，完成小流域治理15平方千米。③以山区微型蓄水工程为重点的山区基础设施建设实现了新的突破。全年新完成微型蓄水水窖1 526座，使全县生产用小水窖总数达到4 752座。完成坡改梯800公顷。修环山公路204千米，修乡村油路65千米。架设高低压线路6.37万米。打深水井和大口井23眼。铺设输水管道4.69万米。④以绿色产业为重点的产业化龙头企业建设有了新的突破。国家批准蓟县山区综合开发专项贷款1 700万元，实际放贷1 747万元，重点扶持了蓟县优质瘦肉型猪产、供、销一体化、天津绿佳食品有限公司、大潘庄肉牛屠宰场、干式苹果酒、天津绿益食品有限公司、蓟县玉米种子工程、山区肉鸡养殖7个项目，投资总额达到2 837万元。至此，3年共安排山区综合开发专项贷款4 300万元，扶持9大系列17家龙头企业，使蓟县酒用葡萄、肉鸡、肉鸭、肉牛、蔬菜、果品为主导产业实现了产、供、销加一体化经营格局。通过山区综合开发，使全县国民经济建设得到快速增长。

1999年在北京召开的全国山区综合开发研讨会上，蓟县被誉为全国山区综合开发示范县一面旗帜。

（张步峰）

【京津塘高速公路绿化带武清段工程】 京津塘高速公路天津段绿化带涉及武清县、北辰区、东丽区、塘沽区。绿色景观最壮美的是武清县段。武清段长44千米，涉及9个乡镇，其中可绿化长度41.56千米，绿化带占地92公顷。这段绿化带沿线两侧有2/3的地段低洼盐碱。市、县林业局视此为天津市的“窗口工程”，给予高度关注，搞出规划设计，制定实施方案，拨出财政专款，以工程立项造林。1995年春至1999年底，武清段公路两侧绿化带和500米以内放射线及村宅共新栽树木54.03万株；其中，两侧绿化带新栽树木22.15万株，两侧放射林网新栽树木26.17万株，两侧村庄新栽树木5.71万株。武清段主栽树种为毛白杨、沙兰杨、苏柳、垂柳、千头椿等。本段大王古庄乡建成的6.5千米长的两侧绿化带造林保存率95%，绿色景致郁郁葱葱，壮观秀美，成为天津市绿色通道工程造林样板。

（张步峰　杨玉祥　何建凤）

【京九铁路绿色长廊工程武清段建设】 京九铁路（津霸联络线）绿色长廊工程涉及天津市武清县和北辰区。规划内容：①铁路两侧绿化带各15米，植树5行。其中：铁路部门5米，植树2行；地方10米，植树3行。②3千米内营造放射林网。③3千米内进行村庄绿化美化。到1999年底，天津境内京九绿带共植树41.3万株，其中铁路部门植树6万株。

武清县段长17.2千米，途经下朱庄、黄庄、陈嘴、汉沽港、王庆坨5乡镇、26个村庄。1997年5月进行规划设计，当年11月启动实施，1998、1999年植树造林。属于武清县地方政府完成植树30.38万株，占规划任务的111%。其中绿化带植树4.47万株，小网格林带植树2.94万株，林网植树14.74万株，村庄植树8.23万株。植树成活率1998年为91.9%，1999年为87.9%。生长季节沿途观看，两侧以带、片、网、点相融合的绿化带呈现“一带林荫道，一段成片林，一段花果香”的林业复合经营开发模式。

（张步峰　杨玉祥　何建凤）

【全国造林绿化百佳县——蓟县】 1996年全国绿化委员会授予蓟县造林绿化“百佳县”。改革开放以来，蓟县不断全面加大林业建设力度，已成为天津市森林资源最多的林业大县。通过20多年坚持不懈地人工造林、飞播造林、封山育林、抚育管理，全面实施《蓟县大绿工程总体规划》，全县森林资源持续增长，实现了山区、平原绿化双“达标”。到1998年底，蓟县拥有森林43 216.3公顷（占全市森林的34.8%），活立木总蓄积量128.18万立方米（占全市的24.4%），森林覆盖率36.99%。其中山区拥有森林38 634.3公顷，森林覆盖率67.31%。通过认真贯彻《森林防火条例》，蓟县连续9年无森林火灾。通过认真贯彻《森林病虫害防治条例》和《植物检疫条例》及实行“生物防治”为主的防治策略，全县森林病虫害逐步向自然控制方向发展。1996年蓟县被列入山区综合开发示范县以来，以林业生态建设和林业产业建设为重点和以城郊型、高科技、产业化为目标的山区综合开发取得显著成就。

蓟县是天津市森林旅游胜地，被誉为津门“后花园” 蓟县山区六大自然景观秀美壮丽。如黄崖关长城风景游览区以其雄浑博大和青峰峻岭被列为世界文化遗产和“津门十景”之首。盘山（规划面积10 600公顷，旅游核心保护区900公顷）以其峰峦石崖错落和森

林秀丽清幽及名木古树繁多被列为国家级风景名胜区。八仙山（5 360公顷）以生物物种丰富和森林景致极佳被列为国家级自然保护区。九龙山（1 451公顷）以青山深邃秀美和生态空间优良被列为国家森林公园。九山顶不仅巍峨壮观、气势磅礴、森林秀丽，而且还是中上元古界地质剖面的标准地层，被列为国家级（地质）自然保护区。石趣园风景区以其独特的石胜、水胜、佛门圣地和青山翠岭而闻名。1997、1998两年全县森林旅游接待游客186万人次，收入5 750万元。1999年仅九龙山国家森林公园综合收入160万元。

蓟县也是天津市果品生产县之一 1998年全县经济林达到19 794公顷，当年果品产量46 198吨。以天津板栗、盘山磨盘柿、黄花山核桃、八仙香白杏、蓟红山楂、黄崖关梨、青山桃、美国新红星苹果、日本红富士苹果、翠屏葡萄、中华猕猴桃构成了享誉中外的“蓟县十佳果品”。天津板栗和盘山磨盘柿于1997年被天津市政府命名为首批农业名牌产品。1998年，天津板栗栽培面积达到1 728公顷，当年产量224吨；盘山磨盘柿栽培5 789公顷，当年产量9 070吨。天津板栗是天津市出口创汇的主要果品之一。山区综合开发以来，蓟县名优种酒用葡萄基地得到规模发展，到1999年种植面积达到1 000公顷，当年产量4 000吨。

（张步峰）

【宁河县潘庄镇林业工作站】 位于宁河县西部205国道52千米处。1998年潘庄镇有树木72万株，林木覆盖率11.4%。该镇于1990年10月正式建立林业工作站。该站有员工11人，其中正式员工2人，有耕地18公顷，其中苗圃地7.06公顷。该站自1995～1998年连续被天津市政府评为绿化先进单位，1996年被林业部评为全国先进林业工作站。

“以林为主”植树育苗多 该站1998年植树11万株；投入资金8万元，建立了百亩育苗基地，成为全市乡镇林业工作站面积较大的苗圃，当年出圃苗木10多万株。1999年植树12万株，超额任务1万株，七里海防洪堤植树1.8万株，为县办工程中精品工程；完成新育苗3.33公顷，当年出圃苗木10多万株。该站“聚集财力，振兴林业”，特别有方，从80年代末期征缴绿化费，1995年后每年收缴3万元，1999年征缴绿化费2万元，保障了本乡每年植树造林顺利完成。

“多种经营”创出好效益 该站实行林、农、工、商齐发展，下设有鸡场、猪场、农场、铁厂、餐馆。1998年各项总产值达到300万元，获纯利25万元。1999年各项产值达到410万元，获纯利31万元。其中：种植水稻4.66公顷，产值60万元，纯利3万元；铁厂产值10万元，纯利2.5万元；养鸡年底存栏1 000只，产值35万元，纯利4万元，养猪年底存栏50头，产值20万元，纯利1.5万元；销售苗木10多万株，产值225万元，纯利15万元；开办金沙角饭店（1999年5月开业）产值60万元，纯利5万元。

（张步峰　朱德林　徐志君　齐胜利）

【全国十大绿化标兵——张万钧】 男，1941年7月生，河北省抚宁人，中共党员。1967年7月毕业于天津南开大学。1985年9月调到天津开发区环保办任负责人。1987年2月组建天津开发区绿化工程公司，任技术总负责人。1990年4月组建天津开发区园林绿化公司，任经理兼总工程师。

张万钧主持研究科研课题12项，其中获国家科技进步二等奖1项，获天津市科技进步二等奖2项，获天津市科技进步三等奖5项；发明专利4项，专利获奖4次；发表论文16篇，专著2部。“将海底淤泥改良为种植土的方法”获1998年中国新产品新技术博览会特别金奖。《盐渍土绿化》、《盐碱滩上的绿色梦》成为我国滨海盐滩地区造林造园的科学理论指南。他多次获“天津市绿化先进个人”称号，1993年获“全国绿化奖章”称号，1994年被天津市政府授予“盐碱地绿化专家”，1995年享受国务院专家特殊津贴，1997年被评为国家有突出贡献的中青年专家，1999年获“全国十大绿化标兵”称号，同年他把自已获得的1万元奖金捐献于“泰达绿色希望工程。”在他的带领下，天津开发区到1999年已建成绿地274公顷，建成区绿地未达到22.8%，人均绿地27.4平方米，已成为我国滨海盐滩上独特的园林绿洲。

（天津市林业局）

【全国绿化先进工作者——张学林】 男，1952年2月生，天津武清县人，中共党员，大专学历，现任武清县林业局局长。

张学林自1985年任武清县林业局局长以来，认真贯彻执行党的方针、政策，锐意改革，创新进取，积极吸引资金，在“植树造林，绿化津门”中作出了突出贡献。在他的领导下，当初几乎一无所有的县林业局相继建成了4层办公大楼、良种繁育基地办公楼、林业科技中心办公楼和职工宿舍楼群，并配有多部汽车、电脑，增强了县林业局资产实力。他组织林业部门干部职工与全县人民一道，不断给林业工作注入新科技，在沙荒改造、天津市外环线、京津塘高速公路、京九铁路等绿色通道造林工程、津西果树基地、港北森林公园、高标准农田林网化、园林式村庄、名特优新林果产业建设和森林资源保护管理方面取得显著成就。1998年天津市林业资源二类调查，武清县森林达到14 933.2公顷，活立木总蓄积量153万多立方米（占全市29.2%，名列全市第一），森林覆盖率13.4%，整体林木资源总量名列全市前列。该县多次获奖，1998～1999年被全国绿化委员会、国家林业局授予全国造林绿化百佳县称号。张学林本人也多次受到各方嘉奖，1993 年被全国绿化委员会授予全国绿化奖章，1995 年被全国绿化委员会、人事部、林业部授予全国绿化先进工作者称号。

（天津市林业局）

河北省林业

【概 述】

发展与成就

造林绿化　全年完成造林 34.69 万公顷，其中人工造林 29.31 万公顷，飞播造林 5.38 万公顷；新封山育林 30.6 万公顷，完成容器育苗 7 961 万袋；完成“四旁”植树 11 185 万株；新育苗 1.27 万公顷；完成义务植树 1.2 亿株。

1999 年，京津周围绿化工程、太行山绿化工程等六大生态防护林工程、绿色通道建设进展顺利。京津周围绿化工程完成人工造林 12.89 万公顷；太行山绿化工程完成人工造林 5.7 万公顷，平原绿化工程完成农田林网控制面积 24.9 万公顷，完成通道绿化长度 3 195千米，沿海防护林工程完成人工造林 0.58 万公顷，治沙造林工程完成 0.54 万公顷。

林业产业建设　林业产业，特别是花卉、森林旅游等新兴产业快速发展，全年完成系统内林产工业、多种经营产值 9 亿元，实现利润 1 600 万元。林业产业化工作成效显著。筛选怀来葡萄产业集团公司、承德绿源食品公司、青县纸业有限公司、滦南天唐食品有限公司 4 个企业进行了指导和服务，经过筛选和争取，绿源食品公司、迁西板栗集团等 8 个林产品加工企业列入 1999 年度农业产业化省级重点龙头企业。林果产品创名牌工作达到历史最高水平，有 30 余项产品被评为国际博览会名牌产品和省农业名牌产品、优质产品。花卉栽植面积达 5 400 多公顷，年实现产值 6.3 亿元。完成了’99昆明世界园艺博览会筹展工作，获奖牌总数居全国第四。森林旅游业继续发展，全年创收6 466万元。

果品提质增效　全省落实提质增效果园 1 100 多个，面积 3.3 万公顷，其中以生产苹果、梨等果品为主的 36 个重点县共抓示范园 341 个，0.8 万公顷。通过更新品种，改劣换优，加强树上、树下管理，推广果实套袋、平衡施肥等精细管理技术，好果率和商品果率达到 91％和 86.5％。全年干鲜果品总产量 65.35 亿千克，产值 83.6 亿元，创历史最高水平。

森林资源保护　根据国务院国发明电[1998]8 号等 3 个文件精神，全面开展了对毁林开垦和乱占林地的清理工作。全年完成退耕还林 1 200 公顷。完成了《河北省森林资源管理条例》等 4 部法规和规章的起草、修订工作，出台了《河北省林业厅关于加强林业法制工作的决定》。查处了一批乱砍滥伐林木、乱批乱占林地、毁林开垦、乱捕滥猎野生动物等林业案件。野生动物管理工作进一步加强，全省共放生各种鸟 3.7 万只。全年发生森林火灾 17 起，其中森林火警 12 起，一般森林火灾 5 起，受害森林面积 102.48 公顷，损失林木蓄积 1 345 立方米。森林病虫害防治工作进一步健全完善防治服务体系，加大执法力度，全年防治面积 23.5 万公顷，防治率 73％。

科技兴林　评省林业科技进步奖 15 项，组织申报省科技进步奖 6 项，获奖 3 项，组织申报国家林业局科技进步奖 4 项，获奖 3 项。在林业标准的制定实施中，完成 40 余项省、市林业地方标准的制定，其中省级地方标准 2 项。同时还与省技术监督局联合对省级林业标准化示范县进行了检查。在科技下乡活动中，共组织 2 000 多名科技人员，送技术下乡 3 万余人次，组织科技大集 200 余场次，抓林果科技示范点 760 多个，开通林果科技服务热线 15 条。林业科技“16 推”完成推广面积 51.5 万公顷，全省 200 个林业科技示范点完成示范面积 9 万公顷，辐射面积 46.6 万公顷。林业技术培训完成 87.5 万人次，林业绿色证书培训完成 1.1 万人次，举办林业干部培训班 10 期，培训 520 余人。全省林业科技进步贡献率达到 41％，科技成果转化率达到 57％，新建林果基地良种使用率达到 100％。林业站建设完成了赞皇等 16 个县的“合格县”建设任务。

林业改革　国有林场通过转岗分流和竞争上岗等多种形式，对林场内部机制进行改革，起到了活化森林资源资产的作用。同时转换经营机制，调整和优化产业结构，促进了林场经济发展。各级林业主管部门和国有林场以国家林业局和财政部对国有林场脱贫解困工作高度重视为契机，抓了国有林场解困工作，1999 年国家林业局、财政部安排全省国有林场扶贫资金 160 万元，市、县林业主管部门实施解困项目，所扶持的 8 个林场有 2 个启动了解困项目。

在群众造林中推广造林新机制，推广了栾城、辛集等地拍卖宜林地的典型经验，各地出台了延长承包期限、减征、免征、延缓征特产税，优先扶持资金等政策。

林业对外开放　中德合作河北省造林项目完成造林 5 200 公顷，补植补造完成 3 000 公顷，完成报账 165 万马克，完成新增封山育林 2.66 万公顷。德援二期项目以及韩援项目争取立项工作取得积极进展。10 月份省林业厅引种考察团一行 7 人赴美国考察用材林良种，引进了班克松、洛矶山黄松等 9 个用材林树种和 6 个小灌木观赏树种。6 月 7 日，省林业厅与韩国忠清南道农林水产局在忠清南道签署了林、农业技术交流协议。

精神文明建设 一是按照统一安排部署在厅、处两级干部中开展了“三讲”教育。二是启动了处级干部素质教育工程，落实处级干部“三个一”(每天坚持学习1小时、全年读1本书、写1篇调查报告)学习制度和举办处级干部脱产培训以及参加计算机应用能力培训、公务员法律知识学习培训。三是开展了形式多样的思想教育活动，开展了揭批法轮功活动、喜迎澳门回归、“祖国在我心中，奉献在岗位”主题教育活动和党风廉政建设，印发了《河北省林业厅党风廉政建设责任制实施细则》。

存在问题 造林效果不够好，重造轻管、造林不见林的现象依然存在；森林资源、野生动植物资源保护和管理任务日益繁重；林业产业结构、林种结构、树种和品种结构不尽合理，不适应市场竞争的形势需要；在一些地方存在不同程度的资金重使用轻管理的现象。

(冯小军)

【河北省平原区初步形成农田防护林体系】 经过50年的艰苦努力，河北省平原绿化得到长足发展。累计有91个县(市、区)达到了部颁平原绿化标准，占应达标数的96.8%。平原区有林地面积为65万公顷，加上“四旁”树折合面积，林木覆盖率为10.5%，农田林网控制面积占适宜面积的82.3%，在全省平原区初步形成了网、带、片、点相结合的农田防护林体系。

平原绿化工程的实施取得了显著的生态、经济和社会效益。一是改善了平原区的生态环境。在降低风速、调节气温、增加相对湿度、减少蒸发量、防御干热风、固沙改碱等方面发挥了显著作用，促进了农业的高产稳产；二是促进了地方经济的发展。逐步建立起苹果、梨、桃、小枣等经济林基地和以毛白杨为主的用材林基地。林业在许多地方已经成为富民兴县的重点产业；三是产生了良好的社会效益。以林果产品为原料的果品加工、人造板生产已初具规模，并带动了机械制造、交通运输、制胶等相关产业的兴起。(冯小军)

【河北清理国家重点建设项目占用林地】 全面贯彻落实《国务院关于保护森林资源制止毁林开垦和乱占林地的通知》和《国务院办公厅关于继续冻结各项建设工程征占用林地的通知》精神，把完善国家重点建设工程征占用林地作为重点，省林业厅、重点项目建设办公室、交通厅、土地局、煤炭厅、朔黄铁路石家庄建设指挥部等单位通力合作，下大力量清理高速公路和铁路占用林地问题。重点清理了7条高速公路和2条铁路占地问题，全年共补办征占用林地手续150多起，1 492公顷，并按规定收取了森林植被恢复费。同时，各级林业主管部门积极安排森林植被恢复工作，年内完成退耕还林1 200公顷。 (冯小军)

【'99昆明世界园艺博览会河北室内展厅取得优异成绩】 由河北省林业厅组织承办的'99昆明世博会河北省室内展馆取得巨大成功，受到与会专家和国内外观众的广泛好评，日均参展人数达0.9万人，最高日达1.2万人。据统计，河北室内展品共获奖牌48块，其中金牌5个，银牌17个，铜牌26个，奖牌总数位居全国第四位。河北省委、省政府领导叶连松、钮茂生、赵金铎、丛福奎、何少存、郭庚茂、陈立友等先后批示，给予了充分肯定。

(冯小军)

【在'99中国国际农业博览会上河北省12个林果产品被评为名牌】 辛集市天华牌鸭梨、晋州市翠玉牌鸭梨、赵县赵州桥牌雪花梨、深州市深州牌蜜桃、遵化市天然牌香白杏和磨盘柿、迁西县紫玉牌板栗、石家庄果树研究所滹沱河牌黄冠梨、蔚县华蔚牌大杏扁、赞皇县大秋红牌金丝大枣、承德市露露牌杏仁露、怀来县家和牌干红葡萄酒、黄骅市中捷乡谣牌干红葡萄酒等12个品牌(13个产品)被认定为本届博览会名牌。

(冯小军)

【'99(廊坊)北方春季农洽会林果产品旺销】 在'99(廊坊)北方春季农洽会上，河北省林果产品销售势头旺盛。这次农洽会河北省共展出林果产品140多种，签订供需意向、协议、合同64项，合计金额5.08亿元。本次洽谈活动对提高河北省林果产品知名度，引导林果产品由产地实物交易为主的销售方式向“定单林业”转变起到了一定的推动作用。 (冯小军)

【兴隆、滦平、赤城、迁西、赞皇等县列为生态环境建设综合治理县】 该项目1999年投资7 625万元，其中国家投资4 700万元，省、市、县三级配套2 925万元。资金主要用于坡改梯等农田基本建设和水土流失治理、植树造林、防治荒漠化、野生动物保护、草地建设、生态农业等生态环境建设。 (冯小军)

【石家庄市民栽植、认养“世纪林”活动】 植树节期间，石家庄市210名市民在平山县西柏坡乡参加了由省林业厅、省记协、石家庄市林业局、河北日报、河北电台、燕赵晚报社等单位发起组织的“省会市民栽植、认养西柏坡世纪林”活动。人们在栽植的小树上挂上写有自己名字及美好祝愿的卡片，表达了对绿化祖国、改善生态环境的心愿。这次活动，市民须向当地林业部门交纳每棵5元的认养金，由当地林业部门组织管护。

(冯小军)

【河北林业学校建校10周年】 河北林业学校于1987年筹建，1989年开始招生，是全省惟一的普通中等林业学校。10年来，该校贯彻党和国家的教育方针，按照“立足林业、面向社会、适应市场”的总体办学思路，以教学工作为重心，以培养高素质的学生为目标，不断深化改革，坚持从严治校，突出职业教育的特点，注重实践能力的培养，全面提高教育教学质量，形成了以全日制教育为主，以高等函授教育和岗位培训为辅的多种办学格局，以林业专业为主，“热门”专业为辅，基本适应市场的专业设置，培养锻炼了一支政治、业务素质较高，以本科生为骨干的教职工队伍。具备了较完善的教学和生活设施。全校现有教职工191人。现在设有林业、经济林、林业财会、林特产品加工、森林旅游、园林、市场营销、果树与林业、多种经营等9个专业。在校生达14 00人。学校总占地面积36.4公顷，1995年学校达到了普通中专教学评估的“合格”标准。

（冯小军）

【晚实核桃新品种】 由河北省林业厅下达计划，省农科院昌黎果树研究所、省林木种苗管理站、林业厅果桑处等单位共同完成的“河北省核桃新品种选育”课题1999年通过了专家组鉴定。

该课题从350多万株实生核桃资源中选取4 490株优良单株，通过近20年的初选、复选、决选及区域性试验，选取适合河北省发展的高产、稳产、优质晚实核桃新品系——天桥1号和曲里3号，填补了全省无定型核桃品种的空白，达到了国内领先水平。这两个品种结果早、丰产、连续结果能力强、经济结果寿命长，取仁容易、品质优良，嫁接亲和力好、成活率高、易繁殖，抗病虫能力强、耐旱、适应性强，在太行山、燕山区及华北等条件相宜地区均可发展。（冯小军）

【全国首家“绿色希望工程”在涿鹿县启动】 由中国青少年基金会组织实施的全国首家“绿色希望工程”在涿鹿县实施。“绿色希望工程”是中国青少年发展基金会组织实施的继“希望工程”之后又一冠有“希望工程”名称的跨世纪公益事业。按照团中央和国家林业局的安排，首家“绿色希望工程”造林地址选在距涿鹿“中国黄帝城旅游区”13千米处，工程本着绿化美化相结合，生态效益和经济效益相结合的原则，采取“一对一”的管理形式，与农户有机结合。该工程由县林业局统一设计、统一技术标准、统一施工作业，然后由农户自己经营，收益大头归农户。（冯小军）

【武安市发生猎杀金钱豹事件，邯郸、石家庄两市查获非法贩运、贩卖野生动物及制品团伙】 1999年1月3日，武安市农民王海旺用土炮打死一只雌性金钱豹。金钱豹为河北省野生兽类中惟一国家级保护动物，太行山南部数量极少，因此非常珍贵。9月17日，邯郸市林业局在火车站查获一贩运野生动物团伙，查获斑鸠、麻雀各700只。9月18日，石家庄市林业局在中山路地道桥便道上查处一个非法贩卖野生动物制品的小市场，共没收假冒黄羊角等21只、鹿角1对半、假鹿鞭19根、黄羊角1对半、毒蛇11条。（冯小军）

【兴隆县天然林保护工程】 为进一步加强森林资源保护，改善生态环境，深入落实国务院《关于保护森林资源、制止毁林开垦和乱占林地的通知》精神，兴隆县人民政府决定启动天然林保护工程。自1999年起，不再下达“三项作业”指标，对天然林、防护林、风景名胜和“窗口”地带的林分实行禁伐和封育保护措施。

（冯小军）

【张北县二台镇民主选举护林员】 张北县针对林木管护工作中存在的问题采取“敞门选举护林员”的办法，对责任心不强及“照顾型”护林员全部撤换，由全体村民选举并经镇党委、政府批准的102名护林员与村委会签订了护林合同。护林员持证上岗护林。在护林合同中，明确了每个人的责任范围、任务目标、待遇、奖惩和考核办法。护林员上岗前，镇里还组织进行了集中培训，学习了《森林法》等有关法律法规，提高了护林员的素质。（冯小军）

【文安县转换营林机制】 文安县位于黑龙港流域，有全国最大的胶合板生产基地，土地面积10万公顷，林地面积1.3万公顷，林木覆盖率12.3%。为了迅速发展文安林业，改变过去“植树不见树，造林不成林”的现象，该县探索林业保活机制和管护机制。1998年出台了文政44号文《文安县拍卖宜林路、渠、荒地使用权的实施办法》，明确规定了拍卖的目的、范围、年限等。同时，县林业局深入乡镇进行宣传。政策的出台，利益的驱动，使广大群众纷纷出资承包荒地造林。1999年文安县被列为京九绿色长廊示范县，县委、县政府以此为契机，进一步拓宽思路、放宽政策，找准林业发展与农民致富的结合点，调动群众造林积极性，实现群众责、权、利的统一。采取了以下措施：①林地使用权拍卖。把全县的荒渠、荒路适当作价，拍卖给群众，限期绿化，收益全部归群众。②林权拍卖。由集体统一绿化后，按每株成本价拍卖给群众，收益全部归自己。③大户、联户承包造林。④集体统栽，由责任单位统一栽植，建立护林队，统一管理。通过转换营林机制，使广大群众认识到，有胶合板行业作后盾，发展林业得天独厚。于是，争着承包，舍得投资，有些农民还把存入银行的钱拿出来，承包荒地造林，从而把部门行为变成了群众自觉行为，涌现出了界围农场、滩里镇安里屯村刘觉民、滩里东海化工厂厂长刘旭等国营、个体造林大户。当年共签订（拍卖）协议62份，完成承包（拍卖）造林113公顷。（杨丽娟）

【河北省雾灵山国家级自然保护区】 雾灵山国家级自然保护区位于河北省兴隆县境内，周环京、津、唐、承四市，总面积14 247公顷。其保护对象为温带森林生态系统和猕猴分布北限。雾灵山为燕山主峰，海拔2118米，属暖温带湿润大陆季风气候，气候凉爽，生物多样性丰富。被专家誉为“华北物种基因库”，是科学研究、教学实习、科普教育的良好基地。1984年建立雾灵山省级自然保护区，1988年国务院批准为国家级自然保护区。经十多年的保护，雾灵山生物资源不断增加，林木蓄积达90万立方米，森林覆盖率76.7%，已成为护卫京津的绿色屏障和重要的水源地，社会、经济、生态三大效益显著。

雾灵山不仅有丰富的生物资源，而且自然景观丰富，自然风光瑰丽。自1994年以来，按着“以保护为根本，保护发展相结合”的原则，开展了森林旅游，在试验区内开设了4个景区102个景点。其景观以“奇、险、秀、美”著称，被誉为“京东明珠”，是旅游避暑胜地，年接待能力7～10万人次。1999年国家林业局批准了雾灵山自然保护区续建工程，总投资964.3万元，按着年度项目投资计划，完成了雾灵山主峰望火楼1座；购置防火车1辆；安装和配置基地台两部，对讲机10部；维修林路35千米，从而进一步增强了防火指挥、瞭望、通讯能力，已连续43年无森林火灾。本着“以保护求发展，以发展促保护，保护发展相结合，适度开展生态旅游”的原则，积极推进生态旅游，1999年在全面开展旅游从业人员培训的基础上，加强生态保护建设，在旅游区设置各种警戒牌10处、科教宣传牌18处、设置垃圾箱20个、建高标准厕所4处，为把雾灵山建成自然保护、科学研究、生态旅游、环境教育于一体的多功能、多效益的自然保护区奠定了基础。由于保护区管理成绩突出，被国家环保总局、国家林业局、农业部、国土资源部评为全国自然保护区管理先进单位。

（董海良）

【小五台自然保护区】 小五台自然保护区地处张家口蔚县、涿鹿县南部山区，与北京门头沟接壤，以著名的东灵山为界，距首都市区仅125千米。位于燕山、恒山、太行山三大山脉交汇地带，沟深坡陡，其中海拔2 882米的车台被誉为“河北屋脊”。

保护区内蕴藏了丰富的生物资源，森林植被垂直分布明显，是华北地区植被类型的典型代表。据不完全统计，这里分布有高等植物1 350种，野生动物137种，昆虫数千种，其中国家一级保护野生动物褐马鸡、金钱豹在这里有重要分布。1992年，经河北省林业厅批准保护区建成了省级森林公园。

截至1999年底，保护区干部职工达182人，技术人员25人。为保护和利用好自然资源和环境，小五台自然保护区一直把资源保护和管理工作放在立区之本的重要地位常抓不懈，取得了建区十余年无重大森林火灾、无重大病虫害和无重大破坏资源案件的成绩。经1997年保护区二类调查，保护区经营总面积21 833公顷，其中有林地面积10 576公顷，活立木总蓄积58.4立方米，森林覆盖率60.6%，与建区时相比，有林地面积增加了702公顷，活立木蓄积增长了17万立方米，森林覆盖率提高了5.7个百分点。1995～1998年，保护区科研人员完成了本区世界珍禽褐马鸡生态生物学习性的研究任务，掌握了褐马鸡的数量和分布。调查表明，目前保护区褐马鸡数量为2 420只左右，比建成区初期的1 000只左右增长了一倍多，分布范围相应扩大了。

（穆振堂　郑建旭）

【河北省1999年林业大事】

1. 1月13～14日，省政府在石家庄市召开了全省花卉工作座谈会。近年来，全省花卉生产取得了长足发展，到1999年底全省花卉种植面积达到5 466公顷，实现产值6亿元。年产鲜切花7 800多万支，盆花盆景5 000多万盆，园林观赏苗木1.8亿株。但是存在基础弱，发展不均衡，种植、品种结构、区域布局不尽合理，市场发育不成熟等问题。针对这些问题，与会代表进行了认真研究和探讨。省政府顾问、花协会长陈立友主持会议，副省长郭庚茂到会讲了话。与会代表还对部分花卉企业进行了考察。

2. 1月19～22日，河北省林业工作会议在石家庄召开。王廷玖厅长作了《加强生态环境建设，绿化河北，护卫京津，致富群众》的讲话。会议对1998年度有限目标考核先进单位，“绿林杯”竞赛、林果科技“十六推”，形象建设优胜单位，防火先进单位进行了表彰，并安排部署了1999年林业工作。省人大常委会副主任白录堂、省政协副主席刘荣惠出席会议并讲了话。

3. 省林业厅落实省委、省政府、省军区关于实施“光荣工程”的决定，扎扎实实开展了“爱心献功臣行动”。6月份，先后两次深入到灵寿县甄朱乐村慰问优抚对象，把党和政府的温暖以及林业厅全体干部职工的一片爱心送到革命伤残军人甄三多同志的心坎上。给甄三多同志送去现金1 000元和粮油、被褥、橱柜、电扇等生活用品，从有限的经费中挤出10 000元用于建房和补贴生活。甄三多同志非常感谢党和政府的关心。

4. 7月8～9日，省林业厅邀请国家和地方计划、财政、教学、生产、科研等部门的专家组成论证委员会，对“再建三个塞罕坝林场”项目进行了论证。委员们考察了现场，听取了有关部门对立项过程和项目可行性研究情况的报告，审阅了3个新建林场和2个现代化育苗中心的有关材料，与会者就项目规划和实施的有关问题进行了质疑、解答和认真讨论。

5. 1999年8月19日，由河北省林业厅主办的河北林业信息网站（www.forest.Hebnet.gov.cn）正式开通。该网站作为河北互联网成员站点，以面向政府、服务社会、宣传林业为宗旨。内容丰富，信息量大，有百余万字的文字信息，另有上百幅精美的图片，充分展现了河北林业发展概况和建设成就，并提供了本行业政策、法规、标准。同时，还连通了省内主要木材、花卉、果品及种苗市场，可以随时提供有关动态信息。

6. 1999年8月28日，德国经济合作发展部国务秘书艾德女士等一行9人，考察了河北省中德合作造林项目区涞水县。自1996年开始实施的中德合作河北省白洋淀上游山地生态环境造林项目，是河北省林业系统接受德国政府无偿援助的第一个项目，总投资为11 410万元，其中德国政府无偿援助1 300万马克（当时折合人民币7 150万元），项目期限5年。

郭庚茂副省长代表省政府到涞水县会见了艾德女士一行，并陪同上山考察。

7. 1999年9月17日，国家计委对河北省《关于报送河北省京津周围绿化生态防护林重点工程（千松坝林场、塞北林场、御道口林场一期工程）项目建议书的请示》正式批复，原则同意该项目上马。一期工程从1999年至2003年，总投资2亿元，1999年中央政府投资2 000万元已到位。

这个项目是河北省京津周围绿化工程中的重点工程，被省委书记叶连松称为跨世纪的谋划、战略性的决策、历史性的机遇，是河北林业建设迈向21世纪的新起点。

8. 9月19～24日，以省政协副主席王幼辉为团长的太行山绿化视察团对石家庄、邢台两市的平山、赞皇、邢台、临城等四县的太行山造林绿化工作进行了视察。

9. 9月，全省林业系统举办庆祖国五十华诞迎澳门回归书法、摄影比赛揭晓。比赛共收到参赛作品186幅（其中书法95幅，摄影91幅），经评委认真鉴评，评出书法作品一等奖1项；二等奖2项；三等奖3项；优秀奖13项。摄影作品一等奖1项；二等奖2项；三等奖3项；优秀奖12项。

10. 10月10日，中华人民共和国濒危物种进出口管理办公室石家庄办事处正式成立。其主要职责是：指导和监督河北省野生动植物进出口管理工作；凭国家濒管办批件核发查验动植物或产品的允许进出口证明书；组织对进出口的野生动植物或其产品进行技术鉴定；配合有关部门查处濒危物种进出口违章案件；组织对被没收物种的救护和安置；对进出口活体野生动植物的装运进行核查和管理等。

11. 10月13日，省长钮茂生到林业厅调研。在听了林业厅领导汇报后他谈了几点想法。①植树造林要大力发展，一是做好总体规划，哪些深山老林需要飞播，哪些地方需要封山育林和人工造林，已经完成多少，还有多大任务，要画个图、搞个文字说明，便于组织力量。二是研究制定一些好政策，建立一些灵活的机制。全省18.8万平方千米面积如何谋划，城市、农村、山区、平原、公路两侧、铁路两侧、沿海地区绿化问题，由谁去绿化，怎么绿化，都要提出目标和要求。②优良品种问题要宏观抓住，微观放活，特别是关键品种要上档次，领导品种新潮流。③关于张承地区退耕还林问题，林业厅要认真对待，认真研究。国家的优惠政策主要是以粮代赈，5年之内国家给钱，河北出粮。退耕还林不仅要有生态效益，还要有经济效益。

12. 10月26日，省委副书记赵金铎到塞罕坝机械林场调研，他对林场干部、职工艰苦奋斗的精神和林场在生态环境建设中所起的重要作用予以充分肯定，对林场在森林防火工作中连续13年取得无火情、无火警、无火灾的优良成绩给予赞扬，希望林场再接再厉，为改善京津周围的生态环境作出更大贡献。

（冯小军）

山西省林业

【概　述】

发展与成就

造林绿化　全年完成造林40.33万公顷，其中人工造林33.67万公顷（干果经济林8.27万公顷），飞播造林6.67万公顷；“四旁”植树1.9亿株，其中义务植树7 544万株；育苗2.27万公顷，其中新育1.33万公顷。国家立项建设的西山防护林、太行山绿化、黄河中游防护林、防沙治沙四大重点造林工程完成造林22.67万公顷，中德合作山西北部恢复生态环境项目造林0.33万公顷，世界银行贷款森林资源保护和发展项目造林0.4万公顷。

森林资源保护　森林病虫害防治工作，全年共完成防治面积21.06万公顷，防治率43%；建立省级虫情测报点10个，地县级测报点85个，全省森林病虫害监测覆盖率达到了69.3%；全省实施苗木产地检疫2.6亿株，检疫率达到96.69%。资源林政管理工作，坚持限额采伐管理制度，全省下达采伐限额指标（审批采伐林木）21万立方米，占国家确定限额指标70万立方米的30%，生产木材10万立方米，审核发放林木采伐许可证100%；狠抓了林地资源保护管理，全省经审核合法征占用林地面积212.6公顷，清理非法占用林地326.7公顷；坚持凭证运输、经营、加工木材制度，1999年共核发木材经营、加工许可证1 000余份，并进一步规范了木材市场；严厉打击破坏森林资源的行为，全省共查处各类林政案件2 000余起，惩罚犯罪分子3 600余人，为国家挽回经济损失400余万元。森林防火工作，全省共发生森林火灾81起，过火面积4 672公顷，受害森林2 036公顷，损失林木5.46万立方米，损失幼林147万株；在扑救森林火灾中，烧死31人，烧伤4人；处理森林火灾事故责任人62人，其中判刑1人，

逮捕7人，行政拘留12人，刑事拘留18人；全省森林火灾发生率为3.54次/10万公顷，受害率为0.89/1 000，处理率为74%。

林业产业建设　继续抓了六大产业龙头，一是森磊建业有限公司的石膏刨花板生产，全年共生产石膏刨花板1 989立方米、石膏粉2 886吨，实现销售额330万元，货款回收200万元；二是新普生保健品有限公司的沙棘食品生产，全年完成基建投资130万元，意大利饮料生产线和萃取设备到货调试；三是林纸项目开发，三倍体毛白杨26个良种繁育基地达到333公顷，生产合格苗木200万株，与此同时，交城、风陵渡、介休、襄汾等造纸厂技术改造工作正在加紧进行，顺利推进；四是森林旅游项目开发，新建广灵南壶省级森林公园，全省森林公园总数达到30个，全年接待游客100万人次，创收1 000万元；五是花卉项目开发，全省新建1.3公顷以上花卉基地150多处，花卉种植面积达到600公顷，全年生产盆花700多万盆，鲜切花370多万支，花卉产值超过5 000万元，出口创汇30多万美元；六是干果市场正在建设之中。

林业改革　按照生态公益性林业和林业产业建设的需要，积极推进分类经营改革，在重点生态工程项目"三北"防护林、太行山绿化、黄河中游防护林和防沙治沙工程中继续加强项目的招标、投标管理；在干果经济林等产业项目的建设上实行有偿投入，推行股份制、股份合作制建设，全年发展这种类型的经营实体700多个。另一方面，大力创新林权结构，发展非公有林业，全省新发展造林大户214个，完成造林1万公顷，发展个体育苗户1.2万个，育苗8 000公顷，占到全省新育苗面积的60%。

林业对外开放　世界银行造林三期工程贫困地区造林项目于年初正式启动，涉及16个县、8个省直森林经营局；中德合作"在使用土地和森林中贯彻农民的参与"项目于10月正式启动。'99昆明世界园艺博览会山西展区建设和展览工作取得成效，共获单项奖99块，奖牌总数101块，室外展区"槐香园"获大奖，是国内外参展单位10个获大奖的单位之一，突破了山西省获国际大奖的"零"的记录，夺取了山西省在国际舞台上的"第一块大奖"；室内展厅获金奖，是继1918年汾酒在巴拿马国际博览会上夺得金牌之后，山西省再次获得的"国际大奖"。'99昆明世界园艺博览会组委会授予山西省"贡献奖"，省劳动竞赛委员会授予省林业厅集体一等功。

科技兴林　全年完成科研课题12项，有10项通过省级鉴定，2项达到国内领先水平，3项获国家林业局科技进步奖。在科技推广方面，重点推广了三倍体毛白杨133公顷，元宝枫1 912公顷，美国黑核桃133公顷。全年举办林业技术培训班、观摩会40多次，培训22万人次，加强了基层林业科技队伍建设。

林业投资　全年计划融资59 407万元，其中，中央投资7 236万元，省级投资12 403万元，林业"三项"贷款16 000万元，外资1 600万元，其他22 168万元；实际融资50 807万元（"三项"贷款部分未落实）。

存在问题　一是由于持续干旱，全省造林成活率、保存率均受到一定影响，比1998年有所降低；二是林业投入相对不足，制约林业整体发展；三是林业科技贡献率低，不能满足造林营林所需；四是林政执法手段较弱，破坏森林资源的不法行为得不到及时有效惩处。

（刘增光）

【山西省发生云杉大小蠹虫灾害】　由于受气候异常因素诱发，1999年，山西省发生了大范围的云杉大小蠹虫灾害。临汾、晋中、吕梁、忻州地区和晋城、长治、太原、阳泉市的47县（市、区），省直属中条山、太岳山、吕梁山、关帝山、太行山、黑茶山、管涔山森林经营局的74个国有林场暴发云杉大小蠹24.8万公顷，成灾12.9万公顷，枯死树木351.6万株，严重受害林地的有虫株率达到80%，树木死亡率达30%。在防治森林虫灾过程中，国务院副总理温家宝作出重要批示，国家林业局增拨防治经费500万元，省政府增拨救灾经费1 000万元，各地组建防火专业队伍416个，出动人员1.2万人，累计投工38万个，防治面积达到3.6万公顷。

（刘增光）

【山西省加强天然林保护工作】　山西省天然林资源保护工程（以下简称"天保"工程）1999年遇到了较大的经济困难，同年4月，承担主要任务的省直属八大森林经营局负债总额达到2.28亿元，人均负债近3万元，欠发离退休人员工资401万元，人均673元，欠发在职职工工资1 044元，人均1 843元，造成了集体上访事件。国务院副总理温家宝同志5月29日在国办《信息专报》"关于山西省省直国有林区面临严重困难"一文上作重要批示。国家林业局派人就山西省天然林保护情况进行了专题调研并写出了调研报告。针对实施"天保"工程的种种困难，山西省采取了多项措施。一是切实加强了"天保"工作的领导。省政府下发了"关于加强天然林保护工作的意见"，要求建立各级人民政府天然林保护行政首长负责制，各地（市）县逐级成立天然林保护领导机构。省林业厅成立了由厅长任组长的"天保"工程领导小组。二是建立了天然林保护投入机制。省里规定，各级政府要把天然林保护费用纳入财政预算和国民经济发展计划，省里根据财力状况和天然林保护的实际需要，尽可能增加天然林保护投入。1999年，省财政投入天然林保护费用2 500万元。三是加强了"天保"队伍和基础建设。根据实施天然林保护工程的迫切需要，省里在1998年成立省林政稽查大队的基础上，1999年又要求各地（市）、省直属各森林经营局和林业重点县成立了林政稽查分队。国有林区积极调整人员结构，分流管理人员41%，与此同时，

大力发展以种、养、加和服务业为主的自营经济，进一步加强了天然林保护的基础建设。（刘增光）

【山西省绿色通道工程建设】 1999年是山西省绿色通道建设任务较重的一年，经过努力，大（同）运、太（原）旧（关）、108、307四条道路1 036千米路段，主林带植树达到460万株，道路两侧第一山脊线内荒山造林面积达到9 333公顷，新建完善农田林网达到5.5万公顷，发展经济林达到5 333公顷，建设园林村400多个，建设景点工程80多个。山西省建设绿色通道的做法概括起来有4条：①强化政府行为，部门密切合作。省委、省政府成立了以分管副书记、副省长任组长，林业、交通、水利、计委、财政、土地、公路等部门领导参加的绿色通道建设领导小组，并在林业厅设立了工程建设指挥部，在地县逐级成立了组织领导机构。在省政府协调下，交通部门投资1.2亿元，林业部门投资6 000万元用于工程建设。②创新机制，实行市场化管理。对通道工程所需占用的耕地，采取旱地变水地、复垦土地、机动调地等多种办法进行补偿；对通道工程所需苗木，通过召开省内外苗木洽谈定货会办法，与苗木生产单位签订合同予以解决；对通道工程所需的施工队伍，通过招标、投标和资质认证办法，选择技术能力强、有施工经验的专业队伍承包工程。③依靠科技，提高工程质量。径流林业、覆盖林业、根宝、生根粉蘸根造林等实用技术在通道工程中得到了广泛应用；樟子松、油松冬季带冻土移栽，毛白杨夏季栽植应用了新的造林绿化技术；乔、灌、草、花一起上，点、线、片、带、网相搭配，从整体上提高了通道工程的档次和质量。④强化责任意识，严格工程管理。省里把地县党政领导确定为工程建设的直接责任人，各地县把林业局和乡镇领导相应确定为技术和施工责任人。省里先后出台了《绿色通道工程苗木使用管理办法》、《绿色通道工程栽植技术规程》和《绿色通道工程资金使用管理办法》。对每项规定，逐级实行严格的检查监督。

（刘增光）

【山西省林业厅领导班子领导干部开展“三讲”教育】 按照省委、省政府统一部署，从1999年11月10日开始到2000年1月13日，省林业厅领导班子领导干部集中开展了以“讲学习、讲政治、讲正气”为主的“三讲”教育。“三讲”分思想发动，学习提高；自我剖析，听取意见；交流思想，开展批评；认真整改，巩固成果4个阶段。“三讲”期间，厅领导班子被提意见144条，9名班子成员被提意见306条；通过民主测评，对领导班子的满意度达到了100%，对班子成员的满意度均达到了90%以上。（刘增光）

【1999年山西省林业大事】

1. 2月4日，晋编办字（1999）5号文批准省林业厅成立“山西省花业管理站”。该站为副处级建制的事业单位，主要职能为花卉行业管理、研究和服务。

2. 2月4～5日，山西省林业厅举办绿色通道工程建设苗木洽谈定货会，省内及河北、河南、陕西、江苏、北京、天津的63个苗木生产单位、120多个个体育苗户参加了会议。这次会议，基本解决了全省绿色通道建设的苗木短缺问题。

3. 2月14日，范堆相副省长到省防火办检查工作。

4. 2月21日，平陆县发生森林火灾，扑火中烧死4人，烧伤1人。

5. 2月25～26日，全省林业局长会议在太原召开，会议认真总结了1998年林业工作的成绩、分析了存在的问题，安排部署了1999年的林业工作。省委副书记郑社奎、省人大副主任姚新章、副省长范堆相、省政协副主席赵凤翔参加了会议。这次会议提出1999年全省林业工作重点是“主攻两座山，绿化四条路，保护一千五（天然林），种苗十万亩”。

6. 2月26日，省委常委会议讨论并原则通过省林业厅起草的《关于绿化“两山”实施方案》。

7. 3月2日，寿阳县发生森林火灾，扑火中烧死2人。

8. 3月9日，交城县发生山火，扑火中烧死1人。

9. 3月12日，省林业厅在太原市新建路组织开展“植树节宣传一条街”活动，省五大班子和省军区领导走上街头，散发传单，宣传林业，并赴108国道榆次段绿色通道工程参加义务植树。

10. 4月3日，太原市万柏林区发生山火，扑火中烧死1人；汾阳县、文水县交界处发生森林火灾，扑火中烧死23人。

11. 4月5日，省委书记胡富国赴文水县指挥森林火灾扑救工作；温家宝副总理对汾阳、文水火灾作出重要批示，国家林业局派工作组到山西省指导扑火工作。

12. 4月5～11日，“爱鸟周”期间，中国野生动物保护协会和山西、河北、北京、河南4省野生动物保护协会联合在太原动物园举办“让鸟儿与人类共享蓝天”为主题的万人签名、悬挂鸟巢等活动。

13. 4月7日，北京军区派直升机到山西省扑救森林火灾。

14. 4月7～13日，瑞典Sebra电影公司在山西平定县、平顺县和泽州县采访制作《中国的乡村义务植树》电视片。

15. 4月1日至5月1日，山西电视台摄制完成反映全省绿色通道建设的电视专题片4集，每集10分钟，并在山西电视台《黄土地》节目中播出。

16. 6月5日，山西省花协与日本琦玉县花道联合会进行了为期3天的插花艺术交流。

17. 6月9日，山西省林政稽查大队查处盂县温家山村滥伐集体林木781立方米案，支部书记温黑小、村主任张秀元被依法逮捕，县林业局局长刘斌和、副局长赵富贵被免职。

18. 7月2日，山西人民广播电台驻林业厅记者站正式挂牌成立。

19. 8月5日，省林业厅和省公安厅等6单位联合出击，在代县铲除罂粟51块，共0.5公顷7万余株。

20. 8月20日，吕梁山森林经营局公安科查获收购贩卖14只猫头鹰特大案件，捕获犯罪嫌疑人2名。

21. 8月11日至9月11日，省林业厅组织《山西日报》、山西电视台等新闻单位记者深入省直属各林区，开展“三晋天然林保护千里行”采访活动，撰写新闻稿件100多篇，拍摄电视专题片4集。

22. 9月1日，范堆相副省长到林业厅现场办公，研究解决云杉大小蠹防治对策。

23. 9月15日，温家宝副总理在新华社《国内动态清样》上针对山西省云杉大小蠹发生情况作出重要批示：“一些地方发生大面积森林虫害并呈蔓延之势，危害甚烈，必须采取有力措施尽快加以遏制。要认真解决防治手段和技术问题，明确责任，狠抓落实。”

24. 9月15日，全国美国黑核桃良种引进与开发农业引智成果推广示范基地授牌及成果展示会在太原召开，国外专家、国家林业局和有关省市引智办、林业厅领导参加会议。

25. 9月17日，省政府召开全省云杉大小蠹防治电视电话会议。

26. 9月21～23日，全国绿化委员会和国家林业局在山西省召开全国绿色通道建设现场会，全国绿化委员会办公室副主任、国家林业局副局长李育才到会并讲话，全国有关省绿化委员会办公室主任、林业厅厅长和公路部门的领导参加了会议。山西省委副书记郑社奎、副省长范堆相等领导参加会议。 （刘增光）

内蒙古自治区林业

【概　述】

发展与成就

森林培育　1999年，全区共完成人工造林合格面积42.67万公顷，飞播造林10.73万公顷，封山（沙）育林9万公顷。全民义务植树完成5 698万株，“四旁”植树5 060万株。完成育苗面积0.93万公顷，其中新育苗0.6万公顷，容器育苗4 645.7万袋。采集林木种子204万千克。

森林保护　全区共发生森林火灾18起，其中森林火警13起，一般森林火灾5起，没有发生重大、特大火灾。受害森林面积1 251.5公顷，森林火灾受害率为0.067/1 000。发生草原火灾27起，其中重大草原火灾6起，特大草原火灾3起，受害草原面积16.7万公顷，草原火灾受害率为1.89/1 000。

全区森林病虫鼠害发生面积为42.1万公顷，发生率为2.3%，完成有效防治面积35.34万公顷，防治率为84%，林木种苗产地检疫率达到96.5%，森林病虫害监测覆盖率达到94%。光肩星天牛和松毛虫防治工程取得了阶段性胜利，特别是国家级光肩星天牛防治工程顺利通过了财政部、国家林业局的中期评估验收。

资源管理　全区推行了木材生产计划管理制度，以采伐限额和木材生产计划两个关口控制森林资源的消耗，实现了宏观调控。全年森林资源消耗量为847万立方米，占年度限额的61%，森林资源消长比为0.35∶1。进行了以旗县、国有林业局（场）为单位的采伐更新情况检查，全区采伐发证率99.8%，发证合格率98.3%，凭证采伐率99.5%，调查设计率99.5%，设计误差率为7%，处于全国领先水平。开展了10个旗县、3个林业局的森林资源二类调查。全区荒漠化监测工作得以加强，共布设监测样地7 306块，重点地区沙化土地监测旗县44个。坚持一年一度的造林核查工作，并按照国家林业局的统一部署，组织开展了全区“十五”采伐限额的编制工作。

林政管理　1999年，全区共发生林业行政案件3 481起，查处3 474起，查处率99.8%。挽回经济损失459.04万元。配合全国人大和自治区人大常委会，对全区贯彻执行森林法情况进行了检查。认真贯彻落实国务院《关于保护森林资源制止毁林开垦和乱占林地的通知》和自治区政府《关于严禁乱开垦加强生态环境保护与建设的命令》，狠抓退耕还林规划的落实，全区共退耕还林还草17.04万公顷。坚决冻结征占用林地，必须占用的要由自治区政府审核后报国务院批准，1999年全区经国家批准的项目为18项，748公顷。继续开展了木材检查站达标建设工作，1999年有10个木材检查站达标。新建了乌梁素海湿地水禽、鄂尔多斯遗鸥2个湿地自然保护区和杭锦后旗大白柠条种源等4个物种保护区。

全区林业公安加大了对破坏森林资源案件的打击力度。全年共发生各类森林及野生动物案件7 568起，查处7 554起，综合查处率达99.8%，打击处理违法犯罪人员8 675人次，收缴木材936.2立方米，收缴各类重点保护野生动物28 536头（只），收缴各类枪支52支、猎具161件（套），挽回经济损失490.6万元。

林业科技　继续抓好“全区6311科教兴林实施计划”，加大了科技支撑力度。引进了高科技产品三倍体毛白杨2万株，分别在赤峰、呼和浩特市、包头、巴盟

等地进行试验。林业技术推广工作与林业生态重点工程紧密结合，重点开展了“抗旱造林系列技术”等8项适用技术推广及新技术试验示范工作。1999年全区指令性推广8项适用技术计划18万公顷，实际完成33.9万公顷，占全区林业生态建设面积的54%。同时，完成了《自治区主要造林树种苗木标准》等6个林业生产技术标准的制定工作，并有8项科技成果获国家林业局、自治区科技进步奖。开展了“科技三下乡”活动，先后下乡人数达50人次，发送科普读物100余份，建立了1处科普示范基地。

基层基础建设 1999年，全区又有满洲里市、海拉尔市等8个旗县(市)的109个乡镇林业工作站达到了国家林业局规定的林业工作站建设合格县标准。至此，全区有42个旗县共709个乡镇苏木站达标，占全区1 202个乡级林业站的71.6%。完成了呼伦贝尔盟卧牛河镇复兴镇、通辽市金宝屯镇等16个林业站综合职数试点站建设。全区有13名乡村护林员被国家林业局授予“全国优秀护林员”荣誉称号。

重点生态工程建设 “三北”防护林体系三期、治沙一期、黄河流域防护林、辽河流域防护林、平原绿化等重点生态建设工程，1999年共完成人工造林4.06万公顷，飞播造林10.01万公顷，封山(沙)育林9万公顷。其中，“三北”防护林体系三期工程当年完成人工造林22.4万公顷，飞播造林5.31万公顷，封山(沙)育林5.73万公顷；治沙工程完成人工造林11.56万公顷，飞播造林4.57万公顷，封沙育林2.61万公顷；黄河流域防护林工程完成人工造林0.77万公顷；辽河流域防护林工程完成人工造林1.67万公顷，飞播造林0.13万公顷；平原绿化工程完成人工造林1万公顷。

林业改革 按照自治区林业厅《关于进一步深化林业改革的若干意见》，全面推进林业各项改革。通过政策激励，利益驱动，健全经营机制等多种形式，逐步落实宜林“三荒”使用权和发展股份合作制林业，生态工程项目管理开始引入招投标和监理制等新的管理机制，有效地调动了全社会投身林业生态建设的积极性。大力发展个体造林，许多地方将立地条件差、治理难度大的宜林“三荒”无偿划拨到户，限期绿化。

存在问题 ①全区生态环境形势严峻，荒漠化面积大，扩展速度快于绿化速度，地区间造林绿化发展不平衡。②林业生态建设的质量和效益不高，经营管理粗放，效益低下的问题仍未得到较好的解决。③森林资源保护管理存在薄弱环节，资源保护，尤其是森林草原防火工作从总体上还处在一个较低水平。④种苗基础薄弱，种苗生产的数量与质量仍不能满足全区林业生产的需要。 (乔 云 王建和)

【赤峰市把生态建设作为基本市策】 中共赤峰市委三届五次全委扩大会议提出:“要把生态建设作为基本市策，把农田草牧场建设作为基本功，一以贯之地坚持下去”。其内涵是：加快速度，提高标准，注重效益。从1999年起，全市每年要完成水土保持治理面积13.33万公顷，造林10万公顷，治理沙地10万公顷。到2005年，沙漠化土地得到初步治理，水土流失治理面积达到75%，森林覆盖率达到30%，2010年灭荒，在2030年左右，基本实现山川秀美的宏伟目标。

赤峰市是一个典型的多沙地区。党的十一届三中全会后，赤峰市被列为国家“三北”防护林建设重点地区，全市生态建设进入了全面快速发展阶段，每年造林在6.67万公顷左右。90年代后，全市生态建设进入了大规模整体推进的新阶段。目前赤峰市的森林面积已由建国初的45.3万公顷增加到194.8万公顷，森林覆盖率由5%提高到21.65%，全市58%的沙漠化土地得到了有效治理，出现了人进沙退的喜人局面。

(王建和)

【日本友人在恩格贝营造地球伦理之林】 1999年4月4～6日，由日本伦理研究所理事长丸山敏秋先生率领的绿化协力队一行34人，在全区库布齐沙漠的恩格贝开展了以营造“地球伦理之林”为主题的植树造林治沙活动。4月4日上午，日本绿化协力队、自治区政府植树队、内蒙古大学植树队、伊克昭盟公署植树队和达拉特旗蒲圪卜小学的100多人，在恩格贝举行了建造“地球伦理之林”的奠基仪式。自治区副主席郝益东、自治区林业厅副厅长张纯良以及日本治沙专家远山正瑛出席了奠基仪式并参加了植树活动。

日本伦理研究所于1998年4月首次向恩格贝派遣了治理开发沙漠的绿化协力队。计划在1999年4～10月，先后向恩格贝派遣300名绿化协力队员，在库布齐沙漠上建造5 500棵的“地球伦理之林”。

(郝永富)

【植物再生沙障技术】 该技术是利用沙柳、山竹等植物的再生性能，在高大流动沙丘设置植物沙障并通过技术处理使沙障植物成活，起到了既固沙又成林的双重效果。

这一技术是巴林右旗林业局在实践中研究成功的。1994年以来，这个旗利用此项技术在巴彦尔灯苏木成功治理流动沙丘400公顷。1998～1999年，敖汉旗利用植物再生沙障技术治理流沙0.41万公顷，取得了一次治理一次固定的效果。1999年8月13日，赤峰市在敖汉旗召开了治沙现场会，专题研究推广植物再生沙障技术，加快流动明沙的治理步伐。(王建和)

【全国十大绿化标兵刘士和】 1999年8月4日，敖汉旗林业局局长刘士和在中共中央宣传部、全国绿化委员会召开的全国十大绿化标兵表彰大会上，被授予“全国十大标兵”光荣称号，被誉为“塞外绿色明珠的营造者”。成为建国50年来我国众多绿化英模人物的杰出代表之一。

(王建和)

【贺兰山自然保护区全面实施退牧还林】 贺兰山2.4万公顷天然次生林是阿拉善的宝贵财富，森林覆盖率33%，活立木蓄积209万立方米，这片天然林资源发挥着巨大的水源涵养功能，是沿山和巴彦浩特10多万人民的生活用水和工业用水的主要来源，而且灌溉着沿山0.47万公顷的粮料基地，养育着30多万头牲畜。长期以来，由于过牧利用，加之人为因素，使森林生态系统遭到严重破坏，森林更新困难，高山草甸水土流失严重，水源涵养功能减弱。为从根本上扭转这种局面，1999年8月，阿盟行署决定：结合扶贫移民工程，对贺兰山自然保护区全面实施退牧还林。

（王建和　吴淑改）

【全区林业严打专项斗争战果显著】 根据最高人民法院、最高人民检察院、国家林业局、公安部、监察部《关于开展严厉打击破坏森林资源违法犯罪活动专项斗争的通知》精神和国家林业局森林公安局的具体部署，1998年11月1日至1999年1月31日，内蒙古自治区开展了严厉打击破坏森林资源违法犯罪活动的专项斗争。这次专项斗争规模在全区尚属首次，声势浩大，措施得力，取得了显著战果，达到了预期目的。

据统计，全区各地在“严打”中共侦破查处各类森林案件1 732起、野生动物案件138起，其中毁林开垦案件266起，打击处理各类违法犯罪分子2 789人次，收缴木材133立方米、野生动物5 892头（只），各类枪56支、汽车23辆，各类猎具53件（套），收回林地0.77万公顷，为国家挽回经济损失194.6万余元。

（罗洪文）

【内蒙古“保护母亲河、建设草牧场”行动启动】 1999年4月7日，位于黄河中上游交界处北岸的内蒙古托克托县中滩乡一溜湾处，内蒙古“保护母亲河、建设草牧场”行动启动仪式在这里举行。

内蒙古“保护母亲河、建设草牧场”行动以建设“保护母亲河绿色工程”、开展“保护母亲河行动周（日）”活动，创建“保护母亲河——绿色希望工程基金”等3部分内容组成。主要目标是：利用5年时间重点在境内的黄河、嫩江、西辽河流域范围内，实施“1155”绿色生态建设工程，即自治区建设66.67公顷、各盟市建设66.67公顷、旗县建设33.33公顷、乡镇苏木建设3.33公顷。行动内容是：将每年的4月中旬作为“保护母亲河行动周”，将植树节、国际地球日、水日、环保日、防治荒漠化日等作为“保护母亲河行动日”，广泛开展宣传教育活动、植绿护绿实践活动和募集资金活动。

（高　利　王建和）

【推广敖汉旗“两区”建设经验，为西部大开发做准备】 1999年12月15～18日，自治区林业厅组织沙区、山区盟市林业局局长和30个旗（县、区）的分管旗长、林业局长，在敖汉旗召开了沙区、山区生态建设考察研讨会，向全区推广敖汉旗“两区”建设的成功经验，为国家实施西部大开发战略做准备。代表们在敖汉旗参观了十余个林业生态建设工程，充分肯定了敖汉旗利用植物再生沙障治理流沙和高标准整地综合治理山丘区的治理模式。据了解，1998～1999年，敖汉旗利用植物再生沙障技术治理流沙0.41万公顷，取得了一次治理一次固定的效果，揭开了治理明沙的新篇章。近几年，敖汉旗又在中南部远山、石质山区采取“推磨转圈、轮流治理、以工换工、大体平衡”的办法，集中优势兵力，进行联乡联村、连山连川大会战，坚持山水田林路牧综合治理、工程措施为生物措施服务的原则，确保生态工程治满治严，涌现出一大批精品工程群，使昔日的荒山秃岭披上了绿装。（乔　云　高　利）

内蒙古森林工业集团

【概　述】

发展与成就　1999年，全林区完成人工更新造林1.7万公顷，中幼林抚育28.6万公顷，完成计划的100%，全面完成了国家下达的营造林任务；完成木材生产318万立方米，各类人造板10万立方米，栲胶2 600万吨；固定资产投资完成5.5亿元；实现全部营业收入18.5亿元，其中主产品木材收入12.06亿元，木材平均销售价格390.68元/立方米；实现工业增加值11.6亿元，国有资产保值增值率为100%；清回货款9 945万元，净债权下降8 373万元；完成各项税金1.35亿元，并偿还以前年度拖欠的税金1 715万元；全年实现利润527万元，超出计划5.4个百分点；完成上交自治区财政包干1 000万元，育林基金1 200万元；全面完成了与内蒙古自治区政府签订的经济目标责任状，实现了林业经济的平稳发展。

结构调整　①对已列入规划中的林产工业项目进行了认真筛选、审定，明确了重点，加快了前期工作。②突出抓了图里河中密度板、乌尔旗汉集成材、得耳布尔刨花板等新上林产工业项目的达产达标工作，同时集中力度保证了金河5万立方米中密度板项目的建成投产。③对组建人造板公司、集成材公司、联手开发山野菜资源等进行了调研，在实现规模经营上已经有了基本思路。④多种经营产值增长较快，家庭经济发展迅速，特色种养业开始起步。⑤整体收购了原扎兰屯纸浆厂，组建了集团公司控股，6家子公司参股的富伦纸业有限公司，迈出了“林纸结合”的第一步。

林业改革　一是深入学习党的十五届四中全会精神，按照“三个有利于”的标准，对近几年林区的实践进行了认真的总结反思，理清思路、完善措施、巩固成果、继续深化。中小企业改制强调规范操作，明晰产权，真正实现“四自一独”（自主经营、自负盈亏、自我约束、自我发展的独立法人实体）；生产资料有偿转让强调因地制宜，不搞“一刀切”，尽力减少和避免国有资产的流失；劳动用工制度强调依法清理，规范操作；通过多种渠道加大实施再就业工程的力度，1999年全林区累计下岗职工17 540人，其中上年结转9 545人，实现再就业率60.7%，进中心率00%。二是依法规范各子公司法人治理结构，在新调整的子公司领导班子中实行了董事长和总经理分设，党委书记和董事长一人兼任，双向进入，使这种结构的班子比例由27.8%提高到55.6%。三是养老保险制度改革启动实施，完成了林区内统筹，为进入自治区级统筹打下了基础。四是兴安林化股票上市工作有了新进展。目前，预选材料已由国家证监会分送国家计委和经贸委审查，拟上市企业高级管理人员都通过了全国统考，上市企业的资产进行了重新评估确认。

企业管理　1999年森工集团根据林区的实际，从整章建制入手，全面增强管理意识，认真科学地制定出了企业各条战线的管理规章制度，严格照章办事。在资金管理上，清理统一各企业单位的账户，实行收支两条线，严格执行资金的使用顺序。不乱开口子、乱批条子，坚持一支笔批钱制度；在计划管理上，认真按照基本建设程序办事，坚持基本建设项目的招投标制、合同制、监理制和项目法人负责制；在基础管理上，严格成本、定额、统计、计量等基础制度；在销售和清欠管理上，严格执行林区区域中准价，禁止一切赊销，实行贮木场效益造材等已有的各项制度；在资源林政管理上，加大了对偷拉私运、乱砍盗伐的打击力度，全年查处森林案件1 098起，处罚1 200余人，取缔非法木材经营加工网点110个。

存在问题　①改革有待进一步深化，如放开搞活中小企业、企业内部三项制度和住房制度改革等，存在着不完善、不彻底、不规范的问题；②集团整体优势没有得到很好发挥，开展规模经营方面没有大的动作；③企业管理亟待加强。管理意识淡化，“以包代管”、“以改代管”，有令不行。有禁不止现象还很严重；④资产存量减少、结构恶化。至1998年末全林区资产总额为78.4亿元，负债为52.3亿元，剔除呆死坏账，潜亏挂账等不良资产11亿元，实际资产负债率已达77.6%；⑤企业负债居高不下。至1999年末，林区贷款余额15.8亿元，营运资金为－5.4亿元；⑥可采资源的危机更趋严重。目前全林区成过熟林蓄积占用材林总蓄积的比重，已由建局时的84.2%下降到40%，且分布很不均衡，松桦比例由6.6∶1下降为2.3∶1；⑦人才危机，已成为林区“两危”之后的第三危；⑧职工收入低，下岗分流任务重，再就业渠道少，安置难度大。

（胡明华　徐凤金）

【森工集团整体收购原扎兰屯纸浆厂】　1999年11月21日，森工集团公司董事长陈绍钧与扎兰屯市市长于德荣分别代表双方，在内蒙古森工集团公司收购原扎兰屯纸浆厂合同书上签字。至此，原扎兰屯纸浆厂正式成为内蒙古森工集团所属子公司。

原扎兰屯纸浆厂，经评估后总资产为24 818.5万元，负债11 190.6万元，净资产13 627.9万元。有在册职工1 994人，离退休职工485人。该厂60年代建成，年产纸浆5万吨，在全国纸浆行业排位30名左右。森工集团按照现代企业制度，将破产后的扎兰屯纸浆厂改制组建成为以集团公司控股，6户森工企业参股的股份责任公司——富伦纸业有限责任公司。该公司组建后，立即筹措近2 000万元资金及原材料，启动生产，恢复活力。（胡明华　徐凤金）

【根河森林工业公司实行厂务公开】　为进一步强化企业的民主监督、民主管理和民主政治建设，充分调动、保护和支持广大职工的积极性和创造性，促进企业的廉政建设，根河森工公司结合本公司的实际情况，在林区率先推行厂务公开制度。他们首先成立由公司党委领导牵头，工会、纪委、企管等部门领导为成员的厂务公开协调小组，负责厂务公开工作的方案制定和组织实施及日常工作。经过周密细致的分析，确定了包托企业重大经营决策和改革措施方案、企业经济发展目标前景规划、财务、基本建设、人事、木材生产销售、物资福利、医药采购、民主评议干部、领导班子党风廉政建设、业务招待费使用等18项公开栏目。每个项目都设有公开小组专门负责，并且组长均由主抓此项工作的公司领导担任。在公开渠道上采取公司、厂、段队、班组4级公开。在公开方式上以职代会为基本载体，辅之以厂情发布会、党政联席会、中层干部大会等，并要求公司、厂级单位要有固定的公开栏、意见箱。段队、班组要有简易公开栏，并在《根河林业》报上设立了公开专栏。经过几个月的实质性的操作，收到了明显的效果。实行厂务公开后，关心企业的人多了，上访告状的人少了；敬业爱岗的人多了，自由散漫的人少了。

（胡明华　徐凤金）

【大杨树森林经营实行沟系承包】　大杨树林业局在实施“天保”工程以来，立足于本局施业区面积大、流动人口多、专业队伍不稳定、职工收入低，一度曾出现“年年造林不见林”和林地资源大面积流失的实际，在全局范围内推行了赋予全新意义的沟系承包，通过一段时间的运作，已经取得了明显的效果。他们的主要做法，就是在合理规划的前提下，划小经营面积，以沟系为单位，通过集体或个人承包经营的方式实行综合作业，包括对沟系内的森林资源进行培育、保护和管理，同时开展多种经营，完成对生态公益林和商品林的经营管护工作，以达到合理、有效地保护和培育森林资源的最终目的。主要的工作内容有：人工造林、人工促进天然更新、造林后抚育防火阻隔带经营及其他项目。林场领导、中层管理干部和林业内部职工为第一承包人，这种方式使林场的机构进一步压缩，职能相对弱化，从直接参与生产转变为组织、管理、监督、服务。沟系的经营者按规划作业，经营成果按国家行业标准检查验收。 (胡明华 徐凤金)

【阿尔山森林工业公司发展森林旅游】 阿尔山森林工业公司利用阿尔山的地缘和资源优势，在发展旅游产业上作文章，把旅游业作为支柱性产业来抓，制定了“立足阿尔山、发展大旅游”的新的工作思路。他们在资金有限的前提下，坚持边建设、边经营、边收益的方针，把旅游区分成若干个景点，由各单位出资包建一个景点，以一段时间的旅游收入来补偿建景点所需的投资。同时成立了旅游服务公司，一方面为游客提供优质的服务，使游客住得舒适、吃得满意、玩得开心，把钱花在山里；另一方面，积极开发旅游产品、绿色食品、山货土产、根雕、木雕等，以满足游客的购物欲。同时，加大森林旅游的宣传力度，如：在景区以广告牌、编辑出版旅游画册、制作电视风光片等，在宣传内容上力求新颖，注重宣传森林旅游的保健功能，以此来扩大影响，吸引游客，促进地区经济的发展与繁荣。他们在资金十分紧张的情况下，仍挤出部分资金用于旅游景点设施建设，分别在杜鹃湖、天池山、玫瑰峰等旅游景点兴建了亭台轩榭、曲桥长廊、石阶牌楼等旅游配套设施，并设置了森林旅游小火车、汽艇、游船等游玩设施，初步形成了“六园、五湖、九景、两泉、一村、一庄”的系列旅游区域框架。由于该公司一心致力于旅游业的发展，改革了旅游管理体制，建立了旅游投入机制，优化了旅游服务质量，目前森林旅游已初具规模，已经成为当地经济发展的一个新的经济增长点。1999 年进入旅游旺季以来，已接待游客 33 250 人次，旅游收入达 280 万元。 (胡明华 徐凤金)

【得耳布尔森林工业公司赴俄采伐】 得耳布尔森林工业公司面对企业员工多、施业区面积小、可采资源质量差、就业渠道少的实际困难，积极采取有效措施，拓展新的领域。他们把赴俄罗斯进行森林采伐作为向外拓展，形成新的经济增长点的主攻方向，于 1998 年 10 月份首先与俄罗斯赤塔洲林业部进行了广泛接触和商务洽谈，达成了赴俄“合作采伐森林”的协议，签订了第一批采伐 20 000 立方米总额为 80.5 万美元的采伐森林合同；于 1999 年 1 月组成 54 人的赴俄劳务输出队伍正式过境。得耳布尔森林工业公司在赴俄采伐过程中，克服时间紧、生产量大、过货任务重等困难，在管理上，压缩管理人员，减少管理费用；在生产上，保证山场造材质量，按标准要求组织生产；在生产和运输上，严格控制成本，分解各阶段的完成定额标准，各个生产阶段的费用都与出国人员的工资挂钩。他们仅用了 2 个月的时间，共过境木材 6 366 立方米，实现销售收入 318 万元，上缴税金 41.4 万元，实现利润 60 万元，出国人员工资月平均 3 400 元，取得了较好的经济效益和社会效益。 (胡明华 徐凤金)

【满归森林工业公司加大分流人员力度，推进再就业工程】 满归森林工业公司按照“精干主体、分离辅助、多元经营、自我消化”的工作思路，认真实施下岗分流和减员增效工作，进一步加大了分流人员的力度。从主体产业入手，严格执行定员定编，实行公正、择优的用人机制，采取先定岗定员，后下岗分流的办法，从木材生产战线分流到营林生产战线 532 人，以买设备、木材、房屋等盘活资产的方式分流了 326 名职工，以经济性分流方式分流了 789 名职工。

具体做法：①将辅助单位部分推向市场。电信电视处、生活服务处分别开展了承揽广告、电信维修、家政服务等业务，幼儿园建立了幼儿分园和儿童乐园，物资供应处除了燃油以外的部分全部走向市场，推销库存物资。印刷厂职工采取工龄折股的方式完全与企业脱离。②破墙开店，兴办三产。将商福处林贸大楼完全推向市场，所有的商店出租、出售给职工，由职工自主经营。③发挥优势，综合开发。充分发挥现有的设备和技术优势，积极走向市场，占领市场，不断开拓发展空间。运修公司成立了对外维修站，承揽相关业务。建筑安装工程公司把闲置的技术设备力量开赴到 111 国道，参加林区以外的建设。利用清欠回来的大型运输车辆，组成了秦皇岛运输车队，开展对外运输。将职工医院部分人员分离出来成立新的门诊部，延伸了服务范围。④采取了经济性分流的办法。确定了经济性分流的人员主要是企业无力安排的富余人员、不服从企业重新分配工作的人员，凡是经济性分流的人员，均由企业给予经济补偿，标准为每个工龄年补偿上年月平均工资。经济性分流实施出台后，职工积极性很高，他们充分发挥自身的特长和外地社会关系走出企业找出路。在这次经济性分流中，共有 798 名职工与企业解除了劳动关系，其中在外地从事经营、再就业的有 427 人，在满归从事其他个体经营的有 200 人，每年可为企业减少工资、费用支出 384 万元。

该公司生产一线人员比例由 51%提高到 67%，管理人员由 22%下降到 12%，辅助人员由 27%下降到 21%，公司管理费较 1998 年降低了 960 万元，职工年均工资则增加了 812 元。 (胡明华 徐凤金)

【克一河森林工业公司发展袋栽黑木耳产业】 克一河森工公司被确定为天然林保护工程试点单位，木材产量大幅度调减，面对新的形势，他们选择了具有广阔消费市场，适合林区发展的袋栽黑木耳作为龙头产业，在1998年试点取得成功的基础上，采取公司加基地、基地加林户的经营方式全面铺开，开辟了一条兴林富民的新途径。他们首先做到了“一个到位”，即宣传鼓动到位，通过会议动员、电视宣传，帮助职工正确分析形势、客观看待困难，并以典型引路的方法，通过试点成功的技术、效益分析，增强了职工群众培植黑木耳的信心。“两个督促”就是公司领导经营检查督促，科室部委分片包干督促，并把各单位开展多种经营工作，纳入到考核干部政绩的主要内容之中。成立了食用菌工作领导小组，党政领导分别担任正副组长，并成立了协会组织。“三个扶持”就是在资金上扶持、政策上扶持、技术上扶持。领导带头集资，使3万元的家庭经济基金充实到74万元，专门用于职工发展袋栽黑木耳事业。各林场还通过融资的方式筹集资金近30万元，公司老干部也自发地为发展食用菌业集资5 400元。针对职工缺少必要的技术等情况，他们先后从河南、黑龙江、吉林等省市聘请专家进行技术指导，办班培训。同时，采取统一收购与分散销售相结合的办法，保证林户产品产有所销，促进了袋栽黑木耳培植业的顺利实施。同时，他们撤销了利克斯林场，建立了兴安食用菌有限公司；撤销了库亚林场，成立了兴林食用菌有限公司，专门从事食用菌生产；成立了食用菌发展指挥中心和菌厂，与劳动服务公司一套班子，两个机构，专门负责指挥、管理、服务全公司食用菌发展工作。目前，已形成了两个公司、三大基地、一个中心。截至1999年9月末，该公司共培植成功木耳58.3万袋，培植平滑菇3.5万片，加上54万段段栽木耳，使食用菌培植业遍及116个林户。据初步测算，全公司培植食用菌共创产值258万元，创效益已达120万元。

（胡明华　徐凤金）

【内蒙古森林工业集团1999年林业大事】

1. 4月1日，森工集团所属绰尔森林工业公司承包的895—896次“超尔号”（塔尔气至牙克石）旅客列车在塔尔气站举行首发仪式，林区第一家企业承包旅客列车正式开通。

2. 4月21日，内蒙古大兴安岭北部原始林区森林管护局、森林公安局在莫尔道嘎正式挂牌运营，我国惟一一块集中连片的原始林区实行封闭管护，封山育林。

3. 5月1～5日，所属北部原始林区永安山、乌玛、奇乾及金河林业局施业区相继发生4起雷击火，经林业职工和森警官兵奋力扑救，于5日17时30分明火全部扑灭。

4. 5月7～10日，以国家林业局局长王志宝，自治区副主席傅守正为首的国家、自治区两级防火检查团来林区检查春防工作，检查团先后深入到乌尔旗汉、库都尔、图里河、根河及北部原始林区一线检查，并看望了沿线武警大兴安岭支队和根河机降大队的部分官兵。

5. 7月12～16日，以全国人大常委会委员、全国人大农业与农村委员会主任委员高德占为组长的全国人大《森林法》执法检查组一行10人，来林区现场检查了《森林法》执行情况及“天保”工程实施情况。

6. 5月30日，林管局党委副书记、局长，内蒙古森林工业集团公司董事长、总经理郑焕如在检查工作时，因急性心肌梗塞，因公殉职。31日，中共内蒙古自治区委员会办公厅以“内党办函［1999］29号”函决定由王耀明同志临时主持局和公司全面工作，孙扎根同志协助王耀明同志负责局和公司的行政工作。

7. 8月1日，内蒙古自治区党委宣布对森工集团（林管局）领导班子任免，陈绍钧同志为董事长，王南同志为党委书记，孙扎根同志为总经理。

8. 10月16～20日，全国政协委员、原国家林业部副部长蔡延松率国家林业局调研组来林区就天然林资源保护工程等有关情况进行实地调研。

9. 11月30日，内蒙古大兴安岭林管局（集团公司）被国家林业局授予首届“梁希林业宣传奖”组织奖。

（内蒙古森林工业集团公司）

辽宁省林业

【概　述】

成就与发展

造林经营　共完成人工造林作业面积21.3万公顷，合格面积12.4万公顷，飞播造林11.3万公顷，“四旁”植树5 390万株，新封山育林13.3万公顷，全民义务植树1.4亿株；完成中幼林抚育5.7万公顷，其中透光抚育4.4万公顷，低产林改造1.4万公顷，主伐更新0.7万公顷；生产各类苗木12.4亿株；协调省直属75个部门完成责任区造林0.08万公顷，超额完成了3年的规划目标，实现了历史性的突破；全省绿色通道工程建设共完成绿化长度7 466千米，绿化0.85万公顷，其中高速公路两翼绿化工程建设成效显著，已造林绿化769千米，植树171.4万株，全面完成了当年的作业计划，初步形成了绿化的新格局。“三北”防护林、沿海防护林、辽河流域防护林、水源涵养林及防沙治沙等重点工程，严格按照建设的总体目标和规划，提高了建设的水平。

资源管理　已实现退耕还林4.1万公顷，完成计划面积的2倍，其中25度以上的坡耕地还林1.7万公顷，在册耕地还林0.7万公顷；转变经营作业方式，对重点生态防护地区的天然林实行严格保护，控制采伐，全省压缩天然林采伐指标20%；加强了木材运输和加工的管理，取缔了部分私收乱购木材的窝点和无证经营的场点；侦破各类森林案件2 261起，依法打击处理各类犯罪分子2 904人，为国家挽回经济损失489万元；全面加强森林防火、防病、防虫工作和野生动植物保护工作，做到抓早、抓实、抓好，火灾受害率为0.015 7/1 000，大大低于0.4/1 000的控制指标，西部地区发生的森林病虫害得到有效防治，野生动植物保护取得新成效。

林业产业　采取择优扶持的策略，对30个较大的林业企业进行重点扶持和指导，挖掘内部潜力，加强行业管理，提高市场竞争力和企业效益；新建续建产业项目70余个，总投资2.32亿元，其中省优良苗木繁育中心已投资800万元，一期建设33.3万公顷，栽植苗木300万株；新发展商品林8万公顷，其中经济林4.7万公顷；森林旅游快速发展，森林公园建设水平不断提高，全年接待200万人次，收入3 500多万元；全省林业总产值可实现95亿元，利税也有一定的增长；5个山区综合开发示范县的建设经验得到推广，加速了山区农村经济发展和农民致富。

林业科技　林业科技与经济、生产紧密结合，组织科研项目54项，各级科研经费达400多万元，引进国外技术交流项目5项，推广各类应用科技成果和技术项目30多项，辐射1.4万公顷，其中灌木柳丰产栽培技术、中国林蛙半人工饲养技术、核桃栽培丰产技术及食用菌栽培丰产技术等项目获较高的经济效益，科技成果转化率达44%以上，科技成果在适宜地区的覆盖率达40%，科技进步对林业经济增长的贡献率大大提高，有13项科技成果获省、部级科技进步奖，其中二等奖3项，一等奖1项；加强了科研院校建设，改善了省林校、省干旱地区造林研究所办公条件和实验设施；组织科技人员下乡，加强5个科技兴林示范区建设，提高了林业建设水平。

两场一站　加强了国有林场目标管理，完善经营机制，激发了发展活力。全省10多个贫困林场都基本脱贫，70%以上的国有林场产值、利润实现同步增长；通过树典型、抓队伍，乡村林业发展加快，现已建起1 610个集体林场，其中部分林场已成为地区经济的重要骨干，涌现出清原县王家村、大堡村等保护森林资源发展林副产品致富的一大批典型；乡镇林业工作站全部完成市、县站建设任务，其中30多个进行规范化试点建设，有18个市、县站达到国家站标准，带动了全省基层规范化和科学化，使市、县林业工业站建设走在全国的前列。同时，提前完成了森林资源二类调查、“十五”规划制定和2000～2010年森林方案编制工作，为林业健康快速发展奠定了基础。

林业投入　经过多方努力，共争取各类资金3.43亿元，同比增长17.4%，成为历史上争取林业建设资金最多的一年。其中生态工程建设资金6 100万元，三项贷款1.63亿元。群众投工投劳，投身林业建设的积极性不断增强，涌现出一批承包、租赁荒山进行开发的造林大户，全社会参与林业建设的投入约在1亿元左右。同时，加强了资金的管理和审计，发挥了资金的导向和保障作用。

林业改革　在4个试点县(区)森林分类经营改革取得阶段性成果的基础上，全省森林分类区划界定工作全面展开，有近70个县（区）基本完成分类区划界定工作，区划面积400万公顷左右；林地林权普查登记发证工作取得成效，已有17县(区)实施普查登记；进一步加快科技体制、国有林业、乡村林业和林业企业改革，省林科院和省杨树研究所作为科技体制改革试点，进行机制、用人和分配制度改革，省干旱地区造林研究所实行了“一所二制”改革，精减行政人员，突出科研主线，促进科研经营结合；国有林业、乡村林业进行了股份合作、拍卖等改革，发展乡村股份合作林场386处，家庭林场2处；积极稳妥地开展“四荒”拍卖，现已拍卖荒山达14万公顷，加速了荒山开发和森林资源有偿转让，促进了林业改革向纵深方向发展。

存在问题　林业经济体制和经济增长方式转变较慢，林业经营管理仍然较为粗放；林业政策不配套，缺乏超前性、操作性等；林业改革步子不快，深层次的矛盾和问题依然存在；林业建设任务过重，税费负担过重等问题制约了林业发展。　（张洪生）

【辽宁超额完成年度退耕还林任务】　1999年，辽宁省认真贯彻落实国发明电［1998］8号通知精神，狠抓了退耕还林工作，取得了突破性进展，完成退耕还林4.1万公顷，超过计划数2万公顷的1倍多。

辽宁省的退耕还林工作得到了各级党委、政府的重视和支持。省委书记、省长、主管副省长不仅对退耕还林作了重要批示，而且还提出了“对退耕还林任务完不成的市、县，视其为责任状不合格，实行一票否决”的要求。

省林业厅组织有关部门进行了退耕还林专题调查，认真落实任务，还多次到退耕还林重点县检查指导，使这项工作得到了各级领导的重视。多数市、县签订了责任状，拿出了专项资金，其中新宾、开原、桓仁县委书记、县长都亲自抓，切实解决了坡耕地还林中的实际问题，极大地促进了退耕还林工作的进展。有的地方党委和政府，对完不成退耕还林任务的县、乡，采取取消采伐限额，取消农建投资和不返还育林基金等行政手段，有的地方对完不成任务的部门和单位，采取予以罚款等措施来强化退耕还林工作，都收到了较好的效果。

清查毁林开垦情况是完成退耕还林任务的前提。省厅对退耕还林任务重、工作阻力大的地区，分别进行了督促检查；对工作力度大，有一定成绩的地区，总结成绩，推广经验，指导全省工作。

各市林业部门按着省厅的要求，有的组织工作组，逐县逐乡清查。有的县政府抽调有关部门组成工作组包村、包乡清查。如抚顺市及县、区成立的退耕还林清查工作组，对全市67个乡镇的每个开垦地块都登记造册，推动清查工作顺利进行。

通过艰苦细致地工作，现已摸清了全省应还林面积是7.3万公顷，其中25度坡以上的在册耕地1.9万公顷。底数摸清后，全省对退耕还林地块进行了“五落实”（责任落实、资金落实、地块落实、苗木落实、时间落实），坚持谁开垦谁还林，谁还林谁管护的机制，本着谁批准谁负责的原则，一级抓一级，级级抓落实，层层签订责任状，促进全省退耕还林工作超额完成了任务。 （张洪生 邹丽坤）

【辽宁沙漠化治理成效显著】 辽宁省有沙漠化土地87.54万公顷，占全省总土地面积的6%，其范围涉及沈阳、大连、鞍山、锦州、阜新、铁岭、朝阳、盘锦、葫芦岛等9个市、18个县（市）、197个乡（镇）。在沙漠化土地中，流动沙丘（地）0.27万公顷；半固定沙丘（地）2.68万公顷；固定沙丘（地）29.58万公顷；沙质耕地51.69万公顷；闯田0.25万公顷；重盐碱地区3.1万公顷。

按沙区类型分，全省既有内陆沙地，又有沿河、沿海沙地。内陆沙地是指辽宁省沿内蒙古边界的彰武、阜新、康平、昌图、北票等县科尔沁沙地，面积27.3万公顷。至建国初森林几乎砍伐殆尽，森林覆盖率仅在2.8%，自然生态环境严重失去平衡，风沙、干旱、水土流失等自然灾害严重威胁人民的生产和生活。

建国后辽宁省经过几十年的治理，各大工程的实施，取得了很大的成绩，到目前全省沙区有林面积达到42.75万公顷，森林覆盖率由建国初的2.8%，提高到22.3%，初步形成了防风固沙防护林体系，使全省沙区生态环境条件发生了很大变化。

沙漠化土地得到了有效治理 据调查统计，1949年全省流动沙丘（地）14.3万公顷，固定半固定沙丘（地）19.45万公顷，经过几十年的治理开发，截至1994年，在这些沙漠化土地上造林16.23万公顷，是建国前的270倍，流动沙丘（地）减少到0.27万公顷。北至昌图县，西至建平县，沿科尔沁沙地边缘长430公里，宽100公里的风沙线基本得到治理。老哈河、大凌河、柳河、绕阳河4个流域沙漠化土地得到有效治理。沿海沙地海防林也初具规模。

沙区气候条件发生了明显变化 阜新地区年平均风速由50年代的3.4米/秒，降到1.9米/秒；六级以上大风日数由71.8天降到12.8天；沙尘暴日数由2.9天降到0.8天。彰武县空气相对湿度春季增加8%～9%。夏季增加7%～13%。地表温差缩小，5～7月份温度下降0.6～0.7℃，11～12月增温1.0～3.3℃。无霜期延长10天左右。

农田得到了有效保护 沙区3.16万公顷农田防护林，使63万多公顷农田得到保护。昌图、康平、法库、新民 辽中、彰武、黑山、建平等县（市）沙区基本实现了农田林网化，改善了生态环境条件，增产效益达11%～14%。

取得了显著的经济效益和社会效益 建国以来沙区生产木材65万多立方米；现在沙区基本上解决了烧柴问题；累计增产粮食76亿千克。保护渠道1 508千米、公路1 750千米、铁路62千米、村庄3 362个。据以上不完全统计，全省沙漠化土地治理总效益为61.05亿元。 （张洪生）

【朝阳巨变】 曾被称为十年九旱的朝阳市，经过50年的艰苦奋斗，大力植树造林，治山治水，有林面积由建国初期的7.3万公顷，增加到64.7万公顷；森林蓄积量由176万立方米，增加到1 145万立方米；森林覆盖率由3.9%，增加到33%。80%的荒山秃岭已披上了绿装，如今的朝阳已不再是旧模样。突出的表现为：一是水土流失大大减轻。朝阳市共有水土流失面积160.5万公顷，通过植树种草已有113万公顷得到控制，占水土流失面积的70%。每平方千米土壤位移侵蚀量减少70.8%。建平县叶柏寿水文站192平方千米的流域，径流模数已由60年代初的3.89立方米/秒·平方千米，下降到0.67立方米/秒·平方千米。森林植被好的地方，已是小雨水不下山，中雨流清泉，大雨缓出川。二是风沙危害基本得到控制。北部300多千米受风沙困扰的地带，如今以防风固沙林为主，筑起了多林种多树种结合的一条绿色长城，形成了防风固沙的天然屏障，有效地阻止了内蒙古科尔沁沙地南移。昔日的流动沙丘被林草锁住；过去的“塞北沙荒”已变成绿洲；以往的沙化农田，已变成林成网、田成方、机能耕、水能灌的高产稳产农田和商品粮基地。朝阳市50～60年代粮食单产不足50千克，总产只有3～4亿千克，如今粮食单产已超过250千克，总产超过20亿千克。三是基本解决了农户的烧柴问题。过去燃料奇缺，有些地方用牛粪、羊粪作为燃料，甚至旧鞋都作锅底柴，如今已有70%的农户靠薪炭林为主提供的薪柴解决了燃料问题，30%的农户达到半自给，每年可节约燃煤费用4亿多元。四是林业产值增加，促进了农民脱贫致富。林业的发展，提供了大量的林副产品，每年产蘑菇200万千克，山杏仁1 000万千克，大扁杏仁12.5万千克，大枣600万千克，山枣500万千克，沙棘果2 000万千克，山兔、野鸡、獾子、狍子、狐狸等野生动物不断增加，林业年总产值已达3.2亿元，全市农村人均收入已达 1 800 多元。

主要做法：一是靠党和国家的正确领导。建国后，朝阳人民积极响应党和国家的号召，在 50 年代初就开始了山区建设工作。特别是 1978 年，国家将朝阳市列为“三北”防护林体系建设区域，国家和上级林业部门对朝阳市的造林绿化工作高度重视，给予了大力的支持和帮助。省委、省政府为朝阳市制定了“以水土保持为中心，以造林种草为重点，实行工程措施和生物措施相结合，山、水、田、林综合治理”的建设方针。并从 1982 年起，每年从省机动经费中拿出 500 万元，作为朝阳山区治理的专项经费。二是靠朝阳人民迫切的绿化愿望。200 年前，朝阳还是“露春绿柳攀岩，夏日万卉齐放，秋日枫叶似火，冬日松柏常青”的地方。而由于封建统治者的掠夺性采伐、战乱影响和民众不合理的开发，到建国初期森林覆盖率下降到 3.9%，生态环境极端恶劣。风沙危害、水土流失、干旱成为这里的特征。1949～1985 年共 37 年间，平均 2.5 年 1 次旱灾，其中大旱 11 年。粮食产量低而不稳，人们缺吃少穿无柴烧。朝阳人民长期深受无林之苦，渴求绿色，有强烈的造林绿化心愿。三是靠朝阳人民战天斗地的精神。朝阳人民历来就有吃苦耐劳的精神，50 年代就出现了张俊祥、迟月英为代表的青年山区建设队，他们吃在山上，住在山上，坚持数年如一日。每到整地和造林季节，各行各业齐参战，有的搞联乡会战，有的搞联村会战。造林高峰期，一天上山人数最多时达 100 万人，占朝阳市总人口的 1/3。每年完成高标准整地 6.67 万公顷以上，挖水平槽、竹节壕、修台田、返坡梯田等动用土石方5 000多万立方米，如果将这些土石垒成高宽各 1 米的长城，可绕地球一周有余。 （张洪生）

【本溪市集体林业改革成效大】 近年来，本溪市在集体林管理中，大胆探索集体林业的改革形式：一是在多林村组建了 77 个股份制和股份合作制林场，占全市村镇总数的 24%。这些村将山林作价折股到每个村民头上，组织召开了股东代表大会，选举产生了董事会、监事会等林场管理机构，林场经营管理基本上走上规范化轨道。切实做到了村场分开和按股分红，分红比例逐步提高。1999 年春，八里甸子镇马鹿泡村人均分红 246 元，是 1998 年的 3 倍。大南沟村人均分红 300 元。二是在森林面积较少不便建立股份合作制林场的村组建了 48 个合作林场，占全市有林村的 15%。在分配方式上按照股份合作制林场的作法，保证了农民有一定的收益。三是在一部分已组建股份合作制林场和合作林场的村，进一步引进家庭联产承包机制，将山林以一沟一坡为单位，由农户或联户承包管护，承包者除护林外，还可以利用林地资源发展多种经营生产，林场采伐时可以享受二次分红待遇，集体林业管理体制进一步完善。本溪县兰河乡已有 1 000 多户农民参与承包，占全乡农户的 60%。截至 1999 年 5 月底，全市已有 22 个村实行承包管护。四是在少林村和不适合组建集体林场的村，经村民代表会议同意，面向村内和社会，采取公开竞价、承包、租赁、转让经营权的办法经营集体山林，全市有 56 个少林村实行了这个形式的改革，占有林村总数的 17.6%。出现了以财神庙村刘福柱为代表的私营林场 41 个，总经营面积 6 667 公顷。目前，全市通过各种形式开展林业改革的村有 181 个，占全市有林村的 56.9%。通过改革集体林业管理体制，真正做到山有主、主有责、责连利，极大地调动了群众造林、营林、护林和发展多种经营生产的积极性。1999 年全市造林 1.2 万公顷，是改革前 1996 年的 4 倍，创历史最高水平。1999 年完成退耕还林 2 666 公顷，超计划 55%。在加快发展的同时，森林保护的形势也越来越好，全市乱砍滥伐案件呈现大幅度下降趋势。

（张洪生）

【义县前杨乡建成东北第一大枣园】 义县前杨乡建成东北第一大枣园，面积达 533.3 公顷，已有 50%进入产果期，年收入达 200 多万元，仅此一项农民人均收入 300 多元。

前杨乡的西部山区 8 个村，由于山多地少，土地瘠薄，过去这里农业产量一直低而不稳，粮食产量只有 100～150 千克，农民贫穷。1989 年乡政府决定充分发挥山多的优势，发展经济林，组织林业干部到外地考察，经过认真筛选决定引进赞皇、金丝枣等 3 个适生品种，1990 年开展试种获得成功，此后每年以 66.6 公顷的速度发展，现面积达 533.3 公顷，在南起长山、北至偏坡形成长 15 千米、宽 5 千米的枣树经济林带，其中大营子村 1990 年建的 66.6 公顷枣园年收入达 50 万元，成为农民收入的主要来源。 （张洪生）

【国有甘井子林场】 辽宁省清原县国有甘井子林场有林地面积 0.7 万公顷，森林总蓄积量 89 万立方米，其中天然林 0.31 万公顷，蓄积 38 万立方米，现有职工 332 名。1998 年初，甘井子林场组建了范荣木业（集团）股份有限公司，利用台湾先进的地板生产设备和淋漆生产线，外闯销路，内抓管理，开发适销对路产品，迈出了坚实的一步。1999 年生产地板 18 万平方米，实现销售收入 1 600 万元，创利税 170 万元。1998 年进入全省 50 强林场，并被抚顺市定为地板生产龙头企业。

依托资源，组建集团 甘井子林场地板厂于 1991 年创建，由于设备落后，管理粗放，没有明显的经济效益。1994 年他们与香港好德发展有限公司合资成立了抚顺清德实业有限公司。但由于产品与市场脱节，生产难以形成规模，企业效益仍不够理想。经过市场调查，他们发现淋漆地板以其硬度高、阻燃防潮、无味耐磨、易装易拆等优良特性，在国内和国际市场具有较强的竞争力。于是由县林业局协调，他们多方筹集资金于 1997 年 6 月投资 140 万元从台湾引进了一条先进的淋漆地板生产线。投入生产后立即收到较好的效果，当年生产淋漆地板2.5万平方米，其中库存积压多年的1万平方米地板，经过淋漆加工后变成了走俏产品，净增值50多万元。新产品定名为“范荣”牌木制淋漆地板，经省技术监督局和家具检查站共同检测确定为“AAA”产品，拥有该生产项目的范荣木业股份有限公司被抚顺市政府确定为农村产业化“龙头”企业，从此产品一时供不应求。1998年2月，由清原县林业局搭桥，吸收抚顺振清木制品有限公司组建了范荣木业(集团)股份有限公司，利用振清公司的先进地板生产设备和干燥设备，扩大了生产规模，发挥集团优势，增强了市场竞争力。

企业效益的关键在管理 在国有林场产权制度改革中他们采取职工出资入股的方式使全场85%的职工成为范荣木业(集团)有限责任公司的股东，职工既是劳动者，又是资产拥有者，实现了劳动和资产的结合，另一方面切实维护出资者利益，通过股东会和监事会有效发挥重大经营活动决策权、主要经营者选择权、国有资产收益权等出资者权利，建立保障出资者行使权力的机制，形成以产权为纽带的现代公司体制。逐步摸索出了以六大管理为核心的产权管理模式。即规划管理、目标管理、投资管理、产权代表管理、收益管理、监控管理。在此基础上，又实现了全面经营责任制管理。将责任落实到位，指标落实到人，合理有效地经营使用资产，确保出资者职能以指标和责任为载体得以行使。

强化新技术的推广应用和技术交流力度 1999年初，范荣木业集团有限公司对市场变化做了调查，把企业重新定位，根据供需关系的变化，将目光瞄准到拼接板上，于是他们又投资120万元购进了拼接设备，使设备配套更趋合理，也提高了木材的利用率，取得了相当可观的经济效益。他们注重抓好销售环节，在销量较大的天津、济南等地建立了固定销售点，有的销售单位还在本地保险公司做了质量保险，免除了消费者的担心。还利用全国航模比赛在抚顺举行的机会，出资8万元承办了这场比赛，树立了企业形象，扩大了公司的影响。

(张洪生)

【新丰村办林场】 宽甸县大川头乡新丰村，总土地面积5 133公顷，有8个村民组，346户，1 350口人。

该村于1974年建立了全县第一处村办林场，确立了以林为主，多种经营，兴林富民的办场方向。目前，全村有林地面积4 533公顷，林木蓄积量33万立方米，森林覆盖率为88.3%，分别比1974年建场时增加了13.3%、17.9%和10.4个百分点。建场以来，累计生产木材2万多立方米，林业生产总值1 500多万元，其中木材加工及多种经营收入1 000多万元，向国家缴纳各种税金近400万元；先后投资34.4万元修建一处400平方米的村办公楼、一处带有住院部的卫生所、一个卫星电视地面接收站，为140户农民安装了自来水；农民应缴纳的各种负担都由村统一支付；五保户、贫困户、军烈属和复员军人等特殊对象还享受村里一定的补贴；为活跃农民业余生活，促进精神文明建设，每年村里还出资近万元举办2～3次文体活动。1999年，全村人均收入达3 400元，是建场初期的13倍。全村有90%的农民住上了新瓦房，户户普及家用电器，农民存款额逐年增多，成为远近闻名的乡村林场建设先进典型。他们的主要做法：

加强林场规范化建设，健全和完善各项生产责任制 一是结合本村实际，确立了林场由村委会集体领导，林场场长由村委会主任兼任，聘请有能力、懂技术、会经营的能人担任业务场长和技术人员，组成一个稳定的领导班子。二是制定全村林业发展规划，建立健全了林业生产责任制、岗位责任制，财务管理实行账目公开，民主理财。三是各项林业生产全部实行定额管理制度，按定额落实生产任务到人，按技术规程组织施工，按定额的完成情况兑现奖惩。

积极培育森林资源 建场以来，对“两山”进行了清理，对已治理的“两山”，重新确权发证，坚持依法保护；对未治理的“两山”，收归林场统一经营。大搞植树造林、封山育林和科学营林，累计完成人工造林1 330多公顷，封山育林1 400多公顷，抚育中幼龄林1 600公顷，低质林改造240公顷。目前全村已无荒山、疏林和灌丛，林分单位面积蓄积量达到每公顷73立方米。

以林为主，大力发展林业多种经营生产 1986年投资5万元建起木制品加工厂1处；1987年在佛堂沟建起一处林业立体开发区，发展用材林54公顷、经济林27公顷，接种食用菌耳木200立方米，放养林蛙1 000多万只；与县种苗站共建种子园和母树园各1处，总面积46.7公顷；自办苗圃2公顷。多种经营年产值达200多万元，利税50多万元。

(满守刚 王 珏 张洪生)

【阜新县国华乡林业工作站】 国华乡位于辽宁省阜新蒙古自治县南部山区，气候干旱，土壤贫瘠。全乡总土地面积1.3万公顷，其中林业用地0.73万公顷，全乡森林覆被率53%。近年来，国华乡林业站经过不断努力、艰苦创业，现在已发展成为辽西林业站建设的一面旗帜。

结合自身特点，发展经济实体，增强经济实力 1997年林业站筹资17.5万元，建设一个23.3公顷的高标准山地水平梯田南果梨园和3.3公顷的育苗基地，当年栽植6 000多株南果梨树，成活率达到95%以上。该项工程引起了阜新市委副书记刘志强的高度重视，从市财政局农业开发资金中拿出40多万元用于水利设施建设，达到果园全部滴灌。1998年林业站为解决南果梨贮藏问题，建设5个恒温贮窖，贮鲜果200吨，年创利润10万元。同时，他们还与村联办金矿和养猪场，每年收入近2万元。随着林业站经济实力的增

强，林业站的办公条件也得到了很大改善。1999年林业站建起了1 000平方米的办公楼，除办公用房以外，又为林业站开展餐饮服务、娱乐服务创造了条件。

发展良种果业，为群众致富打基础 为使林果成为带动全乡经济增长的主导产业，林业站以市场为导向，以良种果业为中心，大力发展名特优品种，带动全乡的林果业发展。目前林业站已引进20多个水果新品种，经过筛选，在全乡已推广红袍杏、大扁杏266.7公顷，秦隆大穗葡萄200公顷，其他果树近133.3公顷。现在果园已收到了较好效益，红袍杏已销到黑龙江、吉林等地。

发展林业，加速全乡绿化 林业站结合当地低产林多、小老树多的特点，确定了“造、改结合，发展优质林业”的思路。在营造速生丰产林的同时，大力开展低产林改造。1995年秋，在县林业局、乡政府的大力支持下，全站人员克服重重困难，奋战45天，实现当年砍当年栽植，营造杨树速生丰产林27公顷。栽植后一年株高达3.5米，胸径达4厘米，第二年胸径达到8厘米以上，实现了当年栽植，次年成林的新突破。1995年以来，全乡每年造林、改造都达267公顷，加速了全乡的绿化，使国华乡成为辽西干旱地区的绿化先进乡。

（董明水 张洪生）

【造林能人冀万珍】 1988年凌源市刚刚开始“四荒”拍卖的试点，冀万珍就辞去了乡农业站站长的职务，回到本村以1.4万元承包了九道沟30.2公顷荒山，制定长远规划，带领妻子儿女开始了治理荒山的大事业。

进军九道沟的第一年，开山填沟，推土造田，2.5个月的时间，动用土方12万立方米，填平了2条大沟，造田3.7公顷，拖拉机作业费用达4.23万元，多年的积蓄7 000元用光了，还借了一大笔外债。尽管如此，第二年，仍按照规划目标用机械推土造田，几年来，累计造田24.3公顷，栽植苹果树3 000株，李子树4 500株，桃树5 000株，大扁杏25 000株。建苗圃2公顷，修作业路4千米，新建房屋17间，30.2公顷荒山全部绿化。

从1992年开始了水利等基础设施的建设，共建蓄水池2座，容积1 360立方米，埋设塑料输水管道3 300延长米，上游挖出5眼泉井，建扬水站1处，地下埋设4寸输水管道470延长米，修筑1 800米的灌溉渠道，配置电机1台，水泵1台。架设低压输电线路1 800延长米，安装12盏250瓦高压灯，总投入达70万元。果园完全实现了水利化、园艺化。

冀万珍相信科学，他栽的果树都是新品种，又用新技术管理，他引进了“长李15号”、“龙源秋李”、大扁杏的“超仁”和“丰仁”等新品种，大胆地试验“大枣高密度栽植”获得成功。他创造了2年生大扁杏平均每公顷产杏仁57.6千克、4年生755.25千克、9年生1 848.75千克的早产高产的辽宁最高纪录。

1998年果园和育苗实现纯收入17万元，已全部收回投资。1999年后，果树进入盛果期，产值可成倍增长。在他的带动下，他所在的乌兰白镇已发展进山大户80多户。

（张洪生）

【“优秀党政领导干部”张庆玉】 张庆玉，男，1947年11月生，1964年参加工作，1989年任东港市林场场长，1993年任辽宁北方林业集团有限公司董事长兼总经理。他任场长10年间实行了一系列的改革，在加强森林后备资源建设的同时，积极发展林业产业，使林场销售收入增长了96倍；利税增长了55倍，企业资产增长了200多倍，职工年收入增长了6.5倍，10年东港市林场由全省最小、最穷的国有林场之一，发展到全省20强林场之首，全国100佳林场之一。1996年和1997年林场被丹东市人民政府授予先进集体和精神文明建设先进单位，被丹东市委授予先进党总支，被全国农林水总工会授予民主管理先进单位。张庆玉本人在1992年被授予辽宁省“五一”劳动奖章，1997年被全国农林水总工会授予“优秀党政领导干部”。

（辽宁省东港市林场 辽宁省林业厅）

【辽宁省先进工作者——邸春吉】 男，1935年2月生，中共党员，1959年7月毕业于沈阳农学院园艺系，现任辽宁省经济林研究所高级工程师。

该同志自参加工作以来一直从事栗树良种选育、丰产栽培及加工技术工作，承担了省、部及国家攻关课题任务，把试验、示范和推广紧密结合在一起，为实现辽宁栗树的优质、高产服务，实现了辽宁栗树的无性系良种化，走上集约栽培之路，突破了实生繁殖和粗放经营，是辽宁栗树实现集约栽培的开拓者之一。目前，共取得科研成果10项，选育出辽丹58号、15号、61号和24号，引种筛选出金华、丹泽等抗虫大果型日本栗品种，并研制了修剪、施肥等配套技术，其中良种推广面积达0.7万公顷。目前辽宁栗树栽培面积是60年代末期的2.1倍，产量是60年代末期的3.2倍。

“丹东栗58、7815品系的筛选”获辽宁省科技进步二等奖，“板栗良种选育与早实丰产技术研究”获林业部科技进步二等奖。邸春吉同志于1992年获辽宁省先进工作者称号，1993年享受政府特殊津贴。

（辽宁省经济林研究所 辽宁省林业厅）

吉林省林业

【概　述】 1999年，吉林省林业坚持以生态经济林业建设为中心，围绕“增、减、转、护”，不断深化改革、强化管理，加快生态环境建设，加强森林资源管护，积极推进森林分类经营，全面实施森林资源综合开发工程，经过全省上下的共同努力，较好地完成了全年任务目标。其主要标志是：

生态建设取得较大进展，造林绿化数量和质量都有较大提高　按照增绿量、出精品、建体系、上水平的目标要求，加强领导，强化措施，超额完成了造林绿化任务。实行工程造林，严格了质量管理，在造林绿化、城市美化、绿色通道建设等方面涌现出一大批精品工程。“三北”、治沙和松嫩、辽河流域治理等生态工程进展较大，沙漠化普查工作结束外业任务，森林分类经营工作基本完成区划任务。

资源管护力度加大，林政管理、森林防火工作进一步加强　认真贯彻省政府《关于加强森林资源和林政管理工作的通知》精神，开展了“两清一查”活动，加大了打击毁林犯罪的力度。贯彻国务院8号明传发电要求，加大退耕还林工作力度，完成年度计划的95.4%。森林防火工作实现连续19年无重大森林火灾的目标。森林病虫害防治和检疫工作进一步加强。5年禁猎工作取得阶段性成果，野生动物种群数量有所回升。

天然林资源保护工程部分启动，相关工作稳步实施　按照国家下达的计划，调减木材产量30.7万立方米。开展了森林分类区划，部署了局级实施方案编制工作，加强了公益林建设，积极组织下岗职工分流转产，安置人员3.8万人。强化管理措施，制定下发了公益林建设、商品林经营管理办法，并进行了严格检查和验收，保证了天然林资源保护工程的顺利实施。

林业改革平稳推进，管理工作不断加强　森工系统现代企业制度试点工作继续推进，企业内部改制工作深入开展。市县林业造林和管护机制改革有所创新，白山市在森林经营机制改革方面提供了经验。林业管理进一步加强，辽源市在管理方面为全省树立了典范。通过深化改革，转产增效，加强管理，节约挖潜，全省实现林业社会总产值182亿元，实现利润4 500万元，其中森工企业3 000万元，市县林业1 500万元。

资源综合开发深入开展，再就业工作进展较大　森林资源综合开发全面展开，种植业、养殖业、采集业多业并举，全省已完成初级综合开发160万公顷，实现产值4.2亿元。开展了“规范再就业服务中心月”活动，再就业工作取得进展。全省有1.7万名下岗职工进入再就业服务中心，累计为1.8万名下岗职工发放基本生活费4 800万元。

“三讲”教育有序开展，精神文明建设进一步加强　省厅领导班子和领导干部“三讲”教育圆满结束，并开始在厅内设机构及所属事业单位处级领导班子和领导干部中开展了“三讲”教育。通过“三讲”，进一步坚定了理想信念，理清了工作思路，增进了团结，密切了干群关系，增强了搞好林业工作的信心和决心。狠抓了党风廉政建设和反腐败工作，加大了执法监察和案件查处力度。积极开展了行风建设工作，全系统的行业作风有了进一步好转。

工作中也存在一些不足和问题：一是林业生态建设发展不平衡，个别地区仍然存在认识不高、重视不够的问题。二是毁林开垦问题还没有得到有效制止，滥伐超采、乱砍盗伐问题仍然比较严重。三是改革力度还不够大，林业管理体制改革没有突破，森林经营机制改革步伐不快。四是依法治林不够严格，有的执法行为不规范，以言代法、以罚代刑和执法犯法问题较为突出。五是对富场裕民工作认识不到位、工作不到位、效果不明显，林业职工生活水平普遍较低。　（王志新）

【吉林市县森林分类经营】 将森林划分为公益林、商品林，并采取不同的经营措施。公益林的建设，根据事权划分的原则，实行谁的工程谁负责；商品林的建设，根据市场配置资源为主的原则，在国家产业政策指导下，坚持以市场为导向，实行由商品林所在地政府规划、扶持、监管，经营者自主经营、自负盈亏的组织管理体制。采取的主要政策是：①将公益林占绝大部分的国有林场作为公益性事业单位，纳入市县财政预算管理；对所造成的木材减产、职工收入降低、下岗分流及转产等困难，由市县政府统筹解决。②对集体、个体、团体划出的公益林，可以由林权所有者继续经营，也可积极创造条件由地方政府收购经营、易地交换经营或联营。由于停止采伐或减产所造成的经济损失及其管护费用，由市县政府通过林业基金给予补偿。③商品林建设，由所在地政府给予必要的扶持。④建立省级生态效益补偿基金，纳入林业基金管理，用于公益林建设，实行专款专用。⑤允许多种所有制成分并存，鼓励社会各界和公民个人投资建设公益林、商品林，允许森林经营者通过股份合作、合资、出租、出让等形式依法转让林木所有权和林地使用权，逐步构造多元化投资主体。⑥对商品林适当放宽采伐限额的限制，实行总量控制，弹性管理。　（王志新）

【吉林“三北”防护林工程建设】 人工造林9.5万公

顷，完成年计划的110.4%，其中用材林2.9万公顷，防护林4.8万公顷，经济林1.7万公顷，薪炭林162公顷，特用林328.4公顷；封山育林1.4万公顷，退耕还林8 057.1公顷，迹地更新3 956.3公顷，飞播造林1 137公顷，中幼龄林抚育21.6万公顷，“四旁”植树1 282万株。（高子民）

【吉林青年绿色行动】 3月22日，团省委、省绿委、林业厅、水利厅、交通厅等7个部门联合召开电视电话动员会议，决定在全省实施吉林青年绿色行动。绿色行动的主要内容包括：实施西部绿色计划、吉林青年志愿者绿色劳动营计划，建设公路网绿化美化工程，开展创建青少年绿色文明园和村屯绿化美化活动，动员全省广大青少年参与植树种草、绿化吉林城乡实践，加快治理水土流失，防止荒漠化，改善生态环境。

（王志新）

【吉林林木种苗生产】 到1999年底，全省已建良种基地189处，面积4.3万公顷，年产种子120万千克，其中良种50万千克，基地供种率达到65%，良种使用率达到45%；国有苗圃149个，面积2 528公顷，年产合格苗木6.5亿株，初步建立起树种齐全、数量足够、繁育方式多样的综合性林木种苗繁育网络。（姜维军）

【吉林生态环境建设规划】 1999年1月，省政府制定并印发《吉林省生态环境建设规划》。总体目标是：用大约50年左右的时间扭转生态环境恶化的势头，力争到下世纪中叶，使全省水土流失面积基本得到整治，适宜绿化的土地基本上全部植树种草，“三化”草地基本得到恢复，在全省建立起适应社会主义市场经济和社会可持续发展的生态环境体系、比较完善的生态环境预防监测和保护体系，基本上实现吉林大地山川秀美、物产丰富。重点建设工程包括：天然林资源保护工程、“三北”防护林建设工程、水土保持综合治理工程、西部“三化”草地生态综合治理工程、自然保护区建设工程、生物防治工程等等。（王志新）

【吉林天然林资源保护工程管理】 针对天然林资源保护（以下简称天保）管理上存在的问题，省林业厅于1999年7月召开专门会议，要求各天保工程实施单位及其主管部门（单位）切实加强天保工程管理。一是正确处理好保护资源与发展经济、生态效益与经济效益、长远利益与眼前利益的关系，把天保工程真正纳入“一把手”工程，作为企业当前和今后一个时期的核心任务来抓，把问题摸清搞透，把路子理清搞准，把工作做深搞实。二是严格执行规程，按规程设计，按设计采伐，严禁串树种、超强度、超木材生产计划采伐，坚决制止“效益采伐”。次小薪材必须按要求缴库，严禁弄虚作假，切实把林木非正常性消耗压下来。严格执行财经制度，实行专户存储、专款专用、单独建账、单独核算，不准支付任何与天保工程无关的款项，不允许置换资金和虚列支出。三是完善管理约束机制，做到有章可循；认真执行已有技术规程和管理规定，做到有章必依；严肃查处违规行为，做到违章必究。同时，合理分类区划，科学落实工作量，认真组织实施公益林建设。四是实行天保工程领导干部责任制，“一把手”总负责，谁分管谁负责。将天保工程的实施情况作为考核领导干部政绩的重要内容，实行一票否决。严肃纪律，对在天保工程实施过程中出现的问题，特别是滥伐超采、滥用资金问题，一定严肃处理。（王志新）

【吉林森林资源和林政管理】 针对非正常林木消耗问题突出、非法侵占林地和擅自改变林地用途问题普遍以及森林资源和林政管理体系功能弱化、管理滑坡、监督错位、查处不力的实际，吉林省政府于8月召开加强森林资源和林政管理工作电视电话会议，并于9月发出明传电报，要求各地进一步加强森林资源和林政管理。①严格限额采伐，制止滥伐超采。实行森林采伐限额全额控制和分类管理，严格执行林木采伐许可证制度，禁止超过批准的年森林采伐限额发放林木采伐许可证或越权发放林木采伐许可证。加强林木采伐管理，坚决制止滥伐超采行为，扭转林木资源过量消耗的局面。把限额检查纳入《森林法》执法检查之中，加大检查、监督管理和依法查处力度。②加强林地管制，防止林地流失。按照谁破坏、谁恢复的原则和“停、清、退、打”的要求，精心组织退耕还林工作。加强林地用途管制，尽可能不占或少占林地。对未经林业主管部门审核同意，越权批准或未批先占、少批多占、不批也占，以及拒不交纳和擅自批准减免森林植被恢复费等补偿费用的，坚持依法处理。③加强流通管理，整顿木材市场。根据森林资源状况和木材生产限额计划，合理确定木材经营（加工）单位的数量及其规模，实行总量控制。依法查处无证经营和私收滥购木材等违法行为。坚持凭证运输木材制度，严格按国家和省有关规定做好木材运输证的审核发放工作。④强化系统功能，加大执法力度。加强资源林政管理队伍建设和林业行政管理体系建设，强化林业行政管理职能，全面发挥林业行政管理功能。全面实施重大林业行政处罚案件备案制度、执法违法追究制度和听证制度，严格按法定程序办事，坚决纠正有法不依、执法不严、滥用职权的问题，逐步完善林业行政执法监督机制。⑤强化政府行为，落实领导责任。全面落实领导干部保护、发展森林资源任期目标责任制，切实加强领导，采取有力措施，依法加强森林资源和林政管理。把保护、发展森林资源作为各级领导干部考核的一项重要内容，明确责任，严明奖罚。

（王志新）

【吉林连续19年无重大森林火灾】 经全省各级政府和广大军警民的艰苦努力，战胜了秋防期多年不遇的长期干燥少雨和林区火源管理方面的诸多困难，有效控制了森林火灾的发生，取得了全省连续19年无重大森林火灾的好成绩。据统计，全省全年共发生一般森林火灾33次，比1998年下降了39%。（林俊萍）

【吉林虎豹资源调查结束】 吉林省野生动物资源考察队承担的国家林业局虎豹资源调查项目，历时7年多时间，圆满完成了各项调查任务，经专家鉴定，全省现存东北虎7～9只，其中大龙岭分布区3～5只，哈尔巴岭分布区3～6只，哈尔巴岭1只，并提出了保护工程技术措施。（林俊萍）

【吉林开展严查毁林违法犯罪统一行动】 截至1999年12月底，全省共查处各类森林案件1.2万起，其中刑事案件697起，查获毁林犯罪团伙88个，打处各类毁林违法违纪人员1.4万人，其中逮捕589人，劳教57人，收缴木材5 952立方米，为国家挽回经济损失1 037万余元。（孙玉范）

【吉林严打斗争先进集体】 在最高人民法院、最高人民检察院、国家林业局、公安部、监察部于1998年11月1日至1999年1月30日组织开展的严厉打击毁林开垦等破坏森林资源违法犯罪活动中，吉林省林业公安局、延边州林业公安局、汪清林业局资源处、蛟河市公安局林保科、三岔子林业公安局、红石林业公安局、湾沟林业公安局被授予严厉打击破坏森林资源违法犯罪活动专项斗争先进集体。（李玉祥）

【对外经济贸易部对外咨询小组来森工集团考察调研】 对外经济贸易部援外司对外咨询小组一行3人于6月28日至7月4日来森工集团，就森工集团在赤道几内亚、巴布亚新几内亚、苏里南等利用援外优惠贷款项目的管理、进展以及国外市场开发和援外革新方式后存在的问题进行了调研。还到红石、露水河、泉阳、松江河、三岔子林业局进行考察，现场参观考察了贮木场、木材加工和多种经营单位。（张玉岩）

【老挝甘蒙省经济技术考察团访吉】 以老挝甘蒙省省委副书记坎塞·星沙晚为团长的甘蒙省经济技术考察团，应邀于1月16日来森工集团访问，衷心希望吉林森工集团到甘蒙省投资开发，进行森林采伐、培育等方面的合作。（李玉祥）

【引进芬兰均质刨花板生产线签字】 9月28日，森工集团引进芬兰桑斯公司两条年产5万立方米均质刨花板生产线在长春签字。这两条生产线将分别用于露水河刨花板扩建和三岔子刨花板的技术改造工程。（张玉岩）

【中国驻苏里南大使李建英来访】 5月1日，中国驻苏里南大使李建英应邀来吉林森工集团考察访问。副省长全哲洙会见了李建英大使。李建英大使表示支持吉林森工集团到苏里南搞森林采伐与加工，以及资源综合开发和金矿、铝土矿、农业、渔业、畜牧业开发。李建英还参观考察了三岔子和临江林业局的局址、林产工业项目及精神文明建设情况。（张玉岩）

【吉林森工职工股上市】 吉林森林工业股份有限公司内部职工股850万股4月9日在上交所上市，目前吉林森工社会公众股8 500万股全部上市流通。（张玉岩）

【林业4种产品被认定为“吉林名牌”】 被吉林省人民政府认定为“吉林名牌”产品的是延边敦荣木业有限公司生产的“丹峰牌”复合板、吉林省长白山啤酒厂生产的“泉阳泉牌”啤酒。被吉林省人民政府认定为“吉林名牌农产品”的是临江林业局林产工业公司生产的“虎头牌”木制品系列产品和露水河林业局刨花板厂生产的“吉星牌”浸渍胶膜纸饰板。（张玉岩）

【7户企业被评为吉林省优秀质量管理小组】 在全省第十八次质量管理小组代表会议上，经省质协、省科协、省总工会、团省委评审决定，命名吉林省白石山林业局鑫立QC小组等7户企业为全省1999年度优秀质量管理小组质量信得过班组；吉林敦化丹峰林业有限公司、吉林省松江河林业有限公司为全省1999年度管理小组活动优秀企业。（林俊萍）

【省林业厅集中开展“三讲”教育】 按照省委的部署，省林业厅从9月17日开始至11月22日为止，历时72天，在厅领导班子和领导干部中集中开展了以“讲学习、讲政治、讲正气”为主要内容的党性党风集中教育。群众给厅领导班子和领导干部提出意见、建议分别为336条和285条，全部写进剖析材料进行了剖析。经民主测评，群众对厅领导班子和领导干部剖析材料的满意率分别为100%和99.3%，均达到2/3以上的要求。厅领导班子制定了9个方面52条整改措施，并逐条进行了整改。经过“三讲”教育，厅领导班子和领导干部在政治上、思想上、作风上、纪律上有了比较明显的提高和加强。

采取的基本做法是：①搞好思想发动，注重学习提高。②深入自我剖析，广泛听取意见。③充分交流思想，认真开展批评。④切实搞好整改，巩固教育成果。

收到的主要成效有：①普遍受到了一次深刻的马克思主义理论教育，进一步增强了讲学习、讲政治、讲正气的自觉性。②找准抓住了在党性党风和工作上存在的突出问题，进一步明确了今后努力的方向。③重新拿起了批评与自我批评的武器，进一步提高了解决自身问题的能力。④研究制定了具体的整改措施，进一步明晰了解决突出问题的办法和途径。

查摆出的突出问题有：①发展思路不清，指导工作左右摇摆。②理论根底不深，理想信念不够坚定。③民主意识不浓，整体功能发挥不好。④群众观点不牢，党的宗旨践行不够。⑤自律意识不强，廉政建设标准不高。⑥思想僵化保守，有些工作虚浮不实。⑦自我感觉良好，重大问题缺乏突破。

挖掘出的思想根源是：①放松了政治理论的学习。②忽视了党性原则的锻炼。③忽视了多数群众的利益。④缺少了开拓创新的精神。⑤放松了自我要求的标准。⑥忽视了调查研究的作用。

制定的主要整改措施是：①进一步理清林业发展思路。②进一步深化改革，加强林业行业管理。③进一步加强思想政治工作和精神文明建设。④进一步加强政治理论学习。⑤进一步加强领导班子建设，落实民主集中制原则。⑥进一步加强干部管理和干部队伍建设。⑦进一步加强党风廉政建设。⑧进一步改进思想和工作作风。⑨进一步关心群众生活，为职工办实事。

取得的基本经验有：①领导高度重视是推动“三讲”教育顺利进行的组织保证。②立足教育提高是贯穿“三讲”教育整个过程的重要原则。③贯彻整风精神是确保“三讲”教育质量标准的关键所在。④切实搞好整改是实现“三讲”教育目标要求的根本措施。⑤群众积极参与是完成“三讲”教育各阶段任务的必要条件。⑥正确监督指导是做到“三讲”教育不走过场的重要保证。

厅级“三讲”告一段落后，随即在厅内设机构及所属事业单位处级领导班子和领导干部中进行了集中“三讲”教育。 （王志新）

【吉林省林业厅实行政务公开】 按照全省县以上政府政务公开电视电话会议精神和《吉林省县以上政府政务公开工作意见》要求，省林业厅于1999年8月实行政务公开。公开的主要内容包括：省林业厅的工作职责和管理权限，各处室主要职责和职能；工作人员的工作分工；省林业厅的重大决策和重要工作；省林业厅制定的行政规章和适宜公开的文件；全省林业的采伐管理、项目审批、计划安排、资金投向、工作奖惩等；涉及职工群众切身利益的窗口单位和部门的办事依据、办事条件、办事程序、办事时限、办事结果、服务标准和便民措施；各处室办事纪律和廉政制度，群众投诉和责任追究的办法和结果。公开的具体形式是：将政务公开内容编辑成册，发至各市县政府及其林业主管部门、省林业厅各直属附属事业单位，并放于各处室；对窗口单位公开的内容上墙公布；佩戴胸牌，公示职务；设立公开电话，定期了解社会反映，及时改进工作。

（王志新）

【吉林开展《森林法》执法检查】 根据省人大常委会的部署，1999年6月至7月，省林业厅对全省林业系统执行《森林法》情况进行了自检。

行检的主要内容包括：①宣传贯彻新《森林法》采取的实际步骤和措施；②1998年度森林采伐限额执行情况、“三证”发放情况和木材经营加工单位现状；③依法制止滥伐、盗伐林木和毁林开垦、乱占林地违法行为及查处违法案件情况；④存在的有法不依、执法不严、违法不究的问题及其产生问题的原因；⑤贯彻实施新《森林法》存在的主要问题及其改进意见、建议；⑥对新《森林法》进行修改、补充、解释的意见和建议。

行检的主要方法是：县、局自检，市、州组织、汇总、分析、上报，省厅抽检。省林业厅组成3个检查组，对蛟河、长岭、湾沟、松江河、白河、和龙等部分县市和国有林业局进行了检查。

经检查，全省林业贯彻实施《森林法》的主要成效有：①开展了新《森林法》的宣传教育，全社会关心、重视、支持林业生态环境保护与建设的良好风尚正在逐步形成；②结合贯彻新《森林法》，开展了《森林植物检疫实施办法》、《乡村林业管理条例》和《森林管理条例》等地方林业法规的立法调研工作；③加强了林政、森保、公安、检察、审判、检疫、防火、木检等林业执法队伍建设，基本形成了较为健全的森林资源保护管理体系；④开展了打击毁林犯罪专项斗争，查处各类森林案件8 373起，处理8 495人，打掉犯罪团伙36个，收缴木材2 865立方米，取缔非法木材加工点470个，挽回经济损失1 504万元；⑤强化了生态体系建设，全省绿量增加、精品迭出、水平提高，体系逐步完善；⑥实施了天然林资源保护工程，通过降产、禁伐等措施，使国有林区森林资源得到有效保护。

行检发现的主要问题是：①林业生态体系及其功能尚不完备；②乱砍盗伐和滥伐超采问题未得到有效制止；③毁林开垦和乱占林地问题没有得到根治；④森林资源管理体制一直不够顺畅；⑤执法不严和监管不力问题仍有存在；⑥实施天保工程不够规范；⑦企业效益下滑和人员下岗问题突出；⑧经济和社会负担过重问题久拖不决。

为有效解决这些问题，全面实施《森林法》，省林业厅按照一手抓资源培育、一手抓保护管理的要求，采取有力措施，大力推进依法治林进程：一是把林地管理、限额采伐、野生动植物保护、天然林保护制度作为重点，进一步加强《森林法》宣传教育；二是抓紧制定与《森林法》相配套的法规、规章，进一步完善林业法律法规体系；三是全面实施重大林业行政处罚案件备案制度、执法违法追究制度和听证制度，进一步加大林业执法监督力度；四是落实对林业的经济扶持政策，进一步健全林业建设投资机制；五是按照发展社会主义市场经济的基本要求，进一步深化林业管理体制改革；六是实行领导干部保护、发展森林资源任期目标管理，进一步落实林业工作的领导责任。 （王志新）

【吉林林业信访工作座谈会】 1999年9月，省林业厅针对群众来信来访日益多的情况，召开全省林业信访工作座谈会，分析形势，研究对策，落实责任，全力维护林业政治安定、社会稳定。会议决定：①加深对信访工作的认识，高度重视这项工作，特别是领导同志，决不能把它视为可有可无的工作。单位的“一把手”是信访工作的第一责任人，哪里出现重大问题，第一个受追究的就是“一把手”。②落实分级办案的原则，属于哪一级的事情，必须由哪一级处理，决不能上推下卸踢皮球。③搞好超前排查和预防，不要等事情出来了、闹大了才想起来做工作，尽量少做一些亡羊补牢的事情。④站在讲政治的高度来认识信访工作，从讲感情的角度来对待上访群众，不要对群众耍态度，更不要对群众使手腕。⑤维护政策规定的严肃性，决不拿国家政策开玩笑，想执行就执行，想变通就变通，不要做上有政策下有对策的事情。⑥注意发挥各职能部门的作用，不要把信访工作单纯作为信访部门或办公部门的事。（王志新）

【吉林省林业厅建立领导接待群众来访制度】 领导接待时间不确定，一般情况下平均每月1次，视领导时间和案件紧急程度而定。参加接待群众来访的领导是厅党组成员、巡视员。厅办公室主任、副主任和有关处室负责人列席。主要接待内容包括：倾听群众反映的事关全省林业带有倾向性、政策性、建设性的意见；经有关市、州林业主管部门和处室协调处理仍未解决的重大信访疑难问题；涉及范围广、影响大，事关全局稳定，处理不当可能造成严重后果的信访问题；需要厅领导出面接待的大规模集体上访；群众来省进京上访，上级有关部门要求省厅领导出面接待的重要信访问题；其他需要厅领导处理的信访紧急情况。（王志新）

【收回蛟河实验林场】 1999年第11次省长办公会议决定，将吉林林学院现有实验林场划归省林业厅管理。1999年5月，省林业厅与吉林林学院就实验林场划转进行了交接。林场收归省管后，继续提供学校所需要的教室、宿舍、食堂、实验基地，保证学院在林场无偿进行教学实习和科研活动。（王志新）

【调整向海保护区管理体制】 11月，省政府决定调整向海国家级自然保护区管理体制，即：将原来由省林业部门和通榆县双重管理、以地方为主，调整为双重管理、以省林业部门为主，整体上划省林业厅管理，作为省林业厅的直属事业单位。向海保护局局长继续兼任通榆县同级副职，对保护区范围内涉及各乡、镇、场的业务实行协调管理。省计委要根据向海保护区的发展规划，继续加大建设资金的投入力度。向海保护区的人员编制、事业经费由省林业厅根据保护、管理和发展的需要提出，由省编办、财政厅分别核定。省直有关部门要根据各自的职能，为向海保护区的发展创造条件，特别是要抓紧解决向海保护区湿地的补充水源问题。保护区内林地、草原、芦苇、耕地等资源权属的确定由保护区提出，经通榆县和省林业厅审核，报省政府审批。建议省人大修改《吉林向海国家级自然保护区管理条例》。按照国际“A”级自然保护区和国家级自然保护区的建设标准，对向海保护区实行科学化管理，高标准建设，全方位保护。白城市及通榆县要一如既往支持向海保护区的建设、保护和发展。省林业厅及向海保护区要继续为通榆县发展旅游业、扩大知名度、加快脱贫步伐、实现县域突破多做贡献。（王志新）

【吉林湿地研究中心成立】 经吉林省编委批准，吉林省湿地研究中心成立，与白城市林业科学研究院合署办公，一套机构两块牌子，相应增加湿地资源保护、开发与综合利用的研究职能。（林俊萍）

【吉林林业学校加挂吉林省林业干部学校牌子】 经吉林省编委批准，原挂靠在吉林林学院的吉林省林业干部学校的牌子加挂到吉林省林业学校，相应增加全省林业系统干部培训工作的职能。（林俊萍）

【重新划分林业公安消防监督职责】 1999年11月，省公安厅对林业公安消防监督职责范围及权限进行重新划定。经划分，林业公安消防监督的职责范围是：①林业公安区内的消防监督管理工作；②林业与地方居民区混居区域的消防监督，按户籍管理管辖权划分；③混居区域内林区自建的工业厂（区）、公共场所的消防监督按围墙划分，即围墙内由林业公安消防机构负责；④林业与非林业单位或个人合资单位由地方公安消防机构负责监督。林业公安消防机构职责权限划分为：省林业公安局消防机构行使市、州级公安消防机构权限；各林业公安局消防机构行使县级公安机关消防机构权限；吉林、延边、白山地区林业公安局消防机构协助省林业公安消防机构负责本地区的日常消防监督管理。（王志新）

【长白山发现女真祭台圭形文字碑】 8月26日，由吉林省文物考古研究所、延边州文物管理处、延边州博物馆和长白山保护局有关人员组成的考察队，对新发现的文字碑进行了实地考察。这块碑石材初定为青石，呈条状，长98.5厘米，腰宽47厘米，厚14厘米，碑顶为尖状。碑上文字不多，但碑的正面、背面均有人为镌刻的痕迹。（林俊萍）

【四平市推广“集体三统、个人五包、利润分成”合作造林经验】 这一经验来源于梨树县四棵树乡，1998年始在全市范围推广。集体三统，即集体统一规划，统一挖林台、林沟、林坑，统一供苗木；个人五包即承包户包栽苗、包浇水、包抚育、包管护、包成林；利润分成即成林采伐时收入发包方得4份，承包方得6份，让承包个人得大头。通过这种方式，大大激发了群众承包造林的积极性，同时也提高了造林质量。据统计，通过

推广此经验，全市造林当年成活率和3年保存率平均提高了近5%，有些地方的成活率和保存率达到了100%。（王世君）

【白山市全面完成山林管护经营承包工作】 为实现林业的可持续发展，市委三届六次全会做出决定，在全市加快以森林为母体的生态农业系统工程建设，年内完成地方国有林和6月底完成集体山林的管护经营承包工作。山林管护经营承包是全市探索出来的一条成功的新路子，是杜绝滥砍盗伐、防止资源流失、保护自然生态环境的有效措施，是安置林业职工分流再就业的主要渠道，是发展和壮大农村经济、强市富民的重要途径，也是实现全市经济与社会可持续发展的重要选择。这项工作在市委、市政府的高度重视下，经过广大干部群众的积极努力圆满完成。据统计，全市完成集体山林管护经营承包面积13.8万公顷，占适宜承包面积的99.9%（其中管护承包12.7万公顷，出售拍卖1.1万公顷），参与管护经营承包的农户2.7万户，占全市总农户的28%；完成国有林管护经营承包面积27.1万公顷，占适宜承包面积的96%，参与承包人数2 500余人，占在岗职工总人数的63.6%。目前正着手实施山林管护经营承包后的管理和林下经济综合开发工作。（赵永刚）

【通化市实施三大跨世纪生态建设工程】 1999年，通化市全面实施了百万亩红松阔叶林建设工程、百万亩封山育林工程和12万亩退耕还林工程等三大跨世纪生态建设工程。经过一年努力，百万亩红松阔叶林建设工程完成674公顷，占年度计划的100.7%；百万亩封山育林工程完成23 774公顷，占计划15 000公顷的156.3%；0.8万公顷退耕还林工程完成5 937.8公顷，占整个工程量的70.2%。（秦玉宽）

【通化市实现连续45年无重大森林火灾目标】 1999年，通化市在1994年实现连续40年无重大森林火灾目标的基础上，经过5年的艰辛努力，又实现了连续45年无重大森林火灾目标。（秦玉宽）

【吉林制材厂立足实际拓宽再就业渠道】

厂内安置 挖掘内部潜力，利用现有能力安置下岗职工，鼓励新建企业优先录用本厂下岗职工。新建的家具厂安置下岗转岗职工180人，临街开发的商业网点安置下岗职工126人。创办江湾路木材市场安置下岗职工300人，其中本厂职工100人。

帮扶支持 对自愿停薪留职职工、下岗职工、从事个体经营职工，都从费用、场地、资金和政策等方面给予支持。共为248户困难职工办理了特困证，为31户特困职工办理了经营优惠证。出资19.5万元支持下岗职工搞经营。

鼓励从事个体经营 对从事个体经营取得成绩者大力宣传，积极帮扶。全厂已有200多名下岗职工从事个体经营。下岗职工刘昌军经过几年拼搏后在市场竞争中站稳脚跟，获得成功。几年中向国家上缴税费近20万元，向希望工程捐款3万元。多次受到省、市有关部门的表彰奖励，被评为“再就业明星”和市级劳动模范。

社会交流 成立再就业信息服务站，通过印发信息报、走访、提供咨询服务等，指导和推荐下岗职工积极参与厂外应聘招工。吉林市的几家大的商厦、批发市场等经营场所都有该厂下岗职工从事个体经营。（李玉祥）

【临江林业局采取三种方式做好再就业工作】 ①转岗分流，职工与企业协议保留劳动关系。协议保留职工原档案身份，工龄连续计算，该由企业负担的养老保险、失业保险由企业负责缴纳，该由职工承担部分由本人按规定数额缴纳。医疗费、住房、取暖烧柴补贴等福利待遇局里不再承担。职工到国家规定的退休年龄时，为其办理退休手续，享受国家规定的退休待遇。②下岗进站，发放基本生活费。下岗职工进入局再就业服务中心管理，按规定发放生活费。进站的下岗职工与原单位脱钩，劳动关系、党群组织关系转到再就业服务中心统一管理。③离岗，与企业解除劳动关系，中止劳动合同。（李玉祥）

【四平市依靠招商引资发展林业产业】 四平市林业局在加强对全市林业工作指导的同时，坚持把招商引资作为市局发展经济、壮大实力的突破口，推进了林业产业的发展。1999年，该局通过合作、对外租赁、独资等方式，共引进省以上和个人独资项目7个，到位资金430万元，合作建成甘草育苗基地；原直属林场木工厂对外租赁，加工家具板材出口日本；由个人独资经营公主岭市杨大城子林场木材加工厂，年可加工木材4 000立方米。（王世君）

【梨树县靠山林场毁林案件得到处理】 11月5日，县委、县政府在靠山机械林场召开了公开处理大会，对涉及毁林案件中的靠山机械林场场长等13人分别给予党政纪处分，逮捕7人，移交司法机关处理；判处原靠山机械林场经营分场场长有期徒刑3年。对县林业局的主要领导也给予了相应的党纪处分。（姜维军）

【长春市林业】 1999年，长春林业工作认真贯彻落实党中央、国务院关于加强生态环境建设，保护森林资源，加快造林绿化步伐的指示精神，高举生态建设旗帜，坚持一手抓造林绿化，一手抓管护，在继续实施环城绿化带工程和农田防护林更新改造工程的基础上，加大生态林工程实施力度，较好地完成了各项任务。

营林生产稳中推进 全年完成人工造林面积7 530公顷，超过年计划的25.5%，其中工程造林5 400公顷，退耕还林1 341公顷。按林种划分，营造用材林

2 130公顷、经济林1 240公顷、防护林3 520公顷、薪炭林290公顷、特种用途林350公顷；完成迹地更新面积398公顷；完成封山育林面积16 650公顷，其中当年新封2 440公顷；完成封山护林面积270 000公顷；完成育苗面积790公顷，其中当年新育面积270公顷，苗木产量4 154万株；完成幼林抚育作业面积52 390公顷/次；完成成林抚育面积12 940公顷；完成低产林改造面积1 000公顷；当年实有母树林面积200公顷，实有种子园面积700公顷。全年生产木材85 165立方米。1999年，全市林业实现总产值49 371万元，比1999年增长279%。按产业分，第一产业产值28 965万元，其中花卉20 816万元；第二产业产值9 440万元，其中采掘业3 041万元，建筑业1 895万元；第三产业产值10 966万元，其中旅游业3 800万元。

造林绿化步伐加快 1999年是长春市"九五"计划和"森林城"建设规划实施的最后一年，按照中央、国务院加强生态环境建设指示精神和长春市造林绿化的总体目标，1999年，全市完成义务植树1 526万株，超年计划的27%；"四旁"植树495.2万株，超年计划的107%；绿化公乡路402千米，超年计划的168%；绿化村屯778个，超年计划的55.6%；营造经济林1 240公顷，超年计划的20%；退耕还林1 341公顷，超年计划的67.6%；完成重点生态林工程造林任务5 624公顷，其中环城绿化带工程长31.8千米，面积318公顷，超年计划的6%；更新改造农田防护林工程352公顷；大黑山生态林工程1 664公顷；松嫩流域重点生态林工程3 900公顷。县城扩大绿地面积21公顷，市区扩大绿地面积100公顷。造林绿化投资6 498万元，其中招商引资1 500万元人民币，比1998年增加2.3%，是近20年来投资最多的一年。

森林资源保护力度加强

继续深入开展制止毁林开垦和乱占林地工作 按照《国务院关于坚决制止毁林开垦和乱占林地的通知》精神，召开了全市进一步加强森林资源管理，坚决制止毁林开垦和乱占滥用林地电话会议，起草并下发了《长春市人民政府关于加强森林资源管理，制止毁林开垦和乱占滥用林地有关问题的实施意见》，组织开展了以清理乱占滥用林地为中心的"停"、"清"、"退"、"打"专项斗争，毁林开垦和乱占林地现象得到了控制。共完成退耕还林面积1 341公顷，超额完成省下达的退耕还林50%的任务指标。

加强了森林采伐的管理 按照"九五"采伐限额编制了全年森林采伐计划，坚持做到严格执行采伐审查和限额制度，对在审查过程中发现的设计不准、弄虚作假等问题坚决纠正，同时对全市1998、1999年度采伐限额执行情况进行了检查，防止了超限额采伐现象发生。全市共完成采伐任务79 512立方米，确保全市采伐指标控制在省下达的计划指标之内。

加强对国家重点工程征占林业用地的审查管理 根据国务院关于国家重点工程建设确需征占林地的必须报请国务院审批的通知要求，积极协调省林业厅和国家林业局办理了长余高速公路、长双公路等8项国家重点工程建设征占林地的审批手续，在确保国家重点工程实施的前提下，也使林木所有者的利益得到补偿，全市共收取四项补偿费1 216万元，其中林地植被恢复费48万元。

认真组织对全市森林资源管理情况的调查 为了更好地保护和合理利用森林资源，充分发挥森林的生态、经济和社会效益，我们围绕森林采伐管理、林地使用管理、林业案件查处、迹地更新造林和基层林业队伍建设五个方面进行了调查。针对调查中发现的问题，提出了加强森林资源管理的意见，向市政府递交《长春市林业局关于森林资源管理情况调查报告》并提请市政府将该报告转发全市。

坚持开展了打击乱砍盗伐林木、破坏森林资源违法犯罪活动的专项斗争 1999年，全市各级林业公安机关共查处各类林业案件338起，查处犯罪嫌疑人389人，其中报捕35人，有31人被判有期徒刑，为国家挽回经济损失26.25万元。

加大森林防火力度，确保森林防火实现预定目标 采取延长了防火期，严格落实森林防火"七长"责任制，加强重点防火区域的火灾防范等措施，全市没有发生森林火灾，实现了连续16年无森林火灾目标。

坚持开展森林病虫鼠害防治工作 全市共发生森林病虫鼠害总面积1 326.8公顷，其中虫害934.4公顷，病害364.2公顷，鼠害28.2公顷，发生率为0.47%。全年共完成防治面积1 321.8公顷，其中虫害934.4公顷，病害359.2公顷，鼠害28.2公顷，防治率达99.6%以上；检疫各种苗木1 196.91万株，检疫木材5.1万立方米，苗木除害处理4.46万株，木材除害处理0.04万立方米，苗木产地检疫率达到95%以上，测报调查覆盖率达96.2%，均超过国家规定的指标。

1999年，由于加大了森林资源保护的力度。全市共有林业用地336 018公顷，比1998年增加252公顷。其中，有林地230 378公顷，比1998年增加793公顷；灌木林地24 902公顷，比1998年减少219公顷；疏林地1 213公顷，比1998年减少34公顷；未成林造林地43 410公顷，比1998年增加232公顷，育苗用地496公顷，比1998年增加25公顷；活立木蓄积量达17 565 476立方米，比1998年增加659 384立方米，其中林分蓄积15 882 945立方米，比1998年增加539 837立方米。"四旁"树蓄积1 656 242立方米，比1998年增加119 203立方米。森林覆盖率由1998年的14.16%增加到14.21%。

环城绿化带工程全面推进 1999年，长春市委、市政府在认真总结1998年环城绿化带工程试点成功经验的基础上，整个工程全面推进。从1998年12月开始，连续奋战70多天，完成3.8万株针叶树的栽植，开创长春市冬季大面积栽植针叶树的先例。进入1999年4月，掀起栽植杨柳树、亚乔木和花灌木的高潮，同时完成82公顷低洼地的整治。共栽植各种树苗38.6万株，共完成长31.8千米，面积318公顷主绿带建设任务。在春季雨雪大、地温低，气候十分不利的条件下，树木成活率达85%以上。1999年7月21日，国家林业局长王志宝同志来长春市视察农田防护林更新改造和环城绿化带工程时，对长春环城绿化带工程给予了很高的评价，认为长春环城绿化带工程气魄之大，速度之快，质量之好在全国少见。

重点生态林工程建设全面启动 1999年，在吉林省林业厅和长春市委、市政府的高度重视下，在继续实施长春市农田防护林工程的同时，又启动了长春市大黑山生态林建设工程、长春市北部沟壑小流域综合治理工程、长春市主要江河堤岸防护林建设工程、长春市森林病虫鼠害防治工程和北方优质苗木花卉开发工程。1999年下半年，根据国家、省生态环境建设总体要求，又将榆树、农安、德惠三（市）县列入国家松嫩流域重点防护林工程建设先行县。共完成重点生态林工程建设任务5 624公顷，其中，农田防护林工程352公顷，大黑山生态林建设工程1 664公顷，松嫩流域重点生态林工程3 900公顷。

林业科技推广全面开展 ①完成所变院工作。1999年12月28日，经长编办［1999］17号《关于同意长春市林业科学研究所更名的批复》批准，原长春市林业科学研究所更名为长春市林业科学研究院，这对加强长春市林业科研机构建设，提高林业科研地位，促进科技为生产建设服务和科技成果转化，加速长春市林业经济全面发展，将起到极大推动作用。②狠抓科技立项及管理。在1998年5项续延项目的基础上，1999年又新立科研项目3项，其中承担的省林业厅的百合优良品种的引种繁育及栽培技术和冷季型草坪除草剂的研究及应用均为东北地区超前的研究项目。③开展了科技推广。全年完成林业科技新成果技术推广项目30项，其中，市科教兴农竞赛项目13项，省科教兴农竞赛项目12项，林业厅项目16项，重点立项推广的技术成果有：农田防护林更新改造中杨树的伐根嫁接和根蘖更新技术、九台晚李推广、大穗葡萄修剪和保护地葡萄栽培技术、ABT生根粉和高效吸水剂应用等10项。全市完成各项技术成果推广面积达5 000公顷，参加人员达4 000余人，其中科技人员320人，创直接经济效益800余万元，特别是ABT生根粉和高效吸水剂用于造林和育苗后，使造林和育苗成活率分别提高15%和12%，挽回经济损失达120万元。④抓好科技示范点建设。由林业局和市科委合作，在朝阳区大屯镇建设一处10公顷科技示范苗圃，1999年已投资近百万元，其中长春市科委投资63万元。栽植各种针阔树木、花灌木30余种，40余万株，预计3年后可收回全部投资并取得30～50万元利润。

林木花卉种苗发展已成雏形 1999年，为推进林木、花卉、种苗产业化进程，重点抓了3个基地建设。一是杨柳大苗繁育基地。以全市10个国有苗圃为重点，培育优质杨柳大苗262公顷，总产苗量960万株。二是果树苗和花灌木繁育基地。面积800公顷，品种达8个类别，50多个品种，年总产值达2 000万元。三是北方优质苗木花卉繁育基地。该基地以长春林科院为主体，1998年，该基地一期工程已建成3 000平方米植物组培室和全日光温室。1999年投入正式生产，以生产切花百合为龙头，共生产百合11万支。以红王子锦带、网纹连翘、多季玫瑰、花桃为主要品种，生产组培苗11万株，网纹连翘1.2万株，几内亚凤仙1.2万株，分化生根瓶苗1.3万株，盆花生产3 300盆，全年创产值54.9万元。目前，该基地正在运筹第二期花卉、苗木基地的建设。 （魏运秀）

【四平市林业】 1999年，四平市林业坚持高举生态建设大旗，以改革为突破口，以产业化发展为主线，林业工作出现了新的局面。①造林绿化工作。从农区林业的特点出发，以“增绿量、出精品”为中心，以扩大工程造林、合作造林、个人承包造林形式为载体，重点实施了绿色通道工程、治沙和水土保持工程、“三北”防护林建设第三期工程、退耕还林工程和城乡绿化美化工程。全市共完成造林5 476.2公顷，超年计划44.1%；义务植树497.4万株，超年计划10.2%；建立义务植树基地87个，超年计划7.7倍；完成迹地更新1 694.1公顷，超年计划155%；改造低质低产林1 020公顷，超年计划20%；退耕还林2 962公顷，超年计划2.1%。②依法治林工作。在森林防火方面，通过抓宣传、抓教育、抓联防、抓责任，加大投入力度，实行死看死守等措施，全年未发生一起森林火警，实现了连续19年无重大森林火灾。在打击滥砍盗伐方面，加强了林业执法队伍的培训，开展了以“抓大案、查积案、打团伙、追逃犯”为主要内容的“严打”专项斗争。全市共发生各类林业案件641起，查处639起，查处率为99.7%；打击处理730人，收缴木材276立方米，为国家挽回经济损失99万元。在森林病虫害防治检疫方面，以全国森林植物检疫对象普查工作为重点，严格控制病虫害的发生和蔓延，达到了省里规定的“四率”标准。在森林资源管理方面，突出抓好林木采伐的管理，建立了6项制度，使林业采伐工作初步形成了规范。省里下达的本年度林木采伐指标为7.6万立方米，实际只采伐了7.1万立方米。③产业发展工作。把产业化建设作为林业经济方向性、战略性的任务去抓，确立并实施县域林业经济的主导产业和拳头产品，坚持一业为主，多种经营，积极发展营林业、建材业、加工业、养殖业、复合经营业和服务业，培植了一些新的经济增长点。全市林业实现全口径产值4.35亿元，国有林场实现利润182万元，利润比年初计划翻了一番。④林业改革工作。活化了造林机制和投入机制，全面推行了林地使用权有偿转让给个人承包造林的经验和“集体三统、个人五包、利润分成、合作造林”的经验，加快了造林绿化步伐。针对森林资源管护难的问题，总结推广了以“分包分管”为主要内容的群管群护的新机制。积极进行了产权制度改革，盘活存量资产，拍卖了小型企业7户，对外租赁23户，合作开发6户，发展个体业户351户，占林业职工总数12%。加大了以“人员分流”为主要内容的用人机制改革，有70%的林业职工从事非林产业。 （王世君）

【辽源市林业】

把生态建设放在首位，造林绿化工作取得新进展 全市上下认真贯彻党中央、国务院关于生态建设的一系列重要指示，紧紧围绕生态市建设的目标和增绿量、出精品、上水平的思路，加强领导，强化措施，坚持标准，提高质量，全面超额完成了全年造林绿化任务，取得了种苗生产名列全省之首的好成绩。

以森林防火为重点的资源保护管理进一步加强 森林防火工作坚持高起点、广宣传、严管理、重预防的方针，做到思想早发动，责任早落实，物质早准备，措施早到位，实现了建市以来15年无森林火灾的目标。全市认真贯彻了省政府《关于加强森林资源和林政管理的通知》精神和《辽源市坚持制止毁林占地依法保护森林资源工作实施方案》，进一步加大了退耕还林力度，完成退耕还林500公顷。病虫害防治工作，强化了目标管理，加大了防治力度，使病虫害发生率、防治率、植物产地检疫率、病虫害监测率经省考核全部达标。5年禁猎工作取得阶段性成果，野生动物保护工作得到加强。

森林分类经营完成阶段性任务 各级林业主管部门坚持生态优先的原则，认真组织编制分类经营规划，坚持从实际出发，合理确定公益林、商品林的比例，已基本完成分类经营工作，为科学制定经营方案，合理开发、利用、保护森林资源奠定了坚实的基础。

林业改革不断深入，经济实力有所增强 林业内部改革稳步推进，租、售、包、股等多种管理机制不断完善，并在省林业工作会议上介绍了经验。全市上下抓住机遇，依托资源，大力发展多种经营，不断寻求多种致富门路，开辟新的产业，使全市实现林业社会总产值3 495万元，实现销售利润922万元；实现多种经营利润238万元。

“形象工程”建设和“三讲”教育取得成效，干部队伍素质明显提高 1999年，按照市委的统一部署，在机关干部中普遍开展了“形象工程”建设活动。在领导班子中开展了以党性、党风为重点的“三讲”教育工作，从而使机关党员、干部的精神面貌发生了深刻变化，在思想上有了明显提高，在政治上有了明显进步，在作风上有了明显转变，在纪律上有了明显加强。促进了机关党风廉政建设和全系统行风建设。

（辽源市林业局）

【通化市林业】 1999年，是通化市林业全面贯彻党中央、国务院加强林业生态建设的一系列重要指示，实施以百万亩红松阔叶林建设为重点的三大跨世纪生态建设工程的启动年。全市林业工作紧紧围绕这个重点全面展开。

林业生态建设以百万亩红松阔叶林建设等三大跨世纪工程为重点，以加快生态经济沟建设为突破口，林业生态建设取得丰硕成果。百万亩红松阔叶林建设工程完成6 747公顷，占年度计划6 667公顷的101.2%，栽植红松苗木1 101.7万株，占年度计划1 000万株的110.2%；退耕还林完成5 937.8公顷，占计划5 300公顷的112.0%，占两年还林任务的70.2%；百万亩封山育林工程完成2.4万公顷，占计划1.5万公顷的160%，全市累积封山育林面积已达27.8万公顷。全市开发生态经济沟1 375条，纯收入达3.3亿元。

森林保护工作以森林防火工作为主旋律，切实加大了“三防”体系建设，圆满完成了连续45年无重大森林火灾目标。全市发生山火4次，其中火灾1起，过火面积7.32公顷。全市共查处各类森林案件1 248起，其中，刑事案件64起，重特大案件12起，共处理违法违纪人员1 408人。逮捕106人，刑事拘留11人。收缴木材401立方米，共挽回经济损失148.2万元。

深化集体林权和国有场圃改革，总揽全局，各项林业政策不断落实，林业生态经济得到了振兴和发展。1999年，全市国有场圃经济工作会议推动了场圃改革和经济的发展，各场圃立足市场，大力发展综合利用和多种经营，全市国有场圃销售收入达1.19亿元，实现利润378万元。乡镇林业站总收入665万元，人均创利5 634万元。全市集体林权改革不断深化。已有38个乡镇，123个村实行了拍卖，租赁、转让山林7 923公顷。 （秦玉宽）

【白城市林业】 1999年，是白城市全面加强林业生态建设的重要之年，也是深化林业体制改革的关键之年。为了加快改善全市的生态环境，打好国家“三北”防护林三期工程和国家生态示范区建设工程攻坚战，市委、市政府制订了《全市生态建设规划》，作出了大力退耕还林还草，农、林、牧用地各66.67万公顷的重大决定。采取了宜林地使用权竞价出售、新植林竞价出售、国有场圃的新植林卖给职工办家庭林场、拍卖荒山荒地，适地适树，限期造林，造林与农户责任紧密挂钩，提倡股份造林，造林实行合同管理、司法公证等营林机制的新举措。组织实施了造绿工程、绿色家园工程和湿地生态保护工程，开展了争创“造绿工程杯”、“最佳绿化村屯”和争当造绿书记、造绿县长、造绿乡长、造绿村长活动。全市林业建设取得了丰硕的成果，全年完成造林5.63万公顷，是市里规划造林5.42万公顷任务的104%，是省下达5.1万公顷计划的110.3%，全市义务植树454.8万株，城市新增绿地24万平方米，县城新增绿地24.3万平方米，绿化公路133千米，绿化铁路0.88千米，绿化江河两岸30千米，绿化村屯79个。全市森林资源管护工作逐步走上了法制化、规范化、科学化和制度化管理轨道，实现了连续21年无重大森林火灾的目标，确保了森林资源安全。全市实现林业社会总产值1.9亿元，林业经济实力不断增强。林业系统政治安定，社会稳定，各项事业都有不同程度的发展。

（肖凤祥）

【延边朝鲜族自治州林业】　1999年，吉林延边林业集团被列入省重点扶持的21户大型企业集团行列，实现了连续19年无重大森林火灾。

1999年，全州林业实现社会总产值54.1亿元（地方林业7.7亿元），实现工业总产值18.8亿元（地方林业3.6亿元），上缴税金1.2亿元（地方林业3 004万元），森工企业减亏121.4万元，地方国有林业盈利436万元。

林业生态体系建设　1999年，各森工企业均成立了“天保”工程机构，全州林业天保资金到位3.4亿万元。更新造林完成5.3万公顷。完成了敦化威虎岭至珲春延线公铁两侧500米灌丛地和疏林地的绿化规划设计，建设精品工程15项。强化了林地林权、木材经营加工网点的规范管理。退耕还林1 578.2公顷，林业行政案件比1998年减少10%。

企业改革工作　吉林延边林业集团经省政府批准后，对11个子公司增冠持牌，获得了外贸进出口权。森工企业先期改制的172个基层单位有半数以上单位扭亏为盈，有126个单位实现改制目标。地方林业有13家企业完成产权制度改革阶段性任务。

林产工业　全州各森工企业、县（市）局都加强了在建项目的管理工作。截至12月末，全州林产工业实现产值9.4亿万元（森工7亿万元，地方工业2.4亿万元），比1998年增长12.7%。固定资产投资同比增长17.7%。

资源开发工作　建立了长白山越橘高产示范试验林基地，与台湾佳美公司和上海高榕食品有限公司分别签订了年产100吨越橘浓缩汁和年产100万袋的原木菌香菇（产）销合同。1999年，种植业实现产值3 421.3万元，养殖业实现产值1.1亿元，采集业实现产值3 418.2万元，食用菌实现产值4 300.3万元，中草药实现产值372.8万元，其他6 727.3万元。全州多种资源开发总计实现产值2.9亿元。

外经外贸工作　通过各种经贸洽谈和招商引资活动，签订项目合作协议3个，总投资1.6亿元，签订产品销售合同17个，合同总额4 270万元。完成出口创汇额2 325.7万美元。

家庭经济　1999年，全州林业家庭经济万元达标户已有3.9万户，人均收入达到4 300元，职工储蓄超百万元的林场有83个，占全州133个林场的62%。

（范淑芬　尹　岚）

【白山市林业】　1999年，白山市地方林业实现总产值2.9亿元，实现利润1 117万元，上缴税金2 776万元，分别比1998年增长30%、90.6%、19.1%。森林防火工作取得了春防无火情，全年无一般森林火灾的好成绩，实现了全市连续20年无重大森林火灾和大庆之年无大火的奋斗目标。资源林政管理工作完成了森林分类经营区划，在全市范围内开展了一场打击毁林犯罪的专项斗争，重点打击乱砍盗伐林木、私收乱购非法木材的违法行为和对木材经营加工厂点进行清理整顿，全年共查处各类林业案件1517起，挽回经济损失117.49万元，行政处罚1 519人（次），木材加工厂点由1998年的619户减少到现在的476户。造林绿化工作全面完成了各项造林绿化任务目标，巩固了前3年的造林绿化成果，提高了“四旁”绿化水平。25度以上坡耕地退耕还林工作完成了应退耕还林总面积的50%。野生动物保护、森林病虫害防治及检疫等项工作也都圆满地完成了预定目标。（赵永刚）

【吉林市林业】　①林业经济建设，通过深化改革、扩大对外开放、加强企业管理和调整产业产品结构，保持了林业经济稳步增长，全市12户木材加工骨干企业通过改革减亏300万元，全系统累计分流转岗7 285人，吸引外资投入2 000多万元，实现林业产值5亿元，利润511万元。②造林绿化工作，建立新的营林生产体制，完善专业化种苗基地，大力开展退耕还林，共完成人工造林更新11 361公顷，完成全民义务植树614万株，“四旁”植树212.3万株，提前1年完成全市城乡绿化“九五”规划目标。③森林资源管护工作，强化森林防火，实现全年无森林火警，连续20年无重大森林火灾，避免经济损失1.2亿元。森林病虫害防治率达到99.8%，受害率为0.15%，与公、检、法等部门配合，共查处各类林业案件9 361起，挽回经济损失316万元。颁布实施了《吉林市森林资源保护条例》。④科教兴林工作，共开发林业新产品5项，推广林业成果21项，总推广面积达到1.3万公顷，创产值5 856万元。⑤积极引导林区群众依托森林资源大力发展用材林、人工林、林木育苗业及与林相关的多种经营业、全市集体和个人人工林已达到9.7万公顷，占全市人工林总面积的44%。⑥精神文明建设，通过解放思想，坚定发展林业的信心，使职工队伍保持了良好的思想状态和积极向上的精神面貌，实施了岗位责任制和服务承诺制，使全系统服务质量和对外形象均有明显改善。

（赵玉龙）

【松原市林业】　①进一步完善和提高了“三北”防护林体系建设。1999年，紧紧抓住党和国家高度重视生态环境建设的有利时机，在广泛宣传、大造舆论、专门召开会议的基础上，采取各种积极有效措施，大力开展了各种形式的植树造林、改善生态环境的造林绿化活动。主要是进一步完善和提高了农田防护林、护路林和护屯林的建设水平，加大了治沙造林的工作力度，加速了松花江、嫩江、拉林河等江河流域的环境治理步伐，全年完成造林 26 212.7 公顷，占全年任务的 100.8%。②以苹果梨、大慈梨、晚香梨和南果梨为主的百万亩经济林基地建设有了新的发展。全年完成经济林造林 6 334公顷。到目前为止，全市百万亩商品经济林基地建设已初见规模。仅此一项，每年可创林业产值 2 亿元。③资源管理水平有了新的提高。主要是严格执行了森林采伐限额和木材生产计划，加强了木材流通市场和征占用林地的管理，加强了退耕还林和野生动物保护工作。 （松原市林业局）

【吉林森林工业集团】 1999 年，吉林森林工业集团工业总产值实现 13.8 亿元，比 1998 年增长 3.8%；销售收入实现 18.3 亿元，比 1998 年增长 6.6%；利税实现 1.73 亿元，比 1998 年增长 10.8；总公司上缴省财政 1 000万元，完成年计划 100%。

深化改革　坚持深化改革，积极转换经营机制。①继续深化了三项制度改革。集团各成员企业机关机构总数由 1998 年的 130 个减少到 114 个，压缩了 12.3%；机关管理人员由 1998 年的 1 032 人减少到 759 人，压缩了 26.4%。红石林业局按照股份公司规范运作的要求，机关机构精简了 47%，机关人员精简了 25%。在用工制度上实行了竞争上岗、择优录用、末位淘汰的机制；在分配制度上推行了岗位技能工资制和经营者年薪制。②积极推进产权制度改革。临江林业局对组织结构和资产结构进行了大面积重组，按产业类别组建了五大公司；泉阳林业局 9 户企业实行股份合作制经营，全部消灭了亏损。③进一步盘活存量资产。1999 年转包设备 381 台（套），收回资金 996 万元，出租出售闲置厂房 6 000 多平方米，收回资金 300 多万元。

下岗分流再就业　制定了方案，开展了“再就业中心规范月”活动，集团 37 486 名富余职工中，有 17 880 人通过了省劳动部门的审核认定，12 691 名下岗职工进入再就业服务中心（站），全年共分流安置下岗职工 15 224 人，安置率达到 40.6%。享受“三家抬”政策的成员企业达到 6 户，争取到生活保障金 1 270 万元。

实施四大战略。结构调整有序进行，产业产品结构进一步优化。一、二、三产业的比重由 1998 年的 16∶70∶14 调整到 14∶68∶18，林产工业在工业总产值中所占的比重比 1998 年提高 6.3%。①营林工作的基础地位得到加强。围绕实施“天保”工程和森林集约经营，加快了后备资源培育，森林集约经营试点工作在全省的检查评比中，取得 7 个局优秀、1 个局良好的成绩，种苗基地建设在全省行业检查中获第一名。②林产工业积极转换经营机制，优化结构，增扩规模，加强管理，增强了市场竞争力。临江、三岔子、泉阳、露水河等局林产工业厂家消灭了亏损，四大项目进展顺利。③资源综合开发工作迈上新的台阶。初步形成了以木耳、鹿产品、啤酒、水泥为代表的较有规模的主导产品，全年资源综合开发产值达 9.6 亿元，占集团社会总产值的 33%，比 1998 年增加了 2.7 亿元。④外向型经济又有新发展。制定了管理办法，认真加强对境外企业的管理。赤几吉兴公司实现利润 463 万元，巴新公司生产木材 2 万立方米，从加蓬、圭亚那等国家进口木材 6.45 万立方米。

经营管理　开展了“四学一创”活动，坚持眼睛向内、强化管理、节约挖潜，实现了“两下降、两提高”。“两下降”即应收账款下降，木材生产成本下降。应收账款为 2.03 亿元，比年初减少 5 372 万元，下降 20.9%；集团木材单位生产成本为 133 元，比 1998 年降低 12.97 元，下降 8.9%。全集团通过降低成本节支 1 711万元。“两提高”即木材平均售价提高、产品质量提高。全年木材单位售价 621.52 元，比 1998 年增加 18.23 元。产品质量提高是指刨花板、复合地板、细木工板、胶合板的质量提高，销售量增加。切实加强了森林资源管理，开展了“两清一查”活动，加大了打击乱砍盗伐、毁林犯罪工作力度，森林病虫害防治和检疫工作进一步加强，森林防火工作成效显著，为全省实现连续 19 年无重大森林火灾做出了贡献。

精神文明建设　年初总公司在泉阳召开了精神文明建设座谈会，对集团精神文明建设进行了精心部署。继续开展了再创业、思想道德、环境建设、企业文化“四项工程”建设，又有 5 户成员企业被评为省级精神文明建设先进单位。把环境建设当做企业形象工程建设的重要内容，又有 61 个基层单位达到文明森工城环境建设标准，林区工作生活及投资环境得到进一步改善。围绕庆祝建国 50 周年、迎澳门回归，组织了美术书法摄影展等丰富多彩的文体活动，活跃了职工业余文化生活；加强企业形象宣传，集团总公司荣获全国林业首届“梁希宣传组织奖”。依法维护企业合法权益，关心职工生活，各级工会通过“结对子”帮助一批下岗职工走上脱贫致富之路；多方筹集资金，积极开展扶贫解困送温暖活动。扎实开展信访工作，层层落实责任制，认真履行信访工作责任状。围绕重点、热点问题，深入宣讲政策，积极化解矛盾，基本实现了职工队伍稳定，林区社会安定。 （山　石）

【吉林省 1999 年林业大事】

1. 1 月 18 日，召开吉林省林业'99 生态环境游新闻发布会，新华社等 15 家新闻单位记者及省内 6 家旅行社的代表参加了会议。

2. 2 月 8 日，召开全省林业工作会议，确定林业工作的基本思路是：以生态经济林业建设为中心，增加绿色植被，减少资源消耗，强化保护管理，实施特产分流，全面提高森林的整体产出功能，充分发挥林业的生态、社会、经济三大效益。

3. 2月22日，吉林省人民政府发出《关于开展市县森林分类经营的通知》（吉政发［1999］7号）。

4. 3月1日，省林业厅组织开展的"三八绿色工程"活动被评为全省农村妇女"双学双比"活动先进协调标兵单位。

5. 3月2日，吉林省政府表彰1996～1998年度森林防火工作先进单位和先进个人。受表彰单位49个，个人495名。

6. 3月3日，召开反腐败工作会议。林业厅机关、附属单位的全体党员、干部及长春市直属单位主要负责人和分管纪检监察工作的领导参加了会议。

7. 3月12日，省政府召开全省1999年春季森林防火工作暨表彰奖励电视电话会议。

8. 3月15日，吉林省政府办公厅发出《关于林业用地缴纳土地有偿使用费有关问题的复函》，复函决定对已取得国家林业主管部门颁发的林权证的林业企业，暂缓收土地有偿使用费（土地年租金）。

9. 3月18日，省政府召开全省制止毁林开垦和乱占林地座谈会。

10. 3月22日，团省委、省绿委、省林业厅、省水利厅、省交通厅等7个部门联合召开了实施"吉林青年绿色行动"电视电话动员会议。团省委副书记兰宏良主持会议并对此次活动进行了安排部署。省林业厅副厅长金德友到会并讲话。

11. 3月31日，召开省绿委第18次全体会议暨全省春季造林绿化电视电话会议，省长洪虎讲话，强调要大力推进造林绿化事业，巩固发展生态建设成果。

12. 4月16～22日，国家林业局检查组来吉林省检查春季森林防火工作。检查组听取了吉林省关于春季森林防火准备工作和当前防火工作形势的汇报，深入到吉林市、延边州的基层乡镇、林场实地检查，看望了基层森警部队官兵。检查组对全省森林防火实行政府负全责、落实责任、增强全民防火意识、抓好火源管理的经验和各地行之有效的做法给予充分肯定。

13. 4月16日，国家林业局批准同意"吉林长白山国家自然保护区总体规划"的布局及重点工程建设和相应的基础设施建设。

14. 4月20日，洪虎省长在省政府李申学副秘书长的陪同下到省森林防火指挥中心，详细询问珲春中俄边境俄方山火和中方全力堵截外火的情况，并指示前方要派出足够力量密切注视俄方山火的发展趋势，强化高度指挥和联络工作，有情况要及时报告，千方百计做好外火的堵截工作，确保把外火堵在国门之外。

15. 4月30日至5月4日，国家武警总部考核组在副政委刘源少将带领下，一行7人到吉林省检查工作。副省长王国发在南湖宾馆出面宴请考核组，省林业厅厅长宋文和、省森警总队总队长朴东赫陪同。

16. 5月6～12日，国家林业局春季森林防火检查组一行5人由原林业部副部长蔡延松（全国政协委员）带队，来吉林省检查长白山林区春季森林防火工作。

17. 5月13日，'99吉林长白山森林旅游节新闻发布会在沈阳召开。参加会议的有中央电视台、辽宁电视台、辽宁经济日报社等7个新闻单位记者，辽宁省旅游局和辽宁国旅、中旅、青旅等40家旅游企业代表共80余人。

18. 5月13日，省政府决定吉林林学院实验林场划归省林业厅管理。

19. 5月20日，由省林业厅副厅长刘延春带队，到吉林林学院接收实验林场。

20. 6月22～28日，省林业厅巡视员魏连生率领由18人组成的吉林省代表团，参加并主持了在黑龙江省牡丹江市召开的第十届辽、吉、黑三省林学会联席会议。辽、吉、黑三省林学会交流了工作经验，并就21世纪的学会工作进行了广泛的探讨，明确了今后的工作思路。

21. 6月29日，吉林省机构编委批准白城林业科学研究院加挂吉林省湿地研究中心牌子。

22. 7月9日，洪虎省长在《吉林省森林防火指挥部关于1999年春季森林防火工作情况和下一步工作意见的报告》批示：春季防火工作取得很大成效，秋季防火工作要再接再厉，早做部署，狠抓薄弱环节。

23. 8月11日，吉林省机构编委批准吉林省林业学校加挂吉林省林业干部学校牌子。

24. 8月27日，省政府召开全省加强森林资源和林政管理工作电视电话会议，杨庆才副省长讲话。

25. 10月21日，吉林省政府办公厅发出《关于做好当前森林防火工作的紧急通知》（吉政办明电［1999］129号）。

26. 10月27日，吉林省人民政府办公厅发出关于进一步贯彻落实《吉林省5年禁止猎捕陆生野生动物的决定》的通知（吉政办明电［1999］133号）。

27. 11月30日，秋季森林防火期顺利结束，全省实现连续19年无重大森林火灾。

（吉林省林业厅办公室）

黑龙江省林业

【概　述】

发展与成就

植树造林　全省共完成造林37.94万公顷，近10年来首次突破33.33万公顷，比1998年增加10.47万公顷，占计划30万公顷的126%。其中，地方造林完成21.07万公顷，占计划17.14万公顷的123%；各行业、部门完成16.87万公顷，占计划12.86万公顷的131%；全民义务植树完成8 971万株，占计划6 300万株的142%，建义务植树基地6 470个。绿色通道工程绿化公路、铁路、堤防、干渠1.11万千米，干线公路两侧视野内退耕还林1.4万公顷，封山育林0.67万公顷，绿化村屯3 900个，营造农田防护林带19 226条。

森林资源保护　全省共发生森林火警69起，火灾21起，受害森林面积744.2公顷，受害率0.039/1 000。共查处各类森林案件7 702起，查处行政违纪、违法犯罪人员10 098人次，收缴木材12 560立方米，收回林地0.27万公顷，野生动物5 231头（只）。全省退耕还林8.79万公顷，是计划7.73万公顷的113%。全省共发生各种森林病虫鼠害27.42万公顷，发生率为4.36%；防治19.32万公顷，防治率70.45%；检疫苗木6.03亿株，种苗产地检疫率94.4%，监测覆盖率93.02%。

林业产业　以资源为依托，调整产业、产品结构，呈现出稳步增长的趋势。1999年，出台林业产业发展规划编制提纲、《黑龙江省地方林业产业发展规划指导意见》，要求在木材综合利用上，加强精深加工。已完成5处木材市场建设任务，交易量达到70万立方米；已兴办各类加工企业270余处，形成了锯材、人造板、家具、地板、木制品、林产化工6大类15个系列200多个品种，年产值2.2亿元。在多种经营上，培植多元经济，加强非木质资源的开发利用，发展种植业、养殖业、矿产业、绿色食品、北药开发和森林旅游业为重点的产业。到1999年，已建多种经营场点300多处，食用菌、山野菜、熊胆粉、柳编系列等产品荣获国内名牌称号。森林旅游业从1992年起步到1999年，已从单一的旅游观光发展到旅游、度假、疗养、科普、娱乐为一体的具有行业特点的新兴绿色产业。已建森林公园49处，其中，国家级16处，省级33处，面积达30多万公顷。还开辟了哈尔滨至牡丹江山体天然林、哈尔滨至同江风景林和哈尔滨至齐齐哈尔防护林等多条旅游热线。森林旅游业年总收入达到350万元。

林业科技　1999年，全系统获黑龙江省林业科学技术进步奖的项目有15项，其中一等奖6项，二等奖5项，三等奖4项；获黑龙江省科学技术进步三等奖的项目有4项，即森林防火标准体系研究、松柏新类型——塔柏引种及繁殖技术的研究、黑龙江垦区江河堤坝防浪林营造技术的研究、偃伏枝木引种及繁殖技术推广；获国家林业局科学技术进步三等奖的项目有1项，即大鸨人工饲养及雏鸟生长发育的研究。

精神文明建设　1999年，结合“三讲”教育，提出以“讲学习”为先导，以“讲政治”为核心，以“讲正气”为目标，以开展“三文明”（文明林业局、文明林场、文明户）活动为载体，加强政治理论学习，解放思想，更新观念，强化职业道德建设，弘扬艰苦奋斗、无私奉献的林业行业精神。全省已有535个单位晋升为县级以上文明单位，占基层独立核算单位总数的77.9%。其中，省级文明单位标兵3个，省级文明单位24个。全系统继续保持省级文明单位建设先进系统荣誉称号。

改革与林政措施　1999年，是全面贯彻落实省委、省政府《关于积极培育，严格保护和合理利用森林资源，大力发展林业若干问题的决定》和《黑龙江省林业生态工程建设规划纲要》的第一年，也是省委、省政府提出关于造林绿化要实现超常规、跨越式发展的起步年。全省造林绿化工作，从改善生态环境，实现可持续发展的战略高度，采取超常规措施，真抓实干，强力推进。

造林绿化管理形式改变　1999年，各地市、各行业部门，根据1998年全省编制的松花江流域、嫩江流域、界江（河）防护林体系建设工程等17项工程规划和绿色通道建设工程规划的指导，普遍加强造林绿化全过程的质量管理，造林绿化管理形式由过去一般常规造林管理方式到实行按规划设计，按设计施工，按项目管理，按标准核查验收，兑现奖惩的工程造林的管理形式，增强了造林绿化的实效。1999年，黑龙江省202国道拜泉段获全国绿色通道示范段。

全民义务植树基地建设　针对近年来全民义务植树运动有所滑坡的趋势，1999年，省委、省政府办公厅转发林业厅《关于加强全省义务植树基地建设的意见》，对全省义务植树基地建设作出具体部署，提出明确要求。全省共建义务植树基地6 470个，面积达3.36万公顷。同时，实行包栽包活包管护包成林的义务责任制，增强全省广大干部群众履行法定义务的自觉性。

林业产业发展方针路线　1999年9月，全省地方林业产业会议提出发展林业产业的方针路线，即坚持强化第一产业，优化第二产业，大力发展第三产业。调整林业产业和产品结构，坚持既有数量，又要有质量，数量和质量并重，产业规模和产业素质并重，使林业产

业建设既在面上全部推开，又在局部有重点突破。坚持“山上建基地，山下搞加工，山外抓市场，科技创高效”，优化体制，活化机制，一、二、三产业协调发展，两大体系同步推进。实行区域化布局，专业化生产，一体化经营，社会化服务，企业化管理。通过市场牵龙头，龙头带基地，基地连职工和农户，产供销、贸工林、林科教紧密结合，形成一条龙的生产经营体制。

林地总量控制管理办法 为严格征占用林地管理，1999年，实行林地用途管理制度，制定林地总量控制管理办法，控制有林地逆转，防止林地资源资产流失。对较大的征占用林地项目，采取统一勘测、统一审批、统一办理林木采伐许可证、统一收费等“四统一”管理办法。对坚持不缴纳补偿费的，坚决不予报批。

采伐限额管理及资源调查 按照国家林业局的统一部署，制定编制“十五”期间森林年采伐限额实施细则和编制工作计划。把采伐限额管理工作的重点转移到监督检查上来，在全省开展了采伐限额执行情况大检查，对超限额采伐的，发现一起查处一起。针对森林资源调查滞后，有些地区20年没有进行过资源调查的实际，1999年完成对14个县（市）65.4万公顷的调查任务，是近10年平均调查面积的2倍。

野生动植物、湿地保护 1999年，制定了《黑龙江省野生动植物保护建设工程规划》和《黑龙江省生物多样性与湿地资源保护工程规划》。从元月1日起，停止对捕捉野生鸟类的审批工作，停止办理野生鸟类出省运输和出口办证手续。并对全省湿地资源进行调查，对保护区核心区内非法开垦、乱建居民点和旅游景点等问题，依法进行了处理。

国有林场分类经营 为了使森林资源的经营管理及开发利用规范化、科学化，1999年，在总结试点经验的基础上，制定了《黑龙江省国有林场分类经营实施办法》和《黑龙江省地方林业森林分类经营实施办法》。全省地方森林划分为商品林、兼融林、生态公益林三大类型，明确划分标准和经营措施；将国有林场划分为生态公益型林场、商品经营型林场和混合经营型林场。全省360处国有林场，有125处划为生态公益林林场，有33处划为商品林林场，有202处划为混合型林场；250万公顷森林划为生态公益林，有400万公顷划为兼融林。

发展商品林 1999年，在森林分类经营及不影响生态的前提下，认真区划，合理布局，在林业用地面积中划出20%～30%，实行高投入，高产出，进行商品林建设。对商品林以市场为导向，定向培育、集约经营、科学管理、提高林地生产力，力求做到商品林建设与林产工业布局相结合，与林区产业结构调整相结合，与“天保”工程转产项目相结合。全省已建商品林基地80万公顷，利用世界银行带贷款营造速生丰产林7.5万公顷。

存在问题 全省生态建设质量、效益还不够高；林业经济尚未真正走出困境，治危兴林仍是一项长期艰巨的任务；森林资源保护管理形势严峻；林业科技还没有真正发挥第一生产力的作用；林业法律体系尚不健全，执法综合素质不高。 （吴梅芳）

【王树清、马永顺获十大绿化标兵奖】 1999年8月，爱树如命的拜泉县县委书记王树清，砍树劳模植树英雄、铁力林业局工人出身的离休干部马永顺，被命名为“全国十大绿化标兵”，获得全国绿化行业的最高奖。 （吴梅芳）

【黑龙江省林学会成立40周年】 黑龙江省林学会，是在邵均等12位老林业工作者的积极倡导和筹备下，于1959年成立的。当时，林学会会员不足百人，也只有造林、种苗等8个专业学组。经过40年的建设与发展，到1999年末，学会会员已达12 075人，拥有21个专业委员会（研究会）、3个工作委员会、1个林业专家咨询委员会。省直学会组织17个，地（市）学会、林区分公司学会16个，各县（市）也建立了林学会组织。40年来，共召开大型学术讨论会、论证会104次，评选出优秀论文4 633篇，组织专题学术报告50次，提出技术政策、技术咨询75项，组织学术考察18次。共编辑出版科普读物1.6万册，会刊15期7 500多册，《黑龙江省林学会通讯》42期16 800余册；林业科技书籍3本180多万字。举办林学夏令营13期，还组织开展书法、绘画、摄影等科普作品评奖活动10次，评出优秀科普作品587件。曾先后3次成功地承办辽、吉、黑3省林学会负责人联席会议。黑龙江省林学会为发展黑龙江省林业做出巨大贡献，曾获“全国科普工作先进集体”荣誉称号，3次获中国林学会“陈嵘学会工作奖”。 （吴梅芳）

【扎龙发现白头鹤特大迁徙种群】 1999年10月，黑龙江扎龙国家级自然保护区工作人员，在野外巡护检查时发现白头鹤特大迁徙种群，累计1 000多只。其中，仅10月7日就同时发现两个大群体计400多只，这在扎龙自然保护区还属首次，在国内也属罕见。白头鹤又名玄鹤，1981年国际鸟类保护委员会将白头鹤列入《世界濒危鸟类红皮书》中，国家也已将其列为一级保护动物。白头鹤在全国除黑龙江省北部和三江湿地有少数繁殖外，都是越冬鹤类。长江下游的安徽升金湖一带是其主要越冬地，扎龙保护区是在长江中下游越冬而在俄罗斯繁殖的白头鹤迁徙途中的重要停歇地。以往的观察记录在1天内最多累计能见到约200多只。 （吴梅芳）

【黑龙江绿化树木发生烂皮病】 1999年入春后，哈尔滨、齐齐哈尔、牡丹江、大庆等地（市）部分街路、绿地相继出现树木枯死现象，其中以柳树最为严重，白榆、杨树、糖槭等次之，这种树木病害称烂皮病。1998年春季，黑龙江省发生严重干旱，夏秋雨水大，晚秋突然降温；1999年春，气温又偏低。这种异常气候造成树木生长势衰弱，抗病能力降低，为该种潜在性寄生菌大量繁殖扩散提供了适宜的条件。仅哈尔滨市死亡树木就有1万余棵。（吴梅芳）

【黑龙江退耕还林实现新突破】 根据国务院[1999]8、9号明传电报精神，全省制定详细的退耕还林规划，对必须绿化和退耕还林的201及301国道两侧和视野内的退耕还林地段、地块逐单位落实。特别是对江河两岸、湖泊、水库周围、干线公路两侧和25度以上超坡地块实现重点突破。为妥善解决退耕还林后群众的生产生活问题，各地（市）在减免税费、利益分配等方面出台一系列优惠政策，并在机制上积极推行承包、租赁、联营联合、管护责任制、股份合作等新的造林方式。1999年，全省退耕还林8.79万公顷，是计划7.73万公顷的113%。其中地方退耕还林完成5.78万公顷，占计划5.75万公顷的105%。（吴梅芳）

【黑龙江森林防火工作力度大】 1999年，全省认真贯彻“预防为主，积极消灭”的方针，早准备、早安排、早落实。元月就召开有关专家参加的春防形势分析论证会，针对不利因素，提出对策，落实领导防火责任区，落实单位、个人的防火责任和任务。全省各地召开防火会议472次，共签订责任状9 520份，有2 181名领导落实了责任，落实防火责任区1 560处。春防全省投入森林消防专业队7 302人，半专业队31 568人，武警森林部队3 492人；投入车辆2 720台，风力灭火机6 954台。全省组织检查组检查森林防火工作共3 509次，有2 181名地（市、县）领导参加，共检查2 509个单位，处理火险隐患1 450处，解决防火存在的问题870个。同时，大造防火声势，确定3月15日至4月15日为全省森林防火宣传月，与省交通厅联合下发《关于公路两侧设立森林防火标语牌的通知》，全省在林区新设立标语牌1 047处，建立1 648处森林防火一条街，出动防火宣传车2 487台次，报纸刊登防火文章609篇，广播防火新闻2 014次，电视报道防火新闻专题2 978个。还开展计划烧除，开设阻隔带，全省累计烧防火线26 454千米，割打6 140千米，机耕防火8 274千米，烧草塘19 487公顷，营造生物防火林带9 438千米。1999年，没有发生重、特大森林火灾。（吴梅芳）

【宾县国有集体资源实行民营】 宾县属于浅山次生林区，全县有22个乡镇、249个行政村、11处国有林场，总人口60万人，幅员面积38.6万公顷。其中，耕地面积16万公顷，有林地10.73万公顷，森林覆盖率28%。10多年来，他们在强化林政资源管理的实践中，坚持靠改革兴林富民，探索出国有集体资源实行民营的新路子。到1999年末，全县实现林地民营总面积67 661公顷，有10 954户农户、职工、干部加入林地民营的行列。全县新增有林地面积8.67万公顷，森林覆盖率由1985年的20.3%提高到1999年的28%。主要做法是：

结合实际，大胆探索 过去由于林业管理体制存在弊端，毁林开荒、乱砍滥伐等原因，森林覆盖率由60年代的51%降到1985年的20.3%，有3个国有林场被迫关闭，林缘平均退缩15千米多；全县有8条河流，4 000多条侵蚀沟，一遇暴雨水灾泛滥。1994年，该县“7·13”大水，冲毁钢筋混凝土桥梁20余座、良田1.33多万公顷，直接经济损失达5千万元。1989年春，该县决定首先在盗伐严重的新立乡宝泉村搞林业改革试点，即在林地权属、用途不变的前提下，把靠近村屯附近不便于国有林场管理的国有110.67公顷盗伐迹地、荒山、荒地的使用权发包给19户农民，实行管护性承包，取得明显效果。

依法实施，效益吸引 总结试点经验，1991年起相继出台《封山育林实施方案》、《关于对部分国有集体林地资源实行民营的意见》等相关文件。对靠近村屯较近、乱砍滥伐严重的国有幼龄林地等天然林及部分人工林实施管护性承包；对林场没有能力在近期内完成植树的火烧迹地、盗伐迹地、采伐迹地、荒山等实行股份合作造林，由民营负责造林、管护。期限确定为10年、20年、30年不等，期满后按1∶9至9∶1不等比例实行活立木分成。对乡镇集体林地，已有林木的实行管护性承包；对无林或林木较少的林地分别采取租赁、拍卖、股份造林等不同形式；对“五荒”资源、退耕还林地块，大多数采取拍卖形式，期限30～50年。

规范管理，定期检查 全县普遍建立了民营户档案，并下发林权使用证。每年春夏两季各国有林场和林业站都要对民营户进行林地民营实施情况大检查，发现不按合同造林、树木丢失被盗的，及时处罚并存入档案，合同到期后兑现。

强化服务、扶持发展 对林地民营户实行政策服务、技术服务和社会服务。各国有林场及乡镇林业站，组织举办学习班，讲解造林抚育技术，还到现场进行技术指导，没有苗木的由林业部门统一购进送到民营户地头。及时解决民营户在政策及业务技术上遇到的问题。（吴梅芳）

【大庆加快盐碱地造林进成】 大庆市地处松嫩平原中部，属黑龙江省西部干旱、盐碱、风沙、平原地区。历史自然形成明泡、暗碱、潜伏沼泽地类，生长着碱草、蒿草、芦苇。这些不利的自然条件，一直困扰大庆市的造林绿化工作。特别是盐碱地造林，强度大，成本高，已成为制约林业建设的主要障碍。大庆市经过连续几年的试验，确定沙棘和柽柳树种是盐碱地造林的首选树种。他们抓住开展引资造林的大好机遇，依托沙棘产业化开发项目，积极推广沙棘和柽柳两个绿化树种。1999年，盐碱地造林达5 333公顷，这在该市的造林

史上是个新突破，在全省也是一项创举。（吴梅芳）

【明水县小流域综合治理显著】 该县地处松嫩平原西北部，面积2 030平方千米，有耕地10.67万公顷，草原4.47万公顷，人口34万，是半农半牧业县。近几年来，这个县结合当地实际，始终把造林绿化、改善生态环境当作农村经济发展的生命线、突破口来抓，做到全县上下统一，造林绿化不放松。特别是对小流域综合治理这一造林绿化的重点，不断加大力度，制定了“西部治理涝区，东部治理流域，全县旱涝兼治，绿化明水大地”的总体工作思路。同时，在全县提出“远学朝阳，近学拜泉，苦干实干十几年，建设生态农业县”的口号，推进生态环境建设速度。几年来，共治理小流域24条，面积近5.57万公顷。全县37%的水土流失面积得以治理；共绿化荒沟340条，森林覆盖率由1996年的14.2%提高到1999年的16.9%；在坡地栽植果树800公顷，植桑333.33公顷，种草800公顷；流域内开发养鱼水面146.67公顷，下游开发水田1 200公顷，获得经济效益5 500多万元。从1993年以来，连续7年被省政府评为造林绿化先进县。其经验是：

全面规划，分期推进 在规划的指导思想上，坚持高起点、大跨度、多层次，宜林则林，宜草则草，应绿全绿；在规划的原则上，坚持先治上后治下，先治坡后治沟，上下兼治，同步发展，生态、社会、经济三个效益一齐抓，国家、集体、个人三个利益相统一；在绿化步骤上，坚持分年度规划，分阶段实施，分项目推进。在全面踏查的基础上，制定总体规划和实施规划。

集中会战，规模推进 每年春秋两季，全县都统一部署，统一指挥，统一标准，集中领导，集中力量，集中时间，开展突击会战。达到一绿一片地，一治一条小流域。1997年以来，每年都绿化治理10条大型流域。

坚持标准，科学推进 以小流域为单元，以乡镇为单位，实行山、水、林、田、路综合治理，生物措施、工程措施和农艺措施相结合，因地制宜，科学配置；生态效益、经济效益和社会效益统筹兼顾。在林种布局上，坚持用材林、经济林、薪炭林有机结合。在树种结构上，形成杨、柳、松、果、桑齐上的格局。在栽植方法上，采取岗栽杨、坡栽松、沟栽柳、向阳地栽果树的设置。形成了岗脊栽树戴大帽、坡腰梯田环山绕、山脚乔灌果香飘、沟头跌水要牢靠、沟底谷坊遍插柳、库塘养鱼种水稻的小流域治理模式。

强化领导，健全机制 建立领导责任机制，把造林工作当做一把手工程，实行任期目标责任制，层层签订责任状。建立多元化、多层次、多渠道的投入机制，开辟6个筹资渠道，即实行农户承包小流域，调动千家万户的积极性，聚拢资金；面向社会拍卖承包“四荒”，回拢资金；用足用好劳动积累工，以劳代资，投入资金；把一些低息、贴息贷款和周转金用于造林绿化，增加资金；积极取得上级部门扶持，争取资金；县、乡财政挤出一点，村集体以物顶资，补充资金。从1997年以来，全县用于水土保持林建设的资金达到1 500万元，投入劳动积累工200多万个。建立政策导向机制，通过拍卖、免税等政策，调动群众的积极性。还建立管护机制，对小流域的林木采取封闭式管理办法。（吴梅芳）

【庆安林场管理局资源管护不放松】 庆安国有林场管理局是1998年7月划归省林业厅的。现有12个基层单位，总经营面积13.47万公顷，其中，有林地面积7.31万公顷，森林覆盖率54.3%，活立木总蓄积669.68万立方米，每年生产木材9立方米，年活立木增长量28万立方米，消耗量23万立方米。境内与庆安县的7个乡镇、上百个村屯相连，施业区内还有5个农场生产队、2个部队农场，场场相连，林农交错，社情复杂，管护防线长，任务十分艰巨。多年来，他们不断加大对森林资源管护力度，强化保护措施，坚持“两个建设”（队伍、设施）先行，打防并重，整章建制，加强领导，保证林业生态体系建设的稳步发展。1994～1996年连续3年被国家林业部授予打击破坏森林资源专项斗争先进单位。

抓好建设，提高能力 ①花大力气，抓好队伍建设。每年都结合开展“三个一”活动，进行“四个教育”。“三个一”活动，就是一年一培训，一年一考核，一年一整顿。“四个教育”是职业道德教育、遵纪守法教育、依法行政教育、岗位责任教育。活动时有方案，有教材，有典型，有考核，注重实际，不走过场。仅1999年在整顿中，就查出违法违纪6人。②不惜代价，抓好基础设施建设。采取超常规配编，设专职林政管护人员95名，占职工总人数的8%，设立省级木材检查站5个，林政防火检查站30个，站点的修建上共投资50多万元；成立了派出所，有公安民警8名。他们还先后为8个林场投资40万元购买林政管护指挥车，1998、1999两年又投入11万元，为5个浅山区林场购买5辆林政稽查专用车。同时，局机关又花近20万元购置森林资源保护管理专用车及计算机，各林场自筹资金购买20辆巡山摩托车。为林政科、派出所全体民警免费安装电话、配备传呼机和应配武器。

采取措施，提高效率 ①利用广播、电视等手段，采用刷写标语、大字块等多种形式，大造舆论。仅1999年就刷写墙标300多条，设立永久性标牌123块。②完善规章制度，先后制定《经警管理办法》、《经警奖征办法》，建立经警考勤制度、日巡山制度、例会制度、案件查处制度和赔偿制度等“五项制度”，落实管护责任，提高管护效益。

突出重点，严厉打击 围绕保护好国家森林资源不受侵犯这一条主线，突出4个打击重点。①突出打击以营利为目的盗卖木材团伙案件。②突出打击新发生的毁林开荒案件。③突出打击乱捕滥猎野生动物案件。1997～1999年端掉3个非法捕猎窝点，处罚乱捕滥猎

野生动物涉案人员93人次，收缴猎枪21支，猎物58头（只），收缴赔偿金2.8万余元。④突出打击防火戒严期的乱点滥烧案件。在严厉打击犯罪的同时，注意把握两个环节。其一是注重把握案发前的环节，把工作重点放在管护防范上，未雨绸缪。其二是案发后的环节。也就是案件一经发生，坚决以法行事，不办人情案，不搞以罚代刑。

强化领导，坚持不懈　党政班子的主要领导经常参与重大案件的处理，定期听取汇报，全面掌握情况。把森林资源消长、限额采伐、被侵林地回收、新发生林地被侵、非法狩猎等均确定出量化指标，纳入双项目标责任制管理，作为考核局场两级主要领导政绩的重要内容。在10条责任目标重罚条款中就有4条是涉及森林资源保护，罚金合计5千元。（吴梅芳）

【佳木斯林业产业跨行业发展】　该市按照市场经济的要求从解决所有制、机制和经营方式入手，特别是抓住党的十五大提出的深化改革、转换机制、加快产业结构调整带来的新机制，从实际出发，实行一厂一策，因厂制宜，开展对所属林业企业多种形式的改革，走出一条林业产业跨行业发展的企业化经营新路子。

从实际出发，转换经营机制　根据所属企业所有制性质、人员构成、资产负债情况，采取产权出售、委托经营、重组转制、国有民营、中外合资等改革措施，解决公有专营的单一所有制形式，使国有资产基本在改制企业中退出，走出过去靠政府管又管不了、管不好的怪圈。其中产权出售2个，重组转制3个，国有民营1个，委托经营1个，中外合资企业1个。仅福瑞特木业有限公司、中外合资安诚轿车修理有限公司、卡车服务站、汤原牙签厂、汤原地板厂等5家较大林工企业，资产总额就达3 500多万元，从业人员980人。

面向市场，拓宽产业建设渠道　中外合资安诚轿车修理有限公司就是在中国一汽集团公司佳木斯卡车服务站的基础上，由维修卡车、轻型轿车拓宽到维修高档轿车的一个新开辟项目。是集轿车维修、三包服务、整车销售、零配件经营为一体的修理服务型企业，并不断向高技术水准、高科技含量、高附加值发展。其维修设备大部分都是从德国进口，公司同中国一汽集团和全国各服务站实行计算机联网。

选好经营者，提高企业经济运行质量　企业改革，在选择经营者时必须打破传统的用人方式和机制，改变靠行政命令的办法，将经营者的利益与企业利润、职工利益联在一起。巩固和扩大改革成果，克服依赖上级的思想，主观能动地去研究市场，追求利润，一切围绕市场和效益转，科学管理，提高经济运行质量。

（吴梅芳）

【1999年度黑龙江省造林绿化竞赛先进单位】

地（市）级先进单位　绥化地区行政公署、齐齐哈尔市人民政府、哈尔滨市人民政府、牡丹江市人民政府、佳木斯市人民政府、鸡西市人民政府、大庆市人民政府

县（市）级先进单位

一等奖　龙江县人民政府、延寿县人民政府、明水县人民政府、青冈县人民政府、拜泉县人民政府、尚志市人民政府、桦南县人民政府、密山市人民政府、宾县人民政府、穆棱市人民政府

二等奖　鸡东县人民政府、五常市人民政府、杜尔伯特蒙古族自治县人民政府、林口县人民政府、安达市人民政府、克山县人民政府、讷河市人民政府、木兰县人民政府、嫩江县人民政府、富裕县人民政府、绥化市人民政府、泰来县人民政府、集贤县人民政府、兰西县人民政府、海林市人民政府、肇源县人民政府、大庆市大同区人民政府、同江市人民政府、呼兰县人民政府、佳木斯市郊区人民政府（吴梅芳）

【1999年度黑龙江省造林绿化先进工作者（劳动模范）】　辛万金　朱清文　李孟东　陆荣慈　车志文
周　勤　孔玉娟　黄宗英　杨　坤　田继山　刘光友
赵德振　姜长春　张宝峰　董作民　姚顺田　张士杰
黄树林　刘桂英　李玉林　迟国良　戴树功　班　江
吴学俭　孙腾江　李　民　肖志军　周文福　孙纪录
杨宝金　刘增新　金春梅　李长权　杨宏雷　屈富年
赵恒太　宋学民　杜锁群　戴茂成　闫振明　王志田
王世国　周芳玖　金炳海　李长河　白永清　韩乃斌
李文鸿　冯　齐　姜守礼　李文祥　屈延峰　王本廷
赵亚森　宋喜林　李景瑞　王　旭　肖成奇　张永兵
顾守春　李显荣　张凤仙　崔友君　刘　岩　瞿国忠
徐　君　隋秀成　王　茂　段文斌　刘淑湘　程世伟
黄俊洋　刘　鲲　马　涛　高　亮　孙柏志　黄树峰
欧阳广征　王宝和　宁先鸣　郭恒琴　李　兵
于云娥　王晓明　（吴梅芳）

【哈尔滨市林业】　1999年，哈尔滨市林业现有经营面积130.35万公顷，其中有林地面积97.63万公顷，占林业经营面积的75%，森林覆盖率42.66%。在有林地面积中，天然林58.12万公顷，占有林地面积的60%；人工林39.51万公顷，占有林地面积的40%。活立木总蓄积7 042.88万立方米，其中：天然林蓄积占75%，人工林蓄积占25%。按林种分，用材林面积占83%，防护林占9%，薪炭林占5%，特种用途林占1%，经济林占2%。1999年，哈尔滨市共造林5.17万公顷；抚育采伐森林1.76万公顷，出材41.55万立方米。年林业总产值6.7亿元。全市已连续14年未发生重大、特大森林火灾，有林地面积和森林蓄积连续多年实现双增长。林产工业骨干项目主要有人造板，年生产0.40万立方米；板方材，年生产5.28万立方米；地板块，年产4 430立方米；铅笔板，年产1 500立方米；装饰门，年产12 000扇；家具，年产6 070件，年产值已达1.2

亿元。多种经营项目年产值达2.5亿元。

（哈尔滨市林业局）

黑龙江省森林工业

【概　述】 1999年在国家林业局和省委、省政府的领导下，全林区广大职工群众团结一致，艰苦奋斗，全面实施天然林资源保护工程，积极推进森工林区以富民强企为主要内容的“二次创业”取得了一定成绩。

较好地完成了各项经济指标 产业总产值(现价)完成96亿元，比1998年增长4.4%。木材生产完成528.2万立方米，比年计划减少34万立方米，比1998年减少89.7万立方米；产值达21.2亿元，比1998年减少20%。林产工业总产值完成23.6亿元，比1998年增长5.8%。多种经营和集体经济总产值及收入完成41.6亿元，比1998年增长14.9%；全省森工95户预算内企业实现亏损16 702万元（扣除停提资源补偿费因素），比1998年减亏4 376万元，减亏幅度为20.3%。除6家小企业没完成当年计划指标外，其他各企业都完成了年度财务计划。与1998年同期相比增利减亏300万元以上的有兴隆、朗乡、友好、美溪、南岔、上甘岭、翠峦、红星、山河屯局和伊春电厂、柴河纸板厂、柴河林机厂；增亏300万元以上的有铁力、桃山、乌马河局和南岔水解厂、哈木器厂、正阳河厂。苇河局提前3个月完成年度缴款任务，大海林、穆棱、兴隆、亚布力、方正、清河局提前1个月完成上缴任务。

全面实施天然林资源保护工程见成效 1999年落实财政专项补助资金96 678万元（不含财政贴息），公益林建设资金3.3亿元，转产项目资本金4 008万元。完成人工更新造林11.35万公顷，封山育林11万公顷，森林抚育19.6万公顷。加大森林资源保护的力度，全年共查处各类森林案件4 584起，处理违法犯罪人员5 092人，收缴木材5 522立方米，挽回损失509万元。清理回收林地1.21万公顷，退耕还林1.98万公顷。森林病虫害防治率达到97.7%，病虫害监测覆盖率达到69.87%。全系统共发生森林火警24起，一般森林火灾1起，森林过火面积为78.02公顷，森林过火率为0.011/1 000。

森林资源管护经营责任制试点工作取得进展 在推广清河、八面通局管护经营责任制经验的基础上，全省森工又确定了88个试点林场（所），全部落实承包、签订合同的有75个，占试点林场（所）总数的85%，参加承包的人数为8 981人，占试点林场（所）职工（青年）总数的89%。试点林场的林地面积84万公顷，其中完成区划的80万公顷，占95%；完成资源调查的54万公顷，占64%；完成建档的61万公顷，占72%；完成承包73万公顷，占86%。

森工改革进一步深化 按照建立现代企业制度的要求，《中国龙江森林工业（集团）总公司国家大型企业集团试点方案》已获国家经贸委批准。按照国家政策，把符合产业政策有竞争力的企业及优良资产重组成立大森林股份有限公司工作正在积极有效地进行。推进森工企业的公司化改革，万成木业公司和牡丹江木材厂完成了公司制改革，建立了法人治理结构和管理运作程序。经多方努力，万成木业公司和南岔木材水解厂被批准债转股，金额为60 537万元。企业内部中小工厂改革取得显著成果。双鸭山、穆棱、八面通、兴隆、亚布力、方正、铁力、南岔、清河、绥棱、沾河等林业局都有成功的典型，起到了盘活资产、增加效益的作用。桦南局立体开发分类经营省级改革试验示范区、苇河局改革试验区和带岭、穆棱局省级天然林资源保护工程改革试验示范区的工作全面展开。以三项制度改革为主要内容的综合配套改革全面推进。非国有经济有了较大发展，1999年森工非国有经济产值及收入为21.1亿元。下岗再就业和社会保险工作取得成绩，进入再就业中心7.2万人，发放基本生活费1.46亿元，代缴养老金4 783万元，代缴失业金561.9万元；分流安置4.2万人，近8 000名下岗职工与企业解除劳动关系；养老保险收缴率为85%，发放率为93%；失业保险收缴率为91%。大海林局转岗分流1 238人，解除劳动关系2 382人。绥棱局通过10条渠道分流安置1 581人。

多种经营有了新发展 1999年多种经营、集体经济总产值及收入为41.6亿元，比1998年增长14.9%；其中多种经营产值为29.5亿元，比1998年增长16%。完成了土地第二轮承包，落实承包面积19.48万公顷，承包户52 550户，新安置下岗职工11 618人。全系统有国家立项的农业小区16处，改造中低产田0.91万公顷。调整种植结构，水稻和经济作物的种植面积达0.58万公顷，增长79.5%，产粮豆51.6万吨，比1998年增长7.4%。方正（西洋参）、亚布力（林蛙）、东京城（食用菌）、海林（鹿）、苇河（山野菜）等5个生产基地被确认为省级特产和优质农业产业化生产基地；成立了黑龙江东北王矿泉水和华森畜牧科技有限公司，使多种经营向产业化、集团化方向发展迈出了可喜的一步。友好局多种经营产值由1990年的2 385万元上升为1999年13 368万元，年均增长

20.4%。

招商引资出现新局面 1999年，招商引资共签约项目70项，总投资10亿元。签约的6个重点项目有5项全面启动。双丰局已建10余家合资、独资企业，引进资金2 300多万元，年创产值6 000多万元，安排近2 000人就业。绥化木材厂与江苏南通综艺集团合作的木材加工项目，对方投入资金560万元，生产多层胶合板和细木工板已达1 500立方米，产品销往南方和美国。亚布力局与山东临沂华联集团合资经营的亚华木业有限责任公司已正式生产，安排300人就业，产品由对方包销；该局还利用闲置设备在俄罗斯合资建立木材加工厂，年产锯材8 000立方米，1998年年底正式生产。

强化管理，提高效益 各企业认真贯彻总局《关于加强企业经营管理的有关规定》，涌现出清河、兴隆、鹤北、东方红、带岭、桦南、双鸭山、铁力、朗乡、南岔局等一批先进典型，1999年，全系统增收节支1.67亿元。木材售价比1998年提高18.82元，增收9 651万元。兴隆、鹤北、双鸭山局实现增收节支分别为2 948.6万元、2 000万元、1 100万元。

科教兴林结硕果 1999年推广科技成果156项，重点推广5项，由科技进步因素创效益近9 000万元。清河局推广科技成果14项，可创效益300万元。桦南局与林大、农大、哈工大建立“科教兴农”和“科教兴林”基地。牡丹江林区获省首批“两基”巩固提高先进单位，牡丹江林校、省林业卫校和伊春林校分别达到晋升国家重点和省重点中专分数线。大海林、兴隆、清河、亚布力局调整办学布局，实行集中办学，教学质量明显提高。

职工收入增加，生活水平提高 全系统实现当年基本不欠职工工资，补发了部分拖欠工资，而且还按有关文件精神为在职职工和离退休职工增加了工资；在国家的扶持下，补发养老金6.3亿元，人均年工资有所提高。

林区小城镇建设得到较快发展 林区小城镇建设改变了林区职工生活条件，同时启动了基建、建材、装修等市场。方正局两年集资建楼4.5万平方米，增加产值3 000万元。苇河局集资建楼9 700平方米，增加产值800万元。其他企业也都有较快的发展，促进了森工林区两个文明建设。

存在的主要问题 思想不够解放，还没有完全摆脱旧体制、旧观念、旧经营方式的束缚；林区经济结构、产业结构不合理，林产工业特别是城市加工企业效益低下，亏损严重，多种经营发展没有形成规模效益，经济增长后劲不足；依靠科技开发高新科技产品、高附加值产品不够；部分企业管理还比较粗放，存在效益流失问题，经济运行质量不高；林区社会仍存在着不稳定因素。（黑龙江省森林工业总局办公室）

【清河林业局】 这个局实行森林资源管护经营责任制的基本内容是在国有森林资源所有权不变、林地用途不变、森林经营规程不变的前提下，将全部施业区按户分成若干责任区，交给职工群众管护经营。在看好林、管好林、造好林的同时，合理开发利用责任区内的林副产品资源，所得收入归管护经营者个人。在林业局推行国有森林资源管护经营责任制，大体分3步实施：①调查设计，制订方案。投入资金90多万元，历时7个月对全部的资源情况进行全面调查，准确掌握每个责任区内的立木资源和植被情况，根据调查结果制订实施方案并建立管护区档案。②思想发动，认识到位。对领导层中存在着怕风险的思想，对一些职工群众认为搞管护经营责任制就是分山到户，对利用管护区发展多种经营信心不足和对政策不托底，不敢在责任区内投资投劳等实际思想问题，林业局成立了推进小组，林业局领导班子每个成员包1个林场所，驻场发动，详细说明推行管护经营责任制的目的、意义，说明林业局的政策以及推行管护责任制与发展多种经营的关系，使职工群众形成共识。③组织实施，落实到人。主要是签订管护经营合同书，合同期为10年，同时制发管护证。全局施业区总面积14.4万公顷，已划出10.9万公顷，户均25公顷。为保证管护经营责任制顺利进行，达到保护资源、培育资源、发展资源的目的，在实施过程中，他们推出了“3个完善”：

基础设施完善 一是加大了交通、通讯、电力等基础设施的投入，为山上各场所接通国电，安装了有线电视和程控电话，林区公路路面升级。为发展多种经营，促进管护经营责任制的实施奠定了坚实的物质基础。二是各场所都建立了微机管理室、档案室。实行微机化管理，有关管护经营的各种文件，责任区档案的所有内容及家庭经济台账等全部输入微机，建立管护经营数据库，用现代化管理手段控制管护质量。

政策完善 管护经营责任制的目的是保护资源、兴企富民，它离不开政策的约束和扶持。一是规定性政策。每个责任区不管是公益林、商品林还是禁伐区立木资源，一律按禁伐区标准管护，绝对不准采伐林木；不准捕捉国家法律保护的各种野生动物；不准在责任区建永久性或临时性房舍。在不影响立木生长，不损坏幼树的前提下，允许管护者在林冠下栽培食用菌、移植山野菜、药材等；允许圈养林蛙，在沟塘里放牧牛羊发展特色经济。二是保护性政策。依法保护管护者的合法权益，充分发挥公检法专政机关作用，为管护者创造宽松的外部环境。三是扶持性政策。为管护者发放贷款用于发展多种经营和家庭经济，1999年一次性发放贷款340万元；企业聘请专家为管护者办培训班，传授发展多种经营的实用技术；企业帮助管护者找产品销路，不收任何费用，义务服务。

措施完善 划给职工群众管护经营区不能代替企业的管理，必须加强管理、引导和思想政治工作，才能

保证管护经营的健康运行。一是完善责任体系。林业局副处级以上领导既抓面又管线，主要领导抓全面，其他班子成员既要负责1个场所的管护经营工作，还要负责1个多种经营项目的发展、升级。各基层单位党政一把手是第一责任人，管护经营成果如何，是考核政绩、提拔和罢免的重要依据。各场所根据工作性质和责任区位置特点，把管护者编成联管、联防小组，副职领导和林场管理人员每人负责1个组的检查监督工作，发现问题及时解决。这样，从上到下形成了局、场、组3级责任网络，有力地推动了管护经营工作。二是加强思想政治工作。管护经营责任制调整了职工群众的利益关系，针对职工思想有波动这一实际，加强了思想政治工作，发挥广大党员的先锋模范作用，除作正面教育引导外，各场所党支部都开展了党员联系户活动，每个党员联系几户群众作化解矛盾、理顺情绪的工作。三是培养典型群体，促进管护经营。树立了管护模范张喜山，养蛙能手张洪岩，人参姑娘刘方丽，养蜂大王吴元兴，五味子培育高手刁玉琢等一批各具特色的典型。把他们的经验编辑成书，在全局推广，反响很好。四是加强专业队伍建设。没有因为实行了管护经营责任制而放松防火办、森林病防站、林政管理和资源监督部门工作。经过两年的努力，管护经营责任制显示出旺盛的生命力，取得了令人振奋的阶段性成果：①促进了森林资源增长。管护经营提高了抚育质量，大部分剩余物被运出利用，不仅改善了林内卫生环境，消除了火灾隐患，而且比正常抚育更加通气透光，提高地温促进了林木资源生长。1998年林业局森林总蓄积为1 044万立方米，年总生长量为36.4万立方米，生长率为3.6%，1999年对建设、东华、响河3个林场进行抽样调查，11年间生长率提高到4.2%，15年生落叶松人工林经过抚育，生长率由7%提高到10.5%，提高了3.5个百分点，森林质量也有所提高。②职工群众收入增加，生活有了明显改善。全局多种经营产值利润已经实现阶段目标，山上职工收入增加幅度很大。建设林场全年工资总额70.5万元，而采薇菜、栽培木耳及养林蛙收入高达105万元，在责任区里获得的效益远远超过工资收入，这个场还发展了养殖、种植业，全年人均收入4 200元。③提高了企业固定资产的利用率，盘活资产2 000万元。在山下地区建成了6个加工厂，没盖一间新厂房，全是利用了原来闲置的旧房屋，部分闲置机电设备也得到充分利用。④为林区职工就业提供了广阔天地。每个责任区内一年四季出效益，管护者常年有活干，一人管护，全家就业。（清河林业局办公室）

【穆棱林业局】 1998年国家全面启动实施天然林资源保护工程以来，他们以提高林产工业运行质量和效益为重点，不断加大转换机制力度，积极调整产业产品结构，强化企业管理，创造了3个效益：①直接经济效益。在原料不低于市场价格的情况下，连续两年实现了“三无”，即无亏损工厂、无亏损项目、无亏损产品。1998年创产值7 568万元，实现利润445.6万元；1999年创产值6 458万元，实现利润484.8万元，占全局总产值的1/3。②间接经济效益。林产工业1998年完成为局上缴资金1 536万元，1999年完成为局上缴资金1 561.1万元。承担全局山下部分生产单位和机关事业单位的职工工资发放，连续几年实现了按月开支，一分不欠。③社会效益。1998年以来，林产工业各工厂先后吸纳和安置下岗及转岗职工14 403人，现有从业人员达到4 000人，占全局职工人数的1/3。主要作法是：

精简机构，减员增效 1997年初，林业局有14个工厂，管理人员近300人，每个工厂管理人员平均都在20人以上，最多达40余人，机构重叠，人浮于事，效益低下，一年发生制造费用高达220万元。对此，他们先后进行了两次机构“消肿手术”，共精简管理人员164人，全面充实到生产一线。现在每个工厂管理干部平均7人，最多的也不过10人，年节支120多万元。林产工业公司原有管理干部22人，年发生经费72万元，变成林产工业科后，人员精简到4人，年发生经费不足2万元，年节约经费70万元。

破旧模式，灵活经营 1995年，林业局新建了宏光轻质刨花板，扩建了万米胶合板厂，由于受市场经济环境的影响，从1996年开始，经济效益逐步下滑，到1997年全局林产工业战线的效益几乎被这两个厂吃掉。为遏制效益下滑，经过广泛市场调查，林业局确定了林产工业“抓小封大”的发展思路，果断决策，关停这两个大厂。于1998年初开始运作，对1 000名职工妥善进行了分流。与此同时，对经营不善、产品没有前景的宏发纤维板厂和分散到各个单位的小加工点实行了关停并转；规范完善了宏利餐具厂企业内部股份制，进行了扩股经营。1999年下半年，为了进一步深化产权制度改革，本着因厂制宜，宜租则租、宜股则股、宜卖则卖的原则，确定宏兴地板块厂为先行转制的试点单位，制定了转制方案，实行租赁招标。

确定产品结构调整方向和原则 开发新产品必须遵循吃干榨尽、生产高附加值产品、夹缝产品和终端产品的原则，凡属半产品和毛坯必须限期改为终端产品。先后开发了医用压舌板、医用勺、卫生棒、咖啡棒、牙签、食品签、雪糕柄、淋漆地板块、集成材等高附加值终端产品，取得了较好的效益。宏利餐具厂自行研制了卫生筷子深加工生产线，1999年增收20万元。宏宇牙签年产牙签400吨，创利润55万元，安置从业人员430人。（穆棱林业局办公室）

【鹤北林业局两个文明建设】 该局被省森工总局评为经营管理标兵单位，精神文明建设被评为全国精神文明建设先进单位。1999年，增收节支超过2 000万元，在主产品木材产量下调3万立方米的情况下，连续4年实现“三不欠”（不欠上缴、不欠工资、不欠税费）。

全局整体环境实现了美化、绿化、香化、净化，职工群众生活水平进一步提高，向富民强企业标准迈出了可喜步伐。他们党政合力推动两个文明建设的做法是：

靠改革，不断探索增强企业活力的新措施 1999年，在企业改革方面进行了大胆有益的探索。一是实行营林成果商品化。将造林地承包给造林户，由职工出资造林，3～5年后企业按规定的成活率、保存率一次性收购，支付各项费用。二是实行森林资源管护区域责任化。根据林地条件和林副产品资源状况，科学地测算管护和承包费，职工群众承包积极性空前踊跃。联营林场55林班承包费底价1 593元，经几轮竞价后高达6 000元。三是林产工业市场化。以市场定项目，看市场选取产品，把林产工业与效益直接挂钩，全面推向市场。经过1年的运作，大幅度增盈，1999年林产工业战线向国家林业局上缴利润37.1万元，职工收入较1998年增加40%。四是存量资产自营化。为减少机械大修、油脂、燃材料等费用支出，对山上林场J-50拖拉机实行一次性有偿转让，职工竞相出资购买，盘活了存量资产，收回资金36万元，每年还为林业局节省大修理费80余万元。五是放开经营自主化。在推行"以电养电、以话养话、以水养水"取得成绩的基础上，1999年将机修厂等18个单位推向市场，放开搞活，占全局63个基层单位的28.6%，全年减少费用支出315万元，同时向林业局上缴利润149万元。

靠管理，不断深挖企业效益的增长点 一是管住林子。实行森林资源离任审计制度，将森林资源消长纳入林场经营责任状中，一票否决。二是管活财源。紧紧咬住降低生产和运输成本，提高造材质量和销售价格不放。取消运输外委，年节约支出749万元；成立专业造材队，实行木材经营公司一个窗口卖木材，1999年在木材市场疲软、产量下调、销量较1998年少销6.6万立方米的情况下，实现销售收入9 561万元，增收594万元。三是管严票子。主要采取3项措施：实行成本费用一票否决，超支单位成本不调、奖金不发、先进不评、工资不涨，超支严重的领导就地免职，节余的单位按50%留做奖金；成立财务管理中心，财务人员实行定期轮岗，解决行政干预和乱挤乱摊成本问题；成立"天保"资金管理中心，"天保"资金专款专用。四是管紧物资，采取冬煤夏储的办法，节约资金100万元。五是管细工资。实行工资联审制度，工资表上墙，增加工资发放透明度。1999年节余工资总额484万元，拒付不合理开支51万余元。

靠合力，不断推进精神文明建设新发展 干部组成97个帮扶小组，走访看望特困生、特困户1 908人次，帮扶猪仔、种兔、化肥、衣物、食品等慰问品和帮扶金达11万余元，有28个特困户脱贫。这项活动，得到了全局职工群众的一致认可，树立了党员领导干部的良好形象。为维护林区稳定，在山上19个林场和局址13个居民委广泛开展了"联访、联治、联建"活动，形成了新的教育防范打击格局，林区秩序稳定，社会安定，职工安居乐业。 （鹤北林业局办公室）

【方正林业局】 1999年全局多种经营产值及收入达到1.2亿元，仅特色经济实现产值及收入近5 000万元，拉动职工年均收入增加700元。一是内引外联发展食用菌。为了发展食用菌使之成为林业局发展特色经济的主导产业，石河经营所主动挂靠在哈尔滨昌发民营食用菌企业。经双方考察协商，石河经营所作为该公司一级菌生产基地，并扩展陈家亮子、万宝山两个所为附属基地，年生产一、二级食用菌500万袋，为全局食用菌发展奠定坚实基础。1999年试生产5万袋平菇已出口日本。二是股份合作发展西洋参。1990年新丰林场职工自发组织种参联合体，几户联合筹措基金发展参业生产，到1999年已发展53个联合体，绿色面积达8万平方米。1994年多种经营局几个参场在负债经营情况下，把4万平方米人参基地一次性拍卖给职工。股份合作制在参业发展中的作用，引起林业局高度重视，在充分论证的情况下，1999年把全民、集体所有参场都通过评估采取1：1配股的方法，用好用活上级贴息贷款，激活了西洋参发展的态势，目前，全局个人已投资金657万元，人参绿色面积达到21.6万平方米。三是自筹资金发展平贝。1999年全局职工个人自筹资金12万元种植平贝15万平方米，比1998年增长2倍。四是企业借贷发展林蛙。鼓励职工利用科学技术养殖林蛙。曙光林场职工宋殿贵，多次去外地参观学习，并在家庭房前屋后，建立了林蛙孵化场，进行封闭式养蛙，但由于资金短缺，发展速度不快。林业局主要领导得知这一情况后，从企业资金中拨款5万元借给曙光林场，由曙光林场贷给宋殿贵，使家庭养殖林蛙获得成功，当年孵化200万只幼蛙，已有150万只放山封沟饲养，其他50万只在室内越冬池进行试验。目前，全局已有78户，投入86万元，养殖面积达4.5万公顷。

（方正林业局办公室）

【兴隆林业局加强企业管理工作】

管住人，层层管，层层解决管理问题 一是管住"一把手"，"当官为民作主"。二是管住主要职能人员。1996～1999年，共查处林政、行政案件993起，挽回经济损失3 400万元。三是管好职工队伍，"职工当家做主"。设立了局长热线电话和局长信箱，3年共接到各类热线电话651个，解决639人；接到各种信件886件，处置874件，收到了较好的经济效益和社会效益。四是管住岗位，搞好下岗职工再就业。全局编制内人员10 981人，减员3 929人，在财务指标上一次扣除所减人员的工资1 300万元。累计安置下岗职工2 575人，进入再就业培训中心1 354人。

管住资源，防止效益流失 一是撤消山上木材加工厂，解决山上场所加工好材的问题。二是严格木材检查，解决木材运输过程中偷拉私运问题。三是强化资源

监督部门职能作用，解决林木采伐过程中的资源超量消耗问题。四是认真实施“天保”工程，解决森林资源持续发展的问题。林业局对现有林地进行了全面区划，精心组织，全力实施，确保“天保”工程四到位，即制定措施，责任落实到位；组织实施，任务完成到位；检查指导，跟踪问效到位；发挥优势，开发项目到位。

管住木材生产，压缩生产成本　实施了产品紧俏，成本紧压，费用紧缩，日子紧过的“四紧”措施，林场所按调查设计组织生产，工资材料费一次性核死，实行楞场收购。木材单位成本1997年较1996年降低3.43元，节余110万元；1998年较1997年降低4.60元，节约138万元；1999年较1998年降低5.13元，节约146万元。

管好木材销售，实现主材源增效　一是净化销售环境。谁勒卡客户就罚谁的钱，谁出卖企业利益就砸谁的碗。二是木材统一归口销售。价格集体决定，销售部门有权根据市场行情及时上调价格，无权下浮。三是实行灵活的销售策略。

管住资金，把好用“钱”关　一是严格执行“一支笔批钱，一个匣子装钱，一个口子出钱”的制度。每月召开一次资金平衡会，根据轻重缓急落实资金。二是加强财会人员业务培训与考核，不合格者一律撤换。三是建立严格的财务管理制度。千方百计挖掘沉淀资金，聚财敛财。四是成本、费用一旦落实，不轻易更改，不搞年末认账，成本、费用保不住，只能用创收款买成本。五是实行任前、任期、离任审计，对各单位实行年度审计。

管住物资消耗，杜绝跑冒滴漏　在物资采购上，严把采购、质量、消耗关，防止质次价高物资进入林区。由于严管细抓，煤、油、电消耗大幅下降，1997年较1996年全局煤、油、电节支274万元，1998年较1997年节支188.8万元，1999年较1998年节支147.5万元。　　　　（兴隆林业局办公室）

【桦南林业局】　桦南林业局以实施“天保”工程为契机，深化改革，强化管理，重点实施了科技兴林和可持续发展战略。积极引进人才、引进技术，向大专院校、科研单位靠拢，与东北林业大学和东北农业大学，建立了“科教兴林”和“科技兴农”两个示范区，经1年多的运作，已初见成效。红松母树林培育、种子园和苗圃建设，开始运用科技手段经营管理；种植业通过推行科学种田，经济作物种植面积，由1998年的800公顷增加到1999年4 866公顷，直接为职工增加纯收入300余万元；人造板厂和制材厂，通过技术改造，实现了产品更新换代和重新启动生产，并节约资金98万元。由于实施科技兴林战略，培育了林区新的经济增长点。

（桦南林业局办公室）

【大海林林业局】　大海林林业局是1948年建局的老森工企业，曾有过年产木材80万立方米的辉煌历史。近年来，由于可采资源濒临枯竭，木材产量大幅度调减，企业富余职工高达8 666人，占职工总数的55%，使企业负担日益加重。针对这一实际情况，他们按照中央、省委和省政府关于做好国有企业下岗职工的基本生活保障和再就业工作的要求，在全局实施了分流下岗和再就业工程，主要做法：

加强领导抓启动　林业局成立了由党政一把手任组长的分流下岗再就业工作领导小组，成立了局再就业服务中心，下设3个服务站。充分利用广播、电视、板报、画廊、标语等一切宣传工具广泛宣传，通过全方位、多角度的宣传，使分流下岗再就业工作的重要意义和有关政策达到了家喻户晓，人人皆知。先后制定了各项规章制度，并张贴上墙，完善了基础工作，做到有章可循。

强化教育抓培训　从实际需要出发，开展了各种培训，先后培训一大批卫生筷子精选工、雪糕柄精选工、汽车司机、公路养护工、汽车检修工、大理石工艺人员、种植、养殖、微机打字、电器修理、机修、电焊、裁剪、果树栽培等各类专业人员，为下岗职工实现转岗分流再就业奠定了坚实基础。

合理分流促就业　从8个方面分流下岗职工：向山上林场分流，对双职工上山工作解决一套住房，1999年共分流安置下岗职工820人；向承包耕地分流，林业局拿出20万元资金扶持下岗职工从事农业生产，并在土地租金、租期、技术扶持上给予了优先照顾，1999年共分流安置下岗职工713人；向实施天然林资源培育管护分流，1999年共分流安置下岗职工267人；向林产工业战线分流，通过组织局机关和木材制品三厂管理人员集资50万元新上了一条年产量4万箱的雪糕柄生产线，用于安置下岗职工，林产工业战线共转岗分流安置下岗职工510人；向多种经营战线分流，通过强化管理，盘活资产，逐步启动食用菌厂、山野菜厂、大理石厂等多种经营生产项目，共计分流安置下岗职工380人；有计划地实行腾岗分流，通过强化劳动用工管理，逐步辞退、清理各单位聘用的退休职工、外委工、临时工及长期挂名职工，合理调剂局内各单位劳动力余缺，共分流安置下岗职工258人；向剥离型单位分流，将印刷厂、电视台、通讯管理站、机械厂等辅助性机构从母体中剥离出来，实行租赁、股份，共分流安置下岗职工307人；向非国有经济分流，1999年仅向长森公司、通力达公司两家私营企业分流下岗职工就达165人。林业局还扶持未能进入再就业培训中心的富余职工从事种、养、采、服、加、运等产业实现自谋职业的900人。通过以上8条渠道全局共计分流安置下岗职工3 420人，下岗职工再就业率达65%以上。

（大海林林业局办公室）

【双丰林业局招商引资】　到1999年底，已有斯温格、澳丰、华庆等十余家合资、独资企业在双丰安家落户，引进资金2 300多万元，年创产值6 000多万元，安排职工就业近2 000人，获得了良好的经济效益和社会效益。其中，中美合资伊春斯温格家具有限公司自1998年6月投产以来，已累计向美国出口家具产品140个国际标准集装箱，实现出口创汇361.8万美元，利润200多万元。这个林业局的家具产业已由小规模、松散式发展走上了“名牌带动，外引内联，产业化经营，集团化发展”的路子。（双丰林业局办公室）

大兴安岭林业集团公司

【概　述】

经济指标完成情况　1999年全公司的林业企业总产值完成260 950万元，其中，工业总产值完成16 709万元，完成计划的112.1%，农业总产值完成39 906万元，完成计划的105.2%。在林业企业总产值中，木材采运产值106 403万元，林业工业产值48 629万元，多种经营产值83 490万元，营林产值22 428万元，木材产量完成2 885 000立方米，生产锯材197 767立方米，生产原煤434 868吨，生产黄金792 003克。固定资产完成51 059.2万元，1999年新增固定资产13 797.7万元。全年完成造林面积16 181公顷，迹地更新面积97 620公顷，幼林抚育作业面积137 122公顷，成林抚育面积304 752公顷，成苗产量21 903万株，完成“四旁”植树27万株。

企业改革进一步深化　积极推进了林业集团同主管部委脱钩、实现政企分开工作，进一步明晰和规范了集团公司运作机制；各林业局顺利完成机构改革，共精简机构80个，精减人员1 396人，分别下降31.1%和44.2%；开展了建立现代企业制度试点工作，对图强林业局进行有限公司改造；组建1户专业集团，平稳地对筑路工程局实施了破产前的人员分流和有关政策的争取工作；小企业改革通过租赁、兼并、委托经营等形式，改制278户；积极探索林场组织结构调整，并转了一些林场；国有经济的部分环节和方面大胆引入非公有成分；大力推进失业、养老、医疗等社会保障和住房制度等项改革。

结构调整初见成效　1999年是林区的“结构调整年”，产业、产品结构调整力度加大。第一产业增加值为4.9亿元，比1998年增长6.7%；第二产业增加值为18.3亿元，增长1.9%；第三产业增加值为17.4亿元，增长4.5%；第一、第三产业增加值在国内生产总值中已占相当比重，单一林木经济的格局出现可喜转变。在林业集团总产值中，林产工业和多种经营产值所占比重已经过半。狠抓了基础建设和项目建设，固定资产投资达8.1亿元，创造了建区以来的最高记录；天然林资源保护工程到位资金8.6亿元，资金到位率为全国第一，一批转产项目顺利实施。营林、农业、木材精深加工业、矿产、山野资源的开发利用、非公有制经济和职工自营经济发展迅猛，成为新的经济增长点。

招商引资、对外合作实现历史性突破　共签订招商引资项目223个，到位资金3.45亿元，资金到位率为28%，其中项目建设引资额1.57亿元，比年初目标提高57%；引外资320.49万美元，是计划的32倍。外贸进出口总额完成241.56万美元，同比增长4.3倍，地区与沈阳、营口市结成友好地市，漠河县、呼玛县也分别与锡山市、上海奉贤县结成友好县市，为建立外向型经济格局初步奠定了基础。

天然林资源保护工程成效显著　广泛宣传了天然林资源保护工程的重大意义，健全领导机构和责任制，制定有关规章制度，改革资源管理体制，建立管护队伍，出台具体工程技术操作规程和质量验收标准，使森林资源得到有效保护。累计调减木材产量83.9万立方米，减少资源消耗150万立方米；完成天然林资源保护工程投资3.9亿元，全部实现计划目标；完成公益林建设41.3万公顷，杜绝了重大森林火灾的发生；转产项目初见成效，顺利进行了丽雪精淀粉公司等6个转产项目的建设，开展了13个新建项目和3个技改项目的可研论证与上报审批工作。

企业经营管理收到实效　出台并落实了《加强企业管理的若干规定》，重点强化企业各项基础管理工作。抓了成本、资金、营销、物资、能源和新产品开发的管理。全年木材每立方米平均售价提高4.99元；林业集团财务费用1.55亿元，比1998年减少6 300万元；在油脂燃料价格上扬和生产作业条件越来越差的情况下，木材生产成本略有下降；企业扭亏解困工作取得新进展。

基础设施建设成效显著　通过引进开发商进行综合开发改造和加强科学规划、统一协调指挥等措施，全年完成投资2.16亿元，在建工程23项，建设规模21.1万平方米；当年新开工项目21项，面积19.1万平方米，实现了“一年一小变”的暨定目标，是林区开发建设以来城市建设规模最大的一年。

党的建设进一步加强　按照中央要求和省委的统一部署，在地级领导班子和领导干部中认真开展了“三讲”教育活动，收到明显成效。成功地进行了县级“三讲”教育试点，全面部署了县处级单位的“三讲”教育工作。大力推进干部制度改革。加强了县处级领导班子建设，调整充实县级班子90个，任免县处级干部201

名，班子的结构日趋合理。加强党风廉政建设，认真落实党风廉政建设责任制，全年纪检监察机关共立案219件，结案217件，通过案件查处和有效堵塞木材效益流失“黑洞”，挽回经济损失4 158万元。

精神文明建设和各项社会事业取得丰硕成果 深入学习邓小平理论、党的十五大和十五届四中全会精神，广大党员、干部和人民群众进一步提高了思想觉悟，坚定了理想信念；加强了思想道德建设，初步形成良好的社会风气和健康文明的生活方式；“科教兴区”措施进一步落实，10个重点领域的科技项目完成率达95%，效益明显；教育结构调整迈出新步伐，教育教学质量稳步提高。举办了丰富多彩的迎庆活动和文化体育活动。农村初级卫生保健和消除碘缺乏病工作提前1年通过国家验收；计生工作全面达标。统战部门和群团组织发挥了积极作用。深入开展同“法轮功”邪教组织的斗争。信访工作化解大量的人民内部矛盾。深入开展严打斗争，全年发生刑事案件1 312起，综合破案率82.2%；社会治安综合治理措施进一步落实，治安形势稳定。

缺点和不足 思想解放的程度仍然不够，观念比较守旧，开拓进取意识不强；改革在涉及所有制、政企分开等敏感或难点问题上，还有些缩手缩脚；制约林区经济和社会发展的深层次矛盾和问题还没有从根本上得到解决，调整经济结构的一些措施落实不到位，新的替代支柱产业发展不快；经济发展环境还不够宽松，一些部门和人员对发展经济服务不到位以及优惠政策落实难问题仍然比较突出。 （安 丽 刘庚正）

【庆祝建国50周年暨大兴安岭开发建设35周年大会】 9月28日，上千余人在加格达奇隆重集会，庆祝中华人民共和国成立50周年暨大兴安岭林区开发建设35周年。同时表彰奖励了荣获全区第二届“十佳公仆”光荣称号的10名同志。

会场悬挂的对联“翻天覆地，半个世纪神州山山水水换新颜；拼搏创业，三十五年兴安峰峰岭岭谱华篇”概括了林区伴随着共和国的成长而壮大的历程。

地委书记杜宇新在庆祝大会上回顾了50年来全国各族人民在中国共产党的领导下，创造了举世瞩目的辉煌成就。总结了林区35年艰苦开发的风雨岁月。35年来，全区累计完成固定资产投资79亿元，上缴利税48亿元。过去的35年，是全区人民艰苦创业、自强不息的35年，是勇于探索、开拓前进的35年，是不断战胜困难、取得辉煌成就的35年。对今后的发展，杜宇新提出必须坚持解放思想，实事求是，坚定不移地贯彻党的基本路线；必须坚持依法保护森林资源，大力调整经济结构，走可持续发展之路；必须坚持改革开放，不断深化经济体制改革；必须坚持党的群众路线，密切干群关系；必须坚持发扬艰苦创业精神，继承会战优良传统；必须坚持两手抓、两手都要硬的方针，促进两个文明协调发展。

在全区文艺调演中选拔出的31个优秀节目，在庆祝大会上进行了汇报演出。 （安 丽 刘庚正）

【造林总公司完成4 666.67公顷公益林造林任务】 在天然林保护工程中，造林总公司组建了造林前线生产指挥部、森调设计验收大队，完成了跃进苗圃改造扩建任务。组建了以下岗职工为主的67个作业组，总公司分别与各作业组签订了承包合同，制定了严格的奖惩制度，把造林质量、数量与承包者的个人利益有机结合起来，为造林任务的顺利完成提供了强有力的组织保证。结合下岗职工造林业务知识偏低的特点，总公司举办了作业组长和技术员学习班，系统地学习了营林的各项操作规程。在造林管理上从割带、林地清理抓起，逐步落实场地、积极为各作业组安排好后勤服务工作。清理、割带生产做到了带直、伐根低、林地清理彻底。在质量管理上，采取了点、线、面结合的管理体系，实行技术员蹲“点”，业务科室跑“线”，前线指挥领导跑“面”。总公司组成5个跑“线”工作组，督促指导生产，收集生产信息，每天对质量、进度进行分析，对造林苗木合理调配。对不按要求生产的作业组，总公司取消其生产合同，在整个造林期间共取缔10个承包作业组，对提高造林质量起到了积极的促进作用。为确保造林质量万无一失，总公司在外地购进160万个假植袋，安排山上假植苗50余万株，分别假植到各作业组附近，为雨季补植做了充分准备。造林期间投入人员2.6万人次，投入各种车辆260台次，全面完成4 666.67公顷公益林造林任务。8月造林公司验收大队经过10天抽查，成活率达93%以上。

（安 丽 刘庚正）

【重奖招商引资有功人员】 1999年在黑龙江省招商引资年活动中，行署、林业集团公司专门发布了公告，制定优惠政策和奖励办法。上半年，招商引资工作取得可喜成绩，行署、集团公司对7名招商引资有功人员进行22万的奖励。加区计委主任吕行引来外地投资者开发加区商业一条街、朝阳路市场，引资到位资金600万元，获得奖金9万元。加格达奇林业局引进三九集团的北药开发合资项目，引进无形资产评估价620万元，奖励引资者4.96万元；林田公司引进有机复合肥厂合资项目，奖励引资者3万元；加区水处理设备销售部独资项目，引资到位资金32万元，奖励有功人员3 200元；加区东山饮品有限公司合资项目，引资到位资金30万元，奖励引资者3 000元；韩家园林业局引进的细木工板厂独资项目，引资到位资金49.98万元，奖励有功人员7 497元；十八站林业局引进的牙签、单板厂、独资项目，引资到位资金60万元，奖励有功人员9 000元。

（安 丽 刘庚正）

【加格达奇林业局实行干部“年薪制”】 加格达奇林业局针对过去分配上的弊端，把解放思想的着眼点放在分配制度改革上，大胆地借鉴外地经验，从1999年1月1日开始，在全局实行了干部工资“年薪制”。按干部不同岗位和级别核定工资指标，一类单位主任、书记年薪基数为2万元，各缴纳保证金5 000元；二类单位主任、书记年薪基数为1.75万元，各缴纳保证金4 000元，基层单位自行拟定本单位的年薪制。局机关科长年薪1万，副科长8 000元，科员6 000元，工人5 000元。在执行“年薪制”的同时，林业局制定了周密、严格的考核办法，层层签订责任状，设立党政督办室，由专人进行政务督办，各类会议、文件和领导交办的工作都用督办单的形式记载，注明办理时限，超期办理或没办的按规定扣分，并使各项工作指标与年薪挂钩。实行“年薪制”后，林业局每年需要增加工资额近100万元。“年薪制”消除了干部在分配上的后顾之忧，调动了工作的积极性和主动性，增强了责任感和紧迫感，转变了工作作风，提高了办事效率，促进了林业局各项工作的全面开展。（安　丽　刘庚正）

【兴安木业集团成立】 兴安木业集团1999年1月16日揭牌成立，由加格达奇林业局、地区林产工业公司等5家企业为母公司，图强林业局育英木材综合加工厂、阿木尔木材加工厂等12家企业为子公司组成，注册资本总计2.14亿元。以统一品牌的“北奇神”林木系列产品投放市场。7月，国家外经贸部赋予其外贸进出口经营权后，他们在国际市场上以规模经营优势大显身手。已销售锯材、指接定长地板块、拼板、栈板、小材小料加工累计22 951立方米，卫生筷2 000万打，实现销售收入2 440.6万元。他们抓住全省招商引资年的机遇，在第一战役赴沪、浙、苏、鲁4省市招商引资中，就与国内外客商签订8项合资合作贸易项目，总成交额为1.5亿元人民币，在大兴安岭代表团中一举夺魁。在第二战役赴云、贵、川、渝四省招商和第十届哈尔滨经济贸易洽谈会以及’99上海名优林木产品展销会、’99北京合资合作洽谈会等大型招商活动中，该集团又与20多个国家和地区签订合资合作项目9项、贸易项目13项，总金额为21 740万元人民币。“北奇神”指接长条地板被中国林产品经销协会、中国林产工业协会授予’99全国名优林产品展销会推荐产品称号。（安　丽　刘庚正）

【呼中国家级自然保护区】 呼中国家级自然保护区是林业部1993年批准正式建立的，是我国北部最大的寒温带原生落叶松生态环境自然保护区。总面积为167 213公顷，森林覆盖率92.6%，活立木总蓄积量1 596万立方米，兴安落叶松蓄积量1 507万立方米。保护区有野生植物248种，列为国家保护的珍稀植物5种，有野生动物178种，列为国家一、二级保护动物30种。世界自然基金会确认呼中自然保护区具有国际保护意义（A级）。建区以来，保护区认真强化管护功能，不断改善值班生活条件、工作环境和通讯交通手段。1998年以来，购置3部电台和一辆防火巡护车，更新了检查站和巡护队的设备，对出入保护区的南北两个检查站进行全面维修，修建了永久性铁栅栏围墙和大门，在检查站大门两侧建立了永久性宣传板，突出依法管护内容，切实解决了通讯不畅、耳目不灵、机动反应不快等实际问题。严格实行进入保护区人员需持特别通行证制度，把住山门，认真巡查。保护区连续多年实现无森林火灾、无乱砍盗伐林政案件。（安　丽　刘庚正）

【樟子松红斑病防治工作全面展开】 全区森林大量采伐，改变了原有的生态环境，随着造林绿化工作的发展，人工林比重加大，加之1998年夏季雨水较多，为森林病虫害的发生提供了条件，樟子松红斑病最为严重，1999年全区樟子松红斑病发生面积已达13.48万公顷，平均感病指数达51%以上。林业集团公司高度重视红斑病的防治工作，实施工程治理，从1999年起，利用3年时间，重点治理母树林、种子园和人工幼林。在防治措施上，实行综合治理，标本兼治，切实加强了综合性营林措施，从病虫害的源头抓起，把森林病虫害防治工作纳入造林设计之中。加大病虫害普查、监测、除治力度，保证了森林病虫害预防和除治效果。将森林植物检疫工作中存在的问题作为防治重点进行解决。（安　丽　刘庚正）

【林业集团公司清欠工作新举措】 林业集团公司出台清欠新举措。各企事业单位清欠工作统一归口财务部门管理；继续执行行署1997年出台的《大兴安岭地区行政公署、大兴安岭林业管理局1997年清欠工作方案》规定的清欠提成比例及清欠承包兑现奖惩办法；建立清欠目标责任制，抓好责任人工作，对于已经定为欠款责任人的责任欠款必须跟踪问效，直至其回款达到责任欠款额的才能解除欠款责任人清欠责任；严格控制“以物抵债”。对以物抵债的欠款，可根据债权单位的实际需要进行以物抵债，但要从严控制；加强各单位之间的协调清欠工作。对于长期拖欠区内某单位贷款，又在区内其他企业发货的客户，一经发现由财务部会同调运、司法部门停办其计划，扣其货款，强迫其归还欠款；鉴于其他应收款形成原因复杂，又是多年积累，清理工作难度很大，工作量很重，从集团公司总部清起，全面开展，统一布置；清理的目标一是收回货币资金，二是集体单位占款作为投资收取投资回报，三是调整账目，正确反映财务状况。由于加大了清欠力度，年末，清回欠款7 597.8万元。（安　丽　刘庚正）

【塔河林业局加速森林资源培育】 天然林资源保护工程实施以来，塔河林业局把加速森林资源培育工作当作实施可持续发展战略的一项根本措施，成立了专门的领导小组和办公室，配备了专职负责人，保证了组织领导，加大了工作力度。为了提高认识，全民参与，该局从天然林保护工程实施时就加大了对其意义、目的及远景的宣传力度。该局直接转岗从事公益林生产的已有459人，参与森林封育管护的已近2 000人。该局多次例会制定切实可行的方案，先后委托省林业研究院配制完成《塔河林业局天然林保护工程规划》和《塔河林业局天然林保护工程实施方案》。在公益林造林生产中，层层签订责任状，实行层层负责制，使天然林保护工程质量超过历年来的常规性营林质量。在林业集团抽查中，营林质量100%合格。该局专为天然林保护工程在银行设立账户，在财务科单设一本账，保证程序规范，专款专用，封闭运行，划拨走直线。在上级拨款不到位的情况下，先后筹措资金垫付1 000余万元，受到国家林业局财务检查组的充分肯定。该局天然林保护工程的公益林造林、公益林抚育、公益林促进更新等项任务均已保质保量完成，加快了森林资源培育的步伐。（安　丽　刘庚正）

【大兴安岭地区开发建设35周年成就展】 9月22日，大兴安岭地区开发建设35周年成就展在地区展览馆正式展出，成为全区迎接澳门回归庆祝建国50周年活动的一个重要部分。展览以图片、标本、模型、实物样品等为主，其中图片分为地理位置、自然资源、生态景观、开发者的足迹、保护森林培育森林资源、调整产业结构培育新的经济增长点、加强基础建设、非公有制经济迅速发展、科教兴区利在千秋及社会稳定人民生活水平不断提高10个部分。配合图片，展出了林区主要森林树种、野生动植物及矿产资源、旅游资源、开发会战时期的生产生活用具以及北芪神茶、恒友家具、淋漆三拼地板块、指接集成材以及木制手工艺品等林区名特优产品。还陈列着反映鄂伦春人狩猎生活的撮罗子、桦皮船等模型，黑熊、小松鼠、太平鸟、罗纹鸭等动物标本，还有摄于林区秀美山川的四季风景照片。展览为期4天，有近80个单位3 000余人分批参观。成就展已定为林区的爱国主义教育基地。

（安　丽　刘庚正）

【集团公司实行"零基预算"管理】 林业集团公司对所属的行政经费单位和16个林业事业单位采取"零基预算"方法下达财务计划指标。一改过去采用的"水平法"和"基数法"使林业集团公司财务支出逐年攀升的情况。"零基预算"不受原有基数规模的影响，而是以零基数为起点，按照各单位实际需要对所有的开支项目进行核定，其中包括人员经费、公用经费、职工福利费支出，挤出了"水分"。为提高支出预算透明度，促进各单位精打细算，增收节支，林业集团公司财务部出台了《大兴安岭林业集团公司行政事业单位零基预算管理办法》、《行政单位零基预算实施细则》、《事业单位零基预算实施细则》，有效地控制了经费支出。集团公司行政事业单位经费支出比1998年减少310万元。

（安　丽　刘庚正）

【中瑞合资福来克西木屋项目投产】 7月1日，瑞典欧洲国际贸易公司总裁皮尔·诺德格林等一行4人来区，利用一周时间，就中瑞合资福来克西木屋项目进行了洽谈和考察。7月7日，双方举行了项目签字仪式。中瑞合资福来克西木屋有限责任公司董事长、地区建筑工程总公司总经理李洪和和中瑞合资福来克西木屋有限责任公司总经理、瑞典欧洲国际贸易股份公司总裁皮尔·诺德格林分别代表双方在有限责任公司章程、协议书和合资合同上签字。

该公司投资总额为1 600万元人民币。地区建筑工程总公司、内蒙古新三维国际经济技术合作公司、瑞典欧洲国际贸易股份公司分别占有65%、10%和25%的股份。公司设在加格达奇晨光路珍珠街北口，主要生产经营高中低档次环保型福来克西牌隔热保温板式、园式森林旅游预制房屋，年产量在木屋生产线安装后第2～3年达到1 000套，届时年产值可达2亿元。11月中旬，公司厂房建成，项目进入试生产阶段。

（安　丽　刘庚正）

【集团公司审计部监督和服务两不误】 集团公司审计部围绕林区经济的主体目标，积极开展审计工作。全年审计出各种违规资金48 824万元，资产不实30 011.9万元，为被审计单位增收节支3 434.4万元。

审计部突出审计工作重点，以提高经济运行质量和经济效益为中心，促进企业经营管理，规范会计核算，提高经济效益，积极地开展审计工作。通过资产经营和经营目标责任制审计，揭露了一些企业1999年成本费用超支挂账、漏汇亏损、少计收入等损益不实等问题。对企业资产经营和经营目标完成情况做出了客观公正、实事求是的评价，对查出的问题、账外资金依据有关规定提出处理意见和建议，并给予处罚。按期向集团公司及有关部门提供审计结果，确保了企业资产经营健康、有序、规范地进行。在6户企业法定代表人离任经济责任审核中，对任期内的经营决策、经营成果、内控制度及遵守财经纪律等方面进行客观公正的审计及评价，真实地反映了企业的经营状况。通过离任经济责任审计，为林业集团公司全面掌握企业经济运行情况和组织部门选拔任用干部提供了可靠依据。通过审计监督，依法规范了企业的经济行为，对于违反财经纪律的问题依法做出严肃处理。为企业进一步加强经济管理，提高经济效益服务，为被审计单位提出合理化建议142条。（安　丽　刘庚正）

【兑现企业资产和经营目标责任状】 7月5～6日，地委、行署、林业集团公司在加格达奇召开县区局党政负责人会议。会上宣读了《林业集团公司关于1998年企业资产经营和经营目标责任状完成情况审核结果的通报》。审核结果为：阿木尔、塔河、松岭、图强、西林吉、韩家园6个林业局1998年7项否定指标、上缴款和职工工资发放两项考核指标与年终兑现一致，分别比兑现利润多实现或减亏一定比例，应补发奖金。直属企业电力工业局、加格达奇林业局、林木产品经销公司、林田公司、物资总公司、贸易公司、大杨树农工商联合公司、液化气总公司两项否定指标、上缴款和职工工资发放两项考核指标与年终兑现一致，分别比兑现利润多实现或减亏一定比例，应补发奖金。新林林业局发生一起重大经济火灾，应给予否定，与兑现相一致。呼中、十八站林业局分别比兑现利润少实现 457.1 万元、455.9 万元，根据规定，应分别退回利润奖4 540元、5 230 元。地区建筑工程总公司利润计划为零，实际亏损 14.9 万元，根据规定，应退回奖金 2 500 元。

通报指出，林业集团公司决定，对认真执行《会计法》，真实反映企业经营成果的单位，给予通报表扬，经营者所补发的奖金，由集团公司在 1999 年上半年上缴款目标责任状兑现时一并发放。对经营成果不实，虚报利润的单位，给予通报批评，并追回已发相应部分的奖金。（安　丽　刘庚正）

【贸易出口额成倍增长】 全区的外贸企业、三资企业、国有林业企业努力开拓国际市场发展空间，外贸公司充分发挥自身优势，利用各种有力的外部条件，收集国内外的有关信息，积极寻求外商，建立与外商的联系与合作关系，运用自营与代理等出口方式，大力组织优质货源，严把质量关，出口创汇。1999 年，各出口企业先后向美国、日本、韩国出口北芪神茶、北芪神皇帝茶、桦木指接材、桦木集成材、家具等商品共计 47 笔，价值 94 万美元，比 1998 年增加 62 万美元，增长幅度为 194%。开拓市场过程中出口企业还与外汇管理部门密切配合，严格执行《出口收汇核销管理办法》和《出口收汇核销管理办法实施细则》的有关规定，使出口收汇核销情况良好。（安　丽　刘庚正）

【阿木尔贮木场连续 5 年获标兵贮木场称号】 阿木尔贮木场在内部经营管理中，把业务素质好、责任心强的同志安排到造材一线，选用业务尖子担任班组长。造材工根据每一根原条的特征，合理画线下锯，使产品在材种、材长、径级等方面达到最佳标准。仅合理造材一项，3 年产值就增加 100 多万元。该场把木材归成 6 大类，16 个品种，不断增加新产品，以拓宽销售面。为了杜绝弄虚作假现象的发生，他们把缴库和支拨两道工序严格分开，做到账货相符，保证了销售划拨的准确性。该场主动接受上级有关部门及铁路部门的监督、指导，积极配合林业局木材稽查领导小组，对销售环节进行跟踪检查，并动员社会力量扩大举报线索，有效地防止“脸难看”、“事难办”和勒卡现象等问题，维护了企业利益和良好形象。1995～1999 年，该场连续 5 年被林业集团公司授予“标兵贮木场”称号。

（安　丽　刘庚正）

【小木耳培育大产业】 新林区（林业局）把发展木耳经济列入经济发展规划，作为产业、产品结构调整的重要内容，作为解决职工下岗再就业一项重要工程。先后出台了《新林区（局）关于发展职工自营经济若干问题的规定》、《新林区大力开发种养业若干规定》等，制定 13 条优惠政策，调动、鼓励、引导广大职工群众发展木耳经济的积极性和创造性。成立职工自营经济互助基金会，区委、区政府筹措 100 万元资金注入基金会，作为职工群众发展自营经济和木耳经济的基本金。加大宣传，典型带动，解决人们认识上的误区，激发人们积极发展木耳经济。新林区各企业、单位大力扶持职工群众从事木耳养殖，为木耳养殖户提供桦木锯末 200 余车，把废旧的场房、车库，优先低价供给木耳业户使用，并多次举办专业技术培训班。新林区打破以往的传统作法，成立了木耳行业协会，通过协会，达到自我组织、自我发展、自我服务、自我受益的目的。种植规模、品种、数量有了很大发展，已实现集约化、产业化生产。木耳产品的科技含量不断提高，打破了菌种完全依赖外购的局面，木耳感染率由过去的 30%左右降到 6%左右。实行自律价格，为开拓市场创造了优越的条件。1999 年木耳养殖大户 124 户，从业人员 875 人，总产量 8 万公斤，产值突破 450 万元。

（安　丽　刘庚正）

【桦树皮制品走俏北京】 塔河县十八站和呼玛县白银纳两个鄂伦春族乡妇女自古就有用桦树皮缝制日常用品的手艺，但制作手艺及工艺比较粗糙。1997 年 10 月，行署为此拨了 3 万元启动资金，地区妇联的全体人民轮流到两个鄂伦春族乡蹲点，设计出了一批具有林区特色的礼品盒、帽子盒、药品盒、装米囤子等产品。经过半年多的辛勤努力，她们的产品打入了哈尔滨药业市场，为哈尔滨参茸药材公司制作 1 300 余件药品礼品盒，受到客户的好评。在 1999 年 10 月举办的全国农村妇女“双学双比”竞赛活动 10 年成果展中，地区参展的 20 余种类别百余件展品，从工艺到样式及实用性博得参观者一致好评，被中外客商及各族各地妇女抢购一空。塔河县十八站乡鄂伦春族妇女戈彩苹现场制作的桦树皮手工工艺品令国家领导人驻足观赏。朱镕基总理观看完整个工艺制作过程后，亲切地与戈彩苹握手问候，接受了戈彩苹赠送的小首饰盒，并与她留下珍贵的合影。（安　丽　刘庚正）

【第一台“绿色汽车”问世】 地区液化气总公司为节约能源、降低大气污染，与韩国格林株式会社联手合作，开展液化气汽车改装工作。韩国格林株式会社派出负责人及 4 名工程技术人员，并提供改装设备及配件。8 月 13 日，地区液化气总公司的一台“213”型北京吉普车改装完毕，林区第一台“绿色汽车”问世。此种汽车以液化石油气为主要燃料，也可燃烧汽油。改装后的双燃料汽车具有安装简便、使用方便、安全可靠等特点，液化气的残液、杂质可以自动排出。每台车每天可节省燃料费20元，1年可节省7 000多元，改装费用约5 000元。环境监测部门的测试结果表明，液化气汽车与燃烧汽油的汽车相比，尾气中一氧化碳含量下降88.9%，碳氢化合物含量下降71.1%，可大大降低对环境的污染。（安 丽 刘庚正）

【加格达奇林业局建设综合旅游景点】 从年初开始，加格达奇林业局加大引资力度，利用自然景观发展旅游业。他们利用社会闲散资金和自筹资金200万元，兴建了占地500公顷的综合旅游景点。综合旅游景点由加格达奇林业局林木种子观赏园、素有"风景画"之称的大黑山原始森林和古里山庄3部分组成。种子观赏园已向游人开放。古里山庄正在建设当中，其中的休闲娱乐中心已开业。旅游景点还设有天然山林狩猎场、野生动物养殖场、森林植物园、钓鱼场和滑雪场。与古里山庄娱乐中心相距2公里远的古里苗圃别墅为游人提供住宿、餐饮和休闲娱乐服务。（安 丽 刘庚正）

【林业集团公司举办天保工程研讨班】 大兴安岭林业集团公司天然林资源保护工程研讨班于7月30日开学，历时5天，在秦皇岛市北戴河区大兴安岭休养所结束。研讨班由行署副秘书长、林业集团公司计统部主任、"天保"办主任白胜文主持，国家计委、国家林业局有关处室的8位负责人应邀参加了会议，并在会上就"天保"工程实施中公益林、商品林建设，"天保"资金的使用与管理、转产项目的选择与评价等有关问题进行讲解。通过学习研讨，使天然林资源保护工程实施单位进一步提高了对天然林资源保护工程的认识，增强了对这一跨世纪工程的责任感与使命感，最大限度地了解掌握国家对这一工程的政策与措施；通过交流各林业局在天然林资源保护工程实施中的主要做法和经验教训，为做好下步工作奠定了基础。在研讨中学员们对转产项目形成共识。（安 丽 刘庚正）

【青少年植绿护绿活动】 1996年初团地委以"我为兴安献新绿"为主题开展了系列活动。开展"358"青少年义务植树活动，即1名青年义务植树3株，团员5株，团干部8株，全区17万名青少年参加了此项活动，义务植树90万株。兴建"青字号"绿色工程，各级团组织努力争取当地有关部门的支持，划地植苗，4年来，建设有一定规模的青年林84个，绿化街道140条。开展种植纪念树活动，各级团组织抓住青年升学、毕业、参军等人生美好时刻，组织种纪念树。开展承包造林活动，各县、区和林业局团委积极承包当地造林任务，在绿化兴安的同时增加团的经费。全区各级团组织和广大团员青年共组建380余个青年植绿护绿小分队。全区2 700余名青少年在团组织带领下，深入深山采集各类树种16 000多千克，收到良好的经济效益和社会效益。开展"青年绿色文明园"活动，组织青少年栽花种树，"四旁"绿化。开展保护母亲河活动，在甘河、呼玛河等流域，3 000多名青少年共种植50多公顷保护母亲河青少年防护林。开展青少年保护生态环境教育活动，通过对《森林法》等宣传活动吸引和调动广大青少年和社会力量参与保护生态建设活动。1998年全区启动"天保"工程以来，积极组织县、区和林业局团委构建青少年绿化基地，加强青少年天然林资源保护知识和技能培训。确定全区绿化基地试点单位，兴建超千亩的青年绿化基地。全区涌现出青年营林专业户108个，造林专业户186个，森林管护队193个。（安 丽 刘庚正）

【调整鄂伦春族产业结构】 全林区有鄂伦春族人口1 027人，主要骤居在塔河县十八站乡和呼玛县白银纳乡。在大兴安岭林区开发之前，鄂伦春族主要从事猎业生产。1982年，地委决定鄂伦春族实行以林为主的生产方针，并制定了相应的优惠政策。从1983～1996年，两乡鄂伦春族群众共完成清林6 866.67公顷，林业生产总收入1 093万元。1994年以来，受林木资源锐减、市场变化等因素影响，林业生产效益不大。为增加鄂伦春族群众收入，1996年10月，行署将鄂伦春族生产方针调整为以农为主。3年多来，行署共为两乡投入400万元扶持发展农业生产，改善生活。白银纳乡和十八站乡1998年人均收入分别达1 600元和1 837元，分别比产业结构调整前增加810元和134元。（安 丽 刘庚正）

【林田公司栽植新树种】 林田公司在退耕还林的过程中，调整种植结构，尝试栽植耐寒果树品种。试种了绥李3号、绥李4号、黄太平、灵丹果、俄罗斯苹果等6公顷果树，进入冬季，仍长势良好。为增加农业收入，引进粮果兼作试验，在果树的行与行之间套种农作物，3年后如果成功将大面积推广。在岭南前坡的干旱地上，林田公司引进了果实较大的沙棘果新品种，绥棘1、绥棘2、绥棘3号，作为种苗，成熟后将剪成插穗扩大范围栽植。该公司为使低价林变成高价林，购进90千克的西伯利亚红松树籽，在加卧公路110千米处育苗，树种长势良好。该公司还从齐齐哈尔市引进了银中杨树种，具有长势旺、树干不开裂、无絮等优点，作为道路两侧的绿化树种引进3 000根，剪成近2万条插穗，成活后将作为树种扩大栽种面积。（安 丽 刘庚正）

【大兴安岭林业集团公司创业人物】

王森业 1949年2月出生，黑龙江省五常市人，大学文化，高级经济师，中共党员，国家林业局驻大兴安岭林业集团公司资源监督办专员。

1968年参加工作，1972年2月起，先后任乌伊岭林业局团委副书记、党委办公室主任，1980年7月起，先后任伊春市委办公室秘书科科长、市企业整顿办公室副主任、市政府办公室副主任，1985年6月任伊春林管局办公室主任、企业管理处处长，1989年9月任

翠峦林业局党委书记，1992年9月任伊春市委常委、市委秘书长，1995年8月任大兴安岭林业管理局副局长。在历任领导岗位上，坚持科学领导，民主决策，创造性地开展工作，出色地发挥了领导才能。在大兴安岭林区工作期间，全力投身“5·6”特大森林火灾森林资源恢复工作，使灾区森林资源恢复更新一期工程，顺利通过了国家专家组的验收，受到原林业部的表彰；大力发展林区特色农业，积极推进农业产业化进程，农业综合开发已具规模；加大森林资源管护力度，森林资源与林政管理已进入法制化轨道；按照“放开、搞活、管好”加快开发地下资源的方针，使有限的矿产资源得到有效保护和充分利用，在林区经济建设中发挥了重要领导作用。善于总结经验，撰写了不少高质量的理论、调研文章，在一些刊物上发表。所提出的建议和意见在工作中收到实效。

张进运 1946年1月出生，山东省阳谷县人，大专学历，中共党员，大兴安岭地委副书记。

1967年7月参加工作，1972年5月起，先后任北安县委宣传部干事、县团委组织部长、县委办公室秘书、县委组织部副部长，1980年3月起，先后任黑河地委组织部科长、副部长、副部长兼地区老干部局局长，1988年1月任德都县委书记，1992年8月任黑河地委委员、宣传部部长，1993年4月任黑河市委常委、宣传部部长，1995年12月任大兴安岭地委常委、组织部长，1997年11月任现职。具有较高的政治觉悟，党性强，清正廉洁，具有强烈的事业心和责任感，在各个工作岗位上取得了突出业绩。曾将后进县领导成全省先进县，省报、地报曾作头版长篇报道，在全地区推广经验。坚持调查研究，勤于总结经验，撰写的《浅谈黑河实施沿边开放战略中的几个问题》获全国边疆经济发展理论研讨会论文一等奖；《强化对外宣传，推进沿边开放战略升级》在新华社《改革与探索》上发表；还有一些文章在不同报刊上发表并获奖。他所分管的工作，多次获省、地表彰奖励，个人多次被评为省、地模范党务工作者、省优秀工会积极分子等。

王树雨 1952年5月出生，黑龙江省讷河县人，研究生学历，中共党员，高级政工师，工程师，经济师，大兴安岭地委常委、秘书长。

1969年1月在部队服役，1971年4月复员到大兴安岭十八站林业局机修厂工作，历任车间主任、生产调度、副书记、副厂长，1984年8月任地委组织部科长，

1990年7月任漠河县委副书记，1992年8月任黑龙江省经委企管处副处长，1993年6月任松岭区委书记。坚持学习邓小平理论和党的方针政策，务实创新，开拓进取，取得显著成绩。任松岭区委书记以来，提出了“坚持一个中心，抓住两个机遇，加快三个调整，实现四个目标”的工作思路，把改革重心放在结构调整上，在深化企业改革上对五大林场、三大公司实行模拟法人、模拟利润运营。进一步下放权力，以放开搞活企业为目的，推进中小企业产权制度改革，采取因企施策，一厂一制的办法，对企业进行了产权制度改革，盘活资产存量。精简机构，减少编制，拓宽了干部选拔任用的渠道和途径。他善于总结经验，撰写的文章、论文，分别在多种报纸和刊物上发表。1995年和1999年被省委命名为模范党务工作者，1995年、1997年和1999年被大兴安岭地委命名为模范党务工作者。

矫　健 1951年2月出生，山东省平度市人，大专文化，中共党员，大兴安岭行署副专员、林管局副局长。

1968年7月参加工作，1972年10月起，先后任虎林县粮食科干事、县委政研室干事，1982年3月任牡丹江地委纪委干事，1984年4月起，先后任牡丹江市纪委常委、秘书长、副书记，1994年11月任林口县委书记，1997年11月任牡丹江市副市长。有较高的政治素质，勤政廉政，作风民主，善于开拓工作局面，在各个岗位上都作出了较突出的业绩。在牡丹江市纪委工作期间，创造性地开展了评议为经济建设服务最佳最差单位、解剖非经济因素亏损企业取得了明显的成果。在林口县委工作期间，提出了县域经济结构战略性调整的“三石两烟一电”发展思路，同时提出了发展工业支柱产业，工业企业改革，转变企业增长方式，发展乡镇企业等具体的工作思路，使林口县经济步入发展快速阶段。在牡丹江市政府工作期间，对农村经济结构进行了战略性调整。任现职后，提出了发展矿业支柱产业和加强基层公安工作的新思路。善于总结不同岗位不同时期工作实践，结合平时调查研究，撰写了不少文章和论文，有十余篇在国家和省级刊物上发表。连续多年被评为优秀党员、模范工作者、全省党风廉政建设先进个人和关心老干部先进工作者，1996年被评为牡丹江市“十佳公仆”。

葛学林 1949年8月出生，黑龙江省富锦县人。大学

文化，中共党员，东北林业大学兼职教授，大兴安岭地区行署副专员、森林防火专职副总指挥。

1967年到大兴安岭地区参加林区开发建设，1970年3月入伍，1984年2月起，先后任大兴安岭森警大队支队参谋长、副支队长，1987年3月转业，先后任大兴安岭地区森林防火办公室副主任、行署副秘书长、行署森林防火专职副总指挥（副地级）。在30多年森林防火工作中，忠于职守，不怕牺牲，不畏艰难困苦，参加过数百次扑火实战，参加了震惊中外的大兴安岭"5·6"特大森林火灾火场前线的指挥扑救工作；"5·6"大火后，参与组织实施大兴安岭地区森林防火系统工程建设，在全区初步建成了八大系统工程，即宣传教育系统、监测瞭望系统、预测预报系统、火源管理系统、林火阻隔系统、通讯指挥系统、林火扑救系统和后勤保障系统，使全区的森林防火工作发生了"五个根本性的转变"，积累了丰富的防火领导经验，发挥了出色的扑火指挥才智。通过他和全区人民十多年的努力，大兴安岭地区连续12年没有发生重大森林火灾，取得了突出的业绩，为保护国家森林资源和人民的生命财产、维护社会稳定、促进经济发展，作出了突出的贡献。他结合自己近30年的扑火经验，撰写了《林火扑救与安全》专著，与人合著了《林火学》。多次被评为大兴安岭地区先进党务工作者、被省政府和国家林业局授予森林防火模范个人、全国森林资源恢复先进工作者。

石尚志 1948年3月出生，黑龙江省绥化市人，中共党员，大专学历，高级政工师，高级经济师，大兴安岭林业集团公司副总经理。

1970年8月参加工作，1971年3月起，先后任塔河林业局劳动科调配员、宣传部干事，1977年12月任塔河林业局盘古林场副场长、场长，1983年12月任塔河林业局副局长，1989年5月任大兴安岭林管局调度室主任，1991年9月任十八站林业局党委书记、局长，1994年9月任现职。他认真学习政治理论和业务知识，用邓小平理论指导工作实践，创造了一系列生产管理模式、标准、经验，在全区广泛推广应用，作为企业标准执行，为大兴安岭开发建设作出了突出贡献。任现职以来，努力加大林产工业生产能力，建设一批林产品精深加工项目。他分管交通工作后，用三年时间完成高等级白色路面公路建设73千米，打通了通省公路111国道，加格达奇通往鄂伦春自治旗阿里河的公路以及加格达奇东、西、北三个出口路建设。他积极解决林业集团公司因木材产量逐年调减，出现闲置人力、机械设备等问题，开拓非林非木产业，安置下岗富余职工。开展国际合作，将企业的生产人员、机械设备输送出国，扩大了企业生存空间，增加了企业和职工的收入，稳定了社会，多次立功受奖。

徐建荣 1950年9月出生，河南省郾城县人，中共党员，大专学历，高级经济师，大兴安岭林业集团公司副总经理。

1971年2月参加工作，先后任图强林场党委副书记、副主任、书记、主任等职，1982年12月任图强林业局党委副书记，1985年10月任阿木尔林业局副局长、副书记、书记、局长，1995年2月任漠河县（局）县长（局长）、副书记，1997年3月任专员（局长）助理、木材调运处处长，1997年11月任现职。有丰富的基层工作经验和较高企业管理水平。任阿木尔林业局书记、局长时，提出"二次创业"的口号，制定了一系列改革和管理的措施，抓管理、抓产业结构的调整，走在全地区前列，并在全区推广他们的先进经验。任漠河县长期间，在县委的领导下，狠抓改革管理，扭转了亏损局面，各项经济指标年年名列前茅。认真整顿木材市场流通、销售秩序，加速林木产品经销调运的体制改革，以提高木材综合售价为重点，实施全区林木产品"五统一"管理，净化木材流通环境，抵制不合理收费，组织建立了全区贮木场微机与地区联网，取得了显著效益。深化煤电行业体制改革，取得了行业扭亏的好成绩。不断总结领导工作经验，撰写和发表了一些有指导价值的论文，先后获得原林业部先进思想政治工作者、黑龙江省优秀党员、黑龙江省劳动模范等荣誉称号。

李廷祥 1951年7月出生，黑龙江省绥化市人，大学文化，中共党员，高级政工师，高级经济师，大兴安岭林管局副局长。

1970年1月参加工作，1983年6月起，先后任松岭区委宣传部长、区委副书记，1990年6月任大杨树农工商公司党委书记兼经理，1994年10月任十八站林业局局长，1996年1月任塔河县县长、林业局局长，1999年1月任大兴安岭地区行署专员（林业集团公司总经理）助理，他政治素质强，具有一定的领导才干。善于调查研究，大胆改革。历经多次危困企业领导岗位工作，知难而进，尽职尽责，群策群力，扭转危困局面，取得了突出的成绩。在大杨树农工商联合公司工作期间，抓改革，定措施，使企业起死回生，走出困境。在十八站林业局工作期间，治理“两危”，稳定了局势。在塔河工作期间，坚持以改革统揽全局，向管理要效益，严格资产管理，严格资源管理，精简机构，分流人员，使企业增强活力，重新焕发生机。在他的带领下，塔河林业局三年迈出三大步，以突出的政绩赢得全县人民的尊敬和爱戴。他先后被地委行署记二等功一次，三等功两次，1998 年荣获全区“十佳公仆”称号，1999 年被评为省劳动模范，地区优秀共产党员。

李英瑞 1957 年 6 月出生，河北省滦南县人，大学文化，高级工程师，中共党员，大兴安岭林业集团公司副总经理。

1975 年 8 月参加工作，1979 年 12 月起，先后任塔河林业局科员、副科长、科长、火烧木生产办公室主任，1991 年 6 月起，任阿木尔林业局副局长、局长，1997 年 1 月任松岭林业局局长，松岭区区长；1999 年 1 月任行署（林管局）专员（局长）助理，新林林业局局长，新林区区长。党性强，作风正派，勤政廉政，兢兢业业，善于开拓局面，在各个工作岗位上都取得了较突出的成绩。主持阿木尔林业局工作期间，圆满完成林管局的“三保”任务，实现了经济发展，社会稳定，连续两年经济发展走在全地区前列。主持松岭区（局）工作期间，连续两年全面完成承包经营合同，连续两年被评为区政府目标管理达标单位。主持新林林业局工作期间，以提高效益为核心，以生产和销售为重点，强化企业全过程管理，紧紧抓住天保工程这一机遇，以搞好二次创业为目标，全力推进企业经营机制的转换，积极稳妥地深化各项改革，加速经济结构调整步伐，努力开创新林工作新局面。几年来，全面完成了与行署、林业集团公司签订的各项经济指标，经济效益综合指数列全集团公司前列。善于总结经验，撰写和发表了不少指导性论文，多次立功受奖，1999 年荣获全国总工会颁发的全国“五一”劳动奖章。

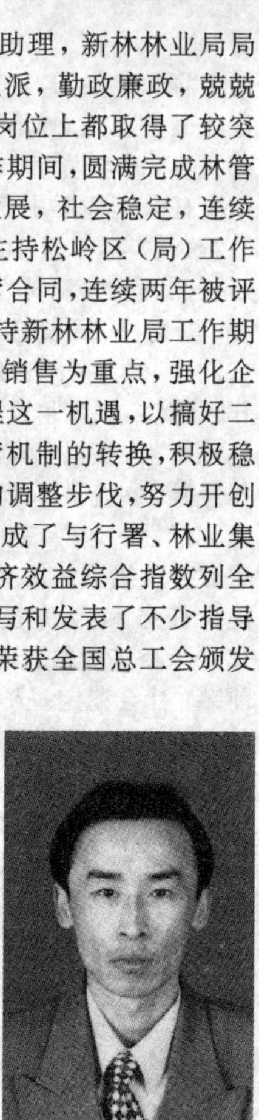

王金满 1963 年 9 月出生，中共党员，工学博士，研究员，1999 年 6 月由省委选派到大兴安岭地区工作，现任大兴安岭行署、林管局专员（局长）助理。

他政治立场坚定，重视自身的世界观和人生观的改造。理论研究水平较高，发表了一些有影响的论文和学术专著。善于转换研究成果，对中高级领导层提了许多重要决策意见。在中小企业改制工作中，协助行署、林管局领导，参与制定实施了“卖、股、破、转”等主要改制模式。在科技工作中，提出了“以人为本、借用外脑（研究院所、高校）”、“加强企业技术创新，把科技工作的重心转移到促进成果转化上来”的新思路。提出了大兴安岭地区三个公益型研究所实行一所两制和多制的改革设想。辅助主管领导主持制定了一些改革意见和措施。主持引进了 CAD 和 SIMS 两个项目，使恒友木业有限责任公司的管理水平和经济效益有了更进一步的提高。主持开展了落叶松脱脂干燥研究，使干燥周期缩短 1/3。主持建成大兴安岭政府办公自动化网络工程和财政财务专网工程。协助主管专员抓科技工作的一年中，全区落叶松开发、马铃薯播种、收获机械研制、草苁蓉人工栽培、无任何添加剂的马铃薯粉皮、粉丝研制上取得了重大突破。

吴玉波 1954 年出生，研究生学历，中共党员，高级工程师，漠河县县长、县委副书记、西林吉林业局局长。

1971 年 5 月参加工作，1987 年 9 月起，先后任图强林业局防火副总指挥、副局长、党委副书记、局长，1997 年 3 月任现职。坚持学习邓小平理论和党的方针政策，具有较高的政治素质，有一定领导才能。为人坦诚，作风正派，工作兢兢业业，任劳任怨，善于创造性地开展工作，在各个领导岗位上都取得较突出的成绩。任漠河县长、林业局长期间，他结合漠河实际，一手抓改革，一手抓管理，向改革要发展，向管理要效益，任职当年扭转县（局）亏损局面，遏制了经济滑坡，实现利润 401 万元，企业负债率下降。1999 年全力招商引资，多方筹资，调整县域经济，取得明显成效。全县（局）政治安定，社会稳定，各项事业蓬勃发展。注意总结经验，撰写了一些有价值的文章。多次立功受奖，1998 年被地委授予全心全意依靠职工办企业优秀领导干部、发展自营经济优秀组织者、地区优秀公务员。1998 年、1999 年被地委记三等功。

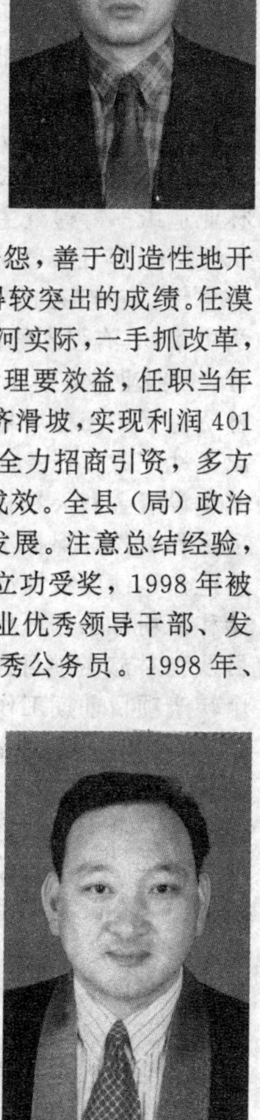

李树铭 1963 年出生，河北省平泉县人，研究生学历，中共党员，高级经济师，塔河县县委副书记、县（局）长。

1984 年参加工作，历任新林区团委副书记、书记，团地委副书记，1995 年 2 月起，先后任阿木尔林业局党委书记、局长。具有较高的政治觉悟，党性强，勤政务实，开拓进取，锐意改革，勇于创新，善于创造性地开展工作，积累了企业改革和发展的领导经验，取得了较突出的业绩。任阿木尔林业局局长期间，本着“精简、统一、高效”的原则，合理调整企业内部结构，撤并林场，撤销局直单位，改变生产资料的组合形式；大力转换企业经营机制，大胆实施委托经营，实现剥离单位经营改革，制定完善了财务管理、资源管理等26项管理办法，全局逐年增收节支；稳步调整产业结构，全局林产工业、多种经营和职工自营经济三项年产值已突破亿元大关，开辟了职工就业和增加收入的重要渠道和来源。全力组织实施天保工程，在森工经营状况普遍不景气情况下，全局保持了政治安定、社会稳定、经济发展的喜人局面，年年全面完成集团公司下达的“三保”指标。多次立功受奖，1998年被评为第七届全省“十大杰出青年”。

白胜文　1955年1月出生，黑龙江省双城县人，大学文化，中共党员，高级工程师，新林区委副书记、区长、林业局局长。

1972年参加工作，后参军，任排长，1979年任加格达奇区武装部、组织部干事，组织部副部长，营林局党委书记、局长，1987年任林管局十八站造纸厂筹建处副主任，1990年任林管局林产工业局副局长、大兴安岭林业造纸厂筹建处主任，1993年任十八站林业局副局长，1995年任林管局计划统计处副处长、处长、项目办主任。有较高的领导才干和组织能力，作风民主，科学决策，具有强烈的事业心和责任感，富有开拓创新精神。兢兢业业，勤奋务实，取得较突出成绩。在《天然林资源保护工程规划方案》的编制过程中，精心组织，出色地完成了任务。他尽职尽责，为全区争取到大量基本建设资金和天然林保护资金，促进了全区重要建设项目和天然林保护工程的进展。潜心研究项目建设，超前运作，使丽雪精淀粉厂和林田粮食处理中心粮食仓储和面粉加工厂项目建成投产，天保工程首批转产项目及森林旅游项目建设进行顺利，并完成1999年19个转产项目前期工作。领导班子被地委评为优秀班子；1997～1999年被地委记三等功，1997年荣获地区直属机关工委第一届“十佳公仆”提名奖，全区最佳公务员提名奖，1999年被机关工委授予模范共产党员标兵及地直机关“十佳公仆”称号。

刘树山　1956年2月出生，辽宁省苍平县人，中共党员，大学文化，高级工程师，中国森林工程采运协会理事，呼中区委副书记、区长、呼中林业局局长。

1972年11月参加工作，1985年7月起，先后任西林吉林业局古莲林场副场长，前哨林场书记、场长、副局长，1993年任漠河县委常委、林业局副局长，1997年5月任呼中区委常委、副区（局）长，1997年11月任现职。具有丰富的基层工作经验，脚踏实地、吃苦耐劳、爱岗敬业、求真务实。任现职以来，坚持以改革为动力，以提高经济质量和效益为中心，以优化经济结构为重点，紧紧抓住“深化改革、强化管理、保护资源、调整结构”四个关键环节，为建立龙头产业，大力发展林产工业和多种经营，使全区经济逐步走上良性发展轨道。1999年林产工业产值已达8241.2万元，占工农业总产值45.6%。关心群众疾苦，努力为人民群众办实事，使呼中区人心稳定、社会安定。善于总结经验，先后发表了多部有影响的论文和著作。其中，《西林吉林业局灾后森林资源恢复情况调查报告》、《关于实施生态采运作业基本措施的探讨》被国际林联第三学部国际学术研讨会收入论文集中，参与主编的《森林工程机械》一书被东北林业大学定为森林工程专业教科书。1984年获全省“五小”发明创造奖，1990年被评为地区抢运火烧木先进个人，并多次获得地区劳动模范、优秀党务工作者等荣誉称号。

潘　禄　1948年12月生，黑龙江省泰来县人，大学文化，高级工程师，中共党员，图强林业有限责任公司党委书记、董事长。

1967年6月参加工作，先后任图强林业局林场副场长、场长、副局长、局长、党委副书记，1999年12月任现职。党性强，作风踏实，联系群众，吃苦耐劳，勤业奉献，积累了丰富的实际工作经验。在企业“两危”情况下，以创造性的改革措施，抓基础，堵漏洞，细管理，保持企业持续发展的势头，连续多年圆满完成了各项生产建设任务和经济技术指标，职工人均收入年递增15%，经济效益连续三年名列大兴安岭林业集团公司前茅，社会稳定，人心思上，两个文明同步发展。图强林业局实施公司制改革后，克服困难，拓宽思路，深化改革，精简机构，小企业因企施策全部实现改制，制定议事规则，建立规章制度，规范公司运作，推行“一岗双责”，党建与经济工作同步发展。产业结构日趋合理，木材生产成本降低15%，招商引资实现历史性突破，公司综合实力明显提高。多次被授予“优秀企业管理者”荣誉称号，被评为全国恢复森林资源先进个人，黑龙江省企业管理先进个人，黑龙江省劳动模范。

王学义　1959年7月出生，内蒙古自治区鄂伦春自治旗人，大学文化，中共党员，工程师，松岭区区长、松岭林业局局长。

1986年8月以来，在西林吉林业局先后任股长、林场副场长、党支部书记兼场长，1990年1月任漠河县黄金公司经理，1991年12月任西林吉林业局副局长，1996年3月任韩家园林业局局长，1999年1月任松岭林业局局长，松岭区区长。坚持学习政治理论和业务知识，具有较高的理论水平和丰富的工作经验。在古莲林场工作时，林场连续三年获林管局伐区管理、准备作业、职工生活第一名；获机械管理、贮木场管理、计划生育先进单位。任黄金公司经理时，扭转了公司多年亏损、完不成生产任务的状况，受到了省、地黄金系统多次表彰。任西林吉林业局副局长时，提出林区经济结构调整的新思路，为深化小企业产权制度改革，提高经济效益作出贡献，出色地完成分管的各项经济技术指标。任韩家园林业局局长期间，改变了企业长期亏损局面，圆满完成林管局提出的各项任务目标。任现职以来，深入调查研究，与班子成员一道确定了"深化改革，加强管理，挖潜增效，优化结构，促进发展"的总体思路，加大小企业改制的步伐，大力发展林产工业和多种经营，缩编分流，减轻企业负担，稳步实施天保工程，使松岭区（局）各项工作稳步发展，经济运行质量稳中有升，呈现了政治安定、社会稳定、经济发展的局面。1989年被地区行署授予劳动模范称号，1990年被省黄金系统评为劳动模范，1990年后多次立功受奖。

陈　罡　1953年5月出生，黑龙江省海伦县人，中共党员，大学文化，工程师，韩家园林业局局长。

1979年5月以来，先后任阿木尔林业局汽车队干事、副队长、副书记、队长、局组织部部长、副局长，漠河县副县长、林业局副局长，1999年1月任现职。政治性强，联系群众，作风朴素，锐意进取，具有领导才干和管理能力，积累了丰富的基层工作和企业管理经验。不断推出改革举措，搞活企业；加大森林防火和资源管理力度；不徇私情，严厉打击木材生产和流通领域的违法犯罪活动，挽回数百万元经济损失；积极推动依法治林和全民爱林护林工作，取得了资源保护和无重大森林火灾的好成绩；全力进行局域经济结构调整，在木材深加工，非林非木项目上做文章，开发拳头产品，使全局形成多元化结构，逐年稳定发展。撰写和发表了一些有指导价值的论文。多次立功受奖。1987年，在扑火救灾工作中荣立三等功；1990～1993年分别荣获局、地两级授予的先进党务工作者，优秀共产党员等称号，受到地委通报嘉奖；被省森林防火指挥部评为1999年森林防火模范。

李彦平　1947年7月出生，黑龙江省依兰县人，中专文化，中共党员，高级工程师，十八站林业局局长、党委副书记。

1964年9月参加工作，1968年7月后，先后任工段材料员、副段长、股长、副主任、副场长，塔河县林产工业公司经理、林产工业处主任，1991年8月以后，任塔河县（局）副县（局）长，地区物资局局长，1999年1月任现职。有较高的理论水平和丰富的领导经验，勤政廉政，为人正直，联系群众，作风民主，富有创新精神，善于开拓新局面。到十八站林业局任职后，全力扭转林业局危困局面，确立了"深化改革，强化管理，调整结构，增收节支"的经济工作思路，全面实施天保工程，进一步加大森林资源的培育、保护力度。深化企业内部改革，增强适应市场的能力。强化企业经营管理，提高经济运行质量，以发展替代产业为重点，积极调整产业产品结构。在保护资源的前提下，科学地组织木材生产，巩固主导产业。以提高质量和效益为中心，强化木材销售工作。加强精神文明建设，推进社会事业不断进步，经济工作卓有成效，使十八站林业局多年来在低谷中运行的经济出现了转机。全局政治安定，社会稳定，各项事业蓬勃发展，受到群众的拥护和上级的表彰。

周　野　1954年3月出生，黑龙江省绥化县人，中共党员，高级经济师，高级工程师，加格达奇林业局局长。

1970年9月参加工作，1976年4月以后，先后任森警中队检查站长，贮木场副场长、多种经营公司经理、阿木尔林业局副局长，1998年3月任现职。艰苦创业，任劳任怨，知难而进，开拓进取，在市场经济中善于驾驭风险，在企业管理、产品开发、市场营销、招商引资等方面颇有谋略。任阿木尔林业局多种经营公司经理时，使亏损255万元，拖欠职工5个月工资的困难企业，一跃成为创产值2 500万元，利税300万元，固定资产1 500万元，拥有下属小企业35户的企业大户。任阿木尔林业局副局长期间，将全局10余户濒临破产的小加工企业联合起来，组建成林产工业集团，建立5个加工小区，盘活资产近千万元，产品远销国内外。用现代企业管理方式理顺了全局的木材销售各环节，使积压的数万立方米木材在提高售价的基础上销售一空。任加格达奇林业局局长15个月后，就补齐全部拖欠工资，还陈旧欠款500余万元；解决医药费及年终奖金100余万元；组建了黑龙江兴安木业集团，与三九集团北京神农公司联合组建了大兴安岭三九实业有限公司，使这两户企业成为全局两大经济增长点；1999年引资1.71亿元，引进合作项目13项，被省委、地委授予招商引资先进个人，招商功臣等称号。多次受到省地表彰，曾被地委、集团公司评为企业扭亏增盈模范先进个人和大兴安岭地区优秀青年企业家。加格达奇林业局连续两年被省授予哈尔滨经济贸易洽谈会先进单位。

李文顺　1958年1月出生，内蒙古满洲里市人，大学文化，中共党员，高级经济师，阿木尔林业局党委副书记、局长。

1981年8月以后，先后任股长、团总支书记、副科长、科长，1994年10月任行署、林管局办公室秘书，1996年6月任行署计委副主任。有较高经济理论水平，坚持调查研究，求真务实，勇于开拓，针对企业"两危"日益加剧，天保工程实施后面临新的机遇和挑战的实际，牢牢把握住结构调整这个重点，下大力气抓好企业改革和管理这两个关键，积极寻求林业企业摆脱困境，发展经济，实现兴企富民目标的启动点和突破口。廉洁自律，克己奉公，为全局领导干部树立了勤政的表率。善于总结工作经验，撰写了不少学术论文，其中，《大兴安岭东部林区企业经营区划调整总方案的研究》于1991年被林业部、中国农林工会评为全国林业系统合理化建议和技术革新一等奖，《大兴安岭地区实行以煤代木情况的调查研究及建议》被评为二等奖；《森工营林生产企业投入产出经营承包的思考与探索》被中国林经学会评为优秀成果二等奖；1989～1991年，连续三年被行署、林管局授予模范工作者称号；1991年被林业部、中国农林工会授予全国林业系统合理化建议和技术改造先进个人、优秀组织者两项荣誉称号；1998年被地委嘉奖奖励；1999年被地区机关工委授予优秀共产党员标兵称号。

徐守乐　1955年7月出生，内蒙古自治区扎兰屯市人，大学文化，中共党员，高级政工师，高级经济师，大兴安岭地区行署副秘书长、加格达奇区区长、区委副书记。

1972年12月参加工作，先后任团委干事、副书记、党委宣传部副部长、党委副书记、副经理、经理，1997年3月任呼玛县县长、县委副书记。勇于在困难企业和地区，依靠群众，通过改革艰苦创业，改变贫困状况。多次实地考察，调查研究，确立了"以农为主"的经济发展思路，实施"五个突破一个改善"的经济工作重点，提出发展特色高效农业的跨世纪发展战略。1997年地方经济增长速度达到16.7%，1998年在遭受严重洪涝灾害的情况下仍保持10.6%的增长速度，使全县耕地面积、粮食单产、总产和经济效益成倍增长，农机保有量由落后县跃居全省前列。积极推进国有小企业转制，盘活大量国有资产。县级财政收入增长29.3%，农村人均收入增长近30%。强化黄金和林木资源管理，按照有偿使用原则加大税费收缴力度。1998年、1999年他组织全县筹资5 975万元，广泛用于农田水利、道路桥梁、教育卫生、广播电视、邮政通讯、堤防护岸等30多个项目的建设。参与主编了《市场经济与企业管理》一书。连续六年被评为地区"尊师重教先进个人"，1996年被地区评为"扭亏解困先进个人"，1998年被地区授予"全区抗洪抢险模范"称号，记三等功，荣获"全省社会治安综合治理先进工作者"称号，荣获省、地"第十届科技之冬活动播种奖"，1998年受到地委嘉奖，1999年被地委记三等功。

杨胜利　1961年9月出生，黑龙江省呼玛县人，大学文化，大兴安岭地区呼玛县县长、副书记。

1981年7月参加工作，1990年3月起，先后任副乡长、乡长、局长，1996年4月任呼玛县副县长。在历任岗位上，谦虚谨慎，联系群众，开拓进取，勇于改革，大刀阔斧地改革了全县林业生产、销售、管理方式，实行全员岗位效益工资，扭转了危困多年的局面，效益大幅度回升；防火工作中指挥到位、措施到位、责任心到位，在主管期内未发生一起森林火灾；主管财贸工作因措施得力，县本级财政收入当年就增长了28.5%。多方筹资强化公安装备，整顿队伍，增强干警的快速反应和作战能力，对重特大案件亲自组织侦破，几年来全县特大案件侦破率始终居全区之首，发案率大幅下降，信访案件逐年下降，社会稳定。在全县的基建和旧城改造中创造性地开展工作，使多年未解决的问题顺利解决。积极吸纳民间资金，以极小的财政投资完成了1万平方米县城经济适用住房建设。多次立功受奖，在县十三届人代会第四次会议上满票当选为呼玛县县长。

（史志建）

【大兴安岭林业集团公司1999年林业大事】

1．1月1日，大兴安岭林业集团通讯总公司挂牌运营。通讯总公司是由原大兴安岭林管局通讯处整体转制而组建的，为集团公司直属的专业机构、企业化管理的事业单位。实行独立核算、自收自支。主要承担林业微波长途传输电路设备维护、管理以及加格达奇地区林业电话的安装维护等。其目的是全力为森林防火、防汛、生产指挥以及林区的经济建设服务。

2．1月7日，大兴安岭林业集团造林总公司揭牌成立，标志着林区在培育后备森林资源方面又迈出了坚实的一步。地委副书记、政协地工委主任张振华和地委常委、行署副专员、林业集团公司副总经理褚凤为造林总公司成立揭牌。张进运、钟志山、朱洪祥、张赋、黄慰民、石尚志、王森业、周玉环以及国家林业局驻大兴安岭森林资源监督办公室副专员程焕章和行署秘书长郑宝满等领导参加了造林总公司成立暨揭牌仪式。

3．1月19日，地委常委（扩大）会议暨全区经济工作会议在加格达奇召开，会议确定1999年为“结构调整年”，全区经济增长速度宏观调控目标预定为7.6%。地委书记杜宇新、地委副书记、行署专员、集团公司总经理杨喜军分别在会上作重要讲话。

4．1月，林业集团公司正式被批准加入亚太经合组织（APEC）中国企业联席会。集团公司副总经理戴万春作为杨喜军总经理的代表在北京人民大会堂参加了联席会成立大会。林业集团公司将利用APEC提供的国际舞台，与APEC成员国的企业直接交流信息，加强往来、进行经济技术合作和新型企业家国际人才开发，在更广阔的范围里招商引资。

5．2月7～8日，以国家林业局副局长李育才为团长的国家林业局春节慰问团一行在省政府副秘书长王长福的陪同下来区慰问。慰问团先后到松岭林业局、地区建筑工程总公司、加格达奇林业局等走访慰问，并深入到5户企业进行调研。

6．2月10日，为使全区困难职工、贫困户和离退休老干部欢度新春佳节，全区共组织430个慰问组，地、县（区局）、镇（场）3级党政领导有620人参加走访慰问，走访下岗职工、特困职工4 600户，慰问离退休职工1 300人，看望离退休副地级（含享受副地级待遇）老干部88人。全区共筹措慰问金240万元。

7．2月27日，在国务院召开的关于重点地区天然林资源保护工程实施方案有关情况的汇报会上，大兴安岭林业集团公司被确定为全国林业集团天然林资源保护工程试点企业。

8．3月1日，全区首次林业系统研究生班在加格达奇正式开学。这是东北林业大学与地区林校联合举办的林业经济管理函授班，学制2年。开设林业经济管理等12门课程，全区65名一线林业职工成为第一批学员。

9．3月10日，林业集团公司召开全区电视电话会议，全面部署伐区清理工作：凡冬运首季已完成木材生产年计划75%的单位必须立即停产；全力以赴投入伐区清理，将剩余物抢运下山；全面树立保护森林资源意识，认真实施好天然林保护工程。

10．4月14～15日，大兴安岭地区工会、林管局工会第四次代表大会、林业集团公司工会第一次代表大会召开。省总工会主席侯旭宇、省林业工会主席张芬芳、地区领导杜宇新、杨喜军、张振华、褚凤、钟志山、朱洪祥、张赋、李嘉麟出席开幕式。中国农林工会全国委员会给大会发来贺信。杜宇新作了题为《依靠广大职工群众，充分发挥工会作用，为实现全区跨世纪的发展目标努力奋斗》的讲话。

11．4月16～19日，国家林业局森林防火检查组来区检查指导春季森林防火工作。提出进一步提高认识，切实抓好森林防火工作，促进经济建设和天然林资源保护工程的实施的要求。

12．5月13日，日本国政府向中国漠河县提供无偿援助项目，9万美元的教育卫生设备经验收调试完毕，举行了剪彩仪式。日本国驻沈阳总领事馆副领事贵加尚哉先生和漠河县县长吴玉波出席了剪彩仪式。

13．6月19日，首批35套、价值35万美元的恒友牌家具将经大连渤海运抵美国芝加哥。这是林区家具首次打入竞争激烈的美国市场。这批家具包括电视柜、大中小床、五屉柜等15个品种760多件。

14．6月24日，松岭区为壮志林场晋升省级文明单位举行揭牌仪式，地委副书记、政协地工委主任张振华为揭牌仪式剪彩。

15．6月25日，台湾同胞萧丙丁先生代表台湾金箭旅行社有限公司同行署副专员唐庭棣签订了台湾到大兴安岭林区旅游的协议。双方本着互惠互利的原则，联合经营台湾到东北地区旅游项目。首批台湾同胞来内地旅游团由14人组成，于7月7日抵达内地。台湾金箭旅行社有限公司对这次旅游投入人民币161 770元。

16．7月1日，以省卫生厅副厅长王大威为组长的省消除碘缺乏病工作评估组一行10人，对呼玛县消除碘缺乏病工作进行评估。评估结果，大兴安岭地区消除碘缺乏病工作提前1年实现国家评估标准，通过验收。

17．7月10～11日，全国人大《森林法》执法检查组来区先后检查了林田公司甜杨育苗地、沙棘种田、公益林退耕地，松岭林业局万亩人工林保护区等，提出认真贯彻《森林法》，切实加大执法力度，抓住实施天然林保护工程的重大机遇，精心培育、保护好森林资源，实现林业的可持续发展的要求。

18．7月13日，国家计委调研工作组以中共中央委员、国家计委常务副主任王春正为组长一行9人来区视察。调研工作组先后视察了丽雪精淀粉厂、恒友家具公司、地区农科所、林科所种子园等，并强调要充分发挥林区资源优势，精心实施天然林保护工程，多视角、多思路地进行产业结构调整，大力发展生态林业和绿色产品，有效地保护森林资源。

19. 7月18日，由大兴安岭电视台与南昌青云谱文化交流中心联合拍摄的电视剧《绿宝石之恋》开机仪式在加格达奇举行。该片是一部风光旅游爱情片，以一对青年男女的爱情为主线，展现了大兴安岭秀美的山川、独特的人文景观和民俗风情，讴歌了大兴安岭人在“二次创业”中的精神风貌，反映了人与自然的关系。林业集团公司总经理杨喜军题写了片名。

20. 8月13日，国家林业局主办的在全国重点林区开展“‘跨世纪保卫绿色行动’99宣传活动”中，由新华社、《人民日报》、《工人日报》、《经济日报》、《中国绿色时报》5家新闻单位记者组成的“跨世纪保卫绿色行动”记者采访团一行8人来区，深入到呼中林业局、西林吉林业局等地进行采访。

21. 9月15日，全国名优林产品展销会在上海落下帷幕。地区在会上共签订实质性合同9 505.36万元，其中引资500多万元。恒友家具、兴安金丝木被评为全国名优林产品。

22. 9月21～26日，国务院联合调研组来区就调整大兴安岭林业集团公司体制问题进行调研。调研期间，听取了地委、行署、林业集团公司领导的汇报，并与有关部门负责人进行了座谈，视察了恒友木业集团、地区防火中心等单位，深入到漠河县进行了调查研究。调研工作结束后，地区领导及有关部门负责人与国务院联合调研组交换了意见。

23. 9月28日，新林林业局碧洲林场高级营林工程师、“林业铁人”张美钧代表全区人民前往省城哈尔滨参加由省委、省政府组织的庆祝建国50周年庆典活动，并将在主席台上就座。地委副书记、政协地工委主任张振华、地委常委、地委宣传部长黄慰民前往车站送行。

24. 9月，国庆节前夕，林区部分偏远村屯通上了电，村民们第一次看上了电视节目。地委、行署、林业集团公司按照全省“村村通”工作部署，在资金紧张的情况下，拿出30万元，为不通电村屯购买了30多台发电机并为每个村屯购买1台彩电。“村村通”工作全部工程在年底前完成，全区43个行政村实现村里通电、通广播电视，结束偏远行政村不通电，不通广播电视的历史，全区提前1年完成“村村通”工作。

25. 10月11～16日，以原林业部副部长蔡延松为首的国家林业局天然林资源保护工程调研组一行8人来区调研。调研组同科技工作者、老干部就如何实施好天然林资源保护工程进行了座谈讨论，并深入到地区财政、劳动、计划等部门调查研究，并向地区领导反馈了调查意见。

26. 10月14日，由国家投资5万元、新林区投资5万元的新林气象卫星地面接收站落成剪彩。入网上星后，所获气象资料可进行亚洲区域性交换，预报未来年度、月、旬及各地各类天气情况，可准确测出森林覆盖、病虫害、农作物长势、农业产量等点位情况，还可用于监测火险、水灾点位，信息量和准确度达到了规定的标准，为林区林业防火防汛提供了必要的气象依据。

27. 10月18日，由国家审计署驻沈阳特派员办事处一行4人组成的天然林保护工程国债专项资金项目审计检查组来区检查指导。有关部门向检查组汇报了天然林保护工程项目和国债资金管理及使用情况。

28. 11月30日，林区首届旅游产品展示会在加格达奇开幕。展示了林区产业结构的调整成果。这次展示会由地区旅游局主办，地区妇联、行署公安局协办。

29. 12月28日，《大兴安岭日报》改版庆典大会在加格达奇召开。从2000年1月1日起，《大兴安岭日报》由四开四版小报改为对开四版的大报。

30. 12月28日，大兴安岭林业集团公司图强林业有限责任公司在图强正式挂牌成立。林业集团公司总经理杨喜军为该公司成立揭牌，并对公司的运作提出具体要求。地委常委、地委秘书长张赋参加了揭牌仪式。

（安　丽）

上海市林业

【概　述】

发展与成就

造林绿化　1999年上海市郊区植树造林工作紧紧围绕全面实现平原绿化达标这一目标和上海跨世纪林业发展构想，在各级政府的高度重视下，经过全郊区广大干部群众的共同努力，造林绿化取得一定成效，生态环境得到进一步改善。全年共完成“四旁”植树1 257万株，占计划任务的125.7%；营造沿海防护林273.3公顷，占计划任务的103%；建设河道防护林226.6公顷；营造道路林带533公顷（含环城林带133.3公顷）；调整发展经济林1 233.3公顷；新建农田林网化村653个，扩展农田林网控制面积26 800公顷；新增育苗面积706公顷，培育各类苗木320万株；建成市级林业生态工程20个；完成中幼林抚育11 200公顷。根据实绩核查，全市“四旁”植树成活率89.6%，“淮太”防护林成活率89.8%，沿海造林成活率87.1%。

国有场圃 全年销售总收入 8 818 万元。两个国家级森林公园新建了蝴蝶园、攀岩等景点（项目），增加了园内导游车、宾馆等设施，并对具有森林特色的项目进一步完善，建成了旅游观光、休闲度假、会议疗养于一体的休闲胜地，均被市府列为旅游总体规划的“一山、三岛、一湖、一线”四个一的主要旅游景点之一，全年接待游客 100 万人次，旅游收入 1 350 万元，创利 100 万元。国有场圃充分挖掘资源，进一步盘活资产，加快资本运作，产业建设共涉及房产业、出口加工贸易业、宾馆业、绿化工程及园林机械制造业、旅游业等多行业、多门类，并积极探索适应发展社会化大生产和市场经济发展要求的现代企业制度。

林政与资源管理 ①林业资源行业管理进一步加强，按照国办发明电［1999］9 号文的要求，继续冻结征占用林地；从严从重查处非法占用林地案件；加大了无证调运木材和苗木的检疫力度；处理了一批群众举报的毁林占林案件，增强了林政执法的威慑力。②与市法制办等有关部门修改《上海市植树造林绿化管理条例》，清理与《森林法》及其《实施条例》等法律、法规相抵触的规章、办法。③在实施上海市森林资源二类清查的同时，开展上海市森林资源一类清查，建立了上海市一类森林资源清查体系，使上海的森林清查真正和全国清查体系接轨。④全市共办理植物检疫证、木材出省运输证共计 56 400 份，其中对木材、胶合板等木制品检疫达 18.5 万立方米，25.9 万件；检疫鲜花、苗木 6 436 件。⑤加强防火设施建设和火源管理，形成全方位主体消防体系，实现了连续 11 年未发生森林火灾。

野生动植物保护管理 ①开展野生动植物种和湿地调查，摸清资源底数。动物调查部分中期成果通过国家级验收；植物部分完成了国家重点保护物种的野外调查及数据处理工作；湿地部分完成湖、库、河、江等调查和数据处理，完成了技术规程要求工作内容。②推进保护区建设，有效保护动物资源。上海东滩鸟类自然保护区管理处工作正式开展，确立了保护区范围、总体规划和范围界定问题，编制了《上海崇明东滩鸟类自然保护区总体规划设计》等项目。③加大执法管理力度，违法行为得到遏制。制定了《上海市崇明东滩鸟类自然保护管理办法》，查处了违法案件，加大了联合执法力度，规范了执法管理工作。④组织多种宣传活动，增强公众的保护意识，积极开展对青少年宣传教育；充分利用媒体开展经常性宣传，同时探索了一些新的宣传形式。

存在问题 尽管近年来上海林业建设得到较快发展，但是对林业建设工程监管和指导不够，存在着建设进度、项目水平和资金配套的不平衡性；依法治林力度不够，毁林、非法调运木材和苗木现象时有发生；林业宣传力度不够，带来社会各界对园林、林业部门作用和职责不清等问题，对林业开展工作较为不利；林业队伍自身素质与林业发展要求存在着差异，林业服务体系尚需进一步完善。 （吴云昌）

【上海“十五”林业发展规划制定】 根据上海市城市建设总体规划，以及实施城乡绿化一体化发展要求，加快林业建设步伐，逐步建立起比较完备的林业生态体系和比较发达的林业产业体系，上海市农林局制定“十五”林业发展规划。规划以营造成片森林为主体，增加资源，达到维护生态平衡目标。到 2005 年，全市森林覆盖率达到 12%，有林地面积 3 万公顷；“四旁”树木保存数为 8 500 万株；集镇绿化覆盖率 25%以上。基本形成环、屏、线、点、面相互交织的“绿色锦绣”，达到“多元集聚、多面开敞”的效果，使森林包围城市，让郊区真正成为城市的“绿肺”。在规划上，主要围绕“六个绿”工程推进：

建设环绕中心城区的“绿色项链” 在市区内环线高架绿化基础上，重点实施好 97 千米的环线外侧的 500 米绿带和 187 千米郊区环线两侧各 50 米绿化带。

建设一弧三圈的“绿色屏障” 对南自杭州湾北至吴淞口的沿海岸线及长兴、横沙、崇明三岛的防护林带，在原有沿海防护林建设的基础上，进一步加宽、完善、补缺，平均宽度达到 100 米以上。

建设水陆交错的“绿色通道” 410 千米长的 7 条国道两侧建成各宽 50 米林带，550 余千米的 10 条放射线两侧建成各宽 50 米林带，县（区）间干线公路及县（区）公路两侧林（绿）带各 20 米，市级 26 条河道两侧营造防护林各宽 20 米，黄浦江中上游 50 千米范围内，两侧各营造宽 100 米水源涵养林。

建设大面积的“绿色楔面” 加快推进镇区、机关企事业单位、村庄及庭院绿化，完善农田防护林，营造农业生产小气候，建成一镇一园，镇级公园面积达到 3～10 公顷，集镇周边建成 50 米林带。

建设错落有致、布局合理的“绿色园区”（人造森林） 按照布局、结构、功能合理的原则，建造 12 座人造成片森林，并进一步拓展现有两个国家森林公园的辐射功能。

有序推进“绿色产业” 结合绿带建设及农村种植业结构调整，发展花卉、苗木、经济林果等，加快产业化建设。同时，随着郊区环境的改善，进一步挖掘农林业旅游观光功能发展旅游产业。 （吴云昌）

【上海市级花卉育种中心建成】 上海市花卉育种中心隶属于上海市农林局领导，是上海市惟一的花卉良种繁育基地、国家林业局全国花卉育种示范基地。育种中心现拥有法国进口智能型温室 10 000 平方米、玻璃温室 3 000 平方米、连栋大棚 50 000 平方米、组培大楼 1 290 平方米、离地苗床 20 000 平方米、变温冷库 600 平方米。花卉育种生产面积 13.3 公顷，总投资 5 000 万元。

育种中心现有科技人员20名，其中高级职称技术人员4名，中级职称技术人员9名。中心以市场为导向，以科技为动力，以效益为中心，形成“两头在内，一头在外”的花卉产业链，以市场开发保障生产发展，以种球、种苗生产振兴花卉育种工作，实现可持续发展，提高上海花卉的竞争力。

育种中心主要以生产香石竹种苗为重点，通过引进国外优质原种母本苗，利用先进的栽培设施，采取严格的科学管理技术，培育无病、无虫害的优质壮苗。现年产香石竹种苗达1 000万株，产品荣获全国农业博览会名牌产品称号。同时选育唐菖蒲种球、菊花、非洲菊、红边朱蕉、合果芋组培苗等一系列切花种苗、种球和优质盆草花系列种苗。“香石竹优质高产栽培技术推广”获全国农、牧、渔业丰收一等奖；“香石竹优质高产栽培技术”、“满天星优质种苗繁育及周年供花高产栽培技术”、“百合花种球、鲜花高产优质栽培技术”先后被国家科委列为国家级科技成果重点推广项目，该单位成为全国上述项目的技术依托单位。

上海市花卉育种中心利用技术优势，实现“三圃”配套，使传统技术与生物基因工程相结合，形成自身的知识产权和技术体系；同时以种球、种苗带动鲜切花生产，生产销售各类优质高产切花，如百合、香石竹、菊花、郁金香、鸢尾等。育种中心已形成“产前种苗服务，产中技术指导，产后协助销售”的一体化经营网络。

（戴咏梅）

【积极开展行业争优创先活动】 为加快郊区林业建设，营造植树造林精品，构筑林业建设高地，树立典型，全面推进郊区平原绿化进程，会同市绿化委员会开展“森林杯”林业示范工程达标竞赛，以及开展首次上海市绿化示范乡（镇）评比活动。通过严格的审核，1999年“森林杯”林业示范工程嘉定黄渡林业主题获一等奖；闵行区先新路农业园区配套绿化、青浦区华新镇区绿化获二等奖；闵行区马桥大道绿化工程、松江区新城区（方松公路）配套绿化获三等奖。闵行区马桥镇、七宝镇、莘庄镇，嘉定区南翔镇、安亭镇，宝山区长兴乡、罗店镇，浦东新区唐镇镇、张桥镇，奉贤县洪庙镇，松江区九亭镇，青浦区华新镇，崇明县绿化镇等13个乡（镇）评为1999年上海市绿化示范乡（镇）。

（吴云昌）

【上海森林资源第五次清查】 按照全国森林资源连续清查第四个复查周期（1999～2003年）分年度安排和国家林业局《关于部署1999年森林资源综合监测工作的通知》的要求，1999年6～12月，在全市范围开展了第五次森林资源清查（以下简称“清查”）。本次清查首次以市为总体按千米网布点，建立了与国家森林资源连续清查体系相一致的固定样地调查体系，共建立固定样点3 365个，并运用SPOT遥感技术，圆满完成了森林资源一类清查任务。同时组织开展以各县区为总体的“四旁”树系统抽样调查与林分小班调查相结合的二类调查作为补充和完善，保持了自1979年以来历次清查成果资料的连续性和可比性，客观地反映了全市近5年来森林资源消长动态和现状。上海市森林资源清查（二类）结果如下：

森林资源现状

林业用地面积 全市土地总面积634 050公顷，郊区（10县、区）土地总面积605 106公顷。全市林业用地面积24 846公顷，占全市土地总面积的3.92%；郊区林业用地面积24 593公顷，占郊区土地总面积的4.06%。其中，有林地面积21 726公顷，占郊区林业用地面积的88.34%，苗圃地面积（郊区）2 866公顷，占11.66%。

有林地面积 全市有林地面积21 726公顷，其中防护林4 000公顷，占18.41%；特种用途林2 653公顷，占12.21%；经济林11 293公顷，占51.98%。林分（防护林、特用林）活立木蓄积量50.27万立方米。

“四旁”树 全市“四旁”树实际保存数5 658.67万株，其中市中心区实有乔木124.76万株，占2.2%；郊区5 533.91万株，占97.8%。“四旁”树活立木蓄积量141.53万立方米。

森林（林木）覆盖率 全市森林覆盖率8.08%，郊区森林覆盖率8.02%。

农田林网 郊区耕地总面积293 200公顷，其中，宜林网化耕地面积238 793公顷，林网（指不超过26.67公顷的网格框架）控制面积166 700公顷，控制率69.8%。

森林资源消长和动态特点

消长特点 同1994年第四次森林资源清查结果相比，5年来全市森林资源消长的特点可概括为“一增、一平、二提高”，即：

一增：指四旁树增多了。同1994年相比，全市净增1 400万株，增幅32.9%。

一平：是克服经济林连续3年（1995～1997年）大滑坡带来的影响，有林地面积已与1994年持平。

二提高：一是森林覆盖率有了提高，5年来郊区净增0.8个百分点；二是农田林网化建设速度再提高，同1994年相比控制率增长26.9个百分点。

动态特点 同1994年相比，森林资源的动态特点主要反映在以下3个方面，①林种结构进一步调整优化，带动城乡生态环境和农村经济的改善和发展。同1994年相比，以生态和社会效益为主体的特用林面积扩大了5.6倍；有森林蔬菜美称的实用早竹的引种推广，使郊区竹林面积摆脱10余年来停滞不前的局面，5年净增1 526.67公顷，增幅67.8%。②绿色通道（骨干道路、河道）建设加速，改善郊区大环境面貌，推动农田林网框架构筑进程。继崇明县之后，5年内又有7个县区达到平原绿化单项考核标准。③郊区平原绿化实现由传统、粗放、随意的“四旁”植树向适应城乡一体化建设要求的现代高品位、高标准城镇及企事业单

位绿化转移。同1994年相比，城镇及企事业单位绿化植树保存数净增1556万株，增幅5.9倍，农村“四旁”植树保存数净减320万株，减幅8.5%。

（张胜杰）

江苏省林业

【概　述】　1999年，全省共完成成片造林合格面积3万公顷，其中速生丰产林0.57万公顷，石山造林0.20万公顷，一般造林2.12万公顷，部门造林0.11万公顷，新建农田林网21.41万公顷，完善和更新农田林网56.27万公顷，育苗1.35万公顷，其中新育0.53万公顷，移栽0.29万公顷，留床0.53万公顷，总产苗量55 407.70万株，年终出圃量32 744.40万株，“四旁”植树11 792万株，其中义务植树5 155万株。丰县、沛县被省政府授予高标准农田林网建设先进县，邳州市通过省级验收。对东海、宿豫、如东、仪征、润州、昆山、常州郊区等7个县（市、区）开展平原绿化达标跟踪复查，有力巩固了平原绿化成果。森林资源保护进一步加强。

重点工程　苏锡地区以省确定的19项重点工程为突破，城乡一体现代林业示范区工程完成成片造林0.08万公顷，新建高标准农田林网0.93万公顷，培育与示范区工程建设相配套的苗木基地0.12万公顷；高等级骨干公路绿色通道工程完成护路林带407千米，石山造林0.06万公顷，新建农田林网3.56万公顷，沿线村庄绿化面貌有较大改观；沿海防护林完成工程造林1.03万公顷，营造海岸基干林带151.5千米，新建农田林网折实面积0.43万公顷，新建3个海防林专用苗圃基地；淮河太湖流域综合治理造林绿化完成工程造林0.95万公顷；长江三滩兴林灭螺完成工程造林0.1万公顷；高标准农田林网乡镇建设步伐加快，涌现出东台四灶、泰兴孔桥、兴化舜生等一批新的典型。

森林病虫害防治　全省森林病虫害发生面积3.73万公顷，发生率7.8%，同比下降0.3个百分点；防治面积3.34万公顷，防治率89.6%，同比提高6.6个百分点。全省加强森林病虫害预测预报，完善病虫害预测预报点25个，建立市、县级森防检疫标准站18个。松毛虫、侧柏毒蛾、日本松干蚧和杨树病虫灾害较往年减轻。松材线虫病防治工作好于往年。疫区各级政府多方筹集资金，规范防治行为，加大督促检查力度，全省防治疫情面积1.18万公顷，全面完成除治任务，共清理病死树48.2万株，灭虫处理病材2.5万立方米，其中切片1.5万立方米，烧毁0.6万立方米，药物薰蒸0.4万立方米，烧毁枝梢3万吨，更新疫点0.02万公顷，拔除5个乡镇疫点。全年产地检疫苗木2 100万株，林木种子4万吨，木材20万立方米，竹材15万根，果品7 000吨，花卉70万株；调运检疫苗木200余万株，林木种子10吨，木材40万立方米，竹材15万根，果品9 600吨，花卉43万株。

森林防火　全省共发生森林火警火灾145次，过火面积407.01公顷，受害面积89.12公顷，同比上升了25%、68%和37.7%；森林火灾受害率0.19/1 000，同比上升0.05个千分点；查处率47%，同比下降2个百分点，森林防火形势依然十分严峻。为把森林火灾损失减少到最低限度，做了以下工作：①抓预防措施。突出强化森林防火意识，强化森林防火宣传教育，强化森林防火监督和检查，落实森林防火责任制，努力把火灾消灭在萌芽状态。②抓基础设施建设。各地千方百计增加森林防火投入，严格按“四网两化”要求，改善森林防火基础设施和森防队伍建设，增强扑救森林火灾能力。全省新增风力灭火机261台，灭火弹9 000只，瞭望台5座，营造生物防火林带283千米，组建专业及半专业森林消防队11支，人数112人。③抓长久之计。注重加大林区散葬坟墓平迁和集中管理，加大区域联防联治，从根本上减少森林火灾的发生隐患，认真编制森林防火扑救方案，加大森林防火业务培训和科研推广力度，提高扑救火灾作战能力。④抓依法治火。各地积极划定森林防火戒严期和戒严区，制定严格规章和火案查处制度，充分运用行政、法律和经济手段，强化林区火源、可燃物和流动人员管理措施，森林防火工作逐步走上法制化管理轨道。

林政管理　一是立法步伐加快。《江苏省实施〈森林法〉办法》修正案已正式提交省政府。二是林政执法进一步规范。全省非法征占用林地的清理工作基本完成，协调处理苏州灵岩山寺和吴县林场林地使用权“争议”，对江阴市改变江阴要塞国家森林公园隶属关系和违法占用林地等问题进行跟踪督查。完成退耕还林1.3万公顷。进一步规范林木采伐和木材流通管理，东台范公镇、睢宁西郊、江都正谊、镇扬汽渡、吴县通安5个木材检查站被评为省文明执法示范单位。继续深入开展严厉打击破坏森林资源违法犯罪活动专项斗争，并取得明显成效。全省共查处林业行政案件166起，处理涉案人员178人，其中批捕8人，治安拘留20人，刑事拘留27人，行政处罚170人。三是森林资源监测取得进展。在着手制订和编制《江苏省森林资源监测实施方案》、《江苏省沙化土地监测工作方案》、《实施细则》和《江苏省森林资源规划设计调查方案》，对限额采伐、林地管理、重点风沙区和退耕还林进行有效监测的同时，还制订了《江苏省公益林、商品林分类技术试行规定》，继续深化新沂、溧阳林业分类经营改革试点。四是野生动植物保护和管理加强。完成徐州、盐城、南通、镇江、常州、无锡、南京等7个市野生动物资源普查野外调查，珍稀植物资源调查外业已结束，湿地资源调查基本完成。新批野生动物驯养繁殖单位24家。同时加大打击非法经营、运输野生动物行为，没收蛇类1.25吨，巨蜥90多只，蛙类1吨多，处理野生动物案件50多起。

产业结构调整　围绕农民增收和农村经济结构的调整优化，各地把调整林业产业结构作为林业产业和农村经济新的增长点，努力建设有地方特色的林业产业体系，取得突破性进展。一是林种树种结构优化。1999年经济林造林规模和份额大幅度增加，面积达2.29万公顷，所占比重同比提高17个百分点。扬州市、吴江市把发展苗木生产作为致富农民的新产业，完善苗木品种引进、繁育、信息、科技市场，发展经纪人营销队伍，逐步形成区域经济特色。二是基地规模建设有突破。淮阴、宿迁把发展意杨作为农村经济的支柱产业，规模发展。速生丰产林基地建设步伐加快。淮北和沿海地区共营造速生丰产林近0.8万公顷，发展股份制合作造林近0.2万公顷。三是产业化经营有突破。不少地方大力发展农田经济林网，取得良好经济、生态和社会效益，大丰市草庙镇圩东村农田全部实现经济林网化，每年新增经济效益130万元，其中林果收入就达60万元。东台市培育育苗、造林大户1 360个，年产白果40多吨，干叶500吨，建成花卉苗木基地10个，总面积0.07万公顷，形成木材、饮料、原料药、林化、林机等加工龙头企业10个，产值突破4亿元，创利税4 000万。

营林机制改革　为建立与市场经济发展需要相适应的平原农区林木管理体系和经营机制，淮阴、宿迁等地普遍推行林地经营权拍卖、招标承包、租赁承包和股份合作等多种形式的营林机制改革，努力实现责权利相统一，林业三大效益相协调，充分调动广大群众造林积极性，较好地解决造林资金不足，提高林业整体地位和林木管护质量，加快林业产业发展步伐。据调查，林业产权制度的改革，使全省造林面积创历史最高水平，造林成活率、保存率较往年有较大幅度提高。淮阴市签订各类责任制合同12 390份，落实责任面积0.98万公顷，筹措部门、乡村和群众绿化资金1 400多万元。盐城、泰州、铜山也开展以林地经营权拍卖为主的林业产权制度改革，收到较好效果。盐城市新栽的2 211万株树中，80%落实了改制，其中拍卖达690万株，占当年栽植总量的31%，集体所得拍卖金4 936.57万元，当年到帐861.59万元，招标承包580万株，到帐资金644.6万元，占应收资金的20%，发展股份合作造林0.07万公顷，组建一批新型的股份化林场、林园、林圃。

科技兴林　各地在生态工程建设中，注重建立科技支撑体系。①科学制订规划。在实施工程项目建设中，努力把造林绿化和村庄改造、集镇达标、创建文明城市、卫生城市等生态建设的大环境结合起来，立足提高品位、质量和特色，增强可行性和科学性。②选育优良品种。品种是林业发展的基础。品种更新是农业结构调整、林业产业化经营、发展外向型林业和可持续发展目标的基础。各地积极实施品种更新工程，加快品种更新步伐。省种苗站调进珙桐、杜英、良种刺槐、国外松等10多个优良品种种子1吨多，调运落羽杉、三倍体毛白杨、枫香等高规格苗木20多万株。申报品种更新选育课题9个，引进品种达16个。③推广先进技术。先进科学技术的推广应用是科技转化生产力的关键。淮阴市在推进意杨产业化进程中，大力推广"三大一深一套一盖"技术，提高造林成活率和保存率。保湿剂、生根粉被普遍应用于高亢干旱地区造林。据统计，全省调运保湿剂近1吨，生根粉1千克。乔、灌、草结合立体栽植被广泛应用到高标准农田林网建设中。东台四灶镇西片0.1万公顷高标准农田林网堪称盐城市典范。吴江市苗圃发挥省级工程建设中心苗圃示范作用，大力推广大田立体育苗、合理密度育苗技术和病虫害除治技术，提高苗木品质。吴县市推广应用83008－1新植物激素，提高造林成活率。各地还对造林的整地、开塘、复土、种植等每一道工序进行严格监督管理，保证生态工程建设的标准和质量。

（戴怀宝）

浙江省林业

【概　述】

发展与成就

绿化造林　1999年绿化造林工作以"十年绿化浙江"作为主攻目标，以县级绿化达标为重点，着力抓好全面绿化的攻坚战。省政府继续把3月份确定为全省的"绿化造林月"，这是自1991年以来连续第九年开展"绿化造林月"活动。省委、省人大、省政府、省政协、省军区以及地方几套班子领导带头参加义务植树，有力地推动了绿化造林的进程。据统计，全省共完成人工造林面积33 020公顷，是计划任务的217.7%；其中竹林面积4 870公顷；按林种分：用材林9 840公顷、经济林19 620公顷、防护林3 160公顷、薪炭林150公顷、特种用途林 250 公顷；完成沿海防护林、淮太防护林、治沙、平原绿化四大林业生态工程造林分别为 3 690公顷、1 080 公顷、70 公顷、1 410 公顷。封山育林面积达到 687 440 公顷，其中本年新封 133 870 公顷，是计划任务 111 133 公顷的 120.5%；城镇扩大绿地面积达 773.5 万平方米，是近年来最多的一年，比 1998 年增加 1 倍多；义务植树达到 7 569.4 万株，参加义务植树人数 2 043 万人，义务植树的尽责率 81.7%，好于往年。通过实施县级绿化达标攻坚战，又有 52 个县（市、区）通过省里的验收，加上 1998 年实现绿化的 17 个县，总数达到 69 个，为确保 2000 年全省如期实现绿化目标打下了坚实的基础。温州市委、市政府确定 1999 年为“生态年”，全面实施了“’99 城市绿色大行动”。杭州市以创建“全国精神文明先进城市”为目标，全面实施“蓝天、碧水、绿色、清静”工程，加大了城市绿化力度，1999 年全市城区扩绿总面积达到 183.78 万平方米，超历史最高记录。宁波市以建设“现代化港口城市”为目标，以交通要道和城镇村庄为重点，认真实施通道、村镇绿化美化、高标准农田林网化、“三江六岸”林带和海岸基干林带恢复等五大骨干绿化工程。金华市以实现“山水生态城市”为目标，市政府办公室专门制定了市区绿化工作的实施意见。台州市委、市政府提出了林业二次创业的奋斗目标和具体政策措施。丽水地委、行署决定把全区建设成“生态环境建设示范区”。全省部门绿化进一步加强，社会各界进一步参与支持绿化造林，群众性的植树造林活动不断掀起高潮。

林业生态工程建设 组织编制了《浙江省林业生态环境建设规划》和《浙江省生态公益林建设规划纲要》，为探索生态公益林建设的途径和方法，在 21 个江河源头县、重点林区县开展了生态公益林建设的试点，正式启动了生态公益林建设工程。各地采取措施加强生态公益林建设。建德、常山、开化等 14 个县市已完成了县级生态公益林的总体规划。安吉县政府还出台了《生态公益林管理办法》，制订了绿化造林、封山育林、水源保护的具体规划。在搞好试点的基础上，制定了全省退耕还林实施方案，开始全面实施退耕还林工程。当年完成退耕还林 10 790 公顷，是计划的 107.9%。为切实防止水土流失，从 1999 年开始，严格控制劈山、炼山，切实改变传统的造林和整地方法，特别是对 25 度以上山地禁止全垦整地，大力推行“山顶带帽、山脚穿鞋、山腰扎带”的环保生态造林模式。按照省政府的部署，在 1998 年全省 42 个有平原绿化任务的县都已实现平原绿化达标的基础上，1999 年率先在全国实施高标准平原绿化工程，巩固和发展平原绿化达标成果。为配合工程实施，省林业厅制定了《浙江省高标准平原绿化工程造林实施办法》，同时与财政厅联合下发了《浙江省高标准平原绿化工程造林资金扶持办法》。全省完成平原绿化工程造林 1 300 公顷，其中绿色长廊工程造林 967 公顷，标准田绿化 333 公顷，分别是计划的 118.2%、111.5%和 142.9%。

林业产业 围绕省第十次党代会提出的发展效益农业的要求，认真实施《浙江省农业和农村现代化建设纲要》，切实抓好效益林业的发展，确保农民人均纯收入增长 3%的目标。为改变全省商品林的经济效益不高、经营水平较低的现状，启动了“百万亩千元山高效林业示范工程”，制定了《浙江省百万亩千元山高效林业示范工程建设实施意见（试行）》，编制了工程基地建设规划。各地根据省林业厅提出的要求，建立领导机构，层层分解任务，成立科技管理小组，制订具体规划和管理办法，确保项目建设的顺利进行。全省各地共上报建成示范工程 3 267 公顷，平均每公顷产值达16 500 元以上，一些建设比较好的县平均每公顷产值已达到 75 000 元以上。为提高浙江林特产品的知名度，开展了“浙江省林业特产之乡”的评选工作，印发了《关于评选浙江省林业特产之乡的实施意见》。1999 年共评选命名了 51 个林业特产之乡。继续组织实施省政府确定的“五个一百万亩”工程建设，共完成工程造林 42 933公顷，是计划 39 867 公顷的 109.3%。其中名特优经济林 12 067 公顷，是计划 10 567 公顷的 114.2%；毛竹丰产林 10 867 公顷，是计划 9 733 公顷的 111.6%；笋竹两用林 9 533 公顷，是计划9 200公顷的 103.6%；毛竹低产林改造 10 467 公顷，是计划 9 800 公顷的 106.8%。进一步推进花卉种苗业发展，正式启动了列为省政府农业五大种子种苗工程之一的花卉种苗工程；在调查研究的基础上，提出了全省花卉种苗发展的总体思路，重点建设好 2 个花卉示范基地和 10 个专业花卉种苗基地；继续举办西湖国际花卉博览会，以提高浙江花卉的知名度，促进国内外花卉业的交流和合作。全省有 4 个花卉生产基地被国家林业局和中国花协命名为全国花卉生产示范基地，有 10 个花卉生产基地列为省示范基地。省林业厅种苗站引进近 400 个花卉草坪品种，推广到全省各地和邻近省份，丰富了品种，提高了整体质量。1999 年全省花卉栽培面积 1 万公顷，花卉及其相关产品的产值达 20 亿元。山区林业综合开发成效显著，显示出广阔的开发前景。淳安、龙泉、临安、新昌 4 个全国山区综合开发示范县，1999 年共争取到贴息贷款 3 000 万元，安排项目 8 个。通过深化改革、强化管理、调整结构，全省又有 21 个国有林场、苗圃实现了收支平衡或略有盈余。省林业厅、省旅游局、省环保局联合开展了’99 生态环境游——亲近浙江山和水活动，促进了森林旅游业的发展。1999 年新建森林公园 2 处，升为国家级森林公园 3 处。至此，全省共有森林公园 54 处，其中国家级森林公园 15 处。1999 年全省森林公园接待国内外游客人数超过 1 000 万人次，旅游经营收入超亿元。在国家林业局、国际竹藤组织举办的’99 中国竹文化节暨国际竹业博览会上，参展的四大类 250 余件竹制品，获得金奖20个，占总奖数的1/5，居17个参展省之首。

1999年全省林业产业总产值410.09亿元，其中第一产业153.47亿元，占37.42%；第二产业227.76亿元，占55.54%；第三产业28.86亿元，占7.04%。

全省共生产木材209.66万立方米，毛竹9 521.10万根，毛篙竹700.60万根，锯材92.47立方米，木片19.03万立方米；生产人造板233.35万立方米，其中胶合板184.62万立方米、纤维板34.37万立方米、刨花板4.12万立方米，其他人造板10.24万立方米；生产木地板块30.28万平方米，卫生筷子2 150 119万把（其中木卫生筷子1 100万把），人造板二次加工装饰板937.59万平方米，热固性树脂装饰层压板94.14万平方米，刨切单板11.78万平方米；生产松香1 580吨，松节油888吨，冰片23吨，栲胶208吨，活性炭9 481吨，软木砖2 155吨。与1998年相比，木材、竹材产量有所下降，人造板、装饰板及木地板块产量上升；林化产品除松节油外都减产。

林业执法　上半年省人大常委会统一部署，在全省组织开展了对《水土保持法》及其相关的《森林法》、《防洪法》的执法检查，林业执法环境有了大的改善，促进了全省森林法的贯彻实施和水土保持工作。根据省政府的统一部署，省林业厅建立了行政执法责任制，制订了实施方案，严格执法，依法办事。1999年全省共发生各类林政案件5.93万起，查处5.91万起，查处率99.7%，收缴木材7.84万立方米，挽回经济损失829.6万元。为控制木材采伐消耗，各地进一步落实“源头”管理措施，积极探索有效的方法和途径，加强对木材采伐许可证发放、伐区作业设计、伐中检查和伐后验收等执法过程的监督。林地管理逐步走上了法制化、规范化的轨道。在1998年开展林地清查的基础上，根据国务院办公厅国办发明电［1999］9号文件规定，继续冻结各项建设工程征占用林地。对确需征占用林地的项目，严格审批，认真把关，提请省政府报国务院审批；对非法侵占林地案件进行查处，同时对符合补办规定的，依法办理补办手续。山林纠纷调处工作富有成效，全年调处山林纠纷696起，是省下达任务的201.74%，落实争议面积6 117公顷；及时阻止因山林纠纷可能引发的群众性械斗事件近20起，促进了林区的社会稳定和经济发展。为切实加强野生动物保护，根据《浙江省陆生野生动物保护条例》的规定，省林业厅与省财政厅、省物价局联合出台了《浙江省陆生野生动物资源保护管理费收费办法》，同时制定了《浙江省陆生野生动物及其产品的价值标准》，为规范野生动物保护行政行为和资源有偿使用打下了良好基础。各地加强对驯养繁殖、经营利用野生动物单位和个人的管理，依法做好审核审批工作，使其合法驯养、合法经营、合理利用野生动物资源。野生动植物进出口开始纳入规范化管理。1999年国家濒危物种进出口管理办公室杭州办事处共受理、审核野生动植物进出口贸易2 818起，贸易额达15.5亿元。古树名木保护进一步加强，对全省所有的古树名木进行了登记，建立了档案，设立了明确的保护标志；同时对一些确因自然灾害死亡而要求砍伐的古树名木，严格审核制度。针对全省森林案件发案率高，尤其是重特大案件逐年增加，且查处阻力大的严峻形势，年初在国家“二院二部一局”组织专项斗争的基础上，以查处大要案和社会影响恶劣的案件为重点，加大侦查破案力度，严厉打击破坏森林资源的违法犯罪行为。据统计，全省各级林业公安机关共受理各类森林案件4 222起，破案率为99%；其中重特大案件100起，查破96起，破案率为96%；打击和处理各类违法犯罪人员5 264人，其中逮捕129人；收缴木材10 182立方米，重点保护陆生野生动物17 129只（头）、4 289千克，挽回经济损失1 099万元，有力地打击了破坏森林资源违法犯罪活动，有效地保护了森林资源。省、市（地）重大森林案件督查领导小组发挥了十分重要的作用，加大了督查力度，有力地推动了森林案件的查处。1999年省重大森林案件督查领导小组共督查了37起案件。

森林防火、森林病虫害防治　在实施第一、第二期森林火灾综合治理工程的基础上，全省全面开展了“森林火灾综合治理年”活动，各地按照省里的部署，以“抓基层、抓基础、抓落实”为中心，广泛开展宣传教育，层层落实防火责任，村村组建管火、督查、扑救3支队伍，扎扎实实开展“森林火灾综合治理年”活动，基本建立起了“立足基层、立足基础，乡自为战、村自为战，群防群治、自防自救”的森林防火新机制。1999年全省出现了历史上罕见的连续晴燥干旱天气，而且春节、清明等防火重点时期都是晴好天气，但通过全省上下的共同努力，尤其是省委、省政府和各地各部门领导的高度重视，森林防火仍然取得好成绩。据统计，全省全年共发生森林火灾463起，森林火灾发生率为8.27次/10万公顷；受害森林面积2 082公顷，森林火灾受害率为0.372/1 000，因森林火灾死亡2人。森林火灾发生率和受害率远低于省政府规定的25次/10万公顷和1/1 000的限额指标，森林防火工作继续保持在历史较好水平。

森林病虫害防治坚持预防和除治并重的方针，认真实施松材线虫病、马尾松毛虫、竹子害虫、日本松干蚧、板栗病虫害等浙江森林五大病虫害的项目工程治理，加大生物防治和营林措施的力度。全省共发生各类森林病虫害面积93 440公顷，发生率为1.61%；有效防治面积85 120公顷，防治率为91.1%；实施调查监测面积1 319 113公顷，监测覆盖率为90.35%；实施种苗产地检疫面积5 627公顷，种苗产地检疫率为93.67%。“四率”指标均严格控制在国家林业局和省政府下达的指标以内。省里重点抓好松材线虫病的除治和防范。省林业厅与有关县市林业部门签订了防治任务书，落实了防治责任制。各地认真总结病木无序流通是导致松材线虫病蔓延的教训，加强了流通管理；同时推行专业队清理病木，并跟踪检查病木清理质量，确保病木彻底清理。全省在发生面积大、防治难度增加的情况下，克服困难，全面完成了除治任务。全省规划除治面积 19 507 公顷，实际完成除治面积 20 073 公顷；清理枯死木、感病木 272.86 万株，烧毁枝桠、病木 5 366.96万千克，薰蒸病木 2 510 空间立方米。在抓好除治的同时，积极做好非发生区的防范工作。通过除治和预防，延缓了松材线虫病的扩散。

林业基础工作　全省森林资源二类调查和森林资源连续清理第四次复查已基本完成，为“十五”森林采伐限额编制和资源保护管理提供了依据。通过调研，做好工作，全省 7 个国家级、省级自然保护区的人员经费列入了省财政预算；同时，编制完成了全省自然保护区建设发展规划及全省野生动物园发展规划。根据原林业部提出的到 2000 年 80%的县达到林业站建设合格县的要求，1999 年又有 19 个县完成了标准化林业工作站合格县建设任务，是达到“合格县”最多的一年，现已上报国家林业局审批。在林业科技方面又有 6 个项目列入国家林业局和省科委科研、推广计划；全省又获得了一批科技成果，有 5 项获国家林业局科技进步奖，有 9 项获省科技进步奖，有 41 项获省林业厅科技进步奖。这些项目的实施，产生了良好的经济、社会和生态效益。据对 42 个项目效益统计，推广面积 68 000 公顷，新增产值 8.6 亿元，增产木材 34.5 万立方米，增加产量 1.1 亿千克。林业标准化工作日益引起重视，各地先后制订了一大批地方林业标准，促进了效益林业发展。临安市在列入省标准化示范县后，由于制订、执行标准工作成效显著，被列入全国 16 个标准化示范县之一。为贯彻国家、省科技创新会议精神，省林业厅研究部署了林业科技创新工作和科技体制的改革意见。省林科院被列入全省 8 所“继续深化和完善一所（院）两制，内部实施分类改革”的序列。目前省林科院正按“一所（院）两制”的要求实施改革。为进一步深化公路“三乱”治理，巩固治理成果，制定了《1999 年林业系统治理公路“三乱”工作实施意见》，并加强督查，发现问题及时解决，实现了全省所有木材检查站基本无“三乱”的治理目标。在全省林业公安机关开展了“为人民服务，创人民满意公安机关，做人民满意警官”的活动，进一步倡导良好的警风。

存在的问题和困难　一是当前全省生态环境建设面临的形势还很严峻，水旱灾害频繁，水土流失严重。全省的绿化水平与林业现代化目标和生态环境建设的要求，还有较大的差距。全省生态公益林建设缓慢，关键是没有形成有效的良性投入保障机制，生态公益林的保护和发展得不到保证。二是资源保护管理难度较大。现在各地有证超伐、无证滥伐林木现象还比较突出，究其原因，一个重要因素就是近年来木材价格不断下跌，木材税负重，林农采伐木材获利很薄，以超伐、滥伐逃避税费。既要农民致富，又要保护林木，如何管理，需要认真研究。三是加工、流通业发展滞后，林业产业化程度低。目前全省林产品销售还是以原木、原竹、干鲜果品“唱主角”，林产品“卖难”的现象还存在，许多林农增产不增收，特别是随着经济林果品的陆续大量产生，加工业、流通业如不加快发展步伐，将严重挫伤生产者的积极性。四是松材线虫病除治任务非常艰巨。这几年，虽下了很大力气，投入大量资金，局部地区取得较好成果，但从总体上看仍呈蔓延发展之势，对全省近 200 万公顷松林构成严重威胁。五是部分林区县尤其少数重点林区县的林业部门经济相当困难，而且历史包袱重，再加上世行造林项目还款期已到，压力很大，负担很重。六是林业队伍现状与形势发展不相适应，无论是思想观念，还是工作作风都跟不上形势发展的需要。　（张　钢　吴三民）

【浙江省百万亩千元山高效林业示范工程】　为贯彻落实省第十次党代会精神，推进林业可持续发展，帮助农民增加收入，促进农村社会稳定，全省自 1999 年起，组织实施“百万亩千元山高效林业示范工程”，以带动全省 266.7 万公顷商品林的集约经营，实现林业经济增长方式的根本转变。

项目建设成就　自推出“百万亩千元山高效林业示范工程”以来，各地积极响应，把它作为提高林业社会地位，提升林业社会形象的重要载体，列入议事日程常抓不懈，促进地方经济的发展，提高林农的收入。由于各地的高度重视，1999 年全省共完成示范工程建设 3267 公顷，平均每公顷产值在 16 500 元以上，初步达到了规划目标。

采取的措施

1. 建立了“省百万亩千元山高产林业示范工程”建设领导小组和专家咨询小组，保证了项目建设的顺利实施。“百万亩千元山高效林业示范工程”是顺应新形势而推出的一项“强行业、富农民”的中心工程，也是更好地实施“浙江省农业和农村现代化建设纲要”的需要。为保证工程建设达到如期目标，林业厅专门成立了以厅领导为组长的有关职能处室参加的领导小组，来协调、规范工程建设的管理。另外，还成立了由省内知名专家参加的项目建设科技领导小组，对工程建设涉及的有关科技服务、信息服务等工作进行指导、培训，从而提高项目建设的科技含量，提高林农的科技素质。

2. 因地制宜，合理地编制了“百万亩千元山高效林业示范工程”建设方案。　各地在厅印发的“浙江省百万亩千元山高效林业示范工程建设实施意见”基础上，结合“方向明、起点高、规划全、分步走”和“实际、实用、实效”的原则，制定了合理的规划方案，从而为在全省形成“产品特色明显，区域优势突出，市场化程度高，经济效益显著”的特色基地群确立了行动指南。

3. 建立和健全了社会化服务体系，保证林农的增产和增长。 ①各地都创建了林特产品科技和信息服务网，开通了“农技110”。②为提高林农科技素质，举办了形式多样的技术培训班，开展了新品种、新技术的引种、驯化和推广工作，使林农始终占领效益林业建设的制高点。③抓林特产品的购销队伍和市场建设，初步培育了一支以农民为主体的林特产品流通队伍，有效地缓解了林特产品的卖难现象，促进了农民收入的稳定增加。 （包振阳）

【浙江省建设现代封山育林综合体系】 封山育林成本低、实施易、效果好，有深厚的群众基础，是传统的有效的国土绿化方式，而且形成的多树种、多层次、结构复杂的植被，是生态功能最强的森林环境。浙江省自建国以来，累计实施封山育林1 733万公顷次，在封面积稳定在93.3万公顷。据调查，浙江省荒山疏林封山育林成林率达到81%，综合成林率65.2%，为“五年消灭荒山，十年绿化浙江”起到了至关重要的作用。

近年来，改善生态环境已成为林业建设的首要任务，浙江省规划到2020年建成比较发达的林业生态体系，重点建设200万公顷生态公益林。封山育林是生态公益林建设的主要手段，浙江省林业厅在组织对封山育林工作调研的基础上，针对封山育林点散面广、重点不突出、制度不严、管理落后、保障体系不健全等问题，坚持“集中连片、突出重点、区域治理、综合培育、跟踪检查、定位监测、长期管理”的工作思路，以封为基础，以育为重点，分级管理；以生态公益林为依托，以形象工程为重点，分类实施，集约经营，突出结构调整、定向培育等人工促进措施；重点抓好钱塘江、瓯江等省内八大水系中上游一层山脊线的内坡和重点生态脆弱区以及交通干线两侧封山育林，实施“蓝天、碧水、绿色”工程，促进生态和环境质量的不断改善。全省封山育林工作的重点是对200万公顷生态公益林实施长效管理，特别对江河源头、公路沿线和生态脆弱点进行重点突破；加大封山育林扶持力度，提高扶持标准；制定现代封山育林实施办法，建立国家级、省级、市地级封山育林示范区，以点带面，联动建设。

现阶段突出6个结合和抓好六大工程建设，提高封山育林的效果。6个结合：①封山育林与林种树种结构调整相结合，应用人工促进手段，大力培育和扩大阔叶林、混交林和复层林的比例；②与生态公益林相结合，建立封山育林示范区；③与生态治理相结合，通过对江河水系源头和生态脆弱区的封山育林，进行流域治理，增加植被，涵养水源；④与形象工程建设相结合，用封山育林措施，改善公路沿线、城镇四周的森林面貌；⑤与风景景观建设相结合，通过人工促进，树种调整，培育森林景观；⑥与社会经济发展相结合，及时恢复扩大植被和绿色，改善投资环境。

六项工程：①组织工程，实行林政、营林、公安对封山育林的统一协调和运转；②队伍工程，建立一支素质高、责任心强的管护队伍，实施分区专管、区域联动的联合封禁、联合管护、联合制约的联管体系；③标记工程，封禁区域必须竖牌，明确范围和措施，发挥明示、制约和宣传示范作用；④技术工程，制订和建立封山育林技术操作体系，明确封山育林的方向、手段、目标；⑤保障工程，建立和完善封山育林合同、管护责任制、护林公约、奖罚措施等；⑥监测工程，在不同区域、类型、措施的封山育林地设立监测，组成网络，评价封山育林的作用和效益。 （蒋国洪）

【浙江省加强古树名木保护】 浙江历史悠久、自然条件优越，古树名木众多，群众素有栽培、封养“水口林”、护村林”和保护古树名木的传统。1996年以来，针对一些地方出现“以树换路”等破坏古树名木的歪风，浙江省绿化委员会、浙江省林业厅根据《全国绿化委员会关于加强保护古树名木工作的决定》和《城市绿化条例》、《浙江省森林管理条例》的规定，连续下发了《关于加强古树名木保护工作的通知》（浙绿委[1996]10号）、《关于进一步加强古树名木保护管理工作的通知》（浙绿委[1997]08号）和《关于抓紧做好古树名木普查、建档和设立标志工作的通知》 （浙绿委[1998]06号）等文件，加强古树名木的保护管理工作。一是开展古树名木的普查、建档和设立保护标志工作，明确保护对象。全省经过3年多时间的普查，对全省86 313株古树名木都建立了古树名木文字和图片档案。当地县、市人民政府对古树名木予以公布，明令保护；全省已有51 343株古树名木挂上了保护标牌。二是落实责任。明确规定城市的古树名木由城市绿化行政主管部门管理；乡、镇的古树名木，由县林业行政主管部门管理；日常管护由林木所有者负责。因自然灾害等原因造成毁坏的，应尽力救护和复壮。三是严禁采伐、迁移古树名木。对已枯死或受自然灾害毁坏，危及当地群众生命财产安全确需采伐清理的，规定必须报省林业厅批准；因特殊原因需要迁移古树名木的，在城市须经城市绿化行政主管部门审查同意并报同级人民政府批准，在乡、镇须经县级以上人民政府批准；对不宜迁移的古树名木，严禁迁移。四是严厉打击破坏古树名木的歪风。自1996年起，省林业厅对群众举报反映的庆元县左溪镇竹坪村白柘村、景宁县英川镇下垟等村庄、遂昌县应村乡东源村欲破坏古树名木的事件及时派人制止和处理；对临安市天目山自然保护区、庆元县左溪镇发竹村破坏古树的案件进行了严肃查处，依法严厉惩处了一批违法犯罪分子。 （洪兆龙）

【开化县森林生态建设】 为加快钱塘江源头森林生态建设步伐，开化县于1998年确定了“确保森林资源持续增长，确保生态功能逐步增强，确保林农收入稳步增加"的林业工作"三增"思路，开展了"钱江源森林生态保护工程"建设。1999年，开化县进一步提出了"生态立县"战略，启动了以"治山、治水、治污"为重点的"钱江源生态建设工程"，其核心内容是森林生态保护项目。

钱江源森林生态保护工程的主要目标是，力争通过20年的努力，全县森林覆盖率达到80%，建成生态公益林9.17万公顷，增加森林贮水量4 027万立方米，增加降水调节43毫米，减少洪峰流量6%～24%，枯水季节增加径流量20%，提高水质1～2个等级，基本控制水土流失，为下游地区提供稳定、丰富、优质的水资源。把开化县建成"蓝天、青山、碧水"，经济发达、人民富裕的生态县。工程总投资80 841万元，工程主要内容包括：

退耕还林 从1999年开始，利用2年的时间，对全县1994年以来开垦的林地和1994年以前开垦坡度在25度上的林地全部实施退耕还林；坡度在25度以下的，有条件的也将退耕还林，条件不具备的要通过修筑水平梯地等措施，达到水土保持要求。退耕还林总面积700公顷。退耕还林方式主要包括人工造林和封山育林。目前全县已完成退耕还林面积153公顷，基本完成了退耕还林任务。

钱江源森林公园建设 钱江源森林公园1992年由原国家林业部批准设立，公园建设的主要任务是保护好源头森林并利用茂密森林的原始自然情趣，开发生态旅游业，培育新的经济增长点。目前，森林公园开发一期工程已完成宾馆、枫楼景区游步道、综合服务区地段205国道改线等项目建设。

古田山自然保护区建设 古田山自然保护区是浙西地区惟一的省级自然保护区，区内保存着许多珍稀濒危动植物资源，是黑麂和白颈长尾雉两种国家一级保护动物的全国中心分布区，香果树、野含笑、紫茎3种珍稀植物群落之集中分布在全国罕见。目前，保护区的面积已从原1 367.7公顷扩至0.8万公顷，总体规划和资源考察工作已全面完成。

钱江源绿色长廊项目建设 绿色长廊西起齐溪镇莲花尖，沿马金溪畔205国道至华埠镇下界首村，全省125千米，途经8个乡镇。通过5年左右的时间，通过封山育林、人工造林、合理采伐等措施，建设沿线生态公益林2.69万公顷，营造优美的自然景观，保护母亲河。规划范围内的退耕还林、荒山造林任务已基本完成。

（开化县林业局）

【浙江省1999年林业大事】

1. 1月27～28日，省林业厅在杭州召开全省林业局长会议。会议总结了1998年全省林业工作，研究了新形势下加快浙江林业改革与发展问题，部署了1999年的工作。浙江省副省长章猛进到会讲了话。

2. 2月24日，省绿化委员会在杭州召开第十七次全体会议，省绿委主任、副省长章猛进讲了话，省绿委副主任、省林业厅厅长程渭山作工作报告。

3. 3月19日，省政府表彰1998年度省级部门工作目标责任制考核优秀单位，省林业厅被评为优秀单位。

4. 3月30日～4月1日，省森林防火指挥部、省林业厅召开全省森林火灾综合治理工作会议，传达贯彻省委书记张德江、省委副书记周国富、副省长章猛进关于森林防火工作的批示，研究部署森林火灾综合治理问题。省政府副秘书长王良仟、省林业厅厅长程渭山、副厅长陈国富到会讲了话。

5. 4月14日全国绿化委员会公布了1998年度"全国绿化奖章"获得者名单，郭学焕、施国钧、吴黎明、杨士德、王良衍、杨世和、张铁钧，陈伟阳、蒋明炬、许成法、祝正喜、郑普德、王玉槐、朱礼贤14位同志名列其中。

6. 5月11日，国家林业局批准建立临安市青山湖国家级森林公园，面积6450公顷。

7. 5月27～30日，由中国工程院副院长沈国舫院士带领的全国松材线虫病考察团一行17人(其中两院院士7人）来浙江省考察。浙江省副省长章猛进、省政府副秘书长王良仟、省林业厅厅长程渭山等与考察团一行进行了会谈，省林业厅副厅长陈国富陪同考察团一行在宁波、杭州等地考察。

8. 7月20日，最高人民法院、最高人民检察院、国家林业局、公安部、监察部（林公安［1999］58号文）决定授予浙江省林业公安处、台州市林业公安处、临安市林业局、临安市公安局、临安市森林派出所"严厉打击破坏森林资源违法犯罪活动专项斗争先进集体"称号。

9. 8月26日，国家林业局（林场发［1999］290号文)同意将浙江省玉苍山、钱江源森林公园确定为国家森林公园，其隶属关系和经营范围不变。

10. 9月7日，国家林业局（林人发［1999］308号文）表彰了全国林业成人教育先进单位和优秀教师优秀教育工作者。浙江省丽水地区林业培训中心、临安市林业局获"全国林业成人教育先进单位"称号，周明心、杭韵亚、陈震林获"全国林业成人教育优秀教育工作者"称号。

11. 10月18～20日，'99中国竹文化节国际竹业博览会在湖南省益阳市举办。浙江省林业厅筹办的浙江展区荣获组织奖、最佳设计奖及20个产品金奖。

12. 10月19～26日，'99中国昆明世界园艺博览会浙江省周活动在昆明举行，程渭山厅长率领厅有关处室负责人共10人参加了活动。

13. 12月8～9日，苏浙皖、闽浙赣毗连地区第二十二届护林联防会议在杭州召开。江苏、安徽、浙江、福建、江西5省森林防火指挥部及林业厅、检察院、法院、公安厅、司法厅、民航局和各省森林病虫检疫站的领导参加了会议。省政府副秘书长王良仟出席会议并代表省政府致开幕词，浙江省林业厅厅长程渭山向大会作1998～1999年度苏浙皖、闽浙赣护林联防工作报告。（浙江省林业厅）

安徽省林业

【概　述】

发展与成就

营林生产　1999年，全省完成人工造林7.79万公顷，占计划的116.8%。其中，用材林2.73万公顷，经济林3.32万公顷，防护林0.7万公顷，薪炭林201.7公顷，特种用途林279.4公顷，竹林9 857公顷。重点林业工程中，完成长防林造林2.16万公顷，世行贷款项目造林8 469.5公顷，淮防林造林4 084.3公顷，治沙造林1 363.5公顷，兴林抑螺造林2 633.3公顷，工业原料林造林980公顷，江淮分水岭地区综合治理造林5 200公顷。全省义务植树1.21亿株，"四旁"植树2.13亿株，封山育林45.5万公顷（其中当年新封3.28万公顷），退耕还林1.21万公顷，迹地更新7 520.7公顷，幼林抚育34.66万公顷，作业面积72.75万公顷次，成林抚育面积43.89万公顷，低产林改造1.66万公顷。1999年，还完成育苗5 597.5公顷（其中当年新育3 916.1公顷），容器育苗1 261万株，采集林木种子79.43万千克，调剂林木种子2.7万千克，调剂成片造林各种苗木2 500余万株、庭园绿化木本花卉100万株，当年苗圃面积新增173.8公顷，林木良种基地进一步扩大，到年末，全省母树林面积达1 031.7公顷，种子园面积达341.9公顷。

省林业厅在秋季组织40余名技术人员对17个市（地）83个县（市、区）随机抽查287个乡镇、539个行政村的2 915个小班，核查当年营林实绩，综合评定：全省人工造林面积核实率97.3%，比1998年提高2.1个百分点，有11个市（地）超过97.3%；造林面积合格率99.7%，比1998年提高1.4个百分点，有9个市(地)达到100%；造林平均成活率92.1%，比1998年提高0.5个百分点，有6个市（地）超过92.1%；新造幼林抚育率99.7%，比1998年提高2.4个百分点，有13个市（地）达到100%。还完成现有林培育间伐53.17万公顷，占计划的154.9%，培育间伐面积合格率99.9%。

森林工业　1999年，全省生产木材376.93万立方米，其中国有林场采伐31.86万立方米，乡村林场及村以下采伐240.53万立方米，抚育改造出材52.17万立方米。全省生产毛竹3 082.12万根，生产篙竹961.35万根。森工企业全年生产锯材14.8万立方米，木片1.5万立方米；人造板29.7万立方米，其中胶合板4.6万立方米，纤维板16.7万立方米，刨花板4.9万立方米，人造板产量比1998年翻一番；生产木地板块159万立方米，是1998年的5倍；生产二次加工装饰板221万立方米，比1998年提高12.2%；林化产品生产松香1 190吨，桂胶265吨，松节油96吨，木炭9 357吨，活性炭185吨，软木制品300立方米。

林副产品产量　1999年，主要林副产品产量比1998年上升的有：香榧313.2吨，上升168.6%；生漆172.1吨，上升116%；香菇3 527.8吨，上升101.1%；木耳1 701.8吨，上升66.3%；银杏770吨，上升52.4%；山核桃3 582.9吨，上升35.2%；元杂竹200 351.4吨，上升31.5%；竹笋干12 056.5吨，上升37%；木本燃料7 680 627.2吨，上升22.2%；香椿头2 957.2吨，上升19.3%；杂木棍26 398.4万根，上升3.4%。比1998年下降的有：板栗34 797.3吨，下降0.7%；棕片1 393.9吨，下降1.3%；油桐籽3 188.5吨，下降4%；青檀皮3 420.2吨，下降4.2%；五倍子15.6吨，下降7.7%；油茶籽7 528.1吨，下降10.3%；搪材93 031.9吨，下降13.8%；核桃76.7吨，下降21.9%；松脂6 281吨，下降26.2%；乌桕籽3 137.5吨，下降44.7%；条类294 121.7吨，下降134.5%；栓皮1 778.3吨，下降162.5%。此外，还生产枣3 278.5吨，杜仲1 309吨。林业系统还生产苹果2.61万吨，柑橘2 246.6吨，梨3 199.9吨，葡萄1 939.3吨，柿子594吨，林产饮料148吨，中药材1 309.3吨，鲜切花27万支，盆栽植物65.5万盆，绿化苗木2 138.4万株。

林业产值　1999年，全省林业社会总产值按现价计算84.88亿元，比1998年上升12%。其中营林产值15.39亿元，林产品产值35.14亿元，林木采伐产值16.76亿元，第二产业产值10.28亿元，第三产业产值4.85亿元。1999年林业系统工业总产值7.94亿元，比1998年略有上升，其中：国有企业5.10亿元，集体、联营、股份制企业0.83亿元，私营企业0.67亿元，外资企业1.3亿元。

林业资金　1999年林业建设资金实际投入32 583.23万元，资金到位率93.3%。其中预算内资金2 617.1万元，银行贷款10 819.62万元，利用外资2 098.79万元，自筹资金6 072.1万元，事业费7 874.98万元。农业综合开发，以工代赈和扶贫等资金1 153.34万元，其他资金1 947.3万元。

森林保护　在森林防火上，全年发生森林火灾93

次，其中森林火警69次，一般火灾24次，虽然火灾次数上升，但受害森林面积仅175.2公顷，比1998年下降27%，烧死树木11.2万株，损失林木蓄积2 659立方米，损失蓄积减少57.3%，森林火灾受害率0.057/1 000，大大低于省政府下达的不大于0.5/1 000的控制目标。1999年参加扑救森林火灾的人数达13 560人，因扑火死亡1人，全年投入森林防火资金297.1万元。

在森林病虫害防治上，全省共发生森林病虫害33.47万公顷，其中病害7.13万公顷，虫害26.34万公顷，病虫害发生率10.35%，低于规定指标0.85个百分点。中度以上发生面积18.75万公顷，占发生面积的56%。1999年全省防治森林病虫害23.74万公顷，防治率70.9%，超过规定指标3.9个百分点。全年森林病虫害监测面积50.58万公顷，监测覆盖率达77.5%，超过规定指标12.5个百分点。全省实施种苗产地检疫4 233.3公顷，苗木产地检疫率90.7%，超过规定指标2.7个百分点。1年来，共检疫苗木7 800万株，林木种子600吨，木材221万立方米，竹材6 530万根。1999年进一步加大重点森林病虫害的防治除治：松材线虫病防治皆伐松林1 131.87公顷，择伐1.2万公顷，超前皆伐396.6公顷，病死树清理率达到100%；松毛虫防治4.79万公顷；杨树天牛防治4.47万公顷；板栗等经济林病虫害防治4.56万公顷；刺蛾等其他病虫害9.85万公顷，基本达到不出现大面积森林病虫害的要求。全年国家及省、地、县4级投入森林病虫害防治经费达735万元。

在林政管理和依法治林方面，继续认真执行国务院《关于保护森林资源制止毁林开垦和乱占林地的通知》，全省森林资源消耗控制在国家核定的670万立方米采伐限额之内；持续开展林地征占督查，全年补办非法征占用林地手续4 800余起，面积2 500公顷，收缴森林植被恢复费330万元；还对经批准的征占用林地工程收取森林植被恢复费450万元；围绕"严打"斗争和"跨世纪保卫绿色行动"，全省林业公安加大执法力度，全年林业公安受理各类案件5 160起，查处5 043起，查处率97.7%，其中查处刑事案件86起，治安案件387起，行政案件4 570起，共处罚各类人员7 386人，其中逮捕72人，劳教2人，治安拘留222人，警告437人，治安罚款347人，林业行政罚款4 227人，为国家挽回直接经济损失582.2万元，还收缴木材5 858.4立方米，收缴放生野生动物12.4万只（头）、蛇蛙3.5万千克。

林业科技　1999年，林业科技推广应用新技术、新成果。围绕竹业致富和板栗致富工程，应用优良选育、板栗病虫害防治、笋竹两用林培育新技术，举办县乡两级培训班100余期，受训群众3 000多人次。应用ABT生根粉对造林苗木进行处理，使当年造林成活率平均提高3%～5%，每公顷节约补植费315元左右。引进抗天牛杨树新品种——南抗3号、4号，在蒙城县、寿县造林13.33公顷，建设林网8.15万株，使天牛虫蛀率下降90%。林业科研又有一批成果获奖：获省科技进步奖的有9项，其中，欧美杨多品系混合造林栽培研究与推广、高标准银杏采叶园优质高产技术研究两项获二等奖；安徽省竹类资源及主要竹种应用前景的研究、安徽省世行贷款项目林业资产化评估的研究两项获三等奖；欧洲榛子引种栽培研究、松类截根菌根化栽培技术应用与推广等5项获四等奖；炕房热烘处理松材线虫病木技术等3项获省农村科技进步奖；杉木无性系结实规律与丰产技术体系的应用研究等55项获省林业科技进步奖。

改革与林政实施

建设万里绿色长廊　针对省内道路绿化的薄弱环节，1999年，省委、省政府作出在全省建设万里绿色长廊工程的决定。工程以境内9条国道、66条省道和15条铁路为依托，总里程1.22万公里，在道路两侧1公里范围内因地制宜建设高标准综合防护林生态体系，工程用3年建设，1年巩固，到2002年完成，实现道路两侧2万平方公里面积的绿化美化净化，构筑安徽林业生态环境的新格局。

编制"十五"森林采伐限额　按照国家林业局统一要求，省林业厅成立"十五"采伐限额工作领导小组，制订了《安徽省编制"十五"采伐限额工作计划》、《安徽省2001～2005年森林采伐限额编制办法》，对编限的原则、范围、单位和组织领导等作了明确规定，并按规定对8个重点林业县、23个平原县开展二类森林资源清查，在全省淮北平原片、淮河以南片分别开展全面资源调查的同时，推动非林业系统管理和经营的森林资源编限工作，对交通、水利、建设、农垦、煤炭、部队、铁路等8个部门提出了编限的具体要求。1999年，还完成全省森林资源连续清查第五次复查工作，五次复查历时6个月，投入调查人员500余名，调查样地11 678个，调查样地和样木复位率均比前期有较大提高，经华东院质量检查组检查验收，被评为优等质量。

开展学习黄政清活动　黄政清是安徽省祁门县赤岭口木竹检查站原站长，1999年2月，在制止非法运输木材与不法分子搏斗中英勇牺牲，为弘扬正气，省林业厅作出《关于在全省林业系统开展向黄政清同志学习活动的决定》，并授予赤岭口检查站为"林业执法模范检查站"称号。省厅组织慰问团、采访团赴祁门，国家和省级新闻单位（《人民日报》、《光明日报》、《经济日报》、《中国青年报》、中央人民广播电台、新华社、省电视台、省电台、《新安晚报》、《安徽日报》、《中国绿色时报》）记者先后3次到祁门采访，宣传黄政清的英雄事迹，中央和省各新闻媒体刊发播出报道41篇。黄政清先后被团省委授予"五四"奖章，被党组织追认为中共党员、被国家林业局授予"森林卫士"称号。黄政清事迹的大力宣传，也为法院从快依法审判凶手奠定

了基础，12月29日，杀害黄政清的凶手谢玉明被执行死刑。

实施"贫困地区林业发展项目" 贫困地区林业发展项目是安徽省利用世界银行贷款，在省内贫困地区，通过人工造林，发展森林资源，达到减轻贫困、增强经济实力和改善生态环境的目的。该项目在全省六安、霍山、金寨、舒城、太湖、岳西、潜山、枞阳、宿松、青阳、石台、祁门、歙县、绩溪、宁国、广德、无为、庐江等18个县（市）的135个乡镇、701个行政村实施，涉及136 046个贫困户，经过4年完成造林51 228.97公顷，受益贫困人口达363 429人。1999年是项目实施第一年，完成造林11 780.56公顷，其中松木1 643.5公顷，板栗1 509.56公顷，湿地松507.6公顷，毛竹2 044.6公顷，以及意杨、山核桃、银杏、杜仲、柑橘等果木林。当年造林良种使用率高，平均Ⅰ级苗使用率达96.1%，当年造林成活率高，平均成活率达95.1%。

首评"栗乡"和"板栗状元户" 为推动全省板栗致富工程，1999年省林业厅组织专家按照板栗生产面积、挂果率、产量、收入等10项硬指标，对自下而上推荐的28个乡镇70家农户综合评定，12个乡镇荣膺"安徽栗乡"称号，20户家庭获1998年"板栗状元户"称号。首批"安徽栗乡"是：金寨县梅山镇、白塔畈乡、江店镇，舒城县城冲乡、汤池镇，六安市东河口乡，宁国市平兴乡，广德县凤桥乡、四合乡，太湖县赵桥乡，岳西菖蒲乡，潜山县水吼镇。"板栗状元户"是：江贤奎、王永俊、朱德如、储士安、潘世存、储德礼、刘宗广、陈绍江、陈祖培、杨学干、唐尚义、孙福元、杨宝学、周长玉、刘同海、程经华、邱城印、段柳生、黄小平、赵益平。

规范义务植树绿化费征管 为推动全民义务植树运动，安徽省对不能履行植树义务的公民和单位收取"绿化费"。为规范绿化费的征收使用和管理，1999年，省林业部门制订了《安徽省全民义务植树绿化费征收使用管理办法》，对征收范围、收缴办法、使用范围、管理原则、奖励措施都作了明确规定。"绿化费"是因故或无故不履行植树义务的18岁以上适龄公民和没有完成植树任务的单位缴纳的费用，用于代其完成义务植树任务所雇佣的植树人员的劳动报酬及相关开支，以保证当年植树任务的完成。绿化费按省辖市每人每年15元、县（市）每人每年10元计征，收取的资金上缴同级财政专户，实行预算外资金管理。省物价、省财政厅批准了该办法的执行，并强调亮证收费，使用省财政厅印制的"安徽省行政事业性收费统一收据"，主动接受物价、财政部门的监督检查。

开展'99生态环境旅游年活动 1999年是生态环境旅游年，全省林业系统通过森林旅游促生态旅游年活动的开展。活动以1月20日琅琊山国家森林公园举办新年登山植树活动为序幕，相继开展了天柱山植梅、敬亭山万人春游签名等一系列活动，扩大安徽森林公园的知名度和影响力。借生态旅游年东风，全省新建3处森林公园，使全省森林公园总数达到38处，总面积11.7万公顷，并有23处森林公园正式接待游客，同时，还完成了天柱山、九华山国家森林公园2条客运索道建设和建成"同乐园"、"竹瑰园"、"凤湖烟柳度假村"等一大批景点项目，'99生态环境旅游年全省森林公园共接待游客140万人次，创旅游收入2 300万元，分别比1998年增长9.7%和61.3%。

加强野生动物保护管理 ①大力宣传：继续以"爱鸟周"和"保护野生动物宣传月"为主线，印制宣传画3万份，广为散发；在城市繁华地段设置街头宣传站（点），开展咨询宣传；建立省内新闻单位记者联系渠道，利用各大媒体宣传野生动物保护管理新闻100余条。②加强管理：支持、鼓励养殖户和驯兽团体经营开发野生动物资源，核发省内外野生动物运输证485份，审发驯养许可证10份，核定野生动物及其产品出口证申报单59份。③依法打击：采取常规检查与专项打击相结合的方法，打击破坏野生动物资源的违法犯罪行为，配合查处曝光了包括非法猎捕扬子鳄、云豹等案件。不完全统计，1999年，全省各级野生动物主管部门共突击检查餐饮宾馆、集贸市场200多家次，捣毁收购窝点7处、非法猎捕团伙2个，处理非法猎捕案件44起、非法经营野生动物案件210起，非法运输野生动物及其产品案件61起，收缴一批狩猎运输工具，行政处罚违法分子300多人次，行政罚款50万元，补交资源费15万元，救护国家重点保护动物云豹、白枕鹤、白鹳、大鸨等16只（头），还收缴并放生省级保护动物7万余只（条），雁鸭2 000只，以及观赏鸟2万余只。

存在问题 有3个市（地）人工造林和现有林培育间伐没完成年度任务，一些地方新造林抚育不及时，少数项目县造林环保措施有待提高和规范。松材线虫病疫情进一步扩散蔓延，已达6个市（地）16个县（区、总场），小班发生面积达5 008.2公顷，病死树136 728株，对风景区和大面积松林安全的威胁越来越大。林政案件虽然总体上呈下降趋势，但盗伐滥伐林木、违法运输等造成林地林木损失增加，全省损失林地229公顷，林木21 455立方米，幼树802.61万株，竹子16.66万根，和1998年相比，损失分别增加9.1%、46%、98.6%和36.4%。

（安徽省林业厅）

【安徽万里绿色长廊工程受到国家肯定】 安徽省响应国家关于大力开展绿色通道工程建设的号召，自1999年起，在全省实施万里绿色长廊工程，当年完成线路绿化1 358千米，建设林带1 225千米，建设农田林网5.77万公顷，还绿化山丘16.2万亩，城镇绿化1.34万亩，村庄绿化7.01万亩，取得显著成绩，全国绿化委员会和国家林业局为此发出通报，要求全国各地、各部门学习借鉴安徽的做法。

主要做法和经验：①各级高度重视，党政一把手亲自抓。安徽省成立万里绿色长廊工程建设指挥部，省委副书记王昭耀任政委，副省长王怀忠任指挥长。各地也成立主要领导挂帅的工程建设指挥部，党政一把手、人大、政协几套班子领导共同参与。从省到基层、部门领导拧成一股劲，形成齐抓共管的局面，将万里绿色长廊工程列入各级党政的重要议事日程。②建立目标责任制，严格奖惩。省委、省政府决定建立各级党政领导责任路段，抓点示范，带动全面。省委书记回良玉、省长王太华、省委副书记王昭耀、省委常委副省长张平、副省长王怀忠都明确责任路段，王怀忠还代表省政府与各市（地）领导签订了目标责任书，严格考核，明确奖惩，做到任务层层分解，一级抓住一级，一级对一级负责，1999 年有阜阳、合肥、马鞍山等 9 个市地受到奖励。③多渠道筹资，保证工程投入。一是省政府每年拿出 100 万元用于工程建设的以奖代补，二是公路、铁路承担工程苗木、管护等直接投资的 40%，三是农业综合开发、以工代赈、扶贫开发等工程安排绿色长廊建设相应的份额，四是社会团体及企事业单位等对工程的捐赠。1999 年，各级各渠道投入万里绿色长廊工程资金达 7 000 万元。④注重政策引导，调动群众积极性。全省各级把政策、机制和物质利益不同程度地引进工程建设，采取了“树随地走，谁种谁有”的做法，通过发放林权证等方式，做到责权利相统一；通过调整土地、补偿青苗费、减免农业税、水费等措施，解决万里绿色长廊工程占地问题；通过工程招标等方式，做到包栽、包活、包管护，保证了工程建设质量，加快了工程建设速度。（薛胜平）

【安徽’99 跨世纪保卫绿色行动】 跨世纪保卫绿色行动是国家林业局统一部署的集宣传教育、严格执法和舆论监督于一体的保护森林资源的特殊行动，新闻记者、编辑是主力军。旨在通过新闻媒体对保护和破坏森林资源的正反典型报道，宣传党和国家林业方针政策，唤起全社会爱林护林意识，共同做好森林资源保护工作。

年初，省政府召开跨世纪保卫绿色行动新闻发布会，授权省林业厅组织全省的行动，每年开展几次集中行动，适时分散行动。1999 年组织了三次集中行动。第一次行动主题——万里绿色长廊江淮行：组织新华社安徽分社、安徽日报、省电视台、省广播电台、新安晚报、中国绿色时报等单位记者分赴合肥、蚌埠、阜阳、六安、巢湖等市县，跟踪采访报道万里绿色长廊工程建设情况，各家媒体宣传工程建设成就和曝光“豆腐渣”工程，发稿 30 余篇（幅）。第二次行动主题——黄政清英雄事迹访查黄山行：邀请新华分社安徽分社、安徽日报、省有线电视台、省广播电台、新安晚报、安徽林业及中国绿色时报记者编辑 15 名、并配合国家组织的人民日报、中央人民广播电台、经济日报、光明日报、中国青年报记者 7 名赴黄山市、祁门县等地大力宣传祁门县赤岭口木材检查站原站长黄政清严格执法、以身殉职的感人事迹，中央和省各新闻媒体纷纷报道，发搞近 40 余篇（幅）。第三次行动主题——走进自然保护区：配合全国百家新闻单位“跨世纪保卫绿色行动”，《安徽日报》、省电视台、省广播电台、《人民民主报》、《江淮时报》、《新安晚报》、《安徽林业》及《中国绿色时报》8 家新闻单位记者编辑 12 名，深入池州、黄山 2 地市的自然保护区考察采访 5 天，宣传自然保护区建设成就，研讨存在问题及对策，发稿 26 篇（幅）。（薛胜平）

【安徽省花园式单位再添 57 家】 安徽省自 1991 年开展省级花园式单位创建活动，按照《省级花园式单位标准》，省绿化委员会和省建设厅每两年组织检查评议，授予符合标准的机关企事业单位“安徽省花园式单位”荣誉称号，1999 年有 57 家获此称号，他们是：中共马鞍山市委党校、冶金部马鞍山钢铁设计院、马鞍山市煤气公司一气柜、马钢港务原料厂、马钢车轮轮箍厂、马钢桃冲铁矿、当涂县化工厂、淮北矿务局海孜煤矿、淮北矿务局九一〇厂、淮北矿务局石台选煤厂、淮北矿务局朱仙庄煤矿、皖北矿务局孟庄煤矿、蚌埠市三水厂、蚌埠市社会福利院、蚌埠闸工程管理处、中共蚌埠市委党校、安徽省水利电力学校、合肥市高新技术产业开发区、中科院等离子体物理研究所、合肥市自来水总公司三水厂、合肥市自来水总公司四水厂、涡阳县高炉酒厂、蒙城县供电局、阜阳市第二中学、临泉师范学院、芜湖市铁山宾馆、芜湖卷烟厂、皖南医学院弋矶山医院、中国人民解放军五七二〇工厂、芜湖市政府机关大院、中共芜湖市委机关大院、芜湖市第三制药厂、芜湖发电厂、安庆市第二中学、安庆市集贤路小学、枞阳县浮山中学、铜陵市供水总公司、铜陵有色金属公司安庆铜矿、铜陵市第三中学、滁州师范学校、定远县第三中学、青阳县西峰山庄、广德中学、绩溪酶制剂厂、安徽省扬子鳄繁殖研究中心、安徽省恒大集团公司、寿县师范学校、六安市毛坦厂中学、安徽淮化集团有限公司、淮南矿务局安装工程处、电子工业部第八研究所、淮南矿务局第二矿工医院、省政府办公厅机关大院、省建设厅机关大院、中共安徽省委党校、铁道部第四工程管理局、安徽省权香楼宾馆。在此之前，1997 年、1995 年、1993 年已有 83 家荣获省级花园式单位称号，目前，安徽省花园式单位已达 140 家。（黄存忠）

【滁州市苗圃脱贫】 滁州市苗圃建于 1962 年，总面积 21.3 公顷，可耕作面积 15.3 公顷，现有职工 29 名。在计划经济向市场经济转轨的过程中，改革步伐滞后，成为全省特困苗圃之一，到 1997 年，苗圃仍是“三无一枯竭”（无资金、无劳力、无技术、资源枯竭），总资产不足 9 万元，年产值不足 3 万元。近两年，抓改革，抓市场，抓管理，提前实现脱贫目标。苗圃面貌发生巨变。不仅苗木经营品种由原来的 10 多个增加到 100 多个，产苗量由不足1万株扩大到100多万株，有效地承接了中小型绿化工程10余项达20多万平方米。在全省国有苗圃中第一个取得三级绿化资质证书，而且经济效益猛增：职工人均收入1999年达6 000元，比1997年翻一番，年产值增长到106万元，在职职工人均创产值10万元，1998年、1999年两年创利润超过30万元，苗圃总资产已达150万元，比1997年翻了两番。苗圃机械、基础等设施也从无到有，增加汽车3部，拖拉机1台，柴油机2台，大小水泵15台，电动、防治机械4台，还新建钢架大棚、温室1 200平方米，电站、水库各1座。

主要做法经验：①上下重视，加大帮扶。主管林业局建立帮扶小组，帮助订规划，选项目，调配苗圃班子和技术干部；国家支持扶贫资金20万元，当地党政和财政银行等部门都从政策资金上扶持，苗圃发展有了良好的外部环境。②解放思想，理清思路。组织全场职工大讨论，形成共识：以苗木为主业，以市场为导向，抛弃等靠要，实现1年打基础，2年见成效，3年脱贫帽，5年达小康的目标。③合理规划，灵活经营。对全场土地划分为小苗繁殖、大苗培育、花卉生产、养殖垂钓四大区经营，组织定向培育和城市园林绿化用苗，品种选择稀、新、奇、特取胜，做到了人无我有，人少我多，人多我优，人优我变，人变我引，始终走在市场和同行前面。④科学培育，科技兴圃。配备3名技术人员，开展扦插、育苗等科学实验，对新、奇、特、优品种引种驯化、繁殖，大田管理科学治草、治病虫害，科学施肥、浇水，杨树、板栗等苗木当年均达一级苗标准，移植时15厘米的水杉当年高生长达1.8米。⑤建章立制，严格管理。出台了苗圃生产、经营、管理“五统一分”制度，打破大锅饭，实行承包、质量、效益与工资挂钩，奖勤罚懒，两年有5名职工因违反场纪场规受到通报和罚款处理，全场职工节假日、双休日都用到工作上，大家团结一致树正气，争分夺秒苦实干，赢得了顾客，树起了新形象。 （张晓渡）

【金寨县森林防火传令牌制度】 金寨县地处大别山腹地，总面积38.92万公顷，辖29个乡镇424个行政村5 122个村民组，63万人口，1个国家级自然保护区，1个国家级森林公园，6个国有林场，374个乡村林场，森林面积23.42万公顷，森林覆盖率67.5%，活立木蓄积751万立方米，林木年生长量41万立方米，山场广阔，毗邻三省八县，森林防火责任繁重。1990年起，该县张冲乡首先倡导“护林防火传令牌”制度，继而在全县推广，受到国家和省肯定，金寨县被授予“全国森林防火先进单位”，“安徽省森林防火先进县”称号。护林防火传令牌内容和做法是：

传令牌规格为30cm×15cm左右，正面印有“护林防火值日令”字样，农户传令牌以村民组为单位，每组一块，组内农户轮流传递。①成立执令组织：以县、乡林场成立护林防火指挥机构，负责督查令牌运转情况；以村为单位成立“护林防火执令督战小组”，负责传令牌发放、管理和监督。②规定执令办法：县乡村及国有、乡村林场五级轮流当班执令，林农按户轮流接防火值日令牌，每次值日24小时，令牌在手，责任在户，循环传递，不得有误。③严明职责：明确了执令组织和执令农户上下联系、巡山查看、凭令用权的相关职责。④对执令不严者处罚：对接令不传者视为自愿多尽义务，令牌在家，出现火灾的，严究责任；传令不接者，视为对抗政府命令和违令，罚款并罚放电影一场，执令人映前检查补执令一次或收回本户所有山场；执令人玩忽职守，造成森林火灾，除赔偿损失和每公顷750元罚款外，严重的依法从严处理。⑤规定执令时间：每年11月1日至次年5月1日。每年举行发令仪式，由乡、场、村、组负责人签字接令，届时开展总结评比。传令牌实施后，森林火灾由过去每年34次左右降到现在的一二次，损失减少10倍。 （洪志江）

【日本志愿者来皖捐资植树】 根据安徽省林业厅与日本高知县森林局的商定，自1999年起逐步实施中日友好造林项目，由高知县组织民间团体和关心生态建设的人士不定期来安徽省植树造林，以拓宽安徽省与日本高知县的友好往来。1999年开展了两次友好造林活动。①由日本高知县“绿色基金会”在高知、石川、爱媛等县招募的51位志愿者，于3月27～28日在全椒县神山国家森林公园造林9.7公顷，共种植梅花、樱花、雪松、枫香等11 800棵。造林所需苗木、肥料、整地费用均由高知县“绿色基金会”和日方参加人士捐资提供。②由日本高知县“造林指导会”组织的25名日本志愿者于10月9～10日在肥西县紫蓬山森林公园参加“长江流域中日友好肥西造林项目”的植树活动，以纪念安徽省与日本高知县友好交往五周年。此次日本志愿者植树860株，造林费用由日方捐助。

（余遵本）

【霍山县发展林业产业】 霍山是安徽省21个重点山区县之一，又是革命老区、库区和贫困地区之一，近10年，大力发展林业经济，使昔日经济基础薄弱的贫困县变成全省林业产业十强县，农民人均收入中有2/3来自以林业产业为主的山区综合开发，仅县林业局创办的皖西香料，大森板材林工企业产值达1.7亿元，入库税金680万元，小单位办出了大产业。

做法和经验：①立足县情，实施林本战略：县出台了《关于大力推进林业产业化的决定》，发展优质高产高效林业，建成毛竹基地1.47万公顷，板栗基地0.67万公顷，其他经济林基地1.33万公顷，实行区域化布局，规模化生产，产业化经营，使80%农户依靠林果业脱贫致富。②调整结构，发展竞争力强的名优特品种：以市场为导向，山上建基地，山下搞加工，主攻栗、竹、药、茶、桑、菌六大支柱产业，实现户均百棵栗、

3亩竹、2亩茶、半亩桑、半亩药，户均经济林收入3 000元以上。③抓点示范，加强领导：县成立由分管书记、县长任组长的产业发展领导组，乡镇也有相应机构，全县建立高标准高质量领导示范点56处0.16万公顷，每年领导和群众组织会战，日上工最高达5万多人，调动了干群积极性。④筹措资金，加大投入：引进世界银行贷款达2 760万元，利用以工代赈、扶贫、支农、库区发展等资金2 200万元，县财政安排种苗专项资金580万元，选择林业大户扶持一定的资金。⑤政策扶持，创办企业：鼓励县、乡、村、组、户五级办林场；鼓励农民、退休下岗职工承包租赁或拍卖转让办林场；鼓励社会各界、单位团体投资办林场等。农民郭延春跨村承包造林，林木总价值已达400万元。林业资源快速增长又带动加工企业发展。全县形成了以三星木地板、层压板为龙头的木竹制品加工企业，以林化厂、松香厂为龙头的林产化工企业，以制药厂、饮片厂为龙头的菌药加工企业，为林业产业进一步发展和群众增收奠定了基础。 （郝敬来）

【阜阳市改革林业产权制度】 阜阳市是安徽省平原农区，随着农村土地调整，引起林木过量砍伐，导致绿化水平和农田林网防护效益降低。为保护平原农区农民林木产权，巩固绿化成果，阜阳市自1997年起，通过开展林木定权发证，改革林业产权制度，取得良好效果。目前全市有5个县（区）149个乡镇完成林木定权发证，共颁发林木所有权证165万份（户），占应发证数的85%，其中京九绿色长廊发证10.5万份。

主要做法：①强化领导。市政府成立林业产权制度改革领导小组，各县也成立林业产权制度改革组织，实施“一把手工程”，将林木确权发证纳入综合评比，不合格的，一票否决评优资格。②确定发证范围。国有部分的林木和林地归国家所有，经营使用和收益权归经营单位；乡村组林木归经营单位所有；承包经营的林木归承包者所有；义务植树等林木归林地权属单位所有。不打乱重来或收回重分。③制订统一林木所有权证格式。林木权证详细记载林木所有者姓名、林木位置、树种、株数等10多项内容，由县政府颁证，县长签字，林木所有权证规范、严肃、权威。④试点示范。选择蒙城县乐土等4个乡镇试点，在蒙城县召开林业产权制度改革、林木所有权证发放工作现场会，大力宣传《森林法》和确权发证，把政策交给群众，群策群力。⑤稳妥开展发证工作。发证经过县政府发文、召开动员大会、培训发证人员，组织林木调查和登记造册、政府委托林业部门发证，一环扣一环。

通过发放林木所有权证，落实了林业产权，调动了群众积极性，出现争相承租宜林荒地和树主主动护林的好形势：对蒙城1 200个样点调查，当年新栽杨树成活率93.6%，常绿树成活率96%，乐土等乡镇推广地膜覆盖造林技术达84.7公顷，当年造林成活率达100%；林木发证把农民变成林业生产主体，群众主动投资造林，蒙城全县一年植树400万株，投资总额达1 100万元，杜绝了平摊和浪费，当年发生林木病虫害时，群众自发购买农药24吨，出动喷雾器146部，购买毒签140万根，很快控制了病虫害蔓延和危害；阜南县部台乡蒙洼133.3公顷滩涂地使用权公开拍卖，一定10年，栽插杞柳，村民踊跃承包，农民徐兰发竞租承包3.33公顷，当年完成造林任务。

（李　良　朱学山）

【安徽省1999年林业大事】

1. 1月4日，安徽省代省长王太华发布省人民政府第114号令，发布施行《安徽省森林防火办法》。

2. 1月12日，省政府召开全省跨世纪保卫绿色行动新闻发布会，张锋生副秘书长代表省政府授权省林业厅组织全省行动，省林业厅副厅长王文宣布行动方案，省军区及省直有关厅局负责人，中央驻皖及省新闻单位记者共52人出席会议。

3. 1月15日，省政府在繁昌县召开全省林业整地现场会，要求各地抓住有利时机，掀起林业整地造林热潮。

4. 2月11日，国家林业局党组成员、中国林业科学研究院院长江泽慧，在省委副书记王昭耀、副省长张平陪同下，来到省林业厅看望慰问林业职工，并代表国家林业局党组向安徽林业职工拜年。她向省领导和林业厅同志介绍了局机关机构改革情况，请省保持林业机构的稳定。省委副书记王昭耀表示省林业机构不会变动，不会降格，希望林业战线上的同志安心工作，把林业工作搞好。

5. 3月3日，省委、省政府召开全省建设万里绿色长廊工程电视电话会，动员全省人民启动万里绿色长廊工程，掀起植树造林热潮。省长王太华主持会议，省委副书记王昭耀在会上讲话，省人大副主任季昆森、省政府副省长张平、省军区副政委杨洪立及省直单位负责人、省新闻单位记者出席了会议。

6. 3月8日，省委、省人民政府作出《关于建设万里绿色长廊工程的决定》，用4年时间，构筑境内国道、省道、铁道绿化的新格局。

7. 4月7～9日，省林业厅组织“跨世纪保卫绿色行动——万里绿色长廊江淮行”活动。省跨世纪行动领导组副组长、厅长助理刘永春率领新华社安徽分社、安徽日报、省电视台、省广播电台、新安晚报的记者，分赴合肥、蚌埠、阜阳、六安等地的市县，跟踪报道万里绿色长廊工程进展情况。

8. 4月24日，省委副书记王昭耀在合肥会见中德合作长防林项目德国官员温泽尔先生一行。温泽尔一行在皖考察期间，省林业厅厅长周蜀生与温泽尔代表中德双方签署了《中德合作安徽造林项目会谈纪要》。

9. 5月7～9日，省林业厅组织黄政清事迹采访团，副厅长王文、厅长助理刘永春率领并邀请中央驻皖及省主要新闻单位记者10余人赴祁门，大力宣传祁门县赤岭口木竹检查站原站长黄政清严格执法、以身殉职的英雄事迹。

10. 5月10～14日，国家林业局邀请人民日报、中央人民广播电台、经济日报、光明日报、中国青年报记者组成黄政清英雄事迹调研采访团，赴安徽省祁门采访。省林业厅副厅长王文专程会见并陪同采访。采访团还先后在祁门、屯溪、黄山、黟县、休宁等县（区）考察林业建设情况。

11. 5月25日，中国科协组织专家赴皖考察松材线虫病成因、特点和危害情况。国家林业局党组成员、中国林业科学研究院院长江泽慧出席了在合肥市举行的开幕式并作重要讲话。省政府副省长张平向专家介绍了安徽省防治松材线虫病情况，省人大副主任王秀智也出席了开幕式。参加这次考察的有中国工程院副院长沈国舫、中国科协书记处书记张泽等9位院士25位专家。省林业厅副厅长张玉良陪同了考察。

12. 6月25日，国家林业局授予安徽祁门县赤岭口木竹检查站原站长黄政清同志“森林卫士”称号。

13. 7月27～29日，全国木材运输检查管理工作会议在安徽省合肥市召开。省人大副主任季昆森、省林业厅副厅长张玉良、王文出席会议并分别讲话。

14. 8月20日，省政府向全省各地发出继续冻结各项建设工程征占用林地的通知。

15. 9月1～5日，配合全国百家新闻单位“跨世纪保卫绿色行动”，省林业厅组织《安徽日报》、《人民民主报》、《江淮时报》、《新安晚报》、《安徽省电视台》、《安徽省人民广播电台》、《安徽林业》、《中国绿色时报》8家新闻单位记者开展“安徽省跨世纪保卫绿色行动——走进自然保护区”采访活动，省林业厅副厅长张玉良向采访团授旗送行。采访团在厅长助理刘永春率领下，深入池州黄山两地市自然保护区实地考察，有力宣传了林业生态建设。

16. 9月23～25日，“长江中下游滩地和低丘综合治理与开发研究”、“中国森林生态网络工程体系建设科研协作会”在安徽合肥举行，国家林业局党组成员、中国林业科学研究院院长江泽慧到会讲话，省委常委、副省长张平和省人大常委会副主任季昆森也分别在会上讲话，参加会议的各省领导专家科技人员先后赴阜南、枞阳两地考察。

17. 9月24日，省林业厅组织安徽林业建设五十年座谈会，国家林业局党组成员江泽慧、省委副书记王昭耀、省人大副主任季昆森、省政协副主席季家宏及省级老同志、省直单位负责人、新闻记者、厅机关同志共200余人出席会议，大家畅谈50年林业成就，决心再创新的业绩。

18. 10月23～26日，全国秋季木材交易会在合肥召开，黑龙江等16个木材主产区及美国等20个国家和地区组团参会，人数达600人，签订交易合同568份，成交木材574.85万立方米，成交额达18.16亿元。省政府副秘书长张锋生参加了交易会开幕式。省林业厅党组成员、纪检组长程鹏出席了会议。

19. 11月11日，省委、省政府召开万里绿色长廊工程建设总结表彰再动员大会，省党政军领导回良玉、王太华、王昭耀、朱维芳、季家宏、王怀忠、狄玉增、田维谦、童怀伟、张锋生和省直、各市地负责同志、林业局长、交通局长共150人出席会议。省委书记回良玉、省长王太华要求全省上下加快长廊建设，副省长王怀忠代表省政府与各市（地）市长（专员）签订了目标责任书，省政府安排100万元奖励1999度工程建设成就突出的阜阳、合肥、马鞍山等9市地。

20. 12月10日，《安徽日报》以“绿染江淮分外娇”通栏标题，发表长篇文章《铸起绿色的丰碑》，大力宣传安徽林业50年发展成就经验。

21. 12月15日，王怀忠副省长乘铁路轨道车检查绿色长廊责任路段，并和铁路分局、省直机关单位及沿线市地负责人现场办公，省林业厅厅长周蜀生、总工程师吕锡德、厅长助理刘永春陪同了检查。

22. 12月23日，省委常委、常务副省长张平率省直有关部门负责同志赴合铜路庐江段参加林业整地劳动，省林业厅副厅长张玉良、厅长助理刘永春陪同前往。

23. 12月29日，杀害黄政清同志的凶手谢玉明被判死刑，剥夺政治权利终身，今日伏法。

（安徽省林业厅）

福建省林业

【概　述】 1999年，福建省林业较好地完成各项生产任务，林业经济运行总体情况较为平稳（见附表）。

森林培育 1999年，全省共完成造林更新总面积7.37万公顷，占年计划的110.5%。其中，荒山造林面积2.39万公顷，迹地更新4.97万公顷；工程造林3.73万公顷；沿海防护林体系工程造林1.75万公顷；速生丰产林1.7万公顷。全省封山育林总面积122.35万公顷，其中本年度新封面积19.75万公顷。完成幼林抚育面积20.27万公顷，成林抚育面积17.50万公顷。抚育间伐面积12.18万公顷，抚育间伐出材量80.98万立

方米。完成竹林垦复面积 25.73 万公顷。全年育苗面积 244.87 公顷，占年计划的 111.3%。

全年参加义务植树人数 1 824.1 万人，“四旁”植树 3 519 万株。全省城市共新增园林绿地 259 公顷，其中公共绿地 175 公顷。城市建成区绿化覆盖率达 32%，人均公共绿地 6.8 平方米。继厦门市之后，三明市成为全省第二个国家园林城市。完成铁路、公路绿化 2 962.6 千米，江河绿化 0.62 万公顷。全省评比表彰省级园林式乡镇 22 个，园林式村庄 61 个，省绿化红旗单位 98 个。省林业厅完成了《福建省江河流域生态林保护工程建设规划》,“五江一溪”生态林保护工程开始启动。

1999 年造林绿化体现了 3 个特点：一是股份制、股份合作制、个体造林比重有明显提高；二是造林树种结构进一步优化，营造阔叶林和针阔混交林面积占人工造林更新总面积的 37.3%；三是强化造林过程水土保持措施，全面炼山大幅度减少，整地方式也有新改进。

林业产业　全省木材总产量 436.44 万立方米，比 1998 年减少 7%。其中林业系统木材产量 366.34 万立方米，比 1998 年下降 5%；销售木材 364.1 万立方米。全省人造板产量大幅度增长，总产量达 101.85 万立方米，比 1998 年增长 62.3%。林业系统人造板产量 44.98 万立方米，胶合板产量 10.56 万立方米，纤维板产量 24.59 万立方米，刨花板产量 9.14 万立方米，全省竹材产量 5 590 万根。松香产量 5.39 万吨，比 1998 年增长 16%。企业效益总体有所上升，全省林业企业实现利润 2 121 万元，比 1998 年增长 123.7%。实现利税总额 27 425 万元，上缴利税 32 812 万元，分别比 1998 年增长 7.88%和 3.65%。福州人造板厂和永安林业集团经济效益有大幅度提高。福州人造板厂完成利税 4 861 万元，永安林业集团完成利税 11 725 万元。全省新增小径竹面积 0.22 万公顷，竹业产值达 44 亿元。其中加工产值 25 亿元。

发展新的经济增长点：全省建有森林公园 16 处。全年接待旅游人数 120 多万人次，旅游收入达 4 000 多万元。完成全省花卉普查工作。以国有苗圃为依托，大力发展绿化苗木和鲜切花培育。花卉业年产值达 7.6 亿元。全省建成 4 处野生动物大型专项观赏园和 72 家野生动物养殖场。省经贸委立项的 10 个林业工业新经济增长点项目基本上实现投产。

国有森工企业改革取得突破性进展：省政府批转实施关于深化国有森工企业改革的若干意见，并决定从 1999 年开始，连续 3 年每年由省里拿出 2 000 万元专项资金，用于扶持国有森工企业的改革。全省现有 550 家国有森工企业，已完成改制和正在进行改革的企业有 193 家，改制面达 35.1%。

资源管护　全省森林资源保护管理力度继续加大。森林病虫害发生面积为 14.17 万公顷，有效防治面积 9.43 万公顷，防治率为 66.5%。实行目标管理的主要病虫害发生面积为 7.17 万公顷，有效防治率达 97.1%。全年共营造生物防火林带 9 524 千米。发生森林火灾 264 次，受害面积 0.31 万公顷，比 1998 年有所上升。调处山林权属纠纷 352 起。生物多样性保护工程有新的进展，10 个县（市、区）的规划经当地政府批准公布实施。新建保护区 8 个，保护小区 98 个，新增保护面积 1.25 万公顷。全省现有保护面积占土地总面积的 5.2%。在江河两岸一重山全面实行封山育林，建立标准较高的封山育林示范片 0.67 万公顷。

资金利用　利用外资增长迅速。全行业与外商签约项目共 71 个，其中合同项目 51 个，协议项目 11 个，意向项目 9 个。总投资 1.97 亿美元，其中利用外资 1.79 亿美元。芬兰国家农林部资助福州人造板厂三期项目预可行性研究、中芬合作明溪胶合板企业改造、永安林业集团工厂化育苗中心、中日合作闽江流域生态林建设等项目前期工作进展顺利。1999 年林业金费征提收入 51 358 万元，比 1998 年增长 9.66%。全年林业金费总支出 43 421 万元，比 1998 年下降 9.41%。省级财政安排林业事业费预算 11 850 万元，增幅 34.6%。中央安排财政债券资金 2 200 万元。

科技宣传　新增厦门科技示范林场、平潭和仙游科技兴林示范县项目。厦门海峡两岸生态科技园区建设项目已纳入国家林业科技创新体系。国家“948”项目——台湾优质果树新品种引进项目正式启动。全年有 23 项科研成果获省科技进步奖，5 项获国家林业局科技进步奖。完成《毛竹标准综合体系》和《封山育林技术规程》等地方标准的审定、报批。编辑出版画册《福建树木奇观》和《前进中的福建林业》。省林业厅获国家林业局颁布的首届梁希林业宣传组织奖，福建林业杂志（1996 年度）获首届梁希林业图书期刊奖。岩前林业站站长王源楠获全国“十大绿化标兵”称号。

存在问题　主要有：①可伐森林资源严重断档，大径材大幅度减少，材质逐年下降。全省林业部门等内原木产量仅占木材产量的 46.5%。②营林生产发展不平衡，不少地方造林质量差，造林资金被挪用现象严重。③国有森工企业仍面临众多困难，企业效益不高，面临停产、职工下岗等严重问题。

附表 福建省九地（市）1999年度主要指标完成情况

项目 单位	人工造林更新（万公顷）	封山育林（万公顷）	幼林抚育（万公顷）	抚育间伐（万公顷）	木材产量（万立方米）	林业部门木材销售（万立方米）	森林火灾		森林病虫害			沿海地市财政1%支林资金		利用外资		
							发生率（次/10万公顷）	受害率（%）	发生率（%）	监测率（%）	防治率（%）	到位数（万元）	占财政支出（%）	项目（个）	总投资（万美元）	外资（万美元）
南平市	1.36	1.91	5.02	3.04	155.57	135.13	1.71	0.017	1.7	85.2	97.1			10	1 581.25	1 235.25
三明市	1.47	1.73	4.24	2.89	157.87	141.56	1.35	0.007	0.3	82.1	99.5			15	2 310	1 749
龙岩市	0.95	3.78	2.77	1.52	66.39	45.96	4.56	0.065	0.7	95.8	99.2			7	350	245
漳州市	0.84	1.90	2.31	1.02	15.9	15.92	3.61	0.042	0.9	78.6	99.0	251	0.12	16	6 436	6 436
厦门市	0.08	0.11	0.25	0.14	1.88	1.52	26.25	0.193	1.4	78.0	94.5	1 718	0.44	3	2 770	2 380
泉州市	0.68	3.08	2.01	1.09	13.86	6.37	7.83	0.055	0.6	85.6	97.9	1 017	0.35	11	4 568.9	4 307.2
莆田市	0.27	0.71	0.31	0.26	3.4	2.06	10.83	0.105	0.5	81.2	96.7	5	0.01	2	350	350
福州市	0.75	3.29	1.07	1.03	11.07	8.6	5.65	0.046	1.1	92.2	95.9	334	0.08			
宁德地区	0.96	3.23	2.28	1.21	10.5	6.98	6.81	0.091	0.9	76.9	90.4			7	1 340	1 234

（陈玉华）

【福建国有森工企业改革取得突破性进展】 福建省现有森工企业550家。近年来，结合本地实际，通过改组改造，采取减员增效、加强管理、清理债务、剥离企业办社会职能、发展职工自营经济等措施，国有森工企业改革取得突破性进展。至1999年底，已完成改制和正在改制的企业有193家，改制面达35.1%，比1998年底提高6个百分点。企业效益总体有所上升，1999年实现利润2 121万元，比1998年增长123.7%。

领导重视　政策扶持　6月底，省林业厅与财政厅联合在三明市召开全省森工企业深化改革工作座谈会，拟定了关于深化国有森工企业改革的若干意见，并于9月份由省政府正式批转实施。决定从1999年开始，连续3年每年由省里拿出2 000万元的专项资金用于扶持国有森工企业的改革。省林业厅成立了国有森工企业改革领导小组及相应的办事机构。南平市、三明市、龙岩市等森工企业较为集中的地方，都制定了操作性强的改革方案，出台了一系列的优惠政策。如顺昌县，企业资产变现的全部收入，作为安置工人的经费；有房改基金的企业可动用房改基金，作为安置职工的经费；涉及银行的事项采取个案处理的办法，县委、县政府全力协调解决。武夷山市全免2000年林业利润上缴，用于国有林业企业改革。

分类指导　因企施策　各地针对国有林业采育场、贮运企业、木材购销企业等实际，分别采取租赁、承包经营、股份制、置换身份、盘活资产、引资嫁接等多种形式进行改革，理顺关系，减轻负担，提高了效益。如建阳市对城关木材厂等企业，分别采取停止清算、股份合作制和租赁等形式改革。建瓯市以贮木场为突破口，除7人留守外，其余438名职工实行经济性裁员。

下岗分流　减负增效　各地通过做深入细致的思想工作，使许多企业冗员得以平稳分流。主要采取的措施有内部退养、解除劳动关系、停薪留职等。1999年度，省财政厅、省林业厅共下拨1 500万元专项资金，用于扶持国有林业采育场、木材采购站、贮木场和林业汽车保修厂4类企业实施以解除劳动关系为重点的人员分流安置工作。截至1999年底，全省共解除劳动关系职工人数达8 787人，约占1998年末企业在职职工人数的16.9%。

（林祚捌）

【福建森林公安机关开展追逃专项斗争】 1999年7～9月，全省森林公安机关精心组织，周密部署，开展了一场有声势、有力度的追逃专项斗争，有力地促进了林区社会治安的稳定。全省共抓获在逃人员331，其中批捕在逃人员200人，负案在逃人员131人，抓获率为59.4%。有61人逃匿时间达4年以上。通过15名捕获的在逃人员，侦破了一批重大、特大森林刑事案件。同时，坚持一手抓追逃，一手抓打击，在追逃专项斗争期间，侦破各类森林刑事案件214起，为国家挽回经济损失680多万元。主要措施：①全省各级森林公安都成立了追逃专项斗争领导小组，制定了工作方案。②建立追逃专项斗争四定（定岗、定人、定任务、定时间）工作制度，制定相应的奖励措施。③加大宣传力度，运用政策攻心。仅南平、三明、龙岩3市就有94名在逃人员到森林公安机关投案自首。利用耳目特情和亲属提供的线索抓获117名在逃人员。④网上网下同步进行。龙岩、建阳市将1990年以来134名批捕在逃犯信息输入当地公安机关计算机网络，网上抓捕逃犯80人。

（胡湘萍）

【武夷山正式列入世界双遗产名录】 12月2日，从联合国教科文组织传来消息：武夷山申报《世界自然与文化遗产名录》获得联合国教科文组织遗产委员会大会批准，正式列入世界双遗产名录。

武夷山世界遗产申报地域近 1 000 平方千米，是迄今国内最大的一处世界遗产。包括有福建武夷山国家级自然保护区、武夷山国家级风景名胜区和古汉城遗址国家重点文物保护单位及九曲溪生态保护区。分别隶属于省林业厅、武夷山市政府及省文化厅。武夷山是世界上第二十一个双遗产地区，我国第四个双遗产地区。这样，武夷山国家级自然保护区既成为联合国教科文组织的世界生物圈保护区，也是我国第一个被列入“双遗产”的自然保护区。（李荣禄　官良斌）

【三明市深化林业金费征管制度改革】 近几年来，三明市坚持“征足、管严、用好”的林业金费征管方针，从建章立制入手，完善目标责任制，规范征收办法，堵塞漏洞，防止拖欠，提高了资金的入库率。在木材产量逐年减少，木材价格不断降低的情况下，林业金费的收入却逐年增加。1999 年，全市林业金费收入达 15 236 万元，比 1998 年增长 14.77%；各县上缴省、市林业金费 3 156 万元，比 1998 年增长 13.3%；上缴省厅林业金费 2456 万元，占年度责任目标的 100%。主要做法：

健全管理机构 全市各级林业部门把林业金费征管工作列入年度工作的主要责任目标。市林委提出“所有科室和部门的工作都必须围绕林政管理和金费征收两个中心转。”重视林业金费征管队伍的建设，充分发挥林业基金站的职能。在机构改革中，林业基金站不但没有被撤消，反而得到了充实和加强。

完善征管制度 市林委把林业金费征收目标逐级分解下达到基层单位。按照“三明市林业资金管理责任目标考核办法”和“三明市林业资金缴交考评办法”，实行半年初评，年终总评。完成责任目标低于 80%的，实行一票否决，使责任目标的完成情况与考核领导政绩、年终奖惩相挂钩。

推行源头预征 在全市范围内推广 1997 年永安市试行毛竹按面积、分地类源头征收林业税费的办法，并制定了《关于推行源头预征林业金费改革的实施意见》，得到市委、市政府的肯定与支持，也得到各级林业主管部门和广大林业生产经营者的支持和拥护。

加强票据管理 1999 年，市林委出台了《关于进一步加强林业金费专用票据管理的通知》，规定：①实行票证联营，把林业金费的征收与林政办理运输证、采伐证以及木材生产管理相挂钩，把票据的申领缴销与上交林业金费相挂钩，实行“限量发放、以旧换新、缴款领票、按时核销”的管理办法。②停止使用林业金费提缴外运证明单。规定一道销售的木材，在办理木材运输证时必须提供林业“两金”收据。③建立木材加工、经营企业二道木材销售林业金费核销制度。规定各企业在购入木材时，必须持木材检尺码单、金费票据林政联（或木材运输证），定期向林业基金站申报；在销售木材及加工产品时，必须持木材检尺码单和销售发票到所在县的林业基金站办理金费核销，基金站开具木材二道销售经费提缴核销单后，林政部门才予以办理木材运输证。

（三明市林委）

【建瓯市科技兴林成果显著】 建瓯市是南方重点林区县（市）和杉木中心产区。现有林业用地 35.33 万公顷，占土地总面积的 82.94%，森林覆盖率 78.6%，绿化程度 94.7%，森林资源总量 1 927 万立方米，毛竹立竹数 1.8 亿根。年产商品材 25 万立方米，商品竹 600 万根。

1996 年以来，全市共投入资金 400 多万元，安排科技试验示范推广项目 47 项，已取得成果 34 项，建立示范片、点 600 处，科技推广面积 10.07 万公顷，直接经济效益 15.1 亿元。被评为“全国农林科技工作先进单位”、“全省林业科技工作先进单位”。建瓯林业总公司被列为全国木材及竹林采运行业销售收入第 41 名，利税总额第 38 名，资产总额第 66 名，为全省最大 300 家企业排列第 67 位。主要做法：

狠抓科技兴林主要环节 实施“2111”工程，加快森林资源的培育。即抓好 13.33 万公顷用材林基地和 6.67 万公顷生态防护林建设，管好 6.67 万公顷竹林，巩固提高 6.67 万公顷经济林。开展《杉木大径材培育技术研究》、《闽北名特优阔叶树造林技术示范》等项目研究。营造针阔混交林 0.48 万公顷。投资 9 000 万元，培育 2 万公顷优质丰产杉木林。主攻竹产业，发挥“中国竹子之乡”和全国丰产竹林培育示范基地县优势，开展“百村千亩”和“百亩千元”科技兴竹示范竞赛活动，在 100 个竹村建立 0.73 万公顷优质高效技术示范片，改造低产竹林 4.67 万公顷。每公顷平均立竹达 2 512.5株，产值达 1 169 万元。全市共拥有笋竹加工企业 198 家，生产九大系列 300 多个品种。竹业年总产值达79 792.86万元，利税 43 006.34 万元。

注重推广应用新技术 1990 年投资 50 万元建成闽北第一个现代化的生产性林木组培实验室，形成有 600 多名科技骨干参与的林业科技推广网络。主要抓了林木种子园和母树林的建设，营建种子园 18 片，73.67 公顷；建立林木优良无性系组培繁殖体系；抓好 ABT 生根粉推广应用，已推广使用的 4 个乡镇，锥栗平均产量增加 20%；开展引种驯化试验，引种有米老排、耐寒相思、耐寒桉树等；推广集约经营技术；开展人工杉阔混交林效益研究，解决杉木多代连作地力衰退问题，获直接经济效益 23 万元；毛竹持续高产技术体系研究及应用成果达国内领先、国际先进水平；推广生物性防火技术。

着力开发新产品 开展杉木、桉树、百合花等多树种和花卉的组培。筛选出百合外植体、继代、生根的理想配方。引进开发雷竹、绿竹、早竹等优良中小径经济

竹0.15万公顷，建成竹种苗基地133.3公顷，推广种植银杏树10万株。开发了笋罐头、竹木复合集装箱底板、竹地板、竹凉席和竹荪口服液、竹汁饮料等高新产品。（建瓯市林委）

【漳平木村林产有限公司】 漳平木村林产有限公司（前身为漳平市纺织器材厂）成立于1995年12月，属中日合作民营企业。主要产品有园艺木制品、铁木制品、家居木制品等。产品全部销往日本。

公司现有员工450人，占地面积3.6公顷，固定资产投资1 100万元。1998年9月，在日本设立销售企业"大平贸易有限会社"。1996年，公司出口创汇52万美元，产值550万元，利税20万元。1997年创汇121万美元，产值1 000万元，利税40万元。1998年创汇261万美元，产值2 200万元，利税205万元。1999年受亚洲金融危机影响，产品价格比1998年下降45%，仍创汇320万美元，产值3 000万元，利税300万元。不但在日本市场站稳了脚根，还开拓了美国市场。主要经验：

面向市场组织生产 公司对市场进行认真的调查，发现日本兴用木桶种花，用木栅栏围花园，从德国进口园艺木制品。便托人从日本买回木花桶、木栅栏等样品，进行研究开发。攻克了多种技术难题，大规模开发日本市场。1998年进行二期扩建工程，又成功开发了花园家具、花园摆设、花园用品等中高档产品。目前，公司的园艺制品专业生产规模与出口量均居全国首位。2000年仅花园家具的订单量就达5 000万元。

注重产品系列开发 公司立足当地资源，同日本多家公司进行技术合作，综合利用，不断开发新产品、新品种。现常年生产的品种近400种，有大、中、小、微小型号产品一应俱全。公司每年都提取产值的1.2%作为新产品开发金费。产品的式样、销量在日本市场都能领先半年以上。在加工利用上，注意合理取材，以获最高的出材率。改良设备的精密度，完善刀具的专用性，把刨光工序改为砂光，把加工余量从2mm降到0.05mm，提高木材的综合利用率，把成本降到最合理的基点。公司还在有条件的乡镇，合资兴办产品初期加工基地，争取在3～5年内把漳平市的50%的原木进行综合利用，加工升值。

加强员工技能培训 公司坚持"以人为本，科技兴企"方针，把人才培养作为公司发展的重点工程来抓。根据不同产品的不同质量要求、每道工序的操作对工人进行培训和技术讲座。委托当地职业中专举办木材加工专业和木工机械专业班，不断提高员工的专业理论水平和实际操作能力。公司还注重人才的引进，以提高技术水平和管理水平。

发挥民营经济的自主性 公司属民营企业，产权明晰，管理机制灵活。可以根据市场的需求来决定生产规模，进行快速高效、高回报的投资。可以根据市场行情，调控生产成本，以较合理的价格进行竞争。可以根据市场的需求添人减员，合理付酬。从老总到员工都是企业的雇员，同时也是企业的主人。

（漳平木村林产有限公司）

【福建省加快建设绿色通道工程】 1999年，福建省加大投资力度，加快建设以公路、铁路、江河绿化为主体的绿色通道工程。共完成公路绿化2 935.61千米；铁路绿化27千米；江河绿化428.2千米，面积0.62万公顷。实施江河源头及两侧生态林保护一期工程，造林4.67万公顷，封山育林42万公顷，中幼林抚育28万公顷，低效林改造9.33万公顷，退耕还林0.33万公顷。为实现全省1998～2000年的绿色通道工程规划，打下良好基础。主要特点：

领导重视 省绿委强调以绿色通道工程建设为龙头，开创部门绿化新局面。省公路局、福州铁路分局等部门，年初就层层下达了绿色通道的绿化任务。漳州市各县（市、区）成立了领导小组，在324、319国道两侧20米宽、552千米长的路段种植各种绿化苗、灌木、水果、草皮等，总投资达1 755.5万元。交通公路部门规范绿化管理，配备了专职或兼职绿化管理和统计人员。各级路政管理部门加强宣传教育，采取切实有效的行政执法手段，禁止公路沿线乱砍滥伐、随意侵占、破坏绿地的行为。

起点高、质量好 全省共投入资金1.88亿元，建立绿色通道示范路（段）26条，1 520.2千米。龙岩市公路局建立各级领导绿化责任制，组织技术人员赴广东、厦门等地学习考察。莆田市坚持"高起点规划、高标准建设、创造畅洁绿美"标准，加强公路绿化技术的学习交流，完善绿化规划。漳州市在国道旁新建精品段9.48万平方米。

加强部门协作 各级绿委把全民义务植树着重安排在公路、铁路、江河绿化。林业部门提出，生态公益林保护示范工程应选择在流域主流及一、二级支流两岸自然地形中国道、省道、高速公路和铁路两侧一重山的一面坡，面积相对集中连片达66.67公顷以上。团省委、省林业厅、省水电厅、省环保局等单位联合开展"保卫母亲河"行动，有2 000多名青少年志愿者参加营造江堤防护林、清除沿江白色污染等义务劳动。有32万中小学生参加"绿色家园——种世纪之树"活动，植树58.6万株，种花6 000多盆，铺草坪3万平方米。泉州市层层建立"第一责任人"负责制，以交通公路部门为主，林业、城建、工商等部门积极配合，沿线乡镇广泛发动，共投入公路绿化美化资金1 397万元，基本实现"百里国道百里绿"。

投入资金大 各地都把绿色通道工程作为政府的"形象工程"和"窗口工程"，千方百计筹措资金，多渠道增加绿化投入，建设样板路段和精品路段。如10月1日竣工的福州市江滨大道，全长26.2千米，总投资4 000多万元。三明市财政拨款1 600万元，重点抓市

区“一河、两岸、3条路、2个广场、8个公园”的绿化。（吴朝明）

【三明市建成全省第二个国家园林城市】 1999年，三明市被建设部授予第五批“国家园林城市”称号，继厦门市之后，成为本省第二个国家园林城市。

三明市位于福建省西北部，是新兴的工业城市。由于地形条件制约，城市园林绿化用地紧张。三明市历届党政领导十分重视城市绿化工作。1986年，市委、市政府提出“把森林引入城市，把园林引向街道”的城市园林绿化构想。1996年明确提出创建国家园林城市目标，并成立创建国家园林城市领导小组。1997年又调整成立市创建国家园林城市指挥部，市委书记、市长分别担任总指挥和第一副总指挥。先后颁布了《三明市园林绿化管理暂行规定》、《三明市古树名木管理保护措施》以及《三明市区公共绿地养护管理方案》等地方法规。市政府4年共投入城市园林绿化建设资金5 100万元，并提取50%的房改售房款维修部分资金用于绿化建设。市各部门和厂矿企事业单位在安排项目建设的同时，安排专项资金进行绿化。

三明市于1990年基本完成宜林荒山造林任务，1995年被全国绿化委员会评为全国造林绿化“十佳城市”。目前，三明市区周山森林面积1.26万公顷，其中市区一重山森林面积0.23万公顷。森林覆盖率达74.1%，林地绿化率96%，道路绿化普及率95.2%，城市人均公共绿地6.9平方米。（陈友灿）

【漳州市举办首届海峡两岸花卉博览会】 漳州地处福建省南端。气候温暖，山、海、田资源丰富，是得天独厚栽培各种花卉的天然大温室。素有“花果之乡”美称。1995年，漳州市委、市政府抓住机遇，把花卉生产作为一个新兴的产业来抓。制定优惠政策，招商引资，建成初具规模的花卉种植、经营集散地。台湾海峡两岸花商迫切要求加强交流合作，共同发展花卉业。

1999年元月18日至2月6日，由福建省政府主办，漳州市人民政府承办的首届海峡两岸花卉博览会，在漳州闽南花卉批发市场举行。会场占地面积40万平方米，整个展区固定资产投资和花卉盆景精品价值上亿元。建成室外展销区8 000多平方米。沿百里花卉走廊，还布设了台湾玫瑰花、大花惠兰、火鹤花等展馆。有台、港、澳地区和新加坡、日本、韩国、加拿大、英国、澳大利亚、新西兰、荷兰等8个国家，以及国内21个省市数万人前来参展、参观、考察。共签约外商投资项目58个，总投资1.92亿美元，利用外资1.53亿美元。其中台资项目46个，与农林业相关的项目有43个。（江荣山）

【福建省1999年林业大事】

1. 2月7日和6月24日，中共中央政治局常委、全国人大常委会委员长李鹏，中共中央政治局常委、国家副主席胡锦涛分别视察福州国家森林公园。

2. 5月31日，建瓯市林业检查站南雅道路站查获一起无证运输野生动物标本大案，共有野生动物标本29种52件。其中有国家级和省重点保护的野生动物如东北虎、狮子、豹子、熊等等。

3. 6月30日至7月1日，省财政厅和林业厅在三明市联合召开国有森工企业深化改革工作座谈会，讨论通过《关于深化国有森工企业改革的若干意见》。9月15日，省政府闽政［1999］164号文件批转实施该意见。

4. 8月2日上午，武夷山国家级自然保护区桐木管理所所长等工作人员和民工共9人，在33林班作业时，突然听到吼声，看见不远处一块岩石上站着一只大兽，头尾有2米多长，额上有黑色的“王”字和小胡须，身上的条纹黄白相间。据推测，可能是绝迹20多年的华南虎重返故乡。

5. 9月17日，福州人造板厂董事会和邵武林业总公司签订意向书，联合组建福人木业股份有限公司。

6. 10月18日，福建省第八届木材林产品交易会暨福州市林产品交易市场开业仪式在福州举行。

7. 11月8～10日，应福建省代省长习近平的邀请，澳大利亚塔斯马尼亚州在福州闽江饭店举办“木材之窗”展览会，展示“走在世界前沿”的塔州最佳木材制品。

8. 全省建成4家首批“全国花卉生产示范基地”，即泉州市蟠龙环球花卉有限公司、福州市缤纷园艺有限公司、漳州市林业组培中心和连城县兰花开发中心。（福建省林业厅）

江西省林业

【概　述】

发展与成就

森林培育　1999年，全省完成造林面积3.67万公顷，占年度计划的68.85%。其中，新造竹林0.24万公顷，工程造林2.26万公顷，退耕还林0.50万公顷。按造林方式分，人工造林3.08万公顷，飞机播种造林0.59万公顷，分别占计划的65.12%和98.33%。按林种分，用材林造林1.26万公顷，占34.3%；经济林

1.21 万公顷，占 33%；薪炭林 0.06 万公顷，占 1.6%；防护林和特种用途林 1.14 万公顷，占 31.1%。完成迹地更新 2.50 万公顷，其中人工更新 1.68 万公顷，人工促进天然更新 0.72 万公顷；封山育林 273.95 万公顷，其中本年新封 43 万公顷；封山护林 57.93 万公顷；育苗 0.10 万公顷，当年苗木产量 19 425 万株；幼林抚育 41.19 万公顷；低产林改造 22.01 万公顷；零星（“四旁”）植树 8 201 万株。

林业重点工程建设 世界银行贷款速生丰产用材林基地工程、长江中上游防护林体系建设一期工程、防沙治沙工程、平原绿化工程和其他生态环境建设重点工程，本年实际完成投资 10 293 万元，其中国家投资 3 203 万元；本年财务拨、贷款 10 203 万元，其中国家预算内投资 3 193 万元，国内贷款 1 357 万元，利用外资 2 601 万元，自筹资金 2 011 万元，其他渠道资金 1 041万元。群众参与重点工程建设投劳折资 2 935 万元。重点工程共完成造林 1.79 万公顷，迹地更新 0.77 万公顷，封山育林 51.68 万公顷，中幼林抚育 10.74 万公顷。其中，世界银行贷款项目造林 0.26 万公顷，迹地更新 0.08 万公顷，封山育林 0.26 万公顷，中幼林抚育 3.07 万公顷；长江中上游防护林工程造林 1.18 万公顷，迹地更新 0.66 万公顷，封山育林 50.35 万公顷，中幼林抚育 7.12 万公顷；防沙治沙工程造林 0.23 万公顷；平原绿化工程造林 0.08 万公顷。

林业产业 全省生产木材 254.99 万立方米，比 1998 年增长 2.1%。其中国有林业企事业单位生产木材 97.39 万立方米，林业系统以外企事业单位采伐自营林地的木材 14.51 万立方米，乡镇集体企业及单位生产木材 15.38 万立方米，村及村以下各级合作组织和农民生产木材 127.71 万立方米。生产竹材 3 302.52 万根（林业系统内产量为 575.26 万根），比 1998 年增长 7.8%。其中毛竹 3 008.67 万根，篙竹 293.85 万根。生产锯材 5.43 万立方米，比 1998 年减少 68.2%；人造板 39.61 万立方米，比 1998 年增长 1.5%，其中胶合板 14.39 万立方米，纤维板 15.97 万立方米；刨花板 9.25 万立方米；实木复合地板 4.49 万立方米，生产油桐籽 15 344 吨，比 1998 年增长 24.8%；油茶籽 187 094吨，比 1998 年增长 26.2%；乌桕籽 526 吨，比 1998 年减少 73.5%；五倍籽 527 吨，比 1998 年增长 1.3%；棕片 5 421 吨，比 1998 年减少 7.6%；松脂 40 718吨，比 1998 年增长 15.5%；竹笋干 19 317 吨，比 1998 年增长 68.2%；板栗 17 769 吨，比 1998 年增长 25.1%；松香 13 919 吨，比 1998 年减少 0.8%；松节油 1 879 吨，比 1998 年增长 91.79%；樟脑 429 吨，比 1998 年减少 14.2%；活性炭 3 218 吨，比 1998 年增长 46.3%。

国有林业企业完成工业总产值 11.27 亿元，销售产值 10.93 亿元，分别比 1998 年减少 22.5%和 17.76%。按主要行业分：木材及竹材采运业 8.80 亿元，木材加工及竹、藤、棕、草制品业 2.15 亿元，林产化学产品制造业 0.82 亿元，机械制造及修理业 0.40 亿元，其他行业 0.69 亿元。

森林防火 全省发生森林火灾 516 次，其中火警 200 次，一般火灾 316 次；受害森林面积 3 264 公顷，年森林火灾受害率 0.384 4/1 000。森林火灾致人死亡 5 人，重伤 2 人，轻伤 2 人。与 1998 年相比，森林火灾次数上升 77.9%，其中火警上升 47.1%，一般火灾上升 106.5%；受害森林面积上升 95%，年森林火灾受害率上升 47.6%。

森林病虫害防治 全省森林病虫害发生面积 12.98 万公顷，发生率 2.14%，成灾率 0.86%；有效防治面积 12.08 万公顷，防治率 63.62%；森林病虫害实施调查监测面积 168.10 万公顷，监测覆盖率 81.6%，种苗产地检疫率 96.2%。主要病虫害有：松针褐斑病、毛竹枯梢病、油茶病害和松毛虫、萧氏松茎象、松梢螟等。

森林资源保护 开展了“’99林业法治年”活动和一系列严打专项斗争，查处各类森林案件 8 588 起，查处率 99%，为国家挽回直接经济损失 1 229 万元。在最高人民法院、最高人民检察院、国家林业局、公安部、监察部组织的全国林业严打斗争中，查处各类森林案件 2 858 起，处理违法人员 3 921 人。省森林公安局、吉安地区林业局等 13 个单位被评为全国严厉打击破坏森林资源违法犯罪活动专项斗争先进集体，受到国家 5 个部门的联合表彰。

林地保护管理 按照国务院《关于保护森林资源，制止毁林开垦和乱占林地的通知》要求，在对非法侵占林地进行清查的基础上，以省级以上重点工程为突破口，狠抓了征占用林地审核手续的补办工作。上饶大坳水库、昌厦公路、井冈山华能电厂等重点工程，都依法补办了有关审核补偿手续。通过这种“抓大促小”的方法，全省征占用林地审核率、使用林地许可证发证率和森林植被恢复费落实率明显提高。全年经省林业厅直接审核的征占用林地 464.27 公顷，收取森林植被恢复费近 300 万元。

林业科技 召开了全省科教兴林工作会议，明确了今后一个时期全省科教兴林工作的指导思想和奋斗目标；制定了《关于鼓励林业科技人员深入基层开展技术服务的暂行规定》、《江西省跨世纪林业科技人才培养计划》、《江西省林农绿色证书工程管理办法》和《江西省林业科技推广站管理办法》；开展了跨世纪林业学术带头人、技术骨干、科技推广骨干的推选工作；在德兴、铜鼓、靖安等地开办了“毛竹丰产林经营”、“经济果木林丰产培育”等 5 期林农“绿色证书”培训班，将林业实用技术送到了乡村和生产现场，送到了林农手中；加强了国外优良品种引进工作，日本野漆树、美国薄壳山核桃、黑核桃等多个国外优良品种的引种已取得初步成效；加强了乡土树种的选育推广，先后挖掘了

毛金竹、华木莲、8-2梨、马家柚等地方优良品种，并在适宜区域逐步推广；狠抓了科技产业化建设，省林科院组培中心已从试验研究逐步转向商品化生产，上饶地区林科所先后开发出金银花茶、降糖茶、金银花啤酒等系列产品，萍乡市林科所长红继木开发逐步形成规模；加强了林业科研攻关工作，获得省科技进步奖7项，省农科教突出贡献奖10项。其中世行贷款国家造林项目科技推广课题获省科技进步一等奖，杉木人工林经营模式研究等2项课题获省科技进步二等奖。

林业基本建设投资 全省林业建设资金实际到位68 072万元，比1998年增加10 198万元，增长17.6%。其中，国家预算内基建资金2 826万元，国内贷款21 393万元，利用外资2 935万元，自筹资金22 462万元，财政专项资金1 397万元，农业综合开发资金266万元，扶贫资金199万元，以工代赈资金30万元，其他渠道资金16 387万元。在林业建设资金总额中，用于固定资产建设的投资13 231万元，其中，营林固定资产投资8 542万元，占64.6%；森工固定资产投资4 689万元，占35.4%。与1998年相比，营林固定资产投资增加2 922万元，增长52%；森工固定资产投资减少637万元，减少12%。全省营林基本建设完成投资8 087万元，比1998年增加2 679万元，增长49.5%。其中，用于造林2 287万元，中、幼龄林抚育559万元，低产林改造882万元，封山育林697万元，迹地更新223万元，种苗工程553万元，护林防火468万元，森林病虫害防治286万元，林业工作站134万元，森林公安119万元，自然保护区及野生动物保护350万元，林业科技及重点实验室建设275万元，其他投资1 984万元。

林业产值 全省实现林业社会总产值123.85亿元，比1998年增长8.87%。其中，第一产业产值78.24亿元（农业24.64亿元，林业51.97亿元，牧业1.25亿元），占63.17%；第二产业产值41.85亿元（采掘业9.25亿元，制造业31.40亿元，建筑业0.92亿元）占33.79%；第三产业产值3.76亿元，占3.04%。

劳动工资 全省林业系统国有经济单位2 192个，集体经济单位27个，其他经济单位1个。年末从业人员108 207人，其中在岗职工104 293人，其他从业人员3 914人。与1998年相比，在岗职工减少6 735人。离开本单位仍保留劳动关系的职工45 214人。林业系统离退休人员36 763人。单位从业人员劳动报酬和生活费69 807万元，其中在岗职工68 745万元，其他从业人员1 062万元。

改革与林政实施

确立林业发展新思路 按照分类经营的原则，规划在赣江、抚河、信江、饶河、修水及其主要支流的源头和两岸、主要交通干线两侧、大中型水库、鄱阳湖和城镇周围以及其他生态需求突出地区，以保护和恢复森林植被为重点，依托长江防护林工程、珠江防护林工程和农田林网化建设，加快自然保护区、自然保护小区和森林公园建设步伐，稳步推进生态公益林业建设，不断改善全省的生态环境；在其他立地条件较好、不易造成水土流失的地区，以改造现有低产林和综合开发森林资源为重点，大力发展林业产业，努力把毛竹、油茶、森林旅游、森林食品、林产化工培育成支柱产业，充分发挥林业在全省生态经济建设中的主体作用。

提出结构调整新举措 ①大力发展竹产业和油茶产业。规划5年内，通过改造低产竹林，开展竹类资源综合加工利用，建立竹类丰产林基地26.7万公顷，实现竹产业年产值20亿元；改造低产油茶林38.7万公顷，新建高标准油茶示范林1万公顷，实现年产茶油6 000万千克以上，产值25亿元。②按照省委、省政府关于建设食品工业大省和发展旅游经济的战略部署，综合开发森林资源，大力发展绿色森林食品和森林旅游等特色林业。③根据国家产业政策和现有产业基础，对以森林资源为原料的加工企业进行一次清理整顿，关闭一批高耗低效、污染严重的小型加工企业，因地制宜地培育龙头企业，扶持发展主导产业和支柱产业。

森林分类经营区划工作全面完成 在崇义县森林分类区划试点工作的基础上，1999年5月，制定出台了《江西省森林分类经营县级分类区划调查主要技术规定》，在全省全面开展了森林分类区划调查工作。到年底，森林分类区划工作基本结束，全省森林已区分为公益林和商品林两大类，生态公益林占44.4%，商品林占55.6%。

（钟世富）

【江西建设“长防林”绘好“山水画”】 江西省长江防护林工程于1990年正式启动，全省有27个工程县（市、区）。经过10年的建设，工程县已完成重点工程营造林83.0万公顷，占计划的116.6%，工程区内宜林荒山比1989年减少了65.9万公顷，有林地增加了72.6万公顷，森林覆盖率上升了12.9个百分点。水土流失日益严重的趋势基本得到遏止，1999年与1989年相比，工程区66.6万公顷水土流失面积得到控制，占工程区原有水土流失面积的45%以上，土壤侵蚀模数下降了14 28.3吨/年·平方千米，年土壤侵蚀量减少了3 072.1万吨，农业生产条件显著改善。以兴国县为例，10年中土壤含水量增加了20%，蓄水总量增加3.5亿立方米；增加旱涝保收面积0.35万公顷，扩大双季稻种植面积0.43万公顷；水旱灾害发生率下降了48%，成灾面积减少了50%。江西省建设长防林的主要措施是：

加强领导，落实责任 省、地、县都成立了由党委或政府领导任组长的“长防林建设领导小组”，统一领导和指导工程建设。同时，按照总体规划任务和年度作业设计，层层签订工程建设责任状，严格兑现奖惩。

大力宣传，广泛发动 通过对比、算帐的办法，用活生生的事实把实施长防林工程的目的和意义讲深、

讲透、讲具体，以调动群众的积极性。同时充分利用报刊、广播、电视、板报、标语等媒体，向社会各界宣传长防林建设的紧迫性和艰巨性，以争取各方面的支持。据不完全统计，各地累计派出宣传车 5 000 余次，树立宣传碑牌 1 127 块，书写临时性标语 3 万多条，印发技术资料和宣传材料 10 万余份。

制定措施，严格管理　制定了《江西省长防林工程总体设计细则》、《江西省长防林工程作业设计细则》、《江西省长防林工程管理办法》等，保证了工程建设和管理的规范化、科学化。在资金管理上，坚持“先干后补、以奖代补、择优扶持、奖优罚劣”的原则，建立了一整套竞争和激励机制。在工程管理上，注意严把种子、苗木、整地、栽植和抚育质量关，提高了工程建设的质量和成效。

集中力量，区域治理　宏观上，主要抓了以兴国县为中心的赣中南 18 个县和以贵溪市为中心的赣东北 9 个县的连片治理，以求在大规模上取得突破；微观上，集中有限的资金，坚持以山脉、水系和交通干线为基本单元，抓好一沟一坡一个区域的综合治理，做到连片治理、逐片推进、辐射周边，滚动前进。按照这个要求，各工程县每年都选择一二个区域，在区域内，宜造则造，宜封则封，宜补则补，实行综合治理，于都县从 1990 年开始，先后选择了 8 个重点区域进行综合治理，面积达 2 万多公顷，通过人工造林、疏林补植、针叶林补阔、封山育林育草等综合措施，治一片、成一片，成效非常显著。　　（倪修平）

【江西利用外资造林成效显著】　江西省是我国林业利用世界银行（以下简称世行）贷款造林的大省，自 1991 年实施世行贷款造林以来，取得了令人瞩目的成就，截至 1999 年，全省共完成造林 18 万公顷，完成总投资 5.5 亿元。据全国项目幼林普查结果显示，一、二类林占 98.3%，其质量和投资效益在全国各项目省中名列前茅，其中国家造林项目已顺利通过世行和国家林业局的竣工验收，被世行评为 H.S（High Satisficafion）级，是世界银行在中国投资 100 多个项目中效果最好，建设最成功的项目之一。该项目的科技推广荣获江西省 ’99 科技进步一等奖，其显著特点是：

强化了质量意识，坚持了质量第一的原则　在项目实施中，严格实行质量否决制，对清山、整地、垦穴、表土回穴、施肥、栽植等造林的每道工序都逐一进行检查验收，推行全面质量管理，实行质量“一票否决”。对任何不合格的工序都必须返工，否则不能进入下一道工序施工。实施“195”工程，确保一次栽植成活率达 95%。对抚育质量和生长量进行统检，并与报账直接挂钩，对不合格的一律不予报账。各项目县、林场在项目实施中层层签订造林质量责任状，并与责任人经济利益挂钩，强化造林施工设计，实施“分工序检查验收、分级检查验收”的质量监督办法，从而保证了项目造林质量全面大幅度超过部颁标准。

紧紧依靠科技进步，走科技兴林的路子　在科技管理上，首先是突破因循守旧的老传统、老办法，全面运用新技术和新成果，把项目造林真正办成全省科技兴林的样板。据测算，科技进步对世行项目造林的贡献率达到 39.34%。项目实施一开始就注重把科研推广与项目实施结合起来，制定了菌根化育苗技术、松树芽苗移栽、木荷切根、杉木优良无性繁殖技术等 20 多个课题为核心的科研推广计划，建立了试验林、示范林、对照林和国外松、杉木病虫害监测点，规定了项目造林必须用良种壮苗、抚育推广施肥和部分化学除草技术；建立了省、地、县、场 4 级培训网络，进行了包括科研、环境保护、财务、规划设计、施工技术等在内的大规模、多领域、多层次的培训工作，培训人数达 6 000 余人，先后有数十人被派往美国、德国等地接受国外培训、进修、学习和考察。通过层层培训和国外学习，提高了整个项目管理、技术、财务和施工人员的科技素质，推动了国内外先进科技成果和实用技术在项目中的应用，为项目质量上档次、上水平提供了可靠的技术保障。

江西利用世行贷款造林取得的成效是显著的，主要体现在 3 个方面：一是经济效益可观。据测算，国家造林项目和森林资源发展与保护项目建成投产时（林龄 20 年），林木总蓄积量可达 4 860 万立方米，累计生产木材 3 510 万立方米，生产松脂 74 万吨，增产毛竹 80 万吨，竹笋 5 万吨，项目总收入可达 190 亿元，净收入达 80 亿元，为总投资的 10 多倍。二是生态效益明显。通过项目的实施，一方面大大提高了项目区的森林覆盖率，对区域内的水源涵养、气候调节、农业生产和人民生活条件的改善产生了显著影响；另一方面，通过项目林提供的大量木材，有效地减轻了对天然林和现有林木采伐的压力。三是社会效益显著。一方面，项目的实施为全省培养了一大批熟悉外资项目管理和具有较强林业科技知识的管理人才，这是林业发展上一笔宝贵财富；另一方面，项目实施以后，总投资的 80% 共计 6 亿元转化为劳务费用，为 30 多个项目县的农民提供了近 6 000 万个工日的就业机会，使项目区农民年人均收入增加 200～300 元。同时，项目山场的 60% 约 13.3 万公顷是联营山场，覆盖了 400 多个乡镇、1 600多个村共 30 万户以上的农户，这些农户除获得劳务收入外，还将参与项目林收益分成，扣除税费，农民实际分成收入在 50%以上，这对促进山区经济的发展和农民致富有着十分重要的意义。　　（王淑盛）

【江西开展“三山”森林防火综合整治工作】　庐山是我国著名的旅游避暑胜地，1996 年被列为世界文化遗产，每年要接待近 80 余万人次的中、外宾客。井冈山是享誉全球的中国革命圣地，每年有近 30 万人次的中、外游人慕名前来观光、考察和学习。西山紧靠省会南昌市，地理位置独特，每年进山游玩的人员高达 27

万人次。庐山、井冈山和西山（以下简称“三山”）是江西森林火灾的重点防范区。防范区内共有13个县（市、区、局）、110个乡（镇、场）、270个行政村，林业用地面积22.3万公顷，其中森林面积18万公顷，防火核心区5.7万公顷。

“三山”防范区内流动人口多，火源管理难度大，加上地势陡峭，树种多以燃烧性大的针叶林为主，森林防火基础设施建设相对滞后，极易发生和形成大的森林火灾。1993～1997年，“三山”共发生森林火灾121起，受害森林面积497.6公顷，火灾致死1人。鉴于“三山”森林防火的特殊重要性，江西省遵循森林防火“预防为主，积极消灭”的方针，从健全和完善行政领导负责制、宣传教育、野外火源管理、基础设施设备建设、火案查处、扑火队伍和防火办业务建设等方面的软、硬件入手，利用行政的、经济的和法律的手段，对“三山”防范区的森林防火工作进行全面综合整治。

整治工作从1998年起，分3年时间完成。整治目标是实现防范区内不出现一般以上森林火灾，力争不出现火警火情，核心区务必实现无火警火情。1998年11月，省政府森林防火总指挥部召开会议，就“三山”森林防火综合整治工作进行专门部署。省计委拨出245万元专款用于“三山”森林防火基础设施设备建设。经过近2年的整治，“三山”防范区基本形成了森林防火政府负全责，全社会抓保护，全民齐防火的局面。森林防火管理系统、宣传教育系统、野外火源管理系统、林火阻隔系统、林火监测瞭望系统、林火无线电通讯系统、林火扑救指挥系统都得到了进一步加强和完善。各级党、政主要领导亲自抓森林防火，核心区树立领导森林防火责任牌，各行业各部门实行了森林防火承包责任制。

整治期间，“三山”防范区共筹措建设资金434.61万元，新建指挥中心3座，新建和维修瞭望台40座。每个防范区有1支专业森林消防队，瞭望台全部配有无线电通讯设备，每支专业消防队配备6台以上风力灭火机。乡、镇、场之间正在营造防火林带，以逐步替代防火线，进山路口和风景点全部树立了大型防火宣传牌，预防和扑救森林火灾的能力得到了进一步增强，森林火灾得到了有效的控制。1998～1999年仅发生森林火灾28起，受害森林面积35.93公顷，没有发生人员伤亡事故，核心区内没有发生森林火灾。

（曹志远　徐　立）

【赣州市狠抓“双改双节”，促进森林资源持续增长】 赣州市位于江西南部，素称“赣南”，是全国十八大林区之一，境内森林资源丰富，物种繁多。但是，由于赣南缺少煤炭资源，生产生活能源历来以烧柴为主。据1982年二类森林资源清查，全市能源性耗材约占木材总消耗量的60%。到1984年，全市出现了森林资源赤字，水土流失现象日益严重。面对严峻形势，赣州市委、政府采取果断措施，在全市大力推行“双改双节”（改灶节柴、改燃节材）。其主要做法是：

领导重视，责任明确　1984年以来，全市各级党委、政府和林业部门十分重视“双改双节”工作。通过一级抓一级，实行市领导包县、县领导包乡、乡领导包村，地县直属单位挂点，工作效果与政绩、奖罚挂钩等办法，把“双改双节”工作落到了各级党政领导肩上。同时加强督促检查，对未改燃的单位采取新闻曝光、追究单位领导责任和停拨行政事业费等办法予以督促。

政策扶持，服务到位　在政策上，主要采取关闭柴炭市场，禁止柴炭上市；禁止城镇居民、企事业单位、工副业以柴炭为生产、生活能源；对拒不改燃的企业和工商户，实行封灶封窑，加倍征收育林基金和罚款；由财政、林业、水电、煤炭4家筹集能源开发基金，专门用于新能源的开发、研究和推广；对有困难的改燃户实行经费补助等政策。同时在城乡增设煤炭、液化气供应机构，成立专业施工队，无偿为改燃户服务。

推广新技术，开发新能源　在80年代后期，赣州市就着手新能源的研究开发，先后开展了沼气、微型小水电、风力发电等研究试点工作，到1997年，创立了既有生态、经济效益，又卫生安全的猪、沼、果生态农业模式，成为赣南农业的一大特色。到1998年底，全市18个县市已全部实现“万池县”目标，建池数达到32.1万个，20%农户实行了以电、气代柴。

由于措施得力，到1994年底，全市能源性耗材下降到125万立方米，不但消灭了森林资源赤字，而且实现了有林地面积和活立木蓄积量双增长。到1999年7月底，全市能源性耗材下降到110万立方米，机关食堂、中小学校和工副业改燃率分别达到94%和97%，综合改燃率达到96%，每年可节省木材33万立方米，柴炭市场全部关闭。　（陈建华　罗瑞华）

【宜丰县大力发展竹产业】 宜丰县地处江西省赣西北部九岭山脉南麓，是我国首批“中国竹子之乡”之一。该县有毛竹林面积4.95万公顷，占有林地面积的46.2%；毛竹立竹量达1.12亿株，年采伐量400万根。1999年完成竹业总产值1.96亿元，上交税金2 800万元，占全县财政收入的26%；出口创汇420万美元。农民人均来自竹业的收入达760元，占全县农民人均纯收入的30%。其中：双丰、黄岗、潭山、车上等重点竹林乡镇农民来自竹业的纯收入占总收入的65%以上。主要做法是：

制定扶持竹产业发展的经济政策　宜丰县把发展培育竹资源作为农民奔小康的主导产业和发展县域经济的支柱产业来抓，先后制定了《关于进一步加快毛竹林低改步伐的决定》、《关于全县禁笋育竹工作的实施意见》、《宜丰县1998～2010年科技兴竹实施方案》、《毛竹经营权租赁试行办法》等一系列竹业发展政策规定，明确了“巩固国有、集体林，管好现有承包林，放活边远残次林”的毛竹经营管理体制，在全县推广了股

份合作、招标租赁和分户经营的毛竹经营管理模式。

不断强化竹资源培育管理措施 一是推广应用毛竹丰产林培育技术对现有毛竹低产林进行改造。据调查，1999年全县毛竹林产新竹624根/公顷，全县共增新竹3 086万株，新增产值达3亿元以上。二是筑巢引凤，与科研单位联姻。先后引进国家林业局毛竹低产林改造和笋竹两用林丰产培育项目课题，引进世行“毛竹低改”项目贷款448.6万美元和中国林科院亚林中心“优质高效人造板竹材优化栽培模式”研究课题，实施效果明显。据样地测试，产新竹1 203根/公顷，平均胸径达11.1厘米，产竹材重37.29吨/公顷。三是建立县、乡、村领导毛竹丰产示范样板林39处，面积4 500公顷，培养毛竹丰产示范户65户，面积500公顷。组建乡、村股份合作林场52个，经营毛竹面积1.7万公顷。

加大对毛竹加工企业的清理整顿力度 对一批规模小、耗材多、生产工艺落后、产品档次低、经营效益差的企业进行关停并转，对一些市场前景好、规模较大、科技含量高的企业加大了扶持力度。一是组建了以县竹材人造板公司为核心、宇安公司、双峰竹地板等竹材加工企业和毛竹林基地为子公司的竹业开发集团，采取分户生产经营，统一价格销售的办法，遏制了企业间不正当竞争。1999年，全县竹加工企业完成产值1.21亿元，上交税金3 025万元。二是产品开发不断升级，采取“生产一代、开发一代、研究一代”的办法，生产了竹筷、竹凉席、竹编板、竹地板、竹帘板、竹伴、竹编工艺品、笋罐头等18个种类、106个品种，县竹材人造板公司生产的“美生”牌竹胶板先后荣获江西省优秀新产品奖、全国星火计划金奖，生产的竹地板获’99年全国竹文化节暨世界国际竹藤博览会金奖。三是竹产业链不断延伸。几年来，该县采取“公司连基地、基地连农户”的产业开发模式，充分调动竹农发展生产的积极性，通过生产促销售、销售带生产的办法，使竹产业加工延伸到乡村和农户。1999年，全县从事竹凉席编织的农村剩余劳力和企业下岗职工达3万余人，生产竹凉席120余万床，仅编织一项工资就达1 200余万元，竹区乡镇农民仅编织竹凉席人均增收589元。同时在北京、上海、南昌、长沙、广州、福州、深圳部分大中城市设立了竹产品销售点，召开了全国“竹子之乡”联谊会、竹产品经贸洽谈会、竹产品展销会等，扩大了宜丰“竹乡”知名度，进一步开拓了国内外市场，加快了竹产品的流通。 （宜丰县林业局）

【宜黄竹产业多元化开发】 宜黄县狠抓竹产业多元化开发，使竹业成为兴县富民的支柱产业，1999年竹业总产值达6 810万元，上交税金1 000余万元，占县财政收入近1/4，两项指标与5年前相比翻了一番，比1998年分别增长51%和40%。

该县竹产业多元化开发的一个重要措施是转换毛竹经营机制，坚持“谁开发、谁经营、谁投资、谁受益”，鼓励国有、集体、个人以承包、租赁、拍卖、联户等多种形式开发。全县已涌现出1 000多个毛竹开发户，30多个毛竹开发联合体，以租赁、承包等形式开发毛竹林2 000公顷。在管理方式上，有的以村为单位，统一管理，分户作业；有的采取村集体办林场的形式，统一管理，统一作业，统一销售，统一经营，统一分配。另一个重要措施是拓宽投资渠道。开发荒山造竹林，承包、租赁期一般是20～30年不变，县里对新造林每公顷补助300元，全垦每公顷补助150元，砍杂每公顷补助60元，调动了群众投资荒山造竹林的积极性。黎溪镇上狮溪村农民吴立贵，筹资270多万元，从1997年起，连续3年跨乡村租赁200公顷连片荒山栽种毛竹，为他的年产300吨竹笋罐头厂建立了原料基地，成为全县最大的毛竹开发户。5年来，该县通过多种渠道吸纳社会资金7 500多万元投入造竹、垦复、抚育、砍杂和修建林区公路、新造和低改毛竹林3 300多公顷。现全县毛竹面积达2万多公顷，立竹量近5 000万根，跨入全省毛竹大县行列。

该县竹产业多元化开发不仅培育和建立起毛竹丰产基地，丰富了毛竹资源，更促进了竹产品加工业的发展，提高了经济效益。全县围绕抓住一根笋，抓好一根丝（竹拉丝），抓好一块板（竹板），通过内引外联建立中外合资宜坤竹地板有限公司等58家毛竹和竹笋加工企业，3 000多人从事竹产品加工销售活动，开发生产出竹板、竹席、竹笋罐头等5大系列100多个品种，产品远销日本、韩国及东南亚等10多个国家和地区，使每根毛竹平均产值从5元增加到26元。1999年，仅水煮笋就有4 500多吨销往浙江、上海等地，全县农户从毛竹和竹笋中户均获得收入5 000多元。南源、黎溪、二都 、蓝水等一批“毛竹之乡”的竹产品税收占全乡财政收入的60%以上。 （宜黄县林业局）

【贵溪市双圳采育林场深化经营机制改革】 贵溪市双圳采育林场创建于1965年，经营面积7 133公顷，有林地面积6 533公顷，其中天然林2 867公顷，活立木蓄积量63万立方米，活立竹523万根。林场现有职工285人，退休工人128人。近几年，该场根据毛竹资源比较丰富的场情，确立了“抓住优势，发挥特色，培育资源”的指导思想，努力深化经营机制改革，在毛竹笋竹两用林建设上下功夫，开创了林场经济发展的新局面。主要做法是：

大胆尝试，循序渐进，逐步推开，建立高效示范林 1995年，从上山分场划出70公顷连片毛竹林，建设高效笋竹两用林开发示范基地，采取股份合作制形式，在管理体制方面进行探索。即：林场以山林权每1.33公顷计1股，林场职工每投资200元资金为1股（人均不超过5股），实行合股经营。通过资产评估，确立管理方法，制定合股章程，成立股份合作制林场，自主经

营，独立核算，由林场和全体职工集体参与管理，共同承担风险。股份合作制林场打破传统的经营方式，采取了一系列科学管理方法。在生产上，坚持以市场为导向，充分利用剩余物，开拓适销对路的竹产品，经济效益明显提高，竹林每公顷产值由原来的不足 2 250 元提高到现在的 9 000 元。在资源培育上，采取了“庄稼式”的管理办法，砍除杂草灌木、清除石头、老树蔸，25 度以下坡度全面垦复，定期施肥，毛竹资源不断增长，立竹株数由原来的每公顷不足 1 350 根提高到现在的 3 150 根，最高的达到 3 735 根。4 年来，林场山林权分成收入达 20 万元，职工股年分红率达 36%，竹林每公顷效益达到了 6 000 元。股份制林场的建立，为笋竹两用林开发起到了很好的示范作用。

在组建股份制林场的基础上，结合经营机制转换，1998 年该场全面开展高效笋竹两用林基地建设。具体方法是：将适宜搞开发的 1 333 公顷毛竹林分给职工承包，实行资产评估，制定承包方案（经职工代表大会审议通过），采取抽签方式将竹林承包到户。林场有承包能力的干部职工（包括退休工人）人均可申请承包竹林开发 2.67～4 公顷，管理人员下岗搞开发，面积可相应增加到 5.3 公顷。承包人根据承包面积和山场等级交纳一定数额的风险押金，并按年交纳相应的承包费。同时，对承包后竹林的经营管理、林政管理、生产管理以及林场的人事变动等，在承包方案中也有明确规定。

科学管理，规范措施，落实责任，严格奖惩 根据承包方案，山分到个人后，承包人每年必须进行一定面积的抚育和开发，逐年实现全面开发，且每户必须建立 0.67 公顷以上的高效示范林。对两年内不投入资金搞竹林抚育和开发甚至采取掠夺性短期经营行为的，林场将没收其风险押金，收回承包经营权，并责成赔偿损失。1999 年，林场又制定了笋竹两用林工程建设实施方案，提出了几项具体的措施要求：一是各承包人必须在当年 11 月底以前完成所承包面积 50%的砍杂抚育，完成高效竹林垦复 0.33 公顷；二是在质量上，要求砍杂灌草，清理枯枝杂物，砍杂伐蔸不高于 10 厘米以上；三是要求在秋季施长鞭肥，次年春季施孕笋肥和催笋肥；四是将农行贷款 30 万元笋竹两用林开发资金，全部转贷给资金不足的承包户，以扶持承包人的竹林开发；五是对不进行抚育和开发的，按承包合同予以收回；对规定时间内未完成规定面积的，按砍杂每公顷 75 元、全垦每公顷 300 元予以罚款，是管理人员的责任应停发工资，直至完成任务止。对超额完成任务的，按砍杂每公顷 15 元，全垦每公顷 150 元予以奖励。这些措施的出台，有力推动了林场的竹林基地建设。1999 年，全场完成竹林砍杂抚育 1 000 公顷，竹林垦复 187 公顷。

股份经营和承包经营给该场的竹林开发带来了显著效益。从整体效益上看：林场的资源增长了，经济发展了，国家的税收增加了，职工群众通过承包经营增加了收入，国家、林场和职工都是受益者。从经济角度看：①林场精减管理人员 28 人，在职管理人员工资下浮 20%（通过承包竹林来弥补），减少非生产性支出 25.8 万元；②减少毛竹林砍杂、全垦、施肥等营林支出 50 万元；③收取承包费 24.3 万元。直接经济效益为 70 万元（实行承包经营前，这些竹林的经营收入不超过 20 万元）。1998 年承包经营户从竹林开发中获得的收入人均超过 1 000 元，其中上山分场郭元文、桂领福两户达到人均 8 000～10 000 元。从管理角度看，承包人的责任意识和效益观念增强了，大家都把毛竹当作“庄稼”来管，既减轻了林场在经营管理方面的任务，又使竹林经营的集约程度、科技含量和经济效益大大提高。以前盲目挖笋，对竹林破坏很大，现在采取科学的方法挖笋，既有一定的经济效益（每年每户的冬笋、春笋收入达到 1 300 元）又不影响竹林生长。根据样地分析，林场每公顷立竹数已由原来的不足 900 株增加到现在的1 650株，立竹眉围由原来的 29 厘米增加到 35 厘米，毛竹蓄积总量由 1998 年初的 495 万株增加到现在的 523 万株，年增长率达到 5%。

（贵溪市双圳采育林场）

【宜丰县个体林业发展新特点】 宜丰县有个体林业开发大户 30 户，经营面积 362 公顷，投资金额 112.67 万元，其中已产生效益的 7 户，总收入 17.3 万元。主要分布在潭山、花桥、澄塘、新庄、芳溪、车上等乡镇。

该县个体林业发展具有明显的阶段性。第一阶段是 1984～1986 年，县里出台了贴息贷款造林优惠政策，掀起了第一次个体林业开发高潮。以花桥乡最为突出，形成一定规模的就有 12 户，投资 4.33 万元。第二阶段是 90 年代中后期，县里出台鼓励个体造林的政策，让个体户享受集体造林同等待遇，对表现突出的个体户，政府给予物质和精神奖励，从而涌现了一批个体造林大户。第三阶段是 1997 年后，随着林业经济体制改革的深入，该县又积极推进林地所有权和经营权分离，大搞荒山和低产林拍卖，并加大了对个体户的优惠扶持力度，再次出现了个体投资开发林业的新高潮。与前两次相比，第三次林业开发具有几个新的特点：一是投资方向由以用材林为主向体现宜丰竹乡特色的低产毛竹林方向转变；二是投资渠道由原来依赖国家补贴为主向个人自筹为主转变；三是投资规模由分散经营向规模经营转变；四是开发项目由单一林业开发向以林为主的多种经营转变；五是开发方式由以劳动密集型为主向科技集约型为主转变。 （宜丰县林业局）

【遂川县大坑木材检查站文明执法】 遂川县大坑木材检查站 1993 年经省政府批准设立，1997 年经检查达到部颁建设标准。1997 年以来，该站多次被吉安地区授予“先进木材检查站”等称号，先后 6 次受到政府和林业部门表彰。1999 年被评为“全省木材运输检查执法文明窗口示范单位”。他们的主要经验是：

强化制度管理 以“爱岗敬业、树岗位形象”为宗旨，从建章立制、狠抓落实、监督制约3方面入手，积极开展“井冈之星”双文明创建活动。制订了《创建双文明“窗口”实施方案》、《责任制管理实施方案》、《执法责任制实施细则》、《财务制度》、《考勤制度》、《检查员守则》等一系列制度，建立了《职工政绩一览表》，将各项工作与年终目标管理考核挂钩，定期检查，兑现奖惩，真正做到了工作责任到人。1999年，全站9人共超勤389天，超夜班156个。

注重政治学习，加强业务练兵 站里成立了学习领导小组，建立了学习制度，制订了学习计划，采取多种形式学习党和国家的方针政策、法律法规、劳模事迹、木材检查业务等，每月安排一二次集中学习，要求每人每年写出不少于20篇的学习心得。3年来参加地县举办的各类培训班19人次，提高了工作人员的政治素质和行政执法水平。1999年，全站共处理林业行政处罚案件45起，都做到事实清楚、定性准确、手续完备、程序规范，没有一起因行政执法过错而引起的行政诉讼，受到上级主管部门和县人大的高度评价。

狠抓廉政建设，促进文明执法 坚持做到木材检查“四有”、“五不准”，即上岗有着装、检查有证件、语言有礼貌、查询有答复、不准超越权限实施检查和搭车检查、不准擅自处理被扣留的木材、不准刁难货主、不准乱收费乱罚款、不准上班时间喝酒和酒后值班。完善和强化廉政监督制约机制，配备了廉政监督员，建立了《廉政登记簿》，把干部职工的拒贿事迹载入簿内，并公布于众。签订了《廉政合同书》，将各廉政制度逐项细化，落实到人，向社会公开监督电话，设立举报箱和意见箱，接受群众的监督，增加文明执法透明度。坚持每月举行一次廉洁行为“回头看”会议，要求每个职工对自己的执法行为和廉洁表现进行总结和查摆，有则改之，无则加勉，鼓励表扬与教育帮助相结合。每年举行一次职工家属联谊座谈会，开展站内“文明家庭”评选活动，勉励家属们支持工作，当好“贤内助”。1999年，全站共拒绝货主请吃达40余次，拒收烟、酒等物达17次，折合人民币2 670元，拒收现金达4238元，坚决抵制了不正之风。

充实业余生活，增强凝聚力和战斗力 充分利用站后的荒坡荒地，积极开展“一种三养”。1999年生产蔬菜4 000余千克，饲养生猪5头，鸡40余羽，鸭80余羽，改善了职工生活。经常为群众办实事，办好事，为附近的孤寡老人、烈军属搞义务劳动，帮助春耕、秋收、冬种等，送温暖到家。还利用站里的一艘船为两岸群众摆渡，密切了与当地群众的关系，工作得到群众的积极支持和配合，增强了携手共同打击不法分子的战斗力。搞好站容站貌，美化生活和工作环境。因地制宜，经常性开展登山、划船、棋类、卡拉OK等健康有益的文体活动，培养了职工的集体主义精神，形成以站为家、爱岗敬业、积极向上、团结友爱的良好风貌。

（梁小军　李贤平）

【东江源——三百山国家森林公园】 三百山国家森林公园位于江西省安远县东南部边境，总面积200余平方千米。公园内森林覆盖率达98%，中亚热带常绿阔叶林自然生态系统保存完好，111科661种木本植物在其中争奇斗妍，400余种野生动物在林内生息繁衍。三百山熔清幽、秀丽、雄奇、峻险、古朴、野趣等特色于一炉，集火山构造、奇峰幽壑、清溪碧湖、飞瀑深潭、密林古树、珍禽异兽、怪石险滩、温泉奇观于一体，是一处纯天然高品味的旅游胜地。

三百山的价值还在于，它是东江的发源地，是东江水系的水源涵养林区，具有生态旅游、观光、科考、度假、保健等多种功能，对香港同胞有着巨大的吸引力。通过近几年保护性的开发利用，已完成基础设施建设投资1 800多万元。主要项目是：①交通：铺设镇岗至新园虎岗三级柏油路15千米，拓宽虎岗至过桥垅公路5千米，新修入山公路11千米。②电力：架设完成了10千伏安高压输电线路8千米。③基础设施：完成了福鳌塘人工湖工程，人工湖周边绿化美化工程，完成游览步道3千米，建造旅游船一艘，完成温泉宾馆工程和餐厅、木屋等基础设施建设。（何德龙）

【油茶之乡——横峰县新篁乡】 新篁乡位于横峰县北部山区，全乡油茶林面积2 920公顷，分别占该乡土地总面积、林业用地面积和有林地面积的43.4%、53.1%和64.4%。早在70年代，新篁乡就是江西的重点油茶生产基地之一。林业“三定”后，特别是1993年该乡被列入国家第二期油茶低改工程乡以来，油茶生产得到了快速发展。1997年油脂总产量426吨，其中茶油折油脂产量为421吨。

稳定山林权属，完善经营机制 1984年新篁乡政府对油茶生产作了两条规定：一是油茶山的山林权属50年不变；二是除油茶责任山以外的“野油茶”，采取“谁改造，谁所有”的办法，极大地调动了广大茶农发展油茶的积极性，全乡油茶林面积和茶油产量从1982年的2 005公顷、14万千克，逐步发展到1989年的2 663公顷、27.2万千克和1997年的2 926公顷、42.1万千克。

技术进万家，科技兴油茶 十几年来，新篁乡在推广砍杂、垦复、深挖等常规改造技术的同时，一是注重从选种、育苗、嫁接、修剪等方面下功夫，选择良种，培育壮苗，建立油茶采穗圃，培育扦插苗；二是采取了“派出去请进来”的办法来增加油茶生产过程中的科技含量。该乡多次聘请中国林科院亚林中心的油茶专家到实地进行授课，乡领导还多次带领乡、村干部和油茶专业户到外地参观学习油茶经营管理经验。通过学习培训的人员回去后，不但能亲手操作，还能向其他群众传授，从而带动周围茶农提高经营效益。全乡出现了油

茶专业户18户，油茶低改示范户25户，油茶高产户（年产茶油500～1 000千克）13户。该乡山田村村民唐华宝，十多年来坚持对自己的1.7公顷油茶责任山集约经营，茶油产量达到每公顷480千克，最高年份产量达到562.5千克，单株产鲜茶果最高达到75千克，全家油茶年综合收入达1.6万元，占家庭收入的70%以上。

抓产前服务，促产后营销　为保护广大茶农的切身利益不受侵犯，新篁乡各村都成立了油茶管理委员会，抽调人员不定期进行巡逻护林，维护油茶林区的治安，做到发现问题及时解决。针对茶油销售不畅的问题，新篁乡采取了“派出去引进来”的促销办法，同时还出台了关于对外销茶油有功人员予以重奖的优惠政策，搞活了流通，提高了茶油的商品转化率，有力地推动了油茶产业和当地经济的发展。（余江帆）

山东省林业

【概　述】　1999年全省完成造林17.7万公顷，新建农田林网25.4万公顷，育苗1.5万公顷，封山育林24.1万公顷，全民义务植树1.42亿株，果品产量达到120亿千克，林业总产值达到276亿元，比1998年增加10%。又有50个单位成为全国造林绿化“4佳”和“400佳”单位，15人荣获全国绿化奖章，50人获省绿化奖章。（谢桂英）

【山东林木资源保护】　1999年进一步加大了执法力度，严格控制林地、林木的流失，开展了严厉打击破坏资源违法犯罪专项斗争，遏制了毁林歪风上升的势头，森林资源案件损失与1998年同期相比下降了12.8%。在各级公、检、法、监察机关密切配合下，全省依法查处打击各类破坏森林和野生动物案件1 093起，综合查处率96.5%，其中，刑事案件158起，治安案件376起，林业行政案件421起，野生动物案件46起，火灾案件92起。破获各类犯罪团伙4个，抓获成员24名，收缴木材1 386立方米，挽回经济损失323万元。收缴和放生大量野生动物，共收缴猎捕鸟具18套（付）；查获滥捕、走私、贩卖野生动物64 158头（只、条）；放生金钱蛙5.3万余只，猫头鹰138只，斑鸠、麻雀1.1万余只，大天鹅、苍鹰等珍稀动物16只，娃娃鱼4条。集中打击处理了一批违法犯罪人员，据统计，全年共打击处罚各类违法犯罪分子（犯罪嫌疑人）2 012名，其中判刑8人，逮捕32人，刑事拘留48人，治安拘留92人，党纪处分16人，劳动教养35人，警告、罚款等处罚的1 881人。（谢桂英）

【山东护林防火】　1999年全省降水量较常年减少80%以上，在180天的防火期里，三级以上高火险等级占85%以上，在百年不遇的持续高温、干旱的形势下，1999年发生火灾20次，火警133次。经过全省军民的共同努力，克服了严重干旱带来的困难，防火工作取得一定成绩，将林地森林火灾受害率控制在0.2/1 000，大大低于1/1 000的控制指标。其主要措施是：一是加大了科技防火工作力度，据统计，1999年全省共打防火隔离带680千米，新建生物防火林带214千米。二是加强了通讯网、瞭望网和森林消防专业队的建设。据统计，1999年全省共投入防火资金1 382.8万元，较1998年增加64%，其中部、省233万元，市地以下1 149.8万元，新建瞭望台12座，更新维修电台115部，手持对讲机269部，风力灭火机700多部，防火车9辆，安装程控电话12部，实现了省和13个市地防火微机联网，进一步提高了抗御自然灾害综合能力。三是坚持依法治火，本着见烟就查、见火就罚、违章就抓的原则，严厉打击火灾肇事者。共查处火灾案件92起，处罚96人，其中，判刑4人，治安拘留12人，行政处罚80人。（谢桂英）

【山东科技兴林】　1999年林业科技体制改革科研机制转换被提到了议事日程，并取得初步成效，省、市、地林科所都进行了不同形式的改革探索，取得了较好效果。林业科技创新也有了新的突破。据不完全统计全省共完成20多项科技成果，其中有5项成果获国家林业局科技进步奖，15项获省科技进步奖，部分课题达到了国际先进或国内领先水平。如省林科所的经济林木、经济作物平衡施肥技术课题，经过科技人员8年的研究探索，对十几种经济林木、经济作物的平衡施肥技术进行了系统的研究，并研制出了“林发”牌系列专用肥，肥料厂固定资产已达300多万元，累计创利税584万元，直接经济效益2亿多元，被省科委定为山东省经济林木平衡施肥中试基地，经专家鉴定达到国际先进水平。杨树转基因育种在试验室内能耐0.5%的盐碱杨树，并已繁殖3 000多株苗、2000年就可进入大田试验。“三〇工程”已初选出了4个材质好、生长快的杨树品种，可作为21世纪山东杨树更新换代品种。三倍体毛白杨的繁育技术难关已经突破，近期可在生产上大面积推广应用。（谢桂英）

【山东国有场圃分类经营改革】　山东省从1999年开

始就探索场圃改革的路子。1998年2月，省政府办公厅以鲁政办发［1998］10号文下发了《山东省人民政府办公厅转发省林业厅关于深化改革加快发展国有林场苗圃的报告的通知》后，在全省普遍开展了以分类经营，分级管理为主要内容的场圃改革。到1999年3月底全省全部完成了国有场圃的类型划定工作。310处国有场圃中划定为商品经营型2处、混合经营型38处、生态公益型270处。通过分类经营引起了各级政府对国有场圃的重视，为场圃的发展创造了一个良好的环境，通过分类经营落实配套政策，给国有场圃带来生机和希望。据统计1999年全省各级政府对场圃增加的各项投入超过2 000万元。泰安郊区、济南市长清县在全县（区）各单位财政拨款削减20%的情况下，对场圃的差补费不但一分未减，而且逐年增加；临沂市所辖10县（区）在财政十分紧张的情况下，对场圃事业费补助由分类经营前的80万元增至现在的500万元。到1999年底全市29处林场，13处苗圃的干部职工都交上了养老保险费，有18处场圃基本上发上了工资，有80%的林场苗圃的干部职工部分发上了工资，大大调动了场圃干部职工的积极性；烟台有17处场圃由分类经营前的自收自支单位改为差额补贴和全额拨款，1999年已纳入财政预算的差补费350万元，工资的差补率达到60%以上，林场职工的养老保险金已纳入财政预算。一部分生态公益型林场还实现了全额补助，使场圃职工的工资得以保障，生活条件得到改善，稳定了职工队伍，调动了职工的生产积极性。泰安市有2处国有林场继续保持了原有全额事业单位性质，有2处林场已由差额事业单位变为全额事业单位，其他林场和苗圃均为差额事业单位。全市国有场圃事业费总额达到1 610万元，在职职工人均事业费7 800元，各项基本建设补助费达到847万元。国有场圃在职职工已全部加入养老保险，离退休人员的工资全部得到解决。

（李　萍）

【山东四大生态工程建设】　山东省人民政府确定实施的封山育林工程、平原绿化工程、黄河绿色长廊建设工程和“三沿一环”绿化工程（沿海、沿路、沿河、环城）已全面启动。封山育林工程进入实施阶段。9月份省政府签发了省政府令，发布实施了《山东省封山育林管理办法》，这标志着，全省封山育林工作步入了规范化、法制化的轨道。“三沿一环”工程，全省重点抓了京九铁路、京福高速公路济德段和济南大环境绿化，济南铁路局投资100多万元用于京九铁路的绿化美化，京福高速公路济德段沿公路两侧林带和辐射5千米的农田林网、总长91千米的绿色通道基本建成。交通厅投资2 000多万元将路中间隔离带的水泥板改建成绿化带。各市地县也都确定并实施了各自沿路沿河和环城绿化工程。

（谢桂英）

【山东荣城市森林覆盖率高出全国水平】　荣城市从50年代开始就从封滩育林开始，营造沿海防护林，建设农田护林网，在荣城筑起了一道道绿色屏障。除了每年开展大规模的群众性造林活动外，还相继推出了“共青团绿化工程”、“红领巾绿化工程”、“三八绿化工程”。1999年，仅植树节一天就完成造林173公顷，“四旁”植树13万棵，挖穴7万多个。到1999年底林地面积已发展到4.1公顷，森林蓄积达到98万立方米。森林覆盖率提高到35%，比全国水平高出21.6%。

（谢桂英）

【’99昆明世界园艺博览会山东省获奖总数名列第一】

1999年5月1日至10月31日，我国政府首次在云南成功举办了’99昆明世界园艺博览会，本届博览会是经国际园艺生产者协会和国际展览局批准并注册的A1级博览会，有95个国家、国际组织和我国31个省（市、区）及香港特别行政区、澳门地区、台湾民间组织等参加，是历届世界博览会中参加国家最多，规模最大的一次园艺园林盛会，集中展示了当今世界园林、园艺、花卉发展的最新科技成果和生产技术水平。按照’99昆明世界园艺博览会组委会的要求，山东省组团参加了全部参展项目，向中外各界展示了山东独有的区域风貌和山东风情，展品丰富多彩，吸引中外游客达700多万人次，圆满完成了参展任务，获得了巨大成功，共获得奖牌408枚，其中获大会最佳展出奖1枚，大奖15枚，金奖60枚，银奖143枚，铜奖189枚，奖牌总数、各类奖牌数均列第一，并获大会贡献奖，受到了’99昆明世界园艺博览会组委会、国际最高评审团以及广大参观者的高度评价和赞扬。山东省通过这次博览会，创立了一大批园林园艺名牌产品，进一步扩大了影响，达到了让世界了解山东，让山东走向世界的目的，为山东省赢得了荣誉，为中华民族争了光。1999年12月22日，山东省在南郊宾馆隆重召开参加’99昆明世博会总结表彰大会，邵桂芳副省长出席会议并讲话，陈延明副省长宣读了省委、省政府的表彰决定。17个单位、67名个人受到表彰。省委、省政府决定，授予省林业厅、泰安市“全省参加’99昆明世界园艺博览会突出贡献奖”荣誉称号，授予省委宣传部、省政府办公厅、省经贸委、省财政厅、省文化厅、省广播电视厅、省旅游局、大众日报社、济南市、青岛市、淄博市、烟台市、济宁市、潍坊市和菏泽市“全省参加’99昆明世界园艺博览会先进集体”荣誉称号，给予通报表彰。省政府授予种苗站站长张维东“山东省先进工作者”荣誉称号。省人事厅、省林业厅联合给予吕德一等23位同志记二等功奖励，给予陈强等43位同志记三等功奖励。省政府决定，对有开发价值的世博会获奖产品，将在产业化开发方面给予重点扶持，使其尽快形成山东新的经济增长点。

（谢桂英）

【山东东方花卉有限责任公司与荷兰签订花卉种苗合作项目】　1998年12月20日，山东东方花卉有限责任公司与荷兰莫尔海姆玫瑰贸易公司在广饶县大王镇签订了一项花卉种苗合作项目，两者共同合资成立了中荷花卉种苗有限责任公司。莫尔海姆公司总裁路易斯先生和东方花卉公司董事长许兰祥签订了合作合同。该项目总投资为120万美元，建设规模为2公顷，合作期限为5年。该项目由东方花卉有限责任公司提供资金、设备等条件，荷兰莫尔海姆玫瑰贸易公司提供先进的种苗生产及管理技术、国际合作等。成立该公司的目的在于引进优良花卉品种，采用荷兰先进的种苗生产技术和科学的经营管理办法，为国内市场生产优质花卉种苗，并为国内市场生产优质盆花。该项目实施后，将达到年产100万株种苗，50万盆花的生产规模，第五年将达到年产1 000万株种苗，500万盆花。

（山东省林业厅）

【五莲县被列为中央电视台《绿色时空》重点宣传单位】 五莲县在山区建设中取得显著成绩，多次被全国绿化委员会授予“全国造林绿化先进单位”，被国家林业部授予“全国绿化百佳县”。为了推广五莲县在建设生态林业示范区中所取得的巨大成就，展示人与自然和谐的优美环境，1999年全国绿化委员会、国家林业局、中央电视台联合确定五莲县为中央电视台《绿色时空》栏目的重点报道对象。（岳乃海）

【先进集体和先进个人】

1998年度“全国绿化奖章”获奖名单　李元绩　王福臣　张经强　赵一民　石效贵　张新起　刘维滋　王玉芬　刘明星　张开勤　张文群　刘和平　张继水　梁启玉　于光江　王存友

1998年度山东省绿化奖章名单　路兆丰　黄振英　方　平　孙世正　张启光　崔远信　孙建博　岳玉鑫　张耀银　庞节扬　顾克锁　乔来秋　曹连杰　唐忠国　王日义　许前东　魏学仁　考继佳　田可法　张维栋　袁怀臣　季汉昌　程传华　高慧娟　张德常　李　晓　栾向东　刘玉麓　王均生　陈孝俊　苑芳义　许继永　马学生　郭建新　徐惠梅　王　勇　张举恒　张勤风　郭洪敬　李伯平　马营泽　王荣坤　杨西文　张振学　董瑞铭　党文生　祁金生　邓万江　李秋兰　高玉阁　孙培森　刘德胜　李照远　杨鲁豫　柏贵生　谢东斗　王介辉　孙德祺　苗启建　余毅军　周秉庆　刘德明　吴兴华　隋邦湖　李纯品　黄绪民

1999年度山东省绿化奖章名单　张洪发　张广友　郑江德　梁桂宝　李崇富　翟成吉　周佃农　孙中秀　周燕明　董长君　孙吉明　尹国良　李文勤　韩兴江　吕传福　周勤生　房德振　于所川　张永祥　陈子军　王希明　王守亭　张家臣　田敬义　邹　宽　杨金山　赵振祥　陈　宏　崔新厚　万庆阳　陈　岩　王春生　郭庆朴　吴文颇　陈永祥　陈　永　周谋扬　肖庆荣　王有兰　朱关祥　杨玉武　刘新芝　张中华　亓建中　陈永福　侣庆柱　胡圣银　刘德胜　张瑞义　滕敦斋　王丕成

1998年度山东省部门系统造林绿化先进单位名单　济南市卷烟厂　山东省电力高等专科学校　即墨市园林绿化管理局　山东黄岛发电厂　胶州师范学校　淄博市原山集团有限公司　中共临淄区委办公室　张店区政务中心部门　枣庄市枣庄宾馆　枣庄市建设委员会　枣庄矿业集团蒋庄煤矿　东营市财政局　东营市林业局　烟台市电业局　烟台市劳动局　烟台市公安局　烟台开发区建设环保土地局　山东海化集团有限公司　潍坊富华游乐园有限公司　山东金宝集团总公司　潍坊市规划国土局　山东潍坊发电厂　兖州矿务局东滩煤矿　邹县发电厂　曲阜市体育运动委员会　山东省三河口生建煤矿　中国人民银行嘉祥县支行　济宁师范专科学校　泰安市政府办公室　东平县教育委员会　中国煤矿工人泰山疗养院　山东人民印刷厂泰安分厂　山东华宁矿业集团有限公司　威海市经济技术开发区谷家洼村　山东西霞口集团　日照市商检局　日照市植物油厂　莱芜师范学校　莱芜市电业局　无棣县油棉加工厂　乐陵市第四中学　庆云县第一中学　德州市第三水厂　山东凤祥集团总公司　聊城广播电视大学　郯城县高峰头镇第一中学　临沂市费县农业局　临沂市兰山区兰山办事处西关居民委员会　临沂市罗庄区双月湖办事处　成武县文亭湖宾馆　菏泽市委　定陶县第一中学　中国人民解放军54691部队　中国人民解放军55064部队　山东水利专科学校　山东省引黄济青工种管理局滨州分局　兖州矿业（集团）公司济东新村　济青高速公路淄博管理处　烟台师范学校　山东师范大学　济南铁路局济南分局石臼所车辆段　齐鲁石化热电厂　胜利石油管理局佩河社区管理中心　中国石化第十建设公司技工学校　济南钢铁集团总公司

（山东省林业厅）

【’99昆明世界园艺博览会山东省获奖名单】 山东省参加’99昆明世博会共获得奖牌408枚，其中最佳展出奖1枚，大奖15枚，金奖60枚，银奖143枚，铜奖189枚。

'99昆明世博会获奖情况

获奖项目	获奖名称	展品名称	参展单位
室外长期展出庭园	最佳展出奖	齐鲁园	山东省林业厅
室外庭园设计	大奖	齐鲁园	山东省花卉协会办公室
室外长期展出庭园	大奖	牡丹园	山东省林业厅　菏泽市人民政府
室内长期展出	大奖	齐鲁春秋	山东省林业厅
室内展出设计与制作	大奖	齐鲁春秋	山东省工业展览公司　山东省花卉协会
牡丹专题展	大奖	乔子红	菏泽市百花园
多年生庭园植物	大奖	石榴王	山东省花卉协会　枣庄市林业局
		古柏树系列	山东省花卉协会　莱芜市林业局
月季专题展	大奖	粉和平	莱州市林业局
		蓝丝带	莱州市林业局
室外庭园单项创作	大奖	齐鲁牌楼	山东省花卉协会办公室
		齐鲁麒麟	山东省花卉协会办公室
插花专题展	大奖	走向未来	青岛市花卉协会
盆栽花卉	大奖	海棠系列	泰安市林科所
室内展出蔬菜和水果	大奖	脱毒地瓜、马铃薯	莱芜市农科所　山东省农科院蔬菜研究所
		转基因肥桃	肥城市人民政府
盆景专题展	金奖	石榴-老当益壮	枣庄市林业局
牡丹专题展	金奖	黑花魁	菏泽市人民政府
		烟龙紫	菏泽市人民政府
		向阳红	菏泽市百花园
		曹州红	菏泽市百花园
		妖姿	菏泽市赵楼牡丹园
		玛瑙镶翠	菏泽市李集牡丹园
		玉板白	菏泽市人民政府
		万花争春	菏泽市百花园
		百园奇观	菏泽市百花园
		天霞粉	菏泽市赵楼牡丹园
1～2年生草本花卉	金奖	六倍利	济宁市花卉协会
		一串红	山东省花卉协会办公室
		洋桔梗-紫玛丽玻	青岛市园林研究所
		风铃草	青岛市园林研究所
		四季海棠系列	泰安市林业局
室内展出蔬菜和水果	金奖	黄甜椒	东营市东方花卉公司　日照园林科研所
		脱毒大蒜系列	山东省农科院蔬菜研究所
		大泽山葡萄系列	平度市大泽山镇政府
		东明西瓜系列	东明县人民政府
		寿光蔬菜系列	寿光市农委

（续）

获 奖 项 目	获奖名称	展 品 名 称	参 展 单 位
盆栽花卉	金奖	春艳-映山红	日照市林业局
多年生庭院植物	金奖	黑松	山东省花卉协会　泰安市林业局
		花石榴	山东省花卉协会　泰安市林业局
		油松	山东省花卉协会　泰安市林业局
		鲁白14号白菜	济南市历丰春夏大白菜研究所
		海芋	泰安市林业局
		多头苏铁	山东省花卉协会办公室
月季专题展	金奖	黑旋风	莱州市人民政府
		俄洲黄金	莱州市人民政府
		上海之春	莱州市人民政府
		外交家	莱州市人民政府
		红双喜	莱州市人民政府
		花黄	泰晏市林科所　日照市园科所
室内植物	金奖	多头金琥	山东省花卉协会办公室
		彩玉	山东省花卉协会办公室
		朱砂根	山东省花卉协会办公室
室外庭园设施设备、施工	金奖	齐鲁园施工	山东省花卉协会办公室
		齐鲁园照明系统	山东省花卉协会办公室
		齐鲁园水系	山东省花卉协会办公室
室外庭园单项创作	金奖	泰山、趵突泉、碑刻	山东省花卉协会办公室　泰安市人民政府
		园林古建	山东省花卉协会　曲阜古建园林公司
赏石专题展	金奖	中华魂	青岛市
		琅琊雄风	临朐县林业局
		黄河源头	济南市
		禅韵	青岛市
球根花卉专题展	金奖	球根海棠-玉玲珑	山东省花卉协会　淄博市林业局
		球根海棠-黄袍玉带	山东省花卉协会　淄博市林业局
		球根海棠-冰清玉洁	山东省花卉协会　淄博市林业局
		球根海棠-芙蓉	山东省花卉协会　淄博市林业局
		球根海棠-玉杏	山东省花卉协会　淄博市林业局
		大丽花-紫凤	淄博市林业局
		大丽花-鸡血白玉	淄博市林业局
		大丽花-荷花仙子	淄博市林业局
		芒兰	青岛市园林科研所
园艺文化产品、干果	金奖	植物画-向日葵	泰安市林科所　山东省林业科技大夏
鲜切花专题展	金奖	芍药系列	菏泽市牡丹研究所
兰花专题展	金奖	大花惠兰	临沂市河东区兰花研究所
		仙丽兜兰	临沂市河东区兰花研究所

（续）

获奖项目	获奖名称	展品名称	参展单位
菊花专题展	金奖	微型菊艺系列	山东省花卉协会办公室　泰安市林业局
盆景专题展	银奖	石榴-苍龙探海	枣庄市林业局
		翠柏-齐鲁风云	济南市
		五针松-游龙戏水	山东省花卉协会
		侧柏-柏魂	泰安新泰电缆厂
牡丹专题展	银奖	胡红	菏泽市人民政府
		蓝田玉	菏泽市人民政府
		白玉	菏泽市百花园
		水晶球	菏泽市百花园
		景玉	菏泽市百花园
		水晶白	菏泽市百花园
		粉中冠	菏泽市赵楼牡丹园
		赵粉	菏泽市人民政府
		墨楼争辉	菏泽市赵楼牡丹园
		黑紫莲	菏泽市百花园
		仙桃	菏泽市百花园
		绽绿	菏泽市赵楼牡丹园
		白鹤展翅	菏泽市百花园
		锦绣球	菏泽市赵楼牡丹园
		丁香紫	菏泽市赵楼牡丹园
		春红娇艳	菏泽市百花园
		粉丽	菏泽市百花园
		百园群英	菏泽市百花园
		璞珞宝珠	菏泽市人民政府
		十八号	菏泽市人民政府
		乌龙捧盛	菏泽市人民政府
		五一红	菏泽市赵楼牡丹园
		美玉绣球	菏泽市李集牡丹园
		丹顶鹤	菏泽市百花园
		如花似玉	菏泽市百花园
		锦红缎	菏泽市百花园
君子兰专题展		大圆头	威海市林业局
1～2年生草本花卉	银奖	美女樱	济宁市花卉协会
		一串红	济宁市花卉协会
		一串红	青岛市园林研究所

（续）

获奖项目	获奖名称	展品名称	参展单位
1～2年生草本花卉	银奖	孔雀草-橙红夏娃	青岛市园林研究所
		鸡冠花-世博	青岛研究所
		彩叶草-王妃	青岛市园林研究所
		柠檬绿花烟草	青岛市园林研究所
		夏堇-粉色小丑	青岛市园林研究所
		粉翠菊	青岛市园林研究所
		羽衣甘蓝	泰安市林业局
		蒲包花系列	泰安市林业局
		悬垂红苋菜	泰安市林业局
室内展出蔬菜和水果	银奖	茄王	寿光市农业局
		凯银圆椒	东营市东方花卉公司
		油桃-丹墨	高密市林业局
		大紫大樱桃	烟台市林业局
		烟富2号-苹果	烟台市林业局
		阳信鸭梨	滨州地区林业局
		泰安石榴	泰山区林业局
		大白菜、萝卜	山东省农科院蔬菜研究所
盆栽花卉	银奖	金银花-“人与自然”	青岛市园林环卫局
		石榴-“软仁马牙”	枣庄市花卉协会
		芍药-莲台	曹州牡丹花木开发总公司
		倒挂金钟	威海市林业局
		盆栽香石竹系列	泰安市林业局
		绣球系列	泰安市林业局
多年生庭园植物	银奖	金枝垂柳	济南市苗圃
		耐冬	青岛市园林环卫局
		水草-中柳	山东省花卉协会办公室
		金枝槐	山东省花卉协会办公室
		垂枝榆	山东省花卉协会办公室
		龙爪枣	德州市林业局
		油桃	聊城市林业局
		肥城桃	肥城市苗圃
		春早生萝卜	山东省农科院蔬菜所
		鲁番茄4号	济南市历丰春夏大白菜研究所
多年生庭园植物	银奖	苍山大蒜	苍山县蔬菜局
		金银花造型-澳门	省花协　青岛市园林环卫局
		古桩石榴	泰安市林业局　枣庄市林业局
		黑赤松	泰安市林业局

（续）

获奖项目	获奖名称	展品名称	参展单位
月季专题展	银奖	万道霞光	青岛市园林环卫局
		西施女	青岛市园林环卫局
		红双喜	莱州市林业局
		大奖章	莱州市林业局
		黄狮子	莱州市林业局
		巴黎玫瑰	莱州市林业局
		粉苞	莱州市林业局
		加力瓦达	莱州市林业局
		大绿云	莱州市林业局
		黄金世界	莱州市林业局
室内植物（多浆类）	银奖	黄花金刚	山东省花卉协会办公室
		金刚丸	山东省花卉协会办公室
		绯龙丸	山东省花卉协会办公室
室外庭园单项创作	银奖	鲁壁	山东省花卉协会办公室
赏石专题展	银奖	迎客松	临朐县林业局
		笑口常开	济南市
		沙丘风光	济南市
		一帆风顺	济南市
		梁祝	临朐县林业局
		地幔奇观	青岛市
		天目	济南市园林局
		斗牛	济南市
		龙兵过	青岛市
		泰山神韵	泰安市
		庄子观鱼	淄博市博山区政协
球根花卉专题展	银奖	小丽花-黑玫瑰	泰安市林业局
		小丽花-斯红菊	泰安市林业局
		球根海棠-朝霞	省花协　淄博市林业局　泰安市林业局
		球根海棠-大红袍	省花协　淄博市林业局　泰安市林业局
		球根海棠-春水	省花协　淄博市林业局　泰安市林业局
		球根海棠-乡情	省花协　淄博市林业局　泰安市林业局
		球根海棠-万花争春	淄博市林业局　泰安市林业局　省花协
		球根海棠-玉兔	淄博市林业局　泰安市林业局　省花协
		球根海棠-银桂飘香	淄博市林业局　泰安市林业局　省花协
		球根海棠-玉蝶	淄博市林业局　泰安市林业局　省花协
		球根海棠-赛荷莲	淄博市林业局　泰安市林业局　省花协
		球根海棠-喜梅	淄博市林业局　泰安市林业局　省花协
		球根海棠-紫云朝霞	泰安市林业局　省花协　淄博市林业局

（续）

获奖项目	获奖名称	展品名称	参展单位
球根花卉专题展	银奖	球根海棠-绿蝴蝶	泰安市林业局　省花协　淄博市林业局
		球根海棠-抛彩球	泰安市林业局　省花协　淄博市林业局
		铁炮百合	青岛市林业局
		崂山百合	青岛市园林环卫局
		朱顶红	省花协　淄博市林业局
		黄色马蹄莲	淄博市林业局
		大丽花-粉莲	淄博市林业局
		大丽花-牡丹含笑	淄博市林业局
		大丽花-紫玫瑰	青岛市园林环卫局
		大丽花-艳冠群芳	淄博市林业局
		大丽花-艳霞穿银	淄博市林业局
		大丽花-白玉柱	淄博市林业局
		大丽花-粉魁银勾	淄博市林业局
		大丽花-雪中情	淄博市林业局
插花专题展	银奖	春	青岛市花协
		秋	青岛市花协
		海底世界	青岛市花协
		彩云追月	青岛市花协
室内观叶植物展	银奖	龙舌兰	泰安市林科所
		皱纹椒草	泰安市林科所
		圆叶蔓绿绒	泰安市林科所
园艺文化产品、干果	银奖	核桃良种系列	泰安市林科所
		泰安仁用杏	泰安市林科所
		脱水菜系列	山东省农科院蔬菜研究所
		灵芝	泰安市林业局
		花材加工技术系列	泰安市林业局
鲜切花专题展	银奖	鹤望兰	青岛市林业局
		向日葵	泰安市林业局
		非洲菊	寿光万芳花卉集团　山东芳源花卉有限公司
兰花专题展	银奖	墨兰-桑原晃	临沂市河东区兰花研究所
		卡特利亚兰	泰安市林业局
		墨兰-瑞花	临沂市河东区兰花研究所
		大花惠兰	临沂市河东区兰花研究所
菊花专题展	银奖	案头菊系列	泰安市林业局

（山东省林业厅）

河南省林业

【概　述】

发展与成就

造林绿化　全省克服了天气严重干旱、病虫多发等不利因素，全面完成了省政府下达的目标任务。共完成人工造林20.67万公顷，其中，长江上中游防护林、黄河中游防护林、淮河太湖流域防护林、太行山绿化、防沙治沙等国家重点林业生态工程造林4.27万公顷，飞播造林3.33万公顷，其他造林13.07万公顷；封山育林7.33万公顷；绿化铁路、公路和河道1.49万千米；大田育苗1.58万公顷，容器育苗2.7亿袋；初步建成了濮阳市、信阳市平桥区绿色通道工程，新安县、渑池县黄河防护林工程，新县淮河生态工程，周口地区平原绿化工程等一批设计合理、质量高、效益好的林业工程。

资源林政管理　全省资源林政管理工作以制止毁林开垦和乱占林地为重点，主要抓了5项工作。一是征占用林地审批工作有了新的起色，先后审核了故县水库、漯周高速公路、新荷铁路等12起重点建设项目征占用林地手续，征占用林地审批率达到80%。二是加大了林木采伐、木材运输的管理力度，全省森林资源消耗量低于750万立方米，没有超过国家下达的800万立方米的控制指标。三是狠抓了林业公安、森防和木材检查站等林业执法体系建设，经国家林业局验收，全省又有30个木材检查站、4个森防站、74个林业公安派出所达到了国家建设标准。四是继续开展了以打击乱砍滥伐和乱捕滥猎、倒卖野生动物为主要内容的林业“严打”专项斗争，共查处各类林业案件4 437起，打击处理违法犯罪分子5 876人，追缴木材1.6万立方米，查获野生动物26.5万只（头），挽回经济损失451.6万元。五是加强了国有林场、自然保护区管理，狠抓了森林资源调查设计工作，组织开展了黄河上中游重点地区天然林保护工程规划、全省重点林业生态工程区森林资源二类调查和“十五”期间全省森林采伐限额的编制工作。全省森林资源保护管理继续保持了稳定发展的好形势。

林业产业　全省以调整林种树种结构为重点，加快了林业产业发展步伐。花卉生产、中药材生产、森林旅游和木材加工业恢复性增长加快，增幅在10%以上；全省花卉生产和经营企业达到1.1万家，年产鲜切花1600万株，盆花700万盆，园林绿化苗木1.6亿株，年产值近8亿元。林业企业技术改造力度加大，兰桐、华栗等龙头企业拉动作用明显增强。据统计，全省新造经济林3.7万公顷，改造低效林3.5万公顷，经济林干鲜果品总产量达到33.5亿千克；为社会提供木材500多万立方米；全省林业总产值达127.8亿元，林业系统内林产工业和多种经营销售收入达到18亿元，林业经济占农村经济的比重持续增长。

改革与林政实施

科教兴林　全省新建了漯河、开封等8个林业高科技示范园区；有16项林业科研成果获国家和部省级科技进步奖；16个标准化林业站建设合格县通过了国家林业局组织的验收；新建林木良种示范基地3300公顷，繁育新品种苗木1000多万株；重点推广了三倍体毛白杨、速生刺槐、黑核桃、京优和京秀葡萄、美国黑李、中华寿桃、鲜食枣、银杏、柿子、脱毒泡桐、石榴等40余个林木新品种。全省林木良种使用率达到57%，林业科技进步对林业经济增长的贡献率达到33.5%，林业科技成果转化率达到41%，在适宜地区的覆盖率达30%。林业教育持续发展，共培养林业中专毕业生913名。

森林病虫害防治　全省森林病虫害防治工作坚持“预防为主，综合治理”的方针，强化组织领导和目标管理，加强体系建设和工程治理，全面完成了测报、防治、检疫等工作任务。全省共发生森林病虫害71.69万公顷（其中杨树食叶害虫20.6万公顷，杨树蛀干害虫5.74万公顷，泡桐叶甲2.71万公顷，马尾松毛虫3.97万公顷，栎食叶害虫3.59万公顷，刺槐食叶害虫1.69万公顷，草履蚧0.94万公顷，其他病虫害4.45万公顷），发生率16%；共计防治51.32万公顷（其中杨树食叶害虫14.53万公顷，杨树蛀干害虫3.72万公顷，泡桐叶甲1.53万公顷，马尾松毛虫2.85万公顷，栎食叶害虫0.12万公顷，其他病虫害27.57万公顷），防治率71.6%；监测代表面积350.67万公顷，监测覆盖率78%；全年产地检疫种子650吨，果品28 800吨，花卉2460万株，药材4400千克，苗木1.12万公顷；调运检疫苗木18 550万株，花卉4600万株，种子580吨，木材200万立方米，果品25 900吨，药材3800千克；处理违章事件650次，培训专兼职检疫员500人次，办理国外引种审批7份，产地检疫率70%。共设立省联系测报站14个，市地、县中心测报站点90个，一般监测站1400个，全年发布虫情信息4200期、15 000余份，测报准确率达85%以上。共验收省级森林病虫害防治标准站15个，确定南阳市及鄢陵、洛宁、平桥区4个森防站争创国家级标准站，推荐兰考、扶沟等20个县作为国家级中心测报点，共筹集资金购置药械200余部，组建省市联建森林病虫害机防队16个。

森林防火　省委、省政府十分重视森林防火工作，省委书记马忠臣、省长李克强、副省长王明义多次对森林防火工作作出批示。在森林火灾发生的高峰期，省政府3次下发紧急通知，要求各地切实做好关键时期的森林防火工作。王明义副省长3次主持召开省政府护林防火协调会议，并亲往林区一线慰问参加扑火的解放军指战员和职工群众。省护林防火指挥部两次召开森林防火工作会议，6次下发紧急通知、通告。各地积极开展“森林防火宣传月”活动，充分利用电视、广播、报纸等宣传媒介，广泛深入宣传国家和省政府领导对森林防火工作的重要批示和有关森林防火的法规、制度，在林区刷写标语7.3万条，印发布告、通告2.7万份，出动宣传车3400多车次。一些地方还开展了“送户主通知书”、“致学生家长一封信”、“护林防火签名”、“防火有奖征文”、“宣传队下乡”等活动。在10月份召开的省护林防火指挥部第十二次全体会议上审议通过了《关于进一步落实森林防火行政领导负责制的意见》，并下发各市地贯彻执行。省防火办制定并印发了《河南省县际以上森林防火联防实施方案》，规定了联防的组织形式和具体职责，明确了全省5个护林联防的重点区域，并组织编制了《河南省森林防火“十五”计划及2010年规划》。由于领导重视，措施得力，1999年，全省共发生森林火灾189起，其中森林火警135起，一般火灾54起，过火面积1600公顷，森林受害率0.2/1000，受害森林面积500公顷，没有突破国家下达的2/1000的控制指标。

森林公园建设 1999年，全省新批准了三门峡甘山森林公园，经营面积3800公顷；洛宁全宝山森林公园，经营面积1000公顷；新安小浪底库区森林公园，经营面积4.19万公顷；全省森林公园达到35处，总经营面积达到13.29万公顷。为抓好森林旅游工作，河南省林业厅制定了《河南省林业系统’99生态环境游活动方案》，成立了’99生态环境游工作协调领导小组，组织全省部分森林公园参加了’99昆明世界园艺博览会展览，学习、借鉴国内其他省市在森林公园及生态环境建设方面的经验。全省森林公园及开展生态旅游的自然保护区年接待国内外游客181.6万人次，直接旅游收入1233.5万元，实现社会旅游收入近1亿元。

世界银行林业项目 1999年，全省正在实施森林资源发展和保护项目、贫困地区林业发展项目。森林资源发展和保护项目，共完成造林面积2700公顷，抚育面积1.21万公顷，造林成活率达95%，良种使用率及环保合格率均为99%，年度总投资964万元，其中利用外资530万元。贫困地区林业发展项目，共完成造林1.3万公顷，其中用材林4900公顷，经济林8100公顷，造林成活率达96.7%，良种使用率达99%，实现总投资4383万元，其中引进外资2192万元，此外，还落实省、市、县配套资金7750万元，其中省级配套资金1035万元，启动了10个科研推广课题。

野生动物救护 1999年，全省共接送野生动物90余次，救护、收容野生动物死体、活体11 000多只（头、条）。其中国家一级保护动物东北虎、金钱豹、白鹤、绿孔雀、黑鹳等15只（头、条）；国家二级保护动物棕熊、大天鹅、小天鹅、斑羚、雀鹰、草原雕、猫头鹰、猕猴等39只；省重点和有重要经济价值的大白鹭、夜鹭、环颈雉、狗獾、猪獾、斑鸠等200多只（头、条）。先后查处或破获了“三门峡市毒杀白天鹅案”、“济源、焦作市三起猎捕金钱豹案”和“郑许高速公路老虎案”等多起非法猎杀、运输野生动物大案，组织救护白天鹅17只、金钱豹3只、东北虎1只，并放生白天鹅10只、金钱豹1只。

全民义务植树 1999年3月12日上午，郑州市军民共建生态防护林揭碑仪式及省会义务植树活动在郑州市二七区侯寨乡罗沟村大外环东侧举行。省委副书记黄晴宜，省人大常委会副主任张世英，省政府副省长张洪华、李志斌、王明义，省政协副主席姚如学，省军区副政委廖双全及省市机关干部职工、驻郑解放军、武警部队官兵、军事院校师生、省会学生代表、河南省青年志愿者义务植树队等共1200多人参加揭碑仪式和植树造林活动，共栽植泡桐、毛白杨等8万余株。各地也开展了形式多样的义务植树活动。全省各级领导办绿化点704个，有3270万人次参加了义务植树活动，植树1.23亿株，新建义务植树基地220个。

存在问题 一是全省还有90.9万公顷的宜林荒山需要造林绿化，有346.3万公顷严重水土流失区需要治理，一些地方生态环境恶化的趋势尚未得到有效遏制；二是部分地方毁坏固沙林和防护林网搞开发，使局部地区风沙再起；三是个别乡村为发展香菇等食用菌生产而滥伐林木，豫北地区接连发生3起猎杀金钱豹大案，乱砍滥伐林木、乱批滥占林地、乱捕滥猎野生动物等破坏森林资源案件呈上升趋势。 （徐 忠）

【河南省绿化标兵】 为表彰在造林绿化工作中做出突出贡献的林业工作者，经各地自下而上层层推荐，省林业厅综合评比，靳月英、黄长英、闫正升、李国柱、杨林科、王法团、陈军成、徐瑞祥等8位同志被评为“河南省绿化标兵”。1999年3月1日，省林业厅发文，予以通报表彰，《河南日报》刊登了他们的先进事迹。

（徐 忠）

【河南省造林绿化劳动模范】 为表彰在苗木培育、造林种果、绿化荒山荒滩等林业工作中做出突出贡献的先进个人，1999年12月9日，河南省绿化委员会、河南省林业厅作出了《关于表彰造林绿化劳动模范的决定》（豫林［1999］220号），授予宋来生等101名同志为“河南省造林绿化劳动模范”（名单附后），12月13日，在郑州市河南饭店召开了全省造林绿化劳动模范表彰大会，省人大副主任亢崇仁、省政府副省长王明义出席会议，并与劳模合影留念，王明义副省长作了讲话，造林绿化劳动模范到郑州市森林公园营造了纪念林。

河南省造林绿化劳动模范

胡光成、王炳涛、李金成、郑三杰、高步芳、雷玉钦、李绍申、江同彬、崔德斌、徐克宏、徐绪祥、廖如彬、刘守保、易时尚、孙守志、范文堂、曾银霞、徐淇涞、刘当贵、李双建、姜跃宗、石聚民、赵留安、行喜潮、冯 奎、温世圈、张中林、游 良、杨宽社、刘鹏翔、赵换刚、王云龙、罗眼科、李迎春、宋彩峰、沈运田、高云然、李金法、刘成群、李文广、侯平荣、刘国强、王中州、张中献、李树根、杨铁钢、刘庆领、韩香莲、闫文国、郭礼亭、王凤洪、李新桥、杜满想、谢九成、武吉联、杨芳珠、张连增、马建华、任雪明、马自芳、王长河、王二长、杨自由、刘电用、曹中水、王金江、王更午、鲁延明、魏富安、李 栓、张金成、冉丙臣、娄季松、韩广涛、李保银、宋金坡、关和祥、潘书仁、杨富治、苗 伟、李全录、孟凡辉、王 柱、赵金堂、李红成、戚保生、秦延民、宋来生、李贵山、马银锁、王小保、王北方、李明阳、张纪都、齐朝辉、王德强、杨文清、靳月英、杜福致、王学余、酒同英

（徐 忠）

【河南省林业工作会议】 1999年3月8日，省委、省政府在郑州召开了全省林业工作会议。省委副书记黄晴宜、省人大常委会副主任张世英、省政府副省长王明义、省政协副主席胡廷积和省军区副司令员于怀谋等省党政军领导出席了会议。各市、地和50个林业重点县（市、区）的党委或政府分管林业工作的副书记、副市长（副专员）、林业局长及省绿委成员单位负责人参加了会议。会议由省委副秘书长、办公厅主任崔承东，省政府副秘书长、办公厅主任王春生主持，省委副书记范钦臣作了书面讲话，王明义副省长作了主题报告，周口、信阳等8个市地、县作了典型发言。会上省委、省政府对整体完成山区造林目标任务的鹤壁、新乡、三门峡和平顶山市给予表彰，并授予“全省荒山造林绿化先进市”光荣称号。省政府对完成山区造林目标任务的卢氏县、灵宝市、济源市、鹤壁市郊区、淇县、卫辉市、汝州市、叶县、遂平县和平顶山市石龙区给予表彰，授予“全省荒山造林绿化先进县（市、区）”光荣称号。

（徐 忠）

【全省严厉打击破坏森林资源违法犯罪活动专项斗争】 1998年10月，最高人民法院、最高人民检察院、国家林业局、公安部、监察部发出了《关于开展严厉打击破坏森林资源违法犯罪活动专项斗争的通知》（林安字[1998] 45号），要求从1998年11月1日至1999年1月31日在全国范围内组织开展严厉打击破坏森林资源违法犯罪活动的专项斗争。全省认真贯彻执行文件，1998年11月18日、19日省政府相继召开协调会和全省电视电话会，专门研究和部署林业严打专项斗争。1998年11月20日，省委政法委组织召开省公、检、法、林业、监察5个部门联席办公会议，并印发了会议纪要；省高级人民法院、人民检察院等5个部门联合制定了严打斗争方案，并认真组织实施。11月4～20日，平顶山、新乡、周口、南阳、信阳、洛阳、焦作、安阳、郑州、商丘等地党委、政府分别召开会议、下发文件和布告，组织发起严打攻势。省委政法委先后3次召开省公、检、法、林业、监察5个部门联席办公会议，学习文件，分析形势，明确分工，落实责任；并及时组成6个检查组，分赴各地检查指导工作，对省里挂号的20起重大疑难案件逐个剖析，分头督查。整个严打斗争中，各级公安、政法、林业、监察部门强化措施，紧密配合，认真做好立案侦查、移送起诉、公开审判、交付执行等各个环节的工作；对重大疑难案件，公安机关严格定性，检察院提前介入，人民法院及时审理，加快工作节奏，统一执法尺度，强化执法监督，有力地促进了全省严打专项斗争的整体推进，取得了明显成效，为促进全省生态环境建设和造林绿化事业的健康发展做出了重要贡献。在为期3个月的林业严打专项斗争中，全省共查处各种林业案件3 787起，其中重大案件252起；打击处理不法分子4 962人，其中提请逮捕156人，公诉、审判45人，治安拘留367人，林业行政处罚4 351人，党纪、政纪处理43人；摧毁盗伐滥伐林木及非法猎杀倒卖野生动物犯罪团伙104个，抓获团伙作案成员483名，抓获在逃犯38名；集中整治热点林区和地段316处，依法取缔非法经营加工木材和野生动物场、点474处，追缴木材8 842立方米，查获野生动物24 762只（头），收回国有林地近1 000公顷。为了表彰先进，树立典型，弘扬正气，推动全省依法治林工作，在基层预选、市地推荐的基础上，评选出了严打斗争先进集体和先进个人。1999年4月19日，河南省社会治安综合治理委员会发出了《关于表彰严厉打击破坏森林资源违法犯罪活动专项斗争先进集体和先进个人的决定》（豫综治安[1999] 14号），授予西峡县人民法院等45个单位“全省林业严打专项斗争先进集体”称号，授予济源市政法委副书记周祥林等40名同志“全省林业严打专项斗争先进个人”称号。1999年5月18日，在全省林业严打专项斗争总结表彰会上，省政法委、省高级人民法院、高级人民检察院、林业厅、公安厅、监察厅的领导同志为获表彰的单位和个人颁发了奖牌和证书。

（徐 忠）

【河南省林业生态工程建设规划出台】 1999年12月22日，省政府印发了《河南省林业生态工程建设规划》。规划到2010年全省新增有林地面积58.0万公顷；森林覆盖率提高到25%；活立木蓄积量增加到1.7亿立方米；农田林网控制率达到85%以上；防沙治沙5.3万公顷，流动半流动沙丘（地）基本上造林固定；退耕还林17.4万公顷（16度以上的坡耕地）；自然保护区占全省国土面积的比例提高到2.1%；治理水土流失面积156万公顷；城市绿化率达到35%；铁路和干线公路绿化率达到85%；累计林业育苗14万公顷；

木材综合利用率提高到60%；果品总产量35亿千克，优质果率达到80%以上，商品果率达到90%以上。全省农民人均纯收入中林果及加工业收入占20%以上，山区农民人均纯收入中林果及加工业收入占35%以上。到2030年，全省宜林荒山荒地和铁路、干线公路基本上实现造林绿化，森林资源分布比较合理，重点地区水土流失得到有效控制，流动、半流动沙丘全部被固定，平原地区建成高标准、多功能、高效益综合农田防护林体系，在全省建立起比较完备的林业生态体系和比较发达的林业产业体系，基本形成与国民经济和社会可持续发展相适应的林业生态环境、林产品有效供给体系。到2050年，全省森林覆盖率提高到35%；宜林荒山荒地全部被绿化，水土流失区全部被治理，林种、树种结构合理；建立起适应国民经济和社会可持续发展的良性生态环境，实现山川秀美，环境绿化美化的目标。（徐　忠）

【河南省10年造林绿化规划完成】 1990年6月19日，省政府以豫政［1990］69号文件印发了《河南省10年造林绿化规划（1990～1999年）》（以下简称《规划》）。同年6月29日，省七届人大常委会第16次会议作出了《关于全民动员，奋斗10年，基本绿化中州大地的决议》。各地坚持"完善平原、主攻山区"，狠抓荒山造林和平原绿化，到1999年年底，基本完成了《规划》确定的目标任务。

全省累计完成大面积造林147.93万公顷，为《规划》目标133.33万公顷的111%；全省成幼林面积达到266.8万公顷，为《规划》目标266.67万公顷的100%。1998年全国第四次森林资源清查，全省森林覆盖率达到19.83%，加上1999年造林成林面积，预计可超过《规划》目标的20%。全省活立木蓄积量达到1.32亿立方米，为《规划》目标1.2亿立方米的110%。全省每年向社会提供建筑、坑木、造纸材500多万立方米，年森林资源采伐消耗量均低于750万立方米，没有突破国务院批准800万立方米的采伐限额。1999年全省经济林产品总产量达到33.5亿千克，为《规划》目标30亿千克的111.7%。1999年全省林业总产值达到127.8亿元，为《规划》目标50亿元的251%。

全省共营造用材林基地15.27万公顷，为《规划》任务14.67万公顷的104.1%，在太行山区和豫西水土流失严重地区营造水土保持林27.07万公顷，为《规划》任务26.67万公顷的101.5%。全省保存"四旁"树总株数12.5亿株，为《规划》任务16亿株的78.1%。在黄河故道沙区和主要河流两岸滩区营造以杨树为主的速生用材林3.87万公顷，为《规划》任务3.33万公顷的116%。完成了豫北黄河故道两条防护林带建设任务，宛东防护林带基本建成，正在完善。全省94个平原、半平原和部分平原县全部达到了部颁平原绿化初级标准，1991年被全国绿委、林业部授予"全国平原绿化先进省"称号。息县、鹿邑、商水、睢县被确定为国家平原绿化先导工程示范区，初步形成了点、片、网、带相结合的综合农田防护林体系。全省经济林基地面积达到16.67万公顷，为《规划》任务16万公顷的104.2%。全省山区累计完成人工造林面积116.8万公顷，为签订目标任务的100%；14个山区市地的66个县（市、区），全部完成了省下达的造林任务。

《规划》的实施，加快了全省造林绿化步伐，改善了农业生产条件和生态环境，促进了经济和社会的发展。许多过去林木稀少、风沙旱涝等自然灾害频繁的地方，绿化后出现了沙退地进、林茂粮丰的新气象。1999年，周口地区林木覆盖率达到13.6%，全区粮食总产量比1989年翻了一番。南阳市的6个县，1991年开始实施长江中上游防护林工程，目前森林覆盖率达到37.3%，水土流失面积、土壤侵蚀模数和土壤侵蚀量分别比治理前减少了16.2%、22.5%和31.5%。

（徐　忠）

【河南省林地保护管理条例出台】 1999年5月30日，河南省第九届人民代表大会常务委员会第九次会议通过了《河南省林地保护管理条例》，河南省人民代表大会常务委员会第16号公告决定从1999年7月1日起施行。《条例》共6章41条。《条例》明确了各级林业主管部门对林地管理的执法主体地位，使林地管理工作有法可依。（徐　忠）

湖北省林业

【概　述】

发展与成就

植树造林　全省完成人工造林19.05万公顷，占年度造林任务18.67万公顷的102.1%；其中，工程造林13.84万公顷，占计划任务的102.9%。在工程造林中，长江防护林工程造林10.97万公顷，淮河—太湖流域工程造林0.73万公顷，重点生态工程造林0.27万公顷；发展经济林10.4万公顷，同比增长1.8%；全省共完成义务植树8650万株，占计划任务的86.5%。

外资造林　全省利用外资营造林4.27万公顷，占计划任务的100%；共报账世界银行信贷资金5 498万元；接受德国援款和日本国物资器材援助共计7 500

万元。

封山育林和退耕还林 全省完成封山育林256.07万公顷,占年度计划任务的110%;完成中幼林抚育41.33万公顷,占计划任务的124%;完成低产林改造6.93万公顷,占计划任务的130%;退耕还林6.12万公顷,占年度计划任务的153%。

绿色通道建设 全省共投入资金4 450万元,投工161.2万个,完成绿化里程1.125万千米。其中,公路绿化里程1.03万千米,铁路绿化里程328千米,江河渠堤绿化里程622千米。

林业育苗 全省新建省级示范苗圃17个,面积313.33公顷,新建、扩建了一批中心苗圃和骨干苗圃。完成林业大田育苗0.57万公顷,占年度计划任务的121%;完成容器育苗1323万袋。

森林采伐限额管理 全省森林采伐限额比1998年度压减了100万立方米,即为700万立方米。下达采伐计划543.9万立方米,实际采伐510.3万立方米。

林池管理 全省重点查处了十大征占用林地案件,使全省工程建设征占用林地报经林业部门审核率达到80%以上,同比提高了35个百分点。全省林业部门共依法征收到位各项林业规费达8 200万元,同比增长40%以上。其中,协议征收森林植被恢复费2 300万元,实际到位1 700万元。

依法治林 全省各级森林公安机关共发现和受理各类森林案件4 786起,同比下降了2.1个百分点,其中森林刑事案件下降了20.4个百分点;共查处各类案件4 664起,综合查处率97.5%;处理各类违法犯罪人员5 576人,摧毁犯罪团伙20个,成员69人;收缴木材4 584立方米,收缴野生动物10.2万头(只),为国家挽回直接经济损失600.3万元。

林业严打斗争 在全国组织开展的林业专项严打斗争中,全省森林公安机关依法从重从快查处了房县桥上乡、京山县电力局输电工区、郧西五顶乡和安家乡、利川市忠路镇、蔡甸区成功乡、汉江河道管理局东荆河管理总段、钟祥市文集镇、宜城市新街乡、仙桃市九合垸原种场等十大盗伐、滥伐林木的案件,被评为全国林业严打先进单位,受到最高人民法院、最高人民检察院、公安部、监察部、国家林业局的表彰。

森林防火 全省共发生森林火警火灾759起,其中火警437起,一般火灾322起;过火面积0.78万公顷,受害森林面积0.29万公顷。在扑救森林火灾中,各级党政领导亲自上阵,共组织11.81万人次参加扑救工作,森林火警火灾查明率74.3%,查处率52.2%。

森林病虫害防治和保护区建设 全省发生森林病虫鼠害23.88万公顷,发生率为5.38%,同比下降了0.12%;防治面积16.42万公顷,防治率68.77%,同比增长了3.67%;全省测报网络面积14.91万公顷,网络率为71.6%,同比增长了1.3%;种苗产地检疫率为85.77%,同比提高了4.97%。全省野生动植物保护和自然保护区建设均有所加强,五峰后河自然保护区通过了升格为国家级保护区的评审。

森工生产 全省统计的13种主要林工产品有10种产品产量同比实现增长。其中,中密度纤维板10.2万立方米,同比增长20.8%;细木工板12.1万立方米,同比增长2.1%;装饰板260.3万片,同比增长23.8%;竹胶板3 192立方米,同比增长9.9%;松香3 767吨、松节油565吨,同比分别增长1.7%和1.6%;单宁酸系列672吨,同比增长10.6%;木竹生产67.7万立方米,同比增长8.9%。全年完成总产值22.8亿元,完成销售收入22.3亿元,实现利税11 932万元,同比分别增长10.1%、11.2%和5.3%。全省在国际竹业博览会上还荣获大会组织奖和6个产品金奖。

国有林场建设 全省国有林场新造和培育速生丰产林1.33万公顷,新修和维护公路和林道3 800千米,新修和维护防火带5 300千米;完成育苗660.6公顷,占年计划的123%;完成中幼林抚育3.73万公顷,占年计划的112%;完成销售收入4.4亿元,占年计划的104.8%,其中森林旅游收入2400万元,占年计划的109.1%。全省新建国有林场的工作进展顺利。第一批16个新建国有林场的确权划界、班子组建、总体设计和评审工作已经完成,设计总面积12.981万公顷,现有林业用地11.914万公顷,活立木蓄积425.83万立方米。全省新老林场总数达到186个,经营总面积50.62万公顷,活立木蓄积1 857.9万立方米。

林业多种经营 全省各级林业部门办商贸、房地产、交通运输、社会服务和森林旅游业,实现多种经营产值7.1亿元。

林业经济 全省林业行业总产值108.68亿元,比1998年的101亿元增长了7.6%;林业系统内总产值87.82亿元,比1998年的79.02亿元增长了11.14%,其中,第一、二、三产业的产值分别为64.23亿元、14.8亿元,8.8亿元,同比分别增长11.68%、8.37%、11.93%。

林业工作站建设 全省把林业工作站建设合格县的创建工作作为重中之重来抓,特别是把创建300个标准化林业工作站作为今年“十件实事”之首去完成。在通报情况提出要求、制定计划明确任务的同时,发通知、开会来全力推进林业站“合格县”的建设。经由下而上的检查、抽查并经国家林业局随机抽样检查10个林业站的10个方面的内容,全省1998年申报的22个县(市、区)全部通过国家林业局的验收。至此,全省先后有6批79个县(市、区)跨入林业站建设合格县的行列,合格县(市、区)占总数的91.86%。

木材检查站建设 为使木材检查站真正做到依法行政、文明执法,着重抓了两件事。一方面,全省各个木材检查站都公布了省、地监督举报电话,以加大木材流通执法工作的监督力度。这样,既遏制了违规上路检查、乱收费和处罚不规范问题的发生，又保护了经营者的合法权益。另一方面，为充分发挥木材检查站的职能作用，坚持狠抓了木材检查站的标准化建设。全省有72个站向省厅申报了材料。经审查，65个站被国家林业局批准为标准木材检查站。这样，全省共有101个站达标，达标率为65.16%。

改革与林政实施

狠抓10件实事的落实 通过1年的努力，10件实事如期完成。林业工作站和木材检查站标准化建设已顺利通过国家林业局组织的验收，森林公安基层单位达标建设速度加快，争创"党和人民满意派出所"的活动进展顺利，重灾林业单位恢复重建任务基本完成，林业种苗生产、科技推广、森林病虫害、国有林场管理四大体系和林业宣传、信息两大网络初具规模。

办好封山植树、退耕还林试点 1998年洪灾过后，选择丹江口丁家营镇、宜昌黄花乡、恩施屯堡镇办起了封山植树、退耕还林试点。为了取得成效，又确定专人到点上工作，三个点上的经验，已为全省开展退耕还林探索了可供借鉴的办法。

办好高效经济林试点 在襄阳、房县、利川、江夏4个县（市、区）办了4个千亩高效经济林示范基地，这对实现省委、省政府提出的人均1亩经济林的目标，建设绿色致富工程，将起到探索和示范作用。

科技教育有新的发展 一是争取到部省级以上科研攻关课题10项；二是组建了省林科院安陆银杏研究所和咸宁竹类研究所；三是省林校被省教委批准为省级重点中专；四是全省5所林校共招收新生2 539人，比招生最多的1998年增加53人。

林业立法又有新进展 《湖北省木材流通管理条例》于6月4日经省九届人大常委会第10次会议审议通过。

大力加强林业部门自身建设 一是全省林业系统自办、联办了各类林业基地1.67万公顷，兴办了一批经济实体；二是办公和居住条件有了明显改善。据不完全统计，全省林业系统共新建改建办公用房22万平方米，新建职工住宅39万平方米，绿化美化庭院30多万平方米；三是加强了林业关键岗位人员的培训。委托华中农业大学举办林业局长培训班两期，培训局长80多人；委托南京林业警察学校、省林校举办林业部长、办公室主任、林业公安民警、木材检查站检查员、林木种苗检疫员等培训班8期，共3 100多人次；四是于年底在新洲召开全省林业系统第二次自身建设会，表彰了23个机关建设先进单位，进一步部署了自身建设工作。

省林业厅机关自身建设 内强素质、外树形象，大力加强自身建设，是厅党组于1998年底向全省林业系统发出的号召。省机关率先垂范，加大力度，为全省林业系统带了一个好头，主要办了4件事：一是改造维修了原机关办公楼、机关大院和大门；二是完成了老宿舍区10栋职工住宅楼7 000平方米的屋面维修；三是整体装修了5 500平方米的新办公大楼并完成了办公楼的搬迁；四是新建了3栋82套计1.2万多平方米的职工住宅。通过4件事的实施，基本改变了省厅机关的面貌和形象。

林业宣传、信息和档案工作 全省广泛深入地开展了新《森林法》的学习、宣传活动，印发布告3万余张，发放单行本2.5万余册。积极组织开展了保卫绿色行动荆楚行系列宣传活动，共有中央和省市的10多家新闻单位参加了集中采访、报道，播发、发表林业新闻200多篇（条）。围绕建国50周年大庆和生态环境建设开展了形式多样的宣传活动，荣获全国林业宣传组织奖、成果展览奖。全省采用各地林业信息357条，同比增长200条；国家林业局和省委、省政府采用林业信息149条，同比增长了39条，占年计划任务的149%；全省林业信息工作在全国39个林业厅局、总公司中名列第四，受到省委办公厅的表彰。全省有55个林业局达到省二级以上标准，有12个林业企事业单位达到省级以上先进标准，全省林业系统档案工作升级达标率为56.2%；省局机关评为全省档案管理先进单位。

组织骨干到外省区考察学习林业先进经验 为了进一步解放思想，更新观念，学习林业先进省区的经验，全省先后组织处级以上领导干部分别赴广东、广西、云南、湖南等省区进行学习考察。

存在问题 对工作的指导不够得力，存在造林绿化的质量不高和成活率、保存率偏低的问题；对林业执法难、退耕还林难和林业企业的困难，缺乏行之有效的手段和相应的措施，尤其是开展调查研究不够，还没有拿出好的对策给省委、省政府当好参谋；在思想上不够解放、在工作中改革的力度不大，致使在林业的发展上、林业的改革上和先进省区比还有较大的差距。

（陈遵发　闵凤鸣）

【湖北林业十大重点工程建设】 为推进全省林业工作的开展，厅党组决定在全省实施外资造林工程、长江防护林工程、汉江防护林工程、鄂北防护林工程、农田林网建设、三峡生态治理工程、山区综合开发项目、京九绿色长廊工程、武黄公路林业示范区建设和武汉城效林业示范区建设等十大重点工程。为把这十大重点工程抓出成效，①印发了《1999年全省林业重点工程和主要工作实现目标、工作要求及责任分工一览表》，将十大重点工程的建设任务落实到每个领导和处室，建立工作责任制；②接连召开现场会，一个工程一个工程地抓落实，3月14日在鄂州召开了武黄高速公路两侧林业示范区建设会、4月11日在十堰召开了汉江上游水土保持林会、4月14日在襄樊召开了鄂北防护林工程建设会、9月10日在仙桃召开了平原农田林网建设会、9月15日在石首召开了世界银行贷款贫困地区林业发展项目建设现场会、10月25日在武汉召开了城市林业示范区工程建设会、12月12日在阳新召开了

长江防护林工程建设会等 8 个现场建设会，每个会议都对工程建设起到了重要的促进作用。（白 勤）

【湖北完成“一类、二类”两项森林资源清查】 根据国家林业局部署和湖北省人民政府安排，1999 年相继开展了全省森林资源连续清查体系的第四次复查（一类调查）和森林资源规划设计调查（二类调查）工作，并于年底全面完成“一类”调查外业工作。

为确保两项调查工作的进度与质量，全省共举办外业、内业培训班 14 期，共培训技术骨干 1 440 人次，组织调查人员 3 078 人，质量检查人员 320 人，成立外业调查组 1 127 个，质量检查组 156 个，新购置调查设备 781 台（套），投入资金 5 200 万元，其中省投资 600 万元，各市（州）、县投资 4 600 余万元。“一类”调查完成样点数 5 820 个，1999 年 10 月通过了国家林业局中南调查规划设计院的检查验收，外业质量评定为优。“二类”调查完成小班区划 250 多万个，区划面积 1 859 万公顷，通过县、市（州）、省三级检查验收，小班区划合格率为 91.8%，小班调查合格率为 91.4%，均达到森林资源规划设计调查工作的质量要求。

准确、翔实的森林资源调查数据既为全省制定林业方针、政策、编制林业发展规划提供了科学、可靠的依据，又为全省实施林业分类经营，实现分区突破奠定了良好的基础。（屠和平）

【鄂北防护林工程建设】 鄂北防护林工程是一个集生态、社会、经济效益为一体的系统工程，同时也是鄂北地区对外开放的形象工程。工程范围西起老河口的付家寨镇，东到随州市的唐县镇，南达宜城汉沿岸，北抵河南、湖北两省省界沿线。规划设置东西走向主林带 5 条，南北走向主林带 7 条，相配套的副林带 47 条，主副林带共需植树 718 万株。绿化道路 2 528 千米，绿化河堤渠 2 396 千米，建农田林网 6 700 个，工程造林总面积 10.67 万公顷，其中经济林 1.67 万公顷，共需植树 1 亿株。预计 10 年后木材蓄积量可达 1 800 万立方米，可提供商品材 960 万立方米，创产值 38.4 亿元，将成为项目区财政收入的支柱产业。

1984 年，襄樊市就开展了鄂北岗地防护林工程建设，经过 10 余年的努力，工程建设取得了阶段性进展。但由于种种原因，鄂北岗地防护林始终没有纳入国家和省建设项目。1998 年 12 月，省林业厅组织综合考察组，会同襄樊、随州两市党政领导，对鄂北地区进行了全面考察，提出了重新启动鄂北防护林工程的意见，并编制了《鄂北防护林总体规划》。目前，鄂北防护林工程建设序幕已经拉开，项目区内的 7 个县市自我启动工程建设取得了良好的发展态势，共上劳力 200 多万人次，投标 2 100 万个，造林 388 千米，副林带造林 300 千米，国道造林 332 千米，整个工程共植树 1 650 万株。经过 5～7 年的努力，将建设成为全省一流的生态工程，为鄂北地区的经济发展和人民生活质量的改善提供良好的森林生态环境。（刘显州）

【仙桃市农田林网建设】 仙桃市地处江汉平原腹地，总面积 2 538 平方千米，辖 29 个乡、镇、办事处，10 个农、林、牧、渔场，耕地面积 102 930 公顷，境内一马平川，交通便利，自然条件优越。自 1990 年以来，仙桃市大力响应省政府“十年绿化湖北”的号召，依据自身特点，按照“典型引路，板块推进”的办法，每年与各乡镇签订高标准农田林网建设责任状，要求每个乡镇每年新建标准农田林网 333.3～666.6 公顷，坚持把农田林网建设与农业产业化一起抓，把造林管林一起抓，把推广林业科技与加强中幼林抚育一起抓，农田林网建设进展顺利。

据 1999 年最新森林资源清查结果，仙桃市林木总面积 34 704.2 公顷，总蓄积 105.77 万立方米，森林覆盖率 13.8%，农田林网控制面积达 95 725 公顷，农田林网控制率 93%，其中高标准农田林网控制面积 62 221公顷，占农田林网控制面积的 65%。

（仙桃市林业局）

【保卫绿色行动荆楚行活动】 跨世纪保卫绿色行动荆楚行活动，是由省人大牵头，省政协、省委宣传部、省林业厅等 12 家省直机关共同发起，10 余家新闻单位联合开展的一项大型新闻宣传活动，旨在通过宣传先进典型，揭露问题和矛盾，进一步提高人民群众爱绿护绿的自觉性，把植树造林、绿化国土的群众运动不断引向深入，加强森林保护，改善生态环境，促进经济和社会的可持续发展。

保卫绿色行动荆楚行活动已于 1998 年 12 月、1999 年 4 月和 1999 年 10 月开展了三届新闻采访活动和两次总结评比表彰活动。荆楚行采访团先后深入到十堰、襄樊、宜昌、恩施、荆门、黄冈、天门、神农架等 8 个市州和 50 多个县（市、区）进行了广泛宣传和深度采访，写出了一批影响大、效果好的重头好稿。三届活动共发表和播放林业新闻 216 篇（条），其中，报刊新闻 154 篇，电视广播新闻 62 条。三届荆楚行活动共评选出宣传组织奖 6 个，好新闻奖 30 个。新华社、人民日报、中央电视台、中央人民广播电台、中国国际广播电台、中国绿色时报、湖北日报、湖北电视台、湖北人民广播电台等 10 余家新闻单位都积极参与这项活动并播发了大批稿件。三届保卫绿色荆楚行活动已经有力地促进了《森林法》等林业法律法规的贯彻落实和林业建设的持续健康发展。（戴俊堂）

【湖北林业中专教育】 湖北有 5 所林业中等教育学校，分别是湖北省林校、黄冈林校、咸宁林校、宜昌林校和省园林工程技术学校，共有教师 766 人，其中高级讲师 77 人，开设了经济林、园林、财会、计算机、电子技术等 55 个专业，在校生达 7 497 人，固定资产达

1.1亿，每年为国家培养毕业生3 000多人。

1999年湖北林业中等教育有三件大事：一是咸宁林校、黄冈林校和湖北省林校，经省教委专家组认真地复评、省中等职业教育评估领导小组认定，分别达到了省部级重点普通中专学校标准，被确定为省部级重点普通中专学校。二是恩施林校与其他中专学校合并，改为恩施职业技术学校，主管部门由林业部门变为教育部门。三是省林业技工学校改名为省园林技术工程学校。（徐忠义）

【湖北林产工业形成新格局】 近几年来，在国家林业局和省委省政府的领导和支持下，全省林产工业有了较快发展，全省林产工业企业发展到118家，固定资产10亿元。产品结构进一步改善，主要产品200多个，其中单宁酸等30多种产品获得过省优、部优、国优称号；实木弯曲家具等10多种产品获得过国家及林业部的科技进步奖；细木工板等30多种产品获得过全国林业名特优新产品博览会金银铜奖；黄酮甙等50多种产品出口创汇。企业改革工作有了突破性进展，目前全省已有近10多家企业经过改组建制，建立了股份制；有合资合作企业40多家；组建企业集团6家。基本形成了包括锯材、竹木制品、人造板、林产化工、食品饮料、医药保健、建材加工等多门类的生产体系，改变了以原木为主的单一产品状况，已经向5个方面转变，即由利用天然林资源为主转向利用人工林资源；以利用大径木材为主转向中小径材的开发利用；产品由粗加工向深加工、精加工转变，产品质量和档次不断提高；企业由内向型经济向外向型经济转变，引资嫁接改造了一批老企业；企业经营由分散粗放经营向规模化集约经营转变；开始由单一的行业经营向跨行业转变，6家企业集团已成为全省林产工业的主导，正在逐步形成以资源为基础，以加工为龙头，以市场为纽带，林工贸一体化，产供销一条龙，一、二、三产业相互配合，全面发展的新格局。（刘 侠）

【湖北加大森林大要案的查处力度】 1999年，全省立森林大案要案70起，破64起。其中省厅直接督办查处的20起，省厅先后两次通报了房县桥上乡和红安县等森林案件，采取发函督办、电话督办、开会督办、派员现场督办、请上来回报和新闻曝光等多种形式，加大对森林大案要案的查处力度，收到了较好的效果。通过对大要案的查处，带动一般森林案件的查处。1999年，全省各级森林公安机关共发现和受理各类森林和野生动物案件5 039起，查处4 915起，综合查处率97.5%。其中立刑事案件233起，破212起；受理治安案件606起，查处582起；受理林业行政案件4 200起，处理4 116起。破获森林犯罪集团20个，成员76人。收缴木材3 910立方米，为国家挽回直接经济损失570.8万元，共打击处理各类违法犯罪人员5 127人。其中逮捕76人，劳教8人，治安拘留293人，警告199人，治安罚款313人，林业行政罚款4 238人。（陈精华）

【湖北省世界银行贷款国家造林项目顺利通过竣工验收】 建国以来湖北省第一个大规模利用外资的造林项目——世界银行贷款国家造林项目经过10年的努力，终于换来丰硕的成果——该项目于1999年年初顺利通过竣工验收。

湖北省世界银行贷款国家造林项目1990年启动实施到1999年竣工验收，共营造高标准速生丰产林10.6万公顷，占原协议规模7万公顷的151.4%，完成投资2.38亿元，在项目林建设中，Ⅰ级苗使用率、幼林保存率及面积核实率都在90%以上，各项指标全面达标。

全省项目实施单位在项目建设中，认真贯彻了以“质量、效益和还贷”为中心的指导思想，着力引进和推行了世界银行项目先进的管理模式，注重采用和推广国内外先进的营林技术，不仅促进了项目森林后备资源的培育，提高了林业经营管理水平，还推动了全省林业的进一步改革开放和科技兴林兴鄂的进程，充分发挥了项目示范工程的样板作用。（陈宏玲）

【石首市意大利杨产业化发展】 石首市自1983年起，就引进意大利杨树优质品种大面积种植，并依靠加工增值，由此走出了一条“公司＋基地＋农户”的产业化道路。到1999年，石首市意大利杨产业已初步形成产加销、林工贸、经科教的产业化体系：意大利杨基地达到1.87万公顷；优质意大利杨苗圃基地达到266.67公顷；意大利杨产业化龙头企业——湖北吉象公司年产12万立方米的中密度纤维板生产线已正式投入生产；以木材公司为核心的原料收购体系初步形成；以林产品公司为核心，网络百余运输大户组成的中密板产品运输销售体系正式运转；以林业技术推广中心、林科所为主，依托林木良种场、花果山林场、六虎山林场、乡镇林业站及农民技术员的三级林业科技推广网络逐步完善；以项目融资、政府投资、集体投资、个人集资等方式投入造林，网络10余万农村剩余劳动力的资金劳务体系初现端倪。1999年完成产业化产值1亿元，获利税4 000万元。一体化经营机制完善后，林业产业化年产值将达到4亿元，年可获利税8 000万元。

（石首市林业局）

【潜江加强林业自身建设】 潜江市林业局抓住国家调整林业发展战略的机遇，按照“增创发展优势，重塑水乡园林”的工作思路，新增投入3348万元用于部门自身建设，其中吸纳社会资金3160万元，自筹资金138万元，收到了既兴林又富站（乡镇林站）、企业林场解困增效、机关面貌明显改善、干部素质和服务水平全面提高的实效。一是紧密结合林业生态重点工程和林业绿色施工工程项目的实施，以乡镇林业站为主，大力推行股份合作制造林，兴建短周期工业原料林和果林经济林基地690公顷，林业站拥有林木资产1600万元，平均100万元；二是招商引资、盘活存量，将局属4家企业整体改建成木材家具、建材装饰材料专业市场，安置下岗职工130人，企业减债580万元；利用林科所等单位的区位优势开发房地产，使国有资产增值270万元；三是分流机关、事业单位人员16人，兴办苗圃场、园林工程公司等实体3个，年创收近50万元。四是在全系统深入开展“内强素质、外树形象”的争先创优活动，推行干部轮岗制、执法公示制、案件追溯制、社会服务承诺制，坚持依法行政、依法治林，使林业的社会地位大大提高。 （潜江市林业局）

【湖北加强林地管理见成效】 1999年，全省林地管理工作紧紧围绕贯彻执行新《森林法》、《湖北省林地管理条例》等法律法规，严格执行国务院国发［1998］8号和国办发［1999］9号明电规定的审核程序。根据新《森林法》、《土地法》规定，省厅下发了《关于加强征占用林地管理工作的通知》（鄂林政字［1999］151号），规定了征占用林地审核程序，明确了各项建设工程征占林地必须报经省级林业主管部门进行审核，使全省林地管理工作步入了法制化、规范化的轨道。对1993年以来国家和省的大中型建设工程使用林地未经林业主管部门审核同意的项目(如长荆铁路、京珠高速公路、高坝洲水电站、王浦洲水电站等10项建设工程)均查处落实，补办了征占用林地的审核手续，补征森林植被恢复费1 700多万元。据统计，1999年全省共查处违法征占用林地案件30多起，协议征收森林植被恢复费达2 300万元（由省级林业主管部门直接督办查处征收的费用占全省征收总额的90%以上），与1998年相比，多征收2 000多万元。各项工程建设征占用林地和临时使用林地报经林业主管部门审核率及补偿率分别达到80%和75%，比1998年分别提高38.8%和60%。 （詹和平）

【湖北大力实施“科技兴林”战略】 1999年，湖北省各级林业部门认真贯彻中共中央、国务院和省委、省政府关于加强技术创新，加快发展高新技术产业的决定精神，采取得力措施，大力实施“科技兴林”战略。一是加强领导，省林业局成立以局党组书记、局长吴先金为组长的“省科技兴林领导小组”，各市、县（市）也成立了相应的领导机构。二是确立目标，到2005年，全省“科技兴林”战略的发展目标是：林业科技进步贡献率达到40%，科技成果转化率达到70%；林木良种使用率达到70%，其中重点工程达到100%；建立起比较完备的林业科研和技术推广体系。三是深化改革。省林科院推行竞争上岗、全员聘任和课题招标制，在稳定加强从事公益性研究的所、室的同时，积极创造条件，使其他的研究所、室逐步转型为科技型经济实体。各市、县林业科研机构，有条件的所与省林科院联合建立专业研究所（已建成省林科院安陆银杏研究所和咸宁竹类研究所），其他的所主要从事技术推广与开发工作。建立和健全省、市、县、乡4级林业技术推广机构。创建林业企业技术中心。四是增加投入，在保持原有投入渠道不变的同时，从1999年起，从林业预算外收入中拿出10%，专项用于林业科技工作。共计开展了30多项课题研究，推广林业实用技术40多项，建立林业试验、示范基地100多处、近0.67万公顷，培训各类人员3万多人次。 （郑 进）

【湖北省新建16个国有林场】 为改善生态环境，从根本上治理水患，1999年湖北在长江、汉江等江河水库周围新建了16个国有林场，建设规模129 805公顷。新建林场的总体思路是，坚持以林为本，构筑全省森林生态环境主体，为建设山川秀美的湖北发挥示范作用，促进全省经济和社会可持续发展。这些林场建立在林业用地集中连片，立地条件好，便于管理的地方。其办场方式以原有国有林地为基础，通过收买、租赁、联营、入股等形式，将集体、群众无力经营的山地征集起来，由县以上人民政府提出建场报告，划定山界林权，报省计划、林业主管部门审批建立，隶属林业主管部门经营管理。所需投资实行多渠道筹集解决。 （钱祖新）

【湖北省太子山林业管理局】 1999年，省太子山林管局在完成整地130.07公顷、造林153公顷、补植抚育678.23公顷和实现产值1200万元、利润106.2万元的同时，办了10件实事：一是局机关驻地闭路电视节目频道由9套增至15套；二是王岭林场、雁门林场的办公楼已分别交付使用；三是已完成1200平方米的道路硬化；四是已实现全局队队通电；五是已完成局机关幼儿园的改造；六是王岭林场程控电话开通，新装电话37部，结束了该场场部不通电话的历史；七是集镇建设已完成规划设计并已通过初审，还完成了第一期清障任务，使局机关驻地环境面貌已有明显改观；八是局机关办公楼已完成搬迁，局医院经整修已正式开业；九是王岭水库改造项目已完成勘测及投资预算；十是已完成1500平方米职工住房防漏维修工程，并有80户职工喜迁新居。 （闵凤鸣）

【武汉城市林业试验区建设】 武汉城市林业建设试验区工程，是1992年经原国家林业部批准实施的一个重要林业试验项目，也是1999年省政府确定的十大重点林业工程之一。在国家林业局大力支持和武汉市政府正确领导下，经过全市上下的不懈努力，武汉城市林业试验区工程建设取得了一定成效。

以国土绿化为基础，持续开展植树造林，环绕城市的绿化生态屏障初具雏形，1999年，全市有林地面积达到10.67万公顷，比1992年增加近2万公顷，活立木蓄积量300万立方米，同比增加64.8万立方米，森林覆盖率达到12.5%，同比提高2.3%。

依托大城市，面向大市场，大力调整结构，经济林区域化、基地化、规模化有了较快发展。全市基本形成了丘陵山区板栗、银杏、茶叶，垅岗地区竹类、桔柚、森林蔬菜，平原地区的早熟桃、优质梨、草本果、花卉苗木，沿江滨湖地区速生丰产林等主导基地，全市经济林面积达到4万公顷，比1992年增加2万公顷。

依托大城市，立足行业优势，不断推进林业新兴产业建设。一是花卉有了突破性发展；二是森林旅游业向纵深发展；三是绿化工程业发展加快。

平原林网体系建设初见成效，为保障农业高产稳产发挥了显著作用。全市已建成平原农田林网控制面积12.3万公顷，控制率达84%，道路绿化率达88%，比1992年增加11个百分点，绿化标准不断提高。

（罗代萍）

【谷城县林业综合改革试点】 1999年初，省政府要求农口各厅局选择一个县市开展产业结构调整试点。按照这一部署，省林业厅在襄樊市谷城县启动了为期5年的林业综合改革试点。试点总的奋斗目标是：封山育林3.3万公顷，植树造林1.13万公顷（其中退耕还林0.8万公顷），培育改造5.3万公顷；新增有林地面积1.13万公顷，活立木蓄积达到226万立方米，森林覆盖率达到58.6%；高效经济林、用材林面积分别达到3.47万公顷、5.53万公顷；林业总产值、林业特产税收入和农民人均林业收入均有大幅度增长；全县严重水土流失地区得到有效控制，一般水土流失地区得到基本治理，生态环境明显改善。

在全省各级各部门的共同努力下，试点开展一年，取得了初步成效：全县完成封山育林3.33万公顷；退耕还林0.27万公顷；启动治沙造林工程；新发展袋料食用菌250万袋；建立和完善了县林业科技推广网络；完成森林资源清查，同时开展了生态公益林、商品林的划分工作；加强了林业执法和保护体系建设；开展了林地使用权流转试点。

（肖继斌）

【湖北省1999年林业大事】

1. 1月5日，省林业厅以鄂林造字（1999）1号和鄂林办字（1999）5号文印发了《湖北省林业示范苗圃管理办法（试行）》和《关于林业系统内强素质、外树形象进一步提高服务功能的若干意见》。

2. 1月18～20日，全省林业工作会议在武昌召开。省委副书记、副省长王生铁参加会议并作了重要讲话，省政协副主席韩南鹏、省政府副秘书长陈柏槐、各地（市、州）的副市长、副专员、林业局局长及省直有关单位负责人参加了会议。

3. 2月12日，省委、省政府、省政协及武汉市领导到武汉青山区南干渠开展义务植树活动。

4. 2月19日，红安县与黄陂县交界处发生森林火灾，省政府副秘书长陈柏槐同志于20日赶赴红安县火场，与当地政府有关领导一起指挥扑救，大火于21日晨扑灭。

5. 2月22日，副省长贾天增带领有关同志到省护林防火指挥部进行现场办公。

6. 2月26日，省委、省政府以鄂文（1999）7号文印发表彰省直支持农村小康建设优胜单位和先进工作者决定，省林业厅驻神农架林区小康工作队被授予“支持农村小康建设优胜单位”荣誉称号，石山、刘显州两位同志被授予“支持农村小康建设先进工作者”荣誉称号。

7. 3月2日，经省政府批准组成的新一届省绿化委员会第一次会议在武昌召开，副省长、省绿委主任贾天增作重要讲话。

8. 3月10日，省林业厅召开厅直系统总结表彰暨责任书签订大会，党组书记、副厅长吴先金与厅机关各处室和厅直各单位就1999年度业务工作、党风廉政建设、精神文明建设及社会综合治理等方面签订了目标管理责任书。

9. 3月14日，武黄高速公路林业示范区建设协调会在鄂州市召开。

10. 3月16～20日，日本林业技术交流团一行6人来湖北省考察长江流域林业有关情况。

11. 3月23日，省人大农村委副主任车光彪、翁立生和常委曾凡炎到荆门市视察林业工作，对林业执法和造林绿化工作进行了为期1周的检查。

12. 3月25日，省委、省政府召开全省森林防火工作电视电话会议，对全省森林防火工作进行再动员、再部署。

13. 3月30日，省林业厅和省财政厅联合印发《世行贷款“贫困地区林业发展项目”实施细则》。

14. 4月6日，省林业厅以鄂林办字（1999）110号文件印发《关于加强林业督促检查工作的意见》。

15. 4月11日，全省“汉江上游水土保持林”器材装备项目建设会议在十堰市召开，标志着全省历经8年准备的中日合作最大的造林项目已进入全面实施阶段。

16. 4月12日，省高级法院、省检察院和省林业厅联合发文表彰全省保卫绿色严打斗争先进单位，宜昌市林业局等13个单位榜上有名。

17. 4月13日，鄂北防护林工程建设现场会在襄樊市召开。

18. 4月16～21日，德国KFW银行德援项目检查组一行3人来本省对德援项目的各类工程现场进行抽样检查。

19. 4月22日，全省森林资源调查工作领导小组在省厅成立，标志着全省森林资源清查工作正式展开。

20. 4月28日，全省林业预算外资金征管工作会议在武汉召开，会上授予房县林业局等20家单位“全省林业预算外资金征管工作先进单位”荣誉称号。

21. 5月12日，省林业厅成立谷城县林业综合改革试点领导小组，全省林业综合改革试点在谷城县正式展开。

22. 5月18日，省林业厅以鄂林造字（1999）161号和162号印发《湖北省林业厅鄂北防护林工程建设管理办法》和《湖北省林业厅封山育林管理办法（试行）》。

23. 5月25日，省林业厅以鄂林科字（1999）166号印发《湖北省林业厅科学技术进步奖评审和管理办法》。

24. 5月26日，经省劳动厅同意，湖北省林业技工学校正式更名为湖北省园林工程技术学校。

25. 6月1～7日，以刘瑾为组长的世界银行林业项目检查组一行4人，对全省实施的世行贷款“森林资源发展保护项目”的执行情况和“贫困地区林业发展项目”的启动情况进行了检查。

26. 6月10日，省厅发文表彰1994～1998年度全省森林防火先进县市，巴东县等10个县市荣获表彰。

27. 6月12日，湖北省木材流通管理条例公布实施。

28. 6月16日，全省保卫绿色行动荆楚行宣传活动工作总结会议在武昌召开，省人大常委会副主任章文治在会上作了重要讲话。

29. 6月19日，省林业厅在武昌召开全省林业中等教育工作座谈会，专题研究新形势下林业中等教育的改革和发展问题。

30. 6月25日，国家林业局发文表彰全国优秀乡村护林员，湖北省龚道新等30位同志荣获“全国优秀乡村护林员”称号。

31. 7月2日，省政府办公厅以鄂政办发（1999）81号文批准新设2个木材检查站和调整14个木材检查站站址。

32. 7月18日，国家林业局发文公布了第二批实现标准化建设木材检查站名单，全省有65个木材检查站达到了国家林业局标准化建设的要求。

33. 7月25日，全省林业综合改革试点动员大会在谷城县召开。

34. 8月5日，全省市州林业局局长会议在武昌召开。

35. 8月14日，省局在襄樊市召开《鄂北防护林工程》总体规划评审会，在修改和完善的基础上一致通过。

36. 9月10～11日，全省平原林网工程建设现场会在仙桃市召开。

37. 9月15～16日，省林业厅在石首市和监利县召开了世行贷款贫困地区林业发展项目建设现场会。

38. 9月26日，全国跨世纪保卫绿色行动’99湖北行暨第三届保卫绿色行动荆楚行活动出发仪式在武昌举行，省人大常委会副主任鲍隆清、省政协副主席蔡述明出席仪式。

39. 9月29日，省林业厅召开实施天然林保护工程紧急会议。

40. 10月5日至11月7日，省林业厅在华中农业大学举办了第一期市州县林业局局长培训班。

41. 10月18～20日’99中国竹文化节国际竹业博览会在湖南省益阳市隆重举行，湖北省荣获组织奖，参展的竹制黄鹤楼等6项产品获得金奖，名列参展的19个省区中的第五位。

42. 10月19日，湖北省“长江中下游低丘滩地综合治理与开发研究”和“中国森林生态网络工程体系建设研究”项目协作会议在武汉召开。

43. 10月25日，省政府召开全省森林防火电视电话会，副省长贾天增作了重要讲话。

44. 10月24～26日，省林业厅在武汉召开武汉城市林业试验区工程建设现场会。国家林业局政法司副司长汪绚到会并讲话。

45. 11月1～3日，省政府在黄冈市主持召开了京九绿色长廊（湖北段）工程建设现场会。

46. 11月29日，湖北省在全国林业宣传工作会议上获得各类奖项共计11项。

47. 12月6日，省林业厅以鄂林科字（1999）332号文印发《湖北省林业技术推广站建设达标和验收办法》。

48. 12月9～10日，省林业厅在武昌召开全省科技工作会议和全省林业宣传、信息、档案工作会议，会上对全省林业宣传、信息、档案工作先进单位和先进个人进行了表彰。

49. 12月24～26日，全省林业系统自身建设现场会在武汉市新洲区召开，各市州县林业局局长共计170多人参加了会议，会上表彰了23个全省林业系统机关建设先进单位。

50. 12月30日，全省森林防火工作会议在武昌召开，副省长贾天增作了重要讲话，会上省政府还与各市州政府签订了森林防火目标责任状。（白　勤）

湖南省林业

【概　述】

发展与成就　1999年，全省林业系统产业总产值183.08亿元(按新统计口径)，比1998年增加34.6亿元；有林地面积达到933.0万公顷，比1998年增加13.2万公顷；森林覆盖率52.08%，比1998年增加0.35个百分点；森林蓄积量达到2.83亿立方米，比1998年增加800万立方米，第一次超过“一五”资源清查时的2.82亿立方米，实现了历史性的跨越。

造林绿化　1999年度全省完成造林、更新面积5.742万公顷、义务植树1.12亿株、新增封山育林面积20.99万公顷。造林质量连续4年名列全国前茅。根据党中央、国务院关于发展林业的一系列重要指示，提出了全省造林绿化跨世纪发展目标：即到2010年全省森林覆盖率达到55%，到2025年，森林蓄积量达到5.5亿立方米。11月16日，省政府正式批转了省林业厅《关于实现全省跨世纪造林绿化目标的意见》。厅党组把“三难地”改造作为实现两个“五五”目标的突破口来抓，以衡阳、永州、张家界、自治州4大片为主战场，拉开了“三难地”绿化攻坚的序幕。11月20日，省委、省政府在衡阳召开全省第一次冬春造林动员暨“三难地”绿化攻坚现场会议，省委、省人大、省政府、省政协的领导亲自动员。各地积极响应，全省上下掀起了造林绿化的新高潮。

林业产业　全省林业企业加快产业产品结构调整步伐，新上了一批市场前景广阔的高科技产业项目。洪江联合竹胶板厂新建1条年产1万立方米的集装箱底板生产线；新化县新增10万平方米的竹地板生产线；会同金裕公司新建0.8万立方米的松木脱脂保色材生产线和7万平方米的碳化竹地板生产线。省林业厅直企业扭亏增盈取得新进展。按照省政府确定的扭亏增盈目标，省林业厅积极指导厅直企业转换经营机制，深化劳动、人事、分配制度改革，强化内部管理，狠抓产品开发和技术改造，经济效益明显好转。7户厅直企业主营业收入达2.28亿元，比1998年增长60%；全年减亏4 313万元，减亏幅度达83%。省林业厅被省政府授予1999年度扭亏增盈工作优胜奖和1999年度扭亏增盈“对口帮”工作优胜奖；湖南人造板厂被评为全省扭亏增盈先进单位。在抓好厅直企业扭亏增盈工作的同时，积极组织和参与了张家界国际森保节、益阳竹文化节、红星大市场农产品博览会、广州农产品展销会和全国木材交易会等节会活动，获得了较好的经济效益和社会效益。

林地管理　严把征、占用林地的审核关，全年共审核补办建设项目征、占用林地手续23个，面积168.73公顷；上报国务院审批征、占用林地项目29个，面积614.53公顷。认真处理了江垭水库、白云电站、凌津滩电站建设征、占用林地申报中存在的遗留问题。对国家林业局督办的京珠高速公路湖南段征、占用林地的有关问题进行了认真调查。狠抓了国务院林地保护督察组整改意见的落实，督促湘潭电厂、湘江大源渡水利枢纽工程、株六铁路复线湖南段及省道1814线衡阳段和潭邵公路等国家和省重点工程建设项目依法申报或补办了征、占用林地手续。

科教兴林　林业科技体制改革稳步推进，自主研究科研成果成为林业科技新的经济增长点。林业高新技术产业化争得一席之地。由省林工所、会同金裕公司承担的马尾松脱脂保色材开发项目，获省高新技术产业发展引导资金300万元；由洪江竹胶板厂、桃江竹胶板厂承担的竹质复合集装箱底板开发和湖南人造板厂承担的中密度纤维板生产项目被列为省高新技术产业发展计划政策扶持项目。世界银行贷款造林项目、“三难地”造林绿化工程等林业重点建设工程的科技支撑体系初步建立。科研成果转化和科技推广力度进一步加大。全年重点推广紫色岩地区芦竹造林及丰产栽培等先进技术10项，实施科技推广项目21项，推广名特优新林木良种34个，推广先进适用技术38项次，营建丰产示范林1 000公顷，辐射推广面积8 000公顷，同时争取到国家林业局科技成果推广、中试项目3个。林业教育体制改革不断深化，面向市场教学，注重技能培训，拓宽了办学门路。

“三讲”教育　7～11月，省林业厅、处两级领导班子和领导干部深入开展了以“讲学习、讲政治、讲正气”为主要内容的党性党风教育。坚持高标准、严要求，紧紧抓住群众最关心、反映最强烈的领导干部作风建设、机关内部管理和党组工作重心等方面的问题，认真整改，收到了很好的效果。中央和省委“三讲”教育检查组先后3次来厅检查，都给予了高度评价。葛汉栋副厅长两次代表厅党组在全省“三讲”教育大会上作典型发言。通过“三讲”教育，干部职工的精神面貌焕然一新。厅机关形象变得更好了，林业工作重点更加突出了，为人民服务的宗旨树得更牢了，工作更加扎实了。

对口扶贫　1999年是省林业厅驻古丈县洞坪村3年扶贫攻坚战的最后一年。厅里不但派出了得力的驻村工作组，而且从扶贫资金、技术等方面给予了前所未有的支持。厅领导多次到村实地调查研究，了解情况，召开现场办公会，研究制订扶贫攻坚计划，帮助解决有关问题。各处、室、局、站和厅直各单位千方百计挤出资金支持扶贫攻坚工作。年底，洞坪村的扶贫工作顺利地通过了省委组织的检查验收，受到了省建整办和州、县、乡党政领导的高度赞扬。省林业厅被省委评为先进包村单位；驻村建整扶贫工作组被评为先进工作组。

存在问题 林地管理难度大；林业投入太少，基础设施建设任务重，资金缺口大；产业化程度不高，林业经济效益低；基层机构不稳定。（宋自力）

【湖南制定跨世纪造林绿化目标】 经过科学调查论证，省林业厅制订了全省造林绿化跨世纪发展目标。11月16日省政府办公厅向各市、州、县和省直有关单位批转了省林业厅《关于实现全省跨世纪造林绿化目标的意见》。规划到2010年，全省有林地面积达到1 070万公顷；林业用地利用率达到88.17%；森林覆盖率达到55.06%；森林蓄积量达到4.04亿立方米，2025年达到5.5亿立方米。文件要求各级有关部门切实加强对造林绿化工作的领导；因地制宜、科学规划；动员全社会大办林业，全民搞绿化，增加对林业的投入；加强森林资源保护与管理；努力提高科技兴林水平。

（覃正亚）

【湖南林工企业4个新项目竣工投产】 1999年，全省林工企业在国家没有安排技术改造专项资金的情况下，多渠道筹集资金，进行技术改造和新产品开发，新上了一批市场前景好、科技含量高、效益好的新项目。其中，洪江联合竹胶合板厂利用森工多种经营贴息贷款，投资2 200万元（多种贴息贷款1 300万元），新建一条年产1万立方米集装箱底板生产线。采用竹木复合或竹碎料夹心，表面覆盖竹条等方法生产，产品重量轻，强度大，以竹（木）代钢，是一种科技含量高的新型产品，市场潜力大。新化县林业局星新竹木制品有限公司利用政府扶持资金，投资500万元，引进台湾先进设备和生产工艺，新建一条年产10万平方米竹地板生产线。会同金裕竹木制品有限公司积极开发高新技术产品，成为全省首批利用高新技术引导资金项目单位之一，该厂利用300万元高新技术产业化引导资金建成年产0.8万立方米松木脱脂保色材生产线，解决了马尾松松脂含量高、不易处理和产品保色的工艺难题，生产的脱脂保色材纹理清晰，颜色美观，尺寸稳定性好，深受市场青睐。该厂还利用省农业开发资金，投资500万元，建成年产7万立方米碳化竹地板生产线，全套引进台湾先进设备，产品销往德国等西欧国家。

（郑朗浩）

【湖南6个林工新产品通过技术鉴定】 1999年，全省林工企业有6个产品通过了省经贸委组织的新产品新技术鉴定，填补了省内空白。湖南人造板厂开发的防潮人造板（包括防潮刨花板、防潮高密度纤维板、防潮饰面人造板），是该厂自行研制的高科技产品，利用现有的人造板设备，通过改变胶料性能、加入防潮剂、调整生产工艺而制成。该产品防潮性能优良，可在空气湿度超过70%的环境下长期使用，解决了人造板在南方潮湿空气环境中长期使用霉变的问题。此外，该厂开发的年产3万立方米薄型中密度纤维板生产线，全套引进德国比松公司设备，总投资1.6亿元，采用辊压法生产，生产出了良好的高密度薄型地板基材、人造板装饰基材、耐火耐酸碱特殊用材，产品投放市场，即受到消费者青睐，供不应求。衡阳启泰合板有限公司在原年产2 000立方米湿法硬质纤维板生产线基础上投资2 200万元进行技术改造，建成年产1.5万立方米平压法中密度纤维板生产线。该生产线设备先进，工艺合理，是省内同类规模生产线的典范。特别是该厂自行摸索的热压曲线和自制的电子皮带秤，对提高产品质量有独到之处，在国内处于领先地位。湖南永州潇湘木业有限公司开发的指接集成材新产品，是利用小径原木、短材小料，剔除木材本身缺陷后，用指接的方法接长拼宽而制成的一种高档次木材制品，既保留了木材的天然特性，又克服了木材易变形、开裂的缺点。该厂同时开发的贴面复合木地板是以普通木材作基材、用优质刨切薄单板作表面装饰的新型木地板，既具备了普通实木地板的固有特性，又有优质阔叶材独特的外观美感，可以节约大量高档木材，降低生产成本。该产品符合国家产业政策发展方向，具有良好的市场前景。湖南金裕竹木制品有限公司开发的年产10万平方米炭化竹地板，是对原色竹地板生产线的部分工序进行改造而成，采用先进技术对竹片进行炭化处理，解决了防腐、防虫、防霉、调控颜色的关键技术，产品品质优良。该产品以竹代木，可以充分利用南方丰富的竹资源，是国家产业政策鼓励发展的产品，具有显著的生态、经济、社会效益。

（郑朗浩）

【柏加乡全国花卉苗木生产示范基地】 浏阳市柏加乡花木生产历史悠久。1925年，陆希先生从日本留学回到家乡，引进柑橘栽培技术及嫁接、扦插育苗技术，推广柑橘栽培和花木生产。到80年代末，全乡柑橘产量达1 000万千克，其他苗木种植面积达133.33公顷。1991年，柏加乡柑橘因冰冻毁于一旦后，转向花卉苗木生产。到1999年，全乡已有花木生产股份制企业1家，个体私营企业560家。园艺和农技专业技术人才49人，其中高级职称1人，中级职称27人，初级职称21人。从事花木生产经营1.5万人。花木种植面积达0.1万公顷，其中庭院栽培200公顷，粮经作物种植比例为3∶7，品种1 500多个，年销售总额达9 000万元。成为中南五省规模最大的花卉苗木生产基地。产品远销全国除西藏、青海、新疆、内蒙古以外的省（区、市），其中罗汉松、红檵木等产品远销东南亚。1999年10月，中国花卉协会会长江泽慧亲临柏加视察，给予高度评价。同年12月，被国家林业局和中国花卉协会评为全国花卉生产示范基地。为了防止危险性病虫的传入、传出，省林业厅专门设立了植物检疫柏加办事处，并开展了创建无检疫对象种苗繁育基地工作，保护和推动了花卉苗木的发展。1999 年，全乡人均纯收入 3 920 元，其中花木收入达 2 000 元。成为长沙市第一批小康乡，浏阳市第一个电话乡。1999 年被评为长沙市安全文明乡镇。（宋自力）

【湖南林业审判】 1999 年，全省各级林业审判庭认真开展“审判质量年”、“执行年”、“争创人民满意的好法院，争当人民满意的好法官”三项活动，严肃执法，公正办案，充分发挥审判职能，共受理各类案件 14 222 件，审结 13 962 件，审结率达 98.2%。其中审结林业刑事案件 389 件，判处人犯 472 人，挽回直接经济损失 103 万元；林业经济案件 3 585 件，诉讼标的 1 037 万元；林业民事案件 2 627 件；林业行政案件 307 件，解决争执山林面积 686.67 公顷；非诉林业执行案件 2 820件；其他民经行案件 4 234 件。这年，安化县人民法院林业审判庭、吉首市人民法院林业审判庭杨秀玉被省高级人民法院分别荣记集体、个人二等功。中方县人民法院林业审判庭刘云耀在“争当人民满意的好法官”活动中被评为全省优秀法官。（李林山）

【湖南林业审计】 1999 年完成审计项目 7 个，审计总金额 3836 万元，查出违规金额 85 万元；核减基建投资 163.65 万元，查出损失浪费金额 205 万元，促进增收节支 195 万元。主要特点：①加大基建投资审计力度，对省森林植物园、国林大酒店、林业宣教中心等专项工程的竣工决算进行重点审计，核减基建投资 163.65 万元。②对省林业厅大院分摊费、绿化费、空调费等群众普遍关心的问题进行跟踪审计，堵塞了漏洞。③搞好企事业单位经济效益审计。对省林业物资公司、国林大酒店进行了经济效益审计。核实了财产、物资和财务收支情况，完善了管理制度，理顺了财务管理工作。④加强专项检查。对张家界、常德、益阳、岳阳、株洲、湘潭、永州、怀化、自治州、邵阳、娄底等市（州）绿化费的收、管、用情况进行全面检查。规范收费标准，加强了绿化费的管理；配合省森林局重点抽查了桃源、吉首、凤凰、麻阳、沅陵、益阳、赫山等县（区），“野生动物保护基金”和“森林植物检疫费”的收、管、用情况。对存在的问题提出了整改意见和要求，对问题较突出的县提出了通报批评。对加强全省动物保护基金和检疫费的征、管、用工作起到了一定的促进作用。

（湖南省林业厅审计处）

【森林害虫防治生物杀虫剂实验车间建立】 1998 年 10 月至 1999 年 4 月，省森保局、邵阳市林业局、洞口县林业局共同在洞口县林用机场建立了首家森林害虫生物杀虫剂实验车间。该车间在引进中国林业科学研究院陈昌洁研究员主持的国家“七五”科技攻关项目松毛虫质型多角体病毒杀虫剂关键技术的基础上，采用自己研究开发的循环水生产工艺，建厂房 120 平方米，配备齐全的产品实验检验设备，一次试产成功。4 月 26 日和 11 月 26 日经专家两次检查验收，评定该厂布置合理，产品符合要求，生产工艺流程达到国内同类项目领先水平。全年共生产出 J-DSCPV（日本赤松毛虫质型多角体病毒）1 200 万亿多角体病毒，按标准可用于 1.6 万公顷松林防治。经检测，产品质量在 20 亿多角体病毒/克以上。洞口县第一代松毛虫飞防中使用该厂产品，平均防治效果达 80%以上。（黄向东）

【湖南首次大面积推广应用生物农药防治松毛虫成功】 1999 年，全省森林病虫害发生面积达 28.667 万公顷，涉及 12 个市 41 个县，是近 10 年最严重的一年。其中马尾松毛虫发生面积达 19.467 万公顷，占森林病虫害发生总面积的 71%。省森防站对马尾松毛虫发生面积相对集中的 10 个县市实施飞机喷洒生物农药进行防治，全年共调用飞机 6 架、Bt（苏云金杆菌）60 吨、CPV（松毛虫质型多角体病毒）2.333 万公顷的病毒，采取每亩喷洒 Bt75ml＋CPV50 亿多角体＋0.2 克化学农药剂量，辅于 GPS 卫星导航技术，飞防 549 架次，防治 7.667 万公顷，幼虫期虫口减退率最高 80%，最低 50%，平均 70%；茧期虫口减退率最高 50%，最低 20%，平均 30%，挽回经济损失（按国家统一标准成灾面积经济损失 750 元/公顷计算）5 750 万元。

（黄向东）

【湖南世界银行贷款森林资源发展和保护项目完成造林任务】 该项目于 1994 年 6 月 7 日批准实施。湖南规划营造速生丰产林 4 万公顷，总投资 15 916.8 万元，其中：世行信贷 1 097.71 万美元，折合人民币 9 550.08万元，省内配套资金 6 366.72 万元。项目涉及浏阳、宁乡、临湘、绥宁、新邵、株洲、炎陵、茶陵、攸县、鹤城、中方、资兴、苏仙、北湖、耒阳、衡山、祁东、永顺、保靖、古丈等 20 个县（市、区）。1995～1999 年，累计造林 43 619.08 公顷，其中：杉木 1 841.96公顷，马尾松 3 453.15 公顷，湿地松 5 750.2 公顷，桉树 72.6 公顷，阔叶树 2 856.47 公顷，刺槐 727.3 公顷，毛竹垦复 11 353.1 公顷，毛竹新造 1 004.3公顷。（欧阳硕龙）

【湖南林业外事外经】 1999 年度，全省林业系统共派遣 19 批 64 人次出国（境）从事行业考察、专业培训、科技交流和商务访问；接待来湘进行产品展示、项目论证和实施、资源考察、友好访问、经贸洽谈及科技交流的外宾合计 32 批 85 人次。

科技交流 ①芬兰赫尔辛基大学系统生物学系与湖南八大公山国家级自然保护区于 9 月 13 日签订了主要内容为“芬方将把该保护区作为其教学实习基地以开展室外教学、科学研究和生态旅游等事业”的合作协议书；双方合作的阶段性成果——《湖南苔藓植物区系》（第 1 卷）已完成初稿、对湖南地衣和真菌类的深入研究已启动。②“桉树良种选育”、“李、杏等水果新

技术”和“林木及园艺种子包衣技术”3个引智项目获得国家外国专家局部分资助，项目执行效果良好。

招商引资 ①“世界自然基金会（WWF）长江项目办公室”从11月底开始，在汉寿县试验点探讨湖区退耕还湖、发展可持续林业的新路子。第1期项目4年，投资250万美元。②联合国开发计划署已批准将洞庭湖列入“全球环境基金（GEF）中国湿地生物多样性保护与可持续利用项目”。③世界银行和多家国际捐赠机构的官员、专家与湖南林业厅一起完成了“湖南林业可持续发展项目”的可行性论证。④成功地开展了对台湾地区种苗贸易和竹制品直销欧洲。 （熊四清）

【湖南世界银行贷款国家造林项目竣工验收】 湖南是全国16个世界银行贷款“国家造林项目”省之一。规划造林9万公顷，协议借款2 079.5万个特别提款权（SDR）折合人民币12 802.9万元，全省配套8 586万元，总投资21 388.9万元。项目涉及浏阳、炎陵、湘潭、耒阳、平江、岳阳、临湘、汨罗、湘阴、鼎城、津市、汉寿、澧县、桃湖、沅江、北湖、苏仙、资兴、芝山、宁远、怀化、黔阳、辰溪、芷江、靖州、茶陵、新宁、汝城、通道等29个县（市、区）。1990年启动，1997年完工。项目累计提取世行国际开发协会借款2 050.8万个SDR，折合人民币19 127.96万元；配套资金到位12 356.98万元，占计划8 586万元的143.92%；工程总投资33 803.06万元，占计划投资21 388.9万元的158.7%。采购国外设备85台（辆、部），国内设备28台（辆、部）；采购国外化肥、农药、种子等物资6 000吨，国内化肥物质16 173.2吨；国外考察培训12人/次，749人/天；全省共举办项目技术、管理培训班1 035期，培训31 357人/次。累计造林11.97万公顷。占规划9万公顷的133%，其中：杉木64 198.52公顷，湿地松25 912.26公顷，马尾松8 861.64公顷，阔叶树12 116.65公顷，意杨8 592.26公顷。经摸底调查，保存面积116 680.73万公顷，保存率为97.5%。

项目实行“政府负责，财政担保，林业部门承办，法人还贷，现有林木作抵押”的责任制，资金管理实行“先施工验收合格，后提取信贷资金”的报账制，施工质量管理实行“育苗整地县、市自查，苗木栽植全省普查，造林成效林业部抽查”的分工序分层次验收制度，技术管理采用以“立地、遗传、密度”三个控制为中心环节的丰产林组装配套技术措施，确保了造林质量。经省级全面验收和部级抽查：造林选地合格率99.5%，良种使用率100%，Ⅰ级苗使用率95.1%，整地合格率95.6%，栽植合格率95.7%，密度合格率98.4%，面积核实率100%，成活率95.3%。以上指标，均达到或超过部颁丰产林标准。高生长达标率100%。项目区森林覆盖率提高1.8%，保持水土、涵养水源等生态效益明显；为约6 765人提供了7年就业机会；促进了山区经济发展。1999年1月通过国家林业局验收。

（欧阳硕龙）

【湖南人造板厂获“1999年度湖南省工业企业扭亏增盈工作先进单位”称号】 1999年湖南人造板厂完成工业总产值10 500万元，实现销售收入13 000万元，资金回笼13 200万元，分别较1998年增长69.38%、84.6%和88.29%，并实现资金回笼率100%，产品销售率100%，有效流动资产净增1628万元，利润减亏4138万元，净亏损810万元，减亏幅度达84%，圆满完成省政府下达的2 500万元控亏指标，被省政府授予“1999年度湖南省工业企业扭亏增盈工作先进单位”称号。

扭亏增盈的主要措施：①实行“全额考核计酬”管理办法，实施“工厂经营效益与职工收入双倍增”计划。取消职工基本工资，各分厂严格按照产量、质量、成本进行考核计酬，生产经营处室与工作职能挂钩考核计酬，销售人员按货币资金回笼额的一定比例提取报酬和费用，上不封顶，下不保底。②坚持把“高质量、高产量、低成本”目标贯穿于工厂人、财、物管理的各个环节，全面加强工艺管理、质量管理和内部管理，推行“厂务公开”制度，制订物资采购比价管理办法。③建立反应灵敏、处理迅速的市场信息网络和适应市场需求的销售体制。④制定“债转股方案”，与中国长城资产管理公司签订了“债转股协议”，2.8亿元的银行债务将转为股权，资产负债率将由92.23%降为33.73%。⑤依靠科技进步调整产品结构，开发荣获“湖南农产品十大品牌”称号的防潮人造板系列产品，扩建强化复合地板生产线和3.5万立方米的厚型中密度纤维板生产线及90万平方米的饰面板生产线。

（罗振兴）

【湖南省森林和湿地生物多样性保护宣传教育中心建成开馆】 9月20日，由湖南省林业厅、芬兰森林和公园局、世界自然基金会共同建设的湖南省森林和湿地生物多样性保护宣传教育中心建成开馆。全国政协委员、原林业部副部长沈茂成、副省长庞道沐、省政协副主席陈彰嘉、芬兰森林和公园局总局长潘蒂·塔卡拉及国家林业局、世界自然基金会、中国青少年基金会、南方10省（区、市）林业厅（局）长和省直有关部门等国内外嘉宾共200多人出席了开馆仪式。该馆占地2 000多平方米，总投资300多万元，共分7个馆：综合馆、森林馆、湿地馆、生物多样性馆、世界自然基金会馆、芬兰馆、人与自然馆，配有多功能电教室和资料室等。该馆收集了200多幅代表湖南生物多样性保护可持续利用特点的图片和样本，引进了欧洲15国生物多样性保护进展图片以及芬兰拉普兰和南部国家公园、民族风情等图片和样本，近100种珍稀动植物样本。采用国内外先进的视听仿生技术设计，配以仿生森林、湿地生态系统景观，图、文、声、像并茂，形成一个较为完整的生物多样性宣传教育基地，是省内第1

个永久性的生物多样性保护宣教基地，也是全国第1个此类型的宣教设施。（欧阳叙回）

【湖南林业国债项目】 1998年下半年至1999年，国家林业局3次安排湖南财政债券投资长江防护林和林木种苗建设，其中：1998年安排2 000万元地方财政债券。规划人工造林1万公顷，封山育林1万公顷，中幼林抚育0.8万公顷，涉及隆回、桑植、永定、麻阳、溆浦、新化、龙山、永顺8县（区）。1999年安排中央财政债券4800万元，其中：第1批2 000万元，建设任务：人工造林0.667万公顷，封山育林0.76万公顷，中幼林抚育0.467万公顷，育苗116.67公顷及苗圃基础设施建设，涉及吉首、凤凰、沅陵、辰溪、衡东、安乡、常宁、华容、南县9县和长沙市、娄底市、澧县3个中心苗圃及省林木良种繁育中心；第2批2 800万元，建设任务：人工造林0.63万公顷，封山育林2.14万公顷，育苗120公顷及国有苗圃基础设施建设。涉及祁东、祁阳、衡南、桂阳、泸溪、保靖、宁乡、茶陵、新邵、汉寿、沅江、临湘、资兴、冷水滩、苏仙、岳阳、云溪、江华、资阳、道县、韶山、望城、浏阳、洞口等24个县（市、区）。3批债券资金6 800万元，地方配套资金1 550万元，共计8 350万元，营造林总任务7.463万公顷，其中人工造林2.297万公顷、封山育林3.9万公顷、幼林抚育1.267万公顷，规划2001年完成。（陈晓萍）

【湖南林区严打整治成效突出】 全省林业公安机关坚持“严打”方针，认真组织开展了林区严打整治春季行动和追逃专项斗争，严厉查处大要案件。全年共侦破各类森林案件13 337起，其中刑事案件1 021起，治安案件1 252起，林政案件11 064起，查处率为99.34%；处罚和打击各类违法犯罪人员16 786名，其中逮捕461名，劳教76名，治安拘留580名；收缴野生动物1 011头（只），共挽回经济损失2 186万元，有3个单位被评为全国林区严打先进单位。

（湖南省林业公安局）

【湖南省1999年林业大事】

1. 1月17～19日，全国农林工会韩义敏一行3人赴岳阳慰问林业系统职工。

2. 1月30日，省林业科技推广总站获国家林业局颁发的“1998年度ABT生根粉系列研究推广”特等奖和“1998年度社会林业工程项目研究”一等奖。

3. 3月3日，庞道沐副省长在省林科院召开现场办公会。

4. 3月12日，省委书记杨正午、省长储波在湖南日报联名发表《封山植树种草　改善生态环境》专文，纪念全民义务植树节20周年；17日又带领省委、省人大、省政府、省政协、省军区的25位省级领导赴省林科院杜家冲林场义务植树，这是省领导参加人数最多的一次植树活动。

5. 5月5日，全国人大农业与农村工作委员会副主任委员杨振怀视察省森林植物园。

6. 7月8日，教育部批准同意在原湖南农学院衡阳分校（即湖南林业专科学校）教育资源的基础上建立衡阳职业技术学院。

7. 7月11日起，厅、处两级领导班子开始为期4个月的“三讲”教育。

8. 7月20日，最高人民法院、最高人民检察院、国家林业局、公安部、监察部联合下发《关于表彰严厉打击破坏森林资源违法犯罪活动专项斗争先进集体的通报》，省高级人民法院林业审判庭被评为全国严厉打击破坏森林资源违法犯罪活动专项斗争先进集体。

9. 9月17日，南方10省（区、市）林业厅（局）长会议在长沙召开。全国政协委员、原林业部副部长沈茂成、芬兰森林和公园局总局长潘蒂·塔卡拉、世界自然基金会中国项目首席代表郝克明、南方10省（区、市）林业厅（局）长协作会代表等国外来宾在厅领导陪同下赴张家界参加’99张家界国际森林保护节。

10. 10月18～23日，国家林业局党组成员、中国林业科学研究院院长、国际竹藤组织联合会主席、中国花卉协会会长江泽慧来湘参加’99中国竹文化节，听取了全省林业情况汇报，并先后赴湘潭、株洲、长沙等地考察林业。

11. 10月24日，全国政协委员、原林业部副部长沈茂成和国家林业局野生动植物保护司司长张建龙一行来湘检查自然保护区工作。

12. 11月16日，省政府办公厅转发省林业厅《关于实现全省跨世纪造林绿化目标的意见》。

13. 11月25日，省财政厅下发《关于林业公检法机构不再从事经商活动和实行收支两条线管理后财政经费保障的通知》，规定：林业公检法机构人员经费、公务费、业务费、跨区域大案、要案需要、装备经费及其基础设施经费实行同级财政保障，按湘办发［1999］21号文件明确的保障措施执行到位。

12月24日，庞道沐副省长带领省建委、教委、科委、交通厅、水利水电厅、林业厅等部门和长沙市、雨花区、洞井镇政府的主要负责人在省森林植树园召开现场办公会，就该园的建设、规划和当前存在的主要问题进行专题研究。（宋自力）

广东省林业

【概 述】 1999年，认真贯彻省委、省政府关于组织开展林业第二次创业的决定，围绕全省经济社会可持续发展，优化生态环境，加快产业发展的战略目标，深化森林分类经营改革，强化森林资源管护，全省林业生产建设继续保持健康稳定的发展。1999年，全省林业用地面积1 082万公顷，有林地面积924.4万公顷，森林活立木蓄积量3.08亿立方米，林木总生长量1 748万立方米，森林采伐总消耗量765.4万立方米，森林覆盖率56.8%。与上年相比，全省林业用地面积减少7 570公顷，有林地面积增加4.88万公顷，活立木蓄积量增加781万立方米，林木生长量增加42万立方米，森林采伐消耗量持平，森林覆盖率增长0.2个百分点。全行业林业森工总产值（按1990年不变价计算）为263亿元，比上年增长7.8%，其中，营林总产值37.2亿元，森工总产值153.3亿元，山区茶桑果72.5亿元。

发展与成就

林业法制 1999年10月中旬，省人大常委会组织检查组对全省执行《森林法》、《野生动物保护法》、《广东省森林保护管理条例》和《广东省林地保护管理条例》情况进行了检查。从检查的情况来看，全省贯彻《森林法》等林业法律、法规取得了良好的成效：一是加强宣传，责任到位。二是强化管理，严格执法。三是分类经营，综合开发。四是多种形式，增加投入。同时，也存在一些问题，主要有："两法两例"的宣传教育还不够广泛深入，干部群众的法制观念尚待进一步提高；对林业的扶持政策不够落实；林种结构单一，林地产值和生态功能等级低；林地保护管理困难大，有些山林权属不稳定；森林火灾和病虫害危害严重，违法经营野生动物屡禁不止；林业基层执法队伍建设薄弱。同时，省九届人大二次会议还通过《关于加快广东省自然保护区建设步伐的议案》交由省人民政府办理，以及省林业厅起草了《广东省经济林管理办法》和《广东省全民义务植树条例》，报省政府审议。

生态公益林体系建设 一是抓好重点生态工程建设，广东省列入全国十大生态工程的有：沿海防护林工程、珠江流域防护林工程、治沙工程和平原绿化工程。全年完成投资4 803万元，比1998年增加56.1%。完成造林0.12万公顷，迹地更新1.16万公顷，封山育林1.213万公顷，中幼林抚育2.627万公顷，林分改造1.42万公顷。继续抓好"四江"流域31个县的生态公益林建设试点工作，完成生态公益林林分改造0.28万公顷；抓好深圳、惠州、汕尾、揭阳、汕头等5个市的10个县区深汕高速公路两旁生态公益林的建设，完成造林、补植0.173万公顷；继续完成京九绿色长廊工程建设，完成造林0.247万公顷，补植0.267万公顷。二是开展生态公益林面积核定和效益补偿工作，全省核定生态公益林面积为340.13万公顷，并由省财政厅、省林业厅联合下拨1999年度省级生态公益林补偿资金1.2755亿元。三是加快迹地更新、低产林改造步伐，逐步提高生态公益林的功能等级。全省完成人工造林0.453万公顷，比1998年减少0.287万公顷，迹地更新9.98万公顷，比1998年增加1.387万公顷，低产林改造12.207万公顷，比1998年增加0.947万公顷，完成中幼林抚育24.353万公顷，封山育林10.433万公顷，完成义务植树8463.5万株。

商品林基地建设 针对广东省林种、树种结构单一的状况，全省各地及时调整林种树种结构，大力发展速生丰产用材林和名优特经济林。1999年，完成速生丰产用材林造林13.013万公顷，比1998年增长10.2%，完成经济林造林6.713万公顷，比1998年增长17%，同时，还利用国债资金1 500万元，积极兴建了花卉、互叶白千层、白果、板栗、笋竹、高脂松和南洋楹等七大林业示范基地。

林政管理 组织开展了1998年度全省森林资源保护和发展目标责任制执行情况的检查考核。省政府对落实责任制执行情况好的中山市、深圳市、梅州市和江门市给予了通报表扬。根据《国务院关于保护森林资源制止毁林开垦和乱占林地的通知》（国发明电[1998] 8号）的精神，继续做好征占用林地项目的清理工作，处理并补办使用林地审核手续24 933宗，占81.1%，补交森林植被恢复费980.27万元；全省清理毁林开垦林地11 055宗，面积2.529万公顷。重新修订了森林植被恢复费收费标准，组织开展了全省林权证发放情况和林地经营情况的调查，全省已发放林权证的林地占全省林地面积的77.5%。根据省九届人大二次会议代表的提议和省人大、省政府的要求，提出了加快全省自然保护区建设议案的办理报告，并由省政府报省人大审议通过，正在组织实施。经过多方努力，荷兰政府援助广东省湛江红树林综合管理和沿海保护项目，已经中荷双方政府批准。

森林防火 认真贯彻国家林业局和省政府有关森林防火的精神，1月下旬组织工作组分赴清远、韶关、河源等重点市、县开展森林防火检查，清除一大批火灾隐患。3月15日，省政府在英德市专门召开了全省森林防火工作现场会，推广英德市组建扑火专业队的经验和做法。省政府、省军区还专门下发了《关于在民兵应急分队组建森林消防队伍的通知》（粤府[1999] 39号），全面开展组建森林消防队伍工作。全省新组建森林消防队130支，1.58万人。进入秋防后，又及时召开全省森林防火工作会议，以及开展森林防火宣传教育，提高群众的森林防火意识。同时，认真落实省人大议案，抓好生物防火林带营造工作，全省还建设了具有电子地理信息、林火卫星监测等多功能的省级森林防火指挥中心，各地也广筹资金，加强林火监测信息网、无线通讯网、扑火机装备等森林防火基础设施建设，切实提高了森林火灾的综合控制能力和指挥火山扑救能力，森林防火工作取得较好的成效。虽然采取了一些有效措施，狠抓落实，但是由于受干旱气候影响，森林火灾仍然频繁发生。据统计，1999年，全省发生森林火灾554宗，比1998年增加了309宗，受害森林面积0.713万公顷，比上年增加0.54万公顷，因山火造成人员伤亡22人，其中，重伤11人，死亡11人。

森林病虫害防治　积极实施了国家级松材线虫病工程治理项目，大力抓好马尾松毛虫等重点病虫害的防治，开展了森林植物检疫对象的普查等。1999年，全省发生森林病虫害面积为42.66万公顷，比1998年增加11.653万公顷，上升了37.6%，其中，森林虫害发生面积40.44万公顷，上升了40.5%，在虫害发生面积中，湿地松粉蚧发生面积为23.167万公顷，占57.3%。防治森林病虫害面积12.76万公顷，防治率为22.3%。

林区治安　全省各级森林公安机关以维护林区治安稳定和“大庆之年无大乱”为中心任务，紧紧围绕林区治安稳定和林业两大体系建设目标，从严从重从快打击了各类破坏森林资源和野生动物资源的违法犯罪活动，有效地稳定了林区的社会治安秩序。据统计，1999年，全省森林公安机关共受理各类森林案件8 273宗，其中，刑事案件409宗，治安案件606宗，林业行政处罚案件7 258宗，破获各类森林案件8 098宗，破案率97.9%；收缴非法木材1.98万立方米，收缴国家保护野生动物2.48万只，为国家挽回直接经济损失2672.2万元。

森工生产　全省木材总产量248.99万立方米，比1998年减少3.66万立方米，其中，原木230.28万立方米，比1998年减少3.44万立方米，薪材18.71万立方米。竹材产量7865.1万根，比1998年增加516.46万根，增长7%，其中，毛竹3 363.37万根，比1998年增加541.55万根。全省人造板产量为92.61万立方米，比1998年增加6.67万立方米，增长7.8%，其中，胶合板15.5万立方米，纤维板49.76万立方米，刨花板26.07万立方米，分别比1998年减少5.8万立方米，增加10.16万立方米和2.13万立方米。全省完成木片生产53.26万立方米，比1998年减少21.88万立方米，木片出口21万绝干吨，比1998年减少4万绝干吨，创汇1 800万美元，比1998年减少700万美元。全省生产松香9.24万吨，比1998年增加0.1万吨，松香再加工产品2.72万吨。

林业招商引资　1999年，省林业厅组团参加了省政府在香港举办的’99广东经济贸易技术洽谈会，在会上签订合约的项目有17个，利用外资7 225.4万美元。同时，积极稳妥地推进外商投资造林，1999年，新造林木0.447万公顷，全省利用外资累计造林已达4.467万公顷。

粤港澳林业交流与合作　1999年，省林业厅为香港渔农处举办了两期农林督察培训班，培训农林督察36人，同时与香港渔农处协商，草拟了《粤港林业及护理工作小组》建议书，被广东省政府和香港特区政府列入加强两地环保合作联合声明。省林业厅还与澳门海岛市政厅合作，对澳门海岛市300公顷造林工程项目进行了经济生态环境的综合评估。

林业科技　一方面切实抓好示范点和示范基地建设。省林业厅在增城市和郁南县建立了生物防火林带树种选择与配置模式试验示范点；在高要市和增城市分别开展了生态公益林珍贵树种配置和改造试验，套种优良的阔叶林树种和竹子；在西江林业局建立短轮伐期工业用材林基地示范样板林，营造桉树、相思优良品种和优良无性系丰产示范林；在湛江、增城、广宁等引优良广西授绿竹，建立试验示范林。另一面，省林业厅把林业新技术开发应用摆到突出位置，切实加强科技攻关。根据《广东省林业高新技术开发应用规划》，1999年，省林业厅重点开展了分子标记技术在松树、桉树、相思抗性育种中的应用研究，以及广东森林资源和林业科技管理信息系统研制、优良笋用竹快繁技术研究等高科技术研究及开发利用工作。

存在问题　一是生态公益林体系仍较脆弱。现有的生态公益林中，中幼龄林占95.4%，生态功能较好的仅占10%；退耕还林任务重，达7.507万公顷；采伐迹地、火烧迹地更新欠账较多，全省现有宜林荒山和迹地达32万多公顷，比1997年增加4万公顷。二是局部林区治安形势仍比较严峻，盗伐、滥伐等重特大案件有上升趋势。三是开展全民义务植树活动的广度和深度不够，尽责率下降5.8%。四是森林防火形势十分严峻，危险性病虫害如松材线虫病、松突圆蚧等还未得到有效遏制，并有扩散蔓延的趋势。五是林业经费缺口大，还贷压力大。不少林业重点工程未能落实配套资金，很难有效地组织实施；世界银行贷款林业项目还贷压力大，共4亿多元。六是省直林业企业仍然没有实现扭亏为盈，除石龙木材厂盈利外，其他15户都亏损。

（曾仁福）

【新任广东省林业厅领导班子成员】

邓惠珍　女，1945年11月出生，汉族，广东蕉岭人。1982年加入中国共产党，农艺师。1967年7月毕业于华南农学院。曾先后任广东省和平县农林学校教师、县农科所技术干部，广东省蕉岭县华侨农场技术干部、助理农艺师、农艺师、副场长、副书记、场长，1984年6月至1985年8月任蕉岭县人民政府副县长、党组副书记。1985年9月至1991年11月任中共蕉岭县委书记兼武装部第一政委、第一书记，梅州市委委员。1991年12月至1992年10月任广东省华侨农场管理局副局长、党组副书记。1992年11月至1999年1月任广东省计划生育委员会副主任、党组副书记，主任、党组书记。1999年2月任广东省林业厅厅长、党组书记。中共十三大代表，中共广东省第六次、第八次代表大会代表，广东省政协第七届、第八届委员会委员。

邓梦柏 男，1949年9月出生，汉族，广西全州人。1969年9月加入中国共产党，1987年9月毕业于广东教育学院。1968年2月在广西全州县入伍，1968年3月至1969年3月在广西军区独立一师任战士，1969年4月至1978年10月先后在广东省军区独立师任班长、排长、代指导员、干事，1978年11月至1990年8月任广东省军区政治部干事、党委秘书、副处长、处长，1990年9月任广东省茂名军分区政治部主任、军分区党委常委，1994年4月至1999年1月任广东省阳江军分区政委、军分区党委书记，1997年2月兼任中共阳江市委常委，1999年2月任广东省林业厅党组成员、副厅长。中共广东省第七次代表大会代表，广东省第九届人大代表。 (曹仁福)

【广东省在民兵应急分队中组建森林消防队伍】 1999年春，因受干旱恶劣天气影响，四五级高度危险的扑火天气居高不下，山火形势非常严重。全省发生山火443宗，过火面积9 903公顷，受害森林面积6 110公顷，因山火造成11人死亡，11人受伤，损失惨重。同时，在扑救山火的过程中充分暴露出依靠人海战术扑救山火的能力远远比不上英德市专业扑火队。为此，广东省政府于3月15日在英德市召开了全省森林防火工作现场会，推广英德市组建扑火专业队的经验和做法。5月18日，省政府、省军区联合发出《关于在民兵应急分队中组建森林消防队伍的通知》（粤府［1999］39号），要求全省各地认真做好森林消防队伍的组建工作。至1999年底止，全省新组建了以民兵应急分队为主体的森林消防队130支，共15 872人，投入建队装备经费1 035万元，其中，地级以上市组建20支，2 947人，县组建110支，12 925人。 (曹仁福)

【广东省举办首届花卉展销会】 1999年2月6～15日，广东省林业厅牵头在顺德市举办了广东省首届花卉展销会暨陈村第十届迎春花市，展出世界新潮名花卉品种2 000多个，前来观看和买花的人数达15万人次，现场交易3亿多元，充分展示了广东花卉建设的成就。 (曹仁福)

【广东林业再发展研讨会】 为巩固造林绿化成果，促进广东林业再发展，根据省政协八届二次会议和主席会议决定，广东省政协办公厅和省林业厅于1999年11月23日、24日在广州市联合举办了广东省林业再发展研讨会。这是一次规格高、规模大的林业研讨会。会前，组织了18个高等院校、科研单位和有关单位的50名政协委员、专家、教授，分5个工作组，赴11个市开展调查研究。会议期间，省政协主席郭荣昌和王宗春、李金培、康乐书副主席，以及老同志林若自始至终参加了会议并作重要讲话。省委常委、副省长欧广源同志到会并讲话。省政协委员、专家、教授和林业工作者近120人参加了研讨会，收到论文42篇。会后，省政协还向省委、省政府提出了主席建议案。(曹仁福)

【广东生物防火林带工程建设】 1999年，是广东省实施省人大关于加快营造生物防火林带工程建设议案的头一年，广东省林业厅切实抓好议案办理的各项工作，认真做好防火林带工程建设计划的下达、木荷苗木的调拨；5月下旬由广东省政府组织4个工作组对12个市29个县（市、区）生物防火林带工程建设情况进行检查，并将检查情况通报全省；11月25日，广东省森林防火指挥部、省林业厅在肇庆市召开了全省生物防火林带工程建设现场会，对搞好全省生物防火林带工程建设作了全面部署。据不完全统计，1999年，全省完成新造林带3 938千米，面积4 541公顷，调进木荷种子9 755千克，育苗134公顷，出圃苗木6 530万株；落实资金5 740万元，其中省级2 754万元，市级1 032万元，县及乡镇1 954万元。 (曹仁福)

【广东省重新制定征用占用林地缴纳森林植被恢复费收费标准】 根据《广东省林地保护管理条例》第十三条和第十五条有关经依法批准征用占用林地以及临时使用林地的单位或个人必须缴纳森林植被恢复费和征用、占用商品林林地，其森林植被恢复费按林地改良改造和营造相应人工林的炼山、整地、挖穴、造林（含种苗）的费用以及前五年抚育管理（包括护林防火、病虫害防治、垦复抚育等）的实际成本2至3倍缴纳的规定，广东省物价局、财政厅和林业厅重新制订了森林植被恢复费收费标准：

1. 山区类型的县（市、区）每平方米3元；
2. 平原、丘陵类型的县（市、区）每平方米4元。

征用、占用生态公益林林地，按森林恢复费收费标准加倍缴纳。

临时占用林地时间不超过2年（含2年）的，森林植被恢复费收费标准按上述标准减半征收。

(曹仁福)

【广东省设立松材线虫病疫区道路木材（检疫）检查站】 自松材线虫病被列为国家级重大森林病虫害工程治理试点项目以来，广东省采取多种措施进行综合治理，已取得阶段性成果。为有效控制松材线虫病的蔓延，广东省人民政府决定，在惠州市惠淡公路园岭收费站、惠州市惠樟公路梧村收费站、惠州市佛祖坳收费站、惠东县稔大线公路收费站、东莞市虎门渡口收费站、东莞市石碣收费站、东莞市石洲收费站及博罗县小蓬岗、博罗县联岗、惠江县黄排、惠阳县新圩、惠阳市永湖设立临时木材检查站，专项执行松材线虫病检疫任务，以保障疫区外松林资源的安全。（曹仁福）

【广东珠海营造“澳门回归林”】 1999年11月1日，广东珠海“澳门回归林公园”隆重举行由中国绿化基金会、澳门各界庆祝澳门回归祖国活动委员会、广东省林业厅、珠海市人民政府在广东省珠海市“澳门回归林公园”隆重举行了纪念澳门回归植树活动。全国政协副主席、澳门各界庆祝澳门回归祖国活动委员会主席团主席马万祺，全国政协副主席赵南起，中国绿化基金会主席、原全国人大副委员长王丙乾，中国绿化基金会副主席、原林业部副部长蔡延松，原广东省人大常务委员会主任林若，广东省政协副主席王宗春，广东省绿化委员会副主任，林业厅厅长邓惠珍，珠海市委书记黄龙云等领导同志与来自北京、广州、珠海、香港、澳门的各界人士近千人一起参加了义务劳动，共栽植了99种中国南方珍贵树种1 999株，寓意澳门回归祖国年代的历史见证。中共中央政治局常委、全国政协主席李瑞环题写的“澳门回归林”铭刻在一块自然成型的花岗岩石上，成为一大景观。（曹仁福）

【化州市清理果园庄园行动快效果好】 该市采取得力措施，对果园庄园进行了清理整顿，理顺了林地开发管理秩序，规范了果园庄园开发行为，收到显著效果。全市八大庄园全部办理了林地使用权变更登记手续，开垦林地74宗，1 924.867公顷，也基本落实了造林种果或复耕计划及措施。通过加强林地开发管理和整顿，为国家挽回经济损失66万元。他们的主要做法是：①实行“四个停止”。一是停止果园庄园项目的审批。二是停止果园庄园用地的审批。全市停止开垦林地审批面积达0.133万多公顷。三是停止果园庄园招商活动。四是停止各类果园庄园的筹办活动。②抓好“四个整顿”。一是在思想上进行整顿，与国务院、省政府保持一致。二是在果园庄园经营方式进行整顿，取缔不合法的庄园开发，规范动作，自觉接受林业、工商、财政、银行等部门的管理，办理、完善有关手续。三是在果园庄园开发林地行为方面进行整顿，理顺林地管理秩序。化州市林业局依据林地管理的法律法规，在调查核定的基础上，主动服务，协助开发商进行可行性研究，制订用地规划，办理林种变更手续和林地使用权变更手续，核发《广东省林地使用权变更证书》，加强了管理和监督。四是在果园庄园财经制度上进行整理，对各庄园招商引进的资金，由财政、审计部门定期进行审计，确保资金全部用于造林种果上。③实施“四个加强”。一是加强对果园庄园开发管理工作的领导，市成立了以主管农口副市长为组长，由农办、国土、林业、计划、工商、农业、银行、财政等单位领导组成的领导班子。二是加强果园庄园的清理工作。由林业、工商、财政等主管部门，组织26个工作队、110人的清理队伍，对全市果园庄园进行了清理整顿。林业主管部门通过清查，为开发商补办林地使用手续1 433.33公顷，挽回经济损失66万元。三是加强了果园庄园开发的种植管理。在庄园开发清理的基础上，严格按照“开发一片，种植一片，管好一片”的要求，高标准种植好龙眼、荔枝、杧果等名优经济林果，并按有关技术规程加强生产管理。四是加强果园庄园的基础设施建设。在确保果园庄园开发用地和资金只能用于果业的同时，积极搞好果园的道路、供电、排水、工具房等基础设施建设。全市庄园基本上达到“路、水、电、屋”四上山。

（曹仁福）

【广州市林业】 1999年，广州市林业部门围绕林业“三大体系”建设，按照“三个确保”的要求，转变职能，真抓实干，统筹发展广州城市林业，促进了全市林业的持续发展。

1. 超额完成全市造林绿化任务。全市完成造林绿化作业面积0.46万公顷，“四旁”植树240.3万株，中幼林抚育0.653万公顷，容器育苗792万袋，新封山育林1.7万公顷。

2. 全面启动生态公益林工程，在抓好流溪河2.667万公顷水源林立法补偿的同时，年投资300万元，在白云区建立了集科普、旅游、休闲于一体的0.133万公顷生态公益林示范区，并全面启动13.333万公顷生态公益林规划的实施，落实补偿资金243.3万元，确立了生态公益林建设在全国全省的领先地位。

3. 加速森林公园规划建设，为实现林业“三年一中变”，编制了1999～2002年自然保护区和森林公园建设规划，全市拟建自然保护区21个（新建15个）、森林公园24个（新建17个）。1999年新批建森林公园7个，至1999年底，全市已建自然保护区5个、森林公园14个，以城市为单位计算，居全国全省之首。

4. 从严管护森林资源。专门召开了全市森林资源和林地管理工作会议，严格执行凭证限额采伐制度，1999年，全市森林总消耗量16.0立方米，是省下达广州市年森林采伐限额19.6万立方米的31.9%，生长量大于消耗量，森林资源消长继续呈现良性循环，加强林地管理，组织了全市性清理整治行动，共清理往年非法用地198宗、538.07公顷：其中已补办手续130宗、面积429.53公顷，交缴森林植被恢复费174.1万元；继4个县级市之后，1999年，在市内8区也实行木材经营许可证制度；全面完成了全市37个林业站标准化建设任务：完成了“十五”期间年森林采伐限额编制工作。

5. 维护林区社会治安稳定。从严治警，开展了森林公安岗位系列练兵，完成了基层派出所的达标工作，建立了与基层局（所）联合办案机制，加大了查案办案力度，共查处案件279宗，查处率98.6%，处理违法人员363人，其中行政罚款317人，挽回经济损失936万元。

6.强化野生动物的分类保护管理、开展了《野生动物保护法》颁布纪念日咨询、爱鸟周、野生动物宣传月、常年电视宣传广告与专题节目等系列宣传活动；规范了野生动物的驯养繁殖，批建驯养繁殖场15个、野生动物大型市场6个、虎纹蛙经销点8个、分销点43个，加大了执法力度，处理违法案件93宗、105人，其中逮捕11人、劳教7人，共收缴非法经营保护动物1 843只（条），处以罚款364.8万元。

7.增强了森林火灾的防范、扑救能力，首次组建了1 000人的森林消防队伍，如期通过市领导的检阅，完成了全市3 100千米、0.46万公顷生物防火林带的规划工作和年度建设任务，森林防火工作上了新的台阶。全市当年共发生山火28宗，受害有林面积564公顷，受害率1.93/1 000，把山火损失降低到最低限度，未发生特大山火和人员伤亡事故。

8.森林病虫害防治检疫工作为历年最好。落实了综合防治措施，科学施药150吨、0.219万公顷，是10年来未发生松毛虫危害的一年。实施森林植物检疫1.03万宗，有效控制了危险性害虫在广州市的传播和蔓延。

9.林业法制建设上轨道。全面完成了年度普法任务；继1998年《广州市流溪河水源涵养林保护管理条例》颁布实施后，1999年又完成了《广州市森林公园管理条例》的立法任务；推行了林业行政执法责任制和执法过错责任追究制度。

10.林业科研有新进展。获市以上科研项目8个，其中“DNA分子标记在马占相思抗性育种中的应用研究”达省先进水平。（黄杰辉）

【广东省1999年林业大事】

1. 1月8日，广东省林业厅《转发国家林业局关于进一步规范木材运输管理有关问题的通知》，明确规定，凡折合消耗木材0.5立方米以上的，一律列入凭证运输范围。

2. 2月11日，广东省政府发出《关于实施〈广东省外商投资造林管理办法〉的通知》（粤府［1999］16号）进一步规范外商投资造林。

3. 3月12日，广东省和广州市领导黄华华、黄丽满、欧广源等同志与1 500多名机关干部、部队官兵、少先队员及部分企业厂家代表参加了由省绿化委员会、广州地区绿化委员会、《中国名牌》杂志社在广州天河公园联合举办“植百年纪念树，行中国绿色路”的植树活动，绿化山头20 000平方米。

4. 3月20日，国家林业局森林公安局以林公政［1999］16号文批记广东省普宁市公安局森林分局、新会市公安局圭峰山森林派出所集体二等功。

5. 3月21日，广东省野生动植物自然保护站与广州市野生动物保护站在广州动物园联合举办“鸟节”、“爱鸟周”宣传咨询活动。

6. 4月1日，广东省林业厅发出通知，规定从1999年起，凡因国家重点建设项目、林木更新改造或卫生间伐需要采伐生态公益林，面积在3公顷以下或蓄积量100立方米以下的，由广东省林业厅委托地级市林业主管部门审批。面积在3公顷以上或蓄积量100立方米以上的，必须报广东省林业厅审批。

7. 4月5日，广东省林业厅印发了《广东省林业高新技术开发应用规划》，决定加大高新技术研究及开发利用的比重，开发应用的重点包括：生物技术、信息技术、新技术（即遥感技术、地理信息多，高效率抽样技术）和林产品加工利用技术等四方面内容。

8. 5月11日，国家林业局森林公安局以林安字［1999］24号文授予广东省新兴县公安局森林分局局长练冠辉，增城市公安局森林分局局长龙东城全国林业系统优秀人民警察称号。

9. 5月18日，广东省政府、广东省军区联合发出了《关于在民兵应急分队中组建森林消防队伍的通知》，要求各地认真做好森林消防队伍的组建工作。

10. 5月18～21日，广东省林业厅首次组团参加了省政府在香港举办的’99广东经济贸易技术洽谈会。洽谈会推出22个项目，其中签约项目17个，利用外资金额为7 225.4万美元。

11. 5月18日，广东省林科院与香港海洋公园签订了在广东省林科院建立香港熊猫食用竹供应基地合同。港方在基建方面出资260万港元，种植1.667公顷竹林。

12. 6月22～24日，广东省林业厅在增城市召开全省林业行业思想政治工作会议，会议讨论了在市场经济条件下加强思想政治工作的新方法、新路子，表彰了行业思想政治工作优秀单位19个和优秀工作者33名。

13. 7月1日，经广东省政府批准，广东省物价局、财政厅、林业厅联合发出《关于重新制定征占用林地缴纳森林植被恢复费收费标准有关问题的通知》（粤价［1999］173号），对森林植被恢复费的收费标准、收缴办法和管理使用作了明确规定。

14. 7月6日，广东省机构编制委员会发出《关于乳阳林业局机构性质的批复》（粤机编办［1999］723号），同意广东省乳阳林业局由森工企业改为企业化管理的事业单位。

15. 7月20日，最高人民法院、最高人民检察院、国家林业局、公安部、监察部以林安字［1999］58号文联合对打击破坏森林资源违法犯罪活动专项斗争先进集体——广东省中山市、惠州市、梅县公安局森林分局给予通报表彰。

16. 8月27日，广东省政府批准省林业厅关于

1998年度森林资源保护管理目标责任制考核结果，中山市被评为第一名、深圳市被评为第二名、梅州市和江门市被评为第三名。

17. 9月3日，《广东省南岭国家级自然保护区总体规划》通过广东省林业厅组织的专家评审。

18. 10月1日，广东省林业厅收回了原委托省木材公司承办的铁路运输木材车皮管理职能。

19. 10月6日，广东省党政机关与所办经济实体和管理的直属企业脱钩工作领导小组发出《关于广东省林业厅与所办经济实体和管理的直属企业脱钩分类处理意见的批复》(粤脱钩发［1999］39号)，确认广东省鱼珠林产集团有限公司等27户直属林业企业与省林业厅解除行政隶属关系。

20. 11月17日，广东省林业厅在广州市召开了“提倡不食野生动物，树立饮食新风尚”新闻发布会。

21. 11月27日，广东省九届人大常委会第13次会议通过了关于加快自然保护区建设的决议。

22. 12月29日，广东省林业厅组织召开省级森林和野生动物类型、湿地类型自然保护区评审委员会会议，审议通过了《广东省森林和野生动物类型、湿地类型省级自然保护区评审委员会工作制度》和《广东省森林和野生动物类型、湿地类型省级自然保护区评审标准》。

(广东省林业厅)

广西壮族自治区林业

【概　述】

林业生产创历史新高　1999年，全区完成人工造林面积4.678万公顷；完成飞机播种造林面积1.718万公顷；至年末全区封山育林面积累计达425.297万公顷，其中年内新封面积34.172万公顷；城乡居民点“四旁”植树3 916万株；育苗0.163万公顷；幼林抚育作业面积42.738万公顷；成林抚育面积29.094万公顷；低产林改造面积6.951万公顷。全社会林业产业总产值170.0157亿元，其中第一产业122.1152亿元，第二产业44.9075亿元，第三产业2.9930亿元。国有林场工农业总产值11.2亿元。木材生产318.61万立方米，其中原木299.49万立方米，竹木2 357.24万根，木材销售234.11万立方米。主要林副产品：松脂226 256吨，油茶籽108 410吨，油桐籽58 972吨，竹笋干17 086吨，板栗21 927吨。

绿色工程建设　1999年是全区实施绿色工程第一年。经自治区检查验收，完成公路、铁路两旁各宽1千米、江河两岸各宽2千米范围内宜林造林(含竹子等经济果木林)面积5.93847万公顷，其中合格面积5.09487万公顷，占该年计划任务量4.45209万公顷的114.4%。完成石山封山育林面积21.50536万公顷，占该年计划任务量20.44077万公顷的105.2%。完成路河旁植树株数706.26万株，占该年计划任务量746.56万株的93.8%，完成路河旁种草145.97公顷，占该年计划任务量171.8公顷的85%。完成公路、铁路绿化里程264.6千米。完成退耕还林面积2.60931万公顷，占该年计划任务量2.99877万公顷的87.04%。完成全区城镇、村屯周围100米范围内的宜林地造林2 309.3公顷。各地市和有关部门办绿色工程示范点258个，完成造林面积1.66732万公顷，完成公路、铁路绿色示范段里程139.6千米。全年全区投入绿色工程建设资金2.08114亿元，其中各级财政投入资金2 454万元，部门投入资金7 141.2万元，社会集资3 671.2万元，个人投入资金4 218.8万元，其他投入资金3 326.2万元。

七大生态林建设　1999年，广西继续实施珠江流域防护林、沿海防护林、防治荒漠化、平原绿化、石山封山育林、生物防火林带、城市大环境绿化等七大林业生态工程，共完成造林、封育和低产林改造面积28.6万公顷，多渠道投入建设资金2.2亿元，其中国家投资3 150万元。其中：珠江流域防护林工程利用国债资金3 000万元，完成造林、封育面积3.3万公顷；沿海防护林工程完成1.9万公顷；防治荒漠化工程完成0.76万公顷；石山封山育林工程完成18.5万公顷。主要有以下措施：一是加大宣传力度。年内全区采取经常性宣传和突击宣传相结合的办法，充分利用电视、广播、报刊等新闻媒体，对林业生态工程进行多层次、全方位的宣传报道，提高工程知名度，调动全社会参与工程建设的积极性，为工程实施创造良好的社会氛围。二是广筹资金，增加投入。各工程县坚持“以地方自筹为主，国家补助为辅”原则，把林业生态工程建设与林业开发、扶贫开发、山区综合开发、农业综合开发等项目以及其他生态治理工程结合起来，多渠道、多层次筹措工程建设资金。三是办示范点，以点促面。各工程县都兴办高标准的林业生态工程示范点，并树立宣传碑牌，仅珠江流域防护林工程年内就建立工程示范点179个，面积6 000多公顷；树立工程项目牌600多座，有力地带动面上工程建设。四是注重科技，提高质量。坚持良种壮苗造林，尽量采用营养杯苗造林，造林质量大大提高。五是严格检查，强化管理。各工程县严格按项目管理办法，加强对林业生态工程的管理。特别是对有国家或自治区投资的工程项目，严格按报送规划设计——审批实施——检查验收的程序进行管理，努力提高专项资金的使用效率。同时，自治区对工程项目实施进行全过程跟踪检查督促，严把各环节的质量关。

森林工业 全区森工企业包括采掘业和制造业，全社会总产值26.59亿元，其中林业系统工业总产值（现价）13.03亿元，销售产值12.51亿元，工业增加值9 124万元。

全区全社会人造板产量49.89万立方米，比1998年增长30%。人造板二次加工装饰板达256.58万平方米，强化地板产量123.6万平方米。人造板市场需求转旺，中纤板价格回升到1 600元/m^3左右，比1998年提高了23%。全区86家木材公司原木收购40万立方米，销售44万立方米，分别比上年减少13.3%和2%。锯材收购4万立方米，销售4万立方米，均比上年增长33.3%。1999年，森工企业继续深化分配、劳动、人事三项制度改革，初步实现了员工能进能出，收入能高能低，管理人员能上能下的目标。梧州木材厂继续实行企业经营者年薪制。森工企业认真推进以产品和产品质量为中心的全面整顿。全面推行比价收购和厂务公开制度，在购销环节中，坚持同样的原材料比价格，同样的价格比质量，同时价格公开，决策公开，把隐蔽的权力公开化，把集中的权力分散化，确保购进的原材料质优价廉。梧州木材厂主导产品刨花板、中纤板综合成本分别降低6%和19%。木材收购价每立方米下降60.37元，薪炭材收购价每吨下降6.16元，运杂费减少73万元。刨花板优等品率达84.05%，中纤板优等品率达94.86%，贴面板优等品率达99.12%，分别比1998年提高9.66%、3.31%和0.77%。强化地板荣获广西名牌产品。梧州木材厂和高峰人造板有限公司生产的中纤板荣获广西优质产品，广西区木材公司兴建绿林木制精品展销中心，促进木制品向木制精品转化。梧州木材厂1.333万公顷、高峰林场1.333万公顷速生丰产工业原料林基地项目，通过了自治区咨询公司评估，高峰林场列为国家开发银行首家速生丰产林基地试点单位。

林化工业 1999年，全区生产松香20.89万吨，生产纸品10.4万吨，生产栲胶0.6万吨，全区林产化工业实现工业总产值10.91亿元（现行价），其中系统内6.93亿元，销售产值7.33亿元，工业增加值9 245万元。

企业继续深化以分配制度改革为核心的三项制度改革，认真推进以产品和产品质量为中心的全面整顿工作。广西国发林业造纸有限责任公司继续实行企业经营者年薪制。经自治区人民政府批准，由梧州松脂厂、梧州市松源实业公司、中国科学院广州化学研究所、广西宁明松香股份有限公司、岑溪市松香厂、厦门中坤化学有限公司六家企业发起设立广西梧州松脂股份有限公司，标志自治区松香深加工能力得到进一步增强。广西国发林业造纸有限责任公司又新增装饰板底层纸，精制牛皮纸，胶带原纸等三个新产品，新产品产量增长20%。全区松香、松节油、深加工产品19 011吨，比上年增长17.8%，其中梧州松脂厂生产成芳樟醇342吨，比上年增长64.4%；苍梧县松脂厂生产氢化松香1 380吨，比上年增长29.3%，玉林松脂厂研制成功粒状系列造纸施胶剂新产品。武鸣材胶厂灵水牌杨梅栲胶荣获广西名牌产品，广西国发林业造纸有限责任公司清江牌静电复印纸荣获广西优质产品。林化行业管理在行业信息交流上下功夫。广西区林化工业公司每月出刊两期《松香动态分析》，全年共出24期，主要总结松香经营经验，通报当时松香生产销售情况，预测近、中、长期松香市场动态，对指导松香生产、销售按市场规则运行起着重要作用。自治区单列1 000万元作为松脂产业技术开发专项基金，已落实到项目的有500万元。

林政管理 1999年，全区强化了林木采伐“源头”管理，重新修订印发了《广西壮族自治区林木采伐许可证发放与管理办法》。进一步加强对林木采伐计划管理，规定从1999年开始各地、市分解自治区林业局下达的年森林总采伐量指标和商品木材生产限额计划时，必须报林业局审核后才能下达到各编限单位，全区没有出现超采伐限额下达木材生产计划的现象。1999年制定印发了《关于进一步加强天然林水源林防护林保护和管理的通知》和《关于加强对农村居民自留地和房前屋后个人所有的零星树木采伐管理的通知》，在全区划分了天然林、水源林、防护林的重点保护区和经营区范围，落实到山头地块，同时还制定了天然林次生林采伐管理制度，明确了审批权限，刹住了一些地方乱砍滥伐天然杂木林的歪风。为了防止非法砍伐的林木进入流通领域，1999年初制定了《广西壮族自治区木材运输证管理与签发的规定》，在实现全员持证上岗的基础上，加强了督促检查，使全区木材运输证管理工作逐步走上法律化、规范化和制度化的轨道。

1999年，全区发生林业行政案件23 130起，查处22 985起，查处率99.37%，行政处罚24 054人。其中，查处了南宁地区林业局直属国有凤凰山林场和柳州地区金秀县滥伐林木案件。南宁地区凤凰山林场滥伐林木案件抓获涉案人员29个，转送检察机关起诉7人。

1999年，继续贯彻落实国务院国发明电[1998]8号、国办发明电[1999]9号文件和国家林业局林资字[1998]38号文件精神，深入进行查处毁林开垦和乱占林地案件，有效地遏制了毁林开垦和乱占林地的歪风，进一步提高了全社会保护森林资源的意识，林地使用冻结期间未发现有越权审批和乱征滥占林地行为。据统计，全区对区直国有林场在林地上进行直接为林业生产服务的工程设施补办了使用林地手续85起，面积307.937公顷；办理审核国家建设征占用林地246.777公顷的用地手续，收取森林植被恢复费298.84万元；

对自治区15个重点工程使用林地情况进行了认真清理，已查明15个重点工程未经林业部门审批就动工兴建占用林地的有1 292.667公顷，应该补交森林植被恢复费581.185万元。

1999年，全区发生森林火灾538起，其中重大火灾3起，一般火灾301起，火警234起，火场总面积14 340公顷，受害森林面积4 280.3公顷，森林火灾受害率0.52/1000。因火灾死亡1人，烧毁成林蓄积65 155立方米，烧毁幼林855万株，其他损失折款293万元，扑火经费开支186.8万元。与1998年相比，森林火灾次数上升了108起，受害森林面积下降了1 130公顷，火灾烧毁成林蓄积减少了32 056立方米，烧毁幼林增加了143万株，其他损失折款减少107万元，扑火经费开支减少111万元。

年内，自治区人民政府调整了自治区森林防火指挥部，自治区副主席孙瑜任指挥长。各级人民政府加强了对森林防火工作的领导，森林防火机构加大了工作力度，组织各级政府换届后新任领导进行森林防火业务培训，对各项具体工作提出了量化要求。国家和自治区增加了防火经费的补助，全区新增瞭望台15座，更新、购置消防车56辆，更新无线电通讯设备1 029部，购置、更新扑火机具16 363台（把），新开防火隔离带1 498千米，新造生物防火林带1 000千米。容县、岑溪市分别成立了500多人的抗击自然灾害突击队，河池市建立了60人的民兵森林消防扑火大队。以柳州为基地的全区首次秋季航空护林从11月3日开始至12月21日结束，历时49天，使用米八直升机1架，共飞行32架次81小时，航护覆盖柳州地区、柳州市、桂林市、贺州地区、梧州市、玉林市、贵港市等7个地市。至此，全区春秋两季航空护林覆盖面扩大到11个地市990.5万公顷森林（含新造林地）的范围。环江县列为国家级重点森林防火综合治理县，综合治理有关工作开始启动。

1999年度，因森林火灾受害率控制在0.46/1000以内，全区森林防火目标管理各项综合评分依次为：桂林市、河池地区、柳州市、玉林市获自治区森林防火目标管理一等奖，防城港市、钦州市、梧州市、贺州地区获二等奖，北海市、南宁地区、南宁市、百色地区获三等奖。

1999年，全区森林公安机关共受理各类森林和野生动物案件5 586起，查处5 452起，综合查处率为97.60%。其中，刑事案件562起，查破487起，查破率为86.65%；治安行政案件840起，查处812起，查处率为96.67%；林业行政案件4 184起，查处4 160起，查处率为99.43%。打击处理各类违法犯罪人员8 066人次。其中，逮捕303人；劳教100人；治安拘留596人；治安行政罚款637人；警告316人；林业行政罚款2 239人；其他处罚3 875人。通过查处案件共挽回经济损失1 293.3519万元，其中，收缴木材32 768立方米，折款682.1443万元。

年初，自治区高级人民法院、人民检察院、林业局、公安厅、监察厅联合统一部署，在全区范围内开展了一场声势浩大的严厉打击破坏森林资源违法犯罪活动专项斗争。据统计，全区森林公安共查处各类森林和野生动物案件2 154起。其中刑事案件236起治安行政案件323起，林业行政案件1 595起。打击处理各类违法人员3 288人次。其中，逮捕164人，劳教29人，治安拘留269人，治安罚款335人，林业行政罚款725人，其他处罚1 766人。收缴木材8 071立方米。挽回经济损失525.3877万元。自治区林业公安处、南丹县公安局林业分局等8个单位被最高人民法院、最高人民检察院、国家林业局、公安部、监察部联合授予“打击破坏森林资源违法犯罪活动专项斗争先进集体”。

1999年，广西森林病虫害防治工作继续实行目标管理责任制，各级林业主管部门进一步加强责任制的落实。11月，自治区林业局组织核查组对14个地、市和15个自治区直属国有林场的森防目标管理情况进行全面考核，结果表明，各项指标都达到规定要求。年内，自治区森林病虫害防治站向全区发出森林病虫趋势预报4次，对各地抓好防治工作起到指导作用。1999年，广西发生森林病虫害22.42万公顷，其中马尾松毛虫20.56万公顷，是近10年来最严重的一年；猫儿山自然保护区首次发生柄天牛虫灾，240公顷稠木受害严重枯死。各地对以马尾松毛虫为主的森林病虫害采取各种措施积极防治，防治面积15.09万公顷，其中，使用飞机喷撒白僵菌粉防治越冬代马尾松毛虫4.12万公顷，对猫儿山发生的天牛虫害采取了人工清除虫源和药物防治，灾情得到有效控制。年内，全自治区开展了森林植物检疫对象普查。至年底，普查外业工作已基本结束；与广东交界及沿海的11个县、市（区）对湿地松粉蚧、松突圆蚧及松材线虫病进行了监测调查，调查结果未发现监测对象传入自治区；各级森林植物检疫机构全年实施产地检疫苗木9 484万株，调运检疫木材327万立方米，竹材28.36万根，苗木1 043万株；查处违章案件11起。4月份，国家林业局森防总站在广西举办了一期森防行业关键岗位培训班，84名县级森防站长参加了培训。结合纪念《森林病虫害防治条例》颁布实施10周年，12月，全自治区开展了森防宣传月活动，通过各种形式对森林病虫害防治及森林植物检疫的知识及有关法律、法规进行宣传，取得了较好的效果。

野生动物保护管理 1999年完成了历经4年的全国陆生野生动物资源调查广西部分外业工作，并按照《全国陆生野生动物资源调查技术规程》要求，组织了专家进行检查验收。除按《广西陆生野生动物资源调查实施方案》完成了规定的抽样调查和专项调查外，还发现了极度濒危的被誉为神秘的鸟类海南虎斑鳽的繁殖地，使这一失踪了近40年的神秘鸟重新得到人们的

认可和了解，广西区林业局和当地县林业局及时下文保护其栖息地并建立了保护站。

年内在全区内对从事陆生野生动物驯养繁殖单位和个人进行全面清理整顿，取缔和打击不符合条件、非法经营利用野生动物的单位和个人的违法活动，全年共取缔不符合驯养繁殖野生动物条件的单位和个人共480家。

1999年，广西各级林业行政主管部门开展形式多样、内容丰富的爱护野生动物宣传教育活动，做到电视上有图像，电台上有声音，报刊上有文字。在“爱鸟周”期间，与广西电视台联合举办了爱鸟、护鸟智慧总动员活动。同时，各级林业行政主管部门认真贯彻执行自治区林业局制定的《广西保护野生动物行动方案》，开展执法检查，严厉打击破坏野生动物资源的违法犯罪活动。树立了广西人民爱护野生动物的新形象，促进广西精神文明的建设发展。

水源林和自然保护区 1999年，广西进一步加强了对自然保护区的保护管理工作，继1998年环江木论自然保护区确定为国家级自然保护区后，金秀大瑶山自然保护区通过了国家级的评审申报。

年内，大明山、猫儿山、弄岗、大瑶山等自然保护区完成了综合考察或总体规划工作，为自然保护区今后的管理和发展打下了坚实的基础。7月，有30多处自然保护区的管理人员参加了全区自然保护区领导干部培训班。制定了《自然保护区目标管理责任制》，进一步规范了自治区自然保护区的管理，目前，大明山自然保护区已进行试点工作。

1999年，全区自然保护区的经费投入有了明显增加，自治区水源林和自然保护区的事业补助经费由300多万元提高到600多万元。同时，大力发展自然保护区的多种经营，目前已有40多处自然保护区开展了旅游、种养等项目，自我发展能力不断提高，职工生活也逐步得到改善。大明山自然保护区八角种植面积已达万亩，年收入约400万元；扶绥珍贵动物保护站近几年来年均创收40多万元。花坪国家级自然保护区管理处荣获全国自然保护区管理先进集体，林业系统的3名自然保护区管理人员荣获全国先进个人。

森林旅游 至1999年底止，广西已建森林公园30个，其中14个建成开放，2个对外试营业，开展旅游的保护区有7个，有8个县成立了森林旅游公司。全年森林旅游共接待87万人次，比去年增长6.56%，森林旅游收入达4 556万元，比去年增长124.6%。

林业科技 1999年，成立了广西林木良种鉴定委员会和审定委员会，组织鉴定了一批林木良种成果，审定了一批林木良种，召开了首次广西林木良种新闻发布会，推出了东门尾叶桉良种、巴西巨尾桉、东门巨尾桉、东门尾巨安、东门尾赤桉、东门尾圆桉6个优秀桉树良种。目前全区桉树良种覆盖率已达90%以上，杉木良种覆盖率达60%以上，松树良种覆盖率达40%。

年内分别通过科研推广成果七项、新产品三项的鉴定，其中杉木遗传品质改良及速生丰产组装配套技术推广和亚热带珍稀树种异地保存二个项目的总体技术达国内领先水平。组织开展了第十次广西林业科技进步奖评审会，评选出广西林业科技进步奖励项目八项，推荐上报国家科技部、国家林业局、自治区科技厅评奖成果十一项获奖八项，获奖率73%，其中马尾松综合治理技术推广获国家科技进步三等奖，杉木遗传品质改良及速生丰产组装配套技术推广、马尾松毛虫预报预测配套技术的研究与应用、α-蒎烯合成芳樟醇三个项目获自治区科技进步二等奖，世界银行贷款广西国家造林项目经济效益评价研究等四个项目获自治区科技进步三等奖。

组织申报和筛选了十五项先进实用的科技成果在林业系统推广应用，其中良种桉的综合技术、马占相思速生丰产技术、松脂采脂增产综合技术、马尾松毛虫综合防治技术，深受群众欢迎。

开展“以产品创新为核心”的战略实施工作，组织广西松脂产业化、桉树产业化、竹子产业化、花卉产业化、油茶产业化等科技项目的实施，目前已初具规模，走上产业化轨道。

组织开展全区林业新标准化工作，举办了国家木材新标准化学习班，全区木材检验持证人员3 000多人参加学习和考试。组织开展全区木制品质量技术监督抽检工作，取得良好效果。

1999年广西林业有2名林业专家获国务院特殊津贴。

林业教育 年内，全区的林业教育工作取得了新的发展，林业职业教育、林业成人教育和林业基础教育改革进一步深入、教育投入增加，全行业教育培训制度得到进一步完善。同时，继续加大科教支农扶贫力度，开展林农适用技术的培训工作。7月份，开始实施《广西林校、广西林业成人中专、广西林业干部学校合并实施方案》，广西林校于11月通过国家教育部组织的国家级重点中专学校评估专家组的评估，学校规模达到3000人，教学质量、办学条件和效益、学校管理等各项指标均达到国家重点中专标准。年内共完成林业普通高校招生270人，全年共举办林业关键岗位培训23期，受培训人数达1 200人，其中国有林场场长、乡镇林业工作站站长和县级林业技术推广站站长已完成一轮培训。举办以山区林农脱贫致富为目的适用技术的各类林农培训班160期，培训林农2万人次。目前，林业系统内的4 500名归国难侨、林业工人和林场职工子弟都已脱盲，有力地支持了全区的扫盲工作。组织“林业生态环境管理专业”大专自考班，年内1 067人参加考试，平均及格率达61%，超过全区自学考试平均及格率。分别设立了北京林业大学、东北林业大学、南京林业大学函授站，年内完成成人高校招生160人。年内继续对全区67所林业中小学（含教学点）的办学体制进行改革实验，完成了柳州木材厂学校、三门江林场学校的改制工作。据统计，1999年全区林业中小学在校生达6 342人，小学生巩固率达100%，毕业率达99.9%，学龄儿童入学率达100%，完成了“两基”达标任务。年内，广西林业干部学校、百色地区林业局科教站和荀建荣、王光平、安家成分别获国家林业局颁发的全国林业成人教育先进单位和优秀教育工作者称号。区林业局对张力等120位同志分别授予“广西林业系统优秀教师和优秀教育工作者”称号。

林业宣传 1999年，广西林业宣传紧紧围绕广西林业的中心工作，围绕林业在生态环境建设中的主体作用，围绕提高林业在国民经济中的地位和作用，围绕绿色工程、义务植树、七大生态林工程、20万户沼气池建设、“三林”保护、野生动植物保护、退耕还林等内容，创造性地开展内容丰富、形式多样的宣传工作，较好地发挥了广西林业的喉舌作用，在社会上产生了较大影响，有力地促进了林业事业的发展。据不完全统计，仅自治区林业局在区内外报刊、电视台、电台等新闻媒体发表的林业新闻就达310多篇，其中，中央一级的林业新闻35篇；被省级以上信息部门采用的信息达110篇，其中，中央一级12篇，有两篇被新华社“国内清样动态”采用。江秀奎同志获全国首届梁希林业宣传突出贡献奖。（广西壮族自治区林业局）

【广西国有林场建设】 1999年，广西有国有林场151处（含中国林业科学研究院热带林业实验中心），职工40 728人，经营面积116.65万公顷，其中有林地79.89万公顷，新造林未成林地12万公顷；森林活立木蓄积量5 034.98万立方米。年末固定资产原值11.26亿元，净值9.28亿元，分别比1998年增长6.4%和3.6%。全年实现工农业总产值10亿元（按现行价计），比上年减少10.7%。其中，营林产值0.13亿元，木材产值5.13亿元；产品销售总收入7.98亿元，减少12.9%；多种经营收入3.88亿元，占总收入的48.6%。缴纳税金7 558万元，增长3.1%，上交林业基金4 594万元。有113个林场亏损，亏损面74.8%，亏损总额8 152万元，盈亏相抵后净亏6 752万元。全区30个森林公园和7个开展旅游的自然保护区全年森林旅游收入4 555.8万元，比上年增长了124.7%，接待游客87.33万人次，比上年增长了6.6%。

营林生产 完成荒山造林1 183公顷，迹地更新造林21 251公顷，低产林改造3 717公顷。全年营造速生丰产林6 144公顷，占造林总面积的23.5%；营造竹林1 322公顷；营造经济果木林4 740公顷，全区国有林场年末经济果木林总面积5.09万公顷，职工人均拥有经济果木林1.25公顷。幼林抚育作业面积8.3万公顷，实际面积5.35万公顷；育苗171.11公顷，其中年内新育124.48公顷。

林产品生产 年内生产木材149.1万立方米，比1998年减少12.8%；销售木材145.2万立方米，较1998年减少30.5%；年末库存木材22.4万立方米，较上年减少1.7%。生产松脂1.47万吨，松香2.16万吨，纤维板8.53万立方米（其中：中密度纤维板8.2万立方米），刨花板0.6万立方米，机制纸0.3万吨，木片出口7.8万绝干吨，比1998年增长0.13%，占全区木片出口总量的52.7%，创汇658万美元，比1998年增长了6.6%。

森林保护 实行森林防火、病虫害防治责任目标管理，取得较好成绩。全年发生森林火灾28起，比1998年减少22起，森林受害面积347.27公顷，受害率0.4/1000，无重大森林火灾。森林病虫害发生面积18 803公顷，发生率2.35%，防治率85%。

科技进步 一年内有四项科研成果获奖，其中，七坡林场的“七坡林场湿地松经营数表的研制”和白南林场作为协作单位与其他单位合作的“杉木连栽幼林养分监测与施肥效益的研究”获广西林业科技进步二等奖；大双林场作为协作单位与其他单位合作的“八角病虫害低产林综合治理的研究”获广西林业科技进步三等奖；铁帽山林场、金田林场作为协作单位与其他单位合作的世界银行贷款广西国家造林项目经济效益评价获广西科学技术进步三等奖。

职工自营经济 职工自营经济是国有林场在转换经营机制，进行所有制结构改革中涌现的一种以职工家庭或经济联合体为核算单位的经营形式，实行职工自费投入、自主经营、自负盈亏。年内，全区国有林场职工自营经济取得长足的发展，规模不断扩大，产业链不断延伸，已由单一的土地承包逐步发展到种植、加工、贸易、服务等多门类、多产业齐头并进。多种多样的经营方式和灵活多样的经营模式，既有效地防止国有资产流失，确保国有资产保值增值，又调动了广大职工的劳动积极性。据统计，1999年林场职工自营经济种植面积2.43万公顷，总收入1.42亿元，纯收入4 936.5万元，人均年纯收入1 627元；参加户数为18 384户，占总户数74%；参加职工达30 325人，占职工总数75%。自营经济已成为增加职工收入的主要渠道，成为林场经济的重要组成部分和新的经济增长点。通过发展职工自营经济，部分职工生活正向小康迈进，已涌现出一批依靠科学，依靠勤劳致富的先进个人。1999年9月，高峰、东门、钦廉、七坡林场的李玉荣等七位职工被自治区农林水利工会评为全区农林水利系统职工自营经济能手。自治区林业局于1999年10月出台了《广西壮族自治区林业局关于加快发展国有林场职工自营经济问题的若干规定》（试行）。

林场改革 全区国有林场不断推行了劳动用工合同制、干部管理聘任制和以按劳分配为主体、效益优先，兼顾公平的国有林场职工工资分配制度，初步建立起以利益驱动为核心的国有林场内部运行机制。年内改革的重点主要在：一是林场管理机构，优化管理职

能，减少非生产人员，提高工作效率。据统计，经过机构改革，区直属林场管理人员减少了30％。二是管理人员实行竞争制。通过竞争上岗，选拔出优秀的管理人员。年内，这项用人制度改革办法，已由区直林场逐步向地县国有林场推开。三是民主选举经济带头人。部分林场把一些项目的经营性资产折股卖给职工，职工是企业财产的真正拥有者，成为企业真正主人，职工的切身利益和企业的效益密切地联系起来。高峰林场的三个红砖厂，经资产评估后，进行股份制改造，职工成为股份合作制企业的股东，厂长由股东大会选举产生。年内三个砖厂产品质量稳定，产量大幅度增长，成本下降到每块砖0.15元左右，实现了扭亏增盈。1999年，高峰林场工农业总产值突破了两亿元大关。四是积极开展场务公开活动。通过在全区国有林场中推行场务公开制度，增强了民主管理、科学决策、群众督促的意识，加强了廉政建设，有效地促进全区国有林场职工队伍素质和管理人员工作水平的提高。1999年，全区国有林场减亏5 332万元。

存在问题　一是部分林产品销售市场长期低迷，木材税费过重，造成林场增产不增收。目前全区有55个贫困林场还处在贫困状况。二是林场产业结构不尽合理，一些场办企业项目选择不当，规模小、起点低，经营不善，债务沉重。三是经济结构调整力度不够大，相当部分林场非公有制经济发展滞后，潜力未能充分发挥。四是林地、林木被侵占现象屡禁不止，森林资源，林地的保护和管理形势依然很严峻。　（苏　丽）

【广西经济林生产】　1999年，广西营造经济林7.92万公顷，比1998年减少35.9％，占全自治区人工造林面积的42.9％。年末，全自治区经济林保存面积181.95万公顷。主要经济林产品产量、油茶籽10.84万吨，比1998年增长3％；油桐籽5.89万吨，比1998年增长4％；八角3.12万吨，比1998年增长3.65％；桂皮1.79万吨，比1998年增长2％；板栗2.19万吨；银杏3 548吨。年内，经济林种植速度明显放慢，主要是注重名特优新品种的发展和加大低产林分的改造。其中以实施国家农业综合开发名特优经济林项目为高标准示范基地，在富川、贺州、融水、防城港等4个县、市共利用国家农业综合开发基金210万元，地方配套自筹420万元，发展脐橙、黄榄、八角等高产高效示范基地共771公顷。

1999年，广西完成油茶林种植3 726公顷，比1998年减少19.6％，其中荒山造林1 356公顷，迹地更新969公顷，低产林改造1 401公顷，主要以进行低产油茶林改造为主。全自治区油茶籽产量10.84万吨，比1998年增长3％。油茶籽产量位于前十位的县（自治县、市）为：三江（7 667吨）、昭平（7 335吨）、平乐（6 497吨）、龙胜（6 456吨）、贺州（5 907吨）、百色（5 514吨）、巴马（4 640吨）、凤山（3 823吨）、田林（3 106吨）、东兰（2 200吨）。1999年，广西完成油桐种植面积4 045公顷，比1998年减少34.2％，其中荒山造林2 046公顷、迹地更新1 029公顷、低产林改造970公顷。油桐籽年产量5.89万吨，比1998年增长4％。产量位于前十位的县（自治县、市）为：田林（9 420吨）、天峨（6 984吨）、乐业（4 460吨）、隆林（4 125吨）、西林（3 900吨）、东兰（3 500吨）、百色（2 895吨）、南丹（2 587吨）、巴马（2 450吨）和环江（1 924吨）。

1999年，广西完成玉桂林种植7 402公顷，比1998年减少43％。其中荒山造林631公顷，迹地更新1 785公顷，低产林改造4 986公顷。年末全自治区玉桂保存面积14.68万公顷。桂皮产量17 876吨，比1998年增长2％。桂皮产量较多的县（市、区）是：岑溪（6 176吨）、防城（4 209吨）、藤县（1 831吨）。桂油产量844吨，与上年持平。桂油产量较多的县（市、区）：岑溪（330吨）、平南（170吨）、防城（101吨）、藤县（99吨）、容县（50吨）。1999年，广西完成八角林种植面积15 180公顷，比1998年减少53％。其中荒山造林4 062公顷，迹地更新5 359公顷，低产林改造5 759公顷。年末全自治区八角林保存面积24.11万公顷。八角产量3.12万吨，比1998年增长3.65％；八角产量较多的县（自治县、市、区）为：防城（3 955吨）、浦北（3 331吨）、藤县（2 624吨）、百色（2 350吨）、宁明（1 989吨）、龙州（1 727吨）、上林（1 523吨）、岑溪（1 220吨）、凌云（1 125吨）、苍梧（994吨）。茴油产量1 627吨，比1998年增长10.6％。茴油产量超过50吨的县（市、区）依次为：岑溪（868吨）、德保（349吨）、那坡（155吨）、靖西（58吨）和百色（53吨）。1999年，广西完成板栗林种植面积5 815公顷，其中荒山造林3 651公顷，迹地更新605公顷，低产林改造1 559公顷。年产量21 927吨。板栗已成为广西又一主要木本粮油经济林品种，至年末全自治区板栗林保存面积达6.5万公顷。板栗产量超过1 000吨的县（自治县）有：东兰（3 452吨）、平乐（2 303吨）、南丹（2 057吨）、永福（1 507吨）、巴马（1 196吨）、隆安（1 192吨）。　（廖宏俊）

【广西农村能源开发】　1999年，广西有农村能源行政管理机构499个，工作人员1 892人。其中地市级机构14个，工作人员63人；县级机构96个，工作人员690人；乡级机构388个，工作人员1 101人。农村能源科研机构37个，科研人员170人。农村能源技术人员短期培训3.9042万人次。全年投入农村能源建设资金3.7267亿元，其中各级财政拨款8 033.63万元，贷款614.76万元，群众自筹2亿元，投劳折资8 838.47万元。全区农村能源设施已形成年开发和节约能源能力约450万吨标准煤，为农民增收节支18亿元，每年少砍30万公顷的有林地面积，能源性消耗的森林资源由

1985年的46%下降到1996年的31%。农村能源建设有效地保护了森林资源，改善了生态环境。列为“九五”期间实施农村能源综合建设项目的8个县市，均能按合同分期组织实施，按期完成了各项任务，并做好了验收前各项准备工作。大力推广“恭城模式”，100个能源生态村、50个能源生态乡、20个能源生态县建设均能按计划完成任务，100个能源生态村在今年年底就可验收。“152”能源生态建设取得了较好的生态效益、经济效益、社会效益。各项新能源和可再生能源的开发利用也得到了快速稳步发展。

沼气利用 新建沼气池28.1137万座，是1998年的2倍多，年末累计实有数69.8569万座。年建池超过2 000座的有9个县，超过5 000座的有17个县，超过10 000座的有6个县。沼气综合利用效益显著，全自治区利用沼液浸种种植面积为3.8650万公顷，增产粮食1.8776万吨；沼液喂猪131.884万头，节约饲料32 836.36吨；沼液养鱼2 974.8公顷，增加产量5 237.10吨；沼渣种菇1 414.794万平方米，产量976.35吨；水果保鲜90吨，减少损失20吨，沼气储粮20吨，推行南方能源生态模式的农户为21.56万户，推广面积为42 244.87万平方米；年出栏牲畜521.53万头，年产蔬菜264.32万吨，年产水果473.11万吨。建成大中型沼气工程24处，总池容0.71万立方米，废弃物处理量36.67万吨，年产气量48.67万立方米，供气户数0.0677万户。生活污水净化沼气池77处，总池容0.24万立方米，年处理量15.51万吨。其中公厕污水净化沼气池23处，总池容0.05万立方米，年处理量1.07万吨；医院污水净化沼气池7处，总池容0.05万立方米，年处理量6.51万吨；居民楼污水净化沼气池27处，总池容0.07万立方米，年处理量6.10万吨；其他公共场所污水净化处理池20处，总池容0.07万立方米，年处理量1.83万吨。

微型水力和地热利用 新增微型水力发电1 504台，装机4 175千瓦；年末全区安装微型水力37 307台，装机61 792千瓦，年发电量9 409.02千瓦时，可供118 315户用电。利用地热种植400.6公顷，养殖5.6公顷。

风能、太阳能利用 新增小型风力发电机113台，装机10.3千瓦；年末累计714台，装机102.4千瓦，年发电量27.47万千瓦时。新增太阳能热水器0.6054万平方米，年末累计2.3299万平方米。太阳房0.12万平方米，太阳灶10台。

农村生活用能与生产用能 随着农民生活水平的提高，农村用能结构进一步优化，高效、清洁能源用量增多，省柴节煤灶普及率提高，至1999年底，全自治区有省柴节煤灶794.17万户，其中商品灶的户数为206.53户，型煤炉的户数为67.39万户。

农村能源产业与技术服务 1999年，广西农村能源产业得到快速稳步发展，全区有农村能源生产企业43家，从业人员572人，固定资产892.82万元，流动资金1 545.8万元，年销售额1 219.89万元，实现利税338.69万元。全区有服务企业186个，从业人员911人，固定资产299.98万元，流动资金682.87万元，年销售额1 478.76万元，年创利税290.58万元。

（李　遐）

【广西壮族自治区1999年林业大事】

1. 1月11～12日，自治区人民政府在南宁召开全区实施绿色工程动员暨林业工作会议。自治区党委副书记陆兵、自治区人大常委会副主任丁廷模、自治区副主席孙瑜在会上作了讲话。孙瑜副主席代表自治区人民政府与各地区行署、地级市人民政府的领导签订了《广西壮族自治区绿色工程建设目标责任状》。

2. 2月28日，自治区党委书记曹伯纯、自治区主席李兆焯与自治区其他党政军领导陈辉光、马庆生、刘国裕、周遇奇等和即将出席全国人大、政协两会的代表、委员、广西军区、驻邕部队、武警官兵及区直、南宁市机关干部2 000多人，在邕宁县长塘乡南柳高速公路山坡上义务植树造林。

3. 3月2日，自治区森林防火指挥部第二十三次成员扩大会议在南宁召开。自治区副主席孙瑜到会，部署了1999年的森林防火工作任务。

4. 3月3日，自治区人大常委会副主任覃日飞到广西国发林业造纸有限责任公司视察。

5. 3月10日，自治区人民政府决定把新建20万座沼气池作为1999年为民办实事的12件大事之一。

6. 3月22日，自治区人民政府召开全区森林防火工作电视电话会议。自治区副主席袁凤兰就如何迅速扭转我区森林火灾上升的势头作了6点指示。

7. 4月14日，钦防林业行动计划综合报告讨论会在防城港市召开。联合国粮农组织亚太地区副代表董庆松先生、苏帕莫（Suparmo）先生出席会议。

8. 5月6～7日，在南宁召开世界银行贷款贫困地区林业发展项目广西实施启动会。该项目总投资3.32亿元人民币，造林5.6万公顷，项目建设期6年。

9. 6月5～10日，以全国人大常委会委员、全国人大农业与农村委员会副主任委员杨振怀为组长的全国人大常委会执法检查组先后到百色市、上思县、防城港市、东兴市、京族三岛和北海市，对自治区《森林法》实施情况进行执法检查。

10. 6月7～13日，广西选送林产品参加云南昆明世博会展出，取得圆满成功，受到自治区党委副书记杨基常、自治区副主席袁凤兰、张文学等领导的赞扬。

11. 6月17日，全区新建20万座沼气池工作会议在南宁召开。自治区副主席孙瑜在会上部署建设20万座沼气池工作。

12. 8月6～7日，自治区副主席孙瑜带领自治区林业局、自治区畜牧局、自治区农村能源办考察大新县能源生态农业建设情况。

13. 8月20～28日，自治区党委、自治区人民政府联合组织督查组，对全区“152示范”工程及20万座沼气池建设情况进行督查。

14. 9月3～9日，自治区绿化委员会、自治区林业局在南宁召开全区高速公路绿化现场会议。研究部署桂海、钦防高速公路沿线的造林绿化工作。

15. 9月16日，自治区森林防火指挥部第24次成员扩大会议在南宁召开。自治区副主席孙瑜在会上作了重要讲话。

16. 10月11～16日，国家林业局常务副局长周生贤到广西考察林业工作。先后到南宁、柳州、桂林等地，考察了自治区绿色工程、林场、苗圃建设，以及林产工业、农村能源生态工程等，听取了自治区林业局的工作汇报和柳州地区行署、桂林市、河池地区行署三地市的林业扶贫工作汇报。先后与区林业局和三地市的负责同志座谈。自治区副主席孙瑜出席三地市的座谈会并作了讲话。

17. 10月13～15日，“九五”全国农村能源综合建设县项目南方区域经验交流会在广西桂林市召开。与会代表现场考察恭城县生态农业发展模式。全国农村能源综合建设县项目领导小组副组长、办公室主任王锡吾在会上讲话。

18. 11月27日，自治区副主席王汉民一行到自治区林业局直属企业广西国发林业造纸有限责任公司视察。

19. 1999年12月23日～2000年4月30日，自治区绿化委员会、自治区林业局成立高速公路绿色工程建设督查工作队，对全区有关地（市）、县（区）开展督查工作。

（蒋卫民）

海南省林业

【概　述】

造林绿化　1999年，全省共完成造林3.03万公顷。其中，椰林工程造林1.13万公顷，天然林保护工程造林0.87万公顷，浆纸林造林0.93万公顷，海防林造林0.1万公顷。全省年度造林总面积是改革开放20年来最多的一年，比开展消灭荒山活动的“八五”期间的年均造林量2.27万公顷还高34%，而椰树种植面积则相当于建省后11年的总和。全省新增封山育林1.34万公顷，全省全年参加义务植树人数200万人次，分别组织开展了春秋两次“绿化宝岛百万人大行动”，共植树980万株，栽花250万株（盆），种草160万平方米，各项指标均创海南省全民义务植树的历史最高水平。

林政管理　1999年，全省森林消耗量为200万立方米，是建省以来最低的一年，比1998年（211万立方米）同比下降5%，是国家下达海南省消耗量指标225.7万立方米的79%。主要措施：一是签订森林资源保护管理责任状。省林业局领导与各市、县林业局以及省局有关行政执法部门的主要负责人分别签订森林资源保护管理责任状，以百分制的形式将林地保护管理、林木采伐、运输、森林“三防”等各项管理指标分解细化，层层落实到各级林业部门领导的肩上，年底进行交叉检查并兑现奖惩。二是严格执行森林年采伐限额。根据全省“九五”期间年森林采伐限额，编制了年度森林采伐和木材生产计划，严格采伐审批制度，实行凭证上岗，凭证采伐。统一制印林木采伐申请书和林木采伐调查表，规划伐区调查设计行为。同时加强对木材采伐的检查监督，发现问题及时整改。三是深入贯彻国务院国发明电［1998］8号《通知》和国办发［1999］9号《关于继续冻结各项建设工程征占用林地的通知》精神，制止毁林占地行为。针对海南省毁坏海防林、红树林（简称“两林”）养虾挖钛比较严重的状况，把“两林”治理作为贯彻国务院《通知》精神的重点。在省政府的统一部署下，省林业局与省环境资源厅共同抽调人员进行专项整治，全面停止了毁林养虾，毁林挖钛行为，完成填塘还林104.4公顷，占应填塘还林的49.5%。四是结合“跨世纪保卫绿色行动”，开展打击破坏森林资源违法犯罪行为的专项斗争。破获各类破坏森林案318起，抓获各类违法犯罪嫌疑人527人，收缴木材1 968立方米。并根据杜青林书记的批示，开展了打击倒卖风景树的专项斗争，刹住了一度猖獗的倒卖风景树的歪风。针对乐东县加工、破坏天然林现象比较严重的现状，按照省委、省政府的要求，省木材流通管理、林业公安等部门组成了联合调查组，会同乐东县公安、林业部门深入调查，取缔非法木材加工厂16家，逮捕犯罪嫌疑人3名。在此基础上，对全省的木材加工企业进行了清理整顿，共取缔非法加工厂152家。五是进一步加强林业公安、木材检查站、林业工作站等执法队伍和林业基层单位管理与建设。又有9个木材检查站和8个林业工作站达到部颁标准站建设标准。

林业“三防”　继续推行森林防火行政领导责任制，坚持早部署，早行动，早宣传，狠抓各项防火措施的落实。全省全年发生森林火灾108次，森林受害率面积186公顷，受害率0.11/1000，分别比去年下降29%和36%，连续7年低于国定指标。野生动物保护工作不断迈入法制化、规范化轨道，加大了保护野生动物的宣传力度和打击破坏野生动物违法犯罪的力度，成功破获非法贩运，倒卖国家一级保护动物12条蟒蛇的特大案件，并将犯罪嫌疑人抓获归案。同时，加强了对经营野生动物的管理，一年来，共检查各类酒店、餐馆、收购站500多家，没收非法经营的野生动物2 839条（只），使野生动物的经营管理更加有序。实施以化学防治为主，结合生物防治、物理防治措施，对国营澄迈林场暴发成灾的松毛虫进行了综合治理，控制了灾情。全省全年发生森林病虫害1.27万公顷，实施有效防治0.93万公顷，防治率74%。同时，对53万株苗木、12万立方米木材，383吨果品，37万株（盆）花卉进行了调运检疫和产地检疫。

林业科技　一是建立健全林业科技队伍，改善科技装备，先后组建了省林业信息中心，椰子研究中心和椰苗培育中心。海南省林业总公司与北京大学生物工程国家重点实验室陈章良教授合作组建海南省生物基因工程种苗基地。采用热带生物基因工程技术、培育良种良苗，提高林业生产水平和经济效益，促进产业结构调整。省林科所和省科技推广总站先后开展了17项课题研究，其中，流动沙治理，丰产林栽培技术，椰子良种选育，桉树无性系栽培等已经应用于生产。一项获省科技进步一等奖，二项获省科技进步三等奖，一项获四等奖。先后完成了全省沙化土地、荒漠化土地监测调查，沿海防护林调查，中央林、世行林资源调查以及重点生态林天保工程区森林资源调查等，为林业决策提供了科学依据。　　（吴银华）

【海南林业改革和发展】　1999年，全省林业分类经营改革进入攻坚阶段，生态公益林、商品林的划分工作全面展开，“二类林”的规划已经完成，为贯彻中央领导关于海南建设的指示，加快海南生态省建设步伐，林业建设坚持突出重点，狠抓落实。①植树造林确保三个到位、坚持三个狠抓、争取三块资金，把握三个热点。即，确保任务分解到位，奖惩责任到位，检查验收到位；坚持狠抓种苗、狠抓示范，狠抓管理；争取国家拨一块，贴息贷款借一块，社会各界投一块；把握“绿化宝岛百万人大行动”、植树节、椰子节等热点时期的绿化行动。②森林资源保护管理要落实一个责任制，搞好两防、制止三乱，加强四个执法单位建设。即，落实森林资源保护管理目标责任制；搞好森林防火和森林病虫害；制止乱砍滥伐林木、乱征滥占林地、乱捕滥猎野生动物；加强林业公安、木材检查站、森防站、林业工作站建设。③林业科技工作要有“四新”。即新要求、新措施、新政策、新动作。同时，对国有林业企业提出体制改革要求，要将企业行为和保护森林资源等社会事业职能剥离，放下企业包袱，把企业推向社会，推向市场。

（吴银华）

【海南林业国际合作与交流】　全面实施与新加坡亚洲浆纸业有限公司合作建设23.33万公顷浆纸林基地项目。继续执行国际热带木材组织（ITTO）无偿援助的海南热带天然林保护与永续经营利用项目和地理信息系统遥感监测项目。中德合作的海南热带天然林保护与恢复技术援助项目进展顺利。积极争取世界银行贷款支持的林业持续发展项目，并被世界银行专家组，财政部、国家林业局确定为重点候选省。　（吴银华）

【海南重点林业工程】　1999年，海南国有林区继续实施天然林保护工程、开展百万亩椰林工程和23.33万公顷浆纸林基地工程，海防林建设工程以及花卉工程等，取得了较大进展。

天然林保护工程　1999年，国家实际投入海南天然林保护资金3 597万元，分解到11个项目单位，覆盖面积14.02万公顷。全年共营造天保林0.87万公顷，超额完成0.73万公顷的造林任务。为实施好这一工程，省林业局成立了天然林保护工程办公室，各项目单位也相应成立了机构，安排了专门人员从事这项工作。省局与各项目单位签订了项目实施合同，明确各自的权利、义务及责任，并严格实行验收报账法，实行独立法人，独立账户，封闭运行。账目与原单位财务分开，由专人管理。由于各单位领导重视，认识提高了，管理规范，执行情况良好。

350万亩浆纸林基地建设工程　各级林业部门以落实浆纸林造林用地为重点，积极协助海南金华林业有限公司营造浆纸林。省林业局先后抽调18名干部，组成18个工作组分赴18个市县督促落实浆纸林地，针对存在问题及时制定对策，并努力与外方（金光集团）商讨解决问题方法，经过一年的艰苦工作，共落实造林用地4.27万公顷，实际造林0.93万公顷，外方投入资金46.5万美元。

百万亩椰林工程　百万亩椰林工程是省委书记杜青林倡导的一项集生态、经济、景观效益为一体的跨世纪林业重点工程。为了贯彻落实杜青林同志发出的号召，省林业局把百万亩椰林工程建设当作重中之重，切实加强领导。各级林业部门的领导都身先士卒，率先垂范，主要领导亲自抓，分管领导具体抓，还安排专门人员狠抓各项工作的落实。在全省范围内掀起了大种椰树的热潮。省政府对椰林工程建设非常重视，先后发出5份文件，召开3次会议。全省全年共播放种植椰林活动的电视宣传446次，广播宣传954次，报纸宣传60次，悬挂横幅1 707条，张贴标语39 320条，出动宣传车320车次。除此之外，还突出地抓好种苗工作。首先在全省范围内甄选了12个优质高产椰林区作为采种园，共采摘优质种椰110万个。其次是派出人员赴泰国、马来西亚引进优良品种。在此基础上，省林业局分别在文昌、陵水、昌江创办了3个66.7公顷以上的大型高水平苗圃，共培育优质椰苗77万株。为促进椰林工程广泛开展，省林业局还在陵水、文昌、儋州等地建立5个高产椰林基地，面积达0.07万公顷。采取椰子与西瓜、番荔枝、番石榴、毛叶枣、牧草等短期作物间种、套种等手段，探索提高椰林工程经济效益的复合经营模式，起到了良好的示范带动作用。一年来，全省共有20多家公司投资兴建椰林基地，面积达0.1万公顷。绿色通道椰林工程作为椰林工程的重要组成部分，省林业局、省交通厅、省国土环境资源厅三方配合，在全省范围内全面铺开，各地在高速公路、国道、省道、县乡公路宜林地段均种上了椰树，使椰林工程建设全面深入地得以开展。

海防林工程　海南的海防林建设经过数十年几辈人的不懈努力，使1 528千米长的海岸线基本合拢，惟有昌江、东方等地一些流动沙地区一直未能造上林。1999年，省林业局党组决心以科技攻关为先导，全力治理流动沙，力争合拢海防林。省林业科学研究所专家会同昌江县林业局，推广先植露兜，再以容器大苗深栽、保墒造林的方法，克服流动沙、高温、干旱困难，攻克昌化流动沙，取得了突破性胜利。全年共植露兜30万株，造林0.1万公顷，为全面完成海防林工程建设任务奠定了基础。

花卉工程　向省政府提交了《关于海南花卉产业发展意见》，制定了《海南省花卉产业发展规划》，得到了省政府领导的肯定。与此同时，组织专家对省内外的花卉生产和市场销售情况进行调查研究，筹建了一个花卉种苗中心，两个热带花城，向国家林业局申报一个全国花卉交易市场和两个全国花卉生产基地。一批花卉龙头企业正在形成。　（吴银华）

重庆市林业

【概　述】 1999年，重庆市各级林业部门认真贯彻落实"封山植树，退耕还林"的三十二字方针，始终坚持以生态环境建设为中心，紧紧围绕"绿山富民活行业"的工作目标，依法保护森林资源，积极实施林业重点工程，促进了全市林业持续健康发展。

1. 营造林生产任务超额完成。全市完成成片造林12.38万公顷（其中人工造林完成11万公顷，飞播造林1.3467万公顷），为年计划的135.1%；完成封山育林13.6万公顷，为年计划的123.6%；完成"四旁"植树10 933万株，为年计划的121.4%；完成播种育苗1 786公顷，容器育苗1 424万袋，为年计划的121.8%。

2. 年森林限额采伐大幅度减少。全市森林限额采伐实际执行指标100万立方米，比国家林业局和市政府下达的采伐限额控制指标170万立方米少采70万立方米，低于控制指标的41.2%，有效地降低了森林资源的消耗。

3. 森林火灾受害率降到了历史最低限度。全市各级政府和职能部门，坚持"预防为主，积极消灭"的方针，层层落实森林防火责任制，切实抓好以野外火源管理为中心的群防工作，使森林火灾受害面积仅为125.3公顷，森林火灾损失率低于市政府下达的控制目标以下。

4. 森林病虫害防治成效显著。坚持把森林病虫害防治纳入各级政府和职能部门的年度工作目标考核内容，严格奖惩，加强预测预报，适时进行防治，有效地控制了森林病虫危害，全市共发生各类森林病虫害12.103万公顷，防治面积9.4867万公顷，占发生面积的78.74%，高于国家林业局提出的65%的防治指标；森林病虫害成灾面积为93公顷，成灾率为0.007/1000，大大低于国家林业局和市政府下达的控制指标，保证了林木的正常生长。

5. 科技兴林进一步加强。组织开展了三峡库区珍稀濒危植物适地保护研究、三峡库区珍稀濒危植物的种群生态学研究、笋材两用竹丰产栽培技术推广、重庆市林业名优原种引种示范繁育研究、工厂化育苗技术研究等国家级和市科研项目10项，已完成试验研究项目4项，推广林果优良品种20个，推广马尾松切根育苗，蜀柏毒蛾防治技术等先进实用技术10项，推广应用率达到57%，提高了林业生产的质量和效益。

6. 国有林场解困脱贫工作成绩突出。坚持"以林为本，合理开发，综合经营，全面发展"的办场方针，采取对场施策，分类指导，具体帮扶的一系列解困措施，帮助林场走出困境。全市又有6个国有贫困林场实现脱贫，职工年均收入达4 000元以上。

（周尚前　陈思明）

【重庆天然林保护工程建设】 始终坚持以天然林资源保护和恢复为中心，以增强天然林的生态功能，发展新的经济增长点为目标，按照《重庆市天然林资源保护工程实施方案》及有关要求，组织编制了1999年度县级实施方案，全面加强了现有森林资源的管护，实施封山育林6.8万公顷，圆满完成天保工程中的人工造林2.5万公顷；划定了禁伐区，树立了警示标志；并按照国务院第四十六次总理办公会议要求和重庆实际，重新编制了新的《重庆市天然林资源保护工程规划方案》，进一步明确了建设任务，并对重点建设、科技支撑、职工分流安置等作出了全面规划。

（周尚前　陈思明）

【长江干流绿色通道工程建设】 狠抓以长江干流为重点的绿色通道工程。采取签订目标责任书，实行工程责任制度、工程监理制度、奖惩制度等一系列有效措施，抓住冬春农田基本建设的有利时机，集中人力、物力、财力大搞植树造林活动，加快了工程建设进度。全市涉及的沿江13个区县共计完成造林任务2.533万公顷，占规划任务3.4万公顷的74.5%。在工程建设中，奉节县从县到区、乡均成立了工程建设指挥部。施工期间、县委、县政府主要领导，深入乡、村造林地块督促指导，有力地推动了项目建设；长寿县在荒山荒地选择种植了速生阔叶树种，达到快速绿化的目的；在沿175米水位线上侧的耕地内，则以竹为重点有经济林木，既突出景观效应，又考虑当地农民的收入，收到了较好的效果。（周尚前　陈思明）

【中德合作造林工程】 中德合作造林项目是重庆市引进外资发展林业事业的第二个大型生态林工程建设项目，该项目于1999年1月正式在涪陵区、丰都县、石柱县、忠县等4个区县启动实施。市里及各项目县成立了专门的办事机构，落实了项目配套资金，开展了项目培训，完成了参与式规划，制定、印发了《项目管理办法》、《资金管理办法》、《会计核算办法》、《监测指南》、《造林技术指南》等技术规程，完成了项目办公室设备采购和国内汽车采购的报价、指标及进口汽车委托代理合同签订工作；制定了项目《执行计划》及1999～2000年资金预算计划，完成了育苗256.5公顷，造林整地164公顷，造林136公顷，封育806.9公顷，项目进展顺利。（周尚前　陈思明）

【重庆市退耕还林规划编制】 根据中央关于“25度以上的坡耕地都要有计划、分步骤地退耕还林（草）”的要求，结合重庆实际，按照“全面规划，分步实施，突出重点，先易后难，先行试点，逐步推进”的原则，制定了重庆市退耕还林（草）规划。《规划》将以三条铁路（成渝、襄渝、渝黔）四条江河（长江、嘉陵江、乌江、大宁河）五条国道（210、212、318、319、326）（即“三四五绿色通道工程”）两旁（岸）为重点，统一规划，合理布局。全市2000～2010年退耕造林18.33万公顷、荒山造林36.667万公顷，建设期11年，分两个阶段实施，第一阶段（2000～2001年），开展退耕还林试点示范工作，探索成功经验，完成退耕任务3.667万公顷，宜林荒山荒地上营造人工林7.33万公顷。第二阶段（2002～2010年），完成退耕14.667万公顷，造林44万公顷，到2010年森林覆盖率达到36%，力争达到40%。（周尚前　陈思明）

【“一杯一制”竞赛】 为了加快造林绿化步伐，促进林业建设再跨台阶，重庆市绿化委员会和林业局在全市各区县（自治县、市）人民政府和林业局分别开展“绿化杯”竞赛活动和林业工作年度目标责任制考核活动。按照竞赛规则和考核办法，通过参赛单位自查总结和重庆市绿化委员会、重庆市林业局检查考核，综合评定，评出了合川市、渝北区、开县、石柱县、奉节等5个区县（市）、“绿化杯”获得者，绿化先进单位，获得目标责任制考核一等奖的有4个区县（市）、二等奖的有22个区县（市）、三等奖的有10个区县（市），市绿化委员会、市林业局分别对荣获“绿化杯”和目标考核的单位及责任人予以通报表彰，分别授予奖杯、奖牌，并给予一定数额的奖金，通过“一杯一制”竞赛活动的开展，有效地推动了各项工作的顺利开展，保证了全年目标任务的圆满完成。（周尚前　陈思明）

【重庆市1999年林业大事】

1. 1月5日，重庆市绿化委员会第二次全体成员会议召开。副市长、市绿委主任陈光国到会作了讲话。会议评选出开县、巴南、石柱、荣昌、永川等5区县（自治县、市）获第一届“绿化杯”，南川、奉节、武隆、合川、万盛、长寿、彭水、巫溪、城口、涪陵等10区县（自治县、市）获造林绿化先进区县，重庆市交通局获“绿化杯”竞赛“优秀组织奖”，并评选出87名“重庆绿化奖章”获得者。

2. 1月18日，重庆市林业局与中国进出口银行签订了德国援助项目转赠协议，正式启动了中德合作造林项目。

3. 1月21日，重庆直辖后的第一个全市林木种苗工作会在建设宾馆召开，市林业局局长周克勤作了讲话。会议审定了《重庆市林木种苗管理办法》、《主要造林树种种子质量分级及苗木技术执行标准》，并决定成立“重庆市林木良种评审委员会”。

4. 1月23日，重庆市绿化委员会第三次全体（扩大）会议召开，会议由市政府副秘书长傅钟鼎主持。副市长、市绿化委员会主任陈光国作了题为《努力工作，开拓进取，再创造林绿化工作新局面》的报告。在会议上，市政府与各区县（自治县、市）政府签订了1999年度造林绿化目标责任书。市绿化委员会全体成员，各区县（自治县、市）绿化委员会主任和绿化委员会办公室主任及1998年度的部分“重庆绿化奖章”获得者代表共计200余人参加了会议。

5. 3月7日，共青团重庆市委、重庆市绿化委员会、重庆市林业局在江津艾坪山下举行了“重庆百万青少年保护母亲河行动”誓师大会。市委常委税正宽到会作了讲话。

6. 3月24日，日本国际协力事业团一行4人代表日本国政府来渝考察林业建设。陈光国副市长在渝中区雾都宾馆会见了外宾，双方就中日合作造林及生态环境建设方面的问题进行了广泛交谈。

7. 3月28日，由香港绿化中国基金会捐资的重庆涪陵龙桥植树工程启动典礼在涪陵区龙桥镇举行。全国政协委员、香港绿化中国基金会主席刘迺强，全国绿化委员会办公室副主任魏殿生，重庆市人民政府市长蒲海清，重庆市人民政府副市长、市绿化委员会主任陈光国，市人民政府秘书长刘成义，市绿化委员会成员、市林业局副局长马良清，涪陵区党委、人大、政府、政协的领导及涪陵区党政机关、企事业单位、党校、武警的干部、工人、学生、战士1 000余人参加了启动典礼。启动典礼上共计种植柏木、桃树1万余株。重庆涪陵龙桥植树工程是该基金成立后捐资内地开展植树造林的第一个项目。

8. 3月29日，重庆市委书记张德邻率领的重庆市高级经贸代表团对莫桑比克国进行了友好访问和考察，重庆市林业局局长周克勤随团出访，张德邻书记与托马斯省长在索法拉省签署了《林业合作意向书》。

9. 4月9日，重庆市野生动物保护协会召开第一次代表大会，到会单位60多家、代表100余人。会议审议通过了《重庆市野生动物保护协会工作报告》、《重庆市野生动物保护协会章程》，选举产生了第一届理事会。新当选的会长、重庆市林业局局长周克勤在闭幕式上作了讲话。

10. 6月1～30日，重庆市完成了全市森林防火无线电短波通讯组网。该通讯网首批设置电台36部，初步覆盖了全市主要林区区县（自治县、市）。

11. 7月6日，由重庆市林业局、重庆市人大常委会办公厅、重庆电视台联合摄制《山青青，水清清》电视剧在彭水苗族土家族自治县开机拍摄。该电视剧荣获国家林业局首届梁希文学艺术奖。

12. 7月26日，重庆市林业重点工程建设工作会议在缙云山自然保护区召开。会议总结了长江中上游防护林体系建设工程、世界银行贷款建设多功能防护林工程、生态环境建设林业工程、天然林保护工程、中德合作造林项目等五大林业重点工程启动以来的经验教训。市政府副秘书长傅钟鼎主持会议，副市长陈光国到会并作了重要讲话。市级有关部门领导，万州、黔江开发区管委会和各区县（自治县、市）政府分管领导及林业局长参加了会议。

13. 8月19日，重庆市政府办公厅发出《关于继续冻结各项建设工程征占用林地的通知》，决定从1999年8月5日起至《森林法实施条例》颁布实施之前，继续冻结各项建设工程征占用林地。

14. 9月20日，重庆市林业局局长周克勤带队的中国重庆市林业技术考察、培训团一行17人赴法国培训。参加培训人员为部分区县（自治县、市）政府领导和林业局长，培训时间为期1个月。

15. 10月1～30日，重庆市林业局在全市范围内组织开展了纪念《森林病虫害防治条例》颁布10周年系列宣传活动。全市组织宣传人员达3 000多人次，出动宣传车1 000多辆次，悬挂、张贴标语20多万条，散发资料40多万份。

16. 10月18日，重庆市林业局“三讲”教育工作开始，局党组成立了以党组书记、局长周克勤任组长的重庆市林业局“三讲”教育领导小组。领导小组下设办公室，李新国同志兼任办公室主任。

17. 10月20～30日，涪陵区、彭水县木材检查站在对花椒等规定林产品的运输实施检查中执法程序不规范，导致引发了所谓的“花椒事件”。重庆市林业局对此高度重视，立即责成两地林业主管部门整顿有关木材检查站，重新依法处理，并作出决定，在全市范围内对花椒、板栗、核桃等大宗规定林产品出市运输不再办理运输证，不再征收资源补偿金，不再作为木材检查站的检查内容。

18. 11月1～30日，《重庆市天然林资源保护工程规划方案》经过3个月的努力编制完成，并由重庆市政府正式上报国务院。重庆市辖区内的40个区县（自治县、市）和1个市级单位的国有林和集体（包括个人）林（包括林地）纳入全国重点地区天然林资源保护工程的实施范围。

（王太琦）

四川省林业

【概　述】

发展与成就

营林生产　全省完成造林面积40.45万公顷，其中竹林面积2.33万公顷，工程造林26.13万公顷，退耕造林面积14.01万公顷；迹地更新2.67万公顷，封山育林新封面积100.8万公顷，都超额完成目标任务，参加义务植树3 800万人次，义务植树1.25亿株。

林产工业　全省木材生产计划50万立方米，完成47.36万立方米，控制在限额采伐计划内。主要林产品：锯材18.13万立方米，人造板20.68万立方米，其中胶合板2.84万立方米，纤维板13.47万立方米，刨花板4.33万立方米。四种林化产品1 813吨。

林业重点工程　全省长防林工程、治沙工程、平原绿化工程等林业生态工程，以及全国生态环境建设重点工程。世界银行贷款速丰林工程、天然林保护工程，完成造林面积24.78万公顷，其中退耕造林1.06万公顷，1999年度封山育林面积92.99万公顷，森林抚育面积33.1万公顷。全省林业重点工程实际完成投资166 043万元，其中国家投资112 902万元，群众投工投劳折资14 313万元。

林业产值 全省林业系统产业总产值108.4亿元，其中第一产业81.5亿元，第二产业21.6亿元，第三产业5.3亿元。主要林副产品产量生漆1 274吨，油桐籽39 626吨、油茶籽4 273吨、乌桕籽2 096吨、五倍子1 643吨、棕片3 906吨、松脂1 689吨、竹笋干7 886吨、核桃2 384吨、板栗4 576吨、银杏（白果）602吨。

多种经营与技术改造 落实多种经营和技改投资贷款10 620万元，其中农业银行贷款6 120万元，工商行贷款4 500万元，完成更新改造投资6 120万元。

森林保护 全省共发生森林山火273次，其中森林火警244次，一般森林火灾29次，受害森林面积435.1公顷，森林火灾损失率0.041/1000；发生森林病虫鼠害面积55.7万公顷，已防治50万公顷，防治率为89.8%。全省种苗产地检疫率为85.2%。

改革与林政实施

继续实施天然林保护工程 按照省委、省政府“停、造、转、保”的工作思路，全面实施“天保”工程。在1998年停止天然林采伐的基础上，1999年7月1日起停止天然林木材从阿坝、甘孜、凉山、乐山、攀枝花、雅安等市（地、州）工程区内运出木材。对天然林保护区的木材加工经营单位进行了清理，关闭了400多户以天然林为原料的木材经营加工企业。改革国有森工企业管理体制和运行机制，实行“三定一挂钩”（定岗位、定职责、定任务，工效挂钩），把天然林保护纳入法制轨道，省人大第九届七次常委会通过了《四川省天然林保护条例》。1999年，中央对四川省天然林保护工程投资12.26亿元，对现有564万公顷天然林实行常年管护；营造公益林14.9万公顷，封山育林81万公顷，森林抚育30万公顷次；分流4.5万名森工工人从事营林造林、森林管护；6.5万名森工离退休人员纳入省级社会统筹，逐步使砍树人转变为种树人和护树人。四川实施天然林保护工程一年多来，取得了较好成绩。朱镕基总理评价说：“四川省委、省政府在实施天然林保护工程方面，态度坚决，行动果断，措施有力。”

实施退耕还林试点工程 按照国家总体部署，为改善生态环境，对坡耕地实行“退耕还林（草）、封山绿化、个体承包、以粮代赈”的重大举措。省委、省政府把退耕还林作为一项重大任务来抓，先后召开两次省委书记办公会议，一次省委扩大会议，一次省政府常务会和三次省长办公会议专门研究。1999年10月19日，省政府召开了全省退耕还林试点工作会议，进行动员部署。确定了全省120个县启动20万公顷退耕还林试点工程，即五年以内，退耕一亩，每亩补助粮食200斤，一次性补助种苗费50元，退耕还林地免交农业税和定购粮，同时稳定土地承包权、稳定“谁造谁有”的林业政策。各地按照省上总体规划，层层建立责任制，抓紧编制实施方案，抓紧土地、种苗、粮食“三落实”，将任务规划到户，作业建卡到户、承包合同到户，种苗供应到户，粮食补助到户。到1999年底，全省已停耕14.733万公顷，还林14万公顷。

推进全省国土绿化 在天保工程、长防工程、生态治理工程的带动下，全省绿化步伐加快，造林面积较上年增长7%，封山育林、长防林重点工程造林、飞播造林都超额年度计划。工程造林逐步向建设生态沟、提高综合效益方向发展，世行贷款森林资源发展和保护项目，也由人工造林转向抚育管理，启动贫困地区林业发展项目。全省生态治理工程示范县由14个增加到29个。继续开展了绿色经济走廊建设，开展了以“保护母亲河”、“建设生态环境，倡导文明新风”为主题的全民义务植树活动。按照绿化全川分地域、分阶段达标的要求，盆中地区92个县（市、区）有88个县（市、区）实现全面绿化；盆周山区36个县有32个县实现基本绿化；西部地区53个县有30个县实现林草覆盖。

开展森林分类经营区划 为配合天然林保护工程的实施，1999年全省组织开展森林分类经营区划工作。为确保区划工作按时完成，先后举办了两期森林分类经营培训班，培训各市、地、州、县和森工企业区划工作骨干300人。在开展区划期间，省派出人员到10多个市、地、州进行检查指导。全省182个县（市、区）和22个森工企业已基本完成了区划的外业工作，正按规定进行内业成果整理和检查验收。

保护森林资源 全省林业部门认真贯彻执行《森林法》和国务院明传电报《保护森林资源制止毁林开垦和乱占林地的通知》精神，突出加强了林地的管理工作。一是广泛宣传有关林地管理的规定，特别向各级领导和部门宣传。省政府还召集征占用林地较多的交通、水利、民航、电力、铁路等部门进行协调。二是对违法征占用林地的清理和处理。各地在对1994年以来乱征乱占林地进行清理的基础上，重点对乱征乱占的林地逐一进行处理，凡县林业部门处理不了的，由市、地、州林业部门处理；市、地、州林业部门处理不了的，省上协调处理，使一批过去长期拖着不办的工程补办了手续、缴纳了森林植被恢复费等费用。三是查处违法征占用林地案件。有条高速公路在修建过程中违法征占用林地，沿线各级林业部门和省林业厅多次交涉，建设单位借故推托。省林业厅及时发文要求沿线各级林业部门依法查处，慑于法律的威严，业主到省厅办理了征占用林地手续。对地矿部门的一单位违法占用平武龙门山林场林地一案，经省林政稽查大队实地调查，责令补办了征占用林地手续。四是加强林业执法检查监督。积极配合全国人大常委会《森林法》执法检查组、省人大常委会《四川省天然林保护条例》执法检查组，重点检查征、占用林地的情况，对一批高速公路、引水工程、机场等重点工程违法征占用林地要求限期改正。省政府召开两次征占用林地主管部门会议，形成纪要，要求各工程建设单位限期补办征占用林地手续。

调整林业结构 按照分类经营的要求，利用工程造林和退耕还林的有利条件，有计划地调整林种树种结构，改造低效林，大力发展速丰林、工业原料林和经济林。全省营造经济林8.24万公顷，用材林9.63万公顷。继续以资源为依托，培育龙头企业，发展林纸和人造板。因地制宜发展森林旅游，现建设森林公园67处，国家级森林公园11处，省级49处；林区种植业、养殖业、建材业等多种经营继续发展、实现林业多种经营产值11.6亿元。1999年，农民从林业上获得人均纯收入11.92元，比上年增长9%。

维护社会稳定 森工稳定事关全省大局，历来是省委、省政府关注的重点。实施天然林保护工程后，全省6.5万名森工离、退休人员纳入省级社会统筹，每年由省上筹集上亿元离、退休费。在省领导关心和省财政、劳动厅的支持下，通过与省社保局共同努力，保证了统筹资金的及时到位和省级统筹部分离、退休养老金的足额发放。同时还同有关部门合作，积极解决补发拖欠离、退休养老金，争取到补欠资金2.3亿元，补清了过去欠账，基本解决了历史遗留问题，维护了林区和社会的稳定。

存在问题 ①全省还有宜林荒山286.6万公顷、沙质荒漠化土地70万公顷和25度以上陡坡地53.7万公顷亟待治理，生态环境建设任务十分繁重。②林业产业发展滞后，林业经济不活，相当一部分林业单位和企业处于经济危困。③林业产业化进展迟缓，林业生产力不高。④林业投入力度不够，离建设两大体系存在较大差距。（魏寿才）

【健全造纸厂走林业产业化之路】 沐川县健全造纸厂是60年代建起来的集体合作企业。当时，生产规模小，自有竹山基本可以满足企业造纸生产需要，只有少部分竹原料从市场上采购。随着企业生产规模的扩大，基地原料远远不能满足生产需要，经过充分的考察论证，确立了"退耕还林建基地，壮大企业带农户"的发展思路。从1986年开始，企业不仅自己组织专业队造林和对荒山荒坡、残次林进行改造，还动员和帮助农民退耕还林8.667公顷，新栽竹400多公顷。1997～1998年，先后投入资金150万元，采购竹种，改造荒山荒坡，架通林区电线，并修通了长7千米的林区公路。

沐川县健全造纸厂林区内的几十户农民，过去都以种粮为主，在纸厂基地扩建过程中，除农户住房周围保留少量的菜地外，其余土地和竹林全部折股投入企业，由企业统一规划，退耕还林。所有退耕还林的农户由企业统一安排给予一定的补偿。一是把现有成年人安排到造纸车间或护林队，直接成为企业合同制工人，使农民生活有了保障，解决了农民退耕还林后的后顾之忧。二是资助农户改造住房，安装电灯和广播电视，对不愿住在山上的农户，企业为其优惠提供职工宿舍，免费供应自来水及安装有线电视。通过解决农民的吃住等生活问题，促进了万亩竹基地建设的顺利进行，农民自觉封山育林，形成了万亩竹海，不仅使企业建起了自己的原材料基地，降低了成本，增强了市场竞争能力，而且顺利实现了退耕还林。

沐川县健全造纸厂的成功经验在于：一是贫困山区退耕还林后，必须立足实际挖潜力，依托企业抓发展，着力解决好农民的增收问题。二是建好利益共同体，通过一些行之有效的措施，使农户和企业形成紧密的利益共同体。三是企业通过建基地，既促进了企业的可持续发展，提高了企业的经济效益，又维护了生态环境，实现了人与自然的协调发展。（四川省林业厅）

【广元市工程造林实施"监理制"】 为加强工程造林质量管理，控制工期和工程费用，提高投资效益及工程建设管理水平，按照国际惯例，广元市对国家生态环境综合治理重点造林工程实施了"监理制"。经过一年的运行，成效显著。其主要做法：

1. 建立组织机构，选择监理人员。成立国家生态环境综合治理重点工程林业项目办公室，局长为办公室主任，落实专人负责管理项目，指导项目实施并承担项目监理，并严格选择监理人员。

2. 组织培训，统一技术规范。由于在林业工程造林项目上实行监理制还是第1次，因此，必须对监理人员进行严格地培训，使监理人员熟练掌握技术规范。

3. 严格实行现场监理。监理人员分别下到项目实施地，从项目开工前到实施过程实行全程监理。首先对开工前的准备工作进行监理。第二对物资采购、消耗进行监理。一是控制大宗生产物资采购，执行"政府采购制"。二是物资进出库专人管理，手续清楚。三是监理人员在施工现场严把物资质量关。四是必须按设计数量使用物资，杜绝浪费。第三控制用工量和工期，保证工程进度。工程严格按工程规划用工和保证工期。监理人员在现场统计用工量和工期，促使用工单位选择精壮劳动力并定人定量，保证工程按时按质按量完成。第四严格报账提款，监理工程费用不被挪用。监理人员监理一个阶段后要提交监理报告，算出工程费用和用工。监理报告局项目办收到监理报告后，立即组织人员复核审查，符合各项报账要求的同意签字报账，对情况不清楚的有问题的一律不签字报账。同时，监理人员还要负责工程费用确实用在项目上。

4. 制定廉政规定，加强对监理人员管理。为加强对监理人员的管理，制定了"四公开"、"八不准"的廉政规定。即：监理制度公开、监理程序公开、监理过程公开、监理结果公开；不准接受迎送；不准接受宴请，不喝名酒和高档饮料，不准用公款进营业性歌舞厅跳舞，更不准接受公款举办的专场舞会，不准到项目建设单位报销费用，不准以职谋私，以"监"谋私；不准为自己亲朋好友向建设单位介绍生产性物资采购及承包造林等工程；不准索贿受贿，收取钱物，徇私舞弊，弄虚作假，不准参加赌博活动。

广元市通过实施监理制度，造林质量得到了很大提高。（四川省林业厅）

【石棉县强化森林防火措施】 石棉县地处大渡河的干热河谷地区，是部省一级森林火险县，森林防火任务十分艰巨。全县拥有有林地面积11.9万公顷，森林覆盖率达68.3%。由于地处少数民族聚集区，且境内山高、坡陡，地形复杂，交通不便，森林防火任务重、难度大，但由于县护林防火办、县林业局十分重视防火工作，不仅投入大量的人力物力于森林防火，还采取了一些行之有效的措施，使全县连续多年取得了无森林火警、火灾的显著成绩。他们的防火措施和做法是：

1. 实行计划烧除，排除火险隐患。即在防火期，派专人指导，在公路两侧林区边缘开展计划烧除工作，清除地下的枯枝落叶，排除火险隐患。

2. 关键部位死看硬守，重点地段专人巡查。每年春节、清明前后，派专人看守县城周边山头，以防爆竹、上坟烧纸引发山火。同时，在大风天气，领导带人驱车沿山道巡查，以便及时发现和处理火险。

3. 坚持实行森林防火责任制，严格工作目标考核。乡政府同县护林防火指挥部签订《护林防火责任书》，乡上实行连环防护。其具体做法是：以户管理，责任到人头，户长负责；以村、组管理，村组长为第一责任人。乡政府与包村干部的责任书中规定，其责任区内如发现违章用火的，要扣减目标考核分20分，发生二次以上违章用火的将影响到该包村干部年终公务员考评等次。

4. 专业扑火队立足打火，重在预防。石棉县除以县国有林场、县森林经营所为依托组建了两支共计50余人的县级季节性专业扑火队外，县林业局还以局机关干部、职工和招聘人员组成专业打火队，转变工作思路，变被动扑火为立足打火，重点查找隐患、排除火险，打防结合，重在预防。

5. 根据山区特点，在“打早、打小、打了”的原则下，创新了“打巧”经验。“打巧”即：一是由前线指挥员负责兵力的灵活使用和调度，后方总指挥随时掌握火场动态，主要抓好协调，支援和后勤保障工作；二是第一梯队由专业扑火队担任，担负压火头“打早、打小”任务；第二梯队由义务扑火队担任，担负“打了”任务，并负责看守火场，清除余火；三是根据火情需要建立二线阵地，开辟防火线，利用山形地势截断火源；四是为避免人员伤亡，尽量避免夜间作业，扑火队员夜间坚守火场待命，次日凌晨乘风势弱、气温低时，一举扑灭山火。

6. 及时查处火案，依法治林。

（四川省林业厅）

【安县开发山区旅游资源】 绵阳市安县充分利用山区奇山异水好风光的自然优势，大力发展山区旅游事业，多渠道投资60多万元，投工12.8万多个，开发山区旅游景点6处，每年接待外地游人60多万人次，实现旅游收入180多万元，走出了一条以旅游驱动林业经济开发的新路子。旅游业已成为山区农民发财致富的重要门路。

早在80年代初期，安县就开发了桑枣罗浮山、永安镇七贤柏两处旅游景点，经新闻媒介对外宣传，引来了大批游人，提高了安县知名度。90年代初，县委、县政府把开发山区旅游业纳入县城经济发展的总体目标，请来省、市旅游、文化、林业、电力等部门到山区考察论证。位于海拔1 500米的茶坪乡党委、政府一马当先，组织全乡干部群众自力更生，艰苦创业，打响了开发海拔2 800米的千佛山生态旅游保护的第一炮。他们依据千佛山雄居安县、北川、茂汶三县交界的地势和红军曾激战千佛山的美好传说办旅游业，并修通了从乡政府到千佛山脚下长达10多千米的盘山公路，又从山下修通了通往山顶的驿道，使游人能够骑马上山，坐滑竿上山看云海、观日出，尽享名山奇异风光。千佛山开发后，引来了大批游客，县政府认真总结了茶坪经验，并在全县推广。在茶坪经验的指导下，其他乡（镇）也纷纷跟上。安昌镇开发了圣灯山枇杷园景点，黄土镇开发了喇叭山喇叭洞景点，晓坝乡以胜利电站开发景点，这些旅游景点不仅吸引了大批外地客人，也为山区林业经济插上了腾飞的翅膀。（四川省林业厅）

【江油市强化林地管理】 江油市强化林地资源保护，征占用林地以及林地使用权转让管理逐步进入法制化、规范化轨道。该市清理了1998年7月～1999年8月各类征占用林地106起，面积近0.2万公顷，除个别重点工程建设项目外，都补办了征占用林地手续。经西北林业规划院检查，认为该市林地管理走在全国前列。

江油市党政领导十分重视林地管理，专门召开会议安排、布置林地管理工作。1999年6月，下发了《江油市人民政府关于清理违法占用林地的通知》，重点清理1994年以来违法占用林地情况。市政府还将森林资源保护和林地管理纳入林区乡（镇）领导的重要目标。市委、人大、市政府主要领导深入各乡（镇）检查、督促林地清理工作。

市林业局先在小煤窑集中的石元乡进行林地清理试点。随后，市林业局抽调精干力量，组成5个组，由局领导带队，分片包干，落实责任，使清理征占用林地的工作在全市展开。上级主管部门对江油市清理重点工程违法征占用林地给予大力支持。省林业厅与绵阳市林业局领导亲赴现场，协调处理绵广高速公路征占用林地问题。绵广路江油段业主已补办了征占用林地55.6公顷的手续，并补交了森林植被恢复费。

近年来，江油市出现了社会办林业的热潮，林业部门一是支持，二是加强管理，作出了若干规定：已成林的不允许转让，杂灌林、残次林、宜林荒山荒坡用以发展经济林的可以转让，林权不变，使用权、经营权发生转移，须到林业部门办理使用林地许可证。1999年3月，市政府又出台了《关于宜林荒山荒坡国有林地经营权使用权转让拍卖实施意见》，使林地流动逐步实现法制化、制度化、规范化。目前，全市已办理10宗林地转让手续，面积达533.33公顷。（四川省林业厅）

【涪城区搞好林业技术服务】 列入1999年度"双百工程"项目的涪城区万亩优质优季水果基地建设项目，在设有上级项目经费投入的情况下，建设单位区林业局和丰谷镇自筹建设资金，并强化技术服务，实施效果良好。该区从规划设计抓起，做到科学规划，严格按规划设计施工。每一个重要环节和季节，技术人员深入到现场指导，加大培训力度。三年中，共举办技术培训16场次，培训果技员、果园承包人、种果重点户和专业户等5 000多人次，现场为林农解决技术难题20多项（次）。区局还组织科技小分队，深入农户，帮助解决管理和产品销售等方面的问题并落实有关技术和要求。如在冬管中，普遍落实了"六统六分"，即：统一按要求施肥，分户准备肥料；统一留保护行，分户除草、松土；统一修剪，分户整形（拉）果枝；统一防治病虫害，分户刷白树杆；统一疏花疏果，分户套袋；统一技术规范，分户学习栽培技术。

经过良好的技术服务，果农的建设积极性和经营水平大为提高，项目进展顺利，目前已完成680公顷桃、梨、柚等品种的栽植任务，其中林业局示范点工农村还修建了云盘山示范果园路、水渠、排灌等基础设施。仅1999年上半年，云盘山133.33公顷示范果园已产果8 400千克，产值11 600多元，并在果园内间种苗木，蔬菜等，果园土地综合利用率80%以上，间种收入21 000多元，成为种植结构调整的示范样板。

（四川省林业厅）

【遂宁市发展商品林】 遂宁市实现全面绿化后，及时将林业工作的重点转向林种结构调整，提高林业经济效益。1996年以来，全市106个乡（镇）有97个乡（镇）建设有庭院经济林，发展面积0.353万公顷，栽植各类经济林木400余株；改造低效马尾松林和发展国外松速丰林866.667公顷、250万株。近4年的林种结构调整，取得了明显成效。在调整结构中，遂宁市主要采取了以下措施：

1. 领导重视，层层搞点。实现全面绿化后，各级领导对调整林种结构，发展经济林十分重视，把此项工作作为农村的致富工程和区域经济新的增长点来抓，并层层搞点示范。据统计，全市各级领导共办示范点138个，参加办点的领导干部397人，总面积0.1万公顷。

2. 科学规划，精心选点，各县（区）都坚持因地制宜、科学规划。在选点时，充分突出示范性和辐射示范作用，在交通、人口、地貌、经济状况等方面具有较强代表性。规划中坚持适地适树的原则，在充分考虑市场潜力的前提下，力求一材一品、一沟一色。

3. 加强管护、保证成效。加强对经济林木的松土、除草、剪修、防虫治病、施肥等一系列田间管理工作。目前，全市已栽经济林木成活率、保存率都比较高，长势喜人。

（四川省林业厅）

贵州省林业

【概　述】

发展与成就　按照省政府1999年工作部署和全国林业厅局长会议精神，认真抓好冬春造林绿化，进一步巩固"十年基本绿化贵州"成果，认真组织实施天然林保护工程，强化长防林、珠防林等林业重点工程管理，较好地完成了全年的各项林业任务。

营林生产　全省完成造林面积23.85万公顷，是计划的102.2%。按造林方式分，人工造林19.90万公顷，飞播造林3.95万公顷；按林种分，用材林9.63万公顷，经济林6.32万公顷，防护林7.68万公顷，薪炭林0.18万公顷，特种用途林0.04万公顷。完成封山育林新封面积29.76万公顷，是计划的148.8%；完成育苗0.154万公顷，是计划的115.5%；"四旁"（含零星）植树5445万株，是计划的102.3%；完成采种128吨，幼林抚育作业面积23.29万公顷（次），迹地更新1.405万公顷。

林业重点工程　全省林业重点工程完成造林面积12.76万公顷，是计划的109.6%。其中长防林2.82万公顷，是计划的120.9%，珠防林0.67万公顷，是计划的77.2%，世界银行贷款速生丰产用材林基地工程1.21万公顷，是计划的110.1%，天然林保护工程8.06万公顷，是计划的115.2%。贵遵公路绿化造林2 000公顷，为计划的103%，黄果树外围绿化工程完成造林600公顷，为计划的100%。

森林工业　全省生产木材50.43万立方米、毛竹247.54万根、锯材8.65万立方米、木片0.09万立方米、人造板5.72万立方米（其中胶合板1.3万立方米、纤维板0.97万立方米、刨花板3.4万立方米）、木地板0.75万平方米、松香2 057吨。

林业投资　1999年，全省应拨贷资金49 537万

元，实际到位29 414万元。其中国家预算内资金到位13 549万元，国内贷款5 332万元，利用外资386万元，自筹资金2 214万元，财政专项资金4 400万元，专项资金1 790万元，其他资金1 743万元。计划用于固定资产投资26 520万元，实际完成投资20 562万元。实施项目150个，新开工项目115个，投产项目22个，新增固定资产投资4 507万元。主要实物工程量：造林15.12万公顷，封山育林20.27万公顷，迹地更新0.46万公顷，中幼林抚育6.46万公顷，低产林改造0.23万公顷，森林病虫害防治2.12万公顷，林道233公里，防火线1 778千米。

林业产值 全省完成林业总产值21.05亿元，比1998年下降2.2亿元。其中第一产业实现产值17.98亿元，占85.4%；第二产业产值2.96亿元，占14.1%；第三产业产值0.11亿元，占0.5%。

林副产品 全省生产生漆984吨、油桐籽113 573吨、油茶籽8 010吨、乌桕籽3 935吨、五倍子1 507吨、棕片4 718吨、松脂3 836吨、竹笋干3 284吨、核桃4 988吨、板栗7 562吨。

科技兴林 全省林业科研共获国家林业局和省科技进步奖7项，其中：国家林业局科技进步奖2项，省科技进步奖5项。在广泛调查研究的基础上，编制了《贵州省“十五”林业科技项目指南》。两个国家林业局推广项目马尾松优良种源及丰产栽培技术推广和方竹笋用林改造及竹笋保鲜加工技术，各项指标均达到和超过规定要求，实施了天然林保护工程科技示范点，营建、楠竹丰产定向培育技术等6个省级推广项目，建立各项目示范点14个。举办林业实用技术培训班8期，培训人员780人。

森林保护 认真实行各级政府森林防火行政领导责任制，层层签订责任书，切实抓好森林防火宣传，严格火源管理，做好重点火险区的防范工作，加强森林消防专业队伍建设和培训，及时查处森林火灾案件。全省共发生森林火灾754次，其中森林火警505次、一般火灾249次，受害森林面积1 732公顷，受害率0.38/1000，无重、特大森林火灾发生。全年投入森林防火经费1 085万元，组建森林消防专业队31支。由于受“暖冬”异常气候的影响，全省大部分地区冬春季节气温偏高，雪凌稀少，旱情严重，有利于越冬病虫的存活，使森林病虫害发生呈现了近年来少有的大面积暴发态势。全年共发生森林病虫害2.88万公顷，比1998年增加一倍多，但仍控制在国家林业局下达贵州省的年度指标3.2%以内；防治面积2.224万公顷，防治率77.2%。投入防治经费496万元。实施森林病虫害监测面积328.93万公顷，监测覆盖率89.6%；实施种苗产地检疫面积0.147万公顷，产地检疫率93.75%。认真组织开展“严打”专项斗争，打击各种破坏森林资源的违法犯罪活动。据统计，全省各级林业公安机关共依法查处各类森林案件3 171起，占发案总数3 258起的97.3%，其中刑事案件发生167起，破157起，破案率94%；治安案件273起，查处271起，查处率99.3%；林业行政案件2 813起，查处2 743起，查处率97.5%。依法处罚各类违法犯罪人员4 094人，共为国家挽回经济损失293.3万元，收缴野生动物3 619头（只）1 174千克。加大对特大森林案件的督查力度，全省12起特大森林案件全部查结。

1999～2010年林业发展目标和工作重点 1999年10月26日，中共贵州省委、贵州省人民政府作出《关于加强林业建设改善生态环境的决定》，提出到2010年林业建设奋斗目标：全省森林面积达到652万公顷，森林覆盖率达到38%，生态环境明显改善；林地征占用总量不超过3.333万公顷，退耕还林总面积不低于33.333万公顷；前5年人工造林每年不低于23.333万公顷，封山育林每年不低于20万公顷，后7年人工造林和封山育林280万公顷。明确了林业建设的重点是：抓好天然林保护工程、重点林业生态工程、退耕还林和商品林基地建设。

存在问题 林业投入不足，天然林保护工程、长防林工程、珠防林工程地方配套资金难以兑现及时到位，影响工程进度；林业贴息贷款到位率差，影响林业项目的实施；一些地方对《森林法》和有关林业法规、政策贯彻落实不够好，乱砍滥伐林木、乱征滥占林地、毁林开荒、陡坡耕种现象时有发生；天然林禁伐对地方财政和农民收入及森工企业影响较大。 （*杨胜德*）

【贵州天然林资源保护工程建设】 1999年初，贵州省继续组织实施1998年天然林保护工程（以下简称天保工程）至4月底，1998年天保工程共完成人工造林6.88万公顷，封山育林3.953万公顷，飞播造林1.333万公顷，分别占天保工程计划的100.5%、123.3%、221%。5月，组织专业队伍对46个天保工程县的公益林建设进行检查。7月，台江县滥伐天然林事件被中央电视台曝光后，全省上下就保护天然林，宣传《森林法》，打击各种破坏森林资源违规违法行为，作了大量工作。8月，部署1999年天保工程公益林施工设计。9月，开展森林资源清查工作，并进行森林分类区划。同时组织实施1999年天保工程公益林和种苗基地建设项目，完成了《贵州省级长江流域天然林保护工程规划方案》。

1999年，国家林业局安排贵州省天保工程公益林建设投资12 780万元（已到位5 080万元），在46个县实施计划营造林面积34.6万公顷（第二批计划17.3万公顷，1999年12月初下达，现已完成施工设计），其中封山育林20.6万公顷，人工造林4万公顷，人工促进更新10万公顷。为了保质保量完成建设任务，省地县均成立了天然林资源保护工程领导小组，明确责任，实施单位与县级政府都签订了责任状，严格按施工设计实施，各个环节加强检查督促。工程实施中注重科技成果推广，提高了工程科技含量，到1999年12月底，全省8个地（州、市）46个工程县，完成人工造林0.953万公顷，封山育林5.673万公顷，人工促进2.3万公顷，分别占年计划的23.8%、27.5%、23%，营造林任务没有完成的原因是1998年天保工程营造林计划下达较晚，1999年春季完成的是前一年的营造林任务。1999年，中央和省财政安排天保工程森林管护专项资金1 167万元（其中中央财政584万元），在长江流域64个县和省直属林场及保护区管护森林面积144.267万公顷。国家林业局安排天保工程投资328万元，在全省20个天保工程县用于防火设施建设。为了用好这两项专款，切实保护好森林，全省对资金的使用范围、投资标准等作出了明确的规定，并要求保护区落实管护责任。　（唐贵芳）

【台江县滥伐天然林案件及查处情况】　1999年6月28日，中央电视台《焦点访谈》对贵州省台江县发生滥伐盗伐天然林的情况作了曝光。江泽民总书记为此作了重要指示。省委、省政府立即召开紧急会议，认真传达学习、贯彻落实江总书记重要指示精神，研究明确了八条工作措施：

1.7月2日，由省委、省政府召开全省电视电话会，传达江总书记的指示精神，认真总结教训；

2.6月29日，由省委书记、省长钱运录和副省长莫时仁牵头组织有关部门负责同志，组成专门工作组，立即赴台江调查核实、督促办理案件的查处工作；

3. 采取果断措施，坚决停止一切乱砍天然林的犯罪活动；

4. 尽快依法查处该案件；

5. 进一步做好林区的勘界工作；

6. 责成工作组尽快提出恢复被乱伐森林的措施；

7. 将调查后的整个案件情况专题报告中央领导；

8. 欢迎新闻机构对全省林业生态建设工作进行舆论监督和跟踪报道。

6月29日，省长钱运录、副省长莫时仁亲自带领由省政法委、省公安厅、省林业厅负责同志组成的工作组，赶赴台江县调查核实和监督案件的查处工作，钱运录省长就贯彻江总书记重要指示精神提出，要认真处理台江滥伐天然林事件，以此教育干部群众，举一反三，增强法制观念，改变工作作风，切实加强对林业工作的领导。7月2日，省委、省政府召开全省电视电话会，传达贯彻江总书记的重要指示精神，省委书记刘方仁作了重要讲话，要求全省各级党委、政府和各有关部门，要以全局和战略高度，深刻认识加强生态环境建设的重大意义，认真检查工作中存在的问题和不足，吸取教训，切实做好保护森林资源，杜绝各种隐患。副省长莫时仁对进一步贯彻执行《森林法》，保护天然林资源和做好边界勘定工作作出了重要讲话。7月6～7日，省林业厅召开全省地（州、市）林业局长紧急会议，就认真贯彻落实江总书记重要指示和省委、省政府电视电话会议精神，对全省天然林资源保护工作作出新部署，提出新举措，要求各级林业部门进一步提高对天然林资源保护工作的认识；进一步深入宣传贯彻《森林法》；切实搞好森林分类区划，认真编制天保工程实施方案；加强林业队伍建设，依法强化资源林政管理；强化资金管理，确保工程质量，全面实施好天保工程。8月16日，省人民政府以黔府发［1999］38号作出了《关于进一步加强天然林资源保护工作的通知》，对天然林保护提出了明确要求。根据中央领导的批示精神和省委、省政府的要求，在省工作组的指导下，黔东南州专案组对电视曝光的台江县滥伐、盗伐林木案件进行立案侦察，查出了“连锁”七案。即：台江县国有林开发公司滥伐林木案；张爱红、汤昌镜、张胜龙滥伐林木案；向万福、杨忠文等人盗伐林木案；杨昌俊等9人盗伐林木案；雷公山自然保护区小丹江木材检查站执法违法案；陈守辉盗伐林木案；欧光旭、潘贵江等工作失职等案。经省、地、县各级对案件展开联合调查及黔东南州工作组数月调查，所涉及的7个案件基本查清，并已依法作出严肃处理。

台江滥伐盗伐林木案件的发生，暴露了贵州省一些地方在发展经济的思路和林业工作中存在的问题，教训是深刻的。　（唐贵芳）

【贵州林业表彰奖励】　1999年，受省委、省政府表彰“基本绿化贵州”成绩突出单位有：“黎平县、榕江县、望谟县”。

1999年，受国家林业局等部级表彰的先进单位和先进个人有：贵州省林业厅获“中国林业五十周年编撰先进单位”，省林业厅彭百登、麻江县林业局周家珩获“优秀书稿奖”，省林业厅胡庆昌获“贡献奖”；省林业公安处、黔西南州公安局林业公安科、望谟县公安局林业派出所获“全国严厉打击破坏森林资源违法犯罪活动专项斗争先进集体”；省林业厅李明晶获“全国自然保护区管理先进工作者”；省林学会获“全国科普工作先进集体”；省林业厅童璧刚获“梁希林业宣传突出贡献奖”。

1999年受省政府、省政协表彰的单位和个人有：省林业厅获“人大建议、政协提案先进承办单位”；省林业厅綦山丁、黄以黔获“科技兴农人才奖”；省林业厅胡朝品获“全省纠风工作先进个人”。　（唐贵芳）

云南省林业

【概　述】

发展与成就

营林生产　1999年，全省共完成造林39.78万公顷，为年计划的113.93%。其中：人工造林31.20万公顷，为年计划的117.02%；飞播造林6.74万公顷，为年计划的101%。完成封山育林45.34万公顷，为年计划的151.13%；义务植树1.23亿株，为年计划的110.81%。1999年全省工程造林完成22.63万公顷，占人工造林的72.53%，重点工程在造林绿化中发挥了主导作用。其中长防、珠防、澜防和南汀河防护林等重点生态防护林建设项目共完成人工造林3.24万公顷。封山育林8.33万公顷。另外，速生丰产用材林基地、干果基地、扶贫绿色工程等重点商品林基地建设项目，完成造林28.13万公顷。

在继续做好世界银行贷款一期、二期收尾工作的基础上，认真组织中德合作二期造林项目、世界银行贷款三期造林项目的实施，香港长春社发起的“绿色礼物献祖国——长江流域植树护林行动”项目，1999年也部分启动。

森林资源保护管理　①资源林政管理。一是把森林采伐限额管理作为资源管理的核心和重点，强化对林木采伐限额的管理，严格执行木材生产“三总量”控制。二是继续贯彻执行《森林法》和国务院国发明电[1998]8号文的有关规定，强化林地管理，进一步加大了对省内各项建设工程征占用林地管理力度，对大朝山水电站、昭通渔洞水库、大保公路保山段、内昆铁路等一大批国家和省、地建设项目征占用林地进行了审核，已有15件上报国务院审批。同时，组织开展了对林地管理的监督检查。三是加大了对林业行政案件的查处力度。1999年，全省共发生林业行政案件21 793件，查处21 576件，查处率达99%；全省共清理出毁林开垦668 329起，涉及林业用地面积30.09万公顷；没收违法所得200多万元、非法木材27 476立方米，林政罚款380多万元，补种树木29万多株。②森林防火。1999年春季，受特殊气候的影响，云南省森林火灾频繁发生。由于党中央、国务院的亲切关怀，省委、省政府采取了一系列超常规措施，使森林火灾造成的损失降低到最低限度，为世博会顺利举办作出了重要的贡献。全省共发生森林火灾964次，其中森林火警559次，一般火灾395次，重大火灾10次，受害面积10 469公顷。③打击破坏森林和野生动物违法犯罪活动。1999年，全省范围内连续组织开展了严打斗争及夏季攻势和秋季百日严打3次大规模的专项整治行动，实行打防结合，进一步强化林区治安工作。全省各级林业公安共查获各类破坏森林资源和野生动物案件11 233起（重特大案件244起），授权处理林业行政案件9 947起，打击处理各类违法犯罪人员16 558人次（逮捕366人，劳教8人，治安拘留441人），为国家挽回直接经济损失2 020余万元。④野生动植物保护和自然保护区管理。1999年，重点抓了“123”工程：制定管理计划，全面抓能力建设和社区发展，落实和实施野外巡护报告制度，目标岗位责任制及培训制度。完成了无量山保护区升级、白马雪山扩建评审工作，进行了全省自然保护区基本情况的调查，同时，加强了云南生物多样性保护工作的宣传。在1999年底，国家环保总局、国家林业局、农业部、国土资源部等四部门召开的联合表彰大会上，云南省林业厅等4家单位获“全国自然保护区先进集体”称号。⑤农村能源建设和森林病虫害防治。1999年，全省新建农村户用沼气池8.3万户，推广太阳能热水器9.8万平方米，节柴改灶20.7万户，新增微型水力发电1 220千瓦，均超额完成了年度计划。加大森林病虫害监测和防治力度，全省实施监测面积877.26万公顷，监测覆盖率达92%；防治14.84万公顷，防治率59.2%；种苗检疫率达97.24%。

天然林保护　1999年9月，云南省政府主持召开了全省天然林保护工作会议，总结一年来天然林保护工作。会上，李嘉廷省长作了讲话；黄炳生副省长作了工作部署，省政府和各地（州、市）政府（行署）签订了天然林保护工程行政首长目标责任状。会后，全省各地认真贯彻会议精神，天保工程各项任务逐步落实。根据国家林业局的部署，1999年对云南省天保工程规划方案进行了较大调整，最终确定了工程实施范围为12地（州、市）66个县（市、区）和17个重点国有森工企业，工程实施区总面积2 284.04万公顷，预计总投资118亿元。调整后的天保工程规划，将包括森林管护，荒山造林绿化，25度以上坡耕地退耕还林，以及围绕以上内容进行森工企业职工分流安置，并组织实施种苗工程，科技支撑等保障措施。1999年底，全省公益林建设任务累计完成73.95万公顷，人工促进天然更新23.1万公顷、森林抚育12.9万公顷，人工造林0.85万公顷，累计完成投资3.7亿元。

国有森工脱困和管理体制改革　①企业改革与脱困工作。省林业厅共有8户企业被列为全省重点脱困企业和厅级重点脱困企业，省厅建立了厅领导联系重点脱困企业制度，多次组织帮促小组深入企业调查研究，结合企业实际，帮助企业一起研究制定脱困方案，解决企业的一些实际问题。同时，认真贯彻落实省委令狐安书记视察森工企业时的重要指示精神，理清企业脱困思路，确定目标，制定措施，积极争取政策资金扶持。1999年，省属重点森工企业下岗职工进入再就业服务站托管3 004人，为企业落实了下岗职工基本生活保障财政兜底资金300万元，自愿申请解除劳动关系职工5 861人。目前，省属森工企业从事自营经济的职工已达3 000余人。进一步完善了森工企业职工基本养老保险省级统筹工作，确保了基本养老金按时足额发放，没有发生新的拖欠，并补发了森工企业历年拖欠离退休人员基本养老金2 006万元，维护了企业的稳定。②森工企业属地管理工作。1999年7月，省委、省政府作出了省属重点森工企业实行属地管理的重大决定。厅党组将此项工作作为下半年的工作重点认真抓好落实。在充分准备的基础上，从去年10月起，由省厅牵头组成三个省政府工作组，分赴有关地州市县进行移交工作，11月下旬基本完成了11个森工局、5个水运处的属地移交工作，并与当地政府签订了交接协议书，共移交人员10 952人，其中在职职工4 798人，离、退休人员6 154人（社保关系2000年3月完成移交）。③林产工业。1999年，全省木材生产完成137.13万立方米，其中商品材完成109.72万立方米；边贸材完成68万立方米；锯材完成23.58万立方米；人造板完成30.44万立方米；松香完成3.85万吨。

1999年，林业行业实现部门总产值112.07亿元（现行价），其中：第一产业产值62.75亿元，第二产业产值46.66亿元，第三产业产值2.66亿元。

林业分类经营改革 1999年，全省有111个县（市、区）完成县级森林分类区划界定工作，其中80个县（市、区）已经过验收，地州市级成果汇总正抓紧进行。初步统计，全省共区划公益林面积1 477.3万公顷，商品林面积958.3万公顷，分别占全省林业用地面积的60.6%和39.4%。各地区划结果均已经过现场区划认证和所在县（市、区）政府审定。景谷和中甸两个试验示范区的建设进展顺利，景谷示范项目已完成种子园建设33.33公顷，晒场4 200平方米，新修和改造公路70千米，营造示范林0.13万公顷，成活率在95%以上。中甸示范项目已完成了第一阶段的任务，于去年9月通过检查验收。思茅林业综合改革试验区林业股份合作制经营改革试点工作稳步推进，继续实现了分红，使农民看到了林业股份合作制的优越性和兴林致富的希望。同时，召开了全省林业股份合作制研讨会，为全省全面推行林业股份合作制提供了经验和示范。

林业科技发展 1999年，新建了10个地县级林业技术推广站，使地级建站率达到87.5%，县级建站率达到43.3%，专职林业技术推广人员达到1 131人。省林业厅下发了《云南省林业厅关于加强林业技术推广工作的决定》。“北美红杉区域性栽培与丰产培育试验示范”等项目进展顺利；筛选上报林业技术推广项目5项，其中有3项列入国家林业局1999年100项重点科技成果推广项目指南。云南珍稀濒特森林植物保护和繁育实验室、云南省森林植物培育与开发利用重点实验室经过两年多的建设，已通过验收，正式运转，并承担科研项目17项，取得了一批研究成果。

林业法制建设 1999年，完成了《云南省林木种子种苗管理办法》、《云南省人民代表大会常务委员会关于实施天然林资源保护工程的决议（草案）》、《云南省实施〈森林法〉办法（草案）》、《云南省天然林保护条例（草案）》的调研起草工作；配合省有关部门制定出台了《关于对违反天然林保护工程规定给予政纪处分的暂行规定》等法规和规定。

积极开展各级各类林业行政执法人员和全省680多个乡镇林业工作站站长岗位资格培训，对全省160名新任县、市林业局长进行了以《森林法》为主要内容的业务培训，对全省县市级森林防火专职指挥长进行了防火灭火知识和现场指挥能力培训，并完成了全省9 300人林业行政执法证件年检审验工作，使全省林业基层基础建设有了加强。

开展“三讲”教育 按照中央和省委的要求，1999年3月以来，省林业厅认真开展以“讲学习、讲政治、讲正气”为主要内容的“三讲”教育活动，在省委巡视组的帮助指导下，从9月中旬至12月上旬，在厅、处级以上领导班子和领导干部中先后开展了“思想发动、学习提高”、“自我剖析、听取意见”、“交流思想，开展批评”、“认真整改、巩固成果”四个阶段的工作。通过“三讲”教育，机关处以上干部思想水平和党性觉悟有了进一步的提高，思想作风，工作作风有较大转变。

结合“三讲”教育，厅党组制定了《云南省林业厅党风廉政建设责任制》，并加大对经济案件的查处力度。完成了厅属企事业单位内部审计74项，向司法机关移送案件2起，移交司法机关处理3人，加强了对干部的监督、教育和管理工作，切实转变机关作风，认真解决机关“三多”、“四难”问题。

在全体党员和职工中广泛开展“三爱”教育和职业道德教育，积极开展创文明单位、文明处室和“人民满意公务员”活动。去年，厅宣传报道组在各种媒体发表宣传稿件500多件，大力宣传云南林业建设成就。组织开展“献爱心、送温暖”和“绿色希望工程”等活动，共捐款60.1万元，衣物7 200多件，支援灾区建设拨款25万元；同时，积极开展健康有益的文体活动，有力抵制了“法轮功”邪教的传播。

全省全行业职工积极为世博会做贡献，直接建设了树木园，参与建设了竹园、药草园、盆景园和大温室，为世博园提供植物84科350多种5万多株，其中珍稀名贵树种11 000多株；采取超常规措施，认真做好世博园片区的森林防火工作，厅机关24小时值班，切实做好森工企业稳定工作。省林业厅被云南省委、省政府授予世博会“特别组织奖”。

主要经验 一是紧紧围绕林业两大体系建设这个

中心，坚持林业可持续发展不动摇；二是突出林业生态工程建设和重点商品林基地建设，狠抓工程造林，加快森林资源培育不松劲；三是以森林资源限额采伐和林地管理为重点，强化资源林政管理，依法保护森林资源不手软；四是严格做好工程项目、资金管理监督检查，确保重点工程任务建设落实不马虎；五是以“三讲”教育为契机，促进机关工作作风和党风廉政建设，保持林区和企业稳定不懈怠。

困难和问题 主要是：造林绿化、林业生态建设任务重、难度大；实施天然林保护工程，退耕还林、森工企业转产工作困难多；森林资源管理保护与开发利用矛盾突出，森林防火，病虫害防治形势严峻；对林业一些深层次问题的政策调研滞后，政策不够完善，林业投入严重不足，项目计划下达晚，资金到位迟缓；林产业发展缓慢，与森林资源大省的优势不相适应，“三讲”教育整改措施抓落实不够等。这些，都有待于我们在新的一年里认真研究和解决。 （王世能）

【云南省造林绿化】 云南山区面积占国土面积的94%，是我国重要的林区省份。由于种种原因，20世纪50年代后的很长一段时期内，森林覆盖率逐步下降，水土流失和荒漠化土地面积逐年增大，由此而导致的生态环境恶化问题相当突出。改革开放以来，在云南省委、省政府的领导下，全省按照建立林业两大体系的奋斗目标，始终把培育、发展森林资源作为林业工作的出发点和归宿，综合运用人工造林、飞播造林和封山育林三大方式推进云南造林绿化进程，使造林绿化事业持续、快速健康发展。全省各地呈现出以重点造林工程为龙头，群众造林、部门造林、义务植树协调发展和林业生态工程与商品林基地建设齐头并进的大好局面，取得了突出的业绩。20多年来，全省累计造林720万公顷（其中人工造林575万公顷，飞播造林145万公顷），封山育林680万公顷；尤其是90年代以来，每年以造林和封山育林各35万～40万公顷的速度向前推进。造林成活率和保存率分别提高到90%和85%以上，质量稳步提高。随着造林绿化事业的深入发展，云南省于1997年消灭了长期存在的森林“赤字”，实现了有林地面积和活立木蓄积量双增长。全省有林地覆盖率提高到33.64%，含灌木林后的森林覆盖率为44.29%。

云南省林业生态体系建设，以20世纪80年代末期启动的长江防护林工程建设为标志，进入了快速发展阶段。全省相继启动了长防林、珠防林、澜防林以及防治荒漠化、滇池流域防护林等一大批重点防护林工程，并正在力争启动红河防护林工程。这些工程覆盖了全省主要江河的重点治理区，成为云南省林业生态体系建设的骨干。

云南省于20世纪90年代中期启动了新一轮大规模商品林建设项目。以种植核桃、板栗为主的干果经济林基地建设，从1995年起，在全省58个县展开。5年间，仅这些基地县就增加干果种植面积8万～10万公顷，并带动了全省经济林的发展；1996年，速生丰产林又在全省34个基地县开展，到2000年，将完成发展速生优质用材林15万公顷的目标；另外，建设规模为28万公顷、以种植各类经济林和用材林为主的绿色扶贫工程又于1997年启动，进一步加快了商品林的发展。

全民义务植树运动进一步深入人心，并逐步迈入了基地化、科学化、制度化、规范化的新阶段。开展义务植树活动18年间，全省2.1亿人次参与义务植树活动，尽责率达90%以上，义务植树共19.6亿株；全省各级领导办义务植树样板林和义务植树基地27 827片，面积达76.3万公顷。 （王世能）

【云南省天然林保护工程】 实施天然林保护工程是党中央、国务院对保护长江上游、黄河中上游地区天然林等所采取的一项安民兴邦、造福子孙的战略举措。这项工程包括天然林保护、绿化荒山荒地、25度以上坡耕地退耕还林还草。云南省天然林保护工程涉及12个地（州、市）、66个县（市、区）和17个国有重点森工采伐企业，实施总面积为2 284.04万公顷，占全省土地总面积的57.9%。

云南省委、省政府坚决贯彻执行党中央的英明决策，高度重视全省天然林保护工作。从1998年10月1日起，全省停止了金沙江流域和西双版纳州境内天然林的采伐，调减商品木材197万立方米，启动了天然林保护工程公益林建设项目。1999年，工程区全面实施了以森林管护、封山育林为主的天然林保护工程。云南省政府与各地州签订了责任状，层层建立领导责任制和项目负责制，使天然林保护工程真正成为各级政府的一把手工程。省委、省政府采取有效措施，强化重点国有森工企业体制改革，实现了省属重点森工企业属地管理。天然林保护工程启动两年来，全省已建成管护站1 074个，天然林管护559.4万公顷，其中人工造林1.51万公顷，封山育林39.3万公顷，人工促进天然更新26.68万公顷，森林抚育15.59万公顷，累计完成工程投资7.09亿元。天然林保护工程将为云南省的生态环境建设和社会经济发展作出重大贡献。（王世能）

【云南省重点森工企业属地管理移交】 云南省森工企业始建于50年代初期，进入60年代，国家开展大规模三线建设，又以会战形式组建了一批以开发金沙江林区为主的国有森工企业，并于70年代移交省属管理。几十年来，在国家投入严重不足的情况下，云南省森工企业为国家提供了近三千万立方米木材，有力地支援了国家建设。80年代初期，因种种原因，大量国有林地划归地方管理，使省属森工企业规划经营的面积锐减，企业失去了劳动对象，逐步陷入“两危”境地。面对国有森工企业的特殊困难，历届云南省委、省政府十分重视和关心，先后采取了一系列扶持政策，在一定程度上缓解了困难，但仍难从根本上解决问题。在实施天然林保护工程中，云南省委、省政府领导明确地认识到，要实施好天然林保护工程，就必须改变省属国有森工企业的管理体制，实行属地管理。

按照云南省委、省政府的统一部署，1999年8月起，全省上下密切配合，有计划、有步骤地开展了省属国有重点森工企业属地管理移交工作。省委书记令狐安亲自深入到有关重点地区开展调研、指导工作。省长李嘉廷亲自部署、指挥各地的属地管理移交工作。省林业厅于1999年8月中旬，派出了3个调研组分赴移交地区开展调研。企业同时开展“清人员、清档案、清账务、清物资”的“四清”工作，提出移交方案送交有关地、州、市和县市政府协商。1999年10月10日起，由省林业厅领导带队、有关部门抽人参加的3个省政府工作组分赴丽江、大理和滇南地区，分别与20个县市政府签订了移交协议。省林业厅将11个重点森工企业和金沙江林产品公司驻丽江地区5个水运处的12 651名森工职工移交当地政府管理，其中在职职工5 497人，离退休职工7 154人。　（王世能）

【云南省长防林工程建设好】　1999年，是云南省长防林工程建设实施的第10个春秋。10年间，各级投入的长防林建设资金达2.2亿元，项目区投入8 900多万个工日先后营造长防林80万公顷。有关专家考察云南省长防林建设区后，以规模大、效益好，改善了生态环境，为子孙后代留下了一笔宝贵财富，为全省长防林建设作了总结。

1989年，长防工程在云南省的东川、昭通、巧家、会泽4县区启动。10年来，长防工程县已从最初的4个发展到8个地州的26个县，覆盖了金沙江流域的大部分地区。各级政府挤出资金投入到长防林建设中，项目区的广大群众以造福当代惠及千秋的胸怀积极投工投劳，群众投工投劳占了总投入的一半以上，其中2.1万户造林大户户均造林达20公顷以上。各项目区注重质量和效益，因地制宜，从树种选择、育苗到种植、管护都探索出了自己的路子，不少地区做到了新造林一片、抚育一片、郁闭一片、成林一片。有14个县市人工造林核实率和合格率分别由1990年的95%、81%提高到现在的100%、98%。整个项目区新增森林面积26.13万公顷；生态恶化的昭通地区通过长防林建设，实现了森林面积和蓄积的双增长；东川的森林覆盖率也从长防启动前的13.3%增加到21.6%，大部分项目县的森林覆盖率每年都增长1个百分点，成为这些县历史上森林植被恢复最快的时期。植被的恢复带来生态环境的改善和水土流失的减少。会泽县水土流失面积由建设前的3 800平方千米下降到现在的2 200平方千米，下降了42%；昭通地区区内主要河流上的3个水文站观测结果表明，河流内泥沙含量比长防启动前有明显减少。项目区森林恢复较快的地方降水明显增加，一些干枯断流的河流又淌出了汩汩河水。

（王世能）

【云南省林科院40年科研、推广成绩显著】　云南省林业科学院建院40年来，特别是改革开放以来认真执行党的科技方针，紧密结合云南经济建设和林业生产实际选题定项，取得了一大批先进实用的科研推广成果，成绩显著。1960～1999年，共承担了科研课题338项。从1978年开始评定科技成果到1999年的20年间，共获各类科技成果奖195项。其中7项成果荣获国家级奖励，101项成果荣获省部级奖励，67项成果获地厅级奖励，20项获该院科技成果奖励。在上述获奖成果中，改革开放后10年的科技成果奖132项，为改革开放前20年成果奖的69.4%。

主要科研成果：

1.“云南松胶合板材、纸浆材种源选择”成果，解决了生产上急需的用种问题，扭转了长期以来云南松造林成活率低、弯扭木和地盘松的株率增加、生长缓慢、质量差的严重状态，推动了云南“两材”基地建设的发展。

2.“云南松纵坑切梢小蠹虫预测预报研究”成果，“聚集信息素测报是当今世界害虫预测预报最新技术”。此项技术系统的中、短期测报技术研究，在国内属首项报道，填补了我国松纵坑切梢小蠹测报技术研究的空白，达国内领先水平，在全国范围内均有很好的推广运用前景。

3.“核桃早实、丰产、优质新品系杂交育种研究”成果，是应用我国南北两大核桃种群进行种间远缘杂交组合培育新品种。该新品种在良种选育及嫁接技术上均取得重大突破，所培育出的新品种核桃，具有早实、丰产、优质、矮化，适应性强的特点，在我国西南地区核桃生产发展中起到了重大的推动作用，居国内外研究领先水平。

在整个获奖成果中，由该院主持研究成功的“梅李雕花取核机”，获国家发明专利证书；“板栗脱皮机”获国家实用新型专利证书。两项发明成果在我国目前尚属首创。

主要推广成果：

1.原国家科委下达的推广项目“直干桉良种及丰产栽培技术示范”，1993～1996年在完成营造示范林1 128公顷的同时，带动全省面上造林7 809.7公顷，项目推广达到了国内先进水平。

2.原林业部下达的推广项目“红豆杉原料林营造技术开发”，1994～1997年在实施培育优良无性系扦插苗181.67万株和辐射育苗100万株的基础上，推广营造红豆杉原料示范林522.43公顷，在昆明丽江等地建立采穗园6.78公顷。该项目的成功实施，为该珍稀药用材树种的保护繁育利用迈出了重要的一步。

3. 云南省下达的推广项目“昆明呈贡大风垭口大面积荒山绿化”，1991～1995年，通过推广墨西哥柏、圣诞树、旱冬瓜、藏柏等树种及配套技术，在造林困难地段营造成功示范林360公顷的带动下，又在困难地段面山造林近7 000公顷。在1994年全国环保会上，对这一荒山绿化工程给予了充分肯定。

4. 省部级下达的科技推广项目“世界银行贷款国家造林项目”是国内最大的林业项目，1991～1995年，该院组装配套了6项技术成果在此项目中推广。5年间，推广面积达55 600公顷，占世行造林面积的86.5%；世行贷款国家造林项目共完成造林面积64 270公顷，为执行协议任务面积的146.1%，保存率在90%以上。该项目推动了贫困山区脱贫致富的进程和生态环境的改善，同时也促进全省森林覆盖率的增长。

5. 原林业部立项的推广项目“核桃高效嫁接技术”，是云南省林业科学院的研究成果。1995年，林业部将该技术列为全国100个重点推广项目之一，达国内同类研究领先水平。该技术推广后，核桃嫁接成活率由原来40%左右提高到85.74%，最高达98%。改变了云南省长期以来核桃良种化及品牌化生产低下的问题。到1997年，已在全省嫁接培育良种核桃苗5 000多万株，嫁接面积占全省经济林面积100万公顷的38.7%。1998年又在全省嫁接培育良种苗1 506万株，除满足本省需求外，还销售到四川、贵州、湖南、广西等省，“早实、丰产、优质新品系核桃杂交育种研究”新成果的推广，使核桃生产技术又进入了一次新的革命。

6. 以云南省林业科学院为技术依托，与云南省昆百大集团、云南天润食品公司联合开发的“云南松花粉”系列产品，已进人保健、护肤品的国内外市场，该项目已获准列入云南“18”生物资源开发工程。

（王世能）

【云南省林业国际合作】 改革开放以来，云南省林业加大对外开放力度，国际合作发展较快，1990年以来，云南省先后引进“世界银行贷款造林项目”、“中德合作云南造林项目”、“中荷合作云南省森林保护及社区发展项目”、“中德合作云南省西双版纳热带森林恢复与保护项目”等10多个项目。共引进资金折合人民币60 184.25万元，其中世行贷款30 257.25万元，无偿援助29 927万元。

云南省利用这些贷款、赠款开展植树造林、自然保护区建设、社区发展及生物多样性保护等项工作，取得了显著的成绩。世界银行贷款林业项目，云南省已先后开展了三期，累计完成造林面积10万公顷，每个项目县的森林覆盖率提高了1%～3%，此项目的实施为项目区贫困农户提供了1 000多万个工日的就业机会，项目建设后，使5万多贫困农户脱贫致富。在项目实施中，全省共推广先进科技成果6项，营建试验、示范林500公顷，设置环保监测样地5组，建立了包括组织、计划、资金等8个管理体系；举办了845期业务技术和管理培训班，有72 093人次参加了培训。中德合作云南省造林项目，德方已援助赠款折合人民币3 733万元，中方配套1 630万元人民币，现已完成荒山造林2.7万公顷，封山育林7 410公顷，沟蚀治理8条，节柴改灶20 700个，新建培训中心、苗圃、种子仓库12 960平方米，修建林区公路51.2千米、森林瞭望台6座，开挖防火带91.5千米。中荷合作云南省森林保护和社区发展项目，荷兰政府无偿援助折合人民币11 939.2万元，中方配套人民币6 225万元，目前，项目正在实施中，预计到2002年完成。由世界银行全球环境基金会、德国政府、新西兰政府等组织和国家赠款的林业项目也在顺利实施中。（王世能）

【云南省南汀河生态防护林工程全面启动】 云县南汀河股份合作制林场、临沧县蚂蚁堆股份合作制林场成立，标志着临沧地区南汀河中上游3.3万公顷生态防护林建设工程正式启动。

南汀河中上游3.3万公顷生态防护林建设，是1998年12月省政府临沧现场办公会确定的重点项目。该项目涉及云县、临沧两县4个乡11万人居住的地区，概算总投资5 860万元。计划用5年时间，采取退耕还林、封山育林、人工造林对疏林地灌丛地实施定向改造，并管护好现有森林2万公顷，新增森林1.3万公顷，再通过幼林抚育，使项目区森林覆盖率从28.9%提高到50%以上。

这项生态防护林建设，打破传统的模式，运用新思路，新机制运行。在临沧、云县各办一个股份合作制林场，实行公司化运作。股份以国有土地、国有林的国家股，国家贷款部分的法人股，集体土地、林地作价或资金投入的集体股，农户自留山、轮歇地、承包土地折价的个人股，单位和个人投资的社会其他股等组成。投资主体的多元化，有利于调动各方面积极性，变单一融资渠道为多渠道融资，解决资金不足的问题；有利于激发项目区干部群众的生态保护意识，彻底扭转以往重造轻管的弊端，加速荒山绿化。通过公司化运作，加上农业、水利、交通、扶贫等部门的配合联动，实行山、水、田、林、路、牧综合治理开发，进而把生态防护林区建成“以林为主，综合治贫”的生态综合治理示范区。

（刘安国）

【云南省自然保护区工作成绩斐然】 云南省是世界生物多样性最为复杂和丰富的地区之一，被誉为“动物王国”、“植物王国”，为世人所关注。改革开放以来，全省的自然保护区工作取得了令人瞩目的成绩，云南省林业厅荣获国家四部委授予“全国自然保护区管理先进集体”称号。

自1958年建立第一批自然保护区以来，通过40年的努力，云南省已建立了森林和野生动物类型自然保护区105个（国家级6个，省级47个、地州县级52

个)，总面积达195万公顷，形成了多类型、多层次的自然保护区网络，这些保护区的建立，使全省100多个森林类型及90%以上的野生动植物物种得到了有效保护。西双版纳国家级自然保护区已挂牌加入联合国教科文人与生物圈自然保护区，高黎贡山自然保护区加了人与生物圈网络。

国家和云南省政府高度重视自然保护区建设，逐年增加对保护区的投入。1999年止，国家和省已对保护区基本建设累计投资的9 000万元，其中国家林业局投资1 852万元，省财政、地县财政投入7 150万元。全省已初步建起了野生动植物保护及自然保护区管理法规体系，使保护区管理工作步入有法可依、有章可循的法制轨道，与此同时，各保护区加大了执法力度，近8年来，全省累计查处各种破坏野生动植物资源的案件共21 576件。

多年来，各保护区在搞好宣传和加强保护的同时，积极帮助群众开辟新的生产门路，修路建校，营造经济林，促进社区发展，构建保护共管的新格局，各保护区还利用当地资源优势，因地制宜开展种、养、加工等多种经营，有条件的近20个自然保护区，还有计划、有控制地开展森林旅游活动。

由于加强了保护区的资源保护及管理，全省自然保护区的动植物资源得到恢复和发展。无量山保护区的黑长臂猿由原有150只左右增加到400只左右；维西萨马果保护区的滇金丝猴由原有200只左右增加到600余只；高黎贡山保护区的羚牛由原有150头增加到300多头；西双版纳保护区的亚洲象从70年代的150头左右增加到250～300头。自然保护区的不断扩大和发展，为云南省生态环境和生物多样性的保护做出了积极的贡献，并发挥显著的生态、社会和经济效益。 (王世能)

【云南森林分类区划工作全面展开】 1999年3月18～24日，召开了全省尚未开展分类区划的15个地、州、市，96个县市，600多人的业务培训会。业务培训会上，对森林分类经营区划涉及到农村经济政策的方方面面进行讲述，如何组织开展森林分类经营区划工作作了全面部署。各地、州、市积极准备，将森林分类区划工作层层贯彻落实到乡镇，成立领导小组，组建工作班子，开展工作。全省共建立领导机构5 036个，其中地、州、市级14个，县级117个，乡级892个，村办级4 013个；领导小组组成人员达12万多人；组建工作班子（办公室）人员15 110人，其中地、州、市级72人，县级760人，乡级3 963人，村办级10 315人；召开各种会议（培训班）31 499次，参会人员780 766人，其中地、州、市级22次，参会人员942人，县级243次，参会人员6 559人，乡级1 012次，参会人员19 593人，村办级5 642次，参会人员189 236人，社区级24 580次，参会人员564 436人；参加现场界定人数200多万人，其中地、州、市级55人，县级1 215人，乡级6 957人，行政村级21 765人，自然村190多万人；各地共筹集资金286万元，其中地、州、市级131万元，县乡级155万元。

1999年下半年，全省16个地、州、市126个县中，县级森林分类经营区划界定工作结束的共111个县(市、区)，其中经地、州、市验收或正进行验收的有大理、怒江、迪庆、德宏、丽江、保山、临沧、玉溪、曲靖、昭通、楚雄11个地、州、市80个县（市、区）；其余5个地、州、市46个县（市、区）中，思茅3个县、文山6个县、昆明1个县、西双版纳3个县、红河2个县共15个县，(市、区）正进行外业区划界定或内业资料汇总。

全省森林分类区划界定的初步结果：

1. 全省公益林、商品林区划初步结果。据县级森林分类经营区划界定结果初步统计，全省区划公益林面积1 477.3万公顷，商品林面积958.3万公顷，分别占全省林业用地面积2 435.6万公顷的60.6%和39.4%。区划的公益林中，重点公益林（禁伐区）面积576.1万公顷，一般公益林（限伐区）面积901.2万公顷，分别占公益林面积的39%、61%。

2. 列入天然林资源保护工程县森林分类区划界定的初步结果。全省列入“天保”工程的74个县（含西双版纳3个县）共区划公益林面积1 080.4万公顷，商品林面积568.5万公顷，分别占各县林业用地面积合计1 648.9万公顷的65.5%、34.5%。区划的公益林中，重点公益林（禁伐区）面积456万公顷，一般公益林（限伐区）面积624.4万公顷，分别占公益林面积的42.2%、57.8%。

3. 省政府《关于停止金沙江流域和西双版纳州境内天然林采伐的布告》明令停伐县森林分类区划界定的初步结果。省政府《布告》明令停伐的46个县（市、区）（不含昆明市五华、盘龙两区）和西双版纳州3县（市）共区划公益林面积761.5万公顷，商品林面积287.0万公顷，分别占各县林业用面积合计1 048.5万公顷的72.6%、27.4%。区划的公益林中，重点公益林（禁伐区）面积320.6万公顷，一般公益林（限伐区）面积440.9万公顷，分别占公益林面积的42.1%、57.9%。

4. 未列入“天保”工程和省政府《布告》各县森林分类区划界定的初步结果。全省未列入“天保”工程和省政府明令停伐《布告》的53个县，共区划公益林面积396.9万公顷，商品林面积389.8万公顷，分别占各县林业用地面积合计786.7万公顷的50.5%、49.5%。区划的公益林中，重点公益林（禁伐区）面积120.2万公顷，一般公益林（限伐区）276.8万公顷，分别占公益林面积的30.3%、69.7%。以上区划结果经现场区划认证、已经各县（市、区）人民政府签章认可。

(李剑章)

【昆明市十年植树造林成绩】 “八五”以来，昆明市认真贯彻执行《森林法》，坚持不懈抓了《森林法》的学习、宣传工作，提高了林业执法人员的素质，增强了人们的绿化意识和生态意识。昆明市委、市政府制定了“七年消灭宜林荒山，十年绿化昆明大地”的奋斗目标。1989～1998年间，有林地面积由34.67万公顷增至62.11万公顷，增长79.14%，森林覆盖率由22.7%增至40.3%，增长17.6个百分点。10年间，全市共完成人工造林23.87万公顷。由于开展了以营造防护林、水源林、经济林为主的工程造林项目，林地林种结构得到了合理调整。为实现2000年大部分县、市、区和乡（镇）基本消灭宜林荒山，市政府加大了投资，1999年，市级财政投资就达1 342万元，是10年前的3倍。

大力植树造林的同时，昆明市以森林防火为重点大力抓森林防护工作。1989年以来，森林防火较好地完成了各项考核控制指标。同时依法造林、管林、行政，林业步入制度化、法制化的轨道。壮大稳定了森林公安队伍，建立了林业行政执法责任制度。依法对森林资源的保护、培育、采伐、运输、加工和销售等林业生产经营活动实施了法制管理。 （王世能）

【楚雄州林业在机遇挑战中发展】 1999年是云南省楚雄彝族自治州林业发展进程中极不寻常的一年。禁伐天然林、启动天然林保护工程给全州林业，尤其是林产工业的发展带来了一系列新的困难，但也带来了新的发展机遇。面对挑战与机遇，楚雄州采取了一系列措施推动彝州林业的发展。首先是全面启动了“天保”工程。州人民政府分别与省政府、县市政府签订了实施“天保”工程责任状，层层建立了办事机构，分解落实了工程的各项任务并超额完成了计划，取得了“天保”工程建设的首战胜利。第二是中共楚雄州委针对全州支柱产业单一和启动“天保”工程的实际，在调整产业结构中提出了建设生态经济大州的发展目标，把实施天保工程发展生态经济优势结合起来，为林业在彝州经济和社会发展中定了位，使彝州林业有了更广阔的发展空间。第三是停止天然林采伐后，打破了以木材为原料的林产工业生产格局，全州确定了深化森林分类经营改革，合理配置。林业资源方面，发展名特林产品、森林食品、森林药材、森林旅游，搞活林业经济的产业结构思路，开始了林业产业结构的调整，全州林业进入第二次创业。第四是为了进一步动员和组织全州各族人民投入天然林保护工程，建设生态经济大州，州委、州政府召开了全州第五次林业先代会，表彰奖励了4年来在林业建设中涌现出的30个先进集体和129名先进个人，重奖了在基本消灭宜林荒山中做出显著成绩的6个县市。第五是全州10个县市完成了森林分类经营区划，按区划对森林实行分类经营。第六是1999年全州在资金紧缺、造林难度越来越大的情况下，各级林业部门群策群力，依托工程建设项目，采取各种措施，完成人工造林2.41万公顷，为年计划的103.4%；封山育林9.18万公顷，为年计划的223.19%；“四旁”植树1 656.26万株，为年计划的110.4%；全民义务植树863.39万株，为年计划的111.4%；营造各级行政首长样板林983片，面积0.78万公顷，为全州群众性造林作出了示范。1999年，全州林业社会产值达到6.71亿元，比上年增长了6.3%，实现了年初预定增长3.5%的目标。 （董光荣）

【昭通地区生态恶化趋势得到遏制】 昭通地区从实施可持续发展战略出发，举全区之力搞好造林绿化等生态环境建设，取得了显著成绩，全区生态恶化的趋势基本得到遏制。经近10年努力，全区森林覆盖率从80年代的8.71%上升到17.8%，有林地面积从19.53万公顷增加到40万公顷，林业产值由5 216万元增加到2.3亿元，粮食产量也由8.22亿千克增加到12.1亿千克，取得了显著的生态效益、经济效益和社会效益。

面对严峻的生态和生存条件的压力，昭通地区把植树造林提高绿化率、强化森林植被保护及水土保持工作上升到有关生死存亡、全区脱贫与发展的高度来部署实施。紧紧抓住国家安排长江中上游防护林建设一期工程的机遇，大抓项目造林。除了长江防护工程林以外，积极争取了国家以工代赈林业建设项目、德援林业建设项目、省列绿色扶贫项目及干果基地建设项目等。通过10年的艰苦努力，完成人工造林37.70万公顷，其中经济林达15.84万公顷，用材林8.03万公顷，防护林13.83万公顷。

为了提高群众造林的积极性，昭通地区在兼顾人工造林二大效益的同时，重点突出经济效益，针对耕地少的实际，推行林粮间作为突破口，待种下去的林果有了一定收益后再全部退耕还林，收到了很好的效果。在项目造林中，各级党政领导班子层层办样板层层实行双向目标责任制，明确责任，严格奖惩。林业部门还普遍推行“五定五包一挂钩”制度，一些县还实行风险抵押制度，主要领导分片包干负责，并把任务完成情况与行政首长的调离、晋升挂钩。此外，该地区把现有森林资源的管护作为重中之重来抓，坚持实行森林资源全额管理制度、限额采伐制度、木材经营“三证”制度、林地使用许可证制度和森林资源监测、评价制度。严厉查处毁林开荒、乱砍滥伐、乱捕乱猎野生动物等破坏生态环境的违法行为，大力促进农村能源建设。加大农业生态环境建设的力度，降低森林资源消耗总量，减少了水土流失，白水江、洒渔河、关河等水系的泥沙含量有逐年下降的趋势。 （王世能）

【旅游业成为迪庆州森工替代产业】 迪庆藏族自治州是云南省主要林区，也是长江上游重要水源林保护区。1998年前，全州财政收人的80%来自森工企业的税收。1998年下半年，中央决定禁止采伐长江中上游天然林，州委、州政府和全州各族人民顾全大局，从1998年10月1日起，全面停止采伐天然林，封闭了所有林区公路，关闭了全部大大小小的木材加工厂，不折不扣地执行了中央禁伐决定。

迪庆州有众多的高山湖泊、鲜花如锦的草甸、雄奇的雪山、湍急的江河以及多姿多彩的民风民俗，有如英国作家希尔顿在《失去的地平线》中描写的世外桃源香格里拉。于是，迪庆州以"香格里拉在迪庆"等为主题，大力开展旅游促销活动。迪庆州在省的支持下，大力发展基础设施建设，建成了中甸香格里拉机场，修通了各主要景区公路。同时，还大力发展宾馆饭店，使星级饭店由原来2家发展到10家，床位达5 700多个。

旅游业的发展促进了饮食业、娱乐业、购物业、运输业等第三产业的快速发展，当地的土特产品、风味食品、民族工艺品，现在都成了畅销商品。过去从山上拉木头下山的骡马，现在成了运送旅客游览的特色代步工具，每天收入比过去拉木头多得多。1999年，全州接待国内外游客100多万人次，其中接待外国旅客6.3万人次，旅游总收入5.4亿元。以旅游业为主的第三产业构成了迪庆州经济发展的第一推动力量。1994年，全州国民生产总值达7.8亿多元，比1998年增长7.2%。

（王世能）

【怒江州加强生态环境保护】 怒江傈僳族自治州采取多种措施，加强生态保护，积极改善生存条件，推进脱贫攻坚步伐。

怒江州立足州情、县情、乡情、积极引导群众转变观念，定居定耕，改土治水，兴修农田水利，推广农业科技，着力改变毁林开荒、广种薄收的传统生产方式。现已建成2.52万公顷稳定农田。同时，走"远抓林果，近抓畜牧，以草养畜，以畜换粮"的脱贫之路，全州共营造经济林果5.8万公顷，其中油桐近1.33万公顷；建成草山牧场0.667万公顷，发展以养羊为主的畜牧业。使畜牧业和林业逐步成为带动群众脱贫致富的产业。在省委、省政府的扶持下，对生存条件恶劣，缺乏基本脱贫条件的7万多贫困群众进行异地开发扶贫，现已向思茅等地转移1.6万贫困群众，原居地区生态得以逐步恢复。同时，加大怒江、澜沧江流域和泸水县荣华水流域、老窝河流域、兰坪县江河流域的综合治理，着手编制《独龙江流域生态保护方案》。8年来，共投入资金3 169万元，造林4.81万公顷，封山育林5.95万公顷。积极实施"天然林保护工程"，严格控制木材采伐，今年木材采伐比去年减10.5万立方米。

（王世能）

【景谷县林业分类经营走出新路】 景谷傣族自治县积极稳妥推进林业分类经营改革，公益林严加管理，商品林依法经营，使森林资源得到了精心保护和科学利用。这一做法得到了国家有关部门的充分肯定。

景谷县是云南省林业大县，在全县7 550平方千米的国土面积中，林业用地面积占77.5%，活立木蓄积量达5 514万立方米，即全县人均拥有2公顷林地、193立方米活立木蓄积量。该县在林业体制改革和林业产业建设上走保护与利用并举的林业可持续发展道路，1997年开始推行林业分类经营改革，具体做法是：把全县森林（含林地）划分为公益林和商品林两大类。公益林占全县林地面积的20.95%，包括防护林（绝大部分为天然林）、特用林（主要为水源林等）；商品林占全县林业用地的79%，按用途分为用材林，经济林、薪炭林等。为加强对公益林的管理，景谷县成立了我国首家行政事业性质的县级生态公益林管理局，在乡（镇）设立了生态公益林管理部。县人大常委会制定出台了全县森林生态效益补偿暂行规定，决定每年按县、乡（镇）上年度财政总收入的1%，育林基金总额的10%提取补偿费。同时，向直接受益于森林生态的供水、用水以及矿冶等单位开征森林生态效益补偿费。

在商品林生产经营上，县里按照建立现代企业制度要求，组建起三大公司：林业开发有限公司负责林区开发和后续森林资源培育，主要是植树造林和森林管理等，依法享有对人工造林地的森林资产经营权；林业股份有限公司负责林产工业的开发、生产和经营管理；林业开发投资公司代表政府行使林业开发投资管理权，对国有商品林、地、森林资源进行有价管理，确保林业资源保值、增值，同时在县政府授权下，对投入林产工业的资金进行法人业主管理。这样做，建立起了一套职责明确，具有规模化、专业化的产业管理机制和运行机制。林业开发有限公司承担了每年实施人工造林0.67万公顷，10年完成6.7万公顷速生丰产林基地建设任务；林业股份有限公司依靠自身力量，通过技改，不断扩长生产规模，使松香生产产量名列全国前茅，松节油深加工走在国内前列。

景谷县林业发展路子越走越宽广，从1985年至今，全县森林覆盖率从56.7%提高到75%以上，已基本消灭宜林荒山；活立木蓄积量由3 577.1万立方米增至5 514万立方米；森林年净生长量由123.1万立米增至210万立方米，而年净消耗量还不到90万立方米。林业已发展成为全县第一大支柱产业。林业实现总产值27 679万元，占全县工农业总产值的44.2%，实现利税6 329万元，占全县地方财政收入的75%。

（刘安国）

【姚安县生态建设实行招标制】 姚安县被列入国家和云南省生态环境建设示范县、重点县后，生态环境建设项目实行公开招标制度，促进了生态工程质量的提高，加快了生态建设速度。

姚安县生态环境经过20余年治理已有所改观，但短期行为仍然存在，个别地方存在边治理边破坏现象。为改变这一状况，该县抓住被首批列入国家和省生态环境建设示范县、重点县的机遇，提出从1998年起每年投入1 500万元，到2010年完成蜻蛉河、渔泡江、石者河、文龙河4个水系1 102平方千米水土流失面积综合治理的目标，为改变过去重建轻管的局面，在项目实施过程中严格实行了招标制度。当年，有关部门在竞标的178个施工单位中选出74个单位参与投标，有46个单位中标。在资金投向上，县生态办在银行设立了专户，并配备了专职财务人员进行严格管理，定期接受上级审计机关的审查，做到资金跟着项目走，以保证有限的资金发挥最佳效益。

由于实施了生态建设招标制，姚安县的生态治理收到了良好效果。全县每年完成人工造林620公顷，完成经济林建设286.7公顷，开挖防护林预整地332.7公顷，培育林木袋苗230万株，移栽经济林木26万株，封山育林3.1万公顷，全县90%的林区实现了封山育林。经国家和省有关部门组成检查验收组对以上项目进行验收，全部合格。　　（刘安国）

西藏自治区林业

【概　述】

发展与成就　抓住机遇，调整思路，确定重点建设项目。1998年洪灾之后，国家对林业政策作了重要调整，把生态环境建设和森林、野生动植物的保护放在突出位置，作为首要任务。初步提出了全区林业工作发展新思路：坚持以邓小平理论为指导，按照建立比较完备的林业生态体系和比较发达的林业产业体系的要求，以保护和发展森林资源为基础，加强天然林和野生动植物保护；增加林草植被、提高森林覆盖率，改善生态环境；调整产业结构，积极稳妥地推进森林资源的综合开发利用；以林业分类经营为突破口，促进林业两个根本性转变，实现林业可持续发展战略。

为了切实抓住国家保护天然林，加强生态环境建设的契机，为全区争取大项目、大资金，加快西藏生态环境建设，提出了“两江两区”项目，即：西藏自治区（长江上游）天然林保护工程、西藏自治区雅江中游治沙工程、羌塘自然保护区晋升为国家级自然保护区、墨脱自然保护区扩界更名为雅鲁藏布大峡谷自然保护区。

营林工作　全区共完成植树造林面积1.29万公顷，其中成片（工程）造林0.731万公顷，“四旁”义务植树689万株，种植经济林木38万株，与上年同期增长16.8%；封山育林5.3万公顷，迹地更新0.42万公顷；新增育苗面积86.667公顷。根据国家林业局统一部署，会同中科院兰州沙漠研究，完成了“一江两河”地区荒漠化监测外业工作，开展了全区荒漠化监测外业工作。区林业厅向国家林业局邀请3位森林病虫害研究专家，对西藏原始森林的主要病虫害进行了实地考察。同时，西藏森林病虫害防治检疫站得到自治区编委的批准，林业厅正在积极筹建。苗木和花卉培育，引种工作，取得新进展。区试验林场被评为全国花卉生产示范基地。

资源林政管理　坚持“全额控制，分类管理”的原则，对森林资源实行全额消耗总量限额管理，进一步健全和完善了采伐、加工、运输证的发放和管理制度，有效地制止了超采伐和乱砍滥伐现象的发生。加大对林政检查站、木材加工厂（点）的管理和执法监督检查。坚决关闭了对森林资源破坏大、非法经营的木材加工厂（点），为国有森工企业的盈利创造了良好的外部环境。根据国务院关于实施天然林保护工程的要求和自治区领导的批示精神，商品材采伐量，由原来的年采伐木材22万立方米减少到20万立方米。同时，组织工作组深入重点林区调查了解天然林保护和群众自用材、薪炭材消耗资源情况。为了加强全区林业执法和立法工作，自治区人大副主任江措为组长，龚达希副主任为副组长的《森林法》执法检查组，赴林芝、山南地区及所属的重点有林县进行了执法检查，并与有关部门交换了意见，充分肯定了贯彻实施《森林法》所取得的成绩，指出了存在的问题，对《森林法》在全区的认真贯彻落实起到了重大的推动作用。

森林防火　全区共发生森林火灾27起，其中火警11起，一般火灾16起，过火面积1 543公顷，受害森林面积321.25公顷，扑火投入人力17 623人次，出动汽车334台次。虽然火灾次数和受害面积均高于去年，但仍然实现了国务院提出的大庆之年无大火的奋斗目标。其主要作法有：一是领导重视，措施落实。进入森防戒严期后，区政府列确主席发布了《森林防火戒严令》。区副主席洛桑顿珠、加保先后主持召开了全区森林防火电视电话会议。山南地区在资金困难的情况下，首先保证防火资金。防火保障有力，得到区森防部的表彰。林芝地区采取了有力措施，工布江达已是连续近20年未发生林火。

林业执法　1999年共受理各类案件262起，处理257起，其中刑事案件发6起，破6起；治安案件受理29起，查处29起；受理林政案件229起，处理224起，处罚365人（次），逮捕9人。收缴财物（折合人民币）1 265余万元。在区政法委及执法部门和地方政府大力支持下，对一些犯罪分子，判处了徒刑并处以罚款。在打击违法犯罪行为的同时，加强队伍建设，提高了执法水平。

自然保护区　建设针对羌塘自然保护区偷猎野生动物较严重的现状，联合阿里、那曲地区组成专门工作组，到实地进行了调查，向自治区及有关部门及时汇报，引起了区党委、政府和有关部门的高度重视。自治区领导热地、列确、丹增、杨传堂、加保、江措等作了重要批示，并责成有关部门给予支持。在区财政厅、计委、地、县的大力支持下，区、地、县等投入近200万元，专门购置了交通工具和通讯器材，实行各点之间和林业厅通讯联网，并在保护区内建立了临时、固定巡逻点17个。成立了3个巡逻队伍，加强了玛依保护区的基础设施建设，配备了通讯设备，有效地扼制了偷猎野生动物案件的发生，经过实施有效的保护措施，野生动物数量稳中有增。玛依核心绝悟区域藏羚羊就达4万～5万头。

珠峰保护区　珠峰是自治区开展对外合作的重点自然保护区。1999年积极同美国关心世界组织，美国利众基金会，高山研究所，新一代基金会和联合国开发计划署等国际民间组织合作，在保护区内部分县、乡开展各种职业培训，人畜饮水工程，小型水电站，培训中心等基础设施建设工作。并同美国利众基金会签署了为期3年的合作协议，有的建设项目已完成第一期建设任务，第二期援助项目正在启动。

林业产业　为合理地开发利用大面积的成过熟林以及林下资源、生态旅游等多种资源，实现生态、经济和社会效益相协调。林业厅几次组织工作组，赴林芝、昌都地区森工企业调查了解情况，积极引导企业及时转换经营思路，大力培育森林资源和开展资源综合开发利用，并起草了《西藏自治区林业产业发展情况及对策》和《西藏自治区森工企业改革意见》。召开了地、市森工企业经理厂长座谈会和厅直属企业经理座谈会，会议就贯彻区党委五届五次全委扩大会议精神和改革、管理等进行了全面调查研究。组织全区森工企业参加了西藏首届名优特新产品展示会，优富公司生产的木地板块评为西藏名牌产品。推广了亚东林场在后备资源培育方面的好的作法和经验。为了多方筹集森工发展资金，加快自治区林业企业的上市步伐，成立了区经贸委、林芝地区、林业厅组成的森工股份上市领导小组，会同自治区经贸委和林芝地区等部门，对内地拟合作公司进行考察调研，多次召开多方协调会议进行研究，编制了几家共同认可的上市方案。

深入基层，调查研究　根据当前林业面临的新形势和国家对林业政策的调整，林业厅把深入林区调查研究列入重要日程，开展了多项专题调研。4月份，阿布厅长，历时40多天和专家学者一起徒步穿越雅鲁藏布江大峡谷，对雅鲁藏布的生态、森林、动植物进行了考察，收集了大量具有较高科学价值的资料，为雅鲁藏布大峡谷保护区的建立奠定了基础。5月份，林业厅副厅长扎西随同洛桑顿珠副主席赴山南、拉萨各县调查春季植树秋季造林情况。8月份，徐强书记到山南对造林绿化情况进行了调查。9月份，阿布厅长带队到阿里、林芝、昌都、日喀则、那曲全区野生动物和森林资源进行了调查，李近如副厅长带工作组对阿里地区的林业发展情况进行了全面调查研究，就阿里地区的植树造林、防沙治沙、农田林网、经济林建设等方面提出了政策措施的建设。10月份，针对森林病虫害极为严重的工布江达、林芝县积极协助国家林业局病虫害防治专家考察组，赴工布江达、林芝林区进行了调查。通过调查与区财政厅联合向国家财政部上报《关于解决西藏森林病虫害防治经费的紧急报告》。

根据国家濒危物种进出口管理办公室的安排部署，与拉萨海关联合开展了全区濒危野生动植物边境贸易调查，总计行程4 400多千米，调查了边境12县的濒危野生植物进出口情况，为今后自治区濒危动植物进出口管理提供了决策依据。

存在问题　一方面，解放思想、更新观念不够，适应社会主义市场经济条件下的林业工作能力不强，对林业在新形势下可持续发展的战略作用认识不深刻，对森林和野生动植物资源的地方性林业配套的法律法规不完善。森工企业改革进展比较缓慢，还习惯于用计划经济体制下的行政手段指导经济工作。另一方面，林业基础工作比较薄弱，与自治区的林业工作资源状况和繁重的任务相比缺口仍然很大。由于经费投入不足，致使造林速度较缓慢，县以下林业机构不健全，基层没有林业工作站，很多基础性工作难以开展。

（黄国金）

【西藏自治区1999年林业大事】

1. 1月4日，区林业厅就金沙江流域3县天然林禁伐向区政府作了详细的汇报，将芒康、江达、贡觉三县纳入全国天然林保护工程。

2. 1月31日，自治区人民政府办公厅在拉萨主持召开了雅鲁藏布江中下游林业生态体系工程规划工作协调会，政府副主席加保到会作了讲话，拉萨、林芝、山南、日喀则四地市的行署主要领导和区林业厅领导及其区地林业部门的负责人参加了会议，并成立了“规划”领导小组。

3. 1月份，资源林政管理部门、森林公安联合对重点林区的林芝、昌都等124家木材收购加工场（点）进行了清理整顿，最后保留了59家。

4. 3月26日，由自治区党委牵头，组织了自治区四大班子等20多位领导到曲水县聂当乡参加义务植树活动。

5. 4月2～20日，在各地市收集展品为’99昆明世博会西藏参展组委会提供参展实物。

6. 4月13日～5月13日，为了进一步治理公路“三乱”、严防公路“三乱”的反弹，对全区木材流通环节的乱收费问题进行了一次全面清理整顿。

7. 5月21～27日，在昌都地区举办了木材检尺培训班，通过考试，向学员颁发了西藏自治区木材检尺员合格证书和木材检尺岗位证。

8. 7月份,以自治区人大常委会向全区印发了关于西藏贯彻执行《森林法》情况自查工作的通知,人大副主任江措为组长的执法检查组,对林芝地区的工布江达县、林芝县、米林县、朗县、八一镇和山南地区的加查县、乃东县、泽当镇进行了重点抽查,针对检查组在贯彻实施《森林法》中存在的问题提出了整改意见。

9. 8月24～30日,组织全区林业企业和行业主管部门参加了自治区首届名、特、优、新产品展示活动,参展的产品主要有各类实木地板、药材、林下资源等18个产品,其中厅属企业优富木业有限公司生产的“优富”牌木企地板被自治区人民政府评为“西藏自治区名优产品”。

10. 9月份,组成工作组,对林芝地区的工布江达县、林芝县、米林县、朗县;山南地区的措那县、隆子县的群众自用材、薪材情况进行了调查。

11. 10月份,会同中科院兰州沙漠研究所对那曲、日喀则、山南、拉萨地市开展了荒漠化野外调绘工作。

12. 10月下旬～11月上旬,国家林业局派工作组,赴昌都地区和雅江中游分别对西藏自治区(长江上游)天然林保护工程规划、西藏自治区雅江中下游林业生态体系建设工程规划项目进行了实地调研。

13. 11～12月,为波密县林权证颁发试点,做了各项准备工作,并印制了《林权登记申请表》和《使用林地申请表》。

(魏红艳)

陕西省林业

【概　述】

发展与成就　1999年继续认真贯彻江泽民总书记“大抓植树造林,绿化荒漠,建设生态农业”,“再造一个山川秀美的西北地区”的批示精神,以生态环境建设为中心,大抓植树造林,加大森林资源保护力度,进一步加强改革开放,林业和生态环境建设有了较大发展。

1999年,陕西省实现林业系统产业总产值71.8亿元,较1998年增长110%,其中第一产业为62.7亿元,比上年增长129.5%。

植树造林　从1998年秋到1999年春,持续100多天的干旱,使林地土壤干土层达0.5～1.0米,给初春造林工作带来严重影响,全省各地面对旱情,采取积极措施,大力推行各种抗旱造林技术,克服重重困难,较好地完成了造林任务,全省共完成造林作业面积43.6万公顷,超额完成全年造林任务。其中人工造林36.6万公顷,飞播造林7万公顷。全省完成封山育林42.1万公顷,成林抚育28.6万公顷,义务植树18 533万株,完成育苗1.6万公顷(其中本年新育1.1万公顷),容器育苗1 089万袋。

1999年的造林工作,首先抓了造林灭荒的查漏补缺工作,为国家林业局对陕西省的灭荒检查验收做好了准备;其次继续狠抓了治沙造林、“三北”防护林、长江防护林、平原绿化、国家重点生态工程示范县等国家重点生态造林工程,以重点工程为龙头,进一步带动了全省造林工作;三是抓了封山育林和成幼林抚育;四是抓了育苗工程,继续落实去年全省种苗会议精神,狠抓了育苗的双百万工程(即建采种基地6.667万公顷,年采种100万千克)和“151工程”(即治理区县级建6.667公顷以上中心苗圃,乡级建3.33公顷以上骨干苗圃,村级建0.667公顷以上基本苗圃)。1999年共生产各类苗木13亿株,满足了造林的需要。

在抓1999年造林工作中,主要采取以下措施:一是认真贯彻省委、省政府1998年11月召开的秋冬农田基建与生态建设电视电话会和1999年省农村工作会议对全省造林绿化工作部署的落实。3月12日国家林业局加强造林绿化工作明传电报通知后,省政府发出了“迅速掀起植树造林高潮”的紧急通知。3月22日省政府又召开了全省林业工作电视电话会议,对1999年全省林业工作做了全面安排。省林业厅机关在造林工作一开始就抽调76名处级领导和业务骨干,组成10个造林灭荒工作组。10月至11月份又派出10个检查组深入到全省各地、市、县进行检查、督促和调研。由于省委、省政府对1999年造林工作的重视,安排早,部署周密,造林工作在各地再次掀起高潮。二是提倡科学造林,继续实施科技兴林“4151工程”,推广抗旱造林技术,保证造林质量。1998年冬至1999年春持续干旱,针对旱情,各地不是消极等待、观望,而是采取积极的抗旱措施,大力推广科学造林技术。调整造林顺序、采取径流林业整地、ABT生根粉蘸根、地膜覆盖、容器苗造林,高效吸水剂等抗旱技术,确保了造林质量。三是造管并举,确保造林成效。各地采取了大量措施,加强造林管护,在有条件的地方全面实行封山育林;对造林地实行专人管护,工效挂钩;在林牧矛盾突出的地方,继续实行羊子“双改”、限牧、封禁等办法,解决了长期以来林牧矛盾突出的老大难问题。

森林资源保护

1. 抓好天然林保护工程的实施。自1998年10月28日省政府颁布“关于实施天然林资源保护工程,立即停止省属森工采育企业采伐天然林的命令”以来,陕西省的天然林资源保护工程正在按照实施方案，分步实施。1999年3月4日，王寿森副省长带领省上有关部门领导专程到省林业厅现场办公，研究解决天然林保护工程中的具体问题。省属森工采育企业在停止采伐的基础上，对产地木材交易市场、山场经营与加工等作出了严格的规定。1999年的封山育林、人工造林、森林抚育、公益林建设、苗圃建设、防火设施建设等工作已全面展开，按规划方案实施。天然林保护工程中的难点，停采企业人员分流安置工作，也正在采取多渠道的方式分流富余人员。截至11月底，企业实际减少人员4 175人。其中：补助返乡、与企业解除劳务关系共4 093人；1999年退休，进入社会统筹127人；调离企业19人。对采育企业原有加工或三产项目，通过剥离或资产重组，由二级法人变为一级法人，实行独立核算，自负盈亏或租赁承包等形式保留项目10个，安置人员261人。人员分流工作基本上达到了年初确定的目标。

2. 禁止违法征占林地。继续认真贯彻国务院[1998]8号和[1999]9号明传电报精神及省政府陕政发[1998]53号、[1999]60号通知精神，坚决查处违法征占用林地案件。据统计，1999年全省共清理出1994年以来毁林开垦案件21 293起，征占用林地案件3 121起，涉及面积5 818.72公顷，作出依法收回处理的1 324起，补办手续14起，追缴森林植被恢复费149.1万元，给予其他行政处罚的297起。同时，通过开展跨世纪保卫绿色行动，全省查处各类破坏森林资源案件1 966起，其中刑事案件39起，治安案件821起，处理各类违法犯罪人员1 547人，收缴木材7 314立方米。另外还对神延铁路征占用林地问题进行了调查处理，令其补办了征占用林地手续，结合林权管理工作，在凤县开展林权变更登记试点，形成了《林权登记管理办法》，协调解决了陕西省潼关县与河南省灵宝县省际间林权纠纷以及省太白林业局与太白县鹦鸽镇柴胡山村与吉利沟村间的林权争议。

3. 搞好森林资源清查工作。做好森林资源清查工作，对于陕西省当前的造林、森林资源动态监测、制定和调整林业方针、政策和生态环境建设规划(即土地资源的合理配置)、合理制定森林采伐限额等有着重要的意义，陕西省1999年被列入全国森林资源连续清查第4次复查的七省之一，这是陕西省1999年林业建设的中心工作之一，从年初开始准备，4月底以前完成了复查的组织动员和技术培训、物资准备等工作，从5月份开始，全省组织了1 316人，全面铺开外业调查，到年底清查的外业工作已全面结束，内业统计也已完成。另外，1999年还进行了全省野生动物资源调查，外业调查已接近全面完成。

4. 继续完善和加强森林“三防”体系建设。继续认真贯彻新《森林法》，结合天然林保护工程的实施，对禁伐区的木材运输加强管理，进一步加大打击乱砍滥伐，乱捕滥猎，乱占林地等不法行为的力度。1999年共受理各种森林案件7 007件，查处案件总数6 949件，查处率99.12%。共计挽回经济损失551元。

加强森林防火工作。1999年，陕西省持续高温干旱，森林火灾频繁。全省共发生森林火灾85起，其中森林火警39起，一般森林火灾46起，过火面积1 560.59公顷，受害森林面积761.45公顷，在扑火中死亡3人，伤13人。火灾涉及10个地（市）31个县(市、区)。针对严峻的森林防火形势，省政府3月3日召开全省森林防火电视电话会，全省林业系统各级领导高度重视，认真安排部署，继续完善和落实防火责任制，采取强硬措施，狠抓火源管理，使森林火灾造成的损失减到了最小程度。

1999年，森林病虫害防治工作，进一步完善目标管理，实行主要病虫害工程治理，加强体系建设，努力提高控灾减灾能力，为森防工作奠定了良好的基础。按照“总体推进，分级实施”的指导思想，实施了马尾松毛虫、美国白蛾、杨树天牛、黄土高原森林鼠害防治四个省级治理工程项目，制定了工程方案，与地（市）签订了项目任务书。同时在西安、汉中等地、市确定实施了一批市级治理工程项目。1999年，全省共发生各类森林病虫害39.6万公顷，完成防治23.1万公顷，全面完成全年防治任务和“四率”(发生率、防治率、监测率、检疫率）的各项指标。

扩大改革开放 改革是发展的动力，1999年继续从改革入手，全面推动林业建设。一是在造林育林工作中，继续推行“五荒地”的拍卖、租赁、承包。在平原绿化中，渭南市、咸阳市等推行路、渠使用权拍卖、承包到户，把过去平原绿化单纯由国家、集体投入的“官办”林业旧机制转向国家、集体个人共同投入的新机制，公开竞争，拍卖承包到户，通过大胆的改革创新，使全省平原绿化工作逐渐走出了低谷，迈上了新的台阶。在林木管护中落实管护责任制；在解决林牧矛盾中，继续推行吴旗县实施羊子“双改”(改变饲养方式，改良羊子品种）的经验，取得了显著的成效。二是在森林资源保护中，林政管理、防火、防虫都实行强化目标管理，层层签订责任状，使森林资源保护工作逐步步入了法制化、规范化管理的轨道。三是在搞活森工企业经济方面，继续贯彻落实省委、省政府“两个决定”，区分不同企业，分类实施不同的改革方案。西北林机厂继续规范法人治理结构，减员增效，提高投资回报率，巩固和扩大股份有限公司改制的成果。陕西省胶合板厂正在积极寻找合作伙伴。西安林化厂、太白林业局秦岭国药厂等加强产品结构调整。森工采育企业重点按照天然林资源保护工程的总体要求，采取多种改革措施，盘活闲置的设备，实行资产重组，加快人员分流安置。

继续扩大开放成果，1999年继续抓了德援陕西西部造林项目的扫尾工作。由于持续几年干旱的影响，造成了项目区一些小班多次补植重造，经过1999年春季再次补造，基本完成任务。继续抓了 GEF 项目在陕西秦岭自然保护区群的实施，项目一部分计划任务已经完成。德援延安生态造林项目经过几年来的协商准备，将于最近准备在北京签署财政协议。比利时政府援助陕西贫困地区社会经济综合发展项目经过努力，也于1998年底签署了协议，1999年比方专家对延安四县进行了实施计划拟定的考察工作，拟于2000年3月启动实施。扩大对外开放增强了陕西林业建设的活力。

存在问题　①1999年造林前期持续干旱，影响了造林的进度和成活率。②省属森工采育企业停止天然林采伐后，由于宣传力度不够和有些措施未跟上，1999年林区的资源林政案件呈上升趋势。③由于1998年冬和1999年入冬以来持续干旱，加之森林防火设施建设投入不足，森林火灾隐患较大，1999年森林火灾次数较去年又有所增加。（周灵国）

【陕西省制定山川秀美工程规划纲要】　为了贯彻落实江泽民总书记“再造一个山川秀美的西北地区”的批示精神和打好实施西部大开发战略的首场战役。陕西省委、省政府按照朱镕基总理提出的“退耕还林（草）、封山绿化、个体承包、以粮代赈”的重大措施，结合本地实际，制定了《陕西省山川秀美工程规划纲要》。决定从1999～2010年，用12年的时间，实施山川秀美工程，通过造林种草，增加林草覆盖率，使水土流失得到基本控制，生态环境有明显改善。

规划目标：从现在起到2010年，经过12年的植树造林、护林、种草、绿化荒山，使水土流失得到有效控制，农业生产条件和生态环境得到明显改善，基本建立起适应西部大开发和可持续发展的良性生态系统。到建设期末，退耕还林111.6万公顷，累计造林475万公顷，新增森林面积293万公顷，使森林面积达到885万公顷，森林覆盖率提高到43%；新增灌木林39万公顷，使含灌木林的林木覆盖率提高至50.7%；移民建镇50万人；建设窖塘设施162.75万处，骨干拦泥坝5 512座，拦泥沙31亿吨，治理水土流失面积9.79万平方千米，治理度达到91%。建立起比较完备的技术服务体系、保护体系和生态监测体系，基本实现三秦大地山川秀美。（周灵国）

【商洛地区山川秀美工程】　为了认真贯彻江泽民总书记“再造一个山川秀美的西北地区”的批示和朱镕基总理“退耕还林（草）、封山绿化、个体承包、以粮代赈”的指示，商洛地区不等不靠，地委、行署决定从1999年起加大实施山川秀美工程的力度，1999年秋冬，商洛地区已全面拉开了山川秀美工程序幕。

工程重点：“一江两线三路两县”。“一江”：丹江堤防；“两线”：312国道、西康铁路沿线；“三路”：黄郭路、商沙路、洛灵路；“两县”：山阳县、丹凤县。抓重点带全区。

主攻方向：主攻退耕还林和封山绿化。

实行五个结合：把退耕还林、封山绿化与扶贫开发、优势产业开发结合；与农田水利基本建设、小流域治理结合；与依法治林、依法治山结合；与调整产业结构、增加农民收入结合；与落实党在农村政策结合。

建设任务：完成“1783”任务。即完成生态绿化6.667万公顷，完成小流域治理工程700处，完成坡改梯0.533万公顷，完成扩大有效灌溉面积0.2万公顷。

实施安排：打好“三大战役”。第一战役：从7月起到10月前，抓好工程规划和各项准备。第二战役：从11月上旬到12月上旬，全面掀起实施“山川秀美工程”热潮。要求“以村为单位开工面达到80%，上劳达60%以上，大批干部指挥到现场。第三战役：从12月上旬到月底，在检查评比、表彰先进的基础上，鼓起更大劲头，再掀新的热潮。

实现四个突破：在处理修地和造林的关系上，首先在退耕还林、封山育林上突破；在处理粮食生产和生态建设关系上，首先在山水林田路草的综合治理上突破；在处理个体承包和集中会战关系上，首先在按山系按流域集中连片治理上突破；在处理完成任务和保证质量关系上，首先在保证质量上突破。（周灵国）

【科教兴林“4151”工程】　科教兴林“4151”工程是陕西省林业“九五”期间贯彻落实科教兴国战略的一项重大举措。1999年是工程实施的第4年，在林木良种繁育新技术、ABT生根粉应用、节水林业及抗旱造林、榆林沙地飞播造林、低产经济林改造，森林病虫鼠害防治、森林防火技术等10大项林业适用新技术推广方面，完成新技术推广面积15.3万公顷，为任务的234.5%。推广林木良种繁育新技术，培育林木良种壮苗2.21亿株，为任务的221%。推广森林防火技术，营建生物防火带718千米，为任务的103.3%。在红枣、杏、核桃、板栗、花椒、沙棘、蚕桑、茶叶、油桐、生漆、杜仲、五倍子、元宝枫及中药材基地及产业化建设方面完成新建及丰产管护面积20.8万公顷，为任务的169.3%。（周灵国）

【陕西省森林公园和森林生态旅游发展】　陕西省森林旅游景观资源比较丰富，森林覆盖率28.7%，高出全国平均水平近15%。陕西省南北狭长，纵跨温带、暖温带和亚热带，兼具南北方的气候特点，自然条件差异较大，地貌类型多样，自然景观各异，动植物资源丰富，被誉为“四大国宝”的大熊猫、金丝猴、羚牛、朱鹮更是驰名中外。陕西又是中华文明的发祥地，文物古迹遍及三秦大地。名山大川、文物古迹、森林风光，珍禽异兽共同构成了独具优势的森林旅游景观资源。

1999年，陕西省林业系统认真贯彻省委、省政府《关于深化旅游体制改革，加快旅游产业发展的决定》，紧紧抓住’99生态环境旅游年的机遇，强化管理，理顺体制，加大开发建设力度，不断健全完善基础服务设施，以创建文明森林公园，森林生态旅游区为目标，整顿森林旅游秩序，努力提高服务质量，开拓森林旅游市场，使全省森林旅游事业得到快速健康发展，到1999年底，全省共批建森林公园44处，经营总面积15.95万公顷，其中国家森林公园7处。全省森林旅游从业人员1 625人，全年接待游客184.7万人次，实现旅游直接收入3 964.85万元，分别比去年增长13.5%和77.4%。社会旅游从业人员7 831人，实现收入4 972.1万元。（周灵国）

【陕西森林病虫害防治】 1999年陕西森林病虫害发生面积39.6万公顷，其中病害4.8万公顷；虫害29.5万公顷；鼠害5.3万公顷；森林病虫害发生率4.7%。森林病虫害有效防治面积23.1万公顷，防治率58.3%。全省实施森林病虫监测面积564.6万公顷，实施监测面积391.2万公顷，森林病虫害监测覆盖率69.3%；全省苗圃面积1万公顷，实施种苗产地检疫面积0.8万公顷，检疫种苗30 958万株，林木种子613吨，木材86万立方米，果品21 311吨，花卉238万株，中药材2.1万千克，产地检疫率达到78.4%。全部达到或超过年初省林业厅下达的计划控制指标。

省级组织实施的四个治理工程项目也取得了较好成绩。一是广泛动员，全面部署。开展了美国白蛾的查防，监测巩固，围歼扫残。有疫情的兴平、武功、秦都三县（市、区）以药防为主，查防并举，先后出劳力7 800人次，严查细找，不留死角，并布设70个性诱剂器监测虫情。9月份检查，兴平市、武功各发现1个网幕，秦都发现7个网幕，达到了基本扑灭的要求。二是分类指导，化学、生物、物理措施有机结合，进行马尾松毛虫综合治理。对南郑、城固、西乡、洋县共1万公顷虫口密度较大的马尾松林实施化学药剂防治，其他县（区）采用高压灭虫网诱杀、白僵菌、烟雾剂等措施防治。安康地区进行全面监测巩固，保护林内天敌。两地市防治面积2万公顷，防治率达到75%，监测面积为17万公顷，监测覆盖率85%，有效扼制了松毛虫的危害。三是对陕南地区的杨树蛀干害虫进行了治理。陕南云斑天牛由于虫口增殖较快，危害面积达3.3万公顷。采取伐根嫁接、人工、物理及化学等综合技术措施，共治理天牛1.6万公顷。四是对黄土高原森林鼠害结合林业生产分类施策，综合治理。建立综合防治示范区，对中幼林采取涂抹防啃剂，鼢鼠灵、林鼠灵毒杀和人工弓箭捕杀的方法；新造林采取蘸根处理苗木等预防性措施。共完成防治面积3.4万公顷，防治率为63%。

其他森林病虫害如银杏大蚕蛾、刺槐尺蠖、草履蚧、松树叶蜂、舞毒蛾、中华松针蚧等，也都分别实施地市级治理工程，全员开展防治，并且取得了良好的防治效果。（周灵国）

【榆林市杏产业基地建设】 为了改善榆林南部山区的生态环境，促进农民脱贫致富奔小康，榆林市委、市政府作出了发展0.667万公顷仁用杏基地，建设“15812”工程的决定。1999年春栽植优质大扁杏0.24万公顷，杏产业带配套栽植沙棘80万株，油松1万株。针对1999年春的严重旱情，市林业局筹集9万元，市水利局筹集4万元资金用于配套水利设施，开展抗旱，及时浇水、施肥、合理整形修剪，加强病虫害防治，新栽杏树成活率均在85%以上。栽在田头地埂，漫山遍野的杏树嫩芽绽放、春意盎然，老百姓亲切称这是他们的“绿色银行”。

榆林市发展杏产业建设其突出的特点：一是科技挂帅，效益第一。随着工程实施，林业部门制定的“大扁杏苗木管理办法”、“丰产栽培技术规格”及责任制考核办法是杏基地建设的有力保证。他们从规划设计整地调苗、栽植浇水到埋土压苗等一系列技术环节都按工程技术规程严格要求，抽调50名科技人员始终在造林现场指导，并将包点乡村完成情况与工资奖金及晋级联系起来，工程按规范化标准验收，做到了高起点、高标准、高质量。二是领导身体力行，资金筹措到位。成立了“杏产业开发领导小组”，“六套班子”的一把手分别挂点六个重点乡镇，并在造林期间建立联络员制度，将联系点办在村，落实到地头。为使杏产业建设健康发展，通过部门协调，仅1999年，用于杏产业建设的配套资金就达610万元。资金按任务完成情况，评比检查结果予以兑现，极大地调动了各乡镇的积极性，有力地保证了这一富民工程的顺利实施。（周灵国）

【延安市林业工作思路实行七大转变】 为了认真贯彻朱镕基总理“退耕还林（草）、封山绿化、个体承包、以粮代赈”的重要指示，延安市提出要转变思想观念，调整工作思路，提出今后全市林业工作思路实行七大转变：一是由造田种粮转向退田造林，这是一个根本性转变，也是最关键的转变；二是从以工程措施为主转向以生物措施为主，这是改善生态环境多、快、好、省的一条捷径；三是以经济效益为主转向生态、经济、社会三效结合，同步提高，有效地解决国家要“被子”，群众要票子的矛盾；四是要从依靠种粮致富转向依靠林果致富；五是农村工作要从抓粮为主转向造林种草为主；六是要从以往部门、行业抓造林转向全社会搞造林绿化；七是工作作风上从以往的被动应付转向主动出击，由传统的工作模式转向适应现代化发展的全新的工作模式上来。（周灵国）

【延安市宝塔区生态环境治理工程】 朱镕基总理1999年视察陕西之后，延安市宝塔区为全面启动山川秀美工程做了大量的准备工作。一是抓了舆论宣传。通过广泛宣传，使全区干部群众深刻认识到贯彻落实总理精神不仅有利于从根本上消除黄河水患，更重要的是彻底治理本区水土流失，改善生态环境和农业生产基础条件，直接受益的是本区32万人民群众。二是认真开展了调查研究。区委、区政府根据总理指示精神，确定了15个专题，由7个部门承担，抽调80多人从8月中旬到9月中旬开展专题调研活动。在此基础上制定出台了宝塔区退田还林，封山绿化的政策规定。三是健全组织机构。区上成立了建设秀美山川领导小组和办公室，区委书记担任组长，区委副书记、区长及区委、区政府的主管领导任副组长，全面负责全区退田还林、封山绿化的组织协调和督促检查工作，各乡镇也成立了相应的机构。为了夯实责任，区、乡、村三级层层落实了目标责任制。把退田还林还草的工作作为领导干部政绩考核的主要内容，实行跟踪考核，重奖重罚。四是编制了《宝塔区治理水土流失，改善生态环境总体规划》，总体思路是：实施一个战略，突出两个重点，主攻三大工程，抓好四个转变，实行五个结合。一个战略就是在3～5年内，全区完成“4552”工程战略（建设高标准稳产高产基本农田达到2.667万公顷；经济园林达到3.333万公顷；草场达到3.333万公顷；人工造林达到13.333万公顷。）治理面积达22.667万公顷，占应治理面积的100%。两个重点是以种树和种草为重点。三大工程是封山绿化工程、农田水利工程和特色产业工程。四个转变是：治理重点由基本农田建设向种树种草转变；由工程措施向生物措施转变；由以用材林为主向经济防护林为主转变；由重造轻管向治管结合、封育并重转变。五个结合是：生态效益与经济效益相结合；生态建设与产业开发相结合；生态建设与基础设施建设相结合；生态环境建设与小城镇建设相结合；生态建设与移民搬迁扶贫工作相结合。

建设目标：全区形成山顶种草盖被子，山坡植树系带子，沟底打坝穿靴子，川修水利搭棚子。基本模式是：崖洼灌木缓坡草，阳山果子背山材，川台沟坝种粮菜，庄前村后林成海。全区形成“树上山，粮下川，畜进圈，沟打坝”的格局，呈现出“山下五谷丰登，坡上花果飘香，槽头六畜兴旺”的农林牧交辉的景象。

10月中旬，全区掀起了空前的大会战高潮。全区共布设治理点30个，平均日上劳6.2万人，完成造林1万公顷，调运各种苗木120万株，种子20万千克。与往年相比，该区秋冬生态环境建设呈现了四个特点：一是退耕工作顺利，进展快；二是普遍突出了抓生物措施，把林草建设作为治理重点；三是封山禁牧，舍饲养畜措施得到了大范围推行；四是群众发动充分，组织领导得力。（周灵国）

【靖边县舞毒蛾爆发成灾】 1999年，舞毒蛾在陕西省靖边县大面积发生，受灾面积0.43万公顷。据7月中旬现场调查，舞毒蛾在该县的大路沟乡、五里湾乡的艾家湾、后山、寺台、姚沟、王圪崂、五里湾、苏家河等7个村爆发成灾，涉及范围1万公顷，其中林木受害面积0.4万公顷，严重发生面积0.2万公顷。据群众反映，6月份到处可见舞毒蛾的危害，一株沙棘有虫达0.5千克左右，杨、柳树有虫1～1.5千克。现场看到，幼虫危害之后，林地沙棘、杏树、苹果、杨树、柳树、榆林等叶子所剩无几，一片残败景象。从害虫为害残留脱皮数量推算，平均每株杨、柳树有虫20～50头，多者达50～200头，最高株虫口可达7 000余头。到处都是羽化的成虫，雌蛾正在树杆、电杆、窑洞墙壁上产卵。据在艾家沟村典型抽样调查，一株柳树上有119头雌虫，29头蛹，275个卵块。由于害虫猖獗，致使沙棘、苹果等经济林木绝收，群众放牧饲料短缺，直接经济损失150万元。

舞毒蛾是一种食性杂、繁殖量大的森林害虫，危害多种植物，大面积爆发时，常常造成植物叶片被食光，严重影响林木生长，甚至导致林木死亡。1967年曾在陕西省留坝县发生，1992年又在南郑县、城固县大面积爆发，舞毒蛾在陕西省陕北地区成灾尚属首次。（周灵国）

【韩城市依法检疫】 韩城市为了加强森防检疫工程，坚持“一个提高、两个加强、三个过硬、四个到位”，使全市森检工作步入了规范化、法制化的轨道。“一个提高”，即注重提高全体职工的业务水平和思想觉悟。“两个加强”，即一是加强检疫收费工作，严格执法，用足用活法律法规赋予的权力，二是加强森林病虫害监测和防治。“三个过硬”，即首先是执法人员业务素质过硬，其次是用人制度过硬，三是内部监督过硬。“四个到位”，即一是法律宣传到位，二是签证服务到位，三是奖惩兑现到位，四是硬件设施到位。由于强化了管理机制，措施得力，使韩城市森检工作取得了显著成绩。（周灵国）

【华县林业新举措，造林大户带全面】 1999年华县造林大户又有新举措，重视提高造林质量，重视发展名、特、优经济林，重视科学化、正规化经营管理，多方筹集资金，增强发展后劲。全县造林大户已发展到80多户，经营面积达1.2万公顷。而且造林质量、管理水平都有了明显提高。1999年春华县林业大户造林占到全县造林面积的70%，造林成活率都达到了85%以上。名、特、优经济林的发展极大地提高了全县造林大户的积极性，造林大户的带动作用也大大地促进了全县造林工作的开展，同时又为华县“十万亩干杂果基地建设”的顺利实施奠定了基础。（周灵国）

【向日本赠送朱鹮】 江泽民主席1998年11月28日对日本进行国事访问期间，为表达中国人民对日本人民的友好情谊，宣布代表中国人民向日本人民赠送一对朱鹮友友和洋洋。

朱鹮是当今世界上一种极濒危的鸟类，它曾是日本的国鸟，现在日本仅有1只高龄且已丧失繁殖能力的朱鹮阿金，被饲养在日本佐渡朱鹮保护中心，而我国也仅在陕西省洋县境内有野生种群分布。据1999年底调查，野生种群已近100只，人工种群为99只。朱鹮友友和洋洋意含中日友好和产自洋县，是从陕西朱鹮饲养中心经过精心挑选出的健康有繁殖力的笼养子一代朱鹮。

为了顺利交接，日本政府先期派日本佐渡保护中心兽医金子良则于1999年1月16～30日前往陕西朱鹮救护饲养中心进行朱鹮饲养管理研修。1月27日日本政府派出代表团专程来华迎接朱鹮赴日本，在北京中方代表国家林业局局长王志宝和日本环境厅政务次官栗原博久签署了《交接证书》。1月29日中日双方在西安举行了交接仪式并致词。根据日方要求，陕西省选派了2名熟悉饲养工作的专业技术人员护送，1月30日将友友、洋洋移交日方，日方代表团携朱鹮乘机离开西安，中方2名饲养人员同机前往。

朱鹮抵达日本后，日本民众夹道欢迎，新闻媒体也作了大量报道，表现了日本人民对朱鹮的深厚感情。之后，这对朱鹮在中日双方饲养人员的共同精心护理下，很快适应了新环境，并于1999年5月成功繁殖出新一代优优。3只朱鹮生长良好。（周灵国）

【'99国际朱鹮保护研讨会】 朱鹮自1981年重新在洋县发现以来，种群有了显著发展，其数量已从最初的7只发展到近200只，活动范围已从当年的洋县几个乡镇扩大到洋县全境及其邻近的城固、西乡、南郑、勉县、汉台区等县区，达3 000多平方千米。但是，国内外对朱鹮的了解并不多，特别是对其极濒危状态和栖息地环境知之更少。为了扩大对国内外的宣传，增强朱鹮保护意识，让更多的人士关心、爱护、支持朱鹮保护工作，1998年1月，陕西省野生动物保护协会开始积极着手筹备国际朱鹮保护研讨会，同年5月，确定了会议的时间、地点，决定会议由中国野生动物保护协会、中国鸟类学会和陕西省野生动物保护协会共同举办。为了保证研讨会的顺利召开，1999年3月、8月，陕西省野生动物保护协会副会长曹永汉陪同中国野生动物保护协会副秘书长李玉铭两次赴汉中考察会议场所，参观路线，商讨会议内容，精心部署，做好会议准备工作，并多次组织专家审阅论文。9月6～9日，研讨会在汉中市顺利召开。国家林业局副局长、中国野生动物保护协会副会长马福和国际自然保护联盟鹳鹮琵鹭类专家组主席柯德迩以及中国、台湾、日本、美国的专家、学者共107人参加了会议，大会交流论文27篇，与会代表就朱鹮的现状、保护、研究及发展等问题进行了讨论，达成一致认识，并通过了关于共同拯救世界珍禽朱鹮而制定的《汉中宣言》。会议达到了预期目的。

（周灵国）

【商洛实施四大开发工程】 商洛地区把调动一切积极因素，全方位推进林业产业化作为工作的出发点，动用市场拉动，政府推动，政策调动，利益驱动，科技促动等开发机制，实施“四大开发工程”，即：乡（镇）财政扭补工程、村（组）减负工程、农民致富工程、机关增收工程，实行四个结合，即：优势产业开发与保护资源结合，产业开发与扶贫开发结合，产业开发与退耕还林和流域治理结合，产业开发与技术开发结合，使核桃、板栗等优势产业和县域林业产业基地建设步伐加快，质量效益明显提高，产品优势日益增强。据核查统计，商洛地区已新建四大工程5 776处，开发面积达4.4万公顷。其中乡（镇）财政扭补工程226处，开发面积0.6万公顷；村（组）减负工程1 462处，开发面积1.5万公顷；农民致富工程3 680处，开发面积2.0万公顷；机关增收工程218处，开发面积0.3万公顷。四项工程造林占人工造林总面积的69.6%，且质量好，标准高，开发效益明显。（周灵国）

甘肃省林业

【概　述】

主要经济指标　1999年，全省共完成造林17.70万公顷，占年计划的138.7%，其中，人工造林15.82万公顷，飞播造林2.67万公顷；封山育林20.3万公顷，其中当年新封8.89万公顷；开展中幼林抚育7.6万公顷；义务植树7 182万株；当年新育苗0.63万公顷，占计划任务的117.5%；完成经济林更新改造2.3万公顷；公路绿化2 744千米，植树670万株；全省经济林干鲜果品年产量达163.68多万吨，其中优良果品率增加20%以上，林业总产值37.81亿元，农民人均林业收入净增20元以上，实际已达350元。查处各类毁林案件1 544起，打击处理各类违法犯罪人员2 297人（项）；共发生一般森林火灾4起，火警11次，过火面积29.34公顷；完成森林病虫害防治15.6万公顷，防治率达到65.93%；查处非法占用林地112起，收取补偿费和补助安置费1 200万元，收缴森林植被恢复费98.6万元；灵台县和正宁县灭荒通过了省林业厅验收。至此，全省已有20个县（市、区）实现整县灭荒和平原绿化达标。

国家重点林业生态工程建设　1999年是实施“三北”防护林、长江中上游防护林、黄河中游防护林体系建设以及沙漠化综合治理等国家重点林业生态工程建

设关键性的一年。全省遇到了历史上罕见的干旱，给林业生产造成极大威胁。各地坚持严把种苗关，加大科技含量，依墒造林，林跟水走的原则，采取挖大坑、栽大苗、地膜覆盖、浸根蘸浆等办法抗旱造林，成效显著。进入秋雨季后，又集中劳力、集中时间，以秋补春，抢墒造林，有效地保证了重点工程年度计划任务的全面完成。据统计，截至1999年底，"三北"防护林工程累计完成人工造林174.98万公顷，飞播造林4.047万公顷，封山（沙）育林（草）80.867万公顷，占规划总任务的82.1%；长江中上游防护林工程，累计完成造林任务48.587万公顷，占规划总任务的109%；黄河中游防护林工程，完成造林3.333万公顷；防沙治沙工程，累计完成造林任务55.491万公顷，占规划总任务的85.37%。全省有12个县（区、市）实现平原绿化，8个县（区、市）实现整县宜林荒山绿化，119个国有林场（圃）实现脱贫，占贫困国有林场（圃）的69.6%。全省育苗规模已达0.627万公顷。

林业科技　依靠科技进步推动科技兴林，始终是林业生产的关键环节。一年来，各地围绕科技兴林，更加注重了名、优、特、新品种的推广和使用；注重了干鲜果品发展比例的调整和配置；注重了低产老化经济林园的改造和提高；注重了适用科技成果的转化、应用与推广；注重了森林旅游、花卉等林业二、三产业的开发与建设；注重了林业产业链的不断延伸和林业产业的持续发展。积极引进了美国黑核桃、四倍体刺槐、三倍体毛白杨、优质仁用杏、布郎果、干枣、酿造葡萄等优新品种，省地联建新品种繁育基地4处；全省重点推广了6 000万袋（2万公顷）果实套袋、无毒栽培、丰产沟营造、树盘覆膜、施用果形剂、增色剂等实用新技术，取得了较好效果。全省共新造经济林4万公顷，经济林改造2.667万公顷，占年计划的100%，其中干果面积达2.4万公顷，占新造经济林面积的60%。经济林年果品总产量达到163.68万吨，较1998年增长7%。科技转化率和贡献率分别达到34%和21%。森林旅游和花卉业都有较大发展，全省林业总产值达37.81亿元。虽因天然林禁伐，林业总产值较去年减少3%，但农民人均林业年纯收入较去年仍有增加，全省平均增幅在20元以上。

天然林保护工程　1998年10月1日，省政府决定白龙江等10个天然林区、15个国有林业局（总场）、118个国有林场全面停止天然林采伐。在省委、省政府的高度重视和领导下，各地和工程实施单位从大局和长远利益出发，克服方案未批，投入严重不足，资金到位迟，富余人员安置矛盾突出，护林育林任务艰巨等困难，在职工工资不能按时发放的情况下，基本完成了中央下达的各项任务，维护了林区稳步，保持了天保工程的稳步实施。截至1999年底，中央、省两级共到位天保工程事业费和基本建设费2.2679亿元。特别是白龙江林管局系统已有11 040名离退休职工参加了省级社会统筹，已缴纳统筹金1 200万元。小陇山林业实验局经省编委批准，核定事业编制4 217名。兰州、临夏、平凉、庆阳、天水等地（州、市），在解决停止天然林采伐的国有林场事业费和生产经费方面，也都做了大量工作，基本解决了一些主要矛盾。全省天保工程共完成造林和封育面积33.009万公顷，其中白龙江林管局24.045万公顷，小陇山林业实验局4.033万公顷，地县国有林场4.929万公顷。为切实加强天然林资源保护，经省编委批准，省林业厅成立了森林公安局，加挂了甘肃省公安厅森林警察总队的牌子，白龙江、小陇山等省属重点国有林区也成立了相应机构，白龙江林管局还组建了编制为1 810人的森林经济民警队伍。

非公有林业经济　党的十五大以来，全省非公有林业经济得到快速发展。为了及时总结推广经验，进一步理清路子，研究措施，放宽政策，规范管理，促进非公有林业经济不断向规模化和产业化方向发展。1999年9月，在徽县召开了全省发展非公有林业经济现场会议，在全省产生了很大反响，得到了省委、省政府和国家林业局的充分肯定。会议主要文件，已在较大范围内转发和送阅。在这次会议的推动下，全省非公有林业经济得到进一步发展。特别是1999年下半年以来，各地结合贯彻朱镕基总理视察甘肃省期间关于加强生态林业建设有关重要指示精神，把大力发展非公有林业经济摆到突出位置，有力地促进了林业事业的全面发展。据统计，全省60.267万公顷经济林中，非公有部分占到80%以上，全省林业总产值中，非公有部分占到60%以上，全省累计兴办各类非公有林业经济实体已达78万个，年创产值25.66亿元。

依法治林　根据全省林业发展的实际需要，与省人大常委会有关部门和省政府法制局积极配合，1999年9月份出台了《甘肃省实施森林法办法》，起草完成了《甘肃省生态林业建设管理条例》、《甘肃白水江国家级自然保护区管理条例》。在此基础上，省林业厅还在全行业全面推行了林业行政执法责任制，进一步加大了执法检查监督的力度。特别是1999年7月，根据全国人大常委会安排，由省人大常委会牵头，开展了全省《森林法》执行情况检查活动，收到了较好的效果。林业法制建设的不断加强，有力地促进了全省整个森林资源的有效保护和管理。据统计，1999年全省各级林业公安机关和林政部门共查处各类毁林案件1 544起，打击处理各类违法犯罪人员2 297人（次）；全年发生的一般森林火灾、火警、过火面积，均在国家控制指标之内；完成森林病虫害防治15.6万公顷，防治率达到65.93%；查处非法征占用林地案件112起，收取林地、林木补偿费和补助安置费1 200万元，收缴森林植被恢复费98.6万元。

退耕还林工作　西部大开发，生态林业怎么办，已成为全省上下广泛讨论的中心议题。各地党政部门，在调查研究，发动群众，编制规划的同时，扎实有效地开展了各项准备工作。据统计，全省各地围绕生态林业建设，已完成退耕还林整地11.2万公顷，其中造林4.623万公顷；育苗0.693万公顷，留床苗木8.9亿株。已编制完成了《甘肃省长江上游、黄河上中游林（草）业生态建设规划》、《种苗工程建设规划》，制定了《甘肃省退田还林实施办法》和《退田还林（草）试点工作意见》。规划方案形成后，先后向省委、省人大、省政府和省政协作了专题汇报，省政府先后讨论修改了3次，省委常委会进行了专题审定。与此同时，省厅组织了专题调研活动，省政府召开了各地（州、市）主管专员、林业处（局）长和省直有关部门负责同志参加的全省退耕还林准备工作汇报会，听取汇报，沟通情况，研究措施，为下一步工作打下了良好基础。省财政厅筹措安排专项资金500万元，用于种苗建设和前期准备工作，省计委在1999年12月底已下拨8 500万元用于退耕还林还草和河西草原"三化"治理，省水利、粮食、畜牧、扶贫等部门，都根据省委、省政府要求，按各自业务分管范围，作了大量的前期准备工作，这一系列举措，保证和促进了全省退耕还林工作的顺利开展。

"三讲"教育 遵照中央和省委的统一安排和部署，厅、处两级领导班子和领导干部"三讲"教育工作，从去年9月21日开始，坚持按照进度服从质量，"三讲"教育与当前工作"两促进、两不误"的原则，历时130多天，经过学习提高、检查剖析、批评与自我批评以及整改等四个阶段，圆满完成了各项任务，基本达到了思想上有明显提高、政治上有明显进步、作风上有明显转变、纪律上有明显增强的预期目的，收到了较好的实际效果。现在，正以"三讲"教育焕发出来的饱满热情和干劲，本着分工、分类、分期的原则，按照群众测评通过的《省林业厅领导班子"三讲"教育整改方案》逐项狠抓落实。实践证明，"三讲"教育是新的历史条件下，全面加强党的思想、组织和作风建设的一项富有成效的积极探索和有力措施，对于进一步提高各级领导班子的思想水平、政治水平和领导水平，进一步加强各级领导干部党风廉政建设，具有重大的现实意义和深远的历史意义。一年来，由于厅系统各级党政组织的高度重视，纪检监察部门加大了查办案件的力度，共有18人（次）受到了党纪、政纪处分，其中，党内警告3人，党内严重警告1人，开除党籍1人，行政记过1人，撤职1人，有力打击了违法违纪行为，弘扬了正气，提高了党风廉政建设水平。

存在问题 一是天然林全面禁伐后，原主要依靠木材生产维持运作的各国有林业局(场)没有了经济收入，职工工资失去保障，企业生产经费严重不足，富余职工无法安置，导致各工程实施单位经济处于十分困难的境地。目前，省属和地县属各国有林场人员工资缺口达16 592万元。二是林业科技投入严重不足，林业生产中急需攻克的一些重要科研项目难以立项，致使林业科技含量增加缓慢，科技兴林没有得到很好体现，不利于林业科技的全面快速发展；三是林业产业化发展、国有林场（圃）和林业企、事业单位改革，以及对全省林业工作的宏观指导和服务等问题，还需要进一步深入调查研究，采取有效措施，力争短期内有较大发展和转变。 （何　熙）

【甘肃省林业厅积极扎实有效地开展集中"三讲"教育工作】 根据省委的统一部署和要求，甘肃省林业厅厅、处两级集中"三讲"教育，从1999年9月21日开始到2000年2月1日结束，历时133天。其中厅级"三讲"教育72天，处级"三讲"教育61天。在整个集中"三讲"教育过程中，均严格按照中央和省委规定的阶段和程序，本着进度服从质量、充分发动群众开门搞"三讲"和"两促进、两不误"的原则，加强领导，精心组织，在省委"三讲"办和巡视组的具体指导下，基本达到了预期目的，取得了较好的效果。据统计，在集中"三讲"教育阶段，8名厅级领导干部共作读书笔记26万多字，52名处级干部共作读书笔记78万多字；厅级"三讲"教育共组织集中征求群众意见7次，参加人数达700多人次，征求到各方面意见511条，其中涉及班子的257条，涉及个人的254条，处级"三讲"教育共组织集中征求意见6次，参加人数780多人次，征求到各方面意见289条，其中涉及班子的95条，涉及个人的194条；厅级"三讲"教育民主评议、民主测评、民主生活会情况通报和整改方案通报，群众满意和基本满意率均在90%以上；处级"三讲"教育民主评议、民主测评、民主生活会情况通报和整改方案通报，群众满意和基本满意率均在85%以上。从集中"三讲"教育开展以来，省林业厅始终把搞好自我剖析和落实整改措施放在最突出的位置，从找准问题入手，以达到解决问题为目的。针对群众提出的意见，厅整改方案共从五个方面提出了36条整改措施，经过半年多来的努力，现在已有1/3的已经落实，1/3的基本落实，1/3的正在进一步落实之中。全体干部职工都进一步充分认识到了讲学习的极端重要性和必要性，进一步加强了对马列主义、毛泽东思想、邓小平理论科学体系和江泽民同志一系列重要讲话的学习，并力求全面领会其精神实质，注重从本职工作出发，自觉运用马克思主义的立场、观点和方法观察事物、分析问题、指导工作。学习风气和学习的自觉性比以前都有了较大的转变和提高；政治工作得到不断强化。从坚定理想信念入手，整个干部队伍的政治素质有了一定提高；从严格遵守党内生活准则入手，坚持民主集中制原则；从组织建设入手，努力提高各级领导班子和领导干部的整体水平；从落实责任制入手，进一步加大党风廉政建设和反腐败斗争的力度，使生态林业建设持续向前推进。

（何　熙）

【甘肃省花卉产业】 近年来，甘肃省的花卉产业得到了快速的发展，花卉业步入了高速发展阶段，面积、产量成倍增长，产值大幅度提高，花卉业已发展成为一项新兴的最具活力的产业。至1998年底，全省有各类花卉栽培面积1 320公顷，其中鲜切花面积354.867公顷，种球种苗面积289公顷，各类盆花盆景85.6公顷，食用、药用及工业用花卉167.8公顷。年产鲜切花1 670万支，生产各类种球种苗2 334万株（万粒），培育盆花盆景628万盆，花卉年总产值8 818万元，面积、产值分别比1994年增长了270%和390%，全省花卉产业发生了可喜变化。一是基地建设初具规模。全省已初步建起了以兰州为中心、以天水、陇南、临夏、定西、河西为重点的牡丹、芍药、鲜切花、种球种苗、盆景、花灌木、绿化苗木、野生花卉驯化和干花开发等花卉基地。现全省有各类花卉基地70多个，面积0.117 3万公顷，占全省花卉总面积的89%，基地总产值8 664万元，占全省花卉产值的96%。二是已培育出了一批名优拳头产品。甘肃省经过多年的引种、驯化和筛选，已培育出了一批具有地方特色的名优拳头产品，在市场上有较强的竞争优势。如甘肃紫斑牡丹花大色艳、芳香浓郁、抗寒耐旱、花下藏叶与叶里藏花的中原牡丹形成鲜明对比。栽培的月季已有800多个品种，是省内鲜切花市场的主要品种，也是北花南调、外销创汇的主要花卉之一。球根花更是甘肃省的优势，生产的唐菖蒲、观赏百合、郁金香、大丽花等切花以其梗长花大、色泽艳丽而著称，成为全国闻名的优质鲜切花。三是干花和野生花卉资源已初步得到开发利用。甘肃省干花的野生花卉资源丰富，约两千多种，有许多是富有地方特色的珍稀特有品种，部分资源在国内享有盛誉。杜鹃、龙胆、报春、枸子、火棘、山丹花、绿绒蒿、铁线莲、香荚蒾、瑞香、丁香、木瓜、盘叶忍冬和干花类黄花矾石公、二色补血草等一些高原名花名木和沙生观赏植物已初步得到开发利用或正在研究开发利用，前景广阔。四是花卉业带动了相关产业发展。花卉业的蓬勃兴起带动了商贸、运输、建筑、化工、轻工、机械等相关产业发展。花卉营销业异常活跃，现全省有各类花卉营销单位150个，花店212家，花卉专卖市场25个，从业人员6 000余人。花卉运输、包装等相关服务业应运而生；花肥、花药、花具、花材等配套产品的生产随之兴起。全省花卉产业呈现勃勃生机，并保持着强劲的发展势头。 （何 熙）

【甘肃省非公有林业经济】 1999年9月在陇南地区徽县召开了全省加快发展非公有林业经济现场会。回顾和畅谈了全省加快发展非公有林业经济发展壮大的历程及取得的建设成就，总结和分析了各地发展非公有林业经济的经验和问题，探讨和研究了今后大力发展非公有林业经济应采取的对策，为进一步加快全省非公有林业经济全面发展起到了积极的推动作用。全省的非公有林业经济发展主要有四个特点。一是起步早。早在70年代末80年代初，甘肃省就提出了国家、集体、个人一起上，以个人为主；全面实行林业“三定”；召开全省广大农村大建小果园、小药园、小茶园、小桑园、小花卉园和小苗圃等“六小”个体、私有林业经济实体的林业基本政策，为全省发展非公有制林业经济打开了局面。二是发展快。经过近20年的发展，全省非公有林业经济已完全突破了过去仅侧重造营林生产环节，基本以庭院经济为主的格局，逐步渗透到林业生产的全过程，建设规模越来越大，经营档次越来越高，并且一、二、三产业并举，在全省林业经济的一些重要环节，个体、私有经济已成为主导全局的骨干成分。三是政策好。除了中央和省上，特别是党的十五大报告中关于大力发展非公有制经济的若干意见，省委、省政府《关于加快发展非公制经济的决定》等一些宏观政策外，自改革开放以来，甘肃省较早提出并坚持实施造林绿化“谁种、谁有、谁受益”；集体宜林“四荒地”面向社会公开承包、租赁、拍卖；山、沙区综合开发“统一规划、集中治理、公开拍卖、分户经营”等林业政策，都从不同的侧面有力地促进了非公有制林业经济的发展。特别是多年来全省每年13.33万公顷的造林计划中，社队造林占到80%左右，这部分造林实质上都是群众个体、私有造林，投入上的扶持给非公有制林业经济的发展打下了基础。四是效益高。随着非公有林业经济的全面发展，为全省农民群众脱贫致富奔小康、培植地方财源、缓解农村就业压力发挥了重要的作用。据调查，全省依靠发展非公有林业经济脱贫致富的农户占脱贫农户总数的42%；全省农民人均年收入中林业收入占23%；发展非公有制林业经济每年可吸收安置农村剩余劳动力10万人以上。全省林果特产税过100万元的县达41个，其中过500万元的县10个，最高达1 300万元，占县财政总收入的40%以上。

（何 熙）

【甘肃省森林公园】 1999年，甘肃省森林公园和森林生态旅游工作以’99生态环境旅游年为契机，以“再造山川秀美的西北地区”为动力，以创建文明森林公园为重点，突出人与自然的完美契合，继续扩大宣传，拓展市场，加强内部管理，提高产业素质，完善基础设施，促进了森林公园的可持续发展。全行业全力以赴，积极进取，实现了森林生态旅游人数稳中有升，关联带动作用也更加突出。据统计，全年共接待森林生态旅游人数268.6万人次，森林公园收入达到1 567.97万元，同比分别增长6%和10%；上交利税121万元，社会旅游收入2 655.2万元，社会旅游从业人员2 408人，同比分别增长70%、84%、20%。同时1999年全省新批建岷江大河坝、北山、五一山、香积山等4处森林公园及森林旅游景点，全省森林公园已达45处，经营总面积32.308万公顷。 （刘兴贵）

【甘肃省林地管理】 1999年，全省认真贯彻《森林法》和国务院发明电［1998］8号通知精神，不断强化林地管理，严格冻结征占用林地。全年共冻结征占用林地工程项目19项，拟征占用林地面积147公顷。对国道312、310、316线的扩建工程等国家重点建设项目确需征占用林地的，按照国务院通知和国家林业局有关规定要求，从严把关，严格审核，逐级上报，并足额收取林地补偿费、林木补偿费、安置补助费及森林植被恢复费，共审核征占用林地项目9项，审核林地面积97公顷，收取四项补偿费用1 298.6万元。与此同时，还加大了执法力度，严厉打击毁林占地的违法行为，全省各级林政执法部门共查处违法征占用林地案件112起，行政处罚180人，有效地控制了林地流失。

（刘兴贵）

【武都县、秦安县、秦城区被命名为中国名特优经济林之乡】 为进一步提高我国经济林产品的质量；加强实施经济林名牌战略，扩大各地名特优产品的社会影响和知名度，进一步调动广大群众发展名特优经济林的积极性，近日，国家林业局首次命名了"中国名特优经济林之乡"，甘肃省武都县为"中国名特优经济林花椒之乡"，天水市秦城区为"中国名特优经济林苹果之乡"，秦安县为"中国名特优经济林桃之乡"。

（何 熙）

【甘肃省长江防护林工程建设】 1999年是工程建设的第十个年头。全省工程实施区各级党委、政府和业务部门，认真总结10年来工程建设取得的成就和经验，深入分析工程建设中存在的问题与不足，提出今后进一步搞好工程建设的思路，制定相应的对策措施，各地紧紧围绕"再造秀美山川"这一宏伟目标，认识上再提高，思想上再重视，工作上再加强，措施上再落实，克服种种不利因素，全面完成了工程建设目标任务，截至12月31日，全省共完成工程建设总面积5.053万公顷，占省计划任务4.2万公顷的120.3%，实现连续10年年年超额完成建设任务。按造林方式分：人工植苗造林1.567万公顷，飞播造林0.547万公顷，封山育林2.373万公顷，幼林抚育0.567万公顷；按林种分：防护林3.167万公顷，用材林0.7万公顷，经济林0.62万公顷。

（何 熙）

【甘肃省森林防火工作】 1999年，甘肃省森林防火工作在国家林业局的正确指导和省委、省政府的直接领导下，各级政府、护林防火指挥部和林业主管部门认真贯彻执行国家和省有关政策、法规，坚持"预防为主，积极消灭"的方针，根据国家实施天然林保护工程，甘肃省全面停止天然林采伐后出现的新情况，以及旱情持久、火险等级高等严峻形势，切实加强领导，加大宣传力度，加强火源管理，加强监督检查和宏观指导，及时采取措施，最大限度地减少了火灾的发生。全年共发生森林火警15起，其中一般火灾4起，火警11起，受害森林面积29.34公顷，损失林木555立方米。

（何 熙）

【甘肃省防沙治沙工程】 1999年全省上下抓住国家实施西部大开发战略的机遇，认真贯彻落实国家林业局的重大决策，狠抓林业生态工程建设，使甘肃省防沙治沙工程取得了新的进展。全年共完成治沙造林0.817万公顷，占计划0.736万公顷的111%。部列临泽、武威、敦煌3个重点县完成治沙造林0.159万公顷，占全省防沙治沙工程造林完成数的20%。沙产业开发势头良好，1999年产值达150 957.8万元。全省荒漠化监测外业工作顺利完成，并通过了国家林业局的检查验收。在做法上，一是结合甘肃省实际情况，并借鉴历史经验，认真编制、修订了《甘肃省防沙治沙工程规划（2000～2010）》，为防沙治沙工程迈向21世纪奠定了良好的基础。二是针对甘肃省河西沙区造林树种单一，杨树病虫害危害严重的实际，狠抓了树种改良和新品种的引进，大力引进樟子松、三倍体毛白杨、黑核桃和箭胡毛杨等适生权种。三是为全省大力发展非公有林业经济创造了良好的条件，沙区林农群众和社会各界积极承包、租赁和购买宜林"四荒地"兴办非公有林业经济实体，为沙区综合治理增添了新的活力。

（郭劲玲）

【甘肃省平原绿化工程】 在江总书记"在再一个山川秀美的西北地区"重要批示及省委、省政府"再造河西"战略部署鼓舞下，1999年甘肃省12个平原绿化县按照"绿化、美化、香化"的总体要求，采取广泛宣传、深入动员，形成全社会参与林业建设的热潮；领导重视，真抓实干，层层落实责任目标；突出重点，使平原绿化上台阶上档次；科技投入，依靠科技提高质量；引进先进优良品种，提高防护林的整体效能；检查督促，确保任务完成等措施，积极调整林种、树种结构，狠抓农田林网、绿色通道及小城镇绿化建设，加大科技含量，使已实现达标的12个县市进一步向高标准平原绿化迈进。据统计，12个平原绿化县市1999年共完成人工造林14 593公顷，其中经济林5 513公顷；农防林及防风固沙林6 953公顷（防风固沙林2 773公顷）；封沙（滩）育林（草）28 400公顷；完成低产林改造3 147公顷；"四旁"植树311.4万株；义务植树716万株。超额完成了年初确定的各项任务。

（何 熙）

【甘肃省国有林场建设】 1999年共完成人工造林合格面积2.667万公顷，占省上下达计划任务的133.3%，其中荒山造林2.254万公顷；新建速生丰产林基地0.467万公顷，名优特新经济林基地0.096万公顷；完成飞播造林1.034万公顷，封山育林14.597万公顷，育苗0.151万公顷，占计划的74%；开展成林抚育4.483万公顷，迹地更新0.392万公顷；生产木材3.11万立方米。全年完成销售总收入11 715.3万元，其中多种经营综合利用收入4 041.5万元，占34.5%；实现销售利润2 157.1万元，其中多种经营984万元，占45.6%；在职职工人均产值0.9万元，人均收入0.45万元。经对1998年至1999两年列入省上脱贫责任制目标的40个贫困进行验收，有29个达到脱贫标准，其余11个林场仍处于贫困状态，率先达到小康标准的敦煌阳关林场。 （何 熙）

【甘肃省古浪县开展绿化年活动】 1999年，时逢植树节20周年，甘肃省古浪县委、县政府结合本县实际，认真贯彻党的十五大精神，以江泽民总书记“再造秀美山川”的重要批示为指针，以省委、省政府“再造河西”为契机，大抓植树造林，将1999年确定为“绿化年”，动员全县干部群众统一思想，提高认识，坚定信心，积极投身于造林绿化事业，掀起了全社会办林业，全民大搞植树造林的新高潮。春季完成造林1 538.93公顷，占省上下达计划的100.3%，完成义务植树43万株，占省下达计划的104.3%，取得了较好的成绩。古浪县委、县政府深入调查研究，正确认识和把握全县林业发展面临的新形势，从全县国民经济可持续发展出发，广泛听取意见，于1998年底及时作出了《关于加快全县林业发展的决定》，给全县林业大发展注入了生机和活力。在开展“绿化年”活动中，规定县内每一个适龄公民，凡有劳动能力的，必须履行每人每年至少植树5～10株的义务，不履行植树义务的公民，城镇每人每年按20元的标准向县绿化委员会缴纳绿化费，农村每人每年按10元的标准向当地乡镇人民政府缴纳绿化费。同时，建立和实行造林目标责任制，县政府与各乡镇签订单项责任书，并在综合责任书中按10分的分值从数量和质量两方面进行综合考评，对完成任务好的乡镇给予重奖，完不成任务的乡镇实行“一票否决”，不得评综合奖，主要领导和分管领导实行诫勉，期间不提拔，不调动，限期整改，同时，由县财政局负责在乡镇工资总额中征缴绿化费等，把林业工作作为考核各级干部政绩的主要内容，极大地支持和推动了全县林业全面发展。为使’99绿化年大见成效，县政府在财政困难的情况下，多方筹资60万元，用于全县林业建设，为使有限的资金发挥巨大的效益，县政府采取国家与个人苗木费1∶1配套，国家投资验收后以奖代补等办法，有效地调动了广大群众自办林业的积极性，将全县林业建设步入了一个新台阶。 （田 源）

【白水江国家级自然保护区大力加强野生动物保护】 保护野生动物是自然保护区的主要工作任务。白水江国家级自然保护区管理局公安、林政执法人员高度重视，不断加大了打击力度，维护了林区秩序。7月初，接报广东、湖南等省的一些人，非法进入保护区猎捕、收购、贩运省级重点保护动物花面狸和豹猫等情况后，管理局高度重视，立即组织公安民警到刘家坪、让水河、碧口三保护站辖区进行查处，并通知各站加强巡山查要，注意辖区动态，打击不法活动。同时下发了紧急通知，提出了具体工作要求。在这次打击行动中，公安民警在各站的配合下，共查获省级重点保护动物花面狸和豹猫15只，作案人员22人，没收铁夹294个及运输箱10余个和其他作案工具，并对其作出了赔偿资源费的处罚，责令全部撤出保护区，不准再猎捕和收购野生动物。保护区各保护站按照管理局的要求，加强对重点地区的防护，充分发动群众，坚持昼夜巡查，查处倒卖、捕杀野生动物案件，收缴各类野生动物98只和捕捉笼90余个及部分作案工作，活体经精心饲养，康复后放归大自然。而且还加强了对集贸市场的管理，在逢集日的巡查中，没收上市交易的野生动物，清查出售野生动物食品的饭店，并对当事人进行了严肃处理。这一系列的措施，有力地促进和加强了野生动物保护工作。

（何 熙）

【《甘肃省实施〈中华人民共和国森林法〉办法》出台】 为了适应全省林业发展所面临的新形势、新任务、新要求，1999年9月26日，经甘肃省第九届人民代表大会常务委员会第十二次会议审议，通过了《甘肃省实施〈中华人民共和国森林法〉办法》。此办法的出台，将有力地保障和推动全省林业建设事业的发展。1998年4月29日，新修改的《中华人民共和国森林法》颁布后，省林业厅即成立了起草小组，指派专人进行起草，并将征求意见稿印发全省林业系统，自下而上广泛征求意见，经过近半年时间几上几下的反复调查、征求意见、修改和两次厅务会审议讨论，到1998年12月22日将办法草案正式上报省政府。1999年初，省人大农工委提前介入修改。2月份，省政府法制局将办法草案印发省直有关部门广泛征求意见，并邀请省人大农工委、省土地局等部门参加论证，共同修改。同时，在4月上旬又召集有关人员起草修改，针对办法草案中的13个重点问题，分赴陇南、甘南、天水、定西、白龙江林管局、小陇山林业实验局等地进行调研。办法草案几经协调，在充分吸收各部门意见的基础上，先后六易其稿，形成了办法草案稿，并经1999年8月19日省政府第五十三次常务会议讨论通过。 （何 熙）

【国营敦煌阳关林场实现小康】 国营敦煌阳关林场经过十多年的艰苦努力，不断深化改革，发展优势产业，使全场年总产值已达400多万元，在职职工年可支配收入达7 180元，林场各项经济建设指标已达小康标准。 （何 熙）

【张冬生和姚天基两同志获全省花卉产业建设带头人光荣称号】 甘肃省临洮县洮阳镇农民张冬生、甘谷县新兴镇农民姚天基多年潜心致力花卉事业，引进培育花卉良种，带领群众共同致富，在’99昆明世界园艺博览会上，张冬生选送的大丽花共获奖49项，其中大奖6项，金奖6项，银奖20项，铜奖22项；姚天基选送的月季花共获奖14项，其中金奖1项，银奖6项，铜奖7项，为甘肃省林业行业赢得了荣誉。为了表彰先进，树立典型，促进全省林业经济的全面发展。省林业厅决定，对张冬生、姚天基两同志授予“全省花卉产业建设带头人”的光荣称号，通报表彰，颁发荣誉证书，以资鼓励。（何 熙）

青海省林业

【概 述】

发展与成就 1999年，青海省各级党委、政府认真贯彻落实国务院关于加大生态环境建设的指示精神。牢牢抓住西部开发的历史性机遇，以高度的政治责任感和历史使命感，精心组织、周密部署，带领全省各族人民群众，扎扎实实地组织实施好天然林保护工程、国家生态治理工程，高标准，严要求地完成“三北”防护林、长江中上游防护林、防沙治沙工程各项林业生产任务。各级林业部门按照省委提出的加快基础设施建设，大力改善生态环境，突出发展特色经济的部署，转变观念，增强信心，调整思路，进一步动员群众，落实各项生态建设、天然林保护、退耕还林还草的各项措施，林业生产形势发生了深刻变化，林业生产已经完全转变为以保护森林资源、保护和建设生态环境为主，青海作为长江、黄河的源头，已被国家列为今后全国生态治理的重要区域统筹考虑，并把青海的林业生态环境建设作为解决全国生态环境问题，特别是解决长江、黄河心腹之患的治本之策，给予前所未有的重视和扶持，林业生产发生了重大转折，取得了新的突破，主要体现为以下几个方面：

造林绿化 青海的造林绿化事业蓬勃发展，“八五”以来，造林面积年均以3.333万公顷的速度推进，各级人民政府按照《青海省1989～2000年造林绿化规划》提出的造林绿化布局和奋斗目标，认真组织实施，经过不懈的努力，各项规划指标已经完成或超额完成。至1999年，已完成造林总面积94.435万公顷，占规划任务总规模的153.8%。其中人工造林38.572万公顷，完成率为66%，封山育林55.863万公顷，完成率为353%。规划新增森林面积29.1万公顷，完成面积29.26万公顷，完成率为100.56%，重点林业工程进展顺利，均完成了规划的目标任务。从整体上看，1989～2000年的造林绿化纲要任务已经超额完成任务，尤其是封山育林超额幅度较大，人工造林任务、治沙工程按照安排的人工造林和治沙工程任务，剩余任务可以如期完成，规划任务的如期完成为全省的生态环境建设奠定了坚实的基础。特别是1999年的造林工作在遭受严重干旱的情况下，各地方立足抗旱，及时调整造林布局，采取有效措施，加大抗旱造林树种比例，采取苗木异地假植，冰窑冷藏苗木，推广使用吸水剂、ABT生根粉、容器苗造林，提前造林整地等措施，保质保量完成造林任务，全省共完成人工造林4.881万公顷，占计划任务的104%，成活在85%以上面积4.273万公顷，较往年相比，造林面积、造林质量有较大幅度增长。

林业重点生态工程建设 从1978年开始，青海先后组织实施了“三北”防护林、长江中上游防护林、防沙治沙工程等国家重点林业生态工程，突出了长江、黄河源头的生态环境治理，加大了防沙治沙工作的力度。“三北”防护林工程建设20年来，累计造林总面积101.133万公顷，林地总面积已由1978年的31.3万公顷，增加到59.1万公顷，林木覆盖率由2.3%提高到3.21%，活立木蓄积量也由1978年的1 398.1万立方米，增到了1 962万立方米，取得了明显的生态效益和社会、经济效益；长江林建设经过10年努力，完成建设任务15.15万公顷，占规划任务的119%，在长江源头雪域高原，突破造林禁区，建起0.4万余公顷的人工防护林体系，使昔日的荒滩成为玉树高原的绿洲，被群众称为雪域森林公园。青海的长防林建设受到社会各界的广泛赞赏。治沙工程明显加快，尤其是治沙工程启动实施，治理速度加快，质量提高，共完成治沙面积14.293万公顷，其中人工造林0.687万公顷，封沙育林11.867万公顷，改良草场，种植药材1.74万公顷；风沙危害严重的柴达木盆地和共和盆地，紧密结合生产实际，大力推广沙地青杨深栽造林技术，建起了千亩以上的造林基地，极大地拓宽了治沙造林的防沙治沙工作空间，取得了显著的效益。

1999年，在国家的大力支持下，启动了国家生态环境重点县建设，先期建设的重点县由6个扩大到16个县（市）、区。大通、湟中被列入全国山区综合开发示范县建设，使青海省黄河流域的林业生态治理基本纳入国家生态治理工程范围，投资大幅度增加，极大地推动了林业生态治理的进展。基本上构成了青海林业生态环境建设的新格局。

森林资源保护 自省政府发布全省天然林停止采伐的通告后，各地认真贯彻中央和省上的决定，为落实各项政策措施，做了大量的工作。国有林场、森工企业，停止了对天然林的一切形式的采伐。县、乡各级人民政府和广大群众大力支持天然保护工程，制定了详细的实施规划，在建设、管护中实行领导干部层层责任制，使天然林保护工程建设各项措施得以顺利实施，国有林区天然林保护工程完成造林0.96万公顷，天然林资源得到了全面有效的保护。

为加强青海森林和野生动植物资源，严厉打击破坏森林和野生动物资源的违法犯罪活动，青海进一步加大工作力度，省上成立了两位副省长挂帅，各公安、检察等部门参加的“青海省严厉打击破坏森林资源违法犯罪领导小组”。为保持“严打”的高压态势，按照全国“保卫绿色行动”的统一部署，分别开展了严厉打击破坏森林资源违法犯罪活动的专项斗争和“青、藏、新三省区可可西里一号行动”，严厉打击了破坏森林和野生动物的违法犯罪活动，依法处理了一批违法犯罪人员，使森林和野生动物资源严重破坏势头得到遏制。1999年，打击违法犯罪分子759人次，破获犯罪团伙9个，收缴木材453立方米，野生动物皮张及产品1 986张（个），挽回经济损失148.48万元。可可西里一号行动在社会引起巨大反响，经过森林公安民警的英勇奋战，战果辉煌。青海的行动共打掉6个犯罪团伙，抓获17名犯罪人员，收缴藏羚皮219张，并在西宁召开了保护藏羚誓师大会。向国内外表明了我国主管部门和青海省人民政府保护藏羚资源的决心，发出了《青海省藏羚保护倡议书》，这些活动得到了国内外有关组织和知名人士的高度评价，得到了国内外环保机构、民间环保组织和个人的支持，形成了全社会关注青海森林和野生动物保护的良好社会氛围。

科技兴林 青海高寒干旱，风沙危害严重的自然条件是制约林业生产的关键因素。林业生态治理取得成效的关键是依靠科技，走科技兴林的路子，以质量求效益。经过青海广大林业科技人员和人民群众的不断探索与实践，在森林经营、封山育林、优良树种的引种、繁育、防护林、水保林、薪炭林的营造、干旱、荒漠化土地治理等方面积累了十分丰富的生产技术。例如，干旱浅山造林技术，汇集径流提前整地、沙地青杨深栽造林技术，次生林经营和封山育林综合技术措施等，已经成为林业生产中大面积推广应用的成熟适用技术，为青海森林资源培育打下了良好基础。至1999年，青海取得了科研成果129项，获省部级科研成果奖33项（次），制定林业行业省级标准6项，推广实用技术和科研成果10余项。1999年，青海省的林业科技成果普及，成果转化、引进、推广和开发研究等诸多方面取得了长足进展。林业科技工作紧紧围绕林业重点工程建设，重点推广应用汇集径流整地技术、ABT生根粉、吸水剂、杨树伐根嫁接毛白杨技术、四翅滨藜荒山造林技术等，这些林业技术的推广，有力地提高了造林工作的成效。在湟水流域干旱浅山建成了千亩以上的汇集径流抗旱造林试验示范基地，较好地解决了东部浅山无灌溉条件和长期干旱而导致造林成活率、保存率低的问题，提高造林成活率20%以上。在柴达木和共和盆地沙区，通过推广杨树深栽造林技术，治沙效果十分显著，成活率在85%以上，并且春季苗木展叶早，秋季木质化程度高。在贵南县黄沙头已经成功地遏制了沙漠不断侵蚀的进程。科技兴林战略的实施，使造林绿化工作遵循自然规律，因地制宜，科学合理利用水、土、光、热资源，提高了造林技术含量，建立了许多高效优化的植物群组合，显示出人工生态系统较自然生态系统具有更高的生产力，使青海林业生态体系建设取得了显著效果，为生态建设提供了可靠的科技支撑。

放宽政策，活化绿化机制 各级人民政府，大胆探索，大胆实践，深化改革，放宽林业政策，实行造林投资主体，投资对象，投资渠道“三放开”；不断活化绿化机制，引导和鼓励承包、租赁、拍卖等多种方式进行造林绿化，谁造林，谁受益，允许继承、允许转让。国家、集体、个人一起上，逐步建立起多种经济成分并存、产权清晰、利益明确的绿化新机制，社会各界的造林积极性空前高涨，使造林绿化工作出现新局面。个体承包、联户经营，企、事业单位投资、租赁、拍卖四荒地等治理荒山层出不穷。平安、民和、乐都、循化、化隆、互助、西宁等地涌现出一批承包荒山千亩以上的新的造林大户，为四荒地承包治理注入了新的活力。与过去明显不同的是：1999年，个体承包造林明显增多，并且数额巨大，这是青海省前所未有的。荒山治理向规模化、基地化经营的方向发展，起到了荒山绿化，个人致富的作用。林业的生态、社会、经济效益和谐统一，使青海林业建设打破了长期单纯依赖国家的单一格局，投资主体多元化，全社会兴办绿化事业的新的建设结构正在形成，显示出良好的发展势头。

林业宣传 宣传是林业生产的第一道工序，并且贯穿于林业生产的全过程。搞好宣传是促进林业发展的有效手段。青海省是重要江河源，而且是我国重要的生态源、生命源，为加强江河源头生态环境建设与保护重要地位的宣传，青海开展了一系列卓有成效的宣传活动，积极配合省人大环保委开展了环保世纪行采访和《森林法》执法检查活动，配合国家林业局组织的中央新闻单位的记者团，开展了“’99跨世纪保卫绿色行动”新闻采访宣传活动与省团委配合开展的保护“母亲河”绿色宣传活动。这一系列宣传活动的开展，紧紧围绕长江、黄河源头的造林绿化工程、天然林保护、防沙治沙、野生动植物和湿地保护、病虫害防治等各项林业重点工作，以新形势下发生的新变化为切入点，大力进行卓有成效的宣传，推出了一批有影响力的新闻作品，使青海“江河源”生态环境的保护与建设，引起了国内外的广泛关注。通过宣传人们转变了观念，提高了江河源生态环境建设与保护的认识，强化了青海保护森林、发展林业、维护生态安全的意识，为促进林业发展，实现建设祖国山川秀美的战略目标，营造了一个良好的舆论氛围。

存在问题 在新形势下，林业工作还存在不少矛盾和问题，特别是一些制约林业发展的新层次的矛盾和问题，需要下大力气去解决。突出的表现是：

1. 生态环境日趋恶化的状况尚没有得到根本好转。过去在长期计划经济体制和短缺经济的影响下，加上自然条件的制约，为解决粮食问题，青海的农牧业生产一直沿袭数量型增长方式，大量开垦耕地、草地、草场超载，广种薄收，粗放经营。使林草植被不断遭到破坏，水土流失加剧，水源涵养能力下降，生态环境日趋恶化。这种状况不仅严重制约了地方经济、社会的可持续发展，也使群众脱贫的愿望长期难以实现。更为重要的是，江河源头生态环境的恶化，直接影响到整个江河流域的经济和社会的可持续发展。

2. 林业工作还不能适应新形势要求。当前，党中央、国务院对加强林业建设，改善生态环境极为重视，林业建设将成为今后我国社会经济发展的战略重点之一，面对这一千载难逢的大好机遇，林业工作一时还难以适应形势的需要，还存在突出的矛盾和不足，集中表现在：缺乏一整套反映林业发展规律和市场经济规律。调动、引导和规范全社会兴办林业的政策激励机制，仍习惯沿袭过去的老经验、老办法，对如何运用市场经济手段，活化造林运行机制，吸引社会资金、动员群众兴办绿色事业办法不多，措施不力。开拓创新不足，还没有把中央的决策转化为广大人民群众的共同行动。

3. 对林业建设的重要性认识不足。一些同志对党中央、国务院把生态环境为西部大开发的根本，实施天然林保护工程，并有计划、有步骤地实施退耕还林（草），以粮食换林草这一系列重大举措的深远战略意义和给全省林业生态治理的长期性，重要性认识不到位，思想上还没有树立把生态事业当作一项大产业来办的意识，仍然把林业工作当作简单的刨坑栽树，工作中满足于完成上级下达的造林任务，应付了事，工作不扎实，造林成效低，影响群众的积极性。

4. 森林和野生动植物资源保护难度大，乱捕滥猎、乱采滥挖、倒卖走私野生动植物及其产品的违法犯罪活动不时发生，特别是藏羚资源破坏问题已成为国际社会关注的一个热点问题，物种减少的势头尚未得到有效遏制，极不利于野生动植物资源的保护。

（李　文）

【保护母亲河绿色工程龙羊峡项目开工建设】 由团中央、全国绿化委员会、国家林业局共同发起的保护母亲河绿色工程，确定青海龙羊峡库区绿化工程为全国保护母亲河行动的重点工程。该项工程拟通过5年时间，建设0.667万公顷高标准防护林，减缓风沙及水土流失对黄河上游第一水电大坝龙羊峡库区的危害，改善当地的生态环境。由于库区地处风沙前沿，土地荒漠化严重，自然条件差，治理难度大，搞好这一地区的生态治理，不仅对青海的生态建设，而且对全国“保护母亲河行动绿色工程”都有示范和推动作用。1999年3月5日，副省长刘光和带领省有关部门领导赴项目区实地考察调研，确定1999年启动好龙羊峡大坝周围，贵南县三坝台，共和县托勒台和曲沟乡四片地绿化工作，高标准高质量地完成绿化任务，为今后工程建设起好步。3月22日，项目实施区抓住春季造林的大好时机，动员组织干部、职工、电厂工人、武警官兵、农民、学生2 000余人，出动推土机9辆、手扶拖拉机100余辆，在龙羊峡东大山、库区西北岸完成造林整地283.33公顷，工程正式开工建设。（李　文）

【澳发署派员到青海考察】 1月25～27日，澳大利亚政府发展计划署派由罗宾逊先生、摩根博士和使馆官员高颖女士三人组成的规划团在国家林业局国际合作司副司长吴斌和外贸部赵中屹副处长的陪同下，来青海省考察。澳大利亚政府将在农村发展领域与中国开展教育、文化、卫生、农村社区发展五个方面的合作。旨在通过可持续发展扶贫，澳方将有重点地选择我国中西部地区省份，由澳方提供澳大利亚优势技术和援助资金与中方进行交流与合作。青海省围绕生态环境改善与脱贫相结合，申报了青海林草资源恢复与可持续发展项目和旨在加速苗木培育，引进先进的工厂化育苗生产技术项目，引起澳方的关注与兴趣。此次派项目规划团就今后开展援助合作项目做前期项目规划考察工作，考察工作结束后，在10月23日至11月1日，澳方派出7人专家组对青海省森林植被恢复项目进行了实地考察。

（李　文）

【保护绿色行动中央新闻采访团到青海采访】 由国家林业局和全国林业系统主要报刊参加的百家新闻单位——“跨世纪保卫绿色行动”采访团于7月23日至31日，在青海开展了大型采访活动。采访团深入青海省林区，对乱砍滥伐林木，乱捕滥猎野生动物，乱批滥占林地、毁林木开荒等典型案件进行了集中采访；开展“江河两岸沃森林”、“防治荒漠化”、“走进自然保护区”等方面的专题，根据青海省实际进行了专题采访。青海日报、西海都市报、青海电视台、青海人民广播电台也参加了此次采访活动。（李　文）

【可可西里一号行动青海第一案审结】 1999年3月10日，马吉庆伙同他人携带小口径步枪2支、子弹3 500发，驾驶青H—01476号212型北京型吉普车从格尔木进入可可西里国家级自然保护区，非法捕杀国家一级保护动物藏羚羊88只。尔后，每张藏羚羊皮以530元的价格卖给了西藏农民扎西、普朵。4月12日，扎西和普朵将非法收购的藏羚羊皮运往拉萨贩卖途中被格尔木市林业派出所截获。随后，马吉庆亦被抓获。此案被称之“可可西里一号行动”第一案。8月10日，格尔木市人民法院公开审理此案，以非法捕杀珍贵、濒危野生动物罪判处马吉庆有期徒刑12年，以非法收购珍贵、濒危野生动物制品罪判处扎西、普朵有期徒刑各12年，同时，3犯均被剥夺政治权利2年、处罚金6万元。（王军强）

【青海林业开展基层派出所全面达标活动】 近两年，青海新成立林业公安派出所10个。为抓基层、打基础，全面提高预防、发现、控制和打击能力，1999年派出所达标建设是全年林业公安工作重点之一，各州、地、市林业公安领导签订了责任书。经各单位努力，全面开展达标建设活动，紧紧围绕“三情调查（山情、林情、社情)、四网建设（群防群治网、边界联防网、案件协查网、情报信息网)、两个管理（林区治安和内务管理)”为建设核心，建立一图、九表、八簿、四档。通过年底检查验收，有9个派出所达标。目前，全省基层派出所达标率已占85.7%。 （王军强）

【青海可可西里反盗猎一号行动】 针对可可西里地区藏羚资源遭受破坏的严峻形势，国家林业局森林公安局研究决定，1999年4月10日～5月10日，在青海、新疆、西藏集中开展打击非法猎杀藏羚羊的统一行动(即可可西里反盗猎一号行动)。青海可可西里地区是这次反盗猎行动的主战场。根据国家林业局森林公安局4月6日《关于在青海、新疆、西藏三省区开展集中打击非法猎杀藏羚羊行动的通知》密码特急电报精神，4月8日进行了一号行动的安排部署，成立青海省可可西里反盗猎行动领导小组格尔木现场指挥部。指挥部下设两队两组，即：治多县西部工委和县林业派出所组成南线巡查队、海西州林业公安科抽调警力组马北线巡山队，分别从109国道和茫崖那仁格勒河挺进可可西里，并配合西藏、新疆行动组入区开展巡查活动；可可西里保护区管理局负责组成路查组，主要在保护区沿线的109国道检查；格尔木市林业派出所负责清理整顿市场。4月12日，国家林业局森林公安局领导亲临青海督战指挥。14日，指挥部成员秘密进驻格尔木。15日，经过简短的战前动员，各行动队同时展开工作。据统计，青海省各行动组在一号行动打掉6个犯罪团伙，抓获犯罪嫌疑人17名，收缴藏羚皮219张，野牦牛皮1张及部分野生动物制品，缴获枪支6支、子弹7 900发，各类车辆11部。4月27日，在格尔木三角城召开青海省打击非法猎杀藏羚羊犯罪活动暨销毁藏羚皮大会，公开逮捕了此次行动中抓获的7名盗猎藏羚犯罪嫌疑人，公开销毁了办案中缴获的110张藏羚皮。 （何玉邦）

【青海藏羚羊保护誓师大会】 5月26日，国家林业局和青海省人民政府在西宁体育馆广场召开青海藏羚保护誓师大会，公开销毁查获的361张藏羚皮，再次表明中国政府保护藏羚资源，严厉打击破坏野生动物违法犯罪活动的坚定决心。大会宣读了《青海藏羚保护倡议书》。青海省委常委、省政法委书记冯敏刚，青海省副省长刘光和青海省人大常委会副主任高尼等领导出席誓师大会。通过藏羚羊保护誓师大会，表明了青海省加大藏羚保护力度，同时呼吁社会各界对藏羚保护事业给予关怀和支持。 （何玉邦）

【可可西里藏羚等野生动物保护专题协调会】 8月7日，青海省人民政府召开了可可西里藏羚等野生动物保护专题协调会。会议由副省长刘光和主持，省政府办公厅，省委政法委，省农林厅、财政厅、公检法及有关资源分布区的政府领导参加了会议。会议决定，可可西里国家级自然保护区管理处行政上由玉树州人民政府代管，业务上受省农林厅指导。撤销治多县、曲麻莱县西部工委，在编人员统一到可可西里保护区管理局，实行统一管理、统一指挥、统一行动，形成合力。同时决定，尽快设立保护区公安机构，由省财政厅拨出专项经费，用于近三年的机构建设和开展严打专项斗争。会议要求，从加强队伍的管理，严格执法入手，进一步建立和完善入区审批制度。从2000年1月1日起，对保护区的自然资源和自然环境实行禁采封育措施。鉴于可可西里自然保护区的特殊地理位置，对案件的审理要求本着就近和从快的原则，具体由格尔木市司法部门受案处理。同时，要求继续加大保护区执法打击的力度，组织力量清理非法入区的生产经营活动，坚持从严、从重、从快的要求，严厉打击非法猎杀藏羚犯罪的嚣张气焰，依法维护可可西里地区野生动物资源的安全。 （王军强）

【’99中国西宁藏羚羊保护及贸易控制国际研讨会】 10月12～14日，由中华人民共和国濒危物种进出口管理办公室与濒危野生动植物种国际贸易公约秘书处共同倡议组织的1999中国西宁藏羚羊保护及贸易控制国际研讨会在青海省青海会议中心隆重召开，来自中国、法国、印度、意大利、尼泊尔、英国、美国等国政府代表，公约秘书处和有关民间组织代表60余人与会，青海省委常委省政法委书记冯敏刚、副省长穆东升出席了会议。这是第一次有关藏羚羊保护专题国际研讨会。会议对中国政府为保护藏羚羊而作出的努力予以充分肯定，强烈督促和要求有关藏羚绒制品的加工国和贸易国从法律上对藏羚羊提供有效的保护，在此基础上，会议形成了《藏羚羊保护及贸易控制决议》(草案)，拟于2000年提交公约缔约国大会通过后执行，并发表了《关于藏羚羊保护及贸易控制的西宁宣言》。这次会议必将极大地推动全球性的藏羚羊保护事业，是藏羚羊保护史上的里程碑。 （何玉邦）

【青海科技兴林工作】 由于干旱缺水、风沙危害严重，造林立地条件差，造林难度也越来越大。为此，青海林业部门的科技人员紧紧围绕防护林建设工程，开展科技攻关，重点推广了五大类近40余项林业技术，并分别在东部黄土丘陵水土流失区及海西沙区，有重点的建立生产、科技综合试验示范基地，走科技与生产相结合的路子。目前，东部黄土丘陵区干旱、半干旱山区推广运用的汇集径流抗旱造林提前整地技术，已建成0.175万公顷造林示范基地。都兰和贵南县推广使用荒漠地区杨树深栽造林技术，短短的几年时间，在昔日黄沙遍野的沙荒里建起了142公顷的杨树林，成活率稳定保持在85%以上，起到了事半功倍的效果。

经过近几年的努力，青海省还在东部干旱地区建成0.133万公顷汇集径流整地、提前整地造林示范基地。同时，ABT生根粉、吸水剂等已经普遍应用在杨树、云杉、油松、沙棘、圆柏、枸杞等10多个树种的育苗和造林上，有力地提高了造林和育苗质量。各地兴建的干旱浅山抗旱造林试验示范区、高海拔沙地综合治理试验示范区等一批林业科技示范区将各项林业适用技术组装配套运用到生产中，发挥了科技的示范、引导和推动作用。为加速科技成果的推广运用，青海省从1996年起将林业技术推广列入生产承包任务，层层签订责任书，实行合同管理。平安、互助、湟源等县实行了林业科技承包，激发了基层林业技术人员的工作积极性，生产季节科技人员深入到山区和林区，现场进行技术示范和指导，传播林业科技成果，培训林业技术骨干，有力地加快了林业科技成果的推广，为全省的防护林体系建设提供了有力的技术保障。（李　文）

【国家林业局调研组到青海开展调研】 1999年7月12～17日，国家林业局调研组到青海省开展调研。

调研组分组到青海省4个州、地、市，7个县，1个国家级自然保护区进行调研。实地调查了不同类型区生态环境保护和治理的现状，听取了各方面的情况介绍，并邀请省政府办公厅、计委、财政厅、畜牧厅、气象局、农林科学院、林业勘察设计院等单位的专家和负责人进行了座谈和专题研讨。

调研组根据《全国生态环境建设规划》和青海省实际情况，提出了江河源区生态环境保护治理的基本思路，以改善江河源区生态环境，确保黄河、长江两大流域安全为中心，以流域水系为单元，保护和治理并重，人工造林和封山（沙）育林（草）有机结合，重点恢复和扩大林草植被，控制水土流失，防治荒漠化、涵养水源，减少泥沙含量，稳定和增加水量，遏制生态环境恶化趋势，带动群众脱贫致富，促进中西部地区经济和社会可持续发展。提出江河源区生态环境保护治理工程的建设，应遵循统筹规划，分区治理，集中连片，重点突破，分步实施，生物措施为主，综合治理，保护和治理相结合，重视科技，讲求效益，生态效益为主，社会经济效益兼顾的原则，实施江河源区生态环境治理，促进中西部地区经济和社会可持续发展。（马建平）

【青海引种四翅滨藜获得成功】 四翅滨藜是美国科洛拉多州立大学农业试验站、犹他州野生动物资源局、农业部林业局山际林业和牧场试验站、水土保持局等单位经过多年努力，选育出的改良品种，是一种很好的准常绿饲料灌木，广泛用于牧场改良，造林绿化和水土保护，具有很多优良特性。1994～1997年，青海林科所进行引种研究取得成功。1998年开始在青海省林业生产中推广应用。在西宁、平安、乐都等地进行造林表明，四翅滨藜可在青海省乐都黄土丘陵沟壑区和共和盆地海拔2 800米以上，年降雨250毫米以上，年均温5℃左右的干旱、半干旱荒山荒坡、荒漠半荒漠地带栽植，在西宁地区当年可生长达50～60厘米，是一种耐干旱、耐寒冷、速生、耐盐碱，是荒漠、半荒漠山旱地极有价值的优良饲料灌木。（李　文）

【青海黄河、长江源区天然林资源保护工程规划编制完成】 青海是长江、黄河的发源地，生态位置极其重要，保护和建设好青海的生态环境，对于改善全国生态环境，实施西部大开发战略具有重大意义。按照国务院和国家林业局的部署，结合青海实际，青海省林业局承担编制完成了《青海省黄河、长江源区天然林资源保护工程规划》。规划对青海黄河、长江流域37个县（区），1个森工企业局、4个自然保护区，总面积39.13万平方千米，通过实施天然林保护、生态建设、退耕还林（草），增强以森林为主体的林草植被的水源涵养功能，使退耕坡地内水土流失得到有效遏制，风沙危害显著减少，生态环境明显改善，农牧民生活水平显著提高，实现五年初见成效，十年大见成效的目标。规划的具体目标是：

1. 黄河、长江源头天然林保护工程，将青海省长江、黄河源头地区按照区域建设内容和建设措施划分为六个重点治理区，即东部黄土丘陵水土流失治理区、黄河上段及源头水源涵养区、黄河下段水土流失治理区、龙羊峡库区风沙及水土流失治理区、长江源头水涵养区。在上述区域实施森林管护，管护森林总面积192.73万公顷，其中有林地面积30.333万公顷，灌木林面积162.4万公顷，天然林区森林资源完全停止采伐，人工林农民自用材采伐量严格控制在3.18万立方米以内。建设区内的草地，采取封育和种草措施，治理草地面积513万公顷，营造牧场防护林7万公顷。

2. 生态建设。在黄河、长江源头区大力造林种草，增加林草植被，建设总规模258.667万公顷，其中：人工造林87.6万公顷，封山（沙）育林育草147.733万公顷，远山、沙区飞播造林23.333万公顷。至2010年工程建设完成后，将增加森林面积155.2万公顷，森林覆盖率由现在的4.92%提高到8.89%，增加4.17个百分点，在涵养水源，保持水土方面发挥巨大的生态效益。

3. "以粮代赈"退耕还林（草）规划。抓好示范县，全面实施。规划到2010年，全省退耕35.773万公顷，其中长江、黄河流域退耕29.687万公顷。坚持集中连片，努力做到退一片，还一片，见效一片，力争实现五年初见成效，十年大见成效的总体目标。（李　文）

【青海省 1999 年林业大事】

1. 1月7日，在西宁召开了全省专项斗争汇报会，各地汇报了前一阶段严打进展情况。据初步统计，从1998年11月1日开展专项斗争到1999年1月7日，全省共查处各类林业案件286起，其中刑事案件6起、治安案件58起，打击处理违法犯罪分子335人次，其中，逮捕14人，收缴木材271立方米，野生动物及产品430张（头、只），查扣车辆14辆，枪支9支，为国家挽回经济损失43万元。

2. 1月8日，西宁召开了全省森林公安队伍建设工作座谈会。共有30人参加了会议。

3. 1月15日，全省国际狩猎工作座谈会在西宁召开。

4. 1月21日，尖扎县公安局和林业派出所经5个月调查摸底，周密侦察，在马克堂镇抓获了“8·30”案件嫌疑人。

5. 1月28日，在省森林公安局的统一协调部署下，与海东公安局、化隆县公安局、尖扎县公安局和森林派出所等组成缉捕组，对已掌握的犯罪嫌疑人进行缉捕，在化隆县哇加滩村将犯罪嫌疑人马××、马××抓获。这次行动有力地打击了哇加滩村盗伐林木分子长期盗伐林木的嚣张气焰，震慑了罪犯，教育了群众。

6. 3月11～13日，省政府召开全省林业工作会议。省委副书记姚湘成、省人大副主任高尼、省政府副省长刘光和、西宁南北两山指挥部顾问马万里、副总指挥尕布龙及省绿化委员会委员，各州、地、市及部分县（区）主管林业工作的州长、专员、市长、县（区）长，林业（农林、农牧）局长，林业公安科（分局）科（局）长和省级有关委、办、厅、局的领导160多人参加了会议。

7. 3月13日，由共青团青海省委、省绿化委员会、农林厅、水利厅共同组织的“保护母亲河”绿色行动宣传周活动在西宁拉开帷幕。来自省市各系统、部门、大中专院校的50多个单位近3万名青年自愿者参加了宣传活动，并纷纷向“保护母亲河”绿色行动捐款。

8. 3月27日，省委、省人大、省政府、省政协、省军区的领导同志近900余人到西宁市湟水林场河滩地绿化点参加了义务植树活动。

9. 4月6日，西宁市着眼于建设省城大环境，建设西宁大园林的目标，提出绿化省城“三环”战略，即以市区园林绿化为内环，以郊区植树为二环，以周围荒山绿化为三环的“三环”绿化战略。具体目标是，完成造林种草1万公顷，提前整地0.667万公顷，“四旁”、义务植树508万株，铺设草坪15万平方米，新增绿地100公顷。

10. 4月14～27日，国家林业局可可西里藏羚保护一号行动在青海、新疆、西藏三省（区）联合展开。青海省有67名森林公安民警和可可西里保护区干部参加了行动。此次行动破获盗猎、倒卖藏羚案件6起，抓获犯罪嫌疑人17名，缴获藏羚皮219张，作案用枪6支，子弹7 900余发。

11. 4月17日，经调查，大通、湟中县山区综合开发建设开展了造林、育苗、中低产田改造、小水电建设、修建乡村公路、花卉基地建设、农林副产品加工、养殖业等16个项目，创产值2 000多万元，实现利税600多万元，安置就业人员113人，取得了良好的社会、经济效益。

12. 4月17日，面对1998冬1999春持续干旱，青海省各级林业部门立足科技搞好抗旱造林工作。在中低位浅山地区推广汇集雨水径流提前整地技术，面积达0.2万公顷，四翅滨藜造林10万株，推广ABT生根粉处理苗木600多万株，推广容器苗造林60万株。

13. 4月18日，保护母亲河绿色工程龙羊峡项目在青海龙羊峡库区举行开工仪式。团中央书记处书记崔波、国家林业局造林司副司长魏殿生、青海省委常委管雷、省政府副省长刘光和等领导同志参加开工仪式并为工程奠基。来自省内各地2 000多名志愿者参加了义务整地劳动。

14. 4月23日，据调查，由于1998冬今春青海省持续干旱少雨，气温偏高，春尺蠖、杨柳毒蛾、云杉叶蜂、柏树毒蛾等主要叶部害虫越冬虫基数高，越冬后的发生期提前，局部地区已形成灾害，森林病虫害防治形势非常严峻。

15. 5月20日，根据国家林业局的统一部署，从1999年开始，青海省荒漠化监测全面展开。整个监测工作2000年完成。

16. 5月26日，国家林业局、青海省人民政府在西宁召开青海藏羚保护誓师大会。公开销毁查获的361张藏羚皮，表明中国政府保护藏羚资源、严厉打击破坏野生动物违法犯罪活动的坚定决心。

17. 6月7日，经调查，全省森林病虫鼠害发生形势严峻，10个县市暴发以春尺蠖为主的20多种致害病虫，发生面积达10万公顷。各地及时开展紧急灭治工作，局部地区森林病虫害已得到有效控制。

18. 6月14～19日，国家林业局森防总站派工作组到青海省调研。调研组先后到病虫重灾区民和、乐都、平安、西宁、湟中等地实地调研。

19. 7月12～19日，以国家林业局植树造林司司长雷加富为组长的江河源区生态环境建设调研组到青海开展调研工作。

20. 7月23～31日，国家林业局组织的“’99跨世纪保卫绿色行动”记者采访团在青海开展了大型采访活动。

21. 7月26～28日，全国林业行业思想政治工作特约研究员会议在西宁召开。

22. 7月26日～8月16日，全国陆生野生动物资源调查与监测专家技术指导委员会、国家林业局规划院环境与野生动物监测中心组成检查验收小组，对青海省陆生野生动物资源调查工作进行了抽样检查验收。涵盖了青海省5种生境类型。经检查，青海省陆生野生动物资源调查工作通过国家质量检查验收。

23. 8月7日，省政府召开加强可可西里地区藏羚等珍稀野生动物保护专题会议。刘光和副省长主持会议。会议就解决可可西里国家级自然保护区、治多、曲麻莱县西部工委在保护藏羚资源工作中存在的相关问题作出了规定，在藏羚羊和可可西里地区野生动物保护的体制和管理上实现“形成合力，统一管理”的良好局面。

24. 10月18日，省政府召开编制《青海省天然林保护工程规划》协调会。省政府代省长赵乐际；常务副省长刘光和，副省长穆东升、苏森、省政府副秘书长王沧海，省计划委员会、省农林厅、省财政厅、省畜牧厅、省水利厅、省环保局、省林业局的负责同志以及有关人员共19人参加了会议。会议由穆东升副省长主持。

25. 10月23日～11月1日，以蒙哥马利先生为组长的澳大利亚发展援助青海森林植被恢复项目预可研考察组一行7人，对青海省森林植被恢复项目进行了实地考察。

26. 11月19日，省林业局党总支召开县处级领导班子和领导干部“三讲”教育第一阶段动员大会。省林业局、动管局、森林公安局、青海湖自然保护区管理局全体干部、职工及离退休老干部参加了动员大会。

（马建平）

宁夏回族自治区林业

【概　述】

发展与成就　全年共完成人工造林4.867万公顷，比1998年增加了51%，其中成活率在85%以上的核实合格面积为4.2万公顷，比1998年增加了66.5%；飞播造林0.733万公顷，为年计划任务的110%；封山育林1.58万公顷，为年计划任务的103%；新育苗0.227万公顷，为年计划任务的142%；义务植树1 650多万株，为年计划任务的111%；果品产量达2.5亿千克，是历史上产量最高的一年。全区林业建设呈现出快速发展的良好势头。

建设与实施

生态工程建设　按照山、沙、川三大块分类指导、各有侧重的原则，加快重点工程建设，促进区域林业的发展。南部山区围绕改善生态环境和农民脱贫致富，加快了重点工程建设步伐，六盘山及其外围地区水源涵养林基地新发展0.833万公顷，总规模已达4.6万公顷；“两杏一果”工程完成0.727万公顷。防沙治沙工程通过封、飞、造相结合，治沙造林与沙产业开发相结合，引入企业参与的新机制，加快了沙漠化土地综合整治的步伐，全年共完成人工造林治沙0.947万公顷。引黄灌区各市（县、区）把二代农田林网建设作为林业工作的重中之重，加快了营造速度，当年新植树1 460万株，累积已达6 000多万株，占规划任务的85%，林网大骨架已经形成。绿色通道工程建设开局良好，进展顺利，成效显著，全区公路、铁路、干渠“三线”共完成造林绿化702千米，面积0.15万公顷；“三线”造林绿化长度和面积比原计划分别超额11.2%和29%，绿化树种也呈多样化，配置趋向合理，林种树种结构进一步优化。

林政资源保护管理　根据自治区人民政府[1998]95号和［1999］98号文件精神，组织林政、森林公安人员，在全区范围内，对以乱征滥占林地、毁林开垦等为重点的破坏林木、林地资源案件，进行了集中清查。对违反有关规定随意侵占或未按规定程序报请林业主管部门审核同意征占用林地的案件，分别进行了严肃的处理，初步理顺了征占用林地的审核审批程序，强化了对林木、林地资源的统筹管理。开展了严厉打击盗伐滥伐林木、非法猎杀倒卖国家重点保护野生动物专项斗争，查处各类违法案件254起，处理各类违法人员404人（次）；收缴木材317立方米；收缴野生动物107只（头），其中国家一类保护动物5只（头），二类保护动物9只（头），共为国家挽回经济损失56.6万元。积极筹措资金，加强护林防火基础设施建设，防火通讯及交通工具得到进一步改善，提高了快速反应能力，实现了全年无火灾的目标。加大了林木病虫鼠害的防治力度，经过努力，榆尺蠖、落叶松叶蜂等突发性害虫的危害得到控制，杨树天牛综合防治工程取得可喜成果，在去年召开的天牛综合防治工程研讨会上，得到了与会中外专家的充分肯定和高度评价。

经济林建设　全年新发展经济林1.127万公顷，使全区经济林面积突破百万亩大关，达7.353万公顷；年果品总产量达2.5亿千克。“两杏一果”四年共发展2.667万公顷，收到了明显的生态和经济效益，为山区林业产业发展打下了坚实基础，也为全面实施退耕还林（草）积累了宝贵的经验。名优枸杞基地建设继续保持高速发展的势头，新发展0.14万公顷，累积面积达到0.453万公顷，年枸杞总产量超过450万千克，成为全区农村经济发展新的增长点，同时也增强了名牌产品的市场竞争力。酿酒葡萄基地发展势头强劲，新植面积0.193万公顷，总面积达0.313万公顷，年总产量60

万千克以上。"兴果富民"工程新发展0.153万公顷，其中新建优质高效示范园866.67公顷。果品保鲜贮藏及深加工发展加快，新增贮藏能力6 500余吨位，形成了高中低三个档次的果品贮藏设施，缓解了采后压力。3 500吨浓缩果汁生产线已投产，加工处理次等果2 000多万千克，为大量残次果找到了出路，实现了果品增值。

科技兴林　各地紧紧围绕厅里确定的十项适用技术，结合当地特点，因地制宜，采取切实有效的措施，加大推广力度，取得显著效果。山区各县紧紧抓住中央关于加快生态环境建设的机遇，把科技推广作为一项重要工作来抓，在春夏连旱的不利条件下，通过大力推广以隔坡水平沟整地为中心的旱作林业综合技术措施，实施春、夏、秋三季造林，共完成造林任务2.287万公顷，提高了造林成活率，取得了前所未有的好成绩。川区通过全面推广持续无虫灾农田防护林营造技术，形成了多树种混交、抗逆性强、布局合理的林分结构，在栽植的6 000万株林网树中，抗虫免疫树种和混交比例占到65%以上，有效地遏制了天牛虫害，为尽快恢复灌区二代林网提供了保证。沙区通过实施以人工植树造林与飞机播种灌草、围栏封育改良草场相结合，加快了植被恢复。全区推广地膜育苗达到513.33公顷，占新育苗面积的31%，经济社会效益十分显著。优质黄元帅示范园建设完成633.33公顷，通过大面积推广人工疏果和宝丰灵果型剂，有效地提高了果品质量，为宁夏优质黄元帅重新打开销售市场奠定了基础。

近年来，由于各地加强了对人工造林及更新的管理，厅里加大了检查验收和核查工作的力度，取得显著成效，在国家林业局组织的全国各省（区）1998年度人工造林及更新实绩考核中，宁夏回族自治区以97.96分的综合评分跃居全国第三名，受到国家林业局的通报表扬。

林业场圃改革　自治区人民政府办公厅转发林业厅《关于进一步加强国有林业场圃工作的通知》，给国有林业场圃的发展注入了生机和活力。各地认真贯彻"通知"精神，积极调整发展思路，转变观念，拓展经营渠道，积极引导职工发展多种经营，增加收入，调动了职工的生产积极性。充分利用国有林业场圃的土地、林木以及旅游等资源优势，本着因地制宜、扬长避短的原则，不断调整产业结构，挖掘场圃自身潜力，转变经济增长方式，培育新的经济增长点，提高资源利用率，创造了较好的经济效益，增加了自我积累、自我发展的后劲和实力，同时也为全面完成全区林业建设任务发挥了主力军的作用，涌现出灵武白芨滩林场、青铜峡树新林场、彭阳挂马沟林场、海原南华山林场等一批先进典型。吴志胜同志荣获全国绿化"十佳"荣誉称号，王毅同志被评为全区"十佳"人民满意的公务员。

贺兰山苏峪口森林公园积极参与"宁夏香港经贸洽谈会"以及"'99中国（昆明）国内旅游交易会"等重大促销活动，提高了知名度，取得了明显效果，全年共接待区内外游客10余万人次，收入突破100万元。六盘山森林旅游基础设施建设有了很大改善，全年接待游客11万人次，收入达36万元，取得较好的社会和经济效益。

林业国际合作　中德合作贺兰山东麓生态林业工程进展顺利，当年完成人工造林0.307万公顷，是项目执行4年来任务完成最好的一年。目前，已累积完成人工造林0.693万公顷，占规划总任务的81%，为确保2000年项目建设各项任务的全面完成打下了坚实基础。中日专项技术合作"宁夏森林保护研究计划"项目，完成了宁夏森林病虫害防治监测体系等预定项目，并在生物防治、林木育种、天牛人工饲养等技术研究方面取得阶段性成果，正式签署了项目延续协议，续建计划已经全面展开。经过近一年的积极争取，日本国政府无偿援助"宁夏生态林业建设项目"已经达成初步协议。共有美国、德国、日本、伊朗等国家16个团组共97人次来宁进行了林业技术交流和考察，林业对外交流与合作的渠道进一步拓宽。　（宁夏林业厅办公室）

【宁夏全民义务植树】　国家确定"植树节"20年和开展全民义务植树运动18年来，宁夏各地建立义务植树基地为重点，在建基地上下功夫，在质量上求突破，以科技求发展，使义务植树一年比一年更加扎实，更有成效。

全区各级绿化委员会把公路、铁路、干沟和干渠沿线作为开展全民义务植树的主战场，围绕这"三线"安排义务植树基地。这些基地发挥了示范样板和龙头作用，并以点带面，不断扩大造林绿化成果。在各级领导的带动下，全区年均有190多万人次参加义务植树，年均植树1 100多万株，人均植树5.8株；各级党政军领导共建绿化点2 330多个，建立义务植树基地510个，其中有近20个已形成较大规模。

近几年，全区各地又把农村的义务植树与林业生态工程相结合，城镇、行业部门的造林绿化与大环境绿化美化相结合，拓宽了义务植树和造林绿化领域，加快了全区造林绿化的进程。目前，全区有林地面积增加到36.667万公顷，森林覆盖率提高到6.37%，全民义务植树为加快宁夏山川绿化注入了新的活力。

（宁夏林业厅绿化办）

【中德合作宁夏生态防护林工程建设】　中德合作宁夏造林项目本着"为国争光、为民造福"的原则，坚持高起点、高标准、高质量，取得阶段性成果。

德国政府无偿援助的中德合作宁夏造林项目是自治区在建的重点林业建设项目。项目区位于贺兰山东麓，自然条件十分严酷。1996年，项目正式实施以来，广大建设者发扬敢为人先的精神，斗风沙、战酷暑，在戈壁滩和黄沙丘上修渠筑路、平地造田。针对这一地区干旱少雨、造林难度大的特点，各地在建设中普遍加大了科技含量。征沙渠项目区采取生物固沙与机械固沙相结合，提灌、井灌、自灌并举的办法治沙造林；镇北堡和甘城子项目区分别采取滴灌、开沟的方法节水造林。另外，平罗、惠农项目区的覆膜育苗、金山项目区的大苗深栽、三北局项目区的林粮间作，也都加大了科技含量。同时，各项目区积极调整林种、树种结构，营造多树种混交林带，增加林带的抗逆性。

工程实施3年来，项目区共修筑5处扬水站和205千米水泥渠道，累计完成人工造林0.38万公顷，封山育林3万公顷，3处林业技术培训推广中心已竣工并交付使用，实现了时间过半、任务完成过半，工程建设质量得到了国内外咨询专家和有关部门的充分肯定。德国驻华公使耶思先生专程来宁检查项目执行情况后对项目的顺利进展和已经发挥出来的效益表示满意。（宁夏林业厅项目办）

【宁夏推广十项林业实用技术】 为加快全区生态建设的步伐，提高林果生产的效益，自治区林业厅选择了十项林业实用技术在全区推广。一是推广地膜育苗技术。今年全区13个市县推广466.67公顷，苗木出苗率、成活率和生长率都大为提高。二是推广优质枸杞良种繁育和栽培技术。今年推广“宁杞一号”、“大麻叶优系”0.127万公顷，实际完成0.183万公顷，并建成示范园148.67公顷，使全区枸杞种植优质品种面积扩大，达到了集中连片、规模化、上档次的要求。三是推广农田防护林营造技术。采用多树种、多林种的搭配，在大林带、小网络上种植了各种抗天牛杨树，平均成活率达90%以上。四是推广柳树无性系繁育栽培技术。完成育苗27.6公顷，从外地调入的漳河柳以其干直、速生的特点，深受各地欢迎。五是推广枣粮间作技术。在新灌区大面积推广了枣粮间种，使粮食生产和林业生产两不误。六是推广伐根嫁接毛白杨技术。完成8万株，成活率达90%以上，加快了天牛虫害林的改造步伐。七是推广引进栽培的各类核果、坚果优良品种获得成功。八是建成优质黄元帅示范园500公顷。九是推广飞机造林技术。在盐池、灵武、陶乐三市县，抓住了降雨过程，超额完成飞播任务，提高了沙漠治理速度。十是在宁南山区推广旱作生态林技术。抓住黄河上中游生态建设的机遇，推广面积达3 333.33公顷，取得了事半功倍的效果。（宁夏林业厅科技处）

【全区小流域综合治理典型——彭阳县】 彭阳县去年以来，加快高标准小流域综合治理步伐，使全县一半的地方达到了“水不下山、泥不出沟”，生态环境明显改善。据测算，仅每年为黄河下游拦截泥沙就高达400多万吨。

彭阳县历届县委、政府都把植树造林、改善生态环境作为一项重要工作，加快了以农田基本建设为龙头的小流域综合治理步伐。在治理措施上，坚持高起点、高质量，山、水、田、林、路、草综合治理，生物、工程措施同步实施。一年来，共兴修梯田0.867万公顷，造林种草1万公顷。庙壕流域原来水土流失面积高达90%，去年开始，他们对这一流域进行了高标准的农林牧路综合开发。现已完成水平梯田333.33公顷，造林种草133.33公顷，建设小型水保工程105座，治理程度达到40.9%，使这一流域由过去“跑肥、跑土、跑水”变为现在的“保肥、保土、保水”。我国水利专家、国家黄河水利委员会副主任仝琳琅视察后评价说，这里的小流域治理起点高、进度快，堪称“精品工程”。

目前，彭阳县共开展小流域治理47条，完成治理面积达200平方千米。小流域治理不仅产生了良好的生态效益，也产生了可观的经济效益。治理程度较高的流域内人均年纯收入超过1 200元，粮食产量每公顷达3 450千克。（宁夏林业厅科技处）

【宁夏治沙技术领先】 据一项调查表明，全国沙漠化最严重地区之一的宁夏，沙漠化土地面积已由70年代的1.65万平方千米减少到1.26万平方千米，成为中国第一个实现沙漠化土地面积减少的省区。专家认为，这是领先世界的宁夏治沙技术创造出的世界领先的治沙效果。

目前，宁夏研究发明和创造了水利治沙、生物固沙、沙区飞播造林种草等世界领先水平的技术，而且拥有上万人的治沙科技人员，建立起了以沙漠化起因、过程、监测、整治、评估为中心的多学科治沙科研体系。沙漠化这一“地球癌症”在宁夏正被先进适用的治沙技术所根治。

利用飞机播种造林种草治沙始终是国际上的难题，而宁夏科技人员攻克了植物的选择、籽种处理、飞播期的把握等一道道难关而获得成功。飞播造林系列技术的推广使造林功效提高了5倍，飞播一亩成本下降至5元钱。西北、华北和东北“三北”地区累计飞播造林种草超过一百万公顷，成为世界上飞播造林面积最大的地区。

引水拉沙治理沙漠是科技人员和沙区人民的又一项创造。引水拉沙造田主要是在沙区高处开沟，低处筑坝，借助水的力量将沙丘拉为平地，成为可以灌溉的农田和果园。

在生物固沙方面，钻孔深栽造林法也是中国的一项创造性成果，现在，这种成熟的造林治沙技术已在“三北”地区广为推广。设置沙障固沙治沙技术则是一项令国际治沙界叹服的先进技术，主要是用树木枝条、麦草、粘土等，在流动沙丘表面设置方格网沙障固定流沙，然后在方格内植树种草，改造沙漠。目前，这一技术已在亚洲其他地区和非洲得到推广。

（宁夏林业厅造林治沙处）

【宁夏首家林果股份合作社成立】 宁夏首家由果农自愿入股，实行集约化经营的林果联合体——银川市兴新林果股份合作社，在大新乡大新村正式挂牌营业。

大新乡的果树种植是从1983年开始的。林果生产已形成一定规模。但由于一家一户经营，技术、管理、贮藏、销售等相对滞后，加之信息反馈较慢，往往是丰产不丰收，而且风险较大。在调整农业产业结构过程中，为改变这种“单打一”的生产经营模式，适应市场经济的需要，经过乡党委、政府的引导和支持，由村民张万珍发起，联合全乡23户果农，以入股的形式，成立合作经济组织。现有果园面积25.73公顷，主要果品有苹果、梨、葡萄、桃、杏、李子等。仅贡元帅一个品种，就采摘10万千克，急寻销路。合作社的成立，将为果农提供科技、管理、营销信息一体化服务，使林果产业逐步向主导方向发展。合作社将投资20万元，建设一座480平方米的果窖，为全乡果农解决贮藏、保鲜难的问题。由于合作社实行适度的集约经营，可解决农户分散生产难与市场接轨的矛盾。目前，合作社正与浙江、杭州等地联系销路。往年，杭州人都很喜欢北方的黄元帅苹果，把它称之为“金帅”“金蛋蛋”。确信，经过商标注册、商品包装，果品销路会更加看好。

（果树站）

【林业贴息贷款在宁夏林业建设中发挥重要作用】 1999年，自治区森林覆盖率由1985年的4.2%提高到6.4%，果品产值由0.34亿元上升到3.46亿元，国有林场、苗圃、园艺场总收入由795万元增加到3 333万元。有关人士说，这其中林业项目、治沙、山区综合开发3项贴息贷款的发放使用功不可没。

1986年，中国农业银行组织发放了林业项目贴息贷款；1992年、1997年又相继发放了治沙贴息贷款和山区综合开发贷款，3项贷款在全区林业建设和防治荒漠化工程中发挥了重要作用。一是拓宽了林业建设的资金来源渠道，增加了林业投入。据统计，1986年到1998年三项贷款资金投入量占同期林业建设总资金的23.6%，这对自治区加快林业建设步伐、开发利用林业资源、调整林业产业结构、提高林业自我积累和发展能力、改变资金使用观念，起到了积极的促进作用。二是支持了林业支柱产业的发展，扶持了一部分农民脱贫致富，十多年来，先后共发放经济林贷款10 433万元，占实际发放贷款总额的52%，使果品生产在建设速度和规模上有了长足的发展，并涌现出一大批靠生产果品而脱贫致富的典型。吴忠市扁担沟乡果品收入在10万元以上的农户有10多家，人均收入超万元。三是支持了国家林业生产单位转机制、增效益。为使全区90多个国有林场、苗圃、园艺场尽快摆脱贫困，从1986年以来，共为其发放三项贴息贷款9 676万元，增加的投入使多种林业资源得到合理开发和利用，涌现出青铜峡市树新林场、灵武市白芨滩林场等一批由死变活、由弱变强的先进典型。四是促进了沙漠化土地的综合整治，开发利用了沙区资源。治沙贴息贷款重点支持了毛乌素沙区的综合整治，治沙造林8.667万公顷，初步治沙化土地26.67万公顷，开发沙山资源4.667万公顷。

（宁夏林业厅计资处）

【先进集体和先进个人】

全国园林绿化先进城市（建设部）

银川市

全国优秀乡村护林员

刘静、潘常清、蒋荣、马养德、王军

全国森林资源林政管理先进单位

贺兰山国家级自然保护区管理局

全国森林资源林政管理先进个人

马学军、李秋梅、刘伟泽、王有德、侯克仁

（宁夏林业厅）

【宁夏回族自治区1999年林业大事】

1. 1月14日，自治区林业厅对1998年度完成林业厅下达造林任务的盐池、彭阳、中宁、平罗4个县的林业局各奖现金5 000元；对1998年育苗工作成绩突出的中卫、平罗、永宁、利通区、中宁、青铜峡、灵武、彭阳、固原9市、县林业局各奖励3 000元。

2. 2月26日，日本国际协力事业团与中国政府有关方面签署了《关于国际协力事业团与中华人民共和国有关方面就中国宁夏森林保护研究计划后续合作的会谈纪要》，该项目后续合作期限自1999年4月1日～2001年3月31日，为期2年。

3. 3月30日，全区十多所大、中专院校和宁夏军区、武警宁夏总队的2 000多名青年，在银川郊区永固乡黄河岸边植树造林，拉开了宁夏“保护母亲河行动”的序幕。现场进行了为“绿色希望工程”基金捐款活动，参加植树的青年当场捐出7 500多元，作为“保护母亲河行动”的基金，用于植绿护绿。自治区党委副书记韩茂华等参加植树活动并捐款。

4. 4月3日，上午自治区党委、政府在银川召开全区实施绿色通道工程动员大会。会议由自治区副主席刘仲主持，自治区党委副书记任启兴作了《实施绿色通道工程，加快生态环境治理，努力建设面向21世纪的宁夏林业》的动员讲话。自治区党政、军领导毛如柏、马启智、马锡广、王正伟、马昌裔、姬亮洲等出席了会议。工程建设的总体要求是三年建骨架，八年见成效，十年左右全面完成任务。会上，自治区林业厅、交通厅、银川市、石嘴山市、吴忠市和固原行署的负责同志发了言。

5. 5月13日，自治区人民政府发出关于《划分水土流失重点防治区和限期退耕陡坡耕地》的公告。

6. 6月5日，以日本岛根县议会议员佐佐木雄三为团长的岛根县友好交流团一行26人，来宁夏进行一年一度的交流访问活动。6月5日上午团长佐佐木雄三及全体成员拜会了自治区主席马启智。下午自治区党委书记、人大常委会主任毛如柏会见了友好交流团团长及各分团团长和交流团中的县议会议员。

7.　7月7日，为了贯彻国务院和自治区两个通知精神，自治区林业厅抽调专人，对全区毁林开垦情况进行了全面清查。全区共清理出毁林及开垦林地2 129起，总面积45 513.73公顷，其中有林地2 897.6公顷。占毁林开垦总面积的6.4%；疏林地4 244公顷，占毁林开垦总面积的9.3%；灌木林地9 845.6公顷，占毁林开垦总面积的21.6%；采伐迹地273.73公顷，占毁林开垦总面积的0.6%；幼林地170.87公顷，占毁林开垦总面积的0.4%；宜林地27 499.2公顷，占毁林开垦总面积的60.4%。由于毁林开垦造成木材损失20 302.8m³，损失树木880 168株。在清查出的2 129起毁林开垦中，有批件的仅有32家，面积636.6公顷，占毁林开垦总面积的1.4%，毁林开垦最突出的是西吉县，占毁林开垦总面积的50%，其次是黄河护岸林地，约占15%。

8.　8月4日，彭阳县林业局总工程师吴志胜被全国绿化委员会评为"全国十大绿化标兵"，并参加了表彰大会。

9.　8月20日，自治区林业厅向自治区人民政府呈报《百万亩封山育林规划》，规划从1999年开始实施，4～8年完成，总投资2 013万元。一次性封育100万亩（66 666公顷），其中重点封沙区19 159公顷，黄河滩地9 499公顷，土石山区、黄土丘陵水土流失区38 008公顷。封育重点：六盘山、罗山、贺兰山、香山四个天然次生林区，六盘山外围、毛乌素沙地、腾格里沙漠及黄河滩地，涉及16个县市、两个国有林场。

10.　9月3日，自治区林业厅召开领导班子、领导干部"三讲"教育工作动员大会。林业厅党组书记、厅长、"三讲"教育领导小组组长孙长春作《提高认识、注重实效，切实搞好领导班子和领导干部"三讲"教育》的动员讲话。自治区"三讲"教育工作巡视组组长欧阳齐也作了讲话。会议由林业厅副厅长、"三讲"教育领导小组副组长郭生岐同志主持。

11.　9月8日，自治区人民政府发出《关于继续冻结各项建设工程征占用林地的通知》，指出：①各级人民政府要进一步加强对林地保护管理工作的领导；②严格坚持征占用林地审核审批制度；③继续做好对滥批乱占林地的查处工作；④认真做好退耕还林工作。

12.　9月9日，自治区林业厅在银川召开全区林业局长会议。会议传达了温家宝副总理关于加强病虫害防治工作的重要指示；宣读了自治区人民政府《关于继续冻结各项建设工程征占用林地的通知》。会议期间，厅"三讲"办专门召开林业局长、场长座谈会，征求对厅领导班子、领导干部的意见。厅党组书记、厅长孙长春在会上作了题为《总结经验，抢抓机遇，为全面完成全年林业建设任务而努力奋斗》的讲话。并就下半年的工作作了六点安排。

13.　10月10日，自治区林业厅转发自治区人民政府办公厅关于进一步加强国有林业场圃工作的意见的通知。

14.　10月14～16日，自治区林业厅在银川召开全区林业局长会议。会上孙长春厅长就如何从全局、战略的高度深刻理解中央和自治区领导关于加快生态环境建设的重要指示精神，充分认识林业部门在生态环境建设中的历史责任、拓宽思路、调整布局、统一规划、突出重点、努力实现林业建设跨跃式大发展作了总结讲话。

15.　10月28～30日，国务院总理朱镕基来宁夏考察了扶贫扬黄灌溉工程，就实施西部大开发，特别是加强生态环境保护和建设工作与自治区领导交换了意见。朱总理强调指出，实施西部大开发战略，是一项复杂的系统工程，要有步骤、有重点地推进，当前和今后一个时期，重点是抓好：第一、进一步加快基础设施建设，这是实施西部大开发的基础；第二、切实加强生态环境保护和建设，这是实施西部大开发的根本，是切入点，为此必须坚持实行"退耕还林（草）、封山绿化、个体承包、以粮代赈"的措施，这些措施是贯彻中央关于植树造林、绿化荒漠和荒山荒地方针的具体化；第三、积极调整产业结构，这是大开发的关键；第四、大力发展科技和教育，这是大开发的重要条件。

16.　11月12日，宁夏全境被国家列入黄河中上游天然林保护工程范围，工程规划编制工作已全面启动。全区的19个县（市、区）及六盘山、贺兰山天然林区全部列入工程建设范围。

17.　10月5～16日，自治区林业厅在银川召开全区林业局长会议。会议主要贯彻落实朱镕基总理视察宁夏的有关指示精神；通报全区天然林保护工程初步规划意见；讨论全区实施退耕还林（草），以粮代赈的具体办法和措施；研究部署下一步工作。

18.　10月18日，自治区人民政府办公厅发出关于调整自治区森林防火指挥部组成人员的通知。调整后的指挥部成员是：总指挥刘仲；副总指挥孙长春、容健、李树宏；委员17人，指挥部办公室设在林业厅，办公室主任刘荣光兼；副主任由林业厅公安处王以瑞担任。　　　　（志办）

新疆维吾尔自治区林业

【概 述】

发展与成就

森林资源培育 1999年，自治区共完成平原造林面积7.191万公顷（不含兵团），为年度计划的131.54%。其中用材林面积0.288万公顷，经济林面积3.81万公顷，防护林面积2.654万公顷，薪炭林0.335万公顷，特用林0.104万公顷。经核查实际完成合格面积5.811万公顷，为年计划的106.29%。义务植树4 285万株，零星植树2 432万株。完成山区人工更新造林面积0.388万公顷，森林抚育0.493万公顷，人工促进天然更新合格面积0.5万公顷，封山育林合格面积4.6万公顷。全区平原地区完成育苗0.544万公顷，其中新育0.43万公顷，完成沙区综合治理开发总面积12.76万公顷，其中治沙造林1.98万公顷；封沙育林育草10万公顷，治沙造田0.547万公顷；种植药材及经济作物0.233万公顷。续封平原天然林40.47万公顷，其中新增封育面积13.33万公顷，引洪灌溉平原天然林10万公顷。

1999年，又有福海县、阿勒泰市、塔城市、吐鲁番市、察布查尔县、乌恰县、木垒县和乌鲁木齐市8个县市实现了农田林网化。巴楚县、岳普湖县、博湖县和沙湾县4个县通过了自治区平原绿化验收。

1999年，山区林场共采伐木材23.6万立方米。累计销售原木21.5万立方米，产销率91.1%。原木库存5.5万立方米。预算内企业实现利润2 000多万元。

森林保护 1999年，继续进行了陆生野生动物资源调查工作，完成了调查样带共计1 195条，其中森林灌丛样带651个，草原样带159个，荒漠样带299个，农田区样带86个，涉及调查区域总面积75.66万平方千米。完成了塔里木盆地、博斯腾湖、额尔齐斯河、布尔根河、乌伦古湖、哈纳斯和天池等重点湿地调查22块，一般湿地调查200块的工作任务。1999年自治区共发生林火10次，其中森林火警8次，重大森林火灾1次，一般森林火灾1次；总过火面积1 763.1公顷，其中受害森林面积164.2公顷。全区森林火灾发生率0.5次（平均每10万公顷森林），森林受害率0.04/1000。损失林木折合材积2 543立方米，损失幼树1 088株。4月初，林业厅组织了3个检查组，对天山中东部、天山西部和阿尔泰山的林区进行了森林防火督促和检查，重点检查了火源管理情况、预防措施落实情况、半专业扑火队的组织情况等。8月中旬至10月底，组织技术人员完成了《自治区"十五"计划和2015年远期规划》的编制，并上报国家林业局。

1999年，自治区森林病虫害发生面积13.87万公顷，防治面积11.4万公顷。森林病虫害发生率、防治率、监测率、检疫率平原地区分别为13.04%、82.87%、81.61%、95.75%，山区天然林分别为0.89%、67.53%、67.99%、98.37%。元月，在自治区林业局场长会议上，与各地、州、市林业局、天西、阿山林业局和直属林场签订了《1999年度森林病虫害防治目标管理责任状》，同时对1998年目标任务完成较好的塔城地区、博尔塔拉蒙古自治州、和田地区和石河子市进行了通报表彰，并各奖励5 000元。4月1日，自治区人民政府办公厅在乌鲁木齐主持召开了认真贯彻落实《植物检疫条例》，防止黄斑星天牛入疆新闻发布会。林业厅厅长买买提·阿不都拉通报了自治区近几年危险性森林病虫重大疫情，自治区人民政府副主席熊辉银作了讲话，自治区林业厅、工商局、铁路局、民航局、交通厅、邮政局联合发布了《关于加强我区森林植物调运检疫工作的通知》。6月初，林业厅印发了《自治区责令限期除治森林病虫鼠害实施办法》，9月8日，召开了由自治区地方病研究所、治蝗灭鼠办、新疆农业大学、新疆大学和林科院等单位专家、教授参加的林木鼠害防治技术研讨会。林木鼠害防治在自治区的高度重视下，在奇台县、木垒县、吉木萨尔县开始启动实施。1999年，共查处各类森林案件1 711起，其中刑事案件22起，治安案件122起，授权查处林业行政案件1 567起。打击处理违法犯罪人员3 618人，收缴木材970立方米，收缴野生动物324头（只），挽回经济损失1 296.16万元。

林业科技和教育 根据自治区林业工作会议确定的工作任务，以林果新品种引进及其丰产栽培技术和病虫害防治技术的研究、推广及天然林保护和荒漠化防治研究为重点，安排推荐科研推广项目18项，其中延续项目10项、新上项目8项。完成了3项林业科研成果的鉴定。组织申报自治区科技进步奖3项，其中新疆5个优良核桃品种的选育获三等奖，饲料杨的引进与推广和加快天山山地森林资源恢复与发展研究获四等奖。举办了两期专业技术人员继续教育培训班，培训学员220人。组织林业专家参加自治区干旱农业可持续发展研讨会，征集论文11篇。

资源与林政管理 1999年完成了阿尔泰山林业局富蕴、哈巴河2个林场30万公顷的森林资源二类调查工作。完成天然林保护工程和重点生态工程区森林资源清查工作的调查技术方案和工作方案的编写工作。根据原林业部《林业调查规划设计单位资格认证管理暂行办法》，审查批准了天西林业局调查设计院27家单位林业调查资质等级资格。继续抓了国务院国发

[1999] 8号明电的贯彻落实，尤其是退耕还林，共清理出毁林开垦面积4.87万公顷。起草了《新疆维吾尔自治区集体、个人林权证颁证工作细则》，启动了全区集体林权证的发证工作。

1999年，全区共发生林政案件1 932起，查处1 824起，损失林地13公顷，林木2 174立方米，幼树1.92万株，收缴木材726立方米，没收违法所得128万元，行政处罚3 411人次。

1999年，全区91个木材检查站共发生违法运输木材案件665起，查处638起，没收违法所得1万元，没收木材20立方米，处罚638人次。1999年，全区未发生超限额采伐林木现象，为自治区连续第七个森林面积、蓄积双增长年。

存在问题 一是林业发展的现状与自治区经济社会可持续发展的要求还有很大差距，部分地方仍存在边建设边破坏的现象。二是随着造林任务逐年加大和造林地块向立地条件差的“四荒”地带延伸，林业建设投入不足、投入机制不健全的问题日益突出，成为制约新疆林业发展最主要的因素。三是林果业发展低层次、低水平、规模小、经营分散、管理粗放、流通不畅、商品率和产业化程度低的问题仍未解决，林果业在农村经济发展中的作用和潜力尚未得到充分发挥。部分地区一方面有大片低产经济林亟待改造，另一方面又在用劣质苗木和实生苗继续营造新的低产林。四是森工企业债务负担重、产品结构单一、市场竞争力差，现有多种经营项目尚不足以成为支柱产业，停伐减产后企业经济效益、林产品原料来源和职工分流安置等受到影响。五是林业科技成果转化率、林业建设中科技含量偏低，实用型人才紧缺，科技兴林力量薄弱的现状与林业建设快速发展的需要尚有很大差距。 （蔡立新）

【新疆林业公安】 新疆林业公安机关组建于1979年(1997年自治区林业公安处更名为自治区林业公安局)，现有机构总数133个，其中正处级1个，副级处1个，13个科级地州（市）林业公安局（处）。全疆共有林业派出所118个，其中直属林区派出所29个，平原林业派出所89个。全疆现有林业公安民警959人，由维、汉、哈、蒙、满、锡伯、俄罗斯等民族组成，大中专以上文化程度占56%。各级林业公安机关均列入当地公安机关序列，实行双重领导，行政上以林业主管部门的领导为主，业务上以当地公安机关领导为主。自治区林业公安局为自治区公安厅十四处。目前，全区已基本形成了覆盖全疆的依法治林的专门执法体系。

近年来，全区林业公安机关共查处各类森林和野生动植物案件6 669起，其中：刑事案件120起，治安案件464起，林业行政案件4 006起，野生动物案件2 663起。收缴木材4 865立方米，野生动物7 951只（头）打击处理9 979人次，为国家挽回经济损失2 435.73万元。几年来，全疆森林案件查处率均在97%以上。

1999年4月，根据上级的安排和部署，组建了“中国新疆南部铁拳——99保护藏羚羊行动队”。4月10～30日开赴阿尔金山，行动队在阿尔金山腹地海拔5 000多米的无人区，顶风斗寒，野餐露宿，舍生忘死，不怕高山缺氧，同穷凶极恶的武装盗猎分子展开了五次激烈的战斗，共抓获盗猎分子19人，其中击毙1人，击伤1人；缴获盗猎用吉普车6辆，各类枪9支，子弹1 350发；收缴藏羚羊皮1 322张，头142个；藏野驴皮26张；熊掌12只；猞猁皮1张，野牦牛皮6张，头2个；打掉武装盗猎团伙9个，捣毁盗猎分子窝点12个；并查获一批玉石、金器和部分现金、支票，仅藏羚羊这项涉案金额人民币就达1 000多万元。这次行动有力地打击了犯罪分子的嚣张气焰。

近年来，林业公安大力开展了立功创模活动，抓典型，树榜样，有4人荣获全国优秀人民警察称号、3人荣获全国林业公安系统优秀人民警察称号、2人荣获全疆优秀民警称号。全疆各级林业公安机关有3个单位荣立集体二等功，49个单位荣立集体三等功，68个单位受到了集体嘉奖；有6人荣立个人一等功，18人荣立个人二等功，96人荣立个人三等功，208人受到了个人嘉奖。3个单位荣获打击破坏森林资源违法犯罪活动专项斗争先进集体。自治区林业公安局获得精神文明建设先进单位、民族团结先进单位、优秀党支部等称号。

林业公安大力加强法制宣传、教育培训工作，采取专门办班、以会代训等做法，举办培训班9期，培训业务骨干百余名，受训人员600余人次。

全疆林业公安民警办理了自治区人民政府和国家林业局颁发的林业行政执法证，为依法行政，履行法律职责，取得了执法主体资格。1999年林业公安局按照上级的部署，在全疆实行警务公开制度，进一步增加林业公安工作的透明度，建立评风义务监督员制度，确保林业公安公正执法。

近5年来，还加强了林业公安队伍装备建设，提高了林业公安装备水平和战斗力。在各级林业公安机关的共同努力下，区、地、县的共筹措配套资金1 599万元，国家森林公安局投入一定配套资金。用于给各级林业公安机关装备枪支和通讯器械、警械、车辆配置。

根据国家森林公安局提出的“整体推进工程”计划的要求，加强了林业公安基础设施建设。目前，林业公安各单位的办公用房面积由1997年前的人均6平方米达到9平方米以上的标准。已有13个单位跨入了“五小工程”的行列。1个单位被公安部、林业部授予基层基础建设先进集体。 （新疆林业公安局）

【新疆经济林建设】 截至1999年，新疆经济林面积约23.3万公顷，产量120万吨，产值21亿元。每年新疆销往外省及国外的水果约50万吨，约占全国水果市场的2.4%，其中：苹果、梨、葡萄、红枣分别占1.6%、2.3%、24.5%、0.5%。

1999年，新疆完成经济林种植面积3.7万公顷。其发展主要有两大特点：一是各级干部群众对发展经济林的认识有所提高，真正把其作为一项农村经济和产业结构调整的重要内容和支柱产业来发展。二是积极发展具有新疆特色的林果树种和品种，市场需求不断增加，经济林的投入体制有所变化，部分地方已建立起国营、集体、民营、个体和股份合作制等多种形式的投入机制，从而推动了经济林的迅猛发展。

为了规范林果业的发展，贯彻落实自治区提出的要在10～15年后，把林果业建成农村经济支柱产业的指示精神，自治区林业厅组织编制了《新疆1999～2010年26个名特优经济林商品基地重点县建设规划》，规划到2010年营造经济林面积16万公顷，重点发展具有新疆特色的核桃、香梨、杏、石榴、枸杞、葡萄等名特优林果基地。这一规划的实施，将会对新疆的林果业发展起到辐射和带动作用。为10年后实现全疆林果面积66.7万公顷，农村人均一亩园的奋斗目标打下了坚实的基础。（师　茁）

【新疆森林公园建设】 自治区的森林公园建设自90年代初起步，大多数森林公园是在国有林场、国有苗圃等林业单位所辖林区的基础上建立起来的。

1999年，自治区新建森林公园5处，其中：自治区级4处，县级1处，新建森林公园经营面积8.8万公顷，投入建设资金300万元，建成旅游公路106千米，旅游步道75千米，兴建各类旅游服务设施7 060平方米，有接待床位470张。截至1999年底，全区共建森林公园40处，其中：国家级2处，自治区级23处，县级15处，森林公园经营点面积达29.71万公顷。全区森林公园已累计投入建设资金1 500万元，建成旅游公路749千米，旅游步道445千米，兴建各类旅游服务设施37 560平方米，接待床位3 704张，从业人数581人。据统计，1999年全区森林公园共接待游客100万人次，旅游业收入500余万元，实现利润200万元。

（刘　瑛）

【新疆防沙治沙工程建设】 自1991年，自治区编制《新疆1991～2000年防沙治沙工程规划》，1992年防沙治沙工程正式启动以来，沙区广大干部群众发扬自力更生、艰苦奋斗精神，坚持不懈地在天山南北、农区内部、绿洲外围、戈壁沙滩、风沙前沿、河流两岸积极开展平沙造田、开沟排碱、挖石换土、修渠筑路、种树种草、栽果栽桑、种粮种棉种葡萄；采取引洪灌溉、引洪落种等措施，封禁保护、恢复发展各类荒漠植被，防沙治沙工程取得了显著成绩。治沙造林面积大幅度增加，治理范围逐年扩大，质量显著提高，生态、经济和社会效益日趋明显。到1999年底，全疆累计完成综合治理、综合开发面积112.124万公顷，其中，营造防风固沙林10.977万公顷，封沙育林育草79.372万公顷，治沙造田及改造低产田6.881万公顷，人工种草及改良草场12.485万公顷，种植药材及经济作物2.211万公顷，开发利用水面0.198万公顷。

全疆通过“三北”防护林工程和防沙治沙工程的实施，农区内部、绿洲外围的环境质量有了显著提高，不少地方出现了人进沙退，林茂、粮丰、畜旺的喜人景象。目前，全疆已有9个地州、74个县市和兵团131个农垦团场实现了农田林网化，39个县、市实现了平原绿化，80%以上的农田受到林网的有效保护。林草植被的增加，改善了生态环境，为自治区农牧业生产连续获得21年丰收作出了积极贡献。

防沙治沙工程建设实施以来，取得了一定成绩，也从中摸索出了一些经验和做法。主要有：

1．广泛宣传，提高认识。防沙治沙工程是一项长期宏伟的生态工程建设，要使防沙治沙工程深入持久地进行下去，必须坚持不懈地抓好宣传教育工作。这几年，充分利用各种宣传工具，采取多种形式，在全区大张旗鼓地开展宣传教育活动。每年“3·12”植树节和“6.17”防治荒漠化和干旱日期间，邀请各报社和电台记者，组织林业系统有关人员，编写林业和防沙治沙工作的专稿及科普文章。通过广播电视、领导讲话、报刊宣传、街头板报、横幅标语等，大力宣传自治区在防沙治沙工作上取得的成就和经验；宣传通过治沙造林、改善生态环境给农牧业生产带来的好处。同时还出动宣传车，深入城镇乡村，广泛宣传“森林法”、“环境保护法”、“野生动物保护法”；举办“绿化知识”等知识竞赛和“林业纵横”、“绿染新疆”等有奖征文。

2．领导重视，真抓实干。完成防沙治沙工程，关键在于各级领导重视，真抓实干。多年来，自治区各级领导始终把防沙治沙工作纳入党委和政府的工作日程，坚持一任接着一任抓，一届接着一届干。建立领导干部任期目标责任制，层层签订责任状，把治沙造林业绩作为考核领导干部政绩的重要内容，实行一票否决制。由于责任制的落实，防沙治沙工作实施较顺利。

3．制定政策，措施有力。为在全区范围内加强天然荒漠林的保护和封育。1987年，自治区党委、人民政府制定了《落实政策，保护森林，发展林业》，对平原荒漠次生林实行保护、改造和利用，以保护为主的方针。

为有效地防止土地沙化，改善生态环境，合理开发利用沙区资源，促进全区经济发展，自治区人民政府1996年制定了《新疆维吾尔自治区防沙治沙若干规定》。规定为防沙治沙制定了优惠政策，对在沙区内开发、建设、采矿、筑路和农业综合开发等都作了具体规定，为防沙治沙提供了法律保障。

4．突出重点，集中投入。新疆是干旱荒漠区，属灌溉林业，治沙造林必须先兴修水利，平沙造田后才能进行。治沙造林成本高，大多都在600元以上，而仅靠国家给予的补助是无法完成的。为使工程顺利进行，各地千方百计把国家和自治区安排的治沙投资、以工代赈、造林补助费、草原建设费、水利建设资金、扶贫资金以及世行贷款等各项资金捆在一起，把各方利益结合在一起，统一规划，突出重点，集中投入，实行沙水田林路综合治理，农林牧副渔综合开发，向荒漠化要耕地，要粮棉油、肉蛋奶和各种果品，为当地农民脱贫致富开辟新途径。

5. 总结经验，科学治沙。新疆各族人民和广大科技人员经过数十年与风沙搏斗，总结积累了许多比较好的经验和措施。其成功经验是：一挡。在绿洲内部的片状沙丘、沙地和零星沙丘边缘，营造宽窄不等的防护林带，一般以沙枣、杂交杨为主，水土条件较好的地段配置新疆杨或经济林树种，在防护林外围利用洪水灌溉，营造灌木林和绿色草带，以阻截流沙向农田侵袭。二封。封禁沙丘四周的植被，禁止在封禁区割草、挖药、放牧。同时，利用洪水淤灌沙地，种植红柳、胡杨等，增加植被，改造沙地。三围。在绿洲内部较大的零星沙丘四周，营造以沙枣为主的固沙林，土壤条件较好的地段栽植小片经济林，这样不仅发挥了前挡后拉及四面包围的作用，并且更有力地控制了风沙对农田的侵袭。四冲。在低矮的沙丘中间开渠，分割沙丘，利用洪水，引洪拉冲沙丘，改造沙地，为植树造林创造良好的条件。五搬。对条田内部的低矮沙丘，利用机械或人工搬掉，在改造沙丘、防止沙进人退的同时，扩大耕地面积。

（冯春林）

【新疆维吾尔自治区 1999 年林业大事】

1. 1月5～7日，自治区林业局场长会议在乌鲁木齐市昆仑宾馆召开。自治区党委常委阿不都热衣木·阿米提、自治区副主席熊辉银、自治区人民政府副秘书长李德宏分别到会作了讲话。林业厅厅长买买提·阿不都拉作了题为《解放思想抓住机遇坚定信心锐意进取全面推进新形势下我区林业改革和发展进程》的报告，林业厅党委书记赵光寿作了总结讲话。

2. 3月5日，自治区召开发展林果业，促进产业化学术研讨会。自治区副主席熊辉银出席会议并讲话。自治区党委政研室、政府办公厅农牧处、农办、林业厅、农业厅、科委、新疆农业大学等12个部门和单位的领导、专家、学者60余人参加了会议。

3. 4月1日，自治区人民政府召开认真贯彻《植物检疫条例》，阻止黄斑星天牛入疆新闻发布会。

4. 4月14日～5月3日，自治区林业公安局参加了在可可西里区域阿尔金山国家级自然保护区集中打击武装盗猎藏羚羊活动中国新疆南部铁拳——'99保护藏羚羊行动。

5. 7月20日～10月18日，自治区林业厅机关在县处级以上党员领导干部中开展以“讲学习、讲政治、讲正气”为主要内容的党性党风教育。

6. 8月9～13日，自治区林业代表队参加了自治区第九届运动会。47名运动员，参加了9个大项38个分项，取得名次26个，在15个行业代表队中名列第八。

7. 8月18日，国家林业局副局长李育才一行来到自治区考察并听取林业工作汇报。

8. 9月8～17日，全国政协副主席赵南起率领“跨世纪保卫绿色行动——关注森林”考察团一行22人先后到新疆阿勒泰、巴州、吐鲁番、昌吉等地州考察。

9. 9月13日，自治区人民政府命名石河子市、阿克苏市、伊宁市、昌吉市为首批“自治区园林城市”，新源县为首个“自治区园林县城”。

10. 10月3日，'99昆明世博会闭幕，新疆参展团共获大奖5个、金奖20个、银奖22个、铜奖27个。

（田照敏）

新疆生产建设兵团林业

【概　述】 1999年，新疆生产建设兵团（以下简称兵团）林业在受灾程度重，受灾种类多（霜冻、大风、沙暴等），持续时间长的特殊条件下，仍然取得较好成绩。完成人工造林14 900公顷，其中防护林10 880公顷，经济林3 750公顷，其他林270公顷；实现果品总产23.7万吨，育苗678.87公顷，其中新育苗465公顷；森林资源管理和保护工作进一步加强。1999年，森林病虫鼠害发生面积32 820公顷，防治面积37 513.33公顷，有效防治面积29 000公顷，防治率114.3%。林地征占和林政案件逐年减少，结案率逐年提高，依法治林工作已步入正规化管理轨道。全年征占用林地面积54.2公顷，比1998年减少49.8公顷；林政案件发生317起，结案率96.5%。森林火灾继续保持“零”的水平。

农田林网化和标准化团场林业工作站建设步伐加快，又有2个团场和2个分场达到林网化验收标准，至此，全兵团有133个团场实现农田林网化，占158个平原团场的84.2%；有9个师（局）实现团场林业工作站标准化建设合格师（局）。

科技进步　一是突出推广新疆名特优经济林树种，如库尔勒香梨、贡梨、无核白葡萄等优良品种的培育和抗逆性强的胡杨培育技术；二是推广林业节水灌

溉技术 666.67 公顷；三是推广沙生灌木造林技术 866.67 公顷，推广果树高接换种 366.67 公顷，PB 菌根剂粘根 3.5 万株，生根粉技术应用 173.33 公顷，防啃剂技术应用 1 780 公顷，性引诱剂技术应用2 186.67 公顷，生物防治病虫害技术应用 2 186.67 公顷，应用胡杨、梭梭、红柳恢复发展技术续封 13 公顷，其中新封 13 公顷；四是提高混交林比例，提高林分抗病虫害能力；五是经济林脱毒快速繁育技术，11 个子项目已全面启动；六是推广果树人工授粉和疏花疏果技术。

1999 年，兵团林业工作有五个特点：

1. 领导重视。继续推行各级领导造林绿化和森林资源管理目标责任制，继续加强领导，强调植树造林为指令性计划，必须不折不扣地完成，并把造林任务纳入各级领导的政绩考核指标，奖罚兑现，增加了各级领导对植树造林的责任心。

2. 全民义务植树广泛、深入，成效显著。1999 年，全兵团参加义务植树人员达到 108.7 万人次，植树 2 447万株，人均植树 20.1 株，尽责率为 91%，首次突破 90%大关。兵团 14 个师（局），其中 11 个师（局）尽责率在 90%以上，最高的乌鲁木齐市农场管理局尽责率达到 96.50%。随着全民义务植树运动的不断深入，各级领导兴办绿化点已层出不穷，据统计，1999 年各师（局）、团场领导兴办绿化点 493 个，植树面积 1 686公顷；发动工会、共青团、妇联、学校等社团组织开展营造各种纪念林活动，把造林绿化和精神文明建设紧密地结合起来。有的师（局）、团场还建立了义务植树登记制度，有效地推动了全民义务植树运动蓬勃发展。

3. 坚持生态效益第一，突出造林重点工程建设。在造林绿化中，始终坚持生态效益第一，生态、经济、社会效益相结合的原则。继续强化农田林网化建设，造林中农田防护林比例占 90%以上。同时，注重绿洲外围防风固沙林工程建设，重点是一边、两线、一道生态林工程建设（一边，边境林建设；两线，准噶尔盆地古尔班通古特沙漠南缘和塔里木盆地塔克拉玛干沙漠西北缘防风固沙林工程建设；一道，塔里木河下游尉力县境内农二师 31～35 团绿色通道工程建设）。1999 年，完成边境林 373.33 公顷，完成防风固沙工程 2 466.67 公顷；完成绿色通道工程 133.33 公顷。

4. 造林地准备充分。1999 年造林地 80%以上是在 1998 年秋季平整准备好的，这不仅缓解春季时间短，劳力紧缺的矛盾，而且保证造林任务的顺利完成。

5. 以市场为导向，以效益为目标，大力调整林种结构。根据新疆独特的气候资源和经济林品种资源，优化资源配置，在不断完善防护林体系建设的同时，因地制宜快速发展库尔勒香梨、贡梨、哈密大枣、无核白葡萄、巴旦木等，扩大规模、上档次、创名牌，兴建商品生产基地。1999 年，兵团发展经济林 3 750 公顷，其中新疆名、特、优经济林占 75%以上。

（罗 毅 肖新艳）

【新疆生产建设兵团林业生产】 1999 年，兵团紧紧围绕“稳定粮棉、发展畜牧、保糖增油、扩大林果、开发水产”的农业工作指导方针，以完成 13 333.33 公顷人工造林为中心，抓好防护林建设、名特优质果品基地建设，加强领导、深化改革、强化措施，克服今年春季生产任务重、劳力紧、自然灾害频繁等一系列困难，使兵团造林绿化工作又取得了突破性发展。全兵团春季共完成人工造林面积 14 900 公顷，为年计划任务 13 333.33公顷的111.75%，其中：防护林 10 880 公顷（含工程性造林 1 369.8 公顷）；经济林 3 750 公顷；“三滩”造林2 346.47公顷；封沙育林 31 666.67 公顷。全民义务植树尽责率首次突破 90%，达到国家 2000 年要求达到的指标，参加义务植树达 108.7 万株，尽责率达 91%（120 万人次），义务植树 2 447 万株，人均植树 20.1 株。育苗 678.87 公顷，为全年计划任务的 102%。其中：新育 465 公顷，留床 213.87 公顷。

（赖 煜）

【新疆生产建设兵团全民义务植树】 兵团认真贯彻自治区《全民义务植树条例》，使义务植树活动开展的更加广泛、深入，部分师（局）、团（场）已建立了义务植树登记卡制度，全民义务植树逐步走向规范化、法制化管理轨道。1999 年全民义务植树达到 108.7 人次，植树 2 447 万株，人均植树 20.1 株，尽责率为 91%。尽责率达到 90%以上的有农一师、农二师、农三师、农五师、农七师、农八师、农九师、农十师、工一师、哈管局、乌管局、和管局，提前达到了国家绿委提出的“2000 年尽责率达到 90%以上”的要求。领导兴办绿化点 493 个、面积 1 686 公顷；组织工会、共青团、妇联、学校等团体开展营造各种纪念林活动，把造林绿化和精神文明建设紧密的结合起来。全民义务植树成绩突出，农二师参加全民义务植树活动 8.3 万人次，植树 323 万株，尽责率达到 95%，领导办绿化点 107 个，166.13 公顷，营造各种纪念林 50 条，面积 70.47 公顷。农五师参加全民义务植树活动 5.7 万人次，植树 126 万株，尽责率达到 95%。4 月 9 日，师主要领导亲自带领师直 34 个单位，到距师 30 千米的 85 团八连进行义务植树，挖土方 4 500 立方米，植树 4.2 万株。哈管局组织各行各业开展全民义务植树活动，参加义务植树活动 5.26 万人次，植树 320 万株，面积 933.33 公顷，领导办绿化点 80 个，面积 533.33 公顷。

（赖 煜）

【新疆生产建设兵团林业科技推广】 1999 年，兵团林业科技推广工作以实用技术推广为重点，全年推广实用技术 15 项，推广面积 1 125 公顷，已取得显著成绩。一是良种繁育技术，在树种选择上有了新的突破，突出抓胡杨、樟子松、库尔勒香梨、贡梨、无核白葡萄优良品种（系）的培育和推广，容器育苗、快速繁殖良种苗木技术开始起步。二是推广节水灌溉666.67公顷。三是大力推广盐碱地造林技术、经济林丰产栽培技术、地膜育苗技术、林木病虫害防治技术，ABT生根粉在造林育苗上的应用技术以及防啃剂的应用与推广。推广沙生灌木造林技术866.67公顷，经济林高接换种技术366.67公顷，PB菌根剂应用技术3.5万株，生根粉应用技术（其中在造林上应用173.33公顷，育苗上应用5万株），地膜育苗160公顷，两林夹一渠造林技术1 733.33公顷，经济林疏花疏果技术740公顷，新梨2号推广200公顷，防啃剂应用与推广1 780公顷，性诱剂应用与推广3 333.33公顷，BT乳剂应用与推广5 333.33公顷，奇丽施在林业应用与推广1 333.33公顷，经济林丰产技术5 333.33公顷，病虫害综合防治技术2 186.67公顷，胡杨、梭梭、红柳恢复发展技术续封31 666.67公顷，新封3 666.67公顷。四是混交林比例增大，树种选择上有新的突破，从提高林业的综合效益出发各垦区将适生范围广、抗逆性强、生态效益稳定、经济效益高的树种作为主栽树种，胡杨、沙枣、榆树、箭杆杨等乡土树种种植比例迅速得到恢复和扩大。 （赖　煜）

【新疆生产建设兵团农田林网化建设】　1999年，兵团继续把农田防护林体系建设作为造林绿化工作的主体。一是加强未实现农田林网化团场的林网化建设达标工作，全年有农一师良繁场、农六师奇台农场、新湖农场一分场、新湖农场二分场四个单位实现了农田林网化。二是强化已实现农田林网化团场的林网化建设“九五”期间继续把农田防护林建设作为兵团林业建设的重点工作。到1999年底，营造农田防护林累计达到7.27万公顷，全兵团已实现林网化的团场133个，占兵团平原团场总数的84.2%，有效地改善了垦区内部生态环境，使兵团千万亩农田得到有效保护，农牧业连年丰产稳产。 （赖　煜）

【新疆生产建设兵团经济林、园艺生产】　1999年，兵团经济林生产以兵团’99园艺生产研讨会上提出的“以资源优势为依托，以特色果品经济林为主体，以科学技术为先导，以行政推动为手续，逐步实现特色经济林规模化生产标准化管理、产业化发展”的指导思想为指南，紧紧抓住基地建设和科学化管理这个龙头，在大灾之年，取得了果树生产规模及果品生产质量、产量的全面丰收。

据统计，1999年兵团果树总面积3.28万公顷，名优果品商品基地面积达到了1.7万公顷，占兵团果树面积的41.6%，优质特色果树的面积比重进一步加大；新植果园面积3 750公顷，其中名优果树面积3 666.67公顷，占新植果园总面积的97.8%；果树结果面积18 666.67公顷，平均每公顷单产12.7吨，比上年有所提高；在受到早春低温、大风、沙尘暴等自然灾害频繁侵袭的情况下，仍获得当年果品总产23.7万吨的历史最高水平；在市场普遍表现疲软，价格回落的不利条件下，果品总产值达4.2亿元以上，比去年略有提高。经济林和园艺总产值首次突破10亿元大关。主要有以下特点：一是新疆地方名优经济林的面积比重明显加大，区域化布局、商品化生产、规模化发展的格局初步形成。到1999年年末，兵团经济林总面积为3.28万公顷，总产量23.7万吨，其中特色经济林面积已达1.7万公顷，总产10.2万吨，分别占兵团经济林总面积和总产量的51.8%和43%。二是适用技术和高新技术的推广应用全面铺开。经济林标准化管理技术、组培脱毒快繁技术、新品种良种良法配套技术、病虫害生物防治技术、经济林节水灌溉技术等推广率在70%以上，果品产量和质量有了大幅度提高。三是经济林园艺产业化建设工程也已开始启动。花卉、经济林方面分别建立了行业品牌和龙头企业，如香梨以农二师库尔勒垦区为龙头企业，哈密瓜以农六师103团为龙头企业，已形成龙头带基地，基地上规模，规模促发展，产业链逐步拉长的局面，产业化进程加快。近几年兵团瓜果生产逐步向特色、优质、精品的目标发展，建立了香梨（含贡梨）、无核白葡萄、干果、哈密瓜等四大特色瓜果商品生产基地，基地面积达2.533万公顷以上，年产名、优、特色瓜果23万吨。“易发2+8”库尔勒香梨、“贡宝牌”贡梨、“木卡姆”无核白葡萄干被定为’99中国国际农业博览会名牌产品，产品远销国内及东南亚国家，成为兵团重要的出口创汇品种之一。四是经济林、园艺业在兵团大农业中比重明显增加，农业产业结构渐趋合理。到1999年末，兵团经济林、园艺总产值已达10亿元，占兵团农业总产值的7.1%，比改革开放初的1978年（7 800万元，0.9%）上升5.2个百分点。 （张利琪）

【新疆生产建设兵团经济林标准化建设】　自1998年开始，兵团全面开展以提高产量、质量和效益为中心的经济林标准化建设工作，取得了明显的效果。1999年，经兵团专家组验收通过的标准园面积1 414公顷，是计划的107%，未经验收暂不予承认的面积6 800公顷。完成“两高一优”攻关面积7 207.2公顷，是计划的108%，攻关面积产量15.8万吨，是兵团果品总产的66.7%。农一师、农二师、哈管局、乌管局等四个师（局）标准化果园面积超过兵团下达计划；农一师、农二师、农三师、农五师、农六师、农八师、农十师、乌管局、哈管局等十个师（局）完成“两高一优”攻关面积指标。1999年兵团标准园建设方面有以下特点：

1．加大了标准化果园的宣传力度。一是在’99兵团果树研讨会上，利用两天时间参观农二师标准化果园，提高了各师（局）对标准化果园的认识。二是兵团以文件形式界定了标准园的内容、标准和要求，制定了具体措施，并对为什么要搞标准化果园，什么叫标准园进行了广泛的宣传，提高了各级主管部门对标准园建设工作重要性认识。三是成立了兵团标准化果园建设技术指导服务队，由专家服务队在农一师建立了标准化果园示范点，进行了职工技术培训等工作，从而大大提高了基层职工对标准化果园的认识。

2. 加大了检查指导的力度，标准化果园从点到面全面展开。1999年初，兵团和部分师（局）制定了标准化果园建设攻关目标，层层建立健全了组织，对各生产阶段进行检查指导，使标准化果园建设深入人心。兵团组织专家对部分师（局）标准化果园进行了现场检查、咨询和验收，对存在的问题进行了现场会诊。农二师等师（局）通过现场会、研讨会和技术推广普及会等形式，全面推动全师的标准化果园建设，并反复赴团场进行技术指导服务。由于各师（局）的努力，标准化果园从样板单位农二师推广到兵团大多数师（局）。据统计，有11个师（局）设立了标准化果园示范点，其中有3个师达到兵团标准化果园的建设要求，通过了兵团标准化果园的验收。

3. 部分师（局）标准化果园建设热情高、力度大，成效显著。农一师在兵团园艺研讨会后，结合本师实际，组织两批近百人赴农二师参观学习，并以农一师九团、良繁场为重点，进行树体改造、疏花疏果、地面管理、病虫害防治等工作，使该师标准化果园从面积到建设质量有了大的突破。哈管局根据本师特点，对篱架葡萄进行了改造，取得了明显的效果。（张利琪）

【农二师果树生产标准化管理】 标准化果园是兵团和农二师在不断总结果树“两高一优”丰产攻关和高产典型的基础上提出的新的概念。它是农业标准化体系建设的重要组成部分，比原来果树丰产攻关活动具有更广泛、更深刻的内涵。衡量标准化果园主要有四个方面的指标：①丰产、稳产，如成龄梨园亩产1 300千克以上，幼龄园800千克以上。②优质、无病虫危害，特一级果率30%以上，虫果率0.1%以下。③园相整齐，树体结构合理，层次分明，枝组健壮。④地面平整、疏松，无恶性杂草；投入高，水肥运筹科学。自1997年开始，在各团场建立果树标准化管理示范园，起到重要的先导示范作用。为此，全师上下达成共识并得到大力推广。把标准园建设作为果树生产由传统的产量型向现代质量效益型转变，是向精准园艺生产发展的重要途径。

围绕标准化果园的四大指标，在果树生产上全面推行五大技术体系：①“3+1”型树体结构为主的整形修剪技术体系。②综合防治为主的病虫害防治技术体系。③水肥运筹、科学投入为主的水肥技术体系。④土地平整小畦化灌溉为主的土壤管理技术体系。⑤人工授粉、疏花疏果、套袋为主的提高果品质量技术体系。经过3年的努力，标准园建设现已取得重大进展。1999年，全师建成标准化果园833.33公顷，为兵团计划的125%，占兵团验收面积的58.9%，完成产量1.88万吨，亩产1 500千克，一级果率达95%，各项指标均达到标准园要求。9月中旬，通过了兵团林业局及专家组的鉴定验收，为全面提高果树生产水平起到了重要的先导示范和带动作用。（梅龙珠）

【农七师经济林体制改革】 农七师经济林的发展，长期以来依赖于国家投资，产权归集体所有。经济林总面积1 133.33公顷，主要以苹果、桃、葡萄为主。苹果面积占经济林总面积的80%以上，产量占水果总产量的93%以上。大部分果树需要埋土匍匐栽培，发展很缓慢。近几年，受市场经济和内地水果的冲击，整个生产出现了“产品越多越发愁”局面。由于生产成本增加，产品价格下跌，果农收入减少，个别团场出现果农弃园改行和撩荒、砍果树的现象。为了适应市场，调动果农承包果树的积极性，促进经济林的发展，1998年对经济林实行产权制度改革。

改革工作分两步进行。第一步：制定改制原则与方案。果树所占的土地所有权属于国家，果树产权、经营权、使用权归果农，使果农真正成为果树的主人，产权一定30～50年不变。产权制度改革“因园而宜”不搞一刀切。果树作价从实际出发，果树单株价格=（苗木费+定植费+树龄）×品种系数；每亩果树价格=单株价×亩株数×面积；上交费用：果农按果树所占土地面积给国家上交土地费；管理费按果农年工资额的68%计提；农林特产税由果农直接交给税务部门；果树产权改制后上交费用每3年调整一次。幅度为5%～15%。第二步：选择农科所进行试点，在果农中广泛宣传经济林改制的必要性，然后把果树作价公布上榜，让果农讨论，做到心中有数，公平竞争。在规定的时间内一次性交清购买果树款。农科所30.667公顷果树全部卖给了果农，并核发了《产权证》书。通过1年的运作，在抓试点取得较好进展的基础上，1999年在全师推广。1999年，全师10个团场经济林改制793.33公顷，占经济林总面积70%，124团、126团、127团、128团、130团、师农科所等单位经济林改制工作结束。

改制后，经济林生产出现了前所未有的良好发展势头，主要有以下几个特点：

1. 管理工作由被动转为主动。果树产权改制充分调动了果农承包管理果树的积极性。果树产权属于果农，果树增产越多，果农收益越大，所以在科技、物化等方面的投入加大。冬季积运肥料又出现热潮，仅124团园艺连1999年冬季积运肥料950吨，达到了“斤果斤肥”的标准。许多果农拿钱（35元/天）请技术人员修剪。

2. 加大了科技投入。果树产权改制后，技术服务部门接受果农咨询的多了。从修剪、疏花疏果、改接、病虫害防治、新技术应用等方面学会一招，就应用一招，年底就见效。如：果形剂的应用，过去果农都嫌贵没人用。产权改制后，果农主动用，它既能提高单产25%，还能改善果品质量，使一级果率达90%以上，果品上市后很受欢迎。果农高兴地说："还是科学技术好使"。以前，品种更新是个老大难。产权改制后，果农自己拿钱买接穗雇人改接。果农雇人疏花疏果，1990年，全师疏花疏果面积达733.33公顷以上。所以产权改制使常规技术落到了实处，新技术得到了推广，过去因管理和技术等问题和领导扯皮的事情少了，促进了经济林整体管理水平的提高。

3. 经济效益明显。果树产权改制后，卖果树的款仍用于扩大再生产；果树产权归果农后，作为国家职工享受国家待遇的部分费用由自己负担，所以上缴利润有所增加。如：农科所改制前每公顷上缴5 100元，改制后每公顷上缴10 500元，增加5 400元。125团改制前每公顷上缴2 578.5元，改制后每公顷上缴8 250元增加5 671.5元。改制前全师经济林每公顷利润是8 053.5元，改制后为每公顷10 792.5元，每公顷增加2 739元。可以说果树产权改制后上缴费用不会出现亏损。产权改制不但利国利民还保住了资源不再流失，既促进了经济林的发展，也增加了效益。 （刘 晓）

【新疆生产建设兵团花卉生产】 1999年，兵团花卉生产实现了由外援型向自产与外援相结合的质的转变。年产盆花（草花）70万盆，鲜切花200万株，草坪2万平方米，实现产值700万元。建立花卉基地六处40.67公顷，花卉批发营销网点8个，花卉专业化生产、周年性供应、科学化管理的雏形已初步形成。

兵团花协技术服务中心被列入首批全国花卉生产示范基地，建立了花卉营销网点，开发了新疆野生稀有花卉资源，开发了干花的制作研究及生产，花卉业逐步成为兵团园艺业的新的经济增长点。 （张利琪）

【新疆生产建设兵团"十五"期间年森林采伐限额编制】 根据国家林业局"十五"年森林采伐限额编制工作的部署安排，兵团立刻组织开展"十五"年森林采伐限额编制工作，这是兵团自1991年计划体制单列。林业纳入国家林业局行业管理渠道以来，首次由兵团单独自行编限和上报。在克服时间紧、人员少、任务重、资金不足的情况下，兵团各级森林资源管理干部和林调院的技术人员，团结一心，分工有序，密切配合，相互协作，争时间、创速度、加班加点，按计划、保质量完成了编限工作，并按期上报国家林业局。

兵团"十五"期间年森林采伐限额总量为22.938万立方米，其中商品林采伐限额43 461立方米，生态林采伐限额18.592万立方米，按采伐类型分：主伐限额43 461立方米，抚育伐限额1.996万立方米，更新伐限额16.596万立方米。

总结这次编限工作，主要有五个特点：

1. 领导重视。兵团"十五"编限得到兵团各级领导的重视。国家林业局哈尔滨会议以后，兵团立即成立了以局长为组长，资源林政处处长、林业调查设计院领导为副组长的"十五"编限领导小组，从资源林政处和林业调查规划设计院抽调业务骨干组成工作班子，负责编制计划，制定实施方案，多方筹集资金，组织人员培训等，从而为"十五"编限工作顺利进行提供了有效的保证。

2. 涉及面广、范围大。"十五"编限是以团场为单位进行编制，根据国家林业局的编限原则，兵团要对所辖14个师（局）、174个团场森林资源进行严格审核后，确定编限团场。除个别团场由于生态环境恶劣，森林资源相对较少，而且中、幼龄林所占比例较大，未纳入编限范围以外，其余167个团场、4个直属单位符合编限条件，均纳入编限范围，占兵团应编限单位的97.8%，与"八五"、"九五"相比，是所涉及面和范围最多、最广的一次。

3. 审核严格。兵团"十五"编限任务主要委托具有乙级资格认证的兵团林业调查规划设计院承担。为保证编限质量，林调院精心选派一名业务骨干参加了国家林业局在京举办的"十五"编限培训班。在编限时，对各团场编限所用的森林资源数据，都经过严格审核，确定符合编限条件后，才纳入编限范围，提高了"十五"编限基础数据的可靠性，保证了编限质量。

4. 参加编限人员多，技术力量雄厚。编制"十五"限额，全兵团共抽调林业技术人员571名，他们多为各单位主管森林采伐、限额管理工作的业务骨干，而且具有一定的编限经验，综合素质较高，其中兵、师两级人员均为大专以上学历，是历次参加编限人员最多、技术力量最强的一次。

5. 编限数据可靠。为使"十五"编限科学可靠，兵团于1999年6～10月，在174个团场范围内开展了森林资源连续调查。经统计，继续保持森林资源面积和蓄积双增长的良好势头。同时，及时更新了森林资源数据，为"十五"编限提供了可靠的资源数据。

（罗 毅 肖新艳）

【新疆生产建设兵团防治荒漠化】 1999年，全兵团完成造林任务14 900公顷。其中：农田防护林5 680公顷，经济林3 750公顷，治沙工程造林5 200公顷，封沙育林新封26 666.67公顷，均超额完成了全年计划的任务。

1999年，兵团防治荒漠化工作归纳起来主要有以下几个特点：

1. 针对种苗基地建设较薄弱的现状及防沙治沙工程对苗木的特殊要求，兵、师、团狠抓了耐旱、耐盐碱种苗基地建设。

2. 加大了胡杨次生林及梭梭、红柳荒漠林恢复发展技术、节水造林技术、地膜育苗技术、ABT生根粉在造林育苗上的应用技术以及防啃剂、保水剂的应用推广。

3. 在树种选择上，从提高林业的综合效益出发，以选择适应范围广、抗逆性强、生态效益稳定、经济效益高的树种为主栽树种。大力推广应用节水造林技术，大规模采用沙地栽梭梭、碱地栽红柳、荒地栽沙枣的方式营造荒漠林，全兵团共营造荒漠林 2 346.67 公顷，成活率在 80%以上。 （耿永军）

【拯救塔里木河下游绿色走廊工程全面启动】 塔里木河下游绿色走廊位于塔里木盆地东北边缘，西起群克，东至英苏，全长 180 千米，宽 2～30 千米，走廊南临塔克拉玛干大沙漠，北接垄岗沙丘起伏的库鲁克沙漠，属极端干旱荒漠区，年均降水量 34 毫米，年均蒸发量 2 500毫米。新疆生产建设兵团农二师的 31、32、33、34、35 团五个团场依次分布在狭长的绿色走廊上。

该项目区总面积 583 万公顷，天然胡杨林 38.867 万公顷，荒漠灌木林 4.4 万公顷，灌溉面积 2.533 万公顷，其中，人工林 0.667 万公顷，耕地 1.867 万公顷，现有总人口 3.4 万人，1998 年国内生产总值 2.57 亿元，人均纯收入 1 687 元。

该区域相对湿度平均 45%～50%。日照时数3 000 小时，年均气温 10.8℃，≥10℃积温 4 200℃，气温日较差平均 16.2℃，无霜期 169～187 天，热量丰富，对喜温作物和林木种植非常适宜。

塔里木绿色走廊上的各团场从 50 年代建场至今，坚持不懈地抗击风沙，保卫着绿色走廊。80 年代以来，随着塔河来水量的锐减，绿色走廊的生态环境恶化，沙化严重，灾害连年不断，灌溉面积由 70 年代的 4.067 万公顷萎缩至 2.533 万公顷，天然植被大面积衰败枯亡。

为了拯救塔里木绿色走廊，治沙先治水，1998 年以来，随着《塔里木河干流域规划》、《拯救塔里木河下游绿色走廊水利配套工程》和农二师卡拉干渠延伸工程逐步实施，生态建设用水将大为改善，特别是在西部大开发中，兵团党委、农二师把《拯救塔里木河下游绿色走廊工程》列为重点工程，把退耕还林（草）作为改善生态环境，调整结构的主要措施，为此确定在1999～2005 年期间，退耕还林还草 1.686 万公顷，其中以香梨为主的经济林 11 126.67 公顷，生态林 1 520 公顷，退耕还草 4 220 公顷，完成渠道防渗 777 千米，果园微喷灌 2 626.67 公顷，牧草地微喷灌 460 公顷，封育天然林 6.933 万公顷，修建林区道路 120 千米，完成人工机械治沙（网格沙障）666.67 公顷。该项目投资约 4 亿元。

退耕还林（草）生态项目是《拯救塔里木河下游绿色走廊工程》的重要组成部分，该项目完成后，农二师 31～35 团五个团场将成为以香梨和马鹿为主业的新型农场。

该项目已全面启动，1999 年 32～35 团已完成退耕还林还草 2 000 公顷，完成渠系防渗 96 标准千米，落实建设资金 4 000 万元。 （李叶春）

【农八师植树造林工作荣获兵团造林绿化三连冠】 农八师为建成完备的林业生态体系，彻底改变垦区脆弱的生态环境，高度重视林业工作，加快造林绿化步伐，高起点、高质量、严要求、狠抓以“三百绿化工程”即百千米道路，百千米渠道，百个居民点绿化为主的农田林网化建设。1997～1999 年，完成造林 7 317 公顷，比计划增长了 2 717.1 公顷，连续三年超额完成植树造林任务。严格执行兵团造林技术规范，坚持“标准林床、标准苗木、标准栽植、标准管理”的质量要求，依靠强硬的行政措施和严格的管理制度使农八师造林绿化工作连续三年荣获兵团造林绿化第一名，实现了师党委提出的三连冠目标。主要做法是：

1. 领导重视。各级党委重视林业，党政一把手支持、关心林业，将林业纳入党委农业工作议事日程，纳入各单位社会、经济发展规划。自 1996 年以来，农八师召开的大型农业会议都把林业列入重要会议日程。师党委把植树造林、绿化美化环境作为一项重要工作写进党委和工作报告。各团场为提高绿化水平，相应制定了五年造林绿化发展目标，即二年绿一片、三年绿一线、五年绿全团作为团场工作目标和方向。

2. 早动手，早准备，提前落实好造林绿化任务，准备好林床、苗木，是顺利、圆满完成造林建园工作的基础。农八师制定五年不变政策，即：春季造林建园结束后，团场林业站到连队，会同连队领导实地踏勘，根据林网化建设需要，因害设防定造林地点；根据立地条件确定整地方式、树种、苗木和各单位造林任务、将第 2 年任务落到实处。1995 年前，农八师每年造林苗木缺乏，需外出调苗，近几年加强了苗木培育工作，培育的苗木树种对路，苗木质量较高。1997 年出圃各种苗木 810 万株，基本满足自给自足。1998 年起，造林苗木自给有余，有部分外调。

3. 制度健全，措施得力。1996 年《农八师林业管理考核办法》正式下发。各团场根据自治区和兵团关于加快林业改革和发展的两个决定，结合团场实际，制定了从林床预整到林业生态补偿费的征收、使用和管理等一系列的管理制度，把植树造林，改善生态环境纳入各级领导干部政绩考核内容，把做好林业工作作为评选先进单位、先进个人的重要依据，有的单位实行林业一票否决权，与单位领导工资奖金挂钩，奖罚分明，实行重奖重罚。

4. 两个文明建设一起抓，实行科技兴林。林随地走，林随路走，林随渠走，造林与水土开发相结合，造林与小城镇和小康连队建设相结合，继续开展“三百”绿化工程；大力推广沙生灌木节水造林技术，开展治沙造林。农八师推广的沙生灌木节水造林技术是提高沙地植被覆盖率，根治沙害的简便易行、节水经济的有效措施，是改善和优化石河子垦区大环境必不可少的措施。1997～1999年，垦区沙漠边缘的农场集中四万余人，在绿洲外围的沙丘种植梭梭650多万株2 460公顷。结合团场城镇建设和小康连队建设，开展园林化单位和园林化城镇达标活动。水土开发林业配套是个弱项，为此，师农林牧局与师开发办加强了开发土地造林的监督检查，各团场采取了各种措施。如121团开展1眼井、千株树活动，鼓励开发者植树。150团与打井开发者签订了打井开发协议书，按每公顷6 000元征收造林保证金，确保按开发面积种植10%林木。

5. 推广义务植树基地化经验，使全民义务植树落到实处。1999年，全师参加义务植树人数达18.99万人，尽责率达98.43%，义务植树422万株。142团将新安镇西面积10余公顷的"新安镇义务植树基地"划分给非农单位，实行包整林床、包栽植、包成活，责任到人，挂牌比赛，出力、出资金，树木成活率达不到要求，与农业连队一样要受到处罚，改变了过去那种非农单位到农业连队只栽不管的做法。

（陈新德　贾海涛）

【哈密农场管理局林业工作站标准化建设】　为了更好的发展林业，加强林业管理，根据兵农（林）[1991] 7号《关于团场建设林业工作站的通知》，1991～1992年哈管局新建9个团场林业工作站。之后，狠抓巩固、完善、提高，到1999年，全局9个团场林业工作站全部达标，并通过了国家林业局达标验收。哈管局林业工作站标准化建设主要有以下几点经验：

1. 领导重视，狠抓落实。林业工作站是哈管局主要的基层林业管理机构，多年来，各级党委和林业主管部门始终把林业作为兴局、兴场之根本，把健全和发展基层林业工作站作为加快林业发展的主要途径来抓。现在已形成了团场有林业工作站，连队有林业班的林业管理体系，改变了过去团场生产科一人兼管林业的局面，保证了林业的快速发展。

"硬件"建设方面：建站初期，各场为林业工作站划定了建站用地和办公用房，配备了办公设备、电话和交通工具。随着条件的不断改善，部分团场林业工作站又新建了办公室、添置了电脑。全局团场林业工作站办公室总面积2 600平方米，电话9部，机动交通工具10辆，电脑1部，累计建站投资200余万元；专职管理人员51人，在职职工638人。实现内部机构健全，财务独立，资源、营林、经营、财务专人分管，各负其责。

"软件"建设方面：各场林业工作站在上级主管部门的指导下，走科学化、规范化、制度化的管理。一方面抓制度建设，立足实际，建立健全目标管理、岗位责任制、廉政建设等制度；绘制了林业资源分布图和林业发展规划图，两图两表上墙，使林业资源和发展状况一目了然；做到了林业资源、营林生产、林政资源等档案齐全、分类清楚、使管理日趋规范。另一方面狠抓岗位和业务技能培训，开展职业教育，使业务人员系统地学习林业专业知识和有关林业政策、法律、法规，提高了工作人员的业务能力和执法水平，并在林业职工中深入地开展职业道德教育，学习爱岗敬业、无私奉献的精神，形成了人人争当先进护林员的好局面。

2. 加强管理，发挥职能。林业工作站成立后，充分发挥"组织、管理、指导、服务"的职能，特别在资源管理、林政执法、森林防火、森林病虫防治及野生动植物保护等方面发挥了积极的作用。

资源管理是林业工作的一项重要任务。经过1991年、1995年和1999年三次林业资源普查，摸清了资源底数，对资源的种类、品种、数量和龄组进行了登记和统计，建立健全局、场两级资源管理档案，设立档案管理员，使资源数据及时更换。为了控制资源消耗，加强资源管护，减少林地流失，加强了限额采伐、行政处罚、征占林地等方面的管理力度。各农场林业工作站根据局下达的采伐限额和实际情况，认真履行审批手续，专人负责，杜绝了无证采伐，超量采伐现象。

林业工作站在做好资源管理的同时，充分发挥指导和服务的职能。各站协助本场做好植树造林调查、规划和果园基地建设，开展造林技术咨询服务，推广了混交林营林技术、膜上扦插育苗技术，胡杨营养袋育苗技术等，积极配合"三北"防护林工程建设。近10年是哈管局林业发展最快的10年。1999年，哈管局已有林业总面积1.107万公顷，其中防护林约4 066.67公顷，经济林（果园）6 333.33公顷，活立木蓄积量达40多万立方米；年产水果4万余吨，产值8 000余万元，果品产值占农业总产值的25%，成为哈管局农业的重要经济支柱之一。林业的发展，不仅改善了生态环境，而且促进了粮棉增产增收和农业综合效益的提高。

林业行政执法是哈管局林业处、团场林业主管部门的重要职责，1994年组建一支35人的林政执法队伍，并参加兵团培训，持证着装上岗。坚决有力，积极开展工作，对违反法律、法规、条例的行为进行处罚。"八五"以来，全局累计处理各种林政案件34起，罚没款3.9万元。

加强林木病虫害防治是巩固造林成果的重要措施，林业工作站成立以来，在防治资金不足的情况下，多方筹措，做了大量的工作。坚持预防为主、综合防治，对林木病虫鼠害进行监测，做到早发现、早防治。"八五"以来，累计病害发生面积1 323.27公顷，防治面积1 248.4公顷，防治率94.3%；虫害发生面积8 139公顷，防治面积8 034公顷，防治率98.7%；鼠害发生面积2 378.2公顷，防治面积2 038.2公顷，防治率85.7%。1999年被兵团林业局评为"林木病虫害调查先进单位"。

林业工作在林业方针、政策、法规以及全民义务植树等宣传方面做了很多富有成效的工作，取得了很多经验。利用广播、电视、标语、板报、绿化造林期刊、永久性标语牌等多种形式进行宣传。在宣传费上采取农场出一点，局里补一点的办法，使宣传范围深入到机关、团场、工矿企业和学校。据统计，全年局办季节性期刊、专栏120余期，永久性标语牌190余个，刷写标语口号1 900余幅，订阅报刊140余份，同时积极撰写投稿。1999年，全局义务植树造林面积933.33公顷，植树造林320万株，实际参加人数5.26万人，尽责率95%，人均义务植树53株。

3. 开展多种经营，增强自身发展活力。林业工作站始终把壮大经济实力、增强自身活力作为林业站更好地服务于林业的重要措施来抓，坚持“跳出林业想林业，跳出林业干林业”，大力开展多种经营，兴办经济实体。全局林业工作站有苗圃基地27.73公顷，培育各类绿化苗木300多万株，年创产值百余万元。有木材加工厂4座，温室6座，开展温室育苗以及无土栽培蔬菜、瓜和培育花卉等，不断拓宽林业发展的思路。

（李永泉）

【大漠明珠农四师63团林业工作站】 新疆生产建设兵团农四师63团林业工作站成立于1991年，1992年通过上级部门标准林业工作站验收。

63团林业工作站有职工51人，下设育苗站、治沙站和木材加工厂，管理着全团4 000公顷的平原林和1.1万公顷的荒漠次生林，是集职能服务和经营为一体的单位，主要从事植树造林规划、林政管理、育苗生产和木材加工等工作。林业站有专业干部7人，设有林业资源、林政、营林、森保、财务、文书档案等专业岗位。有砖混办公楼180平方米，木材加工厂6 660平方米，育苗生产基地20公顷，三轮摩托车、森林消防吉普车各一辆，电话机2部，有固定资产120余万元，流动资金50余万元，林业发展基金30余万元。

63团林业工作站实行岗位责任制，并对各基层连队进行挂钩管理，对每个专业干部实行工作业绩百分考核，使林业工作站逐步走上了制度化、规范化、科学化的管理轨道。1995年被评为兵团“十强林业工作站”。

1. 立足荒漠，抓好林业生产。63团位于伊犁河西闻霍城县境内的塔克尔穆库尔沙漠腹地，是以霍尔果斯河为界与哈萨克斯坦共和国相隔的边境农场。沙区平原总土地面积2.84万公顷，沙化土地70%以上；年降水量148毫米，年蒸发量2 116毫米，是降水量的14倍；属内陆干旱荒漠气候，风吹沙埋苗是团场经常发生的主要灾害。

1990年前，全团平原人工林保存面积1 920公顷，自1991年成立林业站以来，林业出现迅猛发展。1991～1995年5年间造林保存面积740公顷，累积人工林保存面积达2 660公顷，封育沙生植物4 333.33公顷，5年间完成造林规划的114%。

1996～1999年完成造林1 746.67公顷，保存面积1 466.67公顷，人工林面积提高到了4 126.67公顷；森林覆盖率由1991年的6.76%提高到了14.5%，森林蓄积量达15万立方米，林业产值1 800万元。

因地制宜，因害设防，为团场职工安心边疆建设创造良好的生活环境是林业站的主要任务。该团农田总面积5 333.33余公顷，农田林网化程度已达到了98.8%；宜林公路和渠道绿化造林698.3千米，成绩突出。近年来被林业部、新疆维吾尔自治区及兵团授予“‘三北’防护林工程建设先进单位”、“林业建设先进团场”、“植树造林先进单位”等荣誉称号。

2. 加强自身建设，发挥职能作用。林业站实行机构设置一体化和工作目标一体化，党务工作的中心与林业经济重心合为一体管理。团每年为林业站筹集林业发展基金15万元左右。林业站还利用20公顷育苗生产基地发展各类苗木、花卉、果园、西甜瓜、蔬菜及其他作物搞生产，以市场需求进行木材加工生产，年实现利润10万余元，林业站自身的活力不断增强。

森林资源是林业的物质基础，对森林资源进行管理是林业站的首要职能。为了掌握林业资源的消长动态，林业站加强了林业资源的统计和档案管理，认真坚持凭证采伐和更新制度，制定了《护林公约》、《荒漠资源保护公约》，对林业资源实行分类划片承包合同化管理，制定作业层次，一年两次检查考核，根据考核分数返还抚育费用，使荒漠森林资源得到了有效保护和合理利用，林业的社会效益和生态效益显著提高。

近几年，林业站组织协调各基层单位积极开展全民义务植树活动，宣传群众、动员群众，出现了全社会办林业，全民搞绿化的新局面。全团8 300余人，每年均有2.5万人参加义务植树，尽责率达100%。制定和实施了《林业管理细则》、《林业目标管理考核办法》、《林业管理百分考核》，明确和完善了林业站与连队领导、林管人员的责、权、利关系。实行“春季造林、夏抓管理、秋季验收、冬抓护林”的考核管理体制，确保了林业的健康发展。

林业站为林业生产搞好综合服务，每年投资20余万元补贴植树造林和封沙育林工作，每年拿出2万株林果苗提供给职工发展自营经济，并做好产前、产中、产后服务。利用“科技之冬”深入连队庭院进行无偿技术培训，近年来，引进各类果树、西甜瓜等新品种80余个，新技术推广60余项，推动了团场职工的致富步伐。

林业站认真宣传林业的方针、政策、法律、法规，对素质工程常抓不懈，把林业法律、法规列入了“二五”、“三五”普法化，林政工作做到“执法必严，违法必究”林业法律、法规得到了贯彻执行，林业站在群众中树立了威信，杜绝了乱砍滥伐，保证了林业资源的长足发展，林业站连续四年（1996～1999年）被团场评为“双文明建设”先进单位。

3. 调整结构，加速发展。随着平原人工林面积的不断增加，生态效益和社会效益的提高，新植、造林费用管护费负担也日趋沉重，林业站提出了“林业靠我发展，我靠林业生存”的口号，制定了林业的“长、中、短”发展规划。长抓生态防护林工程建设不放松；中抓适合本地区的名、特、优果品生产，加大经济林建设比重，使生态林和经济林效益相互转化；坚持市场导向原则，立足资源优势，依靠科技加快发展，走出一条符合沙区林业发展的路子来。实现林业的可持续发展和永续利用，形成农、林、牧协调发展的良性循环。

（刘 霞）

【农七师加大春尺蠖防治力度】 农七师地处新疆伊犁哈萨克自治州境内，管辖车排车垦区，奎屯垦区、乌尔和垦区。截至1999年底，全师人工林累计保存面积已达1万公顷，为耕地面积的12%。由于近几年受暖冬气候的影响和不合理的灌溉，造成春尺蠖越冬基数增加并大面积发生，严重影响了树体的正常生长。为有效地保护森林资源，1999年春季，全师拉开了防治春尺蠖的大会战。

防治总体要求是，以物理防治为主，化学防治为辅，保护天敌。防治贯彻“四”字方针即“低、宽、紧、打”，就是薄膜捆绑在树干基部50厘米以下，膜宽在30厘米以上，上下两头扎紧，对漏网后产卵幼虫在2～3龄期树干喷药杀灭。

农七师林业局在春尺蠖羽化前20天召集各单位基层林业技术员，通报了1999年病虫防治形势，在现场模拟操作过程，掌握要领，为这一技术普及奠定了基础。为在全师掀起防治春尺蠖高潮，全师在127团召开了防治春尺蠖现场会，作了动员。

经过全师20余天努力，出动人员1.2万人次，绑膜2 060公顷，为人工林面积的20%，占春尺蠖发生面积的95%，绑膜收到了明显效果，降低了虫口基数，有效地保护了森林资源。 （付 强）

【哈密农场管理局林木鼠害防治】 近年来，哈密山南平原农区鼠害日趋严重，农田防护林、果园、苗圃以及农作物不同程度受害。3年生以下农田防护林树木受害率达25%～75%，平均受害率50%。果树以红枣、梨受害尤为严重，其中圪塔井开发区1998年定植的20公顷枣树全部受害。鉴于此，1999年哈管局成立了灭鼠领导小组，组织人员，专门培训，层层落实，逐级把关，会同哈密市灭鼠领导小组，在哈密山南平原农区进行了统一的灭鼠行动。

据调查，哈密山南平原农区主要害鼠种类有大沙鼠、灰仓鼠、小家鼠、子午沙鼠、鼹形田鼠。优势种为大沙鼠，也是农田防护林、果园、苗圃的主要害鼠。针对害鼠种类，发生规律和危害高峰期，采用C型肉毒梭状杆菌外毒素拌油葵为毒饵，于5月下旬以前和7月下旬至8月下旬，两次在林带、农户庭院、仓库、田间荒地投放，取得了较好的灭鼠效果。投放毒饵前，每夹日捕鼠率30%～45%，投放毒饵后，每夹日捕鼠率1.5%，灭效十分显著。1999年，农田防护林投饵灭鼠面积810.47公顷，减少树木损失110万株。

（游玺建）

【新疆生产建设兵团创业人物】

李书长 男，汉族，1940年11月29日生于河南唐河县，1965年他毕业于河南农大园艺系果蔬专业，系中共党员，现任新疆兵团农十师林业局局长，高级农艺师。

在他1990年主管农十师林业工作以来，各项林业建设都有了长足的发展。其中：造林保存面积由3 516公顷，发展到6 588公顷，增长87.4%；林网化达标团场由1个发展到9个，耕地覆盖率由7.1%发展到12.6%，增长5.5个百分点，水果总产由1 016吨发展到4 600吨，增长4.5倍，林业建设取得了可喜的成绩。1997年，全师实现了标准化林业站建设合格师，被国家林业局确认为“林业工作站建设合格单位”。

由于林业各方面成绩斐然，1995年、1997年农十师先后被兵团授予“造林绿化先进单位”光荣称号，1995年被兵团授予“造林绿化先进工作者”。由于他在植树造林、绿化祖国中成绩卓著，1997年被全国绿化委员会授予“全国绿化奖章”；由于他在资源林政管理方面成绩突出，1999年，又被国家林业局授予“全国森林资源林政管理先进个人”光荣称号。

王东健 男，汉族，1955年12月生于河南省南阳市陆营镇。1982年毕业于新疆八一农学院。现任新疆农垦科学院林业所所长、党支部书记、副研究员。曾获自治区科技进步三等奖、兵团科技进步二等奖、兵团科技服务先进个人，多有论著。

1982年，在兵团农田防护林调查中，他撰写的论文《农田防护林中箭杆杨的造林密度》，被许多专家引用并在生产单位广泛推广，获新疆农垦科学院优秀论文二等奖。1984年，他在南疆进行胡杨次生林恢复改造和经营的研究，深入荒漠林区蹲点试验，针对新疆自然环境条件恶劣，天然胡杨林在改善荒漠生态中所起的独特作用和遭受破坏面临危机的现状，总结出一套更新复壮胡杨次生林的技术措施，投资少、见效快、成林有保障，研究成果达国内领先水平；他编写的《胡(灰)杨次生林恢复更新改造技术规程》，由自治区标准局审定并颁布实施，促进了全疆乃至国内同类地区天然胡杨林的恢复发展。由于其在荒漠林上的深厚造旨，1992年应邀出席塔克拉玛干沙漠国际科学大会，论文被收入会议文集。

1994年从产业结构调整的大局出发，结合北疆地区水土资源丰富、具备发展果树产业化的实际情况，王东健同志潜心钻研，经4年努力，终于有了重大突破和创新。“北疆引种枣树的研究”通过品种选择、合理密植、入冬培土等一套栽培管理措施，变传统方式的乔木稀植为矮化密植，合理密植、入冬培土等一套栽培管理措施，使枣树在北疆地区种植成功，打破了北纬43°以北不能种植枣树的“禁区”，填补了北疆枣树种植的空白，并且盛果期比传统方式提前4～6年，单位面积产量比传统方式提高3～5倍，含糖量比原产地提高8.34个百分点。这一创新对北疆地区果业发展具有深远意义。

王东健同志先后11次被评为先进工作者，1999年被授予“兵团优秀共产党员”荣誉称号。

王中华 男，汉族，1945年出生，江苏邳县人，中共党员，高级农艺师。现任兵团哈管局黄田农场第一副场长。1981年，黄田农场为调整种植结构，开始试种葡萄，可连续三年都失败，黄田人灰心了，认为葡萄不能在哈密垦区发展。这时，王中华主动要求去葡萄队，他想要攻克这个难题。通过请教专家，他细心钻研，终于找到了失败的原因，并于当年带领葡萄队职工成功定植葡萄20公顷，改变了黄田不能栽培葡萄的历史。1986年，农场利用世行贷款在开辟沙滩建立葡萄园，王中华就任第一届场长，他带领职工不断开发荒地，扩大经济林栽培面积，仅1986～1992年，共定植无核白葡萄444公顷。现在万亩葡萄基地已成为农场的经济支柱之一，农场的无核白葡萄也获得了“绿色食品”标志和“木卡姆”商标，产品远销各省（区、市）。1993年，王中华调任农场第一副场长，主管林业，更坚定了开发沙区，大搞绿化的决心。经调查，农场的北戈壁可以栽植林木，他便亲自带领工作人员搞规划，筹建万亩果园，在1993～1996年4年中，共植戈壁林995.67公顷，其中：防风林281.33公顷，果园714.3公顷。1997年，他又带领人员对农场中南部沙丘地带全面调查、规划，启动了南沙梁治沙工程。通过治沙造林种草，防风固沙，改善农业生态环境，走园、草、牧相结合的良好生态农业之路，如今南沙梁生态林建设已初具规模，并得到国家、兵团各级领导的高度评价。黄田农场曾先后被评为兵团“四佳”先进团场、“‘三北’二期工程建设”先进单位、全国部门造林绿化“四百佳”单位等。王中华于1996年被兵团绿委评为“造林绿化先进工作者”，同年又被授予“全国沙产业发展突出贡献者”称号。1998年荣获“全国绿化奖章”。

（新疆生产建设兵团林业局）

【新疆生产建设兵团1999年林业大事】

1. 1月13～15日，兵团在农一师召开园艺生产研讨会，通过现场观摩和探讨确立了兵团经济林、园艺发展的指导思想和方向，交流了园林新技术推广经验，总结表彰了果树“二高一优”竞赛先进单位，修改审定了兵团十大瓜果栽培技术规范，为兵团园艺跨世纪发展做好了充分的理论和物质准备。

2. 2月9日，兵团召开“兵团林业工作会议”，会议总结了1998年林业工作，表彰了上年度林业工作中先进单位和先进个人，部署了1999年林业工作。兵团绿委主任、副司令员胡兆璋到会作了讲话。

3. 3月12日，兵团绿委主任、副司令员胡光璋同志在《兵团日报》上发表题为《开展全民义务植树运动，努力创造良好生态环境》的文章。

4. 5～10月，兵团组织参加了’99昆明世界园艺博览会。成立了兵团世博会领导小组，筹备专项经费，安排专人负责，组织了30余种产品参展，其中：枸杞、红富士苹果获世博会荣誉奖。

5. 6～10月，兵团完成二类森林资源清查工作，兵团现有森林资源115.867万公顷，其中天然乔木林20.533万公顷；荒漠灌木林80.867万公顷；平原人工林14.467万公顷。

6. 7月9～31日，兵团组织开展春季造林大检查。经综合评比，农八师获A组第一名；哈密农场管理局获B组第一名；乌鲁木齐农场管理局获C组第一名。

7. 8月20日，兵团成立林业调查规划设计院。主要负责兵团辖区内森林资源的调查、造林绿化的规划、设计以及国家林业局下达的有关课题和任务。

8. 8月下旬，兵团林业局组织专家对各师（局）标准化果园进行检查验收，通过验收的标准园面积1 400公顷。

9. 9月10～13日，兵团在农七师召开葡萄技术发展专题研讨会。通过交流、观摩，各师（局）对葡萄的区域栽培、品种选择、发展规模等达成了共识。

10. 10月22日，兵团成立果园标准化管理专家服务队。

11. 12月20～26日，兵团果园标准化管理专家服务队在农一师举办了标准化果园管理及冬季修剪学习班，参加人数150余人。

12. 12月下旬，兵团完成“十五”期间年森林采伐限额编制工作。（邵　燕　贾寿珍）

人 事 劳 动

国家林业局领导成员

局　长、党组书记：王志宝
副局长、党组副书记：周生贤　李育才
党组成员：江泽慧（副部长级）
中纪委驻国家林业局纪检组组长、党组成员：杨继平
副局长、党组成员：马　福

（李　玫）

新任国家林业局领导成员

周生贤　男，1949年12月出生，汉族，宁夏吴忠人。高级经济师。1972年7月加入中国共产党，1986年7月毕业于中央党校。1968年7月在宁夏同心县参加工作，曾任同心县韦州公社秘书、副主任，下马关公社党委书记、乡长。1981年3月任宁夏同心县政府副县长，1983年7月任同心县县委书记，1986年7月任宁夏西吉县委书记、固原地委委员，1989年9月任宁夏回族自治区人民政府副秘书长，1990年6月任宁夏回族自治区人民政府秘书长，1993年5月任宁夏回族自治区政府副主席，1998年3月任宁夏回族自治区党委常委、政府常务副主席，1999年3月任国家林业局副局长、党组副书记。

杨继平　男，1947年6月出生，汉族，山西乡宁人。1970年5月加入中国共产党。1988年7月毕业于中国人民解放军国防大学基本系。1968年2月在武汉军区空军通讯团参军，曾任武汉军区空军郑州场站通信营技师、空军航空兵第十九师司令部参谋、作战科副科长、空军商丘场站参谋长、航空兵第五十七团参谋长、航空兵第十九师副参谋长，1983年5月起先后任空军航空兵第十九师参谋长（副师）、代理副师长、济南军区空军指挥所所长、司令部作战处处长。1992年10月任林业部直属机关党委副书记，1994年4月任常务副书记（正司局级），1997年8月任中纪委、监察部驻林业部纪检组副组长、监察局局长。1998年7月任中纪委、监察部驻国家林业局纪检组副组长、监察局局长。1999年3月任国家林业局党组成员、中纪委驻国家林业局纪检组组长。

马　福　男，1942年12月出生，汉族，黑龙江汤原人。高级经济师。1975年8月加入中国共产党。1968年毕业于北京工业学院铸造系，同年10月在长春柴油机厂参加工作。1986年7月于中央党校马列主义和政治经济学专业毕业。曾任黑龙江省阿木尔林业局技术员、车间主任、机修厂副厂长、副局长、局长；1983年9月任中共黑龙江省大兴安岭地委常委、秘书长。1986年7月任大兴安岭林管局副局长。1990年10月任中国林产品经销公司副总经理，1992年12月任总经理（正司局级）。1994年3月任林业部财务司司长，1998年8月任国家林业局发展计划与资金管理司司长，1999年4月任国家林业局副局长、党组成员。

（李　玫）

国家林业局机关各司局负责人

办公室

主　任：卓榕生

副主任：王忠仁

张永利

助理巡视员：杨百瑾（1999年6月任职）

植树造林司

司　长：雷加富[兼任全国绿化委员会办公室综合组组长，1999年12月兼任防治荒漠化工程管理中心（国家林业局生态工程管理中心）主任]

副司长：魏殿生（兼任全国绿化委员会办公室综合组副组长）　赵良平　郝燕湘

卢建国（1999年5月任职，挂职时间半年）

助理巡视员：刘　红

森林资源管理司

司　长：寇文正

副司长：李忠平　王祝雄

助理巡视员：苏春雨

野生动植物保护司

司　长：张建龙（1999年3月任职）

副司长：刘永范　陈建伟

森林公安局（森林防火办公室）

局　长（主任）、分党组书记：王汉忠（1999年7月任书记，12月逝世）

副局长（副主任）、分党组副书记：肖兴威（1999年3月主持工作，7月任副书记）

副局长（副主任）、分党组成员：

杜永胜（1999年7月任分党组成员）

曹　真（1999年7月任分党组成员）

政策法规司

司　长：陈根长

副司长：汪　绚　王洪杰

发展计划与资金管理司

司　长：马　福（1999年6月免职）

副司长：姚昌恬（1999年6月主持工作，12月兼任国家林业局天然林保护工程管理中心主任）　单吉儒　孙　建

巡视员：罗江滨

助理巡视员：柏章良

科学技术司

司　长：祝列克（1999年12月兼任国家林业局科学技术委员会副秘书长，正司局级）

巡视员：李东升（1999年12月兼任国家林业局科学技术委员会副秘书长，正司局级）

副司长：黎云昆　李　兴

王先琼（1999年5月任职，挂职时间半年）

国际合作司

司　长：曲桂林（1999年12月兼任国家林业局国际合作交流中心主任，正司局级）

副司长：吴　斌

助理巡视员：刘洪存

人事教育司

司　长：关松林（1999年12月兼任中共国家林业局党校副校长，正司局级）

副司长：李葆珍　柳学军

助理巡视员：马安全

直属机关党委

书　记：杨继平（兼任）

常务副书记：刘玉来

副书记、纪委书记：杨建新

离退休干部局

局　长、党委书记：邝国斌（1999年6月退休）

副局长、党委副书记：孙传玉（1999年6月任职，主持工作）

党委副书记：林海涛（1999年12月免职）

副局长：刘雪平　薛全福

机关服务局

局　长、党委书记：张祖芳（1999年6月免职）

副局长、党委副书记：韩国祥（1999年6月任职，主持工作）

党委副书记：蒋章元（1999年6月免职）

蒋瑞符（1999年6月任职）

副局长：蒋瑞符（1999年6月免职）

孙传玉（1999年6月免职）

焦德发（1999年6月任职）

惲文田（1999年6月任职）

国家林业局机关工会联合会

副主席：侯淑珍　李玉华

中纪委、监察部驻国家林业局纪检组、监察局负责人

组　长：李昌鉴（1999年3月免职）
杨继平（1999年3月任职）
副组长、局长：杨继平（1999年3月免职）
刘双来（1999年12月任职）
副局长、副局级纪律检查员：阎建平（1999年12月任职）
副局级室主任：刘品芳（1999年12月免职）
监察专员、副局级纪律检查员：牛国华（1999年12月免职）　（李　琰）

国家林业局直属单位负责人

国家林业局驻吉林省森林资源监督专员办事处
专员、党组书记：黄庆昌
副专员、党组成员：隋景海
党组成员：及瑞华
国家林业局驻黑龙江省森林资源监督专员办事处
专员、党组书记：孙丕文
副专员、党组书记：荆家良
副专员、党组成员：赵恩举
党组成员：齐兴武
国家林业局驻内蒙古自治区森林资源监督专员办事处
专员、党组书记：金永洪
副专员、党组成员：周广德　李文达
国家林业局驻大兴安岭林业集团公司森林资源监督专员办事处
专员、党组书记：王森业（1999年12月29日任职）
副专员、党组副书记：程焕章（1999年12月29日免职）
副专员、党组成员：王荣满
党组成员：傅金龙
国家林业局驻云南省森林资源监督专员办事处
专　员：凌　鹤
国家林业局驻福建省森林资源监督专员办事处
专　员：周华永
国家林业局濒危物种进出口管理中心
主　任：甄仁德
副主任：孟　沙　周亚非　孟宪林
国家林业局林业工作站管理总站
总站长：徐　洪（1999年12月29日退休）
马广仁（1999年12月29日任职）
副总站长：张泽洲（1999年7月8日退休）
林海涛（1999年12月8日任职）
韩学吉　米海生
国家林业局国有林场和林木种苗工作总站
总站长：周建铭
副总站长：王维正　赵明光（1999年3月18日退休）
总工程师：游应添
国家林业局林业基金管理总站
总站长：高玉英（1999年12月29日明确为正司局级）
副总站长：林谷明（副司局级，1999年12月29日任职）
王翠槐（副司局级，1999年12月29日任职）
总会计师：韩　冰（副司局级，1999年12月29日任职）
国家林业局世界银行贷款项目管理中心
主　任：江行勇
副主任：宋士奎　姜喜山（1999年1月13日任职）
国家林业局宣传中心
主　任：董启昌（1999年12月29日免职）
副主任：封加平（1999年12月29日主持工作）
汤升亨
中国林业职工思想政治工作研究会秘书长：柳维河（1999年12月29日任职）
国家林业局经济发展研究中心
党委书记、主任：王成祖（1999年6月22日任职）
党委副书记、副主任：黎祖交（1999年12月29日任职，原级别不变）

党委副书记：王成祖（1999年6月22日免职）
副主任：王成祖（1999年6月22日免职）孔　明
王前进　刘东升（1999年12月29日任职）　王信建（1999年6月22日任职）

国家林业局天然林保护工程管理中心

主　任：姚昌恬（兼，1999年12月29日任职）
副主任：张志达（1999年12月29日任职）
张周忙（1999年12月29日任职）
筹备组负责人：张佩昌（1999年12月29日免职）
筹备组成员：杨跃先（1999年12月29日免职）
张周忙（1999年12月29日免职）

防治荒漠化（国家林业局生态工程）管理中心

主　任：雷加富（兼，1999年12月29日任职）
副主任：张鸿文（1999年12月29日任职）
刘　拓（1999年12月29日任职）
张希武（1999年12月29日任职）
胡培兴（1999年12月29日任职）

国家林业局林业国际合作交流中心

主　任：曲桂林（兼，正司局级，1999年12月29日任职）
金普春（副司局级，1999年12月29日免职）
常务副主任：金普春（原级别不变，1999年12月29日任职）

国家林业局人才开发交流中心

主　任：安丰杰
副主任：谢　颖　贾　骞（1999年12月9日免职）

国家林业局法律事务中心

主　任：张　蕾
副主任：莫泽升

国家林业局审计中心

主　任：缪荣兴（原级别不变，1999年7月23日任职）

国家林业局林产品流通协调中心

副总裁：张世维（1999年12月7日免职）
刘宝玉　徐向一　董新民

中国林业科学研究院

分党组书记、院长：江泽慧
分党组副书记、常务副院长：张久荣
分党组成员、副院长：熊耀国　张守攻　李向阳
分党组成员、京区党委书记：宋　闯
分党组成员、纪检组组长：蔡登谷（1999年1月13日任纪检组组长，5月26日任分党组成员）
副院长：慈龙骏（1999年12月29日免职）

国家林业局调查规划设计院

院　长：林　进
党委书记：程志民（1999年6月22日退休）
林　进（1999年6月22日任职）
副院长：程志民（1999年6月22日退休）　王庆杰　刘国强　赵中南
副院长、党委副书记：张惠新（1999年6月22日任职）

林业部林产工业规划设计院

院长、党委书记：于建亚
副院长：朱志强
党委副书记：石廷克
总工程师：陈坤霖

中国绿色时报社

党委书记、社长：黎祖交（1999年12月29日免职）
王宏祥（1999年12月29日任职）
常务副社长、总编辑：冯　泰（1999年12月29日退休）
党委副书记：丁付林（1999年12月29日任职）
副社长：丁付林
总编辑：万以诚（1999年12月29日任职，副司局级）
副总编辑：赵圣铁（1999年12月29日免职）
李树明（1999年12月29日免职）
海相涛（1999年12月29日明确为副司局级）
万以诚（1999年12月29日免职）
正司局级调研员：赵圣铁（1999年12月29日任职）
李树明（1999年12月29日任职）

中国林业出版社

党委书记：王宏祥（1999年12月29日免职）
张柏涛（1999年12月29日任职）
社　长：张柏涛
副社长：马广仁（1999年12月29日免职）
张佩昌（1999年12月29日任职）
副总编辑：陈　利　贾蕴英

中国林学会

秘书长：施斌祥
副秘书长：宋长义　程美瑾
李岩泉（1999年6月22日任职）

中国野生动物保护协会

秘书长：王福兴
副秘书长：陈润生　李玉铭　耿　戍（正处级）

中国绿化基金会

秘书长：马全民

中国花卉协会

秘书长：姜伟贤（1999年8月2日任职，副司局级）

副秘书长：姜伟贤（1999年8月2日免职）

王殿富（1999年8月2日任职，副司局级）

北京林业大学

党委书记：胡汉斌

校长、党委常委：贺庆棠

党委常务副书记、副校长：吕焕卿

党委副书记、纪委书记：张清泉

党委副书记：段柏芳 周 景

副校长、党委常委：尹伟伦 朱金兆 朱延福

副校长：陈天全

工会主席：张振民

副校级调研员：张泉如

党委常委：陈 森 钱 军

东北林业大学

党委书记：王学全（1999年3月25日任职）

校 长：李 坚

党委副书记、副校长：陈文斌

党委副书记：梁洪志

王学全（1999年3月25日免职）

副校长：杨传平 曹 军 胡万义

纪委书记：吴国春

正校级调研员：霍建宇

南京林业大学

党委书记：程志文

校 长：余世袁

党委副书记、副校长：陈景欢

党委副书记、纪委书记：万福绪

副校长：吴涤荣 洪启清 施季森

正校级调研员：马钰琦

副校级调研员：郑伯宇 许有本

中南林学院

党委书记：肖子来

院 长：粟显才

党委副书记：李去惑

副院长：吴晓芙 姚东和 何 平

副院级调研员：赵泽昌（1999年12月8日任职）

西南林学院

党委书记：陈宝昆

院 长：杨福成（1999年3月8日免职）

刘惠民（1999年3月8日任职）

党委副书记、纪委书记：李品贵

副院长：刘惠民（1999年3月8日免职）

杨宇明

张玉光（1999年3月8日任职）

正校级调研员：杨福成（1999年3月8日任职）

西北林学院

党委书记：刘万堂

院 长：陈存根

副院长：彭有冬

北京林业管理干部学院

院 长：刘于鹤（副部级，兼）

党委书记、副院长：胡汉斌

党委副书记：段柏芳（1999年3月18日退休）

副院长：朱延福 陈 森

王建子（1999年7月16日任职）

国家林业局南京人民警察学校

党委书记：周鸿升

校 长：苏惠民

副校长：张治平（1999年12月8日明确为正处级）

张南群（1999年12月8日明确为正处级）

副司局级调研员：侯文权

正处级调研员：吴马可（1999年3月16日任职）

国家林业局宁波林业学校

党委书记：朱国增

校 长：吴马可（1999年3月16日免职）

杨木铎（1999年7月9日任职）

副校长：杨木铎（1999年7月9日免职）

冯祖祥 韩明波

党委副书记、纪委书记：郑春藩（1999年7月9日任职）

正处级调研员：宋崇高（1999年3月18日退休）

副处级调研员：吴孟迁（1999年3月18日退休）

国家林业局白城林业学校

党委书记：纪德荣

校 长：亢平信

副校长：宁有敏 孟庆江

国家林业局西北华北东北防护林建设局

局长、党组书记：张建龙（1999年2月1日免职）

郭 涛（1999年2月1日任职）

副局长、党组成员：郭 涛（1999年2月1日免副局长）

刘裕春 曹之治（1999年2月1日任职）

潘迎珍（1999年2月1日任职）

副局长、总工程师、党组成员：刘与立（1999年2月1日退休）

总工程师：张文明（1999年2月1日任职）

纪检组组长、党组成员：曹之治（1999年7月27免职）

张秀斌（1999年7月27

日任职）

国家林业局森林病虫害防治总站

党委书记：吴长利（副司局级）

总站长：陈凤学（副司局级）

副总站长：潘宏阳（正处级）

国家林业局东北航空护林中心

主任、党委书记：郝佩和（副司局级，1999年12月29日任职）

主任、党委副书记：郑林玉（1999年12月29日退休）

党委副书记、纪委书记：李炳泉（正处级）

副主任：李世奇（正处级）

张宝柱（1999年12月29日任职）

国家林业局西南航空护林总站

党委书记、总站长：余　兵

副总站长：刘洪诺（1999年12月8日退休）

和　宏

副处级调研员：饶美醒（1999年1月5日退休）

国家林业局华东林业调查规划设计院

院长、党委书记：傅宾领（1999年7月29日明确为副司局级）

副院长、总工程师：黄文秋（1999年7月29日免职）

何时珍（1999年7月29日任职，副处级）

副院长：江一平（1999年7月29日免职）

丁文义（1999年7月29日任职，副处级）

党委副书记：周琪（1999年7月29日明确为正处级）

正处级调研员：黄文秋（1999年7月29日任职）

江一平（1999年7月29日任职）

国家林业局中南林业调查规划设计院

院长、党委书记：包拓华（1999年7月27日明确为副司局级）

副院长：周光辉（1999年7月29日明确为正处级）

党委副书记：尹友轩（1999年7月29日明确为正处级）

国家林业局西北林业调查规划设计院

院　长：郭天相（1999年2月24日明确为副司局级）

党委副书记：康晓达（1999年2月24日明确为正处级）

副院长：王金昌（1999年2月24日明确为正处级）

彭长清（1999年2月24日明确为正处级）

总工程师：李立球（1999年2月24日明确为正处级）

国家林业局昆明勘察设计院

院长、党委书记：杨开才（副司局级）

副院长、党委副书记：刘文德（正处级）

副院长、总工程师：思安悦（正处级）

副院长：饶美醒（1999年1月5日退休）张贤才（正处级）

李玉印（正处级，1999年6月25日免职）　唐芳林（正处级）　（敖安强）

各省、自治区、直辖市林业（农林）厅局负责人

北京市林业局

局长、党组书记：杨德宏

副局长、党组副书记：李树旺

副局长、党组成员：姜永洲　于志民　赵根武　康德铭

副局长：张　皎

总工程师、党组成员：周冰冰

党组成员：艾爱华　黄德峰

天津市农林局

党委书记：赵万明（1999年3月退休）

乔万义（1999年3月任职）

局长、党委副书记：张树明

党委副书记：常洪友

副局长：蒋凡凡　张　杰　任锡俊

天津市林业局

局　长：张宝恕

副局长：王宜民　李森阳

河北省林业厅

副厅长、党组副书记：张彦斌　曲宪忠

副厅长、党组成员：白顺江

纪检组组长、监察专员、党组成员：张振宇

巡视员：宋墨禄

山西省林业厅

厅长、党组书记：曹振声

副厅长、党组成员：王银娥　杨保庆　霍转业　马双柱
纪检组组长、党组成员：赵贺贤
助理巡视员：周　洪
厅长助理、党组成员：姚文达　温普德

内蒙古自治区林业厅
厅长、党组书记：王家祥
副厅长、党组成员：张纯良　高锡林　邹立杰　敖斯尔
助理巡视员：田增善（1999年5月1日去世）
总工程师：申　克
纪检组副组长：李树平

辽宁省林业厅
厅长、党组书记：陈天民
副厅长、党组副书记：舒兴第　王克余
副厅长、党组成员：金连成
纪检组组长、党组成员：孔秀香
巡视员：刘　镇
助理巡视员：高雅坤

吉林省林业厅
厅长、党组书记：宋文和
副厅长、党组成员：公丕兴　刘延春　金德友　张鲁风
纪检组组长、监察专员、党组成员：宣德义
党组成员：刘志田
巡视员：魏连生
助理巡视员：关清康（1999年9月退休）

黑龙江省林业厅
厅长、党组书记：赵向东
副厅长、党组副书记：韩连生（1999年12月任职）
副厅长、党组成员：王英忱　刘亚文　杨克杰（兼省绿化委员会副主任）
纪检组组长、党组成员：任耀文
党组成员、省森林防火指挥部专职副指挥：陈贵荣

上海市农林局
局　长：陈文泉
党委副书记：范陈杰
副局长：周国祺（1999年7月29日退休）　巫开梁　沈兰全
纪委书记：庄福纯
党委委员：宋爱文

江苏省农林厅
厅长、党组书记：冯惟珠
副厅长、党组副书记：王　荣（1999年8月兼职）　刘立人
副厅长、党组成员：徐希珍（正厅级）　副厅长　张留芳　陆乃勇　王春喜　吴沛良
纪检组组长、党组成员：史遗秀

浙江省林业厅
厅长、党组书记：程渭山
副厅长、党组成员：沈　璇　李　斌（1999年3月免职）　陈国富
纪检组组长、党组成员：陈炳龙（1999年4月任职）

安徽省林业厅
厅长、党组书记：周蜀生
副厅长、党组成员：张玉良　王　文
纪检组组长、党组成员：程　鹏
总工程师：吕锡德

福建林业厅
厅长、党组书记：刘德章
副厅长、党组成员：吴炳清　陈则生　吕月良　陈家东
纪检组组长、党组成员：柴喜堂
巡视员：张宗辉

江西省林业厅
厅长、党组书记：吴志清
副厅长、党组成员：许青龙　严金亮　陈金生　肖　河
纪检组组长、党组成员：龙远飞

山东省林业厅
厅　长：蔡秋芳
党组书记、副厅长：孙庆传
副厅长、党组成员：张俊杰　石效贵
纪检组组长、党组成员：孔庆荣

河南省林业厅
厅长、党组书记：张敬增
副厅长、党组成员：李德臣　张守印　余学友
纪检组组长、党组成员：李建庭
助理巡视员：王镇兴（1999年3月退休）

湖北省林业厅
党组书记、副厅长：吴先金
副厅长、党组成员：肖吉棠　石　山
巡视员：黄春发
助理巡视员：李元度

湖南省林业厅
厅长、党组书记：刘永寿（1999年3月免职）
副厅长、党组副书记：葛汉栋
副厅长、党组成员：刘炳树　赵爱群
总工程师、党组成员：李定一
纪检组组长、党组成员：黄旭国
巡视员：李遨夫
助理巡视员：旷黄昌（1999年6月任职）　刘礼芳（1999年12月退休）

广东省林业厅

厅长、党组书记：邓惠珍

副厅长、党组副书记：曾繁耀

副厅长、党组成员：李祖耀（1999年12月28日免职） 陈俊勤 邓梦柏

纪检组组长、党组成员：黄泮谦

巡视员：梁星权（1999年12月16日免职）

助理巡视员：丘国栋

广西壮族自治区林业局

局长、党组书记：管炳六

副局长、党组成员：张 锁 廖培来 罗永魁 裴安道

纪检组组长、党组成员：黄明昇（1999年9月免职） 黎先甫（1999年9月任职）

海南省林业局

局长、党组书记：韩剑准

副局长、党组成员：吴华盛 秦忠文

助理巡视员：林树光（1999年11月退休）

重庆市林业局

局长、党组书记：周克勤

副局长、党组成员：马良清 郑文鼎

纪检组组长、党组成员：李新国

四川省林业厅

厅长、党组书记：曹正其

副厅长、党组副书记：赵洪根

副厅长、党组成员：杨传邦 彭晃时 杨冬生 鲁志明

纪检组组长、党组成员：李光怀

党组成员：唐洪均

贵州省林业厅

厅长、党组书记：杨 铁

副厅长、党组副书记：彭远森

副厅长、党组成员：王 森 张礼安 伊世炎

纪检组组长、党组成员：沈徐逵

云南省林业厅

厅长、党组书记：陈继海

副厅长、党组成员：徐光凡 陈德照 史记武 李 军

纪检组组长、党组成员：赵克清

助理巡视员：宋新中 田钟贤

西藏自治区林业厅

党组书记、副厅长：徐 强

党组副书记、厅长：阿 布

副厅长、党组成员：李近如 扎 西

助理巡视员：本 宗

党组成员、计划财务处处长：尹秉高

陕西省林业厅

厅长、党组书记：钟高适

副厅长、党组成员：何发理 赵秉正 陈东升 郝福财

纪检组组长、党组成员：杨蔚中

甘肃省林业厅

厅长、党组书记：马尚英

副厅长、党组成员：陈耀仁 史本成 张生贤 田志勇

纪检组组长、党组成员：冯兴治

省绿化委员会副主任：魏至公

助理巡视员：陈哲民

青海省农林厅

厅长、党组书记：谢承志

副厅长：柴全柱 唐明鑫 陆文正 多杰才让 肖俄力

纪委书记：任有德

助理巡视员：刘德文

青海省林业局

局 长：王 谦

副局长：包玉玲

宁夏回族自治区林业厅

厅长、党组书记：孙长春

副厅长、党组成员：李赞成（1999年2月26日免职） 刘荣光 郭生岐

纪检组组长、党组成员：郭玉堂

巡视员：康满堂（1999年2月26日免职） 李赞成（1999年3月任职）

党组成员：李月祥

新疆维吾尔自治区林业厅

党委书记、副厅长：赵光寿

厅长、党委副书记：买买提·阿不都拉

党委副书记、纪委书记：严效寿

副厅长、党委委员：邵立山 刘仰嵩 朱马什·夏克尔提

（戴栓友）

国家林业局机构

【国家林业局机构编制变更】 为适应机构改革后林业事业发展形势的需要，经申请，中央机构编制委员会办

公室于1999年6月17日，以《关于国家林业局所属事业单位调整更名的批复》(中编办字[1999]53号)，批准成立国家林业局天然林保护工程管理中心和国家林业局人才开发交流中心，同时撤销中国林业杂志社和原林业部信息中心建制；批准北京木材交易中心更名为国家林业局林产品流通协调中心、中国林业报社更名为中国绿色时报社；批准58个名称冠“林业部”的直属事业单位改冠“国家林业局”。

为进一步理顺国家林业局所属事业单位管理体制，便于开展各方面的工作，国家林业局于1999年3月25日分别以林人发[1999]68、69、70、71、72、73、74号文将中国林业科学研究院林业研究所、木材工业研究所、林业科技信息研究所、森林环境与保护研究所、资源信息研究所、热带林业实验中心、资源昆虫研究所、林产化学工业研究所、热带林业研究所、亚热带林业研究所、亚热带林业实验中心等11个处级单位的行政级别明确为副司局级。

为加强我国森林火灾预报监测工作，提高森林火灾预报监测能力，充分利用现代科技手段，达到预报准确、扑救及时、减少损失的目的，国家林业局于1999年3月26日以《国家林业局关于成立“森林公安局森林火灾预报监测信息中心”的通知》(林人发[1999]80号)批准成立森林公安局森林火灾预报监测信息中心，编制15人，纳入调查规划设计院，其行政管理工作按公安局与规划院双方签定的《关于森林火灾预报监测信息中心有关管理问题的协议》进行。

为加强全国野生动植物资源保护、自然保护区方面的基础和应用研究，组织协调好全国野生动植物资源保护、自然保护区研究工作，开展国际合作研究与交流以及为野生动植物资源保护管理工作提供科学技术支持和决策咨询等，国家林业局于1999年4月20日以《国家林业局关于在中国林业科学研究院成立“国家林业局全国野生动植物研究与发展中心”的批复》(林人发［1999］112号)，批复在中国林业科学研究院成立国家林业局全国野生动植物研究与发展中心。

为适应科研事业单位改革需要，国家林业局以林人发[1999]154号文批复中国林业科学研究院以该院部分国有资产为基础，组建科技集团有限责任公司，并以该公司为核心企业，通过吸纳该院下属所、中心组成的子公司，组成以资产为纽带的科技产业集团。同时，以林人发[1999]181号文批准中国林业科学研究院依托山西省林业科学研究院成立中国林业科学研究院华北林业研究所，与山西省林业科学研究院一套人马，两块牌子，原隶属关系、编制和经费渠道不变，扩大了科研合作范围和渠道。

为强化国家林业局宣传中心的林业宣传职能，提高林业宣传力度，国家林业局批准国家林业局宣传中心对外可称国家林业局宣传办公室，行使林业宣传的行政管理职能(林人发［1999］300号)。

为加强林业生态工程建设管理工作，经局党组研究批准，在防治荒漠化管理中心挂国家林业局生态工程管理中心的牌子，具体负责全国林业生态工程建设的有关管理工作，编制40人，其中防治荒漠化管理中心原有编制20人，从林业工作站管理总站和国有林场和林木种苗工作总站各调剂10人编制(林人发［1999］375号)。

(孙国吉)

【加强制度建设，巩固“三讲”成果】 按照局党组关于搞好整改、加强制度建设、巩固“三讲”成果的指示，“三讲”教育之后，在干部人事工作中，进一步转变职能、理顺关系、明确了职责权限，先后制定、下发了几个重要文件和办法。一是针对“三讲”教育中反映的公务员队伍中存在的突出问题，下发了《中共国家林业局党组关于提高公务员素质加强公务员队伍建设的决定》，首次明确实行公示制、提醒制，明确对公务员有组织、有计划的培训，为推进人事制度改革，建设一支精干、高效、廉洁的公务员队伍，提供了制度保障。二是针对管辖单位发生变化，根据改革的需要和实际，下发了《中共国家林业局党组关于进一步调整和明确干部管理范围及职责权限的意见》，全面调整和明确了各级干部的管理职责和权限，进一步理顺关系，下放权利，体现了实事求是、分级负责、突出重点、增加透明度的原则。三是为提高公务员培训的实效，下发了《国家林业局公务员培训实施办法》，明确了任职培训、更新知识培训、学历教育等培训组织形式和办法，建立了培训工作的保障机制，提高了公务员学习的积极性。

(陈幸良)

知识分子工作

【新当选中国科学院、中国工程院院士】

蒋有绪 男，1932年5月出生，江苏南京人，中国共产党党员，回族。1954年毕业于北京大学生物系，1954年至1957年在林业部综合调查队工作，1958年至1959年底在苏联科学院森林研究所进修，1960年后在中国林业科学研究院工作至今，历任助理研究员、副研究员、研究员，1990年批准为博士生导师。曾任中国生态学会秘书长、生态经济学会副秘书长、《林业科学》副主编、国际林联亚高山组主席等职务。1991年享受国务院政府特殊津贴。1999年10月当选中国科学院院士。长期从事森林生态学的研究工作，是我国森林群落学、林型学的学科带头人和森林生态定位研究的开拓者。在亚高山森林群落分类上，他发展了林下亚建群层对生境的指示意义，提出了一个统一的森林群落分类框架，并建立了生态序列图，特别是发展了高级分类单元的生境诠释；较早进行生态定位研究，取得了重要理论研究成果，主持完成了海南岛尖峰岭热带林生态系统研究，出版了我国第一部热带林生态系统研究专著，获林业部科技进步一等奖；主持2000年中国森林发展及其环境效益预测研究，为我国制定林业生态建设规划提供了理论依据，成果获林业部科技进步二等奖。有《中国森林群落分类及其群落学特征》、《中国森林的地理分布规律》、《中国海南岛尖峰岭热带林生态系统》、《东北天然林区立体林业经营研究》等论著。

宋湛谦　男，1942年7月出生，上海人，中国共产党党员。1964年7月毕业于中国科学技术大学高分子专业，分配到中国林业科学研究院林产化学工业研究所工作至今，其间于1983年至1985年到美国加州大学、北卡罗来纳州立大学作访问学者，1996年到美国农业部林产品研究所作高级访问学者。历任助理研究员、副研究员、研究员，1993年10月批准为博士生导师。担任《林产化学与工业》副主编、林产化学化工学会常务理事、中国化工学会理事等职。1986年被批准为国家有突出贡献的中青年专家，1991年享受国务院政府特殊津贴，1999年11月当选中国工程院院士。长期从事林产化学加工研究和工程化开发工作，在松脂化学基础研究、利用研究、创建松脂深加工产业方面作出了重大贡献。主要主持完成的氢化松香研制及其连续化生产工艺研究，1982年获林业部科技进步一等奖、1985年获国家科技进步一等奖。率先进行松脂化学深加工及系列化的研制和工程化开发，先后制成聚合松香和氢化松香等30多种产品，研究成果获1978年全国科技大会奖2项、1995年国家科技进步三等奖1项。主持的浅色松香松节油增粘树脂系列产品，成果获林业部科技进步一等奖、国家科技进步二等奖。主持完成了我国松属松脂化学特征及与化学分类关系研究等3项国家自然科学基金项目，取得了重要突破。著有《中国松脂特征与松属分类》等论著。

朱之悌　男，1929年1月出生，湖南长沙人，中国共产党党员。1954年毕业于北京林学院林学专业，1957～1961年就读于莫斯科林学院，获生物学副博士学位。从1954年起，一直在北京林学院（1985年改为北京林业大学）工作。历任助教、讲师、副教授、教授，1985年批准为博士生导师，1988年被林业部批准为有突出贡献的中青年专家，1991年享受国务院政府特殊津贴。1999年11月当选中国工程院院士。长期从事林木遗传育种教学与科研工作，在解决我国造纸原料育种、基因资源保存方面作出了突出贡献。经过15年的努力，成功选育出一系列速生优质的三倍体毛白杨新品种，为北方造纸提供了优良树种。他提出“南桉北毛、黄河纸业”的设想，在科技部、国家林业局的扶持下，已取得初步成效，三倍体毛白杨已大面积推广，创造了显著的经济效益，得到国务院领导及国家林业局、国家轻工业局的肯定。主持毛白杨优良基因资源收集、保存、利用的研究，获林业部科技进步一等奖、国家科技进步二等奖；主持毛白杨多圃配套系列育苗技术研究，攻克了毛白杨常规难以繁殖的世界性难题，为毛白杨大规模产业化奠定了基础，获林业部科技进步二等奖、国家科技进步二等奖。有《林木遗传学基础》、《毛白杨天然三倍体选种研究》等论著。

孟兆祯　男，1932年9月出生，湖北武汉人，中国共产党党员。1956年毕业于北京农业大学园艺系造园专业，同年分配到北京林学院（1985年改为北京林业大学）工作至今，其间于1958年至1959年在北京市园林局从事设计工作，多次到法国、英国、日本、美国、韩国等地进行考察和讲学。历任助教、讲师、副教授、教授，1993年批准为博士生导师。兼任中国风景园林学会副理事长等职。1992年享受国务院政府特殊津贴。1999年11月当选中国工程院院士。长期从事风景园林规划与设计的教学与研究工作，是我国风景园林规划与设计的重要开拓者之一，在我国传统园林艺术理论研究，以现代科学知识和方法认识和发展中国传统园林艺术方面作出了突出贡献。长期教书育人，培养了大批风景园林规划与设计专业人才。主持承担国内外风景园林设计任务36项，根据设计对象的具体情况，提出独具见解的设计思想，将我国传统风景园林艺术理论、手法与现代社会生活溶为一体，创造性设计了颇具特色的新园林景观，得到园林建设部门和专家学者的高度评价。有《中国古代建筑技术史—掇山》、《避暑山庄园林艺术》、《园林工程》、《园林是城市发展生理基础》等论著。

（文世峰）

【1999年享受国务院政府特殊津贴人员名单】

姜笑梅　许传森　林凤鸣　孙振鸾　李希菲　林惠斌　火树华　习宝田　李凤兰　陆怀民　刘一星　刘桂丰　顾断友　邹惠渝　徐永吉　石如庚　曾思齐　龙光生　陈榆生　傅永华　雷瑞德　赵　忠　孙向然　陈定国　聂祥永　周欢水　李俊洲　孙乐智　刘东生　樊尚仁　朱　容　栾　柯

（文世峰）

【跨世纪学术和技术人才培养】　1999年，根据《林业部关于培养跨世纪学术和技术带头人规划》及其《实施办法》，由各省（市、区）和有关直属单位推荐，经专家评委会审核，并经国家林业局领导审定，确定了第四批跨世纪学术和技术带头人重点培养对象32名。跨世纪人才培养工作，从1995年开始，经过四次选拔，共确定了100名跨世纪学术和技术带头人重点培养对象，对他们进行重点培养，造就政治合格、业务过硬的新一代学术和技术带头人。其中的19人已列入国家“百千万人才工程”第一、二层次人选。（文世峰）

【王涛获“杰出专业技术人才奖章”】　为表彰作出突出成绩的专业技术人员，弘扬他们爱岗敬业、拼搏奉献精神，激发广大专业技术人员的积极性、创造性，1999年人事部决定授予10名同志“杰出专业技术人才奖章”，中国林业科学研究院王涛研究员获此殊荣。十名“杰出专业技术人才奖章”获得者受到中共中央政治局常委、国务院总理朱镕基，政治局委员、书记处书记、中宣部部长丁关根，政治局委员、国务院副总理吴邦国等党和国家领导人的接见。同时，人事部给予40名同志记一等功奖励，黑龙江大兴安岭西林吉林业局李志丹高级工程师被记一等功。（文世峰）

【新设博士后科研流动站】　1999年经人事部、全国博士后管委会批准，林业科研单位和高等院校新增设了5个博士后科研流动站。至此，已有4个林业科研单位和高等院校设立了8个博士后科研流动站，覆盖林学、林业工程和生物学3个一级学科的12个二级学科，它们是：中国林业科学研究院的林学、林业工程学科，北京林业大学的林学、生物学学科，东北林业大学的林学、林业工程和生物学学科，南京林业大学的林业工程学科。（文世峰）

社 会 团 体

【社团管理】 根据《中共中央办公厅国务院办公厅关于加强社会团体和民办非企业单位管理工作的通知》（中办发［1996］22号）和民政部的有关要求，从1997年开始，林业部对主管和挂靠的社团进行了全面的清理整顿。到1999年底，清理整顿工作基本结束。国家林业局主管和挂靠的23家社团参加了清理整顿。经过自查、有关部门检查、民政部审核等程序，国家林业局主管的11家社会团体全部获得民政部的重新登记。同时还积极配合主管部门，对挂靠国家林业局的社团进行了清理整顿，也已基本结束。

清理整顿中主要做了三项工作。一是搞好动员，统一行动。专门成立了领导小组，召开了有关司局领导参加的动员大会，下发了《林业部办公厅关于清理整顿社会团体的通知》，确保清理整顿工作有计划、有步骤地进行。二是严肃认真，搞好自查。对社团成立以来、特别是近几年业务开展情况、经费收支情况、组织建设情况进行了自查，认真填写了《社团清理整顿报告书》，并全部进行了审计。三是认真审核，把好质量关。严格按照中央、国务院的要求，对上报材料进行认真审核，对照检查，对存在的问题及时了解核实。经过几上几下的反复，保证了上报材料的质量。

国家林业局主管的社会团体

社团名称	主管部门	业务归口单位	成立时间（年）	会长或理事长
中国花卉协会	国家林业局	植树造林司	1984	江泽慧
中国绿化基金会	国家林业局		1985	王丙乾
中国经济林协会	国家林业局	植树造林司	1994	刘广运
中国治沙暨沙业学会	国家林业局	植树造林司	1992	董智勇
中国竹产业协会	国家林业局	植树造林司	1993	江泽慧
中国林业经济学会	国家林业局	林业部经济发展研究中心	1980	陈统爱
中国林业机械协会	国家林业局	中国福马林业机械集团有限公司	1987	刘效林
中国林产工业协会	国家林业局	中国林产工业公司	1991	朱元鼎
中国林场协会	国家林业局	国有林场和林木种苗工作	1993	刘广运
中国林业工程建设协会	国家林业局	发展计划与资源管理	1987	蔡延松
中国林产品经销协会	国家林业局	中国林产品经销公司	1992	潘真生

（陈幸良）

中国林学会

【综　述】 1999年，中国林学会在国家林业局党组和中国科协的领导下，认真贯彻江泽民总书记和李鹏同志为中国林学会成立80周年题词精神，积极探索、团结奋进、开展了具有 广泛性和影响力的业务活动，荣获中国科协第二届先进学会称号。

一年来，共完成重点学术活动17项，交流论文787篇，参加1 106人次。其中有影响的大型活动有松材线虫病考察活动，中国北方天然林资源保护工程学术研讨会，面向21世纪全国用材林建设专家研讨会，’99全国林业及相关行业新技术、新产品、新成果信息交流洽谈会。其中松材线虫病考察活动得到国务院领导的重视，温家宝副总理在报告中作了重要批示。此外，还配合中国科协组织了全国病虫害防治与预测研讨会、全国减轻自然灾害研讨会、中国科协首届学术年会、第五届全国计算机应用暨'99国际计算机应用技术展示会等。科普工作方面先后围绕植树节、地球日、湿地日，做了大量的科普宣传工作，参加群众达15 000人次。以保护生态环境为主题，7月在安徽九华山举办'99林学夏令营活动；9月召开了九届二次科普工作委员会工作会。完成了《中国科学技术专家传略农业篇·林业卷（2）》编撰工作，入卷林业专家60名。对外及港台地区的合作与交流方面有了新的进展，1999年共派出赴日、美和台湾团组3个；接待了日本、台湾访问团2个。举办了中日两国森林环境、林业现状等学术交流研讨会。《林业科学》刊物在新闻出版署、科技部举办的首届"国家期刊奖"评比中，进入全国期刊百强之列，成为林业界惟一获得该奖项的刊物。1999年共发展147名首批高级会员，由中国林学会直接管理，并成立了"中国林学会留日会员组"。一年来，学会秘书处加大了政治学习的力度，在"三讲"中取得了很好的成绩，民意测评率达90%以上。建立、完善了各项规章制度，加强了学会的内部改革，健全了学会秘书处的领导干部队伍，充分调动了职工的积极性。

（上官秀玲）

【全国松材线虫病考察】 松材线虫病是近20年来传入我国的一种毁灭性松树病害，传播速度快，防治难度大。为加强决策的科学化、民主化，进一步从宏观上审视松材线虫病的防治及科研工作，中国林学会受中国科协委托，于1999年5月25～30日组织20位昆虫、病理、造林学科两院院士、专家赴苏浙皖三省重疫区进行实地考察，在详细听取情况介绍的基础上，经过讨论论证，向国务院呈报《关于迅速遏制松材线虫病在我国传播蔓延的对策措施建议》的报告。报告得到国务院领导重视，温家宝副总理在报告上就加强森林病虫害工作作了重要批示，国家林业局为此专门召开了工作会议。本次考察进一步推动了整个森林病虫害的防治工作：①1999年下半年各省成立了以省长牵头挂帅的松材线虫病防治工程治理领导小组；②财政部为松材线虫病工程治理设立了专项资金，特设了"苏浙皖鲁松材线虫病工程治理项目"，每年投资400万元；③国家计委基本建设投资增加病虫害防治费6 000万元，用于松材线虫病防治的额度为1 050万元。 （孙肇凤）

【《林业科学》荣获首届"国家期刊奖"】 1999年11月28日，中华人民共和国新闻出版署和国家科学技术部组织的首届"国家期刊奖"评奖委员会经过初评、复评和定评，从全国各地、各部门推荐的272种社科类期刊和278种科技类期刊中，评选出49种社科类期刊和64种科技类期刊为首届"国家期刊奖"获奖期刊。《林业科学》是我国林业界惟一获奖的期刊。

《林业科学》是中国林学会主办的基础性和高科技学术期刊，作为中国林学会的会刊，其前身可追溯到1921年3月创刊的《森林》，迄今已有78年的历史。新中国成立后，享誉中外的当代林学家陈嵘、郑万均、吴中伦、沈国舫先后任主编。

根据中国科学引文数据库和中国科技信息研究所统计，1998年总被引频次达544，在1 286个统计源中列第31位，居林业界首位。 （郑槐明）

【'99林业及相关行业新技术、新产品、新成果信息交流洽谈会】 为促进科技与经济的结合和林业科技成果的转化，中国林学会与科技部人才交流开发服务中心，于1999年4月11～13日在昆明联合举办了这次洽谈会。来自林业、矿业、轻工、铁路等部门的117位代表参加会议。中国林业科学研究院等15个科研开发单位和厂家发布了信息，展示了有关产品。近40家林业、森工企业参加了洽谈和发布。参加者通过发布洽谈彼此广泛建立了联系或达成合作意向。这次活动充分发挥了学会的网络优势，有关地方林学会、二级分会出色地发挥了组织协调作用，促进了不同地区、学科之间的相互交流；同时相关组织单位分工协作，优势互补，获得了一定的经济效益和社会效益；这是学会在市场经济条件下如何发挥桥梁、中介作用的一次有益尝试。

（朱乾坤）

【'99林学夏令营】 林学夏令营是中国林学会的传统活动，截至1999年为止已举办了16届，一直倍受广大青少年的青睐。'99林学夏令营是世纪末最后一次夏令营活动，由中国林学会与安徽省林学会联合主办，于7月17日在安徽省九华山开营，历时3天。来自山西洪源师范学校与安徽省各地市的80多名营员和辅导员参加了开营式。这次夏令营活动主题是保护名木古树、保护九华名山，保护生态环境。活动结合林业生态环境建设的热点，通过实地考察、绿色知识竞赛等形式，使营员们认识到森林在生态环境中的重要性，森林与人类的密切关系；激发了营员们热爱森林、保护森林、保护生态环境的热情，倡议并宣誓将以"'99林学夏令营"为里程碑，保护森林、捍卫绿色家园，从我做起，从一草一木做起。 （秦向华）

中国野生动物保护协会

【第二次全国野生动物保护协会秘书长工作会议】 1999年4月25～27日，中国野生动物保护协会组织召开了第二次全国野生动物保护协会秘书长工作会议。来自全国29个省（区、市）野生动物保护协会的秘书长以及15个省（区、市）林业（农林）厅（局）的厅局长和国家林业局有关单位的66位代表出席了会议。这次会议明确了在新形势下协会的地位作用、中心任务和工作目标。协会的地位应是政府的助手，是政府联系群众、国际非政府组织间的桥梁和纽带；中心任务是要千方百计地提高人们的野生动物保护意识，千方百计地为保护野生动物募集资金；近几年的工作目标是：①全国发展会员7000～8000人，各省（区、市）协会会员人数在原有基础上提高20%；②争取全国1/3的省级协会设置二三名专职人员，有独立的办公场所；③各省级协会每年要有一二个募集资金在万元以上的项目；④每年组织大型宣传活动教育活动二三次。会议还讨论修改了《资金募集管理办法》、《团体会员发展和管理办法》、《省级野生动物保护协会综合评价办法》和《科研课题指南》。（郭立新）

【国际朱鹮保护研讨会】 1999年9月6～10日，中国野生动物保护协会与中国鸟类学会、陕西省野生动物保护协会，在陕西省汉中市共同召开了国际朱鹮保护研讨会。来自中国、日本、美国、国际自然保护联盟的专家、学者、官员和新闻界人士共100多人参加了会议。国家林业局副局长、协会常务副会长马福参加了会议并为大会致词。国际自然保护联盟鹳、鹮、琵鹭专家组主席柯德迩·考特先生在讲话中对中国朱鹮的保护工作给予了高度评价。在研讨会上，与会代表就朱鹮和相关科鸟类的生态生物学特性、生理解剖、人工饲养繁殖、疾病防治的研究以及保护管理措施等方面进行了两天的学术交流。在发言中，代表们着重就朱鹮笼养种群的野化放飞试验、朱鹮异地种群的建立、亲缘关系对朱鹮种群发展的影响、未来所采取的保护措施等方面阐述了各自的观点，探讨了今后朱鹮研究保护的方向。与会代表还考察了1981年重新发现朱鹮的姚家沟营巢繁殖地，参观了不同类型的觅食地、夜宿地以及朱鹮饲养救护中心，看到了自然和人工饲养繁殖的朱鹮种群的壮观场面。

朱鹮是世界上最为濒危鸟类之一，从1981年在陕西洋县被重新发现以来，我国成为惟一一个拥有野生朱鹮种群的国家。经过国家和地方保护部门的辛勤努力，种群数量已由发现时的7只增加到现在的近200只。本次会议取得了以下成果：一是向国际社会展示了中国政府拯救朱鹮所取得的成就，也充分认识了目前朱鹮保护面临的困难和存在的问题，得到了国际社会的理解和支持；二是交流了朱鹮等鸟类的研究成果；三是通过了保护拯救朱鹮的关于共同拯救世界珍禽朱鹮的《汉中宣言》。（蔡炳城）

【保护藏羚羊行动报告会】 一个时期以来，由于犯罪分子大肆盗猎国家一级保护野生动物藏羚羊，藏羚羊的生存受到了严重威胁，引起了国内外的极大关注。为了让社会了解我国藏羚羊保护工作的现状和存在的问题，呼吁社会各界来关心、支持我国的藏羚羊保护事业，提高保护意识，采取措施，制止盗猎行为。1999年6月15日，中国野生动物保护协会联合中国科协普及部等单位，在中国科技会堂举办了保护藏羚羊行动报告会。全国妇联、全国人大法工委、国家民委、国家环保总局、解放军日报社等理事单位代表，湿地国际、国际爱护动物基金会、生态学学会、宋庆龄基金会野生生物保护基金管理委员会，国家林业局有关司局，北京市林业局的代表，首都部分大专院校学生以及各界人士和28家新闻单位记者400多人参加了报告会。中国野生动物保护协会秘书长王福兴主持了会议。国家林业局保护司、公安局，国家濒危物种进出口管理办公室，中科院动物所，青海省可可西里国家级自然保护区等单位的领导和专家，分别介绍了我国藏羚羊的保护工作概况；打击盗猎者的“可可西里一号行动”；有关国家和地区非法进行加工、贸易藏羚羊情况；藏羚羊在自然生态中的重要作用；可可西里藏羚羊保护工作的现状和面临的困难。会上还宣读了《中国野生动物保护协会保护藏羚羊呼吁书》，呼吁各级政府进一步采取有效措施，打击盗猎走私行为；强烈要求有关国家和地区共同采取行动，停止藏羚羊绒的加工贸易；全社会共同行动起来，谴责盗猎走私行为；积极捐助支持藏羚羊保护事业。报告会在社会各界引起了强烈反响，进一步提高了野生动物保护意识。（蔡炳城）

【生态旅游与生态环境保护专家座谈会】 1999年1月12日，中国野生动物保护协会科技委员会，邀请了我国知名的动物、古生物、生命、生态和历史学的科技专家，召开了生态旅游与生态环境保护专家座谈会。会议是根据湖北省神农架的一些单位，推出所谓神农架“野人”探险旅游卡计划，经过商业炒作，鼓动人们到神农架寻找“野人”一事在国内外所引起的广泛关注和强烈反响，为维护多年来我国自然保护区的建设成果，正确引导生态环境旅游活动而召开的。

会议认为：神农架林区传说中的“野人”并不存在。从70年代以来，我国组织了数次有关神农架“野人”的系统科学考察活动，对有关“野人”的目击者、发生地、“毛发”、“脚印”等进行过实地考察，对毛发还进行了化验分析，但都不能作为科学证据表明神农架林区存在“野人”。当地自然保护区工作人员在多年深入细致的野生动植物自然资源调查的实际工作中，也没有发现过“野人”。从科学的角度讲，一是传说中的神农架“野人”分布区基本上都在针叶密林中，那里没有“野人”生存所必需的食物条件。二是“野人”要繁殖后代，必须有一定数量的种群，如果种群数量太小，近亲繁殖，就很难延续生存下去。三是地球上近万年来，任何人类以外的动物不可能演化为人类，任何人类的群体也不会退化为兽类。从对所谓“目击者”的访问情况看，被访问者所描述的“野人”的行为、嗅觉、视觉、听觉等都是不可信的；而且有越靠近城市的“目击‘野人’者”就有越多的违反常规的现象。与会者一致不赞成以商业炒作方式大规模组织“野人”探险“揭迷”活动。有关组织或个人，如果未经野生动物保护管理部门允许而进入自然保护区，是一种违反野生动物保护法规的行为。该活动制止了神农架“野人”探险计划，对保护生态环境产生了重要作用。

会后，中国野生动物保护协会还向国家旅游局、国家环保总局、国家林业局、中国科学院提出了《关于发展旅游促进生态环境保护的建议》，一是要进一步加大野生动植物资源与生态环境保护宣传的力度；二是要做好生态旅游区域的调查，选择最佳的旅游线路，注意环境容量问题，自然保护区的核心区应严加保护；三是要加强自然保护区和生态旅游景点的管理；四是推出大型生态旅游项目要经过审批；五是加强生态旅游区导游队伍的培训；六是兴建旅游设施及其他建设项目，都应进行严格的环境评价；七是生态旅游的收入应主要用于生态环境保护与建设。　（蔡炳城）

【四省、市联合开展了’99“爱鸟周”行动】　1999年4月10日至5月6日，中国野生动物保护协会与北京、河北、河南、山西四省市野生动物保护协会，共同开展了以“让鸟儿与人类共享蓝天”为主题的’99“爱鸟周”联合行动。行动历时26天，行程3 000千米，在3市2区1县举行了3个宣传动员大会和会后科普宣传，召开了两个座谈会，1个主题班会，1次街头宣传，共散发宣传材料6万多份，现场摆放科普画版、标本200多块、只，悬挂标语口号70多条、幅，近5万人参加了爱鸟万人签名，4万人参加了大规模爱鸟护鸟宣传活动。北京市在北京动物园举行了“爱鸟周”联合行动的启动仪式，开展了爱鸟知识竞赛、儿童画鸟作品展、鸟类知识科普长廊、专家咨询、鸟卵展览等项科普宣传活动。山西省“爱鸟周”联合行动在太原市动物园举行。全国人大常委、原山西省委书记李立功，副省长范堆相等出席了活动仪式。还开展了挂鸟巢、发放宣传品，在天龙山自然保护区举行了褐马鸡散放仪式，将10只褐马鸡放归大自然。河南省在三门峡市开展了大规模爱鸟护鸟宣传，上百名儿童在百米长卷上绘画，并举行了爱鸟万人签名活动。河北省在平山县举行了“爱鸟周”开幕式，向全省救助野生动物有功人员、儿童爱鸟画比赛获奖者颁奖。并举办了以“让鸟儿与人类共享蓝天”的主题班会，全国著名的动物专家冯祚建、王福麟作了探索自然、爱护鸟类，保护野生动物资源的报告，有7名同学登台演讲，用生动的语言，说明了爱鸟护鸟的重要性，呼吁人们，爱护鸟类，保护绿色家园。

（蔡炳城）

【食用野生动物状况调查】　1999年8月26日，国家林业局保护司与中国野生动物保护协会秘书处联合印发了《关于组织开展野生动物食用状况调查的通知》，并组织人员对15个省会城市和部分地级市的餐馆、副食商场和集贸市场进行野生动物食用状况调查。在为期4个月的调查期间，设计印发了23 000份野生动物食用状况调查问卷，收回21 739份。还组织有关专家从营养、卫生、免疫、病理的角度，对野生食用动物进行化验分析。这次调查的范围既有野生动物资源的分布省，又有野生动物资源的消费省。参与调查的人员有各有关省（区、市）协会、有关科研、教学等50多个单位共270多人。10月9日，中国野生动物保护协会向各省（区、市）野生动物保护协会印发了《关于开展“提倡不食野生动物，树立饮食新观念”科普宣传活动的通知》，要求各省级协会，结合本地实际情况，采取多种形式，在全国范围内，组织开展保护野生动物的宣传活动。从11月份开始，还陆续组织报刊、电视台和电台等新闻单位，就“提倡不食野生动物，树立饮食新观念”展开了大量的宣传报道。本次调查的目的在于：摸清全国野生动物的食用情况，有针对性地开展宣传教育工作，加强野生动物的保护和管理，力求解决滥吃野生动物对资源造成的破坏，诱发滥捕乱猎问题，保护野生动物，保护自然生态环境，维护生态平衡。调查初步结果表明，大多数人不赞成食用野生动物，81.1%的人认为食用野生动物会对生态环境造成破坏。

（蔡炳城）

中国水土保持学会

【综　述】　中国水土保持学会在1999年的各项活动中坚持发挥群众性学术团体为水土保持可持续发展服务的原则，在学术交流、科学普及和组织建设等方面取得了一定的进展。

学术交流　组织召开“黄土高原水土流失治理方略研讨会”；参与中国科协牵头，17个全国性学会参加的“1999年减轻自然灾害学术研讨会”和编纂《减轻自然灾害白皮书》工作；参加中国科协组织的学科发展与学科分类研讨会；联合中国农学会等6个单位召开“黄河三角洲高效生态农业开发研讨会”；参加国际泥沙研究培训中心组织召开的“参与性流域管理研讨会”。

科学普及 举办3期水土保持方案编制甲级单位持证上岗培训班，培训学员386名。参加了中国地质学会牵头组织的“世界地球日”宣传咨询活动。

对外交流 完成赴澳“开发建设项目水土保持技术交流考察”的立项申请及赴台参加第二届山地灾害与环境保育学术研讨会的筹备工作。

组织建设 完成社团清理整顿补充及上报民政部重新登记换证准备工作；组织中国工程院院士提名推荐和部分会员重新登记发证工作。 （黄 元）

【水土保持方案编制甲级单位持证上岗培训班】 中国水土保持学会受水利部水土保持司委托，1999年继续在陕西、河北和湖北等地举办了3期培训班。来自不同甲级单位的386名学员参加了培训。学习期间主要培训内容有水土保持法律法规基本知识、水土保持原理、水土保持方案编制规程及实例分析和开发建设项目水土流失防治技术等四个方面。培训结束后对每位学员进行了4门课程的测试。到目前为止，参加甲级单位培训的人数共有963名，其中919名取得了甲级水土保持方案编制上岗合格证书。 （黄 元）

中国林业经济学会

【综 述】 1999年10月12日、13日，中国林业经济学会在北京召开了新中国50年林业改革与发展座谈会，参加会议的有部分省市原林业厅局长、原林业部部分司局原司局长和一些知名林业经济专家。原林业部部长、全国人大农业与农村委员会主任高德占、国家林业局局长王志宝、副局长李育才和党组成员杨继平同志会前看望参加会议的同志并进行了座谈。王志宝局长还就当前林业面临的形势任务和工作思路在大会上发表了重要讲话。与会同志就建国50年来林业改革与发展的成就、问题和教训等进行了广泛的研讨，对未来林业发展提出了许多建议。

新中国50年改革、发展的主要成就

林业建设 50年来，森林资源实现了面积和蓄积双增长；林业产业建设初步形成体系；森林和野生动植物保护的力度不断加大；林业法制建设逐步完善。

林业改革开放 近20年来，林业改革开放不断深化。一是逐步确定了“全党动员，全民动手，全社会办林业”的基本思想，林业建设从部门走向了社会；二是林业分类经营改革开始起步并不断深入，探索和实践了林业建设与管理机制并推进了林业生态效益商品化改革，为林业发展开拓了一条新路；三是林业市场化改革逐步推进，从木材市场开放、木材价格放开到探索建立现代企业制度等，林业在市场经济的道路上不断前进；四是林业对外开放不断扩大，开放力度不断加大，开放成果也日渐突出。

50年来林业改革和发展中存在的问题和教训

林业建设和改革进程中存在的一些突出问题，一是在林业与国民经济的协调发展方面仍存在着尖锐矛盾。林业产业滞后于国民经济增长，成为经济运行中的瓶颈产业。由于森林资源的过量消耗，特别是在生态脆弱地区的过伐和恢复不力，我国生态环境总体恶化的局面仍未改变，增加森林资源的任务依然繁重；二是重点国有林区的“两危”问题积重难返，由此带来的企业生存、职工生活、劳动就业、社会稳定等一系列问题尚未从根本上得以解决，成为林业跨世纪的重大难题；三是林业市场化改革过程中的一些重大问题还未解决，如确立市场主体的权利地位，赋予林业生产者对自有财产的支配权和对自有收入的处置权等；四是林业建设的动力机制有不断弱化的趋势。

50年来林业改革和发展中的主要教训，一是林业定位不合理。长期以来，林业被认为是一个物质生产部分，这种认识上的片面性导致林业长期无法得到合理定位，使林业在产业部门中的地位下滑，在社会经济持续发展中的作用也没有得到应有的认可；二是传统重点林区与无林少林地区的林业发展失衡；三是林业经营采伐与培育失衡，表现为重采轻育，这是导致森林资源总体质量和可采数量下降的主要原因；四是植树造林数量与质量失衡，表现为重数量轻质量；五是造林基础建设与营林生产失调，重视造林面积的扩张，忽视种苗的建设；六是人工林建设与市场需要失调，人工林培育缺乏定向，造用结合不紧密；七是国有林区企业建设与社会负担失衡；八是林业机构不稳定，对森林资源的保护和林业的发展造成不良的影响。

对未来林业发展的建议

林业建设的目标是还青山绿水、林业强国于21世纪。为此，一是要大力建设有中国特色的现代林业。要坚持建设林业生态体系和产业体系的战略方针，并合理地确定林业的地位。在此基础上，以生态经济理论、可持续发展理论等为基本理论指导，建设优质高效的现代林业；二是要加速推进林业分类经营改革。特别要建设完整的产业链，实行林工结合，走产业化道路；三是要立足于国内自身解决中国木材供给问题；四是要调整人工林建设的指导思想、布局和经营机制；五是要理顺森林资源管理体制。实行分级管理，实行使用权与经营权分离，强化管护责任制；六是要下大力气解决林业动力机制弱化问题；七是要进一步加强种苗建设；八是要调整经济林建设结构；九是要加强林业社会化服务体系建设；十是要强化和稳定林业机构，加强林业基层组织建设，注重对林业政策问题的研究。

（中国林业经济学会）

中国林产工业协会

【综 述】

深入基层企业，开展调查研究 为了更好地为会员企业服务，不断提高协会的行业指导、协调作用，中国林产工业协会对广东、江苏、浙江、上海、河北、福建等省的60多个不同所有制性质的人造板企业和配套企业的生产经营管理情况进行了深入调查研究，在调研中及时传播一些好的经验和做法，供企业借鉴或参考。

推动企业技术进步和加强科学管理，发挥媒介和疏导作用

1. 积极宣传、推广绿色人造板产品的生产，以满足国内外市场对环境保护的需求，维护消费者的利益。

2. 向企业介绍人工速生杨树基地的建设经验，为我国胶合板、细木工板和其他人造板提供丰富的后备资源。

3. 引导和鼓励企业利用杨木胶合板生产LVL（单板层积材），并鼓励有关科技人员为其研制开发单板纵向指接机，获得成功。

4. 组织相关企业测绘研制原木端头纵向指接机，样机已于年底试制成功，使得价值120元左右/吨的截头接成4′长的原木生产芯板价值提高约10倍。

5. 在上新项目时与有关企业、科研单位、设备制造单位合作，专门生产中厚型4′×16′幅面的中密度纤维板生产线（年产4万立米），为建筑装饰提供各种线材原料。

6. 为滁洲人造板厂上注塑家具生产线牵线搭桥，与东莞鼎盛集团达成意向性合作的协议，节省引进费用。

7. 积极鼓励企业着手引进木材改性技术项目。多次与荷兰安可国际咨询公司、普拉特公司和新西兰木材研究所的专家进行技术交流，希望引进项目将我国具有丰富资源的马尾松、云南松、杨木、杉木等速生树种得到开发利用，提高其价值和附加值，缓解我国木材供需紧张的状况。

8. 鼓励有条件的大中型胶合板生产企业试制集装箱底板用胶合板。

9. 引导胶合板生产企业抓好多层板的生产，提高产品质量，降低游离甲醛含量，争取进入国际市场。

继续开展国内外的技术交流活动，增进国际间的友好往来 分别与瑞典木材公司、荷兰安可国际咨询公司、新加坡驻华大使馆商务参赞、新加坡第九届木工机构展览会招商团、澳大利亚塔斯马尼亚州木业代表团、德国中小企业木业代表团、美国林纸协会阔叶木外销委员会、新西兰林科院专家代表团、美国代表团、新西兰木材协会代表团、新西兰南岛政府驻京办事处、新加坡木业代表团、德国政府木业代表团进行技术和贸易洽谈，更好地了解国际林产工业的发展态势，促进了国际技术贸易合作。组织会员企业赴德国、荷兰考察。

努力办好协会主办的两个刊物——《林产工业》和《木材综合利用信息》 与主办两个刊物的林产工业设计院和上海木材工业研究所经常保持密切联系，及时提供行业最新动态、科技成果和市场信息，为办好刊物出谋划策。

积极参与组织林产工业产品及其相关产品展览会，推进行业协调发展

1. 与中国家具协会、中国林机协会、中国室内装饰协会、中国轻机协会和中国国际广告公司共同协助英国蒙歌玛利展览集团于1999年10月8日在上海成功举办了第三届林业木工机械展览会。

2. 1999年9月与中国木材经销协会共同主办了全国林特产品展览会和福人上海建材市场的开业典礼。

3. 1999年5月协助美国阔叶材外销委员会在京召开了年会。

4. 1999年3月参加了广州国际家具和木工机械展览会、1999东莞国际家具展览会。

5. 1999年4月底在北京参加了第六届中国家具展览会。

6. 1999年9月在上海参加了第五届中国国际家具展览会。

7. 1999年7月与中国科学院电子研究所共同举办国际林产品展览会的网上展览。

8. 协助组织澳大利亚塔斯马尼亚州木业代表团在澳大利亚大使馆举办的“塔斯马尼亚木材之窗”展览会的参观工作。

全心全意为会员单位提供优质服务 为企业排忧解难，反映省、市基层企业产品在木材检疫过程中遇到的乱收费问题，并协助解决。协助翔菲公司出版《中国木业企业名录大全》及光盘。积极参加地板、木材干燥专业委员会的活动。为企业提供二手设备供应信息。参

加浙江嘉善县人民政府和商会召开的木业发展专家咨询会和报告会。（张文玲）

中国林业体育协会

【综 述】

全民健身工作 1999年是实施全民健身计划第一期工程关键性的一年，为加大工作力度，进一步推动林业职工健身活动的开展，中国林业体协于5月12～17日在银川市“三北”局举办了全国林业第六届乒乓球赛。在举办乒乓球赛的同时，中国林业体协于5月12～15日在“三北”局召开了1999年全国林业体协秘书长年会，会议对中国林业体协一年的工作进行了总结，并对当前各省（区、市）面临机构改革时，如何实施《全民健身计划纲要》工作进行了分析和部署；通报了参加第九届冬季运动会和组织观摩团的情况；对中国林业体协的工作提出了建设性意见，共商了2000年中国林业体协的主要工作。

参加全国竞赛 中国林业体协1999年度参加全国性比赛共计2次。1月，大兴安岭林业集团速滑队和内蒙古大兴安岭乌尔旗汉滑雪队的冬季两项项目代表中国林业体协参加了在吉林省长春市举行的全国第九届冬季运动会；4月，四川省林业厅、山西省林业厅联合组队代表中国林业体协参加了全国象棋团体赛。

经中国林业体协推荐，中国林业体协郑飞通过了国家体育总局田径国家级裁判员的考试，被批准为国家级裁判员。至此，中国林业体协已培养出8名田径国家级裁判员。

中国林业体协举办活动及参加全国比赛一览表

项 目	时 间	地点	参加单位	承办单位	成 绩
全国第九届冬季运动会	1月10～19日	长春	内蒙古森工集团、大兴安岭森工集团、中国林业体协		
全国象棋锦标赛	4月16～26日	漳州	四川省林业厅、山西省林业厅		男子团体甲组第20名
全国林业第六届乒乓球赛	5月12～17日	银川	河北、江西、宁夏、陕西省（区）林业厅，内蒙古、吉林、龙江森工集团，“三北”防护林建设局、南京人民警察学校	国家林业局“三北”防护林建设局	男子团体：吉林、龙江、内蒙古森工集团 女子团体：江西、“三北”防护林建设局、陕西 男子个人：崔立会（吉林）、王新（龙江）、何小毛（江西） 女子个人：周萍、张纫谊（江西）、贺锦南（“三北”防护林建设局）
全国林业体协秘书长会议	5月12～15日	银川	河北、辽宁、湖南、福建、广东、四川、陕西、宁夏省（区）林业厅，内蒙古、吉林、龙江森工集团，“三北”防护林建设局、南京人民警察学校	国家林业局“三北”防护林建设局	

（郑 飞 伊尧正）

大事记与重要会议

1999年中国林业大事记

1月

15日　国家林业局、财政部联合组织的总投资为30亿元，总产值可达460亿元的世行贷款项目——“贫困地区林业发展项目”正式启动实施。该项目世行贷款资金为2亿美元，覆盖河北、山西、辽宁、江西、安徽、河南、湖北、湖南、广西、四川、贵州、云南共12个省区180多个县。

18日　共青团中央、全国绿化委员会、国家林业局、中国青少年发展基金会联合决定，从1999年起，在全国范围内开展以保护黄河、长江等我国主要江河流域生态环境为主要内容的“保护母亲河行动”。

20～21日　国家林业局直属机关党的建设和机关建设工作会议在北京召开。会议传达了中纪委第三次全会精神，总结了1998年局直属机关党的建设和机关建设工作，并对1999年的工作进行了部署。

27日　国家林业局局长王志宝在北京会见日本环境厅政务次官栗原博久，就江泽民主席访日期间代表中国人民向日本人民赠送两只朱鹮“洋洋”和“友友”交接事宜进行磋商。王志宝局长和栗原博久政务次官分别代表本国政府在交接证书上签字。

2月

2～5日　全国林业厅局长会议在北京召开。会议的主要任务是贯彻落实党的十五届三中全会、中央经济工作会议、中央农村工作会议精神，并根据党中央、国务院关于改善生态环境，加强林业建设的部署及在新形势下已确定的林业改革发展思路，研究安排1999年的林业工作。会议期间，还召开了全国林业计划财务会议和全国森林资源管理工作会议。

5日　国务院、中央军委以国发[1999]6号印发《国务院、中央军委关于调整武警黄金、森林、水电、交通部队领导管理体制及有关问题的通知》，明确森警部队实行新的领导管理体制，改称武警森林部队，接受武警总部和国家林业局的双重领导。

8日　中国政府向日本赠送朱鹮交接仪式在日本新泻县举行。国家林业局局长王志宝代表中国政府出席交接仪式。

11日　中共中央组织部任命周生贤同志（副部长级）为国家林业局党组副书记、副局长。李昌鉴同志调任全国政协机关党组成员。

12日　经人事部、全国博士后科研流动站管委会批准，中国林科院、北京林业大学、东北林业大学、南京林业大学分别在林学、生物学、林业工程三个一级学科设立五个博士后科研流动站。

24～27日　国务院总理朱镕基在访问俄罗斯期间，与俄罗斯政府就森林采伐和木材加工方面的合作达成谅解。

26日　国家林业局局长王志宝在北京会见国际湿地保护公约秘书长戴尔玛·布拉斯格，双方就湿地保护等问题交换了意见。

3月

5日　国务院总理朱镕基在九届全国人大二次会议上的《政府工作报告》中指出，坚决实行最严格的土地管理制度和保护森林、草原的措施。停止长江、黄河上中游天然林采伐，东北、内蒙古和其他天然林区要限量采伐或者停止采伐。坚决制止新的毁林开荒、围湖造田，对过度开垦、围垦的土地，有步骤地退耕还林、还草、还湖。开展大规模植树造林种草，抓好重点生态工程建设，治理水土流失，为子孙后代留下青山绿水。

同日，中央文明办、教育部、建设部、铁道部、交通部、水利部、环保总局、国家林业局、全国绿委办、共青团中央、全国妇联联合决定，在全国开展“保护生态环境、倡导文明新风”主题活动，动员广大群众和社会各界，积极参与保护和改善环境的实践活动，推动我国生态环境建设。

9日　国务院决定任命周生贤同志（副部长级）为国家林业局副局长。

11日 中央政府向香港特别行政区赠送大熊猫交接仪式在香港举行。国家林业局副局长李育才代表中央政府出席交接仪式。

22日 国务院召开全国森林防火工作电视电话会议，部署1999年的森林防火工作。国务院副总理温家宝在会上作了重要讲话，要求各地认清形势，从严治火，齐抓共管，确保不发生大的森林火灾。国家林业局局长王志宝分析了当前全国森林防火的形势，并对1999年的森林防火工作作了具体部署。

23日 国家林业局决定从1999年起，在全国开展森林病虫害防治检疫标准站建设工作，力争到2003年在全国建设1 000个以上标准站，提高各级森防站的管理素质、灾害除治能力和行政执法水平，推进森防体系建设。

25日 国家林业局印发《全国人工造林更新实绩核查管理办法（试行）》和《全国人工造林、更新实绩核查技术规程（试行）》。

28日 香港绿化中国基金在人民大会堂举行特别仪式，为绿化祖国内地捐赠200万元人民币。全国人大常委会副委员长布赫，全国政协副主席赵南起，全国绿化委员会副主任、国家林业局局长王志宝，香港绿化中国基金主席刘迺强出席捐赠仪式。

29日 中共中央组织部同意杨继平同志任国家林业局党组成员、中央纪委驻国家林业局纪律检查组组长。

30日 国家林业局召开"三讲"教育动员大会。局党组书记、局长王志宝代表局党组在会上作动员报告。

4月

1日 全国绿化委员会第十八次全体会议在北京召开。会议回顾了1998年的绿化工作，表彰了先进，并对1999年的绿化任务进行了部署。中共中央政治局委员、国务院副总理、全国绿化委员会主任温家宝发表题为《巩固成果，加快发展，提高国土绿化水平》的重要讲话。全国绿化委员会副主任、国家林业局局长王志宝作工作报告。

同日，中俄总理定期会晤委员会经贸合作分委会正式成立中俄森林资源开发和利用常设工作小组，外经贸部副部长张祥任中方组长，国家林业局副局长周生贤任中方副组长，并召开第一次会议。

3日 党和国家领导人江泽民、朱镕基、李瑞环、胡锦涛、尉建行、李岚清等到北京天坛公园参加首都全民义务植树活动，并对绿化工作作了重要指示。江泽民指出，通过植树造林，保持水土和防风治沙，一直是党和政府非常关心的一个重大问题。只有全民动员，锲而不舍，年复一年把植树造林工作搞下去，才能有效地遏制水土流失，防止土地沙漠化，为人民造福。这是关系到中华民族下个世纪和千秋万代的大事，必须充分重视，抓紧抓好。朱镕基指出，植树造林，绿化祖国，全面动员，世代努力。李瑞环指出，绿化工作很重要，我作为首都市民，也要为绿化首都尽一份义务。

15～30日 全国政协副主席赵南起率全国政协工作组赴内蒙古、宁夏、甘肃和青海四省区，对防治荒漠化情况进行了调研，并形成了《关于我国防治荒漠化面临的严峻形势及对策建议的调研报告》。

15～5月1日 经国家林业局党组决定，由森林公安局牵头组织青海、新疆、西藏三省（区）森林公安机关开展"可可西里一号行动"，旨在严厉打击非法盗猎藏羚羊的违法犯罪活动。

22日 国家林业局第2号令发布《中华人民共和国植物新品种保护名录（林业部分）》（第一批）。

23日 中共中央组织部同意马福同志任国家林业局党组成员、副局长。

同日，我国正式加入《国际植物新品种保护公约》，并成为国际植物新品种保护联盟（UPOV）成员国。

同日，国家林业局受理北京林业大学递交的"三倍体毛白杨"新品种权申请。这是国家林业局受理的第一份植物新品种权申请。经审查，国家林业局授予北京林业大学"三毛杨1号"等六个三倍体毛白杨植物新品种权。

5月

1～10月31日 中国'99昆明世界园艺博览会在昆明举行，历时184天。这是首次由发展中国家举办的大型世界园艺博览会，主题是"人与自然——迈向21世纪"。来自亚、欧、非、美、大洋洲的95个国家和国际组织参展，我国31个省、自治区、直辖市和香港特别行政区、澳门、台湾地区参加了展览。会展期间，有51个国家和国际组织举行了馆日活动，我国各省（区、市）和香港特别行政区举办了活动周，共有940多万人次入园参观游览。

6日 国家林业局印发《国家林业局关于加强重点林业建设工程科技支撑的指导意见》。

7～9日 全国重点地区天然林资源保护现场会在四川省理县召开。会议听取了四川省及阿坝州工程实施情况的介绍，实地考察了川西林业局和理县工程建设现场，交流了全国工程建设的经验，并对今后一个时期的工作进行了部署。

10～18日 《国际湿地公约》（RAMSAR）第七次缔约方会议在哥斯达黎加首都圣胡塞举行。由国家林业局、外交部、水利部、环保总局和香港特区政府代表组成的中国政府代表团出席了会议。大会期间，中国代表团介绍了我国履约工作和湿地保护方面取得的成就，引起了与会代表的高度关注。

12日 国务院决定任命马福同志为国家林业局副局长。

17～19日 国家林业局与科技部、农业部、国际植物新品种保护联盟（UPOV）在昆明市联合召开技术创新与植物新品种保护国际研讨会。会议就植物新品种保护与21世纪农林业科技创新，植物新品种保护的技术检测，生物技术对植物新品种保护的影响等问题进行了研讨与交流。

24日 国家林业局在哈尔滨市召开部署“十五”森林采伐限额编制暨天然林保护等工程区森林资源清查工作会议。会议的主要任务是：紧急部署全国天然林保护工程区和重点生态工程区森林资源清查，总结“九五”期间森林采伐限额执行情况，研究部署“十五”期间森林采伐限额编制，座谈讨论全国林业调查规划设计行业管理工作。

6月

3～7月17日 全国人大常委会组织两个执法检查组赴四川省、广西壮族自治区和黑龙江省、内蒙古自治区，对《森林法》实施情况进行检查。同时，委托吉林省、福建省、山东省、甘肃省人大常委会对本省实施《森林法》的情况进行检查。这次检查的重点是法律实施主管机关依法制止滥伐盗伐林木和毁林开垦、乱占林地的情况。

4～7日 濒危野生动植物种国际贸易公约常委会虎技术组对我国虎保护和虎禁贸工作进行了检查。技术组对中国政府在发布虎骨、犀牛角禁令以来所做的工作及取得的成绩表示赞赏，对中国政府在野生动物保护和合理利用方面所坚持的立场表示理解。

15日 由国家林业局组织的“新世纪保卫绿色行动——全国百家新闻单位联合行动”启动仪式在北京举行，全国政协副主席万国权出席并讲话。

同日，中共国家林业局党组印发《中共国家林业局党组关于进一步加强党组自身建设的规定》。

17日 江泽民总书记在西安召开的国有企业改革和发展座谈会上指出：由于千百年来多少次战乱、多少次自然灾害和各种人为的原因，西部地区自然环境不断恶化，特别是水资源短缺，水土流失严重，生态环境越来越恶劣，荒漠化年复一年地加剧，并不断向东推进。这不仅对西部地区，而且对其他地区的经济社会发展也带来不利影响。改善生态环境，是西部地区的开发建设必须首先研究和解决的一个重大课题。如果不从现在起，努力使生态环境有一个明显的改善，在西部地区实现可持续发展的战略就会落空。

同日，中央机构编制委员会办公室以中编办字[1999]53号文下发《关于国家林业局所属事业单位调整更名的批复》，批复撤销原林业部信息中心，成立国家林业局天然林保护工程管理中心；撤销中国林业杂志社，成立国家林业局人才开发交流中心；并同意55个事业单位名称由“林业部”改冠“国家林业局”。

同日，纪念世界防治荒漠化和干旱日活动在全国展开。以北京为龙头的全国100多座大中城市组织了防治荒漠化的宣传活动。

21日 江泽民总书记在郑州主持召开的黄河治理开发工作座谈会上指出：生态环境建设是关系到黄河流域经济社会可持续发展的重大问题。必须把水土保持作为改善农业生产条件、生态环境和治理黄河的一项根本措施，持之以恒地抓紧抓好。生态工程建设要同国土整治、综合开发和区域经济发展相结合。黄河上中游的水土保持，是一项十分广泛而复杂的任务。要充分发挥我国社会主义制度能够集中力量办大事的优越性，调动各方面的积极因素，采取工程、生物和耕作措施进行综合治理。

22日 中国绿化基金会第四届全体理事会在人民大会堂召开。中共中央政治局常委、全国政协主席李瑞环出席会议并任新一届理事会名誉主席，黄华、陈慕华、布赫、孙孚凌、邵华泽、马玉槐为顾问，王丙乾任新一届理事会主席，蔡延松为常务副主席兼秘书长，朱添华、刘明璞、华福周、迟海滨、杨孙四、杨福昌、谢伯阳、董力、崔波为副主席。

25日 中共中央政治局常委、全国政协主席李瑞环在全国政协九届常委会第六次会议闭幕会上，发表题为《关于我国绿化的几个问题》的重要讲话。

同日，国家林业局发布《关于表彰全国优秀乡村护林员的通报》，决定授予刘春等502名同志“全国优秀乡村护林员”称号。

同日，国家林业局召开“三讲”教育总结大会。局党组书记、局长王志宝代表局党组作总结报告。

28日 江泽民总书记针对贵州省台江县发生的天然林采伐问题作出重要指示：禁伐天然林，保护生态环境是党中央、国务院作出的重大决策，任何地方、任何人都必须认真贯彻执行。

29日 国家林业局印发《关于开展全国森林分类区划界定工作的通知》。

7月

1日 中共中央组织部同意王志宝同志兼任中国野生动物保护协会会长。

同日，中共国家林业局党组明确林业生态工程管理中心与防治荒漠化管理中心合并，一套班子，两块牌子，统一管理各项林业重点生态工程建设。

6日 国家林业局在北京召开林业“十五”规划编制部署会议，对林业第十个五年计划和2015年远景规划编制工作进行了安排。

6～8日 全国湿地资源调查工作会议在昆明市召开。会议总结了全国湿地资源调查工作的经验，并对今后的工作进行了安排。

13～14日 国家林业局所属高中等林业院校党委书记和校长座谈会在北京召开。会议对推进高校管理体制改革，加强院校党建思想政治工作作出了安排。

15日 《中蒙两国政府关于边境地区森林草原防火联防协定》在蒙古国乌兰巴托签署。协定指定中华人民共和国国家林业局和蒙古国民防局分别为各自边境地区森林草原防火工作的主管部门，双方主管部门可就边境地区防扑火专业队培训、保障设备、交流经验等进行会晤。协定自签字之日起生效，有效期为五年。

20日 中共国家林业局党组印发《中共国家林业局党组关于进一步加强离退休干部工作的意见》。

21～22日 全国森林病虫害防治工作会议在郑州市召开。会议传达学习了温家宝副总理对森林病虫害防治工作的重要批示，对当前全国森林病虫害防治工作作出具体部署。

22日 中共国家林业局党组印发《中共国家林业局党组关于进一步加强和改进机关后勤工作的意见》。

22～27日 国家林业局与联合国《防治荒漠化公约》秘书处联合在北京举办亚非防治荒漠化早期预警专家研讨会、亚洲区域防治荒漠化公约联络员会议及亚洲区域防治荒漠化综合评价和监测网络启动会。

26日 中国人民武装警察部队森林指挥部领导班子成员宣布大会在北京召开，武警总部副政委刘源宣读国务院、中央军委关于武警森林指挥部领导班子成员任职命令。国家林业局局长王志宝兼任武警森林指挥部党委第一书记、第一政委。

同日，国家林业局局长王志宝在北京会见联合国防治荒漠化公约执行秘书迪亚洛先生，双方就中国的防治荒漠化事业进行了友好交谈。

26～27日 国家林业局召开第二批"三讲"教育动员大会。局党组书记、局长王志宝代表局党组作动员报告。

27日 由全国政协人口资源环境委员会、全国绿化委员会、国家广播电视总局、国家林业局、中国绿化基金会五家单位联合发起的"跨世纪保卫绿色行动——关注森林"系列宣传活动在北京宣布启动。全国政协副主席赵南起担任活动组委会主任，并在启动仪式上作重要讲话。

30日 国务院办公厅以国办发明电[1999]9号文件发出《国务院办公厅关于继续冻结各项建设工程征占林地的通知》。通知规定，从1999年8月5日起至《森林法实施条例》颁布实施之前，继续冻结各项建设工程征占用林地。

8月

4日 全国绿化委员会在人民大会堂举行"全国十大绿化标兵"表彰大会。全国人大常委会副委员长王光英、全国政协副主席万国权、中宣部副部长刘鹏出席表彰大会，全国绿化委员会副主任王志宝宣读表彰决定和"全国十大绿化标兵"名单。这"十大绿化标兵"分别是：牛玉琴、王树清、张万钧、周兴仁、徐宝桢、吴志胜、马永顺、刘士和、王源楠、温茂元。

同日，武警森林指挥部成立大会在北京举行。

5～9日 国务院总理朱镕基在陕西省考察治理水土流失、改善生态环境和黄河防汛工作时指出，要认真贯彻落实江泽民总书记"再造一个山川秀美的西北地区"的批示和最近关于治理开发黄河的重要指示，从根本上把黄河的事情办好。他强调，黄河上中游各省区要解放思想，采取退耕还林（草）、封山绿化、个体承包、以粮代赈的措施，动员广大群众，大搞植树种草，改善生态环境，为根治黄河奠基，为子孙后代造福。

6～13日 国家林业局党组扩大会议在北戴河召开。会议集中就新形势下林业改革和发展的重大问题进行了广泛而深入的研讨，统一思想认识，探索今后一个时期林业工作的努力方向和目标任务。

10日 国家林业局第3号令发布《中华人民共和国植物新品种保护条例实施细则（林业部分）》。

12～16日 国务院总理朱镕基在云南省考察工作时强调，保护天然林是改善生态环境，实施可持续发展战略的重大举措，必须以更坚定的决心，更严格的要求，更有力的措施，切实抓紧抓好。

16～19日 武警森林指挥部召开党委第一次扩大会议，学习贯彻全军政治工作会议和武警总部第二十一次党委扩大会议精神，分析调整领导体制半年来森林部队的建设形势，并对下半年的重点工作进行部署。国家林业局局长兼武警森林指挥部党委第一书记、第一政委王志宝出席会议并作重要讲话。

25日 朱镕基总理主持召开国务院第46次总理办公会议，听取国家林业局局长王志宝同志关于重点地区天然林资源保护工程实施方案的汇报。会议议定，对全国天然林资源都要实施有效保护，但要抓住重点，并把停止天然林砍伐同退耕还林还草、治理荒山荒坡等工作结合进行。会议确定，请国家林业局根据会议议定的意见，在充分听取有关地区意见的基础上，会同有关部门进一步研究，抓紧对实施方案进行修改后，报国务院审定。

26日 国家林业局与中国野生动物保护协会联合决定，在15个省会城市和部分地级市进行为期4个月的食用野生动物状况调查，并在全国范围内组织开展"提倡不食野生动物，树立饮食新观念"为主题的大型科普宣传教育活动。

27日 国家林业局副局长李育才在北京会见了国际自然保护联盟（IUCN）总干事玛莉塔女士，双方就共同关心的自然保护问题交换了意见。

9月

6～10日 国际朱鹮保护研讨会在陕西汉中市召开。来自中国、日本及国际自然保护联盟的专家、学者和政府官员80余人参加了会议。大会通过了关于共同拯救世界珍禽朱鹮的《汉中宣言》。国家林业局副局长马福出席会议并讲话。

6～12日 国务院总理朱镕基在四川省考察工作时指出，实施天然林保护工程，加强生态环境建设，是贯彻执行可持续发展战略的重大部署。要下决心在长江、黄河上中游地区恢复植被、绿化荒山、保持水土、保护生态，力争五年初见成效、十年大见成效。他强调，保护天然林资源，加强生态环境建设，是刻不容缓的任务，也是长期艰巨的事业，必须全面规划，综合治理。要把停止天然林砍伐同退耕还林还草、治理荒山荒地结合起来进行。长江、黄河上中游地区的天然林一律全面禁伐，实施封山管护，关闭木材交易市场。同时，对农民毁林开荒种植的坡耕地要采取“退耕还林（草）、封山绿化、以粮代赈、个体承包”的措施，恢复林草植被。

9日 国家林业局、农业部第4号令发布《国家重点保护野生植物名录（第一批）》。

15～16日 国家林业局在北京召开全国林业技术创新工作会议，传达贯彻全国技术创新大会精神，研究讨论了国家林业局科技创新体系建设方案，并对今后林业科技创新工作进行了部署安排。

17～18日 国家林业局在北京召开长江上游及黄河上中游天然林保护工程省级规划方案编制工作会议，传达了国务院第46次总理办公会议精神，对长江上游及黄河上中游天然林保护工程规划方案的编制工作进行了具体部署和安排。

20日 国家林业局副局长周生贤在北京会见法国农业部农村管理和森林总局局长万雷帆一行，双方就林业领域的合作进行了亲切交谈。

22～23日 全国绿色通道工程建设现场会在山西省召开。全国绿委办副主任、国家林业局副局长李育才出席会议并讲话。会上宣读了全国绿委会关于表彰山西省绿色通道工程建设的决定。

10月

3日 国务院总理朱镕基在中央民族工作会议上指出：切实抓好天然林保护工程与生态环境建设，这是中央从我国现代化建设全局和实施可持续发展战略出发作出的一项重大战略决策，也是实施西部大开发，加快民族地区发展的重大步骤。一定要全面规划，综合治理，标本兼治。长江、黄河上中游治理水土流失和实施天然林保护工程，要采取“退耕还林（草）、封山绿化、以粮代赈、个人承包”的措施，恢复林草植被。半农半牧地区要以水定耕，没有水源保证的必须退耕还草。禁止天然林砍伐、退耕还林还草之后，中央和省级财政对有关地区与群众要给予应有的补偿或补助。现在粮食总量供过于求，是以粮食换森林、换草地的极好时机。一定要抓住而不能错过这个历史机遇。有关部门和地区一定要下更大的决心，抓紧制定和实行有效的政策措施，持之以恒地把实施天然林保护工程这项工作抓紧、抓实、抓好。

10日 《周恩来论林业》首发式在人民大会堂举行。全国人大农委主任高德占、国家林业局局长王志宝、中央文献研究室常务副主任金冲等出席首发式并分别讲话。

12日 国家林业局印发《国家林业局关于进一步加强林业宣传工作有关问题的决定》。

12～14日 国家濒管办与《濒危野生动植物种国际贸易公约》秘书处在中国西宁市召开藏羚羊保护及贸易控制国际研讨会。来自中国、法国、印度、意大利、英国、美国、尼泊尔等国政府及世界自然基金会、国际爱鸟动物基金会、东亚野生物种贸易研究委员会等国际民间组织的80多名代表和专家学者参加了研讨会，共同商讨有关藏羚羊保护的对策和贸易控制的步骤及藏羚羊保护国际合作的方式和途径，发布了《关于藏羚羊保护及贸易控制的西宁宣言》。国家林业局副局长马福出席会议并讲话。

19日 ’99中国竹文化节开幕式在湖南省益阳市举行。本届活动的主题是：“弘扬竹文化，发展竹产业”。全国政协副主席万国权、国际竹藤组织总干事沙世卓博士、国家林业局党组成员江泽慧出席开幕式并致辞。

20日 国家林业局召开第二批“三讲”教育总结大会。局党组书记、局长王志宝代表局党组作总结报告。

21日 中国林科院研究员蒋有绪当选为中国科学院院士。

21～30日 国务院总理朱镕基在甘肃、青海、宁夏考察工作时指出，切实加强生态环境保护和建设，这是实施西部地区大开发的根本。只有大力改善生态环境，西部地区的丰富资源才能得到很好的开发和利用，也才能改善投资环境，引进资金、技术和人才，加快西部地区发展步伐。他说，现在全国粮食供应充裕、库存多，是以粮食换林草的极好时机，我们要紧紧抓住而不能错过这个难得的机遇。这样，既可以改善生态环境，又可以缓解目前粮食总量相对过剩造成的一些矛盾，还能带动整个经济结构的调整。同时，把以粮食换林草同扶贫工作结合起来，也是加快贫困地区脱贫致富的有效途径。

22日 中共国家林业局党组印发《中共国家林业局党组关于提高公务员素质，加强公务员队伍建设的决定》、《中共国家林业局党组关于进一步调整和明确干部管理范围及职责权限的意见》。

26日 中国绿化基金会在人民大会堂举行捐赠仪式，中国金币总公司、湖北三峡烟草有限责任公司及杭州卷烟厂、成都卷烟厂、宁波卷烟厂五家企业共向中国绿化基金会捐赠绿化资金220万元。中国绿化基金会主席王丙乾向五家企业颁发了捐款荣誉证书。

27日 国家林业局副局长马福在北京会见日本原环境厅厅长真郭先生一行，双方就野生动植物保护问题交换了意见。

11月

1日 在中国绿化基金会主席王丙乾的倡议下，

由中国绿化基金会、澳门各界庆祝澳门回归祖国活动委员会、广东省林业厅、珠海市人民政府共同组织的“澳门回归林”千人开园植树活动在珠海市举行。中共中央政治局常委、全国政协主席、中国绿化基金会名誉主席李瑞环为回归林题写了碑名。

2日 中国林科院研究员王涛获“全国十大杰出专业技术人员”称号，受到人事部、中宣部的表彰和中共中央政治局常委、国务院总理朱镕基，中共中央政治局委员、中宣部部长丁关根，中共中央政治局委员、国务院副总理吴邦国的接见。

15～26日 联合国防治荒漠化公约第三届缔约方大会在巴西召开。以国家林业局副局长李育才为团长的中国代表团出席了大会，并发布了中国1999年国家履约报告。

23日 中共中央组织部同意马福同志兼任中国野生动物保护协会常务副会长。

29～30日 全国林业宣传工作会议在北京召开。会议总结了近年来林业宣传工作的经验，表彰了在林业宣传工作中作出突出成绩的集体、个人和林业宣传的优秀作品，并对今后一个时期林业宣传工作的思路及任务进行了研究和部署。

12月

7日 国家林业局、联合国粮农组织共同举办的中国林业政策论坛在北京召开。

7～9日 全国国有林场分类经营改革现场会在山东省泰安市召开。会议总结了近年来各地实施国有林场分类经营改革的经验，推广了山东省通过政府行为，对国有林场实行分类经营、分级管理的科学运营机制的经验，并对今后一个时期国有林场分类经营工作的基本思路、工作目标和任务进行了研究部署。国家林业局副局长李育才出席会议并讲话。

13日 中国林科院研究员宋湛谦，北京林业大学教授朱之悌、孟兆祯当选为中国工程院院士。

15日 国家林业局公布河北省平山县等200个县(市、区)为1998年全国林业工作站建设合格县。至此，全国林业工作站建设合格县已达1 269个。

15～16日 由中国国家开发银行、国家林业局和世界银行联合举办的林业发展与融资国际研讨会在北京召开。与会专家对中国林业的发展与融资、市场经济条件下中国林业如何借鉴国外经验加快发展有中国特色林业产业的方向和措施等问题进行了研讨。

16～18日 全国野生动植物管理工作会议在北京召开。会议回顾和总结了建国五十年特别是改革开放以来我国野生动植物保护工作的经验和成绩，并提出了新时期的工作思路和目标任务。 (涂先喜)

林业重要会议

【全国林业厅局长会议】 1999年2月2～5日，国家林业局在北京召开了全国林业厅局长会议。会议的主要任务是，贯彻落实党的十五届三中全会、中央经济工作会议、中央农村工作会议精神，并根据党中央、国务院关于改善生态环境，加强林业建设的部署，以及新形势下的林业改革、发展思路，研究安排1999年的林业工作。国家林业局局长王志宝，副局长李育才、李昌鉴，党组成员、中国林科院院长江泽慧，各省、自治区、直辖市的林业厅局长，东北、内蒙古四大森工(林业)集团的主要负责人，计划单列市和新疆生产建设兵团的林业局长以及国家林业局机关各司局和直属单位的负责人参加了会议。中央、国务院有关部门和单位负责人应邀参加了会议。会议传达了党中央、国务院关于加强林业建设的重要指示，围绕1999年工作重点讨论了8个方面的指导意见，一是关于强化森林、林木、林地管理；二是关于强化各级领导保护和发展森林资源目标责任制；三是关于全面组织实施天然林保护工程；四是关于加强林业重点生态工程建设；五是关于推进林业分类经营改革；六是关于进一步加强商品林业发展；七是关于强化林业科技支撑；八是关于加强依法治林。王志宝局长作了总结讲话。

会议指出，1998年的林业工作，在不少方面实现了新的突破。一是修改后的森林法颁布实施；二是天然林资源保护工程开始启动；三是重点生态工程建设进一步加强；四是通过认真贯彻国务院《关于保护森林资源制止毁林开垦和乱占林地的紧急通知》，有效地遏制了森林资源破坏加剧的势头；五是各类商品林业基地建设的规模化、集约化、市场化水平不断提高；六是广筹资金发展林业取得了新的进展，林业各项投入有较大幅度的增加。

会议认为，党中央、国务院对林业工作非常重视，对林业赋予的任务之重，寄予的期望之高，都是前所未有的，现在的关键是把工作落实好，把林业抓上去。为此，会议强调，1999年要集中力量抓好几项重点工作。一是实施天然林保护工程，抓好责任的落实、实施方案的制定、资金的监管、工程实施的全过程督查和工程管理的改革。二是加强林业重点生态工程建设，按照《全国生态环境建设规划》的总体要求，调整规划布局、建设方式和管理方式。三是强化森林资源和林政管理工作，以果断的、超常规的措施抓好限额采伐管理、征占用林地审批管理和制止毁林开垦。四是强化领导干部保护和发展森林资源任期目标责任制，按照“抓落实，抓检查，抓奖惩”的要求认真抓好落实。五是加强对重点林业工程的科技支撑，集中力量，有组织地开发推广一些优良品种和先进技术。六是推进林业分类经营改革，自下而上地进行森林分类区划界定。

会议要求，在着力抓好重点工作的同时，还要继续抓好面上的工作。一是切实抓好面上的造林绿化工作，确保到2000年全国造林绿化规划目标的如期实现。二是抓好森林防火、森林病虫害防治和野生动植物资源的保护管理工作。三是努力推进山区综合开发向深度广度发展。四是重视并加强林业宣传工作。

（刘树人）

【全国森林防火工作电视电话会议】 1999年3月22日，经国务院批准，全国森林防火工作电视电话会议在北京召开。国务院副秘书长马凯主持会议，国家林业局局长王志宝通报了1998年森林防火工作情况，部署安排了1999年森林防火工作。

国务院副总理温家宝在会上作了重要讲话。温副总理全面分析了今春森林防火工作面临的极其严峻的形势，明确提出从严治火的措施，要求各级党委、政府必须从维护改革、发展和社会稳定的大局出发，以对党、对人民高度负责的态度，强化森林防火责任意识，采取超常规措施，确保大庆之年无大的森林火灾。

黑龙江、四川省政府领导同志在会上发言，各有关部门的负责同志出席会议，各省（区、市）人民政府所在地和有条件的林区地（市）、县设立了分会场。

（张连生）

【全国国有林场分类经营改革现场会】 1999年12月7～9日，由国家林业局国有林场和林木种苗工作总站与政策法规司共同在山东省泰安市组织召开。各省（区、市）林业（农林）厅（局）主管国有林场工作的厅（局）长，国有林场主管处（局、站）长，林业分类经营改革试验示范区负责人及邀请单位的代表100多人参加了会议。李育才副局长到会并作了讲话，山东省副省长陈延明出席了会议。

会议认真贯彻党的十五届四中全会、中央经济工作会议精神和党中央、国务院、中央领导同志关于造林绿化、加强生态环境建设的重要指示，总结了几年来各地国有林场分类经营改革进展情况，现场学习和推广了山东省抓住机遇，勇于攻关，通过政府行为，扎实解决国有林场存在的问题，通过分类经营，建立起科学的运营机制的好经验。与会代表认真分析了国有林场乃至中国林业面临的前所未有的发展机遇，结合国家林业局党组提出的分类指导、分块突破的新思路，对国有林场实行分类经营改革统一了思想，理清了思路，增强了信心。山东省林业厅等11个单位作了经验介绍。

会议分组讨论了在市场经济条件下深化国有林场分类经营改革所面临的问题及解决的措施。代表们一致认为，关键和难点问题是把国有林场分类经营改革纳入政府行为。

会上李育才副局长部署了实施国有林场分类经营工作的任务，要求加大力度，加快进度，全面实施，整体推进，用3～5年的时间全面完成国有林场分类经营改革，建立起相应的管理体制、运行机制和配套政策，使国有林场再现生机和活力。他代表局党组提出了明确要求：一是切实把国有林场分类经营改革摆上重要位置，纳入工作的议事日程；二是积极主动做好工作，争取政府和相关部门的重视和支持，把国有林场分类经营改革纳入政府行为；三是把握主要环节，做出周密部署，把与分类经营相关的各项工作真正落到实处；四是加强协调，统筹安排，妥善处理好各种关系。

（李　焰）

【全国野生动植物管理工作会议】 1999年12月16～18日会议在北京召开。国家林业局党组对新时期野生动植物保护事业给予了高度重视，局党组成员全部出席了开幕式，各省（区、市）林业厅（局）的主管领导、保护部门的负责同志、部分自然保护区的负责同志，以及国务院办公厅、国家计委、公安部、水利部、国土资源部、海关总署、环保总局、中科院等部门及有关新闻单位的代表约200人参加了会议。会议的主要内容是，认真贯彻党中央、国务院关于加强生态环境建设的重要指示精神，总结野生动植物保护工作的成绩和经验，进一步明确新时期的工作目标和任务。

王志宝局长作了题为《总结经验，提高认识，明确任务全面开创野生动植物保护管理工作新局面》的主题报告。马福副局长作了会议总结。

在开幕式上，国家林业局向工作在野生动物的保护管理、立法执法、保护救助、科学研究、宣传教育和争取国际支持等方面作出突出贡献的马建章、王生有、白马次仁、杨业勤、沈苏珊、张和民、郑光美、赵忠祥、席咏梅、梁从诫10人颁发了首届“大熊猫奖”，予以表彰，要求各级林业主管部门要大力宣传获奖人员的事迹，鼓励干部职工以先进人物为榜样，积极工作，开拓进取；希望获奖人员再接再励，为保护野生动物资源作出新贡献。会上还向林业系统94个国家级自然保护区颁发了“国家级自然保护区”铭牌。

会议期间，有9个单位的代表作了典型经验介绍。与会代表结合各自工作的实际，围绕王志宝局长的主题报告，进行了讨论，并对《国家林业局关于进一步加强野生动植物管理工作的几点意见》（讨论稿）、《国家林业局关于加强自然保护区管理工作的若干规定》（讨论稿）和《全国野生动植物及其栖息地保护建设规划》（讨论稿）提出了修改意见。

会议要求各地、各部门要深入领会会议精神，紧密结合新时期面临的新形势和任务，突出重点，落实行动，抓出成效，全面开创野生动植物保护事业的新局面，以崭新面貌，优异成绩，迎接新世纪的到来。

（斯　萍）

索 引

A

B

C

D

E

F

G

《国家林业科学技术研究计划五十年 1949～1999》 275

H

J

K

L

M

先进单位光荣榜

全国十大

治沙致富女杰——牛玉琴

牛玉琴，女，汉族，1949年生，共产党员，陕西省靖边县东坑镇金鸡沙村农民，村党支部书记。1985年至今先后承包治理本村及内蒙古乌审旗河南乡沙荒4万亩，每年纯收入40多万元，闯出了一条治沙致富之路。

征服盐碱滩的绿化专家——张万钧

张万钧，男，汉族，1941年生，共产党员，天津市经济技术开发区园林绿化公司总工程师。20年如一日，在盐碱绿化上攻克了一个个技术难关，开创了盐碱滩绿化可持续发展之路，把寸草不生的盐碱滩变成了具有生态园林特色的渤海绿洲。

用生命铺绿叠翠的共产党员——周兴仁

周兴仁，男，汉族，1943年生，共产党员，湖北省钟祥市磷矿镇前小河村农民。1984年全家上山承包荒山造林，10多年挖山不止，植树60万株，5 500亩，价值300多万元。他爱树如子，日夜巡山护林，在身患绝症，缺钱治病时，也不许家人动山上一棵树。

砍树劳模植树英雄——马永顺

马永顺，男，汉族，1913年生，共产党员，黑龙江省铁力林业局退休工人。建国初期创全国手工伐木高产记录，成为全国劳动模范。1959年以来，长期坚持利用工余时间和每年春季上山植树，共栽树4万株，超过砍树近万株。

塞外绿色明珠的营造者——刘士和

刘士和，男，汉族，1954年生，共产党员，内蒙古自治区赤峰市敖汉旗林业局局长。长期以来，在旗委、政府的领导下，率领全局职工积极动员群众造林绿化。全县有林地面积达到518万亩，森林覆盖率41.6%，被誉为“塞外绿色明珠”。

绿化标兵

爱树如命的县委书记——王树清

王树清，男，汉族，1946 年生，共产党员，黑龙江省拜泉县县委书记。1984 年以来，组织和带领全县人民植树造林 100 万亩。为保护森林，严格执法，铁面无私，亲自调查处理各种毁林案件，被誉为“绿色生命的保护神”。

军营播绿女状元——徐宝桢

徐宝桢，女，汉族，1954 年生，共产党员，兰州军区空军环保绿化委员会办公室主任。15 年来，科学有效地组织、指导了西北五省(区)空军部队营区绿化和飞播造林，在生命禁区辟建起一片片绿色屏障和优美的军营环境。被官兵誉为“忘其身、忘其子、忘其家”的“三忘”干部。

支边无悔的绿色使者——吴志胜

吴志胜，男，汉族，1940 年生，共产党员，宁夏回族自治区彭阳县林业局工程师，1959 年支边到宁夏。1984~1999 年任彭阳县马挂钩林场场长期间，他带领全场职工植树造林，艰苦创业，使 10 万亩荒坡披上绿装，将自己的一生无私地融进了树木年轮。

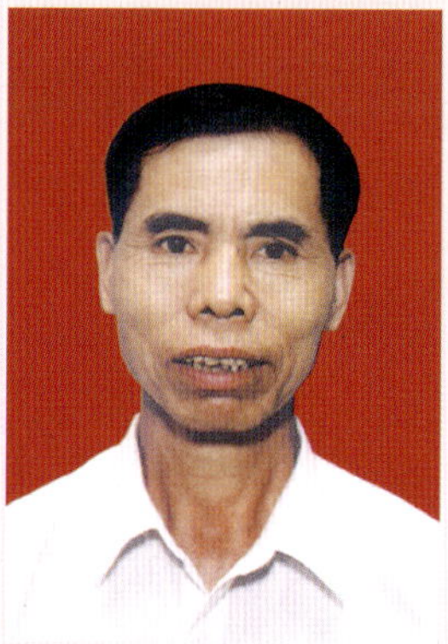

毕生献给绿化事业的林业站站长——王源楠

王源楠，男，汉族，1939 年生，共产党员，福建省三明市三元区岩前林业工作站站长。40 年如一日，一心扑在工作上。身患癌症，两次开刀，仍以荒山为伴，与病魔抗争，坚持带领全站职工建站，组织动员群众造林护林，出色地完成各项林业生产任务。

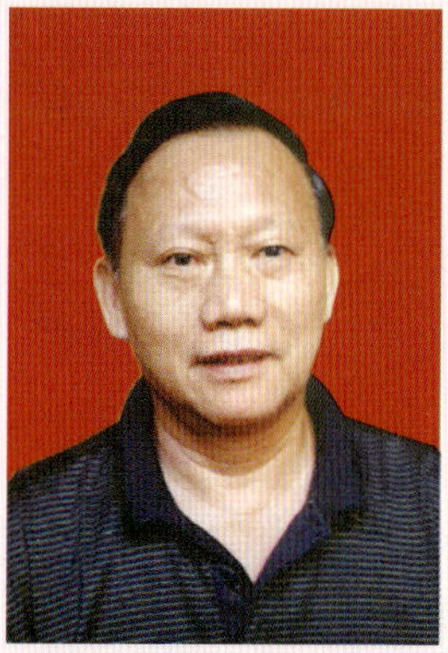

科技兴绿的典范——温茂元

温茂元，男，汉族，1940 年生，海南省桉树技术推广总站副研究员。长期坚持在林业科研、推广、造林绿化第一线，取得多项科研成果。在培育和推广桉树、加勒比松良种，实现林木优质高产，发展海南林业事业上作出了突出贡献。

全国造林绿化十佳城市——北京市丰台区

丰台区位于北京城西南，永定河贯穿南北，总面积308平方千米。改革开放20年来，在北京市委、市政府的正确领导下，丰台区以“规划先行，绿化先上”为指导方针，树立大园林观念，城乡一齐上，专业绿化带动群众绿化，从城市公园、绿地建设到荒山造林，从专业绿化到单位庭院绿化都由区专业技术部门进行统一设计把关，高档次、高水平完成绿化任务。截至1999年底，全区建成区范围内的绿化面积由1990年的1 964公顷增加到3 463.36公顷，人均绿地从37.4平方米增加到53.5平方米，人均公共绿地从7平方米增加到8.77平方米，绿化覆盖率从27.8%增加到35%。区、乡、村林木覆盖率也从1990年的16.1%增加到23.3%。目前丰台区已实现绿化美化花园式单位147个，绿化美化花园式街道办事处3个，绿化美化达标街道办事处4个，造林绿化达标乡3个。1999年度被全国绿化委员会授予造林绿化十佳城市荣誉称号。

撰稿：李锐敏

丰台区区长张大力、副区长牛建民和区有关委办局的领导到绿化工地现场办公　　摄影：胡胜利

莱户营立交桥桥区绿化　　摄影：李锐敏

长辛店乡凤凰岭爆破造林　　摄影：奚凤才

翠林万平方米大绿地　　摄影：李锐敏

丰台区新发地潘北片林　　摄影：胡胜利

全国造林绿化百佳县——北京市大兴县

大兴县位于首都南郊，永定河左岸。全县总土地面积101 200公顷，其中风沙化土地占60%，是北京市五大风沙危害区之一。

建国后，县委、县政府带领全县人民造林治沙，改造自然，先后平掉3 000多个大小沙丘，形成了网、带、片、点、景相结合的平原防护林体系。昔日风沙肆虐，今朝绿海甜园。全县林木覆盖率已由建国初期的0.8%提高到25.49%，城区绿化覆盖率36%，全县84%的村庄绿化覆盖率达35%以上。林业直接年收入为1.5亿元以上，沙荒地综合开发收入1 000万元，全县农民人均纯收入4 000余元。大兴县已连续多年被评为全国平原绿化先进县，全国绿化造林先进县，并被评为“三北”防护林体系一、二期工程建设先进单位，全国治沙重点县，全国高标准平原绿化试点县，全国科技兴林示范县，全国生态农业试点县，全国综合实力百强县。1999年被评为全国造林绿化百佳县。

撰稿：王亚民

摄影：王亚民　赵立辉

县委书记牛有成参加植树劳动

县长郭普金(右)、副县长金树东(左)视察县苗圃现代化温室建设

大兴县黄村火车站站前广场绿化

通(县)黄(村)公路绿化

全国造林绿化百佳县——山西省隰县

隰县林业局局长、省林业劳模曹忙小

林业专家和领导研究经济林结实情况

群众挖壕整地栽果树　　摄影：曹记保

隰县地处晋西吕梁山南麓、昕水河流域上游，属黄土高原残垣沟壑区。该县总面积 14.22 万公顷，宜林面积 6.47 万公顷，总人口 9.8 万人。多年来，这个县通过实施“三北”防护林体系和黄河中游防护林建设等多项生态经济型林业工程，逐步探索出一条国家、集体、个人多层投资，专、户、干、群一起上阵，防护林、用材林、经济林多林种营造和田林路统一配套，塬、坡、沟综合治理，带、网、片有机结合，乔、灌、草适地种植，育、造、封、管并重的生态经济型防护林建设新路子，加快了全县造林绿化步伐。截至 1999 年底，全县有林地面积达到 5.5 万公顷，发展经济林 1.3 万公顷，森林覆盖率从 1978 年的 11.7%提高到 32%。1998 年获“全国造林绿化百佳县”称号。

省小流域治理标兵郑金有

全国造林绿化百佳县——陕西省岚皋县

昔日荒山披绿装

茶叶基地建设初具规模

岚皋县地处陕西南沿，是长江防护林建设县之一。县委、县政府根据“八山一水一分田”的自然条件，制定了“治山富民、水电兴县”的发展战略，把林业放在首位来抓。近10年来累计造林4.46万公顷。其中防护林2.63万公顷，经济林1.8万公顷，现已有2.5万公顷郁闭成林。全县森林面积从“七五”末的7.87万公顷，增加到9.9万公顷。森林覆盖率从41%提高到51%，包括灌木林可达到66.4%。蚕茧年产量从25万千克上升到110万千克，茶叶产量由17.5万千克上升到30万千克，生漆年产量稳定发展到20万千克，杜仲从3 000公顷发展到8 000公顷，其他林特产品也都成倍增长。林兴百业兴，全县有1.3万公顷水土流失严重地区得到有效控制；粮食产量从10年前的4 300万千克稳定增长到0.7亿千克；水电装机容量从1万千瓦发展到13万千瓦。同时以南宫山国家级森林公园、神河源省级森林公园为主的森林旅游业也已成为该县的支柱产业之一。1999年被全国绿化委员会授予全国造林绿化百佳县称号。

撰稿：陈金波

开拓进取，团结务实的局领导班子

名优茶开发硕果累累

全国造林绿化百佳县——新疆维吾尔自治区叶城县

县委书记巩新

县长库来西·吐尔逊

叶城县地处叶尔羌河流域，塔克拉玛干大沙漠南缘，辖3镇17乡6场，313个行政村，人口36.3万，总面积2.83万平方千米，其中耕地5万公顷，林地占地面积2.36万公顷，农田林网控制面积达4.8万公顷，占耕地面积的96%，现有各类林木1.3亿株，林木蓄积165万立方米。1998年被全国绿化委员会授予全国造林绿化百佳县称号，2000年被国家林业局授予中国名特优经济林核桃之乡称号。

1998年，县委、县人民政府制定了到2005年建成3.87万公顷林果商品基地方案，其中包括2万公顷核桃，8 700公顷石榴，0.67万公顷杏树及3 300公顷其他鲜果基地。现已建成核桃商品基地9 100公顷，石榴基地1 700公顷，杏基地3 100公顷，核桃、石榴、杏已成为果农的摇钱树、铁杆庄稼，林果业收入成为农民的支柱收入。1999年，全县果品产量达3.05万吨，林果业总收入达9 586万元。

撰稿：任建辉
摄影：肉孜江

县林业局局长、全国绿化奖章获得者玉素因·司迪克

县林业局领导查看核桃生长情况

引洪封育红柳林

核桃芽接现场

农田防护林建设

新疆核桃良种——新丰

全国部门造林绿化400佳单位——吉林省公路管理局

多年来，特别是在1998年全国绿化委员会等单位联合发起的“绿色通道”建设活动以来，全省公路战线的广大干部员工，采取先进工艺和新科技，制定并严格执行一系列标准、制度，积极发动沿线群众植树栽花，绿化美化，使全省公路的路容路貌得到了极大改观 。

近年来，吉林省公路管理局制定了一系列公路绿化建设与管理的有关规定，将公路绿化工程的规划设计、路树营造、抚育管理的各个环节纳入了法制化、规范化轨道。同时与有关部门共同开展了“公路网青年绿色工程”、“绿色通道工程”建设活动，提高了广大群众投身公路绿化事业的意识，有力地促进了公路绿化美化工作的发展。

目前，全省公路绿化里程27 330.7千米，绿化里程占可绿化里程的95.4%。其中，国省干线公路绿化里程占可绿化里程的100%，专养公路绿化里程占可绿化里程的100%，干线公路栽花美化里程达5 000多千米，全省公路共有绿化乔木5 267.83万株，花灌木1 294.95万株。在职职工人均年栽植各类乔灌木21.9株，尽责率达100%。“九五”以来，全省公路绿化年均投入资金折合967.2万元，2000年9月止已投入2 608万元。

目前，吉林省公路已形成了以精品路建设为龙头，以国省干线公路绿化、美化为骨架，以县、乡公路绿化为基础，以隙地，缓坡、站点为景点，以复式立体绿化为防护圈的防护效益较高、经济效益较大、观赏效果较佳的“绿色通道”雏形，城乡绿化开始连成一线，大范围的良性生态环境正在形成。1999年，吉林省公路管理局荣获全国绿化委员会颁发的全国部门造林绿化400佳单位荣誉称号。

摄影：祝　光　葛俊发

珲春—乌兰浩特公路蛟河段

珲春—乌兰浩特公路天南段

齐齐哈尔—双辽公路洮白一级路

珲春—乌兰浩特公路龙井段

珲春—乌兰浩特公路珲春段

长春—白山公路

长春—吉林高速公路连接线

长春—吉林高速公路连接线

全国部门造林绿化400佳单位——河南省信阳市公路管理局

G312线信阳市罗山县竹杆道班门口境点。G312线信阳境240千米，经过5年的创建，在1999年7月份国家交通部达标验收中，取得全国第二名的好成绩。 摄影：赵翊平

河南省信阳市位于河南省南部，西与湖北省接壤，东与安徽省相邻，全市面积约1.87万平方千米，人口760万，是著名的革命老区。近年来，公路建设取得了长足发展，发生了质的飞跃，目前，全市公路通车里程为5 030千米，绿化里程为4 550千米，已绿化4 350千米，绿化率为95%以上，基本达到了“条条路树成荫，纵横交错成网”的景观；庭院绿化基本达到了“三季有花，四季常青”的花园式景点。信阳市公路管理局林场1992年被河南省绿化委员会评为绿化先进单位，1994年被评为造林绿化十佳单位，1998~1999年度被全国绿化委员会评为全国部门造林绿化400佳单位。

撰稿：赵翊平

G106线信阳市息县境的路林情况一角。近几年来，息县交通公路部门十分重视路林绿化工作，曾被省评为绿化先进单位，省公路局把G106线息县境42千米定为“绿色通道”。 摄影：周顶峰

全国部门造林绿化400佳单位——陕西省凤翔师范学校

陕西省凤翔师范学校建于1905年，有近百年历史。学校已形成大专、中师、职业中专共存的多层次办学规模，在校学生1 700多名，教职工200余名。多年来，学校把建设园林式单位作为奋斗目标，整体规划，突出学校特点，着眼环境育人，为教学服务，坚持旧中育新，分步实施，逐年加大投资力度，分块建造，渐成规模。先后绿化、美化小区12个，修建绿篱带2 600米，种植各类树木上万株，绿化面积2.1万平方米，占宜绿化地的90%。1998年以来，先后被凤翔县政府、宝鸡市政府评为“园林式单位”、“文明单位”、“卫生先进单位”、“城镇绿化先进单位”，1997年被陕西省授予“文明单位”、“卫生先进单位”称号。1999年被全国绿化委员会授予全国部门造林绿化400佳单位称号。

立体绿化　占领墙壁

绿色满园　四季如春

绿化环境　重在育人

鲜花丛中　书声琅琅

天津市绿化先进单位——武清县大王古庄乡

乡党委书记王景成每年亲自抓林业生产，他对自己的要求是“为官一任，绿化一方，富民一方”

天津市武清县大王古庄乡乡政府带领群众坚持不懈地植树造林，改造沙荒，森林面积达到1 005公顷，森林覆盖率达到25.2%，2 739公顷农田受到防护林网的保护，年年林茂粮丰。该乡经济林达到507公顷。1999年果品产量达到10 003吨，其中苹果产量5 582吨，人均果品收入842.50元。在乡林业工作站站长马允英的带领下，林业站为全乡的绿化工作付出了艰苦卓绝的努力。1994年以来，该乡多次荣获天津市人民政府授予绿化先进单位称号。

撰稿：张步峰
摄影：杨继敏　姚小苓

大王古庄乡坚持良种化造林，全乡的沙荒、沙丘和农田都已栽上树木，防护林网已具规模

苹果为该乡种植产业之一。

京津塘高速公路大王古庄乡长 6.5 千米的绿化带壮观秀美

沙荒地栽植的沙兰杨已郁闭成林

全国平原绿化达标先进单位——河北省三河市林业局

外国专家和省林业厅领导等视察三河林业

三河市林业局局长杨洪星和局班子成员研究工作

三河市是河北省林业先进市，在花卉生产、果品生产、林业产业化、科教兴林以及对外合作交流方面均走在全省前列。近年来，三河市林业局坚持走全社会办林业的路子，林业工作一年上一个新台阶，先后十几次受到省、国家林业局表彰，市林业局花木公司还被国家林业局确立为全国重点花卉生产示范基地，局长杨洪星还被吸纳为中国花协理事。目前，三河林业成为当地农民增收所依赖的主导产业。全市有林地面积达到 5 000 公顷，果树面积达到 6 000 公顷，花卉苗圃面积 1 000 公顷，全社会林业产值达到 8 000 多万元。主要做法有：

1. 确立全社会办林业的主导思想。三河市林业局坚持依靠全社会办林业，在林业工作中坚持"三个有利于"的原则，即有利于发展林业生产力、有利于发展农民增收、有利于社会林业的可持续发展，重点扶持企业和个人投资兴办林业产业。

2. 加强对外合作与交流。1996 年林业局作为发起者和主要承办单位与荷兰欧亚公司、江苏服装总公司合作，成功地筹办了'96 中国—荷兰国际郁金香花卉展，取得了显著的社会效益和经济效益。1995 年林业局与南斯拉夫金驰公司合作筹建了年产 9 500 吨果汁的金河果汁厂，成为三河果品加工的龙头企业。1997 年林业局从荷兰引进 1 公顷国际上最先进的现代化玻璃温室，为设施林业树立了样板。在林业人才培养上，与职教中心联合开办花卉园艺中专学历教育。此外，还与国内 12 所科研院校、20 多家农林单位建立合作关系。近几年来，先后引进林业人才 40 余名，引进林果花卉新品种 130 多种，引进推广高新技术 10 余项，引进投资项目合计 1 300 余万元，为三河林业增添了活力。

3. 抓龙头带基地。三河林业局重点扶持培养系统外个体林业龙头企业，先后引导和培养了来自印刷装订、养牛和养猪、采矿和拔丝等十几个行业的企业业主投资林业，发展成为林业大户，分别在木材贮运销售、花卉苗圃、园林施工、特果生产、林产品加工、野生动物驯养繁殖等方面培养起 52 家林业龙头大户，带动了花卉苗木基地、林药基地、名特优新果品基地、速生丰产林基地、经济野生动物养殖等不同规模基地的全面发展，有效地提高了全市林业产业化水平。

4. 加强社会化服务。重点强化技术服务、信息服务、农资服务、品种引进、项目和资金扶持、市场服务、订单(合同)服务、产业规划服务、人才保障、政策和法律法规服务。通过这 10 项服务，有效促进了社会林业体系的建设和壮大。

在"十五"规划中，三河林业又确立了三大林业建设方向，一是生态旅游林业，二是高产高效优质低成本的林业产业，三是完善的林业保障体系。今后的 5 年将是三河林业腾飞的 5 年，力争在 3~5 年内把三河发展成为京东国家级林业大市。

大棚花卉

苗木检疫

苹果基地

公路绿化

育苗基地

葡萄基地

全国育苗先进单位——河北省临西县国有苗圃场

场长张金凤

场区一角

临西县国有苗圃场有24年的建场史，经营土地总面积83.5公顷，现有干部职工37人，固定资产650万元。

在场长张金凤的带领下，临西苗圃强化经营管理，加大科技投入，年均向社会提供50万株优质毛白杨苗。不但满足当地、邻县绿化、美化需要，还销往山东、河南、宁夏、天津4省(区、市)。先后被评为省十佳苗圃、省国有苗圃先进单位、全国育苗先进单位。

近几年来，在坚持“以育苗为主”的同时，建立了养殖业、花卉、切割片厂等十几项副业，副业收入年达20万元以上。1999年，临西苗圃全部土地实行责任承包制，打破了工资界限、长期工与临时工的界限、干部与职工的界限，充分调动了职工的生产积极性，职工个人收入成倍增长，年节约工资开支10万多元。

临西苗圃依法维护职工的合法权益，改善职工生活和住宿条件，建立了多项体育设施，美化了环境，整个苗圃四季如春，鸟语花香，生机勃勃。职工劳动归来，或打球下棋，或读书看报，各享其乐，临西苗圃已成为集花园、公园、果园、工人乐园四位一体的示范圃。

毛白杨母树林

花圃

小尾寒羊养殖

奶牛养殖

种鸽养殖

育苗基地

山西省长治市林业建设

全国绿化奖章获得者，长治市林业局党组书记、局长郝韵章

208 国道绿色通道工程

长治市地处山西省东南部，辖 13 县(市、区)，国土面积 139.6 万公顷。建国初，该市森林面积 7.64 万公顷，森林覆盖率为 5.5%。建国后，特别是党的十一届三中全会以来，不断加大林业投入，加强林木管护，全市林业稳步发展，到 1998 年，全市有林地面积达到 39 万公顷，占宜林地面积的 83.6%，森林覆盖率达到 23%，干果经济林面积达到 11 万公顷，干果产量达到 4 000 万千克，活立木蓄积量达到 1 061 万立方米，林业总产值达到 4.9 亿元。

万顷林海，郁郁葱葱

漳河沿岸绿树成荫

屯留县优种核桃基地

平顺县国家债券造林工程

杨树丰产林一角

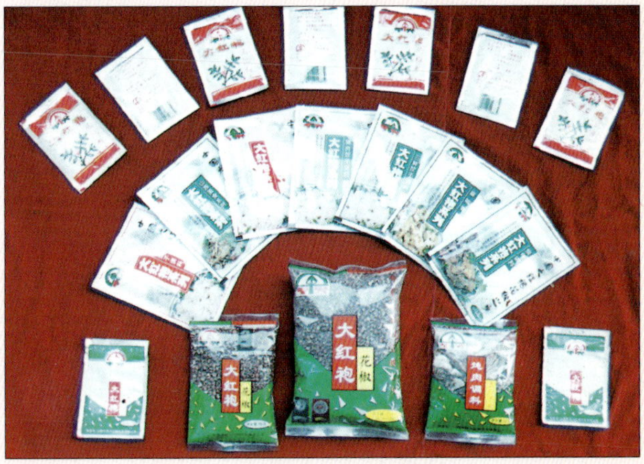

享誉省内外的平顺县大红袍花椒系列产品

山西省平定县绿色通道建设

县林业局局长李丁子(左二)和工程技术人员研究绿色通道工程检查验收方案

太旧高速公路山西入口绿色通道工程

平定县是山西省首批启动的大(同)运(城)、太(原)旧(关)、108国道、307国道4条绿色通道县之一,1998年以来,这个县紧紧抓住省里建设绿色通道的机遇,充分利用紧临太旧高速公路的优势,经过科学规划,综合开发,配套建设,动员和组织全县人民,组建专业化施工队伍,取得了绿色通道建设的新成就:在太旧高速公路县境51千米路段两侧,建设公路林带53千米,植树15万株,营造生态公益林2 000公顷,发展经济林400公顷,新建农网林带7.9千米,建成10大景区32个景点。

道路两侧荒山绿化

与固关长城相配套新建的绿色长城

绿化与美化相结合

景点绿化

绿化与造景相结合

山西省林业建设先进县——乡宁县

县领导规划林业生态工程

林业局局长连彩安

乡宁县地处山西南部，吕梁山南端，属黄土残垣沟壑区，全县辖16个乡镇，1个经济开发区，186个村委会，1 264个自然村，总人口20万人，其中农业人口18万人。总面积20.3万公顷，其中林地9.07万公顷，人均0.5公顷（其中天然林5.6万公顷），宜林荒山5.4万公顷。境内有属于吕梁林业局的台头林场和县国有石景山林场，平均海拔900米。该县是国家"三北"防护林体系重点县和昕水河流域生态经济型林业示范区。

建国以来，该县历届县委、县政府都十分重视林业发展，特别是党的十一届三中全会以来，县委、县政府把发展林业作为全县经济发展的主导产业来抓，把绿化与致富、管护与经营、开发与利用有机地结合起来，实施林业兴县战略，走出了一条造林与管护、生态效益与经济相结合的新路子，极大地激发出群众造林绿化的热情，加快了林业发展步伐。目前，全县累计造林3.6万公顷，森林覆盖率由建国初期的18%提高到40%。林业总产值达到6 800万元，占农业总产值30%，年产干鲜果2 500万千克，木材蓄积量8 000万立方米，林果业收入6 000万元，人均350元。1995年以来，林业发展势头良好，被团中央、水利部、林业部授予青年黄河林带先进县称号，被省地多次授予造林先进县称号。

刺槐育苗

连彩安局长和技术人员研究元宝枫苗木生长情况

连彩安局长向原林业部副部长杨珏求教林业发展之策

林业生态工程

退耕还林(草)工程

山西省退耕还林(草)重点县——中阳县

中国林科院院长江泽慧(左三)在中阳县检查指导退耕还林(草)工程

张家庄乡退耕还林(草)示范工程

中阳县位于山西省西部吕梁山脉中段，总面积14.4万公顷，总人口12.9万，耕地面积2.71万公顷，25度以上的坡耕地1.21万公顷。由于该县地形地貌复杂，水土流失严重，县委、县政府把退耕还林(草)作为生态环境建设的一个重点，制定规划，确定重点，采取措施，取得了一定成绩，走在了山西省退耕还林(草)县的前列。

摄影：康继荣

城关镇退耕还林(草)工程

下枣林乡退耕还林(草)工程

万里北疆绿色明珠——内蒙古满归森林工业有限公司

公司董事长张良武

内蒙古满归林业局始建于1964年，1995年改制为满归森林工业有限公司，成为中国内蒙古森工集团所属的大型森工企业。现经营面积39.1万公顷，成熟林蓄积量2 276万立方米，森林覆盖率83%。林业总人口14 210人。年生产商品材27.5万立方米，年实现工业总产值(现价)12 319万元，年利税1 434万元。截至1999年末，固定资产原值3.9亿元，累计实现工业总产值14.8亿元，上交利税2.8亿元。坚持深化改革，大力调整产业结构，逐步形成以木材生产为主体，林产工业为支撑，多种经营为补充的产业体系。1990年被国务院命名为国家二级企业，被评为连续3年无森林火灾先进单位、全国民族团结先进集体，近10年获自治区级、部级以上各项荣誉称号110多个。

撰稿：沈立航
摄影：李长国　白俊清

林产工业产品

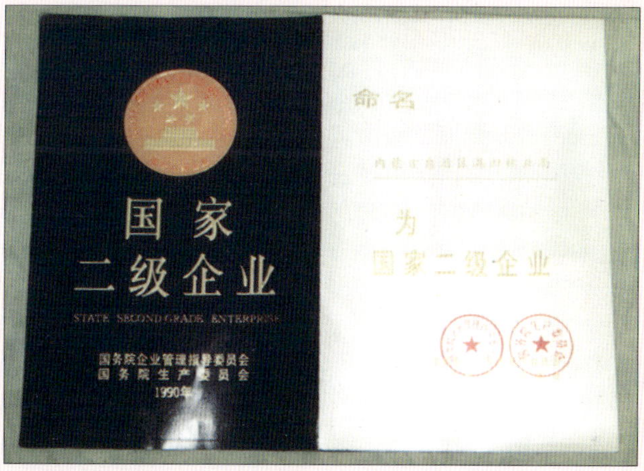

国家二级企业

运材

凝翠越橘果汁

吉林省全面启动实施天然林资源保护工程——三岔子林业局

吉林省特级劳动模范、局长兼党委书记李凤春

林业局办公大楼

中国吉林森工集团三岔子林业局是国家大型一档综合性森工企业，位于长白山山麓，属长白山针阔叶混交林区。经营面积22万公顷，有林地面积19.7万公顷，活立木蓄积2 400多万立方米，森林覆盖率为88%，林木资源十分丰富。

企业固定资产总值达4.5亿元人民币，主要产品有长白山林区优质名贵的柞木、水曲柳、色木、红松、椴木、榆木、白桦等木材；有享誉全国的绿石牌胶合板、蓝宝石牌锯材；有采用国内外先进技术与设备生产的刨切单板、大幅面装饰板、金桥牌复合地板、均质刨花板、各种规格实木地板、集成材等产品；有铅笔、模压制品、卫生筷子、木雕、家具、木盘木碗等木制品。其中多种产品享誉全国，有的产品远销美国、德国、意大利、日本、韩国、马来西亚等国家。还有人参及人参制品、果酒、矿泉水、磨擦材料等多种经营产品。此外，企业经营区内矿产、药材、山野菜、野生浆果等资源也很丰富，有着广阔的发展前景。

三岔子林业局先后荣获过全国"五一"劳动奖状、中国行业一百强、经济效益先进单位等荣誉称号。1995~1997年连续3年被省政府命名为三好企业，1998年、1999年两年共实现利税5 831万元，其中利润2 062万元，企业主要经济指标排序多年在全省同行业中名列前茅。

撰稿：李仁贵

摄影：吕高鹏

受到保护的天然林

生长茂盛的人工林

吉林省全面启动实施天然林资源保护工程——临江林业局

局长、党委书记张显成

商品林部分集约经营区——闹枝林场红松果林

吉林省临江林业局是国有大型一档森工企业，创建于1946年，经营面积171 549公顷，固定资产3亿，年销售收入4亿多元，职工2万余名，专业技术人员占13%以上，拥有营林生产、木材生产、林产工业、林机修造、建筑安装、医药生产和动植物养殖等多种产业，下设营林采运公司、林产工业公司、健今公司、建安林机公司五大公司和46个经营单位以及林业公、检、法、学校、医院等17个事业单位。国家实施天然林资源保护工程后，临江林业局积极按照天然林保护工程分类经营的要求，将经营面积171 549公顷的林地划分公益林，商品林、兼容林，其中公益林115 814公顷，占67.5%；兼容林70 335公顷，占41%；商品林55 735公顷，占32.5%，对公益林实施封山育林，严管严护；对商品林实行集约经营。

为妥善解决天保工程实施后木材减产造成的下岗职工增多问题，临江林业局依托资源优势，引导和组织下岗职工实施综合开发，分流转产富余下岗职工。

撰稿：张全民
摄影：蔡　均

下岗职工正在高兴地收获香菇

职工集资饲养的优良梅花鹿

实施天保工程后划分为公益林的红土山林场封山育林区

吉林省全面启动实施天然林资源保护工程——和龙林业局

局长刘建民

吉林省和龙林业局是国家大型一档企业，吉林省政府命名的文明企业，是集森林培育、木材生产、林产工业、多种经营于一体，有对外贸易出口权的综合性林业企业。现有职工1.3万名，固定资产2.76亿元，经营面积17万公顷，森林总蓄积2 548万立方米。生产销售的主要产品有木材、锯材、集成材、胶合板、刨切单板、中密度纤维板、装饰板、木雕钟表、地板块、卫生筷子、矿泉水、浮石等，部分产品获国优、省优称号，并远销海内外。和龙林区资源丰富、交通便利，是进行旅游、投资、贸易往来的好地方。竭诚欢迎国内外各界人士与我们广泛合作，共图发展。

撰稿：杨虹玉

摄影：耿道华

党委书记、企管会主任廉云铉

为增强企业后劲，引进先进的家具生产线

资源丰富，风景如画的和龙林区

古朴、典雅的系列木雕钟表

充满绿色希望，生机勃勃的黑龙江省森林工业——绥化林业机械厂

绥化林业机械厂是以制造林、农机械和配件为主，以内燃大修和多种经营为辅的中型机械制造企业。工厂位于绥化市东风路，毗邻省城哈尔滨市，交通便利。占地面积33万平方米，有装备较为先进的大型厂房9座，配有铁路专用线；拥有完善的经营管理机构和按工艺布局配套设置的加工车间，黑龙江省林业机械产品质量监督检验站和黑龙江省医用氧气总公司绥化分公司设在工厂。工厂1962年建厂以来，产品种类不断更新，能够生产金属切削机床、林业用拖拉机、运输翻斗车等大型设备。特别是天然林保护工程实施以来，工厂以市场需求为导向，以调整产品结构为重点，积极开发新产品，现已开发出林业、农业、节能、采砂等4个系列13种适销对路产品，工厂呈现出了效益提高、经济发展、政治安定、整体上升的良好局面。

厂党委书记陈金魁

厂长刘良基

削片机

生物质汽化炉：该炉是新开发的国家推广节能产品，既可以进行木材烘干又可以用于取暖

锯末机

灭茬机

卧式绞盘机

精播机

多功能脱粒机

充满绿色希望，生机勃勃的黑龙江省森林工业——林口林业局

局长赵学海

党委书记侯乃生

党政领导班子成员

林口林业局加大营林科技投入，将在2000年全面启动实施200万亩森林资源结构优化示范工程，主要进行落叶松人工纯林接近自然林改培工程，天然次生林生态结构改培工程，红松人工改培建设基地，经济林(经济植物)建设基地。200万亩森林资源结构优化示范工程项目的实施，将有力促进森林经营，企业经济效益大幅度提高，20年后，单位面积蓄积量提高122.93立方米/公顷，仅此一项可使全局森林总蓄积量增加到1 629.0万立方米，项目利润可达到4 894万元，职工群众、个体经营者收入成倍增长，企业将创造辉煌，实现森林永续、职工致富、企业振兴、贡献国家的经营目标。同时，林口林业局抓住实施森林资源管护经营的契机，立足企业实际，大力发展以红松种子系列产品、黑木耳、山野菜、大白鹅、石材为主要内容的“红、黑、绿、白、灰”绿色产业特色经济，为企业迅速发展注入了强大的生机与活力。

200万亩人工林纪念发展中心

充满绿色希望，生机勃勃的黑龙江省森林工业——穆棱林业局

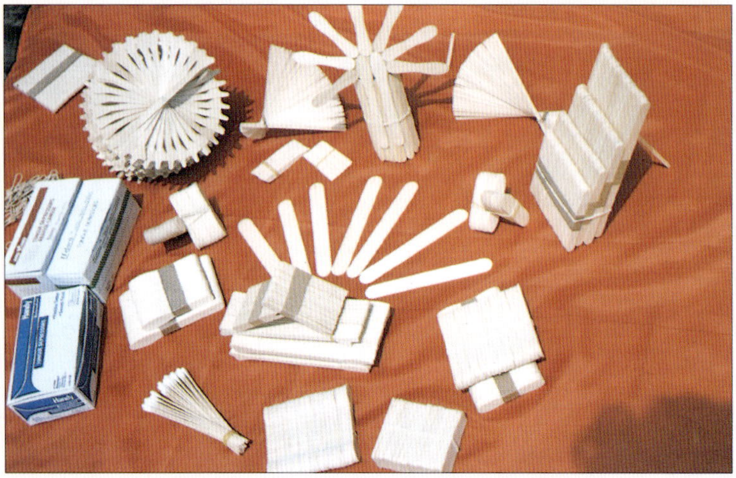

穆棱林业局生产的各种规格雪糕柄、压舌板、卫生棒、棉球棒等产品

穆棱林业局施业区总面积 26.7 万公顷，总人口 4.5 万人，职工 1.2 万人，固定资产 9.5 千万元。1948 年建局以来，累计为国家生产商品材 1 508.3 万立方米，上缴利税 3.7 亿元。经过几代人的努力，现已发展成为一个以林为主，工农商一体，牧、副、渔并举，兼有文教卫生、旅游服务等生产和社会体系比较完整的国家大型森工企业。先后被国家经贸委、林业部、省政府授予“经济效益先进单位、六好企业、省级先进企业”光荣称号，1997 年被国家林业部批准为“林业可持续发展试验示范区”。

这里生产的高档牙签、各种卫生筷子、雪糕柄、压舌板、卫生棒、棉球棒、地板块、集成材、家具、刨切单板、铅笔板、各种规格材等 30 余种林产工业产品畅销国内外。

卫生筷子、高档牙签

高档实木淋漆地板块

高档实木淋漆地板块获省优质产品称号

充满绿色希望，生机勃勃的黑龙江省森林工业——方正林业局

方正林业局西洋参绿色面积达到21.万平方米，在黑龙江省名列前茅，被黑龙江省政府列为农业产业化20强基地，建立了加工厂，加工1.9万千克鲜参；平贝面积21万平方米；林蛙养殖形成了沟系养殖和家养孵化相结合的养殖基地，养殖面积达4.5万公顷；食用菌快速发展，生产400多万袋；养蜂达到3 100箱；养鹿100多只；养鱼690万尾；山野菜加工正在向产品系列化发展。山特产品黑木耳、山野菜、西洋参、地板块、胶合板等产品远销日本、韩国等国家。

林业局食用菌厂党委书记高本瑛(右二)、局长黄德昌(左二)

西洋参基地

养牛基地

养鹿基地

充满绿色希望，生机勃勃的黑龙江省森林工业——鹤北林业局

鹤北林业局领导班子　　摄影：吴兴涛

鹤北林业局被评为省森工总局经营管理标兵单位和全国精神文明建设先进单位。他们党政合力的主要做法是：靠改革，不断探索，增强企业活力；靠管理，不断深挖企业效益的增长点；靠合力，不断推进精神文明建设新发展。

鹤北风光　　摄影：吴兴涛

鹤北夜景　　摄影：吴兴涛

充满绿色希望，生机勃勃的黑龙江省森林工业——兴隆林业局

兴隆林业局被省森工总局评为“双文明建设”标兵单位。他们加强企业管理工作的主要做法是：管住人，层层管，层层解决管理问题；管住资源，防止效益流失；管住木材生产，压缩生产成本；管好木材销售，实现主财源增效；管住资金，把好用“钱”关；管住物资消耗，杜绝跑冒滴漏。

兴隆林业局环境建设一瞥

兴隆林业局夜景

兴隆林业局有世界最长的森林铁路和豪华旅游列车

改革中的大兴安岭林区

中共大兴安岭地委书记、林业集团公司党委书记杨喜军

大兴安岭地区行署专员、林业集团公司总经理王忠林

大兴安岭地区、行署、林业集团公司，克服“两危”重重困难，坚持深化企业改革，调整产业结构，全力推进天保工程，各项工作都取得了显著成绩。1999 年，全区实现国内生产总值 40.6 亿元，比 1998 年增长 3.4%；财政收支平衡；林业集团扭亏为盈，实现利润 3 200 万元；完成天保工程公益林建设 41.3 万公顷；杜绝了重大森林火灾发生；顺利实施丽雪精淀粉公司等 6 个转产项目的建设。全年共签订招商引资项目 223 个，到位资金 3.45 亿元，其中吸引外资 320.49 万美元。城市建设改造采取多方筹资、综合开发方式，完成投资 2.16 亿元，当年新开工项目 21 项，面积 19.1 万平方米，实现了“一年一小变”的既定目标，旧城变新貌。各项社会事业大发展，政治安定，社会稳定，市场繁荣。

撰稿：史志建

美丽的大兴安岭首府——加格达奇

天然林保护区

大兴安岭生产的家具

中国的北极——漠河乡

马铃薯育种基地

岭南农业开发区小麦大丰收

国家林业局驻大兴安岭森林资源监督专员办事处

国家林业局驻大兴安岭森林资源监督专员办事处专员王森业

在国家林业局的领导下，在大兴安岭林业集团公司积极配合下，在全办干部的共同努力下，年年圆满完成了对大兴安岭林业集团所属10个森工企业局“三总量”检查和林政监督等各项森林资源监督工作。特别是在天保工程建设中，创造性地开展了资源监督工作，并为大兴安岭林业集团公司提出了具有长远建设性的保护资源和发展区域经济的建议与措施。

撰稿：史志建

王森业专员向全国人大常委会农委主任高德占(左二)，原黑龙江省副省长孙魁文(左三)，地委书记、集团公司党委书记杨喜军(右二)汇报天保工程情况

王森业向全国人大常委会农委领导汇报天保工程执行情况

国家林业局驻大兴安岭森林资源监督专员办事处副专员王荣满

资产监管处正在研究林地核查问题

资源监管处正在研究工作

综合处有关人员正在研究文件

林政监管处全体人员

生机勃勃的加格达奇林业局

局长周野

党委书记刘庆

加格达奇林业局建于1991年3月，下属10个林场，3个苗圃，1个国家级林木种子园及20个直属单位。施业区面积966 119公顷，林业用地781 924公顷，活立木总蓄积2 286.6万立方米。改革和天保工程取得了显著成效。利用多种矿产资源，大力调整产业结构，取得突破性进展。其所属的兴安木业(集团)公司生产的地板块、装饰材料等产品已远销日本、新加坡等国家。以稀有野生动植物资源、自然景观为优势，大力发展旅游业。建设成大兴安岭惟一的具有规模的花卉繁育基地、野生中草药基地、塞外风情蒙古包度假村、古里山庄旅游休闲场所，这些场所，集夏季垂钓、漂流，冬季狩猎、滑雪等活动及原始森林、天然植物园、火山景观等独特的旅游景观于一体。大力开展招商引资工作，与国内外客商签订招商引资额2.5亿元。

撰稿：史志建

优质板方材

职工繁育黑木耳

大型花卉繁育基地

中草药栽培基地

旅游区靶场

古里旅游山庄

发展中的广东省林业科学研究院

广东省林业科学研究院现有职工 189 人，其中具有高级职称的 37 人（含研究员 5 人），中级职称 49 人；有 8 人被评为广东省有突出贡献专家，13 人批准享受国务院特殊津贴。院属林业、生态、生物技术、森林保护、森林工业和林业科技信息等 6 个研究所和野生动物保护繁殖中心、园林开发中心和科技开发公司、广东树木园管理办公室等机构。院本部面积 56 公顷，基础设施良好，实验室、图书馆等建筑面积近 7 000 平方米；树木标本园收集了 1 100 多个树种，已被有关部门认定为广东省树木种类最多的树木园；木材标本室收藏有国内外木材标本 2817 号、2 156 种，是全国最大的木材标本室之一；1987 年建成的林业测试分析实验室，拥有先进的大型测试分析仪器，可以从事林化产品质量检测、土壤及植物营养元素分析等测试；1993 年省投资在院内建设的广东省森林病虫害生物防治重点实验室(已被列为国家林业局重点开放性实验室)初步具备了从事高新技术研究的试验条件。

广东省林科院 40 年来比较系统地开展了全省主要树种的良种选育、速生丰产栽培技术、林木专

广东省林业厅邓惠珍厅长(左一)陪同省政协主席郭荣昌(中)到省林科院检查工作

沿海沙质海岸乔、灌、草多层次立体结构试验示范林

沿海地区平原水网防护林林—果模式

笋材兼用优良杂种撑麻 7 号

用肥、主要病虫害防治和无性系繁殖苗木、花卉工厂化生产、组织培养育苗技术、海岸带农林复合生态系统建立技术、松香二次加工、木材综合利用及林产品加工利用等方面的研究，取得了显著的成绩，同时逐步形成了在林木育种、森林病虫害生物防治研究等方面的优势和特色。1985 年以来，共获得国家级奖励 6 项，省、部级奖励 41 项，厅局级奖励 51 项。这些成果的推广应用，为“10 年绿化广东”及全省的林业二次创业提供了有力的技术支撑。同时，还编辑出版期刊《广东林业科技》。

改革开放以来，广东省林科院与世界各国开展了广泛的交流与合作，先后与美国、英国、日本、澳大利亚、加拿大、新西兰、德国、瑞典等国家的林业专家实现了互访和合作，举办了多次国际林业科技培训活动，使科技人员增长了学识，开阔了眼界，同时也扩大了影响。

随着科教兴国战略的实施，全院将进一步加快建设步伐，在科研成果推广、人才培训与国际合作等方面再上新台阶，为我国南亚热带林业科技发展贡献力量。

互叶白千层组培试管筛苗基地

组培苗圃花卉

白僵菌防治马尾松毛虫

湿地松改良种子园

前进中的广东省森林病虫害防治检疫站

站长陈沐荣在现场规划防治工程

全体工作人员

广东省森林病虫害防治检疫队伍从小到大逐渐发展壮大，已形成一支具有专业化技能、执行国家植物检疫法规的管理队伍，负责本行政管辖区域森林病虫害防治和森林植物检疫的具体组织工作，依法对林木种苗和木材、竹材及其加工制品和其他林产品、花卉、果品、药材等进行产地检疫和调运检疫，对国外引进林木种子、苗木和其他繁殖材料的检疫审批，组织林木病虫害调查、监测，对危险性森林病虫害实施封锁、扑灭措施，负责综合分析各地测报数据、定期发布本区域森林病虫害中、长期趋势预测及提出防治计划、方案，组织防治病虫害的药械生产和供应，承担技术咨询、培训和新技术的科研试验、示范与推广。

近年来广东省森林病虫害防治检疫工作取得了明显的成效，尤其是在新技术的研究和推广应用取得了重大突破，走在全国的前列。20 世纪 80 年代以来，广东连续发生松突圆蚧、马尾松毛虫、松材线虫病、湿地松粉蚧等重大森林病虫害，成为困扰广东林业发展的一大障碍。广东省森防站积极采取措施，组织力量封锁、控制新入侵的危险性病虫害，大力实施常发性病虫害的综合治理。组织技术攻关，依靠科技进步找出根治之法。十几年来，广东省森防站先后获得 10 多项国家、省、部级科技成果奖，并大力推广其成果，加速转化为生产力，扭转病虫害严重发生的局面，为保护造林绿化成果、发挥林业三大效益，走出了坚实的一步。

美国林务局官员考察广东森防工作

现场指导

科研人员在繁育昆虫天敌

松材线虫病防治试验区

利用寄生蜂防治蚧虫

现场检疫

朝气蓬勃的广东省林业勘测设计院

广东省林业勘测设计院创建于 1952 年，是以勘测、设计、监理、评估为主的多专业综合性甲级设计院，横跨林业、林产、建筑、交通、机械等行业，业务遍及国内外。1993 年，经广东省机构编制委员会批准，增挂“广东省岭南综合勘察设计院”牌子。

全院现有职工 280 人，其中高级工程师 62 人、工程师 113 人，享受政府特殊津贴的专家 3 人，并有 18 人持有一级注册建筑师、一级注册结构师、监理工程师、造价师、资产评估师等资格证。技术力量雄厚，专业配套齐全。现拥有林业调查规划甲 A 级、林业工程设计甲级、工程总承包甲级、工程监理甲级资格；建筑、交通工程设计乙级，建筑装饰设计乙级，测绘乙级资格。并具有对外经济合作业务经营权和外派劳务人员许可证。

第五届第四次职代会会场

院内设置林业分院、林产分院、建筑分院、工程分院，岭南工程建设公司、粤通工程监理公司、科林新技术发展公司、凌志科技实业公司、科技服务公司、林业工程技术培训中心、粤森资产评估事务所。主要从事林业、林产、建筑、交通、小水电、园林等领域的全套综合性工程及单项工程的设计、总承包、监理、技术开发、技术咨询和资产评估等工作。院内还设有印刷厂，承印各种书刊。

建院 40 多年来，全院共完成各类工程设计及技术服务近千项，有 40 多项成果荣获国家级、部级、省市级优秀设计和技术进步奖。院内建立了完整的质量保证体系和质量管理制度，并与社会各界保持了良好的合作关系，能及时、高效、高质量提供全过程服务。

全院员工秉承“用户至上、质量第一，一项成果、一份信誉”的质量方针，竭诚与广大客户携手共建伟业、共创美好明天。

设计施工的“南海黄大仙公园主体花岗岩雕像”

施工的昆明世博会智利园

设计施工的“广州十九路军陵园浮雕墙”

施工的昆明世博会澳大利亚园

设计施工的广东省中心图书馆(新楼)绿化工程

监理的全国最高墩式特大桥——107 国道杜前大桥

院标

澳门绿化工程黑沙湾重植林景观

绿化广东贡献突出单位——仁化县

仁化县位于广东省东北部。东面紧接江西省崇义、大余两县，北面毗邻湖南省汝城县，南面距离韶关50千米。县内土地肥沃、气候温和、雨量充沛，非常适合植物的生长，是广东省林业重点县之一。全县土地总面积16.27万公顷，其中林业用地13.07万公顷，占土地总面积的80.3%；有林地12.4万公顷，占林业用地的94.9%。森林资源丰富，全县活立木蓄积量576万立方米，活立木年总生长量30万立方米，竹类面积2.67万公顷(其中毛竹2.33万公顷，丛生竹0.33万公顷，毛竹立竹量5 600万株)，森林覆盖率达到78.8%。现全县有市属国营林场1个，园林所1个；林业局下属有事业单位14个(其中国营林场5个，林业森工站8个、苗圃场1个)，企业3个(木材公司、松香厂、富森达人造板厂)，森林公安分局1个(辖3个派出所)，内设机构

长江采育场装机容量614千瓦的三级电站

10万亩杉树丰产林一角

仁化每年开展毛竹抚育大会战，图为边缘抚育后的新生竹，每公顷增加1 650株，加快了仁化的竹类发展

仁化森林公安警察在林区小道巡山

2个(林业服务公司、竹木检查站),以场带队村委会2个(学校2所、电站7座)。全系统现有干部、职工1 302人,各类技术人员173人(其中助理工程师职称以上90人)。

自1995~1999年,5年共为县财政、税务等部门缴交税利2 150万元,各项事业取得了较大的成绩:1992年实现绿化达标,被省委、省政府授予"绿化广东贡献突出单位"称号;1996年5月,县林业工作站代表省通过了林业部标准林业工作站建设合格县的达标检查验收,长江林业森工站被林业部授予全国先进工作站;1998年被国家林业局评为"农业科技推广年"活动先进单位;毛竹笋材两用丰产综合培育技术应用获市政府一等奖、省二等奖;1999年被国家林业局授予全国林业成人教育先进单位称号;局长蒙平胜同志被省人事厅、林业厅授予广东省林业系统先进工作者称号;高级工程师梁国伟同志被国务院授予自然科学事业特殊贡献奖,享受国家政府特殊津贴。

局长蒙平胜在拟写工作计划

局班子会议:蒙平胜局长(左一)、邓观添副局长(左二)、李遵亮副局长(左三)、胡耀明副局长(左四)、秘书股长邱文福(左五)

局长蒙平胜(右一)和副局长胡耀明陪同韶关市科委副主任杨筠在撑篙竹丰产基地技术鉴定现场考察

仁化县林业局、兴安林业分局大楼落成,局长蒙平胜(右一)和韶关市林业局局长李克厚(左一)为仪式揭匾

全国世界银行贷款林业项目先进单位——江西省林业厅利用外资项目办公室

江西省林业厅利用外资项目办公室负责全省林业利用外资项目实施管理、林业招商引资等工作，先后实施的林业利用外资项目有：世界银行(简称世行)贷款“国家造林项目”、“森林资源发展和保护项目”、“贫困地区林业发展项目”，以及捆绑实施的“自然保护区管理项目”。共利用世行贷款 6 610 万美元，赠款 90.5 万美元，加上国内配套资金，总投资达 8.78 亿元人民币。从 1990 年开始实施项目至今，已建成高标准、集约化速生丰产林 20 多万公顷。这些项目的实施，为江西省提前一年基本消灭宜林荒山，培育后备森林资源，缓解木材供需矛盾，提高森林覆盖率作出了较大贡献，有效地促进了江西林业经济的发展，被国家林业局评为“全国世行贷款国家造林项目先进单位”，完成总投资 3.68 亿元，建成高质量、高效益速生丰产林基地 12.6 万公顷，其中高标准一类林占 96.1%，项目建设规模和质量均列全国前茅。被江西省林业厅授予“科教兴林先进单位”称号，其主持的世行贷款国家造林项目科技推广课题荣获江西省科技进步一等奖，推广先进实用科研成果 42 项，科技贡献率 39.34%，项目建设质量超过该省人工林建设的历史最高水平。截根菌根化应用及其机理的研究荣获国家科技进步二等奖。

江西省林业厅利用外资项目办公室负责人沈彩周

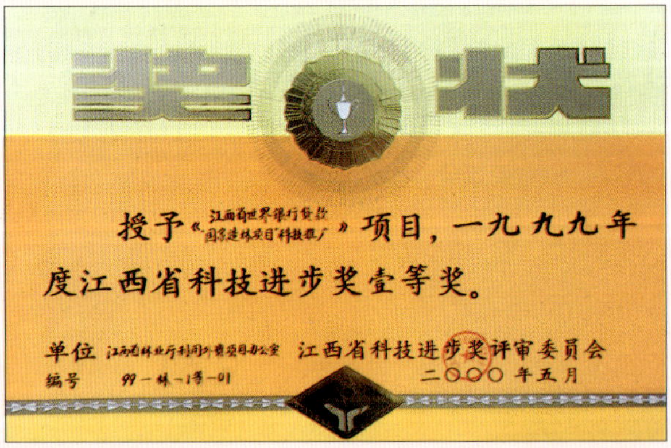

江西省世行贷款项目针阔混交镶嵌科技示范林(分宜县)

江西省世行贷款项目示范苗圃(安福县)

崛起中的金平林业——云南省金平苗族瑶族傣族自治县林业局

金平苗族瑶族傣族自治县位于云南省东南部，与越南接壤，国境线长502千米，全县辖14个乡(镇)，986个自然村，总人口31万人，土地总面积36.77万公顷，其中，林业用地面积22.4万公顷，占总土地面积的60.9%；有林地面积9.49万公顷，占林业用地面积的42.4%；宜林地面积12万公顷。活立木蓄积量为1 218.7万立方米，年林木生长量26万立方米，消耗量23万立方米，全县森林覆盖率31.53%。1999年，林业总产值0.63亿元，林业特产税300余万元。分水岭国家级自然保护区座落在金平境内，总面积4.2万公顷，与越南勐艺国家级自然保护区连成一片，其重点保护对象为国内保存最完整面积最大的热带山地苔藓常绿阔叶林景观和丰富的珍稀动植物种群资源及其重要的水资源，被誉为“北回归线上的绿宝石”，是开展跨国界生物多样性保护与研究的理想之地。

正在开发中的秃杉珍贵用材林基地　　摄影：彭明举

近年来，各级党委、政府高度重视林业，把林业工作列入重要议事日程，仅1997~1999年培育苗木87.82公顷，产苗4 500余万株，实现了全县苗木自给有余，取得了人工造林12 899.2公顷、封山育林7 617公顷的好成绩。由于县林业局的工作成绩显著，被县政府评为“1997~1999年绿化造林先进单位”，被州政府评为“1997年无森林火灾先进单位”、“1998年造林绿化先进单位”，1999年被林业局评为“全国营造林先进单位”。

撰稿：黄庭国　王继章

分水岭自然保护区山地苔藓常绿阔叶林景观　　摄影：莫明忠

县林业局局长黄庭国(右)率领技术人员指导核桃生产技术　　摄影：彭明举

漾濞核桃育苗基地　　摄影：彭明举

溪水潺潺的分水岭自然保护区景观　　摄影：莫明忠

云南省造林绿化先进单位——玉溪市林业局

玉溪市林业局党总支书记、局长周崇明

玉溪市位于云南省中部，是“云烟之乡”。近年来，玉溪林业呈现恢复发展的势头。林业的一部分是社会公益事业，已为全市社会经济文化发展创造了一个山青水秀、风调雨顺的生态环境，确保了玉溪作为滇中粮仓和优质烟叶生产基地的优势经久不衰。林业的另一部分是国民经济的基础产业，已走上了林业内部一、二、三产业相对协调发展的新路子。据1997年二类森林资源调查资料，全市林业用地面积达103.12万公顷，其中有林地64.42万公顷，经济林4.35万公顷，各类经济林果产品5 000多万千克，收入9 000多万元；活立木蓄积量3 628.655万立方米，林木生长量159.93万立方米，消耗量117.21万立方米；森林覆盖率63.4%(含灌木林)；林业社会产值4.2亿元。同1985年二类森林资源调查相比，有林地净增373.74万立方米，林木年生长量净增63.56万立方米，年消耗量减少13.3万立方米；森林覆盖率上升10.9个百分点；林业社会产值增加3亿多元。1998年，玉溪市林业局被云南省人民政府授予“全省造林绿化先进单位”称号。目前，玉溪市的林业正围绕实施西部大开发玉溪林业行动计划的16项建设工程，按照林业发展规划，在毫不放松资源培育、保护的同时，步入一个建设完备的林业生态体系和以名优品种引种推广，新技术管理、运用、普及为特点的林业经济产业化发展的新时期。

国家级森林公园易门大龙口山庄一角

新平金龙松香厂以优良的产品质量赢得了市场，图为该厂生产车间及市场紧俏的特级松香。该产品远销山东、吉林等地，出口日本等国家

云南的小粒咖啡享誉世界。图为元江县、新平县和产出被雀巢公司专家汉斯·菲斯勒称为“云南最好的咖啡豆之一”的规范化栽植咖啡园一角

玉溪市建立了以元江、新平为主的热带果王——杧果生产基地，产品远销广州、深圳、北京、上海等地

易门天润食品有限公司生产的系列食品及生产车间一角。其中松仁露获首次中国大西南名牌产品博览会金奖、第一届中国国际保健节优秀奖、中国昆明科技成果暨新技术产品交易会金奖、云南名牌等

护林防火“四网”、“两化”覆盖全市，监护着全市 103.1 万公顷地，图为防火专业队

出席玉溪地区第二届林业科技工作会议的代表参观林果基地现场(1996 年 4 月，易门)

前进中的甘肃祁连山国家级自然保护区

甘肃祁连山国家级自然保护区位于甘肃省西部，南与青海省接壤，北临古丝绸之路——河西走廊，东西长1 200多千米，南北宽50~120千米。划定总土地面积265.3万公顷。全区林业用地面积49.28万公顷，森林覆盖率17.3%。全区活立木总蓄积量2 274.5万立方米。保护区内有高等植物1 044种，有陆栖脊椎动物229种。属于国家重点保护的一、二级保护动物51种。祁连山境内冰川2 194条，面积1 334平方千米，储量615亿立方米。河川年径流量为72.6亿立方米。

全国先进工作者、国家有突出贡献中青年专家、研究员、局长车克钧

祁连山保护区管理局成立于1989年1月24日，是省林业厅管理祁连山自然保护区的派出机构。内设三科三室一站两司一中心，现有职工52人，管辖22个自然保护站，自然保护站由保护区管理局和所在地(市)、县(市)林业行政主管部门及军马场管理局双重领导，以地县为主。全区共有林业在职职工1 377人。

祁连山自然保护区自然资源丰富，物种繁多，具有重要物种遗传研究价值，而且树种单一，生长缓慢，一旦遭到破坏，很难恢复。祁连山森林的兴衰枯荣，直接影响着河西商品粮基地的存亡，左右着河西经济繁荣，民族繁衍，没有祁连山水源涵养林，就没有闻名遐迩的走廊绿洲，更谈不上河西商品粮基地。

1995年祁连山自然保护区加入中国生物圈保护区网络。管理局1995年获全省财会工作先进集体、1997年获全省林业行业思想政治工作优秀单位和甘肃省科技工作先进单位、1999年获全国森林资源林政管理先进单位等荣誉称号。

局办公大楼

局党政领导班子在研究工作：党委书记胥明肃(中)、局长车克钧(左二)

2000年6月18日，国家林业局副局长马福(中)、保护司司长张建龙(左)在甘肃省林业厅厅长马尚英(右)的陪同下视察工作

国家一级保护珍禽——斑尾榛鸡

在局野生动物开发研究中心迁地驯养的祁连山甘肃马鹿

生命之源——祁连山水源涵养林

前进中的甘肃省林业科学技术推广总站

甘肃省林业科学技术推广总站是1984年利用世界银行贷款和国内配套资金建成的。同时，挂牌甘肃省区乡林业工作站管理站。现有在职职工70多人，其中中、高级技术人员20多人，有3 000多平方米的综合大楼、占地3 330平方米的钢架连栋塑料大棚和230平方米的可调控玻璃温室及声像设备和植物、土壤分析测试设备等。

自建站以来，在国家和省有关部门大力支持下，经过15年的努力，目前已建成完整的以省林业科技推广总站为中心的省、地、县、乡4级林业技术推广体系和林业工作站建设网络。各级林业技术推广机构在林业技术引进、试验示范和推广应用、开展技术咨询和技术服务等方面，发挥了重要的作用。

推广总站的科研、电教、办公大楼

省林业科技推广总站先后承担国家和林业部科研推广项目15项；承担省级和省林业厅科研推广项目107项。并管理全省林业科技推广项目，推广科研成果和先进林业适用技术114项，示范推广面积达63.07万公顷，培训了各层次科技人员上万人次，产生了良好的生态效益、社会效益和经济效益。获得国家级奖4项，省部级奖18项，地厅级奖34项，其他奖项4项。

有12个国家的专家学者和世界银行官员100多人次前来考察交流，并派出科技人员到美国、瑞典、德国、日本、新加坡、加拿大、香港等国家和地区进行科技合作和技术交流。

在当前全省认真贯彻落实江泽民总书记关于“再造一个山川秀美的西北地区”的重要批示和党中央关于西部大开发战略精神的伟大事业中，省林业科技推广总站不断深化改革，强化职能，加速科技开发和科技成果转化，取得了明显的成效。

科技人员在苗木组培室中进行接种

世界银行官员在推广总站参观工厂化育苗　摄影：谢先波

推广总站开发公司承揽铺设的兰州市东方红广场草坪工程

全国林业成人教育先进单位——新疆林业学校

新疆林业学校是全疆惟一一所集中专、技工、成人教育于一体的林业中等专业职业技术学校，学校创建于1995年。目前,全校在校学生1 300多名,教职工220多名,开设了林学、森保、营林、花卉等9个专业。学校以“外塑形象,内强素质，创一流名牌学校”为跨世纪奋斗目标,每年向社会输送中专、技工等优秀人才300多名。学校1996年被评为自治区重点中专学校,1997~1999年连续3年被评为市级精神文明单位,1999年被国家林业局评选为全国林业成人教育先进单位。

校领导班子:右起党委副书记兼纪委书记樊培民;校长艾克拜尔·斯迪克;党委书记李子宁;副校长艾买提·别克;副校长权德胜

校教学楼

校语音室

校图书室

实习

打击破坏森林资源犯罪专项斗争先进集体——新疆维吾尔自治区林业公安局

新疆林业公安局局长王生有

新疆维吾尔自治区林业公安局自建立以来，为保卫新疆森林资源和野生动植物资源安全，维护林区社会治安稳定，做了大量工作。在业务建设、队伍建设、技术装备和基层基础设施建设、法制建设等方面取得了可喜的成绩。

多年来，全疆林业公安机关共受理森林和野生动物案件 26 358 起，其中，刑事案件 726 起，治安案件 4 516 起，林业行政案件 21 118 起。收缴野生动物 11 200 头(只)，收缴木材 66 876 立方米。打击处理违法人员 30 539 人次。为国家挽回经济损失 3 110 万元。

林业公安坚持一手抓业务建设，一手抓队伍建设，狠抓了队伍管理，民警素质明显提高，全区林业公安机关涌现出了大批的先进个人和集体。有 7 人被公安部授予全国优秀人民警察称号，6 人荣立一等功，15 人荣立二等功，78 人荣立三等功，有 218 人受到了嘉奖。还有 2 个单位被公安部和国家林业局授予基层基础建设先进单位称号，8 个单位记二等功，23 个单位记三等功，31 个单位受到了嘉奖。3 个单位被最高人民检察院、最高人民法院、公安部、林业部、监察部授予打击破坏森林资源犯罪专项斗争先进集体称号。

王生有局长正在做战前战术动员

在可可西里一号行动中收缴的部分藏羚羊皮及头骨

新入警人员进行上岗前培训

林业派出所挂牌

新入警人员进行队列训练

林业厅党委及厅机关全体干部职工热烈欢迎参加可可西里一号行动胜利返回乌鲁木齐的人员

训练

科技推广先进集体——新疆林业技术推广总站

推广站领导及高级工程师：副站长买买提·吐尔地(左二)；副站长肖新华(左三)；高级工程师卡德尔(左三)；高级工程师玉素甫(左四)

新疆维吾尔自治区林业技术推广总站成立于1998年，现有职工8人。高级工程师4名，工程师3人。

建站以来，紧紧围绕新疆林业建设开展技术推广工作，取得了一定的成效。林业适用技术培训3.5万余人次，林业科技成果推广率由15%提高到30%，成果应用覆盖面达到50%。在完成的40多个林业技术推广项目中，有12项分别获原林业部、“三北”局和自治区级科技进步二、三等奖。

1997年荣获自治区科技兴农管理工作先进单位称号，1998年被国家林业局授予农业科技推广年先进集体称号。

自治区林业科技普及优秀工作者玉素甫·塔依尔在给农民传授核桃芽接技术

厅领导与推广站领导、技术人员研究工作

低产核桃改优枝接成活率调查情况

低产核桃改造后结果情况

科技引进:澳大利亚李在新疆开花结果

低产核桃改优第二年结果情况

林木科技示范基地

新疆百强工业企业——天山西部林业局特克斯林场

团结奋进的领导班子：王金平场长(中)、施长江书记(右二)

新疆天山西部林业局特克斯林场始建于1956年，森林资源丰富，林业用地8.72万公顷，活立木蓄积量1 500万立方米，为自治区二级企业。现有职工582人，固定资产净值2 861万元，1978年至今累计实现工业总收入20 442万元，创利税6 539万元，上交育林基金4 346万元；经营项目有原木、板材、旅游业、野生动物养殖业、饮食业、林果业、农牧业等，产值达400万元；苗圃可育苗面积11.95公顷，年出圃云杉苗100余万株；累计更新造林有效面积2 153公顷。伐区作业质量、更新造林作业质量经林业厅检查评比，连续8年名列自治区前茅。1994年经自治区社会经济评价中心排序为新疆百强工业企业第57名，工业行业十强第2名。目前，该林场以旅游业、养殖业、农牧业为新的经济增长点的格局正在形成和壮大。

特克斯林场办公楼、四环宾馆大楼

卡布沙朗苗圃

莫英台林区

卡布沙朗迹地更新

建设中的森林公园

天山马鹿

全国部门造林绿化400佳单位——邢台市公路管理处

领导班子研究绿化事宜，中间为邢台市交通局副局长兼公路管理处处长范永丰

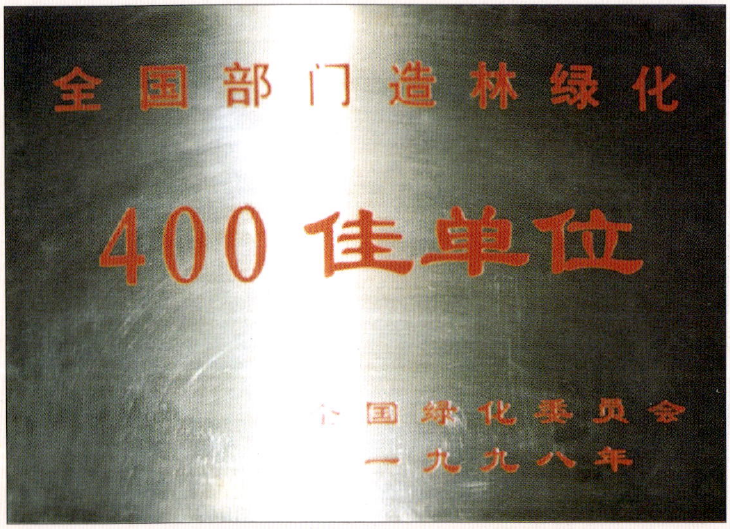

奖牌

邢台市公路管理处位于河北省邢台市区，辖145个公路站区、道班，总面积38.47万平方米，绿化面积14.8万平方米，绿化覆盖率38.47%，人均占有公共绿地面积49平方米。列养县级以上公路33条，1 692.8千米，可绿化里程1 371.6千米，现已绿化1 341.6千米，绿化率90%。现存路树63.7万株，保存率96.7%。栽植各种花卉140多万株，草坪30万平方米，建立7.53公顷育苗生产基地，年产苗木200万株，可出圃苗木100万株。

多年来，邢台市公路管理处认真履行《全民义务植树条例》，从强化领导，健全组织，增强全民意识入手，以树立区域形象、改善投资环境为突破口，采取“科学谋划，以路养树”之路，大胆采用“内灌外乔，平台植花，乔灌花草相结合”的公路绿化新模式，以建立“花园式”道班为支撑点，基本实现了绿化千里公路、美化百个站区的绿化美化目标。被交通部评为GBM工程优胜单位，连年被省交通厅评为绿化先进单位，被邢台市绿委评为市级绿化先进单位，1998年荣获全国绿化委员会授予的“全国部门造林绿化400佳单位”称号。

撰稿：吕凤霞

风景绮丽的公路站院区

外乔内灌的公路绿化模式

鲜花相伴的早春公路绿化一景

绿树成荫的 106 国道绿化

乔灌相结合的公路绿化

一般公路绿化

湖州市效益林业成效显著

湖州位于浙江省北部，属太湖流域，西部为丘陵山区，东部为水网平原，有"五山一水四分田"之称。改革开放以来，特别是90年代以来，为繁荣农村经济，致富山区群众，全市积极调整林业产业结构，大力发展效益林业，森林资源增加，林业活力增强。1999年，全市有林地面积已达24.3万公顷，林木总蓄积量383万立方米，毛竹立竹量25 5376万株，森林覆盖率46.9%，林业产业产值52亿元。林业在全市国民经济中已占有重要地位。

湖州市林业产业结构的地方特色十分明显，可分为三大产业，即以竹子为主的主导产业，以苗木花卉、森林旅游、木业为主的新兴产业，以经济林为主的常规产业。

竹子产业。通过合理调整竹子生产结构，建基地，增投入，抓加工，拓市场，加强科技推广，初步形成了竹笋、竹材及其加工产品等竹类资源综合开发的新格局。竹笋生产做到常年供应，四季有笋；竹制品加工迅速发展，形成了七大类500多个品种的竹制品系列，近年来开发的竹叶黄酮系列产品、高档

竹海

竹海

银杏

早园竹笋基地

青梅

竹地板、竹木复合板、竹炭等精加工产品畅销国内外市场；全市已建成了浙北毛竹市场、上柏早园笋市场、安吉竹制品市场等一批有一定规模的竹产品市场和竹笋、竹材交易市场，促进了流通。1999年全市竹业总产值23亿元，出口创汇5 000多万美元。

苗木花卉业、森林旅游业和木业。苗木花卉业自1999年以来通过抓市场拓展、抓绿化企业、抓基地建设等措施，迅速发展，新发展苗木花卉533.33公顷，并出现了苗木花卉生产由山区向平原扩展的新趋势；森林旅游业重点是利用竹子资源丰富、地理位置优越的条件，大力发展竹林生态旅游；木业在国内外市场特别是华东地区最大的人造板市场——南浔建材市场的推动下，已形成了一条木材加工企业带，并涌现一大批上规模、上水平的木业龙头企业，1999年木业总产值达15亿元。

经济林产业。主要品种是银杏、青梅、板栗。全市银杏面积1 533公顷、青梅面积2 333公顷、板栗5 067公顷。近年来坚持推广先进实用技术提高科技含量，开展果品加工，提高附加值。目前全市的3 000多吨青梅可加工出口日本。

撰稿：陈国强

农村竹笋集贸点

竹胶板生产

湖州南浔胶合板市场

辽宁省林业学校

学校校长、党委书记柴庆平

辽宁省林业学校是创建于1951年的一所国家级重点中专，有50年的历史，培养了近万名林业人才。目前，全校在校生1 600多名，教职工240人，设有林业、森保、园林、经济林、森林旅游等12个专业，学校设有北京林业大学和东北林业大学两个函授站，设林学、园林两个专科和本科层次的专业，开办了高教自考林业生态环境管理专业。学校具备全国林校中专一流的教学设施。有经营面积4 000多公顷、森林蓄积量55万立方米的校直属实验林场，是培养提高学生实践技能的理想基地。近年来，学校主编和参编省部级教材近60部，有10多项科研成果获省、市级科学技术进步奖和教育科学优秀成果奖。学校先后被评为：原国家教委科教兴农先进学校，原林业部优秀学校，全国林业成人教育先进单位，辽宁省文明单位，沈阳市文明单位，省教委校风校纪校容校貌先进单位及历年的省林业厅先进单位。面对新世纪，学校将继续深化改革，开拓进取，进一步提高教育教学质量和办学效益，把学校建设成特色鲜明、质量优异的一流国家级重点中专。

学校领导班子正在研究工作

学校教学楼

学生在野外实习

全国林业科研院所20强，辽宁省重点院所——辽宁省林业科学研究院

辽宁省林业科学研究院，是林业综合性科研机构，前身是省林科所，始建于1958年，1985年改建为省林科院。主要从事林木引种、育种、种苗、造林、森林经营、森林生态、资源保护、微生物、林副特产和林业工业等多学科的应用和开发研究。

建院(所)以来，承担国家、原林业部、省科委、省林业厅下达的各级各类科研课题331项，取得科研成果121项，有75项获得国家、部省级奖励。在全省建立科研基点216个，营造试验示范林3 300多公顷。

现有在职职工96人，专业技术人员77人，其中教授级高工6人，高级工程师30人。博士5人，硕士25人。全国林业跨世纪学术和技术带头人1人，省突出贡献专家1人，享受政府特殊津贴12人。

"九五"以来，党政领导班子在院长邹学忠的带领下，强化改革、真抓实干，使科研和开发推广事业有了突飞猛进的发展。1996年成为辽宁省首批重点院所，全国林业科研院所20强。林业科研有了新突破，"九五"期间共承担各级各类科研课题45项，其中国家攻关、国家"948"项目10项，省、部级重大项目21项，省林业厅项目14项。取得科研成果20项，其中国家科技进步二等奖1项，省政府科技进步一等奖2项，二等奖7项，省林业厅各级奖励10项。建立了38.7公顷的林木引种育种及苗木繁育基地。引种栽植各类苗木45个品种，约45万株；建成466.67公顷的杨树速生丰产林示范基地，栽植杨树优质苗木154 000株。食用菌基地初具规模，建成占地面积1.13公顷、面积240平方米的厂房和2个现代化日光温室大棚，已成为国家"948"和省科委重产业化项目的试验示范基地，也是全省优良菌种的繁育基地。与东北林业大学和沈阳农业大学签定了联合办学、合作研究和人才培养的协议，有17名科技人员在北京林业大学、东北林业大学等单位攻读博士和硕士学位。与美国、加拿大、日本、瑞典、俄罗斯等10多个国家保持着长期的合作与交流。自1998年以来，完成国家引智项目16项，先后邀请21位国际知名专家讲学并指导，聘任加拿大国家林木种子中心主任王世彬等11位外籍客座教授。并与日本鸟取大学开展了日本生命财团支助的"中国东北不同干燥倾度与植被变化的关系研究"的合作项目。

珍贵阔叶树研究

院长邹学忠

领导班子

各级科研项目奖励奖杯

北美乔松育苗试验研究

全国部门造林绿化400佳单位——中国人民解放军62160部队

部队长王其江(中),政委黄松林(左)指导绿化工作

中国人民解放军62160部队（原59970部队)重视植树造林、绿化美化环境工作,在部队长王其江、政委黄松林同志的带领下，部队官兵挖石填土,垦荒播绿,在荒芜贫瘠的山坡地上共植用材林3.33公顷,草皮3 200平方米,栽植雪松2 160棵，观赏树1 800余棵，各类花卉5 000余株，绿篱5 200米，营区绿化覆盖率达到32%。在绿化的同时,注重环境的美化,聘请专家精心设计,建造了大小花坛56个,绿化小区3个,绿化小品2个。建成了布局合理，结构有序,春有花,夏有荫,秋有果,冬有绿的园林式营院,多次被军队和地方政府评为园林式单位和绿化先进单位。1999年,被全国绿化委员会评为“全国部门造林绿化400佳单位”。

林荫中的营区公路

撰稿：张福科

摄影：秦应伟

绿树掩映中的办公楼

绿化小区一角